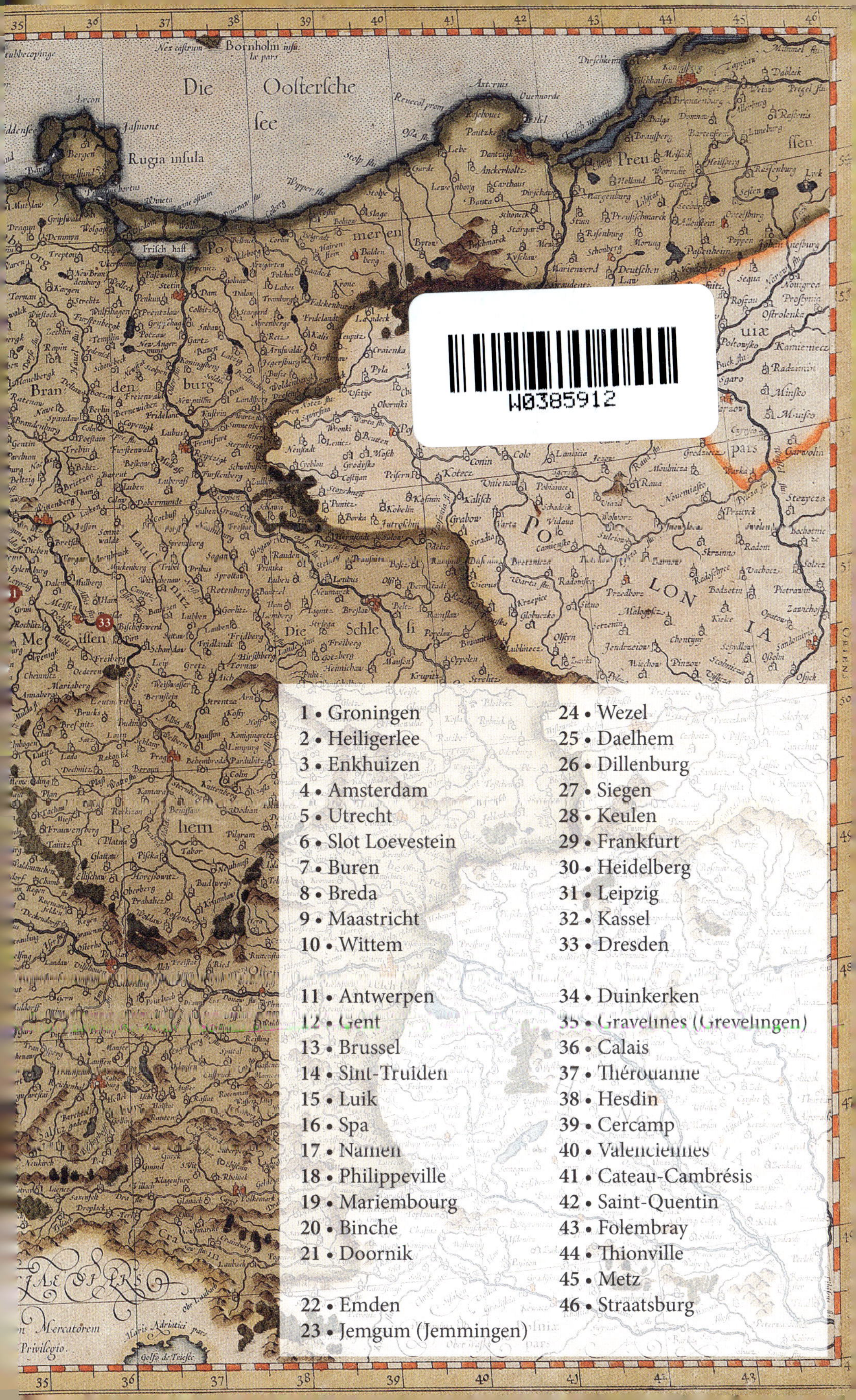

1 • Groningen
2 • Heiligerlee
3 • Enkhuizen
4 • Amsterdam
5 • Utrecht
6 • Slot Loevestein
7 • Buren
8 • Breda
9 • Maastricht
10 • Wittem

11 • Antwerpen
12 • Gent
13 • Brussel
14 • Sint-Truiden
15 • Luik
16 • Spa
17 • Namen
18 • Philippeville
19 • Mariembourg
20 • Binche
21 • Doornik

22 • Emden
23 • Jemgum (Jemmingen)

24 • Wezel
25 • Daelhem
26 • Dillenburg
27 • Siegen
28 • Keulen
29 • Frankfurt
30 • Heidelberg
31 • Leipzig
32 • Kassel
33 • Dresden

34 • Duinkerken
35 • Gravelines (Grevelingen)
36 • Calais
37 • Thérouanne
38 • Hesdin
39 • Cercamp
40 • Valenciennes
41 • Cateau-Cambrésis
42 • Saint-Quentin
43 • Folembray
44 • Thionville
45 • Metz
46 • Straatsburg

De zwijger

René van Stipriaan

DE ZWIJGER

Het leven van Willem van Oranje

Amsterdam · Antwerpen
2022

FSC
www.fsc.org
MIX
Papier van verantwoorde herkomst
FSC® C004472

Eerste, tweede (e-book), derde, vierde, vijfde, zesde en zevende druk, 2021;
achtste druk, 2022

Voor overname kunt u zich wenden tot
Querido Facto (onderdeel van Em. Querido's Uitgeverij BV),
Weteringschans 259, 1017 XJ Amsterdam

Omslag Brigitte Slangen
Omslagbeeld Anthonis Mor (Willem van Oranje, 1555)
Foto auteur Bob Bronshoff
Schutblad Gerardus Mercator, Germania (1595), Götzfried Antique Maps, www.vintage-maps.com (voor); Michael von Aitzing, *Leo Belgicus*, (1583), Koninklijke Bibliotheek België (achter); bewerking John Geurtsen (Wilco Art Books)
Binnenwerk Perfect Service

ISBN 978 90 214 0275 8 / NUR 320, 688

www.querido.nl
www.renevanstipriaan.nl

Inhoud

Inleiding – Een nieuwe stad 7

1 Het gewicht van de stamboom (1533-1547) 19
2 Acteren als Bourgondiër (1547-1558) 59
3 Wennen aan politiek (1558-1561) 133
4 Gevaarlijk leven (1561-1564) 175
5 Overleven als rebel (1565-1567) 217
6 Ballingschap (1567-1568) 275
7 Prins zonder land (1569-1572) 323
8 Een tweede leven (1572-1576) 397
9 Verzoener (1576-1578) 479
10 Afrekenen (1579-1580) 539
11 Wachten op Anjou (1580-1583) 579
12 Leven met de dood (1583-1584) 645

Slot – Een nieuw land 695

En verder? 712
Over muntsoorten, tijdrekening, doden en gewonden 718
Noten 720
Bibliografie 880
Register 924
Dank 942

Willhelm · Printz · Zu · Vr
Graff · von · Nassaw ·
Catzenellen · Bogen ·

Inleiding

—

Een nieuwe stad

Niets in Philippeville herinnert aan de man die deze stad stichtte. Het uitgestrekte centrale plein heeft een klein muziekkoepeltje, geen standbeeld. Willem van Oranje leeft hier niet, geen park, school of steeg is naar hem vernoemd. Op het plein komen tien straten uit in een regelmatig patroon als een mooi spinnenweb. De bijna tienduizend inwoners tuffen er dagelijks overheen. Alles gaat hier per auto. Dat kan ook gemakkelijk, want het wegennet is berekend op snelle verplaatsingen.

Op 24 september 1555 bepaalde Willem van Oranje waar het plein kwam te liggen, waar de vestingmuren en de vijf bastions werden aangelegd die de stad veiligheid gingen bieden en eventuele belagers de moed ontnemen. Op aanwijzing van Oranje en zijn ingenieur Bastien werden in een paar uur tijd stokken in de grond geslagen die het stratenplan voor eeuwen vastlegden.[1] Het graven en metselen kon beginnen.

1555 is het jaar waarin Willem van Oranje de geschiedenis binnenkomt, met enige bravoure, want niet alles wat hij in deze dagen besliste voor de bouw van Philippeville was goed afgestemd met zijn superieuren. De vesting, een kleine vijftig kilometer ten zuidwesten van Namen, werd aanzienlijk groter dan zijn baas Karel v voor ogen stond, meer een stad dan een verdedigingswerk. Maar Oranje genoot het vertrouwen van de keizer. Kort daarvoor had Karel hem tot kapitein-generaal, opperbevelhebber, van het Maasleger gemaakt, een duizelingwekkend hoge positie voor iemand van 22 jaar oud. Er liepen in dat leger mannen met meer ervaring rond, meer uren te paard, meer uren aan het front, met een betere kijk op strategie. En met meer kijk op de listen en rookgordijnen die een hoge edelman moet inzetten om zijn doel te bereiken. In oorlogstijd en ook in vredestijd. Karel zal hebben gezien dat Oranje snel leerde, en dat het dragen van verantwoordelijkheid het leerproces nog aanzienlijk kon bespoe-

Willem van Oranje door Anthonis Mor, 1555
(collectie Museumlandschaft Hessen Kassel, Gemäldegalerie Alte Meister).

digen. De tegenwerking van jaloerse medeofficieren moest hij maar met daden en charme zien te overwinnen.

Oranje wist er vaart in te krijgen. Ondanks het bar slechte weer – het regende al weken bijna onophoudelijk, de legerkampen waren één grote modderbende en de veelal onverharde wegen in de streek waren nauwelijks nog begaanbaar – kreeg de vesting snel contouren. Om de paar dagen deed Oranje verslag van de voortgang aan Brussel. Verslagen die gingen over het weer, geldzorgen, gebrek aan goed personeel, en over Franse legereenheden, die vanuit het zuiden probeerden de rust te verstoren.

Wat waren in deze herfstige dagen in 1555 Oranjes vooruitzichten? De bouw van de legerplaats zou binnen een paar maanden zover zijn dat hij de leiding aan anderen kon overlaten, en de oorlog met de Fransen moest wel een keer uitlopen op vrede. In vredestijd behelsde het leven van een hoge edelman als Willem van Oranje het adviseren van de vorst in het dagelijks bestuur, het bedrijven van diplomatie in de Europese regeringscentra, en het beheren van zijn eigen bezittingen. Daarbij werd hij omringd door hovelingen en rentmeesters die hem veel praktisch werk uit handen namen.

De bezittingen van Willem van Oranje bestonden uit tientallen grote en kleinere graafschappen, baronieën en heerlijkheden. De pachtsommen brachten zoveel op dat hij er in Breda in het familieslot van de Nassaus als een vorst van kon leven, met een omvangrijke hofhouding, een verzameling kunstvoorwerpen en boeken, een groot aantal voor de jacht afgerichte roofvogels, en meer van dat soort parafernalia die tot de voorrechten van de hoge adel behoorden. Regelmatig werd hij ontboden naar Brussel, waar werd vergaderd, de politieke onderonsjes plaatsvonden, maar ook uitbundig feest werd gevierd. Zo'n leven, vol grandeur en vrolijke kameraadschap, alles wijst erop dat Oranje er goed mee uit de voeten kon.

Maar voorlopig zat hij in de nattigheid van zijn legerkamp op een steenworp afstand van de stad in aanbouw. Er werd veel grond verplaatst, en de omtrekken van bastions en verbindingsmuren werden steeds beter zichtbaar. De directe omgeving leverde voldoende natuursteen, die werd aangevoerd op alles wat maar rijden kon. Op 20 oktober ontving hij een schrijven van landvoogdes Maria van Hongarije, die hem meldde dat nu stond te gebeuren wat al enkele maanden in de lucht hing.[2] De keizer ging zijn positie als heer van de Nederlanden overdragen aan zijn zoon Filips. Of Oranje maar zo snel mogelijk naar Brussel wilde komen om de plechtigheid bij te wonen.

Vijf dagen later, vrijdag 25 oktober 1555, hadden afgevaardigden van de Nederlandse gewesten, samen met de ridders van de orde van het Gulden

Vlies en leden van de voornaamste advieslichamen, zich verzameld in de grote zaal van het Paleis op de Koudenberg. Om drie uur trad de keizer binnen, moeizaam lopend, met de hand rustend op de schouder van Willem van Oranje. In de uren daarna werd met lange toespraken teruggekeken op de regering van Karel v, en meteen ook aannemelijk gemaakt dat dit leven van lange reizen naar alle uithoeken van zijn rijk, het voeren van vele oorlogen en het dragen van immense verantwoordelijkheden, vroegtijdig tot een einde moest komen. Dat een vorst bij leven afstand deed van zijn positie en dus van zijn macht, was een unicum. Karel was 55 jaar, maar was niet meer in staat een paard te bestijgen. Hij leed aan jicht, aan aambeien, en was lichamelijk en geestelijk uitgeput. Het werd die middag breeduit besproken. De vertegenwoordigers van de gewesten en andere genodigden, zo'n duizend in totaal, hoorden het bewogen aan, en er waren er verscheidenen die het niet drooghielden, ook de keizer niet.[3]

Oranje was een dag later alweer terug in zijn vesting in aanbouw. Er was in die paar etmalen te Brussel veel veranderd. De keizer was niet langer zijn hoogste baas – dat was de formele kant. Karel had de macht over de Nederlanden in handen gelegd van zijn zoon Filips, iemand die in veel opzichten op zijn vader leek, ook volgens strikte richtlijnen door zijn vader was opgevoed. Maar Filips was toch anders, een andere persoonlijkheid, een ander mens, een andere superieur om je toe te verhouden. Het communiceren ging bij voorbaat al moeilijk omdat Filips geen Frans sprak, en ook geen Nederlands of Duits. De moeizame omgang met de in Spanje opgevoede en wat stuurse Filips was onderwerp van gesprek in Brussel. Landvoogdes Maria van Hongarije, die ruim twintig jaar lang in opdracht van haar broer Karel v de Nederlanden had bestuurd, was in vertrouwde kring weinig te spreken over haar neef. Ze had twijfels of hij wel tegen zijn zware taak was opgewassen.[4]

Het gezag van Filips was in die dagen niet vanzelfsprekend, terwijl het gezag en het publieke charisma van zijn vader door de jaren heen legendarische proporties hadden aangenomen. Ook Willem van Oranje moet een bruuske overgang hebben ervaren, maar was niet van plan daarvan veel te laten merken. Nog diezelfde avond, 26 oktober, schreef hij zijn nieuwe vorst een brief. Een brief zoals hij er daarvoor tientallen aan de keizer en de landvoogdes had geschreven. Hij meldde dat hij goed was teruggekeerd in het legerkamp, en dat er onder het voetvolk wat problemen waren ontstaan. Niets bijzonders, zulke dingen gebeurden voortdurend. Een dag later schreef Filips een brief waarin hij mededeelde dat Oranje zijn positie als opperbevelhebber zou behouden.[5]

Zo had het door kunnen gaan. Hier en daar een akkefietje, maar elkaar wel in ere houden. Op het hoogste niveau hoef je geen vrienden te zijn. Toch ontstond er in de jaren daarop eerst veel wederzijds onbehagen, daarna irritatie, en al snel een echt conflict, waarin steeds meer wantrouwen en persoonlijke afkeer begonnen mee te spelen. Nog weer later raakte de onenigheid tussen beide mannen verbonden met verschillende andere conflicten die in de Nederlanden smeulden en op een ontbranding afgingen. Oranje richtte intussen zijn ongenoegen niet rechtstreeks op Filips, maar op diens belangrijkste dienaar in de Nederlanden, kardinaal Granvelle. Dit kluwen aan conflicten werd omstreeks 1564 onbeheersbaar, en in de twintig jaren die volgden, haalden Filips en Willem het slechtste in elkaar boven. En ze wisten grote groepen mensen, en grote delen van Europa, in hun conflict mee te trekken.

Is het denkbaar dat de Nederlandse Opstand, die zo bloedig zou verlopen en zo lang voortduurde, zijn kiem had in een nauwelijks nader te omschrijven *incompatibilité d'humeur* van twee ambitieuze mannen? Zijn er geen grotere factoren zoals de opkomst van het protestantisme, het groeiend zelfbewustzijn van de Nederlandse koopmansklasse, of de frustraties van de steeds aan invloed inboetende adel, die meer aanspraak maken op het predicaat 'hoofdoorzaak van de Nederlandse Opstand'? Het debat over de verschillende aanleidingen voor de heftige erupties van geweld die zich decennialang overal in de Nederlanden voordeden, gaat inmiddels eeuwen voort. De aanhoudende ambitie om één hoofdoorzaak aan te wijzen, één mechanisme te benoemen, waaruit alle gebeurtenissen begrepen kunnen worden, maakt dat de discussie nooit een einde zal krijgen. De diepere oorzaken waren vele. Maar de factor toeval laat zich ook niet wegredeneren: foute taxaties, verstoorde communicatie, uitgelekte strijdplannen, vergissingen, flaters en ook stom geluk en botte pech hebben de loop van de gebeurtenissen in deze jaren vaak beslissend gestuurd. Oranje kan gezien worden als degene die als geen ander zicht had op de grote vraagstukken van zijn tijd, en als geen ander gebruik wist te maken van de kansen die hem geboden werden, maar ook regelmatig ervoer dat het geluk hem danig in de steek liet.

De hoofdstukken die volgen zullen duidelijk moeten maken hoe Oranje de loop van de geschiedenis beïnvloedde, niet alleen door eigen daden, maar ook door de waardering en de tegenwerking die zijn persoon bij anderen opriep. Dit relaas van de belangrijkste levensfeiten in de context van het grotere geschiedverhaal is wat een biografie van Willem van Oranje minimaal moet bieden. Het wordt al moeilijker wanneer we proberen zijn ambities en overtuigingen te reconstrueren, en daarin enige samenhang te ontdekken. Dat is van oudsher de moeilijkste opgave gebleken.[6] Daarbij is het aannemelijk dat zijn ambities en overtuigingen zich meermalen diepgaand hebben gewijzigd. Oranje heeft in geschrifte weinig prijsgegeven over zijn diepste drijfveren. En daardoor is er voor historici veel ruimte gebleven allerlei uiteenlopende zaken te beweren over zijn geloofsopvattingen, over zijn politieke ambities, en over zijn karaktereigenschappen. Tot in onze tijd.

Willem van Oranje ging onder tijdgenoten al door voor ondoorgrondelijk. 'Oranje is een vos,' stelde een Utrechts kerkdienaar al in 1564 vast, 'hij heeft heel andere dingen in de zin dan je zou vermoeden.'[7] Dat bleek ook voor veel historici en biografen die zijn loopbaan bestudeerden een nauwelijks te ontlopen valkuil te zijn. Steeds doken er weer feiten op die fundamenteel tegenstrijdig leken met andere feiten. Het stelt de historicus en de biograaf voor lastige keuzes. Lange tijd werden die tegenstrijdigheden opgelost door Oranje ideologisch toe te eigenen; katholieken zagen in hem een sluw en hypocriet opererend egoïst; calvinisten creëerden een protestantse Oranje die zich opofferde voor de zaak van de gereformeerden; de minstens even prominente groep van liberale geschiedschrijvers zag in Oranje de behoedzame grondlegger van de Nederlandse Republiek en van de moderne Nederlandse natie zoals die in de negentiende eeuw gestalte kreeg. De keuze van het ideologisch perspectief bepaalde welke feiten wel en welke niet in het verhaal konden worden ingepast. Een paar rafeltjes en losse eindjes werden wel getolereerd, maar uiteindelijk moest er een coherent verhaal ontstaan.

In 1555, ergens in de dagen dat Karel v de macht overdroeg aan zijn zoon, werd Willem van Oranje geportretteerd door Anthonis Mor. Vol in het harnas, generaalsstaf in de rechterhand. De linkerhand rustend op zijn rood bepluimde helm. Zoals veel portretten die Mor maakte van machtsdragers, straalt dit schilderij gezag en zelfvertrouwen uit. Maar er ligt in het gezicht ook iets zachts en kwetsbaars, al was het maar het nauwelijks doorkomende vlasbaardje, dat de jeugd van Willem verraadt, terwijl de schilder subtiel de vervaarlijke generaalsstaf deels onder de lijst laat verdwijnen. Het is Willem van Oranje in de rol van bevelhebber. Zoals hij in zijn leven vele rollen aannam, en ook snel van rol kon wisselen. Het werd edelen die veel aan het vorstelijk hof verkeerden ook van alle kanten voorgehouden. Overeind blijven in het verwerven van de beste posities en de grootste gunsten – het ging het beste wanneer je goed toneel kon spelen.[8] Juist in de vroege zestiende eeuw wijdden auteurs als Niccolò Machiavelli, Desiderius Erasmus en Baldassare Castiglione hieraan uitgebreide verhandelingen, waarin beschrijving, afkeuring en aanbeveling van dit hoofse theater naadloos in elkaar overgingen. Want uiteraard was iedereen zich ervan bewust dat dit veinzen op gespannen voet stond met het christelijk gebod oprecht te leven. Maar de wereld was nu eenmaal verdorven, en wie zijn doel wilde bereiken kon niet anders dan de strategieën van de tegenstander proberen te doorgronden om ze vervolgens te gebruiken tot eigen voordeel.

Machiavelli, Erasmus en Castiglione markeren het begin van een tijdperk waarin steeds meer informatie steeds sneller, over steeds grotere afstanden door Europa bewoog. Wie begreep hoe dit werkte, begreep ook hoe dit systeem gemanipuleerd kon worden. Willem van Oranje werd hierin een grootmeester. Wat hij op het slagveld, in de economie en in de internationale politiek tekortkwam, compenseerde hij voor een belangrijk deel met zijn beheersing van informatiestromen. En dat was een kwestie van het leveren van maatwerk, iedere dag weer. Het was ook weten hoe de waarheid gebogen kon worden.

Het leven van Willem van Oranje kon niet anders zijn dan een dubbelleven. Een biografie van Willem van Oranje kan niet anders zijn dan een geschiedenis waarin daden en bedoelingen nogal eens uiteenlopen. Zit er een systeem in?[9] Kan Oranje worden gezien als een coherent denkend en opererend persoon, of komen we uiteindelijk uit bij een aaneenschakeling van opportunistische bewegingen, met steeds een onvoorspelbare uitkomst? Het verloop van de Opstand vanaf omstreeks 1560 lijkt in de richting van het laatste te wijzen. Een biografie van Willem van Oranje zal de vraag moeten beantwoorden waar in zijn overwegingen ideële motieven leidend waren, en waar het eigenbelang het overnam. En ook dan moeten we er rekening mee houden dat eigenbelang regelmatig verpakt werd in een hooggestemd verhaal. Daar wordt voor zijn biograaf het leven van Oranje complex. Welke weergave van de feiten is te vertrouwen, wanneer ook zoveel leugens, dwaalsporen, veinzerijen en valse geruchten tot de historische feiten behoren?

Lang is gedacht dat het ontwikkelen van een goed zicht op Oranjes persoonlijke dan wel ideologische drijfveren de sleutel zou leveren voor de verklaring van zijn gedrag, of het nou eigenbaat, familie-eer, geloofsovertuiging, tolerantie of politieke onafhankelijkheid was. Bij veel van dergelijke verklaringen speelden onwillekeurig de waardepatronen van latere generaties mee; de katholieke, calvinistische, liberale en uiteindelijk ook 'linkse' geschiedschrijving, alle met hun voorspelbare accenten, hebben daarin hun eigen wedstrijdjes gehouden. In de decennia na de Tweede Wereldoorlog ging de ideologische scherpte er langzaam van af.[10] In het herdenkingsjaar 1984 constateerde historicus Folkert Postma dat de controverses rond de interpretatie van Willem van Oranje inmiddels waren opgelost en dat er sprake was van een 'vrijwel unanieme verering in onze tijd'.[11] De verschillende artikelen en monografieën uit die jaren lijken Postma gelijk te geven, hoewel de relativerende tijdgeest van 1984 waarschijnlijk beter overweg kon met de aanduiding 'positieve waardering' dan met 'verering'.

Toch was daarmee het beeld van Oranje niet uitgekristalliseerd. Onder aanvoering van vooral buitenlandse historici is de wat zelfgenoegzame visie op Oranje sinds 1984 grondig ontmanteld.[12] Er kwam meer aandacht voor de internationale context waarin Oranje opereerde, waaruit duidelijk werd dat veel beslissingen niet zozeer door hem, als wel door buitenlandse spelers werden geforceerd. Zonder meer werd het individuele handelen van Oranje steeds vaker opgenomen in analyses van groepsbelangen en complexe ideologische tegenstellingen.[13] Om het nog wat ingewikkelder te maken is er consensus ontstaan over de Opstand, die overwegend het karakter heeft gehad van een burgeroorlog met snel wisselende coalities, een strijd die over de hoofden van machteloze en vaak ook onwetende plattelanders en stedelingen werd uitgevochten.[14] Er kwam aandacht voor de grote middengroep tussen de uitgesproken confessies: mensen die zich in religieuze zaken op de vlakte hielden, hun keuze uitstelden, en wellicht het liefst katholiek zouden blijven. Het was de groep die hoe dan ook niets te winnen had bij het voortduren van de onrust.[15] In deze benaderingen wordt Oranje vooral gezien als een aanjager van religieuze en politieke conflicten. Iemand die er, ondanks zijn ideeën over verdraagzaamheid, maar niet in slaagt de rust te laten weerkeren.

Een belangrijke vernieuwing kwam voort uit een meer cultuurhistorische bestudering van de late zestiende eeuw, en van de Nederlandse Opstand in het bijzonder. Die richtte zich met name op het gebruik van propaganda in woord en beeld.[16] In de zestiende eeuw groeide het bewustzijn dat mensen en mensenmassa's doeltreffend beïnvloed konden worden. Willem van Oranje maakte intensief gebruik van propaganda en heeft daar onschatbare voordelen mee behaald. Veel van die propaganda werkt door tot in onze dagen. Het verleden heeft ons een gekleurde bril opgezet, dat bewustzijn is inmiddels wel doorgedrongen. De propaganda kwam van verschillende kanten, en werd soms zeer verdekt in stelling gebracht. Ook toen het stof van de Opstand was gaan liggen, werd de geschiedenis ervan al dan niet moedwillig telkens weer herschreven. Niet alleen door historici, maar ook doordat archiefstukken verloren gingen of zoekraakten, illustraties van later datum een eigen leven gingen leiden, een lied als het Wilhelmus met een nieuwe melodie tot nationale hymne werd verheven, stratenplannen werden vernield, gebouwen werden gesloopt, gebouwen weer werden opgebouwd, aangepast, opgedirkt en voor modern gebruik geschikt gemaakt. Waarbij de overwinnaar nog altijd de geschiedenis schrijft. Dat Willem van Oranje in Philippeville geen standbeeld heeft, dat er geen plein of straat naar hem is vernoemd, en dat hij zelfs geen gedenkplaatje heeft gekregen, moet als oorzaak hebben dat het stadje sinds de oprichting zo goed als onafgebroken in katholiek gebied heeft gelegen, ook in de lange periode dat het in Franse handen was.[17]

Maar het blijkt nog steeds heel moeilijk alle vertekenende sluiers in één keer weg te trekken. En misschien moeten we dat ook niet willen. Die vertekening zit al diep geworteld in het complex van historische feiten die zich gedurende het leven van Oranje in een ongekende hevigheid hebben ontrold.[18] De intensiteit van de gebeurtenissen, het verwarrende, het soms ongerichte van allerlei gelijktijdige ontwikkelingen maakt dat de Nederlandse Opstand een bijna ongrijpbaar historisch onderwerp is.

De beperking tot het leven van Willem van Oranje maakt het iets, maar niet heel veel overzichtelijker. Bij het begin van mijn onderzoek waren er een paar vragen die me bezighielden, en die richting gaven aan mijn weg door de historische bronnen en de secundaire literatuur. De eerste vraag waarop ik een antwoord zocht, was hoe Oranje er in het heetst van de Opstand, omstreeks 1568-1574, schijnbaar moeiteloos in slaagde zo'n fraai beeld van zijn persoon en bedoelingen in omloop te brengen. Hij bleek toen al over een geoliede en doeltreffende propagandamachinerie te beschikken. Hoe kwam hij op het idee, wie en wat waren zijn voorbeelden? Ook wilde ik weten hoe het beïnvloeden en manipuleren van vriend, vijand en neutrale toeschouwer in zijn werk ging. En of dit kneden van de waarheid geen weerstanden opriep. Oranje leek hierin voorop te lopen, alsof het zijn tweede natuur was, maar er werd ook door anderen steeds intensiever mee geëxperimenteerd. In calvinistische kringen, die zijn belangrijkste binnenlandse bondgenoten waren, beheersten ze het kunstje al snel ook – hun propaganda werkte niet louter versterkend op die van Oranje, vaak helemaal niet zelfs: ze werd niet zelden ingezet om Oranje onder druk te zetten, met name om hem af te houden van een al te verdraagzame koers in religiezaken. Wat uiteindelijk ook naar de kwestie leidt hoe Oranje zelf in het geloof stond: in hoeverre waren zijn religieuze inzichten leidend in zijn handelen, in de keuze van zijn vrienden en het bestrijden van zijn vijanden?

Intussen had Oranje te maken met een heel groot buitenland: het katholieke Spanje, waarover hij alleen maar verbittering kon voelen, het anglicaanse Engeland, dat bleef aarzelen, het meest lutherse Duitse Rijk, waar men afstand hield, en het onrustige Frankrijk, waar hij veel vrienden en steun mocht vermoeden, maar waar het krachtenveld door burgeroorlogen voortdurend veranderde. In zijn strijd tegen het machtige Spanje was Oranje aangewezen op ten minste één Europese bondgenoot, liefst meerdere. Zijn voorkeur ging al snel uit naar het grote maar intern verdeelde Frankrijk, het meest katholieke land van alle kandidaten. Oranjes 'Franse politiek' was in zijn eigen tijd al erg slecht begrepen en gewaardeerd, en dat is sindsdien altijd zo gebleven. Oranje werkte zich aan alle kanten in de nesten door zich in te laten met de onbetrouwbare en katholieke hertog van Anjou. Oranje spendeerde meer dan zes jaar aan deze labiele bondgenoot, een project dat velen in zijn omgeving het liefst meteen hadden zien mislukken. Wat bezielde Oranje er toch mee door te gaan?

Deze biografie legt zich toe op het reconstrueren van Oranjes overtuigingen aan de hand van zijn correspondentie met familie, vrienden en zijn vele contacten in binnen- en buitenland. Daarnaast zijn er talloze verslagen van ooggetuigen overgeleverd die inzicht geven in hoe Oranje zich door het leven bewoog en hoe zijn ideeën en daden uitwerkten op de buitenwereld. De hoeveelheid bronnen is zo goed als onuitputtelijk.[19] Maar niet alle gegevens hoeven uit schriftelijke bronnen te komen. Oranje maakte deel uit van een veelheid aan los of minder los georganiseerde netwerken. De samenstelling ervan onthult vaak meer over Oranjes diepere overtuigingen dan lang is gedacht. Opvallend is hoe snel zijn netwerken ontstaan, en weer verdwijnen. Eenmaal op dat spoor bleek het zinvol bij de vaak snel op elkaar volgende levensstadia steeds opnieuw na te gaan wat de vooruitzichten waren van Oranje. Hoe zag van dag tot dag, van jaar op jaar, zijn toekomst eruit? Wat meende hij op korte en lange termijn te kunnen bereiken? Op sommige momenten zal het antwoord 'niets' zijn geweest, op andere leek het wel of hij als een echte overwinnaar uit zijn strijd met de Spaanse koning tevoorschijn kon komen. Maar meestal was het schipperen, en leefde hij in het volle besef afhankelijk te zijn van anderen. Dat moet vaak zijn voorgekomen, maar Oranje liet zich er zelden over uit. Waar in zijn diepste gedachten de wanhoop het leek over te nemen, was het zaak voor de buitenwereld goede moed te tonen. Het dubbelleven in optima forma.

Dat dubbelleven krijgt nog meer reliëf doordat Oranje zulke tegenstrijdige gevoelens opriep; hij was gedurende de laatste twintig jaar van zijn leven tegelijkertijd een van de meest geliefde en een van de meest gehate personen in Noordwest-Europa; een man met een groot charisma, voor velen zelfs een betoverende verschijning, maar hij werd ook omschreven als een grote volksverlakker en de duivel zelve. Niet zelden kwam het voor dat de adoratie van mensen, ook van zijn goede vrienden, op enig moment omsloeg in verbijstering en afkeer. Zijn twee eerste huwelijken leverden daar ook pijnlijke voorbeelden van.

De lezer die een heldenverhaal verwacht, een extra glanslaagje voor de vader des vaderlands, zal af en toe moeten slikken. Oranje belandde in een ingewikkeld conflict en heeft om zijn doelen te bereiken vuile handen moeten maken. Heel vuile handen. Zijn leven was voor langere perioden vooral overleven. Vanaf het moment dat hij omstreeks 1560 openlijk in conflict kwam met kardinaal Granvelle, leverde hij een strijd tegen een overmacht. Het was een overmacht van intelligente, geslepen en ervaren mensen: Filips II, Granvelle, Alva, Farnese en in de wat wijdere kring Catharina de' Medici, Elizabeth van Engeland, Ferdinand en Maximiliaan II van Oostenrijk. Het waren mannen en vrouwen die aanzienlijk meer macht over hem hadden dan hij over hen. Dat Oranje er desondanks in slaagde de strijd ruim twee decennia vol te houden, is op een afstand gezien wonderbaarlijk.

In deze jaren heeft hij bijna dagelijks voor moeilijke keuzes gestaan, moest hij toezien hoe mensen in zijn directe omgeving kostbare fouten maakten, en heeft hij ervaren dat hij er zelf ook geregeld helemaal naast zat. En dan toch maar doorgaan, op de been blijven, ook waar alles misgaat, steeds blijven nadenken en er het beste van maken. Niet weglopen, niet berusten, maar in actie komen. Dit leven was van een ongekende rusteloosheid, zowel geestelijk als fysiek. Hij was bijna altijd onderweg of verbleef ergens tijdelijk. Hij woonde dan weer in Breda, dan weer in Brussel, Antwerpen, Geertruidenberg of Delft, en dan hebben we het alleen over zijn eigen behuizingen. Maar bij elkaar bracht hij ook vele jaren door in legertenten, herbergen en de gastenkamers van bevriende edelen en stadsbestuurders.

Of Oranje een goede slaper was, is niet bekend. Je zou het gaan vermoeden, want zijn dagelijkse bestaan was voortdurend in staat van alarm. Hoe houdt een mens dat vol? Geldgebrek, muitende en deserterende troepen, weigerachtige bondgenoten, trainerende lokale en provinciale bestuurders, en veel plotselinge en tragische sterfgevallen. Tijd om verliezen en tegenslagen te verwerken was er zelden. Hoe dan ook verspilde hij maar weinig inkt aan vreugde en verdriet. 'Bewaar de rust als de golven hoog dreigen te gaan' was zijn paradoxale levensmotto: 'Saevis tranquillus in undis'. Het werd verbeeld door een ijsvogeltje, waarvan men dacht dat het zijn nest als een drijvend korfje op zee bouwde. Het motto ging terug op de *Metamorphosen* van Ovidius,[20] waarin de Thracische koning Ceyx zich door zijn vrouw Alcyone tevergeefs laat smeken af te zien van een zeereis en vervolgens schipbreuk lijdt en sterft. De ontroostbare Alcyone wordt door de goden in een vogel veranderd, gaat op zoek naar Ceyx en pikt met haar snavel zijn dode lichaam wakker. En ze leefden vervolgens als twee vogels met hun nest op de wilde zee. Veel moet Oranje hebben aangesproken in dit verhaal: het avontuur, het gevaar, de hevige en aanhankelijke droefheid over het trieste lot van een dierbare, en daarna de wederopstanding, maar misschien wel in de eerste plaats de gedaanteverwisseling. Van uiterlijk wisselen is een vorm van opnieuw beginnen. En uiteindelijk is er de goede afloop. Ook al moet je daar eerst voor sterven.

MDXLVIII

1

Het gewicht van de stamboom

1533-1547

In de jaren dat Willem van Nassau zijn eerste woordjes brabbelde, leerde tellen en het alfabet opzeggen, het lezen onder de knie kreeg, en daarna ook het schrijven, moet het tot hem zijn doorgedrongen dat hij deel uitmaakte van een familie die in tijd en ruimte nauwelijks grenzen kende. Het bezit van de Nassaus strekte zich uit van het graafschap van zijn vader in Duitsland, tot een nog veel omvangrijker bezit in de Nederlanden, naast gebieden in Zwitserland, Luxemburg, Frankrijk en Italië.[1] Een grillig vlekkenpatroon op de kaart van Europa, dat sinds de twaalfde eeuw van generatie op generatie steeds veranderde.

De vertrekken van het bijna drie eeuwen oude familieslot Dillenburg droegen de sporen van daden van talloze voorvaderen en verwanten. Wandtapijten en schilderingen vertelden de verhalen: de Nassaus hadden verschillende vorsten gediend, het Heilig Land bereisd, in Frankrijk, Italië en de Nederlanden in oorlogen meegestreden. In de grote zaal was een enorme voorstelling te zien van de Slag bij Pavia in 1525.[2] Dit was een legendarisch moment uit de recente Europese geschiedenis – de jonge keizer Karel v, net 25 jaar, verslaat de Franse koning Frans I, nauwelijks zes jaar ouder, en weet zijn grote rivaal zelfs gevangen te nemen. Deze vernedering van Frankrijk was in de Dillenburg als een triomf voorgesteld, want de Nassaus hielden de zijde van de keizer. Maar de bittere waarheid van de voorstelling was dat deze strijd ondanks overwinningen aan weerszijden nooit beslist zou worden, en na korte adempauzes steeds weer werd voortgezet. De Nassaus, ook de jonge Willem, raakten er op allerlei manieren bij betrokken. De loop van hun levens, en vooral die van Willem, werd erdoor bepaald.

Toch kon Willem in de eerste tien jaren van zijn leven opgroeien met het idee dat het echte wereldgebeuren zich ver weg afspeelde. Dillenburg

Karel v, geportretteerd door Titiaan (collectie Alte Pinakothek, München; foto: Paul Hermans).

en het graafschap Nassau lagen er rustig bij. De bossen domineerden het uitzicht, in het dal lag het kleine stadje Dillenburg, als een bescheiden verkeersknooppunt in een dunbevolkte omgeving. Er waren wel zorgen, er waren dreigingen, maar die zaten vooral in het hoofd van zijn vader Willem van Nassau, bijgenaamd de Rijke,[3] en zijn voornaamste adviseurs. Een van zijn belangrijkste zorgen was met de geboorte van Willem eindelijk weggenomen: hij had een mannelijke erfopvolger. De vader was al 46, zijn eerste huwelijk, met de Nederlandse gravin Walburga van Egmond, had hem in 24 jaar alleen twee dochters gebracht, van wie er inmiddels een was gestorven. In september 1531 was hij hertrouwd met Juliana van Stolberg, 21 jaar jonger dan hij, maar ze had al wel vier kinderen uit een eerder huwelijk.[4]

De schaarste aan mannelijke nakomelingen domineerde al generaties lang de familieverhoudingen bij de Nassaus. Bij gebrek aan opvolgers in de rechte lijn, kwam de erfenis nogal eens bij een zijtak terecht. Het bezit van de Nassaus mocht dan versnipperd zijn, het bleef hierdoor wel zo veel mogelijk in één hand. Ze waren sluipenderwijs een factor van belang geworden, in Duitsland, in de Nederlanden, in Europa.

Gebakerd in geloofsverwarring

Willem van Nassau werd geboren op 24 april 1533, tegen drie uur in de ochtend, op het ouderlijk slot Dillenburg. Tien dagen later, op zondag 4 mei, werd hij gedoopt in de slotkapel in het bijzijn van familieleden van vaders- en moederszijde, die de voorgaande dagen uit verschillende uithoeken van Duitsland waren komen aanreizen. De plechtigheid begon om acht uur 's morgens, duurde zo'n twee uur, en werd gevolgd door een uitgebreid doopmaal, waarvoor het gezelschap aan twaalf rijk gedekte tafels plaatsnam. Het was zelfs voor adellijke kringen een groots opgezet ceremonieel: de vader schreef er eigenhandig een instructie voor om alles in goede banen te leiden. Hij kon op dit ogenblik geen slechte voortekenen gebruiken. Zijn aanwijzingen lezen als een choreografie: hoe de gasten binnenkomen, de pasgeborene met omstandige rituelen uiteindelijk naakt boven het doopvont wordt gehouden, hoe daarna het kind in een zijkapel in nieuwe windsels wordt gewikkeld, en daarna geflankeerd door fakkeldragers de kerk in wordt gedragen en plechtig aan de moeder overhandigd.[5] Uit de omvang van de festiviteiten sprak de vreugde van de ouders over hun eerstgeborene en ongetwijfeld ook de opluchting van Willem de Rijke over een mannelijke erfopvolger.

Behalve over de toekomst van de nieuwe wereldburger zal er tijdens die maaltijd ook veel gesproken zijn over de aard van het ritueel dat zich zojuist had voltrokken. Willem was gedoopt volgens de katholieke traditie, een volledige mis met Latijnse formules, met het gebruik van zout, dat de geloofsleer symboliseerde, en met een heuse duivelsuitdrijving. Sinds Luther gold dit exorcisme als paaps bijgeloof, maar ook zijn aanhangers bleven het zekere voor het onzekere nemen, en lieten dit ritueel nog heel lang uitvoeren.[6]

Van Willem de Rijke en zeker van Juliana van Stolberg was in ruime kring bekend dat ze sympathiseerden met het ideeëngoed van Maarten Luther, die nog maar zestien jaar eerder de reformatie van de kerk in gang had gezet, met het aanslaan van zijn 95 stellingen tegen de aflaathandel aan de kerkdeur van Wittenberg. Het gezelschap dat aan de twaalf tafels bijeenzat, kende een grote schakering van overtuigde lutheranen, minder overtuigde lutheranen, al dan niet trouwe katholieken, en twijfelaars. Het ritueel dat ze hadden meegemaakt vroeg duiding: hoe modern of behoudend was het in de kern geweest? Een kwestie van het scheiden van de vorm en de inhoud, wellicht. Na de eerste schok van Luthers rebellie was omstreeks 1530 het geestelijk leven in Duitsland in een rustiger, zelfs verzoeningsgezind vaarwater terechtgekomen. Het leek erop dat de kerk, die in tien jaar tijd steeds meer verdeeld was geraakt, toch zou terugveren naar eenheid. Aan de twaalf tafels ging het er ongetwijfeld over of die eenheid echt bereikt kon worden of dat ze een illusie zou blijken.

Voor Willem de Rijke was deze open kwestie een reden voorzichtig te opereren: partij kiezen in geloofsconflicten werkte ontregelend op zijn politieke belangen. In de voorgaande jaren waren veel Duitse edelen door hun demonstratieve keuze voor de ideeën van Luther in conflict gekomen met hun hoogste baas, keizer Karel v. De keizer had, nadat Luther in enkele jaren tijd in heel Duitsland en ook daarbuiten een enorme aanhang had gekweekt, de radicale hervormer in 1521 tot de orde geroepen tijdens de rijksdag van Worms. Op de rijksdag verzamelde de keizer zo goed als jaarlijks de zeven keurvorsten en ook de kleinere vorsten in het Heilige Roomse Rijk om zich heen. Een moment om tot eensluidende afspraken te komen over tal van politieke kwesties.[7] Voor Karel was het ook een gelegenheid om de teugels aan te halen, zij het dat hij altijd afhankelijk bleef van de instemming van de grote vorsten. De rijksdag leek een goede gelegenheid om Luther terug te drijven onder het pauselijk en zeker ook zijn eigen gezag.

In Worms eiste Karel dat Luther zijn stellingen introk en ook zijn verdere kritiek op de katholieke kerk herriep. Luther peinsde er niet over en hield, oog in oog met de keizer, een gloedvol en onderbouwd betoog waarom hij en zijn volgelingen vonden dat de Kerk van Rome gecorrumpeerd was en het zicht op het ware geloof geheel was kwijtgeraakt. Na Luthers vertrek uit Worms sprak Karel v de rijksban over hem uit. Luther was daarmee vogelvrij verklaard. Dat de energieke en welbespraakte hervormer de keizer had getrotseerd en vol overtuiging zijn diep geloof in het evangelie had getoond, raakte snel overal bekend en maakte Luther alleen maar populairder. Ondertussen vond Luther een schuilplaats bij de keurvorst van Saksen. Met een vloed aan pamfletten en traktaatjes, en vooral ook met het door hemzelf naar het Duits vertaalde Oude en Nieuwe Testament, bleef Luther het hervormingsvuur aanblazen. Luther gebruikte de mogelijkheden van de drukpers als geen ander; vóór 1530 verschenen er van hem en zijn aanhangers al tienduizend verschillende vlugschriften in druk, bij elkaar zo'n tien miljoen exemplaren. Zijn ideeën verspreidden zich als een virus in alle richtingen en niemand wist een remedie.[8]

Het antwoord van de keizer was verbieden en vervolgen. Als koning van Spanje en als heer van de Nederlanden had hij de wettelijke mogelijkheden daadwerkelijk op ketters te laten jagen. Vooral in de Nederlanden werd vanaf 1520 hard ingegrepen. In de Duitse gebieden had hij in zijn keizerlijke waardigheid de medewerking van de soevereine vorsten van de verschillende hertogdommen en graafschappen nodig. Die waren voor een groot deel niet geneigd ketters te vervolgen, soms omdat ze inmiddels zelf luthers waren geworden, nog vaker omdat ze de maatregelen wel erg hard vonden, gezien het vergrijp; vervolging zou Luther alleen maar in de kaart spelen, zo werd gevreesd.

Op de rijksdag van Augsburg in de zomer van 1530 boog Karel v zich opnieuw over de godsdienstige onrust. Hij stemde erin toe dat een mede door Luthers nauwe geestverwant Philippus Melanchthon opgestelde tekst werd voorgelezen waarin de belangrijkste hervormingsvoorstellen over het geloof en ook over de misstanden in de kerk kort werden besproken. Het werd de basis voor de Augsburgse Confessie. De toon van deze tekst was gematigd, bedoeld om de keizer mild te stemmen en met hem te zoeken naar een manier om de kerk van binnenuit te hervormen. Keizer Karel luisterde, niet onwelwillend, maar veel ideeën gingen hem te ver.

Naderhand beweerde Willem van Oranje dat hij 'in de Augsburgse Confessie geboren' was.[9] Een wat cryptische mededeling, maar gezien de geest van verzoening die erbij hoorde wellicht niet zonder diepere betekenis.

Zijn vader was als rijksgraaf waarschijnlijk op de rijksdag in Augsburg aanwezig geweest. Ook Willems oom Hendrik III van Nassau had als lid van de entourage van Karel v de rijksdag meegemaakt. Ze waren er getuige van dat de lutheranen de zojuist voorgelezen tekst als belijdenisgeschrift in het Duits en het Latijn aan Karel v aanboden. Deze was ondertekend door een aantal Duitse steden en edelen, onder wie de machtige keurvorst van Saksen. Het bracht de keizer in een wat lastige situatie – hij distantieerde zich van de tekst en verbood de publicatie. Het Duitstalige document verdween, hoewel er al spoedig clandestien afschriften en gedrukte versies van circuleerden. Het Latijnse origineel dook naderhand op in de Nederlanden; Hendrik III van Nassau had het meegenomen naar zijn kasteel in Breda en zorgvuldig bewaard.[10]

De stamboom in het volle licht

Hendrik was de broer van Willem de Rijke en in deze jaren het onbetwistbare hoofd van de familie.[11] In 1504 had hij de bezittingen geërfd van zijn oom Engelbrecht II, die kinderloos was gestorven. De erfenis omvatte vele landgoederen in de Nederlanden, en dan met name Brabant, met de heerlijkheid Breda als het middelpunt; daar stond ook het familieslot van de Nederlandse tak. Al eerder, in 1499, was Hendrik als zestienjarige jongen vanuit Duitsland naar de Nederlanden gekomen om te worden opgenomen in de hofhouding van de Habsburgse hertog Filips de Schone, op dat moment de landsheer van de Nederlanden. Hij mocht in maart 1500 de doopkaars vasthouden bij de doop van Filips' zoon Karel, de toekomstige keizer Karel v. Na het overlijden van Filips in 1506 werd Hendrik opgenomen in de voogdijraad die moest toezien op de opvoeding van Karel. Al een jaar eerder was hij door Filips tot ridder in de prestigieuze orde van het Gulden Vlies gemaakt.

Hendrik III had een glanzende loopbaan: hij raakte op het hoogste niveau betrokken bij veel politieke beslissingen, en was een vrij succesvol legeraanvoerder en onderhandelaar. Hij was erbij toen Karel in 1515 in Brussel meerderjarig werd verklaard. Hij was de ijverige diplomaat die in juni 1519 Karels verkiezing tot keizer van het Heilige Roomse Rijk wist rond te krijgen, en hij was er ook bij toen in februari 1530 Karel v in Bologna door de paus de keizerskroon op zijn hoofd gedrukt kreeg. Voor zijn goede diensten werd Hendrik III in 1522 beloond met de positie van opperkamerheer, een functie met grote politieke invloed en vergaande organisatorische bevoegdheden.[12] Karel en Hendrik werkten samen op zeer intieme voet, hoewel Hendrik bij vriend en vijand opviel door een nogal weinig ambitieuze houding. Hij was eerder wat laconiek, maar daardoor misschien wel juist zo geschikt om door Karel in vertrouwen genomen te worden, of zoals de Venetiaanse diplomaat Niccolò Tiepolo het uitdrukte: 'Niemand staat meer in de gunst en hoger in aanzien bij de keizer dan de graaf van Nassau; hij zou nog grotere invloed hebben wanneer hij het behartigen van de staatszaken aan zich trok en zijn macht tot gelding zou brengen, want de keizer houdt zeer van hem en acht hem hoog.' Maar het behartigen van de staatszaken ging Hendrik het liefst uit de weg. 'Hij bezoekt alleen de vergaderingen van de raad die ook door de keizer zelf worden bijgewoond, en hij geeft dan vrijmoedig zijn mening.'[13] Hendrik opereerde schijnbaar ongebonden, maar was niet bedreigend.

Waar Karel ging, daar ging ook Hendrik; het bracht hem voor lange jaren in Spanje en Italië. In Spanje trouwde Hendrik in 1524 met de rijke en daarom felbegeerde edelvrouw Mencia de Mendoça; hij kaapte haar, met steun van Karel v, weg voor medepretendent Fernando Álvarez de Toledo, in onze contreien naderhand beter bekend als de hertog van Alva. In Italië raakte Hendrik in de ban van de verfijnde kunst en architectuur. Bezeten van het idee in Breda een vergelijkbare renaissanceschittering tot stand te brengen keerde hij in 1530 in de Nederlanden terug. Het slot van de Nassaus, dat in de loop van de eeuwen steeds aan nieuwe behoeften was aangepast, onderging nu, onder aanvoering van de Italiaanse architect Tommaso Vincidor, een ingrijpende metamorfose. Er kwamen op de binnenplaats onder andere zuidelijk aandoende loggia's, alles met een vleug Romeinse grandeur, 'all'antica'.[14]

Omstreeks deze tijd begon Hendrik III werk te maken van de eigen familiegeschiedenis. De verwantschappen en daden van het voorgeslacht werden uitgeplozen,[15] en hij gaf de virtuoze, uit Luxemburg afkomstige maar vooral in Brussel werkende, kunstenaar Bernard van Orley opdracht wandtapijten te ontwerpen waarin de roemrijke afstamming van de Nassaus werd verbeeld, voor elke generatie één. Orley kwam met ontwerpen waarin de eenvoud van twee te paard op elkaar toerijdende echtelieden was gevat in verfijnde en illusionistisch uitgewerkte landschappen. De tapijten waren 5,5 meter breed en ruim 4 meter hoog, en onderstreepten door die afmetingen, in combinatie met de eenvoud van de voorstelling, het belang van de figuren die erop werden afgebeeld.

Hendrik III had een prachtige carrière gemaakt voor een betrekkelijk eenvoudige graaf uit Midden-Duitsland. Met de tapijtreeks perste hij alle roem en grandeur uit de geschiedenis van het geslacht Nassau die er maar voorhanden was, en hij moest daarvoor ook even valsspelen. De voorstellingen van Orley gingen terug tot de dertiende eeuw, en de kennis die wij hebben gaat nog iets verder. Omstreeks 1100 was er een graaf Dudo,

Alle door Bernard van Orley ontworpen Nassau-tapijten zijn verloren gegaan. Wel zijn enkele van de oorspronkelijke ontwerptekeningen bewaard gebleven. Deze toont Hendrik III van Nassau en Mencia de Mendoça (collectie Staatliche Graphische Sammlung, München).

die aan de rivier de Lahn de burcht Laurenburg bezat. Zijn zoon Rupert bouwde een eindje stroomafwaarts aan de Lahn de burcht Nassau. Ze gedroegen zich als eenvoudige landadel en hadden weinig politieke invloed. Dat veranderde enkele generaties later met de nogal onstuimige ambities van graaf Hendrik II. Hendrik ontketende tussen 1200 en 1240 talrijke conflicten met naburige edelen, waardoor een zo vijandige sfeer ontstond dat hij zich gedwongen zag een stevige verdedigingsburcht te bouwen: de Dillenburg.[16] Maar zijn aanhoudende agressie leverde wel degelijk territoriumwinst op. Tegen het einde van Hendriks leven had het graafschap Nassau redelijk ruime contouren aangenomen, grofweg het gebied tussen de Main, Lahn, Sieg en Dill, ten noorden van Frankfurt. Het graafschap was economisch wat minder ontwikkeld, maar de dadendrang van de graaf dwong respect af. In 1232 erkende keizer Frederik II de Nassaus als landsheerlijk geslacht.[17] Na Hendriks dood in 1255 werd Nassau verdeeld onder zijn zonen Walram en Otto. Uit deze twee graven van Nassau ontstonden twee grafelijke dynastieën. Hendrik III stamde af van Otto, oftewel maakte deel uit van de Ottoonse lijn. De Walramse lijn leek aanvankelijk meer aan de weg te timmeren. In 1292 werd de zoon van Walram, Adolf van Nassau, tot rooms-koning verkozen, wat als een opstap kon worden gezien naar het keizerschap over het Heilige Roomse Rijk. Adolf was een compromiskandidaat, die allerlei conflicterende belangen van de verschillende keurvorsten moest zien op te lossen. Het werd geen succes. Toch zou geen Nassauer ooit nog tot hoger waardigheid reiken dan deze Adolf. Hij sneuvelde in 1298 bij Göllheim, in een veldslag met Albrecht van Habsburg, uit een andere ambitieuze familie, die nog maar net op het wereldtoneel kwam kijken.

Er stroomde geen bloed van Adolf door Hendriks aderen, maar deze illustere Nassau werd wel opgenomen in de reeks van acht wandtapijten, als enige uit de Walramse lijn. De familie had in de dertiende eeuw even aan het keizerschap mogen ruiken; in het spel van prestige en authenticiteit dat leden van de Europese aristocratie onvermoeibaar met elkaar bleven spelen, wilde je deze troef graag in je mouw hebben. Willem van Oranje zou op het hoogtepunt van zijn conflict met Filips II deze kaart nog eens schijnbaar achteloos op tafel gooien.

De Nassaus waren Duits, maar als de tapijten iets uitstraalden dan was het dat ze in hun partnerkeuze bijna vanzelf naar het westen keken, naar de andere kant van de Rijn. De stamvader van de Ottoonse tak, Otto I van Nassau (gest. ca. 1290), huwde met Agnes van Leiningen, uit de buurt van Koblenz, hun oudste zoon Hendrik I (ca. 1270-1343) huwde met Adelheid van Heinsberg, afkomstig van een heerlijkheid dicht bij Roermond in de Nederlanden, en hun oudste zoon Otto II (ca. 1305-1351) trouwde met de Luxemburgse Adelheid van Vianden. Het was alsof het machtige en vijandige Hessen, dat aan de oostkant van Nassau lag, de Nassaus dwong zich vooral in westelijke richting te oriënteren.

De Nederlandse tak

Het patroon werd pas echt goed zichtbaar met de kleinzoon van Otto II en Adelheid, Engelbrecht I (1370-1442). Hij huwde in 1403 met de steenrijke Johanna van Polanen, die erfgename was van een bonte reeks heerlijkheden verspreid in Holland en Brabant. Het stamslot van de Polanens stond in Breda, maar ze hadden ook een stadspaleis op de Koudenberg in Brussel, waaruit mocht worden afgeleid dat ze tot de rijkste en machtigste families van de Nederlanden behoorden. Engelbrecht I had twee oudere broers en was voorbestemd geweest voor een loopbaan als geestelijke. Toen het ernaar uitzag dat zijn broers kinderloos zouden blijven, werd hij alsnog uitgehuwelijkt aan de nog maar elfjarige Johanna, de enige erfgename van het bezit van de Polanens. Het maakte Engelbrecht I op slag een van de invloedrijkste mannen in de Nederlanden, op een moment dat de Bourgondiërs hun prachtlievende en strak georganiseerde bewind tot volle ontplooiing brachten. In 1430 verwierf Filips de Goede Brabant, en Engelbrecht werd een gewaardeerd raadsheer en diplomaat voor de Bourgondische hertog. Engelbrecht, hoe Duits de eerste helft van zijn leven ook was, vernederlandste. Het Duitse graafschap was intussen in handen gekomen van zijn oudere broers, eerst Jan en daarna Hendrik. Toen de laatste in 1451 als verwacht kinderloos stierf, was Engelbrecht al negen jaar dood. Hij was opgevolgd door zijn zoon Jan IV.

Deze Jan erfde niet alleen van zijn vader, maar tevens van zijn oom Hendrik: al het bezit van de Ottoonse lijn, zowel het Duitse als het Nederlandse en Luxemburgse, was weer in één hand. Ook aan Jan IV (1410-1475) werd uiteraard een tapijt gewijd; hij vertegenwoordigde alles waar de Nassaus eer mee inlegden. Hij onderhield goede banden met het bewind van de Bourgondiërs, was een vroom katholiek, en trok in opdracht van Filips de Goede langs de verschillende brandhaarden, tot aan Rhodos toe, om de door zijn baas gewenste orde te herstellen. En in de beste Bourgondische tradities bouwde hij aan een boekencollectie en onderhield hij banden met wetenschappers.[18]

Jans zoon Engelbrecht II (1451-1504) begreep zo mogelijk nog beter waar de door de Bourgondische hertogen geknede tijdgeest om vroeg. Hij verbleef al in zijn jeugd lange tijd aan het hof van Karel de Stoute, waar pracht en praal synoniem werden met daadkracht en zelfverheerlijking. In werkelijk alles de beste willen zijn. Engelbrecht II werd op zijn tweeëntwintigste opgenomen in de prestigieuze orde van het Gulden Vlies, die in 1430 door Filips de Goede was gesticht. Trouw en dienstbaarheid aan het Bourgondische bewind waren daarmee onontkoombaar; Engelbrecht bekleedde een veelheid aan bestuurlijke functies en volgde Karel op de vele veldtochten die de eerzuchtige hertog op touw zette. In 1477 kwam deze samenwerking tot een abrupt einde. In een veldslag bij Nancy met de hertog van Lotharingen sneuvelde Karel de Stoute, en Engelbrecht werd gevangengenomen.

Toen Engelbrecht na betaling van een enorm losgeld (50.000 Rijnse guldens) aan het hof terugkeerde, bleek de geschiedenis een scherpe bocht te hebben gemaakt. Karels negentienjarige dochter Maria van Bourgondië was erfopvolger, maar haar echtgenoot Maximiliaan van Habsburg werd voor decennia de bepalende factor in de Nederlanden. Bourgondië werd afgelost door Habsburg.

Engelbrecht liet zich door Maximiliaan tot kamerheer benoemen en maakte van nabij mee hoe bij steeds meer Nederlandse edelen ergernis groeide over de ambities van Maximiliaan, die, zeker na de dood van zijn vrouw Maria in 1482, de aspiraties van zijn inmiddels zeer machtige Oostenrijkse dynastie regelmatig voor liet gaan op de lokale Nederlandse belangen. Engelbrecht was onwrikbaar in zijn trouw en diende, nadat Maximiliaan in 1493 keizer was geworden, ook diens zoon Filips de Schone. Bij afwezigheid van de jonge hertog was hij zelfs algemeen stadhouder (plaatsvervanger) in de Nederlanden. De Nassaus hadden binnen enkele generaties de hoogste regionen van het Bourgondisch-Habsburgse machtsapparaat bereikt. Alles moest worden gedaan om die positie te consolideren.[19]

Met zijn broer Jan V was Engelbrecht II overeengekomen dat deze alle Nassause gebieden ten oosten van de Rijn zou beheren, en hij zelf alle gebieden ten westen ervan. Ze regelden ook dat het uitgesloten was dat deze gebieden ooit via de vrouwelijke lijn zouden vererven. Het bleek voor de al generaties lang broeiende aspiraties van de Nassaus een zinnig voorbehoud: Engelbrecht had een prachtige loopbaan, waarin de band met het centrale bewind zeer hecht was geworden en veel beloofde voor de toekomst, maar op zijn drieënvijftigste stierf hij kinderloos. Volgens recent onderzoek zou hij syfilis hebben opgelopen, wellicht tijdens een van de vele veldtochten in Italië.[20]

En daar kwam zijn jonge neef Hendrik III in beeld. In 1499, op het moment dat Hendrik vanuit Dillenburg naar de Nederlanden reisde, wist Engelbrecht dat hij zonder mannelijke nazaten zou sterven, en hij maakte Hendrik tot zijn erfgenaam.

De tapijten vertelden dit verhaal van de erfopvolging alsof het de gewoonste zaak van de wereld was. De Nassaus waren al drie eeuwen een factor van belang op het Europese toneel, dat hoefde in de tapijten niet nader te worden uitgelegd. Het was voldoende de dynastie te presenteren in haar voornaamste leden. De wapenfeiten spraken voor zich: afgezien van alle oorlogen waarin ze hadden meegevochten, hadden ze belangrijke kerken en kloosters gesticht. Engelbrecht I was in 1425 zelfs een van de medeoprichters van de inmiddels zeer succesvolle universiteit van Leuven. Op een subtiele manier vermeed de kunstenaar dat via symbolen of attributen naar die wapenfeiten verwezen werd. De groot uitgewerkte gestalten toonden hun oprechte gemoed, hun gezag en hun belofte voor de toekomst, door op een onbewaakt moment in volle schoonheid betrapt te worden.

Dat was zuidelijke grandeur; zo deden de hertogen van Ferrara, Urbino en Toscane het ook: ruimte laten voor fantasie, en intussen de toeschouwer verpletteren met een voorstelling waarin elegantie, of zelfs zachtheid, en onwrikbare grootsheid elkaar versterkten. Hendrik III liet omstreeks 1530, kort na zijn terugkeer naar Breda, in de Grote Kerk een grafmonument voor zijn oom Engelbrecht en diens vrouw Cimburga van Baden oprichten. Hierin werd de kwetsbaarheid van de twee echtelieden, in een simpele lijkdoek gewikkeld op een eenvoudig, half afgerold matje, zichtbaar gemaakt, maar wel omringd door de grootste legeraanvoerders uit de oudheid, zoals Julius Caesar, Marcus Atilius Regulus, Philippus van Macedonië en Hannibal. De eigen fragiele sterfelijkheid werd in marmer uitgehouwen en verbonden met martiale symbolen die de reputatie van het echtpaar en daarmee van de familie voor eeuwen fixeerden.[21]

De eenvoud van Dillenburg

Vergeleken met de zelfbewuste grandeur die Hendrik III in Breda tentoonspreidde, ging het er driehonderd kilometer oostelijker op het slot van zijn broer Willem de Rijke heel wat soberder aan toe. Er was minder grondbezit, dat ook veel minder inkomsten opleverde dan de Nederlandse domeinen van Hendrik. Het kasteel de Dillenburg, op een rotspunt aan de binnenkant van een slinger in het riviertje de Dill, had zeker van buitenaf weinig van een lusthof of een pronkpaleis. De verdedigende functie stond voorop; in 1536, de jonge Willem was net drie jaar oud, werd nog eens een extra ommuring aangebracht. Het graafschap Nassau kon en mocht zich niet veilig wanen.

Willem de Rijke speelde niet, zoals de laatste generaties Nassaus in de Nederlanden, een sturende rol in de Duitse politiek. Integendeel, zijn leven werd voor een groot deel beheerst door een conflict dat hij had geërfd van zijn vader Jan V, en waarin hij onderliggende partij was: een sinds omstreeks 1500 slepende ruzie met de landgraaf van Hessen over het bezit van het kleine maar lucratieve graafschap Katzenelnbogen, ten zuiden van het graafschap Nassau. Het lag strategisch aan de Rijn, leverde veel inkomsten op door tolheffingen, en betekende voor de Duitse Nassaus een welkome uitbreiding van het territorium. Maar vooralsnog hield de landgraaf van Hessen Katzenelnbogen bezet, en voelde Willem de Rijke zich vervelend omsingeld door Hessen, dat zich veel sterker wist en daarom weinig toeschietelijk was.

Het begin van het conflict laat zich moeilijk bepalen, de oorzaak wel. Omstreeks het midden van de vijftiende eeuw begon het ernaar uit te zien dat de graven van Katzenelnbogen geen mannelijke erfgenamen meer zouden voortbrengen. Het huis van Nassau en de landgraven van Hessen waren op verschillende manieren via huwelijken met deze graven verbonden. De laatste graaf van Katzenelnbogen, Filips de Oude, zag de problemen aankomen en formuleerde in 1478 zodanig nauwkeurige bepalingen dat het onder alle denkbare omstandigheden helder moest zijn welke partij aanspraak kon maken op de totale erfenis van het graafschap. De bepalingen leken gunstig voor Hessen, maar alleen wanneer vererving via een bepaalde mannelijke lijn gegarandeerd was. Filips de Oude had bovendien geprobeerd de spanning uit de regeling te halen door in hetzelfde jaar een huwelijk te arrangeren tussen Jan v van Nassau en Elisabeth van Hessen. Een jaar later stierf Filips en trad zijn complexe maar waterdichte regeling van de erfenis in werking. Verlost van de dwingende ogen van Filips, zette Hessen, met steun van het machtige huis van Saksen, een nieuwe regeling in elkaar, die onder alle omstandigheden moest voorkomen dat de erfenis bij Jan v en Elisabeth terecht zou komen. In 1500 stierf de door Filips begunstigde mannelijke lijn in het huis Hessen alsnog uit en trad Filips' aanvullende bepaling in werking: volgens zijn wil zou het graafschap nu naar Jan v en Elisabeth moeten gaan. Maar Hessen trok zich er weinig van aan, nam het graafschapje in bezit, en was niet van zins het nog uit handen te geven.

In 1500 had de kwestie-Katzenelnbogen reeds alle ingrediënten van een onoplosbare familievete die al veel te lang duurde, terwijl ze nu pas echt begon, en nog meer dan een halve eeuw voortduurde. Dat in 1536 de Dillenburg een nieuwe omwalling kreeg, had alles te maken met de angst bij Willem de Rijke dat Hessen voor een definitieve en dus gewelddadige oplossing zou kiezen. De Nassaus waren gewend met alles rekening te houden. Al helemaal in de beginfase van de vete, in 1473, waren er pogingen tot vergiftiging geweest, onder duistere omstandigheden, maar de sporen leken naar het huis van Hessen te leiden.[22]

Het graafschap van Willem de Rijke telde ongeveer 37.500 inwoners, voor een groot deel eenvoudige boeren.[23] Er was weinig potentieel, qua financiën of manschappen, om een adequate krijgsmacht paraat te houden. Willem de Rijke moest hopen op gerechtigheid. Hij kon de zaak voorleggen aan het Reichskammergericht, waar op de achtergrond de keizer meekeek en meebepaalde hoe de grote onderlinge conflicten in het Duitse Rijk zonder geweld werden beslecht. Maar ook daar gold vaak het recht van de sterkste.

Willem de Rijke had bondgenoten nodig. Die had hij in de Wetterauer Grafenverein, een verband van door Hessen bedreigde kleine graafschappen en vrije steden, en hij wist zich verzekerd van de steun van zijn broer Hendrik, die in ruil voor de helft van het graafschap Katzenelnbogen bereid was de helft van de kosten te betalen die gemaakt moesten worden om het graafschap daadwerkelijk in bezit te nemen.[24] Maar in de praktijk kwam het erop neer dat alleen de keizer Willem de Rijke echt kon helpen. Het was zaak Karel v te vriend te houden. Voor zover Willem de Rijke dat zelf niet besefte, was het wel zijn broer Hendrik die hem daaraan herinnerde. Hendrik probeerde in zijn regelmatige contacten met Karel v steeds te peilen hoe de keizer dacht over de landgraaf van Hessen en diens bezetting van Katzenelnbogen. Het hielp dat de landgraaf inmiddels tot het lutheranisme was overgegaan.

De sympathie van de keizer behouden was de hoofdzaak. En dat verklaart ook het zo katholiek aandoende doopritueel in mei 1533; het was niet de bedoeling dat het verhaal de ronde ging doen dat de jonge Willem het zo belangrijke sacrament op lutherse wijze had ondergaan. De keizer moest niet onnodig op de zenuwen worden gewerkt. En Karel v hield Willem de Rijke in het vizier, als naaste familielid van een van zijn voornaamste raadsmannen. Dat bleek in ditzelfde voorjaar van 1533, toen Willem de Rijke door Karel v werd uitgenodigd toe te treden tot de orde van het Gulden Vlies, waarin niet alleen absolute trouw aan de vorst vooropstond, maar waarvan de statuten ook eisten dat ieder lid onvoorwaardelijk praktiserend katholiek was. Deze uitnodiging is wel opgevat als het bewijs dat Karel v op dat ogenblik overtuigd was van Willems katholiciteit, maar het is ook denkbaar dat Karel met het lidmaatschap van de orde de lutherse neigingen van zijn dierbare en trouwe Duitse steunpilaar de kop in wilde drukken. Willem de Rijke ging niet op de uitnodiging in, volgens sommigen omdat hij zich een te gering edelman voelde, maar het lijkt aannemelijker dat hij zich niet onnodig in de religieuze nesten wilde werken. Waarschijnlijk om dezelfde reden had hij drie jaar eerder Karels aanbod om stadhouder van Luxemburg te worden afgeslagen; hij zou er het katholicisme moeten herstellen.[25] Uiteraard hield hij zich over zijn innerlijke beweegredenen tegenover de keizer op de vlakte.

Het ware geloof

Bij zijn doop begint al de verwarring over de religie van Willem van Oranje, die kenmerkend is voor zijn leven, en die de gemoederen van historici tot op heden kan verhitten. Dat het geestelijk leven op de Dillenburg in 1533 en de jaren erna in de intimiteit van de grafelijke familie luthers getint was, lijkt onloochenbaar. Al omstreeks 1526 liet Willem de Rijke via de strijdbare lutherse keurvorst Johan Frederik van Saksen aan Luther vragen of deze voor hem een lijstje van Latijnse en Duitse werken wilden samenstellen.[26] Kort daarop ontving Willem de Rijke een zending boeken. De lectuur ervan zal zijn religieuze inzichten ongetwijfeld hebben verdiept, maar hij bleef voorzichtig opereren, ook omdat hij zag hoe destabiliserend de beweging van Luther werkte op de binnenlandse machtsverhoudingen. Toch durfde Willem de Rijke in 1529 een luthers predikant naar zijn hof te halen. Vanaf dat moment kwamen er steeds meer lutherse predikanten in de verschillende parochies in het graafschap de katholieke priesters vervangen; in 1534 werd het franciscaner klooster in Siegen opgeheven.[27] De overgang ging geleidelijk, maar verraadt wel de innerlijke overtuiging van Willem de Rijke. Die hield niet zozeer het aanhangen van al Luthers denkbeelden in, als wel het inzicht dat het geloofsleven verdiept moest worden, door grotere toewijding aan de Heilige Schrift en de genade Gods, en minder aan de soms erg sleetse rituelen van de katholieke priesters en de Kerk van Rome.[28] Met wellicht de hoop dat de kerk zich kon herstellen, zoals met de verzoeningsvoorstellen op de rijksdag van Augsburg in 1530 was geprobeerd.

Die verzoening bleef uit. Juist in de jaren na 1530 trad in grote delen van Europa een verdere radicalisering op. De kleine maar zeer onorthodoxe sekte van de wederdopers begon ideeën over een naderende eindtijd te verspreiden, en ging er in 1534 toe over in de bisschopsstad Munster het nieuwe Jeruzalem uit te roepen. Het speelde zich af op redelijk veilige afstand van Dillenburg, maar in Munster ontwikkelde zich een orgie van godsdienstwaanzin, vrije liefde en gewelddadigheid – hoe besmettelijk ging dat worden? Een jaar later kreeg Amsterdam ermee te maken, maar de beweging bloedde dood na het niet-uitkomen van alle apocalyptische voorspellingen en na de nodige repressie. Ook in Munster werd met grof geweld een einde gemaakt aan het nieuwe Jeruzalem.

In diezelfde jaren deed zich een gebeurtenis voor die minder spectaculair, maar op de langere termijn veel invloedrijker was: in 1536 verscheen in Bazel de *Institutio christianae religionis* van Johannes Calvijn. De *Institutio* was een belangrijke stap verder in de hervorming van het geloofsleven. Net als Luther stelde Calvijn de Bijbel centraal, maar hij pleitte ook, nog meer dan Luther, voor een sterke kerk, die het geloofsleven van het onwetende en zoekende individu vergaand moest disciplineren, waarmee de kerk een grote verplichting op zich nam de niet-rechtgelovige medemens op het juiste pad te voeren. De kerk als hoeder van een evangelisch christendom, opwekkend tot diepe vroomheid, en daarbij steunend op het gezag van een rechtvaardige overheid, in veel gevallen een vorst, terwijl de kerk zelf bijna democratisch georganiseerd was met een belangrijke positie voor de 'gemeenten', waar de gelovigen deel van uitmaakten.

Met de opkomst van radicale groepen als de wederdopers en de calvinisten ging de door Luther in gang gezette hervorming een nieuwe fase in. De onderlinge concurrentie maakte dat verschillen werden uitvergroot en overeenkomsten er steeds minder toe leken te doen. In heel Europa kwamen in de jaren dertig, veertig en vijftig van de zestiende eeuw sektes tot ontwikkeling, die alle vorm gaven aan de grondgedachte dat de christelijke religie onder de Kerk van Rome was gecorrumpeerd en nu weer teruggevoerd moest worden naar haar pure geloofsinhoud. Sommige groepen bleven klein en zakten spoedig weg in vergetelheid. Het strenge gedachtegoed van de Fransman Calvijn schoot vooral wortel in Zwitserland, waar Genève een bolwerk van strenge rechtgelovigheid werd. Deze stad kreeg al de trekken van Calvijns idee van de christelijke staat, waarin de wet van God heerste. Het principe was 'een vrije kerk in een vrije staat', een liberaal klinkende formule die echter vooral tot uitdrukking bracht dat de staat de kerk nimmer de wet zal kunnen voorschrijven, en dat de staat hoe dan ook God had te dienen. In Genève werd er vanaf omstreeks 1540 door Calvijn en volgelingen, met vallen en opstaan, mee geëxperimenteerd.

Het zag er lang naar uit dat het calvinisme iets van de bergstreken rond Genève zou blijven, en het is heel goed denkbaar dat Willem van Oranje er in zijn jeugd niet of nauwelijks over hoorde. Maar dat er met de lutherse overtuigingen van zijn ouders tegenover de buitenwereld evenwichtskunst werd bedreven, kan hem als opgroeiende jongen nauwelijks zijn ontgaan. Zijn vader was daar meer toe geneigd dan zijn moeder, die er in 1531 nog wel in had toegestemd volgens de katholieke rite te trouwen, maar daarvoor en ook daarna hebben we veel blijken van haar vaste lutherse levensvisie. Juliana van Stolberg onderwees haar kinderen zelf in godsdienst.[29] Wat ze toevoegde aan de boodschap die het steeds toenemend aantal lutherse predikanten de kinderen al leerde is niet duidelijk, maar dat de alledaagse leefregels voor een oppassend christen daarin centraal stonden lijkt aannemelijk.

Een bastion in het groen

Juliana van Stolberg bracht in een strakke regelmaat kinderen ter wereld, na Willem nog elf, die op één na allemaal de volwassen leeftijd haalden. Het eerste kind na Willem, in 1534, was Hermanna, die nog datzelfde jaar overleed. Daarna werden twee broers geboren, Jan in 1536 en Lodewijk in 1538, die in Willems leven een grote rol zouden spelen. In 1539 volgde Maria, in 1540 Adolf, in 1541 Anna, in 1542 Elisabeth, weer een jaar later Katharina, in 1546 Juliana, het jaar daarop Magdalena en in 1550 Hendrik. Twaalf bevallingen in zeventien jaar – ze moet een ijzeren gestel hebben gehad, ze leefde na haar laatste kind nog dertig jaar.[30]

Juliana beleed het matriarchaat met strakke hand; de kinderen werden gedisciplineerd opgevoed, de huisreglementen hadden heel precieze en strenge bepalingen voor met name de maaltijden. Afgaande op een 'Ordnung' die zoon Jan naderhand (in 1566) op de Dillenburg uitvaardigde, sterk leunend op eerdere reglementen, was zelfbeheersing een van de belangrijkste deugden die werd aangeleerd. Ontuchtige kleding of taal was niet toegestaan. Er gold een verbod op vloeken en zweren, en een strikt gebod op deelname aan het gebed en alle kerkdiensten. In het gezin stonden de maaltijden centraal, om zeven uur 's morgens soep als ontbijt, om tien uur een stevig maal, het belangrijkste van de dag, om twee uur 's middags een *Untertrunk*, die bestond uit soep met brood en bier, drie uur later het avondeten, en om acht uur een *Schlaftrunk*, die wellicht voor volwassenen en kinderen iets anders inhield. De tafelschikking lag vast naar rang. Iedereen moest op tijd verschijnen, tijdens de Bijbellezing werd gewaakt over de volle concentratie van alle aanwezigen, ook het personeel. Op nieuwjaarsdag werden de regels nog eens integraal voorgelezen, ze hingen ook her en der in de vertrekken van het kasteel, en wie er inbreuk op maakte kon straf verwachten.[31] Een openlijk standje meestal, maar een boete, zelfs voor de jonge kinderen, kon ook.

Hoe de jonge Willem het strak geregisseerde leven op de Dillenburg onderging, is niet bekend; er zijn geen brieven of memoires die maar een glimp van Willem in zijn vroege jeugd onthullen. Wel is aanwijsbaar dat zijn ouders de opvoeding en het onderwijs serieus namen. Willem was de eerste in de erfopvolging en zal door Willem de Rijke al vroeg hebben mogen ruiken aan het scala aan vaardigheden dat hij nodig had om een volwaardige graaf van Nassau te worden. Dat was geen minimumprogramma: het onderricht werd in 1538 grondig op poten gezet door de oprichting van een hofschool op de Dillenburg, die behalve aan het eigen kroost ook onderwijs bood aan de kinderen van bevriende edelen uit de wijde omgeving. Er werden goede docenten aangetrokken, en uit de keuze sprak opnieuw de neiging aan te sluiten bij de hervormingsideeën van Luther. Met de aanstelling, eind 1538, van Jost Hoen werd hoog ingezet. Hoen was universitair geschoold in het lutherse Wittenberg. Hij werd de belangrijkste schoolmeester van de op dat ogenblik bijna zesjarige Willem. De lessen zullen in eerste instantie hebben bestaan uit het leren lezen en schrijven. Al snel zal zijn begonnen met het leren van Latijn, de onmiskenbare lingua franca van kerkelijk en bestuurlijk Europa. Rekenen, wat geschiedenis, veel godsdienst, maar ook tekenen en wellicht enige sportieve activiteiten zullen deel hebben uitgemaakt van het pakket aan lessen in dit eliteonderwijs. Aan Frans en andere moderne talen werd geen aandacht geschonken.[32]

De aanstelling van Jost Hoen past in een algehele modernisering van het geestesleven in het graafschap Nassau. De inspiratie kwam mogelijk uit het lutherse Wittenberg, en meer in het bijzonder van de gematigde en humanistisch gezinde hervormer Philippus Melanchthon. Willem de Rijke begon in de loop van de jaren dertig met de inrichting van een eigen bibliotheek, hij stichtte in het graafschap verschillende Latijnse scholen en trok steeds meer academisch gevormden aan om de cruciale ambtelijke posities in zijn graafschap te bemannen.[33] De belangrijkste benoeming was die van Wilhelm Knüttel, in januari 1531, enkele maanden voor Willem de Rijke hertrouwde met Juliana van Stolberg. Knüttel was kort daarvoor afgestudeerd in Heidelberg en werd de secretaris en voornaamste raadgever van zijn baas. Ook Knüttel droeg bij aan de kleinschalige 'renaissance' die zich binnen de muren van de Dillenburg voltrok. Hij was een toegewijd ambtenaar, die de Nassaus tot zijn dood in 1566 trouw zou blijven. Hij bouwde een goede band op met de jonge Willem en zal ook een deel van diens opleiding hebben waargenomen, met name waar het om alledaagse bestuurlijke zaken ging.[34] Hoe vroeg werd daarmee begonnen? Het was niet ongebruikelijk kinderen al omstreeks hun twaalfde met de ernstige kanten en verantwoordelijkheden van het latere volwassen leven te laten kennismaken.

Knüttel ontwikkelde zich tot de ijverige regelaar die, vooral waar de spanningen met Hessen over Katzenelnbogen regelmatig hoog opliepen, niet alleen zorg droeg voor het nodige papierwerk, maar ook goed onderbouwde adviezen leverde en juridische ondersteuning mobiliseerde. Hij zorgde er af en toe voor dat de Duitse Nassaus zich wat groter konden voelen dan ze feitelijk waren.[35] De inbreng van de universitair geschoolden zal de sfeer op de Dillenburg wat ernstiger gemaakt hebben, maar het zich steeds uitbreidende gezin, de ook telkens wat in omvang toenemende hofhouding, de komende en gaande leveranciers van levensbenodigdheden, en de soldaten die het slot bewaakten stonden garant voor voldoende bedrijvigheid en rumoer om kinderen steeds plezierige afleiding te bezorgen. Zo streng, doods en aangeharkt als de ruïne van de Dillenburg tegenwoordig aandoet, zo overbevolkt, rokerig of zelfs walmend was het slot in de zestiende eeuw, met een totale bevolking van enkele honderden mensen, op een oppervlak van, alle kamers bij elkaar gerekend, nauwelijks meer dan duizend vierkante meter.[36]

Het kasteel had een groot probleem met de bewaring van etenswaren en de afvoer van afval, getuige de aanhoudende klachten over de vele ratten die er rondscharrelden. Ze waren ook de natuurlijke metgezellen van de vele dieren die op het kasteel huisden, paarden en honden, maar ook meer exotische beesten als papegaaien, en sinds 1539 liep er zelfs een aapje rond. Deze meerkat kreeg in het kasteel een eigen kamer, de 'Katzenstubn', en ontwikkelde zich tot een levende attractie van de familie: een speelkameraad voor de kinderen, een bezienswaardigheid voor het bezoek.[37] In 1574 werd de inmiddels hoogbejaarde Juliana van Stolberg nog geschilderd met de meerkat op schoot tussen haar gevouwen handen. De meerkat was toen al een herinnering, het beestje was omstreeks 1559 gestorven.

Leren omgaan met dieren – het paardrijden, het dresseren van honden

Juliana van Stolberg in 1574, met op haar schoot de meerkat. Schilder onbekend. Van dit schilderij zijn verscheidene kopieën in omloop waarop de meerkat ontbreekt (collectie S.D. des Fürsten zu Stolberg-Wernigerode; foto: Henning Goll).

en het africhten van roofvogels voor de jacht – hoorde bij de gewone adellijke opvoeding. Dieren waren kameraden waarmee in innige symbiose werd geleefd. Tegelijkertijd waren dieren ook prooi, tijdens de jacht op herten, zwijnen en ander wild. Hun gedrag leren observeren en voorspellen, hun zwakke plekken kunnen aanwijzen, het kunnen drijven en gericht doden was essentieel voor de jacht. Leren de baas te zijn en te blijven over de altijd dreigend aanwezige natuur.

Ook de rattenplaag werd energiek bestreden. Streekgenoten konden wat bijverdienen door dode ratten bij het kasteel in te leveren, ieder jaar waren het er wel weer drie- à vierhonderd. Lastiger was de bestrijding van talrijke wolven in de bosrijke omgeving. De wolven richtten een slachting aan onder met name de zwijnen, die een favoriete prooi voor de drijfjacht waren, en ze lieten zelfs de grazende paarden niet met rust. Ook het inleveren van dode wolven werd beloond.[38]

De Dillenburg lag in een dunbevolkt gebied en moest zo veel mogelijk in huis hebben om de eigen mensen te kunnen verdedigen, voeden, vermaken en genezen. Door de nieuwe ommuring van het slot, die in 1536 gereedkwam, zat het kasteel wat ruimer in zijn jas en konden er ook mooie tuinen worden aangelegd. Beneden aan de oever van de rivier de Dill werd in de volgende jaren een lusthofje aangelegd, met beelden, waterpartijen, exotische bomen en planten, en een doolhof. Willems moeder onderhield een kruidentuin, maakte studie van geneeskrachtige kruiden, waarvan medicijnen en zalven werden vervaardigd, die in de wijde omtrek werden verkocht.[39]

Angsten en verwachtingen

De Dillenburg deelde op een bescheiden manier mee in het vooruitgangsgeloof dat grote delen van vooral westelijk Europa vanaf het begin van de zestiende eeuw begon te beheersen. De handel nam toe, de welvaart groeide – al was ze door de toenemende inflatie steeds ongelijker verdeeld –, er kwam voortdurend meer geld in omloop, mede doordat de Spanjaarden grote hoeveelheden goud en zilver uit de Nieuwe Wereld aanvoerden en tot betaalmiddel maakten. In heel Europa floreerden de grote jaarmarkten, waar kooplieden uit alle windrichtingen handel met elkaar dreven in eerste levensbenodigdheden en ook steeds meer luxeartikelen.[40] In het nabijgelegen Frankfurt ontstond een van de grootste jaarmarkten van Europa. De Dillenburg profiteerde er ongetwijfeld van, de aanvoer van exotica, boeken, enzovoort werd er sterk door vereenvoudigd.

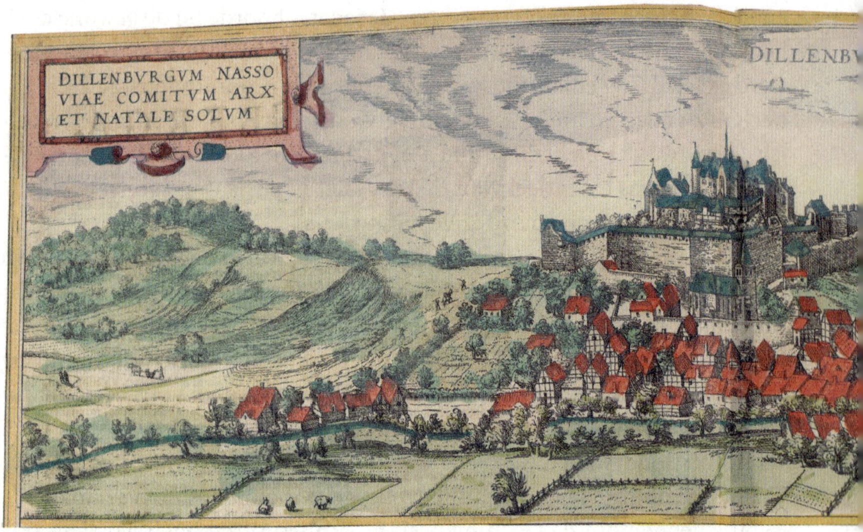

Dillenburg omstreeks het midden van de zeventiende eeuw, gravure uit atlas Topographia Hassiae, *1655 (collectie Rijksmuseum, Amsterdam).*

De groeiende welvaart, het intensievere contact met verre streken, en vooral de toenemende informatiebehoefte van bestuurders en kooplieden werkten de ontwikkeling van steeds betere communicatielijnen in de hand. Er kwamen snellere postverbindingen, er werd over grote afstanden steeds vaker met contracten en waardepapieren gewerkt. De toekomst leek aan diplomaten, rekenaars en juristen te zijn. Willem de Rijke speelde erop in met het stichten van goede scholen. En als tegenwicht voor deze toenemende rationaliteit verdiepte het geloofsleven zich steeds meer; in de jaren dertig en veertig werd duidelijk dat de lutheranen en de talloze radicale sekten niet meer vanzelf of door repressie oplosten. De toekomst was ook aan godgeleerden.

Felle discussies over de waarde van het evangelie, de sacramenten en de goddelijke wilsbesluiten zetten brede lagen van de bevolking aan het nadenken over het bestaan van een parallelle wereld, waarin meer waarheid en rechtvaardigheid bestond. Kennis van het hogere werd niet zelden ook kennis van de toekomst. De mensen, als onderdeel van hun familie, hun geloofsgemeenschap, hun staat, zochten naar houvast om iets te begrijpen van wat de hogere machten met hem of haar voorhadden. De debatten die over het geloof, over de juiste inrichting van de godsdienst werden aangegaan, werden over en weer veelal gevoerd vanuit een onomstotelijk eigen gelijk. Overgave aan de juiste zienswijze ging daarbij nogal eens gepaard

met een vrijgeleide naar het eigen zielenheil. Er waren sekten – de wederdopers naast vele andere – die in de stellige verwachting van een eindtijd leefden.[41] Het duizendjarig rijk, de paradijselijke toestand die, na wederkomst van Jezus Christus en een grondige eindafrekening onder de aardse zondaren, spoedig zou intreden, werd in veel hoofden een reële verwachting.

Het waren uitingen van grote maatschappelijke onzekerheid, ongetwijfeld in de hand gewerkt door de vele veranderingen die het mens- en wereldbeeld in de loop van een halve eeuw, sinds omstreeks 1490 had ondergaan: de ontdekking van Amerika in 1492, de beweringen van Copernicus over de ondergeschikte positie van de aarde tegenover de zon, de verre reizen van Vasco da Gama naar Afrika en India, maar ook de ontdekking van talloze vergeten teksten uit de oudheid in afgelegen kloosters op de Balkan en in Klein-Azië. Er gingen in korte tijd zoveel werelden open dat ieder individu naar zijn eigen zekerheden begon te zoeken. Astrologie gold als een oude wetenschap, die soms zelfs als onderdeel van de studie medicijnen op universiteiten werd gedoceerd. Zoals astronomie en astrologie in deze jaren vaak opvallend gelijk op konden gaan. Belangrijke geleerden hielden zich bezig met toekomstvoorspellingen, het opstellen van zogenaamde prognosticaties. Intussen raakten veel vooral eenvoudigen van geest bevangen door het idee van het bestaan van tovenaars en hek-

René van Chalon, door een anonieme schilder, mogelijk een navolger van Jan van Scorel (collectie Rijksmuseum, Amsterdam).

sen, wat in de zestiende eeuw mensen tot diepe bezetenheid kon brengen, en bovendien veel achterdocht, regelrechte angst en geweld opriep.[42] Daarmee vergeleken was het trekken van een horoscoop een bedaagde en serieuze activiteit.

Zo bestaat er ook een verhaal over Willem de Rijke en Juliana van Stolberg, die na de geboorte van hun eerste zoon diens horoscoop lieten trekken door de toen al beroemde Philippus Melanchthon. Het kan niet met contemporaine bronnen bevestigd worden, maar helemaal onaannemelijk is het niet. Melanchthon deed veel aan astrologie en hechtte er, net als zijn confrater Luther, grote waarde aan. Melanchthon zou een leven hebben voorspeld waarin Willem grote successen ging boeken, tot aanzienlijke macht en welstand zou komen, maar omstreeks het midden van zijn leven zou hij met tegenslag te kampen krijgen, en uiteindelijk zou hij een gewelddadige dood sterven.[43]

Wanneer dit de uitkomst was van Melanchthons bestudering van de stand van de sterren in het uur van Willems geboorte, heeft hij dit dan durven vertellen aan de ouders? Het is misschien ook te mooi om waar te zijn, want het blijkt een griezelig adequate samenvatting van het leven dat Willem tegemoet ging.

Buitenkant van het veldtestament van René van Chalon, met goed zichtbaar zijn handtekening (collectie Koninklijke Verzamelingen, Den Haag).

Berichten uit Breda

Macht en welstand dienden zich al vroeg en geheel onverwacht aan. In de zomer van 1544 bereikte Dillenburg het bericht van het overlijden van Willems neef René van Chalon. René van Chalon, in Breda geboren als Reynaert van Nassau, was de enige zoon van Willems oom Hendrik III.[44] Hij had na het overlijden van zijn vader in 1538 diens uitgestrekte bezit geërfd, dat juist door het tweede van Hendriks drie huwelijken, met Claudia van Chalon, waaruit René was voortgekomen, nog eens enorm was toegenomen. René was net 25 jaar oud, sinds enkele jaren getrouwd met Anna van Lotharingen, maar dat huwelijk had alleen een reeds gestorven dochtertje voortgebracht.

In de middag van 14 juli 1544 was René bij de belegering van Saint-Dizier in een loopgraaf in de rechterschouder geraakt door een Franse kogel. Karel v, die zelf het bevel voerde over de militaire operaties in Noord-Frankrijk, had de situatie opgenomen en deed meteen een brief uitgaan naar zijn zuster, Maria van Hongarije, op dat ogenblik landvoogdes over de Nederlanden, zetelend in Brussel. Het was die middag kort na tweeën gebeurd, Chalon was er slecht aan toe, of zij dit nieuws wilde laten overbrengen aan Renés vrouw in Breda. Uit de bezorgde brief van de keizer blijkt dat hij de eventuele gevolgen van het ongeluk meteen overzag. De trouwe René van Chalon, zoon van zijn vroegere al even toegewijde opperkamerheer Hendrik van Nassau, zou, als hij het niet overleefde, moeten worden opgevolgd in tal van functies, zoals het gouverneurschap (of stadhouderschap) over de gewesten Holland, Zeeland, Utrecht en Gelre, en de functie van drossaard (vertegenwoordiger van de landsheer) over het rijke en centrale gewest Brabant. Karel v besefte dat alle potentiële erfgenamen 'vreemdelingen' waren, 'ofwel luthers, ofwel van Franse bloede, onderhorigheid en gezindheid'.[45] Met de eersten doelde Karel op de Duitse Nassaus, en met de laatsten op de Lotharingse familie van Renés vrouw, en wellicht ook op de aanspraken die vanuit de deels Bourgondische, deels Franse familie van zijn moeder nog openstonden.

René van Chalon lag in de tent van de keizer,[46] ademde nog enige uren door, uren waarin Karel v de situatie goed op zich kon laten inwerken. René van Chalon was de belangrijkste edelman van de Nederlanden, was altijd een trouw vazal geweest, een baken van zekerheid in zijn rijk dat van Spanje en Sicilië tot het noorden van Duitsland bol stond van de lokale spanningen. De betrekkelijke rust in de Nederlanden wilde Karel niet op het spel zetten, hoe hard het noodlot nu ook toesloeg.

Op de vijftiende juli, omstreeks het avonduur, overleed René van Chalon aan zijn verwondingen, die voor een deel ook in zijn hals zaten. In een expresbrief aan Maria van Hongarije deed Karel v verslag van de laatste uren van René, waarin hij alleen nog maar over zijn vrouw gesproken zou hebben. Of Maria dat aan de jonge weduwe wilde overbrengen.[47]

Daarmee was de paragraaf 'medeleven' afgesloten. Karel informeerde in deze dagen bij zijn zuster of er al een testament boven water was gekomen. Hij had van de stervende René begrepen dat deze een paar weken eerder een zogenaamd veldtestament had opgesteld, dat vervolgens naar Breda was gebracht om daar bewaard te worden. In een veldtestament kon een militair die op het punt stond aan gevaarlijke operaties deel te nemen alsnog een wilsbeschikking maken of een eventueel bestaand testament aanpassen. Op 30 juli kon Maria aan Karel melden dat het testament in

Breda was opgehaald, en op 26 juli in het bijzijn van Maria en een aantal hoogwaardigheidsbekleders was geopend. De Duitse tak van de Nassaus was vertegenwoordigd, net als het huis van Lotharingen. Maria bezwoer dat ze alle aanwezigen duidelijk had gemaakt dat er niets gebeurde zonder medeweten en toestemming van de keizer. Ze vroeg advies aan haar broer hoe ze het beste kon 'voorkomen dat ook maar iemand die besmet was door de sektes' zich met het beheer van Renés bezittingen zou bemoeien.[48]

Het was niet te voorkomen. De tekst van het testament was helder: René had beschikt dat bij het ontbreken van een wettige nakomeling de oudste zoon van zijn oom Willem de Rijke universeel erfgenaam van al zijn bezittingen werd.[49] De banden tussen de Nederlandse en Duitse Nassaus waren nog altijd hecht. De financiële en morele steun die vanuit Breda werd georganiseerd om Willem de Rijke te helpen de slepende kwestie-Katzenelnbogen tot een gunstig einde te brengen, was onder René voortgezet. René correspondeerde regelmatig met zijn oom in Dillenburg, waarbij het steeds ook weer ging over hoe de goede connecties met de keizer hiervoor konden worden ingezet. De toegenomen macht en het toegenomen bezit van de Nederlandse Nassaus zou de balans ook in Duitsland uiteindelijk moeten kunnen doen doorslaan.[50]

Renés voornaamste titels en bezittingen werden aan het begin in zijn testament nog eens op zijn bondigst opgesomd: 'prins van Orange, graaf van Nassau, van Vianden, van Dietz, van Katzenelnbogen, van Tonnerre, van Penthièvre, van Charny, heer en baron van Breda, van Diest, Warneton, van Arlay, Nozeroy, van Chatebelin'.[51] Het was nog maar een kleine greep uit alle graafschappen en heerlijkheden die tot deze erfenis gerekend werden. Het verst weg gelegen bezit was meteen ook het belangrijkste: het kleine soevereine prinsdom Orange in het stroomgebied van de Rhône, dicht bij Avignon. De erfgenaam had het recht zich prins te noemen en kon zichzelf als een soeverein vorst beschouwen. Orange was eerder onderdeel geweest van een hele reeks Bourgondische en Franse domeinen die via Claudia van Chalon aan de Nederlandse tak van de Nassaus waren komen te hangen. Orange was het bezit geweest van Claudia's broer Filibert, die in 1530 kinderloos stierf en bij testament het prinsdom aan zijn neefje René had vermaakt. Hij had bedongen dat deze zich voortaan René van Chalon, prins van Orange, zou noemen. René was op dat ogenblik elf jaar oud. Doordat bij hem niet alleen het Nederlandse bezit van de Nassaus, maar ook de bezittingen in Frankrijk en Bourgondië via moederskant, inclusief Orange, in één hand kwamen, was hij onbetwistbaar de vermogendste Nassau tot dan toe. Orange gaf René een positie te midden van de Europese vorsten, al ging het maar om een territorium van zo'n 12 bij 25 kilometer.[52]

Willem, prins van Oranje

Veertien jaar later maakte de geschiedenis een merkwaardige pirouette. Opnieuw erfde een elfjarige buitenlandse jongen het prinsdom Orange. Wilhelm von Nassau, Willem van Nassau mocht zich vanaf nu Guillaume d'Orange, Wilhelm von Oranien, Willem van Oranje noemen. Hoe Willem het nieuws in de zomer van 1544 bereikte en hoe hij het opnam, is niet bekend. In de tweede helft van augustus reisde hij met zijn vader naar Breda voor de uitvaart van zijn neef René. Die werd volgens diens wens in dezelfde kapel in de Onze-Lieve-Vrouwekerk begraven als zijn vader.[53] Het was 28 augustus 1544. Alleen al deze prachtig ruime en lichte kerk, met zoveel tastbare herinneringen aan veelbesproken voorouders, zal voor Willem een exotische ervaring zijn geweest, zoals ook de talrijke weelderig geklede en veelal Franssprekende edelen die op de begrafenis waren afgekomen, hem deden ondergaan in een andere, modernere en rijkere wereld. En dan het paleis van de Nassaus een paar straten verderop, waar de door Hendrik III in gang gezette moderniseringen en verfraaiingen nog altijd niet voltooid waren, maar wel zover dat ze grote indruk maakten. De eenvoudigste gedachte die Willem hierbij kon hebben was: dit is nu van mij, of iets preciezer: dit wordt van mij. Hij zou tot zijn meerderjarigheid moeten wachten voor hij de volle beschikking over zijn bezit kreeg, en bovendien moest de erfenis nog geregeld worden. Het was iedere betrokkene duidelijk dat de keizer de controle over dat proces wilde houden en dat hij niet van plan was de deuren wijd open te zetten voor een Duitse lutherse familie.[54]

Het was in de tussenliggende jaren ook wel tot Karel V en de regeringskringen in Brussel doorgedrongen dat de Duitse Nassaus inmiddels openlijke en toegewijde aanhangers van Luther waren. Dat Willem de Rijke niet geheel in ongenade viel, was aanvankelijk te danken aan zijn broer Hendrik, die de berichten over de lutherse sympathieën op de Dillenburg wist te sussen. Want in Duitsland lagen de zaken nu eenmaal wat gecompliceerder, Karel zelf had er aan vorsten de nodige ruimte gelaten, en ook moeten laten, om hun eigen godsdienstpolitiek te voeren. Willem de Rijke had daarmee ook te manoeuvreren; maar hij was altijd zonder voorbehoud loyaal gebleven aan de keizer. Daarbij leverde hij, in het maar voortgaande gevecht om Katzenelnbogen, stevig weerwerk aan het uitgesproken lutherse huis van Hessen, dat Karel al een tijd lang dwarszat en het Heilige Roomse Rijk destabiliseerde.

Hendrik III had regelmatig bij zijn broer aangedrongen op het zorgvuldig kiezen van zijn politieke vrienden in het Duitse Rijk, omdat dit verkeerd kon vallen bij de keizer, en uiteindelijk ook de kwestie-Katzenelnbogen definitief in het slop kon helpen. Hij kreeg het advies vooral afstand te houden tot de machtige en zeer lutherse keurvorst van Saksen.[55] Karel v zal er tot 1544 in hebben berust dat die trouwe Willem de Rijke op godsdienstig gebied niet wat rechtlijniger was, maar dat veranderde met de wilsbeschikking van René van Chalon: het lutheranisme dreigde de regeringskringen van de Nederlanden binnen te dringen. In de decennia vóór 1544 hadden ook de Nederlanden te maken gehad met allerlei sekten, zoals de wederdopers, en ook de denkbeelden van Luther kregen, mede dankzij de drukpers, brede verspreiding. Maar anders dan in Duitsland

Willem van Oranje, ca. twaalf jaar oud, te paard. Ingekleurde houtsnede door Cornelis Anthonisz, 1545 (collectie Rijksmuseum, Amsterdam).

slaagde Karel v er in de Nederlanden in – als landsheer over verdergaande bevoegdheden beschikkend dan als keizer – met strenge kettervervolgingen het lutheranisme redelijk onder controle te houden. Er deden zich af en toe korte uitbarstingen van opstandigheid voor die met ketterprocessen, en hoog oplaaiende brandstapels, werden bestreden. In 1544 zaten de Nederlanden net in een periode van sociale onrust en kettervervolging.[56] Karel v was eens te meer op zijn hoede. Hoewel zeker achteraf kan worden vastgesteld dat de Nederlanden er omstreeks 1544 nog betrekkelijk vreedzaam en katholiek bij lagen.

De hand van de keizer

Enkele dagen na de begrafenis in Breda reisde Willem met zijn vader door naar Brussel voor een ontmoeting met landvoogdes Maria van Hongarije.[57] Ze werden vergezeld door een kleine entourage, waar ook de bedachtzame secretaris Wilhelm Knüttel deel van uitmaakte. Het was Willems eerste kennismaking met de grandeur van Brussel met zijn vele paleizen, nog geaccentueerd door de heuvels waarop de stad gebouwd was. De zichtlijnen van Brussel waren betoverend. Hier kon hij eindelijk het weelderige en fantasierijke paleis van de Nassaus, waar hij ongetwijfeld al veel over gehoord had, met eigen ogen aanschouwen. Schuin ertegenover lag het Paleis op de Koudenberg waar de landvoogdes resideerde. Dit was een immens samenstel van statige gebouwen, kapellen, galerijen, toernooivelden, tuinen, vijvers. Hier waren ook de vergaderzalen van de verschillende staten- en adviescolleges. En het was er druk: edelen, vertegenwoordigers van steden en gewesten gingen in en uit om hun zaken en zaakjes te regelen. Het was aan de raadsheren, hovelingen en hofdignitarissen van de landvoogdes om dit bezoek in goede banen te leiden, en aan de ambtenaren om de gemaakte afspraken in geduldig papier te vatten.[58]

De eerste besprekingen over de afhandeling van de erfenis vonden meteen in deze dagen plaats, en er werden al vorderingen gemaakt. De weduwe van René van Chalon zag, tegen een jaarlijkse rente van 14.000 gulden, af van enig vruchtgebruik van de Bredase en andere domeinen.[59] Daarnaast maakte ze aanspraak op een kwart van de inventaris van het paleis van de Nassaus in Brussel, en ook van alle andere paleizen uit het bezit van René; het ging daarbij om kunstvoorwerpen, boeken, servies en meubilair. Ze mocht er voorlopig blijven wonen, en maakte op het moment dat ze opnieuw in het huwelijk trad – wat in 1548 gebeurde – aanspraak op terugbetaling van haar bruidsschat, nog eens 100.000 gulden.

De verplichtingen tegenover de weduwe en haar familie leken daarmee afgehandeld, maar in de jaren erop bleef over allerlei details, waar soms veel geld mee gemoeid was, onderhandeld en geprocedeerd worden.[60]

De aanspraken van de jonge Willem kwamen al snel centraal te staan in de onderhandelingen, die een groot deel van het najaar van 1544 in beslag namen. Willem van Oranje en zijn vader reisden in november voor een tweede keer naar Brussel. Willem de Rijke bracht zichzelf naar voren als de belangrijkste bevoegde persoon inzake de erfenis van René van Chalon, zolang zijn zoon nog minderjarig was. Maar dit wilde Karel v onder geen beding toestaan. De uitkomst van de onderhandelingen was dat de vader geen enkele zeggenschap meer had over het erfgoed van Willem van Oranje,[61] en bovendien zou de verdere opvoeding van de jonge prins onder directe verantwoordelijkheid van de keizer en de landvoogdes plaatsvinden. Willem de Rijke ging met enige tegenzin akkoord met deze regeling; op 13 februari 1545 werden de afspraken door Karel v in een document vastgelegd.[62]

Willem de Rijke had nog wel kunnen bedingen dat hij zelf voorstellen mocht doen voor een tweetal voogden, die tijdens Willems minderjarigheid zouden toezien op diens opleiding en zorg droegen voor het beheer van de goederen. Hiervoor werden twee oudere, politiek ervaren en onverdacht katholieke edelen aangezocht, die ook nog eens beiden kamerheer van Karel v waren: Jean de Mérode en Claude Bouton, heer van Corbaron. Zij brachten niet alleen verslag uit aan de keizer en de landvoogdes, maar ook aan de hulpbisschop (coadjutor) van Keulen, Adolf von Holstein-Schaumburg, die verwant was aan de Nassaus.[63] De benoeming van Adolf von Schaumburg als 'oppervoogd' draagt alle sporen van een zwaarbevochten compromis; hij was de enige Duitse en Nassause inbreng in het toezicht op de jonge Willem, maar dan wel op afstand en ook nog eens ingebed in de katholieke clerus. In de dagelijkse praktijk stelde het toezicht van Schaumburg niet veel voor en was het vooral Claude Bouton die zich met de opvoeding, en Jean de Mérode die zich met de belangenbehartiging van Willem bemoeide.

Wat had Willem de Rijke bereikt op zijn twee reizen naar Brussel? De erkenning van zijn zoon in alle rechten op de erfenis van René van Chalon, al was inmiddels aan het licht gekomen dat daar enorme schulden op rustten en dat er complexe verplichtingen jegens de weduwe en haar familie openstonden. Wat Willem de Rijke ook binnenhaalde, was een continuering van de steun die de Nederlandse tak van de Nassaus verleende in de strijd met Hessen om Katzenelnbogen. Willem de Rijke had in deze dagen laten becijferen dat de strijd al meer dan 100.000 goudgulden had gekost aan met name juridische en diplomatieke bijstand. Het werd hem toegestaan de bijdragen die hij van de Nederlandse tak tegoed had alsnog te vorderen, en ook voor de toekomst kon hij aanspraak blijven maken op financiële steun vanuit Breda. De keizer stemde er uitdrukkelijk mee in.[64]

Op 11 januari 1545 nam Antoine Perrenot de Granvelle, bisschop van Atrecht en vertrouweling van de keizer, de voogden Schaumburg, Mérode en Bouton de eed af.[65] Weinig werd aan het toeval overgelaten. Wanneer Willem van Oranje definitief naar de Nederlanden kwam, is niet geheel duidelijk; misschien bleef hij in november 1544 in Brussel achter, waarschijnlijker is dat hij nog een keer met zijn vader naar Duitsland trok en pas in het voorjaar van 1545 definitief naar de Nederlanden verhuisde. Hij kreeg twee Duitse leeftijdgenoten mee, graaf Wolfgang von Isenburg en graaf Georg von Westerburg, wat pedagogisch niet onverstandig leek, gezien de kwetsbare levensfase waarin Willem verkeerde. Hij kwam in een omgeving waarin vooral Frans en door sommigen ook Nederlands werd gesproken, talen die hij niet beheerste; in die zin was het meesturen van twee speelkameraadjes didactisch wat minder verantwoord, omdat ze onderling ongetwijfeld het Duits in ere hielden en de noodzakelijke verwerving van het Frans erdoor vertraagd zal zijn. Het Nederlands zou Willem zelfs nooit vloeiend spreken, hij bleef ook altijd een Duits accent houden. Dat kwam wellicht door de ambitieuze reeks andere talen waarin hij de komende jaren ook onderricht werd: Latijn, Italiaans en Spaans.[66]

Willem en zijn twee kameraden installeerden zich in Breda. Ze hadden vanuit Dillenburg ook een stalmeester, een 'edelman', een kamerdienaar, een lakei, een stalknecht en nog wat bedienden voor de twee graafjes meegekregen. Met daarbij een negental paarden. Zijn vader had samen met Jean de Mérode een korte instructie voor Claude Bouton geschreven, die vooropstelde dat deze als eerstverantwoordelijke opvoeder 'unsern son und seine leut soll halten in guter ordnung und zucht', en die verder vooral de geldzaken regelde. Bouton kreeg de vrije hand, en als kamerheer werkend in de geest van Karel v, zal zijn pedagogisch programma voor ten minste een deel ook in het teken van 'heropvoeding' hebben gestaan.[67]

Wat zal de laatste blik van verstandhouding tussen vader en zoon hebben ingehouden, toen Willem de Rijke zonder de nieuwbakken prins weer naar Dillenburg vertrok? Het is niet goed voorstelbaar dat de vader tegenover zijn zoon de opvoeding tot dan toe wilde verloochenen. Vader dacht protestants, en de jonge Willem was uitgebreid bijgebracht waartoe de strijd voor het evangelie de afgelopen jaren geleverd was. Vader zal misschien iets hebben gezegd of uitgestraald: 'Dit is wat de keizer wil, we laten het ons welgevallen, het is voor de goede zaak, er komen betere tijden.' 'De goede zaak' is in dit geval onmiskenbaar het belang van de eigen familie.

De Nassaus waren in een paar eeuwen behendig naar het centrum van de macht geslalomd. Voor de zoveelste keer had de Duitse tak het wankele bouwsel van de Bredase dynastie op tijd gestut, en met de prinsentitel kwam er weer een hoger niveau in zicht. Hoeveel hoger kon het nog? De jonge Willem was op weg in de voetsporen te treden van zijn fameuze en nonchalante oom Hendrik, die een belangrijk raadsman en intimus was geweest van de keizer.

Regelmatig liet Maria van Hongarije de prins naar Brussel komen. Meteen in het voorjaar van 1545 ging Willem mee met de landvoogdes op een inspectiereis door Gelre, Drenthe, Groningen, Overijssel en Utrecht.[68] Vanaf begin mei werden in drie maanden tijd bijna twintig steden aangedaan; Roermond, Venlo, Nijmegen, Arnhem, Zutphen vormden het eerste en meest delicate deel van de reis. De steden maakten deel uit van het oude graafschap Gelre, dat met steun van de koning van Frankrijk en de hertog van Gulik lang weerstand had geboden aan de veroveringsdrang van Karel v. Nog maar twee jaar eerder had de keizer Gelre op de knieën gekregen, waarmee een oud voornemen – de politieke aaneensluiting van alle Nederlanden – snel naderbij kwam. De entree van de landvoogdes, met een gevolg van ettelijke honderden hoogwaardigheidsbekleders, pages, hofdames, musici, lijfwachten en knechten, was bedoeld een onvergetelijke indruk te maken, en dat deed ze ongetwijfeld ook, en ze moest ook iets van het jarenlange zeer tussen Gelre en Habsburg verzachten. Van oude gevoeligheden bleek weinig; de fel anti-Habsburgse graaf Karel van Gelre was al in 1538 overleden, en een van zijn belangrijkste steunpilaren, de gevreesde veldheer Maarten van Rossem, paradeerde inmiddels mee in het gevolg van Maria van Hongarije, als een van haar belangrijkste legeraanvoerders. De dagen gingen voorbij met plechtigheden en rituelen, uitwisseling van kostbare geschenken, lange toespraken en soms ook harde politiek. De landvoogdes wilde een en ander bereiken; bestuurlijk de teugels wat aanhalen, en vooral ook afspraken maken over het afdragen van belastingen. Overal waar ze kwam werd een vergelijkbaar lijstje afgewerkt; de toespraken namens de centrale regering werden naar gelang de lokale omstandigheden steeds licht aangepast. Het was buiten de officiële gedeelten vooral ook gezellig, getuige de overvloedige inname van wijn en bier, waarvan de rekening bij de steden terechtkwam. Willem zal het voor een groot gedeelte beleefd glimlachend hebben aangezien – in de streken die werden bereisd, werd nauwelijks iets anders dan Nederlands gesproken, in allerlei lokale, soms Duits klinkende varianten. Zijn leermeester

Claude Bouton had hij in de buurt, en getuige de enorme hoeveelheid wijn die op zijn conto werd geschreven, zal Willem ook nog een flink gezelschap bij zich gehad hebben: een stalmeester, een of meer koks, zijn twee Duitse vrienden ongetwijfeld.[69] Vanuit Nijmegen stuurde Claude Bouton geruststellende berichten naar Dillenburg: 'Ik kan u laten weten dat de prins, uw zoon, het goed maakt en ik heb goede hoop dat hij een rechtschapen mens zal worden, want hij is zeer bereidwillig bij alles wat men hem vraagt.'[70]

Na Arnhem ging het verder naar Deventer, Oldenzaal, Coevorden, Groningen, Appingedam, Leeuwarden, Zwolle, Kampen, Harderwijk, Utrecht, en via 's-Hertogenbosch weer richting Brussel. De jonge Willem had kunnen waarnemen hoe in de verschillende steden de burgerij zich uitsloofde in plechtig vertoon en gulle gastvrijheid, maar hoe er tegelijkertijd ook hard werd onderhandeld tussen de landvoogdes en de lagere overheden. Het was een leerzaam welkom in de Lage Landen, waar niets vanzelf ging. Maria van Hongarije zal hem er af en toe wel over hebben bijgepraat.

Maria van Hongarije was sinds 1531 landvoogdes, en had vanaf dat moment een stevige greep ontwikkeld op de ambtenarij en op haar belangrijkste adviseurs, ondanks het feit dat zoveel mannen het vaak moeilijk vonden naar een vrouw te luisteren.[71] Maar in de loop van de jaren dwong ze met haar dossierkennis, werklust en vermogen om uitvoerbare oplossingen te vinden veel respect af. Daarbij eiste ze discipline en respect voor de hiërarchische verhoudingen van iedereen die zich in haar omgeving bewoog. Zolang de keizer er niet was, en die was er zelden, was Maria van Hongarije degene naar wie iedereen had te luisteren.

En de keizer? Die streed al die jaren in Italië, op de Middellandse Zee, in Noord-Afrika en in Frankrijk, was met ongekende volharding op weg het christelijke Europa te verenigen en daarmee in de sporen te treden van Karel de Grote. Het waren ambities die hardnekkig brandden in de binnenkamers van het Habsburgse huis: had Karel de Grote in 800 het Romeinse Rijk niet grotendeels hersteld en doorgegeven aan latere generaties? Die hadden het werk slecht beheerd. Aan Karel v de taak dit werk alsnog te voltooien: hij had in 1537 een raam laten aanbrengen in de Brusselse Sint-Michiels- en Sint-Goedelekathedraal waarop de keizer en zijn vrouw stonden afgebeeld samen met Karel de Grote. Een raam dat bij elke kerkgang weer herinnerde aan een zware, misschien wel onbereikbare politieke ambitie.[72]

Pijn en grandeur

In augustus 1545 maakte de twaalfjarige Willem deel uit van het ontvangstcomité dat Karel v opwachtte in Leuven, bij diens terugkeer van de rijksdag in Worms.[73] Het werd de eerste ontmoeting met de keizer. De begroeting bood een bijzonder contrast: een frisse en helder ogende, mooie maar nog onvolgroeide jongen met daartegenover de wat vorsend kijkende Karel, met zijn benige neus en enorme onderkaak en daardoor moeizaam sluitende mond – waar ook iets vermoeids en amechtigs van uitging, want de keizer leed continu pijnen door jicht.[74] De keizer droeg waarschijnlijk zijn gebruikelijke sobere, meest zwarte kleding. Hij was 45 jaar en had in zijn leven nog nooit een vaste residentie gehad. Hij reisde van legertent naar paleis naar legertent, leefde als een nomade, met een hele stoet karren en koetsen waarin de noodzakelijke huisraad en administratie werd vervoerd, om overal waar hij neerstreek zijn regeertaken te kunnen voortzetten. Karel v was voortdurend in correspondentie met alle uithoeken van zijn rijk – in de archieven worden nog altijd zo'n 120.000 brieven van hem bewaard, wat neerkomt op gemiddeld meer dan acht brieven per dag gedurende de veertig jaar van zijn bewind.[75] Karel vertoonde een grote ijver en wilskracht en verzamelde zoveel titels en koninkrijken dat hij mocht worden beschouwd als de machtigste man van Europa sinds de hoogtijdagen van het Romeinse Rijk. Hij zette een aantal noodzakelijke moderniseringen in gang, die veelal neerkwamen op meer centrale sturing, maar ondanks zijn macht en charisma en zijn vermogen in alle omstandigheden zijn wil door te drukken kwam er geen rust in zijn bewind. Hij was zo goed als alleen maar conflicten aan het uitvechten, beslechten en sussen. Zijn lijf liet hem regelmatig in de steek; bij de vele militaire operaties die hij te velde leidde, was hij soms gedwongen vanuit een draagstoel zijn bevelen uit te sturen.

Ook in de Nederlanden smeulde wel eens een opstand, en waren er opflakkeringen van ketterij, maar over het algemeen stak dit deel van Karels rijk gunstig af bij alle probleemgebieden in Europa die voortdurend zijn aandacht vroegen, aandacht die hij vaak niet meteen kon geven omdat hij ver weg was. De Nederlanden floreerden economisch; met name de kustgewesten Vlaanderen, Zeeland, Holland en ook Friesland profiteerden van de snelle ontwikkeling van de Atlantische handel sinds de opkomst van Spanje en Portugal en het opengaan van de vaarroutes naar Amerika en Azië. Het meest daarvan profiteerde een Brabantse stad, het meer binnenlands aan de monding van de Schelde gelegen Antwerpen. De Nederlanden beleefden tegen het midden van de zestiende eeuw al enige decennia van gestage economische groei. Het mocht zich, aldus historicus Huizinga, beschouwen als 'een uitzonderlijk gelukkig land in Europa'.[76]

Voor de keizer, die geboren was in Gent en al zo lang leefde zonder vaste 'woon- en verblijfplaats', was de ontvangst in Leuven toch een beetje thuiskomen. Hij trof er zijn geliefde zuster Maria van Hongarije. Ze reisden samen naar Brussel, waar ze op 25 augustus aankwamen en neerstreken in Karels Paleis op de Koudenberg, waar ook Maria residentie hield. Willem trok mee in het gevolg. In de maanden erna moet de basis zijn gelegd voor de bijzondere verstandhouding tussen de keizer en het Duitse prinsje, dat zijn best deed een Nederlander en een goed katholiek te worden. Of misschien deed hij wel helemaal niet zo zijn best, had hij iets van de nonchalance die ook zijn oom Hendrik kenmerkte en waar de keizer goed mee uit de voeten kon.[77] In het gevolg van Karel en Maria kon Willem ruiken aan de bedwelmende grandeur waarvoor in de Nederlanden de voorgaande ruime eeuw het Bourgondische bewind de norm had gesteld. De rondreis eindigde met een meerdaagse zitting van de orde van het Gulden Vlies in de eerste dagen van januari 1546 in Utrecht, met plechtige bijeenkomsten en copieuze banketten. Ook hier zal Willem bij aanwezig zijn geweest, in de wetenschap dat dit zijn voorland was.

De keizer vertrok op 2 februari 1546 uit Utrecht richting Duitsland, om zich op te maken voor de definitieve afrekening met Saksen en Hessen. Maria van Hongarije reisde mee tot aan Maastricht, onderweg werden nog verscheidene steden aangedaan in het onlangs veroverde hertogdom Gelre. Willem van Oranje was erbij, en zag hoe onder andere in Nijmegen de keizer en de landvoogdes uitbundige inhuldigingsrituelen ten deel vielen.[78] Dit was wat de nabije toekomst ging brengen, meekijken in het centrum van de macht, in de directe nabijheid van de kordate landvoogdes. Oranje had het slechter kunnen treffen. Hij zag met eigen ogen hoe de machtigen der aarde het verstand erbij probeerden te houden in tijden van hoogspanning.

Karels finest hour

In de maanden dat Willem van Oranje zich in de Nederlanden vestigde, leek het alle kanten op te kunnen gaan, zeker ook de door Karel v gewenste. Juist in het najaar van 1544 sloot Karel v met Frankrijk de Vrede van Crépy, waardoor hij, ten minste voor enige tijd, verlost was van de geld en aandacht verslindende oorlog met koning Frans I. Karel moest er zijn aanspraken op het hertogdom Bourgondië voor opgeven, maar er kwam nu ruimte om eindelijk de onrust in het Heilige Roomse Rijk aan te pakken. Na het mislukken van de verzoeningspoging in Augsburg in 1530 was onder de Duitse vorsten die sympathiseerden met de hervormingsbeweging van Luther de afkeer van het rigide en door het Vaticaan gesteunde vervolgingsbeleid van Karel v zo toegenomen dat er in 1531 openlijk een anti-Habsburgs bondgenootschap werd opgezet: het Schmalkaldisch Verbond. Dit verbond moest Karel v bij voorbaat afhouden van enige militaire actie tegen protestantse vorsten en hun onderdanen. Willem de Rijke sloot zich er in 1536 voor enige tijd bij aan, maar besefte al snel dat dit gezelschap zijn positie bij de keizer niet versterkte.[79]

De afschrikking werkte, in de zin dat Karel v zich gedwongen zag de lutherse vorsten de ruimte te laten. Geweld was voorlopig geen optie. Er werd lange tijd onderhandeld over het beleggen van een concilie waar de belangrijkste vraagstukken over de dogmatiek en de organisatie van de kerk aan de orde zouden moeten komen. Op zichzelf al een dubieus gegeven, omdat het houden van een dergelijk concilie, met deelname van lutheranen, de erkenning van hun bestaan en van hun bestaansrecht inhield. De paus kon zich niet verenigen met dit idee, en ook Karel v had er grote moeite mee, maar hij kon niet anders dan in gesprek blijven met de lutherse vorsten, omdat ze in het Rijk nu eenmaal onderdeel van zijn machtsbasis vormden.

De Vrede van Crépy in september 1544 bracht iets in beweging. Net als de paus was Frans I steeds afhoudend geweest als het aankwam op het daadwerkelijk bijeenroepen van een concilie. Maar als onderdeel van de vredesafspraken staakte de Franse koning nu zijn verzet. In december 1545 begon, in het stadje Trente aan de zuidkant van de Alpen, het langverwachte concilie, dat de eenheid in de kerk moest herstellen. Het concilie was door wereldlijke vorsten gewild en mogelijk gemaakt, maar ontwikkelde binnenskamers een conservatief katholieke dynamiek, die er in januari 1547 toe leidde dat het lutheranisme scherp werd afgewezen. Daarmee liep opnieuw een poging tot verzoening in het honderd. In maart werd het concilie verplaatst naar Bologna. De lutherse vorsten verenigd in het Schmalkaldisch Verbond, die in de tussenliggende jaren hun militaire en diplomatieke basis steeds hadden versterkt, trokken daaruit de conclusie dat enig vergelijk er niet in zat en dat de erkenning van hun bestaansrecht ongedaan was gemaakt. Die conclusie bleek terecht: ieder overleg tussen katholieke en protestantse voormannen dat nu nog werd ondernomen liep al snel stuk op onverenigbaarheid van standpunten.[80]

Al in 1546 was Karel v begonnen met het organiseren van militaire steun om de hardnekkigste rebellen onder de lutherse vorsten aan te pakken. Het grootste lastpak was al jarenlang Johan Frederik, keurvorst van Saksen, die Luther nog altijd volle bescherming bood en het op zijn grondgebied gelegen Wittenberg had laten uitgroeien tot het zenuwcentrum van Europese hervormingsdrift, waar vele predikanten werden opgeleid en waar de drukpersen zo goed als continu antikatholiek drukwerk produceerden, dat door heel Duitsland zijn weg vond, en ver daarbuiten.[81] Samen met landgraaf Filips van Hessen was de keurvorst de aanvoerder van het Schmalkaldisch Verbond, en hij was daarmee ook het voornaamste strategische richtpunt van de militaire actie die Karel in voorbereiding had. De keizer formeerde een groot leger – met een belangrijk Nederlands contingent onder aanvoering van Maximiliaan van Egmond, graaf van Buren –, dat deels vanuit het zuiden en deels vanuit het westen centraal in Duitsland samentrok.

De operatie moest een einde maken aan de jarenlange politieke obstructie van de keurvorst en de landgraaf, die Karel al sinds 1531 beschuldigde van landvredebreuk, ofwel politieke sabotage, vooral ook omdat ze de positie van katholieke vorsten in het Rijk actief ondermijnden. Ze moesten flink gaan inbinden. Maar in een brief aan zijn zoon Filips onthulde Karel dat zijn ambities verder reikten: 'Herstel van het geloof [is] ons doel en voornemen, maar het leek nuttig vanaf het begin publiekelijk bekend te maken dat het ons te doen is om de bestraffing van de ongehoorzamen, in het bijzonder de landgraaf, de hertog van Saksen en hun soortgenoten.'[82]

Een eerste succes haalde Karel binnen doordat hertog Maurits van Saksen, uit een zijtak van het Saksische huis, met een territorium rond Jena en Weimar, zich bij de keizer aansloot. In de winter van 1547 bouwde de spanning zich op; Karel stelde eerst in het zuiden en westen van Duitsland orde op zaken, in de tussentijd liepen de lutheranen weg uit Trente. In het voorjaar rukte Karel met een legermacht van zo'n 50.000 man op richting Saksen, en bereikte in april de oevers van de Elbe. Karel v voerde het opperbevel; behalve de geduchte vechtjas Maximiliaan van Egmond had hij ook de strategisch bijna onverslaanbare hertog van Alva onder zijn aanvoerders. Op zondag 24 april 1547 trok Karels leger in een ongekend snel en agressief uitgevoerde actie bij Mühlberg de Elbe over, waarbij het leger van het Schmalkaldisch Verbond voor zover het niet onder de voet werd gelopen zo doeltreffend uiteen werd gejaagd dat de gelederen geheel ineenstortten. Johan Frederik van Saksen werd gevangengenomen en ging jaren van vernederende opsluiting tegemoet. Korte tijd later werd het stadje Wittenberg ingenomen; volgens de overlevering was het eerste wat Karel v deed in de kasteelkerk het graf van de veertien maanden daarvoor overleden Luther bezoeken. Het graf werd ontheiligd en het lijk verminkt.[83] Nog weer een paar maanden later, in juni, werd ook Filips van Hessen gearresteerd, om voor jaren als afschrikwekkend voorbeeld te gaan dienen voor andere lutherse vorsten.

Maurits van Saksen kon zijn beloning tegemoetzien: het keurvorstendom Saksen was voor hem. De campagne van Karel v was met de Slag bij Mühlberg uitgelopen op een succes van legendarische allure, maar in de sleutelrol van Maurits van Saksen zat meteen ook het bederf voor de langere termijn. Maurits had nooit een geheim gemaakt van zijn lutherse sympathieën en zou daar ondanks zijn alliantie met de keizer, ook na Mühlberg en zijn verheffing tot keurvorst, aan blijven vasthouden.

Het was kwaad met kwaad bestrijden, en zo dacht de keizer wellicht ook over de manier waarop hij de lutherse Willem de Rijke op allerlei momenten ter wille was, zoals in diens hopeloze gevecht met Hessen over Katzenelnbogen. Zolang dit maar bleef voortduren, kon Karel zich eenvoudig verzekeren van Willems steun in de strijd tegen het Schmalkaldisch Verbond. Zo geredeneerd mocht Willem de Rijke vermoeden dat er ook met de gevangenneming van Filips van Hessen geen oplossing voor dit conflict zou komen, het voortslepen van de kwestie vormde immers de sleutel tot Willem de Rijkes loyaliteit aan de keizer. Zolang de keizer zijn macht bleef uitoefenen, kwam er dan ook geen oplossing voor de kwestie-Katzenelnbogen.[84]

Willem had in de aanloop naar Mühlberg, met argwaan bekeken door Filips van Hessen, driehonderd ruiters aangenomen om mee te vechten aan de zijde van de keizer. Toen ze eenmaal gevechtsklaar waren, was de slag al voorbij en hoefde het niet meer. Willem bleef nog lange tijd bij de keizer om een vergoeding van de gemaakte kosten zeuren. Zonder succes, een voorstel van Willem de Rijke om de rekening voor de helft te voldoen uit de schatkist van zijn zoon Willem werd tegengehouden door landvoogdes Maria van Hongarije.[85] De financiële toestand in Breda liet een dergelijke greep in de kas niet toe. Willem de Rijke werd hard geconfronteerd met de gevolgen van de regeling waaraan hij in de winter van 1545 zijn goedkeuring had gegeven. Hij had in Breda niets in te brengen.

In de warme schaduw van de wereldgeschiedenis

De berichten over de zege bij Mühlberg drongen op enig moment ook in Breda door. Via boodschappers, gedrukte verslagen, nieuwsprenten, en later ongetwijfeld ook door terugkerend krijgsvolk. Willem van Oranje zal oprecht tevreden zijn geweest met de uitkomst, die ook voor zijn vader gunstig was. Een nederlaag zou waarschijnlijk diens positie tegenover Hessen definitief hebben verzwakt en onvermijdelijk tot een militaire afstraffing hebben geleid.

De Slag bij Mühlberg ademde mythische allure en had ook nog eens plaatsgevonden op Willems veertiende verjaardag. De namen van de hoofdrolspelers op het slagveld van Mühlberg zal Willem op zich hebben laten inwerken, zonder te beseffen, zonder te kunnen beseffen, dat ze ieder op hun eigen manier, in twee gevallen zelfs postuum, een beslissende rol in zijn verdere leven zouden opeisen: twee aanstaande schoonvaders Maximiliaan van Egmond en Maurits van Saksen, en zijn latere kwelgeest Fernando Álvarez de Toledo, de roemrijke hertog van Alva, die als een baken van zelfvertrouwen, op een wit paard, in een wit harnas en met een witte vederbos, over het slagveld was getrokken. Er ging het verhaal dat hij net als de oudtestamentische veldheer Jozua de zon had bevolen enige tijd stil te blijven staan, om het onvoorstelbaar flitsende aanvalsplan, inclusief een riskante oversteek van de Elbe, te kunnen volvoeren.[86] De legendevorming ging snel en droeg bij aan het zo goed als onaantastbare aureool van de hertog. Alva liet het graag zo.

Wat telde was dat de Nederlanden in deze jaren op adem konden komen. De vrede met de Fransen in 1544 had ook direct gunstige gevolgen voor Willem van Oranje. Het prinsdom Orange, dat de voorgaande jaren bezet was gehouden door een garnizoen van Frans I, werd in het vredesverdrag weer teruggegeven. De formaliteiten die hiermee samenhingen, onderstreepten hoe moeilijk het zou worden niet alleen in naam prins van Orange te zijn, maar ook in de praktijk. In mei 1545 werd Willem door Frankrijk in zijn soevereine rechten erkend, maar tegelijkertijd bleef François van Longwy, die onder protectie van de Franse koning het bewind over het prinsdom had gevoerd, in functie. Longwy moest eerst formeel afstand doen, zo heette het. Dit moment leek begin 1547 nabij, maar alle diplomatie die er vanuit Breda was bedreven werd doorkruist door de dood van koning Frans I op 31 maart 1547. Uiteindelijk kwam Willem in juli 1547 in het bezit van Orange, wat alleen al vanwege de te verwachten opbrengsten zeer gewenst was.[87]

Zo soeverein als het prinsdom mocht heten, de geschiedenis van de moeizame verwerving ervan als rechtmatig bezit maakt duidelijk hoe afhankelijk de prins was van goede relaties met Frankrijk. Orange was in geval van strubbelingen of oorlog met Frankrijk niet te verdedigen. Bovendien was het moeilijk vanuit de Nederlanden te besturen. De verbindingslijnen waren lang, en omdat ze voor een groot deel door Frans gebied voerden ook kwetsbaar. In 1551 laaide de oorlog met Frankrijk weer op, en werd Orange opnieuw ingenomen. Een kat-en-muisspel, dat zich tot de Vrede van Utrecht in 1713 nog een aantal keren zou herhalen; Orange werd toen definitief Frans. Alleen de titel 'prins van Oranje' bleef nog gereserveerd voor de Nassaus. Willem van Oranje zou zijn prinsdom nooit met eigen ogen aanschouwen.

Ook dit kon Willem in 1547 onmogelijk vermoeden. Hij bracht zijn dagen door in Breda, waarschijnlijk in een mild regime van 'orde en tucht', zoals zijn vader dat had bevolen. Bouton hield zich bezig met zijn opvoeding en onderwijs, Mérode met de zakelijke beslommeringen, zoals het beheer van de talloze domeinen, kastelen en pachten. De verschillende erfelijke titels zullen voor Willem nog lang iets abstracts hebben gehouden, al is het denkbaar dat hij al vroeg in gezelschap van Mérode rondreisde om kennis te maken met de lokale rentmeesters en andere notabelen. Langzaam wennen aan het echte werk.

In deze maanden, op 12 januari 1547, onderging Willem het eerste officiële feestmaal dat te zijner ere werd gegeven, door de magistraat van Breda. Zijn vader was erbij, de twee jonge Duitse graven ook, en uiteraard zijn voogd Mérode. Er gingen bij dit maal een heel schaap, twee hazen, vier patrijzen, drie konijnen, zes plevieren en kapoenen doorheen, overgoten met zo'n 35 kannen wijn. Het gold als een eenvoudig maal, passend bij de minderjarige status van Willem.[88] Hij kwam er al snel achter dat de Nederlanders zo hun eigen manier van maathouden hadden.

Willem zal niet al te veel zijn lastiggevallen met het geagiteerde briefverkeer tussen Dillenburg, Breda en Brussel, waarbij zijn vader de voogden probeerde te bewegen tot het bijdragen in de steeds verder oplopende kosten voor het procederen in de kwestie-Katzenelnbogen. De berichten uit Breda en Brussel waren niet bemoedigend. De voogden wilden nog wel geld sturen, maar de landvoogdes hield dit tegen. De stand van de financiën in Breda stond dit type uitgaven niet toe, zo oordeelde ze. Hier werd opnieuw voelbaar wie de baas was. Willem de Rijke reageerde zijn verbittering hierover af in een schrijven aan de graaf van Neuenahr en diens zoon.[89] Een paar maanden later was de landvoogdes wat toeschietelijker, maar voor Willem de Rijke was het steeds opnieuw genadebrood eten.[90] Zijn zoon bleef hiervan voorlopig onwetend; die leefde in een andere wereld.

2

Acteren als Bourgondiër

1547-1558

Karel v en Maria van Hongarije waakten over Willem als een vader en een moeder, met dezelfde mengeling van strengheid en intimiteit die Willem ook van zijn eigen ouders ondervond. Willem leek er goed mee uit de voeten te kunnen en noemde de landvoogdes zelfs 'ma mère'. Het was in de hoogste kringen niet ongebruikelijk elkaar met 'neef', 'zuster' of 'vader' aan te spreken, ook al was er geen nauwe bloedband.[1] In dit spraakgebruik lag een helder verwachtingspatroon besloten: elkaar in ere houden en bijstand verlenen, zonder voorbehoud en in absolute trouw. Het was niet moeilijk trouw op te brengen aan de keizer, hij was niet alleen naar status, maar ook naar levenservaring, wapenfeiten en doorzettingsvermogen de grootste mens op aarde, een levende legende, die zonder een spoor van ironie werd vergeleken met ijzervretende imperiumbouwers als Alexander de Grote, Julius Caesar en Karel de Grote.[2] Karel v, met al zijn lichamelijke handicaps, wankele successen en aanhoudende geldnood, was van huis uit begiftigd met een rijke erfenis, en had in de decennia die volgden min of meer op eigen kracht zijn net uitgegooid over de hele bekende wereld, tot diep in Azië en het pas ontdekte Amerika aan toe.

Al op zijn zestiende maakte Karel het devies 'Plus ultra' tot zijn lijfspreuk: verder gaan waar illustere voorgangers waren opgehouden. De antieke heersers en ook Karel de Grote waren nooit verder gekomen dan de Straat van Gibraltar. Zijn ideaal was zonder enige relativering wereldomspannend, niet alleen in politieke en economische zin, ook inzake religie: 'één kudde, één herder'. Karels imperiale ambities ademden de tijdgeest doordat ze stoelden op de stellige verwachting dat de eindtijd, de Apocalyps, aanstaande was. De eindtijd, het duizendjarig rijk, stond op aanbreken, een idee dat in de vijftiende eeuw in Spanje al om zich heen greep, en tot heftige gedwongen bekeringsgolven van joden en moham-

Filips II, door Anthonis Mor, omstreeks 1560 (collectie KHM-Museumsverband, Wenen).

medanen leidde. Karel zette dit verhevigd voort, vocht in vele oorlogen tegen de sultan van het Osmaanse Rijk, leverde slag in Tunis en Algiers, en begon nietsontziende ersteningscampagnes in de Nieuwe Wereld, die duizenden mensenlevens kostten en hele culturen wegvaagden.[3]

Karel v heerste daadwerkelijk, alle lijnen in het rijk kwamen uit bij hem, de keizer, de *imperator maximus*. In de dagen dat Willem van Oranje met de keizer kennismaakte, was het ontzag voor diens ambities en prestaties enorm. Na Mühlberg leek het verwezenlijken van zijn doelen binnen bereik te komen. Niemand, ook zijn vele vijanden niet, op een enkele protestantse vorst na, durfde openlijk iets af te doen aan Karels statuur.[4] De mens en de legende Karel v vielen naadloos samen. Hij leek de optimale belichaming van de denkkracht en virtuositeit waarin zijn tijd leek te grossieren. Het waren de jaren die zoveel complexe en tijdloze reputaties voortbrachten als die van Luther, Erasmus, Dürer, Machiavelli, Copernicus, Michelangelo, Leonardo, Rafaël, Titiaan, Motecuhzoma en Calvijn. De reputatie van Karel v was op de langere termijn misschien het minst houdbaar, maar in zijn eigen tijd had de keizer meer dan wie ook een aureool van onaantastbaarheid.

In de nabijheid van deze man verbleef Willem van Oranje vanaf zijn veertiende jaar steeds vaker. Oranje heeft er later niet veel over losgelaten, maar het is onmiskenbaar dat hij het doen en laten van de keizer gebiologeerd heeft gevolgd en er iets van probeerde op te steken.[5] Hij leerde mogelijk ook dingen die hem naderhand door Karels zoon Filips kwalijk werden genomen. Tonen van souplesse als het met rechtlijnigheid niet lukt. Misschien gold dat nog sterker voor de bemoeienis van Maria van Hongarije. De landvoogdes was haar machtige broer zeer toegewijd, maar behield wel een onafhankelijke en scherpe blik op wat er in de eigen familie rondging. De stuurse Filips was bepaald niet haar favoriete neefje.[6]

Terug naar de heimat

Op een volgende lange reis verkeerde Willem van Oranje opnieuw maandenlang in de directe omgeving van Maria van Hongarije. In oktober 1547 vertrok een Nederlandse delegatie naar Augsburg in Zuid-Duitsland, waar al op 1 september een rijksdag van start was gegaan. Op 20 oktober verliet Maria Brussel met een groot gevolg van raadgevers, hovelingen en jonkvrouwen, koks en knechten voor hemelsbreed een niet eens zo lange reis dwars door het hart van Europa. De reis werd lang, doordat onderweg steeds bezoeken werden afgelegd, festijnen werden bijgewoond en zich steeds nieuw gezelschap bij het gevolg van Maria voegde.[7] Haast was niet aan de orde, de zeshonderd kilometers hemelsbreed zouden uiteindelijk bijna vier weken vergen.

Op de rijksdag van Augsburg probeerde Karel v intussen het militaire succes van Mühlberg in politieke winst om te zetten. De rijksdag verliep onrustig en moeizaam en duurde tot de volgende zomer, maar leidde voor de Nederlanden tot een belangrijke uitkomst. Het voorstel van Karel v om de oostelijke gewesten Gelre, Zutphen, Utrecht en Overijssel – die tot dan toe in Rijksverband deel uitmaakten van de Westfaalse kreits – samen te voegen met de andere Nederlandse gewesten, werd in de laatste dagen van de rijksdag, op 26 juni 1548, aangenomen, in de 'Transactie van Augsburg'. Deze nieuwe, Bourgondische, kreits moest op afstand komen te staan van het Heilige Roomse Rijk.[8] De Nederlanden konden in hun geheel afzonderlijk bestuurd worden, door één landsheer, een voornemen dat Karel v een jaar later met de Pragmatieke Sanctie verder uitwerkte. De Nederlanden waren daarmee ondeelbaar geworden. Het bederf van het Duitse protestantisme, dat zich in rijksverband zo moeilijk liet bedwingen, kon zo gemakkelijker buiten de deur worden gehouden. De connecties tussen de Nederlandse en Duitse adel moesten zo veel mogelijk worden geminimaliseerd en geneutraliseerd. Het oog viel daarbij ook op de jonge prins van Oranje. Het besluit was behoedzaam voorbereid door enkele belangrijke Nederlandse raadslieden, zoals Antoine Perrenot en Viglius van Aytta, in nauwe samenspraak met Maria van Hongarije, wat haar maandenlange aanwezigheid in Augsburg verklaart.[9]

Maar het draaide in Augsburg niet om de Nederlanden. Karel v was vastbesloten hier de lutheranen definitief bij zinnen te brengen. Hij had de krijgsgevangen keurvorst Johan Frederik van Saksen meegenomen, die scherp bewaakt werd, maar wel een chique vorm van huisarrest genoot. Karel hoopte hem als breekijzer te gebruiken op de onverzettelijke houding van de lutheranen. De sfeer in en rond Augsburg was gespannen; in de stad en wijde omgeving had Karel duizenden soldaten laten samentrekken om elke neiging van lutherse vorsten om wraak te nemen voor Mühlberg op voorhand te smoren. Het was alles bij elkaar een enorm vreemdelingenlegioen van Duitsers, Spanjaarden, Italianen en Nederlanders. Er werd in de straten van Augsburg wel gesproken over de 'geharnaste' rijksdag.[10] Maria van Hongarije kwam er met haar uitgebreide gevolg aan op 23 november. Ze trof er haar twee broers, Karel v en roomskoning Ferdinand, een voor de Habsburgers uniek familiegebeuren. Ze waren nog maar zelden met zijn drieën tegelijk in één ruimte geweest.

Voor de jonge Willem zal er wel snel een hereniging met zijn vader zijn georganiseerd; Willem de Rijke vertoefde als een van de deelnemende rijksgraven al sinds augustus in Augsburg.[11] Maar vader en zoon hadden in deze weken ieder hun eigen plichten. Willem bewoog mee met Maria van Hongarije. Vader moest veel vergaderen, over de stroomlijning van het Reichskammergericht, het inrichten van een nieuw rijksverband, en over het aanhouden van een groot reserveleger, dat snel in actie kon komen wanneer ergens in het rijk opstand dreigde. Het waren allemaal voorstellen die de autonomie van de Duitse vorsten aantastten en de macht van de keizer versterkten. Het liep moeizaam, maar het echte venijn zat in een voorstel van Karel om de religieuze eenheid in het rijk te herstellen. Hier bleek dat de luthersgezinde vorsten weliswaar iets aan zelfvertrouwen hadden ingeboet, maar nog steeds bezield waren door het heilig vuur van een gerechtvaardigde strijd voor een ingrijpend hervormde kerk. Aan het einde van de rijksdag kwam er uiteindelijk met veel moeite een voorlopige regeling tot stand, die in vage termen borg stond voor algemene herinvoering van het katholicisme, maar wel met enkele concessies aan de lutheranen, waardoor het voor iedere betrokkene, zeker ook voor de paus in het verre Rome, een onbevredigende oplossing was, het zogeheten Interim van Augsburg.[12] Het verdrag werd door Karel v tot wet verheven (30 juni 1548), en daarmee toonde hij zich van zijn tolerante kant, in de hoop zo voor enige tijd de vrede te kunnen bewaren.

Met zoveel mensen in een welvarende maar niet heel omvangrijke provinciestad duurden de dagen lang. Een ooggetuige beschreef hoe er verschillende vormen van gesublimeerde verveling ontstonden: bijna iedere avond, maar ook wel overdag, werden er feesten georganiseerd, waar uitbundig werd gegeten, stevig gedronken en ook gedanst. Aan speeltafels werden intussen enorme bedragen vergokt. Ooggetuige Bartholomäus Sastrow beschreef hoe Maurits van Saksen het aanlegde met Jacobine, de dochter van de dokter bij wie hij gelogeerd was, en daar ook zijn vriend markgraaf Albrecht von Kulmbach, 'der dritte im Bunde', bij betrok: 'Dabei gab's recht derbe Spässe zwischen den dreien.'[13] Binnen de kortste keren had de hele stad het erover. De meeste vorstelijke personen zullen het wat discreter hebben aangepakt en zochten hun vertier in lange diners in de avond, waar ondertussen, behalve gedronken en geflirt, ongetwijfeld ook zaken werden gedaan, en politieke opzetjes werden bekokstoofd.

Eén persoon onttrok zich geheel aan dit vrolijke gebeuren, en dat was de keizer. Sastrow noteerde dat de keizer iedere avond in zijn eentje at, in een grote zaal, gadegeslagen door wie het maar wilde. Jonge edelen droegen een keur aan gerechten naar zijn tafel, met simpele hoofdknikjes bepaalde de keizer zijn keuze, en hij at door de schotel met het gerecht onder zijn kin te plaatsen en het voedsel met veel stukjes brood 'ungeniert' naar binnen te werken. Sastrow keek er geïntrigeerd naar, ook naar hoe Karel zich door zijn lijfartsen enkele keren een glas wijn liet inschenken, dat in één teug werd geleegd. Al die tijd sprak hij geen woord; achter hem stonden twee narren aan één stuk door grappen te maken; wanneer de keizer het echt leuk vond, verscheen er een geamuseerd lachje om zijn mond. In het publiek dat erbij stond leek hij geen erg te hebben.[14]

Het is verleidelijk Willem van Oranje ook een rol te geven in de bediening van de keizer. Hij had er de leeftijd voor; hij was bijna vijftien en was in Breda en Brussel gedrenkt in de Bourgondische hofetiquette. Maar het is ook goed denkbaar dat Maria van Hongarije de prins dicht bij zich hield, om te voorkomen dat de wat rauwere Duitse hofmores vat op hem zouden krijgen. Toch zal hij niet helemaal als een onopvallend snotneusje hebben rondgelopen in deze aristocratische mêlee. Toen Maria met haar gezelschap op 13 maart 1548 weer uit Augsburg vertrok, maakte Jean van Vandenesse, Karels vaste chroniqueur, speciaal melding van de prins van Oranje in haar entourage.[15]

Op de terugweg was het gezelschap versterkt met de roemruchte veldheer Maximiliaan van Egmond, een van de helden van Mühlberg.[16] Maximiliaan was graaf van Buren en Leerdam, sinds 1540 stadhouder van Friesland, en een van de rijkste edelen van de Lage Landen. Zijn deelname aan de actie tegen het Schmalkaldisch Verbond leverde hem als beloning het graafschap Tecklenburg in het Teutoburgerwald op. Hij had een geduchte reputatie als genadeloos legeraanvoerder, en in zijn vrije tijd als drinkebroer en rokkenjager, maar was ook een zeer ontwikkeld man; hij had ooit Erasmus kunnen imponeren door in het Grieks hele stukken uit Homerus te citeren.[17] Hij was sociaal vaardig, bewoog gemakkelijk tussen de Nederlanden en Duitse gebieden, en kon erg goed overweg met de keizer. Zo iemand hield je graag te vriend.

In de periode van oplopende spanningen en troepenconcentraties voorafgaand aan Mühlberg was Maximiliaan degene die al in augustus 1546 in opdracht van de keizer Willem de Rijke met besliste drang aanspoorde ook troepen te lichten en mee te doen aan de vernietiging van het Schmalkaldisch Verbond.[18] Willem de Rijke meende hier munt uit te kunnen slaan. In die weken wist hij Maximiliaan over te halen hem te vergezellen naar de keizer om de strategie tegenover Hessen door te nemen teneinde de kwestie-Katzenelnbogen eindelijk in het voordeel van Nassau te beslechten. Dat Maximiliaan door zijn gemakkelijke entree bij de keizer ook bij de tegenpartij een reputatie als probleemoplosser had, bleek in de nasleep van de Slag bij Mühlberg, toen hij zijdelings betrokken raakte bij het conflict tussen de keizer en landgraaf Filips van Hessen. De laatste zocht Maximiliaan aan om een goed woord voor hem te doen bij de keizer, in de hoop de betrekkingen te kunnen normaliseren, ongetwijfeld met de bijgedachte dat Maximiliaan zo ook kon worden losgeweekt van Willem de Rijke.[19]

Willem de Rijke was inderdaad als de dood dat Egmond in onderonsjes met de keizer en Hessen partij zou trekken voor de laatste.[20] Hij had dan ook nooit gewild dat Egmond rechtstreeks ging bemiddelen tussen hem en Filips van Hessen.[21] Bang voor de nuchtere consensus tussen mannen met meer macht dan hijzelf. Al enige tijd bestond bij Hessen, en ook bij de keizer, het idee dat Willem de Rijke zich te halsstarrig opstelde, en water bij de wijn moest doen. Wat Willem de Rijke ook niet had geholpen was zijn opzichtige talmen met het werven van troepen in de aanloop naar Mühlberg, door steeds maar uitvluchten te zoeken. Dat hij deelname aan de oorlog als leenman van de landgraaf van Hessen niet zomaar op eigen houtje en zonder risico's kon beslissen, was daarvan wel de goedkoopste.[22] Het was formeel juist, maar hier klonk het als een volstrekt ongeloofwaardig gelegenheidsargument om niet in actie te hoeven komen. Er zal door de keizer en zijn raadgevers schamper en hoofdschuddend om zijn gelachen. Maximiliaan bleef op zijn joviale manier naar oplossingen zoeken, en zal ook hebben ingezien dat redelijke argumenten hier moesten wijken voor hogere politiek. Karel v had hier de beste troeven, maar niet alle.

Een sprong naar volwassenheid

Op de terugweg van Augsburg naar de Nederlanden zullen Willem van Oranje en Maximiliaan van Egmond elkaar al snel in het vizier hebben gekregen. De reis duurde met enkele tussenstops vier weken, lang genoeg om elkaar goed te leren kennen. Maximiliaan zal de jongen hebben bijgepraat over de ontembare humeuren in de kwestie-Katzenelnbogen, en via de zoon vast wat wijze raad aan de vader hebben willen doorgeven. En de jonge Willem zal Maximiliaan hebben uitgevraagd over zijn tochten langs de Europese slagvelden.

Dat Maximiliaan een gunstige indruk van de jongen had gekregen, bleek tegen kerst van ditzelfde jaar. Hij was ziek geworden en vocht, nog maar 49 jaar oud, twee weken lang, voor zijn leven. Hij werd bijgestaan door de lijfarts van Karel v, Andreas Vesalius, die al snel moest vaststellen dat de dood aanstaande was. In deze dagen werd Maximiliaan in zijn Brusselse paleis nog door een aantal van zijn beste vrienden bezocht. Antoine Perrenot de Granvelle, bisschop van Atrecht, diende hem het heilig oliesel toe, en enkele edelen, onder wie Filips van Horne en Jean de Ligne hielpen hem met het bijwerken van zijn testament. In de vroege ochtend van 23 december overleed de roemrijke veldheer, die de dagen daarop uitgebreid herdacht werd, onder andere met een mis in de Sint-Michiels- en Sint-Goedelekathedraal.[23]

In de jaren erna ontstond een bizarre mythe rond het overlijden van Maximiliaan, als zou hij op zijn sterfbed, met nog enkele uren te leven, omringd door zijn beste vrienden een stevig glas op het heil van de keizer hebben gedronken, zich zelfs in zijn mooiste kleren en in zijn harnas hebben laten hijsen, en daarin zijn samengestroomde vrienden en hofhouding nog hebben toegesproken.[24] Hij deed zijn ordeketen van het Gulden Vlies af en vroeg aan Jean de Ligne die terug te bezorgen aan Karel v. Hij liet zich opnieuw inschenken en dronk met zijn vrienden wederom op de gezondheid van de keizer, vroeg pen en papier en schreef eigenhandig aan hem nog een brief van twee kantjes. In zijn harnas werd de graaf op bed gelegd, en even later gaf hij de geest.[25]

De Franse verslaggever, de heer van Brantôme, die dit sensationele maar onware verhaal vertelde, liet onvermeld dat het Maximiliaans laatste wil was dat zijn enig levende nazaat, Anna, zou trouwen met Willem van Nassau, prins van Oranje. Het nieuws bereikte kort erna, omstreeks de jaarwisseling, Dillenburg.[26] Het bericht was voor Willem de Rijke waarschijnlijk geen totale verrassing; bij hun contacten in de eerste helft van 1547 hadden beide vaders het wellicht al kort of zelfs wel uitvoerig besproken.[27] Het werd een huwelijk van de rijkste erfdochter en de rijkste en machtigste edelman van de Nederlanden. Hier stonden, zoals bij alle huwelijken in deze kringen, de belangen van de familie voorop. De huwelijkskandidaten zelf werd weinig tot niets gevraagd.

Voor Maximiliaan, die geen erfopvolger in mannelijke lijn had, was het een mooie uitkomst. En de nadere kennismaking met Willem op de terugweg naar de Nederlanden zal hem in zijn besluit alleen maar hebben bevestigd. De prins keek scherp uit zijn ogen, lag goed bij de keizer en de landvoogdes, en zou ongetwijfeld ook goed op kunnen schieten met zijn dochter Anna. Ze hadden al met elkaar kennisgemaakt op 1 september 1547 in 's-Hertogenbosch, Willem in het gevolg van Maria van Hongarije, Anna in het gezelschap van haar beide ouders.[28] Anna was precies even oud als Willem, ook dat leek gunstig, en er was nog even tijd om alles voor te bereiden; het huwelijk zou pas nadat ze beiden achttien waren geworden voltrokken kunnen worden, in het voorjaar van 1551. Voor de keizer was dit nieuws even slikken; hij had voor Willem een Spaanse partij in gedachten, goed voor de interne samenhang in zijn verbrokkelde rijk, net zoals hij eerder Willems oom Hendrik aan een Spaanse vrouw had gekoppeld.[29] Hij liet zich bepraten door zijn adviseur Antoine Perrenot de Granvelle, niet toevallig iemand die aan het sterfbed van Maximiliaan had gezeten.

Voor de opvoeders werd hun taak nog duidelijker dan daarvoor in de tijd begrensd. Willem moest worden klaargestoomd voor de volwassenheid, die in zijn geval enorm veel verschillende taken en verantwoordelijkheden inhield. Een van de zaken die hem geleerd moesten worden was de rust te bewaren, ook waar bij de medemens de emoties hoog opliepen. Daartoe moest hij zelfkennis ontwikkelen door zo veel mogelijk op te steken van de ervaringen van anderen. De oude voogd Claude Bouton diende in de loop van 1549 zijn ontslag in als gouverneur, vanwege zijn inmiddels hoge leeftijd – hij was 75 jaar oud – maar misschien ook wel omdat de taak als opvoeder langzamerhand overging in die van adviseur. Hij bleef wel degelijk bij Willem betrokken, ging ook de daaropvolgende jaren nog regelmatig mee op reis,[30] een teken dat er tussen de twee een hechte band was ontstaan.

Wat had Willem van Bouton geleerd? Ongetwijfeld vooral zaken die de volle goedkeuring van de landvoogdes en de keizer konden wegdragen. Dat waren allerlei elementaire vaardigheden, typische schoolkennis, maar er zal toch ook wel veel aandacht zijn uitgegaan naar een wat verdergaande intellectuele vorming, die moest leiden tot een beter begrip van het leven in de slangenkuil van de West-Europese politiek. Het is verleidelijk ervan uit te gaan dat Maria van Hongarije, die de alledaagse supervisie had, haar eigen voorkeuren volgde. Maria had haar harde kant: rechtlijnig en zakelijk als het om de dagelijkse politiek ging, steeds het belang dienend van de dynastie waar ze deel van uitmaakte. Maar ze was zeker geen gewillig werktuig van de belangen van haar grote broer de keizer. Ze weigerde ondanks aandringen van Karel v en haar andere broer Ferdinand nog eens te trouwen, nadat haar eerste man, Lodewijk van Hongarije, al na vier jaar huwelijk, in 1526, was gesneuveld. Het kunnen inzetten van prominente huwelijkskandidaten was een handig breekijzer in de internationale politiek, maar Maria van Hongarije maakte uiteindelijk haar eigen afwegingen. Ze begon er niet meer aan.[31]

Ze had ook een wat zachtere, intellectuele en kunstzinnige kant. Ze verwierf een hoogstaande kunstcollectie en een rijke bibliotheek, met veel bellettrie, naast werken over het krijgsbedrijf en over de grote godsdienstkwesties van haar eigen tijd. Ze informeerde zich in de jaren omstreeks 1520, toen het lutheranisme zich snel verbreidde, uitvoerig over dit nieuwe ideeëngoed. Ze zou zelfs luthersgezinde liedjes hebben geschreven. Dat is altijd wat mistig gebleven. Wel is zeker dat Luther een poging heeft gedaan, door zijn geschrift *Auslegung der vier Trostpsalmen* aan Maria op te dragen, haar het lutherse kamp in te trekken. Een wat al te opzichtige en goedkope verleidingstruc. Maria hield afstand tot Luther, hoewel haar hofhouding wel degelijk vele hervormingsgezinde intellectuelen telde.[32] Op datzelfde moment had Karel v door het uitvaardigen van ketterijplakkaten al tot verdelging van het protestantisme besloten.[33] Maria zou haar broer daarin nooit openlijk afvallen, maar bleef in zaken van religie haar eigen spoor volgen. Ze nam in latere jaren voor de buitenwereld afstand van Luther, maar helde niet meteen over naar het conservatieve katholicisme. Al in haar jonge jaren was ze een gretig lezer van het werk van Erasmus, dat ze moeiteloos in het Latijn tot zich nam.[34] Erasmus stond voor een bedachtzame middenweg in het religieuze debat van de vroege zestiende eeuw. Misstanden aanpakken, de clerus en zeker ook het Vaticaan flink uitmesten, maar de eenheid van de kerk herstellen door het persoonlijk geloof van de christenen te versterken. Karel v raakte van de hervormingsgezinde ideeën van zijn zuster op de hoogte, en moest erin berusten, al kon hij nog wel afdwingen dat Maria in 1531 bij het aanvaarden van de landvoogdij in de Nederlanden haar al te ketterse hovelingen in Boedapest achterliet. Het is aannemelijk dat ze haar minder orthodoxe (niet per se lutherse) geloofsovertuigingen publiek niet meer toonde, maar wel bleef koesteren.[35] De meerdelige *Opera omnia* van Erasmus bleven tot het einde van haar leven deel uitmaken van haar bibliotheek, terwijl in de katholieke kerk steeds meer stemmen opgingen zijn werken op de index van verboden boeken te plaatsen.[36]

Verderfelijke passies

Iets van dit denken, het fundamenteel bespiegelen op de grote religieuze en filosofische vraagstukken van de eigen tijd, zal via Claude Bouton ook zijn doorgesijpeld in het curriculum van de jonge Willem.[37] Op een goed moment zal ook Willem toe zijn geweest aan het lezen van Erasmus, niet meteen het theologische werk, maar misschien wel de *Moriae encomium* (Lof der Zotheid) of de *Colloquia*, de levendige 'samenspraken', die veel gebruikt werden om scholieren spreekvaardigheid in het Latijn bij te brengen. Voor iemand die werd klaargestoomd voor een prominente rol in het meertalige rijk van Karel v, was gedegen kennis van het gesproken Latijn, een pre. Nog belangrijker was wellicht het lezen van Erasmus' *In-*

stitutio principis christiani (Opvoeding van de christenvorst) uit 1516, een boekje dat Erasmus had geschreven als raadsheer van de jonge Karel v, vol met veel wijze adviezen voor iemand die op het punt staat als vorst zware verantwoordelijkheden te dragen. Karel was op dat moment zestien jaar oud, en volgens sommige historici hebben de vele nogal principieel en moralistisch klinkende raadgevingen van Erasmus weinig effect gehad op de latere nogal opportunistisch opererende keizer. Maar misschien moeten ze minder als stelregels en meer als een toegepaste psychologie worden gelezen. Een groot deel van Erasmus' boek gaat over het wekken van indrukken bij anderen en het in beweging brengen van onderdanen. Hoe doe je dat zonder al te veel van je persoonlijke, soms niet al te fraaie, drijfveren prijs te geven? Het was relevant voor de jonge Karel, maar ook voor Willem van Oranje, want hij mocht in de Brusselse context weliswaar vooral als aankomend hoog edelman opereren, maar hij stond daarnaast op het punt zijn rechten als soeverein vorst over het prinsdom Orange te gaan uitoefenen. Ook de jonge Willem was voorbestemd tot de elite van christenvorsten toe te treden.

Volgens Erasmus kon dat alleen maar goed gaan wanneer de vorst zich liet leiden door een bijzondere vorm van filosofie, die niet bestond uit een stapeling van weetjes en speculaties over de wereld, maar die juist in staat was de geest te bevrijden, met name van 'de waanideeën en verderfelijke passies van de grote massa'.[38] Een vorst moest er dus voor waken dat hij zich liet leiden door verkeerde ideeën, en zich zeker niet gek laten maken door de driften van het gewone volk. Het is een door en door aristocratische kijk op de wereld: tegenover de wijsheid van de vorst staat de onstuimigheid van de massa die door de vorst in bedwang gehouden moet worden. Een kijk op politiek die volledig toepasbaar is op de loopbaan van Karel v, maar ook op die van Willem van Oranje. Het lijkt een recept voor tirannie, maar Erasmus verbindt er een aantal temperende karaktereigenschappen aan: een vorst moet mild en vriendelijk zijn, rustig en bezonnen.[39]

De opvoeding staat centraal: een land dankt alles aan zijn vorst, een vorst dankt alles aan zijn opvoeder. De aankomende vorst moet leren zijn hartstochten te beheersen, onder alle omstandigheden, alleen dan kan hij met gezond verstand regeren. De vorst moet een toonbeeld zijn van eenvoud en soberheid, wat bij gewone mensen kan wijzen op misplaatste zuinigheid, maar bij een vorst is het een teken van gematigdheid, en daarmee van zelfbeheersing.[40] Hij mag nooit de weg naar tirannie inslaan door alleen het eigenbelang na te jagen; een goede vorst zorgt voor zijn volk. Hij omringt zich met wijze raadgevers die hem niet naar de mond praten, want hij is alleen gebaat bij de harde waarheid. Een goede vorst zorgt als een vader voor zijn land en onderdanen, en handelt altijd als een goed christen. Als een christen zal hij ook het beste halen uit de lectuur van teksten uit de heidense klassieke oudheid, van geschiedwerken, maar ook van komedies en mythologische verhalen. Daar kun je beter naar grijpen dan naar middeleeuwse romans over koning Arthur en Lancelot, dat zijn volgens Erasmus maar 'dwaze ouwewijvenpraatjes'. Voorop staat: het lezen van boeken is belangrijk voor een vorst; daar staan de dingen in die zelfs goede vrienden je niet durven vertellen. Geschiedenissen en anekdotes over grote mannen zijn een onuitputtelijke bron van levenswijsheid.[41]

Dit was bedachtzaam staatsmanschap anno 1516; nuchter bijeengeredeneerd door de grootste erudiet en de scherpste denker van de Lage Landen, en door de jonge Karel op zijn eigen, selectieve manier inmiddels in de praktijk gebracht. Omstreeks 1548 zal Willem van Oranje steeds meer met dit denken in aanraking zijn gebracht, mogelijk uit de eerste hand door deze en andere teksten van Erasmus te lezen, maar misschien toch eerder uit de tweede hand, omdat theorie en praktijk in het duiden van eigen en andermans gedragingen aan het hof nu eenmaal dagelijks terugkerend onderwerp van gesprek was. Zijn leermeester Claude Bouton kende het werkje ongetwijfeld – het werd binnen enkele jaren vele malen herdrukt –, het was in hoofse, intellectuele en ongetwijfeld ook in bourgeoiskringen in heel Europa veel gelezen. Bouton kon ook zonder probleem tot de kring van humanistisch onderlegde mensen gerekend worden, hij had ook zelf literaire ambities. Hij moet daarnaast iets hebben gehad van een levensgenieter. Hij trouwde pas op zijn eenenveertigste en had toen al meerdere buitenechtelijke kinderen rondlopen. De schaarse berichten die we hebben, lijken er ook op te wijzen dat hij van Willem van Oranje een man van de wereld wilde maken.[42] Een man die onder alle omstandigheden in alle denkbare gezelschappen overeind weet te blijven. Om dat te bereiken moest je al op jonge leeftijd een goed besef van je eigen gedrag, gebaren en gezichtsuitdrukkingen ontwikkelen, en een soepel werkend vermogen tot onderhoudende conversatie.

Heilzaam theater

Juist in de eerste helft van de zestiende eeuw, met het verflauwen van de middeleeuwse hoofse cultuur en al haar voor de buitenwereld moeilijk ontcijferbare codes en rituelen, kwam er meer aandacht voor beredeneerde omgangsvormen en beschaving, een opmaat naar de etiquette. Ook hier was Erasmus een grote gangmaker met het boekje *De civilitate morum puerilium libellus* (Etiquetteboek voor de jeugd, 1530), dat een aantal – bijna universele – richtlijnen gaf voor goed gedrag in gezelschappen zoals: altijd een ontspannen gezicht opzetten en zeker niet grimmig kijken, want dat wijst op een nors karakter; niet om alles lachen want dat wijst op dwaasheid, schuddebuiken is helemaal ongepast, dat geldt ook voor steeds op je hoofd krabben, en wijdbeens zitten is iets voor praalhanzen, beter geen afgemeten passen maken want dat komt verwijfd over, enzovoort. Het is opvallend hoe fysiek veel van Erasmus' aanbevelingen zijn, en hoe het bijna altijd draait om het wekken van een aangename indruk bij de medemens, of die nou terecht is of niet. Zo is er de aanbeveling voor het aan tafel gaan te plassen en 'de darmen te legen', en ook de riem alvast wat losser te maken, want het is niet netjes om dat aan tafel te doen. Ook nooit de schaamdelen ontbloten als dat niet echt nodig is, overigens ook niet als er niemand in de buurt is, want 'de engelen zijn altijd aanwezig'.[43] Zo'n laatste vermaning was overduidelijk bedoeld om de jonge mensen die deze richtlijnen tot zich namen ook aan te sporen ze echt te verinnerlijken. Daarbij ging het meestal om het hanteren van de juiste maat, heel vaak een beredeneerde middelmaat, zoals bij het drinken van wijn en bier. Een opgroeiende jongen kon bij het eten beter niet meer dan drie bekers drinken. Meer is én ongepast én ongezond: van wijn krijg je rottende tanden, hangende wangen, word je halfblind, krijg je een trage geest en je wordt ook nog eens vroeg oud.[44]

Het waren eenvoudige en invoelbare gedragsregels zoals ze voor het merendeel ook op de Dillenburg al golden, maar doordat Erasmus steeds uitlegde welke indruk bepaalde gedragingen bij anderen konden wekken, gaf hij misschien ook wel een dieper inzicht in een subtiel verschil tussen de ernstige, en door het lutheranisme ook steeds ernstiger wordende omgangsvormen in Duitsland, en het op vertoon en theater gerichte societyleven in de hogere kringen van de Nederlanden. Aan het hof werd maar zelden rechtstreeks de waarheid gesproken, een vriendelijke glimlach kon heel boze bedoelingen verhullen. Iemand die wilde slagen in deze onbetrouwbare omgeving, moest zelf het toneelspel tot in de perfectie beheersen. En waar nodig van rol kunnen wisselen.[45] Dit type lenigheid werd in de omgeving van Karel v en Maria van Hongarije volop gevraagd, in vrolijke tijden, en ook in minder vrolijke. Met beide varianten zou Willem van Oranje in de jaren die volgden intensief kennismaken. Het leven als theater.[46]

Hoe logisch het ook lijkt dat de jonge Willem mede door de geschriften van Erasmus en aanverwanten ingewijd werd in de achterliggende pragmatische ideeën van de vorstelijke en aristocratische leefwijze, toch is het naderhand nooit gelukt in de vele brieven en andere teksten die de prins in zijn leven schreef concrete verwijzingen te vinden naar Erasmus, ook niet naar *Lof der Zotheid*, of diens meer theologische geschriften.[47] Zonder meer was Willem van Oranje niet iemand die strooide met geleerde of literaire verwijzingen. Historicus A.Th. van Deursen ging er desondanks van uit dat de prins al vroeg de invloed van 'de erasmiaanse denkwereld' heeft kunnen ondergaan.[48] Het zou naderhand vooral aan de dag komen in Oranjes weigering over het geweten en de innerlijke overtuigingen van anderen te willen oordelen.

Over de grote lijnen, en zeker de details van Willems scholing blijft het speculeren. Ook over de jaren waarin hij zijn intellectuele en politieke vorming onderging weten we heel weinig. Zo is over het jaar 1548 nauwelijks meer bekend dan dat hij met de landvoogdes heen en weer reisde naar Augsburg. Over de manier waarop zijn godsdienstigheid in deze jaren in katholieke banen werd geleid, is evenmin enige documentatie overgeleverd. De katholieke gebruiken werden intensief gevolgd, zoveel is zeker, maar het is ook niet goed denkbaar dat in Brussel dan wel Breda de controverse over al die geloofskwesties helemaal buiten het gezichtsveld van Willem kon worden gehouden. Dat was in de praktijk onmogelijk. Die controverse beheerste veel, zo niet alles. Willem zal inmiddels begrepen hebben dat het belangrijk was om, als hij zich geen goed katholiek voelde, zich ten minste voor te doen als een goed katholiek.

Willem van Oranje werd langzaam maar zeker doordrongen van het spelen van rollen, het spelen van hoofdrollen. Met zijn prinselijke waardigheid bekleedde hij straks, of hij het nou wilde of niet, een vooraanstaande positie in de regering van de Nederlanden. Regelmatig was dat het uitvoeren van specifieke gestileerde bewegingen – of zelfs choreografieën – waarin hij altijd deel zou uitmaken van het centrale gedeelte van de voorstelling. Leren paardrijden, jagen, schermen, vechten met het zwaard en de lans, en dansen maakten deel uit van het arsenaal aan vaardigheden dat hem in zijn tienerjaren intensief werd bijgebracht.[49] Ook het kunnen boeien van een gehoor met een gloedvolle en bedachtzame toespraak hoorde daarbij. Alles was stilering.

Sinds Karel V op 22 september 1548 uit Augsburg in Brussel was teruggekeerd, werd deze stad nog drukker en bruisender dan ze al was. Er werd veel vergaderd met afgevaardigden uit de gewesten over de jongste politieke ontwikkelingen, er arriveerden buitenlandse diplomaten die met de keizer wilden napraten over Augsburg. Er waren ook veel feesten, zoals op 23 januari 1549, in het Paleis op de Koudenberg, ter gelegenheid van het huwelijk van Nicolaas van Lotharingen en Margaretha van Egmond. De feestelijkheden begonnen om één uur 's middags met een toernooi dat geheel gewijd werd aan het *combat à pied*, het voetgevecht, 'pour le service des dames', waarbij kennelijk in de beste hoofse tradities voor de eer van een vrouw gestreden werd. Ook de vijftienjarige Willem van Oranje deed hoogstwaarschijnlijk mee, in ieder geval was hij aanwezig. Het spektakel ging vier uur achter elkaar door, waarna met een plechtige mis het huwelijk gesloten werd. 's Avonds gaf Maria van Hongarije een souper, dat via een dans van allerlei gemaskerde figuren overging in de prijsuitreiking van het toernooi. Prijzen voor wie het beste streed in groepsgevechten, voor wie de meeste pieken had laten breken, en wie het beste op het zwaard vocht, maar de laatste en belangrijkste categorie betrof 'wie het meest galant en ordentelijk' was geweest.[50] De punten telden, maar het voorkomen en de elegantie overduidelijk ook. Willem viel niet in de prijzen.

Het was in de beste Bourgondische tradities, maar de strakke organisatie verried de persoonlijke bemoeienis van Maria van Hongarije. Die kwam nog meer naar voren in haar jachtpartijen. Maria was zelf een verwoed jager, al was het maar om de zwaarmoedigheid te verdrijven. In 1545 liet ze in Binche in Henegouwen een prachtig lustslot aanleggen, op zichzelf al een enorme onderneming, waar ze als opdrachtgever nauw bij betrokken was. De bouw daarvan was nog maar net begonnen of ze liet zo'n zeven kilometer naar het oosten ook een groot jachtslot optrekken: Mariemont. Het elegante kasteeltje kwam midden in een jachtgebied van zo'n negentig hectare te liggen.[51] Om nog maar eens te laten uitkomen waar in haar vrije tijd de prioriteiten lagen.

De organisatie van een jachtpartij gebeurde volgens uitgebreide voorschriften, voor aantallen speurhonden, hazewinden, honden voor het drijven, alle met bijbehorend personeel. Vuurwapens waren uit den boze, er werd altijd gejaagd met de kruisboog. Er waren voorschriften voor kleding, afhankelijk van het seizoen. Ook het gevecht met de wilde natuur dat de jacht in de kern is, werd vergaand georkestreerd. Het idee dat afgerichte dieren zich in dit spektakel heel doelmatig aan de zijde van de mens opstelden, bereikte zijn hoogtepunt in de valkenjacht. Met valken werd in open veld, voor alle deelnemers goed zichtbaar, op klein wild als hazen, konijnen en eenden gejaagd. Maria van Hongarije bezat een gevarieerde collectie roofvogels, die in heel Europa vermaard was. Dit bracht de jonge Willem waarschijnlijk op het idee zelf ook valken te gaan africhten. Hij zou naderhand Maria van Hongarije aflossen als een van de grootste valkeniers van Europa.[52]

Wennen aan verandering: de komst van Karels opvolger

In de loop van 1549 worden de bronnen over Willems leven wat uitgesprokener en rijker. In september van het voorgaande jaar was de keizer eindelijk teruggekeerd van de rijksdag van Augsburg. En vanaf dat moment werden de signalen steeds duidelijker dat Karel v zijn zoon Filips de opdracht had gegeven naar de Nederlanden af te reizen om kennis te maken met de bevolking en haar lokale en gewestelijke bestuurders.[53] Het was geen geheim meer, zeker niet nadat Karel in Augsburg de Nederlanden via de Transactie op afstand had gezet van het Heilige Roomse Rijk, dat hij deze gewesten op termijn wilde laten besturen door zijn oudste zoon. Geen keurvorst of rijksdag zou daar meer iets over te zeggen hebben.

Op het eerste deel van zijn reis naar de Nederlanden trok Filips door Noord-Italië, waar hij een tussenstop maakte in Trente. Hij bezocht er het steeds maar doorvergaderende concilie, waar hij voor het eerst lutherse voormannen ontmoette en tot zijn verbijstering vaststelde dat het er uitbundig aan toeging, inclusief kardinalen die met vrouwvolk dansten.[54] Waarna de reis nog maanden in beslag nam, met vele onderbrekingen, in Tirol, het westen van Duitsland en de Ardennen. Op 23 maart verscheen Filips in Luxemburg, en op 29 maart arriveerde hij in Namen, de eerste grote stad in de Nederlanden. In Namen trok hij langs met toortsen verlichte straten naar het centrale plein, waar meer dan zestig mannen op hoge stelten een gevecht hielden. Een Spaanse ooggetuige uit het gevolg van Filips, Vicente Álvarez, zag talloze woeste struikelpartijen, waarbij nogal wat gewonden vielen.[55] Het was een goede voorproef van wat de kroonprins de daaropvolgende maanden in alle uithoeken van de Lage Landen te wachten stond. Niets was te gek.

Twee dagen later trok Filips, opnieuw bij avond, met groot gevolg de stad Brussel binnen. Ook Brussel stond in een gloed van brandende toortsen, er waren triomfbogen opgericht en de straten waren afgeladen met nieuwsgierigen, volgens Álvarez waren er minstens 50.000 mensen op de been – een aantal dat aan de hoge kant lijkt, maar zich niet laat bevestigen of ontkennen. Het zou gaan om zo goed als de hele bevolking van de stad. Er gebeurde nog niets beslissends, vader zou nog niets definitief overdragen aan zijn zoon, maar de intocht werd gevoeld als historisch. In het Paleis op de Koudenberg werd Filips voor zijn vader geleid; ze hadden elkaar zes jaar niet gezien. Filips viel op zijn knieën, wilde zijn vader de handen kussen, maar Karel hielp zijn zoon overeind en omhelsde hem. Formalisme groette warmbloedigheid.[56] Vader en zoon

Overzicht van de deelnemers aan een toernooi in Tervuren ter ere van Filips II, op 1 april 1549, met op de voorgrond de belangrijkste Nederlandse edelen van dat moment. De nog vijftienjarige Willem van Oranje blijft ongenoemd (collectie Château de Beloeil, AKG Images).

hadden enige moeite elkaar te vinden, dat zou de komende maanden wel blijken.

Aanvankelijk verbleef Filips in Brussel, bracht zijn dagen door met vele ontvangsten, banketten, gemaskerde bals, jachtpartijen, en bijna dagelijks zat hij met zijn vader een paar uur over staatszaken gebogen. Op 4 juli begonnen Karel en Filips met een uitgebreid gevolg, waar Maria van Hongarije en ook Willem van Oranje deel van uitmaakten, aan een weken durende rondreis door de zuidelijke gewesten van de Nederlanden, waar in alle steden die ze aandeden Filips alvast plechtig werd ingehuldigd als de toekomstige landsheer. De eerste stad die werd bezocht was Leuven, waar Filips de eed aflegde op de Blijde Inkomste, waarmee hij de veelal eeuwenoude privileges van het gewest Brabant erkende.[57] Op 7 juli keerde het gezelschap nog voor een paar dagen terug naar Brussel. Op 11 juli begon de rondreis echt, en die voerde langs alle uithoeken van de gewesten. Daarmee werd voldaan aan een aanbeveling van Erasmus dat een vorst zich 'vertrouwd [moet] maken met de ligging van provincies en steden, hun ontstaansgeschiedenis, hun eigen karakter, instellingen, gebruiken, wetten, geschiedenis en privileges'.[58]

De volgende grote bestemming was Gent; ook hier triomfbogen en zelfs zuilen waarop in witte linnen jurkjes geklede schoolmeisjes zaten. De eerste nacht sliep Filips met zijn hofhouding noodgedwongen buiten de stad – een belangrijke formaliteit, hij was pas echt in de stad welkom wanneer hij de eed had afgelegd, wat de volgende dag op het stadhuis gebeurde. Het was voor Filips na Leuven een volgende kennismaking met de Nederlandse bestuurscultuur, waarin lokale en gewestelijke privileges regelmatig zwaarder wogen dan het vorstelijk gezag.[59] Hij zou er nog veel mee te maken krijgen. Een week later reisde het gezelschap verder naar Maldegem, Brugge, Ieper, Duinkerken, Rijsel en vervolgens de Waalse Nederlanden in, met telkens grote oplopen, veel spektakel en de nodige formaliteiten.

Tegen het einde van augustus werd de rondgang onderbroken voor een verblijf van een week in het nieuwe paleis van Maria van Hongarije te Binche. Dat was kort daarvoor opgeleverd, aan de tuinen werd zelfs nog gewerkt.[60] Even geen stedelijke ontvangsten en plichtplegingen. Maar luieren werd het ook niet. Maria van Hongarije had een enorm programma opgezet, waar nog lang over zou worden nagepraat.[61] Ook nu waren er weer toernooien en werd er gejaagd. Voor de met spektakel verwende Nederlandse adel ging alles in deze dagen in de overtreffende trap. De talrijke Spaanse hovelingen die nog nooit in de Nederlanden waren geweest, wisten zonder meer niet wat ze meemaakten. Het toernooi dat op zondag 25 augustus begon was als een heel ingenieus diefje-met-verlos opgezet, geïnspireerd op episodes uit de populaire ridderroman *Amadis de Gaule*. Er waren voor de gelegenheid speciale kleurige tenues gemaakt, en prachtige decors opgesteld, inclusief een eiland met een meer dan levensgroot zwaard, dat via het overwinnen van talloze hindernissen bereikt en veroverd moest worden. Filips kwam er, daar zorgde de regie wel voor, als triomfator uit tevoorschijn.[62]

Het vervolg op 28 en 29 augustus was zo mogelijk nog verrassender, met een adembenemende totaalvoorstelling, die enigszins aan modern straattheater doet denken, en waarin een groot deel van de aanwezige edelen een rol kreeg toebedeeld. Daarvoor werd in Binche een ontvoering van vier jonkvrouwen geënsceneerd, waarna met alles wat maar rijden kon een achtervolging werd ingezet, die eindigde bij het nieuwe jachtslot Mariemont. Daar was in de tuin van hout een 'Duister kasteel' getimmerd en beschilderd, nauwelijks van echt te onderscheiden, hier werden de vier jonkvrouwen gevangengehouden en die moesten bevrijd worden. Het kasteel liet zich niet zomaar nemen omdat het was betoverd door de magiër Norabroc. De verwikkelingen en stunts bleven elkaar maar opvolgen. Karel v speelde de wijze vorst; de ridders, waarvoor hoge edelen als de hertog van Aarschot, de graven van Egmond en Horne, de markies van Bergen, en Spaanse edelen als Alva en Ruy Gómez gecharterd waren, kregen voor een deel de rol het kasteel te verdedigen, en voor een ander deel de rol het te veroveren, en daarmee het kwaad te verdrijven. Er werden kanonnen afgevuurd en bestormingen uitgevoerd, terwijl de toeschouwers aan lange tafels een uitgebreid diner genoten, daarbij bediend door godinnen en nimfen. Het spel daverde voort, met hilarische identiteitsverwisselingen en een veelheid aan symbolische verwijzingen en verborgen boodschappen, en de uitkomst was het zegevieren van het goede in de persoon van kroonprins Filips.

Het was een eindeloos doorgevoerd rollenspel, dat bedoeld leek Filips vergaand te integreren in de ambities en leefstijl in dit rijke en ontwikkelde deel van Europa.[63] Welke rol Willem van Oranje in dit spektakel speelde is niet bekend, dat hij erbij was, is zeker. Zijn leermeester Claude Bouton, heer van Corbaron, had een van de hoofdrollen, die van de to-

Een voorstelling in de feestzaal van het paleis te Binche, tijdens de festiviteiten van 1549. De keizer en de landvoogdes kijken toe vanonder de baldakijn (collectie Koninklijke Bibliotheek, Brussel).

venaar met de naam Norabroc, een doorzichtige omkering van 'Corbaron'.[64]

Het verblijf in Binche was overdonderend, een prachtig eresaluut aan een hoofse feestcultuur zoals die in de eeuwen daarvoor aan het Bourgondische en ook het Franse hof steeds verder verfijnd was. Filips was voor deze reis nog nooit Spanje uit geweest, en was weinig gewend aan feesten; in Spanje ging er in de uitvoering bovendien nogal eens wat mis.[65] Hier bleef hij van de ene verbazing in de andere vallen. Prachtige banketten in de grote zaal van het paleis te Binche, waar op de laatste avond een aan vier zuilen hangende tafel vol suikerwerken werd neergelaten, het vervolgens begon te donderen en te bliksemen, het plafond zich opende en er een hagel van suiker naar beneden kwam. Daarna kwam er een volgende tafel met suikergoed naar beneden zakken, met opnieuw een knetterende hagelbui, en daarna nog een, met de heraldische wapens van de voornaamste gasten, en een rijke variatie aan vruchten. Alles van suiker.[66]

Wat nu nog? De rondreis van Filips was nauwelijks halverwege. Wie dacht dat het verder afwerken van de Brabantse, Hollandse en Gelderse steden nu iets plichtmatigs zou krijgen, kwam bedrogen uit. Vooral het bezoek aan Antwerpen, medio september, werd legendarisch. De stad had met triomfbogen, grote stellages en een speciaal aangelegd toernooiveld, een totale metamorfose ondergaan. Er was door duizenden mensen – timmerlieden, decorateurs, sjouwers – vier weken lang aan gewerkt; totale kosten circa 260.000 gulden (voor inflatie gecorrigeerd ongeveer 15 miljoen euro). De stad stroomde over van de eerbewijzen aan de Spaanse prins, maar ook hier werd een goed gecalculeerd voorschot genomen op de toekomstige samenwerking en rolverdeling. Bij zijn aankomst werd Filips buiten de stadsmuur in de buurt van een grenspaal staande gehouden, en daar moest hij de eed afleggen op de privileges van de stad Antwerpen. Pas daarna kreeg hij plechtig de sleutel van de stad overhandigd. Het feest kon beginnen. In de dagen daarop deed Willem van Oranje tussen de volwassenen mee aan het toernooi met de lansen, waarvoor hij de voorgaande weken flink had geoefend.[67]

Het gebeuren in Antwerpen speelde zich grotendeels af in de openlucht, maar werd vanaf de eerste dag geteisterd door zware regens. Dat Filips' plechtige intrede in de rijkste handelsstad van Europa niet door de zon beschenen werd, leek onwillekeurig iets af te doen aan de intense gezamenlijke ervaring die hier tegen hoge kosten beoogd was. Veel programmaonderdelen vielen letterlijk in het water; allerlei betekenisrijke tableaux vivants, beelden en schilderijen werden door Filips niet bekeken.[68] Hoveling Álvarez, die een duidelijke hekel had ontwikkeld aan het drukke en in zijn ogen lelijke Antwerpen, zag er een straf van God in voor alle overdaad die hier aan de dag werd gelegd.[69]

Via Bergen op Zoom ging Filips' reis vervolgens naar Breda, en daar trad op 21 en 22 september Willem van Oranje op als gastheer. Willem zal op enig moment vooruit zijn gegaan om de organisatie in goede banen te leiden, hoewel zijn voogden ook hier nog steeds de eindverantwoordelijkheid droegen. Afgaande op de summiere berichten van ooggetuigen gold deze tussenstop, zo kort na Binche en Antwerpen, niet als een bijzonder hoogtepunt. De rederijkers voerden enkele toneelstukken op, de banketten waren ongetwijfeld overvloedig, en 's avonds brandden er vreugdevuren.

Karel v maakte op dat ogenblik geen deel meer uit van het gezelschap; na Antwerpen was hij teruggekeerd naar Brussel.[70] Zijn haperende gezondheid speelde wellicht op, maar er was ook nog iets anders. De onderlinge verstandhouding tussen Karel v en zijn zoon was tijdens de rondreis geheel verzuurd geraakt. Karel kon merken dat het publiek in de steden regelmatig zijn afkeer liet voelen voor de nogal stuurs opererende Filips, die ook nog eens geen Nederlands, geen Frans, alleen Spaans en Latijn sprak. Vader en zoon moesten beiden even afkoelen. Nadat Filips en Maria van Hongarije eind oktober met hun uitgebreide gevolg in Brussel terugkeerden, hadden ze beiden enige tijd kunnen nadenken en zochten ze weer toenadering.[71] Het kneden van het politieke instinct van Filips ging door, zoals ook het aankweken van Willems vaardigheden nog altijd de waakzame aandacht had van het Brusselse hof.

De ijzeren greep van de Granvelles

Claude Bouton werd in de zomer van 1549 opgevolgd door Jerôme Perrenot, heer van Champagney, net als zijn voorganger afkomstig uit Franche-Comté, maar wel aanzienlijk jonger.[72] Champagney was de zoon van Nicolas Perrenot, heer van Granvelle, de voornaamste minister voor de Nederlanden van Karel v. De oude Granvelle was na Maria van Hongarije zonder enige concurrentie de belangrijkste vertrouweling van de keizer. Met de aanstelling van Granvelles zoon – die maar negen jaar scheelde met Oranje – bleef de betrokkenheid van de binnenste entourage van Karel v bij de opvoeding van Willem van Oranje maximaal. Champagney was net als Bouton een levensgenieter; ook hij toonde weinig haast te trouwen, maar had inmiddels wel een onwettig kind bij de dochter van een Duitse markies. De rol van Champagney was minder die van leermeester dan van begeleider. Hij moest Oranje met beleid verder inwijden in de politieke en militaire binnenwereld van Brussel en ervoor zorgen dat de prins niet alsnog stilletjes wegdreef in de richting van diens Duitse verwanten.[73]

Jerôme Perrenot was een exponent van een betrekkelijk nieuw verschijnsel: hij kwam uit een familie die haar hoge positie aan het hof niet had te danken aan haar eeuwenoude adellijke statuur, maar aan bewezen politieke en juridische capaciteiten. Vader Nicolas Perrenot stamde uit een gewone burgerlijke familie in Besançon, had mogen studeren en ontwikkelde zich tot briljant jurist. Hij werd in 1519 raadsheer van de nog jonge Karel v. Omstreeks diezelfde tijd verwierf hij voor zichzelf en zijn nazaten de titel van heer van Granvelle. In de jaren die volgden werd zijn positie steeds sterker; hij bleek een geslepen uitvoerder van Karels machtspolitiek en klom op naar de allerhoogste posities, intussen ook goed voor zichzelf zorgend. Hij hielp zijn familie aan goede baantjes en de oude Granvelle liet zich bij politieke transacties vaak uitbundig betalen door de wederpartij, maar Karels vertrouwen in zijn eerste minister was zo groot dat hij alle insinuaties omtrent diens omkoopbaarheid negeerde.[74]

Omstreeks 1549 raakte Nicolas Perrenot op jaren en begon hij zijn taken, met goedvinden van de keizer, steeds nadrukkelijker over te dragen op zijn oudste zoon Antoine, die behalve als jurist ook was opgeleid als theoloog, en bovendien zeer geletterd en ingevoerd in de kunsten. Nicolas had zijn zoon in de tien voorgaande jaren al een groot aantal lucratieve banen en erebaantjes bezorgd, waarvan bisschop van Atrecht de meest in het oog springende was. Een positie waarvoor Antoine zo goed als niets hoefde te doen, maar die hem groot aanzien en hoge inkomsten opleverde.[75]

De jonge Granvelle, Antoine, was mogelijk nog gewiekster dan zijn vader. Hij beschikte over tal van informanten, was daardoor meestal al bezig een oplossing te bedenken op het moment dat zijn naaste collega's nog nauwelijks beseften dat er een probleem daagde. Onvermoeibaar overlegde en correspondeerde hij met vertrouwelingen in alle uithoeken van Karels rijk en daarbuiten. Dat zijn jongere broer Jerôme nu de vaste chaperon van Willem van Oranje werd, betekende voor Granvelle extra zekerheid. Het was ook zijn idee geweest.[76] Want de prins was nu eenmaal vanaf het moment dat hij de erfenis van René van Chalon toebedeeld had gekregen, een potentieel gevaar voor de binnenlandse stabiliteit. Vooral vanwege zijn Duitse, lutherse connecties. Toch was op de Dillenburg ook Willem de Rijke tevreden met deze ontwikkeling. Via Champagney had hij opeens een vrij directe toegang tot Antoine Perrenot, die de aangewezen persoon leek om zijn slepende conflict met Filips van Hessen tot een goed einde te brengen.[77]

Het rijke leven in Brussel

Willem van Oranje bracht vanaf 1549 steeds meer tijd door in Brussel. Zijn leven kreeg een nieuwe dynamiek; hij moest gaan meedoen. Hij kon nog niet, of hoogstens op tijdelijke basis, gebruikmaken van het Brusselse paleis van de Nassaus. Het zou vrij kunnen komen wanneer Willem in staat was de bedongen afkoopsom te betalen van 100.000 gulden aan de weduwe van René van Chalon.[78] Dat geld was er niet. Het paleis van de Nassaus was een van de mooiste van Brussel. Door Engelbrecht II en Hendrik III was het paleis steeds opnieuw aan de eisen van de tijd aangepast, en het was met zijn weelderige gevelpartijen en ranke torenspitsjes zo mogelijk nog bepalender voor het profiel van de stad Brussel dan het paleis van Karel V. Het paleis genoot ook enige faam als toeristische attractie; de Italiaan Antonio de Beatis bezocht het in 1517 en bewonderde de grote binnenplaats, de mooie façades, de ontelbare kamers en de bijzondere collectie schilderijen, waaronder de *Tuin der lusten* van Jheronimus Bosch. Een andere veelbesproken blikvanger was een enorm bed van omgerekend bijna acht bij zes meter, met kussens aan het hoofd- en voeteneinde. Hendrik III zou dit hebben laten maken voor zijn vele feesten: gasten die te dronken waren om huiswaarts te keren, konden hier hun roes uitslapen.[79] Enkele jaren later, in augustus 1520, bezocht de Duitse kunstenaar Albrecht Dürer het paleis, onder andere om er een beroemd altaarstuk van Hugo van der Goes te bezichtigen, en ook hem werd een blik gegund op het enorme bed, waarin volgens hem ‘vijftig mensen kunnen liggen’. Ook Dürer is vol superlatieven over de ligging en de architectuur. ‘Ik geloof dat er in geen van de Duitse landen iets dergelijks te vinden is.’[80]

Nog meer dan in Breda stapte Willem van Oranje in het Brusselse paleis het roemrijke verleden van de Nassaus binnen. Het was voelbaar dat het centrum van de Habsburgs-Bourgondische macht zich op loopafstand bevond. In welke richting je ging, altijd kwam je langs de stadspaleizen van Nederlandse hoge edelen: de Egmonds, de Culemborgs, de Brederodes. Een van de mooiste was dat van Antoine Perrenot, gebouwd volgens de mode van de Italiaanse renaissancearchitectuur en voorzien van een excellente collectie kunstwerken, waaronder Dürers, Titiaans en Brueghels. Sommige kunstenaars voorzag hij van een vaste toelage, zoals de begenadigde portretschilder Anthonis Mor, mogelijk ook Pieter

Brueghel.[81] De Granvelles waren snel rijk geworden en lieten het breed hangen.

Op die vierkante kilometer Brusselse stadsgrond, met de vele paleizen, oprijlanen, paleistuinen, tuinhuizen, menagerieën en stallen, bestond een concentratie aan weelde die gemakkelijk 'on-Nederlands' wordt genoemd, maar die bijna nergens elders in Europa voorkwam, hoogstens in Parijs en Rome. Deelnemen aan het politieke bedrijf bood uitzicht op hoge inkomsten, maar bracht ook een heel kostbare levensstijl met zich mee. Je moest leven naar je status, ook wel *conspicuous consumption* genoemd; veel geld uitgeven heeft dan pas zin als het ook door anderen als een weelderige levensstijl wordt gezien. Het was een keten van dwangmatig geld uitgeven, lucratieve posten en bezittingen verzamelen, en vervolgens nog meer geld uitgeven. Bijna alle hoge edelen gaven meer uit dan er binnenkwam.

Op het moment dat Willem in 1544 de erfenis van René van Chalon aanvaardde, nam hij meteen ook een nauwelijks te ontwarren schuldenlast over. Op veel bezittingen van René rustten grote hypotheken, en de rentebetalingen legden een enorm beslag op de jaarlijkse inkomsten. Dat gold ook voor de kostbare verplichtingen tegenover de weduwe. Die kregen in 1548 een iets ander karakter. In dat jaar hertrouwde ze met Filips van Croÿ, de hertog van Aarschot, en vielen de betalingen aan haar van een jaarlijkse rente van 20.000 gulden in beginsel weg, maar er was bedongen dat ze in dat geval recht had op een weduwepensioen ter grootte van haar bruidsschat, van in één keer 100.000 gulden. Dat bedrag was er niet, er is een voorlopige regeling getroffen waarvan de details niet bekend zijn, maar die wel zal zijn neergekomen op voortzetting van de eerder betaalde jaarlijkse rente.[82] Omdat ze voorlopig nog in het Nassaupaleis in Brussel bleef wonen, kwamen de kosten voor deze behuizing vooralsnog niet ten laste van Willem van Oranje.

De inkomsten uit alle bezittingen van Willem van Oranje waren voor Nederlandse, maar ook voor internationale begrippen, duizelingwekkend: minimaal 100.000 gulden op jaarbasis (naar tegenwoordige koopkracht omgerekend ongeveer 5 miljoen euro).[83] Maar de uitgaven lagen structureel nog hoger. Al in 1546 had Maria van Hongarije naar de totale boekhouding laten kijken en vastgesteld dat het pure noodzaak was de kosten drastisch omlaag te brengen. Het huis van Willem van Oranje koerste volgens de landvoogdes rechtstreeks op de ondergang af.[84] De voogden kregen een afgemeten budget toegewezen, waaruit de dagelijkse onkosten voor de hofhouding en de toeleveranciers moesten worden bekostigd. In 1549, met de aanstelling van Champagney, leek het moment aangebroken waarop

Willem zijn eigen huishouding mocht voeren. Dit betekende, op zijn zestiende, ook het dragen van steeds meer eigen financiële verantwoordelijkheid. Maar ook nu liet de landvoogdes weinig aan het toeval over: ze bepaalde dat de kosten voor Willems hofhouding niet meer dan 8000 karolusgulden mochten bedragen. Het was een vorm van curatele, mede bedoeld om te voorkomen dat er, vanwege steeds terugkerende verzoeken van Willem de Rijke, geld van Breda naar Dillenburg zou worden getransporteerd.[85]

Bij de keizer

Tegen het einde van 1549 werden de teugels zelfs nog verder aangehaald. Willem van Oranje werd in het gevolg van Karel v opgenomen.[86] De eigen hofhouding van Willem van Oranje werd nog verder ingekrompen, tot een zodanige schaal dat ze feitelijk was opgeheven, op de beheersactiviteiten na. De Duitse vrienden Isenburg en Westerburg, die hem de afgelopen jaren gezelschap hadden gehouden, werden naar huis gestuurd.[87] Het was niet alleen maar bezuinigingsdrift; de diepere oorzaak was een steeds verder oplopende wrevel bij de keizer over Willem de Rijke. Er kwamen in Brussel berichten binnen dat hij in het graafschap Nassau geen werk maakte van het invoeren van het Augsburgse Interim, wat zoveel inhield dat de katholieke religie, met een paar lutherse bijstellingen, weer werd hersteld. De geruchten zullen wel een kern van waarheid hebben gehad. Veel van de keizer vragen maar zelf niet over de brug komen – het was een terugkerend patroon, de ergernis daarover liep in Brussel hoog op.

Op 18 januari 1550 stierf Jean de Mérode, een van Oranjes voogden. Toeval, maar het onderstreepte nog eens dat met de vervanging van Bouton door Champagney het Bredase deel van de opvoeding voorbij was.[88] Dat de jaarlijkse zending van een portie vis in de vastentijd vanuit Breda naar Dillenburg ook werd wegbezuinigd, kan als een pesterijtje worden gezien, om duidelijk te maken dat de keizer niet over zich liet lopen. De greep van de keizer op de dagelijkse activiteiten van Willem van Oranje werd dan ook verder vergroot. Willem verbleef vanaf omstreeks de jaarwisseling onder één dak met niet alleen de keizer en de landvoogdes, maar ook met prins Filips, die nog altijd in Brussel vertoefde. De ijverige secretaris Knüttel fungeerde steeds meer als de voornaamste contactpersoon tussen Willem en zijn vader. De al zo stroperig verlopende onderhandelingen over de kwestie-Katzenelnbogen werden nog steeds door hem behartigd, en die liepen door alle strubbelingen met de keizer, alleen maar stroperiger. De in Oudenaarde gevangenzittende landgraaf van Hessen was volledig in de macht van de keizer, maar Knüttel ondervond bij een bezoek aan Brussel in maart 1550 weinig steun om de landgraaf tot toegevingen te dwingen. Wel ontmoette hij bij die gelegenheid Willem van Oranje, die 'frisch und gesunt' op hem overkwam.[89]

In de tussentijd was de keizer in beslag genomen door de organisatie van een nieuwe rijksdag en nog meer door het bezweren van de spanning die zijn eigen opvolging teweegbracht, niet zozeer als landsheer van de Nederlanden, als wel als keizer van het Heilige Roomse Rijk. In het late voorjaar van 1550 reisde Karel samen met Filips af naar Augsburg. Maria van Hongarije volgde in de nazomer en arriveerde op 10 september. Ze trof er behalve Karel ook haar andere broer Ferdinand, beiden waren hevig in conflict met elkaar over de toekomst van de keizerskroon. Hoewel Ferdinand rooms-koning was en volgens gebruik de huidige keizer zou opvolgen, wilde Karel de zekerheid dat zijn zoon Filips Ferdinand zou opvolgen als rooms-koning en daarna op enig moment keizer kon worden. Ferdinand had de post van rooms-koning toebedacht aan zijn eigen zoon Maximiliaan.[90] Maria van Hongarije wilde bemiddelen, maar kwam er na enkele weken achter dat ze hier weinig kon uitrichten en vertrok op 26 september alweer huiswaarts.

Willem van Oranje had in beginsel dit bliksembezoek kunnen meemaken, maar het is niet aannemelijk dat hij er werkelijk bij was.[91] Van 30 september 1550 dateert een eerste eigenhandige brief van Willem van Oranje, gericht aan Antoine Perrenot, de bisschop van Atrecht, een eenvoudig bedankje voor een advies dat deze hem had gegeven bij een schrijven aan zijn voogd Adolf von Schaumburg. De brief is verstuurd vanuit Breda; in vier dagen had Willem de afstand met Augsburg onmogelijk kunnen overbruggen. De brief wijst ook op iets anders. Kennelijk is er tussen de jaarwisseling en het najaar toch een verdere verzelfstandiging van Willems huishouding in gang gezet. De keizer kon na zijn vertrek naar Augsburg niet meer naar hem omkijken, en de landvoogdes vanwege alle familiesores misschien ook minder dan ze zou willen. En de woede aan het hof over Willem de Rijke was wellicht wat gezakt. Dat het eerste briefje aan Antoine Perrenot is gericht, zegt in dit verband veel. Het was nu de familie Granvelle die de surveillance had overgenomen. Antoine op de achtergrond, en Jerôme in het alledaagse verkeer. De keizer mocht ervan uitgaan dat de jonge prins bij hen in goede handen was.

De steeds opflakkerende spanningen tussen het Brusselse hof en zijn vader zullen Willem van Oranje ongetwijfeld hebben doen verlangen naar echte zelfstandigheid. Die kwam opeens dichterbij toen de keizer, nog altijd in Augsburg, in de laatste dagen van 1550 het voorgenomen huwelijk met Anna van Buren goedkeurde.[92]

Het bevrijdende huwelijk

De prins hoorde het nieuws mogelijk uit de mond van de keizer zelf. Op nieuwjaarsdag 1551 was Willem in het gevolg van Maria van Hongarije in Augsburg aangekomen, waar de rijksdag zich nog altijd voortsleepte, en zich nog maanden zou blijven voortslepen. Karel v probeerde de Duitse vorsten tot uitvoering van de afspraken van het Interim van 1548 te brengen, door te dreigen hen er desnoods toe te dwingen. Hij verwees naar zijn overwinning in de Schmalkaldische Oorlog en gaf te kennen dat hij wel iets meer gehoorzaamheid had verwacht, terwijl hij alleen maar meemaakte dat de een na de ander zich niet aan de afspraken hield.[93] De sfeer in de rijksdagzittingen was ijzig, en de keizer moet hebben beseft dat het momentum dat hij had in de maanden na Mühlberg, gestaag vernevelde.

Maar ijzig of niet, de rijksdag bleef een vorstelijk, hoofs gebeuren, met hoofse genoegens. Maria van Hongarije had een groot gevolg van Nederlandse edelen bij zich. Die gingen ongetwijfeld soepel op in de samenkomst van zoveel Midden-Europese adel. Het was ook een opgelegde kans weer eens een groot toernooi te organiseren. Op de middag van zondag 8 februari werd er gestreden op het centrale plein van Augsburg, waar Ferdinand van Oostenrijk, Maria van Hongarije en andere vorstelijke personen vanuit hoge posities toekeken hoe een team onder aanvoering van aartshertog Ferdinand, een zoon van de rooms-koning, en een team onder aanvoering van Emanuel Filibert, hertog van Savoie, elkaar gingen bestrijden. Er deden geduchte toernooivechters mee als de graaf van Egmond en de koning van Bohemen, maar ook enkele onverwachte nieuwkomers, als de graaf van Megen en de prins van Oranje. Willem won meteen de prijs voor de galantste deelnemer.[94]

Maar de Nederlandse edelen hadden ook een serieuze missie: de opvolging in de Nederlanden moest nader worden geregeld. Het werd opnieuw vertaald in een bijzonder theatraal gebeuren. Op 7 maart 1551, terwijl Karel v in zijn logement omringd door zijn voornaamste raadgevers op zijn troon zat, kwamen graaf Lamoraal van Egmond en graaf Filips van Horne binnen. Ze knielden op de voetenbank van de keizer, waarop Egmond in het Latijn het woord nam en verklaarde dat ze als ambassadeurs van zijn zoon Filips kwamen vragen om de 'investituur' (bekleding met het gezag) over de landen die een leen waren van zijn keizerrijk. Over wel-

Willem van Oranjes banier voor gebruik tijdens toernooien (collectie KHM-Museumsverband, Wenen).

ke landen het ging, bleef opvallend schimmig, wellicht om de ruzie over de opvolging in het keizerrijk niet verder te compliceren. De keizer verleende vervolgens zijn voornaamste minister Granvelle en de vicekanselier Georg Sigismund Seld van het Heilige Roomse Rijk opdracht de twee graven te antwoorden. Ze gaven de ambassadeurs te kennen dat de keizer ervoor klaarzat de kroonprins te ontvangen. Filips werd vervolgens door de twee Nederlandse graven opgehaald. Bij binnenkomst maakt hij drie buigingen en wierp zich op de knieën op de rand van het voetenbankje, waarna Egmond opnieuw en nu nog uitvoeriger uitlegde wat de prins verlangde. De keizer liet zijn gunstige antwoord uitspreken door Seld, waarna de prins opstond en opnieuw voor zijn vader op de knieën zeeg, zijn beide handen op een geopend missaal liet rusten en de eed aflegde door de zinnen na te zeggen die Seld hem voorzegde. Hij nam vervolgens het keizerlijk zwaard in de handen en kuste het heft. Egmond sprak nog een kort dankwoord, en het was gedaan: de Nederlanden waren voor Filips. Het wachten was nu op het moment dat zijn vader er definitief afstand van wilde doen, of dat hij vroegtijdig zou overlijden.[95]

Er speelde voor Willem van Oranje in Augsburg nog iets anders. Karels vaste chroniqueur Jean van Vandenesse maakt voor 30 maart 1551 melding van het huwelijk van de prins van Oranje met een jonkvrouw van Egmond, in een zodanig onduidelijke formulering dat het erop lijkt dat de chroniqueur even in de steek werd gelaten door zijn aantekeningen. Hij verwart Willems voornaam met die van zijn illustere oom Hendrik ('Henry'). De aantekening is ook niet afgemaakt, ze eindigt met puntjes. Het heeft er de schijn van dat op die dag de keizer zijn goedkeuring heeft gegeven aan de details van het huwelijkscontract tussen Willem en Anna.[96]

Een leven vol plichten

Een week later was Maria van Hongarije klaar met haar zaken, en ze was er zelfs in geslaagd haar beide broers tot een compromis te brengen over het keizerschap. Ze vertrok met haar gevolg weer naar de Nederlanden. Eind april werd Brussel bereikt; het gezelschap van Nederlandse edelen viel weer uiteen. Willem zal snel zijn doorgereisd naar Breda om in beraad te gaan met zijn voogden en andere adviseurs over zijn aanstaande huwelijk. De voorbereidingen waren op dat ogenblik al begonnen, met name het opstellen van de huwelijksvoorwaarden.[97] De afspraken die onder het toeziend oog van de keizer waren gemaakt, moesten worden uitgewerkt. Willem zal via Knüttel ook nog wel een en ander met zijn ouders op de Dillenburg hebben uitgewisseld. Het ging om twee rijke, nog nauwelijks volwassen mensen uit twee oude Nederlandse adelshuizen, een idylle uit een ridderroman, maar dat maakte de zakelijke en juridische afwikkeling niet meteen eenvoudiger. Met het aangaan van het huwelijk werd de in april achttien geworden Willem van Oranje mondig verklaard en kreeg hij ogenblikkelijk de volledige zeggenschap en verantwoordelijkheid over zijn bezit. Daarbij gingen diverse titels van zijn aanstaande vrouw, met allerlei juridische voorbehouden, op hem over.[98]

Het huwelijkscontract werd op 6 juli 1551 in het Gelderse stadje Buren definitief gesloten. Het huwelijk werd een dag later geconsummeerd. En weer een dag later werd het huwelijk ingezegend. Over de festiviteiten die daarna volgden is nauwelijks iets bekend, maar aangenomen mag worden dat de hele trouwerij al snel een week in beslag nam en dat alle bevriende families in Duitsland en de Nederlanden ervoor waren uitgelopen. Ook Willem de Rijke maakte het mee, en hij had ten minste drie van Oranjes broers meegenomen: Jan, Lodewijk en Adolf.[99] Zijn jongste broer Hendrik lag nog in de wieg.

Granvelle was er in Buren niet bij. Hij liet, terwijl het bruiloftsfeest nog gaande was, in een brief aan Willem de Rijke en voogd Adolf von Schaumburg weten dat hij tot zijn vreugde goede berichten over de trouwerij vernam, en herinnerde er nog even aan dat hij er destijds alles aan had gedaan om een en ander bij de keizer in goede banen te leiden.[100] En zo presenteerde Granvelle zich als de oppermakelaar van het droomhuwelijk van Oranje, want hij was in december 1548 ook degene geweest die ervoor gezorgd had dat de laatste wil van Maximiliaan van Egmond voor een huwelijkspartij voor zijn dochter in diens testament werd opgenomen. Over dergelijke weldaden moest niet te licht gedacht worden, leek Granvelle te willen zeggen.[101]

Te midden van het gedruis van het voortgaande huwelijksfeest werd er meteen alweer over zaken gesproken. Met zoveel betrokkenen in Buren bij elkaar was het een goede gelegenheid om de maar niet vooruitkomende kwestie-Katzenelnbogen samen door te nemen. Willem kon daarin nu eindelijk naar eigen inzicht handelen. De landgraaf zat nog altijd gevangen in Oudenaarde; het werd de hoogste tijd daar profijt van te trekken. Willems oude voogd Adolf von Schaumburg kreeg de taak via Granvelle op aanzienlijke versnelling van de afwikkeling aan te dringen. Nassau was immers al op bijna alle punten juridisch in het gelijk gesteld.[102]

Het feest ging nog enkele dagen door. De twee jonggetrouwden zullen bij de bruiloftsgasten de nodige vertedering hebben opgeroepen, en hoewel ze niet in vrijheid voor elkaar gekozen hadden, luidden de eerste berichten dat ze goed met elkaar overweg konden.[103] De wittebroodsweken duurden maar kort. De gesprekken zullen tijdens de bruiloft al zijn gegaan over de dreiging van oorlog. In Duitsland daagden Maurits van Saksen en Albrecht van Brandenburg de keizer steeds openlijker uit, en het was ook niet ondenkbaar dat ze op enig moment het graafschap Nassau wilden binnenvallen.[104] En de Nederlanden dreigden – opnieuw – in een gewapend conflict te raken met Frankrijk. Na zeven jaar vrede stond Frankrijk op het punt Karel V in Italië en ook in de Nederlanden flink schade toe te brengen en hem zo blijvend te verzwakken.

Nog in dezelfde julimaand van de Burense bruiloft ontving Willem van Oranje een commissiebrief van Maria van Hongarije met de opdracht tweehonderd ruiters te werven, liefst bestaande uit nobele en ervaren krijgslieden, en die ook optimaal uit te rusten. De vijand trok inmiddels troepen samen; de Nederlanden moesten zich op het ergste voorbereiden. In september kwam de oorlogsverklaring van Hendrik II, de koning van Frankrijk; in Brussel werd die op de zesentwintigste publiekelijk afgelezen.[105]

De oorlog brak uit terwijl de keizer nog altijd in Augsburg verbleef en daar steeds dieper in de problemen belandde. Het uitgestrekte bouwwerk van Habsburg begon hoorbaar te kraken. Wat velen al vermoedden was dat Maurits van Saksen, Karels bondgenoot in de Schmalkaldische Oorlog, in het geheim al geruime tijd samenzweringen smeedde met de opstandige lutherse vorsten, en in oktober 1551 zelfs met hen en de Franse koning een pact sloot om samen tegen de keizer op te trekken. De Duitse bondgenoten beloofden Hendrik te helpen bij het heroveren van al het grondgebied dat Frankrijk in de loop van de decennia aan Karel v was kwijtgeraakt. Ze zouden ook helpen Karel v ten val te brengen en hem, de koning van Frankrijk, tot keizer te laten kiezen.[106]

In diezelfde tijd dreigde in Italië een nieuwe, hevige oorlog sinds Karels schoonzoon Ottavio Farnese zich moest verdedigen tegen aanspraken van de paus op het hertogdom Parma en ook op Piacenza. Terwijl de paus steun wist te verwerven van de keizer, sloeg Ottavio terug door een pact te sluiten met Frankrijk. In 1551 laaide bovendien het conflict op met de Turken over de hegemonie op de Middellandse Zee, met een aantal Turkse verrassingsaanvallen die de posities van de Habsburgers danig verzwakten; ook hier visten Franse diplomaten opzichtig in troebel water.[107] Maar de grootste problemen ervoer de keizer in het Duitse gebied. Maurits van Saksen werd onhandelbaar, nadat hij in opdracht van de keizer de rebelse stad Magdeburg hardhandig tot de orde had geroepen. Het grote leger dat Maurits hiervoor op de been had gebracht, werd nu zijn voornaamste wapen. Ondanks aandringen van Karel v weigerde Maurits dit leger weer te ontbinden. Hij liet nu zijn masker vallen en eiste dat Filips van Hessen zou worden vrijgelaten en dat de keizer het lutheranisme zou erkennen.[108] De keizer en zijn voornaamste raadgevers waren er niet op bedacht geweest en beseften nu dat ze echt in het defensief waren.

Pas eind februari 1552 kwamen de keizer onderschepte brieven van de Frans-Duitse samenzweerders onder ogen, en hij begreep dat hij snel moest handelen om de zaak te redden.[109] Maurits van Saksen rukte op naar het zuiden, overduidelijk in de richting van Augsburg, ondertussen sloten onderweg vele Duitse vorsten zich bij hem aan. De keurvorst en zijn bondgenoten lieten een stroom pamfletten verschijnen, waarin niet zozeer Karel v het mikpunt was, als wel Granvelle. Die zou de kwade genius zijn van de hardvochtige politiek van de keizer.[110] In het vroege voorjaar was een vernederende stap onvermijdelijk geworden: Karel v vertrok vanuit Augsburg naar Innsbruck in Tirol, waar hij zich wat veiliger wist, en toen Maurits van Saksen en zijn bondgenoten Augsburg innamen, trok hij in klein gezelschap, incognito, midden in de nacht nog verder, over de Brennerpas, in de hoop dat er van die kant spoedig hulptroepen zouden arriveren. Alva was vanuit Spanje onderweg met vijfduizend man goedgetrainde infanterie, en bovendien met een grote hoeveelheid geld, waarmee nog meer troepen aangeworven konden worden. Dat zou voor de ommekeer zorgen. Hendrik II nam intussen zonder veel moeite de voor Karel met prestige omgeven stad Metz in, en meteen ook Toul, Verdun, Nancy en grote delen van het neutrale Lotharingen. Het was inmiddels april en de Nederlanden dreigden onder de voet te worden gelopen.[111]

Het Habsburgse leger in de Nederlanden was sinds de zomer van 1551 in opbouw, maar het tempo lag aanvankelijk niet hoog, gezien de herhaling van de opdracht van de landvoogdes aan Willem van Oranje om tweehonderd ruiters te werven, op 5 december 1551.[112] Uit Duitsland kwamen berichten over plundertochten in de buurt van de Dillenburg door troepen van Saksen en Hessen. Of Willem zijn vader snel wilde bijspringen met het zenden van geld.[113] Het was crisis, in Europa, en dus ook bij de Nassaus. Vooral bij de Nassaus: het graafschap in Duitsland dreigde een prooi voor Maurits van Saksen te worden, en de koning van Frankrijk legde op 16 december de hand op het prinsdom Orange en op Oranjes bezittingen in Bourgondië. Op 4 februari 1552 stuurde Willem van Oranje een eigenhandig geschreven brief aan de keizer – dan nog in Augsburg. Of deze hem op een of andere manier schadeloos kon stellen voor alle verliezen die hij op dat moment te verduren had, en of hij voor zijn geconfisqueerde Bourgondische bezittingen ontheven kon worden van de verplichting troepen te leveren. Zijn financiën stonden het niet toe; zijn landerijen hadden ook nog eens te maken met overstromingen.[114]

Een hete oorlog was onafwendbaar geworden; eind januari riep Maria van Hongarije alle adellijke mannen onder de wapenen. Ze wilde kunnen beschikken over ten minste zevenduizend ruiters. Willem van Oranje kwam met zijn ruiters onder bevel te staan van Filips van Lalaing, graaf van Hoogstraten. Er volgde een periode van het lichten van de troepen; er kwam eind maart nog de opdracht bij een regiment voetvolk onderverdeeld in tien vendels, zo'n anderhalf tot tweeduizend man, op de been te brengen en daar het bevel over te voeren.[115]

In diezelfde dagen werden Willem en Anna ingehuldigd als baron en barones van stad en land van Breda. Hetzelfde gebeurde in de weken erna in andere bezittingen als Buren, Leerdam en IJsselstein. In Breda werd het op 29 maart een plechtig gebeuren, waar het stadsbestuur, de schepenen, en andere ambtsdragers de eed van trouw aflegden. Willem en Anna waren omringd door hun eigen entourage, Anna's moeder was er, en ook Jerôme Perrenot. De stad bood een groot feestmaal aan, waar vanwege de vastentijd alleen maar vis (en merkwaardig genoeg ook zeehond) geserveerd werd.[116] Wat een luisterrijk begin van een gevuld en welvarend leven als edelman had moeten zijn, stond voor Willem en zijn intimi vooral in het teken van een naderend afscheid. De militaire campagne tegen Frankrijk zou hem voor lange tijd van huis wegvoeren. De vraag was bovendien of hij levend zou terugkeren.

De gure jaren vijftig

Overleven dat was het. De financiën waren in het dagelijks bestaan het hardnekkigst terugkerende probleem. De oude schulden, het verlies van de inkomsten uit Orange en Bourgondië, het drukte allemaal zwaar. De opbrengsten uit de eigen bezittingen en zeker ook uit die van Anna waren aanzienlijk, maar de uitgaven leken nauwelijks beheersbaar. Sinds zijn vader weer, niet langer belemmerd door voogden, met hem over dagelijkse besognes kon corresponderen, vuurde die het ene na het andere verzoek om ondersteuning op zijn zoon af.[117] Dit was nog te overzien, maar de diensten die Willem verleende aan de troepenopbouw van Karel v dreigden hem op hetzelfde moment onder water te trekken. De kosten waren in beginsel declarabel bij de landvoogdes, maar er moest veel vooraf gefinancierd worden, en er heerste ook bij de landsregering een bijna structureel gebrek aan geld. Het kwam Willem niet slecht uit dat het stadsbestuur van Breda als onderdeel van de plechtige inhuldiging Willem en Anna een bedrag van 20.000 gulden schonk.[118]

In mei en juni 1552 reisde Willem door het rivierengebied, waar in plaatsen als Thorn en Buren de monstering van zijn pas aangeworven troepen plaatsvond. Vanuit Zuid-Duitsland waren Karel v en Alva met een grote troepenmacht onderweg naar de Nederlanden. Die zou samensmelten met de troepen van Egmond en andere Nederlandse aanvoerders, en de hoofdmacht vormen die de Nederlanden moest ontzetten. Karel v maakte ook volop gebruik van de diensten van de inmiddels ruim zestig jaar oude veldheer Maarten van Rossem, in de Gelderse Oorlogen nog zijn gevreesde tegenstander, mede door diens genadeloze praktijk van de verschroeide aarde. Hij kon het verschil maken.

Willem van Oranje werd in zijn functie als kolonel met zijn troepenmacht naar Artesië gestuurd om de Franse aandacht af te leiden. Vanuit Thorn schreef hij op 10 juni aan zijn vrouw dat hij de volgende dag met zijn regiment eerst naar Tongeren zou trekken. De relatie met Anna zou de komende tijd vooral in brieven gestalte krijgen – het leverde de meest intieme en onverbloemde briefwisseling op die Willem in zijn leven zou voeren, hoewel hij ook hier de neiging had te doen alsof er niet zoveel gebeurde wat het vermelden waard was, een goede aanleiding de brief kort te houden. Toch kon hij het niet laten in deze brief te vermelden dat de landvoogdes zich erg tevreden had getoond met zijn snelheid van handelen.[119]

Na een kort verblijf bij Tongeren, arriveerde Willem, via Waremme en Gembloux, in zijn nieuwe hoedanigheid als legeraanvoerder op 19 juni bij Maria van Hongarije in Binche. Inmiddels kwamen er berichten dat het Franse leger Luxemburg was binnengetrokken. De weken daarop bleven de berichten over de Franse successen elkaar opvolgen. Toch meldde Willem op 24 juni aan zijn vrouw een eerste wapenfeit; enkele van zijn eenheden waren Frankrijk ingetrokken en hadden er 250 dorpen platgebrand. De aanvoerder was er erg tevreden over en hoopte dat de landvoogdes dat ook zou zijn.[120]

De troepenmacht van Willem werd voorlopig in reserve gehouden, om de vijand de pas af te snijden als die op het idee zou komen Brabant binnen te vallen, want dan dreigde de weg naar Brussel open te komen liggen.[121] Dit gaf hem de tijd ook nog zijn gedachten te laten gaan over een te bouwen galerij in het kasteel te Breda; toch maar in hout uitvoeren en niet in baksteen, want goedkoper. Intussen viel het leven in kampementen hem zwaar; hij had het koud, zo klaagde hij in een brief aan Anna. Hij zou wel willen dat ze naar hem toe kwam 'om me een beetje te verwarmen'.[122] Het is de taal van een jonggehuwde, maar er zijn meer berichten dat het weer die zomer bar slecht was.

De echte brandhaarden van de oorlog waren nog steeds ver weg; de manschappen van Willem hadden nog geen vijandelijke troepenformaties gezien. In de oorlog begonnen de kansen te keren. Uit Spanje arriveerden schepen met verse soldaten en zo'n twee miljoen gulden aan contanten, waardoor de armslag voor het keizerlijke leger opeens veel groter werd. De Fransen begonnen zich uit een aantal Luxemburgse veroveringen terug te trekken. Willem van Oranje bewoog met zijn regiment nog wat verder richting Picardië, bereidde hinderlagen voor, maar alle bewegingen van de Fransen bleken in dit stadium nogal onvoorspelbaar. Toen in augustus een van Hendriks Duitse bondgenoten, markgraaf Albrecht van Brandenburg, ter hoogte van Trier de Nederlanden dreigde binnen te vallen, begaf Oranje zich met zijn regiment richting Aken. Het bleek voldoende om de markgraaf naar Lotharingen te laten afbuigen.

Uit de diepten: Metz

De keizer nam in diezelfde weken, door de gang van zaken in het afgelopen jaar tot het uiterste getergd, het besluit om in één keer alle verliezen van de laatste tijd goed te maken en het beleg te slaan voor Metz. De oorlog ging naar een climax, en Karel voelde aan dat de herovering van Metz beslissend werd, niet alleen voor de krachtsverhoudingen tussen Frankrijk en Habsburg, maar ook voor zijn hele keizerschap. 'Ik zal voor Metz zegevieren, of omkomen.'[123]

De keizer had in zijn door conflicten getekende loopbaan zo vaak het geluk kunnen dwingen door tot het uiterste te gaan.[124] Metz werd een prestigeproject. De stad stond ook centraal in Karels ambitie in de voetsporen van Karel de Grote te treden. Al sinds zijn kindertijd was Karel enigszins bezeten van de Habsburgse ambitie het rijk van Austrasië te herstellen, een verband van de Lage Landen, Lotharingen en Bourgondië, tezamen de stamlanden van de Merovingers en de Karolingers.[125] Metz gold als de hoofdstad; er lagen ook belangrijke Karolingers begraven als Hildegarde, de vrouw van Karel de Grote, en hun zoon Lodewijk en twee van Karels zusters. De symboolwaarde was groot, ook voor de vijand. De Fransen brachten de graven uit voorzorg in veiligheid.[126]

Willem van Oranje kreeg orders met zijn regiment vanuit de Duitse grenstreek opnieuw naar Artesië op te rukken om daar het Franse leger terug te drijven, dat enorm veel schade aanrichtte in de grensregio. Hij richtte in de eerste weken van september een verzoek aan de landvoogdes om met zijn eenheden naar Metz te gaan, omdat hij aan de keizer graag de jongste ontwikkelingen in de kwestie-Katzenelnbogen wilde voorleggen. Maria was bereid hem dit toe te staan, maar hij mocht alleen zijn ruiters meenemen, de infanterie zou in Artesië op veldtocht moeten, zoals eerder bepaald.[127] Het deed Willem van zijn tocht naar Metz afzien.[128]

Wat dreef hem? Wilde hij in deze hooggespannen situatie daadwerkelijk de keizer afleiden met een kwestie die al meer dan zestig jaar sleepte, of hoopte hij een aandeel te hebben in het zo belangrijke beleg van Metz? Zoals de keizer zijn momentum inmiddels kwijt was, zo waren de Nassaus dat, in commissie, ook in hun zaak met het huis van Hessen. Eind juli 1552 had de keizer moeten bewilligen in het Verdrag van Passau, dat voor een belangrijk deel gedicteerd werd door Maurits van Saksen: de Duitse protestanten distantieerden zich definitief van het Concilie van Trente en volgden voortaan hun eigen religieuze route. Wat grotere consequenties had: de landgraaf van Hessen werd vrijgelaten.[129] Met deze concessies kocht de keizer rust en loyaliteit in het Duitse Rijk, waardoor hij eindelijk zijn aandacht kon richten op aartsvijand Frankrijk. Albrecht van Brandenburg vocht weer mee aan de zijde van de keizer. Het verdrag betekende ook dat de eerdere toezeggingen aan Nassau hun betekenis volkomen verloren. Willem de Rijke raakte bevangen door wanhoop, vooral toen de uit zijn Oudenaardse gevangenis vrijkomende Filips van Hessen aankondigde op zijn thuisreis graag door Nassau te trekken en ook Dillenburg een beleefdheidsbezoek te willen brengen.[130] Een scène uit *The Godfather*. Willem en zijn vader beseften dat alleen de keizer hier nog iets kon uitrichten.[131] Maar kon de keizer nog wat zij dachten dat hij kon?

Op dit moment was het bevechten van de Fransen de hoofdzaak. Willem zette het bezoek aan de keizer voorlopig uit zijn hoofd en trok alsnog naar Artesië. Voor het slagen van het ontzet van Metz was de grote troepenconcentratie op de westelijke flank van groot belang. Willem ging met zijn manschappen op in een legermacht van zo'n 6000 ruiters en 30.000 man voetvolk, onder aanvoering van Adriaan van Croÿ, heer van Roeulx. Het regiment van Oranje bewoog mee diep het vijandelijk gebied in, tot aan het Île de France, Parijs lag binnen bereik, op minder dan een dag te paard. Het weer was opnieuw verschrikkelijk slecht, de aanvoerlijnen werden gevaarlijk lang – het keizerlijk leger hield zich vooral bezig met het aanrichten van vernielingen. Op 15 oktober werd het nieuwgebouwde lustslot Folembray van Hendrik II bereikt, dat door de keizerlijke troepen zwaar werd toegetakeld. Op de terugweg naar het noorden werden honderden dorpen platgebrand.

Zo'n twee weken later ontving Willem van de landvoogdes een schrijven waarin ze memoreerde dat ze van de opperbevelhebber, de graaf van Roeulx, had begrepen dat hij het er in de campagne goed van af had gebracht. Een stevige aai over de bol voor een negentienjarige vent die zijn eerste seizoen te velde er bijna op had zitten. Ze voegde er nog aan toe: het is bijna gedaan ('arrière-saison'), of hij bereid was Roeulx desondanks nog enige tijd bij te staan in de lopende zaken. Om hem vervolgens op voorhand wat te troosten over het barre klimaat: 'Laat je niet te veel van je stuk brengen door het slechte weer.' Dat was met recht moederlijk, heb geduld, het wordt met een paar dagen wel weer beter: 'Neem een voorbeeld aan de keizer en veel van zijn heren, die hem nu vergezellen, die ondanks alle hinder van het rotweer, de campagne voortzetten'.[132]

Een paar dagen eerder, op 23 oktober, was het keizerlijke leger bij Metz verschenen, naar verluidt met zo'n 55.000 man. Tegen de winter nog een grote militaire campagne beginnen streed met alle wetten van de oorlogvoering. Deze ongekende troepenmacht was ongetwijfeld bedoeld om de stad meteen de moed in de schoenen te doen zinken. Maar dat gebeurde niet. De hooggelegen stad bleek zo goed als onneembaar door de sterke vestingmuren, waarbij de verdediging werd geleid door de zeer kundige veldheer François de Guise. Op 20 november verscheen Karel v in eigen persoon, gekweld door hevige jichtaanvallen, in het legerkamp bij Metz.[133] Hij nam de leiding over de operaties over, tonnen aan buskruit werden er verschoten in een hemeltergend offensief. Er was geen doorkomen aan. Het begon steeds harder te vriezen en te sneeuwen, er heerste een tyfusepidemie, en er werd hongergeleden. Karels ervaren veldheren, onder wie de hertog van Alva, Lamoraal van Egmond en Lazarus van Schwendi, waren niet in staat een beslissende list te bedenken. In december tekende de catastrofe zich steeds scherper af. Volgens ruwe schattingen liep die maand het totale aantal doden, door vijandelijk vuur, ziekte, bevriezing en honger op tot zo'n 25.000.

Het was in die laatste weken van december dat Willem van Oranje op het idee kwam alsnog naar Metz te gaan.[134] Zijn regiment had inmiddels in de omgeving van Atrecht de winterverblijven opgezocht, en zelf had hij enkele weken kunnen bijkomen in Breda en Brussel. Maar door brieven van zijn vader werd hij nog weer eens bepaald bij de penibele situatie rond Katzenelnbogen. Het leek raadzaam dit aan de keizer voor te leggen. Willem kreeg van Granvelle toestemming Karel v te bezoeken, ook Maria van Hongarije deed een aanbeveling.[135] Willem begaf zich medio december op weg naar Metz. Op 20 december schreef hij in een briefje aan zijn vrouw dat hij inmiddels in Thionville was, zo'n dertig kilometer noordelijk van Metz. De keizer bleek zich daar ziek te hebben teruggetrokken. Karel at nog nauwelijks, dronk de hele dag door bier, hij had het koud, voelde zich hondsberoerd en kwam zelden zijn bed uit. Om de tijd door te komen liet hij zich voorlezen uit Flavius Josephus, de psalmen en het boek Daniël. In die toestand zal Willem van Oranje hem hebben aangetroffen. Nadere berichten ontbreken.[136]

In diezelfde dagen nam de keizer het besluit het beleg op te breken. Het bevel daartoe deed hij uitgaan op 1 januari 1553; tegen middernacht sloop het keizerlijke leger, onder aanvoering van Alva, weg van Metz. De Fransman Bertrand de Salignac betrad kort erna de kampementen, die voor een groot deel uit pas aangelegde grafvelden bestonden. Dat de aftocht haastig was verlopen werd duidelijk toen er nog 12.000 broden werden aangetroffen. De zieken waren in het kampement achtergelaten.[137] Geld om de af te danken troepen te betalen was er niet meer. In de eigen gelederen begon het zwartepieten; waarbij Granvelle verantwoordelijk werd gehouden voor het besluit het beleg zo onnodig lang vol te houden zonder dat er geld en materieel voorhanden was om dit tot een succes te maken.[138]

Het was in alle denkbare opzichten een grote nederlaag, met een nauwelijks te bevatten verlies aan mensenlevens. Er gingen ook nog eens minstens zoveel paarden dood, om over de kosten niet te spreken of de schade aan de eigen reputatie. Dit nieuws ging door heel Europa. Geoffrey Parker, de meest recente biograaf van Karel v, omschreef diens besluit Metz te gaan belegeren als 'de ergste strategische catastrofe' uit diens hele loopbaan.[139] Karel dacht er op het moment zelf waarschijnlijk niet anders over.

Na een vier weken durende terugtocht kwam de keizer begin februari 1553 aan in Brussel, in een open draagstoel, met zijn blik voortdurend op de hemel gericht.[140] Hij hield zich nog groot, hij was uit op wraak, riep de Staten-Generaal bijeen om een bede van anderhalf miljoen dukaten uit te vaardigen. Het waren bijeenkomsten die Willem voortaan ook diende bij te wonen.[141] De stemming was bedrukt en ook onwelwillend. De keizer brak. Hij trok zich terug in zijn Paleis op de Koudenberg. Drie maanden lang was hij nauwelijks aanspreekbaar. Karel v zonk weg in een diepe depressie.[142] De enige die regelmatig contact met hem had, was Maria van Hongarije; ze zorgde zelfs voor zijn eten.

Een tussenjaar

Voor Willem van Oranje was het een periode om zijn zaken wat te organiseren. Hij besteedde veel tijd aan de zorgen van zijn vader. Hij vergat niet met het aanbreken van de vastentijd weer een flinke portie vis naar Dillenburg te sturen.[143] Maar de hoofdzaak was de schade van het verdrag van Passau beperkt te houden. Er was daar voor Katzenelnbogen opnieuw tot arbitrage besloten, en dat betekende werk voor gespecialiseerde advocaten. Nu hij het kon en mocht, was hij ook bereid er veel voor te doen: gezanten op pad sturen, juristen instrueren, zorgen dat de zaak goed werd afgestemd tussen zijn vader en de adviseurs van de keizer. Echte vorderingen deden zich in het hele jaar 1553 niet voor. Uiteraard niet.

Dat gold ook voor de oorlog met Frankrijk, en dat was in dit geval goed nieuws. De Franse opmars werd gestuit; er werd zelfs alweer enig terrein heroverd. De keizer krabbelde in de loop van het voorjaar op uit zijn neerslachtigheid. Maria van Hongarije had met raadsheer Lodewijk van Praet en Granvelle de lopende zaken waargenomen. Ze had daarbij zo veel mogelijk gevolg gegeven aan de wensen van de keizer, voor zover die in redelijkheid te volgen waren, want hij barstte regelmatig uit in razernij. Vooral zijn voornaamste raadsman Granvelle moest het daarbij ontgelden.[144]

Het keizerlijke leger was in het vroege voorjaar weer in beweging gekomen, in het zuiden werd in april beleg geslagen voor Thérouanne. Op 20 juni werd de stad ingenomen en vervolgens volledig verwoest. Het keizerlijke leger ging zich te buiten aan wreedheden als het doorsnijden van kelen.[145] Ridderlijke erecodes leken er niet meer toe te doen. In juni werd Willem van Oranje opgeroepen over te gaan tot het lichten van een bataljon ruiters. In juli kwam er de opdracht bij nog enkele andere bataljons ruiters onder zijn hoede te nemen.[146] Op 18 juli was hij net op tijd ter plaatse voor de herovering van de stad Hesdin in Artesië, die in december door de Fransen was ingenomen.[147] Ook Hesdin, ooit een lustoord van de Bourgondische hertogen, werd met gebruik van mijnen met de grond gelijkgemaakt.

Willem was in de zomer van 1553 meer in Brussel of Breda dan op het slagveld. Wel steeg hij in augustus weer in de militaire hiërarchie toen hem, na het sneuvelen van de prins van Épinoy, het bevel over diens ordonnantiebende werd overgedragen, bestaande uit vijftig goedgetrainde adellijke ruiters, die een onderdeel vormde van het staande leger in de Nederlanden. Opvallend is dat in de aanstellingsbrief Willems moed én ervaring genoemd worden als redenen hem deze eervolle positie toe te kennen.[148] De prins maakte snel carrière. Hij bracht de nazomer nog door in het oorlogsgebied, in een kampement bij Valenciennes. Beide partijen waren uit op controle over het gebied, maar bleken niet sterk genoeg om grote daden te verrichten. Begin oktober kwamen er orders van de landvoogdes om grote aantallen soldaten af te danken. Het winterreces begon. Medio oktober keerde Willem terug naar Breda.

Daar was het eerste kind op komst. Anna beleefde een zware zwangerschap.[149] Toch was het de aanstaande ouders niet vergund samen de bevalling af te wachten. Op 20 november werd Oranje weer in Brussel verwacht voor een vergadering met de Staten-Generaal over de lopende zaken; nog belangrijker waren de verwikkelingen rond een eventueel huwelijk van Filips II met de Engelse koningin Maria Tudor. Dit was een delicaat project, dat in de binnenkamers van het Habsburgse machtscomplex zorgvuldig werd voorbereid. Een huwelijk met de belijdend katholieke Maria Tudor betekende niet alleen dat Engeland in één keer tot een trouw bondgenoot tegen Frankrijk gemaakt kon worden, maar ook dat Engeland, dat zich onder Hendrik VIII van Rome had afgekeerd weer een katholiek vorstenpaar kreeg. Filips en zeker ook zijn vader waren daar zeer op gebrand. In Engelse regeringskringen begrepen ze waar de Habsburgers op uit waren, en werd alles in de strijd gegooid om de invloed van het continent op voorhand te minimaliseren. In november 1553 leek het erop dat ze er wel uit kwamen; het Britse parlement besloot zelfs de katholieke religie weer te herstellen.[150] Maria Tudor was al een eind in de dertig en bleek haar eigen nukken te hebben als het om dit huwelijk ging, ze hield het hele onderhandelingsproces nogal op. Dat gebeurde zeker toen ze erop aandrong eerst met haar aanstaande bruidegom kennis te maken. Dit was op het niveau van vorstenhuwelijken niet heel gebruikelijk. Granvelle kwam met een oplossing: een portret van de Spaanse prins door Titiaan werd gekopieerd en naar Engeland vervoerd. De schilder Anthonis Mor reisde naar Engeland om een portret van Maria te maken. Het dreigde tot enorme vertraging te leiden – het was zaak dat op hoog diplomatiek niveau het huwelijkscontract werd afgerond en dat er werd getekend. Er moest een breed samengesteld gezantschap naar Londen om dit uit te onderhandelen. Willem van Oranje stond ook op de rol, met onder anderen Lamoraal van Egmond, Karel van Lalaing, Jean van Montmorency en Filippo Negri, de kanselier van de orde van het Gulden Vlies.[151] De prins kon in dit gezelschap belangrijke ervaring opdoen met het politieke spel, zoals dat in de allerhoogste Europese regionen gespeeld werd.

Hij ging uiteindelijk niet mee; de reden is onbekend. Onkunde of gebrek aan ervaring kan nauwelijks een rol hebben gespeeld, want de keizer, de landvoogdes en ook Granvelle hadden dat eerder nooit al te zeer laten meewegen. Misschien was het vanwege de gezinsuitbreiding? Op 9 december beviel Anna in Breda van een dochter. Ze werd Maria genoemd, naar de landvoogdes. Op 12 december werd het kind al ten doop gehouden, door de landvoogdes zelve.[152] Werd de nog zo jonge ouders een rustige kraamtijd gegund? Zou kunnen, maar de Habsburgers stonden niet bekend om hun fijngevoeligheid als het om levensgebeurtenissen ging. Was het de zwakke gezondheid van Anna die Willem thuishield? Of werd Lamoraal van Egmond, vanwege zijn leeftijd – hij was ruim tien jaar ouder dan Oranje – en levenservaring de leiding van de missie wel toevertrouwd? De gegevens ontbreken om het te beslissen. Op 21 december vertrok het gezantschap naar Londen, waar het huwelijkscontract tussen Maria en Filips op 12 januari 1554 over en weer werd bekrachtigd. In maart werd de verloving in afwezigheid van de bruidegom bij volmacht voltrokken.[153] Lamoraal van Egmond nam de rol van Filips waar. Later in het voorjaar vertrok Egmond naar Spanje om de bruidegom op te halen. Op 20 juli 1554 arriveerde eindelijk Filips in eigen persoon in Engeland, begeleid door een flottielje van meer dan honderd schepen.[154] Zo'n vijftien daarvan waren afkomstig uit de Nederlanden, op een ervan bevond zich mogelijk Willem van Oranje.[155]

Het regende pijpenstelen. Het schijnt een voorbode te zijn geweest van veel onwennigheid; de Spanjaarden klaagden over het weer en de kwaliteit van het Engelse eten. Het gebrek aan schoonheid bij de bruid riep nogal wat spotlust op, ook bij de Nederlanders. Na de consummatie van hun koninklijke huwelijk zou Maria zo van slag zijn geweest dat ze zich enkele dagen niet in het openbaar vertoonde.[156] Een bron van geruchten en besmuikt vermaak. Al die tijd werd Lamoraal van Egmond in ere gehouden vanwege zijn eerdere rol als koninklijke understudy, een taak die eigenlijk aan Oranje toebedeeld was.[157]

Het echte werk

De Nederlandse en Spaanse fine fleur zat alle festiviteiten in Engeland wat ongeduldig uit. In juni was de oorlog met Frankrijk weer opgelaaid, en het was menens. De oorlog ging een zwaar destructieve fase in. Het Franse leger viel in juni Henegouwen binnen; het was een met overleg gekozen moment, nu zoveel Nederlandse en Spaanse aanvoerders onderweg waren naar Engeland.[158] De Fransen waren zeer getergd door het huwelijk van Filips en Maria, dat een solide bondgenootschap tussen Spanje en Engeland inhield en misschien ook wel de Europese machtsbalans definitief in het voordeel van Spanje liet doorslaan. Op 26 juni 1554 veroverden de Fransen zonder al te veel weerstand de nieuwe vestingstad Mariembourg, die nog maar enkele jaren daarvoor was aangelegd en was vernoemd naar de landvoogdes. De stad werd slechts verdedigd door een garnizoen van zeshonderd man.[159]

De keizerlijke troepen waren op dat ogenblik nog niet bij machte iets terug te doen. Op 22 juni was het opperbevel in handen gelegd van Emanuel Filibert, hertog van Savoie, nauwelijks 26 jaar oud, maar iemand van bewezen militaire capaciteiten. Willem van Oranje kreeg die dag het bevel over vijf compagnieën ordonnantiebenden, bij elkaar zo'n 750 goedgetrainde manschappen, waaronder een groot aantal edelen. Hij ontving meteen de opdracht zich aan te sluiten bij het leger van Karel v, dat de Franse invasie ter hoogte van Namen probeerde te stuiten.[160] Willem kreeg behalve de compagnie van hemzelf ook die van Hendrik van Brederode, Albrecht van Rosenberg, Hans van Bueren en Günther van Schwarzburg onder zich. Schwarzburg was een Duitse graaf, een goede bekende van de Duitse Nassaus en in 1551 op voorspraak van Willem de Rijke als militair in dienst gekomen bij Karel v. Hij had het beleg van Metz meegemaakt en was daarna teruggekeerd naar Duitsland. Eind 1553 nam hij in Brussel opnieuw dienst bij Karel v, en zal spoedig Willem van Oranje hebben leren kennen. Ze ontwikkelden een bijzondere kameraadschap.

Günther was vier jaar ouder, was ook afkomstig uit het midden van Duitsland, had enige tijd in Erfurt gestudeerd en gold als een doortastend militair, iemand die je op het slagveld graag bij je in de buurt hebt.[161] Hij was aanvoerder van een groot cavalerieregiment van zo'n 1500 man met de wat ronkende bijnaam de Zwarte Ruiters, maar die werd in de praktijk wel waargemaakt; volgens een Franse bron waren de soldaten zo prachtig en intimiderend in het zwart gestoken dat ze 'mooie duivels' leken.[162]

Over de periode 6 juli tot 11 augustus 1554 ontbreekt elk concreet spoor van Willem van Oranje; is hij in het veldleger, is hij in Londen?[163] Om zijn superieuren te behagen kon hij het zich nauwelijks permitteren de hem toevertrouwde legereenheden te verlaten. Tenzij de keizer vond dat hij in Londen zijn gezicht moest laten zien. Maar daar was de militaire situatie niet naar. Op 6 juli 1554 was Willem van Oranje in een legerkamp in Sart-Moulin, onder Brussel. Wanneer hij daarna niet naar Londen is gegaan, dan is hij hoogstwaarschijnlijk met het keizerlijk leger naar Namen getrokken. Maarten van Rossem voerde daar de troepen aan, of eigenlijk deed Karel v dat, want hoe breekbaar zijn gezondheid ook was, hij wilde er weer bij zijn.[164] Zijn raadslieden leek dat geen goed idee, maar Karel liet zich niet meer adviseren. Op 7 juli verliet hij in een open draagstoel Brussel om voor de zoveelste keer in zijn leven ten strijde te trekken. Een dag later was de keizer in het kamp bij Namen. Met name Duitse soldaten verkeerden nogal eens in de veronderstelling dat de keizer niet meer leefde; toen ze erachter kwamen dat hij zich onder hen bevond 'lieten ze de trompetten en klaroenen schallen en vuurden ze al het grof geschut en de handwapens af', sommigen riepen: 'Vive l'empereur!' Het gedruis zou wel een uur zijn doorgegaan, het was, volgens een anonieme ooggetuige, tot in het Franse kamp te horen.[165]

Nu de weg naar Namen geblokkeerd was door een grote strijdmacht, boog het Franse leger, met in hun gelederen koning Hendrik II, af naar het westen, naar Henegouwen, meer in het bijzonder naar Binche. Op 21 juli gaf de Franse koning bevel het nieuwe paleis van Maria van Hongarije en meteen ook het erbij gelegen stadje te vernielen en in brand te steken. Op de ruïnes brachten de Fransen een tekst aan die veel onthult over de oog-om-oogstemming waarin beide partijen elkaar inmiddels bestreden: 'Royne folle, souviens toi de Follembray' (Dwaze koningin, zo kun je terugdenken aan Folembray), een verwijzing naar het lustoord van de Franse koning dat de Habsburgse troepen een jaar eerder hadden verwoest.[166] Ook het jachtslot Mariemont werd volledig vernield. Helemaal onverwacht was de wraakactie niet; de weken daarvoor had Maria de belangrijkste kunstvoorwerpen al in veiligheid laten brengen. De landvoogdes zou volgens sommige berichten in razernij zijn uitgebarsten toen ze het nieuws hoorde, maar uit een brief die ze kort hierna aan Granvelle schreef kunnen we opmaken dat ze al snel tot relativering in staat was. Ze vond het een onwaardige daad van de Fransen, maar 'de materiële schade laat me werkelijk koud. [...] ik ben er de vrouw niet naar zo te hangen aan dergelijke dingen dat mijn hart breekt als ik ze verlies.'[167]

Het was ook niet het moment hier lang over te treuren. De Fransen richtten in de streek nog veel meer schade aan; het was zaak hen zo snel en hardhandig mogelijk het land uit te werken. Op 31 juli liepen de feestelijkheden in Londen eindelijk af; op 3 augustus was Filips van Horne als een van de eerste bruiloftsgangers weer terug in het leger, dat zich inmiddels ter hoogte van Valenciennes bevond.[168] Een week later was de keizerlijke voorhoede verder naar het zuidwesten opgerukt, in de buurt van Thérouanne. De keizer was nog steeds in de gelederen. In Thérouanne maakte Willem van Oranje op 11 augustus zijn testament, in het besef dat de komende weken gevaarlijke confrontaties konden brengen, daarbij was hij inmiddels vader en Anna was in verwachting van een tweede kind; in een prinselijke familie moest er dan iets op papier staan. Zijn vaste kompaan, Jerôme Perrenot, was een van de getuigen.[169]

Twee dagen later kwam het tot een grote veldslag op open terrein bij Renty in Artesië. Het werd een verschrikkelijke slachtpartij in de gelederen van het keizerlijk leger, er was veel desertie, en er werden grote materiële verliezen geleden, een hele wagen met tonnen buskruit ging in één keer verloren. Jerôme Perrenot raakte zwaargewond. Diezelfde dag maakte ook hij zijn testament; twee maanden later zou hij aan zijn kwetsuren overlijden. Een halfbroer van Willem, Reinhard, graaf van Hanau-Münzenberg, raakte eveneens zwaargewond, en overleed kort daarop.[170]

Ondanks de enorme verliezen in de keizerlijke gelederen bleken de Fransen er nog slechter aan toe; ze trokken zich steeds verder terug, inmiddels naar hun eigen grondgebied. Renty werd ontzet; Karel v had op zijn eigen offensieve manier de troepen gedirigeerd, een aantal keren had hij, in harnas op zijn paard gezeten, de mannen toegesproken – de keizer die overal in Europa en ook daarbuiten slag had geleverd. Zoals gebruikelijk schreef hij de overwinning toe aan een goddelijke interventie. De schande van Metz was, ten minste voor een deel, uitgewist. Karel voelde dat zijn krachten het begaven. Hij vertrok in die dagen naar Brussel en zou nooit meer op het slagveld terugkeren.[171]

De Franse en keizerlijke legers bewogen zich intussen achter elkaar aan naar het zuiden, en ze richtten beide een enorme ravage aan. Dorpen, boerderijen, kerken en kloosters waren gemakkelijke doelwitten. Beide vorsten beweerden het rooms-katholicisme te verdedigen, maar ze maakten allebei gebruik van Duitse, vaak lutherse huurlingen, die graag kloosters overvielen en de daar aanwezige geestelijken opknoopten.[172] Bevelhebbers probeerden het met snelrecht in te dammen, maar de discipline in beide legers was, mede door geldgebrek, ver te zoeken. De keizerlijken kwamen bij een kasteel dat aan de graaf van Egmond toebehoorde, maar nu in Franse handen was. De 64 Fransen die het kasteel bezetten werden, zonder enige vorm van proces, allemaal opgehangen.[173]

Het keizerlijke leger achtervolgde de Fransen tot in de omgeving van Abbeville aan de Somme. Daarna trok het zich terug naar de omgeving van Hesdin, waar ze een jaar eerder deze stad met de grond gelijk hadden gemaakt. De Fransen waren van plan geweest iets verder stroomafwaarts aan de rivier de Canche, een nieuw vesting te bouwen; dat voornemen werd meteen van hen overgenomen. In korte tijd werd een bestek gemaakt voor een nieuwe zwaar versterkte stad – die naderhand Hesdin-fert werd gedoopt –, geheel volgens de wetten van de moderne Italiaanse vestingbouw, in een hoekig patroon van uitstekende punten, met bastions op de uiteinden. De klus moest in korte tijd geklaard worden, voor de winter aanbrak. Om het werk uit te voeren was er grote behoefte aan arbeiders, in militaire termen: pioniers. In het krijgsbedrijf bestond in beginsel een strikte arbeidsverdeling: soldaten waren er voor het oorlog voeren en alles wat daarmee samenhing, het graafwerk, het timmeren en sjouwen, gebeurde door pioniers, meestal tegen een hongerloontje ingehuurde boeren en ambachtslieden uit de streek, of door krijgsgevangenen. Er heerste voor de ambitieuze herbouw van Hesdin een groot gebrek aan pioniers – de enige mogelijkheid die overbleef was de soldaten ten minste een paar uur per dag dit werk te laten doen.[174] Om de troepen hiertoe te motiveren besloot de opperbevelhebber, de hertog van Savoie, zelf het goede voorbeeld te geven, hij gooide een spade op zijn schouder en toog aan het werk, daarna volgden Willem van Oranje, de graaf van Arenberg en alle andere kopstukken uit het leger. Een beetje een waagstuk, want als het niet zou werken, voelde het als een afgang. Het werkte niet, er werd heftig geprotesteerd, met name door soldatenvolk uit Mechelen en Antwerpen. Ze werden zonder soldij weggestuurd.

De discipline was er niet meer in te krijgen. Soldaten hielden rooftochten en werden regelmatig door lokale boeren afgemaakt.[175] Een groepje Zwarte Ruiters stal, met goedvinden van hun overste, op 19 september in de omgeving een kudde schapen. Deze werd vervolgens met geweld afgetroggeld door een overmacht aan Spaanse soldaten, een klassieke ripdeal. De Spanjaarden verkochten voor een zacht prijsje de schapen door aan de kleine levensmiddelencolporteurs in de legertros, de zoetelaars, om hen de dieren te laten slachten en verhandelen. Daar kwamen de Zwarte Ruiters snel achter, ze overlegden even met hun aanvoerder Günther van Schwarzburg, en namen de zoetelaars de schapen weer af. Alledaagse reuring in een legerkamp. De zoetelaars dreigden nu het slachtoffer te worden van de hele situatie en besloten steun te zoeken bij de legerleiding. Savoie hoorde ze aan, en besloot, vergezeld van Willem van Oranje en andere hoge militairen, naar het kamp van de Zwarte Ruiters te gaan. Die wezen naar de Spanjaarden, daar moest verhaal gehaald worden, niet bij hen.

Er ontstond een hevige twist, de Zwarte Ruiters bleken niet voor rede vatbaar; het lukte Savoie en zijn medebevelhebbers niet dit conflict in goede banen te leiden. Het liep zo hoog op dat Willem van Oranje, in het Duits ongetwijfeld, alle Zwarte Ruiters voor schelmen uitschold. Waarop een Zwarte Ruiter zo hard met zijn sabel in Oranjes hals mepte, dat deze bijna van zijn paard viel. Savoie pakte zijn pistool en wilde op de Zwarte Ruiters gaan schieten, maar hij werd zelf door een heethoofd onder vuur genomen. De kogel miste zijn doel, en kort daarop werden Oranje en Savoie ontzet. De hertog zette de achtervolging in, vond de dader en schoot hem ter plekke dood. Het bleek een jonge Duitse graaf te zijn. De andere muitende ruiters werden gevangengezet, de eerste werd aan een boom opgehangen, voor de rest volgde uiteindelijk genade.[176]

De vrede was hersteld, Savoie en Oranje hadden een dure les conflictbeheersing te verwerken, en hun ondergeschikte Günther von Schwarzburg eveneens. De onderlinge verstandhouding lijkt er op de lange termijn niet onder te hebben geleden. Tot begin november werd er gewerkt aan de bouw van het nieuwe Hesdin. De bastions werden vernoemd naar de voormannen van deze onderneming. De eerste was voor Savoie, de tweede voor Willem van Oranje en de hertog van Arenberg, en zo werden er nog wat namen aangebracht bij wijze van signatuur; ze waren hier geweest en hadden het landschap naar hun hand gezet.[177] De vesting werd ruim voorzien van voedsel, munitie en manschappen. De hoofdmacht bewoog zich, met een omtrekkende beweging via Amiens, weer terug richting Brussel, onderweg opnieuw plunderend, brandschattend en moordend.

De nadagen van de keizer

In vier maanden tijd had Willem van Oranje, meer nog dan in de campagne van 1553, de oorlog in zijn meest brute vorm leren kennen. Op weg naar het noorden had hij heel wat om over na te denken. Er was in die maanden veel gebeurd – veel kruit verschoten, veel verwoest, veel doden gevallen. Was ook maar iemand er iets mee opgeschoten? Op 15 november streek het sterk uitgedunde leger neer in de omgeving van Atrecht. Daar werden alle huurlingen afgedankt. Willem van Oranje keerde terug naar Breda. Daar trof hij in de laatste dagen van november vrouw en dochter gezond aan.[178] Kort daarop zal het gezin vertrokken zijn naar hun kasteel in Buren. Daar werd op 19 december een zoon geboren: Filips Willem, vernoemd naar de kroonprins en naar zijn grootvader, Willem de Rijke – waar het kon, werden politieke en dynastieke doelen bevorderd. Willem van Oranje was nu 21 jaar oud en was helemaal in het spel opgenomen, maar hij had er nog geen greep op.

Zoals gebruikelijk werd voor de doop enige tijd genomen. Op zondag 17 februari 1555 werd Filips Willem in Breda ten doop gehouden door hertog Willem van Kleef.[179] Willem van Oranje schreef een paar dagen later aan zijn vader dat het een prachtige gebeurtenis was, met een grote opkomst, waarin hij zijn eigen ouders erg had gemist, maar het was er 'gantz frolich' aan toegegaan.[180] Toch klonk de blijdschap wat getemperd; terwijl het de gewoonte was dat de van ver komende gasten langere tijd bleven en daardoor de banden weer wat konden worden aangehaald, had de jonge vader maar vier dagen vrijaf gekregen; de volgende dag moest hij zich alweer in Brussel melden. Zijn takenpakket leek deze winter steeds omvangrijker te worden; hij maakte wellicht een gezantschapsreis naar Engeland. In een brief aan zijn vader klaagde hij over overstelpende bezigheden voor de keizer en de landvoogdes; aan zijn eigen zaken kwam hij nauwelijks meer toe, laat staan dat hij tijd overhield om zich met de voortgaande ruzie met de landgraaf bezig te houden.[181]

Dat Willem van Kleef bij de doop een prominente positie was toebedacht, had veel te maken met de steun die hij verleende op de as tussen Breda en Dillenburg. In de dagen van de doop sprak Willem uitgebreid met de hertog, en de bemiddelende rol die hij op zich zou kunnen nemen bij toekomstige onderhandelingen met Duitse partijen om eindelijk de kwestie-Katzenelnbogen op te lossen. Willem en ook zijn vader zouden graag een oplossing willen voordat, later in het jaar, een rijksdag werd gehouden, want van het politieke geweld dat daar door Hessen en Saksen doorgaans werd ontwikkeld hadden ze weinig goeds te verwachten. De hertog beloofde zijn best te doen. De volgende rijksdag, die weer in Augsburg werd gehouden, bracht zoals te verwachten viel opnieuw geen oplossing. Wel kwam er een opzienbarende regeling tot stand die een einde moest maken aan de strijd over het lutheranisme in het rijk. Karel bewilligde, bij absentie, in een voorlopige godsdienstvrede: de vorsten mochten zelf bepalen welke religie in hun territoria de enig toegestane zou zijn. Een triomf voor de lutheranen. Zijn broer rooms-koning Ferdinand zette als plaatsvervanger onder deze regeling op 24 september 1555 een handtekening. Deze vergaande concessie aan de lutherse vorsten verried dat de keizer aan het einde van zijn krachten was.

Willem had zijn aandacht te richten naar Brussel. Het gonsde al enige tijd over de toekomst van Karel; hij zou vastbesloten zijn zijn politieke functies over te dragen, ook die van landsheer van de Nederlanden. Zijn lichaam en ook zijn politieke intuïtie lieten hem steeds vaker in de steek. Toch werd 1555 nog een jaar vol dadendrang, waarin Willem van Oranje nauwer met Karel samenwerkte dan ooit tevoren. Karel had Granvelle weer in genade aangenomen, maar zijn vertrouwen in hem was nog altijd niet volledig hersteld,[182] en dus moest hij meer op anderen leunen. Ook dit jaar zou de strijd met Frankrijk weer voortgezet worden, maar het vorige jaar had duidelijk gemaakt dat de Fransen wel heel gemakkelijk de Nederlanden konden binnenwandelen; het was tijd dat de defensie op orde gebracht werd. Begin april kocht de keizer een flink gebied aan de Maas, bij Givet, waar een grote burcht moest worden gebouwd. Het lag in het territorium van de prins-bisschop van Luik, waar Karel formeel geen enkele zeggenschap over had, maar dat wel in zijn invloedssfeer lag. De bisschop verleende medewerking, waarschijnlijk in het besef dat dit ook veiligheid voor het bisdom opleverde.[183]

Er werd ook weer gesproken tussen Frankrijk en Habsburg; in mei 1555 begonnen onderhandelingen in Marcq, nabij Calais, in die jaren nog Engels grondgebied.[184] De Engelsen wierpen zich op als bemiddelaar, wat door de Fransen vanwege het recente huwelijk van Filips met Maria Tudor nauwelijks als een neutrale geste kan zijn ervaren. Karel v zette ook weer de opbouw van een flinke legermacht in gang, waarbij het hem in eerste instantie te doen was om de Fransen te verdrijven uit Mariembourg. De Franse aanwezigheid in Mariembourg (door de bezetter omgedoopt in Henribourg) stak diep in het vlees van de Nederlanden, zo gevaarlijk dicht bij Brussel. Onder aanvoering van Maarten van Rossem waren er tegen de zomer alweer meer dan 20.000 manschappen te velde. De nieuwe versterking bij Givet – die naar de keizer Charlemont gedoopt werd – lag op zo'n 25 kilometer afstand, en dat zou op termijn voldoende moeten zijn de Fransen als het ware weg te kijken uit Mariembourg, door systematisch de bevoorradingslijnen af te snijden.

Voorlopig werd er met grote inzet gebouwd aan de fortificatie bij Givet, maar het was een natte zomer en bovendien heerste er een zware pestepidemie. Maarten van Rossem raakte besmet en stierf op 7 juni 1555 in het legerkamp in aanbouw bij Givet.[185] Daarmee stierf een legendarisch veldheer, tot op hoge leeftijd energiek opererend, met veel tactisch en psychologisch inzicht. Het zaaien van terreur hoorde daarbij, het schenken van genade net zo, als het maar met beleid gebeurde. Karel v was zo tevreden geweest over zijn oude, uit bescheiden Gelderse landadel afkomstige, veldheer, dat hij hem in 1553 tot stadhouder van Luxemburg benoemde. Oranje had Van Rossem de laatste jaren in uiteenlopende omstandigheden mogen meemaken en moet veel van hem hebben opgestoken.

De gevolgen van Van Rossems dood waren zo mogelijk nog groter. In de dagen meteen na het overlijden van de veldheer, bereikte Oranje in Buren het verzoek van Maria van Hongarije om Van Rossem op te volgen als stadhouder van Luxemburg. In zijn antwoord gaf Willem te kennen dat dit voorstel hem vrees aanjoeg, omdat hij goed besefte hoe jong en onervaren hij nog was. Hij kon en wilde aan het verzoek niet voldoen, hij hoopte op begrip.[186] Dat begrip bestond maar ten dele. Karel en Maria zullen er in Brussel nog even over gesproken hebben. De prins had het nog niet helemaal in de vingers, daar bestond geen misverstand over, maar hij leerde snel, dat hadden ze de afgelopen jaren duidelijk kunnen waarnemen. Er waren er die al veel langer meeliepen, zoals Lamoraal van Egmond, die niet in staat waren hun beperkingen te overwinnen.

Het was ook opvallend hoe Maria van Hongarije Willem in brieven regelmatig bij de hand nam en omstandig uitlegde hoe hij bepaalde zaken diende aan te pakken, zoals in een brief van een paar dagen later, 19 juni, waarin ze hem erop wees dat in zijn legeronderdeel de teugels flink aangehaald moesten worden, opdat de overlast voor de bevolking afnam. Geen toestanden meer als in het vorige jaar, in Noord-Frankrijk.[187] Als het nodig was, met harde maar rechtvaardige hand optreden. Wat Maria haar 'neef' duidelijk maakte, was dat hij een probleem had met het uitoefenen van gezag. Kort daarop ging het opnieuw mis. Omstreeks 12 juli stuurde de landvoogdes een brief door uit Maastricht waarin geklaagd werd over de problemen die zijn ruiters daar in de omgeving veroorzaakten. Willem haastte zich te verontschuldigen – hij was zelf niet in Maastricht maar in Breda – dat hij bij vertrek uit Maastricht had bezworen de discipline te handhaven. Hij beloofde meteen iemand te sturen om de boodschap nog wat beter in te prenten.[188] Het was een niet al te sterk verweer. Het ging overduidelijk allemaal niet vanzelf.

Wat daarop volgde is daarom des te verrassender. Maarten van Rossem moest ook worden opgevolgd als bevelhebber van het leger. Emanuel Filibert van Savoie lag voor de hand, maar die was vanwege een buitenlandse reis niet beschikbaar. De keizer liet nu zijn oog vallen op Willem van Oranje. Waarom? Die vraag is op basis van de bronnen niet goed te beantwoorden, de overwegingen blijven duister.[189] Al op 22 juli werd Oranje benoemd tot kapitein-generaal, in de praktijk het opperbevel over het keizerlijk leger in de Nederlanden. Er liepen mannen met veel meer militaire ervaring rond: Maximiliaan de Hennin, graaf van Bossu, Lamoraal van Egmond, Karel van Lalaing, Jean de Ligne, graaf van Arenberg, en Charles de Brimeu, graaf van Megen, maar die werden het niet.[190] Misschien was de gedachte dat met het benoemen van een outsider de plaats gemakkelijker vrijgehouden kon worden voor het moment dat Savoie weer terugkeerde. Een andere verklaring zou kunnen zijn dat de bedoelingen van Karel op dat ogenblik niet offensief waren;[191] er liepen onderhandelingen met Frankrijk, die weliswaar niet erg soepel gingen, maar waar veel van afhing, want Karel wilde het een en ander afronden. In de aanstellingsbrief van 22 juli werd bovendien uitdrukkelijk melding gemaakt van de bouw van het fort bij Givet; de nieuwe bevelhebber moest over de kwaliteiten beschikken om dat in goede banen te leiden.[192] Het zou kunnen dat Oranje in het voorgaande jaar was opgevallen als een van de organisatoren van de razendsnelle bouw van het fort Hesdin-fert. Hoe dan ook was de benoeming een blijk van groot vertrouwen van de zijde van de keizer en de landvoogdes.

Voor de oudere aanvoerders moet het even slikken zijn geweest dat het broekie Oranje deze eervolle positie toebedeeld kreeg, maar ze bleven loyaal. Misschien waren ze er ook niet zo rouwig om. Er lag op de korte termijn niet veel roem in het verschiet. De financiële problemen waren onafzienbaar, over elke uitgave moest gesteggeld worden met Brussel, geldzendingen kwamen te laat, of helemaal niet. En ook het traktement hield niet over: Willem kreeg een gage geboden van 400 gulden per maand[193] – met daarbij nog de beschikking over twaalf hellebaardiers – terwijl hij meende aanspraak te kunnen maken op minimaal 2500 gulden. Zo eervol kon de baan niet zijn, of Willem was toch wel van plan dit aanhangig te maken. Op 23 juli stuurde hij een brief naar zijn vrouw, met het verzoek in het huisarchief na te gaan hoeveel zijn neef René van Chalon, die deze positie ook bekleed had, destijds betaald had gekregen.[194] Hij liet meteen doorschemeren dat hij wellicht zwaar op haar financiën moest leunen om dit leven te kunnen volhouden.

Op 26 juli kwam Willem aan in het kamp te Givet, en vanaf dat moment werd zijn correspondentie met Maria van Hongarije gedomineerd door geldkwesties. De soldaten morden omdat ze geen geld meer hadden, hun kolonels kwamen steeds opnieuw de geldnood kenbaar maken, zo meldde hij op zijn eerste werkdag te velde.[195] Het lijkt erop dat de aanvoerders hem wat 'uitprobeerden', misschien lukte Oranje wat verder geen bevelhebber in Habsburgse dienst ooit voor elkaar kreeg: het geld voor de soldij regelmatig laten stromen.

Intussen ging het werk door, aan het fort, maar ook de verkenningen om de Franse bevoorradingslijnen naar Mariembourg te kunnen doorsnijden.[196] De Fransen waren opdringerig en onrustig. De brieven aan zijn bazin stonden vol met grote en kleine zorgen. Hij moest alles maar blijven rapporteren, het was de tol van een regelbaan. Ondertussen kreeg hij de ene opdracht na de andere uit Brussel. Toen hij op 2 augustus het gerucht vernam dat Emanuel Filibert weer in het land was teruggekeerd, gaf hij, met nauwelijks verholen opluchting, aan zijn vrouw te kennen 'te verwachten dat ik spoedig deze baan kan opgeven en hier snel kan vertrekken, wat ik ook van harte hoop'.[197] Het bleek een loos gerucht.

De berichten dat de Fransen opnieuw een inval beraamden, wellicht op Brabant, het kloppend hart van de Nederlanden, werden steeds sterker. Givet was bijna klaar en ging de Maas bewaken, maar met Mariembourg hadden de Fransen nog steeds een erg goede uitvalsbasis voor het bedreigen van Brussel. Oranje en zijn raadslieden dachten veel na over de juiste verdediging. Een van zijn adviseurs was Lazarus van Schwendi, een ervaren militair met hersens. Hij moet Oranje hebben zien worstelen die eerste weken in zijn nieuwe functie, en liet hem profiteren van zijn eigen strategische inzichten. Schwendi was elf jaar ouder dan Oranje, een onecht kind van een edelman uit Württemberg, had gestudeerd en was militair geworden. Hij had meegevochten aan de zijde van Karel v in de Schmalkaldische Oorlog en ook de tragedie van Metz meegemaakt. Hij was geen klassieke vechtjas, eerder geneigd goed te observeren en te analyseren, en het compromis te zoeken. Hij adviseerde Karel v regelmatig op godsdienstig gebied wat toegevender te zijn, om te voorkomen dat hij zijn positie in Duitsland geheel zou verliezen.[198] Bedachtzame mannen zoals Schwendi hielden Oranje in deze moeilijke weken op de been.

Het was de keizer zelf die op 25 augustus met een oplossing kwam: er moest een nieuw fort komen dat Mariembourg in bedwang kon houden en dat meteen ook als winterverblijf kon dienen. De keizer had ook al de plaats bepaald: de heuvel van Pasquiers lez Faigneulles, daar kon ook een sluis worden bediend waarmee Mariembourg eventueel onder water gezet kon worden. Maar mocht die heuvel bij nader inzien minder geschikt blijken te zijn, dan was het aan Willem en zijn adviseurs een betere plek kiezen.[199] Opnieuw groot vertrouwen dat een dergelijke klus bij Oranje in goede handen was.

De pest noodzaakte het leger begin september in het veld een nieuw kampement op te zetten, liefst op de locatie van het nieuwe fort, weg uit Givet.[200] Er werd met zorg een andere locatie gezocht, eerst op enkele kilometers van Mariembourg, maar het bleek sterk geaccidenteerd terrein met een slecht onderhouden wegennet en een gebrekkige watervoorziening. Op 6 september werd besloten in Neuville het kamp op te slaan. Weer een dag later kwam het bericht uit Brussel dat de keizer had besloten geen fort aan te leggen, maar dat de vijand rechtstreeks moest worden aangepakt.[201] Er waren volgens de keizer te veel problemen met het vinden van een goede locatie, en de winter naderde, het terrein was blubberig, en een fort was in de winter nauwelijks te bevoorraden. Maar voor de winter echt inviel konden de troepen nog wel het grensgebied zo veel mogelijk leegplunderen, om het de vijand zo moeilijk mogelijk te maken het in Mariembourg vol te houden. Heldere instructie.

Het weer was begin september al bar slecht; er waren nogal wat legereenheden aan het muiten vanwege achterstallige soldij. Er kwam af en toe een kist met geld, maar het was niet genoeg; sommige soldaten werden in natura betaald, in geweven stoffen, die ze zelf weer konden laten verwerken of verhandelen.[202] Het regende de hele septembermaand regelmatig dagen achter elkaar door; zelfs een kleine veldtocht door Frankrijk, bedoeld om het vestingstadje Rocroi in te nemen, was tot mislukken gedoemd.[203] Opnieuw veranderde de keizer van gedachten: hij wilde niet alleen dat die veldtocht werd doorgezet, maar ook dat het fort alsnog gebouwd werd, liefst op zo'n vijf kilometer van Mariembourg. Oranje mocht, na raadpleging van zijn adviseurs zelf de locatie bepalen, en ook de vorm en de omvang, als het maar niet onderdeed voor Mariembourg.[204] Oranje en zijn voornaamste vertrouwelingen zullen elkaar even hebben aangekeken: waar eindigt dit?

Op 16 september schreef Willem aan zijn vrouw Anna zijn gebruikelijke frase dat er niet veel te melden viel, of nou ja: 'Ik vrees dat we wederom een nieuwe stad gaan bouwen. En het is hier werkelijk het allerslechtste weer van de wereld.'[205] Waar in de correspondentie met Brussel steeds sprake was van een 'fort', daar rapporteert Willem naar huis over een 'stad'. Kennelijk broeiden er in het kamp bij Neuville ambities om het groot aan te pakken. Ze hadden immers de vrijheid gekregen.[206] Vanuit Brussel werd hun nog bezworen geen locatie te kiezen op Luiks grondgebied, maar na veel vijven en zessen viel de keuze van Willem van Oranje en zijn adviseurs omstreeks 24 september op een klein plateau in het Luikse. Aan Brussel de taak de boodschap aan de prins-bisschop van Luik te brengen. Oranje liet zijn ingenieur Bastien op 24 september een vestingstad uitmeten, die het begrip 'fort' inderdaad verre te boven ging.[207] Het moest bovendien een vesting worden volgens de modernste in Italië ontwikkelde bouwkundige principes (de 'trace italienne'), die een versterking zo goed als onneembaar konden maken. Een geometrisch patroon van uitstekende punten, robuust gebouwde bastions, liefst met een brede omgrachting, kon vijandelijke troepen op grote afstand houden en gaf de verdedigers een groot vrij schootsveld. Bestormen had nauwelijks nog zin.[208]

Ondertussen gonsde het van de geruchten over de aanstaande abdicatie van Karel v als landsheer van de Nederlanden.[209] Filips was op 8 september uit Engeland teruggekeerd, waardoor de machtsoverdracht in gang gezet kon worden. Willem hield Anna op de hoogte, want ze zou erbij zijn. Hoe ging het met Anna? Ze zag Willem weinig, dit jaar nog minder dan in de voorgaande jaren. Eind augustus was er een bezorgd briefje van Willem aan Anna, waaruit kan worden opgemaakt dat ze sterk vermagerde en dat ze somber was. De abdicatie was dus een mogelijkheid elkaar weer eens te zien en te horen hoe het met hun twee kinderen ging,[210] en ook om haar gemoed te peilen. Of Anna er uiteindelijk bij was, is niet duidelijk. Als ze er was dan heeft ze weinig rustige momenten met Willem kunnen beleven. Behalve de abdicatie speelde er nog zoveel meer – niet alleen de bouw van de nieuwe vesting, ook de haperende financiën, en vooral de installatie van Filips als nieuwe landsheer.

Willem was een jonge man die in Brussel een eigen licht verspreidde; die uitverkoren was de keizer zijn schouder te lenen in een van diens moeilijkste en emotioneelste uren, op het moment dat hij afstand nam van de wereldomspannende obsessie die hij zo'n veertig jaar had nagejaagd. Dat volgens sommige zegslieden bijna niemand die erbij was het droog kon houden, maakt iets navoelbaar van de enorme betekenis van Karels terugtreden.[211] Zijn hand rustte bij binnenkomst op de schouder van Oranje, maar rustte de hand van God nog wel op zíjn schouder? De keizer was vastbesloten zich in Spanje voor lange tijd in eenzaamheid terug te trekken, zoals hij in die dagen ook in Brussel al deed, in een bescheiden huis in de tuin van zijn paleis. In september 1556 vertrok Karel uit de Nederlanden en in de winter van 1557 nam hij zijn intrek in een afgelegen paleisje annex klooster dat hij had laten bouwen in Yuste in de onherbergzame Extremadura.[212]

Levens in twee snelheden

Willem had inmiddels veel nieuwe kameraden, met wie hij over de slagvelden was getrokken, met wie hij lange avonden in legertenten had doorgebracht, zich koesterend in de warmte en verbondenheid van mannenvriendschappen. Hij zal gedurende die lange maanden te velde veel wijzer zijn geworden over hoe het toeging in Brussel en hoe daar het krachtenveld lag, wie te vertrouwen was en wie niet. Anna stond hier erg ver van af, kreeg er in brieven ook niets van mee. Meteen na de abdicatie keerde Willem terug naar de stad in aanbouw, naar de modder en de kou. Hij was er de volgende dag alweer. Uit de weken die volgden hebben we veel brieven van Willem aan Anna, haar brieven zijn verloren gegaan, maar we kunnen wel ongeveer aanvoelen wat daar de strekking van was: ze wilde dat hij naar huis zou komen. Ze was op dat ogenblik zwanger, wellicht was er ook sprake van een ziek kind.

Begin november, kort na de emotionele abdicatie van de keizer op 25 oktober,[213] schreef Willem aan Anna dat de vijand zich begon terug te trekken. Het was een halve leugen, want Mariembourg was alleen maar bevoorraad, en de Franse troepen die dat voor elkaar kregen waren weer vertrokken. Maar Willem wekte de suggestie dat de landvoogdes hem nu snel zou laten gaan. Hij wekte valse hoop. Toen hij de weken daarna volledig in beslag genomen bleef door zijn bouwactiviteiten en alle andere zorgen, wees hij steeds vaker naar zijn superieuren; het was vooral Maria van Hongarije die niet bereid was hem vrijaf te geven. Hij liet weten dat het hem aan het hart ging dat ze elkaar wellicht twee maanden achtereen niet zouden zien.[214] Terwijl ze veel hadden om samen het hoofd over te buigen; ook hun gezamenlijke huishouding, waar zoveel schulden op rustten en waar voortdurend geldgebrek heerste. Willem moest veel aan Anna overlaten, maar verzekerde haar dat hij dat met een gerust hart deed. 'Alles wat van mij is, is ook van u.'[215] In deze weken verstuurde hij meerdere brieven waarin hij zich uitputte in lieve woorden, zoals in een PS bij een brief van 5 december 1555: 'Als God mijn wens maar zou vervullen, dan zou u zien dat ik vannacht dicht bij u ben, en in plaats van een hoofdkussen te omhelzen zou ik M.A.L.L. omhelzen, die ik meer dan wie ook in deze wereld bemin; ik hoop dat zij hetzelfde met mij doet.' Waar 'M.A.L.L.' voor stond, zal Anna hebben geweten of kunnen hebben raden.[216]

Het werd in de weken van kerst en jaarwisseling een stille tragedie. Willem zat vast in Henegouwen; elk uitzicht op een snel vertrek werd bemoeilijkt door het enorme geldgebrek; de bevelhebber kon niet weg zolang de troepen niet afgedankt waren, en dat kon pas als ze hun achterstallige soldij hadden ontvangen. Op 29 december schreef Willem zijn vrouw nog maar eens een brief. Hij had net te horen gekregen dat ze er nog wel twee weken zouden zitten. Het was een zwaar armoedige toestand, 'want we zitten hier inmiddels zonder enige stuiver en de soldaten sterven hier van de honger en de kou. Maar aan het hof gaat men er al van uit dat we hier allemaal dood vandaan zullen komen.'[217]

Maria van Hongarije was sinds eind oktober niet langer zijn voornaamste contact in Brussel; dat was nu de nieuwe landsheer Filips. Het briefverkeer met Brussel werd intensiever dan ooit. Filips toonde aandacht, wilde de zaken goed regelen, maar ook hij keek tegen de lege schatkist aan. Filips kwam op 18 november ook met verheugend nieuws: hij had nieuwe leden voor de Raad van State benoemd, en Willem van Oranje was een van hen.[218] Nog weer twee maanden later toonde Filips nogmaals dat hij de jeugdige favoriet van zijn vader op waarde schatte: hij zorgde ervoor dat Willem werd opgenomen in de orde van het Gulden Vlies. Een eervolle verheffing, waar behalve het dragen van de insignes, zoals de keten met het ramsvel, ook juridische voorrechten bij hoorden, zoals het alleen door de orde zelf voor eventuele misdaden berecht kunnen worden. Geen rechtbank, wereldlijke of kerkelijke overheid had nog vat op de vliesridders; zij regelden, onder leiding van de vorst, onderling hun zaken.[219] En de leden moesten beloven te leven volgens de strikt katholieke rite, met dagelijks misbezoek.

In de tussentijd maakte ook Willem een genereus gebaar; hij meldde op 29 december aan Filips dat 'ik het nieuwe fort Phillippeville heb genoemd, omdat het is gesticht en gebouwd bij de aanvaarding van zijn regeerperiode'.[220] Enkele weken later droeg Willem het bewind over de min of meer bewoonbare vestingstad Philippeville over aan Lazarus van Schwendi. Het was moeilijk voor de stad voldoende bewoners te vinden, ondanks wervingsacties onder de bevolking in de omgeving.[221] Oranje en Schwendi hadden wellicht nog samen de plaats van de kerk bepaald; die kwam niet aan het hoofdplein, zoals in Mariembourg, maar een beetje verscholen in een zijstraat. Het was een kerk die ze hadden laten afbreken in het naburig dorp Vodecée en hier weer laten opbouwen.[222] In die zijstraat staat de kerk nog steeds; aan een pilaar bij de ingang zit een koperen plaat uit de zestiende of zeventiende eeuw, die eraan herinnert dat Lazarus van Schwendi de eerste bestuurder van Philippeville was. Schwendi was misschien ook wel degene die bedacht dat deze roomse kerk niet zo prominent in het stadsbeeld hoefde te staan, want hij was bepaald geen papenvriend.[223]

Eind januari 1556 had Oranje Philippeville verlaten, maar in het iets verder naar het zuiden gelegen Oignies was hij nog geruime tijd doende met het afdanken van de troepen. In de inmiddels minder frequente brieven aan Anna, bleven uitvoerige liefdesverklaringen en bezweringsformules achterwege. Op 24 januari meldde Oranje dat haar brieven nu met een andere koerier naar hem toe gebracht moesten worden, een praktische mededeling, maar terwijl hij zat te schrijven kwam er bericht van de aankomst van een nieuwe geldzending: het zag er opeens naar uit dat hij met een dag of vijf of zes kon vertrekken. De adressering luidde zoals altijd 'A Madame la princesse dorange / A Breda', maar met daarbij een wat wonderlijke boodschap voor de koerier: zes keer 'cito' onder elkaar, als aansporing de brief heel snel in Breda af te leveren, en misschien ook wel om Anna te laten zien dat hij er alles aan deed haar het verheugende nieuws te bezorgen.[224]

Willem vertrok een paar dagen later uit Oignies. Hij reisde eerst naar Antwerpen, om nog een klein deel van de plechtige bijeenkomst van de orde van het Gulden Vlies bij te wonen. De ridders waren al vanaf 19 januari bij elkaar. Het was sinds de oprichting in 1430 door de Bourgondische hertog Filips de Goede, de tweeëntwintigste keer dat de orde bijeenkwam, en ook deze keer was het meerdaagse gebeuren een wonderlijke mengeling van geslotenheid en publiek vertoon. Binnenskamers mochten de ridders elkaar onderling de les lezen, over alles waarvan ze meenden dat het in strijd was met hun eigen erecode; zelfs de vorst werd niet gespaard.[225] Dit alles in respectvolle bewoordingen, maar er werden wel degelijk harde opmerkingen gemaakt over drankmisbruik, huwelijksmoraal of politiek afwijkend gedrag.[226] Naar buiten toe werd een grote eenheid uitgestraald, met plechtige processies door de stad van samenkomst, waarin ook veel priesters en andere kerkelijke hoogwaardigheidsbekleders meeliepen,[227] om te herinneren aan het kruisvaarderssentiment waarmee de orde destijds door Filips de Goede was opgericht: de ridders verplichtten zich het ware geloof tot elke prijs te verdedigen. Antwerpen was voor de gelegenheid flink opgepoetst, er stonden net als bij de kennismaking in 1549 grote erebogen (een deel werd hergebruikt) en er werd weer toneel gespeeld door de rederijkers. Op specifieke momenten klonken er daverende salvo's, trompetgeschal en was er vuurwerk. De lucht was regelmatig dik van de rook. Bij de aankomst van Filips II en de plechtige overhandiging van de sleutel van de stad hing er zoveel smog van de kanonsalvo's dat het koninklijk gezelschap even wachtte voor het de stad binnenging. Een groots vuurwerk dat door Genuese kooplieden werd aangericht, ontplofte voortijdig, waardoor enkele doden en vele gewonden vielen.[228]

Het kapittel duurde bijna twee weken en op 27 januari werd Willem van Oranje tot lid verkozen door de verzamelde vliesridders. Die dag was

Oranje nog in Oignies. De bijeenkomst op 29 januari, waar de nieuwe leden tot ridder werden geslagen en de bekende keten kregen omgehangen, moest hij voorbij laten gaan, een dag later werd speciaal voor hem het ceremonieel nog eens overgedaan.[229]

Ergens in de eerste twee weken van februari 1556 keerde Willem terug in Breda. Of hij op tijd was voor de bevalling van zijn derde kind, is niet zeker. Op 7 februari werd een meisje geboren, dat de naam Maria kreeg. Die naamgeving kan niets anders betekenen dan dat in de voorgaande maanden hun oudste dochter Maria, die eind augustus 1555 in ieder geval nog leefde, moet zijn overleden.

Een breekbaar bestand

Met het aanbreken van 1556 leek veel van de onrust en spanning die 1555 had beheerst op te lossen. Op 5 februari werd in de abdij van Vaucelles met Frankrijk een wapenstilstand voor vijf jaar gesloten. Het was een broos bestand, waarin de territoriale conflicten onopgelost bleven. Maar de kanonnen zouden voorlopig zwijgen. Het betekende meteen het einde van het bevelhebberschap van Willem van Oranje. De militaire inspanningen werden ver teruggeschroefd om kosten te besparen; Filips wilde enige jaren nemen om financieel op adem te komen en de strategie te bepalen.[230] In die strategie waren de Nederlanden op voorhand belangrijk, maar de aandacht van Filips richtte zich vooral op de vele onopgeloste problemen in Italië.

Het werd voor iedereen in deze weken duidelijk dat Filips allesbepalend wilde worden, zoals zijn vader dat daarvoor was geweest: op 16 januari had Karel ook het koningschap van Spanje definitief aan Filips overgedragen, met zijn bezittingen in Zuid-Italië en de koloniën in Amerika en Azië.[231] Filips bleef voorlopig in de Nederlanden, had een groot aantal Spaanse adviseurs bij zich, van wie zijn jeugdvriend Ruy Gómez het middelpunt vormde. De Spanjaarden vergaderden apart met de koning, zoals ook de Nederlandse Raad van State dat deed. Er was door Vaucelles na jaren oorlog eindelijk tijd om op volle sterkte de regeringszaken aan te pakken. In maart werd Willem in Brussel verwacht, voor een zitting van de Staten-Generaal. Hij meldde dit in een brief aan zijn vader, waar enige spijt in doorklonk omdat hij had gehoopt eindelijk weer eens zijn ouders in Duitsland te kunnen bezoeken, maar hij wist nu al dat hij zich maandenlang niet van Brussel zou kunnen losmaken.[232] Wel wilde Willem zijn vrouw en kinderen meenemen naar Brussel, terwijl het paleis

Gezicht op Brussel, gravure van Jan van de Velde (II), zeventiende eeuw. Centraal he paleis op de Koudenberg. Op de voorgrond het toernooiveld. Rechts op de achtergron het paleis van de Nassaus (collectie Rijksmuseum, Amsterdam).

POPULOSÂ URBE BRUXELLIS.

l. van Arschot G. Kouwenberg kercke H. Het Kaets-spel I. Het Steeck-spel K. Den Dool-hoff van de Nassaus nog altijd in gebruik was bij Anna van Lotharingen. Misschien mochten ze voor enige tijd bij haar inwonen.[233]

Willems onbehagen gold ook het weer losgerukt worden van het beheer van zijn eigen bezittingen; met enige trots maakte Willem in diezelfde brief aan zijn vader melding van een bedijkingsproject dat hij net had aanbesteed, een investering van meer dan 60.000 gulden.[234] Ten noordwesten van Breda werd een nieuwe zeedijk aangelegd; duizenden arbeiders waren aan het werk gezet. Dit project maakte deel uit van een ware inpolderingshausse omstreeks het midden van de zestiende eeuw, aangedreven door grondbezitters met dadendrang. Verscheidene vrienden van Willem van Oranje als Lamoraal van Egmond, Hendrik van Brederode, Jan IV van Glymes en Godert van Bocholt investeerden in projecten in Vlaanderen, Zeeland, Brabant en Holland.[235] Daarmee werd de kans verkleind op overstromingen tijdens stormvloeden, maar op termijn konden het ook goed renderende investeringen worden. Dat was de gedachte. De landbouw en de veeteelt bloeiden als gevolg van de bevolkingsgroei en de algehele economische opleving in de eerste helft van de zestiende eeuw. Willem van Oranjes voorganger René van Chalon had zijn rentmeester Andries Vierlingh aangemoedigd het model van investeren in en uitvoeren van de watertechnische werken vergaand te doordenken; Willem zette dat met overtuiging voort.[236] De Nassaus waren daarin voorlopers, andere edelen volgden veelal na 1560.

Dergelijke investeringen waren een manier voor de adel om meer te profiteren van de economische opbloei dan ze tot nu toe deden.[237] De handelsrijkdommen sloegen vooral in de steden neer; de adel moest het hebben van inkomsten uit ambten, die vaak zeer lucratief waren, en het rendement op de pachtsommen, die veelal voor langere tijd vastlagen. Met de inflatie, die in deze jaren, mede door de voortdurende aanvoer van edelmetaal uit Amerika, structureel hoog lag, zag de adel zijn economische positie gestaag onzekerder worden, hoewel die nog altijd over welvaart niet te klagen had. In combinatie met een geldverslindende leefstijl belandden sommige edelen, met name degenen die op hoge posities zaten, steeds dieper in de schulden.[238] Een deel van de adel leek erin te berusten en zag zichzelf verarmen, een ander deel, waartoe Oranje behoorde, week uit naar meer kapitalistische praktijken, investeren met het oog op rendement op de langere termijn. Een kwestie van geld het werk laten doen, maar in de praktijk vroegen projecten als inpolderingen veel aandacht van de opdrachtgever. Willem van Oranje had de beschikking over bekwame rentmeesters en aarzelde niet om tegen hoge kosten vaklieden van elders te halen, maar de weerbarstige landaanwinningsprojecten vroegen doorlopend tussentijdse beslissingen van de eigenaar. Wanneer Brussel zoveel tijd bleef opslokken, werd dat moeilijk.

Voorpost van de macht: staatsraad

In Brussel liepen verschillende vergadercircuits. Sinds Karel V in 1531 de drie collaterale raden had ingesteld, was er sprake van een op zichzelf logische taakverdeling: de Raad van State, waar Willem nu deel van uitmaakte, adviseerde de landsheer over de grote politieke vraagstukken, de Raad van Financiën over belastingen, het beheer van de domeinen en de controle over de rekeningen van overheidsinstellingen, en de Geheime Raad over wetgeving, het overheidsapparaat en het rechtswezen.[239] In de dagelijkse praktijk bestond er ook nog een overleg van de vorst met de voornaamste vertrouwelingen, waar de finale afwegingen werden gemaakt. Sinds Filips het bewind had overgenomen maakte Granvelle daar deel van uit, en de jurist en voorzitter van de Geheime Raad, Viglius van Aytta, hertog Emanuel Filibert van Savoie, en enkele Spaanse raadslieden, Ruy Gómez en Francisco de Eraso, en, als hij in de Nederlanden was, vaak ook de hertog van Alva. Filips had de gewoonte, op influistering van zijn vader, de mannen wat tegen elkaar uit te spelen. Granvelle, die de laatste jaren de vaste rechterhand was geweest van Karel V, moest zich opnieuw bewijzen en naar voren werken, terwijl duidelijk was dat hij Filips' intieme vriend Ruy Gómez – vanwege zijn goede verstandhouding met Filips ook wel 'rey Gómez' genoemd – altijd voor zich moest dulden.[240] Behalve Oranje waren ook de edelen Egmond, Bergen, Bossu en Glajon, en de juristen Granvelle en Simon Renard tot raadsleden benoemd. De echte nieuwelingen als Oranje werden door de oude garde en de juristen, de laatsten ook wel *noblesse de robe* genoemd, als lastige indringers gezien, met te weinig verstand van zaken. Er werd gemarchandeerd en gegoocheld met gunsten dan wel rotklussen, waardoor de onderlinge naijver alleen maar groeide.[241]

Willem van Oranje wist zich hier vooralsnog buiten te houden. Maar hij werd niet over het hoofd gezien. Teneinde de enorme tekorten en schulden van de regering aan te zuiveren kwam Filips in de zomer van 1556 bij de Staten-Generaal met een nieuwe bede. Zoals gebruikelijk lagen vooral de rijke gewesten als Holland, Vlaanderen en Brabant op voorhand dwars; daar leefden gerechtvaardigde sentimenten over onevenwichtigheden in het belastingsysteem omdat met name de kerk en de hoge adel nauwelijks belasting betaalden. Vanuit de regering gezien had het systeem van de bedes zijn beste tijd gehad; er werd in Brussel dan ook hardop gedacht over het invoeren van structurele belastingen op vermogen en economische transacties.[242] Omdat dit de onderhandelingspositie van de gewesten structureel ondergroef, was daar de weerstand groot. Ze lieten de landsheer liever telkens opnieuw smeken, dan viel er door onderhandelingen altijd iets uit te halen. En het was een rem op machtsmisbruik. Er leefde met name bij de steden grote weerstand tegen de maar voortdurende oorlog met Frankrijk: wanneer Filips zo graag oorlog wilde voeren, moest hij het geld daarvoor maar uit Spanje laten komen, daar was hij toch koning, het was toch te zijner eer en glorie? Bovendien waren de tijden economisch beroerd; door het aanhoudende koude en natte weer mislukten veel oogsten, de pest werkte ook nog eens ontwrichtend.[243]

Oranje kreeg de taak specifiek de Brabanders te bewegen hun gepalaver op te geven en hen te laten doen wat uiteindelijk onvermijdelijk was: betalen. De behoefte aan liquiditeit bij de regering was zo nijpend dat Willem ook nog de opdracht ontving de Staten van Brabant mee te krijgen in het op hypotheek zetten van een groot aantal Brabantse bezittingen.[244] Het was een goede basistraining onderhandelen. Toen Oranje in het najaar meende dat hij eindelijk een goed akkoord gesloten had, werd het door Filips alsnog afgekeurd en kon hij terug naar de Brabantse Staten. Die haalden nu alle obstructie- en vertragingstactieken uit de kast, wat volgens de Venetiaanse gezant Federico Badoero Willem van Oranje openlijk deed verzuchten: 'De koning moet iedereen ophangen die hem in deze nood durft tegen te werken',[245] waarop iemand in de Staten zou hebben geriposteerd dat Filips beter zijn ministers kon ophangen die op deze manier het bezit van het volk probeerden af te troggelen. Meteen ook maar de hogere onderhandelingsschool. Er volgde een taai gevecht, dat voor Willem en dus voor Filips niet goed verliep. De regering werd uiteindelijk tegen woekerrentes door Duitse geldschieters uit de ergste nood geholpen. Voor de langere termijn was het geen gezonde oplossing.

Het vertrek van de keizer

Karel v vertrok in september 1556 definitief naar Spanje. De laatste weken voor zijn vertrek verbleef hij op het kasteel van Souburg, in afwachting van goede wind. Op 7 september deed hij daar afstand van zijn laatste reële machtspositie: het keizerschap, dat hij overdroeg aan zijn broer Ferdinand. Willem van Oranje kreeg de oorkonde en Karels regalia overgedragen, met het verzoek die naar Ferdinand te brengen.[246] Een laatste moment van vertrouwen en verstandhouding tussen Karel en de nu drieëntwintigjarige prins van Oranje.

Tien dagen later ging Karel in Vlissingen met een vloot van zestig schepen vol administratie, wandtapijten, schilderijen, andere kunstvoorwerpen en boeken onder zeil naar Laredo, met bij zich Maria van Hongarije.[247] De landvoogdes had tijdens de bewogen abdicatieplechtigheid van 25 oktober 1555 ook afscheid genomen van de Nederlandse politiek. Karel had haar gesmeekt omwille van de continuïteit nog enige tijd aan te blijven. Want wat zij kon, konden niet velen: met strakke hand en volle aandacht besturen. Maar Maria voelde zich niet echt gerespecteerd te midden van de vele Brusselse intriges, en ook niet door het volk, dat maar moeilijk iets kon aannemen van een vrouw.[248] Ze was haar broer, ook in alle moeilijke momenten, altijd loyaal blijven dienen, maar hier gaf ze hem niet zijn zin. Ze moest er niet aan denken zich te moeten richten naar de geheel andere regeerstijl die Filips II zou ontwikkelen. Ze lagen elkaar niet. De Venetiaanse ambassadeur drukte het in die dagen nog wat directer uit: 'De koning haat haar en zij hem.'[249] Haar ontevredenheid was ook nog steeds die van de keizer: Filips maakte moeilijk contact. Uit Engeland kwamen daarover veel klachten; Filips onderhield voornamelijk relaties met zijn eigen Spaanse gevolg.[250] En tijdens de abdicatie had Filips een zwak optreden door na een korte inleiding in gebroken Frans het woord aan Granvelle te geven om namens hem een tekst voor te lezen.

In het kleine jaar dat er zat tussen de aankondiging van het vertrek van Karel en Maria en hun daadwerkelijke wegzeilen, zat een lange periode van overdracht, zaken afhandelen, openstaande rekeningen betalen. Maria woonde nog dagelijks de raadsvergadering bij. Ze had zelf altijd de gewoonte gehad aan een lange tafel te vergaderen, waarbij zij als enige op een stoel met leuningen mocht zitten; de heren zaten op banken.[251] Dat was haar stijl. Autoritair, zakelijk, geen nodeloze gevoeligheden. Hoe kritisch ze ook was op haar eigen functioneren, zoals ze in haar afscheidsrede had laten blijken, ze voorvoelde dat er op de enorme personele uitbreidingen in de raadgevende lichamen geen zegen rustte. In de vergaderingen schoot ze regelmatig uit haar slof, met name tegen de hertog van Savoie, die nu de zittingen leidde.

Het verliep volgens het patroon van eens machtige mensen die hun positie aan een volgende generatie overdragen. Maria werd dan ook weggekeken door de jonge edelen. Maar ze zullen naderhand nog regelmatig met weemoed aan haar hebben teruggedacht. Toen er vanwege het aanstaande vertrek van Filips naar Spanje in 1558 weer een landvoogd aangesteld moest worden, wist niemand een betere kandidaat dan Maria van

Hongarije. Ze stemde er met veel tegenzin in toe, maar stierf nog voor vertrek naar de Nederlanden aan een chronische hartkwaal.[252]

Filips had een andere bestuursstijl dan zijn vader en tante, die met een heel kleine kongsi van vertrouwelingen de besluiten namen. Filips gooide zijn net veel breder uit, wat aan Willem van Oranje veel meer kansen bood bestuurlijke ervaring op te doen. Hij maakte als lid van de Raad van State deel uit van het hof van de koning en in 1556 werd hij ook lid van de 'chambre' van de koning,[253] wat inhield dat hij op ieder moment van de dag bij de vorst belet kon krijgen om welke zaak dan ook met hem te bespreken. Al dergelijke posities waren onderdeel van een strikt hiërarchisch uitgewerkt stelsel van persoonlijke plichten en voorrechten – waarbij de dagelijkse praktijk, de natuurlijke pikorde, nog wel eens afweek van de formele hiërarchie; dat werd vooral duidelijk in de vooraanstaande positie die lage (of zelfs pseudo-)edelen als Granvelle, Renard, Eraso en Viglius aan het hof innamen.

De onduidelijkheid over de onderlinge rolverdeling leidde tot veel ruzie en jaloezie, wat nog werd aangewakkerd doordat iedereen, behalve de belangen van de Nederlanden, ook een hele reeks particuliere belangen probeerde te behartigen. Zo was Emanuel Filibert erg verontwaardigd over de onderhandelingen in Vaucelles omdat daar werd aangestuurd op handhaving van de status quo, terwijl het familiebezit van de Savoies inmiddels al meer dan twintig jaar door de Fransen bezet werd gehouden.

Het einde van de affaire Katzenelnbogen

Op een enigszins vergelijkbare manier worstelde Willem van Oranje met de problemen rond Katzenelnbogen. Zijn besluit om hertog Willem van Gulik in te schakelen pakte gunstig uit, in de zin dat verschillende partijen begonnen aan te sturen op een beslissing. Maurits van Saksen was in 1553 overleden en opgevolgd door zijn broer August, en Filips van Hessen liet zich in deze zaak vertegenwoordigen door zijn zoon Willem. Er werd meer gedacht in termen van redelijke oplossingen, ook al leek het toenaderingsproces in de loop van 1556 nog een keer flink te ontsporen. De partijen bestreden elkaar inmiddels ook met pamfletten en maakten volop gebruik van de hevige uitwerking die valse geruchten konden hebben. In de weken nadat Willem van Oranje ruim duizend arbeiders had aangeworven voor zijn bedijkingsproject, verspreidde Hessen in Duitsland het gerucht dat Oranje, met goedvinden van de Spaanse koning, al meer dan duizend man onder de wapenen had om een inval te doen in Duitsland.[254]

Er liepen tegelijkertijd valse geruchten over troepenwervingen door Hessen, ongetwijfeld afkomstig uit de hoek van de Nassaus. Dit moest ophouden. Het inzicht brak door, waarschijnlijk eerst bij Willem, daarna ook bij zijn vader, dat er geen keizer meer was die de Nassaus een bijzondere genegenheid toedroeg, en ook dat Hessen nooit zou opgeven en altijd in staat zou blijven bij machtige bondgenoten steun te vinden om aan zijn claims vast te houden. Met behulp van de hertogen van Saksen en Gulik, en met instemming van Filips II, werd nu gewerkt aan een compromis. Hierin gaven de Nassaus een groot deel van hun territoriale aanspraken op, maar ze kregen daar wel wat kleine domeinen en titulatuur voor terug; zo mochten ze zich graaf van Katzenelnbogen blijven noemen (wat de Oranjes tot heden doen), en ze konden een bedrag van 600.000 gulden tegemoetzien, in termijnen te betalen. Het verdrag werd op 30 juni 1557 in Frankfurt afgerond.[255] Dat gebeurde in een plechtige en bewogen bijeenkomst, waar ook Filips van Hessen en Willem de Rijke aanwezig waren om te tekenen – de twee mannen die elkaar decennia achtereen niets hadden willen toegeven en die lang van elkaar wakker hadden gelegen, de laatste waarschijnlijk iets meer dan de eerste. Ook Willem van Oranje ondertekende het document. Alleen August van Saksen, die de wijsheid had opgebracht Hessen ertoe te bewegen iets meer begrip te tonen voor de eisen van de Nassaus, liet verstek gaan.[256]

Het bestand van 30 juni was een voorlopige overeenkomst; er bleef nog bijna een jaar over allerlei details gestreden worden. De verschillende keurvorsten die hadden geholpen de zaak in goede banen te leiden, bleven zich ermee bemoeien. In maart 1558 op de rijksdag in Frankfurt werd het definitieve akkoord gesloten. De eerste Hessische betaling was toen al binnen bij de Nassaus. Er was voor geen van de partijen nog een weg terug. Dat moet voor alle betrokkenen een grote opluchting zijn geweest. Meer dan tien jaar lang was de correspondentie tussen Dillenburg en Breda zo goed als geheel over dit conflict gegaan. Er kwam nu tijd voor andere zaken: familiedingen, zoals het vinden van een goed adres waar drie van Willems broers in de leer gedaan konden worden. Vader en oudste zoon discussieerden er enige tijd over, schijnbaar als gelijken.[257] De zoon was inmiddels een man van de wereld.

Het einde aan de ruzie met Hessen maakte dat Willem van Oranje voor de regering in Brussel opeens goed inzetbaar werd voor diplomatieke missies naar Duitse vorsten. Er kwamen begin 1557 steeds sterkere signalen dat Frankrijk op het punt stond het Verdrag van Vaucelles te verbreken. In 1556 had de Franse koning al een verbond gesloten met de paus om de Habsburgse posities in Italië en de rest van Europa te verzwakken.

Dat moest een keer tot oorlog leiden; in Italië brak die in het najaar van 1556 al uit, tot ontzetting van de oorlogsmoede Nederlandse adel.[258] Want de druk kon in Italië alleen maar van de ketel wanneer Filips II aan de Noord-Franse grens ook een front opende. Filips had de financiën nog lang niet op orde. Opnieuw een leger uitrusten werd alleen al vanwege het gebrek aan contanten een hachelijke onderneming.[259] Filips liet de edelen via Granvelle de geruststellend bedoelde boodschap brengen dat Spanje voor de eventuele kosten zou opdraaien. Maar die geldbron wilde maar niet gaan stromen, of in ieder geval niet voldoende om deze belofte waar te maken. Filips hoopte nu bij Duitse vorsten steun te vinden om een zodanig groot leger op de been te brengen dat het mogelijk werd nog in 1557 de oorlog met Frankrijk te beslissen. In de vrede die daarna zou aanbreken konden de rekeningen worden afbetaald.

Willem van Oranje werd afgevaardigd naar de rijksdag van Regensburg, waar hij alle belangrijke vorsten bij elkaar zou treffen, en waar hij in de wandelgangen het sentiment kon peilen en het gemoed van de verschillende ego's kon bespelen. Toen bekend werd dat de rijksdag niet doorging, dreigde dit alsnog een enorm bewerkelijke klus te worden. Begin april ging hij op weg om de aartsbisschop van Keulen te bezoeken, in de hoop via hem vat te krijgen op het altijd complexe Duitse krachtenspel van financiële en territoriale ambities, gecombineerd met religieuze sentimenten. Nog maar gevorderd tot Eindhoven werd Oranje ziek. Hij week uit naar het kasteel van zijn vriend Filips van Horne in Weert en belandde daar voor verscheidene dagen met koorts in bed. Pas na twee weken kon hij doorreizen naar Keulen. Hij ontmoette de aartsbisschop in Brühl, de bevriende hertog van Gulik-Kleef was er ook, net als zijn zwager Herman van Neuenahr, die getrouwd was met Willems halfzuster Magdalena. Deze morele steun was welkom, maar de missie leverde niets op. Terug in Breda moest hij begin mei opnieuw met koorts zijn bed opzoeken. Het lijken achteraf symptomen van malaria, een ziekte die nog inheems was en op veldtocht gemakkelijk kon worden opgelopen. Zo leed ook Karel V aan zogeheten derdedaagse koorts als gevolg van een malaria-infectie – uiteindelijk werd die hem noodlottig.[260] Voor Willem van Oranje werd het een levenslange handicap; op nogal wat momenten in de komende jaren dat het spannend was of dreigde te worden, ging hij onderuit.

Spannend werd het nog datzelfde jaar 1557. Maar eerst was er nog zijn reis naar Frankfurt, waar het voorlopige bestand van Katzenelnbogen werd getekend op 30 juni. Op weg daarnaartoe bezocht Willem begin juni zijn ouders. Tekenend voor het gebrek aan fysieke ontmoetingen in de jaren ervoor was dat hij aan zijn vader moest vragen welke route hij van-

Anna van Buren, mogelijk een kopie naar het origineel van Anthonis Mor (collectie Walker Art Gallery, Liverpool).

af Keulen het beste kon nemen.[261] Begeleid door een escorte van minstens vijftig ruiters kwam hij de dag voor Pinksteren aan in Siegen, de hoofdplaats van het graafschap Nassau, waar de familie een kasteel bezat. Hij bezocht ook nog de Dillenburg.[262] In deze dagen maakte hij zijn moeder Juliana van Stolberg voor het eerst sinds zijn vertrek in de winter van 1545 weer in levenden lijve mee. Na de zitting in Frankfurt kwam de familie nog eens bijeen in Meurs, bezit van de graaf van Neuenahr. Hier werden afspraken gemaakt over hoe de Nederlandse en de Duitse tak elkaar in de toekomst konden bijstaan. De zwaarste lasten kwamen bij de rijke Nederlandse tak te liggen. Willem verplichtte zich jaarlijks een bedrag aan de huishouding van zijn vader ten goede te laten komen, en ook de bruidsschat van zo'n 8000 gulden voor zijn zusters Juliana en Magdalena (de volle zus van die naam) op te brengen.[263] Het kunnen binden van goede partijen was van levensbelang voor het huis van Nassau. Dat zou zijn geld wel opbrengen, zo was de ervaring. Een vakantie werd het verblijf in

Meurs niet; Willem vertrok in de loop van juli naar het leger, dat inmiddels oprukte richting Picardië. Hij nam zijn broer Lodewijk mee, die al enige maanden onder zijn hoede verkeerde.[264]

De oorlog gaat verder: Saint-Quentin

Met het sluiten van leningen, tekenen van schuldbekentenissen, en het nemen van voorschotten op te betalen belastingen, was het de Brusselse regering gelukt het geld bijeen te brengen voor een leger van 53.000 man: ruim 14.000 cavaleristen en bijna 39.000 man infanterie. Er liepen Spanjaarden en Engelsen mee, en zoals gebruikelijk ook een flink contingent Duitse huurlingen, de Zwarte Ruiters inbegrepen.[265] De Fransen leden aan een vergelijkbaar gebrek aan financiën, en zij waren er met ongeveer dezelfde lapmiddelen in geslaagd een leger van zo'n 35.000 man op de been te brengen. Het richtpunt van Filips' leger was Saint-Quentin, een gevoelig onderdeel in de Franse verdediging; zou deze stad vallen, dan lag de weg naar Parijs open.

Emanuel Filibert was opperbevelhebber, met Willem van Oranje als tweede man, en de cavalerie stond onder bevel van Lamoraal van Egmond. Filips II bleef vooralsnog in Brussel, waar hij de bevoorrading coördineerde en vooral ook op de centen lette.[266] Eerst werd een schijnaanval uitgevoerd op het stadje Guise, om de Franse verdediging in wanorde te brengen. Kort erna werd Saint-Quentin omsingeld. Zoals verwacht kwam al binnen enkele dagen een Franse ontzettingsmacht opdagen. Toen bleek dat de Franse verdediging slecht was voorbereid; ze hadden geen goed inzicht in de grilligheid van het terrein buiten de stadsmuren. Dit bood kansen aan de cavalerie van Lamoraal van Egmond. Want dit was wat hij goed kon: zijn ruiters in collectieve behendigheid door een lastig terrein manoeuvreren. De slag was voorbij voor die goed en wel begonnen was; op 10 augustus liet de Franse ontzettingsmacht zich moerasachtig terrein in lokken. Ze werden een prooi voor de cavalerie van Egmond, die in een paar uur tijd meer dan vijfduizend Franse soldaten afslachtte en zo goed als de hele legerleiding gevangen wist te nemen. En daarmee een aantal van de belangrijkste Franse ministers, zoals opperbevelhebber Anne de Montmorency, de eerste minister, ook wel 'le Connétable' genoemd, naast de invloedrijke prins van Condé, en hun maarschalk Saint-André. Een Duitse historicus wilde het eeuwen later geen slag noemen, het was een 'overval'.[267] Het gebeurde zo snel dat bijna niemand er achteraf in slaagde er een coherent feitenrelaas van te produceren. Vier uur 's middags was het klaar. Aan Nederlandse kant sneuvelden ongeveer vijfhonderd man. Het leek weinig af te doen aan de voldoening.[268]

In het verhaal van Saint-Quentin was er geen hoofdrol voor Willem van Oranje; in de vele verslagen die van het hele gebeuren zijn gemaakt komt hij nauwelijks voor.[269] Op 13 augustus verscheen Filips II in het kamp; hij had 3500 verse soldaten bij zich, een grote hoeveelheid geschut en munitie.[270] Hij liet zich informeren over de details van de slag: er waren achttien kanonnen buitgemaakt, grote voorraden buskruit, legertenten, en nog zoveel meer. Dit overtrof ieders verwachting, ook de zijne. Zo snel en zo vernietigend. Hij liet zich meenemen naar de krijgsgevangenen. Het waren er wel zevenduizend, onder wie zeshonderd van adellijken huize. Het hart van Frankrijk was hier geraakt. De voornaamste gevangenen werden in gelid in twee rijen voor hem neergezet. De buitgemaakte vaandels, 78 in totaal, waren erbij geplaatst. Filips liet zich escorteren door zijn aanvoerders, maar waakte ervoor dat de Franse officieren vernederd werden. Het was ook nog niet klaar. Het Franse veldleger was verslagen, maar de zwaar versterkte stad Saint-Quentin was nog altijd in Franse handen; er lag een garnizoen dat onder bevel stond van de briljante admiraal Gaspard de Coligny, die naar het schijnt nog een paar dagen onwetend bleef van de grote catastrofe die zich buiten de stadsmuren had afgespeeld – al hadden de 78 Franse vaandels die, duidelijk zichtbaar vanuit de stad, treiterig op een Spaanse schans waren geplant, wel een vermoeden doen opkomen.

De stad gaf zich niet eenvoudig gewonnen. Op 20 augustus is er een levensteken van Willem van Oranje, een eigenhandig geschreven briefje aan zijn vrouw Anna; of ze hem 2000 gulden wil sturen. Over wat hij meemaakte liet hij als gebruikelijk weinig los. Behalve dat hij kon melden dat de stad op het punt stond ingenomen te worden, de eerste troepen waren al binnen, hij verwachtte dat Saint-Quentin omstreeks het avonduur ging vallen.[271] Oranje was te optimistisch, Saint-Quentin viel pas op 27 augustus; de stad lag, en ligt nog altijd, op een stevige bult in het landschap, waardoor er bij de stadsmuren een flinke hoogte overbrugd moest worden; een Nederlandse ooggetuige noemde de stad zolang het niet lukte grote bressen te slaan 'zo goed als niet te bestormen'. Filips II leidde zelf het slotoffensief. Er werd van alles van de stadsmuren op de belagers geworpen, tot en met brandende fakkels. Toen de stad eenmaal was ingenomen bleken er meer vrouwen en kinderen te zitten dan weerbare mannen, want dat waren er niet meer dan driehonderd.[272] Coligny werd gevangengenomen en voor Filips II gevoerd, die hem even zwijgend bekeek en liet wegbrengen. De admiraal zou nog jaren als krijgsgevangene vastzitten in het Vlaamse Sluis. In Saint-Quentin werd het een gruwelijke plunderen moordpartij. Filips II bezwoer de kerk te sparen; wel liet hij de relieken, waar de kerk zeer rijk aan was, en allerlei kostbaarheden naar zijn tent brengen. Zolang hij met zijn leger voor Saint-Quentin lag, liet hij er dagelijks meerdere missen voor opdragen. Bij Filips' vertrek werden alle kostbaarheden weer naar de kerk teruggebracht, een deel van de relieken, zoals het lichaam van de heilige Quintinus en het hoofd van de heilige Andreas, ging mee naar Spanje.[273] Dat deel van de entourage van Filips dat ook met zijn vader te velde was geweest, moet dit vertoon van vroomheid als een enorme stijlbreuk hebben ervaren. Karel streed voluit voor het katholicisme, zijn zoon hield er ook nog een cerebrale vorm van mystiek op na. In de verte, vanuit Yuste, liet zijn vader, wat korzelig zijn licht schijnen over de triomf van Saint-Quentin; zijn zoon had ervoor moeten zorgen dat hij bij de beslissende slag op 10 augustus in eigen persoon aanwezig was geweest. De kloof tussen vader en zoon was niet meer te overbruggen. Filips zou zich, zo anders dan zijn vader, na deze campagne nooit meer op het slagveld laten zien.[274]

De kunst van het verzilveren

Om de Fransen definitief op afstand te kunnen houden wilde Filips Saint-Quentin inlijven en verbinden met het Artesische achterland.[275] Om een veiligheidskordon te organiseren werd begin september het stadje Ham belegerd, dat al op 10 september kon worden ingenomen en meteen werd verwoest. Voor de stad werd in de dagen erna een bestek gemaakt voor een nieuwe vesting in moderne stijl, met drie bastions. Ze werden vernoemd naar de drie belangrijkste aanvoerders van dat moment: Filips, de hertog van Savoie, en de heer van Glajon. Niet Willem van Oranje. Hij was nog altijd in de gelederen, maar speelde ook hier geen hoofdrol. Op 11 september schreef hij Anna met grote tevredenheid over de val van Ham, een van de mooiste stadjes die hij kende. Het was volgens zijn zeggen door de vluchtende Fransen al in brand gestoken. Ruim twee weken later gaf Willem aan niet op krachten te zijn ('Je ne suis pas fort'), en dit verklaart wellicht zijn onzichtbaarheid in de voorgaande weken.[276] Hij leed bovendien sinds twee dagen weer aan koortsen. Maar hij was niet de enige; andere aanvoerders waren eveneens ziek, zelfs Egmond, de held van Saint-Quentin, was gevloerd, en ook Willems broer Lodewijk.[277] Egmond werd op 7 oktober afgevoerd naar Brabant. Aan het weer lag het niet, dat was deze campagne heel aangenaam geweest. Savoie liet weer grote hoeveelheden pioniers komen en schakelde ook duizenden soldaten in om het nodige grondwerk te verrichten. Opnieuw nam hij zelf de schep ter hand, en kreeg zelfs de nogal hiërarchisch ingestelde Spaanse officieren zo gek hetzelfde te doen.[278]

In het najaar trok het leger van Filips zich behoedzaam terug. De Fransen was een enorme klap uitgedeeld. Was het genoeg? Dat zou het volgende seizoen moeten blijken. In november werd het leger voorlopig afgedankt. Oranje vertrok eerst naar Brussel en was nog voor het einde van de maand weer in Breda. Maar het werd snel duidelijk dat Filips II en Emanuel Filibert de spanning erop wilden houden. Oranje reisde in december en januari onder andere naar het prinsbisdom Luik en naar Antwerpen, met als voornaamste doel het vinden van financiers om de oorlog in volle hevigheid te kunnen voortzetten als dat nodig mocht zijn.

Dat het nodig was bleek al binnen enkele weken, want midden in de winter, op 8 januari, namen de Fransen Calais in, sinds meer dan twee eeuwen een Engelse enclave op het continent. Voor 25 februari 1558 was een rijksdag uitgeschreven te Frankfurt, waar gesproken zou worden over de vacante keizerstroon. Willem kon daar de belofte aan Karel V inlossen dat hij de regalia behorende bij het keizerschap naar diens opvolger zou brengen; het was meteen een goede gelegenheid steun te werven voor de zich gunstig ontwikkelende strijd tegen Frankrijk.[279] Karel V had weliswaar besloten dat zijn broer Ferdinand, nu rooms-koning, keizer zou worden, maar de keurvorsten vonden dat ze er zelf ook iets over te zeggen hadden. Het ging uiteindelijk zoals Karel het wilde en in een oorkonde had vastgelegd, maar de keurvorsten schrapten de pauselijke goedkeuring en namen ook nogal wat besluiten die moesten voorkomen dat, zoals in de tijd van Karel V, conflicthaarden elders in Europa al te veel invloed kregen in het rijk. Dat gold met name voor troepenwervingen – Duitsers waren in heel Europa gevraagde huurlingen. Nogal wat Duitse edelen hadden een lucratieve bezigheid als krijgsheer voor de hoogstbiedende, Oranjes vrienden Günther van Schwarzburg en Lazarus van Schwendi behoorden daartoe. Daar moest een einde aan komen. Het werd op hoge toon uitgesproken. In de praktijk zou er ongetwijfeld niet veel veranderen, maar het was duidelijk dat door alle irritaties deze rijksdag niet meteen een geschikt podium was om steun voor Filips II te mobiliseren.

De overdracht van de regalia en de oorkonde waarin Karel afstand deed, was verder vooral een ceremonieel gebeuren.[280] Willem trad samen met voormalig vicekanselier Georg Sigismund Seld en secretaris Wolfgang Haller op als ambassadeurs namens Karel V. De keizersbenoeming kwam op 8 maart rond. Het werven van steun voor de strijd tegen Frankrijk leverde weinig op. Oranje kreeg van de nieuwe keizer en de verzamelde vorsten veel welwillende woorden te horen, maar in de verste verte geen toezeggingen.[281]

Voor Oranjes verstandhouding met de Duitse machthebbers was dit lange verblijf in Frankfurt ongetwijfeld nuttig. Die contacten zouden vroeg of laat wel wat opleveren. Toch bleek naderhand dat hij als jonge, in Brusselse verfijning gedrenkte prins niet alleen maar vertedering opriep bij de door conflict geharde Duitse vorsten. Hij keek later ook niet met veel genoegen terug op deze zo eervol ogende missie. Hij vond de verantwoordelijkheid die op zijn schouders was gelegd te groot, en bovendien had hij de kosten voor de reis zelf moeten dragen.[282] Zijn schitterende bevoorrechte leven bleek een prijs te hebben in soms wel erg kostbare verplichtingen, en die kon hij onmogelijk nog ontlopen. Maar er was meer.

Willem van Oranje (linksonder) neemt deel aan de kroningsmaaltijd van keizer Ferdinand, 1558, anonieme tekening (collectie Staatsarchiv Neurenberg).

Melancholie en dood in Breda

Het verblijf in Frankfurt brak op 11 maart abrupt af door een verontrustend bericht uit Breda van zijn vrouw. Anna's brief werd die avond om elf uur bezorgd. Ze was ernstig ziek, en wel zodanig dat het Willem nogal van zijn stuk bracht. Hij gaf het te kennen in een brief met de aanhef 'Ma femme mamie' (Mijn vrouw mijn vriendin). Willem moest bekennen zelf ook ziek te zijn, en voor dit moment niets anders te kunnen doen dan een ijlbode sturen.[283] Op 12 maart[284] verstuurde de vermaarde Leuvense medicus Andreas Vesalius – dezelfde dokter die Anna's vader in diens stervensuur had behandeld en die voor een second opinion naar Breda was geroepen – een brief naar Frankfurt waarin Willem werd gemaand meteen naar huis te komen. Die brief is niet bewaard gebleven, wel een van drie dagen later waarin Vesalius zijn oproep met klem herhaalde en aangaf dat het natuurlijke genezingsproces zo werkte dat 'mijn heer nog op tijd kan komen om mevrouw te troosten en te vermaken met zijn aanwezigheid'. Om eraan toe te voegen dat Anna niet alleen hevig heeft geleden door voortdurende koorts, maar ook door een 'zware en wonderlijke zwaarmoedigheid'.[285]

Willem liet zich door deze berichten aansporen om, ziek of niet, zo snel mogelijk naar Breda af te reizen. Hij kwam aan op 20 maart.[286] Anna was er op dat moment erg slecht aan toe en stierf op 24 maart tussen zes en zeven uur in de ochtend.[287] In een openhartige brief aan Granvelle gaf Willem aan dat Anna, toen hij in Breda arriveerde, al was opgegeven door de dokters. Ze verkeerde in grote angsten, en wel zodanig dat de dood erop volgde. Willem deed geen moeite zich groot te houden tegenover Granvelle, die toch ooit dit huwelijk zo behendig rond had gemaakt: 'Dit bracht me in zodanige verwarring en onuitsprekelijk verdriet dat ik een koortsaanval kreeg, met zenuwtrekkingen en stuipen in al mijn ledematen.' Inmiddels ging het wel weer, maar hij voelde zich zwakjes.[288]

Uit de spaarzame gegevens rijst een heftige en trieste geschiedenis op. Vesalius gaf in kort bestek een heldere diagnose: zware melancholie, en het 'wonderlijke' dat hij noemt zal wel betekenen dat Anna zich zeer afwijkend gedroeg, nog afwijkender dan je al van een melancholicus mocht verwachten. Maar nog altijd was het niet te laat. Het heeft er alle schijn van dat Vesalius met het benoemen van een belangrijk medicijn, Willems troostende aanwezigheid, meteen ook een belangrijke oorzaak benoemde: Willems gekmakende afwezigheid.

Postscriptum bij een tragisch huwelijk

Enkele weken na Anna's overlijden werd ze begraven in de familiekapel van de Nassaus te Breda. Er is weinig over de plechtigheid bekend. Wel liet Willems moeder Juliana van Stolberg een schril licht over de gebeurtenis vallen. Ze stuurde in deze dagen een brief aan haar zoon Lodewijk, die op dat ogenblik al enige maanden deel uitmaakte van Willems hof, waar inmiddels ook andere broers en zusters van Willem verbleven: 'Ik zou graag vernemen dat het vrouwvolk niet naar de begrafenis gaat. En jij kunt wel een reden vinden er ook niet naartoe te gaan; ik zou waarlijk wensen dat ook de prins er niet bij ware. Want ik weet, het strijdt met de wil van God, en het zal opnieuw grote bekommernis brengen.'[289] Er is wel gedacht dat hier het streng lutherse gemoed van Juliana sprak, dat niet wilde dat haar kinderen zich inlieten met een katholiek begrafenisritueel. Dit lijkt niet houdbaar; het bezoeken van katholieke familiegebeurtenissen was voor protestantse zestiende-eeuwers onvermijdelijk. Er moet iets anders gespeeld hebben. Het lijkt erop dat Anna het in de ogen van haar schoonmoeder geheel verbruid had. En dat zou kortgeleden gebeurd moeten zijn, want nog zo'n twee maanden voor Anna's dood liep er een hartelijke uitnodiging snel naar de Dillenburg te komen. Die liet Anna voorbijgaan omdat ze bij een doop als meter op moest treden.

Op weg naar de rijksdag in Frankfurt had Willem nog een bezoek gebracht aan zijn ouders op de Dillenburg.[290] Hij had daar verteld over de 'swachait' waarin Anna sinds een maand was vervallen. Het kan bijna niet anders dan dat zijn moeder uit de details die Willem toen heeft geopenbaard, de conclusie heeft getrokken dat Anna niet deugde, of in ieder geval erg onchristelijk gedrag vertoonde, wat zou moeten rechtvaardigen dat zelfs haar echtgenoot haar begrafenis niet zou bezoeken. Dat kan bijna alleen maar om een levensdelict zijn gegaan. Een moord, een poging daartoe of, gezien Anna's gemoedstoestand, mogelijk suïcide, die volgens het geldend recht strafbaar was en die een reguliere begrafenis uitsloot. Iemand die suïcide had gepleegd moest in ongewijde aarde worden begraven, een goede reden om een dergelijke trieste toedracht, zeker wanneer het om een dierbare ging, stil te houden. Dat dit speelde is niet meer dan speculatie, maar daar gaf het doodsbericht ook in de eigen tijd al veel aanleiding toe.

De hele geschiedenis werd in Duitsland een bron van boze geruchten. Keurvorst August van Saksen verspreidde naderhand het verhaal over een drinkgelag tijdens de rijksdag te Frankfurt waar Willem beweerde dat echtelijke trouw er weinig toe deed; een echtgenote was er alleen om zich te verzekeren van nageslacht. Nog akeliger was het gerucht dat in de jaren na Anna's overlijden eveneens in Duitsland, en dan vooral in Hessen, de ronde deed, namelijk dat Willem zijn vrouw zou hebben vermoord door haar neer te steken.[291]

Een toenmalige hofdame van Anna, Sophie von Miltitz, werd enige jaren later gevraagd of dit gerucht waar kon zijn. Ze verzekerde dat het een leugen was en dat het een goed huwelijk was in standvastige liefde en trouw.[292] De lieve en bezorgde brieven die Willem tot het laatst aan haar is blijven schrijven, lijken dat te bevestigen. Desondanks kon deze relatie, en vooral het gemoed van Anna, in een paar jaar tijd geheel ontsporen. En daar had Willem iets te weinig erg in gehad.

3

Wennen aan politiek
1558-1561

Tegen het einde van de jaren vijftig leken Oranje en Granvelle op elkaar aangewezen. Het oogde als een monsterverbond, de zwierige jonge prins en de oudere, altijd ijverige parvenu. Maar ze traden regelmatig samen op, Oranje als de charmante en gewiekste diplomaat en Granvelle als de met vaste en strenge hand opererende regisseur. Beiden in de slag om de gunst van de landsheer. Zolang zij onderling de agenda goed op elkaar afstemden, was er voor anderen moeilijk tussen te komen. Ze konden elkaar goed gebruiken voor hun ambities, ze wisten ook veel van elkaar, en ze hielden elkaar in ere,[1] maar ze wisten niet wat de ander dacht.

Dat leek voorlopig ook niet nodig. Na het voor Willem zo dramatische begin van het jaar 1558, was het voor de Brusselse afdeling van het huis Habsburg in het verdere verloop vooral oogsten. Dat werd tenminste verondersteld. Maar eerst volgde nog een hete zomer. Zoals verwacht mocht worden, raapte wat nog resteerde van de Franse legerkaders alle moed bij elkaar om in het voorjaar een laatste verrassingsaanval te doen, in de hoop de vernedering van Saint-Quentin weer wat te boven te komen, of zelfs te wreken. Onder aanvoering van de hertog van Guise werd in juni Thionville belegerd en ingenomen. Kort daarop trokken Franse troepen plunderend door de gewesten Luxemburg, Namen en Vlaanderen, waarop een snelle overval van Duinkerken en Sint-Winoksbergen volgde.[2]

Willem van Oranje was omstreeks 10 april vanuit het rouwende Breda alweer in Brussel teruggekeerd en voldoende hersteld om meteen volop mee te draaien in de Brusselse vergadercircuits, waar, zoals steeds deze jaren, vooral over geldzorgen werd gesproken. Na verhitte debatten in de Staten-Generaal werd een negenjarige bede overeengekomen, waarbij de gewesten voor zichzelf veel zeggenschap hadden opgeëist, aanzienlijk meer dan de regering in Brussel geneigd was te geven. De situatie stond

Christina van Denemarken, ook wel Christina van Lotharingen, door Hans Holbein de Jonge (Zip Lexing / Alamy Stock Photo).

geen langer onderhandelen toe; de rijke koopmansklasse uit de steden liet zien dat ze zich niet meer als gedweeë melkkoe wilde laten gebruiken. Toen de berichten over de belegering van Thionville binnenkwamen, werd Oranje medio juni tot generaal benoemd van de ordonnantiebenden die deze stad moesten ontzetten.

Zijn eenheden trokken samen aan de Maas, bij Namen. Daar maakte Oranje opnieuw een veldtestament, een teken dat de situatie als gevaarlijk en onvoorspelbaar werd gezien. Kort daarop bleek dat de beslissende slag niet in het oosten zou plaatsvinden, maar bij de Vlaamse kust. Lamoraal van Egmond was door landvoogd en opperbevelhebber Emanuel Filibert aan het hoofd gesteld van een legermacht die in het westen de plunderende en brandschattende Fransen moest zien te verdrijven.[3] Die hadden Duinkerken al verwoest en leken erop uit zo veel mogelijk schade aan te richten. Met een inderhaast bij elkaar geraapt leger liet Egmond nog eens zien hoe behendig hij kon bewegen in een chaotisch oorlogstheater. Om sneller vooruit te komen, liet hij de kanonnen achter, in de verwachting voorlopig zonder ze te kunnen. In vijf dagen werd tweehonderd kilometer afgelegd. Zijn legertros werd gevolgd door een grote meute nieuwsgierigen, alsof die wisten dat er geschiedenis geschreven ging worden.[4]

Op 13 juli troffen de Spaans-Nederlandse en Franse legers elkaar aan de kust bij Grevelingen. De Fransen bleken zich daar in een ongunstige stelling gemanoeuvreerd te hebben, waardoor de eenheden van Egmond hen vrij eenvoudig, gebruikmakend van de getijdenbewegingen, wisten te omsingelen. Het Franse leger kon een confrontatie niet meer ontlopen en werd in een vier uur durende veldslag zo goed als geheel vernietigd, waarbij boeren en boerinnen die waren meegetrokken een deel van het moorden voor hun rekening namen. Onder de Franse manschappen vielen naar schatting 1500 doden en werden er 3000 krijgsgevangen gemaakt. Ook in de gelederen van Egmond waren vele honderden doden te betreuren.[5]

Duinkerken werd kort daarop terugveroverd. Dit moest afdoende zijn, en dat was het ook. Egmond had een tweede verpletterende overwinning op Frankrijk behaald; het zou de rest van zijn leven op hem blijven afstralen. Nu moest de winst op het slagveld worden omgezet in een voordelige en duurzame vrede aan de onderhandelingstafel. Dat was een opgave die Filips II graag overliet aan bedachtzame figuren als Willem van Oranje. Deze had, zo jong nog, velen in zijn omgeving kunnen overtuigen van zijn diplomatieke gaven. Op 11 augustus overlegde Willem met Emanuel Filibert in het legerkamp bij Vaucelles over de te volgen strategie. Een paar dagen later vertrok hij, om wat aan te sterken, voor een korte vakantie naar

Bapaume, in Artesië. Zo werd het gebracht, maar het werkelijke doel was het beginnen van geheime onderhandelingen.[6] Hij trof er de Franse maarschalk Jacques d'Albon de Saint-André, die een jaar eerder bij Saint-Quentin krijgsgevangen was gemaakt en onder Willems hoede in Breda gevangen had gezeten. De mannen hadden in die maanden lange gesprekken met elkaar gevoerd, en sympathie voor elkaar opgevat. Saint-André had onder de belofte van terugkeer als krijgsgevangene toestemming gekregen naar het Franse hof te reizen en daar de stemming te peilen. Na Saint-Andrés terugkeer was Willem van Oranje de aangewezen persoon met hem de voorwaarden voor een wapenstilstand te verkennen.[7]

Het was het begin van lange maanden omzichtig en strategisch opereren. Dichter bij het hart van de Habsburgse machtsmachinerie was Oranje nog niet geweest – hij maakte er nu de jure deel van uit. Op 18 augustus was Oranje alweer in Atrecht, waar de volgende dag de Staten-Generaal zouden vergaderen. Hij trof Emanuel Filibert in een paniekerige stemming. De weken ervoor was de balans opgemaakt van de financiën van het land; er was op korte termijn veel geld nodig om soldaten te kunnen ontslaan. Wanneer nu de achterstallige soldij werd uitgekeerd, zou dat naderhand tot grote besparingen kunnen leiden. Dat was de theorie. Maar hoe kon op korte termijn aan geld worden gekomen, wanneer er al zoveel leningen en schuldposities openstonden?[8] Onder de hoede van Filips II was een voorstel geproduceerd, waarin opnieuw aan de Staten een enorm bedrag werd gevraagd, de grootste bede ooit, met daarbij structurele belastingen op levensbenodigdheden als zout en wijn. Dit was nog geen reden voor grote paniek, wel het argument dat er door de koning bij geleverd werd: inwilliging zou de vrede hoe dan ook dichterbij brengen, en in de toekomst tot lagere lasten leiden. Filips koerste in zijn voorstel uitdrukkelijk op vrede, wat in de praktijk ook zo was, maar het was niet handig het ook zo op te schrijven. Wie een voordelige en duurzame vrede wil moet uitstralen bereid te zijn de oorlog voort te zetten. Emanuel Filibert en Willem van Oranje ontdekten de zwakte in de ontwerptekst nog net voor die onder de Statenleden verspreid werd. Lag zo'n tekst eenmaal bij de Staten, dan was het een kwestie van weinig tijd en was het ook bekend in Frankrijk. Er moest dus geld worden gevraagd om de oorlog voort te zetten, niet om de vrede binnen bereik te brengen.[9]

Filips II ging overstag, en de daaropvolgende beraadslagingen met de Staten verliepen voorspelbaar; alle voorstellen van de regering werden verworpen. Een periode van taai onderhandelen begon. De maanden die volgden bracht Oranje door met de meest geslepen en machtigste mannen uit de entourage van Filips II: Granvelle uiteraard, de hertog van Alva en

Ruy Gómez de Silva. Granvelle was de feitenfetisjist in het gezelschap, Alva de havik, Ruy Gómez was vooral het geheimzinnig opererende alter ego van Filips II. Ruy Gómez was van Portugese afkomst en kende Filips II al uit diens jeugd – ze koesterden een intense vriendschap. Aan het hof vervulde Ruy Gómez de rol van *sumiller de corps*, degene die het private huishouden van de koning bestierde en uit hoofde van zijn functie ook op diens kamer de nacht doorbracht.[10] 's Morgens hielp hij de vorst met aankleden en zich op de dag voor te bereiden. Het leek het werk van een lakei, maar in de alledaagse praktijk was Ruy Gómez Filips' voornaamste adviseur.

Qua temperament en politieke vrienden was de intelligente, omzichtig opererende, maar weinig cultureel onderlegde Ruy Gómez de tegenpool van de breed ontwikkelde hertog van Alva, die een machiavellistische kijk op de wereld paarde aan een machiavellistische manier van formuleren: helder, cynisch en genadeloos. Ze waren geen vrienden en zouden het ook nooit worden. Met deze uitgesproken ego's moesten Granvelle en Oranje één front vormen tegenover de Franse onderhandelaars. De president van de Geheime Raad, Viglius van Aytta, had ook aan de gesprekken zullen deelnemen, maar moest het door een opspelende ischias maandenlang laten afweten.[11]

Van oorlog naar vrede

De eerste besprekingen met de Franse delegatie vonden nog in augustus plaats in Rijsel, waar de Franse koning werd vertegenwoordigd door zijn opperbevelhebber Anne de Montmorency. Dit leek gunstig voor Habsburg; Montmorency stond bekend als gematigd en had bovendien familie aan de andere kant van de grens: de hoge Nederlandse edelen Floris de Montmorency, baron van Montigny, en Filips de Montmorency, graaf van Horne, waren verre neven.[12] Met beide Nederlandse Montmorency's was Willem van Oranje goed bevriend.

Aan elke onderhandelingstafel bepalen humeuren, temperamenten en persoonlijke voorkeuren mede het eindresultaat, maar het was duidelijk dat het hier ging om grote ambities en aanspraken, en uiteindelijk over de vraag wie er de baas werd in welk deel van Europa. Persoonlijke verhoudingen konden en mochten niet de doorslag geven. Door zoveel verschillende karakters in zijn onderhandelingsdelegatie op te nemen had Filips II daar wellicht ook rekening mee gehouden; er zou altijd iemand zijn die kon waarschuwen dat het te gezellig dreigde te worden. En dan was er ook nog een 'vredesraad', die op de achtergrond meedacht met de ontwikkelingen, waarin onder anderen Egmond, Glajon, Berlaymont en Arenberg zitting hadden.[13] Overigens waren al te toegevingsgezinde adviseurs bij voorbaat buiten de delegatie en de raad gelaten. Karel van Lalaing en Simon Renard hadden het eerder al verbruid door vanwege de nijpende financiën in 1556 en 1557 campagne te voeren tegen voortzetting van de oorlog.[14] Saint-Quentin en Grevelingen hadden hun ongelijk bewezen; dat kon niet zonder gevolgen blijven.

Op 17 oktober werd na slechts enkele dagen onderhandelen in de abdij van Cercamp een voorlopige wapenstilstand gesloten.[15] De Engelsen zaten inmiddels ook aan tafel, vanwege hun belang in Calais. De delegaties spraken daarna nog twee weken over de wijze waarop het onderhandelingsproces kon worden ingericht, en de vraag of ze konden komen tot een wapenstilstand voor langere tijd. Door de deelname van drie partijen, en het in het geding zijn van territoria in Italië, Frankrijk, de Nederlanden en het Duitse Rijk, werd nog voor het einde van oktober duidelijk dat het op een heel complexe ruilconstructie zou uitlopen. Bovendien moest de vrede beklonken worden met enkele huwelijken tussen vorstelijke personen uit beide kampen. Dit werd hogere evenwichtskunst. Het lukte nog voor het einde van de maand de wapenstilstand te bekrachtigen, maar de vredesonderhandelingen liepen al vast op de door de Engelsen geëiste teruggave van Calais. Er werd regelmatig geschorst of gedreigd definitief weg te lopen.

Mes van Willem van Oranje, voor gebruik op reis (collectie Koninklijke Verzamelingen, Den Haag).

In Cercamp werden ook de hele maand november 1558 weinig concrete vorderingen gemaakt, terwijl het ene overlijdensbericht na het andere binnenkwam. Op 1 november bereikte Filips II het bericht dat zijn vader zes weken eerder, op 21 september, in zijn verblijf in Yuste zijn laatste adem had uitgeblazen. Enkele weken later volgde het nieuws dat Maria van Hongarije was bezweken aan haar hartkwaal, kort nadat ze zich had laten overhalen in de Nederlanden nog enige tijd als landvoogdes op te treden. Twee markante persoonlijkheden, die in de decennia daarvoor de loop der dingen in Europa tot op grote hoogte hadden bepaald, hielden op als het stille geweten van de nieuwe Habsburgse machtshebbers te dienen. Filips II trok zich voor weken terug in het klooster Groenendaal in het Zoniënwoud voor gebed en contemplatie, maar zijn gevoel van bevrijding zal er niet minder om zijn geweest. Nog wat verstrekkender was een derde overlijdensbericht. Op 17 november overleed de echtgenote van Filips II, Maria Tudor. Het nieuws bereikte op 24 november Cercamp. Ook dit was weinig minder dan een bevrijding; het huwelijk had de relaties tussen Engeland en Spanje nauwelijks een impuls gegeven; er was in zo'n vier jaar tijd ook geen nageslacht voortgebracht, ondanks maandenlange berichten over een zwangerschap van Maria, die ofwel een schijnzwangerschap, of pure komedie geweest moet zijn.[16] Filips werd als verse weduwnaar meteen een interessante troef aan de onderhandelingstafel. Of de Spaans-Nederlandse delegatie nog veel moeite zou doen Calais voor de Engelsen terug te winnen, mocht betwijfeld worden.[17]

In december kwamen de onderhandelingen voor geruime tijd stil te liggen. Tussen kerst en oudjaar werd in Brussel plechtig afscheid genomen van de vroegere landsheer Karel V. Hoewel het stoffelijk overschot van de keizer in Yuste was begraven, werd in de Brusselse Sint-Michiels- en Sint-Goedelekathedraal een schouwspel opgevoerd dat alles had van een staatsbegrafenis. Het werd de grootste rouwplechtigheid die ooit in Brussel was gehouden. De wanden van de kathedraal waren behangen met zwart laken en fluweel. Midden in de kathedraal was voor de gelegenheid een kapel gebouwd die verlicht werd met zo'n drieduizend kaarsen; en in de kapel stond de – lege – kist, overdekt met goud.[18] Met enorme tableaux vivants, in de vorm van door de kerk bewegende wagens, werden hoogtepunten uit het leven van de keizer uitgebeeld, en de heiligheid van zijn grote ambities nog eens voor ogen gebracht. Er liepen rijk opgetuigde paarden mee in de processie, versierd met allegorische verwijzingen.[19] Hoewel de macht al jaren eerder was overgedragen, leek de hele ceremonie te willen uitstralen dat zijn zoon en opvolger Filips nu eindelijk in staat werd gesteld de erfenis van zijn vader naar een nog hoger niveau te tillen. Het was bovendien een goede gelegenheid voor Filips om te tonen dat hij de rituelen en de pracht en praal die in de beste Bourgondische tradities tentoon werd gespreid, begreep en omarmde.

Filips verbond zich hier meer dan ooit met de Nederlanden.[20] Zijn belangrijkste raadsheren schuifelden mee in de rituele processie, zoals Emanuel Filibert, de hertog van Alva, en de ridders van het Gulden Vlies. Ook een prominent legeraanvoerder als Günther van Schwarzburg had een rol: het op een zwart fluwelen kussen ronddragen van de halsketting van de keizer. Willem van Oranje droeg met gestrekte armen het rijkszwaard, met de punt naar beneden. Uiteindelijk verscheen Filips geheel in het zwart, met een lange sleep en een hoed op zijn hoofd, als het alles absorberende middelpunt.

Het hele ceremonieel nam wel vijf uur in beslag, maar werd pas de volgende ochtend afgerond. Geen wagens, geen paarden en attributen meer, wel verscheen iedereen weer in het zwart in de kathedraal. De mis werd opgedragen. Daarna liep Willem van Oranje naar de katafalk, sloeg met zijn hand op de kist, en riep: 'Hij is dood.' Daarna was het even stil, waarop Oranje vervolgde: 'Hij zal dood blijven'. Opnieuw een stilte: 'Hij is dood, en er is iemand anders opgestaan in zijn plaats, iemand die groter is dan hij ooit was.' Vervolgens werd Filips zijn hoed afgenomen; hij keerde blootshoofds terug naar het Paleis op de Koudenberg.[21]

Voor een buitenstaander moeten deze rituelen iets raadselachtigs hebben gehad – wat was de betekenis van alle verwijzingen, bewegingen, kledingstukken en attributen? Het is ook achteraf voor geleerden nog moeilijk te bevatten. Maar één boodschap was wel duidelijk, alle ego's uit de Nederlandse regering hielden zich strikt aan het script, dat eerst en vooral eenheid uitstraalde, zowel in de onderlinge rolverdeling als in de getoonde ambities. Zo eensgezind en luisterrijk afscheid nemen van een groot heerser betekende ook: in staat moeten zijn de grenzen nog verder te verleggen. Plus ultra.[22]

Cateau-Cambrésis

Alle ambities kostten geld. Na de jaarwisseling ging het vooral weer daar over. De afspraken over de negenjarige bede moesten nog worden uitgewerkt en bestendigd. Het concreter wordende uitzicht op vrede hielp de geesten wat toegeeflijker te worden. Het bedrag kwam uit op in totaal 7,2 miljoen gulden over negen jaar, met daarbij nog een bedrag van 2,4 miljoen ineens om de ergste financiële nood van het moment te lenigen. De weerzin bij de Staten betrof de manier waarop de belasting geheven zou worden: via algemene percentuele heffingen op de handel in onder andere zout en wijn. Dit was de gevreesde stap naar vaste en structurele belastingen en daar waren vooral kooplieden in de grote handelssteden mordicus tegen, omdat dit hun internationale concurrentiepositie zou aantasten. De akkoorden die hierover in de loop van 1558 waren gesloten, werden maar heel langzaam ten uitvoer gelegd. Holland kwam op 9 januari 1559 in Brussel melden dat het de honderdste en vijftigste penning niet wilde innen.[23] De Hollanders stopten landvoogd Emanuel Filibert 10.000 gulden toe, in de hoop dat hij het belastingplan zou intrekken. Hij incasseerde het geld, maar liet zich niet omkopen.

Alle eerdere afspraken liepen zo uit op getalm en getraineer. Het geld kwam daardoor veel te langzaam binnen in Brussel. De Staten van met name de rijke gewesten Brabant, Vlaanderen en Holland slaagden er steeds weer in nieuwe onderhandelingen te beginnen en nieuwe voorwaarden te stellen. Intussen riep het aanhoudende gemillimeter over hoogte en wijze van belastingheffing veel sluimerend ongenoegen wakker over allerlei groepen die niet of nauwelijks belasting betaalden, zoals de grote en rijke abdijen en kloosters, en ook de hoge adel, die voor zichzelf uitzonderingen hadden weten te bedingen. In Holland liep de ergernis geregeld hoog op over de belastingvrijdommen die met name Egmond, Horne en Oranje in Brussel voor zichzelf hadden geregeld.[24]

Het werd tijd dat de druk van de ketel ging. In de eerste week van februari 1559 werden de vredesonderhandelingen met Frankrijk en Engeland voortgezet in Cateau-Cambrésis, in het betwiste grensgebied tussen Frankrijk en de Nederlanden. Het eindspel begon; in het najaar waren er in beginsel afspraken gemaakt over territoria die tegen elkaar uitgeruild werden; nu moesten de finesses bepaald worden: de begrenzingen, de teruggave van oorlogsbuit, de garanties voor stabiele verhoudingen over en weer. Frankrijk moest in Italië vrij veel territoria opgeven, of aanspraken daarop, zoals op het strategisch gelegen en rijke Milaan, en ook in Midden- en Zuid-Italië werd Spanje oppermachtig, met de definitieve beschikking over de koninkrijken Napels en Sicilië. Spanje kreeg hiermee een sterke en bestendige positie in het Middellandse Zeegebied. Bovendien werd het hertogdom Savoie, met het bijbehorende Piemonte, teruggegeven aan Emanuel Filibert, die tot dan, als erfgenaam, dit gebied nog nooit had kunnen besturen. En Willem van Oranje werd weer in het bezit gesteld van het prinsdom Orange.[25]

Toch mochten de Fransen, tot twee keer toe zo pijnlijk verslagen, niet ontevreden zijn. Met name in het noorden, in het grensgebied met de Nederlanden en Lotharingen, kregen ze aanzienlijke territoria toegewezen: recente veroveringen als Saint-Quentin en Ham kwamen weer terug aan Frankrijk, de prestigieuze bisschopsstad Metz werd, met Toul en Verdun, losgemaakt uit het rijksverband en onderhorig aan Frankrijk. Maar de grootste triomf was de voorlopige inlijving van Calais bij Frankrijk, waarmee Engeland voor ten minste acht jaar van het continent verdreven werd.[26] Daartegenover werd Vlaanderen, dat al eeuwenlang onder de Franse kroon viel, definitief bij de Bourgondische kreits gevoegd. Ook vestingstad Mariembourg en andere Franse veroveringen keerden terug in Habsburgse handen. Het was zo veel mogelijk een terugkeer naar de situatie van vóór 1552. Er werden ook nog aan weerszijden van de grens kleinere territoria tegen elkaar uitgeruild, met name in Picardië en de Champagnestreek.[27]

Al sinds de eerste onderhandelingen in Cercamp brachten de gevolmachtigden in de Habsburgse delegatie in gedetailleerde brieven verslag uit aan Filips II. De vier zo uiteenlopende karakters moeten redelijk goed met elkaar hebben samengewerkt. De opdracht er hoe dan ook met de Fransen uit te komen, werkte mogelijk een zekere lankmoedigheid in de hand, waardoor af en toe iets werd weggegeven waar kort tevoren nog zo hard voor was gestreden. Dat de geest van Karel V niet meer boven de onderhandelingen hing, zal het gemakkelijker hebben gemaakt toegevingen te doen, zeker waar het om Metz ging. Behalve voor Granvelle; de zo strategisch en juridisch denkende informele leider van de delegatie kreeg tegen het einde van de onderhandelingen het gevoel dat de militaire triomfen aan de onderhandelingstafel werden verkwanseld. Dat kon in zijn ogen alleen maar tot nieuwe oorlogen leiden.[28] Hij stond alleen.

Op 2 april werd in Cateau-Cambrésis de vrede tussen Frankrijk en Engeland getekend, een dag later die tussen Frankrijk en Spanje.[29] Onderdeel van de overeenkomst tussen Spanje en Frankrijk waren twee huwelijken die de nieuwe vriendschap en verbondenheid tussen beide mogendheden een tastbaar karakter moesten geven: Emanuel Filibert ging trouwen met de zuster van de Franse koning, Margaretha, en Filips II met de dochter van Hendrik II, Elisabeth. Over en weer was het vertrouwen kennelijk voldoende gegroeid om dit aan te gaan; voor beide partijen werd zo de weg terug naar oorlog voorlopig afgesloten. De Vrede van Cateau-Cambrésis zou meer dan een halve eeuw standhouden.

Toch was het vertrouwen ook weer niet zo groot dat de Franse koning geen garanties eiste dat Spanje zijn aan de onderhandelingstafel gedane beloften zou inlossen. Hendrik II mocht een aantal gijzelaars aanwijzen die zolang de afhandeling van de belangrijkste afspraken liep, in Parijs zouden moeten verblijven. De koning liet zijn oog vallen op Oranje, Alva en Egmond. Ze zouden zich later dat voorjaar moeten melden.[30]

Even terug in Brussel: flirten met Lotharingen

De Habsburgse delegatie keerde in de loop van april terug naar Brussel. De vrede bood veel gunstige perspectieven, maar dat er in de binnenlandse verhoudingen rust zou komen bleek al snel een illusie. Er werd opnieuw gesteggeld over geld; veel soldaten zouden nu daadwerkelijk kunnen worden afgedankt, maar wat er binnenkwam aan belastingen bleek voor hun achterstallige soldij niet toereikend. De steeds terugkerende bedes gingen de draagkracht van de kleine gewesten verre te boven, en de rijkere gewesten ervoeren de steeds maar oplopende belastingdruk als vergaand machtsmisbruik. Hun technieken om de afdracht van de gevraagde sommen te vertragen hadden ze de laatste jaren steeds verder geperfectioneerd. Filips zag zich in 1559 regelmatig gedwongen zijn particuliere middelen aan te spreken om de regering liquide te houden.[31]

In de loop van mei kwam een Franse delegatie onder leiding van de kardinaal van Lotharingen naar Brussel voor de bekrachtiging van het vredesakkoord.[32] Op 13 mei zette Filips II zijn handtekening, een mooie aanleiding om dagenlang de vrede en de vriendschap te vieren. Willem van Oranje had, samen met Egmond, een belangrijke taak in het vermaken van het hoge Franse gezelschap, onder andere met een toeristisch uitje naar Antwerpen, in Franse ogen een ongekend bedrijvige handelsmetropool.

Het opgewekte gezelschap zal grotendeels onwetend zijn geweest van de verstrekkende beslissing die in die dagen zo'n 1400 kilometer zuidelijker werd genomen. De paus gaf zijn fiat aan een in het diepste geheim voorbereid voorstel om in de Nederlanden de kerkelijke structuur te herzien en het aantal bisdommen op te voeren van vier naar zeventien.[33] Filips II was hiervan uiteraard op de hoogte, zijn raadsman Viglius ook, die al in 1557 de theoloog Franciscus Sonnius aan het werk had gezet om de bisschoppelijke herindeling uit te denken, en vervolgens het plan in Rome aan de curie voor te leggen en het uit te onderhandelen. Het gebeurde in stilte, zelfs Granvelle zou hiervan lange tijd nauwelijks hebben geweten.[34] Filips hoopte met het versterken van de kerkelijke structuur een hele reeks doelen in één keer te bereiken: meer centrale sturing, meer inkomsten, en een fijnmazig apparaat om ketterij op te sporen en te bestraffen. Dat dit heel veel gevestigde belangen zou raken was zeker, want dat was ook de bedoeling. Het was een onweer dat zich nu nog achter de horizon bevond; pas in augustus 1559 werd het nieuws van de pauselijke goedkeuring aan Filips II – dan nog in de Nederlanden – overgebracht. Het was nog altijd omgeven met de grootst denkbare geheimhouding.[35]

Willem van Oranje was in het late voorjaar van 1559 met zijn gedachten ergens anders. In juni werd duidelijk dat hij nieuwe huwelijksplannen koesterde. Hij had zijn oog laten vallen op Renata, de dochter van hertogin Christina van Lotharingen. Die maand liet Willem zijn vriend Jean de Ligne, graaf van Arenberg, een bezoek brengen aan de hertogin en haar vijftienjarige dochter. Hij speelde naar eigen zeggen perfect zijn rol als postillon d'amour, want toen hij specifiek de jonge prinses de complimenten van Willem overbracht, 'kleurde zij flink rood'.[36] Een blijk van welwillendheid wellicht, maar het was niet aan Renata om te bepalen hoe dit zou aflopen. Dat was aan haar moeder en eventueel de raadgevers in familiekring. Zoals ook de regering in Brussel vond dat een huwelijk van een van de voornaamste Nederlandse edelen haar aanging.

Willem had de moeder van Renata, hertogin Christina, de voorgaande maanden goed leren kennen. Ze was in Cercamp en later in Cateau-Cambrésis opgetreden als gastvrouw en als voorzitster van de besprekingen.[37] Christina gold als een charmante en levenslustige persoonlijkheid. Ze was de dochter van de Deense koning Christiaan II en Isabella van Habsburg, de zuster van Karel V. Nadat haar vader van de Deense troon was verdreven, had Christina een groot deel van haar jeugd aan het hof in Brussel doorgebracht. Ze was op haar elfde uitgehuwelijkt aan de hertog van Milaan, twee jaar later, in 1533, weduwe geworden, en daarna enige tijd een serieuze kandidaat om te trouwen met Hendrik VIII, wiens ruwe reputatie ze goed kende. Het lukte Christina de Engelse koning te ontlopen. Daarna had ze een intense flirt met René van Chalon, die echter op voorspraak van Willem de Rijke en met instemming van Karel V werd verbonden aan Anna van Lotharingen.[38] Ze was dus geen onbekende voor de Nassaus. In 1541 trouwde ze met Frans I, de hertog van Lotharingen, die vier jaar later stierf. Van hem had ze behalve twee dochters ook een zoon, Karel, de erfopvolger, voor wie ze voorlopig als regentes optrad. Christina telde mee, door haar koninklijke afkomst, door haar positie in het hertogdom Lotharingen, en door haar doortastende optreden.

Het besturen van het hertogdom Lotharingen, als bufferstaatje tussen Frankrijk en het Duitse Rijk, tussen het huis van Valois en het huis van Habsburg, vroeg bijzondere vaardigheden, met name hogere evenwichtskunst. Christina moest beide mogendheden te vriend en tegelijk ook op afstand houden. Er leefde in Lotharingen altijd de angst door een van beide onder de voet te worden gelopen.[39] Dat ze bij de onderhandelingen in Cateau-Cambrésis als voorzitster en bemiddelaarster optrad was niet alleen om haar neutraliteit te bewijzen, maar ook om die zo veel mogelijk te versterken. Ze had daarbij, alleen al door haar afkomst, meer fiducie in Habsburg dan in Valois.

Voor Willem moet Christina iets onweerstaanbaars hebben gehad. Al uit 1558 zijn er verschillende signalen dat ze elkaar subtiel het hoofd op hol brachten, met kleine en grote geschenken. Christina liet in augustus 1558 – Willem is dan met het leger te velde – een sjerp naar hem brengen.[40] In november deed Willem – inmiddels aan het onderhandelen in Cercamp – aan Christina een rijpaard cadeau. Uit een eigenhandig briefje aan Günther van Schwarzburg kan worden opgemaakt dat dit zijn eigen paard moet zijn geweest, want hij heeft snel een nieuw nodig. Of Günther daarvoor kan zorgen. De toon is licht en lijkt ervan uit te gaan dat Günther wel ongeveer weet wat er speelt: 'Ik kan u niet verzwijgen hoe mijn goede oude rijpaard het paard van een edelvrouwe is geworden; toen ik gisteren met de hertogin van Lotharingen hier ben aangekomen, heeft zij me gevraagd haar mijn paard af te staan, wat ik haar niet heb kunnen weigeren.'[41]

Ze lagen elkaar. Maar hoever ging deze flirt? Was het spielerei die gemakkelijk kon ontstaan in een klein gezelschap dat lange weken bij elkaar zat? Sloegen de vonken echt over? Of speelden er ook politiek en familiebelang mee? Willem van Oranje had zich, tot hij in Cercamp aanschoof aan de onderhandelingstafel, nog maar weinig met echte politiek hoeven in te laten. Zijn bemoeienis met de erfkwestie rond Katzenelnbogen was een eerste ontgroening geweest; die had hem geleerd het gewicht van zijn adellijke titels en rijkdommen strategisch in te zetten, en zeker ook het belang van betrouwbare bondgenoten bijgebracht. In Christina trof hij een vrouw die wist hoe de politieke kaart van Europa eruitzag en welke krachten er werkten, en die zich goed bewust was van haar eigen positie en macht. Ze resideerde in Nancy, maar bracht vanaf 1558 steeds meer tijd door in Brussel, en ze ontwikkelde een frisse en scherpe blik op hoe het daar in regeringskringen toeging.

Als nicht van Filips II hoopte ze wellicht een rol te spelen in de nieuwe territoriale verhoudingen die waren ontstaan door niet alleen de losmaking van de Nederlanden uit het Heilige Roomse Rijk, maar ook doordat de Nederlanden voortaan vanuit Spanje bestuurd zouden worden. De Nederlanden waren daardoor wat meer op Lotharingen gaan lijken: een klein gebied dat grensde aan twee grote machtscomplexen waar het geen deel van uitmaakte. En iets vergelijkbaars gold ook voor Franche-Comté, dat weliswaar tot het rijk behoorde, maar al sinds de veertiende eeuw onder het Huis van Bourgondië viel en daarna vanuit de Nederlanden bestuurd werd. In Franche-Comté lag een aanzienlijk deel van het bezit dat Willem van René van Chalon had geërfd, bij elkaar meer dan dertig heerlijkheden.[42]

Een blik op de kaart leert dat de Nederlanden, Luxemburg inbegrepen, met Lotharingen en Franche-Comté een zo goed als aaneengesloten gebied vormden, waar ook het oude hertogdom Bourgondië nog bij gedacht kon worden, zij het dat dit in de recente vredesverdragen steeds vaster in Franse handen was gekomen. Ook in Bourgondië beschikte Oranje over aanzienlijke bezittingen.[43] Bij de verwikkelingen in deze jaren rond Christina wordt er in de overgeleverde bronnen weinig gesproken over haar concrete belangen, maar dit territoriale gegeven lijkt veel te verklaren. Ook de aanhoudende flirt met Oranje. Karel v had lang gespeeld met de gedachte het rijk Austrasië te doen herleven, Willems leermeester Bouton had er blauwdrukken voor ontworpen en aan zijn oom Hendrik was daarin een prominente rol toebedeeld.[44] De keizer had omstreeks 1530 al onderzoekers aan het werk gezet om na te gaan hoe Lotharingen en Brabant en ook Limburg van oudsher met elkaar verbonden waren.[45] Een middenrijk, een wigvormige staat, maar dan wel onder de beschutting van het Heilige Roomse Rijk, als een natuurlijke barrière tegen het agressieve Frankrijk, en zo nodig ook tegen lutherse invloeden uit Duitsland.[46]

Karels plannen zijn altijd wat schimmig gebleven en hebben nooit een serieuze uitvoering gekregen, maar ze bewijzen dat Lotharingen belangrijk was voor Habsburg, een belang dat extra gevoeld werd sinds de Fransen Metz en de andere bisschopssteden bezet hielden. Bij alle territoriale bespiegelingen van de vredesconferentie in Cercamp en Cateau-Cambrésis lag ook de permanente kwetsbaarheid van Lotharingen aan de oppervlakte. Het lijkt aannemelijk dat Christina en Willem er tijdens de lange avonden na een dag onderhandelen regelmatig uitvoerig over gesproken hebben en zijn nagegaan wat ze voor elkaar konden betekenen. Dat moet de verklaring zijn voor de gebeurtenissen die volgden. In deze maanden ontwaakte de machtspoliticus in Oranje.

Direct gevolg van het vredesverdrag was dat landvoogd Emanuel Filibert de Nederlanden ging verlaten. Via Frankrijk, waar zijn huwelijk met Margaretha van Valois zou worden gesloten, wilde hij doorreizen naar Savoie, het hertogdom dat hij eindelijk daadwerkelijk als het zijne mocht beschouwen. Al in mei 1559 liepen er vele speculaties over hoe het verder moest. De als altijd goed geïnformeerde Venetiaanse ambassadeur in Brussel, Paolo Tiepolo, berichtte op 7 mei, de Vrede was nog maar net een maand oud, dat Filips II had besloten dat zijn halfzuster Margaretha van Parma de nieuwe landvoogdes zou worden. Er waren inmiddels bodes naar Italië gestuurd om haar snelle overkomst in goede banen te leiden. Tiepolo kon ook melden dat dit besluit enorm heftige reacties opriep bij enkele hooggeplaatste figuren in de Nederlanden, die nogal denigrerende bewoordingen gebruikten om hun ongenoegen kenbaar te maken. Ze wilden niet opnieuw door een vrouw geregeerd worden, en zeker niet door iemand die ook nog een onecht kind was (Margaretha was de bastaarddochter van Karel V en een burgervrouw uit Oudenaarde, Johanna van der Gheynst) en bovendien lange tijd met de Fransen had geheuld. Zonder dat Tiepolo namen noemde kunnen hier Oranje, Egmond en hun getrouwen worden herkend. De ambassadeur wist nog meer; als het land dan toch geregeerd moest worden door een vrouw, aldus deze ontevredenen, dan liever door de hertogin van Lotharingen, 'die van beide kanten koninklijk bloed had, die lang in deze gewesten had vertoefd, en ook veel welwillender en hoffelijker was tegenover de adel van dit land'.[47] Filips II had deze suggestie meteen afgewezen, omdat de zoon van Christina sinds enige tijd werd opgevoed aan het Franse hof.[48] Dat was een veiligheidsrisico, volgens de koning. De hertogin had het besluit inmiddels vernomen, en zou het volgens Tiepolo hebben ervaren als 'de grootste tegenslag die haar in haar leven was overkomen': ze had zich zo ingezet om de vrede tot stand te brengen, daar volgens alle betrokkenen ook een beslissende rol in gespeeld, en nu dit.[49]

Er waren op dat ogenblik zo'n negen maanden verstreken sinds Christina's sjerp naar Willem in het legerkamp aan de Maas was gedragen. De onschuld was er inmiddels wel af. Willem had Christina als troef ingezet in een machtsspel, mogelijk in de veronderstelling dat niemand in redelijkheid tegen kon zijn. Maar hij had verloren. Ook het huwelijk met Renata stuitte in kringen rond Filips II op bezwaren. Ergens vroeg in de zomer vertelde Filips II Willem in de paleistuin in Brussel dat de hertogin van Lotharingen afzag van een huwelijksarrangement voor haar dochter Renata.[50] Het valt aan te nemen dat aan dat besluit van de hertogin een stevig gesprek met Filips vooraf was gegaan, en dat Filips zo wijs was zelf de boodschap te gaan brengen. Oranje stond met lege handen; het was vernederend.[51] In Brussel werkten krachten die hij niet kon beheersen, zoveel was duidelijk. In de zomer van 1559 deed Oranje nog een poging de Franse, zeer knappe en rijke, pas zeventienjarige weduwe van de hertog van Enghien te huwen, maar ook dit stuitte op een koninklijk nee, nu van Hendrik II van Frankrijk, die geen buitenlandse partij voor deze vrouw wilde toestaan.[52]

De zomer van verandering: Parijs

Het definitieve vertrek van Emanuel Filibert betekende voor Oranje het einde van een betrekkelijk zorgeloze periode. Willem kon goed met hem opschieten en had via hem een goed inzicht in wat er in de Brusselse binnenkamers gebeurde. Als zetbaas van Filips II durfde Emanuel Filibert er toch opvattingen en analyses op na te houden die afweken van die van de koning, en hij koos regelmatig de zijde van de Nederlandse hoge adel.[53] Ook los van de vergadertafels zochten de mannen elkaars gezelschap; ze beleefden uitbundige nachtelijke slemppartijen in Brussel, waar volgens de geruchten ook de hertog van Alva, inmiddels zo'n vijftig jaar oud, wel eens aan deelnam.[54] Emanuel Filibert, met zijn wat nonchalante stijl, niet-Nederlands, niet-Spaans, was een goed bindmiddel gebleken tussen de verschillende belangen in Brussel, waar intussen ook Filips II zich opmaakte na vier jaar in de Nederlanden naar Spanje terug te keren. Filips besteedde zijn dagen aan het reorganiseren van de regering en het afhandelen van spoedeisende dossiers.

Het eerste dat afgehandeld moest worden waren de afspraken in de Vrede van Cateau-Cambrésis. In de tweede week van juni vertrokken Egmond, Alva en Oranje naar Parijs om daar als gijzelaar te dienen voor de tijd dat de Habsburgers definitief hun verplichtingen hadden ingelost. Ze werden op 15 juni in Parijs met veel publiek vertoon en alle egards ingehaald. Alva reed voorop, meteen gevolgd door Egmond en Oranje en een cortège van vijfhonderd ruiters. Stemmen aan het Franse hof vonden het maar een povere vertoning. Toch werden ze joyeus ontvangen op het Louvre, het machtige middeleeuwse kasteel annex paleis, waar Alva zich aandiende bij Hendrik II, waarschijnlijk in het gezelschap van Egmond en Oranje.[55] Er werd die avond gedineerd bij een oude bekende, maarschalk Saint-André. Vervolgens namen ze hun intrek in een stadspaleisje, Hôtel de Villeroy, waar ze een grote weelde genoten. De dagen waren gevuld met ceremoniële verplichtingen, informele ontmoetingen en feesten. Die week werd in de Notre-Dame door Hendrik II de vrede bekrachtigd. Op de tweeëntwintigste werd het huwelijk van Filips II met Elisabeth van Valois ingezegend, met Alva als remplaçant voor Filips.[56] Er volgde een spectaculair en zeer kostbaar feest, dat acht dagen voortging – alsof beide partijen even vergeten waren dat ze zo goed als bankroet waren. Inmiddels was ook Emanuel Filibert in Parijs aangekomen, en toen de feesten voor Filips en Elisabeth ten einde liepen, begon meteen het hele ceremonieel weer van voren af aan, nu met de hertog van Savoie en zijn Margaretha in de hoofdrol.[57]

Als een entr'acte vond tussen de huwelijksfeesten een dagen voortgaand riddertoernooi plaats. Willem van Oranje was erbij, deed wellicht ook mee, en was getuige van de enorme consternatie door het levensgevaarlijk gewond raken van de Franse koning. Hendrik II werd in volle galop met een lans in zijn oog geraakt, en spoedig werd duidelijk dat voor zijn leven gevreesd moest worden.[58] Hendrik verkeerde ruim een week met hoge koortsen op de rand van de dood, waarin het Willem van Oranje als een van de weinigen werd toegestaan hem nog een bezoek te brengen. De koning overleed op 10 juli. Een dag eerder was het huwelijk van Emanuel Filibert en Margaretha, dat gepland stond voor de Notre-Dame, in een geïmproviseerd ceremonieel ten paleize ingezegend.

De feestelijkheid, grandeur en verbroedering die bij vertrek uit Brussel nog in het verschiet leken te liggen, waren omgeslagen in rouw en politieke zorgen. Wat was de betekenis van het wegvallen van de sterke monarch Hendrik II? Zijn vijftienjarige zoon Frans II was geheel onervaren, en zijn raadgevers leefden in permanente wedijver, of zelfs in een staat van gewapende vrede. Maar er was meer. In de drie weken dat Willem van Oranje nu in Parijs verbleef, zou hij de koning ten minste bij één gelegenheid wat langer hebben gesproken, tijdens een jachtpartij in het Bois de Vincennes. Pas jaren later, in zijn *Apologie* van 1581, liet Willem van Oranje het een en ander los over dit onderhoud. De meer dan twintig jaar die waren verstreken sinds het gebeuren, de enorme conflicten die zich in de tussentijd hadden kunnen ontwikkelen, hebben veel historici doen twijfelen aan de betrouwbaarheid van het verhaal – omdat het zoveel jaar later wel heel erg mooi in het straatje van Oranje leek te passen.[59] Hendrik en Willem raakten tijdens de jacht in gesprek over plannen die Filips II zou koesteren om in de Nederlanden de ketterij volledig te verdelgen. Alva was met uitgewerkte plannen bij de Franse koning gekomen, met daarbij het voorstel meteen ook in Frankrijk en vervolgens 'overal in de hele christenheid' de ketterij 'uit te roeien'. In zijn *Apologie* geeft Oranje aan dat de Franse koning veronderstelde dat hij als een van de vredesonderhandelaars ook hiervan geheel op de hoogte was. Oranje zou hebben gedaan alsof dat zo was, en kwam in de vertrouwelijkheid van het gesprek met de koning 'lang en breed' veel details te weten over de Spaanse plannen.[60]

De laatste tijd is de twijfel aan de historiciteit van dit verhaal sterk afgenomen.[61] De jachtpartij zal hebben plaatsgevonden tussen 15 en 28 juni, de dag dat het toernooi begon. In diezelfde periode, en voorafgaand aan alle verdere gebeurtenissen, hadden de Franse koning en Alva een vertrouwelijk gesprek. Bij de viering van de Vrede van Cateau-Cambrésis stelde Hendrik aan Alva voor om in de hele christenheid grondig opruiming te houden; met name de broeinesten van calvinisme Genève en Schotland moesten worden aangepakt. Frankrijk had juist in de tweede helft van de jaren vijftig te kampen met een snel populairder worden van het calvinisme, waarin predikanten die waren opgeleid in Genève, een groot aandeel hadden. Hun kennis en overtuigingskracht waren groot, zelfs zo groot dat ook een deel van de Franse adel warmliep voor hun ideeën. Alva hoorde het aan, was welwillend, maar kon niet meer beloven dan dat Filips II bereid was een bijdrage te leveren aan de bestrijding van de ketterij in Frankrijk zelf. De gedachte erachter was simpel: het calvinisme dreigde vanuit Noord-Frankrijk het zuiden van de Nederlanden te infecteren – dit op Frans grondgebied drastisch indammen, kon een blijvend effect hebben. In kringen rond Filips leefde grote angst voor calvinisten, en niet zonder reden. Deze nieuwlichters toonden veel heilig hervormingsvuur, hadden sterke leiders, waren goed georganiseerd en waren niet afkerig van geweld als dat nodig leek om voor zichzelf ruimte te bevechten.[62]

Dat er tussen Spanje en Frankrijk werd gesproken over het bestrijden van de ketterij, lekte in deze dagen al uit. Er werd in de straten van Parijs over gesproken, waarbij de ambities nogal werden opgeblazen, alsof Spanje en Frankrijk bezig waren de hele christenheid onder elkaar te verdelen: Italië was voor Spanje, en Engeland voor Frankrijk.[63] Een vergelijkbare overdrijving zit ook in de versie van Willem van Oranje – wellicht is hijzelf de bron van het gerucht geweest. In de *Apologie* geeft Oranje ook weer wat zijn eerste reactie was: groot medelijden met degenen die nu nog niet wisten dat tot hun dood besloten was.[64] Het zou kunnen dat dit door zijn hoofd speelde, maar het is aannemelijker dat zijn eerste gedachte was: waarom weet ik hier niets van, waarom moet ik dit horen van de man die tot voor kort onze aartsvijand was?

Het was niet het enige wat in deze weken te denken gaf over de onderlinge verhoudingen in Brussel. Er circuleerde meer verontrustend nieuws. Omstreeks 20 juli ontving Oranje een brief van Lamoraal van Egmond – die in juni alweer vanuit Parijs naar de Nederlanden was vertrokken, met dispensatie vanwege zijn zieke vrouw –, waarin hij ook op Oranjes snelle terugkeer naar de Nederlanden aandrong, 'om een veelheid aan redenen'.[65] Een paar dagen later volgde een vergelijkbare dringende oproep van Filips van Horne, wederom onder verwijzing naar 'vele redenen, die ik hier niet uit de doeken kan doen'.[66] Twee vertrouwelingen die zo geheimzinnig deden en tot terugkeer aanspoorden – dit kon alleen maar betekenen dat er iets niet goed ging.

Overigens was er zonder meer al een aanleiding naar de Nederlanden af te reizen, omdat voor het einde van de maand een kapittel van het Gulden Vlies was aangekondigd. Dit met het oog op het vertrek van Filips II naar Spanje. Ergens tussen 15 en 22 juli vertrok Willem van Oranje uit Parijs; hij had aangegeven Filips II te willen bezoeken, wat hem nauwelijks geweigerd kon worden, het aanstaande vertrek van de vorst zal een goed excuus zijn geweest. Alva bleef als enige gijzelaar in Parijs achter, wat hem nogal obstinaat stemde. Hij eiste te mogen afreizen naar Spanje, maar werd door de nieuwe Franse koning, Frans II, hoogstpersoonlijk tot bedaren gebracht.[67]

De zomer van verandering: Gent

Oranje ging eerst naar Brussel, waar hij op 26 juli besprekingen voerde met enkele Brabantse gedeputeerden, en reisde door naar Gent, waar de volgende dag de orde van het Gulden Vlies bijeen zou komen. In deze bijeenkomst werden de teugels over het onvoorwaardelijk en enthousiast belijden van het katholieke geloof nog eens aangehaald.[68] Weer een dag later arriveerde Margaretha van Parma in Gent, die in deze stad zou worden ingehuldigd als landvoogdes en er kennis ging maken met de mannen met wie ze de komende tijd de Nederlanden moest zien te regeren. Filips II had inmiddels aangekondigd op 8 augustus scheep te willen gaan. Er was nog maar weinig gelegenheid om met alle betrokkenen het nieuwe bestuur goed af te spreken. Bovendien moest hij in korte tijd zijn halfzuster Margaretha inwerken, die weinig politieke ervaring had en vanwege haar lange verblijf in Italië de Nederlanden slecht kende.[69] Alles wat maar verkeerd kon gaan, ging in deze dagen verkeerd.

In Gent troffen Egmond, Horne en Oranje elkaar weer, en ze zullen elkaar intensief hebben bijgepraat over wat er in de laatste weken in Brussel, Gent en Parijs was voorgevallen. Over hun gesprekken is niets bekend, wel kan de teneur worden afgeleid uit de onwelwillende sfeer die in deze dagen ontstond in het contact met Filips, terwijl de koning van zijn kant juist meende dat hij het de heren naar de zin maakte. Willem van Oranje werd benoemd tot stadhouder van Holland, Zeeland en Utrecht, en Egmond van Vlaanderen en Artesië, de gewesten waar ook een groot deel van zijn eigen bezittingen lagen. Deze benoemingen werden dankbaar aanvaard. Ook werden er door Filips aan beiden en aan enkele andere edelen flinke geldbedragen toegekend, uit erkentelijkheid voor hun diensten in het verleden. Egmond kreeg als succesvol veldheer het grootste bedrag: 50.000 kronen, Horne 15.000, met daarbij de functie van admiraal, en Oranje kreeg 40.000.[70] Ook dit kwam de heren wel gelegen. Op 3 augustus benoemde Filips Egmond en Oranje in de Raad van State, maar dit viel geheel verkeerd. Egmond stuurde zijn aanstellingsbrief meteen terug, en ook Oranje gaf te kennen deze functie niet te willen, want hun was vier jaar geleden voorgehouden dat ze volledig bij de staatszaken betrokken zouden worden, maar in de praktijk werd er al geruime tijd om de Raad van State heen gewerkt. De aanstelling was dus een farce. In de wandelgangen zoemden in diezelfde dagen al geruchten dat Margaretha van Parma alleen maar met Spanjaarden zou gaan regeren.[71] Filips was furieus en dacht erover de enorme bedragen die hij aan de mannen in het vooruitzicht had gesteld, in te trekken. Zover ging hij niet, maar de bedragen zouden evenmin ooit worden uitbetaald.[72]

Er was Filips II veel aan gelegen nog voor vertrek de financiën op orde te hebben. De Staten vergaderden al weken over een nieuwe bede, en ook hier moest binnen een paar dagen tot zaken gekomen worden. De Statenleden waren vanuit Brussel naar Gent gekomen om in een enigszins plechtige ambiance deze kwestie af te handelen. Maar in plaats van na nog enig vijven en zessen beleefd overstag te gaan, legden de Staten op 7 augustus in de vorm van een petitie een harde eis op tafel: de bede werd alleen ingewilligd wanneer alle Spaanse soldaten het land zouden verlaten. Bovendien eisten zij dat de Nederlanden niet door vreemdelingen maar door 'inheemse edelen' zouden worden geregeerd.[73] Dit laatste was een vergaande politieke eis, die weinig met de discussie over de bede te maken leek te hebben. Dat wekte bij Filips grote bevreemding en zichtbare ergernis. 'Hij plofte neer in zijn zetel,' aldus ooggetuige Pontus Payen, 'verzonk in gedachten, ondertussen steeds van kleur verschietend en verzittend.' Tegenover Egmond liet Filips zich in die dagen ontvallen dat hij bij deze onderdanen kennelijk op weinig vriendschap kon rekenen.[74] Filips werd voor het blok gezet, en hij deed wat elke Habsburgse vorst in situaties van dwang deed: dingen beloven, zonder van zins te zijn zich aan die beloften te houden.

De eisen van Egmond, Oranje en de Staten sloten naadloos op elkaar aan. Dit kon geen toeval zijn. Ze lieten zich zo wel heel gemakkelijk in hun kaarten kijken. Hier werd regie gevoerd, en alleen Oranje kon daartoe in staat worden geacht. Egmond was er te weinig subtiel en veel te heetgebakerd voor. Het zou ook de tussenstop van Oranje in Brussel verklaren. En hij had wellicht het gelijk aan zijn zijde. Filips was inderdaad van plan geweest enkele Spaanse raadgevers, Feria, Don Vargas en Eraso, aan de staf van Margaretha van Parma toe te voegen. Hij trok dit in en nam hen mee naar Spanje; alleen Feria zou nog enige tijd in de Nederlanden blijven.[75] Dit betekende in de praktijk alleen maar meer armslag voor Granvelle;

per saldo schoten Egmond en Oranje er niet veel mee op. Het was in deze dagen dat Oranje het vertrouwen in Granvelle begon te verliezen.

Het konvooi dat de koning terug naar Spanje zou brengen lag gereed, de tijd tikte weg. Er moesten oplossingen gevonden worden, de spanning moest eruit. Filips deed nu het voorstel dat Oranje en Egmond samen het opperbevel over de resterende circa vierduizend Spaanse elitetroepen (de zogeheten tercios) op zich zouden nemen. Het had iets van een salomonsoordeel: het Spaanse van de troepen zo veel mogelijk neutraliseren door er een inheemse leiding boven te zetten. Oranje en Egmond zagen het als een figurantenrol, de dagelijkse leiding over de tercios bleef in handen van Julián Romero, iemand met wie Oranje goed kon opschieten, maar wel een Spanjaard. Ze wilden bedanken voor de eer, maar lieten zich toch overhalen. Filips moest wel beloven de Spaanse troepen binnen vier maanden terug te roepen.[76]

Afscheid van Filips II

Ondertussen werd er zo veel mogelijk mooi weer gespeeld. Bij de tweedaagse afscheidsceremonie op 7 en 8 augustus werden verdragsteksten voorgelezen, die Filips II staande moest aanhoren. Op een goed moment legde hij zijn hand op de schouder van Egmond.[77] Het rijmde mooi met het ontroerende gebaar van Karel V bij Willem van Oranje, zo'n kleine vier jaar eerder, maar het kan nauwelijks iets anders dan een zeer bestudeerde en onwaarachtige geste zijn geweest. Hoewel het misschien ook moest uitdrukken dat Filips het echt wel goed meende met de Nederlandse adel. In deze dagen gaf Filips ook toe inzake de eis van Oranje en de zijnen dat ze als leden van de Raad van State bij alle belangrijke kwesties betrokken zouden worden. Buitenlandse waarnemers, zoals de ambassadeur van Venetië, vernamen klachten uit kringen van Spaanse regeringsfunctionarissen dat zij door alle verantwoordelijkheden die Filips op het laatste moment aan Nederlandse raadslieden had gedelegeerd eigenlijk nauwelijks nog iets te vertellen hadden in de Nederlanden. Alsof de Nederlandse adel werd beloond voor het veroorzaken van onrust en wanorde.[78]

Op 10 augustus vertrok Filips uit Gent naar Walcheren; Willem van Oranje ging mee om hem uitgeleide te doen. In Vlissingen lag een vloot van zeventig schepen te wachten, maar door ongunstige wind kon er voorlopig niet worden uitgevaren.[79] Het was de bedoeling dat graaf Filips van Horne, de nieuwe admiraal van de vloot, meteen zou meereizen naar Spanje – de effectuering van een eervolle benoeming, maar meteen ook een voornaam lastpak minder in de Nederlanden. Vanwege ziekte van zijn vrouw, reisde hij pas in mei 1560 naar Spanje. Het maakte weinig uit, als admiraal zou hij niet veel te doen krijgen. Het was een papieren functie.[80]

Pas op 25 augustus zat de wind in de goede hoek. Een groot deel van Filips' raadslieden en gewestelijke stadhouders was op de kade bijeen om afscheid te nemen van de landsheer. De koning 'omhelsde de een na de ander op warme wijze, hen bedankend voor alle goede diensten die hij nooit zou vergeten'.[81] Volgens een onbevestigd verhaal dat in 1680 pas in druk verscheen, zou Filips Oranje op het laatste moment ter verantwoording hebben geroepen over de opstandigheid van de Staten, waarop Oranje zou hebben geantwoord dat het nu eenmaal de diepere beweegredenen van de Staten zelf waren. Filips pakte hem daarop stevig bij de pols en voegde hem toe: 'No los estados, ma vos, vos, vos', waar de Franse historicus Louis Aubery du Maurier – die dit verhaal kende van zijn vader die het weer van een aanwezige vertrouweling van Oranje had gehoord – aan toevoegde dat het herhaalde 'vos', de Spaanse beleefdheidsvorm, extra minachtend geklonken moet hebben.[82] Het zou waar kunnen zijn, want het stemt aardig overeen met de situatie.

Los van de anekdotiek botsten in de augustusdagen van 1559 twee belangrijke en tegengesteld verlopende ontwikkelingen op elkaar. Het steeds maar aanzwellende verzet van de gewesten tegen de terugkerende bedes en van bovenaf opgelegde belastinghervormingen had niet alleen een financieel motief, maar ging ook over zeggenschap. Het patroon van steeds meer moeten betalen en steeds minder te zeggen hebben werd vooral zichtbaar bij geldverslindende oorlogen die het Habsburgse bewind met Frankrijk en elders in Europa uitvocht. Terugkerende pogingen om structurele belastingen in te voeren klonken redelijk en zouden veel efficiëntie met zich meebrengen, maar ze ontnamen aan de gewesten ook de laatste mogelijkheden nog invloed uit te oefenen op het hoe en waarom van de heffingen. Dit lijkt een democratische tendens, maar het is adequater er een oligarchische in te zien: zij die zoveel betaalden wilden eindelijk wel eens meebepalen wat er met hun geld gebeurde. Juist de weg van het meebepalen werd door het Habsburgse bewind angstvallig dichtgehouden. De Staten-Generaal kwamen in de praktijk alleen bijeen om bedes aan te horen en ermee in te stemmen, niet om mee te besturen, hoogstens te adviseren. Elke keer wanneer daar in momenten van wanhoop of zelfs verbondenheid mee werd geëxperimenteerd, kwam het bewind in moeilijkheden.[83] De praktijk om bedes uit te onderhandelen bleef zo nog even in stand, ook al had dat in de loop van decennia geleid tot een hele reeks gewestelijke en lokale uitzonderingsposities, die vaak wel een permanent karakter hadden: de zogenaamde privileges.

Opeenvolgende landsheren hadden al geprobeerd de groei aan privileges in te dammen, Karel v ging zover dat hij juridisch geschoolde ambtenaren aan het werk zette om overal in de Nederlanden de documenten op te vissen waarin de afspraken waren vastgelegd. Dit ter voorbereiding op een vergaande stroomlijning van de wetgeving in de Nederlanden. Daardoor moest dit altijd zo losse conglomeraat van gewesten aaneengesmeed worden en de grote juridische ongelijkheid tussen gewesten, die door de jaren heen steeds verder was toegenomen, opgeheven worden.[84] Het belangrijkste voordeel dat hier behaald kon of zelfs moest worden was meer centrale sturing. In het op universele en goddelijke principes steunende bewind van Karel v betekende dit dat de lijnen bij elkaar kwamen bij de keizer. Hij bepaalde, er bestond in dit denken geen eigenmacht voor lagere overheden. Dit vorstenabsolutisme droeg Karel over op zijn zoon Filips.[85] Daar hoorde ook het werken met de drie collaterale raden bij; die hadden allerlei uitvoerende en controlerende taken, maar waren in de kern adviserende lichamen, geen besturen waarin over grote politieke kwesties met meerderheid van stemmen besluiten werden genomen.[86] Nu Filips als landsheer de Nederlanden verliet, moest er een intensieve communicatielijn met Spanje worden onderhouden om hem in alles het laatste woord te kunnen geven. Filips stond niet bekend als een snelle beslisser, en dit gevoegd bij de weken die brieven erover deden om de afstand tussen Spanje en de Nederlanden af te leggen, kon niet anders betekenen dan dat traagheid de loop der dingen in de Nederlanden zou bepalen.[87]

Waar stond Willem van Oranje in deze zo tegengestelde bestuursstijlen? Filips verdacht hem van vergaand samenspannen met de Staten, maar betekende dit dat Oranje een pleitbezorger was van meer bestuursmacht voor gewesten en lagere overheden? Dit vroegen velen zich af in de zomer van 1559. Het leek niet zo aannemelijk, omdat Oranje zo'n gevestigd onderdeel was van de Habsburgse bestuursmacht, maar door zijn activisme aan de vooravond van Filips' vertrek, was hij het uitgestrekte niemandsland tussen beide bestuursopvattingen ingetrokken.[88] Voor iedereen zichtbaar. Misschien besefte Oranje het pas toen het al gebeurd was.

Oranjes voornaamste bezwaar tegen de wijze van besturen van Filips was dat hij medeverantwoordelijk werd gehouden voor allerlei besluiten zonder dat hij en andere Nederlandse edelen echte zeggenschap hadden gehad. Dat zou er niet beter op worden. Filips had nog voor zijn vertrek de instructie voor Margaretha beslissend aangescherpt: ze kreeg in het diepste geheim de opdracht om in de Raad van State zo veel mogelijk de adviezen te volgen van Granvelle, Viglius en de eveneens zeer ervaren en gezagsgetrouwe Karel van Berlaymont.[89] Het leidde tot de vorming van een regering door de *consulta*, een niet door enig statuut gedekte kern van vertrouwelingen van de vorst.[90]

Geboorte en dood

Het escorte van zeventig schepen voer met Filips II de Westerschelde uit, en daarmee vertrokken meteen ook heel veel individuen die het politieke leven in de Nederlanden zo moeilijk en gespannen hadden gemaakt. Willem van Oranje had de afgelopen jaren vele uren in Filips' nabijheid doorgebracht; hij had diens enorme werkkracht gezien; per dag gingen honderden brieven en dossiers door zijn handen. Angstvallig liet Filips geen moment verloren gaan. Nog meer dan zijn vader regeerde hij door enorm veel beschreven papier te produceren. Volgens een Engelse waarnemer was hij verkleefd met zijn pen: 'Met zijn pen en beurs regeert hij de wereld.'[91] Ontelbaar veel regels en maatregelen uitvaardigen om de gewenste orde te scheppen. Oranje en zoveel andere hovelingen, ook Spaanse, hadden zich daar gewillig toe te verhouden. Dat gold ook voor Filips' omgang met financiën, waardoor zijn voornaamste functionarissen in een ongemakkelijke afhankelijkheidsrelatie kwamen te verkeren. Oranje had de afgelopen jaren veel geld voorgeschoten. Het bedrag dat hij in deze weken van Filips toegeschoven kreeg, was bij lange na niet toereikend voor het dekken van de kosten die hij voor alle militaire operaties had moeten maken; alleen al in de jaren 1558-1559 zou het om anderhalf miljoen gulden zijn gegaan.[92] Ook een decennialange steunpilaar als Alva moest op het einde van zijn leven vaststellen dat de diensten aan Filips hem zo'n 500.000 dukaten uit eigen middelen hadden gekost. Voor Filips was het nauwelijks meer dan logisch en eervol dat het leveren van een bijdrage aan zijn heilige missie offers vergde.[93] Met de zeventig schepen verdween ook deze ijzeren en verheven logica uit het zicht. Filips zou ondanks allerlei voornemens nooit meer terugkeren naar de Nederlanden.

Terug naar normaal. Maar wat was normaal voor Willem van Oranje? Sinds hij in 1551 volwassen was geworden had hij een onrustig leven geleid tussen legereenheden, raadszalen en zijn residenties in Breda en Brussel. Werd het nu rustiger? Daar leek het niet op. In de dagen na Filips' vertrek legde hij tegenover Margaretha van Parma de eed af als stadhouder van Holland, Zeeland en Utrecht, en ontving hij zijn commissiebrief. Hij kon meteen aan de slag; Margaretha liet hem weten dat de koning haar nog voor zijn vertrek had gevraagd hem naar Utrecht en Holland te sturen en daar de Staten bijeen te laten roepen om ze tot het voldoen van de laatste bedes aan te sporen.[94]

Het liet Oranje weinig tijd om zijn eigen zaken op orde te brengen, of eens goed werk te maken van een nieuw huwelijk. Juist in deze weken flakkerde de gedachte aan een huwelijk met Renata van Lotharingen nog een keer op; Montigny hield het vuur bij Willem brandend door tot twee keer toe over haar te berichten; eerst op 19 augustus uit Vlissingen een losse opmerking dat mevrouw-je-weet-wel 'met de dag mooier wordt'.[95] Eind augustus bracht Montigny zelfs, gestuurd door Oranje, een bezoek aan Christina en Renata om de gang van zaken nog eens uit te leggen. Renata moest zoals eerder hevig blozen, maar ze was ook afhoudend en zei dat er voor de prins vast ander aangenaam damesgezelschap was, en ze wilde al snel niet verder praten.[96] Het bezoek was kennelijk bedoeld om de relaties warm te houden, maar ook Christina leek gereserveerd en ging niet verder dan enige beleefdheden. Inmiddels deed in diplomatieke kringen in Europa het verhaal de ronde dat 'de hertogin een zo grote liefde voor de prins van Oranje voelde' dat ze ook wanneer hij met haar dochter zou trouwen 'zichzelf een betere partij voor hem zou vinden'.[97]

Maar er was mogelijk ook een ander gerucht dat de nog heel jonge Renata van de wijs kan hebben gebracht.[98] Omstreeks deze tijd werd Willem vader van een buitenechtelijk kind. Wie de moeder was, is altijd mistig gebleven; er is vaak gespeculeerd dat het om een burgemeestersdochter uit Emmerik ging.[99] Recent is gesuggereerd dat de moeder wel eens een eenentwintigjarige Duitse gravin uit het huis Henneberg-Schwarzburg geweest kan zijn.[100] Of Willem langere tijd met de moeder was omgegaan, of dat ze niet meer dan een tussendoortje was, blijft in het vage. Wel ontfermde Willem zich over zijn jonggeboren zoon, die de naam Justinus kreeg. Hij nam het kind op in zijn huishouden te Breda om het te laten opvoeden tot een volwaardig hoveling. Om zijn wat afwijkende herkomst te benadrukken werd het ventje nog lang met 'le petit de monseigneur', de kleine van onze heer, aangeduid.

Begin september 1559 keerde Willem van Oranje terug in Breda, als tussenstop op weg naar Den Haag om daar de bij voorbaat taaie onderhandelingen met de Staten van Holland te beginnen. In Dordrecht werd hij op 6 september achterhaald door koeriers met brieven uit Frankrijk waarin hem met nadruk werd gevraagd op 17 september in Reims de kroning van Frans II mee te maken.[101] En of hij er samen met Egmond wilde verschijnen. Het maakte nog deel uit van de afspraken van Cateau-Cambrésis. Daarna zouden ze weer voor enige tijd naar huis mogen terugkeren.

Oranje was er niet door geïmponeerd; hij liet weten dat Egmond op tijd zou verschijnen, maar dat hij zelf pas omstreeks de twintigste in Reims kon zijn, vanwege verplichtingen in eigen land.[102]

Oranje deed zijn zaken in Den Haag, keerde via Breda terug in Brussel, handelde daar ook nog een en ander af en ging pas omstreeks 17 september op weg naar Reims. Hem kregen ze niet gek. Willem was na zijn beraadslagingen in Den Haag liever voor enige tijd naar Duitsland vertrokken, maar schikte zich voorlopig in het onvermijdelijke.[103]

Had hij het toch maar gedaan. Omstreeks 15 oktober bereikte Willem, inmiddels weer teruggekeerd in Brussel, het bericht van het overlijden van zijn vader, negen dagen eerder op de Dillenburg. Willem schreef meteen aan zijn broer Lodewijk om ook hem het nieuws mede te delen. Hij memoreerde de grote liefde die hun vader zijn kinderen had toegedragen, en dat hij zich nu aan de wil van God had overgegeven. Toch kenmerkte dit schrijven zich niet door het storten van al te veel tranen. Willem besefte dat hij nu het hoofd van de familie was, en dat van hem werd verwacht dat hij beschermend optrad tegenover zijn broers en zusters, die in goede onderlinge vriendschap en eendracht samen zouden moeten optrekken, en dat ze zich daarbij ook altijd dienden te laten leiden door wijze raad. Het zijn doordachte, op zichzelf niet erg opzienbarende woorden, maar ondanks het trieste van het moment voegt Oranje er nog een scherpe vermaning aan toe, waarin het besef van eeuwen van gestage stijging van het huis Nassau doorklinkt: dit huis mag niet ten onder gaan, sterker nog, als de eensgezindheid bewaard blijft, zal het 'in faam en achting niet dalen, maar juist toenemen'.[104]

Het doet wat berekenend en koud aan; maar deze boodschap zal Oranje al enige tijd door het hoofd gespeeld hebben. Nu hij uit de schaduw van zijn vader trad, wilde hij meteen laten weten dat de huidige staat van het huis Nassau, hoe roemrijk ook, geen eindpunt was. Waar dacht Oranje aan? Met zichzelf huwbaar en met ook nog eens drie ongehuwde broers en een aantal uit te huwelijken zusters vormden goede huwelijken het meest concrete perspectief op positieverbetering. Zijn broer Jan was net de afgelopen zomer getrouwd met een gravin van Leuchtenberg, en een volgend huwelijk stond al gepland, zijn zuster Katharina ging trouwen met zijn vriend Günther van Schwarzburg.[105] Maar wellicht dacht Oranje op dat ogenblik al veel verder.

Schaken op meerdere borden

Intussen liet hij de begrafenis van zijn vader aan zich voorbijgaan; de honneurs werden waargenomen door zijn broer Lodewijk.[106] In wat resteerde van het drukke en opwindende jaar 1559 zien we Oranje wat op adem komen; er bleek zelfs tijd om over aangenamer vormen van vervoer na te denken. Hij had de laatste jaren duizenden kilometers op de rug van een paard afgelegd, dan wel in een eenvoudig rijtuig dat in de buurt van Dillenburg was gefabriceerd. Maar onlangs was hij erg onder indruk van de koets die zijn vriend Caspar van Schomberg bij zich had: zo zacht en comfortabel. Wanneer de koets 'niet te veel kost', zo vroeg hij aan Günther van Schwarzburg, wil deze er misschien op hetzelfde adres in Dresden voor hem ook een bestellen, 'net zo groot' als die van Schomberg.[107]

De tijd voor dit type luxeproblemen ging snel weer voorbij. De Spaanse legermacht die onder zijn bevel stond, begon in wanorde te verkeren. De aanvoerder te velde, Julián Romero, meldde achterstanden bij de betaling van de soldij, waardoor de troepen begonnen te muiten en de bevolking in en rond de garnizoenssteden steeds afkeriger van hen werd – alles waar Oranje voor gewaarschuwd had, maar nu droeg hij er zelf de verantwoordelijkheid voor.[108]

Uit Frankrijk kwam opnieuw een dwingende oproep zich samen met Egmond op 20 december te melden in het plaatsje Péronne; dan zouden ze daarna wel zien wat er ging gebeuren.[109] Onder deze oproep zat groeiende ergernis bij de Fransen over het getreuzel aan Spaanse kant bij de teruggave van Saint-Quentin en enkele andere steden. Het was begin januari voor Willem van Oranje en Egmond in Péronne verschenen. Ze zullen daarna met hun Franse bewakers wellicht snel zijn doorgereisd naar Parijs. Over de weken die Oranje in de winter van 1560 als gijzelaar in Frankrijk doorbracht is weinig bekend.

Omstreeks de jaarwisseling volgden de openingszetten in een schimmig schaakspel waarin Oranje de komende jaren steeds dieper verwikkeld zou raken: het ging om macht, om een huwelijk en om aanzien. De inzet was hoog genoeg om grote risico's te rechtvaardigen.

Een eerste zet was het solliciteren naar de kort daarvoor vrijgekomen post van stadhouder van Franche-Comté, een functie die ook Hendrik III van Nassau en René van Chalon hadden bekleed. Oranje speelde het via Alva, de maiordomus van de koning; op 17 januari 1560 stuurde hij hem een vleierig briefje, in het Spaans, met het verzoek zijn interesse voor de post bij Filips II te bepleiten.[110] Merkwaardig genoeg schreef Filips II al twee weken later, op 1 februari, een commissiebrief om Oranje in die functie te benoemen. Een koerier deed op zijn snelst twaalf dagen over de afstand, in de winter meestal twee dagen langer.[111] Oranjes sollicitatie lag kennelijk al enige tijd in de week, misschien hoefde Alva er niet meer aan te pas te komen. Toen de benoeming definitief was, in mei, dankte Oranje hem alsnog voor zijn moeite. Wat wilde Oranje met het ver weg gelegen Franche-Comté? In zijn briefjes aan Alva gaf hij er geen verklaring bij.[112]

Nog verrassender was een volgend schrijven aan Filips II, van 7 februari, waarin Willem zijn nieuwe huwelijksplannen ontvouwde. Hij begon met te herinneren aan de plannen voor een huwelijk met de oudste dochter van de hertogin van Lotharingen, dat Filips had tegengehouden, en waarvan hij fijntjes maar weinig subtiel aangaf dat het een voortreffelijk voorstel was geweest, ook heel voordelig voor de koning zelf. Om daarna meteen ter zake te komen. In Duitsland waren hem veel huwelijken voorgesteld, maar geen was er zo eervol en evident als dat met Anna van Saksen, de vijftienjarige nicht van August van Saksen; zijn familie drong er erg op aan hierop in te gaan. Willem speelde meteen open kaart: natuurlijk, ze was luthers opgevoed, maar ze zou zich willen aanpassen aan 'onze ware katholieke religie'. Daartegenover stonden grote voordelen: door verbinding met het huis van Saksen, en daardoor ook met andere vooraanstaande Duitse vorsten, zou Willem de belangen van Filips des te beter kunnen dienen. Ten bewijze daarvan deelde Willem aan het einde van zijn brief nog wat nieuwtjes uit het rijk mee, om maar aan te geven dat er voor Filips met een voorpost als Oranje veel politiek voordeel te behalen viel, al was het maar omdat zo de Franse invloed in het rijk beter kon worden ingedamd.[113]

Deze brief moet in Spanje hard zijn aangekomen. De toch al zo onberekenbare Oranje, die het voorstel durfde te doen met een lutherse vrouw te trouwen, de dochter nog wel van die vreselijke verrader Maurits van Saksen, de nicht van de al even onbetrouwbare August van Saksen, en de kleindochter van die kruiperige Filips van Hessen?[114]

Nu werd meteen duidelijk dat Günther van Schwarzburg in Dresden wel iets meer had gedaan dan een koets bestellen.[115] De mogelijkheden om tot een huwelijk te komen waren verkend, de bezwaren ongetwijfeld ook, maar er was kennelijk voldoende overeenstemming geweest tussen de keurvorst en Oranjes gezant om Willem op 7 februari zijn brief aan Filips te kunnen laten sturen.

Het antwoord van de koning kwam snel, de toon was niet onwelwillend, hij zat vooral met heel veel vragen.[116] Hij verwees Willem door naar zijn zuster Margaretha, de landvoogdes. Willem moest aan haar een en ander maar heel precies uit de doeken doen. Uiteindelijk zou Willem ook via haar Filips' definitieve oordeel vernemen. Wijs opereren van Filips, de zaak delegeren, om voorlopig zijn vingers niet te hoeven branden.

De bezorgdheid bij Filips zal er niet minder om zijn geweest. Het hele voorstel van Willem van Oranje had iets van een provocatie. Moest Anna van Saksen wellicht dienen als breekijzer, om de koning alsnog te laten instemmen met het voorstel met Renata van Lotharingen te huwen? Uit een brief van Jean de Ligne van 11 februari 1560 aan Oranje blijkt dat hertogin Christina nog altijd verbolgen was over de gang van zaken rond de toekenning van de landvoogdij, maar dat ze dit Oranje niet aanrekende: 'Ik heb nooit anders meegemaakt dan dat ze u zeer toegedaan was.' Om daar nog aan toe te voegen dat de hertogin ook niet tevreden was met de situatie rond Lotharingen, en hoe Frankrijk zich maar bleef bemoeien met haar zoon. 'U kent deze goede prinses, *non digo mas*.' Willem was niet uit het hoofd van Christina, en Christina niet uit het hoofd van Willem.[117]

Werken met de nieuwe landvoogdes: Margaretha van Parma

Veel hing af van de landvoogdes. Sinds de zomer van 1559 had Margaretha van Parma zich gestaag ingewerkt in de Nederlandse dossiers, en ook in het brein van haar halfbroer. Weten en kunnen voorvoelen wat de koning zou gaan besluiten was in haar positie van levensbelang. Ze had Granvelle en Viglius als zeer strategisch denkende juristen voortdurend in de buurt.[118] Zonder hun kennis en ervaring zou ze ongetwijfeld veel moeite hebben gehad om de communicatie met Spanje vlot te laten verlopen. Nu kon ze zich concentreren op haar hoofdtaak: het tot bloei brengen en in rust houden van de Nederlanden, als prominent onderdeel van Filips' wereldomspannende rijk.

Margaretha had in 1559 al een heel leven achter zich. Ze was op haar dertiende, in 1536, door haar vader Karel v uitgehuwelijkt aan Alessandro de' Medici, de hertog van Toscane, zelf ook een buitenechtelijk kind, met een Moorse moeder. Binnen een jaar werd Alessandro vermoord tijdens een paleisrevolte. Weer een jaar later werd Margaretha opnieuw ingezet om Karels Italiaanse belangen te dienen: ze werd uitgehuwelijkt aan Ottavio Farnese, een jongen van veertien nog, een verbintenis die in de Sixtijnse Kapel in Rome werd voltrokkken. Ottavio bracht er in de huwelijksnacht weinig van terecht, iets wat we niet zouden hebben geweten als Margaretha er niet uitvoerig en bij herhaling over had bericht. De twee tieners kregen het hertogdom Parma van de keizer in leen, maar leefden een tijdlang gescheiden van elkaar. In 1545 werd er een tweeling geboren, van wie alleen Alessandro bleef leven. Kort daarna liep het huwelijk alsnog vast, toen bleek dat Ottavio de gevreesde nieuwe geslachtsziekte syfilis had. Karel droeg Margaretha op alles te doen om niet ook besmet te raken, en het zoontje Alessandro werd naar Spanje gebracht om daar in Habsburgse zin te worden opgevoed.[119] Intussen raakte haar man Ottavio in 1551 in een slepend conflict verwikkeld over de zeggenschap over Piacenza, dat aan het huis Farnese toebehoorde, maar in opdracht van de paus en de Habsburgers door Ferrante Gonzaga bezet werd gehouden. Het was een vorm van chantage: Piacenza was een beloning die Ottavio en Margaretha op enig moment zou toevallen, wanneer ze maar trouw bleven aan Habsburg. Dat bleef Ottavio niet, hij sloot een verbond met de Franse koning Hendrik II, in de hoop langs die weg zijn bezit terug te krijgen. Om hem wat sterker aan Habsburg te binden kreeg Ottavio in 1556 een deel van Piacenza terug, maar daarmee was de kwestie nog niet opgelost.[120] Toen Margaretha afreisde naar de Nederlanden, was de grote burcht van Piacenza nog altijd in handen van Gonzaga. Dit zou onvermijdelijk een vervolg krijgen.

Bij aankomst in de Nederlanden was Margaretha 36 jaar oud. Ze stond niet bekend om haar charmes, en voor degenen die zich het intelligente en kordate optreden van Maria van Hongarije nog herinnerden, was ze een opvallend onzeker of zelfs verlegen opererende vrouw; tijdens vergaderingen zat ze vaak te borduren.[121] Het schilderij dat Anthonis Mor omstreeks 1562 van haar maakte, toont een blozende vrouw met fijne regelmatige gelaatstrekken; toch werd er door tijdgenoten vooral gesproken over haar snor.[122] Het kon tot onderschatting leiden. Dat ze, net als Maria van Hongarije, veel van jagen hield, was al een teken dat ze bepaald geen treurige huismus was. Ze manifesteerde zich na enige gewenning wel degelijk als degene die de verbindende schakel vormde met de hoogste macht in het land, haar broer. Voor Oranje was er alle reden om met haar op goede voet te komen. Volgens sommige bronnen lukte dat al snel vrij aardig. In maart 1560 merkte een Engelse diplomaat op dat in de Nederlanden het gerucht ging dat Margaretha nauwe banden met Oranje en Egmond onderhield en bijna niets deed zonder hun goedkeuring, en dat er zelfs sprake was van 'grote genegenheid tussen de prins en de landvoogdes, en dat daar veel over gesproken werd aan het hof'.[123]

Oranje probeerde haar in te pakken; maar nu de kwestie-Anna van Saksen zich aandiende, moest de afstand wel groeien. Toch zou Oranje steeds een goede entree tot de landvoogdes houden, ook al liep die vooral via haar Spaanse secretaris Tomas Armenteros, een man die een grote informele macht ontwikkelde, ook nogal omkoopbaar was als het ging om het uitdelen van baantjes, en daarom de bijnaam 'Argenteros' droeg. Een nog wat vileinere bijnaam was 'barbier de madame'.[124] Met Armenteros bouwde Oranje een hechte band op, waar ook zijn vrienden van profiteerden. Armenteros koesterde daarbij met de jaren een steeds grotere afkeer van Viglius en Granvelle. Armenteros werd een van de schakels in Oranjes informatienetwerk, dat in deze jaren gestalte kreeg, en waarvan nog altijd niet alle finesses zijn blootgelegd.[125]

Dat er afstand was ontstaan, bleek op 16 maart tijdens een avondlijk onderhoud in het bijzijn van Granvelle en Viglius, waarin Margaretha van Willem een verklaring eiste dat Anna van Saksen alle lutherse dwalingen zou afzweren en volgens de katholieke rite absolutie zou vragen. Deze verklaring ging dan naar Filips II, die daar zijn besluit op kon baseren om al dan niet toestemming voor het huwelijk te geven. De reactie van Willem was niet: 'Akkoord, daar zal ik voor zorgen.' Hij ging opeens op zijn strepen staan: hij was vrij te huwen met wie hij wilde, hij beriep zich op zijn Duitse afkomst, de eer en de toekomst van het huis Nassau, op zijn consensus in deze zaken met Karel V. Hij vond ieder uitstel onaanvaardbaar. Het gesprek werd de volgende ochtend voortgezet, en Oranje weigerde toen zelfs iedere bemoeienis.[126]

Diezelfde dag ging er een brief van Margaretha naar Filips II, waarin de beraadslagingen met Oranje werden gerecapituleerd.[127] De conclusie was voor haar duidelijk, en Granvelle en Viglius zullen het ermee eens zijn geweest: Anna van Saksen en haar familie vormden een gevaar voor de religieuze rechtzinnigheid van Oranje. Margaretha adviseerde Filips zonder enig voorbehoud te eisen dat Anna van Saksen haar dwaalleer zou afzweren.

Door het zo open en hard te spelen had Oranje zichzelf klemgezet en zichzelf in een prestigekwestie gemanoeuvreerd waar hij nauwelijks ongeschonden uit kon komen. Hij zal het erover hebben gehad, met vrienden, met Granvelle wellicht ook, die zich in deze kwestie wat bevoogdend opstelde. Hij had geen andere keuze dan inbinden: op 9 april liet Willem weten dat hij Anna alsnog om de gewenste verklaring had verzocht. Het leverde hem een vaderlijk complimentje van Granvelle op.[128]

De machiavellist in Oranje

Binnen korte tijd was het de tweede keer dat Oranje tegen de visie en de belangen van Filips II in ging, met de nodige intriges en bluf. Er werd iets zichtbaar van een man die alles deed om zijn doel te bereiken. Wanneer daar geheime opzetjes, leugens en misleiding voor nodig waren, dan moest dat maar. Een manier van doen die nu al snel met machiavellisme wordt aangeduid. Dat Oranje machiavellistische trekjes vertoonde, wordt zelfs door zijn grootste verheerlijkers nog wel toegegeven,[129] maar was hij ook een kenner van het werk van Niccolò Machiavelli? Was hij zonder meer een lezer?

Zoals de meeste edelen onderhield Oranje een bibliotheek, die voor een deel al door zijn voorvaderen bijeen was gebracht. De paleizen in Brussel en Breda zullen, toen Willem ze in bezit kreeg, minstens enkele tientallen kostbare middeleeuwse handschriften hebben bevat.[130] Een deel van het boekenbezit van René van Chalon was opgeëist door diens bibliofiele weduwe Anna van Lotharingen, en wat er uiteindelijk voor Willem overbleef is onduidelijk. Wel weten we dat hij zelf de bibliotheek ook weer uitbouwde. Zo kocht hij tijdens zijn gedwongen verblijf in Parijs verscheidene boeken, waarvan er enkele bewaard zijn gebleven. Ze zijn gebonden in kostbare banden die op het voor- en achterplat Willems familiewapen dragen. De keuze van de titels is ook opvallend en lijkt erop te wijzen dat Willem serieuze belangstelling had voor renaissanceliteratuur. Zo kocht hij de in 1558 verschenen Franse vertaling van het mysterieuze werk *Hypnerotomachia Poliphili*, ook wel 'De droom van Poliphilus' genoemd. Het was oorspronkelijk in 1499 anoniem verschenen bij de beroemde Venetiaanse drukker Aldus Manutius, een boek vol erudiete toespelingen, cryptische verwijzingen, typografische experimenten, architectonische fantasieën en erotische grapjes, geschreven in een eigenaardig Italiaans dat deels voor de gelegenheid leek te zijn uitgevonden. Over wie de auteur was, wordt tot in onze tijd gespeculeerd; de vrijzinnige dominicaner monnik Francesco Colonna lijkt zich het best te kwalificeren.[131] Het mysterie van het auteurschap maakte het boek al in de zestiende eeuw extra aantrekkelijk. De *Hypnerotomachia* weerspiegelde bovendien iets van de moderne aristocratische levensstijl, waarin cryptische verwijzingen, paradoxen, hiëroglyfen en beeldraadsels een appel deden op scherpzinnigheid en eruditie. Literatuur als spel voor ingewijden.

In Parijs schafte Oranje ook de literaire sensatie van dat moment aan: *L'Heptaméron*, een onvoltooid gebleven navolging van Boccaccio's *Decamerone* (uit ca. 1350), geschreven door de erudiete zuster van koning Frans I, Marguerite de Navarre. Marguerite was al in 1549 overleden, maar genoot in Frankrijk nog altijd grote faam als mecenas en beschermer van humanisten en zelfs hervormers – zo had ze geruime tijd in nauw contact gestaan met Johannes Calvijn. Ze ontwikkelde een zeer onafhankelijke en onorthodoxe of zelfs experimentele kijk op de godsdienstige problemen van haar tijd, die in haar ogen alleen met verdraagzaamheid konden worden opgelost. Ook de *Heptaméron* ging in een prachtige, van een wapen voorziene band mee naar de Nederlanden.

Het is goed denkbaar dat Oranje in Parijs uit de eerste hand verhalen over Marguerite te horen kreeg. Dat hij uit de verschillende titels van haar, waar ook veel filosofische en godsdienstige werken tussen zaten, juist deze verzameling van weinig verhullende liefdesverhalen koos, verraadt wellicht ook iets van zijn voorkeur voor boeken met ridderromantiek en erotische verwikkelingen. Er is weinig bekend over de concrete lectuur van Oranje, maar wel dat hij graag las in de meerdelige liefdesroman *Amadis de Gaule*, die in Frankrijk vanaf 1540 van de drukpers kwam.[132] In Franse hofkringen werd dit boek in deze jaren een ware rage; je uitdrukken in de fijngevoelige taal van *Amadis* werd zelfs met 'amadiser' aangeduid.[133] De mode was al vroeg overgeslagen naar Nederlandse hofkringen; bij het grote feest in Binche in 1549 was het ridderspel met de enorme levensechte decors op *Amadis* gebaseerd.[134] Vanaf 1546 verschenen de eerste delen in Nederlandse vertaling. Toen in 1553 een Nederlands-Spaans hofgezelschap de Noordzee overstak voor de inhuldiging van Filips II als koning van Engeland, begonnen verscheidene, met name Spaanse, hovelingen ter plekke uitstapjes te organiseren naar locaties waarvan ze meenden dat die beschreven werden in de *Amadis de Gaule*.[135] Literair toerisme in zijn pure vorm. Dit is gemakkelijk af te doen als spielerei, maar dit type speelsheid, dit gedartel met erotiek en avontuur, was een integraal bestanddeel van het Franse, Spaanse en Nederlandse hofleven.

Een adellijke bibliotheek als die van Willem van Oranje besloeg het leven in de volle breedte, en daar hoorden ook serieuze beschouwingen over religie, geschiedenis en het staatsbedrijf bij. In Parijs kocht Oranje een Franse vertaling van *Cyropaedia*, een roman annex leerdicht van Xenophon over de begindagen van het Perzische Rijk.[136] Het bevatte theoretische uitweidingen over het krijgsbedrijf en het landsbestuur, dat in beginsel eenhoofdig en dus absolutistisch moet zijn. Een vergelijkbaar, maar meer hedendaags werk was *Cesar renouvellé, par les observations militaires* van Gabriele Simeoni, een uit het Italiaans naar het Frans vertaald werkje over oorlogvoering.[137] Oranje zal nog wel meer boeken hebben bezeten waarin in literaire, historische of theoretische zin over politiek en militaria werd gehandeld. Het is bekend dat er in 1567 nog zo'n 48 boeken moeten zijn geweest, zoals de Parijse aankopen voorzien van prachtige banden met het wapen van de prins.[138] Behalve de genoemde zijn er in 2006 nog zestien boekbanden in de Staatsbibliotheek van Berlijn als Parijse aanwinsten van Oranje geïdentificeerd.[139] Een grote en representatieve bibliotheek kan dit onmogelijk genoemd worden.

Toch wordt veelal aangenomen dat Oranje goed op de hoogte zal zijn geweest van belangrijke opinievormende teksten uit zijn eigen tijd, waaronder ook het werk van Machiavelli.[140] Geschriften van de Florentijnse denker circuleerden al vroeg in de Nederlanden; onder anderen Maria van Hongarije en Karel v waren goed vertrouwd met zijn geschriften.[141] Nog belangrijker is wellicht dat Oranjes vriend en mentor Lazarus van Schwendi het werk van Machiavelli al vanaf de jaren veertig intensief bestudeerde en in de marge van allerlei commentaar voorzag.[142] Dit maakt het nog waarschijnlijker dat Oranje iets van dit denken meekreeg. Bovendien was aan het hof in Brussel de alledaagse praktijk doortrokken van machiavellisme, met Granvelle als de grootmeester van de politieke machinatie. Aan Granvelle hebben we ook de enige concrete aanwijzing te danken dat Oranje 'zeer ijverig' het werk van Machiavelli zou hebben bestudeerd.[143]

Lazarus van Schwendi, omstreeks 1565, door onbekende schilder (collectie KHM-Museumsverband, Wenen).

Machiavellisme wordt in zijn populaire variant vaak gereduceerd tot de gedachte 'Het doel heiligt alle middelen', maar in zijn belangrijkste geschriften gaf Machiavelli vooral een scherp psychologisch inzicht in hoe macht werkt, hoe politieke strijd zich ontwikkelt en hoe heersers zich bedienen van uiteenlopende analysemethoden en manipulatietechnieken. In *Il principe* (De vorst, voltooid in 1513, postuum gepubliceerd in 1532) en ook de door Schwendi zo geliefde *Discorsi* (Gesprekken, postuum uitgegeven in 1531), werden aan de hand van de geschiedenis en de actualiteit de menselijke natuur en het menselijk gedrag ontleed.[144] Voor iedere staatsman een opwekking tot vergaande zelfkennis, zelfkennis die in de praktijk heel goed op politieke vijanden kon worden gericht. Een kwestie van toegepaste empathie, misschien wel de kern van het machiavellisme. Volgens een van zijn laatste biografen, K.W. Swart, bezat Willem van Oranje zo ongeveer alle kwaliteiten die Machiavelli aan een slagvaardig vorst toeschreef: volhardend, geneigd tot nemen van grote risico's, erop vertrouwend dat Vrouwe Fortuna haar gunsten vooral aan de vastberaden figuren schenkt, niet te veel gloriëren bij succes, niet bij de pakken neerzitten bij een nederlaag, in staat getrouwen te overtuigen, daarbij zo sluw zijn als een vos dan wel zo sterk als een leeuw, en beseffen dat een staatsman niet al te scrupuleus kan zijn in zijn methoden 'since in politics the harsh rule prevails that necessity knows no law'.[145]

Een huwelijk tot elke prijs

In deze jaren lijkt Oranje al zo ongeveer de hele machiavellistische gereedschapskist in te zetten, in te moeten zetten, niet zozeer om Anna van Saksen te kunnen huwen, als wel om vooruit te komen als jong edelman met vorstelijke aspiraties. De Duitse prinses Anna van Saksen was geen doel, maar een middel. Met de kennismaking had hij geen haast. In het voorjaar van 1560 was Oranje voor het eerst sinds ruim twee jaar weer bij zijn familie in Duitsland, voor de doop van de zoon van zijn broer Jan, maar hij reisde niet door naar Dresden. Hij besefte dat hij beter zijn gezicht nog niet kon laten zien. Het was een klusje voor geduldige diplomaten.[146]

De diplomatie werd er niet eenvoudiger op doordat in de loop van 1560 de godsdienstige onrust toenam, vooral in Frankrijk. Daar werd al enige tijd geëxperimenteerd met het tolereren van het calvinisme, met als leidende gedachte dat binnen de nationale verhoudingen godsdienstige verschillen van inzicht gladgestreken moesten kunnen worden. Maar met het bestijgen van de troon door de nog maar vijftienjarige Frans II was aan het

Franse hof meteen ook de invloed van de zeer Romegetrouwe clan van de Guises onder aanvoering van Karel van Lotharingen, bisschop van Reims én Metz, sterk toegenomen. Dit bracht de snelgroeiende calvinistische beweging, die met Louis de Bourbon, prins van Condé als voorman ook onder de Franse adel een grote aanhang had, opeens in het defensief. Ze gingen over tot een wanhoopsactie. In maart 1560 probeerde de calvinistische factie, na maandenlange voorbereiding in Amboise koning Frans II en zijn moeder Catharina de' Medici gevangen te nemen, met de gedachte dat ze uit de klauwen van de Guises gered moesten worden. Deze poging werd met veel bloedvergieten verijdeld, honderden prominente calvinisten werden gevangengenomen, ook Condé. Hij ging een zekere terdoodveroordeling tegemoet, tot eind 1560 plotseling Frans II overleed. De verhoudingen aan het Franse hof waren op dat ogenblik al in beweging: Catharina de' Medici zag dat het land op een burgeroorlog afkoerste en begon tegenover de calvinisten een verzoenende koers te varen. Ze wilde de verschillen alsnog proberen te overbruggen in een 'godsdienstgesprek', dat in november in Poissy plaatsvond. Dit overleg verliep moeizaam. Intussen trok Catharina de' Medici het regentschap aan zich van de troonopvolger, de negen jaar oude Karel IX. Catharina werd voor jaren bepalend voor de verhoudingen in Frankrijk, en daarmee in Europa. Condé kon tot nader order zijn rol blijven spelen in de Franse politiek. Dat gold ook voor zijn broer, Anton van Bourbon, die gehuwd was met de koningin van Navarra, Jeanne d'Albret, en voor de hoogste militair, admiraal Gaspard de Coligny, die zich beiden tot het calvinisme hadden bekeerd.

In Brussel werd met verontrusting gekeken naar deze bewegingen, niet alleen de snelle opkomst van het calvinisme in aristocratische kringen, maar ook hoe gemakkelijk de paus en de katholieke clerus in Frankrijk een ondergeschikte rol kregen toebedeeld. De katholieke kerk dreigde uiteen te vallen, en het Franse geschipper zou weleens als een heel slecht voorbeeld voor de Nederlanden kunnen gaan dienen. Granvelle was bovendien bang dat de Fransen erop uit waren de katholieke eenheid te ondermijnen, om zo de superieure positie van Habsburg in Europa te breken.[147] Het was raden naar ieders bedoelingen. Het gespeculeer voedde de angst dat er onder het mom van allerlei vrome bedoelingen politieke kongsi's werden gesmeed.

De hoge adel in de Nederlanden werkte intensief met de landvoogdes en haar naaste adviseurs samen, maar begon wel ongeduldig te worden over het feit dat vierduizend man Spaanse troepen maar niet opgehaald werden. In oktober 1560 leek het er eindelijk van te komen; de Spaanse manschappen bewogen richting de havens aan de Westerschelde om zich in te schepen, tot er bevel kwam van Filips II dat ze alsnog zouden blijven om in de Nederlanden dan wel Frankrijk te kunnen ingrijpen als de godsdienstige onrust daar aanleiding toe zou geven.[148] Filips gaf aan daartoe een verzoek te hebben ontvangen van de Franse koning. Hij besefte dat dit veel wantrouwen en weerstand zou oproepen. Hij bood meteen aan zelf de kosten hiervoor te dragen.

Filips kondigde dit aan in een brief van 5 oktober aan Margaretha van Parma.[149] Diezelfde dag verstuurde hij ook een brief aan Granvelle, waarin hij onomwonden uitsprak dat hij moeilijk kon leven met een huwelijk van Oranje met de dochter van de man die zijn vader zo vernederd had.[150] Dit bericht zal omstreeks de twintigste Granvelle in Brussel bereikt hebben en enkele dagen later ook Willem van Oranje, die op dat ogenblik in Den Haag verbleef.[151] In zijn hoofd moeten beide berichten in samenhang tot een volgende stap hebben geleid: de situatie rond de terugtrekking op scherp zetten.

Mogelijk tot Oranjes eigen verrassing bleken Viglius en Granvelle toeschietelijk: op 25 oktober werd in Brussel in de Raad van State vergaderd over de Spaanse troepen, en er kwam een unaniem standpunt. De soldaten moesten vertrekken, want als ze alsnog zouden blijven, zouden de gewesten ophouden met belastingen af te dragen, en de bevolking zou wel eens in opstand kunnen komen. Zelfs Margaretha tekende er uiteindelijk voor. Filips kon niet anders dan zich hierdoor laten overtuigen. Begin januari 1561 voeren de Spaanse troepen het zeegat uit.[152]

In de laatste dagen van oktober zal in Brussel ook gesproken zijn over Oranjes huwelijksplannen, en de gedachte zijn geformuleerd: als jij dit zo graag wilt, dan gaan we je niet tegenhouden, maar zeg niet dat we je niet gewaarschuwd hebben, we zullen dit zo aan de koning voorleggen. Het was een grote concessie. Oranje had een aantal krachtargumenten gebruikt die de kwestie scherpe kantjes hadden gegeven: hij meende dat hij als Duitse prins helemaal geen toestemming nodig had van de koning, en daarbij, in het verleden had diens vader regelmatig zijn keizerlijke goedkeuring gehecht aan huwelijken tussen katholieke en protestantse edelen.[153] Hiermee las hij Filips feitelijk de les. Hij mocht ervan uitgaan dat dit niet onbeantwoord bleef.

Anna van Saksen, de kennismaking

In november 1560 reisde Willem van Oranje opnieuw naar Duitsland. De concrete aanleiding was het huwelijk van zijn zuster Katharina met

Günther van Schwarzburg. Het was meteen een goede gelegenheid zich in eigen persoon met de voortgang van de onderhandelingen rond zijn eigen huwelijk te bemoeien. Na de trouwerij reisde Oranje door naar Dresden om met Anna kennis te maken. Al aan het begin van het jaar had hij Günther van Schwarzburg om een geschilderd portret laten vragen. Dat kwam maar niet. In de zomer liet August van Saksen weten dat hij het portret dat inmiddels was gemaakt had afgekeurd omdat zijn nichtje er wat al te flatteus op stond. August was zich zeer goed bewust van het evidente gegeven dat Anna 'niet welgeschapen' was, en hoewel ze nog in de groei was, verwachtte hij ook niet dat ze nog veel aan aantrekkelijkheid zou winnen. Haar grootvader Filips van Hessen, die ernstige bedenkingen had bij dit huwelijk van zijn kleindochter met de 'paap' Willem van Oranje, hield er ernstig rekening mee dat deze zou afknappen op het 'lijf' van Anna.[154] Je kunt bijna niet anders dan veronderstellen dat Anna iets afstotends moet hebben gehad. Willem zal daarover, via familie of zijn vriend Günther, wel een en ander vernomen hebben. Het was geen reden zijn avances te staken. Het hogere doel was overduidelijk niet een aantrekkelijke vrouw, maar een connectie met twee van de machtigste huizen van Duitsland: Saksen en Hessen, diep in het Heilige Roomse Rijk, en ver buiten het bereik van Filips II.

Willem arriveerde op 4 december in Dresden en maakte de volgende dag, tijdens een overvloedig diner, kennis met Anna. Wat zijn eerste indrukken van haar waren, is onbekend.[155] Er werd gedanst, er heerste een sfeer van welwillendheid. Anders dan Filips van Hessen zag August van Saksen in Oranje wel degelijk een geschikte partij, hoewel zijn nicht een geboren hertogin was, en op vorstelijk niveau zou kunnen huwen, en Oranje maar afstamde van het kleine grafelijke huis Nassau, en qua geboorte een duidelijke trede lager stond. Keurvorst August zag de voorname positie die Oranje in de Nederlanden innam en de ambities die hij tentoonspreidde, maar vooral het enorme bezit dat hij vertegenwoordigde. Bovendien leek Willem zijn lutherse wortels niet te verloochenen; hij ging in die decemberdagen in Dresden zelfs mee naar de dienst in de hofkapel. Hoelang kon dit dubbelspel goed blijven gaan?

Bij Anna zou de vonk snel zijn overgeslagen. Binnen enkele dagen vertrok Willem weer naar de Nederlanden. De daaropvolgende maanden bestookte Anna Willem met verliefde brieven; wat Willem daarop antwoordde is veelal onbekend. Er zijn wel aanwijzingen dat hij zijn broer Lodewijk, die hem nog altijd bijna overal vergezelde, antwoorden liet verzinnen, die hij dan zelf in het net overschreef. Dat gold in ieder geval voor een brief van 17 december, twaalf dagen na hun kennismaking.[156]

Dat Willems voornemen met Anna te trouwen de eerste ontmoeting had overleefd, wilde nog niet zeggen dat het huwelijk beklonken was. Er volgden nog maanden van taaie onderhandelingen, waarin de nogal unverfroren opererende landgraaf Filips van Hessen steeds de grote dwarsligger was. Want wat had Oranje te bieden? Zijn oudste zoon, Filips Willem was zijn voornaamste erfgenaam, voor eventuele kinderen uit een tweede huwelijk schoot er weinig over. En over het geloof waren volgens Filips met Oranje geen houdbare afspraken te maken. De bruidsschat, die op 100.000 taler was afgesproken, zou in de bodemloze put van Oranjes schulden en veel te uitbundige levensstijl verdwijnen. Bovendien stond Oranje bekend als een rokkenjager. Dit was uit de mond van Filips van Hessen een nogal hypocriet verwijt, omdat hij, terwijl zijn eerste vrouw nog leefde, zonder te scheiden in het huwelijk was getreden met een tweede vrouw.[157]

Filips van Hessen probeerde ook Anna met breedvoerige brieven op andere gedachten te brengen. Op haar beurt liet Anna haar grootvader in sinistere bewoordingen weten diep onder de indruk te zijn van de katholieke, onbetrouwbare prins: 'Hij is een zwarte verrader, maar er is geen ader in mijn lijf die hem niet hartelijk liefheeft.'[158]

De landgraaf was niet geneigd toe te geven; dit bracht August er in maart 1561 toe hem er verder maar zo veel mogelijk buiten te laten.[159] Hij probeerde nu Filips' zoon Willem in de onderhandelingen te betrekken, een personele wisseling die destijds ook de slepende kwestie-Katzenelnbogen vlot had getrokken.[160] Zo had Oranje ook de oudgediende secretaris en diplomatieke alleskunner Wilhelm Knüttel in het strijdperk gebracht. Informele smeermiddelen als dure geschenken werden door de Duitse gesprekspartners geweigerd, wat ongebruikelijk was, en een teken dat het er erg ijzig aan toeging.[161] Om de impasse te doorbreken stelde August van Saksen voor dat Oranje op schrift de garantie gaf dat Anna vrijelijk haar godsdienst mocht blijven belijden. Lodewijk van Nassau werd in stelling gebracht om de keurvorst uit te leggen dat dat echt niet ging, want daar zat het gevaar in dat de verklaring onderschept zou worden en uiteindelijk in handen van Filips II zou komen.[162] De eerlijkheid van een blufpokeraar.

Van Saksen naar Breda

Begin juni 1561 werden de afspraken in een uitvoerig huwelijkscontract vastgelegd, maar de religie bleef daarin ongenoemd. Eind juli verleende Filips II zijn formele toestemming.[163] De plechtige sluiting van het huwe-

Anna van Saksen, door Anthonis Mor (vermoedelijk) (collectie Muzeum Narodowe we Wrocławiu).

lijk werd aangekondigd voor de laatste week van augustus te Leipzig. Nog altijd hing er spanning rond deze verbintenis. Margaretha van Parma verbood op bevel van Filips II Nederlandse edelen en voorname ambtsdragers deel te nemen aan het escorte dat de bruidegom naar Leipzig moest brengen, op straffe van het verlies van hun posities.[164] Oranje vertrok met een klein gevolg uit de Nederlanden, zijn broer Lodewijk en zijn Duitse rechterhand Heinrich von Wiltperch fungeerden als zijn voornaamste raadgevers. Van de Nederlandse hoge adel reisde alleen Hendrik van Brederode mee. Ook de landgraaf liet met zijn hele entourage demonstratief verstek gaan.[165]

Toch was het cortège van de bruidegom bij nadering van Leipzig, door de deelname van veel Duitse edelen en hun gevolg, aangegroeid tot ongeveer vijfduizend ruiters.[166] In Leipzig wachtten Oranje meteen bij aankomst op 24 augustus enkele moeilijke momenten. August van Saksen eiste alsnog een schriftelijke verklaring dat Anna in vrijheid haar geloof mocht belijden. Dit was precies wat Oranje al die maanden had weten te voorkomen. Buiten bouwde de feeststemming zich op, Leipzig barstte uit zijn voegen, en Willem weigerde. Om dezelfde reden als eerder. De keurvorst liet zich tevredenstellen met een mondelinge belofte.[167]

Vervolgens werden de vaste rituelen doorlopen: de plechtige bekrachtiging van het huwelijk op het stadhuis, waarna in de raadzaal de jonggetrouwden omringd door hun vaste entourage op een bed gingen liggen – 'jedoch gekleidet, wie es Sitte ist', merkte ooggetuige Ludwig von Wittgenstein enigszins ten overvloede op[168] –, de gordijnen werden voor een moment gesloten, weer opengetrokken, en het huwelijk was symbolisch geconsummeerd. 's Avonds werden Anna en Willem opnieuw door hun dierbaren naar bed gebracht, voor de huwelijksnacht. De volgende ochtend werd het huwelijk in de kerk voltrokken, en daarna kon het feest beginnen, dat een volle week voortging met verscheidene toernooien, waarvan er een bij nacht bij het licht van toortsen werd afgewerkt. Dagelijks waren er copieuze banketten, waar enorme hoeveelheden drank werden weggewerkt. Er werd een maskerade met twaalf op Turkse wijze geklede oosterlingen opgevoerd, waarin Willem zelf meespeelde.[169]

Ruim een maand later, begin oktober, keerde Willem met zijn nieuwe echtgenote terug in Breda; hier werd opnieuw een groots feestprogramma doorlopen. Er waren voor de gelegenheid 260 zuilen opgericht, van de stadspoort naar het paleis van de Nassaus, waartussen over vele honderden meters guirlandes waren opgehangen met daaraan duizenden sinaasappels, alles verlicht met toortsen.[170] Theatrale tover waarvoor ze in Brabant hun hand niet omdraaiden. Voor het gezelschap van Saksische hofdames bleek de onderdompeling in de Nederlandse hofcultuur een enorme cultuurschok teweeg te brengen: twee jonkvrouwen uit Anna's gevolg gaven al na twee weken te kennen dat ze weg wilden uit Breda, waar ze zich niet op hun gemak voelden, en 'sonderlich sich nicht willen küssen lassen'.[171] Ze voelden dat er met verachting naar hen werd gekeken. Het was het verschil tussen Bourgondië en Midden-Duitsland, en ook het verschil tussen de katholieke joie de vivre en de lutherse levensernst, die inmiddels al zo'n dertig jaar had kunnen wortelen in Saksen. Willem had in Leipzig een voorschot genomen op dit cultuurverschil door tegenover de keurvorstin, die de laatste jaren verantwoordelijk was geweest voor Anna's opvoeding, kort na de huwelijksvoltrekking luchtigjes op te merken dat zijn vrouw haar tijd beter kon besteden aan het lezen van *Amadis de Gaule* en andere liefdesverhalen dan aan het steeds in volle ernst in stichtelijke werkjes turen. Zoals ze ook in plaats van te breien en te naaien nog wel wat moderne danspassen zou kunnen leren.[172] Bij alle twijfels die er al waren over Willems morele kwaliteiten, wekte dit grote argwaan over wat hij met haar van plan was. In de jaren die volgden zou Anna daadwerkelijk een hartstochtelijk lezer van *Amadis* worden; ze bezat meerdere edities, zelfs een Spaanse.[173]

Het was een van haar geringere zonden in het bestaan als echtgenote van Willem van Oranje, dat weinig voorspoedig zou verlopen. Ook voor Anna moet de overgang enorm zijn geweest; ze droeg als zestienjarige meteen vele verantwoordelijkheden; ze moest de huishouding in goede banen leiden en kreeg ook het toezicht over de opvoeding van haar twee stiefkinderen Filips Willem en Maria. Al deze taken werden verlicht door beschikbaarheid van veel personeel, ook personeel dat haar over van alles kon adviseren en haar kon helpen de aanvankelijke taalproblemen te overwinnen, in een wereld die zeer katholiek was ingericht. Volgens de eerste berichten die naar Duitsland werden overgebriefd, lukte het Anna de dagelijkse mis te negeren en werd het haar toegestaan de Bijbel te lezen. Maar er kwamen na enkele maanden ook geruchten dat Anna zich heftig afreageerde op haar personeel en zich ook tegenover haar stiefkinderen regelmatig niet kon beheersen.[174] Er openbaarde zich een geestelijke labiliteit, die de daaropvolgende jaren steeds in intensiteit toenam: stemmingswisselingen, manische perioden, achtervolgingswaan.[175] Dat Willem van Oranje veel afwezig was en wellicht ook geen al te strenge huwelijksmoraal volgde, droeg bij aan een diep gevoel van eenzaamheid. In december 1561 refereerde Günther van Schwarzburg aan de verschillende liefjes van Willem, met wie het nu toch afgelopen zou moeten zijn: 'Ik hoop dat je Barbara van Lier en anderen niet meer bezoekt.'[176] Hij zou zich nu toch vooral moeten bezighouden met het verwekken van nageslacht. De kameraadschappelijke vermaning richtte vooralsnog niet veel uit: al in februari 1562, ze waren nog maar net een halfjaar getrouwd, zou Anna Willem tijdens een bruiloft hebben aangetroffen met een andere vrouw. Dat Anna kon melden dat die vrouw gekleed was in een witte rok en een leren lijfje, doet vermoeden dat het waar is.[177]

4

Gevaarlijk leven
1561-1564

Dat voor Oranje 1561 een jaar van voortdurend oplopende spanning werd, had weinig te maken met Anna van Saksen of de zorgen over nageslacht, maar alles met nogal verontrustende berichten dat de bisdommen daadwerkelijk gereorganiseerd gingen worden.[1] Dat er aan de bestaande, al eeuwenoude indeling een en ander verbeterd kon worden, maakte een blik op de kaart al duidelijk. De Nederlanden maakten deel uit van meerdere aartsbisdommen, waarvan de zetel telkens buiten de landsgrenzen lag: Keulen, Trier en Reims, met daaronder een structuur van bisdommen die ook voor een deel in het buitenland zetelden, zoals Munster en Luik. Het voorstel was om opnieuw drie aartsbisdommen in te stellen: Mechelen, Utrecht en Kamerijk, en daaronder vijftien gewone bisdommen.[2] Een aantal grote en rijke abdijen verloor zijn zelfstandigheid en werd direct onder het bisdom gebracht, wat de bisdommen en de bisschoppen van de nodige financiële armslag kon voorzien. Bijkomend voordeel was dat de abdijen van oudsher prominent vertegenwoordigd waren in de gewestelijke Staten. De kerk liet zich zo beter organiseren, bisschoppen konden meer aandacht laten uitgaan naar de kwaliteit van het pastorale werk, waardoor de ketterij als vanzelf minder kans zou krijgen. Van de negen kanunniken per bisdom werd gevraagd dat ze gepromoveerd waren in de theologie of de rechten, ook wanneer het om edelen ging. Daarmee verdween het uitzicht op een aantrekkelijke erebaan voor veel jonge loten van adellijke families.[3] De landsheer behield zich het recht voor aartsbisschoppen en bisschoppen te benoemen. Filips trotseerde daarmee Rome, maar Rome had hem ook zo vaak getrotseerd. Filips was vast voornemens dit voorrecht meteen in de praktijk te brengen door een aantal getrouwen tot bisschop te benoemen.

De implicaties van de herindeling van de bisdommen waren verstrek-

Antoine Perrenot de Granvelle, anoniem, 1565 (collectie Rijksmuseum, Amsterdam).

kend en waren nog nauwelijks te overzien. Toch was één ding zeker: Filips II kreeg veel meer zeggenschap over de (aarts)bisdommen. Maar de hervorming ging veel verder en kwam neer op een totale herschikking van het religieuze en politieke krachtenveld. Met winnaars en verliezers. De landsheer zou zijn macht versterken, zijn naaste adviseurs kregen sleutelposten, de kerk kreeg een betere organisatie. Het verlies zat bij de adel en de gewesten, en iedereen die meer of minder sympathiseerde met nieuwe godsdienstige ideeën mocht zich zorgen gaan maken. In ieder nieuw bisdom kregen twee kanunniken een aanstelling als inquisiteur met bijzondere volmachten tot vervolging over te gaan bij enige verdenking van ketterij.[4]

De hoofdlijnen van het plan lekten uit in januari 1561. Oranje was net teruggekeerd van zijn kennismakingsbezoek aan Anna van Saksen, omstreeks 20 januari. In die dagen was er een souper ten huize van Lamoraal van Egmond, waar veel hoge edelen bijeen waren. Of Oranje er ook was, is niet duidelijk.[5] Aan tafel werd uitgebreid het in de weken ervoor uitgelekte nieuws besproken.[6] Veel van de implicaties kwamen meteen op tafel: de gewesten zouden moeten inleveren, de abdijen zouden aan wanbeheer ten prooi vallen, maar wat misschien nog wel het zwaarst woog was dat zij, de 'groten' van het land, hier niet in waren gekend. De landvoogdes en de koning hadden het plan met slechts twee à drie getrouwen voorbereid.[7] Terwijl de edelen als lid van de Raad van State er straks wel op zouden worden aangesproken.

Granvelle werd de spil in alles wat volgde: hij adviseerde Filips II om aan de twee belangrijkste edelen, Egmond en Oranje, ieder een vriendelijk gestelde brief te schrijven waarin ze alle voordelen van de herindeling geduldig kregen uitgelegd en werd verteld hoe zij er bovendien zelf beter van werden. Door nu snel in te stemmen zouden ze de vorst en de heilige doelstellingen van het plan een heel goede dienst bewijzen. Als het lukte om Egmond en Oranje aan dit plan te committeren, dan zou de rest wel volgen.[8] Deze raad van Granvelle lijkt erop te wijzen dat hij dacht, of misschien wel zeker meende te weten, dat Oranje eenvoudig te lijmen was. Oranje zat midden in zijn huwelijksonderhandelingen en moest Filips te vriend houden. Dat was goed gezien van Granvelle; Oranje kon nu niet al te veel praatjes hebben. Het was voor Granvelle zaak vaart te maken met de nieuwe bisdommen. Hij had momentum.

En de vaart kwam erin: de benoeming van bisschoppen ging snel, voor een deel waren het mannen met veel ervaring als gewestelijk inquisiteur of wetenschapper, voor een ander deel hadden ze een lange staat van dienst in de politiek.[9] Ook aan Granvelle werd gedacht. Hij werd op 26 februari

1561 verheven tot kardinaal, op 20 maart volgde zijn benoeming tot aartsbisschop van Mechelen.[10] Bovendien werd de abdij van Affligem aan het aartsbisdom gebracht, en werd Granvelle in zijn hoedanigheid van aartsbisschop meteen ook abt van deze abdij, de belangrijkste van Brabant. Dit gaf hem een post in de Staten van Brabant, en wel de voornaamste positie, als eerste van de eerste stand die erin vertegenwoordigd was. En als kardinaal kreeg hij een cruciale rol in de benoeming van bisschoppen en andere kerkelijke hoogwaardigheidsbekleders, uit naam van de landsheer, want ook deze hervorming was in de kern volgens de lijnen van het absolutisme uitgedacht.[11]

Het nieuws over Granvelles kardinaalsbenoeming riep ongeloof, cynisme en spot wakker bij de hoge adel. Tekenend is een brief van Lamoraal van Egmond aan Günther van Schwarzburg, van 25 april, waar de graaf van Arenberg op het laatste moment nog een postscriptum bij krabbelde, met het laatste nieuws over Granvelle, dat deze inmiddels een rode kardinaalshoed droeg, en dat het binnenkort in Brussel wel zou wemelen van de vrouwelijke kardinalen ('les cardinallesses'), een verwijzing naar de verschillende maîtresses die Granvelle erop na hield.[12] Het was al oud nieuws, enkele weken eerder had Oranje Schwarzburg op de hoogte gebracht 'dat de paus de bisschop van Atrecht een rood kardinaalsbaretje had toegestuurd'.[13] Vergelijkbare spottende bewoordingen, terwijl Oranje in deze maanden wel degelijk moeite deed Granvelle te vriend te houden. Schwarzburg zal aan een half woord genoeg hebben gehad; hij begreep dat Oranje vond dat het tijd werd de ambitieuze kardinaal af te remmen. Maar vooralsnog moest Oranje meebewegen en zich bewijzen als een goed katholiek en loyaal hoveling.

Beeldenstorm in Orange

Inmiddels deed zich een delicate casus voor, waarin Oranje kon en ook moest bewijzen dat de belangen van de katholieke kerk bij hem in goede handen waren. In Orange was sinds enige tijd een grote toevloed van calvinisten merkbaar, afkomstig uit omringende gebieden, waar ze inmiddels vervolgd werden. Oranje werd al in september 1560 door de paus, die daar vlakbij nog altijd territoria rond de oude apostolische zetel Avignon in bezit had, gemaand de steeds toenemende ketterij in Orange aan te pakken. Om in Brussel geloofwaardig te blijven kon Oranje niet anders dan orders uitvaardigen om in Orange de oude katholieke rust te herstellen 'met alle middelen' die de autoriteiten daar ter beschikking stonden, eventueel met gebruikmaking van troepen van de paus. Oranje had ook geen goed woord over voor 'deze nieuwe en ellendige sekte', de calvinisten, die inmiddels grote delen van Zuid-Frankrijk onveilig maakten. Waarmee ook maar gezegd was dat het niet in zijn macht lag het hele probleem op te lossen. Maar de toon was gezet, Granvelle en Margaretha van Parma konden tevreden zijn.[14]

In de loop van 1561 bleek dat de maatregelen die Oranje had aangekondigd niet werkten. De prins bestuurde van grote afstand en kon niet voorkomen dat het vervolgingsapparaat ter plaatse verlamd raakte door onderlinge onenigheid.[15] Het aantal calvinisten dat in Orange een heenkomen zocht nam steeds maar toe. In maart 1561 vaardigde Oranje een edict uit waarin van de onderdanen werd geëist als katholieken te leven; de ketters die in de schoot van de moederkerk terugkeerden konden op amnestie rekenen.[16] De klachten bleven desondanks aanhouden. Oranje moest nu laten zien dat het menens was. Hij vaardigde op 6 juli een plakkaat uit dat iedere ketterse activiteit ten strengste verbood. Meteen gaf hij opdracht aan de autoriteiten van Orange drie of vier oproerkraaiers zodanig te straffen dat ze als afschrikwekkend voorbeeld konden dienen.[17] Dat kon weinig anders betekenen dan ter dood brengen.

Oranje hoopte dat door deze maatregelen Orange zijn aantrekkingskracht op vluchtelingen uit Frankrijk en de pauselijke territoria zou verliezen. Het hielp niet veel; calvinisten bleven komen en de sfeer bepalen. Aan het einde van het jaar kwamen er berichten dat er steeds meer vernielingen werden aangericht: in de kerken werden de beelden omvergetrokken, kapotgeslagen en verbrand, de heilige kruisen werden door de straat gesleept. Er was zelfs een klooster grotendeels in rook opgegaan. Het belijden van het katholieke geloof werd er zo goed als onmogelijk. Het was onvermijdelijk dat Oranje door de paus bij de les gehouden bleef worden.[18]

De breuk met Granvelle

Voor het edict van maart had Oranje uitgebreid advies ingewonnen bij Granvelle, die met zijn gebruikelijke juridische precisie per kerende post verbeteringen – vooral aanscherpingen – aan Oranje doorgaf. Kort daarop moet er in hun onderlinge relatie definitief iets zijn misgelopen; het meest aannemelijk is dat Granvelles nieuwverworven waardigheid van kardinaal voor Oranje enkele consequenties had die hem diep in zijn eer aantastten.[19] Dat kwam het duidelijkst aan het licht bij de vergadering van de Raad van State, waar Granvelle nu de zetel meteen naast Margaretha van Parma innam, een positie die altijd aan Oranje voorbehouden was geweest, als eerste edele van het land.[20] In die dagen liet Egmond aan Günther van Schwarzburg weten dat Granvelle inmiddels 'roder was dan een kardinaal' en zich al paus waande: 'Ik zou willen dat hij het werd en dat de duivel hem hier kwam halen'.[21] De toon van Egmond was nu echt giftig, en waarschijnlijk was vanaf die dag in de Raad van State de hele sfeer verziekt, al zal Oranje nog enige tijd zijn gezicht in de plooi hebben willen houden.

Lamoraal van Egmond was duidelijk de spreekbuis van het ongenoegen over Granvelle. Hij had met de jaren een onverholen afkeer van de carrièreambtenaar opgebouwd. Hij kon hem niet aan. Egmond was ongekend succesvol als militair, had een mooi rijzig voorkomen en beschikte ook nog eens over grote spierkracht. Door zijn recente overwinningen op het slagveld was hij een echte volksfiguur geworden, waar zijn jovialiteit nog extra aan bijdroeg. Toch was hij vanwege zijn gebrek aan belangstelling voor de organisatie van het leger geen geboren opperbevelhebber. Zoals hij ook geen geboren politicus was. Hij handelde veel te direct; zelfs als hij machiavellistisch zou willen opereren, hij kon het niet. Hij was volgens tijdgenoten niet bijzonder intelligent[22] en was ook nog eens matig geschoold – hij schreef een geheel eigen fonetisch Frans –, maar was wel een van de rijkste edelen van de Nederlanden, bezat veel domeinen, met bijbehorende kastelen en landhuizen. Hij had een Duitse echtgenote, Sabine van Beieren, die nauw verwant was aan Duitse vorstenhuizen, wat vooral internationaal op Egmond zelf afstraalde. Hij hield er een joyeuze levensstijl op na, bewoonde een van de grootste paleizen van Brussel, was een verwoed verzamelaar van kunst, hield van vrouwengezelschap en een goede dronk. In de eerdergenoemde brief van 2 mei 1561 aan Schwarzburg gaf Egmond uiting aan de leegte van zijn bestaan, nu de oorlog met Frankrijk niet meer dagelijks zijn aandacht vroeg: 'We hebben hier niet veel te doen behalve jagen, de roofvogels africhten, de dames opzoeken en af en toe een stevig glas drinken.'[23] Het was leegte die ook in de hand werd gewerkt doordat hij steeds gefrustreerder raakte over zijn geringe aandeel in het landsbestuur. En daarin vond hij in Oranje een lotgenoot.[24]

Oranje zag in het voorjaar tevreden toe hoe in de gewesten de protesten tegen de regelingen rond de bisdommen steeds luider klonken, met name in Brabant. Verscheidene abdijen die op het punt stonden geïncorporeerd te worden in de bisdommen – behalve het aartsbisdom Mechelen waren er in Brabant nog de bisdommen 's-Hertogenbosch en Antwerpen voorzien – kwamen er openlijk tegen in verzet.[25] Voor Granvelle een lastige complicatie, want dit betekende behalve veel trammelant ook vertraging, en dat was het laatste waarop hij zat te wachten. Want zolang het huwelijk van Oranje met Anna van Saksen nog niet geregeld was, wist hij zich verzekerd van diens loyaliteit. Het was poker op hoog niveau van twee bluffers, die heel goed van elkaar wisten welke troeven ze in handen hadden. Granvelle werkte door, met steun van de ijverige Viglius; Oranje hield zich op de vlakte tot er gunstige berichten uit Duitsland kwamen.

Toen begin juni het huwelijkscontract van Anna en Willem rondkwam en de voorbereidingen voor het huwelijksfeest eind augustus begonnen, ging Oranje op een ander scenario over. Hij besloot, nu Granvelle zoveel macht verzamelde en hem definitief boven het hoofd dreigde te groeien, de kardinaal in één keer buiten gevecht te stellen. En Egmond, die zo zijn eigen beweegredenen had, moest hem daarbij helpen. Ze zetten zich aan het schrijven van een gezamenlijke brief aan Filips II, waarin ze zich beklaagden over het voortdurende eigenmachtige optreden van Granvelle, en stelden dat bij steeds meer belangrijke beslissingen de Raad van State gepasseerd werd. Dit was een rechtstreekse aantasting van hun eer en reputatie, en was bovendien in strijd met de afspraken die in het bijzijn van Filips in 1559 gemaakt waren. Ze wilden niets liever dan zijn trouwe en toegewijde dienaren zijn en blijven, maar zo ging het niet langer. Ze vroegen niet aan Filips hier iets aan te doen: ze dienden meteen hun ontslag in als leden van de Raad van State.[26]

Het had iets van klikken bij de grote baas, in de wetenschap dat die nog alle vertrouwen in de aangeklaagde had. Naderhand zou Oranje tegenover Granvelle verklaard hebben dat hij zich in deze periode nogal door de lichtgeraakte Egmond had laten meeslepen.[27] Toch was Oranje de geestelijke vader van deze explosieve brief; het klad is in zijn handschrift, en de brief werd verstuurd op een voor hem strategisch gekozen tijdstip: de dag van zijn vertrek naar Leipzig, 23 juli 1561. Niemand kon nu het huwelijk nog verhinderen, daarvoor deden brieven van en naar Spanje er te lang over. Het was meteen ook duidelijk dat Oranje de voorgaande maanden bewust zijn kruit droog had gehouden. Oranje moet goed over deze actie hebben nagedacht, toch kon hij nauwelijks voorzien wat de gevolgen zouden zijn. Tot de koning had gesproken werd het ontslag aangehouden.

Los van Granvelle

Wat was in september 1561 het plan van Willem van Oranje? Door zijn huwelijk was hij nu verbonden met enkele van de machtigste huizen in het Duitse Rijk. Hij had de binnenlandse verhoudingen op scherp gezet door de confrontatie aan te gaan met de meest invloedrijke man, die ook nog eens jarenlang zijn politieke mentor was geweest. Wat wilde Oranje bereiken? Waren zijn motieven vooral financieel van aard?[28] Hij ging gebukt onder enorme schulden, en het huwelijk met Anna van Saksen leverde een bruidsschat op van 100.000 taler, een bedrag dat gelijkstond aan bijna 200.000 gulden, meer dan al Oranjes bezittingen in een jaar opbrachten. Maar voor zijn klacht dat hij als lid van de Raad van State niet meetelde, is een financieel motief minder eenvoudig aan te wijzen, hoogstens de eenvoudige vaststelling dat zeggenschap het gemakkelijker maakte de eigen belangen voor te laten gaan.

Het lijkt aannemelijker dat Oranjes ambities vooral in het ontwikkelen van een eigen machtspositie lagen. De jaren met Maria van Hongarije, Emanuel Filibert en Margaretha van Parma hadden hem wel tot een vooraanstaand lid van hun entourage gemaakt, met een veelheid aan militaire, diplomatieke en representatieve taken, maar in de kern was hij anno 1561 niet meer dan een hoveling van de landvoogdes. Dat Margaretha van Parma en Granvelle hem, en andere edelen, als lid van de Raad van State stelselmatig passeerden, onderstreepte nog eens die magere status. Als stadhouder van de verschillende gewesten had hij wel degelijk een belangrijke positie, maar in de praktijk bestond dat werk vooral uit het eindeloos onderhandelen over belastingafdrachten. Hij was als stadhouder niet meer dan de plaatsvervanger van de landsheer, die in allerlei zaken, via Margaretha van Parma of Granvelle het laatste woord bleef houden. Oranje wilde meer. Maar hoeveel meer?

1561 was ook het jaar waarin de godsdienstige onrust in Frankrijk elders in Europa tot nervositeit in regeringskringen begon te leiden. Frankrijk stond op de rand van een burgeroorlog – die in 1562 daadwerkelijk zou uitbreken –, en het was al duidelijk dat Duitse vorsten, maar ook Filips II of Elizabeth van Engeland, niet lijdzaam zouden toekijken hoe in het grootste en volkrijkste land van Europa de toekomst van de kerk werd bepaald. Ondertussen smeulden er overal in Europa kleine en grote handelsconflicten, waarvan de altijd voortgaande ruzie tussen Denemarken en Zweden over het controleren van de doorgang van de Sont, ook op een hete oorlog dreigde uit te lopen – in 1563 was het zover.

Deze onrust werkte in het voordeel van Oranje. Het krachtenveld in Europa was in beweging, en dit bood kansen om zonder dat het erg opviel coalities te smeden waardoor de eigen positie versterkt werd. Met zijn directe toegang tot het huis van Saksen, met zijn vele andere familierelaties in het Duitse Rijk, beschikte hij over veel informatiebronnen en over veel aanknopingspunten voor kansrijke coalities. Het hielp dat het bewind van Filips II op één punt zeer voorspelbaar was: het zou altijd de belangen van de katholieke kerk voorop stellen. Dit dwong Oranje al enige tijd voor sterke bondgenoten een andere kant uit te kijken, en dan vooral in de richting van het Duitse Rijk. De vraag of hij dat deed uit protestantse sympathieën, is niet eenvoudig te beantwoorden, maar lijkt weinig aannemelijk.[29] Oranje was inhoudelijk niet erg begaan met godsdienstige kwesties; het is ondenkbaar dat hij zich alleen omwille van het geloof in de problemen zou storten. Het was eerder zo dat hij mocht vermoeden dat er in iedere windrichting groot anti-Spaans en antikatholiek sentiment bestond, waar hij zich eenvoudig mee kon verbinden.

Oranje schaakte lange tijd op meerdere borden. Uit zijn briefverkeer uit de jaren omstreeks 1561 blijkt dat hij veel diplomatieke initiatieven ontwikkelde in het Rijk, en ook in Denemarken, Frankrijk, Lotharingen en het Luikse. In Brussel deed Oranje het voorkomen dat het vooral tot doel had Filips beter te kunnen adviseren over wat er allemaal broeide in Europa, maar als dat al zo was, dan was zijn rol toch vooral die van dubbelagent, wiens hart uiteindelijk niet bij Filips lag. Terwijl Filips in september onverwacht mild en welwillend had gereageerd op hun brisante brief van 23 juli, waarin Egmond en Oranje zich zo hard over Granvelle hadden uitgesproken. Dit antwoord werd in november door de graaf van Horne meegenomen naar de Nederlanden. Filips gaf aan overtuigd te zijn van de goede bedoelingen van beide heren en zou met Margaretha van Parma een aantal verbeteringen doornemen.[30] Het waren vriendelijke woorden, waarmee Filips zichzelf wat meer tijd gunde om tot een definitief besluit te komen. Het betekende ook dat Oranje voorlopig in zijn eigen ambities niet echt werd afgeremd.

Dat was de status quo in het najaar van 1561: Willem was verwikkeld in een hele reeks bilateraaltjes. Hij raakte betrokken bij plannen en ondernam initiatieven waarvan lang niet altijd duidelijk was hoe hij die nog kon uitleggen in Brussel. Dit ging het hele jaar 1562 en ook in 1563 door. Maar het fijne van veel plannen die door Oranje met potentiële bondgenoten en sympathisanten werden uitgewisseld, is in historische nevelen gehuld. Ongetwijfeld werd die geheimzinnigheid door Oranje heel hoog opgevoerd. Het was onvermijdelijk dat Granvelle en Margaretha van Parma verdenkingen gingen koesteren – dat hoorde bij hun functie –, maar ze mochten niets zwart-op-wit in handen krijgen.[31] Brussel begon in 1561 al te lijden aan de middelpuntvliedende krachten die uiteindelijk fataal zouden uitpakken. Oranje opereerde nu los van Granvelle, en hield ook steeds meer afstand tot Margaretha van Parma en Filips II. Maar dat betekende niet dat hij kon doen alsof ze niet bestonden.

Duitse contacten: dingen die niet bekend mogen worden

In Brussel werd Oranje de grote Duitslanddeskundige; hij had voortdurend nieuws.[32] Het was een komen en gaan van boodschappers uit het oosten, die hun informatie veelal mondeling overbrachten. Een belangrijk deel van die informatie zal Oranje voor zichzelf hebben gehouden, maar ook in regeringskringen ging hij graag door voor degene die in Duitsland de vinger aan de pols hield. Zo zat hij in het najaar van 1561 bij de landvoogdes uit de doeken te doen wat hij zoal had gehoord tijdens zijn verblijf in Saksen rond de huwelijkssluiting. Margaretha deed er vervolgens Filips II uitgebreid verslag van: Oranje kon melden dat in Duitsland alles rustig was, maar dat er wel veel bezorgdheid heerste dat Filips II voornemens zou zijn religieus orde op zaken te komen stellen in het Duitse Rijk.[33] Het was niet ondenkbaar dat de lutherse vorsten onder aanvoering van de landgraaf van Hessen, de paltsgraaf en de keurvorst van Brandenburg tot een offensief zouden besluiten, onder andere om in het westen de bisschopssteden Mainz, Keulen, Trier, Spiers in te nemen. Oranje legde ook uit dat er nogal wat Duitse legeraanvoerders waren die nog steeds op hun geld uit de Nederlanden zaten te wachten. Ze hadden grote bedragen voorgeschoten maar ook ruime pensioenen toegezegd gekregen, waarvan de uitbetaling achterwege bleef. De Spaanse koning stond er dus niet zo goed op. Hoelang zouden deze Duitse edelen nog loyaal blijven?[34]

Het had iets van vissen in troebel water. Hier had Oranje over en weer een kalmerende rol kunnen spelen, wat begrip kunnen kweken, maar daar leek hij helemaal niet op uit.[35] Oranje wist dat Filips II nadacht over interveniëren in Frankrijk,[36] dat was al riskant, het Duitse Rijk er nog even bij nemen was regelrechte politieke en militaire zelfmoord. Toch hing Oranje tegenover Margaretha dit verhaal op. De landvoogdes liet aan het einde van haar verslag ook doorschemeren dat Oranje wel een en ander had kunnen doen om de onrust en de verontwaardiging bij de Duitse vorsten weg te nemen.[37] Maar het was alsof Oranje precies de andere kant op dacht en de landvoogdes wilde wijsmaken dat de Duitse vorsten meenden een goede casus belli te hebben.

De daaropvolgende maanden bleek dat er in het Duitse Rijk veel wilde fantasieën leefden over oorlogen die uitgevochten en kaarten die opnieuw getekend moesten worden. Dat Oranje in die fantasieën een centrale rol speelde is zeker, maar zijn rol is omgeven met die bewust opgetrokken rookgordijnen. Dat is mogelijk de reden dat veel biografen van Oranje nogal snel om deze episode heen hebben gelaveerd, met Rachfahl en Klink als belangrijke uitzonderingen.[38] Terwijl we hier voor het eerst een duidelijke glimp van de politieke ambities van Oranje opvangen. Die reikten ver. Maar het blijft een wat fragmentarisch verhaal.

Oranje had Margaretha van Parma in hun lange gesprek eind 1561 verteld dat er bij Duitse vorsten plannen rijpten om de bisschopssteden Metz, Toul en Verdun, die als onderdeel van Lotharingen van oudsher tot het Duitse Rijk gerekend werden en sinds 1552 door Frankrijk bezet werden gehouden, definitief terug te veroveren. Hij vertelde erbij dat de nieuwe Deense koning, Frederik II, daarin mogelijk een leidende rol wilde spelen; deze vorst had zich in korte tijd zeer geliefd gemaakt bij Duitse militairen, zowel officieren als voetvolk. Frederik II was verzwagerd met August van Saksen en onderhield goede contacten met de lutherse keurvorsten. Oranje prees hem aan als een man met wie zonder meer rekening gehouden moest worden: hij bezat in veler ogen de kwaliteiten om rooms-koning en dus later ook keizer te worden. Er werd in het Rijk onder vorsten hardop over gesproken.[39]

De Deense koning was in korte tijd een belangrijke speler geworden op het Europese toneel. De Franse koning dong naar zijn gunsten, maar ook Filips II probeerde hem aan zijn kant te krijgen. Filips stuurde Oranjes vriend Günther van Schwarzburg naar de Deense koning om hem af te remmen in zijn Franse ambities.[40] Oranje liet zich op zijn beurt door Margaretha van Parma naar Günther van Schwarzburg afvaardigen om hem uit te horen over het besprokene. Eind februari, begin maart 1562 was er in Maastricht een ontmoeting van Oranje met Schwarzburg en daar schoof ook nog een onbekend aantal Nederlandse en Duitse edelen aan. Wat daar werd besproken, is altijd geheimzinnig gebleven. Het ging wellicht over voorstellen namens Filips II om snel tot betaling van schulden aan Duitse edelen c.q. legeraanvoerders over te gaan. Maar dat zal niet het enige gespreksonderwerp zijn geweest.[41]

Kort daarop dook Christina van Lotharingen weer op. Na Maastricht reisde Günther van Schwarzburg door naar Nancy waar hij een onderhoud had met de hertogin 'over die bewuste kwestie', zoals Schwarzburg het in een brief aan Oranje aanduidde.[42] Opnieuw geheimzinnigheid. Wat hier wellicht speelde, waren oude aanspraken van Christina van Lotharingen op de Deense troon. Haar vader was al in 1523 van de troon gestoten door de Holsteinse tak van het Deense koningshuis, zeer tegen de zin van Karel V, die er echter nooit in geslaagd was dit recht te zetten. In de diplomatie zou er nu sprake zijn van een huwelijk van Christina's dochter Renata met Frederik II: het beste van beide werelden, de manier om de oude familievete op te lossen.[43] Dit gecombineerd met een herovering van de bisschopssteden zou Christina weer een voorname positie te midden van de Europese monarchen opleveren.

Wat zat erin voor Oranje, waarom deed hij zoveel moeite deze casus rond te krijgen? Was het alleen maar om een wit voetje te halen bij de Duitse vorsten als huwelijks- en vredesmakelaar?[44] Dat lijkt een te gering loon voor een zo riskante operatie. Oranje bleef de daaropvolgende maanden informatie uitwisselen met Duitse partners; ook vertrouwelijke informatie uit de Brusselse binnenkamers deelde hij met August van Saksen en anderen.[45] Bovendien probeerde hij in Duitsland een eigen territoriale basis op te bouwen door een graafschap te verwerven. Hij bracht in deze tijd een bod van 200.000 taler uit op het bescheiden graafschap Königstein in de Taunus, een aankoop die in de zomer van 1562 afketste.[46]

Granvelle had nog altijd niet meer dan een globale notie van wat Oranje uitspookte en het lukte maar niet er echt de vinger op te leggen. Hij wist wel dat er gevaar in schuilde, want 'de contacten van de grote heren met de Duitsers vormen hier het grootste kwaad', schreef hij in augustus 1562 bezorgd aan Filips II.[47] In één moeite door riep Granvelle de koning op in de Nederlanden snel zijn gezicht weer te laten zien, want dan zou de orde snel hersteld zijn. Granvelle kreeg dat niet meer voor elkaar.

Filips was vooralsnog niet van zins naar de Nederlanden af te reizen. De traagheid van de communicatie en de besluiteloosheid van de koning werkten in het voordeel van Oranje. Voor begin december was er in Frankfurt een nieuwe rijksdag gepland. Het was geen normale rijksdag, maar een speciale bijeenkomst van de zeven keurvorsten voor het kiezen van een nieuwe rooms-koning.[48] Ook andere rijksvorsten waren ervoor uitgenodigd, ongetwijfeld om met hun aanwezigheid het belang van de bijeenkomst te onderstrepen. Oranje had er in normale verhoudingen niet veel te zoeken, maar nu wilde hij er per se heen. Hij wist dat hij toestemming nodig had van Filips II; die vroeg hij ook, maar voordat Filips op zijn snelst – uiteraard negatief – had kunnen antwoorden, ging Oranje al op weg naar Frankfurt. Ook Margaretha kon hem niet van zijn voornemen afbrengen.[49] Hij vertrok op 30 oktober en nam dus ruim een maand om naar Frankfurt te reizen. Hij miste daardoor, een dag later, de geboorte van zijn eerste kind met Anna, een dochtertje, dat de naam Anna kreeg, maar al kort na de geboorte overleed.[50]

Intriges in Frankfurt

Oranje had op zijn reis gezelschap van de Antwerpse patriciër Antoon van Straelen, een vermogend en invloedrijk man, en van de pensionaris van Brussel, Willem Martini. Ze hadden een speciale missie vanwege de bekende Blijde Inkomste, het document waarin de Brabantse privileges waren vastgelegd en dat Filips II in 1549, als aankomend landsheer, buiten de stadsmuren van Antwerpen had getekend. Ze wilden nu de handtekening van keizer Ferdinand onder het document. Oranje kon het goed vinden met Van Straelen en was de laatste maanden ook steeds meer betrokken geraakt bij de interne Brabantse politiek, en wel zozeer dat Margaretha van Parma in september 1562 al eens haar beklag had gedaan dat Oranje de neiging had het in allerlei belangrijke zaken voor Brabant op te nemen.[51]

Omstreeks deze tijd kwam Oranje ook met het voorstel hem tot 'superintendant' van Brabant te maken,[52] een functie met nauwelijks omschreven inhoud, maar overduidelijk was het Oranjes bedoeling een post te creeren die hem tot de belangrijkste bestuurder in het gewest promoveerde.[53] Het was een voorstel dat door de Brabantse steden zelf ook naar voren was gebracht; ze hadden behoefte aan iemand die als een 'protector', als een beschermer van de gewestelijke belangen, het beleid coördineerde. Brabant had, omdat de landsregering er zetelde, geen stadhouder, en misschien moeten we bij 'superintendant' een vergelijkbare functie voorstellen. Het was hoe dan ook bedoeld om op deze manier Granvelle, in zijn waardigheid van aartsbisschop van Mechelen, in Brabant de pas af te snijden.[54] Vooralsnog moest Oranje afwachten hoe dit zou vallen bij Filips II. Door twee prominente Brabantse bestuurders mee te nemen naar Frankfurt nam hij al een voorschot op een positieve uitkomst.

In Frankfurt trof Oranje nog meer Nederlandse edelen, zoals Jean de Ligne, Charles de Brimeu (de graaf van Megen) en Pieter Ernst van Mansfeld, alle drie stadhouders van verschillende gewesten, die geen van allen een officiële missie hadden. De enige hoge Nederlandse edele die er wel met een opdracht verbleef, was Filips III van Croÿ, de hertog van Aarschot, die Filips II vertegenwoordigde. Ook Egmond arriveerde met enige vertraging.

In Frankfurt werden opnieuw allerlei zaken bediscussieerd, waarbij Oranje het middelpunt en de verbindende schakel vormde. En opnieuw is er weinig overgeleverd over de aard en de reikwijdte van het besprokene. Maar er werd wel over gespeculeerd. Het ging uitdrukkelijk veel over de Nederlanden. Het ongenoegen over de invoering van de nieuwe bisdommen was zo hoog opgelopen dat er sinds het voorjaar van 1561 werd gefluisterd over een nieuwe landsheer. Er waren verscheidene edelen, onder wie Egmond, die nauwe banden onderhielden met de koning van Bohemen, Maximiliaan, de zoon van keizer Ferdinand. Maximiliaan werd in Frankfurt tot nieuwe rooms-koning gekozen. Want wat zou er gebeuren wanneer Filips II op korte termijn zou sterven zonder troonopvolger? De losmaking van de Nederlanden in 1548 uit het rijksverband zou dan wellicht worden teruggedraaid.[55] Er werd ook naar Maximiliaan gekeken als iemand die in staat moest zijn de Nederlanden tot rust te brengen.

Het waren zaken die in verschillende toonaarden, al dan niet overgoten met wijn, in de wandelgangen werden besproken. Duidelijk was hoe dan ook dat de Duitse vorsten Oranje graag in hun midden hadden; bij het feestbanket op 2 december werd hij uitgenodigd aan de 'Fürstentafel', hij mocht er zitten naast paltsgraaf Johan Casimir en de hertog van Lauenburg.[56] Enkele maanden later liet de vaak goed geïnformeerde Günther van Schwarzburg enig licht vallen over het besprokene in de binnenkamers van Frankfurt. Er zou in die dagen in het diepste geheim zijn besloten paltsgraaf Wolfgang met een leger op Metz, Toul en Verdun af te sturen en bij verrassing te laten innemen. Veel lutherse vorsten, ook August van Saksen, stelden er de benodigde financiën voor beschikbaar.[57]

Dit plan hing al meer dan een jaar in de lucht, want Oranje had de landvoogdes er al in 1561 over kunnen vertellen. Nieuw waren twee volgende fasen in de campagne: na de inname van de bisschopssteden zou een deel van Wolfgangs leger Frankrijk intrekken om de nog steeds gevangenzittende prins van Condé te bevrijden. Vervolgens zou Wolfgang zijn troepen naar Maastricht dirigeren, daar de Maas oversteken en Brabant binnentrekken, waar de steden waarschijnlijk spontaan hun poorten zouden openen, omdat ze in een brief aan de Duitse vorsten hadden laten weten hoe ze vanwege de religie steeds meer onder de duim werden gehouden.[58] De Brabantse vertegenwoordigers op de rijksdag in Frankfurt hadden ook duidelijk laten doorschemeren dat ze graag deel zouden uitmaken van het Duitse Rijk, met alle (godsdienstige) vrijheden die daarbij hoorden.[59]

Een brief van Schwarzburg van 8 april 1563 is een van de weinige documenten waarin dit aanvalsplan uit de doeken wordt gedaan; het moest als vergelding dienen voor een eventuele interventie van Filips II in Frankrijk.[60] Ondanks het schaarse bronnenmateriaal is er geen reden te twijfelen dat dit plan in Frankfurt op tafel is geweest. En dat de ook aanwezige Oranje, met andere Nederlandse edelen, hierover uitgebreid is geconsulteerd.[61] Misschien was hij zelfs wel de gangmaker van het plan. Het ging August van Saksen veel te ver; hij wilde zich alleen committeren aan de bevrijding van de bisschopssteden. Uiteindelijk ging het hele plan niet door omdat het spoedig in Franse regeringskringen bekend raakte; Catharina de' Medici stuurde versterkingen naar Metz, waarmee de stad praktisch onneembaar werd.[62]

Het geeft hoe dan ook te denken dat Brabant, het grote en rijke gewest, met Brussel, Antwerpen en Breda het voornaamste werkterrein van Oranje, in dit roekeloos ogende plan betrokken werd. Wat Oranje daarbij voor ogen stond, wat hij wilde bereiken, is duister. Hoe kon hij dit nog uitleggen in Brussel en aan Filips II? Aan het einde van het jaar 1562 werd ook duidelijk hoe Filips dacht over het superintendantschap van Brabant: hij vond het een schandelijk voorstel. Zoals eerder Granvelle er – uiteraard – furieus op had gereageerd.[63]

Heeft Oranje echt verwacht dat deze openlijke greep naar de macht in het belangrijkste gewest van de Nederlanden enige kans van slagen had? Karel van Berlaymont, die zeer loyaal aan Filips opereerde, gaf in deze dagen aan dat hij over informatie beschikte dat Oranje bezig was met 'een of ander project'. Details kon, wilde of durfde hij niet te geven: behalve dat Oranje tegen Montigny zou hebben gezegd: 'Er komt een dag waarop wij de sterksten zullen zijn.'[64] Nog onheilspellender was een opmerking van de Brusselse pensionaris Martini, mogelijk doelend op wat er in Frankfurt was besproken, namelijk dat hij dingen wist waarvan de onthulling hem zeker het leven zou kosten. Margaretha had hier navraag naar laten doen, 'maar hij heeft niets willen loslaten'.[65]

Wat er gebeurde heeft alle trekken van het beramen van een staatsgreep – in de ogen van Oranje ongetwijfeld bedoeld als een terugkeer naar normale verhoudingen, waarbij de Nederlanden in plaats van op Spanje weer op het Duitse Rijk georiënteerd zouden zijn. In Spaanse ogen kon dit niets anders zijn dan verraad, hoogverraad. Wanneer er in deze dagen iets scherper zou zijn doorgevraagd, had Oranje het wellicht met de doodstraf moeten bekopen. Zijn gedrag doet lichtzinnig en overmoedig aan. De vraag is wat Oranje dreef op dat ogenblik: wilde hij in één keer doorstoten naar de hoogste positie in de Nederlanden? Of was het hem te doen om het terugdringen en doen matigen van de al te rigoureuze en absolutistische aspiraties van Filips II? Of wilde hij alleen maar de Nederlandse adel, en daarmee ook zichzelf, weer wat meer invloed bezorgen? Was het eigenbelang, was het altruïsme, of vooral groepseer?

Terug naar het gesprek met Margaretha van Parma een jaar eerder, waarin Oranje de herovering van de bisschopssteden als een wenselijke zaak probeerde uit te leggen. Volgens Oranje kon Frankrijk tegen geringe kosten een harde klap worden toegediend, maar wel op voorwaarde dat deze onderneming werd geleid door 'een machtige en zeer geliefde vorst'. In haar brief aan Filips voegde Margaretha hier wat schamper aan toe: 'Ik weet niet of hij hier op de koning van Denemarken hintte, die hij, zoals ik al zei, zeer had geprezen, of dat hij hiermee zichzelf bedoelde.'[66]

Margaretha en haar naaste adviseurs Granvelle en Viglius hielden al enige tijd rekening met de ambities en dadendrang van Oranje. Verschillende losse onderdelen van de verwikkelingen rond de rijksdag van Frankfurt lijken in hem een verbindende schakel te vinden. Hij stond nog altijd in contact met Christina van Lotharingen, die hier zeer bij zou winnen. Zelf was hij al enige tijd bezig goede contacten op te bouwen met Brabantse steden en abdijen, en hij was sinds kort ook stadhouder van Franche-Comté, waardoor zijn positie in de regio nog eens onderstreept werd.[67] Bovendien had Oranje door zijn huwelijk met Anna van Saksen een stevige connectie met het Duitse Rijk, en in dat politieke verband, zoveel was inmiddels wel duidelijk, lag volgens hem de toekomst van de Nederlanden.

Er zat nog een interessante wending in zijn onderhoud met Margaretha; Oranje vertelde haar dat August van Saksen en Frederik II van Denemarken aanvankelijk afhoudend hadden gereageerd op de plannen de bisschopsteden te heroveren, ook al was het Duitse Rijk met de bezetting ervan door Frankrijk schande aangedaan, maar, zeiden de vorsten, dan kunnen we 'Utrecht en Holland ook wel gaan terugvorderen van de Spaanse koning'. Oranje meldde het maar. Waarop Margaretha hem toch even fijntjes uitlegde dat dit bepaald niet hetzelfde was: Utrecht en Holland waren met instemming van het Rijk in 1548 verzelfstandigd in de kreits, de bisschopssteden waren met geweld ingenomen.[68] Oranje was stadhouder van beide gewesten en liet zo doorschemeren dat in kringen van zijn machtige lutherse schoonfamilie aandacht was voor de historische status van beide gewesten.[69] Margaretha vond het saillant genoeg om het door te brieven aan haar broer in Spanje.

Het uitdrijven van de rode duivel

Al die maanden dat de koortsachtige diplomatie met Duitse vorsten liep, ging het binnenlandse politieke bedrijf ook door. Op 21 december 1561 was Granvelle plechtig geïnstalleerd als aartsbisschop van Mechelen. De heren waren er niet bij. Granvelle wist dat Oranje en zijn politieke vrienden niet zouden komen opdagen, dus nodigde hij hen niet eens uit. Het was een demonstratie over en weer, waardoor de buitenwereld zeker wist dat alle geruchten die de ronde deden op waarheid berustten: Granvelle en de hoge adel waren niet meer tot samenwerking in staat.[70] De maanden erna verschenen er pamfletjes waarin de nieuwe kardinaal belachelijk werd gemaakt en die zelfs tot in het buitenland werden verspreid.[71] Er kwam een heel stel prachtig met elkaar resonerende bijnamen in omloop: rode paap, rode vos, rode bloedhond, rode zeug enzovoort. Vooral Lodewijk van Nassau zou er plezier in hebben gehad steeds weer nieuwe scheldnamen te bedenken.[72] Er kwamen ook verhalen naar buiten dat er ten paleize van Oranje een maskerade was gehouden waarin de spot met Granvelles nieuwe waardigheid was gedreven. Maar tijdens persoonlijke ontmoetingen was Oranje, net als Egmond, tegenover Granvelle de hoffelijkheid zelve. Granvelle liet tegenover Spaanse intimi doorschemeren dat hij geen idee had wat er in de hoofden van deze mannen omging.[73]

Nog altijd waren ze tot elkaar veroordeeld. Het land moest bestuurd worden, de financiën waren heel precair. Maar er kwam een ander probleem bij, dat nog hardnekkiger zou blijken te zijn. De herindeling van de bisdommen had als bijeffect dat religie een voornaam thema werd in de Nederlandse politiek. In september 1561 liet Granvelle zich tegenover een intimus ontvallen: 'Geve God, dat men nooit zou hebben gedacht aan het oprichten van die nieuwe bisschopszetels. Amen! Amen!'[74] Het was niet meer terug te draaien; religie was een open zenuw geworden, in de Nederlandse politiek en ook in de samenleving.

De verschillende gewesten kampten al enkele decennia met sektarische groepen, wederdopers met name boven de grote rivieren, lutheranen in de welvarende steden, en dan vooral in Antwerpen. Onder Karel V waren strenge maatregelen afgekondigd, en vonden er ook geregeld executies van ketters plaats, met als gevolg dat veel protestanten in stilte hun geloof beleden of naar het buitenland uitweken.[75] In de gewesten waren al enkele jaren inquisiteurs aan het werk, die, met beperkte armslag, probeerden de ergste uitwassen te bestrijden. Daarbij werden ze vaak gehinderd door stadsbesturen, die liever geen bloed van hun eigen burgers zagen vloeien. Zoiets was slecht voor de sociale rust, het was ook slecht voor de handel. De vervolgingen waren in de jaren vijftig goeddeels tot stilstand gekomen. Wanneer er opnieuw op mensen gejaagd ging worden, kon de internationale handel wel eens heel snel uit de Nederlanden verdwijnen. De koopmanselite begon zich zorgen te maken.

De versterking van het kerkelijke opsporingsapparaat gaf voedsel aan het gerucht dat Filips II een inquisitie naar Spaans model wilde invoeren, waarbij opsporing en berechting gebundeld werden en de reguliere rechtsprekende instanties buitenspel kwamen te staan, tegen alle lokale privileges in. Hierdoor zouden, zo werd gevreesd, de brandstapels, die nu een enkele keer werden ontstoken, voortdurend hoog oplaaien. Het was niet waar; Filips had die plannen niet, maar dat hij de vervolging wilde opvoeren, klopte wel.[76]

Dat Filips II het protestantisme geheel wilde verdelgen, dat klopte eveneens – in de Nederlanden, en ook in de omliggende gebieden. Hij maakte zich vooral zorgen over Frankrijk, waar de calvinisten begin 1562, met het Edict van Saint-Germain, een zekere mate van tolerantie op geloofsgebied hadden kunnen afdwingen.[77] Die kant mocht het niet op gaan, niet in Frankrijk en niet in de Nederlanden. In Frankrijk vond Filips de machtige clan van de Guises aan zijn zijde. Maar die maakte het hem niet gemakkelijk. Want de pausgetrouwe factie van de Guises richtte op 1 maart een bloedbad aan onder weerloze calvinistische kerkgangers in het stadje Vassy. Het zette de verhoudingen in één keer op scherp. De calvinisten begonnen zich onder aanvoering van Coligny en Condé te bewapenen.

Filips had Catharina de' Medici al lang geleden steun beloofd bij het aanpakken van de calvinisten. Daar zat de gedachte achter dat dit type bewegingen een besmettelijk karakter had. Sinds het midden van de jaren vijftig stak het calvinisme al de kop op in de zuidelijke gewesten; met name in Doornik en Valenciennes waren de calvinisten luidruchtig aanwezig. Het ging steeds wat verder. In 1561 trokken groepjes gelovigen psalmen zingend door de straten, geestelijken werden uitgejouwd, en er werden voor stedelingen preken buiten de stadsmuren gehouden, een nieuw en voor de autoriteiten beangstigend verschijnsel, vooral omdat er veel volk op afkwam.[78] Nu de stemming in het nabije Frankrijk zo gewelddadig begon te worden, moest de calvinistische beweging in Valenciennes zo snel mogelijk worden bestreden. Er werd door stadsbesturen ook tegen opgetreden, vooral omdat Margaretha van Parma erop aandrong, maar het bleek moeilijk deze massale geloofsijver met overreding de kop in te drukken.

Het werd tijd de daad bij het woord te voegen. Op 27 april 1562 werden in Valenciennes twee calvinistische oproerkraaiers demonstratief op de brandstapel gebracht, maar de uitwerking was anders dan de autoriteiten gedacht hadden; er ontstond een enorme rel omdat sympathisanten probeerden de twee veroordeelden op het laatste moment te bevrijden. De twee werden snel teruggebracht naar de gevangenis, maar daar werden ze alsnog bevrijd en ze konden ook de stad uit vluchten.[79]

Dit nieuws voegde zich bij de herhaalde aansporingen van Filips om vanuit de Nederlanden de katholieke partij in Frankrijk te hulp te schieten. Margaretha van Parma, Granvelle en Viglius werkten aan plannen om met een flinke legermacht Frankrijk in te trekken. Ze wisten dat Oranje en de zijnen er zeer tegen gekant waren.[80] Niet uit verholen protestantisme, maar omdat het jagen op ketters de samenleving geheel dreigde te ontwrichten; de economie zou in het slop raken en met vluchtende protestantse kooplieden zou heel veel kapitaal en handel het land verlaten. Het zou de financiële problemen nog weer groter maken. Als er toch geld uitgegeven moest worden, dan kon dat beter besteed worden aan de vakbekwaamheid van geestelijken, want die liet, dat durfde niemand te ontkennen, zeer te wensen over.[81]

Het werd zo langzamerhand een optelsom van zaken die tegen Granvelle konden worden aangevoerd: zijn aanhoudende neiging de groten buiten belangrijke beleidszaken te houden, het kortwieken van de macht van het gewest Brabant, het ruimte geven aan geloofsvervolging door het inquisiteursnetwerk van de nieuwe bisdommen, zijn potsierlijke functie als kardinaal. En dat als 'buitenlander', want hij was een onaanzienlijk figuur uit Franche-Comté, en dat werd als het zo uitkwam nog altijd gezien als buitenland.[82] En nu stelde hij ook nog alles in het werk om vanuit de Nederlanden in Frankrijk op calvinisten te gaan jagen. Toen medio juni 1562 in de Raad van State werd gesproken over de bijstand aan Frankrijk, kwam Oranje tegenover de landvoogdes, Granvelle en Viglius te staan, die zonder uitstel hulp wilden bieden, geheel volgens de wens van Filips II. Oranje vond dat de koning dan ook maar de benodigde financiën erbij moest leveren. Bovendien stelde hij voor dat over deze kwestie de Staten-Generaal bijeengeroepen werden, wetend dat Granvelle en Viglius bij het idee alleen al de rillingen kregen. Viglius reageerde met een betoog dat wel een halfuur in beslag nam, waarin hij beschreef hoe het was gelopen toen Emanuel Filibert in 1557 zo nodig de Staten-Generaal moest laten meediscussiëren.[83] Het lukte Viglius niet het besluit door te drukken.

Op 30 mei 1562 riep Willem van Oranje na een vergadering van de Raad van State in zijn Brusselse paleis een groot aantal hoge edelen bij elkaar om te bespreken hoe ze gezamenlijk de macht van Granvelle konden terugdringen, in de overtuiging dat deze bezig was niet alleen de hoge adel, maar het hele land in het verderf te storten. Ze moesten volgens Oranje, en mede-initiatiefnemer Egmond, vanaf nu één front vormen tegen Granvelle, en in diens verlengde ook tegen Viglius. Er was veel bijval, maar ook tegenstand, want er zaten ook Granvellegetrouwen onder de edelen, zoals Karel van Berlaymont. Die briefde alles door aan Margaretha van Parma, die daarop het houden van dit soort bijeenkomsten verbood.[84] Oranje liet zich niet tegenhouden en bleef met een kleiner gezelschap van gelijkgestemden op onregelmatige momenten overlegjes houden: Granvelle had nu te strijden met een heuse liga.

Rond de oprichting en werkwijze van deze liga hangt veel geheimzinnigheid.[85] Wanneer en hoe men elkaar zag, is niet duidelijk, wat er besproken werd evenmin. Begin juni werd, onder de noemer van het Gulden Vlies, nog enkele keren bijeengekomen. Er werd ongetwijfeld veel politieke munitie verzameld om Granvelle dwars te zitten, wat in de praktijk vooral neerkwam op het inzetten van vertragingstactieken, het ontketenen van discussie over privileges, en het dwarsbomen van belastingmaatregelen. Granvelle had te lang vrij spel gehad. Het werd ook tijd dat zijn geheimzinnige opereren aan het daglicht werd gebracht. Dit leidde tot een mooi geval van 'de pot verwijt de ketel': in juni en juli beschuldigden Oranje en Egmond Granvelle herhaaldelijk van het smeden van een geheime katholieke liga met de Guises in Frankrijk. Dit was niet onwaar, maar Oranje en Egmond opereerden weinig anders.[86] Ook zij streden niet met open vizier, maar probeerden Granvelle via onderonsjes steeds in een hoek te drijven waar hij zich niet op zijn gemak voelde. Uitkomst van de besprekingen van Oranjes eigen liga was dat de heren besloten dat er iemand uit hun midden naar Spanje zou reizen om de ontstane situatie, inclusief het onbehagen over Granvelle, aan Filips II voor te leggen. Hoewel Granvelle wist dat de koning een groot vertrouwen in hem had, was dit een verontrustend vooruitzicht. De keuze viel op Montigny. Hij werd op 15 juli 1562 beleefd ontvangen door Filips II, die zich liet seconderen door zijn raadlieden Espinosa, Eboli en Alva. De Spaanse koning deed geen enkele toezegging, zoals gebruikelijk nam hij voor zichzelf ruime bedenktijd.[87]

In Brussel leek in diezelfde weken de tijd van beleefdheden definitief voorbij. Tijdgenoot Pontus Payen vertelt over de onenigheid tussen Egmond en Granvelle aangaande de aanstelling van een nieuwe gouverneur voor de vestingstad Hesdin in Artesië, waar Egmond stadhouder was. Tegen de zin van Egmond en andere edelen, probeerde Granvelle zijn kandidaat door te drukken. Het schoot Egmond zo in het verkeerde keelgat dat hij ter vergadering 'een eindeloze stroom scheldwoorden' op het hoofd van Granvelle liet neerkomen, waarbij hij met afschuw sprak over diens 'ambitie en eigenwaan', en hij was meteen zo onvoorzichtig er ook wat lelijke woorden aan het adres van Filips II doorheen te mengen.[88] Een ander verslag van dit gebeuren weet nog te melden dat Egmond zo woedend was dat hij naar zijn dolk greep en op Granvelle afliep om hem wat aan te doen. Willem van Oranje zou er nog net op tijd tussen zijn gesprongen.[89]

Het was niet zo vreemd dat het elders in Europa begon te zoemen van berichten dat de mannen elkaar naar het leven stonden. Zo ging er het gerucht dat Granvelle aan Filips had geadviseerd Egmond en Oranje naar Spanje te ontbieden en hen daar te vermoorden. Het incident tussen Egmond en Granvelle raakte binnen enkele maanden vervormd tot het nieuwsfeit in Engelse diplomatenkringen dat Egmond Granvelle daadwerkelijk om het leven had gebracht.[90]

Het harde pantser van de macht

Oranje begon in januari 1563 de edelen die tot nu toe afstand hadden gehouden te bewerken alsnog toe te treden tot de Liga tegen Granvelle, zoals Berlaymont, die bedankte, en Aarschot, die er, na een knallende ruzie met Oranje, ook voor bedankte. Granvelle had gehoopt dat Egmond, die als stadhouder van Vlaanderen nauwelijks problemen had opgeworpen rond de invoering van de nieuwe bisdommen, ook wel afstand zou houden, maar juist met die bisdommen maakte Egmond een draai. Ook hij zag inmiddels dat het optuigen van zo'n fijnmazig opsporingsnetwerk met al die nieuwe inquisiteurs alleen maar tot een hevige vervolging en dus grote onrust kon leiden.[91] Hij werkte weer volop samen met Oranje. De graaf van Horne, die in het najaar van 1561 uit Spanje was teruggekeerd, vormde een goede schakel tussen de twee uiteenlopende karakters Oranje en Egmond. Horne sprak zich vaak uit waar met name Oranje er het zwijgen toe deed.[92]

Zo langzamerhand wist Filips II hoe het verder moest met Granvelle. Hij had de brief van Egmond en Oranje van anderhalf jaar eerder nooit van een definitief antwoord voorzien. Hoe hij er inmiddels over dacht, liet hij op 23 december 1562 uitkomen in een brief aan Margaretha van Parma: hij was zeer ontstemd over de slechte gezindheid van Oranje en Egmond tegenover Granvelle, want die was op niets gebaseerd. De kardinaal moest vooral worden aangemoedigd zijn beleid voort te zetten, en de landvoogdes kon vast wel een en ander verzinnen om de heren tot wat meer samenwerking te brengen. Als het kon goedschiks, en anders maar kwaadschiks.[93]

Dit bracht de door Margaretha zo verlangde oplossing niet meteen dichterbij. Aan dit type aansporingen had ze weinig. Verder blonk Filips vooral uit in besluiteloosheid; het maakte Margaretha radeloos. Volgens Granvelle stond ze op het punt haar positie op te geven. Ze werd daarin nogal opgestookt door haar echtgenoot Ottavio Farnese, die in februari een bezoek bracht aan Brussel. Farnese had in Brussel ook zijn onderonsjes met Egmond en Oranje.[94]

Hoe dan ook begon er iets te bewegen. De intensieve wervingsacties van Oranje onder hoge edelen bleken de voorbereiding op een volgend appel aan Filips II om de macht van Granvelle danig te besnoeien. Op 11 maart 1563 ging er een brief uit, ondertekend door Egmond, Oranje en Horne. Het driemanschap gaf aan niet langer te willen zwijgen over de enorme macht die de kardinaal aan zich getrokken had, en hoe de bevolking daaronder leed, en hoe het land naar de ondergang werd gevoerd. Na alle slechte ervaringen met de kardinaal vroeg het drietal opnieuw ontslag uit de Raad van State. Om tot slot de aandacht te vestigen op de religie: Filips werd uitgelegd dat de Nederlandse adel en andere hooggeplaatste personen zich altijd hadden doen kennen als goed katholieke vazallen en onderdanen; hierdoor was het land nog altijd kalm en rustig. Ook de landvoogdes viel niets te verwijten, stelden ze uitdrukkelijk. Maar over het gewone volk mocht men zich inmiddels wel zorgen maken.[95]

Het werd Filips voorgesteld als een transactie: offer Granvelle, en je krijgt er een toegewijd door loyale adel gedomineerd bestuur voor terug, dat in staat geacht mag worden het land katholiek te houden. Het moment leek goed gekozen, want er waren wat ontwikkelingen die in het voordeel van de edelen werkten. Aan het hof in Spanje waren de gematigde krachten veld aan het winnen. Alva had zich niet langer met bepaalde zaken kunnen verenigen en had zich op zijn landgoed teruggetrokken; dit gaf voorlopig alle ruimte aan Ruy Gómez. Deze was de Nederlandse edelen nog altijd gunstig gezind.[96] Nog belangrijker waren de verwikkelingen in Brussel, waar Margaretha van Parma zich juist in deze periode begon af te keren van Granvelle, niet vanwege de bisdommen, maar door zijn vermeend vileine rol in het mislukken van een huwelijksarrangement tussen haar zoon Alessandro en de dochter van keizer Ferdinand, dat door Filips II na lang aarzelen niet was goedgekeurd.[97]

Begin april 1563 vertrok Oranje voor langere tijd uit Brussel. Hij ging eerst naar de nabijgelegen abdij van Vorst, waar ook Egmond, Horne, Montigny en Bergen naartoe kwamen. Opnieuw een bijeenkomst die met veel geheimzinnigheid is omgeven, en er zouden er de komende maanden nog vele volgen. Ongetwijfeld werd hier de strategie weer eens doorgenomen, in afwachting van het moment dat Filips II met zijn antwoord kwam. Oranje was in iedere geval voornemens zo lang mogelijk weg te blijven uit Brussel en uit de vergaderingen van de Raad van State. Hij bracht veel tijd door in Breda en maakte van daaruit reizen naar Holland en Zeeland, taken die hij nu eenmaal had waar te nemen als stadhouder. Dat kon hem niet kwalijk worden genomen. Granvelle en Margaretha van Parma bleven in Brussel achter. Omdat ze niet meer met elkaar overweg konden, moet het vertrek van de Liga hun gevoel van isolement zeer versterkt hebben.[98]

De bedwelming van het calvinisme

Begin 1563 was het, als het om het geloof ging, wel het allerlaatste moment dat je nog kon beweren dat het land er 'kalm en rustig' bij lag. Alles veranderde binnen enkele maanden, mede onder invloed van al dan niet gediplomeerde calvinistische predikers die vanuit Frankrijk naar de Nederlanden kwamen. Waar zich maar een gelegenheid voordeed hielden ze diensten: in burgerhuizen, schuren, maar ook in het open veld op het platteland. In juli 1563 waren er al berichten over bijeenkomsten in Zeeland waar vijf- tot achtduizend mensen aan deelnamen.[99] Bijeenkomsten die op buitenstaanders vooral indruk maakten vanwege de bezieling waarmee collectief psalmen werden aangeheven. Het had iets van een aanzwellende rage, waarbij mensen elkaar aanstaken mee te doen om maar niets van de nieuwigheid te missen.

Het ging zo snel dat Granvelle zich zorgen begon te maken of de edelen niet onder één hoedje speelden met deze protestanten om een opstand te ontketenen.[100] Niet dat een van de edelen protestantse neigingen vertoonde, maar op veel geloofsijver waren ze ook niet te betrappen, en als het op het bestrijden van gevallen van ketterij aankwam waren ze meestal vrij coulant. Hij vreesde meer het opportunisme van de heren; als ze iets konden ondernemen om het hem of Filips II moeilijk te maken, zouden ze het niet laten.

Hoe stond Oranje in het opeens weer heftig oplaaiende debat over de toekomst van de kerk? Met zijn deels lutherse, deels katholieke opvoeding was hij diep gedrenkt in de verschillen tussen beide geloofsopvattingen. Inmiddels was hij er ook achter dat geloofskwesties een heftige politieke dynamiek konden ontwikkelen. Door de recente opkomst van het calvinisme was die dynamiek nog ingewikkelder geworden dan ze al was. Het geloofslandschap viel inmiddels uiteen in lutheranen, wederdopers, calvinisten, conservatieve katholieken, hervormingsgezinde katholieken, en daarnaast nog een allegaartje van allerlei sektariërs. De wederdoperij was in de politiek een te verwaarlozen factor; het lutheranisme was belangrijk in Duitsland en inmiddels ook in Scandinavië, maar was in de Nederlanden nooit echt groot geworden en was alweer op zijn retour.[101]

Het calvinisme was nieuw en leek uitzicht te bieden op een grondige hervorming van niet alleen het geloofsleven, maar van de hele samenleving. Er hing, zeker in deze jaren met de steeds opflakkerende geloofsstrijd in Frankrijk, iets revolutionairs en gewelddadigs omheen. Oranje had er in Orange al tegen moeten optreden en toen gemerkt hoe moeilijk het was dit heilige vuur te blussen. Het had hem ook van benadering doen veranderen.[102] In zijn houding leek iets relativerends te komen: alle strijd over de details van de uiterlijke geloofsbeleving nam niet weg dat christenen het eens waren over de fundamentele waarden van het christendom. Oranje noemde zich katholiek, in de betekenis en de inhoud die er door apostelen en de kerkvaders, en door zijn eigen voorgeslacht aan was gegeven.[103] Met de zwaar opgetuigde hernieuwde geloofsleer waaraan in deze jaren op het Concilie van Trente de laatste hand werd gelegd, had hij weinig affiniteit, omdat verschillen die al bestonden er alleen maar door werden vergroot in plaats van overbrugd.[104] Bovendien was het concilie ooit begonnen om de kerk zodanig te hervormen dat alle christenen zich er weer thuis konden voelen, maar het was geëindigd met een vrij conservatief, weinig verzoeningsgezind programma. Dat zou niets oplossen.

Gegeven Oranjes algemeen-christelijke benadering was het voor hem ook niet moeilijk tegelijkertijd goede contacten te onderhouden met Duitse lutherse vorsten, met zijn katholieke entourage in Brussel en met hugenoten in Frankrijk. Omstreeks deze tijd moet bij Oranje de overtuiging zijn gegroeid dat het geen enkel doel diende omwille van het geloof bloed te laten vloeien. Uiteindelijk zouden alle christenen met elkaar verzoend moeten worden in een verdiept persoonlijk geloofsleven, waarin rituelen en sacramenten van de kerk bijzaak waren.[105] Dit was een visie die in deze jaren in een reeks publicaties heel doordacht en met veel overtuiging werd uitgedragen door de Vlaming Georg Cassander. Cassander kon zich vinden in veel ideeën van de grote hervormers, maar wilde uitdrukkelijk binnen de katholieke kerk blijven. Zijn oplossing was veelal de scherpte van discussies over allerlei sacramenten als de doop en het avondmaal af te halen, en dat kon door verdraagzaam te zijn voor andersdenkenden. Het waren ideeën die de aandacht trokken van vorsten, die al zo lang naar oplossingen zochten voor de maar aanhoudende geloofsspanningen, zoals Willem van Gulik, en zelfs keizer Ferdinand en diens opvolger Maximiliaan II. In de Nederlanden was bijvoorbeeld Hopperus al vroeg gecharmeerd van Cassander. Zelfs Granvelle en Viglius zagen er wel iets in.[106]

In juli 1563 had Oranje in het diepste geheim in het Zoniënwoud onder Brussel een ontmoeting met een geestverwant van Cassander, de Henegouwer François Baudouin, een jurist die in Straatsburg en Heidelberg had gedoceerd en daar het erasmiaanse standpunt had uitgedragen dat de hervorming niet over uiterlijkheden als de sacramenten moest gaan, maar over een herstel van het innerlijk geloof. Lodewijk van Nassau had in Heidelberg bij Baudouin gestudeerd en het contact gelegd.[107] Waarover ze in het Zoniënwoud hebben gesproken is onbekend; dat het zal zijn gegaan over het totaal verwerpelijke van het ter dood brengen van medechristenen, lijkt aannemelijk.[108] Hoewel het ook denkbaar is dat Oranje aan de jurist Baudouin advies heeft gevraagd hoe hij Granvelle moest aanpakken. Pikant is dat Baudouin in diezelfde dagen waarschijnlijk ook een gesprek had met Granvelle en Viglius, zonder dat zij van de ontmoeting met Oranje wisten. Baudouin deed bovendien Leuven aan, waar hij, na lang calvinistische sympathieën te hebben gekoesterd, weer terugkeerde in de schoot van de moederkerk, zonder wezenlijk anders over tolerantie en geloofsvervolging te gaan denken.[109]

Er is wel gedacht dat Oranje 'indifferent' zou zijn geweest, met name in deze jaren, maar echt onverschillig was hij toch ook niet. Oranje waagde zich zelden tot nooit aan theologische beschouwingen, ze interesseerden hem niet, maar dat hij gelovig was, hoeft niet betwijfeld te worden. Er was een God die uiteindelijk recht zou doen wedervaren. Deze kijk op het geloof maakte ook dat hij weinig aandrang voelde zich met welke groep dan ook vergaand te engageren. Des te gemakkelijker kon hij met wie ook gelegenheidscoalities sluiten.[110]

Ondertussen in Spanje

Waar de geloofsijver van Oranje onder invloed van het geweld getemperd werd, werd die van Filips II juist aangewakkerd. De brief van de Nederlandse edelen trof de koning in een periode waarin hij dagelijks in beslag werd genomen door de voorbereidingen van een groots gebaar, dat voor de hele mensheid tot in de eeuwigheid Filips diepe katholiciteit moest tonen: de bouw van een klooster annex paleis op zo'n 45 kilometer van Madrid. Op 10 augustus, Sint-Laurentiusdag, wilde Filips de eerste steen laten leggen, van een gebouw dat zo'n vierduizend vertrekken moest gaan tellen. De dag was gekozen uit dankbaarheid voor de overwinning bij Saint-Quentin, zes jaar eerder, ook op Sint-Laurentiusdag. Filips had nog wel astrologen even laten nagaan of deze dag onder een goed gesternte stond.[111]

De bouw van het Escorial nam meer dan twintig jaar in beslag en werd door de koning in eigen persoon geleid. Hij kwam regelmatig kijken hoe het donkergrijze, streng en ondoordringbaar ogende gebouw gestalte kreeg. Wie nu door het gebouw dwaalt en bij de vele binnenplaatsen af en toe de blik omhoog richt, kan lieflijke torenspitsjes waarnemen die niet alleen een ode aan de Vlaamse kerkarchitectuur lijken, maar het ook zijn. Filips had zijn architecten opdracht gegeven de weldadige herinnering aan zijn Nederlandse jaren, die de verpletterende overwinning op de Fransen hadden opgeleverd, in steen te vatten, en dat niet alleen, ook de tuinen werden voor een groot deel volgens Nederlandse principes aangelegd, en een Nederlander kreeg de opdracht voor aanleg van een botanische afdeling. De bibliotheek en vooral de kunstverzameling kregen eveneens een sterk Nederlandse signatuur, alleen al doordat er honderden 'Vlaamse' schilderijen in waren opgenomen, onder andere van Jheronimus Bosch.[112]

Het was niet zo moeilijk in het Escorial een bastion tegen ketterij te zien, een samengaan van geestelijke superioriteit en wereldlijke macht, van het woord en het zwaard. Het was een deemoedige koninklijke knieval voor het goddelijke heilsplan, een poging in harmonie te komen met het bovenwereldlijke.[113] Het was een offer, ook belichaamd in het bijeenbrengen van duizenden relieken (er werden er 7422 geteld, inclusief afgehakte hoofden en complete lijken) van heiligen en martelaren, die eens te meer tastbaar gestalte gaven aan de heiligheid van Filips' missie.

Tegen de achtergrond van de bijna poëtische weemoed die de Vlaamse bloemperkjes en torenspitsjes de komende jaren moesten oproepen, was het in 1563 een speling van de geschiedenis dat juist op dat moment de positie van de katholieke kerk in de Nederlanden voor het eerst serieus ondergraven dreigde te worden. Jarenlang hadden de vele brieven die Filips naar zijn plaatsvervangers in de Nederlanden stuurde, vol bezweringen gestaan om de katholieke leer onverkort te handhaven en de ellende die zich in Duitsland en Frankrijk voltrok met alle middelen buiten de landsgrenzen te houden. In 1563 bereikten Filips de eerste berichten dat het dreigde te mislukken. Met een beschadigde eerste minister bleek het moeilijk dit gevaar in te dammen.

De manier waarop Filips de crisis rond Granvelle probeerde op te lossen, bleef gekenmerkt worden door het hameren op het eigen gelijk; op 6 juni gaf hij in een officiële reactie te kennen dat de heren hem geen enkel argument hadden gegeven waarom ze meenden dat Granvelle moest vertrekken. De houding van Filips was een recept om de spanning alleen maar hoger te doen oplopen, en het was vooral een teken van machteloosheid. Granvelle had al een aantal keren te kennen gegeven dat alleen de overkomst van Filips zelf de zaken in goede banen kon leiden. Filips beloofde het wel, maar was dit niet van plan, dringender zaken hielden hem in Spanje, met name een verheviging van de strijd tegen de Turken.[114] Wel

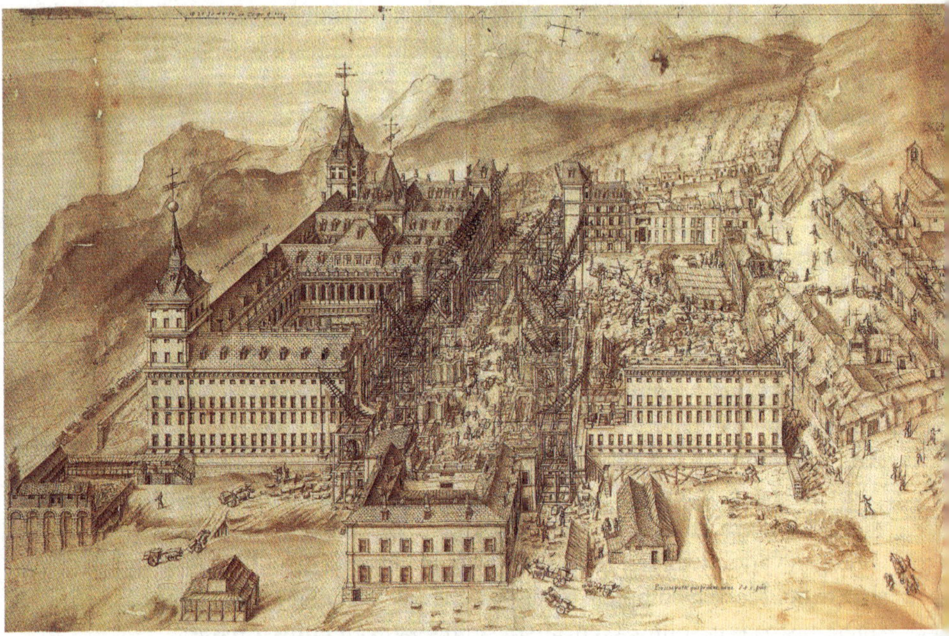

Het Escorial in aanbouw, tekening uit ca. 1576, toegeschreven aan Rodrigo Dirksen of Fabrizio Castello (privécollectie).

stelde Filips in diezelfde brief voor Egmond naar Spanje te laten komen om de zaak-Granvelle te bespreken. Dit in de wetenschap dat Egmond vrij beinvloedbaar was en waarschijnlijk eenvoudig uit het kamp van Oranje losgeweekt kon worden.[115] Intussen dacht ook Granvelle na over manieren om Egmond meer aan zich te binden, bijvoorbeeld door hem tot opperbevelhebber van het leger te maken. Voor de langere termijn geen daverend idee, maar op korte termijn kon het de Liga een gevoelige slag toebrengen.[116]

Pokeren voor gevorderden

Het voorstel van Filips bereikte Brussel op 29 juni 1563. Egmond was als enige van de Liga in de stad; hij was als eerste op de hoogte van de vererende uitnodiging en verklaarde zich van harte bereid in Spanje 'de hand van Filips te gaan kussen'. Zo drukte Egmond zich uit tegenover de landvoogdes, om vervolgens het nieuws van de uitnodiging voor zichzelf te houden. Dit leek kansrijk, tot op 10 juli Oranje en Horne in Brussel aankwamen. Toen Oranje de volgende dag met Egmond een onderhoud had bij Margaretha, moest het wel uitkomen. Dat deze bijeenkomst gedenkwaardig werd kwam niet zozeer hierdoor, maar door de zwenking in het gemoed van Margaretha, waaruit goede verstaanders konden opmaken dat ze had besloten Granvelle te laten vallen. Enkele maanden later vertrok niet Egmond maar Margaretha's secretaris Armenteros naar Spanje, om Filips deze boodschap te gaan brengen. Door alle betrokkenen subtiel andere versies van de precieze missie van Armenteros op de mouw te spelden, wist Margaretha iedereen om de tuin te leiden. Zo had Granvelle geen idee wat hem boven het hoofd hing.[117] En ook de mannen van de Liga hadden eigenlijk geen idee; ze hielden een week later nog een vergadering waarin werd besloten, op voorstel van Oranje, dat Egmond niet naar Spanje zou afreizen. Margaretha deed alsof ze heel teleurgesteld was toen ze hoorde dat Egmond een ernstige kwetsuur aan zijn been had en zeker veertien dagen niet kon reizen.[118]

Het was voor-de-gek-houderij over en weer. Net als in het jaar ervoor begon Oranje de verschillende smeulende vuurtjes aan te blazen. Hij opende bij Margaretha van Parma weer het gesprek over de enorme bedragen die nog aan de afgedankte soldaten moesten worden betaald, en dat het toch – opnieuw – de hoogste tijd was de Staten-Generaal bijeen te roepen.[119] Ook was er weer druk verkeer met Duitse vorsten, vooral met de in geloofszaken zeer gematigde hertog van Kleef,[120] en begon het te zoemen over een ophanden zijnde inval van een Duitse legermacht, geruchten waar volgens Granvelle Oranje zelf continu voedsel aan probeerde te geven door te suggereren dat hij zelf in Duitsland ook over troepen beschikte. En Oranje hervatte zijn gesprekken met vertegenwoordigers van het gewest Brabant.[121]

Ten slotte nam Oranje de landvoogdes rechtstreeks onder vuur. Met tientallen leden van de Liga bereidde Oranje een remonstrantie voor die ze op 26 juli aan de landvoogdes kwamen aanbieden. Oranje voerde het woord. Hij benoemde weer eens alle problemen die het land teisterden – hopeloze financiën, muitende soldaten, ketterij die om zich heen greep – en bracht ze in verband met de oude pijn dat de Raad van State al zo lang niet meer dan een 'schim' was.[122]

Nog weer een paar dagen later verstuurden Oranje, Egmond en Horne opnieuw een brief aan Filips II, waarin ze onomwonden Granvelle als de bron van alle interne problemen aanwezen en Margaretha in bescherming namen. Er moest nader onderzoek komen naar de wandaden van Granvelle. Voorlopig hoefde Filips niet op hun bezoek te rekenen, omdat ze vanwege de oorlogsdreiging op hun post moesten blijven. Een brief geschreven in het besef dat Granvelle politiek zo goed als uitgeschakeld was, maar toch nog altijd bleef functioneren alsof er niets aan de hand was, omdat hij niet beter wist.[123]

In oktober maakte Armenteros eindelijk aanstalten naar Spanje te vertrekken. Vlak voor hij vertrok hield hij nog vraaggesprekken met verschillende betrokkenen. De gespreksverslagen nam Armenteros op in het dossier dat Filips ervan moest overtuigen dat de onderlinge verhoudingen geheel onwerkbaar waren geworden. Het werd een document waarin iedereen naar zijn aard lijkt te spreken. Egmond, Bergen en Montigny eisten onomwonden het vertrek van Granvelle. Ze waarschuwden de koning ook nog voor een al te rigoureuze kettervervolging, want 'voor één ketter die men vonnist duiken er tien andere op'. Het zal op Filips allemaal weinig indruk gemaakt hebben. Berlaymont en Viglius betuigden nog altijd hun onvoorwaardelijke steun aan de kardinaal. Oranje hield zich op de vlakte en betuigde zijn trouw aan de koning, waar Margaretha van Parma als cynisch commentaar aan toevoegde: 'Uwe Majesteit kent hem en weet wat dit waard is.' Granvelle kwam ook nog aan het woord: hij gaf te kennen niet zelf het probleem te willen worden, maar vooralsnog was hij 'bereid zich te laten doodmartelen, indien Zijne Majesteit dat nodig mocht achten'.[124] Granvelle wist uiteraard dat zulke woorden recht tot het hart van de koning spraken.

Ludieke acties

De sfeer werd in het najaar van 1563 baldadig. De mannen van de Liga konden het goed met elkaar vinden, volgens een Italiaanse diplomaat hadden ze elkaar eeuwige trouw gezworen op 'de heilige hostie'.[125] De bijeenkomsten kenmerkten zich door veel gezelligheid en drankmisbruik, zoals blijkt uit een verslag van Egmond aan Günther van Schwarzburg over een bezoek dat hij met Horne en 'andere heren' aan Oranje bracht in Breda op 11 november 1563. Dat deze dag gewijd was aan de goedgeefse Sint-Maarten bleek een mooie aanleiding het weer eens op een flink zuipen te zetten. Ze hadden menige toost uitgebracht, ook op Günther, die erg werd gemist in dit gezelschap. Bij velen kwam de drank zo hard aan dat ze spontaan 'van de bank zakten'.[126] Het was stoom afblazen, wat studentikoos, maar het betrof hier wel allemaal mannen van boven de dertig, Egmond was al begin veertig.

Het waren festijnen waarbij de kameraadschap telkens opnieuw bevestigd werd. Daar hoorden ook al die spontane ingevingen bij, die niet alleen kwetsend waren voor Granvelle, maar soms ook wat ontluisterend voor de bedenkers. Het spotten en schelden bleef maar doorgaan, maar kreeg tegen het einde van 1563 wel een wat ludieker karakter. Tijdens een drinkgelag begin december, ten huize van de trezorier-generaal Gaspard Schetz, kwam het gesprek op de hoge kosten voor de kleding van hun personeel. Iemand stelde voor om, zoals in Duitsland, de bedienden heel sobere eenvormige kleding te laten dragen. Akkoord, maar wie gaat die ontwerpen? Daar gingen ze om dobbelen, het lot viel op Egmond. Die ontwierp ter plekke, tussen de gerechten door, een livrei van zwart laken waarbij over de mouwen vleugels waren aangebracht, waarin kardinaalshoeden en zotskappen waren verwerkt. Het was niet moeilijk te vatten dat ook hierin weer een bespotting van Granvelle en zijn getrouwen moest worden gezien. Dit type speelsheid onderstreepte nog eens het overmoedige gedrag van de Liga, vooral in de ogen van de buitenwereld. Want het ontwerp van Egmond werd uitgevoerd. Het betekende voor de naaiateliers in Brussel weken werk om honderden mantels te maken.[127] Toen de bedienden ermee in de straten verschenen, raakte Margaretha van Parma er al snel van op de hoogte. Ze kon moeilijk uit de voeten met de kardinaalshoeden en zotskappen, en eiste dat die werden verwijderd. Dat gebeurde, in de plaats daarvan werden er pijlenbundels aangebracht, ten teken van eendracht. Ook hier mocht enige spot vermoed worden, omdat deze pijlenbundel verwees naar het wapenschild van Filips II, zoals dat voorkwam op Spaanse munten.[128] De dubbelzinnigheid werd erin gehouden. De heren lieten zich niet zomaar wegzetten. Willem van Oranje hield afstand tot dit type acties; hij zou zich in publiek ook nooit negatief over Granvelle hebben willen uitlaten.[129]

De verkleedpartijen en het excessieve drinken waren wellicht een manier om met de aanhoudende spanningen om te gaan. Lazarus van Schwendi kon er in het najaar van 1563 niet meer tegen. In een brief aan rooms-koning Maximiliaan II gaf hij te kennen dat hij vreesde in een fatale afloop van de gebeurtenissen te worden meegezogen.[130] Hij liet zich, met goedvinden van Filips II, door de keizer inhuren voor een militaire expeditie tegen de Turken diep in Hongarije.

De angst dat er een keer afgerekend zou worden, moet bij meer betrokkenen hebben gespeeld. Kenmerkend is een gesprek dat Egmond in december had met Margaretha van Parma. Zij wist nog altijd goed verborgen te houden wat de echte missie van Armenteros was, terwijl Egmond maar jammerde over de besluiteloosheid van Filips en ondertussen bij de landvoogdes probeerde uit te vissen of de koning nog wel enigszins gunstig over hem dacht. Margaretha kon weinig meer dan het vertrouwen uitspreken dat de koning een wijs en gunstig besluit zou nemen.[131]

Zo onderging iedereen de ongemakkelijke stilte de laatste maanden van 1563 anders. Willem van Oranje was zelfs in de gelegenheid voor een moment zijn aandacht te wijden aan de geboorte van een tweede dochter, op 5 november. Dit kind bleek wel levensvatbaar, en werd, ondanks de gevoeligheden daarover bij Anna en haar familie, op de ouderwetse katholieke manier gedoopt.[132] Ook deze dochter kreeg de naam Anna.

Twee dagen na haar geboorte werd Oranje in Breda opgezocht door Hendrik van Brederode, een vaste steunpilaar van Oranje in zijn Hollandse bestuurszaken. Brederode bleef een week, de week waarin ook het Sint-Maartensbacchanaal plaatsvond. Hij was die avond zo dronken geworden dat Oranje vreesde dat hij erin zou blijven.[133] Brederode was een man van de daad, en een man van extremen. Hij was twee jaar ouder dan Oranje, stamde uit een rijk en machtig Hollands adellijk geslacht, dat sinds lang een wat eigenwijze reputatie genoot: ze lagen daardoor niet goed bij de Habsburgers. De Brederodes waren aanzienlijk genoeg om in Brussel een groot paleis te onderhouden, maar hadden al generaties lang moeite tot de allerhoogste regionen door te dringen. Ook Hendrik van Brederode had weinig talent voor volgzaamheid. Bij alle spot en liederlijkheid die de Liga al vertoonde wist Brederode er vaak nog flink overheen te gaan.[134] Brederode verscheen op gemaskerde bals verkleed als kardinaal of als franciscaner monnik, vaak in het gezelschap van Willem van der Marck, de heer van Lummen, kortweg Lumey genoemd. Deze mannen hielden van een stevige dronk en gedroegen zich ronduit uitdagend. Omstreeks deze tijd bungelde aan hun hoed een vossenstaart in plaats van een trotse vederbos, ook bij de mensen uit hun gevolg. De vossenstaarten waren een waarschuwing voor Granvelle en zijn aanhangers, die erop konden wachten dat ze ooit gecoupeerd zouden worden.[135]

De val

De bedachtzame Schwendi ging, de impulsieve Brederode kwam, Oranjes evenwichtskunst werd daardoor niet eenvoudiger. Maar Brederode was door zijn uitgesproken afkeer van Granvelle ook iemand op wie hij kon rekenen op het moment dat er opgetreden moest worden. Vooralsnog was het vooral wachten, ook de eerste maanden van 1564. Egmond organiseerde op 7 februari een riddertoernooi op het grote plein tegenover zijn Brusselse paleis. Een goede gelegenheid om je vrienden, verwanten en gelijkgestemden bij je in de buurt te hebben, en zelfvertrouwen uit te stralen tegenover de massaal toegestroomde Brusselaars. Dat er een stellage instortte, waarbij gewonden vielen, droeg nog bij aan de legendarische faam van het gebeuren. Er werd nog jaren over gesproken.[136]

Oranje liet zich hierdoor niet van serieuzere zaken afhouden; op diezelfde 7 februari stuurde hij een uitgebreid betoog over verwikkelingen in Orange naar Lazarus van Schwendi, die op weg naar Hongarije een tussenstop maakte in zijn *Heimatsort* in Zuid-Duitsland. Oranje meldde dat de paus zich steeds meer opwond over de aanwezigheid van hugenoten in het prinsdom. Hij voelde zich echter gedwongen zich te conformeren aan de enigszins tolerante aanpak die inmiddels in het aanpalende Frankrijk werd gevolgd. Wat was het alternatief? Hij had hiervoor Filips II nodig. Want intussen wachtten ze in de Nederlanden al meer dan een halfjaar op uitsluitsel van de koning over zijn godsdienstpolitiek. Hij sprak de wens uit dat de koning nu snel naar de Nederlanden kwam om alle spanningen en onzekerheid weg te nemen.[137] Was Oranje aan het bijdraaien, schoof hij op naar Filips II?

Het was aanzienlijk geraffineerder. Schwendi stuurde deze brief in het Spaans vertaald door naar Filips II, met daarbij ook nog twee brieven van Egmond. De drie brieven bij elkaar gaven op allerlei manieren inzicht in de nobele bedoelingen van deze edelen, en in hun wanhoop dat de koning telkens niet ingreep en maar gehoor bleef geven aan de valse influisteringen van Granvelle, die inmiddels niets anders meer deed dan leugens over hen verspreiden.[138] Wat een spontane daad van Schwendi leek – het doorsturen van deze brieven als waardevolle informatie voor de koning – was een listig opzetje, door Oranje bedacht om Filips II te doordringen van hun goede trouw, maar ook te laten beseffen dat hij grove steken liet vallen door hen zo lang te laten wachten.

Het zou er allemaal niet zoveel meer toe doen. Filips had eerder die winter, tijdens een verblijf in Monçon in Noord-Spanje, zijn conclusies getrokken. Zijn analyse was dat de heren op macht uit waren en dus als rebellen moesten worden gezien, Egmond misschien uitgezonderd. Nu ging het om Granvelle, maar ze zouden ongetwijfeld steeds nieuwe grenzen opzoeken. Er zat voor nu weinig anders op dan Granvelle niet langer op zijn post te laten. Een noodzakelijke concessie, om tijd te winnen, later zouden de heren hun straf moeten ondergaan. Hij nam hierover Alva in vertrouwen, en later ook Margaretha van Parma.[139] Het was van het grootste belang de heren over het vertrek van Granvelle geen al te triomfantelijk gevoel te bezorgen. Daartoe werd aan het Spaanse hof de list bedacht Granvelle te laten wegroepen en dus slechts tijdelijk het land te doen verlaten. Dat bood Filips de gelegenheid om de eis van de edelen alsnog hard af te wijzen.

Al op 22 januari 1564 was Armenteros met een uitgebreide instructie teruggestuurd naar de Nederlanden.[140] Vanwege zijn slechte lichamelijke conditie ging de reis langzaam; op 18 februari bereikte hij bij Valenciennes de Nederlandse grens, waar hij door Horne met een groot gevolg werd opgewacht. Waarschijnlijk wist ook Armenteros niet helemaal het fijne van het uitgekookte spel waarin hij slechts een radertje vormde. Wat Filips II en de zijnen in Monçon hadden uitgedacht, moest in Brussel door Margaretha van Parma in een strakke regie worden uitgevoerd. Egmond zou in de waan worden gelaten dat de koning erg veel vertrouwen in hem had; daartoe kreeg ze twee door Filips II ondertekende brieven, waaruit Margaretha maar moest kiezen in het licht van de omstandigheden: de ene sprak uit dat de koning graag wilde dat Egmond naar Spanje zou komen, de andere dat hij vooral in de Nederlanden moest blijven.[141]

De instructie die Armenteros bij zich had sprak duidelijke taal: alle ketters moesten alsnog hun straf ondergaan. Filips was zeer ontstemd over de derde brief van Oranje, Egmond en Horne; hij gelastte dat de heren weer in de Raad van State terugkeerden; en omdat hij geen enkel concreet bezwaar tegen Granvelle had vernomen, was er geen reden Granvelle van zijn functie te ontheffen.[142] En dan was er nog een eigenhandig briefje van Filips aan Granvelle in geheimschrift, gedateerd 22 januari, waarin Filips hem op diens verzoek toestemming gaf 'voor enkele dagen' de Nederlanden te verlaten om zijn moeder te bezoeken.[143] De landvoogdes zou hem daar speciale toestemming voor geven. Eind februari arriveerden er ook nog brieven van Filips voor Oranje, Egmond en Horne, gedateerd 'Barcelona, 19 februari 1564', waarin hun opnieuw werd opgedragen weer in de Raad van State zitting te nemen en te laten zien hoe toegewijd ze hem waren.[144] Al deze brieven waren op hetzelfde moment geschreven en moesten bijdragen aan het idee dat het verzoek van Granvelle om zijn moeder te mogen bezoeken en de toestemming die Margaretha daarvoor zou geven geheel spontaan en authentiek waren.[145]

Nog in februari hield Oranje in de Staten van Brabant een toespraak waarin hij over Granvelle beweerde dat deze voornemens was alle oude privileges van de gewesten terzijde te schuiven en dat de kardinaal het bovendien op Oranjes leven gemunt had en op een kans wachtte hem 'het hoofd af te slaan'.[146] Dat Oranje zich zo durfde uitspreken, wijst erop dat hij zag dat Granvelle wankelde. Intussen raakte Margaretha enigszins verstrikt in het briefverkeer met Spanje, waar inmiddels zoveel vertraagde, geantedateerde, gepostdateerde en tegenstrijdige mededelingen vandaan kwamen, dat ze blij was dat Granvelle op 1 maart, na ontvangst van zijn geheime brief, zelf het ferme besluit nam voor enige tijd weg te gaan.

Overigens zal Granvelle hebben beseft dat de kans dat hij ooit zou terugkeren klein was.[147]

Het raakte al snel bekend bij Willem van Oranje, die op 5 maart hierover aan zijn broer Lodewijk schreef: 'onze man' zal vertrekken, en met Gods hulp 'zal hij nooit meer terugkeren'. Waarschijnlijk wist hij via Armenteros meer.[148] Intussen weigerden Oranje en zijn geestverwanten nog steeds zitting te nemen in de Raad van State. Ze wachtten tot Granvelle echt vertrokken zou zijn. Op 13 maart werd Granvelle door zijn jongere broer Chantonnay opgehaald bij zijn stadspaleis. Margaretha van Parma leende hem haar draagstoel, en met het nodige ceremonieel werd de eerste minister met zijn gevolg uitgeleide gedaan. Hendrik van Brederode en Anton van Lalaing trokken te paard buiten Brussel nog een tijdlang met de stoet mee, alsof ze niet konden geloven dat het nu echt zover was dat de gehate kardinaal uit de Nederlanden verdween. Ze reden voor hem uit, uiteindelijk lieten ze de stoet passeren, en verscholen daarbij hun gezicht in de kap van hun mantel. Het was een nogal onvolwassen manier van doen. Egmond stuurde zelfs een verkenner achter de stoet aan, om er zeker van te zijn dat die ook werkelijk de grens over zou gaan.[149] Viglius omschreef naderhand de uitgelatenheid van de edelen in deze dagen als het gedrag van 'scholieren in afwezigheid van hun meester'.[150] Granvelle moest er een beetje om lachen.

In Brussel spijkerden onbekenden een bordje 'spoedverkoop' op zijn paleis. Het waren brooddronken bezweringsrituelen: laat het waar zijn dat de rode vos nooit meer terugkomt. Op 18 maart keerden Oranje, Egmond en Horne terug in de Raad van State, ze droegen aan hun kleding het ornamentje van de pijlenbundel. Egmond liet meteen weten dat ze zo weer zouden vertrekken, mocht Granvelle terugkeren.[151] Op 27 maart schreven ze een aardig en wat onderdanig briefje aan Filips II, waarin ze aangaven hun posities in de raad weer te hebben ingenomen, en de koning bezwoeren ze vooral niets te geloven van alle lelijke verhalen ('sinistres informations') die er over hen verteld werden. Over tot de orde van de dag, vertrouw ons maar, we organiseren het hier wel.[152] Op 29 maart ging er nog een uiterst geheime brief van Margaretha naar Filips, waarin ze hem op het hart drukte Granvelle nooit meer te laten terugkeren naar de Nederlanden, want dat zou hem zijn leven kosten. Dat had Egmond haar met zoveel woorden toevertrouwd.[153]

In de straten en herbergen van Brussel werd veel gespeculeerd over de eventuele terugkeer van de kardinaal. De Toscaanse gezant Guicciardini geloofde er niet in, en baseerde dat ongetwijfeld op vertrouwelijke informatie. Oranje en Egmond zag hij intussen door Brussel bewegen 'met meer aanzien dan ooit'.[154] Er waren veel feesten, waarop de overwinning gevierd werd, maar er heerste ook de argwaan die bij een plotselinge bevrijding hoort. Oude getrouwen van Granvelle, zoals Viglius, werden scherp in de gaten gehouden om te voorkomen dat ze zouden beginnen aan te sturen op diens terugkeer. Het bespotten van Granvelle ging nog lange tijd door; medio juni werd op een doopfeest bij de graaf van Mansfeld een maskerade gehouden met een kardinaal te paard die werd belaagd door duiveltjes met een vossenstaart. Het was een groot lachsucces. Oranje en veel van zijn vrienden waren erbij.[155] Het liet misschien ook wel zien hoe moeilijk het was terug te keren naar een leven zonder permanent aanwezig haatobject.

Een leven zonder Granvelle

Oranje kon weer meer zijn gezicht laten zien in Breda; hij moest daar vaststellen dat het met zijn vrouw Anna niet goed ging. Ze was zwaarmoedig, at weinig en meed steeds vaker gezelschap. En wanneer ze onder de mensen was, zocht ze veel ruzie, met het personeel, maar ook met haar naasten en met Oranje. Ze kwam soms twee weken lang haar kamer niet uit. Een aanzienlijk deel van haar entourage wendde zich van haar af. Oranje zag het gebeuren, maar lijkt weinig te hebben ondernomen om de nood van zijn vrouw te verzachten of te verhelpen. In de zomer van 1564 moet de kloof tussen Anna en Willem al zo goed als onoverbrugbaar zijn geweest.[156] Daar kwamen ook nog toenemende geldzorgen bij. In Breda werd op grote voet geleefd, in Brussel ook. De totale hofhouding omvatte inmiddels meer dan 250 leden. Willem en Anna waren het aan hun stand verplicht. Maar omdat er zoveel schulden waren, ging een steeds groter deel van de inkomsten op aan rentebetalingen; dit was een neerwaartse spiraal aan het worden. Oranjes rentmeesters kwamen met verontrustende berekeningen. Dit kon niet zo heel lang meer goed gaan. Maar hij kon het niet opbrengen diep in zijn kosten te snijden.[157]

Die zomer bracht Oranje veel tijd door in Brussel, mogelijk om de weinig verheffende omstandigheden in Breda te ontvluchten, maar ook om beter zicht te krijgen op de vele politieke dossiers, waar hij het laatste jaar zo weinig naar had omgekeken. Hij moest er dieper in duiken dan voorheen, omdat de precisie en grondigheid van Granvelle in de dagelijkse bestuurlijke routines voelbaar gemist werden. Bovendien wilden de edelen laten zien dat ze het beter konden.[158] Egmond vertoonde in de eerste maanden na het vertrek van de kardinaal veel dadendrang, maar het ontbrak hem aan mensenkennis en bestuurlijk inzicht om anderen in hun waarde te laten en tot goede samenwerking te bewegen. Het sprak ook duidelijk uit de competentiestrijd die hij met Oranje leek te ontwikkelen; Egmond vond dat hij aanspraak maakte op de eerste positie onder de edelen. Hoewel Oranje en Egmond lang de schijn ophielden dat ze een meer dan goede verstandhouding hadden – zo waren ze onderling opvallend aanrakerig –, werd deze competentiestrijd geregeld publiekelijk uitgevochten, wat tot gênante taferelen kon leiden, zoals met hun beider vrouwen, die elkaar bij smalle doorgangen geen voorrang wilden verlenen en zich er samen doorheen wurmden.[159] Het waren heerlijke roddels, waar Granvelle door zijn Brusselse zaakwaarnemer Maximiliaan Morillon de komende jaren in uitgebreide brieven voortdurend van op de hoogte werd gehouden. Oranje schijnt er verder vrij laconiek mee te zijn omgegaan,[160] maar moest wel ervaren dat dit haantjesgedrag Egmond het zicht op de bestuurlijke noden benam. Dat was vervelender.

Viglius kon en moest veel opvangen, maar hij had te kampen met fysieke problemen, met name ischias, die hem vanwege de uitstralende pijn regelmatig voor langere tijd uit de running hield.[161] Egmond zag Viglius als oude getrouwe van Granvelle graag verdwijnen en deed ook moeite hem te laten vervangen door Joachim Hopperus, weliswaar een protegé van Viglius, maar jonger en beter benaderbaar voor de edelen. Hopperus nam verscheidene taken over van Viglius, maar deze bleef wel zitten, en behield zijn post van voorzitter van de Geheime Raad.

Viglius vormde met al zijn juridische kennis en ervaring een garantie voor de continuïteit in het bestuur, en dat zal Oranje ook wel wat waard hebben gevonden. Bij formaliteiten en juristerij lag zijn hart niet, maar Viglius mocht niet uitgroeien tot een nieuwe Granvelle. De beste garantie daarvoor was het onderhouden van goede banden met Margaretha van Parma. Er werden in de Raad van State lange agenda's afgewerkt, en zo goed als dagelijks aten Oranje en Egmond met de landvoogdes. Intussen bemoeiden ze zich uitgebreid met het aanstellingsbeleid en zorgden ze ervoor dat ze hun gunstelingen op strategische en voorname posten benoemd kregen.[162] Egmond en Oranje legden zonder al te veel scrupules een veiligheidskordon om de landvoogdes heen aan.

Maar het echte politieke werk, het vinden van oplossingen voor de enorme financiële erfenis van de oorlog met Frankrijk, lieten de edelen op zijn beloop. Daar kwam bij dat de economie door slecht weer en misoogsten in een grote crisis verkeerde; dat hielp ook niet mee om de belastingafdrachten te verhogen. De heren keken ervan weg. Waar ze niet van wegkeken, was de toenemende onrust over geloofskwesties. Filips' herhaalde oproep het land te zuiveren van ketterij begon steeds grotere groepen op de zenuwen te werken. Ook bij bestuurders, katholiek als ze veelal waren, leefde een grote weerstand tegen de gewelddadige en onbarmhartige behandeling van vaak eenvoudigen van geest, die weinig tot niets op hun kerfstok hadden.

De last van het christelijk geweten

Oranje begon zich in de loop van 1564 duidelijker uit te spreken over de hardnekkige conflicten die zoveel christenen in het nauw dreven. De telkens opflakkerende onrust in Orange dwong hem al enige tijd na te denken over praktische oplossingen. Zijn visie ontwikkelde zich steeds meer tot een principiële stellingname over hoever de arm van de kerkelijke en wereldlijke macht mocht reiken in zaken van geloof. Vervolging en het doden van ketters pasten daarin niet. Binnen de kerk waren verschillen van inzicht gerezen, omdat steeds meer mensen de niet onredelijke wens uitten dat het geloofsleven gezuiverd en geïntensiveerd moest worden, na eeuwen waarin de Kerk van Rome gestaag was uitgehold door hebzucht, wangedrag en machtsmisbruik. Met een beetje goede wil zou het mogelijk moeten zijn de eenheid van de kerk te herstellen.

De alledaagse praktijk was een andere. In 1563 was het Concilie van Trente na achttien jaar vergaderen definitief afgesloten. De uitkomsten waren helder, maar wezen niet in de richting van verzoening. De protestantse bewegingen werden kernachtig weggezet als dwaalleren, die met hun gehamer op een puur evangelisch geloof (*sola fide, sola scriptura...*) de leidende rol van de kerk ondergroeven. Trente was in zijn uitkomsten opvallend conservatief: zaken als aflaathandel of het celibaat voor priesters, die geen evangelisch fundament hadden, werden niet afgeschaft. Het Concilie besloot tot een grote campagne om het gezag van de paus en van de geloofsleer te versterken door catechisatie en meer pastorale zorg. In de praktijk betekende dat een harde confrontatie met alles wat protestants was of ernaar neigde. De kerk stond voor haar dogma's en voornemens overal waar die werden aangetast of betwijfeld in het geweer te komen.

Filips II was zeer tevreden over deze uitkomsten en stond erop dat ze onverkort werden ingevoerd. In regeringskringen in de Nederlanden had hij kardinaal Granvelle in geloofszaken altijd aan zijn zijde gehad, maar de onverdacht katholieke Viglius dacht over een en ander wezenlijk anders. Die zag dat hier de weg naar een harde confrontatie werd ingeslagen die wel eens heel Europa op stelten kon gaan zetten. In 1563 deed Viglius, met de oude vicekanselier van het Duitse Rijk Georg Sigismund Seld, nog een poging een diplomatiek offensief bij het Concilie te beginnen om vergaande matiging af te dwingen, maar de paus wist dit te dwarsbomen.[163] Bij de sluiting van het Concilie op 4 december 1563 was iedere weg naar overleg en verzoening met de protestantse bewegingen geblokkeerd.

Dit werd in regeringskringen in heel Europa meer betreurd dan vaak is gedacht. In Frankrijk, in Oostenrijk, in het Duitse Rijk en in de Nederlanden waren veel katholieke én protestantse vorsten en hun adviseurs ervan overtuigd dat het overbruggen van de verschillen niet alleen bittere noodzaak was, maar dat het met een beetje goede wil ook kon. Cruciaal daarvoor was dat de clerus werk maakte van terechte kritiek op misstanden in de katholieke kerk. De oude keizer Ferdinand dacht er al heel lang zo over, en zijn zoon Maximiliaan II koesterde hierover zelfs heel uitgesproken ideeën – vandaar dat Viglius het contact zocht met Seld, nog altijd een gezaghebbende figuur in Wenen. In 1564 begon ook Willem van Oranje zich steeds meer te interesseren voor de manier waarop de geloofsconflicten van hun scherpte ontdaan konden worden.

Voor dit moment was het zaak elkaar zo veel mogelijk te verdragen. Oranje zag hoe er in Frankrijk mee geëxperimenteerd werd, en hoe daar vanuit het hof leiding aan werd gegeven. Het proces verliep bij vlagen alsnog gewelddadig, maar kringen rond koning Karel IX en zijn moeder Catharina de' Medici bleven ondanks alle bloedige incidenten vooralsnog deze aanpak propageren, daarin tegengewerkt door de factie van de Guises, die daarbij meer dan ooit gesteund werden door de paus en Filips II.

Op dezelfde manier werd Oranje in Orange voortdurend op zijn nek gezeten door de paus. Waarbij in de loop van 1564 ook duidelijk werd dat hij in dit prinsdom een geheel eigen lijn begon te volgen. Zoals hij in een brief aan Willem van Hessen uitlegde, was inmiddels een van de grootste grieven van de paus dat hij zijn onderdanen in Orange in zaken van religie een vrij geweten toeliet.[164] De kerk en ook de overheid zou niet over het geweten van individuen moeten willen heersen, want juist dat leidde alleen maar tot gewelddadigheid. Verdraagzaamheid moest leidend zijn, en als het lukte elkaar te verdragen, dan zou uiteindelijk ook het verschil van religieus inzicht overwonnen worden. Dit was voor Oranje de slotsom van een denkproces dat waarschijnlijk jaren in beslag had genomen en wellicht tijdens de militaire campagnes in Noord-Frankrijk al vorm had gekregen. Zijn toenmalige vaste metgezel Lazarus van Schwendi koesterde al geruime tijd opvallend gelijkluidende ideeën.[165]

Oudjaar 1564

In augustus 1564 stierf keizer Ferdinand, die werd opgevolgd door zijn zoon Maximiliaan II. Dit leidde in gematigde kringen tot grote verwachtingen hoe deze energieke maar bedachtzame Habsburger in staat moest zijn de paus tot rede te brengen. Lazarus van Schwendi kende Maximiliaan goed, verkeerde zelfs op vriendschappelijke voet met hem. 'Ik verwacht niet dat hij meteen veel gaat aanpassen aan de oude religie,' schreef hij kort na Maximiliaans aantreden aan Willem van Oranje, 'maar ik geloof dat hij langzamerhand enige hervorming mogelijk zal maken, maar dan wel op een heel gematigde manier en zonder de clerus voor het hoofd te stoten.'[166] Dat was zoals Schwendi het graag zag, en wellicht dacht Oranje er in deze tijd ook zo over. Als het ging zoals gehoopt, was er ook geen reden niet katholiek te blijven.[167]

In dezelfde week dat Schwendi dit hoopvolle bericht over de nieuwe keizer aan een koerier meegaf richting de Nederlanden, vergaderde in Brussel de Raad van State samen met de Geheime Raad over de uitkomsten van het Concilie van Trente. Het ongemak en het onbehagen over de gestrengheid van veel bepalingen waren groot. Er ontstond dan ook een vrij brede consensus over de noodzaak een belangrijke clausule in te bouwen in de decreten, en wel dat de lokale gebruiken er niet door ontregeld mochten worden en, misschien nog wel belangrijker, dat de gewestelijke en lokale privileges er niet door geschonden werden.[168]

Er speelde nog iets anders; er werd nu in Brussel over beraadslaagd, maar Filips II had al zijn goedkeuring gehecht aan de decreten. Er werd dus gesproken over voldongen feiten, en dat was niet de eerste keer. Oranje, Egmond en Horne beseften dat het niet zo handig was om zo kort na het vertrek van Granvelle hier weer een groot conflict over te ontketenen. Er werd voor gekozen vooral de wat technische kwestie van de gebruiken en de privileges heel gedetailleerd aan Filips II voor te leggen. Dat hield de druk op de ketel, maar gaf, gegeven Filips' trage besluitvorming, voorlopig ook wat ademruimte.

Zonder dat de heren er veel aan konden doen, werd in de verschillende gewesten het werk van de inquisiteurs en door hen georganiseerde ketterprocessen voortgezet. De bevolking leed onder snel toenemende werkloosheid en armoede, had daardoor weinig te verliezen, en begon opstandig te worden. De terechtstelling in Antwerpen van een karmeliter monnik, Christoffel Fabritius, die zich tot het calvinisme had bekeerd, liep begin oktober 1564 uit op enorme rellen. Het was tegelijkertijd ook een manifestatie van een grote vastberadenheid onder de opstandige menigte, die luid psalmen en liederen ten gehore bracht, terwijl de stenen door de lucht vlogen.[169] De rellen ontstonden zo snel, naar het leek uit het niets, en waren zo hevig dat dit het begin moest zijn van nog veel meer. De geest was uit de fles, zo voelde het, en zo was het.

Oranje had nu een paar dingen om over na te denken. Het op de brandstapel brengen van ketters stond hem oprecht tegen, het loste ook niets op, het bracht een stad, een gewest, een land alleen maar in crisis. Maar Filips II was op het terrein van het geloof niet tot enig compromis te brengen, en nu de onverzoenlijke decreten van Trente gepubliceerd waren, had hij geen enkele reden meer nog een milde of afwachtende houding aan te nemen. Bij alle bewegingen die Oranje de afgelopen jaren had gemaakt, stond hij voor de keuze opnieuw, en nu rechtstreeks, de confrontatie met Filips II aan te gaan. Er was geen Granvelle meer om als stootkussen te dienen.

Het was onvermijdelijk dat Filips II op een beheerste manier werd uitgelegd dat er met zijn benadering van het godsdienstvraagstuk niet te leven en te werken viel. Iemand moest naar Spanje gaan om dit met hem te bespreken. De keuze viel op Egmond. Maar wat ging hij precies van de vorst vragen, en hoe kon dat zo geformuleerd worden in een instructie die de instemming van de hele Raad van State kon dragen? Viglius stelde een instructie op voor Egmond, waarin veel in het midden werd gelaten.[170]

In een vergadering van de Raad van State op 31 december nam Oranje het woord en hij sprak zich uit. Hij zette uiteen hoe hij dacht over hoe het verder moest met de religie en met het bestuur van het land. Het had geen zin de oude gecorrumpeerde vorm van de katholieke kerk te willen behouden, die tijd was voorbij, zoals het ook afgelopen moest zijn met slecht functionerende rechters en raadsheren, het systeem van een landsbestuur met twee naast elkaar werkende raden was ook achterhaald, één sterke Raad van State was voldoende, die moest dan wel worden uitgebreid met deskundige mensen. En dat in dit land de decreten van Trente ooit gehoorzaamd zouden worden was een illusie, daarvoor waren ze te slecht doordacht. En de vervolging van ketters moest ophouden, dan wel flink getemperd worden. Oranje was vast voornemens zelf de katholieke religie trouw te blijven, maar hij kon niet goedvinden dat 'vorsten wilden heersen over het geweten van mensen, en hun de vrijheid van geloof en godsdienst ontnemen'.[171]

Volgens Viglius was Oranje lang, erg lang aan het woord, op een heftige toon en met een stroom complexe redeneringen. Hij was pas om zeven uur in de avond klaar met zijn betoog. Margaretha van Parma had geluisterd, maar verlangde toen zo sterk naar het avondmaal dat ze haar reactie opschortte tot de volgende dag. Viglius, die hier verslag van deed, bekende dat hij door wat Oranje naar voren had gebracht zo confuus was dat hij niet meer wist wat hij hierop zou kunnen terugzeggen. Hij deed die nacht geen oog dicht. De volgende morgen, het was inmiddels 1565, werd Viglius bij het aantrekken van zijn kleren getroffen door een beroerte.[172]

De doorwaakte nacht van de trouwe en ervaren, in de kern zo gematigde Viglius bewees één ding: elk uitzicht op gemakkelijke oplossingen was verdwenen.

5

Overleven als rebel
1565-1567

Viglius herstelde in Brussel van zijn beroerte, in Antwerpen begon een achttienjarige jongen met het schrijven van een dagboek. Aan stof geen gebrek. Het vroor zoals het in geen honderd jaar gevroren had. De strenge kou was op 18 december plotseling ingevallen: bemanningen op schepen werden erdoor verrast en stierven door onderkoeling. Nog voor het einde van het jaar was het water in de altijd stromende Schelde zo stijf bevroren dat paarden eroverheen konden. Het leven kwam tot stilstand, behalve op het ijs, waar tentjes verrezen, die bier, wijn en worst verkochten. Kleermakers brachten zelfs souvenirs aan de man die de herinnering aan de barre kou levend moesten houden.[1] Na een korte dooiperiode begon het in de tweede helft van januari opnieuw hard te vriezen; de kammen van de hanen bevroren op hun kop. Er ontstonden brandstoftekorten. De turf raakte op omdat de Hollandse schepen die dit hadden moeten aanvoeren vastlagen in het ijs. In de omgeving van Antwerpen werden wilgenbomen clandestien omgehakt, ook wielen en zelfs galgen werden 's nachts ontvreemd. Even leek het wat zachter te worden, maar nog voor het einde van januari stak er een sneeuwjacht op. Op de Westerschelde sloegen Engelse vrachtschepen te pletter op drijvend ijs.

Godevaert van Haecht, die dit allemaal noteerde, had een goed oog voor hoe de vorst het leven van vooral de armen ontwrichtte; alles werd snel duurder, mensen raakten wanhopig, zo beet een vrouw een man twee vingers af in een ruzie om een beetje turf.[2] Maar ook het economische leven ontspoorde: '[...] in Antwerpen hadden de brouwers door de langdurige vorst geen kolen meer om mee te stoken, in Zeeland was groot gebrek aan bier, hout en zoet water, omdat er door het ijs geen schepen meer in de buurt konden komen, wat hen ertoe bracht hun zoldervloeren maar te verbranden.'[3] Pas op 23 februari begon het te dooien.

Margaretha van Parma, omstreeks 1562, door Anthonis Mor (collectie Gemäldegalerie, Berlijn / bpk-Bildagentur, Jörg P. Anders).

Ruim twee maanden van felle kou toonden aan hoe kwetsbaar de dichtbevolkte Lage Landen inmiddels waren. De steden in deze gewesten waren voor warmte, drank en voedsel aangewezen op goed lopende vervoersstromen. In de weken dat het zo hard vroor stierven er overal in de Nederlanden, en ook elders in Europa, mensen door onderkoeling en voedselgebrek.[4] Het was de eerste harde kennismaking met een klimaatprobleem dat meer dan een eeuw veel improvisatievermogen zou vragen: de winters werden gevoelig kouder, de periode werd achteraf ook wel de 'kleine ijstijd' genoemd.

Met het aanbreken van het voorjaar verdween het gevaar van onderkoeling, maar de voedselschaarste bleef. Door een koud en nat voorjaar vielen de oogsten tegen. Ongeveer een kwart van het benodigde graan, de basis van ieders dagelijkse voeding, moest worden aangevoerd uit het Oostzeegebied.[5] Daarvandaan kwamen in de loop van 1565 hardnekkige berichten over een uit de hand lopend conflict tussen Denemarken en Zweden, waardoor de passage van graanschepen door de Sont geblokkeerd dreigde te raken. Geruchten over mislukte oogsten bleven aanhouden. De prijzen van graan schoten omhoog, speculanten begaven zich op deze markt, waardoor de prijzen onbeheersbaar werden.[6]

De strenge winter ging over in een diepe economische crisis, veel mensen verloren hun baan, lonen daalden en de prijzen bleven stijgen, en de criminaliteit nam merkbaar toe.[7] 1565 werd voor veel Nederlanders een duur en hongerig jaar. Dit was normaal gesproken iets voor de vrije markt, en anders voor stadsbestuurders, die ervoor moesten zorgen dat de heftigste prijsschommelingen werden afgeremd en ook de allerarmsten gevoed konden blijven worden. Uit het dagboek van de jonge Van Haecht valt op te maken dat vanaf het voorjaar tot het einde van 1565 de ontreddering almaar toenam. De vermoedens dat handelaren de prijzen kunstmatig opdreven door grote voorraden graan verborgen te houden werden steeds sterker.

Deze ontwrichting van de markt werd in de nazomer van 1565 een zaak van de centrale regering; de prijzen moesten worden beteugeld en speculatie moest worden ontmoedigd. Er werden verschillende maatregelen afgekondigd, die moeilijk te handhaven waren. De crux was dat moest worden voorkomen dat telers, handelaren en ook particulieren graanvoorraden konden aanleggen, waarmee gespeculeerd kon worden. Verder werd iedere uitvoer van graan verboden.[8] Dit werd ook een lastige opdracht voor Willem van Oranje. Als stadhouder van Holland was hij degene die Amsterdam moest aanspreken op alle geruchten over speculatie met de graanprijzen. Amsterdam was het internationale knooppunt in de graanhandel, en er werd door lokale handelaren veel meer graan uit de markt gehaald dan ze er weer inbrachten.[9] De schaarste hield aan tot ver in de daaropvolgende winter, Oranje ging er in januari 1566 zelfs toe over om August van Saksen te vragen een grote hoeveelheid rogge naar de Nederlanden te sturen. Op dat ogenblik was de markt alweer iets aan het normaliseren.[10]

Inspelen op stedelijk zelfbewustzijn

Dat kon niet voorkomen dat de jaren 1565-1566 een gevoelige breuk zouden blijken in de Nederlandse economie, die sinds het begin van de zestiende eeuw gewend was aan voortdurend groeiende welvaart.[11] Het waren niet alleen de klimatologische omstandigheden; hoge belastingen, aanhoudende inflatie, een handelsoorlog met Engeland, de godsdienstige onrust en het op gang komen van vluchtelingenstromen hadden eveneens een drukkend effect op economische activiteiten.[12] Dit was al een paar jaar gaande, maar in 1565 begon iedereen het te merken. En zo goed als iedereen zag zich op een of andere manier als slachtoffer, de armen als eersten, die leden honger, de middengroepen en de rijken konden zichzelf nog wel voeden maar voelden veel vastigheid en welvaart verdwijnen.

Het was de ironie van de geschiedenis dat juist in de laatste dagen van die ontwrichtende winter van 1565 in Antwerpen een nieuw stadhuis werd opgeleverd. Op 27 februari kwam het gebouw gereed, dat als het in steen gebeitelde bewijs van de Antwerpse wereldmacht in de handel moest dienen. Economische macht die met dit gebouw vrij opzichtig in politieke macht werd vertaald. Op en in het nieuwe stadhuis en ook elders in Antwerpen dook veelbetekenend de afkorting 'S.P.Q.A.' op, een verwijzing naar de zinspreuk van het oude Rome: 'Senatus Populusque Romanus', een verwijzing ook naar de republikeinse gezindheid die Rome tot een wereldrijk had gemaakt.[13]

In plaats van in het Antwerpse stadhuis aan verdere uitbreiding van de hegemonie in de wereldhandel te kunnen denken, werd het de eerste tijd vooral gebruikt voor crisisberaad. Wat de Antwerpse bestuurders besloten, kon zijn weerslag hebben tot ver buiten de stadsgrenzen. Willem van Oranje was zich hiervan bewust, en dus had hij door de jaren heen een goed contact opgebouwd met lokale sleutelfiguren. De bestuurders en ook de bevolking waren hem steeds meer gaan zien als hun voorpost in de centrale regering in Brussel.

Juist in 1565 intensiveerde Oranje ook zijn bemoeienis met een andere

Amsterdam in vogelvlucht, omstreeks 1550, tekening van Anthonis van den Wijngaerde (collectie Stadsarchief Amsterdam).

gestaag expanderende handelsstad: Amsterdam.[14] De groeistuipen leidden daar tot grote politieke spanningen. De stad werd geregeerd door een conservatief-katholieke clan rond burgemeester Joost Buyck. Het was een klein kringetje waarin via coöptatie de publieke functies aan verwanten werden doorgegeven. In 1564 hadden zo'n zeventig aanzienlijke Amsterdammers aan de landvoogdes daarover een klaagschrift, een 'doleantie', gestuurd. Om de situatie ter plaatse te onderzoeken, vertrok Willem van Oranje, in zijn verantwoordelijkheid als stadhouder van Holland, in mei naar Amsterdam. Hij verbleef er vijf dagen, hoorde verschillende partijen aan, had zijn diners en onderonsjes. Middelpunt onder de Amsterdamse klagers was schout Willem Bardes, met wie Oranje al langere tijd goede relaties onderhield. Bardes was iemand met een groot internationaal netwerk van informanten; hij voorzag Oranje in uitgebreide brieven van de faits divers die hem zoal ter ore waren gekomen.[15]

Oranje werkte ook in een stad als Amsterdam omzichtig en doelgericht aan zijn machtsbasis. In een informele en veelal geheime uitwisseling van gunsten, diensten en informatie, creëerde Oranje bruggenhoofden van hem toegewijde mensen. Dat Oranje na vijf dagen naar Brussel terugkeerde met het vaste voornemen de macht van Buyck te breken, spreekt in dit verband voor zich. Dat Oranjes favoriete gesprekspartners in Amsterdam gematigde, al dan niet humanistisch of protestantsgezinde burgers waren, was niet per se nodig, maar paste wel bij de koers van verdraagzaamheid die Oranje steeds meer publiekelijk begon uit te stralen. Antwerpen en Amsterdam bleven als internationale informatieknooppunten aan belang winnen, en dat verklaart veel van Oranjes inspanningen om in deze steden met invloedrijke burgers op goede voet te komen en te blijven.[16]

De reis van Egmond

Het bouwen aan lokale netwerken moest uiteindelijk dienen om sterker te staan in de altijd wat onveilige Brusselse arena.[17] Dat dit nodig was werd in de loop van het jaar 1565 steeds duidelijker. Tijdens zijn verblijf in Amsterdam werd Oranje naar Brussel ontboden. Lamoraal van Egmond was teruggekeerd uit Spanje en wilde uitgebreid verslag doen van zijn belevenissen.

Egmond was medio januari, ruim twee weken nadat Willem van Oranje op oudjaar zijn felle rede had gehouden, op weg gegaan naar Filips II. Aan de instructie werd op dat ogenblik nog gewerkt, om die alsnog aan te passen in de richting van Oranjes opvattingen. De instructie werd wat radicaler van toon, en dat maakte de kans dat Filips II zich van zijn milde kant zou laten zien alleen maar kleiner.[18] De door Margaretha van Parma getekende instructie werd Egmond op 23 januari nagebracht terwijl hij in Kamerijk wachtte op permissie om door Frankrijk te reizen.[19]

De stemming bij verschillende hoge edelen varieerde in deze dagen van nerveus tot eufoor. Hendrik van Brederode kwam gehaast in Brussel aan, in de hoop Egmond uitgeleide te kunnen doen; hij kwam enkele uren te laat en gaf zich toen maar ten paleize van Willem van Oranje aan de wijn over. Brederodes vriend Floris van Pallandt, graaf van Culemborg, was er die avond ook bij, een edelman met protestantse sympathieën. Culemborg was voornemens mee te reizen met Egmond; in dronkenschap werden voor alle zekerheid enkele paternosters gebeden voor Culemborgs behouden terugkeer uit het katholieke Spanje.[20] Pure spot. Brederode was hier wellicht de gangmaker.

Een paar dagen later was hij het zeker, inmiddels in Kamerijk, waar hij met Egmond en andere edelen op het eten was uitgenodigd bij de aartsbisschop. Er werd opnieuw enorm gedronken, en Brederode begon beledigingen rond te strooien aan het adres van de gastheer. Opeens wierp hij de vraag op wat er zou gebeuren wanneer Egmond niet levend uit Spanje zou terugkeren; waarop de bisschop, op ironische toon, zou hebben gezegd: 'Dan zal er wel een nieuwe Egmond opstaan.'[21] Hierop ontstak Brederode in grote woede. De bisschop hoopte de ophef te sussen door op de gezondheid van Brederode een toost uit te brengen, wat Brederode beantwoordde door een waskom vol water naar de bisschop te gooien. De zoon van de graaf van Mansfeld mengde zich er ook in, greep zelfs naar zijn sabel, waarop Egmond ertussen sprong en de consternatie enigszins tot bedaren wist te brengen. De volgende dag werd de ruzie in een ijzige sfeer bijgelegd.[22]

Egmond zat met het gebeuren in zijn maag, en dat zal voor Oranje niet anders zijn geweest, toen hij er in Brussel van hoorde. Maar dat was nog niet alles. De dronkenmanstaferelen rond Brederode regen zich aaneen. Morillon ving een verhaal op – hij deed er uitgebreid verslag van aan Granvelle – over bizarre verwikkelingen nadat een kennelijk nogal alarmerende brief van de graaf van Horne in Kamerijk was afgeleverd. Aanwezig waren in ieder geval de graaf van Hoogstraten, de graaf van Mansfeld, de heer van Noircarmes, en Brederode zelf. De heren stelden een tekst op, die ze uitschreven en ondertekenden met bloed uit hun ter plekke geopende aderen. De strekking van het document was dat de ondertekenaars zich verbonden de graaf van Egmond te wreken wanneer hem op reis naar Spanje iets mocht overkomen.[23] Dit document werd aan de bode meegegeven om het te bezorgen aan de vrouw van Egmond. Waarop ze hun kleren uittrokken en poedelnaakt door de kamers van het bisschoppelijk paleis begonnen te rennen en te dansen. 'Ik heb niet gehoord of Egmond hier ook bij was,' voegde Morillon er voorzichtigheidshalve aan toe.[24]

Of Egmond er nu bij was of niet, dit deed geen goed. Hij trok op 31 januari met een gevolg van zo'n dertig ruiters Frankrijk in, verlost van Brederode, maar belast met een missie die nog moeilijker was dan ze bij vertrek uit Brussel al had geleken. Er was vanuit de Nederlanden inmiddels een vilein rapport over Egmond onderweg naar Filips II, opgesteld door spion Lorenzo de Villavicencio, die uitlegde dat Egmond niet representatief was voor de Nederlandse edelen en ook niet in staat geacht moest worden hun standpunt te vertolken.[25] Bovendien was Egmond vertrokken zonder zeker te weten of hij welkom was. En dat was hij niet. Filips II zat niet op Egmond te wachten, omdat hij het hoofd moest bieden aan een Turkse opmars in het Middellandse Zeegebied. Egmond werd eind februari nog wel met alle egards ontvangen, maar moest vervolgens tot begin april wachten op een persoonlijk onderhoud. Egmond bracht de wens over van de hoge edelen dat de koning snel naar de Nederlanden zou komen, en stelde een hele reeks politieke kwesties aan de orde. De communicatie moet grotendeels via Filips' secretaris Gonzalo Perez of tolken zijn verlopen; Filips kende nauwelijks Frans, Egmond geen Spaans.[26] Filips sprak zich, zonder dat Egmond er erg in had, ondanks een vriendelijk gezicht en tekenen van meegaandheid, nergens over uit, zij het dat hij wel duidelijk maakte dat over godsdienst met hem niet viel te onderhandelen. Nog voor Egmond vertrok schonk Filips hem de heerlijke rechten over Ninove en Enghien, die grote jaarlijkse opbrengsten beloofden.[27] Egmond werd ingepakt waar hij bij stond.

In de eerste week van mei keerde hij terug in Brussel, opgetogen over wat hij had weten te bereiken. Filips II had zich gematigd en redelijk getoond. Egmond hield de spanning erin omdat hij wilde wachten op de terugkeer van Oranje uit Amsterdam, maar kon zijn gevoelens van triomf niet verbergen. Er liepen geruchten over allerlei personele wisselingen in de regering die de factie van Oranje en Egmond sterker zouden maken. De Raad van State kon nu door hen gedomineerd worden en zou meer macht krijgen. Egmond verzamelde in deze dagen veel mensen om zich heen, liet af en toe een nieuwtje van zijn tong rollen, en was volgens de altijd scherpe waarnemer Morillon 'dag en nacht aan het onderhandelen', waardoor hij voor even de belangrijkste man van Brussel leek.[28] Op 27 mei kon eindelijk de Raad van State bijeenkomen met de inmiddels teruggekeerde Willem van Oranje.[29] Egmond deed onder verwijzing naar de geschreven instructie die hij had meegekregen uitgebreid verslag van zijn successen. Het viel op dat hij de livrei met de pijlen, die nog altijd door leden van de Liga en hun personeel werd gedragen, in deze dagen aflegde. Het was hem bij monde van Alva vlak voor zijn vertrek uit Spanje bevolen.[30] Een subtiele test voor waar zijn loyaliteit lag. In de Raad van State beweerde Egmond dat Filips ermee instemde de ketterijplakkaten te verzachten. Bovendien zou deze raad eindelijk het voornaamste regeringslichaam in de Nederlanden worden.[31]

Het triomfantelijke gevoel van Egmond werkte aanstekelijk op veel andere edelen,[32] maar waarschijnlijk niet op Oranje. Hij had vanaf het begin weinig fiducie gehad in de aanpak van Egmond. Volgens zijn inzicht waren de toezeggingen waar Egmond zich op beriep, bij goed lezen niet terug te vinden in de door de koning aan hem meegegeven instructie.[33] Het bleek terechte scepsis, toen er enkele weken later, op 10 juni, brieven van Filips II in Brussel aankwamen waarin van concessies helemaal geen sprake was. Het leidde tot een ongemakkelijke sfeer; verbijstering, ontgoocheling en woede streden om de voorrang. Over de koning, over Egmond. De laatste had iets uit te leggen, maar hij kon het niet. Over het toekomstig opereren van gewestelijke inquisiteurs en ook over het nakomen van financiële verplichtingen aan Duitse legeraanvoerders was Egmond veel te positief geweest. Waar Filips zich waarschijnlijk in een individueel geval wat milder had uitgelaten, had Egmond dit geïnterpreteerd als een algemene koerswijziging.[34] Dat is nog de vriendelijkste uitleg. Willem van Oranje bleek tot dergelijke nuanceringen niet in staat. Morillon rapporteerde aan Granvelle over een hoogoplopende ruzie waarin Oranje Egmond verweet in Spanje alleen zijn eigen belangen te hebben nagejaagd en die van zijn collega's geheel te zijn vergeten. Oranjes woorden kwamen zo hard aan dat Egmond zich een paar dagen niet liet zien en zelfs de jaarlijkse processie in Brussel, de Ommegang, aan zich voorbij liet gaan.[35]

Een zomer van bezinning

Voor alle betrokkenen was een periode van bezinning aangebroken. Even had het onmogelijke mogelijk geleken: de Nederlanden op een Nederlandse manier besturen, onder een goedkeurend oog van de landsheer in Madrid. Maar het was niet mogelijk. Of zou Filips II nog bijtrekken? Waren er compromissen denkbaar, konden de geschillen nog begraven worden?[36] Het was voor sommigen hoopgevend dat er in juni in het Zuid-Franse Bayonne op regeringsniveau werd gesproken tussen Fransen en Spanjaarden over godsdienstige verzoening. De Franse delegatie stond formeel onder aanvoering van koning Karel IX, maar die opereerde onder de strakke regie van zijn moeder Catharina de' Medici. Catharina had zich voorgenomen om omwille van de binnenlandse rust ook de calvi-

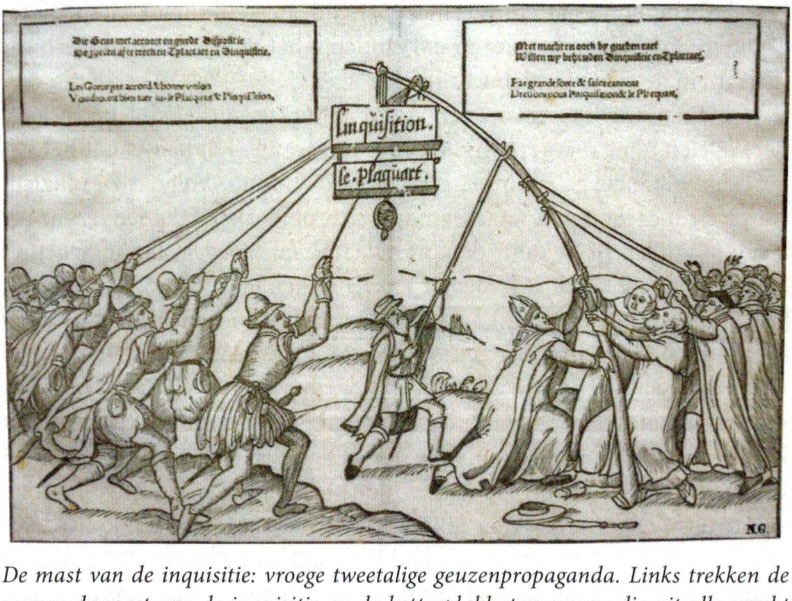

De mast van de inquisitie: vroege tweetalige geuzenpropaganda. Links trekken de geuzen de mast van de inquisitie en de ketterplakkaten omver, die uit alle macht door katholieke geestelijken overeind wordt gehouden (collectie Universiteitsbibliotheek Leiden).

nistische belangen in de gesprekken met de Spanjaarden te laten meewegen. Ze kwam naar Bayonne om met Spanje de scherpe, onverdraagzame kantjes van het katholicisme af te vijlen.[37] De Spaanse delegatie werd aangevoerd door Catharina's dochter Elisabeth, de vrouw van Filips, maar de lijnen werden uitgezet door de hertog van Alva. De sfeer was zo op het oog hoofs: prachtige diners, veelal in de openlucht, jachtpartijen, balletten, dag in, dag uit, en ertussendoor werd hard onderhandeld, en waren er vele onderonsjes.[38] Daarin mocht Alva graag zijn voorstel herhalen de Franse calvinistische voorlieden Condé, Coligny en Gramont zo snel mogelijk het hoofd af te hakken. Dit weerhield Catharina er niet van in het officiële gedeelte vol overtuiging haar tolerantiepolitiek te blijven verdedigen, die in Frankrijk veel bloedvergieten had voorkomen. Alva kwam er niet doorheen en liet het er voorlopig bij. Terwijl de inzet van Filips II juist was geweest Frankrijk aan zijn zijde te krijgen. Wanneer daar de decreten van het Concilie van Trente onverkort werden ingevoerd, inclusief een efficiënt werkende inquisitie, was het daarna heel eenvoudig ook de Nederlanden weer in het gareel te brengen.[39]

De grootmachten zaten met diametraal tegenovergestelde belangen in het overleg. Het werd een mislukking, ook omdat uitkwam dat Frankrijk in het geheim een diplomatie met de Turkse sultan was begonnen, juist op het moment dat Spanje in de omgeving van Malta een groot militair conflict met de Turken uitvocht. Catharina was op weg naar Bayonne zelfs in Turkse uitmonstering op een feest verschenen. Ze was niet van plan de oude aartsvijand Spanje al te veel naar de mond te praten.[40] Ze wilde zelfs die indruk niet wekken.

De krachtpatserige taal van Alva sprak zich rond in Europa; het zwol aan tot een versie waarin Spanje en Frankrijk samen de inquisitie ter hand zouden nemen. Maar in de praktijk was de bijeenkomst in Bayonne een enorme domper voor de Spanjaarden; de kans dat ze op korte termijn met de Fransen het protestantisme konden wegpoetsen was verkeken.

In de Nederlanden was er tussen de Raad van State, de Geheime Raad en de bisschoppen vanaf 29 mei wel een week lang gesproken over het opvijzelen van het godsdienstonderwijs, het disciplineren van de clerus, het verbeteren van de prediking en het indammen van ketterij. Over de eerste drie onderwerpen werd vrij eenvoudig overeenstemming bereikt; het katholicisme werd door niemand in dit gezelschap openlijk betwijfeld. Met de kettervervolging lag het moeilijker. Oranje hield opnieuw een pleidooi voor het staken ervan.[41] Zijn argumentatie was enigszins vergelijkbaar met die van Catharina de' Medici in Bayonne. Onverzoenlijkheid kon alleen maar uitlopen op nodeloos bloedvergieten. Oranje benadrukte de funeste gevolgen die het jagen op ketters zou hebben op de economie: de handel zou erdoor instorten en velen zouden het land willen verlaten. In de voorgaande jaren waren al duizenden protestanten vertrokken naar Engeland, het Oost-Friese Emden, en Wezel in Gulik-Kleef.[42]

In diezelfde dagen formuleerde Hopperus een heel andere benadering om problemen tegen te gaan: in zijn ogen moesten 'geloof en angst met elkaar samenwerken': de schrik erin houden en daardoor voorkomen dat ketters overmoedig zouden worden. Hopperus schreef het eindverslag, waarin het pleidooi van Oranje nauwelijks waarneembaar was.[43] Begin juni werkte op aandringen van Filips II een commissie van geleerden aan voorstellen om in de Nederlanden het katholicisme te versterken.[44] Hun advies ging naar de koning voor goedkeuring. Het gaf wat ademruimte. Intussen vroeg Margaretha van Parma in een brief aan Filips nadere uitleg, omdat er nogal wat verschil zat tussen het verslag van Egmond en de brief van hemzelf. Ook dit gaf ademruimte. Het antwoord liet maanden op zich wachten.

Terug naar het gewone leven?

De rust van de zomer van 1565 was breekbaar. Er werd veel nagedacht en veel gediscussieerd in kleine kring, in de Nederlanden, in Spanje, en ook elders in Europa. En er woekerde wantrouwen. Filips II was zich inmiddels goed bewust van de rebelse sfeer onder een groot deel van de Nederlandse adel en ook onder gewestelijke bestuurders; hij gaf zijn halfzuster Margaretha al in het voorjaar van 1565 in het geheim opdracht een grondig onderzoek in te stellen naar hun functioneren. De connecties van Oranje werden scherp in de gaten gehouden. In augustus kwam Willems moeder Juliana van Stolberg met een deel van haar kinderschaar naar Breda om er enkele weken door te brengen. Ook hier liet Margaretha spionneren. Brieven werden steeds vaker onderschept. Het dwong tot voorzichtigheid, veel berichten werden daarom versleuteld, identiteiten verhuld.[45] De dossiervorming ging in een hogere versnelling.[46]

Er waren ook wel goede redenen om niet gerust te zijn op Oranjes loyaliteit. De contacten met protestantse vorsten in Duitsland waren sinds de geheimzinnige plannen in 1562-1563 om Metz en Brabant te 'bevrijden' wat minder wild geworden, maar het briefverkeer met Saksen, Hessen, Gulik-Kleef, Brunswijk, en Nieuwenaar (Neuenahr) bleef intensief. Het was een carrousel van nieuwtjes, lucratieve functies en huwelijksarrangementen. Zolang die maar liep, bleven de banden warm en kon Oranje het idee hebben dat hij met de oplopende spanningen in de Nederlanden ergens op kon terugvallen.

Oranje straalde al enige tijd uit dat de katholieke scherpslijpers in zijn omgeving eraan moesten wennen dat hij op godsdienstig terrein een gematigde koers wilde volgen, waarin voor verkettering van protestanten tot de dood erop volgde geen plaats meer was. Voor wie Oranje graag wil indelen in een specifiek religieus kamp volgden verwarrende jaren. Oranje liet zich niet meer indelen; hij was katholiek, had hartelijke omgang met zijn lutherse familieleden, en onderhield nauwe banden met steeds meer calvinisten uit verschillende delen van Europa. Op 8 december 1564 was Anna van Saksen bevallen van een zoon, die niet alleen de roepnaam Maurits kreeg, naar zijn legendarische en omstreden grootvader, maar als doopnamen ook nog die van twee andere vooraanstaande lutherse vorsten uit de schoonfamilie van Oranje: August en Filips. En toch verliep de doopplechtigheid op 4 februari 1565 in Breda geheel volgens de katholieke rite.[47]

Het Habsburgse bewind gedoogde Oranjes dubbelzinnigheid zolang het kon. Later in februari gaf Margaretha van Parma in Brussel een feestmaal ter ere van de geboorte van Oranjes zoon. Diezelfde maand wisselden Filips II en Oranje brieven waarin de eerste te kennen gaf overtuigd te zijn van de juiste godsdienstige ijver van de laatste,[48] en de laatste de vorst verzekerde dat hij altijd tot het uiterste zou gaan om hem te dienen, ook inzake de religie. Het waren woorden van twee mannen die al met elkaar op ramkoers lagen. Alleen de buitenwereld wilde nog geloven dat dit goed kon aflopen. Overigens gebruikte Oranje de woorden 'rooms' of 'katholiek' nergens: 'de religie bevorderen', dat was wat hem werd gevraagd, en dat was wat hij beloofde.[49] Dat kon zoveel betekenen.

Zoon Maurits stierf kort na zijn eerste verjaardag. Oranje had dat hele jaar met lange tussenpozen steeds maar voor even in Breda verbleven. Voldoende om mee te krijgen dat het met zijn vrouw nog altijd niet goed ging. Het lijkt erop dat hij weinig naar haar omkeek; er zijn maar enkele brieven tussen hen bewaard, in brieven aan anderen noemde hij zijn vrouw nauwelijks. Er circuleerden wel geruchten over Anna's zonderlinge gedrag. Zo wist een zegsman van Granvelle – die in het verre Franche-Comté geen genoeg kreeg van slecht nieuws over zijn rivaal – in april 1565 te melden dat Anna kort tevoren enige tijd in Brussel had verbleven en daar haar kamer niet uit was geweest, zelfs niet om te dineren, en ook de gordijnen dichthield.[50] Dergelijke berichten drongen ook door aan het keurvorstelijk hof in Dresden. Daar werd de tristesse van Anna aanvankelijk verklaard uit de dwang die op haar werd gelegd om zich in het openbaar katholiek te gedragen.

Vanuit Saksen werden meerdere gezanten en bemiddelaars gestuurd om te achterhalen wat eraan schortte, en de lucht voor zover het kon weer wat te klaren. Dit bleek kansloos; ruzies werden regelmatig en plein public uitgevochten, waardoor Oranje, uit overwegingen van reputatieschade, steeds meer afstand nam van zijn vrouw. Oranje liet haar intussen steeds korter houden, ontsloeg mensen van wie hij meende dat ze te vertrouwelijk met Anna omgingen, en droeg zo bij aan haar isolement. In Anna gloeide ondanks diepe mentale inzinkingen, toch ook een grote trots, waarbij ze Oranje steeds vaker kleineerde als iemand van lagere adel, maar ook als iemand die in al zijn overspeligheid besmet was met de gevreesde 'fransozenziekte', syfilis. Het kwam nogal eens voor dat ze Oranje in gezelschap behandelde alsof hij haar bediende was, of als een 'nègre', zoals een gezant van Filips II het uitdrukte.[51] Voor Oranje leek de weg naar een enigszins bedaard en aangenaam kasteelleven afgesloten. Toch bleven de echtelieden zich aan het voortbrengen van nageslacht wijden. Eind oktober kwam er een te vroeg geboren dochtertje; in de jaren erna zouden er nog twee wel levensvatbare kinderen worden geboren: een volgende zoon met de naam Maurits in 1567 en Emilia in 1569. Het was geen teken dat de verstandhouding tussen Willem en Anna zich had hersteld. Die bleek nog veel treuriger te kunnen worden dan ze in 1565 al was.

Een probleem erbij: militante calvinisten in de Nederlanden

Oranje moest voorlopig zijn aandacht wijden aan het beteugelen van de graanprijzen. En aan het in goede banen leiden van de oplopende emoties rond religie. De calvinisten bleken in deze jaren onder brede lagen van de bevolking snel aanhang te winnen. Hun succes was niet meer beperkt tot de grenssteden Valenciennes en Doornik, maar verspreidde zich in de loop van 1565 door de hele Nederlanden. Wanneer het calvinisme zo gemakkelijk mensen aan zich kon binden en kon voeden met heilig vuur, dan was het een kwestie van tijd of ze werden een probleem waar een politiek antwoord op moest komen. De vroege calvinisten hadden veel aandacht voor de organisatie van hun kerkgenootschap. In de Franstalige gebieden in de Nederlanden ontstonden in de jaren zestig de eerste krachtige gemeenten, met theologisch geschoolde predikanten, een kerkbestuur, en veelal een krachtdadige diaconie, waardoor de kerk ook voor de minderbedeelden een aantrekkelijk toevluchtsoord werd. Maar de jonge kerk vertoonde groeistuipen; ze trok theologische avonturiers aan, zoals priesters die van het ene moment op het andere het roer omgooiden en zonder al te veel kennis van zaken de leer van Calvijn gingen prediken. De overtuiging was vaak oprecht, maar de disciplinering van het geloofsleven kon door hen nauwelijks worden waargemaakt.[52]

De jonge beweging had desondanks grote aantrekkingskracht op ontwikkelde burgers, die zich al lang ergerden aan de misbruiken in de katholieke kerk en die na 1560, door alle berichten vanuit Rome en Madrid dat de oude katholieke orde hersteld zou worden, het laatste zetje kregen om uit te kijken naar enige religieuze groepering die wel serieus werk wilde maken van een spiritueel geloofsleven. Het werd in deze jaren een strijd om de volksgunst, tussen katholieken, die gesterkt door de decreten van Trente weer meer zelfvertrouwen kregen, de lutheranen, die weliswaar op hun retour waren maar in een stad als Antwerpen nog altijd getalsmatig meetelden, de wederdopers, die zich afzijdig hielden van het politieke bedrijf maar op het platteland en onder ambachtslieden in bijvoorbeeld de lakenindustrie veel aanhang hadden, en de calvinisten, die hun individuele overtuiging met veel energie omzetten in collectieve daadkracht. Met het ontstaan van calvinistische gemeenten in de verschillende steden waren er ook steeds meer rijke kooplieden en stadsbestuurders die zich aansloten bij de beweging. Katholicisme was voor de maatschappelijke elite niet langer vanzelfsprekend; de noodzaak zich te conformeren om economisch of politiek succes te boeken werd kennelijk steeds minder gevoeld.[53] Zo sympathiseerden in Antwerpen burgemeester Antoon van Straelen en pensionaris Jacob van Wesembeke vrij openlijk met het lutheranisme.[54]

Te midden van deze uitgesproken religieuze richtingen, bewoog zich een grote groep die in naam en ook in de dagelijkse praktijk nog altijd katholiek was, maar graag zag dat de kerk iets van de spirituele kracht en ernst van de hervormers overnam.[55] Ook in deze kringen werden katholieke gebruiken als het vasten, biechten, het uitspreken van Latijnse formules 'vergeten' of zelfs ronduit bespot. Onder de Nederlandse adel kwam dit steeds vaker voor, ook onder vrienden van Willem van Oranje, als Montigny en Horne. Oranje bleef wel praktiserend katholiek en wekte zelfs op de bij voorbaat argwanende Granvelle nog omstreeks 1563 de indruk dat dit uit overtuiging was.[56] Ook de jaren erna bleef hij regelmatig de mis bezoeken.

Door de snelle opkomst van de calvinisten werd voor Oranje het uitdragen van een tolerantiepolitiek aanzienlijk moeilijker.[57] Nóg een groepering die aandacht vroeg, en die bovendien niet erg gezeglijk was. De lutheranen hadden een traditie van strikte onderworpenheid aan het wereldlijk gezag; voor de calvinisten lag dat subtiel anders: wanneer een overheid gelovigen wilde dwingen de kern van het geloof te verzaken en tegen het eigen geweten in te handelen, dan was verzet mogelijk. Met een belangrijk, typisch calvinistisch voorbehoud: verzet mag alleen in het georganiseerde verband van enige (overheids)instantie, meestal onder verwijzing naar de nieuwtestamentische legitimering in Romeinen 13:1. Dit recht van opstand wakkerde onwillekeurig het politiek bewustzijn aan. Eenmaal op die weg ontstonden er ook ideeën over de natuurlijke rechten van het volk, en zelfs over volkssoevereiniteit.[58] Dit dreigde de traditionele gezagsverhoudingen fundamenteel aan te tasten. Dat calvinisten soms moeilijk in de hand gehouden konden worden, was in Zwitserland en Frankrijk al enkele keren bewezen, en inmiddels ook in het Nederlandse Doornik en Valenciennes.[59]

Door openlijk tolerantie te bepleiten plaatste Oranje zich buiten de theologische discussie, want geen van de grote bewegingen was geneigd tot verdraagzaamheid voor andere godsdienstige opvattingen. Oranjes benadering bleef 'algemeen christelijke' trekken houden, met nog steeds als leidende gedachte dat de verschillen tussen het katholicisme en de protestantse bewegingen op termijn overbrugd moesten kunnen worden. Alleen over de wederdopers was hij niet optimistisch; die zag hij als sektariërs die in het verleden, denk aan Munster en Amsterdam in de jaren dertig, elk gezag hadden getart met oproer en bandeloosheid.[60] Ook dit is belangrijk voor het begrip van Oranjes aanpak van de geloofsverschillen; hij wilde ver gaan in het toestaan van gewetensvrijheid, maar had weinig geduld met lieden die het wereldlijk gezag uitdaagden. Dat had hij in Orange in 1563 al laten zien door de grootste calvinistische raddraaiers hard te laten aanpakken.[61]

Het forceren van verzoening

Van Filips II en Rome verwachtte Oranje weinig concessies, daar hoefde hij zijn aandacht vooralsnog niet op te richten. Maar hij zocht wel toenadering tot gematigde krachten en ondernam serieuze pogingen de verschillen tussen geloofsrichtingen te overbruggen.[62] Dat Oranje al in de zomer van 1563 contacten onderhield met de tolerantiedenker François Baudouin, lijkt een indicatie van de richting waarin hij de oplossing zocht: de kerk was weliswaar door de noodzaak intern te hervormen ten prooi aan versplintering en tweedracht over allerlei bijzaken, maar over niet al te lange tijd zou ze zich weer verenigen, want over de kern van het christelijk geloof bestond niet zoveel discussie. De energie moest zich daarom richten op het uit de weg ruimen van die verschillen van inzicht over bijzaken. Voor een niet-theoloog een lastige opgave, voor iemand zonder vorstelijk mandaat ook. Toch sloeg Oranje die weg in, en zijn broer Lodewijk kreeg daarin een belangrijke missie te vervullen.

Lodewijk van Nassau was de laatste jaren de voornaamste vertrouwenspersoon van Oranje geworden. Sinds 1556, hij was toen achttien jaar oud, maakte Lodewijk deel uit van Oranjes hofhouding.[63] Hij beschikte over grote diplomatieke gaven, was innemend en meevoelend, en begreep heel goed het spel van geven en nemen, dat in het onderhandelen tot succes kan leiden. Zelfs Filips II raakte in zijn Nederlandse jaren erg op hem gesteld, ondanks het feit dat Lodewijk een lutheraan was, hoogstens voor de vorm naar de mis ging, maar er niet over peinsde katholiek te worden. Aansporingen van de koning zich te bekeren legde Lodewijk naast zich neer.[64] Oranje wist wat hij aan zijn broer had, vertrouwde hem volledig, en kon hem daarom de nodige manoeuvreerruimte toestaan. Ze bewandelden nogal eens heel verschillende wegen om hetzelfde doel te bereiken. Voor de buitenwereld bleef het vaak gissen naar de precieze gezamenlijke agenda van de broers.[65] Biograaf P.J. van Herwerden karakteriseerde Lodewijk als een man van verzoening, die alle christelijke – en als dat niet kon de voornaamste protestantse – stromingen met elkaar wilde verenigen.[66]

Dat was waar Oranje zijn broer voor wilde inzetten. Hij wist dat de lutherse vorsten in het Duitse Rijk de ontwikkelingen in de Nederlanden nog altijd nauwlettend volgden en met enige weerzin keken naar de snelle opkomst van het calvinisme. In januari 1565 werd Lodewijk de spil in een druk diplomatiek verkeer tussen Duitsland, de Nederlanden en ook Frankrijk om na te gaan of het calvinisme en het lutheranisme onder één gezamenlijk belijdenisgeschrift samen verder zouden kunnen. De landgraven Filips en Willem van Hessen werden erbij betrokken, in Frankrijk bleek Condé namens de hugenoten zeer geïnteresseerd in het samen optrekken met de lutheranen. Toch ontstond in het kamp van de lutherse vorsten al snel scepsis; ze beseften dat theologen zich niet gemakkelijk overtuigingen uit het hoofd lieten praten. Zodra je dat toch ging proberen, kwam er alleen maar ruzie van, en dan was iedereen nog verder van huis.[67] Sommige plannen zijn iets te mooi om uitgevoerd te worden.

Lodewijk van Nassau wilde niet opgeven, maar bij zoveel scepsis van lutherse zijde moesten de concessies wel van de calvinisten komen. De discussie spitste zich al snel toe op de interpretatie van het avondmaal. Daar dachten calvinisten en lutheranen met heel vernuftige theologische redeneringen principieel verschillend over.[68] Lodewijk deed meerdere voorstellen om dit probleem zo veel mogelijk te omzeilen, want met name voor de Nederlandse calvinisten was het hogere belang wel duidelijk: een akkoord met de lutheranen verzekerde hen van steun van machtige Duitse vorsten. De calvinistische voorman Guido de Brès en ook vooraanstaande calvinistische burgers lieten zich door Lodewijk overtuigen. Hij werd daarin bijgestaan door de academisch geschoolde protestantse edelman Nicolas de Hames, en door de gebroeders Jan en Filips van Marnix, twee jonge edelen die waren gegrepen door het hervormingsvuur, dat flink was aangewakkerd tijdens enkele jaren studie bij Calvijn en Beza in Genève.[69] Het Nederlandse calvinisme begon door hen een gezicht en meteen ook aanzien te krijgen. Op 13 augustus 1565 kwamen enkele edelen onder aanvoering van Lodewijk van Nassau en een delegatie van rijke kooplieden en calvinistische burgers uit Antwerpen bijeen in het kuuroord Spa in de Ardennen om deze concessies te bezegelen.[70] De Augsburgse Confessie uit 1530 zou als basis gaan dienen voor een gezamenlijke geloofsbelijdenis.

Kort daarop liep de samenwerking alsnog stuk door het veto van Theodorus Beza, die sinds het overlijden van Calvijn een jaar eerder, vanuit Genève de calvinistische beweging leidde. Het argument was helder: men kon het nu wel om allerlei politieke redenen met elkaar eens zijn geworden, maar de onderliggende verschillen van inzicht waren daarmee niet opgelost, sterker nog, die zouden ongetwijfeld snel weer gaan opspelen.[71] Calvinisten en lutheranen waren inmiddels te sterk gehecht aan hun eigen signatuur om dit soort experimenten serieus te willen overwegen.

Wenen: Granvelle zoekt toenadering

De verwijdering tussen Oranje en Egmond zeurde nog lang na. Nu Egmond als natuurlijke en sterke bondgenoot leek te zijn weggevallen, werd Oranje kwetsbaar. Het krachtenveld veranderde. Op hem zou zich wel eens al het ongenoegen van Filips II kunnen richten voor het ongezeglijke gedrag van veel edelen in de voorgaande jaren. Granvelle rook kansen. In de zomer van 1565 werd in Wenen de uitvaartplechtigheid voor de een jaar eerder overleden keizer Ferdinand gehouden. Günther van Schwarzburg was er, en hij ontmoette er, al dan niet toevallig, de Spaanse ambassadeur, Thomas Perrenot, heer van Chantonnay. Ze spraken elkaar meerdere keren langdurig onder vier ogen.[72]

Het voornaamste gespreksthema was de bekoelde verstandhouding tussen Schwarzburgs zwager, Willem van Oranje, en Chantonnays broer, kardinaal Granvelle. De Nederlanden dreigden in een onbeheersbare chaos te belanden. Daarover waren ze het eens. Een verzoening tussen Oranje en Granvelle kon wellicht groter onheil voorkomen. Chantonnay gaf de verzekering dat zijn broer geen wraakgevoelens koesterde. Hij begreep ook wel dat Oranje en de zijnen op een dwaalspoor waren gebracht door enkele onbetrouwbare dienaren van de koning. Hij had daarbij vooral Simon Renard op het oog.[73] Renard was een oude studiekameraad van Granvelle, kwam ook uit Franche-Comté, en had eveneens een glanzende carrière gemaakt aan het hof in Brussel. Al in de jaren vijftig was de verhouding tussen Renard en Granvelle geheel verzuurd geraakt door een spionageschandaal waar een medewerker van Renard in verwikkeld raakte, maar waar zijn baas hoogstwaarschijnlijk geheel onwetend van was. Het leidde tot een heftige en onheelbare vete tussen Renard en Granvelle. Daardoor belandde Renard in 1559 op een zijspoor, en eind 1562 kreeg hij bevel van Filips II, op influistering van Granvelle, dat hij Brussel moest verlaten. Toen hij daarmee aarzelde, werd hij in 1564 naar Spanje beroepen en leefde daar nog enkele jaren onder curatele. Juist met Renard had Oranje in de jaren 1560-1564 de innigste banden onderhouden.[74]

Chantonnay speelde het uitgekookt. Door Oranjes muitgedrag in die jaren te wijten aan de vileine ophitserij van Granvelles aartsvijand Renard, sprak hij Oranje vrij. Dit bood een opening. Schwarzburg wist ongetwijfeld en detail wat er allemaal was voorgevallen, en hield zijn gezicht in de plooi. Hij deed alsof hij dit allemaal voor het eerst hoorde; en Chantonnay bemerkte op zijn beurt die gespeelde onwetendheid.[75] Het was *de corsario a corsario*, zoals Chantonnay het zelf tegenover zijn broer samenvatte, de ene piraat tegenover de andere.[76] Soms hielp zoiets om een opening te vinden: alle trammelant tussen Granvelle en Oranje berustte eigenlijk op misverstanden.

Granvelle kreeg uitgebreid verslag van zijn broer van deze gesprekken en had wel oren naar een verzoening, omdat dit niet anders kon betekenen dan dat hij hier als morele winnaar uit kwam. Oranje zou definitief naar de periferie van de macht gedrukt kunnen worden.[77] Chantonnay was ook geheel op de hoogte van de wrijvingen tussen Oranje en Egmond. En vernam van Schwarzburg steeds meer over de angsten van Oranje om straks als enige lelijk met zijn vingers tussen de deur te zitten. Chantonnay deed het voorkomen alsof hier allemaal niet zo zwaar aan getild hoefde te worden.

Schwarzburg opende dit diplomatieke waagstuk ongetwijfeld met medeweten van Oranje. Het was wellicht een probeersel, een manier om weer wat wijzer te worden over hoe het krachtenveld op dat ogenblik in elkaar stak.[78] Misschien ging het iets verder dan een probeersel: een potentiële uitweg uit een eenzame positie. Maar Oranje zal niet verwacht hebben dat dit veel zou opleveren.

Brieven uit de bossen bij Valsaín

De hoop op een krachtige internationale protestantse coalitie die in staat was Filips II in te tomen was in de loop van de zomer van 1565 vervlogen. Het moest uit de Nederlanden zelf komen. Onder de hoge edelen werd Hendrik van Brederode, ondanks zijn uitspattingen, steeds meer gezien als de meest uitgesproken tegenstander van de godsdienstpolitiek van Filips II. Op 8 september begon op zijn kasteel Batestein bij Vianen een geheim overleg, waaraan behalve hijzelf ook Willem van Oranje, Lamoraal van Egmond en, nogal verrassend, de hertog van Kleef en de graaf van Neuenahr, een zwager van Oranje, deelnamen.[79] Het beraad duurde vier dagen, agenda onbekend. Er zal vooral gespeculeerd zijn: wat te doen als Filips II van ons het onmogelijke eist? Wanneer de adel in verzet zou komen, in hoeverre kon dan op steun uit het Duitse Rijk gerekend worden?

In een brief aan de landvoogdes deed Oranje het voorkomen dat hij Egmond en de hertog van Kleef hier alleen maar trof om vervolgens à l'improviste met hen verder te reizen voor een inspectie- annex plezierreis door Holland.[80] Die reis langs steden als Amsterdam, Haarlem en ook nog Utrecht vond daadwerkelijk plaats. In verschillende plaatsen probeerde hij de gemoederen tot bedaren te brengen over de woekerprijzen die voor graan betaald moesten worden. Oranje kon oprecht beloven dat er inmiddels in Brussel maatregelen in de maak waren om speculatie te beteugelen.

Zulke reisjes waren erg geschikt voor het warm houden en aanknopen van contacten. In Haarlem leerde Oranje de graveur, dichter en selfmade filosoof Dirck Volckertsz. Coornhert kennen, die in zijn jonge jaren bij de Brederodes in Vianen in de hofhouding had gewerkt.[81] Dit type via-via-contacten werd door Oranje op waarde geschat – hij stelde zich vaak benaderbaar op en beschikte over een goed geheugen voor vluchtige ontmoetingen; hij kende 'ontelbaar' veel namen.[82] Oranje en Coornhert zouden nog veel met elkaar te maken krijgen.

Eind september keerde Oranje terug in Brussel. Daar was nog altijd geen antwoord van de koning op het verzoek van Margaretha van Parma om zijn visie op de met Egmond besproken onderwerpen duidelijker uiteen te zetten. Overigens lagen er op de burelen van de koning al sinds eind augustus concepten gereed om verstuurd te worden. Maar Filips wilde nog wat nadenken en overleggen, onder anderen met Alva. Bovendien wilde hij eerst het idee hebben dat de Turken bij Malta definitief verdreven waren. Die zekerheid kwam tegen eind september.[83] Op 17 en 20 oktober werden in het pas gebouwde landhuis El Bosque te Valsaín, iets ten zuiden van Segovia, de brieven, zes in totaal, definitief gemaakt, waarmee de koning in heldere bewoordingen uitlegde dat aan zijn harde beleid inzake ketterij niets zou worden veranderd.[84] De vervolging moest nu zonder verder uitstel ter hand worden genomen. Van tolerantie voor welke protestantse richting ook kon geen sprake zijn.[85]

Terwijl de brieven in de maak waren en naar de Nederlanden werden gebracht, namen de Nederlandse edelen er al enigszins een voorschot op. Het huwelijksfeest van Montigny in Antoing ten zuidoosten van Doornik, medio oktober, stond in het teken van koortsachtig overleg om de Liga, die Granvelle uiteindelijk fataal was geworden, weer nieuw leven in te blazen. Er werd ingepraat op de hertog van Aarschot, die eerder weinig animo voor de Liga had getoond, om nu toch vooral mee te doen. Het viel een waarnemer op dat er inmiddels vooral op fluistertoon over allerlei staatszaken gesproken werd, met name door de belangrijkste edelen. Aarschot werd het gekonkel zo zat dat hij een groot riddertoernooi aan zich voorbij liet gaan en voortijdig vertrok.[86]

Enkele weken later trouwde in Brussel de zoon van Margaretha van Parma, Alessandro, met de Portugese koningsdochter Maria. Alessandro was twintig jaar oud, had de laatste jaren van zijn jeugd aan het hof van Filips II doorgebracht, en was in het voorjaar met Egmond meegereisd naar de Nederlanden ter voorbereiding op het huwelijk aan het hof van zijn moeder. Dit huwelijk werd een festijn naar Bourgondische snit: weelderig en erg kostbaar.[87] Het begon met de aankomst van de bruid in Sas van Gent op 8 november; er stond een groots welkomstcomité op de kade, met veel vliesridders, en er was een cortège van veertig ruiters die allen in karmijnrode met goud en zilver bestikte livreien gestoken waren. Onder deze ruiters hielden zich Willem van Oranje, de markies van Bergen en de bruidegom schuil, die vanuit deze positie de situatie rustig in zich konden opnemen. Het spel werd volgehouden tot in Gent, waar Maria, die haar toekomstige echtgenoot nog nooit had ontmoet, eindelijk werd onthuld welke van de veertig ruiters Alessandro was.[88] Het was een speelse opmaat voor dagen met veel theatraal spektakel als omlijsting van copieuze maaltijden. Iedereen was er, zelfs Anna van Saksen, die tijdens het bruiloftsmaal als tafeldame van de bruidegom optrad.[89] Wel moest ze steeds de vernedering ondergaan dat ze in de protocollen, zoals het toedrinken, steeds na de vrouw van Egmond kwam.[90]

In de beste Bourgondische tradities ging het feest dagen, zelfs weken achter elkaar door. In de steden was het op datzelfde moment onrustig vanwege de graantekorten en steeds stijgende prijzen; in de paleizen van Brussel domineerde het vertoon van vrolijke en geldverslindende eensgezindheid. Het was een gesuikerd festijn, letterlijk, want bij een van de banketten was al het tafelservies – borden, glazen en bestek – van suiker gemaakt, alleen het tafelkleed was een echt tafelkleed.[91]

Inmiddels wist de moeder van de bruidegom dat ze op het eerste moment dat zich ervoor leende, de boodschap moest brengen dat er bericht van de koning was. Zijn brieven waren op 5 november, vlak voor het begin van de festiviteiten, in Brussel aangekomen. Margaretha kwam met het nieuws in de vergadering van de Raad van State van 14 november, drie dagen na de officiële huwelijksceremonie van haar zoon. Filips II eiste dat de ketterplakkaten zoals ze in de loop van de decennia door zijn vader en door hemzelf waren opgesteld, onverkort werden uitgevoerd.[92] In die zin bevatten de brieven niets nieuws.[93] Maar het was 'meer nodig dan ooit'. Daar had Filips vanuit zijn standpunt bezien wellicht gelijk in. Hij zou 'niet verdragen dat er iets aan afgedaan werd'.[94] Het bleken teksten waarmee niet alleen de ontevredenen, maar ook de gematigden de gordijnen in werden gejaagd. In een brief speciaal gericht aan Egmond liet Filips nog weten dat het niet langer gepast was 'met slapheid of dubbelhartigheid' op te treden.[95] In de dagen dat de inhoud van de brieven bekend werd, zou Oranje iemand in het oor gefluisterd hebben: 'We zullen binnenkort het treurspel zien aanvangen.' Hij zou het met merkbaar plezier gezegd hebben.[96] Het is een verhaal uit het kamp van zijn tegenstander Viglius, maar het is niet helemaal onaannemelijk.

Enige dagen later, op 18 november, werden de festiviteiten voortgezet, alsof er niets aan de hand was. Een gemaskerd bal, maar dan in het kwadraat, een feest van verhulling. In het Paleis op de Koudenberg ontrolde zich een spectaculaire verkleedpartij, waarin Oranje en de jonge bruidegom Alessandro opnieuw gebroederlijk hoofdrollen vervulden; ze maakten deel uit van een groep van veertien amazones in lange witte jurken en van boven gehuld in witte harnassen, vergezeld van veertien harige bosmonsters, gewapend met knotsen. Bijna iedereen die ertoe deed in Brussel nam deel aan deze wonderlijke choreografie: Montigny, Bergen, Mansfeld, Aarschot, Egmond, en ook Lodewijk van Nassau deed mee, als amazone, Hendrik van Brederode als wilde.[97] Het liep uit op een krachtmeting, met getrokken zwaarden en onverwachte lichteffecten van lampions en toortsen. Voor de beste bijdrage was een prijs te verdienen en die viel, zoals kon worden verwacht, de bruidegom toe.

Op de voorgrond de wagen van Willem van Oranje als bijdrage aan de allegorische omlijsting van het toernooi op 4 december 1565 (blad uit het Brusselse album, collectie Universiteitsbibliotheek Warschau).

De weken daarop waren er steeds weer nieuwe festiviteiten, zoals op 4 december een toernooi op de Grote Markt van Brussel, dat onder luid getrompetter en in de stromende regen[98] werd geopend met een allegorische optocht. De eerste allegorische voorstelling was georganiseerd door Willem van Oranje. Het was een door paarden voortgetrokken wagen, gewijd aan de liefdesgodin Venus, die plechtig onder een baldakijn op een troon zat, met een brandende toorts in de hand. Voor haar stond een gevleugelde en geblinddoekte Amor, piemelnaakt. Hij werd nog een beetje uit de wind gehouden door de levende vrouwfiguren 'Vermaak' en 'Wellust'; achter op de wagen zaten enkele mythologische personages.[99] Fromheen liepen twaalf ridders in de kleuren oranje, wit en grijs. Een ode aan het goede en vreedzame leven: omnia vincit amor, liefde overwint alles.[100] Vanaf de bovenverdieping van het Brusselse stadhuis keken Margaretha van Parma en Anna van Saksen toe naar deze stemmige liefdesallegorie, en zij zullen daar ieder hun eigen gedachten bij hebben gehad. Het toernooi werd daarna vanwege het slechte weer nog een hele zit.

Op 12 december volgde in de tuinen van het Paleis op de Koudenberg een steekspel, met Lodewijk van Nassau als de aanvoerder van een van de twee partijen. Lodewijk werd in een veld van honderd deelnemers ook de winnaar. Met een overvloedig maal, dansen en veel drinken verdween dat feit al snel weer uit het bewustzijn. Margaretha van Parma wekte die avond veel bewondering met een nieuw blinkend collier, dat ze diezelfde dag van een Spaanse gezant namens Filips II overhandigd had gekregen, waaraan een zwaar met diamanten bezet kruis hing.[101] Voor wie het maar wilde zien gingen deze dagen zwanger van symboliek en ironie.

Achter de façades

Met zoveel edelen in het hart van Brussel werd het langgerekte trouwfestijn van Alessandro Farnese een volmaakte ambiance voor intriges, euforie en dadendrang. Tegen het einde van november was er in het paleis van de graaf van Culemborg een bijeenkomst van ongeveer twintig lagere edelen, van meest protestantse signatuur. Nicolas de Hames en Jan van Marnix waren er weer bij. Vanuit Antwerpen was Franciscus Junius speciaal komen aanreizen. Junius was een Franse edelman die in Genève bij Calvijn was geschoold als predikant. Ook Lodewijk van Nassau was aanwezig. Wat er werd besproken is altijd schimmig gebleven; er volgden in korte tijd nog enkele bijeenkomsten.[102] Er werd uiteindelijk besloten zich tot het uiterste te verzetten tegen iedere vorm van inquisitie. Dat vroeg om een nieuw bondgenootschap, met vertegenwoordigers uit alle Nederlandse gewesten, naast zo veel mogelijk edelen, en er leefde ook de ambitie enkele Duitse vorsten tot vaste bondgenoot te maken. Het was het begin van georganiseerd verzet waarin de Nederlandse adel en het Nederlandse calvinisme de handen ineen leken te slaan. Nog voor het einde van de maand liepen er al mensen rond met plannen Antwerpen in te nemen. Lodewijk van Nassau werd erover in vertrouwen genomen en die briefde het door aan Willem van Oranje. Die kon het roekeloze plan nog net op tijd torpederen.[103]

Een interventie als deze bewijst dat Oranje op de achtergrond als de regisseur opereerde. Via zijn broer was hij goed op de hoogte van wat er in de verschillende bijeenkomsten zoal besproken werd, en bij monde van Lodewijk werd er bijgestuurd.[104] Zelf bleef hij buiten schot en kon hij mooi weer spelen. Toch zijn er tekenen dat dit hem niet zo heel gemakkelijk afging. De controle ontsnapte hem wel eens. In de laatste dagen van november deed zich een incident voor dat de spanning van het moment tekent. Oranje verbleef bij Egmond voor het avondeten. Daar verscheen ook de Spaanse ambassadeur in Engeland, Don Diego Guzmán de Silva. Oranje sprak hem even alleen, tot Egmond zich bij hen voegde. Weer even later trok Egmond zich met de ambassadeur terug in zijn werkkamer. Het duurde meer dan een uur. Volgens een informant van Granvelle raakte Oranje gedurende dat uur bevangen door jaloezie en ergernis, besloot op te stappen en droop af naar zijn paleis.[105] Volgens de informant was dit een teken dat de Liga waar hij met Egmond en Horne zo lang het middelpunt van had gevormd, dreigde te bezwijken. Het was de vraag wie als eerste dit verbond durfde te verbreken. Op waarnemers maakte Oranje in deze dagen een 'zeer ontevreden' indruk.[106]

Ook in de Raad van State liep de spanning op. Er heerste een sfeer van armpjedrukken. Viglius greep een bijeenkomst van de ridders van het Gulden Vlies, op 30 november 1565, aan om de hoge adel op zijn plicht te wijzen, en ze te waarschuwen niet in opstand te komen: 'Het volk [...] zal voor zijn rebellie gemakkelijk genade vinden bij de vorst, maar de hoge edelen nooit. Zij immers zijn de linkerarm der vorsten, die wordt afgehouwen zodra hij zich keert tegen hoofd en hart.'[107]

Hier ontwikkelde zich de tragische kern van het conflict: het ging niet over de godsdienst, over voor of tegen het katholicisme, maar over hoever men wilde gaan bij de uitvoering van de wil van de vorst. De Spaanse gezant Guzmán verzekerde in deze dagen Ruy Gómez nog dat 'de adel in dit land over het algemeen katholiek is'.[108] De eigen geloofsovertuiging leidde niet tot conflicten, het was vooral de onverzoenlijke manier waarop Filips II het land katholiek wilde houden, en liefst nog wat katholieker wilde maken, die een diepe weerzin opriep.

De hoge edelen lieten begin december doorschemeren zich te willen terugtrekken uit de Raad van State; Horne wilde naar zijn landgoed bij Weert, Willem van Oranje gaf te kennen dat hij van plan was zich eens wat uitgebreider aan het gewest Holland te wijden.[109] Begin januari 1566 liet Oranje brieven uitgaan waarin Hollandse steden werd gemaand werk te maken van de door de koning verlangde inquisitie.[110] Zo dubbelzinnig ontwikkelde zich de situatie. Intussen bouwde Lodewijk van Nassau verder aan het verbond dat uiting wilde geven aan de breed gevoelde afkeer van geloofsvervolging. In de dagen voor Kerstmis 1565 zetten de eerste edelen hun handtekening onder een petitie die het onheil alsnog moest afwenden.[111] De initiatiefnemers lieten er zeven kopieën van maken, verdeelden onder elkaar de gewesten en gingen op pad om onder de adel in de hele Nederlanden zo veel mogelijk steunbetuigingen te verzamelen.

In Brussel slaagden de bruiloftsgangers er intussen in ook het nieuwe jaar feestvierend in te gaan. Op 6 januari kwam de hoge adel in het paleis van Egmond bij elkaar voor een groot banket, met gemaskerd bal. Een ooggetuige merkte op dat iedereen zich weer in nieuwe kleren had gestoken, mooier en opzichtiger dan tevoren. Vooral Anna van Saksen viel op met een satijnen jurk, met bont afgezet, waarin vele juwelen verwerkt zaten. Ze droeg een met diamanten en parels bezet kroontje, waarvan de grootste afhingen op haar voorhoofd. De vrouw van Egmond deed in opsmuk iets, maar niet heel veel voor haar onder. Het feest begon twee uur 's middags en eindigde een half etmaal later, na veel zang, dans en speciaal geënsceneerde maskerades.[112] Het was een sprankelende ontkenning van de situatie.

Het Eedverbond

Was 1565 het jaar van de oplopende spanning, 1566 werd het jaar van de ontlading. In 1565 verkeerde Oranje in een ongemakkelijke positie, en die werd het jaar daarop alleen maar ongemakkelijker. In de oudjaarsrede van 1564 had hij de stukken op het schaakbord gezet, maar hij moest erin berusten dat ze door anderen steeds heftiger over het bord werden bewogen. De regering in Brussel koerste, in opdracht van landsheer Filips, af op een harde confrontatie met de Nederlandse adel. Het zou niet lang meer duren of Oranje moest kleur bekennen. Vooral Margaretha van Parma voerde de druk op. Ze lette scherp op Oranje.

Oranje zag zich intussen gedwongen een beleid aan de man te brengen waar hij zelf voor geen goud de afnemer van wilde zijn. Hij legde dit uit aan de landvoogdes in een uitvoerige en heldere brief. Genadeloze doorvoering van de ketterplakkaten zou er uiteindelijk toe leiden dat Filips II 'de liefde van zijn welwillende onderdanen' geheel zou verspelen. Hij drong nog eens aan op de komst van de koning. Tot dat moment moesten alle vormen van kettervervolging worden opgeschort. Zo niet, dan wilde Oranje graag van zijn functie als stadhouder worden ontheven. Margaretha antwoordde zakelijk en vriendelijk met het verzoek voorlopig aan te blijven.[113] Ze zou het opnemen met Filips.[114]

Misschien was Oranjes enige serieuze optie op dat ogenblik de tijd: het toeval moest hem helpen. Filips II kon overlijden, hij kon in een allesverslindende oorlog betrokken raken enzovoort. Als diens dwingende ogen maar voor enige tijd van hem en de Nederlanden werden afgeleid, zou Oranje tijd hebben om met zijn overtuigingskracht en vermogen tot het smeden van compromissen de rust in de Nederlanden te herstellen en de Spaanse koning definitief op gepaste afstand te plaatsen.[115]

Maar er waren begin 1566 geen tekenen dat het die kant op ging. Verre van. De radicalisering ging door. De verschillende initiatiefnemers van wat uiteindelijk het Eedverbond is gaan heten, maakten hun rondes door de verschillende gewesten en kregen bij veel edelen, die voor een deel protestants waren en voor een ongeveer even groot deel het oude geloof nog aanhingen, een goed onthaal.[116] Het te tekenen document, het 'Compromis', spitste zich toe op de eis te stoppen met de geloofsvervolging, onder de noemer 'Spaanse inquisitie' – het was in die zin een negatief programma, en zeker geen pleidooi voor 'godsdienstvrijheid'.[117] Maar het sentiment van ontevredenheid dat velen tot tekenen bracht, ging veel dieper. Het besef dat de adel uit de vitale regeringsorganen werd weggedrukt en dat daarvoor in de plaats een regime van Spanjaarden en andere buitenlanders werd gevestigd, speelde volop mee.[118] De adel vreesde in een ondergeschikte positie te komen en door gebrek aan relevantie aan verarming ten prooi te vallen. De Spaanse waarnemer Villavicencio merkte sarcastisch op dat de adel kennelijk terug wilde naar de oude feodale kleinschaligheid.[119]

De sfeer onder de ontevreden adel werd strijdvaardig, opstandig en soms ronduit oorlogszuchtig. Er werd niet alleen grif getekend, er werd ook gesproken over het opnemen van de wapens.[120] Bij de initiatiefnemers zaten enkele haviken als Nicolas de Hames en Jan van Marnix, die hardop nadachten over het beginnen van een burgeroorlog. Het succes dat de Franse oppositie met het dreigen met of daadwerkelijk inzetten van geweld in de voorgaande jaren bij de regering had weten te bereiken, werkte hier enigszins bedwelmend. In Frankrijk bestond inmiddels enige godsdienstvrijheid. De Hames en zijn bondgenoten wilden nu doordrukken. Ze kregen steun van Hendrik van Brederode, maar Oranje wees een en ander af als onuitvoerbaar, 'want hij wil nog geen wapens gebruiken', zo klaagde De Hames in een brief aan Lodewijk van Nassau, 'en zonder wapens zijn onze plannen niet tot een goed einde te brengen'. Om er nog aan toe te voegen: 'Wij strijden met de pen, zij met het zwaard, [...] wij huilen en zij lachen.'[121]

De snelle radicalisering van een deel van de adel, stadsbesturen en ook van de bevolking dwong Oranje op korte termijn keuzes te maken, niet zozeer voor of tegen deze oppositie, als wel voor de partijen die hem te hulp konden schieten als het uit de hand liep. Begin 1566 stuurde hij Lodewijk naar Duitsland om opnieuw te proberen vorsten en edelen ertoe te brengen steun te verlenen, aan hemzelf in de eerste plaats, en ook aan de gematigde krachten in de Nederlanden, om 'tumult en revolte' te voorkomen, want de Nassaus zouden de eersten zijn die hierdoor 'geruïneerd en bedorven zullen worden'. Lodewijk kreeg ook de opdracht oude en getrouwe krijgsmakkers Günther van Schwarzburg en Georg van Holl van de ontstane situatie op de hoogte te brengen. En of ze het hardnekkige gerucht konden bevestigen dat Filips II hertog Erik van Brunswijk had verzocht met een legermacht naar de Nederlanden te trekken. Oranje zag Schwarzburg en Holl ook graag deze kant op komen.[122]

Mogelijk werd in de diplomatie ook weer de uitzonderingspositie van Brabant naar voren gebracht. In een pamfletje dat eind december 1565 in Antwerpen op muren was geplakt, werd er nog eens aan herinnerd dat Brabant tot de 'vijfde kreits van het Heilige Roomse Rijk' behoorde, ook altijd contributie betaalde en daarom ook alle 'vrijheden die ermee verbonden waren' behoorde te genieten. De strekking was: wanneer Filips II zo graag de inquisitie wilde invoeren, zou hij daarvoor toch eerst de toestemming van de Duitse vorsten moeten krijgen. Het was een pamfletje waarin Lodewijk van Nassau mogelijk zelf de hand had gehad.[123] Als dat waar is, dan markeert dit ook een ommekeer in de aanpak van de Nassaus. Ze waren altijd geneigd conflicten aan de vergadertafels uit te vechten. Daar werden de argumenten, eisen en dreigementen gewisseld. Voor de buitenwereld werd evenwichtigheid en grandeur uitgestraald. Zo'n pamfletje, anoniem weliswaar, was een manier om het grotere publiek bekend te maken met een politieke kwestie en het voor het eigen standpunt te winnen. In kringen van Maarten Luther was er enorm veel mee bereikt, in Frankrijk maakten hugenoten inmiddels ook heel effectief gebruik van de drukpers,[124] en in de Nederlanden waren het eveneens de calvinisten die inventief en gretig drukwerk inzetten voor het uitdragen van hun religieuze en ook hun politieke boodschap.[125]

Oranje zal op enig moment de conclusie hebben getrokken dat hij het bespelen van de publieke opinie niet helemaal aan de voormannen van de nieuwe religie moest overlaten. Op 1 februari 1566 kreeg Oranje in Breda bezoek van de Haarlemse stadssecretaris Dirck Volckertsz. Coornhert. Die kwam ongetwijfeld voor iets bestuurlijks, maar ze hadden ook een uitgebreid gesprek over het vervolgen van ketters.[126] Oranje had laten uitzoeken hoeveel mensen er tot dan toe in Holland, Zeeland, Utrecht en Brabant omwille van het geloof waren gedood, en kwam tot het aantal van 36.000.[127] Coornhert nam bij Oranje een groot medelijden waar, en ze zullen elkaar gevonden hebben in de noodzaak deze wrede vervolging te laten ophouden. Bij die gelegenheid bood Oranje Coornhert een baan aan. Coornhert was een scherp denker en had literaire ambities, kwaliteiten die Oranje wel eens goed van pas konden komen. Coornhert hield het af.[128]

In de binnenkamers van de oppositie

Vooralsnog was Oranje aangewezen op overleg om de dreigende situatie in bedwang te houden. Eind februari kwam Egmond samen met Hendrik van Brederode naar Breda;[129] dat was niet meteen het gezelschap dat op Oranje kalmerend uitwerkte. De sfeer in Breda was toch al niet denderend vanwege grote huwelijkse spanningen, op het gewelddadige af, tussen Willem en Anna. Zo had Anna op enig moment de gordijnen van een hemelbed getrokken, waarop ze Willem zou hebben uitgedaagd haar te slaan, en zo geschiedde.[130] Ze bouwden de hel op met elkaar. Ergens in deze weken overleed bovendien hun zoontje Maurits.[131]

Beter nieuws was de vurig gewenste komst van Lodewijk van Nassau, met Günther van Schwarzburg en Georg van Holl. Eindelijk gesprekspartners met wie hij strategisch uit de voeten kon. Er werd de weken daarop veel overlegd, in allerlei samenstellingen, gesprekken die weinig sporen hebben nagelaten. Het was goed voor Oranjes zelfvertrouwen.

Op 12 maart kwam de harde kern van de oude Liga in Hoogstraten bijeen ten huize van Oranjes trouwe vriend Anton van Lalaing, de graaf van Hoogstraten. Behalve Oranje, waren Egmond, Bergen, Horne, Megen en Montigny hier aanwezig.[132] De uitnodiging was uitgegaan van Lodewijk van Nassau, in zijn hoedanigheid van secretaris van Oranje. Aanleiding was, zo heette het, de komst van Schwarzburg en Holl, de landvoogdes wist ervan.[133] Ze hoefde zich kennelijk geen zorgen te maken. Een dag later verscheen onaangekondigd een zware delegatie van het Eedverbond. Ze deden het verzoek aan de hoge adel zich aan te sluiten bij hun actie, en samen met hen bij de landvoogdes te eisen dat de plakkaten tegen de ketterij werden verzacht en de inquisitie buiten werking werd gesteld. Dit om oproer en nodeloos bloedvergieten te voorkomen.[134]

Egmond en Megen deinsden hiervoor terug; ze wilden loyaal blijven aan de vorst en de landvoogdes. Het front van de Liga brak. Voor Oranje werd het nu extra riskant zich wel aan te sluiten bij het Eedverbond.[135] Hij hield het dan ook af. De aanvoerders van het Eedverbond lieten zich door deze tegenslag niet tegenhouden. Het idee dat in Hoogstraten op tafel was geweest – hun eis bij de landvoogdes deponeren – hielden ze vast. Jan van Marnix zette zich aan het schrijven van een smeekschrift, dat uitliep op een enorm epistel van wel zes à zeven velletjes; het werd door Lodewijk van Nassau alsnog ingekort tot hanteerbare lengte, waarbij hij de protestantse teneur die Marnix erin had willen leggen, neutraliseerde.[136]

Het verslag dat Lodewijk van Nassau naderhand gaf van het overleg in Hoogstraten maakt inzichtelijk hoe deze vorm van muiterij werd gerechtvaardigd: ze konden, 'als trouwe vazallen en onderdanen', de vorst geen betere dienst bewijzen dan hem bijtijds te waarschuwen voor de funeste gevolgen van zijn geloofspolitiek.[137] Het was retoriek waar de plichtsgetrouwheid van afdroop, maar die de weg plaveide voor pure rebellie. Het ging Oranje te snel, en ook iets te gemakkelijk. Toch liet hij zijn broer begaan, wellicht ook omdat de actie van de lagere adel de aandacht van zijn persoon afleidde.

Dat kon Oranje hopen, maar zijn dubbelzinnige rol in dit verzet – afstand houden en op de achtergrond toch meesturen – liep wel degelijk in de gaten. Margaretha van Parma lichtte in maart Filips II uitgebreid in over de weinig coöperatieve opstelling van Oranje en diens bondgenoten. Via Egmond en Megen was ze ingelicht over een samenzwering die in de maak was, en waar wellicht ook Duitsers en hugenoten en zelfs Engelsen aan gingen deelnemen.[138] Brussel raakte ontregeld door de stroom van slecht nieuws. Er gingen geruchten over een strijdmacht van 35.000 man die in de maak was. Een regiment van 1500 ruiters zou het zelfs rechtstreeks op de landvoogdes gemunt hebben.[139] Ongegrond waren deze geruchten niet; in kringen van Hendrik van Brederode en Jan van Marnix buitelden de radicale plannen over elkaar.

Ook Oranje had Margaretha over een en ander ingelicht, maar terwijl ze Filips liet doorschemeren dat ze overtuigd was van de loyaliteit van haar informanten Egmond en Megen, liet ze dat bij Oranje in het midden. Ze gaf aan dat sommigen er zelfs op uit waren een nieuwe vorst aan te nemen. Hier moest worden ingegrepen, 'anders loopt het land ongetwijfeld het gevaar verloren te gaan'.[140]

Net als Oranje zat ook Margaretha in een ongemakkelijke positie. Ze had in de voorgaande periode de conservatieve getrouwe taakuitvoerders van Filips juist wat op afstand gezet, zelfs Viglius had niet meer zoveel in te brengen,[141] maar nu de verschillende leden van de Raad van State Brussel zo veel mogelijk meden, werd ze zich ten volle bewust van haar eigen geïsoleerde positie. Op 13 maart begon ze een brief aan Oranje met 'Mon bon cousin, me trouvant seule icy...' (Mijn goede neef, ik bevind me hier geheel alleen...), en dat vatte het goed samen. Of Oranje maar snel wilde terugkeren naar Brussel. Ze had zijn adviezen en goede raad dringend nodig.[142] Oranje liet zich niet heel gemakkelijk smeken – hoewel hij wel veel moeite leek te doen de verstandhouding met de landvoogdes goed te houden. Ze wisselden in deze maanden meer brieven dan ooit. Oranje had zelden iets opwekkends te melden en informeerde Margaretha gestaag over de steeds toenemende ontevredenheid onder brede lagen van de bevolking. Sinds bekend was geworden wat Filips II op geloofsgebied van plan was, leefde er bij de onderdanen 'een zodanige angst en ontevredenheid, dat ze heel gemakkelijk in beweging zouden kunnen komen'.[143]

Margaretha was niet doof voor deze sentimenten. Om een en ander te bespreken, en zo ook aan Oranje tegemoet te komen, riep ze alle gewestelijke stadhouders bijeen, voor later in maart.[144] Het dwong Oranje alsnog naar Brussel af te reizen. Daar was inmiddels het nieuws doorgedrongen dat het Eedverbond zich tot de landvoogdes wilde wenden om de godsdienstplakkaten verzacht te krijgen.[145] Dat het menens was, bleek haar uit een rapport van ene Andrelec, een zeer goed ingevoerde informant uit de hofhouding van Megen, die haar op 24 maart meldde dat een groot aantal verbondenen van plan was op 13 april in Brussel te verschijnen om bij haar een verzoekschrift in te dienen 'tegen de inquisitie en de plakkaten', en dat ze naar andere middelen zouden grijpen als dit verworpen werd. Het werd uit dit rapport nogmaals duidelijk dat Egmond en Megen afstand hielden tot het Eedverbond. Opvallend genoeg bleven Oranje en Lodewijk van Nassau ongenoemd.[146]

Op 27 maart keerde Oranje terug in Brussel, in het gezelschap van zijn getrouwen Bergen en Hoogstraten. De volgende dag was goed voelbaar dat de dreigende komst van de edelen binnen de regering tot grote nervositeit leidde.[147] Van zo'n vertoning kon een heel verkeerde werking uitgaan. Hoe kon dit nog worden afgeblazen? Oranje verzekerde de vergadering op basis van geruchten dat men alleen om het afstand nemen van de Spaanse inquisitie en verzachting van de plakkaten kwam vragen. Hij verborg dus niet dat hij aardig op de hoogte was.[148]

Een dag later, 29 maart, hield Oranje een principieel betoog, dat nog eens aantoonde dat het hem op oudjaar 1564 menens was geweest. Wanneer we het katholieke geloof overeind willen houden, moeten we meteen stoppen met vervolgen: 'Op dit moment, met de inquisitie, verliest de religie, want een mens omwille van zijn gedachten te zien branden, doet de mensen kwaad, ook aan hun geweten.'[149] Dit was volgens hem ook de reden waarom veel rechters de plakkaten niet wilden toepassen. Zijn betoog vond weerklank. Er waren meer leden van de Raad die op aanzienlijke matiging aandrongen. De vergadering eindigde met het eenvoudige besluit van de landvoogdes dat ze de president van de Geheime Raad, Assonville, verzocht vast een document op te stellen waarin matiging van de maatregelen werd afgekondigd.[150] De dagen daarop werd er nog intensief over gesproken, terwijl Brussel volstroomde met honderden edelen, allen vergezeld van de nodige bedienden, secretarissen en lijfwachten, van wie velen een zwaard of andere wapens droegen. Het effect op de landvoogdes en haar naaste adviseurs moet intimiderend geweest zijn.

Lodewijk van Nassau reisde in deze dagen samen met Hendrik van Brederode van Vianen naar Brussel. Zij hadden met zijn tweeën alleen al tweehonderd zwaarbewapende ruiters bij zich.[151] Oranje drukte zijn broer op het hart vooral ongewapend bij de landvoogdes te komen, om geen verkeerde bedoelingen uit te stralen, en ook eventuele buitenlanders thuis te laten. Er liepen al geruchten over samenzweringen met Duitse vorsten als Willem van Gulik, niet helemaal zonder grond, maar zoiets deed afbreuk aan de goede zaak.[152] Een enkele Duitse edelman zou mogen – een zinnig voorbehoud, want Lodewijk zelf was op geen enkele manier een Nederlander te noemen.

Uiteindelijk werd besloten de paarden ook maar thuis te laten. In de ochtend van 5 april 1566 liep een lange stoet van naar schatting tweehonderd à driehonderd edelen[153] twee aan twee door de straten van Brussel op weg naar het Paleis op de Koudenberg. Een ongebruikelijke aanblik. Hierin, en in veel wat er daarna gebeurde, mag de hand van Hendrik van Brederode vermoed worden. Het werd het begin van een hele reeks gebeurtenissen, die door niemand meer in de hand gehouden kon worden. Niet door de landvoogdes, niet door Oranje en ook niet door Filips II. Ontregelende krachten als Brederode hadden het tij mee.

5 april 1566: de aanbieding van een smeekschrift

In de stoet ging een oudere edelman uit Artesië voorop; hij behoorde tot de lagere landadel, liep mank, maar het moest lijken alsof hij de aanvoerder was. Maar die liep helemaal achteraan. Brederode had de hiërarchie, als was het een carnavalsoptocht, helemaal omgedraaid.[154] Het volk van Brussel was ervoor uitgelopen, bij het Paleis op de Koudenberg zag het zwart van de mensen; de edelen werden er uitbundig toegejuicht. Ook al was er aangedrongen op een kleine delegatie, de hele meute ging de raadszaal van de landvoogdes binnen. Brederode voerde het woord, legde nog eens uit dat ze, uit naam van de goede zaak en uit trouw aan de koning, om verzachting van de ketterijplakkaten kwamen verzoeken. Hij overhandigde haar een smeekschrift, dat weliswaar door meer dan vijfhonderd edelen ondertekend was, maar die namen ontbraken onder het exemplaar dat de landvoogdes kreeg aangereikt.[155] Volgens tijdgenoot Pontus Payen voelde de landvoogdes zich nogal opgelaten door deze demonstratie; Brederode vleide haar weliswaar met brave en onderworpen formules, maar strooide er ook wat 'pikante en uitdagende uitspraken' doorheen, die weinig goeds beloofden. Ze ontdekte onder de aanbieders ook veel verwanten en vrienden van Oranje en Egmond 'die ondertussen hun vriendelijke gezicht in de plooi hielden, maar wel de verbondenen met een geamuseerd oog bekeken, en zo lieten doorschemeren dat de gang van zaken hun wel beviel'. Het zou de landvoogdes voor een moment in tranen hebben gebracht.[156] De edelen namen intussen afscheid, waarbij ze ieder afzonderlijk voor haar een potsierlijke buiging maakten en wegbeenden.

Die middag kwam de Raad van State weer bijeen, waarbij ook de Geheime Raad aanschoof.[157] De landvoogdes liet het smeekschrift voorlezen en stond stil bij opmerkingen van Brederode dat de leden van het Eedverbond van verschillende kanten voor samenzweerders waren uitgemaakt, die met buitenlanders hier het land de vernieling in wilden helpen.[158] Oranje begon haar uit te leggen dat ze alles ten goede moest duiden; de edelen waren geen vijanden, maar lieden die het beste voorhadden met haar, de koning en het land. Ze waren alleen maar gekomen om een zeker lijkende burgeroorlog af te wenden.[159] Oranje kreeg bijval van andere raadslieden, die naar voren brachten dat ze hiervoor al zo lang gewaarschuwd hadden. De zeer gezagsgetrouwe Berlaymont hoorde het met stijgende ergernis aan: 'Madame, Uwe Hoogheid, vreest u deze bedelaars? Hebt u dan niet in de gaten wat voor lui dit zijn? Ze zijn bij lange na niet verstandig genoeg om hun eigen domeinen te beheren, en zíj willen nu aan de koning en aan u uitleggen hoe het land geregeerd moet worden?' Ze verdienden niet meer dan een pak slaag 'om ze de trappen van dit paleis sneller af te laten gaan dan dat ze die beklommen hebben'.[160]

Berlaymont behoorde op dat moment tot een minderheid van onverzettelijken. De reeds voorbereide concessies (doorgaans met 'moderatie' aangeduid) werden twee dagen later uit naam van Margaretha van Parma publiek gemaakt.[161] Ze gaf de zaak opnieuw in handen van Filips II; tot het moment van zijn antwoord gold de verzachting. Van invoering van een inquisitie naar Spaans model was nooit sprake geweest, dus die kon ze ook niet ongedaan maken. Nog weer een dag later werd dit als een overwinning gevierd door de leden van het Eedverbond, met een uitbundig diner ten huize van Floris van Pallandt. Het liep uit op een gigantisch zuipfestijn, waar Brederode opnieuw de toon zette. Inmiddels was bekend geworden dat Berlaymont de leden van het Eedverbond had uitgemaakt voor bedelaars, of 'geuzen' ('naar het Franse 'gueux'). Brederode deed er in een toespraak verslag van: 'Als wij dan geuzen zijn, laten we dan ook maar bedelzakken dragen en uit bedelnappen drinken.' Een page bracht hem daarop een bedelzak, die hij over zijn schouder hing, hij pakte een lelijke houten kom vol wijn, en dronk die in één teug leeg, liet hem opnieuw vullen, en gaf de kom door aan zijn buurman en riep uit: 'Ik heb gedronken op de gezondheid van de geuzen. Leve de geuzen!' Waarop iedereen het begon te roepen en ze zwoeren 'voor elkaar te zullen leven en sterven'. Ter plekke ontstonden wonderlijke rijmpjes als 'Par le sel, par le pain, par le besache, / Les Gueux ne changeront quoi qu'on fasse' (Bij het zout, het brood en de bedelzak, / voor niets of niemand wijken de geuzen).[162] Nu werden alle zilveren en gouden bokalen waaruit tot dan toe gedronken was, van tafel gehaald en vervangen door houten kommetjes. De bedienden konden het drinktempo nauwelijks nog bijbenen, er werd van alles geroepen, en vooral hard de spot gedreven met de clerus.

Later op de avond passeerden Oranje, Egmond en Horne op weg naar huis van een etentje bij Pieter Ernst van Mansfeld het drinkgelag ten huize van Floris van Pallandt. Ze lieten zich verleiden tot het uitbrengen van een toost, waarop luid gebruld werd: 'Leve de koning, leve de geuzen.' En zo ging het maar door; het was een kolkende en van de alcohol dampende ketel vol emoties en creativiteit. Die avond nog werd de slagzin bedacht: 'Trouw aan de koning, tot aan de bedelzak toe!'[163]

De volgende ochtend, 9 april, zaten Oranje, Egmond en Horne weer aan tafel bij de landvoogdes, te midden van haar raadslieden. Dat ze inmiddels in een ongemakkelijke spagaat verkeerden, werd nu duidelijk. Dat gold vooral voor Oranje en Horne. Zij hadden al op 2 april, in het gezelschap van Mansfeld, een hele avond bij elkaar gezeten om de snel veranderende omstandigheden het hoofd te bieden. Het was 'in het geheim', zo wist de landvoogdes een dag later al te melden in een brief aan Filips II – haar spionagedienst draaide op volle toeren en deed het verbluffend goed. Horne zou toen het voornemen hebben uitgesproken zijn keten van het Gulden Vlies terug te sturen, en Oranje wellicht ook. Maar ze gingen eerst op zoek naar de statuten van de orde om na te gaan of dat wel kon.[164] Hun gedachten gingen ongetwijfeld verder. Wellicht hebben ze toen al het besluit genomen waar ze een week later ieder voor zich mee naar buiten kwamen, en waar ze de landvoogdes mee overvielen. Ze legden hun functies neer. Oranje zette de voornaamste redenen uiteen: hij had van de zijde van de koning alleen maar wantrouwen ondervonden, want die was de mening toegedaan dat hij uit een huis van ketters stamde en dat hij allerlei geheime banden met Duitse vorsten onderhield. De koning had hem bovendien nooit in brieven over de lopende zaken in vertrouwen genomen, zoals hij wel met de kardinaal had gedaan, zelfs over de dijken in Zeeland, die toch echt Oranjes besogne waren, als stadhouder. Alles kwam eruit. En hij wist ook uit goede bron dat er in Spanje veel kwaad over hem werd gesproken, dat hij de koning afbreuk deed, dat soort laster. Hij was vastbesloten de volgende dag te vertrekken. Hij wilde het land uit; hij had inmiddels zijn familie en vrienden in Duitsland advies gevraagd hoe hij in deze omstandigheden nog zijn eer kon behouden. Want die ging hem zo ter harte dat hij nog liever zou bedelen om zijn brood dan dat hij zou voortleven met een besmeurd eergevoel. Hij zou pas weer terugkeren als de koning zijn vertrouwen niet alleen zou uitspreken, maar ook bewijzen.[165]

De reactie van Margaretha van Parma was koelbloedig, want opvallend warm en begripvol: ze wist zeker dat de koning geen kwade bedoelingen met Oranje had. Ze verzocht hem met klem in functie te blijven, juist in deze moeilijke tijden. Hetzelfde vroeg ze aan Horne die ook had laten weten ermee op te willen houden, eveneens omdat hij zich niet gewaardeerd voelde door de koning. Hij werd in gelijke mate ingezwachteld in het begrip van de landvoogdes. Beide mannen werd gevraagd alsnog twee maanden aan te blijven.[166]

De termijn van twee maanden was ingegeven door het voornemen iemand uit hun midden naar Spanje te sturen om met de koning de ontstane situatie te bespreken en hem opnieuw te verzoeken op korte termijn naar de Nederlanden te komen.[167] De keuze viel op Bergen, die bedong dat Montigny hem daarbij zou vergezellen. Intussen had Egmond te kennen gegeven voor enige tijd te gaan kuren in Aken. De landvoogdes dreigde weer alleen achter te blijven in Brussel. Oranje en Horne gingen alsnog akkoord met nog twee maanden aanblijven.[168] Hun vastberadenheid die ze een week eerder met elkaar hadden opgebouwd, was door de landvoogdes vakkundig ondergraven. En ze was door alle gemoedsexplosies van Oranje weer een stuk wijzer. Ze moest er haar broer in Spanje uiteraard verslag van doen. Ze deed het uitgebreid en voegde eraan toe dat ze een tere snaar had geraakt door te suggereren dat nu weglopen voedsel zou geven aan kwade geruchten, want Oranje had in zijn huis Brederode onderdak geboden en had zijn zaakbehartiger Lodewijk van Nassau veel in diens omgeving laten verkeren. Die geruchten zouden veel afbreuk kunnen doen aan zijn goede reputatie.[169] Dat wist de koning dan ook weer

Strijden met euforie

Buiten ging het leven door, maar er was wel iets beslissends gebeurd. De ketens van de geloofsonderdrukking die daarvoor zo vast hadden gezeten, waren een beetje losser gemaakt, maar het effect van die kleine verzachting bleek ongekend. Hendrik van Brederode, opnieuw hij, gaf de opmaat voor een voorjaar en zomer waarin de grenzen van de religieuze vrijheid tot het uiterste werden verkend. Brederode vertrok op 10 april met zijn gevolg uit Brussel, terug naar Vianen. Hij had zichzelf en zijn hele entourage in de bruine pijen van bedelmonniken gestoken. Hij maakte van zijn triomftocht naar het noorden opnieuw een carnavaleske demonstratie. Bij zijn doorkomst in Antwerpen joeg hij daarmee het stadsbestuur de stuipen op het lijf, en dat was precies de bedoeling.[170] Er was in de Nederlanden een nieuwe macht opgestaan. Dat moest iedereen weten. Wie zich in de voorgaande periode omwille van zijn overtuiging onderdrukt en bedreigd had gevoeld, kon eindelijk diep ademhalen en aan een nieuwe toekomst denken.

Oranje en Horne kregen van de landvoogdes verlof om voor enkele dagen naar hun domeinen terug te keren, maar moesten de week daarna hun bijdrage weer komen leveren aan de instructie voor Bergen en Montigny. Bij terugkeer bleek Oranje nog niet in zijn normale beheerste doen. Op 22 april verliep een vergadering van de Raad van State opnieuw in verwijtende sfeer: de koning liet zijn oren te veel hangen naar jaknikkers en vleiers, maar degenen die zich in het belang van het land vrij uitspraken, zoals de hoge edelen, verdwenen naar de achtergrond en werden niet gehoord. Oranje wilde dan ook dat de twee gezanten die nu op weg gingen naar Spanje, de uitdrukkelijke opdracht kregen uit te leggen dat het volk in angst leefde voor de inquisitie en dat om die angst weg te nemen de Raad van State meer zeggenschap zou moeten krijgen.[171]

In diezelfde dagen werd duidelijk dat wie de zeggenschap ook ging uitoefenen, het steeds moeilijker zou worden de geest van oproer weer te bedwingen. Onder de bevolking werd de sfeer van angst en onvrede behendig aangewakkerd door geruchten. In de nacht van 27 april, zo beschreef de ijverige jonge chroniqueur Godevaert van Haecht, werden in Antwerpen en andere Brabantse steden pamfletjes verspreid waarin werd gewaarschuwd voor de valse beloftes van de landvoogdes in haar moderatie. Zonder meer werd de godsdienstpolitiek zoals die sinds Karel v werd gevolgd omschreven als tiranniek en geheel in strijd met de vrijheden van het Heilige Roomse Rijk, waar Brabant nu eenmaal deel van uitmaakte.[172] Vroegere gewestelijke bestuurders hadden het op zijn beloop gelaten, maar dat was voorbij. Radicale taal. De strijd was zich in korte tijd aan het verleggen van de binnenkamers van Brussel naar de straat in de belangrijke steden van de Nederlanden. Het verspreiden van radicale en opruiende teksten en prenten door ze aan te slaan aan kerkdeuren en op de paleizen van de hoge adel werd een rage.[173]

Er ontstond een wonderlijke coalitie van rebellen uit alle lagen van de bevolking tegen de gevestigde orde, maar dat waren niet per se protestanten tegen katholieken. Zelfs van Hendrik van Brederode was niet gemakkelijk te zeggen waar hij stond in het geloofsconflict; hij was een geduchte papenvreter, maar het was moeilijk uit te maken wat hij dan wel voorstond of geloofde.[174] Afkeer van katholieke misstanden en van geloofsvervolging wilde in deze maanden nog niet zeggen dat iemand per se naar een protestantse stroming overhelde. Intussen wemelde het van de verhalen over edelen die inbreuk maakten op de katholieke voorschriften, bijvoorbeeld door in de vastentijd of op vrijdag gewoon vlees te eten. Hendrik van Brederode beging een ernstige zonde door op Goede Vrijdag in groot gezelschap een haantje te verorberen. Dat hij dit verhaal later ontkende, wijst erop dat hij op sommige momenten nog zijn best deed voor katholiek door te gaan.[175]

Dat gold zeker ook voor Oranje. Met Pasen 1566 ging hij met het hele gezin, Anna van Saksen inbegrepen, naar de mis.[176] Met de paus voerde hij nog regelmatig correspondentie over de situatie in Orange en omgeving, en in die brieven gaf hij te kennen zijn hele leven 'een zeer nederig en zeer gehoorzaam zoon van de Kerk en de Heilige Stoel' te willen blijven. Een uitgesproken rooms-katholieke bewering.[177] Maar het lijkt zeker dat Oranje dit aan zijn secretaris dicteerde in het besef dat het een lege formule was. Orange was hem wel een mis waard.

De hete zomer van 1566

Nu alles zo in beweging was, waar stond Oranje? Hij was de stille regisseur van het adellijke verzet, maar bleef zich gedragen als een representant van de door de koning gewenste orde. De dubbelrol was nauwelijks nog op een geloofwaardige manier vol te houden. Omstreeks 20 mei ontving Margaretha van Parma bericht van Filips II dat hij niet kon leven met verzachting van de plakkaten. Hoe het verder moest, zou hij bepalen bij zijn komst naar de Nederlanden, die nu aanstaande was.[178] De spanning kon weer gaan oplopen. Omdat Bergen bij een balspelletje op de zondagmiddag ernstig gekwetst was geraakt aan zijn been en met koorts in bed lag, was Montigny inmiddels alleen naar Spanje vertrokken.[179] Hij zou misschien nog iets kunnen bereiken, zijn missie was het enige ijzer dat de gematigde krachten nog in het vuur hadden. Oranje wist wat het waard was, verwachtte er niet veel van, en vroeg op 27 mei opnieuw ontslag uit de Raad van State. Hij deed het in een rechtstreekse brief aan Filips II.[180] Ook hier ging tijd overheen.

Zo langzaam en ronduit stroperig als de besluitvorming in regeringskringen op dat ogenblik verliep, zo snel veranderde het religieuze landschap. In dit geval ook letterlijk. Sinds de plakkaten verzacht waren, do-

Hagenpreken in de omgeving van Antwerpen, gravure van Frans Hogenberg (collectie Nationaal Militair Museum).

ken in veel plaatsen predikers van de 'nieuwe religie' op. In de steden zelf kregen ze veelal geen gelegenheid diensten te houden. Een poging van calvinisten op 13 juni om de Onze-Lieve-Vrouwekathedraal in Antwerpen te 'kraken' mislukte. Eenvoudigste oplossing was dan maar buiten de stadspoorten diensten in de openlucht te houden.[181] In de rijkere gewesten als Vlaanderen, Brabant, Holland, maar ook in uithoeken als Artesië en de omgeving van Maastricht verspreidde zich vanaf eind mei 1566 in enkele weken tijd het fenomeen van de massale hagenpreken. De calvinisten traden daarmee opzichtig in de openbaarheid. Met name in de omgeving van Antwerpen kwamen op deze hagenpreken per keer meer dan tienduizend mensen af, naar wordt aangenomen deels oprecht gelovigen, voor een groter deel nieuwsgierigen, en ongetwijfeld ook lieden die vooral het vuur van rebellie nog wat hoger wilden opstoken.[182] Er stonden vaak meerdere predikanten tegelijk te oreren, die vooral stevig uitpakten over alle uitwassen van het pausdom. Tussendoor werd luidkeels gezongen. De sfeer was opgewonden, baldadig en provocerend. Nogal wat bezoekers kwamen gewapend, er waren ook ordediensten die de menigte in bedwang hielden en bescherming boden tegen represailles van een groepje boze katholieken.

De autoriteiten waren zo verbluft door het snelle om zich heen grijpen van de hagenpreken dat ze even geheel machteloos stonden.[183] De calvinistische geloofsgemeenschap was er opeens, in alle massaliteit, en deed wat ze meende te moeten doen. Er werd gedoopt, getrouwd en zelfs begraven volgens de voorschriften van Calvijn.[184] Het op straat aanheffen van psalmen werd een belangrijk kenmerk van deze nieuwe beweging; de gelovigen zongen vol overgave; niet alleen psalmen, soms ook nieuwe stichtelijke liederen van veelal Franse herkomst.

De calvinisten zagen de voorlopige verzachting van de plakkaten niet langer als een vorm van gedogen, maar ontwikkelden binnen enkele maanden de overtuiging dat hun religie zich vrij en vast kon vestigen in het openbare leven. Overal klonk de kreet 'Vivent les gueux', er kwamen snuisterijen op de markt, zoals geuzenpenningen, met opruiende opschriften als 'Liever Turks dan paaps'. De geuzeneuforie overspoelde de gewesten.[185] Het bracht de aanvoerders van het Eedverbond ernstig in verlegenheid. Zo hadden ze het niet bedoeld. Ze kwamen op 4 juli in Lier bij Antwerpen bijeen, en hadden ook enkele calvinistische voorlieden ontboden. Die kregen de dringende boodschap op te houden met de hagenpreken, en ook geen wapens meer te dragen. Maar de brooddronken sfeer die er inmiddels rond de nieuwe religie was ontstaan, liet zich niet meer zomaar wegcommanderen. Een dag later trok Hendrik van Brederode op zijn terugreis van Lier naar Vianen met groot gevolg Antwerpen binnen.[186] Hij werd er geestdriftig toegejuicht; Antwerpen gold inmiddels als de meest protestantse en meest koningsvijandige stad van de Nederlanden.[187] Brederodes gevolg liep nog steeds rond in monnikspijen.[188] Er werd hier weinig ondernomen om de situatie te laten de-escaleren. Lodewijk van Nassau was er ook en sprak uitgebreid met de stadsbestuurders, wie hij influisterde bij de landvoogdes voor te stellen Willem van Oranje in zijn hoedanigheid van burggraaf naar Antwerpen te sturen om de stad voor verder onheil te behoeden. Lodewijk zou in de straten van Antwerpen ook de vertegenwoordiger van de landvoogdes, Megen, tegen het lijf zijn gelopen, die hem op de man af vroeg wat hij hier 'zocht', omdat hij in die stad helemaal geen bezit had, waarop Lodewijk snedig zou hebben geantwoord: 'Meer dan u.'[189] Megen hield het er vervolgens snel voor gezien.

De opzet van Oranje slaagde; Margaretha wees hem aan als degene die Antwerpen weer wat tot bedaren moest brengen. Al op 13 juli kwam hij er tegen de avond aan. Tot zijn verbijstering werd hij ingehaald alsof hij de voorman van de geuzen en van het Eedverbond was.[190] Als iemand die verlossing kwam brengen. Al twee kilometer buiten de stadspoort hadden de eerste Antwerpenaren hem staan opwachten; voorname burgers reden hem te paard tegemoet. Hendrik van Brederode, die nog steeds met zijn gevolg in Antwerpen verbleef, kwam hem verwelkomen. Steeds opnieuw werd er door het publiek 'Vivent les gueux' geroepen, ook door de mannen van Brederode. Het ontstemde Oranje hevig, hij probeerde de schreeuwers met woord en gebaar het zwijgen op te leggen. Hij dreigde zelfs het hun wel af te leren.[191] Want dat was zijn missie: de gemoederen laten afkoelen voordat ze oververhit konden raken. Hij begon meteen te overleggen met het – overwegend katholieke – stadsbestuur, en prees zich gelukkig dat Hendrik van Brederode al snel de stad verliet.[192] Dat gaf verlichting.

Sint-Truiden en Duffel

Brederode ging niet naar Vianen, maar boog af naar Sint-Truiden in het prinsbisdom Luik. Daar stond voor 15 juli een bijeenkomst gepland van het Eedverbond. Er kwamen ongeveer tweehonderd ondertekenaars opdagen, die voor een deel ontstemd waren omdat het Eedverbond in de praktijk zoveel verder leek te gaan dan aan het begin van het jaar was afgesproken. Het was erop gaan lijken dat het succes van het Eedverbond was gekaapt door de calvinisten. Ook de laatsten waren in Sint-Truiden vertegenwoordigd door een zware delegatie met onder anderen Gilles le Clercq, Adriaen Saravia, Hermannus Moded en de hugenoten Franciscus Junius en Pérégrin de la Grange.[193] Ze kwamen bescherming vragen. De vraag werd door de edelen meteen teruggekaatst: wat meenden de calvinisten te kunnen bijdragen om de actie van het Eedverbond tot een bestendig succes te maken?

In deze wat koele ontvangst klonk wellicht ook het ongenoegen van Willem van Oranje door over het uitdagende en uitzinnige gedrag van de nieuwe beweging. Hij was er inmiddels achter dat ze weinig respect toonden voor de openbare rust en zich niet aan de afspraken hielden die eerder die maand in Lier waren gemaakt.[194] Want dat was de grote vraag die in Sint-Truiden moest worden beantwoord: hoelang konden de calvinisten de regering nog blijven provoceren? Als het zo doorging werd een gewelddadige confrontatie onvermijdelijk. De harde kern van het Eedverbond besefte dat ze deze weg nu eenmaal waren ingeslagen en de consequenties onder ogen moesten zien. De calvinisten kregen daarom de vraag voorgelegd of ze met het oog op een eventuele militaire actie bereid waren flinke bedragen te fourneren. Meteen werd geëist dat de hagenpreken zouden stoppen, anders konden ze enige protectie wel vergeten.[195] Er werd in Sint-Truiden hardop gesproken over het lichten van troepen om zich te kunnen verdedigen.[196] Dit vroeg een pragmatische benadering: de calvinisten moesten tot gehoorzaamheid gebracht worden, zonder dat ze zich van het Eedverbond zouden afkeren. Hun elan en financiële stootkracht konden niet gemist worden.[197]

Margaretha van Parma ontging weinig. Ze was op de hoogte van de nogal clandestien aandoende bijeenkomst van het Eedverbond op het grondgebied van de Luikse prins-bisschop, die daarvoor geen toestemming had willen geven. Ze wist ook dat de verschillende leden van het Eedverbond desondanks een gevolg van, bij elkaar opgeteld, zo'n 1500 tot 2000 ruiters bij zich hadden.[198] Ze besloot Oranje en Egmond erop af te sturen om het Eedverbond te manen geen onverstandige dingen te doen.[199] Ze troffen de aanvoerders op 18 juli in Duffel, tussen Mechelen en Antwerpen. Een overgeleverd memo bewijst dat Oranje serieus werk maakte van Margaretha's opdracht de verbondenen op hun verantwoordelijkheden te wijzen. De edelen werden gemaand afstand te houden tot de calvinisten, en ze moesten zich goed bewust zijn van de voorbeeldwerking die van hun gedrag uitging op het gewone volk. Hoe dan ook moesten de hagenpreken en andere ongeregeldheden meteen ophouden.[200] Zo dacht Oranje er zelf waarschijnlijk ook over. Hij was geen liefhebber van volksmeutes die het recht in eigen hand wilden nemen. Hij liet in deze dagen meerdere oekazes uitgaan, die het onmiddellijk stoppen van de hagenpreken eisten.[201]

Hij won hierdoor wellicht iets aan geloofwaardigheid bij de landvoogdes – ze was opvallend complimenteus in haar brieven deze dagen –, maar zijn overwegende gevoel moet zijn geweest dat hij werd gezien als 'de oorzaak van alle religieuze onrust'. Zo drukte hij zich uit in een brief aan de oude ervaren landgraaf Filips van Hessen. Hij was al drie maanden in afwachting van het antwoord van de koning op zijn verzoek tot ontslag. Dat was onheilspellend, hij vreesde 'zijn leven en bezit te verliezen'.[202] Oranje vroeg Hessen om bijstand, en of de landgraaf wilde toestaan dat op Hessisch grondgebied een leger op de been werd gebracht.

Dit verzoek bewijst dat Oranje voor zichzelf al aanzienlijk verder dacht dan een matigende bemiddelaarsrol. Het blijkt ook uit het in deze dagen opnieuw opduiken van de Augsburgse Confessie; in Sint-Truiden werd er weer over gesproken, ongetwijfeld op initiatief van Oranje. Om de geesten rijp te maken rolde de tekst van de Augsburgse Confessie in deze dagen in Vianen van de drukpers.[203] De calvinisten werd alsnog om pragmatische redenen gevraagd met deze geloofsbelijdenis in te stemmen, ook al hadden ze er grote moeite mee. Dat bleek ook nu weer. Junius kwam nog met een compromis, maar dat stuitte op een even principieel nee van Lodewijk van Nassau. Instemming van de gereformeerden met de Augsburgse Confessie had een min of meer zekere weg kunnen openen naar militaire steun van Duitse lutherse vorsten. Die kans ging voorbij, zeer tot teleurstelling van Oranje.[204]

Ook omdat het inmiddels echt uit de hand begon te lopen. Op de dag dat Oranje in Duffel onderhandelde, vond een paar kilometer verderop bij Antwerpen een hagenpreek plaats waar wel 18.000 mensen op afkwamen. Zijn interventies in Antwerpen hadden dus weinig geholpen.[205] Het werd onbeheersbaar.

Fluisteren over 'burgeroorlog'

Nog voor het einde van de maand juli had het Eedverbond een tweede smeekschrift gereed. Lodewijk van Nassau was er weer volop bij betrokken, en dus mogen we aannemen dat Oranje goed op de hoogte was van de strekking. Het nieuwe document bedreef een delicate vorm van psychologie, die een wel erg groot beroep deed op de goedgelovigheid van de landvoogdes en haar hoogste baas. De leden van het Eedverbond stelden het voor dat ze alles hadden gedaan om de onrust onder de bevolking tegen te gaan, maar omdat die zulke diepe oorzaken had en de koning er zo lang over deed een besluit te nemen, was er voor hen geen beginnen aan. Maar ze hadden inmiddels geruchten opgevangen dat de koning van plan was de edelen voor hun rebellie hard te straffen. Ze konden nauwelijks anders dan zich nu gaan bewapenen. Om dat te voorkomen vroegen ze garanties voor hun veiligheid. Ze stelden voor dat Oranje, Egmond en Horne namens de regering tot het Eedverbond zouden toetreden als beschermheren.[206] Bovendien zouden nu eindelijk de Staten-Generaal bijeen moeten komen, waar al zo lang op werd aangedrongen.[207] Bij alles stond voorop dat ze alleen de veiligheid en de rust van het land op het oog hadden; ze achtten zichzelf in staat de juiste maatregelen te nemen. Dat alles op een wat argeloze, vriendelijke en onderdanige toon.[208]

Op 29 juli kregen ze belet bij Margaretha van Parma om in de vergadering van de Raad van State hun tweede smeekschrift aan te bieden. Ze hadden allen kort tevoren hun baarden afgeschoren en verschenen 'à la turque' (alleen met snor) voor de landvoogdes, waarbij ze een rood koordje, wellicht als verwijzing naar Granvelle, om de hals droegen.[209] Oranje was er niet bij omdat hij nog in Antwerpen zat. Lodewijk van Nassau deed enigszins geïntimideerd later die dag zijn broer verslag van de enorme woedeaanval van de landvoogdes toen ze erg kreeg in de strekking van het nieuwe rekest. Ze moet hebben gedacht: dit gaat helemaal de verkeerde kant op. Het ging ook de verkeerde kant op, en ze wist op dat moment nog niet de helft.

Lodewijk lichtte zijn broer in over het beraad dat het Eedverbond meteen na het bezoek aan de landvoogdes had gehouden, waarin ze definitief besloten in Duitsland vierduizend ruiters en veertig vendels voetvolk in wachtgeld te nemen, tot het moment dat er antwoord van Filips II zou komen. Een koerier zou het bericht naar Siegen brengen, waar hun broer Jan van Nassau er verder zorg voor zou dragen. Er waren daar in de omgeving genoeg ervaren en betrouwbare edelen die erbij ingeschakeld konden worden.[210]

Je hoeft geen staatsrechtdeskundige te zijn om te zien dat dit niet goed meer viel uit te leggen. Het Eedverbond was zich, met buitenlandse hulp, aan het voorbereiden op een burgeroorlog: er werd een legermacht opgebouwd om de landsheer in zijn politiek te weerstreven. De geheime betrokkenheid van Oranje, een van de voornaamste adviseurs van de landvoogdes en daarmee van de koning, kan achteraf nauwelijks anders worden uitgelegd dan als verraad, hoogverraad zelfs.[211]

Op 30 juli mochten de twaalf leiders van het Eedverbond – in de straten van Brussel en elders met de 'twaalf apostelen' aangeduid – nog een keer verschijnen in de Raad van State. Die had de tekst van het tweede smeekschrift goed bestudeerd, en Margaretha wilde graag weten wat de zinsnede te betekenen had dat het Eedverbond eventueel 'zijn vrienden in zeker land ging zoeken'? Er volgde een wat luchtig antwoord, namelijk dat in Duitsland maar ook in het binnenland, velen hun goedgezind waren. Een van de verbondenen, Eustache de Fiennes, begon daarop een litanie over de laster die over hen werd uitgestrooid, terwijl ze alles heel goed konden uitleggen en dus in hun recht stonden. Maar als hun dat recht geweigerd werd, moesten ze het wel zelf nemen. Waarop de landvoogdes antwoordde: 'Ik kan wel merken dat u rechter in uw eigen proces wilt zijn. U wilt eigenlijk koning zijn.'[212]

Maar de landvoogdes was nog niet klaar: het idee Oranje, Egmond en Horne aan het hoofd van het Eedverbond te stellen en hen verantwoordelijk te maken voor de rust in het land was de boel op zijn kop zetten, het was niets minder dan een greep naar de macht.[213] Ze kregen de opdracht dit type aanstootgevende beweringen uit hun tekst te verwijderen. De verbondenen hoorden het aan en antwoordden dat dat niet zomaar ging; daarvoor moest eerst weer plenair vergaderd worden, en bovendien hadden ze de tekst al in vijfhonderd exemplaren laten drukken en verspreiden. Om daar nog aan toe te voegen dat ze tot nu toe de bevolking nog hadden kunnen weerhouden van oproer en van aanvallen op de kerk en de clerus.[214] Hoelang konden ze dat nog volhouden? Ze gaven tot slot te kennen dat ze in alle verzoeken om de tekst aan te passen alleen maar vertragingstactieken zagen.[215]

Toch kwamen ze op 2 augustus met een iets aangepaste tekst, maar die bevatte weer nieuwe explosieve zinsneden. Ze refereerden aan geruchten over legers en legertjes die in de maak, of zelfs vanuit Spanje onderweg zouden zijn, om het Eedverbond en de aanhangers van het nieuwe geloof te onderdrukken. Omdat de situatie zo dreigend was, formuleerden ze een harde eis: het recht een leger op de been te brengen zou vanaf nu alleen nog bij het driemanschap Oranje, Egmond en Horne liggen. Dit zou voor de veiligheid van de landvoogdes ook beter zijn, voegden ze er nogal omineus aan toe.[216]

Margaretha en haar voornaamste getrouwen als Berlaymont en Viglius waren hierdoor wel degelijk geïntimideerd en konden niet veel meer bedenken dan dat ze op korte termijn, met zo'n twee weken, de vliesridders bij elkaar zouden roepen om over deze voorstellen te beraadslagen. Diezelfde dag ging er nog een koerier met vliegende spoed naar Spanje om het oordeel van de koning hierover te vragen. Egmond mocht de verbondenen over deze besluiten gaan inlichten en gaf de verzekering dat de leden van het Eedverbond tot het moment dat de koning zich had uitgesproken, hoe dan ook niets zou overkomen, zolang ze zich maar van geweld onthielden. Om haar goede wil te tonen beval de landvoogdes de vrijlating van eenieder die op dat moment omwille van het geloof werd vastgehouden.[217]

Oranje was, met zijn broer als beginselvaste uitvoerder, opnieuw een grens overgegaan. Hij had het Eedverbond aangemoedigd in de meest drastische stap die het kon doen, en dat was niet alleen dreigen met geweld, maar zich ook daadwerkelijk bewapenen. En daar zat meteen een gevoelig probleem. Er kwamen steeds stelliger berichten dat er in opdracht van de landvoogdes dan wel Filips II ook legereenheden op de been werden gebracht.[218] De Duitse legeraanvoerder Erik van Brunswijk, die enige bezittingen had in de buurt van Woerden, werd al langere tijd in de gaten gehouden, maar was nu werkelijk bezig met het werven van troepen, en dat gold ook voor Oranjes vroegere bondgenoten Arenberg, Mansfeld en Megen.[219] Het was niet ondenkbaar dat de Duitse krijgsheren die het Eedverbond bezig was in te huren op het laatste moment zouden afhaken, niet alleen vanwege de te verwachten tegenstand, maar meer nog omdat de zaak niet helemaal de hunne was: waarom zich in zo'n wespennest te steken omwille van die calvinisten? Dat gold met name voor Hessen en Saksen, want de hertog van Kleef liet inmiddels blijken aan welke kant hij stond; hij en zijn hele hofhouding schoren in deze dagen hun baarden af 'op de manier van de geuzen'.[220]

Op 1 augustus schreef Oranje vanuit Antwerpen een zakelijke brief aan zijn broer Lodewijk, waar hij een merkwaardig postscriptum aan toevoegde: 'Ik heb de hele nacht gedroomd dat jullie allemaal Fransen waren, en ik heb me niet meer aan deze droom kunnen ontworstelen tot ik opstond.' Op het eerste gezicht een merkwaardige en zeldzaam intieme ontboezeming over Oranjes droomwereld, maar de zin is ook nog eens onderstreept. Hij voegde eraan toe dat veel zou afhangen van de antwoorden van de landvoogdes: 'Ik stel even alles uit tot dat moment.'[221] Hij leek ermee te willen zeggen dat het zoeken van steun bij de hugenoten wellicht meer kon opleveren dan de onzekere steun uit Duitsland. In deze dagen deed de landvoogdes, inmiddels heel precies op de hoogte van de militaire plannen van de oppositie, bovendien aan keizer Maximiliaan II een oproep de inzet van soldaten vanuit het Duitse Rijk in de Nederlanden geheel te verbieden.[222]

Wanneer Margaretha van Parma zoveel wist, waarom greep ze niet hard in? Waarom liet ze Oranje, Egmond, Horne en nog een stel andere dwarsliggers en samenzweerders niet oppakken, verbannen of uit de weg ruimen? Dat is misschien wel de meest pregnante vraag die uit deze episode oprijst. Kwam het niet bij haar op? Ondenkbaar, haar brieven aan Filips II uit het voorjaar en de zomer van 1566 stonden vol waarschuwingen dat er strenge maatregelen moesten komen om zowel de ongezeglijke adel als de bevolking tot de orde te roepen. Ze drong steeds opnieuw bij haar broer aan op tempo in de besluitvorming. Maar Filips was vooral op zoek naar tijd, en bijna alles wat hij in deze jaren deed droeg een element van 'uitstel' in zich. Zoals hij Margaretha eind juli een pardonregeling voorstelde voor iedereen die zich met het Eedverbond had ingelaten. Ook dit was alleen maar een vertragingsoperatie: bij een notaris liet Filips vastleggen dat hij de maatregel onder dwang had moeten treffen en dat deze daarom zonder enig bezwaar door hem herroepen mocht worden.[223] Hij was vast voornemens dat op enig moment te doen.

Door dit geschipper en getraineer van haar broer ontbrak het Margaretha lange tijd aan de juiste instructies om echt iets te doen. Een ander probleem was het ontbreken van een militair of politioneel apparaat – een koninklijke garde of iets vergelijkbaars – dat haar kon helpen met geweld iets te forceren in haar directe omgeving. En wellicht was het grootste gemis wel simpelweg: financiën. Ze sneed het onderwerp eind juli nog maar eens aan bij haar broer; het leger verkeerde in een staat van totaal verval. Ze had meermalen bij hem goede en noodzakelijke plannen ingediend, maar die bleven allemaal onuitgevoerd 'vanwege gebrek aan geld'.[224] Haar handen waren gebonden door armoede. Ze was overgeleverd aan mannen als Egmond en Oranje, die populair waren bij de bevolking en die als enigen de gemoederen nog tot bedaren konden brengen.[225] Zoals Oranje ook leek te lukken in Antwerpen; de landvoogdes gaf Oranje in deze dagen volmacht daar de maatregelen te nemen die hij nodig vond.[226]

Het enige wat Margaretha goed op orde wist te houden, was haar inlichtingendienst. Bijna niets van wat er gebeurde kwam als een volslagen verrassing. De calvinisten waren inmiddels zo overmoedig dat 'er weinig anders meer overblijft dan dat ze zullen samenklitten en zich overgeven aan enige vorm van plundering van kerken, steden, burchten of zelf het hele land'.[227] Ze deed deze voorspelling op 31 juli 1566, in een brief aan Filips. De brief was nog niet in Spanje aangekomen of ze had al gelijk gekregen.

Storm uit het zuidwesten

Het nieuws over de harde confrontatie van het Eedverbond met de landvoogdes sijpelde langs vele wegen door de Nederlanden. Ook het nieuws over de troepen die door de edelen geworven werden. Bezoekers van hagenpreken interpreteerden dit als een keuze van het Eedverbond voor gewetensvrijheid en voor acceptatie van de gereformeerde kerkorganisatie.[228] Oranje, Horne en Egmond werden gemakshalve als onderdeel van het Eedverbond gezien. Toen Egmond op 9 augustus in de buurt van Brugge langs een hagenpreek kwam, vuurden de verzamelde gelovigen uit enthousiasme een enorm geweersalvo af.[229] Het dwong Egmond de calvinisten te vermanen meteen met hun bijeenkomsten op te houden.

De stemming raakte verhit en werd rellerig. En van het ene op het andere moment werd het echt gewelddadig. Op 10 augustus begon in het West-Vlaamse Steenvoorde een groep mannen het interieur van de kerk te vernielen. In de volgende dagen gingen de beelden, schilderijen en altaren in kerken in andere Vlaamse plaatsen aan gruzelementen. Binnen een week werden in Vlaanderen wel vierhonderd kerken en kloosters vanbinnen zwaar toegetakeld. Het was deels het werk van lokale opposanten – soms zelfs onder regie van een pril gevormde kerkenraad –, deels van figuren die rondtrokken en er waarschijnlijk voor betaald kregen om het sloopwerk in kleine groepjes te organiseren en grondig af te handelen.[230]

Er werden daarbij ook nog eens veel kostbaarheden zoals gouden en zilveren voorwerpen uit de kerken afgevoerd. Het was volkswoede, met een sterk crimineel luchtje; talloze kostbaarheden werden door dieven achterovergedrukt.[231] Maar voor veel mensen in steden en dorpen was het ook een bevrijding, of zelfs wraak voor jaren van onderdrukking.[232] De gedachte dat hiermee een einde werd gemaakt aan de totaal overleefde katholieke cultus van beeldenverering en allerhande bijgeloof, speelde ook altijd mee. Er was door theologen als Erasmus, Luther en later Calvijn al fundamenteel mee afgerekend. Er werd overal de spot gedreven met de wonderbaarlijke krachten van beelden, die niets waard bleken als ze eenmaal in stukken op de kerkvloer lagen.[233]

Het nieuws verspreidde zich snel. Pastoors en kloosterlingen wachtten de komst van – naar het gerucht ging – een paar honderd beeldenbrekers die van plaats naar plaats trokken niet af. Vooruitlopend op de onvermijdelijke storm werd er gesjouwd met altaren, schilderijen, juwelen en beelden om ze ergens te kunnen onderbrengen. In de Sint-Baafs in Gent werd Van Eycks *Lam Gods* net op tijd verstopt in de kerktoren.

Deze berichten drongen ook in Antwerpen door. Daar werd op 18 augustus de jaarlijkse Onze-Lieve-Vrouweprocessie gehouden, Oranje was toeschouwer, vanaf het bordes van het stadhuis, met Anna van Saksen aan zijn zijde.[234] Oranje liet de openingszitting van het Gulden Vlies ervoor schieten; de processie zou wel eens aangegrepen kunnen worden voor een volksoproer. Wie goed keek zag in de processie deelnemers die geuzenversierselen droegen. Het grote houten Mariabeeld werd af en toe iets toegeroepen als: 'Mayken, Mayken, dit is uw laatste uitje, u moet nu naar een gesloten klooster!' De sfeer was wat rebels, maar op een enkele schreeuwer na bleef het rustig. De dag na de processie vertrok Oranje alsnog naar Brussel. Het onvermijdelijke begon weer een dag later. In een van de mooiste en rijkste gebouwen van West-Europa, de Antwerpse Onze-Lieve-Vrouwekathedraal, werd in een uren durende sloop- en roofpartij zo goed als alles in de vernieling geholpen. De hamers en bijlen waarmee het werk werd uitgevoerd, waren ruim voorhanden. Het wees op een goede voorbereiding.

Maar volgens Godevaert van Haecht, die zich als lutheraan verre hield van het beeldenbreken, raakte de organisatie overvallen door het spontane begin van de vernielingen. Hij was er getuige van hoe er ook nogal wat geboefte in de kerk bezig was kostbaarheden te roven, die de calvinisten graag voor zichzelf wilden hebben. Er werd alsnog een ordedienst ingesteld om iedereen die de kerk uitging te fouilleren.[235] De autoriteiten hadden er die dag geen antwoord op; er was geen effectief gezag, en de rijkere burgers lieten de stormers begaan zolang die maar niet aan hun spullen kwamen. Voor de zekerheid hadden ze zich gewapend voor hun huizen opgesteld.[236]

Het nieuws over de ravage in Antwerpen verspreidde zich binnen enkele dagen naar verschillende uithoeken van de Nederlanden en had bijna overal het effect dat het er onrustig werd. Soms kon een beeldenstorm net op tijd worden bedwongen, vaak ook niet. Drie dagen na de beeldenstorm in Antwerpen arriveerden er enkele kooplieden in Amsterdam die afgeslagen stukken marmer en albast uit de Onze-Lieve-Vrouwekathedraal bij zich hadden. Het bracht de burgemeesters meteen in staat van alarm. Ze lieten ogenblikkelijk kwetsbare kerkgoederen in veiligheid brengen; de Nieuwe Kerk kon zo gespaard blijven. De schutterijen werden opgeroepen het volk in bedwang te houden. Maar de opwinding onder de bevolking nam zo snel toe dat de Oude Kerk alsnog een furieuze sloopactie moest ondergaan. Het bracht enkele protestantse voorlieden, afkomstig uit de lokale elite, in ernstige verlegenheid. Ze haastten zich naar het stadhuis en bleven er al die uren dat de vernielingen voortgingen ronddrentelen, om maar aan de burgemeesters te laten zien dat ze er niets mee te maken hadden.[237]

De augustusdagen van 1566 hadden alles van een volmaakte revolte, vergelijkbaar met juli 1789 of februari 1917; grote delen van de bevolking die opeens dingen deden waar ze kort tevoren niet van hadden kunnen of durven dromen, en een regime dat begon te wankelen. Hoewel Brussel goeddeels gespaard bleef voor dit geweld, sloeg de paniek er toe. De bijeenkomsten van het Gulden Vlies waren nog volop gaande, maar werden getekend door de stroom onheilstijdingen. In de nacht van 22 augustus liet Margaretha van Parma, naar verluidt tussen twee en drie uur, Oranje, Horne en andere adviseurs optrommelen om haar onmiddellijke vertrek uit Brussel te bespreken. Ze wilde naar het goed verdedigbare Bergen.[238] Ze had daarvoor alles al in gereedheid laten brengen; kisten met spullen, haar lijfwacht, en ook haar jonkvrouwen zaten klaar. Oranje en anderen probeerden haar gerust te stellen; ze zouden alles doen om in Brussel de orde te bewaren. Wanneer ze nu zou vluchten kon daarvan een verkeerd signaal uitgaan. Het zou de muiters alleen maar aanmoedigen en kon de regering ineen doen storten.[239] Margaretha liet zich overtuigen.

De avond daarop kwam er bericht dat de landvoogdes en haar meest rechtlijnige raadgevers als Berlaymont en Arenberg gevaar liepen gevangengenomen of vermoord te worden. De paniek sloeg opnieuw toe.[240] Hiermee stapelden de verantwoordelijkheden van Oranje en de zijnen zich in een hoog tempo op. Maar het bood ook kansen. Oranje kon toegevingen eisen, en hij kreeg ze. Op 23 augustus liet Margaretha zich door hem, in het bijzijn van Egmond, Horne en Hoogstraten, bepraten tot een van de meest vergaande concessies tot dusver: calvinisten en ook lutheranen werd het toegestaan op de plaatsen waar ze tot dan toe hun godsdienstoefeningen hadden gehouden, dat zonder angst voor vervolging tot nader order te blijven doen.[241] Hierover bereikte Oranje twee dagen later ook een akkoord met de leiders van het Eedverbond. Dit moest de gemoederen doen afkoelen. Daarmee werd meteen een stap gezet naar de door het Eedverbond geëiste versoepeling van het godsdienstbeleid. Ze zegden toe hun pact voor ontbonden te verklaren, zolang de regering haar beloften nakwam.[242]

Het akkoord leek een bestendiging van de status quo van de laatste maanden, maar het effect van deze concessie was enorm. De calvinisten kregen een vinger, maar namen de hele hand. De nazomer en het najaar van 1566 stond in het teken van de opbouw van de gereformeerde kerk in de Nederlanden, ook letterlijk: in of bij verschillende steden werd daadwerkelijk begonnen met het optrekken van kerkgebouwen.[243] In veel steden zetten calvinisten de autoriteiten onder druk om hun bestaande kerken toe te bedelen, of anders bouwpercelen te geven, en ook plaatsen om hun doden te begraven.[244] Intussen keerden steeds meer mensen die in de jaren ervoor naar het buitenland waren gevlucht terug; met hen stroomde ook meteen veel godsdienstige overtuiging en politieke vastberadenheid het land in.[245]

Hoezeer Oranje in de afgelopen maanden ook had geprobeerd afstand te houden tot de calvinisten, en dat ook wilde uitstralen, hij kon niet voorkomen dat hij werd gezien als de beslissende factor in hun succes. Voor velen, vriend en vijand, was hij de enige echte aanvoerder van de geuzen.[246] Terwijl hij toch zeer ontdaan was door het geweld van de Beeldenstorm. De vernieling van de kerken stuitte hem tegen de borst, vooral omdat hij de beeldenbrekers aanzag voor een 'zootje ongeregeld',[247] die elk gezag ondermijnden, dat van de landvoogdes, van de lokale bestuurders, maar ook van hem. Zonder meer zaten veel leden van de oppositie, de hoge adel, het Eedverbond, maar ook veranderingsgezinde stadsbestuurders erg in hun maag met de ravage die weken achter elkaar tot in de uiterste uithoeken van de Nederlanden werd aangericht. Dat gold zelfs voor Hendrik van Brederode.[248]

De anarchie moest snel ophouden, om te beginnen in de straten van Antwerpen, waar een grote internationale handelsgemeenschap gevestigd was, die wel eens genoeg zou kunnen krijgen van de onrust en onzekerheid en naar een andere havenstad zou willen verkassen. Op 26 augustus was Oranje terug in Antwerpen en hij greep er hard in. Hij liet de calvinisten de kerken die ze bezet hielden weer prijsgeven. Een zestal beeldenstormers werd opgepakt en tot voorbeeld gesteld: drie liet hij er ophangen en drie werden uit de stad verbannen. De drie gehangenen waren alle drie gelukszoekers van buiten de stad.[249] De executie leidde daardoor niet tot nieuwe rellen. Daar was ongetwijfeld over nagedacht.

Op 27 augustus bracht Margaretha van Parma aan haar broer verslag uit van de laatste, door haar als zeer vernederend ervaren ontwikkelingen. Ze verklaarde onomwonden dat ze het vertrouwen in Oranje en ook in Horne en Hoogstraten geheel verloren was: 'want ze hebben zich, in woord en daad gekeerd tegen God en tegen de koning'. Ze had nog enige hoop gesteld op Egmond, maar die had haar ook verlaten onder de mededeling dat de tijden veranderd waren, alles wat er nu nog werd besloten door de koning kwam te laat. De enigen die haar onvoorwaardelijke trouw verklaard hadden, waren Mansfeld, Arenberg en Berlaymont. Aarschot en Megen had ze niet meer gesproken, maar van hen zou ze ook op aan kunnen.[250] Ondertussen bereikten haar de wildste geruchten: dat er door edelen in de omgeving van de graaf van Horne werd gesproken over het doden van grote aantallen priesters en kloosterlingen wanneer ze niet binnen zes dagen hun eisen ingewilligd zouden krijgen.[251] Margaretha drukte haar broer op het hart: grijp in, laat Erik van Brunswijk met een groot leger orde op zaken komen stellen. Om daar nog iets aan toe te voegen, wat in de loop van de jaren al enkele keren in haar correspondentie was opgedoken: pas op voor de ambities van Oranje. 'Men heeft me verzekerd dat Oranje van plan is zich meester te maken van het land, en de steden met de andere hoge edelen onderling te verdelen.'[252]

Geen weg terug

Met de Beeldenstorm gebeurde er iets onherstelbaars. Niet zozeer in de Nederlanden, ondanks alle vernielde beelden en schilderijen, als wel in het hoofd van de Spaanse koning. Hij ontving op 3 september de eerste berichten over de Beeldenstorm, nog wel uitgebroken op 10 augustus, Sint-Laurentiusdag, de datum die hem negen jaar eerder de triomf van Saint-Quentin had gebracht, en nog maar drie jaar geleden het begin van de bouw van het Escorial. De nacht na deze slechte tijding kreeg de koning koorts, die wel vier dagen bleef aanhouden. Filips was nog steeds niet helemaal de oude toen hij op 22 september het besluit nam dat in de Nederlanden hard militair moest worden ingegrepen. Het leger dat dit moest gaan doen, ging hij zelf aanvoeren. Het mocht onder geen beding half werk worden. Hij had daarvoor de hertog van Alva achter de hand.[253] In de weken daarop werd mogelijk al in het grootste geheim het besluit genomen dat Oranje, Egmond, Horne, Montigny, Brederode, Hoogstraten en Lodewijk van Nassau ter dood gebracht moesten worden.[254]

Voor Montigny was dit geheime besluit acuut levensbedreigend; hij verbleef al sinds medio juni in Spanje, was door Filips vriendelijk ontvangen, maar het eisenpakket dat hij kwam presenteren viel slecht bij de koning.[255] Hij werd er lange tijd wat aan zijn lot overgelaten en kreeg pas in augustus gezelschap van Jan van Bergen. De slechte nieuwsberichten uit de Nederlanden begonnen inmiddels over elkaar heen te buitelen. De missie van de twee jonge edelen was hopeloos. Ze zouden niet meer uit Spanje terugkeren. Bergen stierf in mei 1567, Montigny kreeg huisarrest en stierf in 1570 onder zeer verdachte omstandigheden.[256]

Voor Filips II was duidelijk hoe de kaarten lagen: er zou schoon schip gemaakt worden. In kringen van Oranje, Horne en Egmond werd ongetwijfeld rekening gehouden met dat scenario. Op 4 september vertrouwde Oranje de Engelse, in Antwerpen werkzame zakenman Thomas Gresham toe: 'The King wold not be content with this oure doings.'[257] Het was zaak de weken en maanden die ze nog hadden, te benutten voor het versterken van hun eigen machtsbasis. Oranje probeerde samen met Egmond nog een charmeoffensiefje in de richting van Granvelle; het moest toch mogelijk zijn de vroegere samenwerking te herstellen, maar dat voorstel werd stilletjes weggelachen.[258] Serieuzer was de campagne die Oranje moest verzekeren van de steun van zijn bevriende Duitse vorsten. Op de laatste dag van augustus verstuurde hij een hele reeks brieven om de toedracht van de beeldenstormerij uit te leggen, en uitdrukkelijk de schuld daarvoor Filips II in de schoenen te schuiven. Die had nooit de gruwelijke inquisitie moeten willen invoeren.[259]

Maar nu Oranje zich zo nadrukkelijk in het spel van de grote vorsten begaf, kreeg hij ook te maken met hun diplomatieke mores. Tijdens hetzelfde, of wellicht een tweede etentje met Gresham begin september kwam het gesprek op het edict dat keizer Maximiliaan II had uitgevaardigd, dat iedere Duitser verbood de wapens op te nemen tegen Filips II. De Engelse diplomaat Wotton zat erbij en nam waar dat Oranje, die 'anders altijd zo subtiel en discreet was', door de drank erg openhartig werd en op het toppunt van dronkenschap in woede begon uit te varen tegen het edict van de keizer. Wotton vatte het samen: 'Dat de keizer en de koning, en wie het maar met hen eens was, zichzelf bedrogen: want niet alleen de Duitsers zouden de wapens opnemen, maar ook nog een heel groot aantal andere landen die aan het keizerrijk grensden; en dat de Denen, de Zweden en vele anderen het niet zouden laten afweten; want die wilden de verbondenen in de Nederlanden ook graag te hulp schieten.'[260]

Het was zijn Engelse gezelschap ongetwijfeld duidelijk geworden dat Oranje in het internationale diplomatieke verkeer nog veel teleurstellingen tegemoet ging. Het was intussen ook een teken dat hij niet goed in zijn vel stak: volgens roddeltante Morillon liep hij er in deze dagen 'vermagerd en mismoedig' bij.[261] Granvelle, aan wie dit bericht gericht was, zal er weinig medelijden bij gevoeld hebben.

Nu de edelen door vriend en vijand als de eerste aanstichters van het oproer werden gezien, was het voor hen van levensbelang dat de calvinistische oppositie beter georganiseerd en strakker aangelijnd werd. Zo kon en mocht het niet doorgaan; hun geweld straalde ook op de edelen af. Ze kregen hulp uit onverwachte hoek. In plaats van zich af te keren van de calvinisten maakten nogal wat gezeten burgers in deze maanden de overstap naar de nieuwe religie, of ze gingen ermee samenwerken.[262] In sommige plaatsen, zoals Leeuwarden en Groningen, werden onder toezicht van het stadsbestuur beelden zonder geweld alsnog uit kerken verwijderd. Daarmee nam de bestuurlijke greep op de beweging snel toe, al bleek het nog lange tijd moeilijk om rondtrekkende oproermakers en predikanten in bedwang te houden. Sommige predikanten ontwikkelden zich tot geduchte volksmenners, zoals Petrus Datheen en vooral Hermannus Moded. Moded trok met een zware lijfwacht door het land, hield vurige preken en probeerde het samengestroomde volk aan te zetten tot gewelddadigheid.[263] Dat hij daarmee het gezag tartte, wist hij zelf maar al te goed. Toen Oranje eind augustus naar Antwerpen kwam om er de rust te herstellen, nam Moded snel de benen.

Oranje genoot in Antwerpen volmacht, en hij moest het nu laten zien. Hij bleef bij zijn beginsel van gewetensvrijheid en liet op 2 september in de Onze-Lieve-Vrouwekathedraal plechtig de religievrede afkondigen. Calvinisten en lutheranen werd toegestaan hier en daar hun godsdienstoefeningen te houden en zelfs binnen de stad een enkel kerkgebouw te openen, maar daarbij mocht de katholieke kerk niets in de weg worden gelegd. Viglius merkte een paar dagen later in de Raad van State bitter op dat dit nooit onderling was overeengekomen.[264] Toch zette Oranje door; ook in Breda kondigde hij een religievrede af.[265] Dat hij niet alles maar goed vond en niet elk religieus experiment wilde toelaten, bleek uit zijn harde opstelling tegenover doopsgezinden in deze maanden. Alsof ze als een noodzakelijk contrast moesten dienen voor zijn gematigde kijk op de godsdienstige conflicten van zijn tijd. Hij zette hen weg als gevaarlijke oproermakers, daarmee onderstrepend dat er met lutheranen en calvinisten tenminste te praten viel.[266] Enige weken later liet hij bij Antwerpen een openluchtbijeenkomst van dopersen door zijn ruiters uiteenjagen.

Het driemiljoenguldenrekest

In de Raad van State begonnen de verschillende leden elkaar weg te kijken. Toch rolden er nog steeds geen koppen. Margaretha van Parma probeerde Oranje zover te krijgen dat hij zijn broer Lodewijk het land uit zou sturen. Filips II drong er sterk op aan. Lodewijk werd zo langzamerhand in katholieke kring gezien als de kwade genius die Oranje van het juiste pad afbracht.[267] Het op de man spelen was begonnen. Oranje peinsde er niet over zijn broer te offeren. Zijn kring van adellijke getrouwen was in de loop van 1566 sterk ingekrompen; terwijl hij ze meer nodig had dan ooit. Er was hem ook veel aan gelegen Egmond, die afhankelijk van de situatie telkens op een ander been ging staan, definitief aan zijn kant te trekken.[268] Oranje durfde niet meer af te spreken in Brussel, omdat hij vermoedde dat sommigen het op zijn leven hadden voorzien.[269] Op 3 oktober belegde hij in het diepste geheim op een landgoed bij Dendermonde crisisberaad, waar onder anderen Horne, Culemborg, Hoogstraten en Lodewijk van Nassau bij aanwezig waren. Ook Egmond was uitgenodigd. Volgens Godevaert van Haecht wachtte Oranje Egmond op in de keuken, zittend op het hakblok. Toen Egmond vroeg wat dat te betekenen had, antwoordde Oranje: 'Hier probeer je mij op te laten eindigen. Maar eerst zul je er zelf op belanden, want je vormt nu de brug waarover de Spanjaarden het land zullen binnenkomen.'[270] De confrontatie met het hakblok moest Egmond alsnog op andere gedachten brengen.

Horne had van zijn broer Montigny uit Spanje vernomen dat Filips II in alle staten verkeerde en dat de tijd voor hen begon te dringen om de Nederlanden weer tot rust te brengen. Het voortduren van de troebelen zou de dadendrang van de koning alleen maar verder aanwakkeren.[271] De frustraties over alle tegenwerking die zij als hoge adel bij het pacificeren van de verschillende steden ondervonden, waren hoog opgelopen. Ze raakten er steeds meer van overtuigd dat de landvoogdes het voornaamste probleem vormde; zij was degene die sinds de Beeldenstorm steeds maatregelen afkondigde die escalerend uitwerkten. Oranje en zijn broer hadden een helder voorstel: Margaretha van Parma moest worden afgezet. Dit betekende een gewapende actie. Na het slagen ervan zouden Oranje, Egmond en Horne een driemanschap moeten vormen om het land uit naam van Filips II te regeren. Egmond hield het af, ook nadat Oranje hem confronteerde met een – naar later bleek gefingeerde[272] – onderschepte brief van de Spaanse gezant in Parijs, Alava, aan Margaretha van Parma waarin werd gesproken over het ter dood brengen van de zeven aanvoerders van de oppositie.[273] Ook hierdoor liet Egmond zich niet tot onbesuisde daden verleiden. Horne was iets toeschietelijker, maar verlangde niets liever dan zich terug te trekken op zijn kasteel. Er werd ook nog serieus over gesproken het land te verlaten, om zo een militaire actie voor te bereiden. Maar ze kwamen niet tot een gemeenschappelijke visie. Lodewijk van Nassau zou na afloop van dit mislukte onderhoud wat mismoedig hebben vastgesteld: 'We zullen bij deze mannen nooit iets voor elkaar krijgen, we moeten verder maar niet meer op hen rekenen.'[274]

De jarenlange moeizame en wispelturige vriendschap tussen Oranje en Egmond liep hiermee echt op haar laatste benen. Egmond schurkte in de maanden die volgden weer meer tegen de landvoogdes aan, ook al wist hij dat zij hem niet meer vertrouwde. Ze werkte alleen nog met een kleine club oude getrouwen als Berlaymont, Assonville en de oude Viglius, die ze paaide met eervolle baantjes en lucratieve bijverdiensten.[275] Oranje vertrok op 12 oktober uit Antwerpen met een escorte van zo'n tweehonderd ruiters naar Utrecht.[276] Hij deed er verstandig aan de weg naar het noorden en niet naar het zuiden te kiezen. In het noorden genoot hij nog een grote reputatie als probleemoplosser en pacificator.[277]

Hij ging eerst naar Vianen, trof daar behalve Hendrik van Brederode ook weer zijn broer Lodewijk. Zij spraken over het ter plaatse aanleggen van twee moderne bolwerken. De bouw ging enkele dagen later al van start.[278] Op 19 oktober kwam hij aan in Utrecht. Zo anders dan in Brussel, waar hij inmiddels als rebel te boek stond, gold Oranje in Utrecht en later ook in Holland als man van het midden, van het compromis. In deze gewesten leek met een dergelijke aanpak veel te bereiken. Maar in het zuiden ging de radicalisering door en won de calvinistische beweging steeds aan aanhang en stootkracht. Begin oktober was er in Gent een synode gehouden, waar het plan werd besproken om Filips II een groot geldbedrag, drie miljoen gulden, te bieden om voor de Nederlanden godsdienstvrijheid te 'kopen'.[279] Gezien Filips' principiële houding in godsdienstige kwesties was dit bij voorbaat een kansloze exercitie, ook omdat hij juist in deze maanden weer kon beschikken over grote hoeveelheden edelmetalen die vers uit Amerika waren aangevoerd.[280] Nijpende geldnood zou hem niet tot het schipperen met zijn principes hoeven te brengen.

De achterliggende gedachte van de calvinistische leidslieden was wellicht een andere. De bedoeling was vast te beginnen met drie miljoen gulden op te halen. Daar kon in de weken die volgden op worden ingetekend. En passant werd er een groot bedrag bijeengebracht, dat wanneer de koning er niet op inging ook kon worden aangewend voor het op de been brengen van een leger. Het is nooit bewezen dat deze gedachte er vanaf het begin al was, maar het lijkt waarschijnlijk.[281] De petitie werd op 25 oktober in handen gegeven van het Antwerpse stadsbestuur, en die bezorgde haar bij de landvoogdes.[282] De Franstalige, waarschijnlijk door Gilles le Clercq opgestelde, tekst van dit 'driemiljoenguldenrekest' werd vervolgens gedrukt en breed verspreid. Het betoog was zo geformuleerd dat de lutheranen en katholieken er geen aanstoot aan konden nemen.[283]

Leidende calvinisten bleken behendig in dit type communicatie. Ze opereerden energiek en straalden met het breed verspreiden van cruciale documenten ook uit dat ze wilden opereren als een volksbeweging. In de laatste dagen van oktober overlegde Oranje over de penibele situatie met afgevaardigden van Hollandse steden die bijeen waren in Schoonhoven. Daar circuleerde een inmiddels vervaardigde Nederlandstalige uitgave van het rekest. Die kon niet helemaal de goedkeuring wegdragen van Oranje. Na afloop van het overleg reisde Oranje eerst naar Vianen en hij vroeg Dirck Volckertsz. Coornhert, de stadssecretaris van Haarlem, daar ook naartoe te komen. Ze konden inmiddels goed met elkaar overweg en Coornhert knapte steeds vaker klussen op voor Oranje. Deze liet Lodewijk van Nassau aan Coornhert vragen of hij de tekst opnieuw wilde vertalen en er de calvinistische kantjes die er subtiel in verwerkt zaten, af te vijlen.[284]

De keuze om niet te kiezen

Het oecumenische karakter van de tekst had wel effect; Willem van Hessen kreeg hem toegestuurd en bleek er zo goed mee overweg te kunnen dat hij er meteen een vertaling in het Duits van liet maken en die ook breed liet verspreiden.[285] Wat eerder niet lukte, het aan elkaar klinken van de Nederlandse calvinisten en de Duitse lutheranen, lukte via het driemiljoenguldenrekest wel. Oranje deed nu opnieuw een poging om met behulp van Duitse connecties de lutheranen en calvinisten alsnog onder de Augsburgse Confessie te verenigen. Zodra de lutheranen en calvinisten zich met elkaar verzoend hadden, zou er een machtig Duits-Nederlands blok ontstaan, dat in staat moest zijn bij Filips II grote concessies af te dwingen. In een uitgebreid schrijven aan landgraaf Willem van Hessen zette de prins nog eens uiteen hoe het hem bij deze verzoening om de 'algemene christelijke religie' ging, die 'rust en vrede' kon brengen.[286] Er is geen reden om aan de oprechtheid van deze visie te twijfelen; in de kern hing Oranje dit religieuze verzoeningsdenken al enige tijd aan, en hij bleef er ook later in zijn leven naar handelen. Van dit verzoeningsdenken waren op dit ogenblik al twee partijen uitgesloten: de koning van Spanje en de paus van Rome. Met hen viel geen zaken te doen. Die wilden de oprecht christelijk levende mensen alleen maar onderwerpen.[287]

Oranje was in naam nog altijd katholiek. Willem van Hessen raadde hem aan nu eindelijk luthers te worden. Oranje legde hem uit hoe iedere keuze die hij maakte een effect zou hebben op de buitenwereld, maar dat hij het in de ogen van kwaadwillenden nooit goed kon doen. Hij werd nu al in Duitsland voor calvinist aangezien, omdat hij verantwoordelijk werd gehouden voor de Beeldenstorm. Door luthers te worden zou dat echt niet veranderen. Maar hij benadrukte nog eens dat hij de calvinistische leer 'niet aanhing'.[288] Hij was 'christelijk' zonder meer. Hij besefte dat hij het gevaar liep alleen te komen staan, omdat hij van alle kanten onderworpen zou raken aan wantrouwen.[289] Zijn godsdienstige dilemma kon niet beter verwoord worden. Het leek hem te dwingen tot dubbelspel.

Oranje verbleef de laatste maanden van 1566 afwisselend in Utrecht en Holland, en het lukte hem zowaar daar de openbare rust weer wat te herstellen. Met de landvoogdes bleef hij, ondanks al het onderlinge wantrouwen, corresponderen over het dagelijkse beleid. Met de Duitse vorsten correspondeerde hij tegelijkertijd over hoe dit beleid gesaboteerd kon worden, bijvoorbeeld door de doortocht van Spaanse soldaten naar de Nederlanden over Duits grondgebied niet goed te keuren.[290]

Dat dit snel actueel zou worden, had Oranje goed voorvoeld. In september 1566 was de grote sultan Süleyman gestorven, de jarenlange tegenstrever van Spanje in het Middellandse Zeegebied. Hierdoor kreeg Filips opeens de handen vrij om zich weer op het noorden te concentreren. Hij ontwikkelde nu alsnog serieuze voornemens zelf naar de Nederlanden af te reizen om grondig orde op zaken te stellen. In oktober circuleerde in Brussel het verhaal dat Filips II zich had laten ontvallen: 'Dus dit graafje van Nassau is van plan oorlog met me te voeren?!'[291] Het was denigrerend bedoeld, maar het verleidde de koning niet tot onderschatting. Op 29 november verleende Filips II aan de hertog van Alva opdracht met een leger van tienduizend man naar de Nederlanden te trekken, om alvast de situatie te pacificeren en te saneren. Alva, die tegen de zestig liep en met jicht kampte, aanvaardde de opdracht onder de voorwaarde dat Filips hoogstens enkele maanden later hem zou nareizen.[292]

Pas tegen eind december drong dit nieuws door in de Nederlanden. Het was een onheilstijding die het hele najaar in de lucht had gehangen. De calvinisten waren al geruime tijd bezig zich voor te bereiden op repressieve acties vanuit Spanje. Ze waren niet van plan zich naar de slachtbank te laten leiden. Op 1 december 1566 begon in Antwerpen een synode, waarop werd uitgesproken dat verzet tegen de eigen overheid te verdedigen was zodra aangetoond kon worden dat de privileges geschonden werden.[293] Ook werd het delicate besluit genomen Willem van Oranje tot aanvoerder van het verzet uit te roepen. Onduidelijk is of dit met diens instemming vooraf gebeurde, maar het lijkt aannemelijk omdat er in die dagen in Antwerpen ook samenkomsten waren van de harde kern van het Eedverbond, zoals Hendrik van Brederode, Pieter van Andelot en Lodewijk van Nassau. Ook Jan van Nassau was erbij, die goed op de hoogte was van het laatste sentiment onder Duitse vorsten. De gebroeders Jan en Filips van Marnix fungeerden ongetwijfeld als verbindingspersonen met de synode. De calvinisten stelden wel één strenge voorwaarde: Oranje moest toetreden tot de gereformeerde kerk.[294] Omdat ze begrepen dat de kans dat dit gebeurde niet groot was, werd Hendrik van Brederode als alternatief aangewezen, en als die niet wilde, zou ook Filips van Horne kandidaat zijn. De synode speculeerde daarnaast op militaire bijstand van de enige calvinist onder de Duitse keurvorsten, Frederik III van de Palts.[295]

De leden van het Eedverbond zullen wat gemengde gevoelens hebben ontwikkeld over de daadkracht van de synode, want er werd hier wel heel streng langs de lijn van het calvinisme gedacht. Een riskante strategie, die door het Eedverbond dan ook niet omhelsd werd. In het verdere verloop van december werden opnieuw pogingen gedaan de grote coalitie tussen het Eedverbond en de lutherse vorsten van de grond te krijgen. Toegevingen van calvinisten in het aanvaarden van de Augsburgse Confessie waren daarin essentieel. Lodewijk bleef het nog even proberen, Oranje wist dat het zinloos was.[296] Tegen eind december verlegden deze onderhandelingen zich naar Amsterdam, waar Oranje medio december voor ruim vijf weken neerstreek, ver van het door vileine sentimenten vergiftigde Brussel.

Polderen in Amsterdam

Zoals overal elders waar Oranje zijn gezicht liet zien begon hij in Amsterdam met het intomen van de calvinisten. Maar ook daar zochten de gereformeerden de grenzen op en bleken ze taaie onderhandelingspartners. Ze hadden in september de kerk van het minderbroedersklooster kunnen verwerven, en wilden daar diensten houden. Maar dit was tegen het akkoord van 23 augustus, dat alleen het houden van preken toestond op plaatsen waar dat vóór die datum al gebeurde. Precies op de avond dat Willem van Oranje de stad binnenkwam, werd er in die kerk, bij een toeloop van wel duizend belangstellenden, een Avondmaalsviering gehouden. Dit kon voortaan niet meer. Op straat herstelde Oranje de orde door het installeren van een vendel van zo'n tweehonderd soldaten. Dit was zo ongeveer zoals Margaretha van Parma het wilde. Het afdwingen van de publieke rust.

Oranje was twee dagen in Amsterdam toen zich een rel voordeed bij de Langebrug, aan het havenhoofd. Daar was een klein kapelletje, waar een vrouw kaarsen verkocht die voor een houten Mariabeeld aangestoken konden worden. Haar man, een zanddrager, had met een gezelschap flink zitten drinken, en zijn vrienden hadden hem wat gesard met de roomse bijverdienste van zijn vrouw. De man werd het zo zat dat hij met zijn dronken kop naar het kapelletje ging en daar alles kort en klein sloeg, en ook zijn vrouw nog enkele meppen verkocht. De vrouw wist te ontsnappen en deed vanbuiten de kapel op slot. Nu de man er niet uit kon, begon hij maar de klok te luiden, waardoor er een enorme volksoploop ontstond. Uiteindelijk wist de man via een raam te ontsnappen en liep meteen de stadspoort uit om ergens op een stapel hout langzaam weer bij zinnen te komen.

De katholieke burgemeesters van Amsterdam vonden het nodig dit verhaal aan Oranje over te brengen, als illustratie van de vele burgers die het 'beeldstormen' maar niet konden laten en die zelfs op het moment dat de prins in de stad was zo brutaal waren een kapel te vernielen. Hierop liet Oranje de kapiteins van alle zes schuttersvendels bij zich komen, die hij hierover hard de mantel uitveegde. De kapiteins begrepen niet goed waar het over ging en besloten het uit te zoeken, waarop ze bij Oranje terugkeerden en hem uit de doeken deden wat er echt gebeurd was. Ze konden er uiteindelijk samen hartelijk om lachen, 'temeer daar deze dronkaard geen enkel benul had van religie of beelden'.[297]

Dit verhaal werd vastgelegd door Laurens Jacobsz. Reael, een jonge Amsterdamse koopman, met dichterlijke aanleg. Hij behoorde tot een groep Amsterdamse families rond schout Willem Bardes die hard streed om de katholieke clan rond burgemeester Buyck terzijde te schuiven.[298] Het was een strijd van nieuw tegen oud. Humanistische en protestantse ideeën vonden in Reaels kringen gemakkelijk ingang. Reael ging tot het calvinisme over en werd een van de afgevaardigden die met Oranje onderhandelden over het organiseren van rust rond religie in Amsterdam. Met calvinisten als Reael kon Oranje doorgaans goed overweg; een koopman stond meestal bedachtzaam in het leven en was niet gebaat bij extreme opvattingen en aanhoudende discussies.

Om de situatie in Amsterdam beheersbaar te maken kon het niet anders dan dat de calvinisten wat ruimte kregen, maar wel ophielden met provoceren. Het werd Oranje snel duidelijk dat hij met het roomse stadsbestuur niet verder kwam. Hij zocht contact met veranderingsgezinde burgers als Reael en werkte met hen gedurende weken van loven en bieden een regeling uit waarin de calvinisten werd toegestaan gedurende de koudere seizoenen op verschillende plaatsen in de stad ruimtes, meest pakhuizen, te huren, waar ze hun diensten konden houden. Waarmee het akkoord met de landvoogdes van 23 augustus maximaal werd opgerekt ten gunste van de gereformeerden. Op 13 januari 1567 wist Oranje dit compromis aanvaard te krijgen door de conservatieve Amsterdamse vroedschap.[299]

Dit was crisismanagement op lokaal niveau, door bemiddeling tot stand gebracht; het ging moeizaam, maar het leek te werken. In diezelfde weken dat deze onderhandelingen liepen, zat Lodewijk van Nassau in een kasteeltje bij Breukelen bijeen met vertegenwoordigers van de gereformeerden uit heel Holland. Op tafel lag opnieuw het voorstel van Lodewijk dat de gereformeerden de Augsburgse Confessie zouden aannemen, wat de weg kon openen naar het door het Eedverbond en Oranje zo vurig gewenste bondgenootschap met de lutherse vorsten in Duitsland. Hendrik van Brederode en Jan van Marnix schoven ook aan, maar moesten ervaren dat de Hollandse calvinisten niet van hun principes waren af te brengen.[300] Deze mislukking leidde tot hoogoplopende ruzie tussen Lodewijk van Nassau en Hendrik van Brederode. De laatste weigerde te geloven dat de Duitse vorsten echt te hulp zouden komen.[301] Kort daarop, in Amsterdam, legden ze het weer bij. Ze werden het uiteindelijk eens over het opstellen van een nieuw smeekschrift namens het Eedverbond, het derde inmiddels, waarin werd gevraagd alle geloofsvervolging en ook het werven van troepen te staken.[302] Het leek iets, het bondgenootschap van de edelen hield stand, maar nuchter bezien was het een herhaling van zetten. De leden van het Eedverbond stonden met lege handen. Hun pragmatische, militair-strategische betoog om religieuze principes wat te laten vieren vond geen gehoor. Het lukte in Amsterdam nog wel geld los te peuteren voor Brederodes bolwerken bij Vianen. In de vorm van een lening. Het bleven Hollandse kooplui.[303]

Graff · hennerich ·
Von ·

6

Ballingschap
1567-1568

In Amsterdam had Oranje aan het oplossen van lokale fricties bijna zes kostbare weken gespendeerd, tegelijkertijd werden in Spanje en Brussel de messen geslepen om met hem af te rekenen. Dat was een geduldwerkje, dat door Filips en Margaretha nogal verschillend werd benaderd. Filips' besluit om Alva met een groot leger naar de Nederlanden te sturen werd eind december door Margaretha van Parma met een zekere verontrusting ontvangen. Ze had de periode van bestuurlijke verlamming in de lange gewelddadige zomer van 1566 weer overwonnen en was voortvarend begonnen aan het opruimen van de grootste broeinesten van verzet. De oorlogsmachinerie van de legendarische houwdegen Alva was waarschijnlijk helemaal niet nodig.[1]

De landvoogdes had zich in de winter van 1567 eerst geconcentreerd op het zuiden. Sinds september kwamen er met regelmatige tussenpozen geldzendingen uit Spanje, die haar daarvoor de benodigde armslag gaven. Ze had inmiddels de beschikking over een eigen troepenmacht van drieduizend ruiters en tienduizend man voetvolk.[2] Om het herwonnen zelfvertrouwen te onderstrepen had Armenteros een medaillon laten ontwerpen, van het kindeke Jezus met de maagd Maria, ongetwijfeld als antwoord op de populaire geuzenpenning. Mansfeld, voormalig lid van de Liga, inmiddels informeel functionerend als opperbevelhebber, liep ermee rond. Zelfs Egmond hing na enige aarzeling dit blijk van katholicisme en koningsgezindheid zichtbaar om zijn nek. Het sloeg aan; binnen enkele dagen werden er al verschillende namaakversies op straat verkocht.[3] Een teken dat er vraag naar was. Het sentiment leek te kantelen.

Valenciennes en Doornik in Henegouwen, dicht tegen Frankrijk aan, waren al sinds begin jaren zestig bedrijvige knooppunten in de uitwisseling tussen calvinisten aan weerszijden van de grens. Sinds de zomer van

Hendrik van Brederode, geportretteerd door een anonymus (privécollectie).

1566 maakten ze er zelfs de dienst uit. Horne was toen met grote volmachten naar Doornik gestuurd om de stad weer in het gareel te krijgen, maar hij kon of wilde niets uitrichten.[4] In de wijde omgeving waren strijdgroepjes in opbouw, daarin aangevuurd door Datheen, van meest ongeoefende aanhangers van het nieuwe geloof. De calvinisten hadden Doornik zo stevig in handen dat er een beleg onder leiding van Noircarmes voor nodig was om de stad weer onder het gezag van de regering te brengen. Dit lukte op 2 januari 1567. Er volgde een bloedige afstraffing van de bevolking en van de rondtrekkende calvinistische troepenmacht, waarbij ongeveer drieduizend doden vielen.[5] In diezelfde weken werd ook Valenciennes belegerd, maar deze stad hield voorlopig stand. Valenciennes werd het symbool van het begeesterd verzet omwille van de nieuwe religie.

Het weerhield de landvoogdes er niet van ook in haar eigen regering schoon schip te maken. Op voorstel van Viglius eiste ze begin januari dat al haar raadslieden opnieuw de eed van trouw zouden afleggen.[6] Het was een poging om de loyaliteit te testen en alle verdere flirts met het Eedverbond of de calvinisten op voorhand verdacht te maken. Oude getrouwen als Berlaymont, Arenberg en Viglius hadden er geen moeite mee, maar Egmond liet weten een dergelijke eed niet nodig te vinden en verzette zich er hevig tegen. Pas omstreeks het midden van februari ging hij overstag.[7] Vervolgens werd er op hem ingepraat dat hij ook Oranje tot het afleggen van de eed zou brengen. Oranje hield het af, nadat hij eerder al aan de landvoogdes had laten weten niet twee keer voor hetzelfde een eed af te leggen, zeker niet in de strikte bewoordingen die er nu voor gekozen waren. Hij kon gedwongen worden moorddadige bevelen uit te voeren. Hij zou volgens de letter van de ketterplakkaten zelfs in de situatie terecht kunnen komen zijn eigen luthersgezinde vrouw te moeten doden. Dit streed tegen elk geweten.[8]

Het vervliegen van de Duitse optie

Oranje had van de betrekkelijke rust tijdens zijn verblijf in Amsterdam gebruikgemaakt om nog eens een laatste diplomatiek offensief te beginnen bij de Duitse vorsten. Die moesten inzien dat de Nederlanden op de rand van een hete oorlog stonden. Er gingen gezanten naar August van Saksen.[9] Andere vorsten kregen van Oranje brieven waarin hun bezworen werd alle principiële debatten even uit te stellen en hem te hulp te komen, omdat het alternatief, een geknecht land onder het bewind van de paus en de Spaanse koning, voor dit moment het slechtst denkbare scenario was.

Al deze inspanningen leverden niets meer op dan loze woorden en vage beloften. Daarmee vervloog begin 1567 ieder concreet geloof in buitenlandse bijstand, iets waar hij een paar maanden eerder in zijn dronken exclamaties bij Thomas Gresham nog zo zeker van was geweest. Alle heftige bewegingen in het jaar 1566 hadden hem zwaar in het defensief gebracht. Aan het begin van het jaar had hij alleen te strijden met de harde conservatieve kern van Filipsgetrouwen, inmiddels moest hij zich ook verhouden tot vroegere bondgenoten als Egmond, Megen en Mansfeld, die weer vast in het kamp van de landvoogdes zaten. Daarnaast moest hij zich zien te verhouden tot militant opererende calvinisten, die zich niets leken te willen aantrekken van Oranjes voorzichtige strategie. Hij bevond zich nu tussen meerdere vuren, zonder veel betrouwbare bondgenoten. Het was niet zo gek dat een Toscaanse ambassadeur omstreeks deze tijd in Brussel berichten opving dat Oranje bezig was zich in Holland te verschansen.[10]

Zelfs in het noorden moest Oranje ervaren dat de landvoogdes de duimschroeven gestaag aandraaide. Nog altijd handhaafde ze Oranje in zijn rol als stadhouder van Utrecht, Holland en Zeeland, en ze sprak hem nog aan als getrouw vazal van de koning. Allerhoffelijkst hadden haar brieven nog altijd de aanhef 'mon bon cousin'. Of hij zijn compagnie ruiters terug wilde sturen naar Brussel, om ze opnieuw te laten monsteren. Of hij even de maatregelen zoals ze tegen Valenciennes waren afgekondigd, ook in zijn gewesten wilde publiceren. Of hij de eed van trouw van alle leenmannen in zijn gewesten wilde afnemen. Of hij ogenblikkelijk de productie van ketterse en opruiende boeken in Vianen wilde doen staken, en ook de verspreiding ervan, door de schuldigen flink te straffen en ten voorbeeld te stellen. Of hij ook alle ketterse boeken maar wilde laten verbranden. Of hij even wilde uitleggen of het waar was dat hij onderhands zes kanonnen had geleverd aan Hendrik van Brederode. En of hij zijn broer Lodewijk, die zulke innige banden onderhield met radicale sektariërs, wilde wegsturen.[11] De stroom vriendelijk-streng getoonzette oekazes hield wekenlang aan, steeds gevolgd door een antwoord waarin Oranje de feiten zo probeerde te structureren dat het moest lijken alsof hij hetzelfde beoogde als de landvoogdes – rust in het land –, maar daarvoor naar andere middelen moest grijpen. Het eindspel was ingegaan, Oranje stond verloren. Hij wilde het alleen nog niet toegeven.

In februari maakte Lodewijk een reis langs de belangrijkste Duitse vorsten die eventueel te hulp zouden schieten. Het was inmiddels tegen beter weten in. Bij de oude landgraaf Filips van Hessen schetste Lodewijk een navrant beeld van de toestand in de Nederlanden, met de dreiging van de komst van een grote Spaanse troepenmacht, en zoveel protestanten die in de verdrukking zaten. Maar hij gaf ook te kennen dat er grote bereidheid was onder de bevolking om financieel bij te dragen: rijke burgers in Amsterdam stelden 300.000 gulden beschikbaar, in Antwerpen ging het om vergelijkbare bedragen, en ook in andere steden bestond veel animo te investeren in de vrijheid. Lodewijk stelde het ook zo voor dat in 52 steden de burgers in het geweer zouden komen zodra de oorlog uitbrak, om de wet te verzetten, dat wil zeggen de pausgezinden uit het bestuur te gooien. In Zeeland stonden vierduizend geuzen klaar om bij te springen. Lodewijk beschikte zelf over zesduizend ruiters en vier regimenten voetvolk, daarnaast had Günther van Schwarzburg het op zich genomen vierduizend ruiters te lichten.[12] Het klonk indrukwekkend, maar het was vooral theorie. Ook August van Saksen kreeg de plannen voorgelegd. De keurvorst hoorde het allemaal aan en koos ervoor, opnieuw, af te wachten: 'Als het water hoog komt, zal men wel leren zwemmen.'[13]

De enige concrete militaire opties die Oranje nu nog over had leunden zwaar op de calvinisten: het verzet in Valenciennes, de activiteiten van Brederode in Vianen, en de eventuele bijstand van de keurvorst van de Palts. Oranje en zijn broers hadden lang pogingen gedaan om de calvinisten klein te houden, maar ze begonnen in te zien dat ze deze bron van energie, daadkracht en geldmiddelen beter konden koesteren. Lodewijk van Nassau zou omstreeks deze tijd serieus zijn gaan denken aan een overgang naar de gereformeerde kerk.[14] Oranje was nog niet zover; hij ging door met het uitdragen en in de praktijk brengen van zijn gematigde godsdienstpolitiek. Hij bezocht Haarlem, Leiden en Den Haag, waar hij telkens de ambities en verwachtingen van de protestanten probeerde te temperen.

Eind januari 1567 streek Oranje voor een paar dagen neer in Breda, waar in klein comité beraad plaatsvond over het derde smeekschrift, dat eerder die maand was opgesteld. Lodewijk van Nassau was er, Brederode uiteraard, en ook Hoogstraten en Horne, die van de oude Liga tegen Granvelle de laatste volhouders waren. Ook hier bleef Oranje volharden in zijn afzijdigheid.[15] Het betekende dat Hendrik van Brederode, die al door het leven ging als 'grote geus', de leider werd van het verzet.[16] Hij wilde, nergens bang voor, het smeekschrift ook hoogstpersoonlijk in Brussel aan de landvoogdes aanbieden. Of zij hem even een vrijgeleide wilde geven. Margaretha peinsde er niet over, met het argument dat ze niet nog eens zo'n vertoning wilde als in april 1566.[17] Ze wees het smeekschrift kort nadat het haar alsnog was gebracht scherp af; eerder waren haar toegevingen zo gruwelijk misbruikt dat er geen sprake kon zijn van een voortzetting van haar milde aanpak.[18]

Het hele gezelschap dat in Breda over het derde smeekschrift gebogen had gezeten – op Lodewijk van Nassau na, die op zijn diplomatieke missie naar Duitsland vertrok[19] – reisde begin februari naar Antwerpen voor de doop van een zoon van Hoogstraten.

Grimmig Antwerpen

De doop van Hoogstratens vijfde kind was een uitbundig meerdaags festijn. Een goede gelegenheid om de geest nog eens te laten waaien en plannetjes te smeden. De mannen die in Breda bij elkaar hadden gezeten, liepen op het feest ook tegen Lamoraal van Egmond aan. Het werd ongemakkelijk, ze vertrouwden hem niet meer, ze wisten bijna zeker dat hij alles wat hij hoorde zou doorsmoezen aan de landvoogdes.[20] Van haar kwam kort daarna weer een volgende brief binnen. Of Oranje er alles aan wilde doen om iedere predicatie van nieuwe religies te verbieden, in het bijzonder die door de calvinisten.[21] Daar was voor Oranje even geen denken aan; hij onderhield goede contacten met verschillende geledingen van de Antwerpse bevolking. En juist de calvinisten verwachtten door zijn komst wat meer ruimte te krijgen.

Op de ochtend van 9 februari, een zondag, verschenen de gereformeerde predikanten voor het huis waar Oranje logeerde: ze wilden vrijelijk hun diensten kunnen houden in de stad. Oranje besloot het te gedogen, waarop meteen katholieken in het geweer kwamen en eraan herinnerden dat de landvoogdes dit niet meer wilde toestaan, en dat die gereformeerden ook maar 'een hoop gepeupel en hoerenvolk' waren. Dit leidde de volgende dag tot een nieuwe demonstratie, nu van calvinistische vrouwen uit de burgerij die zich extra rijk hadden opgedoft. Een dag later waren ze er opnieuw en ze lieten zich nu aandienen bij Anna van Saksen om via haar het verzoek aan Willem van Oranje te richten dat ze voortaan godsdienstvrijheid wilden genieten. Anna zou hebben geantwoord dat 'haar man al genoeg voor hen deed, en dat het niet beter kon'. Toen de vrouwen haar vervolgens nog een calvinistisch boekje cadeau wilden doen, sloeg ze dat af, omdat ze geen verwarde teksten wilde lezen. Ze was van huis uit de ware confessie gewend.[22]

Oranje had al heel lang geen vat op zijn vrouw, en dat werd niet beter. Zoals hij ook geen grip had op Hendrik van Brederode, ondanks hun jarenlange omgang. Brederode begon in Antwerpen een grote wervingscampagne voor zijn in Vianen samen te brengen legermacht, hij moedigde de rijke Antwerpenaar Anton van Bombergen aan het strategisch gelegen 's-Hertogenbosch te overvallen en in te nemen. Het bracht Oranje voor de zoveelste keer in een onmogelijke situatie.[23] Ook dit kon alleen maar meer ergernis en tegenactie vanuit Brussel oproepen. Oranje zal opgelucht zijn geweest dat Brederode op 17 februari Antwerpen verliet om terug te gaan naar Vianen; hij had inmiddels gezelschap gekregen van de beruchte Luikse veldheer Willem van der Marck, oftewel Lumey, die zich met zijn regiment liet inhuren.[24] Ook bij Antwerpen gingen de troepenwervingen gewoon door, met een enorm gejoel van 'Vive les gueux', waarbij ook de naam van Oranje regelmatig werd aangeroepen. Opnieuw bleek Margaretha al snel volledig op de hoogte van deze oorlogsvoorbereidingen. Hoe zat Oranje er nou in? Dat wilde ze wel eens weten; ze wist het wel, maar ze wilde het een keer van hem zelf horen. Ze was vast van plan een scherpzinnig gezant, d'Assonville, te sturen om hem 'het masker' af te trekken. De zwijger moest gaan praten. Welke versie van de vele tegenstrijdige verhalen en geruchten die over hem de ronde deden, was waar?[25]

Oranje deed in deze weken nog een amechtige, tot mislukken gedoemde poging om via overreding de gereformeerden ertoe te brengen hun predicaties op te geven, in ruil voor amnestie en een vrije aftocht van allen die zich hiermee niet konden verenigen.[26] Op 26 februari stuurde Margaretha van Parma een volgende oekaze de wereld in, die erop neerkwam dat alle activiteiten van protestanten werden verboden, en die moesten ook met kracht worden tegengegaan. Het was een aansporing aan Oranje om op ketters te gaan jagen. Het net waar hij zichzelf in had gemanoeuvreerd werd nu definitief aangetrokken.

Laatste offensiefjes

In de loop van februari was er toch zoiets als een provisorisch bij elkaar gelapt geuzenleger ontstaan. Een leger dat dreef op een mengeling van geloofsijver en zin in avontuur. Het was een mix van temperamenten die ook sprak uit de verschillende aanvoerders: Jan van Marnix vertegenwoordigde het eerste, Lumey het laatste, Hendrik van Brederode zat ertussenin. Het had kunnen werken, maar ze kregen nauwelijks tijd om hun stellingen goed te organiseren. Het regeringsleger, onder aanvoering van Megen, ging voortvarend te werk. Hij bezette op 28 februari Utrecht, dat al geruime tijd een belangrijk bruggenhoofd van Oranje was, en dreigde naar Amsterdam op te rukken. In Amsterdam was eerder al onrust ontstaan over een geheime missie van het katholieke stadsbestuur, dat bij de landvoogdes in Brussel toestemming had gekregen vierhonderd soldaten in dienst te nemen, overduidelijk om de eigen bevolking in bedwang te houden, tot het moment dat Megen er definitief orde op zaken zou komen stellen.[27] De sfeer in de stad werd zo dreigend dat burgemeester Joost Buyck rondliep met een pantser onder zijn kleren. Waarop Hendrik van Brederode in de laatste dagen van februari naar Amsterdam trok; hij werd met een roeibootje de stad ingesmokkeld.[28] Daarna volgden andere prominenten uit de kringen van het Eedverbond. De stad ontwikkelde zich in enkele weken tijd tot een geuzenbolwerk waar het oude stadsbestuur geen greep meer op had. Brederode pookte de opstandige stemming flink op door met geuzenaanvoerders uit de burgerij in herbergen uitgebreid de strategie te bespreken.

De fatale klappen vielen intussen in het zuiden. Jan van Marnix deed, met medeweten van Oranje,[29] een verrassingsaanval op fort Rammekens ten oosten van Vlissingen. Wanneer dit werd ingenomen, kon, geholpen door een grote geuzenaanhang in met name Middelburg, heel Walcheren en de Schelde goed bestreken worden. Het mislukte en liep uit op een zware afstraffing. Marnix trok zich met wat resteerde van zijn leger op schepen terug, een eind stroomopwaarts op de Schelde, met de bedoeling in Antwerpen een goed heenkomen te zoeken. Maar Antwerpen, waar Oranje op dat ogenblik nog altijd verbleef en als burggraaf het laatste woord had, opende de poorten niet voor de troepen van Marnix. Het legertje droop af naar het dorpje Oosterweel, ten noorden van Antwerpen. Daar werd hun tot twee keer toe per brief door Oranje en het stadsbestuur gesommeerd te vertrekken.[30] Marnix besloot er te blijven. Het was het zoveelste moment dat het geuzenelan afstuitte op het vertoon van gezagsgetrouwheid van Oranje. Waarom bekende hij op dit belangrijke moment geen kleur? Onder de rijke burgerij van Antwerpen werd diezelfde dagen met enig cynisme gesproken over wat het moest kosten om van Oranje de garantie te krijgen dat hij de godsdienstvrijheid zou handhaven, tot het moment dat de Staten-Generaal er eindelijk een keer over zouden mogen besluiten. Er werden enorme sommen geboden. Maar Oranje hield zich op de vlakte.[31]

In diezelfde dagen sijpelden berichten door over het naar Antwerpen oprukken van een regeringsleger onder aanvoering van Filips van Lannoy, heer van Beauvoir. Oranje, in samenspraak met de machtige Antwerpse burgemeester Antoon van Straelen, besloot de stadspoorten te sluiten en ook de toegangsbruggen te doen afbreken. Lannoy kon zo niet meteen binnenmarcheren. Het regeringsleger zette koers naar Oosterweel, waar het op 13 maart na een korte schermutseling het geuzenlegertje in de pan hakte. Geuzen die wisten te ontsnappen, werden vaak alsnog gepakt en meteen opgeknoopt. Ook Jan van Marnix vond de dood. De vrouw van Marnix zou in de uren dat deze slachtpartij zich voltrok, in Antwerpen smekend en huilend over straat zijn gegaan.[32]

Willem van Oranje probeert op de brug over de Meir, geflankeerd door Hoogstraten en Van Straelen, de oproerige calvinisten tot bedaren te brengen, maart 1567. Gravure van Frans Hogenberg (collectie Rijksmuseum, Amsterdam).

De stemming in Antwerpen raakte totaal verhit. De calvinisten kregen in de gaten wat er gebeurde, en wilden de stad uit om hun broeders bij Oosterweel te hulp te snellen. Oranje hield hen in samenspraak met het stadsbestuur tegen. Daarop dromden steeds meer gewapende calvinisten bij de Meir samen. Ze kookten van woede. Oranje probeerde in eigen persoon, met Van Straelen en zijn vaste plaatsvervanger Hoogstraten aan zijn zijde, de menigte te kalmeren. Maar hij werd uitgemaakt voor alles wat lelijk was, en werd zelfs gedwongen 'Vivent les gueux' te roepen.[33] Oranje drukte hun op het hart geen onverstandige dingen te doen door alsnog de stad uit te willen breken, want dat zou hun dood worden, waarop een man die dicht bij hem stond een geweer op Oranjes borst plantte en dreigde hem te vermoorden: 'Gij eerloze en schelmse verrader, bent de oorzaak van dit spel en dat onze broeders daar buiten worden *gemassacreerd* en vermoord.'[34] Oranje antwoordde, schijnbaar koelbloedig: 'Als u dit echt hebt kunnen vaststellen, dan staat u in uw recht!'[35] Het wapen werd door een omstander weggetrokken. Oranje kon nog maar net worden ontzet.

Een paar dagen later gaf hij in een brief toe dat hij daadwerkelijk voor zijn leven gevreesd had, en dat de hele situatie bijna tot een calvinistische machtsovername had geleid.[36] De calvinisten hadden de omgeving van de Meir veroverd: er stond zo'n 20.000 man, er werden zelfs kanonnen opgesteld en ze eisten de sleutels van de stadspoorten en van het stadhuis. Spreekbuis was hier weer Hermannus Moded, de geslepen volksmenner.[37] De burgerwacht en de schutterijen lieten het grotendeels afweten; die hadden geen zin in een vechtpartij met hun stadgenoten, of ze hadden zich inmiddels aangesloten bij de opstandige menigte. Pas na zo'n drie dagen slaagde het stadsbestuur erin de situatie weer meester te worden.[38]

Oranje liep hier volledig vast in zijn web van tegenstrijdige belangen, die allemaal met vage lippendienst – een belofte hier, wat uitstel daar, en wijzen naar anderen – werden volgehouden. Maar toen het geuzenlegertje dreigde te worden afgeslacht, had hij kunnen laten zien wat hem de zaak van de verdrukte calvinisten waard was. Temeer omdat hij in het geheim intensief betrokken was geweest bij de voorbereiding van de actie van Jan van Marnix op Walcheren.[39] Hier kwam hij niet goed mee weg. In het nog altijd hevig belegerde Valenciennes drong het droeve nieuws van Oosterweel ook door. Guido de Brès, de grote geestelijke leidsman daar, spuwde vuur over Oranje; in zijn ogen had die zich bewezen als 'een boosaardig en ellendig persoon, die iedereen misbruikt heeft; dat God hem moge straffen voor de valse hoop op redding die hij ons zo lang heeft gegeven'.[40]

Ook in Valenciennes had het ongenoegen over Oranje zich gestaag opgebouwd. Hij had via een predikant, Jean Taffin, de boodschap naar Valenciennes laten overbrengen dat er hulp in aantocht was, waarbij hij het deed voorkomen dat zijn broer Lodewijk ieder moment kon arriveren met versterkingen uit Duitsland.[41]

Hoe zat het deze winter met de militaire slagkracht van Oranje? Er werd inmiddels de spot gedreven met Lodewijk van Nassau, die steeds had lopen opscheppen over vierduizend ruiters en twintig vendels voetvolk die in aantocht waren, maar die in de praktijk geheel onzichtbaar bleven.[42] Lodewijk zal gedoeld hebben op de vierduizend ruiters en tientallen vendels die Oranje via Jan van Nassau in Duitsland in het najaar van 1566 in wachtgeld had genomen. Voor het op de been brengen van dit reserveleger was bij uiteenlopende rijke sympathisanten geld opgehaald of geleend. Deze manschappen waren in Duitsland wel degelijk enige tijd in staat van paraatheid geweest,[43] maar Oranje aarzelde om ze in beweging te zetten. Voor een serieuze veldtocht ontbraken domweg de financiën. De soldaten waren in oktober 1566 alweer afgedankt.[44]

Op 24 maart viel Valenciennes in handen van regeringstroepen zonder dat er maar een glimp van een ontzettingsleger te zien was geweest. Guido de Brès had al opgemerkt dat Oranje de stad had laten zitten 'met een strop om de nek'.[45] Nog scherper was het verwijt van Datheen, dat Oranje en Lodewijk van Nassau wel allerlei bedragen uit gereformeerde kringen hadden geïncasseerd, maar niet waren gekomen met de beloofde Duitse troepen en zich uiteindelijk zelfs tegen de calvinisten hadden gekeerd.[46]

De val van de laatste serieuze geuzenbolwerken was nu een kwestie van dagen of weken. Verschillende steden, met name in het oosten van de Nederlanden, zoals Maastricht en Roermond, die door leden van het Eedverbond in het rebelse kamp waren gebracht, gaven zich over aan Noircarmes en Megen. Ook het prestigeproject 's-Hertogenbosch viel op 9 april; Anton van Bombergen kreeg een vrije aftocht, en met hem vertrokken alle daar verzamelde calvinisten, ongeveer een derde van de totale bevolking.[47] In andere plaatsen werd het gedogen van de gereformeerden nu definitief beëindigd; de provisorische kerkjes die ze de voorgaande maanden hadden gebouwd werden weer afgebroken.

Hendrik van Brederode zag vanuit Amsterdam de stellingen van de geuzen instorten en probeerde met Margaretha van Parma onderhandelingen aan te knopen over een eervolle aftocht. Hij bood zelfs aan de troepen die onder hem ressorteerden, in dienst van de regering te laten overgaan. Dit type voorstellen was in het zicht van de totale nederlaag volkomen kansloos. Wel raakten zijn troepen door dit nieuws geheel gedemoraliseerd. De troepenmacht bij Vianen trok naar Amsterdam, niet om hun aanvoerder daar bij te staan, maar om nog snel hun achterstallige soldij op te eisen, onderweg flink plunderend, waarbij ook nog hier en daar een kerkje werd vernield. Op 27 april werd bekend dat Megen met een leger op weg was van Utrecht naar Amsterdam. Brederode nam die dag in stijl afscheid van zijn Amsterdamse vrienden: met een uitgebreid maal. Die avond vertrok hij met een groot gevolg van getrouwen per schip naar Emden. Amsterdam liet hij met flinke schulden achter, alleen al zo'n 2450 gulden aan niet-betaalde verteringen.[48]

Aftocht naar Duitsland

Oranje was al eerder vertrokken. In de loop van maart en begin april had de landvoogdes zijn politieke positie met kille precisie helemaal ontmanteld. Zijn leven werd in alle denkbare opzichten onzeker. Hij moest weg. Het begon met de hangende kwestie van zijn eed van trouw aan de koning. In een brief van 6 maart herinnerde de landvoogdes hem er nog eens aan. Hij was nog steeds niet in Brussel verschenen om voor haar de eed af te leggen, ze stuurde hem nu een papieren versie, waar hij alleen maar zijn handtekening onder hoefde te zetten. Het waren tumultueuze tijden, het was zaak dat iedereen zijn goede wil toonde en geen enkele ruimte voor verdenkingen overliet. Teken snel, en wees een goed voorbeeld voor anderen. Daarmee maakte hij meteen ook een einde aan alle geruchten die over hem de ronde deden. Waar zij overigens niets van geloofde, voegde ze er fijntjes aan toe.[49] Oranje hoefde hier niet lang over na te denken: zijn weigering ging de volgende dag al naar Brussel. Hij had ooit trouw gezworen, dat moest voldoende zijn.[50] En daarbij: hij zou hoe dan ook nimmer opdrachten uitvoeren die tegen zijn geweten indruisten of aan de belangen van de koning afbreuk zouden doen. Altijd weer zo'n formulering waarmee de schijn van loyaliteit kon worden opgehouden. Hij stelde voor om hem voorlopig van zijn taken te ontheffen, dan zou hij zich voor enige tijd kunnen terugtrekken, tot het moment dat de koning zou komen.[51]

Margaretha van Parma had de balans al opgemaakt en haar broer de voorgaande maanden voorzien van alle mogelijke belastende informatie over Oranje. Ze vroeg, ze smeekte, Filips op 23 maart in meerdere brieven haar te vertellen hoe ze dit verder moest aanpakken.[52] Vooral inzake Antwerpen, waar het zo uit de hand was gelopen. Alleen harde maatregelen konden daar nog iets uitrichten. Voor elk probleem dat ze nu provisorisch, want zonder mandaat, oploste kwamen er zeven nog grotere terug.[53] Margaretha kon niet weten dat op datzelfde moment Filips II een verreikend besluit nam: iedereen die op een of andere manier betrokken was bij de Beeldenstorm of andere ongeregeldheden gedurende de afgelopen jaren, zou voor het gerecht gebracht worden. En dat gold ook voor de vliesridders, die volgens hun reglementen alleen in eigen kring berecht konden worden.[54] Aan Alva de taak om dit ten uitvoer te brengen.

De briefwisseling en de communicatie tussen de landvoogdes en Oranje stokte in de loop van maart. Ze stuurde haar secretaris Berty nog een keer naar Antwerpen, om Oranje voor de laatste keer zijn taken en plichten voor te houden.[55] Hij kreeg ook orders naar Utrecht te gaan, waarmee hij wel heel opzichtig een prooi zou worden voor de troepen van Megen.[56] Het waren de laatste schijnbewegingen. Op aandringen van Margaretha wisten Egmond en Mansfeld Oranje te verleiden tot een onderhoud in Willebroek bij Mechelen. Het was 2 april, Oranje maakte al aanstalten te vertrekken. Egmond en Mansfeld praatten op hem in, want door nu te vertrekken wekte hij de indruk schuld te bekennen.[57]

Ze hadden het nog over de eis van de landvoogdes dat in Antwerpen alleen nog de katholieke religie werd gepraktiseerd. Dit zou bij eed afgedwongen worden. Volgens chroniqueur Godevaert van Haecht vroeg Egmond op een goed ogenblik waarom Oranje de calvinisten niet zwaar gestraft had toen ze zich tegenover hem zo misdroegen? Oranje antwoordde: 'Ze hebben mij een verrader genoemd, en wat zijn wij allen meer dan dat? Wij wilden onze afspraken niet nakomen, terwijl we ons zo hadden verplicht de waarheid te bevorderen en de inquisitie tegen te houden. Maar we doen het niet omdat u het hebt verhinderd, Egmond, dit zal u nog slecht bekomen.'[58] Volgens de schaarse berichten over dit onderhoud moet het in het teken van verbittering en verwijt hebben gestaan. Een apocrief verhaal wil dat Egmond Oranje voorhield een 'prins zonder land' te zijn, waarop Oranje zou hebben gerepliceerd dat Egmond 'een graaf zonder hoofd' was, of zou worden.[59] Waar of niet, ze hebben in die dagen voor zichzelf en voor elkaar, waarschijnlijk vrij goed voorvoeld waar hun jarenlange wat halfhartige aanpak op uit zou lopen, nu ze konden vermoeden dat Filips II er niets anders dan rebellie in zag.

Op 10 april 1567 schreef Oranje zijn ontslagbrief. Rechtstreeks aan de koning. Op beheerste toon, en met het bekende vertoon van feodale trouw. Zoals altijd.[60] Hij legde nog eens uit hoe hij in Antwerpen en Amsterdam, onder druk van de omstandigheden, toegevingen had moeten doen om erger te voorkomen.[61] Bekende, inmiddels vermoeid klinkende redeneringen. Hij bracht ook nog zijn goede verstandhouding met de Staten van Holland te berde, die bij hun laatste samenkomst, in januari,[62] zich zo tevreden hadden getoond over zijn bestuur, dat ze hem 50.000 ponden aanboden uit dankbaarheid omdat hij het land na de Beeldenstorm weer had gepacificeerd. Oranje gaf aan dat hij dit om verschillende redenen had afgeslagen, maar hij liet nog wel weten dat de koning zich vast kon indenken dat hij het geld goed kon gebruiken alleen al vanwege de enorme schulden die hij, tijdens oorlogen en op reizen had moeten maken voor de dienst aan Karel V en ook aan Filips zelf, en die nog altijd openstonden.[63]

Het was een ergernis die in de loop van de jaren steeds weer naar voren werd gebracht door de Nederlandse adel: ze hadden schulden gemaakt voor de goede zaak van Habsburg, ze waren erdoor verarmd en hadden daarvoor weinig begrip ondervonden, omdat er veel beleid was gevolgd, zoals de hervorming van de bisdommen, waardoor ze ook steeds meer lucratieve posities misliepen. De Habsburgers gedroegen zich als gewetenloze wanbetalers. Bij alle politieke en religieuze onenigheid die in deze jaren de sfeer bedierf, was ook de schuldenkwestie al sinds het einde van de jaren vijftig bij de adel een voortdurende bron van ergernis, een ergernis die ze deelden met veel Duitse legeraanvoerders, die eveneens jarenlang op betaling moesten wachten.[64]

Een dag na het voltooien van deze brief verliet Oranje Antwerpen. Eerst werd Breda aangedaan; daar werden de voornaamste bezittingen bij elkaar gepakt en op wagens geladen. Intussen verzamelden zich in Breda ook tientallen mensen die weinig goeds verwachtten van Alva, onder anderen voormannen van het Eedverbond zoals Filips van Marnix, en die voornemens waren in het kielzog van Oranje mee te trekken naar Duitsland.

In Breda schreef hij afscheidsbrieven aan Egmond en Horne, en aan Margaretha en Filips II.[65] Op 22 april zette de stoet zich in beweging richting Boxtel, waar werd overnacht. Oranje strooide het bericht rond dat hij van het mooie seizoen gebruikmaakte om in Duitsland eindelijk weer eens wat familie te bezoeken.[66] De parallel met de aftocht van Granvelle is te pijnlijk om ongenoemd te laten.

Op 30 april antwoordde Margaretha van Parma op de afscheidsbrief. 'Mon bon cousin,' begon ze haar brief nog altijd, met alle begrip voor zijn verlangen eindelijk zijn familie weer eens te willen bezoeken, en dat hij haar nog eens verzekerd had 'de meeste nederige en toegewijde dienaar en vazal van de koning' te zijn, daar twijfelde ze niet aan. En zij was ook vol genegenheid voor Oranje, en wel zoveel 'als ze zou kunnen geven aan haar eigen zoon, of een andere nauwe verwant'. En dan nog iets zakelijks: Oranjes dochter Maria diende als jonkvrouw in Margaretha's hofhouding, dat zij graag weer eens haar grootmoeder in Duitsland wilde zien, dat begreep de landvoogdes, ze kreeg uiteraard permissie.[67]

Het moet Oranje extra pijnlijk getroffen hebben dat Margaretha de brief verstuurde vanuit Antwerpen, de stad die enkele jaren als zijn machtsbasis had gediend. Op 26 april waren vanuit Brussel tien vendels soldaten als een bezettingsmacht deze stad binnengetrokken. Twee dagen later maakte de landvoogdes haar entree, met in haar gevolg onder anderen Oranjes vroegere vrienden Egmond en Mansfeld.[68]

Zomer van snelle bezinning

Op 7 mei 1567 kwam Oranje met zijn gevolg van nog ongeveer 150 man en zijn karren vol kostbaarheden aan in het graafschap Nassau. Hij deed eerst de Dillenburg aan.[69] Het zal een bewogen weerzien zijn geworden met verschillende familieleden, die ongetwijfeld met veel vragen zaten, met als kern: hoe had het zover kunnen komen? Of Oranje hier ook weer mooi weer speelde is niet zeker, maar valt niet uit te sluiten. Kort daarna streek hij in het familieslot te Siegen neer, waar hij zo'n vier weken bleef. Tijd om na te kaarten met getrouwen, correspondentie af te handelen, orde op zaken te stellen, en ongetwijfeld ook heel veel na te denken. Oranje zocht het contact, zoals wel vaker in de afgelopen moeilijke jaren, met Willem van Hessen, die juist in deze week zijn vader, de oude, bij leven al legendarische Filips van Hessen, verloor. De mannen spraken elkaar wat moed in. Oranje informeerde in juni bij de landgraaf naar een lutherse predikant, Nikolaus Zell uit Treysa, over wie hij kennelijk veel goeds had gehoord, en met wie hij wel eens nader van gedachten wilde wisselen over levensvragen en over de Heilige Schrift. Of het mogelijk was Zell voor enige tijd naar hem over te sturen?[70] Willem van Hessen bewilligde erin, in de hoop dat Oranje voor het lutheranisme gewonnen zou worden.[71] Dat gebeurde niet, en het lijkt niet erg waarschijnlijk dat hij dat in de betrekkelijke eenzaamheid van de Dillenburg ook maar een moment serieus heeft overwogen. Zijn religieuze voorkeur was een troef die aan de pokertafel van de Europese politiek een enorm strategisch gewicht kon hebben. Die ging hij niet zomaar weggooien.

In zijn contacten met Duitse vorsten ervoer Oranje nog altijd weinig dadendrang wanneer het om de Nederlanden ging. De lutherse vorsten zagen dat Filips II hard op weg was een paar flinke klappen uit te delen aan het protestantisme. Het was zaak de rust te bewaren en zo te voorkomen dat de Spaanse koning samen met zijn neef keizer Maximiliaan II al te veel daadkracht ontwikkelde, en ook zijn blik ging richten op de Duitse lutherse staatjes. August van Saksen onderhandelde zelfs met Filips II enige tijd over vormen van militaire samenwerking.[72]

Alles was veranderd. Oude plannen en allianties hadden inmiddels veel van hun waarde verloren. Op 5 juni 1567 verscheen Hendrik van Brederode, na enige Duitse omzwervingen, opeens op de Dillenburg. Het moet onaangekondigd zijn geweest, want Oranje was er niet.[73] Die zal het niet erg hebben gevonden. Lodewijk van Nassau zocht Brederode in juli nog een keer op in Kleef, waar werd geconfereerd met rijke kooplieden. Alles in de hoop het vuur brandende te houden.[74]

Oranje en Brederode zouden elkaar nooit meer zien. Brederode stierf op 15 februari 1568, vrij plotseling, in Recklinghausen. Hij had, zelf kinderloos, bij testament in 1564 Willem van Oranje tot zijn enige erfgenaam gemaakt. Op zijn sterfbed herriep Brederode deze bepaling ten gunste van een nichtje.[75] De verhouding tussen deze twee mannen, ooit geduchte feestnummers in de straten van Brussel, was danig bekoeld. Boze stemmen beweerden dat Oranje een affaire had gehad met Brederodes vrouw, Amalia van Nieuwenaar.[76] Een moeilijk te verifiëren of te weerleggen verhaal, in een wereld waarin zoveel valse geruchten de ronde deden, maar ook opvallend weinig geheim bleef.

Komst van Alva

Oranje concentreerde zich in de zomermaanden van 1567 op hoe het sentiment zich in Duitsland ontwikkelde, en vooral op de aanzwellende stroom nieuws uit de Nederlanden. Hij hoopte wellicht nog dat het mee zou vallen, dat er iets onverwachts zou gebeuren wat hem ging helpen, maar hij wist ook dat er normaal gesproken zwaar afgerekend ging worden. Alva – Oranje had hem vaak horen praten en aan het werk gezien – was geen man van halve maatregelen. In de dagelijkse politieke praktijk werd hij doorgaans afgeremd door anderen met meer bevoegdheden, maar hoe ging dat werken met Margaretha van Parma, die weinig van hem moest hebben? Alva had ongetwijfeld vergaande volmachten meegekregen van Filips II.

Margaretha van Parma had op 12 juli nog eens aan Filips II laten weten dat het inzetten van een groot leger onder leiding van Alva niet meer nodig was, en waarschijnlijk desastreus zou uitpakken, want de mensen hier hadden zo'n hevige afkeer van de hertog dat hij in zijn eentje in staat moest worden geacht 'de hele Spaanse natie gehaat te maken'.[77] Ook andere goed ingevoerde raadgevers van de koning, zoals Viglius, Hopperus en zelfs Granvelle – die, inmiddels werkzaam in Rome, nog altijd goed op de hoogte werd gehouden van de situatie in de Nederlanden –, gaven vergelijkbare adviezen.[78]

Het land was in de zomer van 1567 grotendeels gepacificeerd – Morillon meldde aan Granvelle dat zelfs de stroom opstandige en spottende pamfletten geheel was opgedroogd.[79] De voornaamste reden voor die rust was de vlucht van protestanten naar buurlanden, met name Engeland en de Duitse grensgebieden. Intussen vond er in de Nederlanden een restauratie plaats. Niet alleen de katholieke kerk werd weer volledig in ere hersteld, ook de kans op herhaling werd ingedamd. Voor Antwerpen werd op aandringen van Filips II begonnen met de aanleg van een citadel, die, voorzien van een groot garnizoen, in staat moest zijn de bevolking in bedwang te houden. De stad moest de bouw zelf bekostigen, en omdat ze zo opstandig was geweest, moest ze ook voor haar eigen garnizoen betalen.[80] Er gingen zelfs stemmen op om het trotse S.P.Q.A., dat de openbare gebouwen van Antwerpen sierde en dat een verwantschap tussen Antwerpen en het antieke Rome suggereerde, te verwijderen, volgens Morillon omdat er te veel een vrije republikeinse geest uit sprak.[81]

Filips II dacht na over hoe hij de Nederlanden definitief kon onderwerpen, en hij besefte dat hij daarvoor Oranje moest uitschakelen. Op 7 augustus stuurde hij Alva nog een hoogst geheime, eigenhandig geschreven

Vogelvluchtkaart van Antwerpen, met op de voorgrond de nieuw aangelegde citadel. Gravure van Frans Hogenberg (collectie Metropolitan Museum of Art, gift of mrs. Giles Whiting).

instructie na, waarin hij de hertog maande in eerste instantie niet in te zetten op vervolging van wie ook, om Oranje de indruk te geven dat hij veilig kon terugkeren. Verder kreeg Alva de vrije hand om de klus te klaren. Filips liet Alva meteen ook weten alsnog af te zien van een reis naar de Nederlanden. Hij wilde zijn halfbroer Don Juan sturen, ter vervanging van Margaretha van Parma, die inmiddels afdoende duidelijk had gemaakt niet met Alva te willen werken. Don Juan zou een mooie entree kunnen maken door een generaal pardon af te kondigen.[82]

Op 18 juni was Alva met een leger van tienduizend ervaren en goedgetrainde soldaten vanuit Italië naar het noorden vertrokken, en arriveerde twee maanden later, op 15 augustus, in Luxemburg. Verschillende edelen reden hem tegemoet, ook Egmond, die Alva op 17 augustus in Tienen verwelkomde. Het weerzien van de twee beroemdste veldheren van hun tijd verliep niet heel soepel; een deel van het gevolg van Alva weigerde zelfs de hoed voor Egmond af te nemen.[83] Een paar dagen later aten Alva en Egmond samen, in gezelschap van Mansfeld, Arenberg en Aarschot. Egmond liet merken zich niet op zijn gemak te voelen, tot ergernis van Alva, die hem verweet een veel te sombere kijk op de situatie te hebben. Volgens ingewijden at en sliep Egmond de dagen erna nauwelijks meer.[84]

Na Tienen trok Alva naar Leuven. Zijn entree in de universiteitsstad werd onder anderen gadegeslagen door Filips Willem, de zoon van Oranje. Later die dag ging Filips Willem de hertog begroeten en de hand kussen. Zijn adjudant, hofmeester Heinrich von Wiltperg, bracht aan Willem van Oranje kort verslag uit van de gebeurtenis: Alva zou zich zeer hartelijk en welwillend hebben getoond tegenover de twaalfjarige student. Toen Alva twee dagen later naar Brussel vertrok, nam hij met een stevige omhelzing afscheid van de jongen. Wiltperg ried Oranje aan contact met Alva te zoeken door een gezant te sturen, want diens houding tegenover hem was zeer welwillend, net als bij andere oude bekenden als Egmond, Aarschot, Berlaymont.[85]

Het leek mee te vallen, even. Op 22 augustus maakte Alva zijn intocht in Brussel, Egmond reed naast hem.[86] De stad reageerde niet erg uitbundig op de komst van de hertog en zijn blinkend uitgedoste manschappen. Zelfs het stadsbestuur liet zich niet zien. De ontvangst van Alva door de landvoogdes was ronduit ijzig. Bij aankomst ten paleize wilde haar garde de lijfwacht van Alva aanvankelijk niet doorlaten, een wanhopige poging de hertog alsnog zijn plaats te wijzen. Alva trof Margaretha in haar slaapkamer, waar ze roerloos voor hem bleef staan. Ze spraken een halfuur met elkaar, zonder dat Alva een stoel kreeg aangeboden.[87] De dagen daarop werd Margaretha duidelijk hoeveel armslag Alva van de koning had gekregen. Margaretha liet haar broer weten dat het haar ergerde dat hij geen ordentelijke overdracht van haar bevoegdheden had geregeld. Ze voelde zich nu in haar eer aangetast, of zelfs vernederd. Ze wreef hem ook zijn ondankbaarheid aan, want zij had het land weer tot rust gebracht, en een ander mocht met de eer gaan strijken.[88]

Maar Alva was niet uit op die eer; rust was niet zijn eerste doel. Hij had de opdracht schoon schip te maken, en dat ging hij doen. Hij zette er meteen vaart achter. De instructie van Filips om te wachten met vervolging tot Oranje zich weer in de Nederlanden vertoonde, heeft hem wellicht te laat bereikt, hoe dan ook hield hij zich er niet aan. Na enkele weken een vriendelijk gelaat getoond te hebben liet hij van het ene moment op het andere zijn tanden zien.[89] Op 9 september besprak Alva in de Raad van State nieuwe verdedigingswerken voor Luxemburg en Thionville. Alledaags werk. Na afloop vroeg Sancho Dávila, een van Alva's getrouwen, Egmond zijn degen in te leveren. Het volgende moment was hij gearresteerd. Met Horne gebeurde hetzelfde. Elders werden enkele getrouwen van beide mannen opgepakt, en de Antwerpse burgemeester Antoon van

Straelen werd diezelfde ochtend op een stille plek buiten Antwerpen in zijn koets overvallen en ook gevangengenomen.[90]

De tijd van plichtplegingen en beleefdheden was voorbij. Een uiterst vriendelijk briefje van Willem van Oranje om Alva welkom te heten, geschreven op 8 september op de Dillenburg, had op de dag dat het Alva werd gebracht al geen enkele betekenis meer: 'de koning had geen betere keuze kunnen doen om orde op zaken te stellen', dat type formuleringen, en dan de bezwering niet het oor te lenen aan kwaadwillenden die allerlei lelijks over hem, Oranje, vertelden.[91] Alva was bepaald niet in de stemming om naar dit soort vrome vermaningen te luisteren.

In deze weken richtte Alva een speciale rechtbank in: de Raad van Beroerten, met zeven rechters, waarvan hijzelf de president was. Viglius deed een voordracht voor kandidaten, en zorgde voor een juridische constructie, die het instellen van zo'n landelijk opererende rechtbank, buiten alle andere rechtscolleges om, mogelijk maakte.[92] De raad werd op 20 september geïnstalleerd. De jacht op de sleutelfiguren was toen al volop gaande. Alva joeg niet alleen op kopstukken, maar ook op mensen in ondersteunende functies, zoals de Haarlemse stadssecretaris Coornhert, die op 14 september werd gearresteerd en opgesloten in de Haagse Gevangenpoort.[93] Er gonsden geruchten dat ook Oranjes zoon Filips Willem gevaar liep opgepakt te worden; de jongen werd naar Brussel ontboden, waar Alva hem voorstelde in dienst van Filips II te treden, maar Filips Willem gaf aan dat zijn vader wilde dat hij eerst zijn studie af zou maken. Er gebeurde vooralsnog niets.[94]

De Raad van Beroerten aan het werk

Alva concentreerde zich even op de hoofdzaken. Elke hoop dat er met hem te schipperen viel, vervloog al die eerste maand, en dat was precies wat hij wilde. De Raad van Beroerten – al snel ook wel Bloedraad genoemd – hanteerde een aantal uitgangspunten die de opsporing vrij overzichtelijk maakten. Zo waren alle ondertekenaren van het eerste smeekschrift van het Eedverbond alleen al om dat enkele feit schuldig aan majesteitsschennis, een ernstig vergrijp waar maar één straf op kon volgen. Al op 10 oktober werden de eerste doodvonnissen uitgesproken over de edellieden Maximiliaan van Blois, Philip van Winghe en Pieter van Andelot, die in mei op hun vlucht waren gearresteerd.[95] Ze waren niet meer dan meelopers geweest, zo bleek overduidelijk uit de verhoren, maar dat was al ernstig genoeg.

Op 1 oktober vaardigde Alva maatregelen uit om iets te doen aan de stroom vluchtelingen. Iedereen die niet kon uitleggen waarom hij in het buitenland verbleef of zich verborgen hield, riskeerde verbeurdverklaring van zijn bezittingen. Waren de spullen eenmaal in beslag genomen, dan kreeg de eigenaar veertig dagen om met een goed verhaal te komen. Dit bood ook mogelijkheden om Oranje vast aan te pakken. Op 9 oktober ging de dagvaarding naar hem uit, en er werd meteen formeel beslag op zijn bezittingen gelegd. Ook andere edelen, voortvluchtig dan wel in gevangenschap, zagen in oktober al hun bezit bedreigd worden. Zelfs op het bezit van de markies van Bergen, die in mei in Spanje was overleden, werd alsnog beslag gelegd.[96]

Het nieuws van Alva's voortvarende aanpak verspreidde zich snel door Europa en riep overal afgrijzen of op zijn minst bevreemding op, ook bij vaste steunpilaren van Filips' bewind. Vooral de arrestatie van Egmond werd slecht begrepen. 'Dit is kennelijk de dank, die koning Filips voor zijn beide zeges over heeft, die hij dankzij de dapperheid van Egmond heeft behaald,' schreef een Franse gezant aan Catharina de' Medici.[97] Vanuit Rome liet Granvelle rechtstreeks aan Filips II weten dat velen erg verbaasd waren over de harde aanpak van Egmond. Granvelle voelde compassie met deze man, die hij kende als goed katholiek en trouw aan de koning, en die vooral door anderen misbruikt was. Granvelle drong er bij de koning op aan een iets uitgewogener manier te kiezen om de Nederlanden tot gehoorzaamheid te brengen.[98] Alva trok zich er weinig van aan; de Raad van Beroerten daagde in de zes jaar van zijn bestaan zo'n 12.000 mensen, sprak bijna 1100 doodvonnissen uit, en veroordeelde nog eens 9000 mensen bij verstek, waarbij over het algemeen al het bezit werd geconfisqueerd.[99]

De berichten over Alva's genadeloze optreden sijpelden door in Duitsland en deden ook daar het sentiment kantelen. Een aantal meerdaagse trouwfeesten, onder andere van Willems zuster Magdalena met Wolfgang van Hohenlohe op 24 september 1567, bleken mooie gelegenheden om consensus te kweken over gewelddadige stappen om aan het bewind van Alva in de Nederlanden een einde te maken.[100] Er werden in deze maanden links en rechts wel voorzichtige toezeggingen gedaan voor financiële en militaire steun, maar de sleutel lag zoals eerder in handen van Saksen en Hessen. August van Saksen bleef terughoudend; hij was net zo confessioneel gericht en dus voorspelbaar als Filips II. Voor de keurvorst werd het pas enigszins interessant wanneer het om de belangen van de lutheranen ging. Zolang Oranje zich niet bekende tot de Augsburgse Confessie en ook maar steeds bleef speculeren op een alliantie met de hugenoten, was August lauw in zijn adviezen.[101] Het hielp evenmin dat in Frankrijk de burgeroorlog weer in alle hevigheid was ontbrand; ook dit stemde de keurvorst afwachtend. Toch bleef Oranje steeds het contact met hem zoeken. Nog in november 1567 leverde hem dat de raad op vooral te proberen weer in een goed blaadje te komen bij Filips II, en dus geen onhandige allianties aan te gaan met bijvoorbeeld calvinisten.[102]

Beroofd en vernederd

Op 14 november beviel Anna van Saksen op de Dillenburg van een zoon, opnieuw Maurits geheten. Deze geboorte was geen bewijs dat de verstandhouding tussen Willem en Anna de laatste tijd was opgeklaard. Het hele jaar 1567, dat door de gedwongen verhuizing naar Duitsland al moeilijk was, ging gepaard met toenemende huwelijksproblemen. Die werden in de hand gewerkt doordat het leven op de Dillenburg karig was in vergelijking met Brussel en Breda; er was geen geld meer voor een bij hun status passende levensstijl met een grote hofhouding. Ze leefden op de pof bij broer Jan, die nauwkeurig bijhield welke kosten hij voor zijn broer maakte. Bovendien had Anna inmiddels uitbundige drinkgewoonten ontwikkeld. Jan van Nassau probeerde die in te tomen door een limiet aan de dagelijkse inname te stellen.[103] De bevoogding maakte Anna dermate obstinaat dat ze in augustus 1567, zo'n zes maanden zwanger, aankondigde terug te keren naar de Nederlanden. Oranje lukte het niet haar op andere gedachten te brengen en riep in de persoon van Willem van Hessen de hulp van zijn schoonfamilie in. Hij deed dat in een lange brief, waarin een navrant beeld werd gegeven van de geestestoestand van Anna, die zeer labiel was. Ze zou misschien wel tot het katholicisme overgaan als het zo uitkwam.[104] Dat kon ertoe leiden dat het kind waarvan ze nu zwanger ging, katholiek gedoopt zou worden. Oranje dikte een en ander mogelijk aan om zijn schoonfamilie in beweging te brengen. August van Saksen stuurde een gezant, maar tegen de tijd dat die arriveerde had Anna het voornemen naar de Nederlanden terug te keren alweer uit haar hoofd gezet.[105]

De doop van Maurits was een goede aanleiding om bevriende edelen uit de wijde omtrek naar Dillenburg uit te nodigen en het gesprek voort te zetten over de volgende stappen. De doop vond plaats op 11 januari. Het doopfeest duurde een volle week, met honderden gasten; er zouden ongeveer zevenhonderd paarden gestald zijn in en om de Dillenburg. Om iedereen naar behoren te kunnen ontvangen moest het zilveren servies, dat in Frankfurt beleend was in de lommerd, voor korte tijd worden teruggeleend.[106]

Tussen het moment dat de uitnodigingen voor de doop verstuurd werden en de doopplechtigheid zelf hield in Brussel de Raad van Beroerten uitgebreide beraadslagingen over Willem van Oranje. Van 16 december tot 2 januari werd zijn dossier doorgenomen.[107] Al op 20 december viel het besluit om definitief beslag te leggen op al zijn Nederlandse bezittingen. De meest vergaande beschuldiging die daar aanleiding toe gaf was dat Oranje het plan had gehad de Nederlanden onder zijn macht te brengen.[108] Een besluit dat op 16 januari 1568 gevolgd werd door het formeel in gang zetten van de gerechtelijke procedure met het uitvaardigen van een arrestatiebevel. Een week later volgde de dagvaarding voor de Raad van Beroerten te verschijnen: die werd op 24 januari in Brussel met trompetgeschal in het openbaar afgekondigd, en ook hier en daar aangeplakt, onder andere op de Grote Kerk in Breda.[109] Oranje diende binnen 45 dagen te verschijnen 'op straffe van eeuwige verbanning' en 'verbeurte van goed'.[110] Oranje werd juridisch in één keer platgedrukt. Hier was nauwelijks verweer tegen mogelijk. Hij was daarmee ook diep in zijn eer en positie aangetast. In de Nederlanden was er niemand meer die hem kon redden.

Medio december was het bewind van Margaretha van Parma, dat in de praktijk al maanden niet meer bestond, ook formeel ten einde. Alva beschikte daardoor over een enorme macht. De landvoogdij werd vanaf nu door hem waargenomen; hij liet aan Filips II weten dat het niet nodig was Don Juan met die functie te bekleden. Als laatste geste drukte Margaretha de hertog op het hart dat het 'gepast en pure noodzaak' was een generaal pardon af te kondigen. Alva liet meteen weten dat daar in zijn algemeenheid geen sprake van kon zijn. Hij ging voort op de ingeslagen weg.[111] Nog voor het einde van het jaar, op 30 december, werd hij beëdigd als landvoogd. Margaretha van Parma vertrok diezelfde dag naar Italië.[112]

De formele plichtplegingen in het juridische en politieke konden niet verhullen dat alles inmiddels volgens de wil van Alva gebeurde, en volgens die van hem alleen. De lokale en gewestelijke procedures en privileges vermochten er niets tegen. Daarbij onderhield hij het berichtenverkeer met de koning, waardoor Filips II niet anders dan een eenzijdig en gekleurd beeld van de situatie in de Nederlanden kon krijgen. Oranje overwoog rond de jaarwisseling zelfs contact te zoeken met de vorst, om aan deze tendentieuze berichtgeving enig tegenwicht te bieden.[113] Een voornemen waar hij niet meer op terugkwam, omdat hij wel besefte dat het niets zou opleveren. Meer werk maakte hij van diplomatie bij de keizer; die liep voor een belangrijk deel via August van Saksen.[114] Maximiliaan II bleek inmiddels grote bedenkingen te hebben bij de genadeloze aanpak

Jeroen Bosch, De tuin der lusten (collectie Prado, Madrid).

van Alva en was bereid tot bemiddeling bij zijn neef Filips II.[115] Dit vrat tijd, dus dit zou Alva voorlopig niet kunnen tegenhouden.

Oranje moest er voorlopig in berusten dat zijn bezittingen in een schijnbaar klinische oefening van beschrijving van landerijen, opstallen, meubilair en kostbaarheden, met de eventueel erop drukkende schulden, gereed werden gemaakt om in andere handen over te gaan. Het had tot direct gevolg dat zijn inkomsten uit dit bezit, zo'n 150.000 pond op jaarbasis, in één keer opdroogden.[116]

Het beslag bood meteen ook kansen aan Alva als verzamelaar van schilderkunst en liefhebber van Vlaamse tapijten. In navolging van de nog grotere kunstkenner Granvelle had hij in Brussel een bestelling lopen voor

een reeks tapijten gebaseerd op schilderijen van Jheronimus Bosch. Toen Alva te horen kreeg dat het triptiek *De tuin der lusten* van Bosch nog altijd in het Brusselse paleis van Oranje hing, kwam hij spoedig op het idee zich dit schilderij toe te eigenen. *De tuin der lusten* kwam in zijn bezit en werd nog weer later, omstreeks 1595, aangekocht door Filips II, die het liet overbrengen naar het Escorial.[117] Met het zich toe-eigenen van misschien wel het meest begeerde kunstwerk van benoorden de Alpen bracht Alva Oranje eens te meer een harde klap toe.

Binnen hoogadellijke kringen werkten kunstcollecties onderscheidend; Maria van Hongarije, Granvelle, Viglius waren net als Alva grote verzamelaars en opdrachtgevers. Oranje maakte er nooit zoveel werk van om als

De tuin der lusten, het triptiek in gesloten vorm (collectie Prado, Madrid; foto: Alamy Stock Photo).

connaisseur of mecenas bekend te staan. We weten er niet veel meer over dan dat hij graag omging met de Antwerpse schilder Frans Floris, een van de hoogst gewaardeerde kunstenaars van zijn tijd. Het is kenmerkend dat de anekdotiek vooral gaat over de vrolijke avonden die ze, veelal in gezelschap van Egmond en Horne, doorbrachten bij de schilder thuis.[118] Oranje kon het zich permitteren wat nonchalance aan de dag te leggen als kunstverzamelaar. Het fundament van zijn collectie was al gelegd door zijn voorgeslacht, terwijl Granvelle met zo goed als niets begon. Alva kwam uit een land met een minder ontwikkelde schilderstraditie – het bezit van Nederlandse kunstwerken gold in Spanje inmiddels als zeer statusverhogend. Dat Alva *De tuin der lusten* voor zichzelf hield, tekent de eigenmachtigheid van zijn bewind.[119] Filips II liet intussen zijn vertrouwensman Benito Arias Montano de mooiste geïllumineerde handschriften uit de Nassaucollectie bij elkaar zoeken en naar Spanje sturen, voor opname in de bibliotheek van het Escorial.[120] Er hing een geur van wetteloosheid omheen.

Die verdenking werd ook opgeroepen door de goed voorbereide ontvoering van Oranjes studerende zoon Filips Willem op 14 februari 1568.

Hij werd in de ochtend gearresteerd en in een koets afgevoerd naar Zeeland. Hofmeester Wiltperg werd met zachte dwang bevolen zijn pupil te vergezellen, ook twee vaste pages van Filips Willem gingen mee.[121] In Vlissingen lag een schip klaar om hen naar Spanje te brengen. Filips II was geheel op de hoogte van deze actie, was er mogelijk zelfs de bedenker van, maar de ontvoering straalde vooral af op Alva. Filips verstuurde op 19 februari, vijf dagen na de ontvoering, nog een brief waarin hij aangaf die voor onbepaalde tijd te willen uitstellen. Het was al te laat. Alva hoopte de ontvoering zo lang mogelijk stil te houden, maar een bode van de moeder van de graaf van Horne zag tussen Leuven en Antwerpen het gezelschap passeren. Dit werd dezelfde dag nog doorgebriefd aan Oranje.[122] Die ontving de tijding zo'n tien dagen later. Uit een brief die hij diezelfde dag aan August van Saksen schreef, blijkt dat hij er al rekening mee had gehouden. Nog even verder redenerend zal hij ook beseft hebben dat dit niet in het voordeel van Alva werkte.[123]

Strijden met woorden

Het werd onvermijdelijk dat Oranje zich publiekelijk verdedigde. Willem van Hessen gaf Oranje het advies zijn kijk op de veroordeling door de Bloedraad eens heel precies uiteen te zetten en zo alle lasterlijke beschuldigingen te weerleggen. Hij gaf daarbij nog een belangrijke raad: zorg ervoor dat bij alles wat je naar voren brengt er geen beschuldigingen in te lezen zijn naar de koning zelf. En let erop dat je in de tekst bedachtzaam en waardig overkomt.[124] Het was in een paar woorden een lesje effectief propaganda bedrijven.

Dit was het waardevolste advies dat Oranje in deze weken kreeg. Waarbij hij waarschijnlijk zelf bedacht dat het geen kwaad kon zo'n zelfrechtvaardiging ook op de drukpers te leggen en een brede verspreiding te geven.[125] Tot dan toe had Oranje nog maar weinig omgekeken naar de mogelijkheden die het verspreiden van drukwerk bood. Er waren in de Nederlanden de voorgaande jaren verscheidene pamfletten en prenten verschenen, tegen de inquisitie, voor het Eedverbond, en soms ook als adhesie aan Oranje zelf, maar die kwamen uit kringen van kleine stedelijke facties, van calvinisten vooral, en ook van het Eedverbond, onder andere uit de omgeving van Hendrik van Brederode.[126] Het eerste doel van dergelijk drukwerk was het bespelen van de publieke opinie, naast het verspreiden van nieuws en achtergrondinformatie. Voor Oranje zat er wellicht ook nog wel een praktisch doel bij; het kon hem ontslaan van de taak om in al zijn correspondentie met zijn vele binnen- en buitenlandse contacten zijn zaak steeds opnieuw uiteen te moeten zetten. In een brief aan koningin Elizabeth van Engeland in deze weken hield hij het vrij kort en verwees hij al naar zijn 'Justificatie', die bijna gereed was en die hij beloofde haar meteen toe te sturen.[127]

De *Justification* of *Verantwoordinge*, die in april in het Frans en Nederlands werd uitgegeven, was een flink boekwerk van ruim tweehonderd bladzijden, waarin ook de volledige tekst van de dagvaarding was opgenomen, en het antwoord daarop dat Oranje op 3 maart 1568 vanuit Dillenburg aan de procureur-generaal had gezonden.[128] De dagvaarding is een nog altijd intrigerende tekst, waarin in korte maar heldere bewoordingen een samenvatting wordt gegeven van Oranjes hardnekkige neiging tot rebellie. Ze mondt uit in de aanklacht dat hij majesteitsschennis heeft gepleegd, en zich daarvoor tegenover het gerecht, in de persoon van de hertog van Alva, moet verantwoorden. In het antwoord van 3 maart gaat Oranje niet in op deze beschuldiging; in een juridisch getoonzet betoog wijst hij op het totale gebrek aan legitimiteit van de voorgenomen rechtsgang, want als vliesridder heeft hij zich alleen voor de medeleden van de orde te verantwoorden. Hij hekelt ook de onfatsoenlijke manier waarop hij gedagvaard is, namelijk door afroeping en aanslaan in de Nederlanden, terwijl men via de landvoogdes heel goed wist waar hij te bereiken was. Oranje noemt de hele procedure een 'nulliteit'. Waar het recht zo met voeten wordt getreden, hoeft hij geen enkele illusie te koesteren dat hij in staat zal worden gesteld zijn onschuld aan te tonen.

In een separaat briefje aan Alva deed Oranje het nog eens dunnetjes over. Hij gaf aan, hoewel hij niet op een behoorlijke manier gedagvaard was, toch maar een reactie te hebben geschreven, opdat men niet kon zeggen, dat Oranje zich stilhield omdat hij wel wist dat hij schuldig was. Hij riep Alva op te stoppen met procederen.

Dit was het noodzakelijke juridische steekspel. Oranje moet hebben beseft dat bij ingewijden en ook bij het wat minder goed ingevoerde publiek vooral de vraag leefde hoe hij zich tegen de zware beschuldigingen meende te kunnen verweren. Hij deed dat in een bijzonder gedetailleerd betoog waarmee de eerste 88 pagina's van de *Verantwoordinge* gevuld werden. Oranje kon het uitleggen, waarbij zijn betoog er in de kern op neerkwam dat de eigenmachtige politiek van Granvelle, vooral inzake geloofsvervolging, hem, en ook anderen, ertoe had gebracht, in het belang van de koning, alles te doen om het land te behoeden voor catastrofes, wat helaas nauwelijks had mogen lukken. Wanneer iemand door een overmaat aan ambitie werd gedreven en zich steeds meer macht toe-eigende, dan was het de kardinaal geweest, niet Oranje.[129]

Was Oranje zelf de auteur van dit schotschrift? Het lijkt aannemelijk dat hij voor grote delen van het betoog zelf verantwoordelijk was,[130] maar hij zal, omdat het tussen erg veel ander schrijfwerk door moest, ook steun hebben gehad van enkele ervaren scribenten die in het vroege voorjaar van 1568 op de Dillenburg verbleven. De voormalige pensionaris van Antwerpen, Jacob van Wesembeke, was sinds Oranje uit deze havenstad was vertrokken in zijn dienst overgegaan. Wesembeke droeg zorg voor de Nederlandse vertaling. Ook was er ene Jacob Bets, over wie verder niets bekend is.[131] Ongetwijfeld had ook Johan Meixner, een raadsman van Jan van Nassau, een prominent aandeel.[132] Medio maart kwam een gezant van August van Saksen, Hubert Languet, voor beraad langs op de Dillenburg. Languet was een uit Bourgondië afkomstige jurist, met gematigde geloofsopvattingen, en hij heeft wellicht een grote invloed gehad op de oorspronkelijk Franse tekst van de *Verantwoordinge*.[133] Beide edities werden in het geheim gedrukt in Wezel, op de persen van een uitgeweken drukker, Augustijn van Hasselt, een vroegere medewerker van Christoffel Plantijn in Antwerpen.[134]

Het waren de eerste, meteen met veel overtuiging gezette stappen op het strijdtoneel van papier: de pamflettuur. Het is met terugwerkende kracht opvallend dat zoveel ingrediënten van Oranjes latere propaganda-activiteiten er meteen al in zaten. Veel feiten, tot het afdrukken van documenten aan toe, veel juridische bedachtzaamheid, maar ook een rond verhaal, dat ondanks veel vertoon van nuance en redelijkheid, nauwelijks tegenspraak toeliet. Waar het maar kon werden tegenstellingen tussen goed en kwaad extra aangezet. Het werd in deze tijd ook in prenten uitgedragen, waarin bijschriften ieder misverstand over de juiste interpretatie moesten wegnemen. De wijze, goede en opofferingsgezinde Oranje tegenover de tirannieke, wrede en geldbeluste Filips II, die vanaf 1568 in dergelijke voorstellingen steeds vaker werd vervangen door de vleesgeworden antichrist Alva.[135]

Misschien was wel de belangrijkste stap: Oranje schakelde al het literaire en artistieke talent dat voorhanden was, schijnbaar moeiteloos in om dergelijke klussen voor hem te klaren. Oranje bleek er oog voor te hebben.[136] Onder raadgevers van Filips II ontstond daardoor onrust over het onbeantwoord laten van Oranjes beweringen. Volgens Viglius richtten ze 'veel schade aan, in zowel het binnen- als het buitenland'.[137] Voornemens van de regering om een pamflet in omloop te brengen strandden.[138] Daar zat een flink portie ridderlijke trots bij over het strijden met woorden in gedrukte vorm, dat door Granvelle werd omschreven als het werk van 'mensen zonder moed'.[139]

De militaire oplossing

Tot de kern teruggebracht was Oranjes situatie eenvoudig: hij was diep in zijn bestaan en in zijn eer aangetast, en er was geen concreet uitzicht op een juridische procedure of internationale diplomatie waarmee dit rechtgezet kon worden.[140] Berusting of vechten waren de enige opties. Maar berusting was niet echt een optie omdat hij zo goed als al zijn bezit kwijt was. Een klein aandeel in het Duitse graafschap Nassau, en de altijd onzekere soevereiniteit over Orange waren in grote lijnen de enige bezittingen die resteerden.

In hoeverre tijdens het dagen voortgaande doopfeest van Maurits de militaire optie al concreet besproken werd, is niet te achterhalen. Dat er met zoveel edelen en zoveel militaire ervaring op één locatie over gesproken werd, lijkt zeker. Maar Oranje zal ook van verschillende kanten gemaand zijn tot voorzichtigheid. In de eerste maanden van 1568 probeerde hij steun te verwerven door het onrecht dat hem was aangedaan breed uit te meten in brieven aan Duitse vorsten. Steeds vaker bracht hij naar voren hoezeer de Nederlanden in de verdrukking zaten en afkoersten op de ondergang. De strekking van dit verhaal voor de Duitse vorsten was dat met de vestiging van het schrikbewind van Alva, een katholiek monster lag te grommen op de drempel van het Heilige Roomse Rijk. Hoe lang zou het duren voordat Spanje samen met Frankrijk tegen de lutherse vorsten zou optrekken? Waarmee maar gezegd was dat het belang van Oranje ook dat van zijn bevriende Duitse vorsten was.

In maart en april ging Oranje over op een meer praktische benadering van de Duitse vorsten. Wie kon legereenheden leveren, wie financiering, wie geschut, wie munitie, wie transportmiddelen? Hij was een grote militaire aanval op de Nederlanden aan het voorbereiden, zonder dat het besluit daartoe al genomen was. Eerst de bereidheid peilen, in Duitsland, in Engeland, in Frankrijk, in de Nederlanden.[141] Oranje leek er in maart stellig van uit te gaan dat het mogelijk moest zijn de Nederlanden op een goed gekozen – door hem te kiezen – moment in opstand te brengen. Hij beloofde met een 'goed leger' klaar te staan, en hij rekende op de hulp van steden inzake bevoorrading, levering van manschappen enzovoort. Oranje liet doorschemeren vooral veel te verwachten van de zo verdrukte gereformeerden, maar stelde uitdrukkelijk dat hij ook de zaak van alle goede katholieken wilde dienen.[142] Eind maart werd in Frankrijk opnieuw een bestand gesloten tussen de regering en de hugenoten, waardoor ook daar in potentie strijdkrachten gemobiliseerd moesten kunnen worden.[143]

Op 30 maart werd in Brussel bij verstek het vonnis gewezen over Oranje: veroordeeld voor het geen gevolg geven aan de dagvaarding, waarvoor de al aangekondigde verbeurdverklaring en verbanning als straf werden opgelegd.[144] Wanneer hij alsnog voor zijn rechters gebracht zou worden, kon hij ongetwijfeld de doodstraf tegemoetzien. Het vonnis onderstreepte voor Oranje alleen maar de noodzaak om tot actie over te gaan.

Ergens in april zal uiteindelijk in samenspraak met de voornaamste aanvoerders het besluit genomen zijn het erop te wagen.[145] In het besluit moet een hoge mate van speculatie of zelfs wensdenken hebben gezeten, want het ging ervan uit dat de zeer ervaren Alva ook zonder een grondige voorbereiding aan de zijde van Oranje op de knieën gekregen kon worden. Het is ondenkbaar dat Oranje en zijn adviseurs zich hier niet bewust van waren. Wat was het alternatief? Een halfjaar uitstel? In de winter een aanvalsoorlog uitvoeren was extra riskant. Een heel jaar wachten? Dat zou Alva de mogelijkheid verschaffen zijn positie in de Nederlanden verder te versterken, terwijl Oranje door de confiscatie van zijn bezittingen nu al financieel niets meer had in te brengen – een jaar lang werken aan de opbouw van een legerorganisatie ging zijn draagkracht verre te boven. Wat er nu nog aan kostbaarheden in de Dillenburg voorradig was – inclusief het bezit van zijn broer Jan –, zoals wandtapijten, sieraden, zilverwerk, werd in de loop van 1568 en 1569 zo goed als allemaal verpand.[146]

Het hele voorjaar en ook de zomer van 1568 werd er intensief, maar met weinig succes geld geworven. Er werd geleurd bij nabije en verre familie, bij de rijkere Duitse vorsten, en ook bij Nederlandse kooplieden. Op 14 april verscheen er, schijnbaar uit het niets, een delegatie van Brabantse protestantse kooplieden op de Dillenburg. Oranje trof de mannen, voor een belangrijk deel oude bekenden, onder wie rijke Antwerpenaren als Marcus Perez en Charles en Daniel van Bombergen, bij terugkomst van de jacht aan de toegangspoort.[147] Ze spraken met elkaar op de binnenplaats onder een lindeboom – die er nog tot het begin van de twintigste eeuw als levende getuige heeft gestaan.[148] Het werd een minder romantisch gesprek dan de setting doet vermoeden. De delegatie vroeg Oranje of hij hun aanvoerder wilde worden. Op zichzelf kwam Oranje dit niet zo slecht uit, want zoveel concrete adhesie in de Nederlanden zelf had hij niet. Oranje stelde zijn voorwaarden: om iets te kunnen uitrichten moesten de Nederlanders minimaal 600.000 gulden bijdragen. Zo niet dan trok hij zijn handen ervan af. Dit was bluffen, maar het werkte. Tenminste ten dele. Er werd stevig onderhandeld. Oranje kreeg 300.000 gulden toegezegd, maar wel met zijn serviesgoed als onderpand, en er werd pas betaald op het moment dat er resultaat behaald was. De Antwerpenaren moesten beloven dat ze hun best zouden doen het bedrag binnen een halfjaar tot de vereiste zes ton aan te vullen.[149]

Zo kwamen er af en toe bedragen – in de vorm van duur betaalde leningen – los, maar met elke schuld die Oranje aanging, kwam er een hogere hypotheek te rusten op een eventuele nederlaag en werd hij minder solvabel. En toezeggingen moesten altijd nog worden omgezet in klinkende munt – van het beloofde bedrag van de Nederlandse delegatie kwam uiteindelijk maar 12.000 gulden binnen.[150] De overwinning mocht hoe dan ook niet al te veel geld verslinden. Een nederlaag was daarom niet aan de orde. Het was va-banque.

De jacht op de hertog

Het bijkomend voordeel van de korte voorbereidingstijd die nu nog restte voor een militaire campagne in 1568, was dat de kosten voor het aanhouden van een strijdmacht relatief laag waren. Lodewijk van Nassau ging, nadat op 6 april het besluit was genomen om hem naar eigen inzicht een legermacht op de been te laten brengen, al op 11 april op weg naar de noordelijke gewesten, in een poging met een verrassingsaanval de stad Groningen in te nemen.[151] En opnieuw was het opvallend dat in Oranjes commissiebrief voor Lodewijk de legitimering erbij werd gegeven: het was omwille van de vrijheid van religie, en alles uit liefde voor de koning. Geen rebellie, maar adhesie aan de allerhoogste macht.[152] Alva was het mikpunt.

Alva was letterlijk een mikpunt. Het strijdplan bestond grofweg uit zes onderdelen: Lodewijk van Nassau zou een aanval in het noorden doen, een andere legereenheid stak vanuit het Limburgse de Maas over, terwijl vanuit Frankrijk een hugenootse legermacht probeerde de troepen van Alva in de omgeving van Artesië bezig te houden. Ondertussen zouden vanaf de kust kleine groepen ballingen uit Engeland, de zogeheten bosgeuzen, het Vlaamse platteland onveilig maken.[153] De hoofdmacht onder aanvoering van Oranje moest bij het bezwijken van Alva's verdedigingslinies Brabant intrekken en Brussel zien te bereiken. Helemaal daaraan voorafgaand was nog een ander onderdeel gepland: het uit de weg ruimen van Alva in eigen persoon.

Het moest gebeuren in de Goede Week, medio april 1568. Alva bleek voornemens te zijn de paasviering bij te wonen in het klooster Groenendaal in het Zoniënwoud onder Brussel. Het klooster was nauwelijks te verdedigen. Een klein legertje zou het moeten overvallen en de hertog uitschakelen.[154] Alva had er lucht van gekregen en zag af van Pasen in het Zoniënwoud. Hij koos ervoor naar een ander klooster te gaan, wellicht in Villers-la-Ville, nog wat verder weg van Brussel.[155] Een paar dagen later meldde Oranje dit laatste droge feit aan Willem van Hessen met de toevoeging dat het hem 'in wahrheit nicht liebe ware'. Hieruit blijkt dat Oranje wist van het moordplan en van het verloop goed op de hoogte werd gehouden.[156]

Dat Alva besloot niet naar het Zoniënwoud te gaan, had mogelijk ook een andere achtergrond. Een deel van zijn troepenmacht had zich omstreeks deze tijd in beweging gezet naar de Maas, en het lijkt erop dat Alva zich wilde concentreren op het afgrendelen van de oostelijke flank. Op 19 april waren zijn troepen al op de rechteroever en marcheerden richting Roermond. Het leger van Oranje was nog nauwelijks in opbouw. Zo dreef het goedgeorganiseerde Spaanse leger een wat ongeregelde eenheid van Lumey voor zich uit, die zich voor de poorten van Roermond voor een compagnie van de koning probeerde uit te geven. Lumey nam snel de benen toen hij vernam dat er een Spaanse elite-eenheid naderde.[157]

Het gebrek aan tijd, geld en organisatie in de gelederen van Oranje begon zich nu al te wreken. De Spanjaarden roken bloed. Ze lokaliseerden de vijand in een vlakte, net over de grens in de buurt van Daelhem, in het Kleefse. Ze zetten er de pas in, tot grote ontzetting van het opstandelingenleger, dat niets beters wist te bedenken dan zich terug te trekken in het nabije Daelhem. Het stadje werd door Spanjaarden nog diezelfde dag omsingeld en bestormd. Van de 1300 manschappen die zich er hadden verschanst overleefde slechts een enkeling. Alle goederen die ze meevoerden, vielen in Spaanse handen, waaronder acht karren met 'wapenrustingen, pieken, geweren en pistolen'.[158] De aanvoerder, de heer Villers, de maarschalk van Oranje, werd krijgsgevangen gemaakt.[159] De Nederlandse gelederen vielen al uit elkaar, voordat ze goed en wel tot een eenheid gevormd waren. Aan Spaanse zijde vielen twintig doden. Alva kon ermee leven.

Op dat ogenblik was Oranje met zijn broers Jan en Adolf en een troepenmacht onderweg naar zijn eenheden in opbouw.[160] Het slechte nieuws over Daelhem deed hem ter hoogte van Duisburg alsnog omkeren naar Dillenburg.[161] Er was meer slecht nieuws; een legertje dat onder leiding van Nicolaas de Hames en de hugenoot Cocqueville in Noord-Frankrijk was geformeerd, werd in diezelfde dagen door Franse regeringstroepen uiteengejaagd.[162] De grootste ramp van deze weken was dat Villers, een goede vriend van Oranje en volkomen op de hoogte van alle plannen, onder tortuur begon te praten. Alva wist nu dat het uiteindelijke doel van

Oranjes operatie de inname van Brussel en de arrestatie van Alva was. Villers onthulde ook dat er in totaal ongeveer 400.000 gulden bij elkaar was gebracht, welke steden en edelen de grootste bijdragen leverden, en dat ook de landgraaf van Hessen en de keurvorst van Saksen hun steun aan het project gaven. Alva wist even genoeg, vooral de gegevens over de financiële slagkracht van Oranje hadden grote strategische waarde.[163]

Er kwamen ook bemoedigende berichten. Lodewijk van Nassau was op 20 april bij Bellingwolde met veel vlagvertoon de Nederlanden binnengetrokken onder de leuzen 'Nu of te nemmer' en 'Herwinnen of doodgaan'. Een dag later werd het kasteeltje Wedde, bezit van de graaf van Arenberg, ingenomen; het kon voorlopig dienen als hoofdkwartier, waar de rekrutering in hoog tempo doorging. Want ook Lodewijk van Nassau was nog niet op sterkte. Hij had de eerste rekrutering op touw gezet in het Oost-Friese Emden, met behulp van een aantal Nederlandse vluchtelingen, van het type strijdvaardige geuzen.[164] Maar de keizer had dat ten strengste verboden.[165] Het was zaak de keizer niet te veel te tergen, temeer omdat Lodewijks beoogde aanvoerders, meest Duitse edelen, het gevaar liepen dat hun bezit zou worden geconfisqueerd.[166] Alleen al de dreiging was voldoende om hen kopschuw te maken.

De troepenmacht van Lodewijk stelde nog niet veel voor; op 27 april stonden er nog steeds niet meer dan zevenhonderd manschappen op de rol. Dit was lang niet voldoende om de stad Groningen met enig succes te belegeren; daar lag een van garnizoen van zo'n vijfhonderd man. Op 2 mei werd Appingedam ingenomen. Intussen bereikte het nieuws van de invasie Brussel. De stadhouder voor de noordelijke gewesten, de graaf van Arenberg, die daar op dat ogenblik verbleef, werd aangewezen dit militair op te lossen, met steun van Megen, die met zijn eenheden in Arnhem lag. Het werd voor Lodewijk nu een strijd tegen de klok. En met veel te beperkte financiële middelen. Hij ging ertoe over kloosters geld af te troggelen, en hun kerkklokken in beslag te nemen, waarvan kanonnen konden worden gegoten.[167] In de wijde omgeving werden stadsbesturen afgeperst. De plaatsvervangend gouverneur van Groningen, Johan de Mepsche, kreeg een bedrag van drieduizend daalders opgelegd, 'uit naam van de koning', op straffe van confiscatie van zijn bezit. Toen De Mepsche te lang talmde, liet Lodewijk drie van diens huizen platbranden. Lodewijk en Johan waren oude bekenden van elkaar.[168]

Het begon duidelijk te worden dat Groningen in deze omstandigheden onneembaar was. Lodewijk trok zich met zijn nog altijd aangroeiende troepenmacht terug naar het oosten. Hij beschikte inmiddels over driehonderd ruiters en drieduizend man infanterie.[169] Bij Heiligerlee kon hij op 23 mei de confrontatie met het regeringsleger van Arenberg niet meer vermijden. Hoewel Arenberg orders had van Alva te wachten met een aanval tot het leger van Megen zou zijn gearriveerd, ging hij, in de veronderstelling dat een overwinning voor het grijpen lag meteen tot de aanval over. Hij vergiste zich totaal in de verraderlijkheid van de moerasachtige omgeving, waarin Lodewijk strategische posities had ingenomen. Overal zaten verborgen diepe kuilen in de grond, die er door turfstekers waren achtergelaten. Toen de troepen van Arenberg zich ver genoeg het moeilijke terrein in hadden gewaagd, werden ze een eenvoudige prooi voor het geuzenleger. Het gevecht begon tegen de avond, duurde zo'n twee uur, en leidde tot enorme verliezen aan Spaanse kant: zo'n 1500 doden. Veel Spaanse soldaten belandden met hun zware harnassen in greppels en slootjes en kwamen daar niet meer levend uit. Ook Arenberg sneuvelde, hij werd moedwillig afgemaakt. Toen Lodewijk erover hoorde, gaf hij te kennen hem liever levend in handen te hebben gehad, omdat hij een hoog losgeld waard was. Arenbergs keten van het Gulden Vlies liet Lodewijk naar Dillenburg brengen.[170]

Er hing een wraakzuchtige sfeer over dit slagveld. Veel Spanjaarden werden onder de strijdkreet 'Daelhem, Daelhem' doodgemept.[171] Aan de kant van de geuzen vielen slechts vijftig doden, maar onder hen was wel Adolf van Nassau, die door een op hol geslagen paard diep in de vijandelijke linies belandde en daar geen enkele kans kreeg levend te ontsnappen.[172] Lodewijk liet het stoffelijk overschot van zijn broer naar Emden brengen, waar hij bij de Oost-Friese gravengeslachten werd bijgezet.[173]

De triomf van Heiligerlee had sombere ondertonen; de dood van Adolf hakte erin, maar ook het besef dat de vijand, al leek die nu even verslagen, definitief ontwaakt was, kon niet worden weggepoetst. Lodewijk leek momentum te hebben; de schatkist van Arenberg was in zijn handen gevallen, waardoor hij weer wat armslag had en zou kunnen proberen alsnog Groningen in te nemen. Maar hij liet kostbare tijd verloren gaan; Megen was hem voor. Lodewijk begon een belegering, in de hoop dat de bevolking van de stad hem zou helpen door in opstand te komen. Het gebeurde niet.[174] Zijn veldtocht verloor in de loop van juni iedere richting.

De jacht op Lodewijk

Toen Alva het nieuws over Heiligerlee hoorde, was hij in alle staten. Dit vroeg een duidelijk antwoord. Geen halve maatregelen. Als daad van razernij liet Alva op 28 mei in Brussel het paleis van Floris van Pallandt met

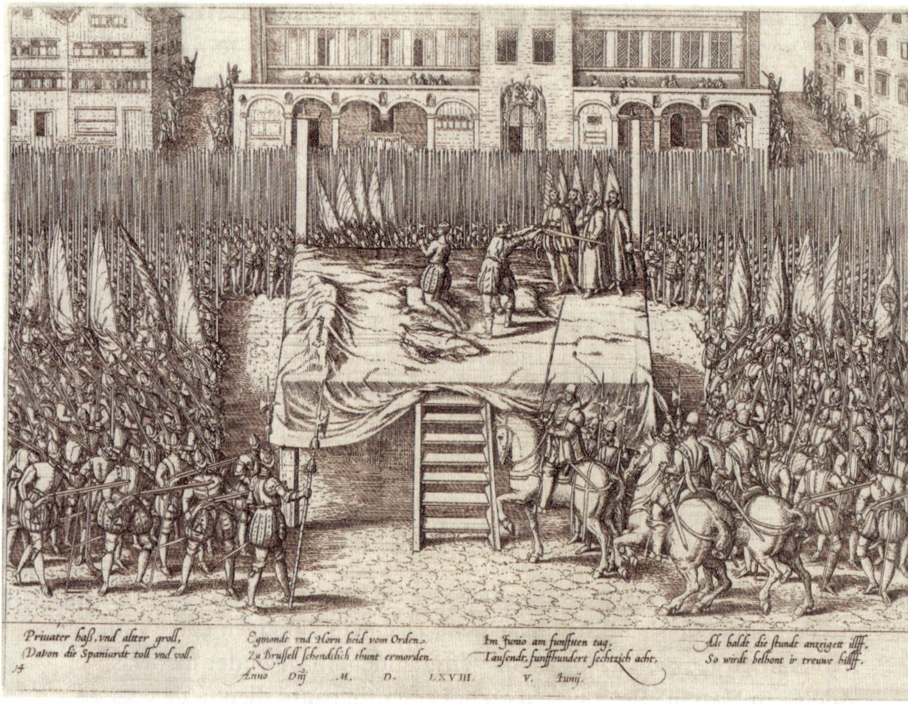

Onthoofding van de graaf van Horne. De prent wekt de indruk dat het publiek geheel uit militairen bestond, wat niet overeenstemt met verschillende ooggetuigenverslagen. Gravure Frans Hogenberg, ca. 1568-1570 (collectie Rijksmuseum, Amsterdam).

de grond gelijkmaken. Het was immers de plaats waar het Eedverbond zich in april 1566 had verzameld, voorafgaand aan de aanbieding van het smeekschrift. Alva liet de grond met zout bestrooien bij wijze van rituele reiniging, zoals de Romeinen gedaan zouden hebben na de verwoesting van Carthago.[175]

In die weken kwam er een versnelling in het werk van de Raad van Beroerten; het regende opeens vonnissen. In de eerste dagen van juni werd in serie de doodstraf voltrokken: leden van het Eedverbond, predikanten en stadsbestuurders werden bij tientallen in Brussel terechtgesteld, onder anderen maarschalk Villers.[176] Op 4 juni werd door Alva het vonnis bekrachtigd in de zaak van Egmond en Horne. Ze hadden maanden gevangengezeten in het onneembare kasteel van Gent en waren daar aan eindeloze verhoren onderworpen. Niets kon hen redden. Op diezelfde vierde juni werden ze, met een escorte van drieduizend ruiters, naar Brussel overgebracht.[177] Ze kregen die avond hun doodvonnis te horen en werden de volgende dag op de Grote Markt ter dood gebracht. Er stond een enorme legermacht opgesteld om de duizenden nieuwsgierigen in bedwang te houden. Het grote schavot was helemaal met zwarte stof bekleed, als was het een ceremonieel in de beste Bourgondische tradities. Egmond verscheen in een rood jasje en had een met gouden borduurwerk afgezette mantel om. Op zijn hoofd droeg hij een hoed met een uitbundige zwart-witte vederbos. Hij was niet geboeid. Zijn mantel en bovenkleding legde hij af, en zakte op zijn knieën. Een priester drukte hem een crucifix in de hand. Egmond beval zich, in zijn laatste woorden, aan in de barmhartigheid van God. Kort daarna werd hij onthoofd. Enige minuten later volgde Horne. Die was iets soberder uitgedost. Hij wendde zich nog tot het publiek, vroeg vergiffenis, kleedde zich uit tot zijn ondergoed, knielde, even later viel het zwaard. De hoofden stonden daarna nog enkele uren op spiesen op het schavot.[178]

Hier liet de nieuwe orde zich gelden. Het Brusselse publiek onderging deze gebeurtenissen met verschillende gradaties van afgrijzen. En dat gold zelfs voor de regeringskringen.[179] Met name Egmond was geliefd, een man van grote reputatie en krijgsmansroem, en een goed katholiek bovendien. Waar moest dit eindigen? Alva was nog niet klaar. In de loop van juni tuigde hij een legermacht van 20.000 man op om naar het noorden te trekken en daar Lodewijk van Nassau te verdrijven.[180] Lodewijk kon er op dat moment een schamele 7000 man tegenoverstellen, die inmiddels nauwelijks nog te motiveren waren vanwege het uitblijven van soldij.

Lodewijk ontweek op het laatste moment een treffen met Alva onder de stadsmuren van Groningen,[181] en trok zich terug in de omgeving van Jemmingen (het huidige Jemgum, toen in bezit bij de graaf van Emden), een stadje aan de Eems. Daar zocht Alva op 21 juli de confrontatie. Op de hem bekende wijze: met geduld, precisie en genadeloosheid. Lodewijk leek in het voordeel in deze waterrijke omgeving, maar Alva rukte zo ver op dat het geuzenleger klem kwam te zitten tussen de vijand en de Eems. De linies van Lodewijk braken, een slachtpartij volgde. Een klein deel van de manschappen wist zwemmend weg te komen, maar velen verdronken alsnog. Op de Eems dreven ontelbare hoeden van soldaten. Lodewijk van Nassau lukte het in een bootje te ontsnappen. Zes- à zevenduizend geuzen werden koelbloedig afgemaakt. Degenen die hadden kunnen vluchten werden vaak alsnog achterhaald en gedood. Het was niet de bedoeling dat ook maar iemand genade werd geschonken.[182]

Opnieuw had Alva getoond dat het hem ernst was; het kon nu niemand meer ontgaan. De weken ervoor was zijn opzichtig uitgedoste eliteleger met een kilometerslange legertros dwars door de Nederlanden getrokken, onderweg hier en daar een brandhaardje opruimend. Vijandelijke aanvoerlijnen van levensmiddelen naar het noorden werden verstoord. Alva bewoog veel in de voorste linies; er werd strikt volgens zijn aanwijzingen geopereerd. Het werkte intimiderend, en zo was het ook bedoeld. Alva schijnt even te hebben gedacht dat dit afdoende was, hij overwoog zijn infanterie al naar de winterverblijven te sturen.[183] Kort daarop sijpelden berichten door dat Oranje nog steeds niet van plan was op te geven.

Zoeken naar bemoediging

Alles was tot dan toe mislukt. Dure en pijnlijke mislukkingen waren het. Bij alle tegenslag was er één ding dat meezat, en dat was dat Alva op hetzelfde moment zijn ware gezicht had laten zien. Zonder dat je het eenzijdig hoefde voor te stellen, was het autoritair en wreed, in één woord tiranniek. 'Tirannie' werd het woord dat de situatie opnieuw ging definiëren. Oranje had zich tot dan toe, ook in de *Verklaringe*, die hij in het voorjaar van 1568 in druk had laten verschijnen, voorgesteld als een man die in zijn eer gekwetst was. Dat was hij nog steeds, maar de willekeur en wreedheid die Alva sindsdien aan de dag had gelegd, bedreigde niet alleen hem, maar iedereen in de Nederlanden.

De terechtstelling van Egmond en Horne was in juni al aanleiding weer contact te zoeken met zijn oude vriend Lazarus van Schwendi, die op dat moment raadgever van keizer Maximiliaan in Wenen was.[184] Hij zette de gang van zaken rond Egmond en Horne, met wie Schwendi ook zeer intiem bevriend was geweest, omstandig uiteen. Hoe Alva sinds zijn komst een spoor van wreedheden door de Nederlanden had getrokken, waarbij trouwe dienaren van voorheen keizer Karel en daarna koning Filips II in een orgie van bloed om het leven werden gebracht. Oranje stelde Alva voor als volkomen harteloos, zonder oog voor de goedheid en moed van allerlei rechtschapen mensen. Intussen dreigde dit trouwhartige en welvarende land geheel ten onder te gaan. Oranje vroeg aan Schwendi de keizer onder ogen te brengen dat hij hier een belangrijke bemiddelende rol kon spelen, waarmee de weg van 'de mildheid, de rede en de gerechtigheid' weer gevonden kon worden.[185]

Wat hoopte Oranje met deze noodkreet te bereiken? Er moest op de korte termijn iets gebeuren. Oranje hintte via Schwendi merkwaardig genoeg op de perspectieven op de lange termijn. Er was een kans dat Filips II zonder erfopvolger stierf, en dan zouden de Nederlanden toevallen aan Maximiliaan of een van diens zonen. Die wilden toch geen geruïneerd land erven?[186] Dit was minder speculatief dan het op het eerste gezicht lijkt. Al maanden gonsde het van de geruchten over de slechte relatie tussen Filips II en zijn enige zoon Don Carlos. Don Carlos was begin twintig, fysiek mismaakt, cognitief onderontwikkeld en geestelijk labiel. Filips' biograaf Geoffrey Parker bracht dat in verband met Carlos' 'deficient gene pool': door de Habsburgse neiging om binnen de eigen familie te trouwen had Don Carlos slechts zes in plaats van zestien betovergrootouders.[187] Hij was in januari 1568 gearresteerd toen hij met een dolk rond bleek te lopen, waar hij wellicht zijn oom Don Juan mee wilde vermoorden.[188] Een vader die zijn eigen zoon opsluit, daar moest meer aan de hand zijn. Het nieuws was de weken daarna als een lopend vuur door Europa gegaan.[189] Het kon erop uitlopen dat Don Carlos zich diskwalificeerde voor de erfopvolging, wanneer Filips II kwam te overlijden. Op dat moment kon het scenario dat Oranje aan Schwendi voorhield in werking treden. Opeens kon het zover zijn. Wat Oranje niet kon weten, was dat Don Carlos ruim een maand na de brief aan Schwendi, op 24 juli 1568 in gevangenschap zou sterven. Waardoor zijn verhaal alleen maar aan kracht won. Wanneer ook Filips II opeens iets overkwam, kon de kaart van Europa meteen opnieuw getekend worden.

Hielp deze manier van strategisch meedenken met de keizer? In ieder geval niet direct. Maximiliaan riep Oranje meermalen op geen geweld te gebruiken, en ook niet de landvrede van het Heilige Roomse Rijk te schenden door er militaire activiteiten te ontwikkelen.[190] In de maand augustus richtte Oranje nog één keer rechtstreeks een brief aan de keizer, waarin hij omstandig uitlegde dat de strijd niet gericht was tegen Filips, maar tegen Alva.[191] Hij schetste daarbij een navrant beeld van het bloeddorstige schrikbewind van de hertog, dat strijdig was met alle oude afspraken, en ook met ieder rechtsgevoel.[192] De keizer moest kunnen billijken dat Oranje zich hiertegen teweerstelde. Zijn bedoelingen waren in de kern vreedzaam: het tot een einde brengen van de slachtpartijen van Alva, in de naam en het belang van de katholieke vorst Filips II, en ook voor de welvaart van het land.

Het leek verstandig hoe dan ook het contact met deze gematigd denkende en opererende keizer warm te houden. Maar op de korte termijn zou het Oranje niet verder helpen, want Maximiliaan was weliswaar begripvol, maar bleef afhoudend en was ook heel strikt als het om het bewaren van de rust in het rijk ging.

Oranje kon nauwelijks anders dan de keizer trotseren; hij was nog steeds voornemens de aanval op de stellingen van Alva in te zetten. De voorbereidingen daarvoor werden gecoördineerd vanaf de Dillenburg. Ondanks de pijnlijke afstraffing in Jemmingen zette Oranje door.[193] Hij werd daarin bemoedigd door de grote afkeer van Alva, die niet alleen in de Nederlanden maar ook in het omringende buitenland om zich heen greep.[194] Er was bij diverse Duitse legeraanvoerders nog steeds animo zich te laten inhuren voor een veldtocht op Brussel. Ze namen daarmee een grote gok, want de financiële situatie van Oranje was in het voorjaar al desolaat; inmiddels werd het ene gat met het andere gestopt, de ene toezegging moest de andere uitlokken. Het was een kaartenhuis van op elkaar gestapelde financiële verplichtingen.[195]

De onderneming die Oranje nu op touw zette, werd met veel ongeloof en ook wantrouwen gadegeslagen. Willem van Hessen, die de campagne tot nu toe heimelijk had gesteund, distantieerde zich er op 28 juli van. Hij durfde zich niet langer in dit riskante project te laten meesleuren. Meteen trok hij zijn maarschalk Rollshausen terug, die hij aan Oranje had uitgeleend. De landgraaf wilde onder geen beding ruzie krijgen met de keizer.[196] Zo waren er meer die het geloof in een snelle en gunstige afloop dreigden te verliezen. Na enige diplomatieke massage lukte het Oranje toch om Rollshausen mee te nemen op veldtocht.[197]

De aanpak van Oranje in de zomermaanden straalt een enorm geloof in de juistheid van zijn strategie uit. Hij ging het nog een keer proberen. In augustus moest het opnieuw losgaan. Met ongeveer dezelfde onderdelen. Eén belangrijke les had hij inmiddels getrokken. De Nederlanders hadden er veel belang bij dat de tiran Alva verdreven zou worden, maar ze reageerden tot nu toe lauw, zo niet apathisch. De eerste analyse luidde dat het uit onwetendheid was. Ze moesten beter worden geïnformeerd. De uitvoerige *Verklaringe* van april had niet genoeg uitgericht. De propaganda werd in de zomer aanzienlijk opgeschroefd. In korte tijd verschenen er meerdere pamfletten: een *Verklaringhe ende Uutschrift*, in de vorm van een open brief van Oranje, gedateerd 20 juli 1568,[198] vervolgens een open brief aan 'alle getrouwe onderdanen van de koning in de Nederlanden', gedateerd 31 augustus,[199] meteen een dag later gevolgd door een *Waerschowinghe*, opnieuw in de vorm van een open brief.[200] Twee weken later liet Oranje een oproep aan al zijn bevelhebbers drukken, met aanwijzingen om alleen het hoogstnoodzakelijke geweld te gebruiken en een bloedbad te voorkomen.[201] De titelpagina werd gesierd door het motto 'Pro lege, rege et grege' (Voor de wet, de koning en het volk), een spreuk die in deze dagen ook op de vaandels van de legermacht werd aangebracht.[202] Drie weken later verscheen *Een hertgrondighe begheerte*, wederom in briefvorm, nu geschreven uit naam van de prins door zijn hofpredikant Adriaen Saravia, gedateerd 21 september.[203]

Telkens was de doelgroep subtiel anders gedefinieerd; het pamflet van 20 juli was geschreven door de Duitse lutheraan Johan Meixner en richtte zich op iedereen in binnen- en buitenland,[204] de twee daaropvolgende op onderdanen van de landsheer dan wel ingezetenen van de Nederlanden (hiermee werden ook de buitenlandse kooplieden aangesproken); de brief van Saravia was sterk gericht op calvinisten en hun sympathisanten. Ook inhoudelijk vertoonden alle pamfletten duidelijke accentverschillen: de *Verklaringe* van 20 juli hield het betoog dat de tirannie van Alva moest eindigen, omdat die tegen alle rechten en privileges van het land streed; de taal was opvallend wollig en ambtelijk, met ook passages die nogal antikatholiek aandeden.[205] De brief van 31 augustus tamboereerde vooral op anti-Spaanse sentimenten: er werd een beeld geschetst alsof, zonder dat Filips II er iets aan kon doen, zijn Spaanse ministers al jarenlang bezig waren een schrikbewind te organiseren.[206] Zijn brief van 1 september was eveneens sterk anti-Spaans, maar deed ook nog eens een appel op alle ingezetenen om bij te dragen aan het verdrijven van deze tirannie. Het einde van de brief bevat een aardig staaltje morele chantage: want wie naliet bij te dragen, mocht naderhand niet gaan zeuren. Wanneer het hierna nog verder uit de hand liep, zo waarschuwde Oranje, dan was dat 'uw en niet onze schuld'.[207] Het pamflet van predikant Saravia bracht de hele strijd nog eens in een vrome christelijke context, door Oranjes onderneming, onder verwijzing naar vele Bijbelplaatsen, als een goddelijk werk voor te stellen. Het was trefzeker en in een warme toon opgeschreven, bedoeld om vooral tot de harten van de aarzelende calvinisten te spreken. Die moesten hun wantrouwen tegen Oranje, in de voorgaande jaren opgebouwd, eindelijk laten varen.

Oranje steekt de Maas over

In de laatste dagen van juli drongen de berichten van de gruwelijke afstraffing bij Jemmingen door tot Oranje op de Dillenburg. Het besluit om op 8 augustus de verschillende legereenheden bij de Rijn in de buurt van Koblenz samen te trekken was toen al gevallen. Oranje moet opgelucht zijn geweest toen hij hoorde dat zijn broer Lodewijk tot de overlevenden behoorde; want hij kon hem niet missen, zeker niet in de enorme logistieke operatie van het tot een eenheid brengen van zo'n 28.000 soldaten die uit alle windstreken toestroomden. Zo laat in het seizoen nog een grote veldtocht beginnen was een waagstuk. Nat herfstweer, een vroeg invallende winter kon zeer ontregelend uitwerken en de campagne doen vastlopen. Maar Oranje werkte, noodgedwongen, met een mooiweerscenario: alles moest meezitten. En dat deed het vanaf het begin al niet. Net als eerder in het jaar verliepen alle operaties stroef en dus traag: het zoeken naar geld, het werven van troepen, het regelen van de doortocht van eenheden over neutraal gebied, het bespioneren van de vijand, en het coördineren van de eigen troepenbewegingen. Het speelde allemaal op hetzelfde moment; Oranje moest aan alle processen hoogstpersoonlijk veel aandacht schenken. Het vertoon aan daadkracht dat uit zijn correspondentie van deze dagen spreekt, is enorm. Hij had mensen bij zich met wie hij al vele jaren werkte, zoals zijn broers, Günther van Schwarzburg, de graaf van Hoogstraten, en zijn zwager Willem van den Bergh (sinds 1556 getrouwd met Oranjes zuster Maria). Ze dienden als zijn voornaamste raadgevers en diplomaten. Dat verlichtte zijn taak aanzienlijk. Vooral om de plooien glad te strijken met bevriende Duitse vorsten, die met enige huiver en weerzin troepen leverden, recht van doortocht gaven of leningen beschikbaar stelden. Ook had Oranje zich toch maar weer verzekerd van de diensten van Lumey, die als grootgrondbezitter in het Luikse het terrein waar de confrontatie wellicht zou plaatsvinden goed kende.

Het bleef werken tegen de klippen op. De datum van 8 augustus werd niet gehaald. Pas tien dagen later begroette Oranje de troepen bij abdij Rommersdorf, iets boven Koblenz.[208] Nog weer twee weken later, omstreeks 1 september, was de legermacht voldoende op sterkte.[209] Er sloten zich nog de hele maand eenheden bij dit leger aan. Begin september stuurde Oranje in pamfletvorm zijn twee oproepen aan de Nederlanders de wereld in. Tegelijkertijd zetten de 8000 ruiters en 18.000 man voetvolk zich in beweging, de Rijn over, op weg naar de Maas, die liefst met gebruikmaking van de brug in Maastricht overgestoken moest worden. Dit scenario ging ervan uit dat Alva zat te slapen, en dat was uiteraard niet het geval. In de loop van augustus was de hertog begonnen zijn legereenheden naar de omgeving van Maastricht te dirigeren. Reeds vanaf 29 augustus blokkeerde hij daar op de westelijke oever de doorgang.[210]

De troepen van Oranje waren op dat ogenblik nog niet eens de Rijn overgestoken. Geldgebrek begon Oranje in deze weken al op te breken. Soldaten eisten betaling, begonnen te muiten, het kwam zelfs tot een onderling gewapend treffen tussen Duitse en Frans-Bourgondische eenheden, waarbij honderden doden vielen. Het dwong Oranje meerdere dagen pas op de plaats te maken. Op 14 september liet hij alle aanvoerders bij elkaar roepen om de onderlinge onenigheid tijdens een uitgebreid maal met een goed glas af te drinken. Zijn luitenant hield een felle toespraak, waarin van de troepen strakke discipline werd geëist.[211] Ook deze tekst werd op de drukpers gelegd.[212] Het kon en passant het algemene publiek ervan overtuigen dat de bedoelingen van Oranje nobel waren. Pas in de laatste dagen van september bereikte Oranje met zijn troepen de omgeving van Maastricht. Na plundering van Noorbeek sloeg het leger bij Wittem zijn tenten op. Oranjes vriend Floris van Pallandt bezat daar een kasteeltje, dat als hoofdkwartier kon dienen tijdens de voorbereidingen voor de oversteek van de Maas.[213]

Net als Alva was Oranje gedwongen te schipperen met het gegeven dat deze omgeving een lappendeken van politieke belangen was. Gelderse en Limburgse gebieden werden op allerlei manieren doorsneden door territoria van Brabant, de hertog van Gulik en de prins-bisschop van Luik. Gelre, Limburg en Brabant vielen onder de koning van Spanje, het hertogdom Gulik en het prinsbisdom Luik waren onderdeel van het Heilige Roomse Rijk. Het prinsbisdom Luik stond formeel dan ook buiten alle conflicten die in de Nederlanden werden uitgevochten. Dat nam niet weg dat én Alva én Willem van Oranje ervan uitgingen dat ze een soort 'recht van overpad' hadden in het Luikse. Het prinsbisdom bestreek van Hoei tot voorbij Roermond de linkeroever van de Maas. Nu de route via Maastricht was geblokkeerd, moest Oranje zoeken naar een andere manier om zijn enorme legermacht veilig naar de linkeroever te laten oversteken.

Oversteken via de brug in de stad Luik was veruit de comfortabelste optie; wellicht kon zijn leger daar ook levensmiddelen inslaan.[214] Oranje kreeg in Wittem bezoek van enkele hem welgezinde Luikenaren. Het bood een onverwachte kans via hen de mogelijkheden van een doortocht te verkennen. Een van de Luikenaren, ene Johan Maret, van beroep procureur, werd er een jaar later door het gerecht over verhoord.[215] Hij vertelde dat de Luikenaren in alle vroegte waren ontboden door Lumey. Bij de ophaalbrug van het kasteel van Wittem dronken Lumey en zijn gasten eerst een goed glas wijn, waarop ze naar binnen gingen. Ze kregen daar staande een ontbijt aangeboden en dronken daarbij nog enkele bekers wijn. Even later werden ze opgehaald en naar een zaal gebracht waar de lijfwacht van de prins verbleef en waar verder slechts twee vergulde uurwerken stonden. Het was wellicht te danken aan die uurwerken dat we weten dat het vervolgens nog een halfuur duurde voor de prins binnenkwam. Hij ging opvallend gekleed in 'een wijd wambuis van buffelsleder, met een grote ruitershoed op het hoofd'.[216]

Zonder veel plichtplegingen raakten Oranje en de Luikenaren in gesprek. Maret, die wat achteraf stond, kon het maar moeilijk volgen. Oranje sprak snel en ook nogal zacht. De Luikenaren beloofden hem dat ze zijn wens bij Luik de Maas over te steken zouden overbrengen aan hun stadsbestuur. Na de wisseling van gezichtspunten verdween Oranje meteen weer. De Luikenaren kregen vervolgens een overvloedige, rijkelijk met drank besproeide maaltijd aangeboden. Ondertussen componeerde een secretaris van Oranje een uitgebreide brief, die meteen naar Luik kon worden meegenomen. Oranje stelde het zo voor dat zijn heilige missie, de tirannie van Alva te beëindigen, ook in het belang van naburige landen was, want die liepen net zo goed het gevaar aan de bloeddorst van Alva ten prooi te vallen.[217] Er werd nog wat over de details in de brief gediscussieerd, maar Maret kon zich achteraf deze details niet meer voor de geest halen. Niet alleen omdat de secretaris nogal fluisterde, maar ook omdat Marets 'zinnen een weinig van huis [waren] geleid'. De drank deed zijn werk.[218]

Het riekt een beetje naar goedkope manipulatie. Het wat al te gemakkelijk mensen dronken voeren en 'om een boodschap sturen'. De Luikenaren besloten de brief ook niet zelf te gaan aanbieden, maar lieten het de meegereisde trompetter van Oranje doen. Zoals te verwachten viel, werd het voorstel van Oranje door de stadsbestuurders van Luik per kerende post verworpen. Toen het nee van Luik op 5 oktober aan Oranje werd overgebracht, wist hij bijna zeker dat de bisschop van Luik onder één hoedje speelde met Alva. En dat vermoeden was terecht.

Ondertussen verstreken kostbare uren, en dat ging Oranje zwaar opbreken. Hij moest op een riskant alternatief plan overgaan. Om vier uur op de middag van 5 oktober zette zijn leger zich in beweging.[219] Zo'n duizend ruiters liet hij een schijnbeweging uitvoeren richting Maastricht, de tenten in Wittem bleven staan alsof er niets aan de hand was, en ondertussen bewoog de hoofdmacht zich, bijgelicht door een volle maan, naar het noorden.[220] Tegen de ochtend trok het leger bij Visserweert de laagstaande en doorwaadbare Maas over, in een spectaculaire amfibische operatie, waarbij dicht opeengepakte rijen ruiters probeerden de stroming van de rivier te breken, om zo dekking te geven aan een geïmproviseerde brug waarover de artillerie en de rest van de legertros naar de overkant trok.[221] Op de andere oever waren ze meteen op het grondgebied van de prins-bisschop van Luik. Ze sloegen hun kampement op in Stokkem. Toen Alva later die dag hiervan bericht kreeg, schijnt hij het niet te hebben kunnen geloven.

De lange weg naar Brussel

Oranje had nu eindelijk het hoofdonderdeel van zijn strijdplan in uitvoering dat in het voorjaar achterwege had moeten blijven: in de verte lag

Brabant, met hoofddoel Brussel. Maar Alva was dicht in de buurt, daarom werd ook een ander onderdeel van het oude strijdplan opnieuw in stelling gebracht: het uit de weg laten ruimen van de gehate hertog. Diens dood was in de pamfletten uit het kamp van Oranje al verhoopt, zelfs min of meer aangekondigd. In *Een hertgrondighe begheerte* van Adriaen Saravia, werd in nauwelijks bedekte woorden op tirannicide gezinspeeld: 'En als de hertog zich niet bekeren wil, dan zal God hem met een zo gruwelijke dood straffen, als hij nog nooit met een tiran gedaan heeft, daar is geen twijfel aan.'[222] Dit pamflet was gedagtekend 21 september. Drie dagen eerder was er bij een Keulse drukker een pamfletje van de persen gerold: *Copie des horribles points et articles*. Het bevatte een document dat was aangetroffen in de kamer van een van Alva's raadsheren, Juan de Vargas, waarin tal van nieuwe delicten werden opgesomd die met de dood bestraft zouden worden.[223] Die grensden aan het ongelooflijke. Zelfs mensen die zouden aandringen op een fatsoenlijke rechtsgang, solliciteerden al naar de doodstraf.[224] Het was dan ook een vervalsing uit het kamp van Oranje.[225] Het was stemmingmakerij die de aanslag die in voorbereiding was, moest rechtvaardigen. Op 5 oktober werd er door iemand uit de omgeving van Oranje, dan nog in Wittem, opdracht verleend aan een onbekend persoon, die moest infiltreren in het kamp van Alva, daar alle munitie laten exploderen, of nog liever 'een manier vinden om de hertog van Alva te doden of een nog betere manier vinden om deze barbaarse tiran te laten verdwijnen'.[226] De beloning was een jaarlijks pensioen van duizend kronen. Het plan mislukte, waardoor is onduidelijk, maar uit het feit dat de brief met de opdracht naderhand in de nalatenschap van de hertog van Alva opdook, mag worden afgeleid dat de moordenaar bijtijds is ontmaskerd.[227]

Het einde van Alva zou de campagne vleugels hebben gegeven, maar nu dat uitbleef, bleek meteen dat er geen helder plan voor de invasie was. Het leger van Oranje lag enige tijd bij Stokkem, op korte afstand van de vijand. Het leger van Alva had inmiddels iets ten noordwesten van Maastricht zijn kamp opgeslagen. De hertog wist op basis van zijn ervaring, en in de wetenschap dat Oranje met geldgebrek kampte, hoe hij dit klusje moest aanpakken. Oranje probeerde in de dorpen en bij de boeren voedsel voor zijn troepen te betrekken, maar moest ervaren dat er nauwelijks iets eetbaars te vinden was. Alva had de dagen ervoor alle voorraden laten wegvoeren. Op veel plaatsen waren waterbronnen vergiftigd. Het leger leed honger, ook voor Oranje was er lange tijd geen wijn, bier of zelfs brood. 'Alles wat ons leger maar kon uithongeren, werd hier in de praktijk gebracht.'[228]

De geldnood werd nu al nijpend. In kleine kring begon Oranje af te geven op de rijke Nederlandse kooplui, die hun belofte dat ze hem ruimhartig te hulp zouden komen, niet hielden.[229] In die weken liet hij ook ten minste twee pamfletten verschijnen waarin hij zijn teleurstelling over het uitblijven van steun uit de Nederlanden scherp uitdrukte, en de bevolking aanspoorde hem alsnog te hulp te komen.[230] De toon van een daarvan was alleen al in de titel zo verwijtend dat waarschijnlijk niemand zich erdoor aangesproken voelde: *Clachte des verdructen Nederlandts over zijn slappe onghetrouwe ingheboerne die tot hen eygen verlossinghe niet en helpen.*[231] De aansporing, uitgesproken door 'het verdrukte Nederland', om in verzet te komen klonk niet alleen wanhopig, maar zette ook aan tot roekeloosheid: 'Sta op, overal in alle landstreken, steden en dorpen, mijn lieve kinderen, kom in verzet, sluit onze gemeenschappelijke vijanden buiten, houd ze tegen, beroof ze.'[232] Zonder goede voorbereiding en coördinatie was zoiets volstrekt zinloos.

Op 10 oktober legde Oranje de prins-bisschop van Luik een schatting, een afkoopsom, op van 100.000 daalders, omdat hij van hem niet de gewenste en rechtmatige medewerking had gekregen. De bisschop werd 24 uur gegund om het bedrag af te leveren. Er kwam niets.[233] Oranje had nu een goed voorwendsel om tot plundering van de streek over te gaan.[234]

Het was 11 oktober, nog maar vijf dagen na de spectaculaire oversteek van de Maas, en de gelederen van Oranje begonnen al uiteen te vallen. Het leger trok naar Sint-Truiden en richtte onderweg een spoor van vernielingen aan. Kerken, abdijen en hele dorpen gingen in vlammen op. Stadsbesturen en kloostergemeenschappen in de wijde omgeving werden voor grote bedragen afgeperst. Sint-Truiden werd ingenomen en zwaar geplunderd.[235]

Alva vermeed een serieuze militaire confrontatie. Af en toe deed zich een felle schermutseling voor, die meestal in het nadeel van Oranje uitpakte.[236] Hij verloor bijna dagelijks honderden manschappen, vele karren met proviand en materieel vielen in handen van het Spaanse leger.[237] Ook karren met roofgoed dat de troepen van Oranje uit kerken hadden gehaald, werden door Alva veroverd.[238] Het was kat en muis. Op 20 oktober kwam het aan de oevers van het riviertje de Gete, tussen Sint-Truiden en Tienen, eindelijk tot iets wat een veldslag mocht heten, ook al zorgde Alva er ook nu weer voor dat hij zijn eigen eenheden zo veel mogelijk spaarde. Het leger van Oranje manoeuvreerde zichzelf in het nauw en verloor 1500 man.[239] Onder hen zijn oude getrouwe Anton van Bombergen. Die moest in zijn laatste uren meemaken dat zijn onderdeel geheel werd overlopen door een eenheid onder leiding van Don Fadrique, een zoon van de hertog van Alva. Bij diezelfde aanval raakte Hoogstraten zwaargewond.

Het leger van Oranje maakte kostbare fouten. Alva had geen spionnen meer nodig om te weten waar Oranje zat. De brandende kerken en kloosters aan de horizon verrieden zijn route door het Luikse. Wel was er versterking onderweg van vijf à tienduizend hugenoten uit Frankrijk. Een enorme meevaller voor Oranje. Zijn internationale diplomatie begon resultaat op te leveren. Maar het waren ook duizenden monden extra die gevoed moesten worden. Toen de aansluiting met het hugenotenleger onder leiding van de heer van Genlis in de laatste week van oktober tot stand kwam, waren hun gelederen door tussentijdse schermutselingen en desertie uitgedund tot minder dan 2500 militairen.[240]

Alva was bijtijds op de hoogte van de komst van de Franse troepenmacht en sneed na een omtrekkende beweging met zijn leger alsnog de weg naar Brussel af. Dat was het verschil tussen het opereren van Alva en Oranje. Terwijl Oranje telkens veel tijd nodig had om te bepalen hoe het verder moest, had Alva zijn strijdplan al in uitvoering. Op 29 oktober deed Oranje nog een poging Tienen in te nemen, maar het mislukte, met opnieuw verlies van honderden manschappen.[241]

Oranje besefte dat hij als een rat in de val zat. Hij wilde opnieuw de Maas over, terug richting Duitsland, maar waar? Herfstregens hadden de Maas inmiddels doen aanzwellen; de route terug via Stokkem zat er niet meer in. Mensen in zijn entourage, Lumey voorop, adviseerden hem alsnog naar Luik te trekken en daar desnoods de toegang tot de stad te forceren. Op 3 november verscheen het leger van Oranje voor Luik. Hem werd opnieuw de doortocht geweigerd, begrijpelijk na de enorme ravage die zijn troepen in de omgeving hadden aangericht.[242] Het was slecht weer, de winter viel vroeg in. In de nacht van 4 op 5 november deed Oranje een poging de stad te bestormen – de Luikenaren bleken goed voorbereid en sloegen de aanval zonder veel moeite af. Een blik op zijn hongerige en radeloze manschappen leerde Oranje dat het geen zin had nu te gaan belegeren.

Het was een grote teleurstelling voor Lumey. Hij was een voorname telg uit een van de machtigste families van het prinsbisdom, de Van der Marcks. Een familie die nog heel wat rekeningen had te vereffenen met andere families. Lumey had voor zichzelf al uitgemaakt wat zijn loon zou zijn bij de inname van Luik – de titel van stadhouder, ter vervanging van de prins-bisschop, was voor hem.[243]

Het optreden van Lumey bezorgde Oranje al langere tijd kopzorgen, toch kon hij in dit onherbergzame gebied niet zonder hem. Lumey had het ene moment iets van een vrolijke en uitbundige excentriekeling, het andere moment handelde hij als een psychopaat. Hij was dol op verkleedpartijen en liep regelmatig rond in de grauwe kleding van de franciscaner orde.

Hij had een Moorse slaaf als kok. En sinds Alva's Raad van Beroerten op 5 juni 1568 de graven van Egmond en Horne had laten onthoofden, liet Lumey zijn haar, baard en nagels groeien, volgens eigen zeggen, tot het moment dat Egmond en Horne gewroken zouden zijn.[244] 'Langnagel' werd al snel zijn bijnaam.

De roemloze aftocht na de mislukte inname van Luik voerde door gebieden waar Lumey goed thuis was. Alva liet Oranjes troepenmacht voortdurend hinderlijk volgen en leek steeds met de lokale bevolking handige afspraakjes te maken om de aftocht van Oranje zo veel mogelijk te saboteren. Alva liet zelfs molenstenen wegvoeren om de vijand het malen van graan onmogelijk te maken.[245] Lumey leek zijn best te doen zijn troepen van al te grote wandaden af te houden, maar slaagde er niet in zelf het goede voorbeeld te geven. Hij vergreep zich onderweg regelmatig aan kloosterlingen. Tijdens een oponthoud op zijn eigen kasteel te Seraing-le-Chateau in de buurt van Luik liep hij rond in de grijze pij met muts van een monnik die hij kort tevoren gevangen had genomen.[246]

Het ging erg tegen de natuur van Oranje in, die al zo lang probeerde de partijen te verzoenen door verdraagzaamheid te prediken. Mensen die hem in deze weken meemaakten, rusteloos met al zijn manschappen voortzwervend door het land van Luik, zagen hoe hij steeds zwijgzamer en prikkelbaarder werd. Hij maakte een terneergeslagen indruk; er kwam bijna geen woord meer uit. Dat hij nergens met open armen was ontvangen, hield hem nogal bezig. Eén keer verbrak hij zijn zwijgen: 'Ik ben de rivier overgestoken, maar geen enkele stad heeft voor mij haar poorten geopend; nu mogen zij loon naar werken ontvangen.'[247]

In de weken die volgden zag hij geen andere mogelijkheid dan zich via Noord-Frankrijk aan de greep van Alva te ontworstelen. Pogingen om de Maas of de Sambre over te steken werden opgegeven. Via Binche en Cateau-Cambrésis, betekenisrijke oorden uit zijn recente verleden, trok wat er resteerde van Oranjes leger op 16 november Frankrijk in.[248] Alva bleef hem nog altijd op gepaste afstand volgen.

Oranje trok naar Saint-Quentin, opnieuw een herinnering aan betere tijden. Alva staakte de achtervolging, omdat hij van de Franse koning geen toestemming kreeg diens grondgebied te betreden. Even speelde hij nog met de gedachte in een geheime actie Oranje vanuit het kasteel van Guise midden in de nacht te overvallen.[249] Het werd al snel duidelijk dat de Franse koning ook Oranje niet in zijn land wilde hebben. Terwijl zijn troepen plunderend door Noord-Frankrijk trokken, probeerde Oranje de koning ervan te overtuigen dat hij alleen maar met goede bedoelingen naar Frankrijk was gekomen. Hij vertrouwde er enigszins op dat Karel IX zich van zijn gematigde kant wilde laten zien, want over godsdienst, of in ieder geval gewetensvrijheid, dachten ze min of meer hetzelfde.[250] Oranje bood zelfs zijn diensten aan als bemiddelaar in de interne Franse verhoudingen.[251] Onder de raadgevers van de koning zal daar weinig waarde aan zijn gehecht. Eind november werd Oranje ernstig gemaand te vertrekken.[252] Intussen had de koning alle bruggen naar Parijs laten afbreken, uit angst dat het zootje ongeregeld van Oranje die kant op zou komen.[253]

Een tijdlang hadden de troepen van Oranje zich opgehouden in Sisonne, bij Reims, in afwachting van een doel, een richting. De richting werd uiteindelijk het oosten, Straatsburg, toch maar zo snel mogelijk Frankrijk uit. In hun gelederen voerden ze nog altijd de gewonde Anton van Lalaing, de graaf van Hoogstraten mee. Ter hoogte van Beaumont-sur-Vesle gaf hij op 11 december 1568 de geest. Hij liet zich nog op katholieke wijze bedienen.

Hoogstraten was de laatste van de jonge, vrolijke en ambitieuze hoge edelen die sinds zo'n jaar of tien, op vele gepassioneerde en van alcohol doortrokken avonden, alternatieven hadden bedacht voor het Spaanse vorstenabsolutisme. Het absolutisme had inmiddels despotische trekken gekregen en zijn tanden laten zien.[254] Veel van Oranjes vrienden van toen waren teruggekeerd in het kamp van de koning, de rest was dood. Oranje was aan hun kameraadschap ontstegen, en tegelijkertijd was hij diep gezonken.

Op 13 januari 1569 stak Oranje bij Toul de Moezel over en verliet het Franse grondgebied. Wat nog resteerde van zijn leger plunderde erop los. Deze manschappen, die nog veel geld van hem tegoed hadden, hingen als een molensteen om zijn nek. Het was opnieuw een barre winter, veel strenge vorst, regelmatig felle sneeuwjachten.[255] Oranje ging op weg naar Straatsburg. Hoe het daarna verder moest? Kon hij nog iets verzinnen? Wie zou hem nog helpen?

Het leedvermaak in het andere kamp was enorm. Fernand van Lannoy deed zijn zwager Granvelle in deze dagen verslag van de totale ontluistering in het kamp van Oranje. Zijn leger was helemaal uiteengevallen, wat nu nog resteerde aan manschappen was schorem. Zijn artillerie was verloren gegaan, wat hij nu nog had was net voldoende om een oude stadspoort te bewaken: 'De prins is behoorlijk ziek; men heeft hem in een draagstoel over de brug van Charmes gedragen zien worden, hij is, niet zonder reden, zeer zwaarmoedig.' Om er nog aan toe voegen: 'Het zou voor hem een groot geluk zijn te sterven, want ik vermoed dat hij nu dagelijks wel honderd keer sterft, nu hij zich zo van zijn goed en zijn eer beroofd ziet.'[256] Het klonk cynisch, maar er viel op dat moment niet veel tegen in te brengen.

7

Prins zonder land

1569-1572

In Straatsburg probeerde Oranje wat op adem te komen. Hij was op 8 februari 1569 de stad binnengelaten; zijn soldaten en legeraanvoerders werden zo veel mogelijk buiten gehouden. Hier werd ook duidelijk hoe diep het financiële moeras was waarin hij gevangenzat. Zijn leger had hij niet meer nodig, maar zolang hij de achterstallige soldij niet betaalde, kon hij al die manschappen niet afdanken. Het lukte Oranje met grote moeite wat vendels aan enkele lokale legeraanvoerders over te doen. Wat er van zijn geschut nog over was, zo'n zestien kanonnen, werd verkocht. Ook het huisraad dat gedurende de veldtocht het leven wat comfortabeler had moeten maken moest hij hier verpanden; enkele maanden later werd het verkocht. De bewaard gebleven inventaris is een indrukwekkende opsomming van vergulde schalen, vazen, karaffen en drinkbekers en zilveren tafelgerei, genoeg om voor meer dan twintig man een vorstelijk diner aan te richten. Daarnaast waren er nog wandtapijten, een prachtig versierd hemelbed, luxueuze rustbanken, fluwelen en zijden gordijnstoffen.[1]

De inventaris is de stille en wrede getuige van de totale metamorfose die Oranje als publiek figuur in enkele maanden tijd had ondergaan. Hij kon in Straatsburg nog een laatste blik werpen op zijn eigen grandeur, om vervolgens zijn gedachten te moeten wijden aan hoe hij, liefst ongezien, totaal berooid uit deze stad kon ontsnappen. Hij werd inmiddels met de dood bedreigd door zijn eigen soldaten.[2] Er leefden ook plannen om al zijn Duitse bezittingen te verwoesten. Verschillende legereenheden zouden al zijn overgelopen naar Alva. Het leedvermaak bij Oranjes oude vijanden ging naar steeds grotere hoogten. Alva omschreef Oranje als 'een dode man, zonder enige invloed of krediet'. Granvelle wist zeker dat Oranje 'zijn hoofd nooit meer zou oprichten'.[3]

Oranje was meervoudig failliet: het grootste deel van zijn bezit was ge-

De hertog van Alva, geschilderd door Anthonis Mor (collectie Hispanic Society of America).

confisqueerd, en hij was enorme financiële verplichtingen aangegaan, waarvoor geen onderpand meer beschikbaar was. Daarmee was zijn laatste kredietwaardigheid verloren gegaan. Erger was dat hij ook politiek en moreel geheel over de kop was. Het zoeken van de confrontatie met de Spaanse koning had niet alleen hemzelf, maar ook zijn politieke vrienden onder de Nederlandse, Duitse en Franse adel en zijn sympathisanten onder de Nederlandse burgerij zwaar in het defensief gebracht, en wel zo zwaar dat er geen redelijk vervolg denkbaar was. Nog lastiger was het verlies van zijn geloofwaardigheid en zijn eer. Hij stond er in deze dagen alleen voor. Wanneer hij voor een juiste zaak streed, waarom was het dan zo moeilijk een slagvaardige coalitie van gelijkgezinden te smeden?

Diepere oorzaken voor een vernederende nederlaag

Waar was het misgegaan, en wat was er misgegaan? Deze vragen moeten zich in volle hevigheid hebben opgedrongen, zonder dat het mogelijk was er in die benauwde omstandigheden al een zinnig antwoord op te geven. Hoe kon deze veelbelovende jonge man – rijk, begiftigd met een goed verstand, beschikkend over flair in de omgang en in staat mensen aan zich te binden – zo diep vallen?

Er was de stroom aan rampzalige militaire manoeuvres in 1568, evenals het gebrek aan coördinatie, aan geld, aan geluk. Maar zelfs wanneer de coördinatie, het geld en het geluk wel ruim voorradig waren geweest, zou het bijna onmogelijk zijn gebleken het goedgetrainde leger onder aanvoering van een van de beste veldheren van de zestiende eeuw te verslaan.[4] Betekende dit dat Oranje als generaal te velde tekortschoot? Daar is veel over gespeculeerd.[5] Duidelijk is dat het hem niet lukte ook maar op enig moment aanvallend voordeel te behalen. Heiligerlee was niet meer dan een pyrrusoverwinning, er bestond op dat ogenblik geen enkel concreet uitzicht op een blijvend resultaat. Intussen kostte de campagne van 1568 bij elkaar zo'n anderhalf miljoen gulden, waarvan meer dan tachtig procent direct op de huishouding van de Nassaus drukte.[6] Er is wel gedacht dat Oranje met minder middelen veel meer had kunnen bereiken wanneer hij eerder in actie was gekomen, zo mogelijk al in 1567, toen Alva zich nog in de Nederlanden moest installeren.[7] Maar dit zou alle zwaktes van Oranje, die ook samengevat kunnen worden als gebrek aan voorbereiding, alleen maar versterkt hebben. Bovendien was de tijd- en energievretende bedeltocht langs de Duitse vorsten onontkoombaar, ook al leverde die veel te weinig op om succes binnen bereik te brengen.

Maar kon hij anders dan naar de wapens grijpen? Met de komst van Alva, de instelling van de Raad van Beroerten, de dagvaarding en het snelle vonnis was hij in korte tijd van al zijn macht en bezit in de Nederlanden beroofd. Het is regelmatig opgemerkt dat Oranje hiermee diep in zijn eer werd aangetast. Het was wellicht deze 'eer', waar de reputatie van de hele hoogadellijke familie inclusief het voorgeslacht aan vasthing, die hem dwong in actie te komen.[8] Biograaf Olav Mörke heeft erop gewezen dat hierin ook het individuele geweten meespeelde: hoe sterk Oranje zich ook gebonden voelde aan zijn trouw aan de koning, hij kon en wilde hem op godsdienstig terrein niet volgen omdat dit strijdig was met zijn eigen morele opvattingen.[9] Hij was daarmee een strijder voor christelijke gerechtigheid. Zo stelde Oranje het in de loop van 1569 ook graag voor.[10] Een offer dat hij met zijn hele familie bracht, en dat zijn broer Adolf al het leven had gekost.

Toch was het niet deze gekwetste eer die hem in 1568 *dwong* zonder degelijke voorbereiding met een bij elkaar geraapt leger een wanhoopsactie te beginnen. Die noodzaak zat wel in het algehele verlies van zijn Nederlandse bezittingen.[11] Na de confiscatie was er geen kans meer dat hij op korte termijn in zijn rechten hersteld zou worden. Met de terdoodveroordeling van Egmond, Horne en zoveel anderen, die aanzienlijk minder op hun kerfstok hadden, werd duidelijk dat hij bij Filips II nimmer op genade kon rekenen.

Omstreeks 1560 had Oranje al zijn eerste onbehagen opgebouwd over de wijze waarop Filips II de regering van de Nederlanden had ingericht. In plaats van dat Oranje een hoofdrol kreeg te vervullen, was het vooral Granvelle die het vertrouwen van de koning genoot en met steeds meer macht werd bekleed. Oranje slaagde erin andere hoge edelen mee te krijgen in een principieel verzet tegen de bureaucratisering van het politieke bedrijf. Het werd na enige diplomatieke missies duidelijk dat de koning niet vatbaar was voor de argumenten van Oranje en zijn bondgenoten. Zoals Filips ook niet gevoelig was voor de gekrenkte eigenwaarde die Oranje steeds opzichtiger vertoonde. Al omstreeks 1562 zocht Oranje naar wegen om het door Spaanse en absolutistische directieven gedomineerde bewind terzijde te schuiven. Hij leek daarbij wat al te optimistisch te anticiperen op toeval en geluk. Het bewind van Filips II zou, door overlijden of een zware nederlaag tegen de Turken, kunnen imploderen en een grote herschikking van de kaart van Europa mogelijk maken. Op dat ogenblik leek het kansrijk lutherse vorsten te interesseren voor een geopolitieke en militaire exercitie die de meeste Nederlandse gewesten, in ieder geval Brabant, weer in het Rijksverband moest brengen. Het plan sneuvelde op het bezonken en pragmatische oordeel van August van Saksen.

Oranje had lange tijd zoveel rookgordijnen over zijn ware bedoelingen opgetrokken dat hij in Brussel en Madrid nog niet openlijk in ongenade viel. Toch werd wel ingezien dat Oranje grote ambities koesterde. Hoe die ambities er in de jaren zestig uitzagen, en hoe ze in de loop van dit decennium onder invloed van de omstandigheden en steeds rijper wordende inzichten veranderden, is het grote raadsel van het leven van Oranje. Wilde hij rijker en machtiger worden dan hij al was, wilde hij de Spaanse invloed zo veel mogelijk reduceren, wilde hij mogelijk zelf de centrale figuur – landvoogd, graaf of een andere vorstelijke titel – in de Nederlanden worden? Het lijkt erop dat omstreeks 1562 het antwoord op al deze vragen ja moest luiden.[12] Tegelijkertijd gedroeg Oranje zich aan de Brusselse vergadertafels en in het openbaar alsof het antwoord op deze vragen nee was.

Margaratha van Parma en ook Granvelle koesterden in de loop van de jaren steeds ernstiger vermoedens over Oranjes eerzucht en politieke ambities. Kennelijk onvoldoende om zich genoodzaakt te zien hem uit te schakelen, maar wel voldoende om hem vrij consequent tegen te werken. Dit werd een fatale vicieuze cirkel. Het wantrouwen leidde tot tegenwerking, die weer leidde tot nog meer wantrouwen enzovoort. Waarschijnlijk werd dit nog aangewakkerd door moeilijk meetbare factoren als jaloezie en verachting, en dat over en weer.[13] Het vertrek van Granvelle doorbrak deze fatale cyclus, voor enige tijd, maar nu werd ook duidelijk dat hij niet de echte bron van Oranjes frustratie was. Dat was Filips II.

Tot het voorjaar van 1564 leverde Oranje een verbeten prestigestrijd, waarbij zijn politieke doeleinden vooral dicht bij huis lagen: versterking van zijn positie en die van zijn bondgenoten. Nadat Granvelle was weggevallen en Margaretha van Parma pragmatisch begon mee te bewegen met de heren, kon Oranje niet anders dan zijn ongenoegen op Filips II richten. Hij deed het opnieuw niet direct, maar redeneerde zoals gewoonlijk dat de koning consequent de verkeerde beleidsbeslissingen kreeg ingefluisterd door onnozele dan wel kwaadaardige raadslieden. De aandacht ging op dat moment niet meer uit naar het verwerven van een positie in het centrum van de macht, want die had Oranje met het vertrek van Granvelle nu wel degelijk in handen, al moest hij die delen met koningsgetrouwen als Viglius en Berlaymont.

Het gevoel tegengewerkt en niet vertrouwd te worden bleef Oranje ook na het vertrek van Granvelle beheersen. Het dwong hem dieper na te denken over de wijze waarop hij sterker kon komen te staan. Het conflict rond de instelling van nieuwe bisdommen dreef hem bijna ongemerkt in de armen van gewestelijke bestuurders, die voor een belangrijk deel afkomstig waren uit steden. De bestuurlijke kringen in Brabant, en dan met name in Antwerpen, ontwikkelden zich in deze jaren tot natuurlijke bondgenoten van Oranje. Ze openden hem de ogen voor de kwalijke effecten van de harde godsdienstpolitiek van Filips. Niet alleen werden schuldeloze mensen ter dood gebracht, ook de handel en het openbare leven in de steden werden erdoor getroffen.

Met het uitspreken van zijn pleidooi voor een verdraagzame benadering van geloofsverschillen in zijn oudjaarsrede van 1564 stelde hij zich voor het eerst openlijk en direct op tegen zijn heer, Filips II. Hij wist inmiddels dat Filips op dit terrein nooit tot concessies te bewegen zou zijn.[14] Een confrontatie werd onvermijdelijk. Oranje moet zich redelijk zeker van zijn zaak hebben gevoeld; zo niet, dan was het een daad van roekeloosheid. Oranje meende op dat ogenblik voldoende bondgenoten te hebben. Die waren het misschien onderling niet over alles eens, maar ze wezen wel het geharnaste katholicisme en het erg autoritaire absolutisme van Filips II af. Een te grote macht van de Spaanse koning zou ook de balans in Europa grondig kunnen verstoren. Het leidde tot vrij elementaire angstgevoelens, die werden samengebald in het begrip 'Spaanse inquisitie'.[15] Dit gold voor de protestanten in de Nederlanden, voor de internationale gemeenschap van kooplieden in Antwerpen, en ook voor protestantse vorsten en bewegingen in Duitsland en Frankrijk. Het gold zelfs voor de goed katholieke Franse koning.

Oranje hield zich nog lange tijd aan de katholieke rite, hij lijkt er ook niet op uit te zijn geweest die te ondermijnen of te verwerpen. Hij heeft waarschijnlijk nog lang gedacht dat het mogelijk moest zijn de eenheid in de kerk te herstellen. Verdraagzaamheid zou met het verstrijken van de tijd alle godsdienstige tegenstellingen kunnen doen oplossen. Maar hij had zich gaandeweg tot het middelpunt gemaakt van een gelegenheidscoalitie die daar in de meeste geledingen geen enkele boodschap aan had. Het dwong hem tot schipperen; het was ondenkbaar dat hij het al zijn bondgenoten naar de zin kon maken, dat bleek wel bij zijn vergeefse pogingen calvinisten en lutheranen tezamen achter de Augsburgse Confessie te krijgen.

Oranjes tolerante koers inzake godsdienst was ingegeven door politieke berekening, maar hij bleek zich daarmee alleen maar diep in de religieuze nesten te werken. Zijn politieke agenda verbreedde zich daarom al snel naar economische en juridische strijdpunten. De verschillende gewesten, en ook hier weer in de eerste plaats Brabant, zagen in het bisschoppenplan, maar ook in de enorme belastingdruk en alle moeizame besluitvorming die daarmee gepaard ging, een aantasting van de eigen autonomie en ook van de internationale concurrentiekracht. Het sentiment dat de Nederlanden zich voor de wereldomspannende ambities van een vreemde mogendheid lieten uitpersen, werd in de loop van de jaren zestig steeds sterker. Dit werd leidend voor het Eedverbond, dat eind 1565 in het leven werd geroepen, en waar Oranje in meestuurde, maar optisch zo veel mogelijk afstand van hield. Het Eedverbond durfde het aan een enigszins patriottische lijn voor te stellen: het ging om de belangen van het 'gemene vaderland'.[16]

De Britse historicus Alastair Duke heeft geprobeerd dit krachtenveld te ontrafelen en kwam tot de conclusie dat Oranje in 1566, in de dagen dat met de aanbieding van het Smeekschrift de politieke, en kort daarop ook de religieuze status quo op zijn kop gezet werd, nog altijd afstand hield tot de nationale, patriottische ideologie die sinds enige tijd bij de lagere adel, en ook bij intellectuelen en stadsbestuurders, in volle ontwikkeling was. Oranje was omringd door dit denken, maar het werd niet leidend voor zijn opereren. Dat hij in 1567 het land verliet en een jaar later de wapens opnam, was toch 'vooral om persoonlijke redenen', aldus Duke.[17]

Doen wat er gevraagd werd?

Was Oranje daarmee het slachtoffer geworden van zijn eigen zeer particuliere ambities, van zijn politieke hoogmoed? Dit was het beeld dat door zijn vijanden en ook in de katholieke geschiedschrijving nog lang is uitgedragen. Helemaal onwaar is deze visie niet, maar ze is wel eenzijdig. In het wereldbeeld van Oranje, getekend door feodale rechten en plichten naast ridderlijke erecodes, was er niet zo'n grote tegenstelling tussen eigenbelang, het belang van zijn familie, het belang van de adel, en het belang van de onder hem gestelden: wat goed is voor mij, zal ook goed zijn voor mijn familie en vrienden en zelfs voor mijn onderhorigen.[18]

Kenmerkend aan deze visie is dat dit hem niet dwong tot altruïsme. De Vlaamse historicus Rob Van Roosbroeck concludeerde over het echec van 1568 dat de militaire onderneming zo goed als geheel een particuliere aangelegenheid was van de Nassaus.[19] Oranje en zijn naaste familie waren allesbepalend. Hij liet in pamfletten uitdragen dat hij voor de goede zaak van de verdrukte Nederlanders vocht, maar zijn contacten en afspraken met deze verdrukten verliepen niet soepel. Zijn vroegere goede relaties met de verschillende gewesten en steden bleken in deze moeilijke dagen niet zoveel meer waard. Oranje beklaagde zich over de passiviteit in de Nederlanden, waar hij 'van niemand hulp of enige sympathie had ondervonden'.[20] Dit was een bittere klacht tegen het einde van zijn roemloze veldtocht, op het moment dat hij door Alva het koude en ongastvrije Frankrijk ingejaagd werd.

Onder deze klacht zat een diepere waarheid, die in de jaren daarop langzaam maar zeker tot Oranje zou doordringen: de protestanten en de zelfbewuste politieke klasse in de grotere Nederlandse steden wilden niet aan de hand genomen worden, ze wilden vooral erkend worden als volwaardige gesprekspartners. Deze spanning zou Oranje nooit helemaal kunnen oplossen en had veel invloed op zijn verdere leven.

Oranje dacht feodaal, had in zijn handelen ook onmiskenbaar monarchale trekjes. Hij wilde luisteren, geduld oefenen, hij wilde best iets tegen zijn zin doen, wanneer hij maar het laatste woord hield. Oranje genoot daarbij wel de faam van een veelal bedachtzaam en mild opererend mens. Kenmerkend is een verhaal over zijn gedwongen verblijf in Parijs in 1559. Oranje had zich geïnstalleerd in een paleis, waar een deel van zijn spullen, onder andere zijn zilverwerk, werd bewaard in de wijnkelder. Vanaf de straat zag een boefje door een betralied venster kans met een haak een grote hoeveelheid zilverwerk naar buiten te hengelen, waarbij nogal wat schalen zwaar beschadigd werden. Het personeel van het paleis was in grote verlegenheid toen de diefstal ontdekt werd. Bij toeval werd de dief gepakt voor een ander vergrijp en hij bekende op de pijnbank ook deze roof. Hij werd veroordeeld tot de strop. Op de dag dat het vonnis werd voltrokken, kwam Oranje toevallig op de terugweg van een jachtpartij in het gezelschap van de Franse koning langs de executieplaats. Toen ze hoorden dat de man werd opgehangen voor 'het stelen van het zilveren vaatwerk van de prins van Oranje', richtte Oranje zich tot de koning en vroeg hem de dief genade te schenken. De koning stemde ermee in. Meteen stoof Oranje op de verzamelde menigte bij het schavot af en beval met de executie te wachten tot de koning zou arriveren. Waarop deze de dief alsnog de vrijheid schonk, en Oranje nog een groot deel van de buit wist terug te krijgen, die anders spoorloos zou zijn gebleven.[21]

Het is een verhaal dat de grootmoedigheid en vergevingsgezindheid van Oranje illustreert; een verhaal zoals er in de loop der eeuwen vele in omloop waren gekomen over vorsten. Wat is waar en wat verdichting? Oranje kende deze verhalen ook, ze werden bijvoorbeeld over Karel V in een grote variatie verteld. Hij zal al vroeg hebben beseft dat een man van zijn statuur zijn momenten moest kiezen. Oranje was daar in Parijs een jongeman van 26, favoriet gezelschap van de Franse koning, een sprankelende kosmopolitische hoveling, bekleed met de vorstelijke titel van Orange. Hij leefde en beleefde op dat ogenblik al zijn eigen mythe.

In diezelfde dagen, misschien wel op dezelfde dag, had Oranje het beroemd geworden onderhoud met de Franse koning waarin deze hem onbedoeld onthulde dat Frankrijk en Spanje gezamenlijk plannen smeedden de ketterij uit te roeien.[22] Behalve dat dit voor de protestanten weinig goeds beloofde, zat er ook voor Oranje persoonlijk iets pijnlijks in de situatie. De koning meende dat Oranje volledig op de hoogte was van de Habsburgse staatszaken. Oranje liet hem in die waan, maar besefte toen al hoe vernederend het was te ontdekken dat er om hem heen werd gewerkt.

Vanaf dat moment had de hiervoor beschreven frustratie over het wantrouwen uit Spaanse hoek zich gestaag kunnen opbouwen. Hij probeerde het met zijn onbehagen en ook zijn ambitie over een andere boeg te gooien. Hij opereerde daarin met grote zelfbeheersing. Als een pokeraar heeft hij jarenlang zijn gezicht in de plooi gehouden, af en toe bluffend, om wat ontzag af te dwingen. Toch schoot zijn zelfbeheersing uiteindelijk tekort en werkten zijn manipulaties achter de schermen, en soms ook en plein public, een onbeheersbare situatie in de hand. Oranje kwam steeds openlijker in conflict met Filips II en diens getrouwen in Brussel. Dit sprak zich rond en maakte met name de razendsnel in aanhang toenemende calvinistische beweging telkens wat hoopvoller dat er onder Oranjes leiding een doorbraak naar godsdienstvrijheid geforceerd kon worden. En misschien nog wel meer; het uitzicht op een nieuw Genève lonkte. Die droom ontaardde in de loop van 1568 in een nachtmerrie. Al tijdens de slachtpartij bij Oosterweel in maart 1567 kreeg Oranje van een woedende menigte calvinisten te horen dat hij de aanstichter was van het drama.[23] Toen moest het ergste nog komen.

De hele politieke situatie was op scherp komen te staan doordat een brede coalitie van edelen zich teweerstelde tegen de geloofsvervolgingen die al sinds de dagen van keizer Karel bij golven door de Nederlanden spoelden. Oranje noemde in zijn *Verantwoordinge* van 1568 een aantal van 50.000 mensen die inmiddels ter dood waren gebracht.[24] Het was schromelijk overdreven, of in ieder geval gebaseerd op volstrekt ondeugdelijk rekenwerk. Latere berekeningen komen voor de periode 1523-1566 op tussen de 1000 en 1500 terechtgestelden.[25] Indrukwekkend genoeg, zeker in vergelijking met Frankrijk, waar over dezelfde periode ongeveer 500 mensen om hun geloof ter dood werden gebracht. Maar de voorstelling van zaken door Oranje was scheef. Wanneer dit de aanleiding was die in 1566 de heftige volksbeweging in gang had gezet, hoe viel dan twee jaar later de balans uit?

Ook daar zal Oranje achteraf wel eens over hebben nagedacht. Oosterweel werd een slachtpartij waarbij honderden doden vielen; de komst van

Alva leidde tot de instelling van de Raad van Beroerten, die serieus werk maakte van niet alleen ketterij, maar ook van politieke ongehoorzaamheid. In de vijf jaar van zijn bestaan bracht die bijna net zoveel mensen op het schavot als de geloofsvervolging uit de voorgaande vijf decennia bij elkaar.[26] Daarvoor kon Oranje niet direct verantwoordelijk worden gesteld, maar hij kon ook niet doen alsof hij er helemaal niets mee te maken had. Van de duizenden soldaten die sneuvelden in Daelhem, Jemmingen en op de richtingloze veldtocht door de zuidelijke Nederlanden, kon Oranje onmogelijk wegkijken, net als van de honderden burgerslachtoffers die tegelijkertijd vielen. En dan nog de enorme materiële schade die onderweg werd aangericht.

Het was wel een heel hoge prijs voor het beslechten van een conflict dat begon als een uit de hand gelopen prestigestrijd. Oranje moet dat in de loop van 1568 al zijn gaan beseffen. De grote stroom geschriften die in de loop van dat jaar van de drukpers kwam, moest uitleggen dat de belangen van Oranje samenvielen met die van de in de verdrukking zittende Nederlanders. Er zijn hoegenaamd geen signalen overgeleverd die erop wijzen dat deze boodschap in diezelfde maanden door iemand in de Nederlanden zonder meer geloofd werd. Oranje sprak achteraf, in februari 1569, nijdig over de 'Türkische dienstbarkeith' die onder de Nederlanders heerste.[27]

Om hen aan zich te verplichten was meer nodig. Oranje moest niet alleen geloofwaardig worden, hij moest ook zelf in zijn heilbrengende missie gaan geloven. De verwachtingen die anderen van hem hadden moest hij ook daadwerkelijk gaan belichamen. Zijn particuliere belang zou moeten versmelten met andere belangen, ook belangen waar hij kort tevoren weinig van moest hebben, zoals die van de calvinisten. Een complexe operatie, waar hij in deze benarde dagen al over moet hebben nagedacht.[28]

In dienst van de hugenoten

Voorlopig zat Oranje vast in Straatsburg. Uit de documenten die zijn overgeleverd spreekt een grote ijver om met veel diplomatie, vage beloften en handige ruilconstructies de omsingeling door schuldeisers te breken. Oranje schreef schuldbekentenissen uit, gaf volmachten op rooftocht te gaan,[29] en deed met borgstellingen van onder anderen zijn broer Lodewijk en zijn zwager Albrecht van Nassau-Saarbrücken de belofte op de paasmarkt van Leipzig een belangrijk deel van zijn schulden aan Duitse aanvoerders af te lossen.[30] Het waren flinterdunne garanties, want zijn naaste familie bezat niet de rijkdommen die deze constructie geloofwaardig konden maken. Dat wisten de legeraanvoerders ook. Oranje of Lodewijk zouden zich naderhand dan ook niet vertonen in Leipzig, want ze hadden de beloofde bedragen bij lange na niet bij elkaar. Hun broer Jan werd op pad gestuurd om een kleine aanbetaling te doen. Pas op de jaarmarkt van Frankfurt het volgende jaar werd er met de Duitse schuldeisers een substantieel bedrag, zo'n 100.000 gulden, vereffend.[31]

Medio februari 1569 bereikte Oranje een verzoek van de prins van Condé om zich met zijn troepen aan te sluiten bij de hugenoten.[32] Condé wist kennelijk niet hoe weinig Oranje nu nog had in te brengen. Toch overwoog Oranje op dit verzoek in te gaan; dit bood voorlopig een uitweg. Al enkele maanden eerder was paltsgraaf Wolfgang von Zweibrücken met de hugenoten overeengekomen dat hij hen te hulp zou komen in de weer opflakkerende Franse godsdienststrijd. Oranje besloot zich hierbij aan te sluiten: hij ging dienst nemen bij de charismatische lutherse legeraanvoerder Zweibrücken, die juist in deze dagen bezig was duizenden manschappen naar de westoever van de Rijn over te zetten.

Daarvoor moest Oranje zich eerst uit Straatsburg zien te bevrijden. Hij vluchtte omstreeks 23 februari in een overdekte schuit over de Rijn richting Keulen, volgens geruchten achternagezeten door twee bootjes met boze schuldeisers.[33] De weken daarop is Oranje even niet meer te volgen, mogelijk deed hij Heidelberg nog aan. Omstreeks 10 maart dook hij op in Mannheim.[34] Daar werd een verlovingsfeest gevierd van Amalia van Nieuwenaar, de weduwe van Hendrik van Brederode, die ging hertrouwen met keurvorst Frederik III van de Palts.

In Mannheim werd Oranje in levenden lijve geconfronteerd met het andere probleem dat deze jaren zo zwaar maakte: zijn vrouw Anna. Ze was hoogzwanger; ze zou een maand later bevallen van een dochter, Emilia. Anna verbleef sinds oktober 1568 in Keulen en was daarmee verlost van het knellende toezicht van haar schoonfamilie. Vriendin Amalia van Nieuwenaar was al enige tijd haar vaste gezelschap. In Keulen leefde Anna op redelijk grote voet, met een hofhouding van minstens zestig personen.[35] Dit was duur en moest betaald worden. De schulden bij een lokale bankier liepen snel op. Anna had inmiddels juristen aan het werk gezet die uitzochten of ze reeds het erfdeel kon opeisen dat haar zou toevallen wanneer Oranje zou komen te overlijden. Eigenlijk was formeel die situatie al ingetreden, zo meende ze, want al zijn bezit was geconfisqueerd en hij kon een zekere terdoodveroordeling tegemoetzien. Hij was daardoor niet meer in staat haar te onderhouden.[36] Ze verwachtte dat Filips II haar daarom in het bezit wilde stellen van het deel uit Oranjes boedel dat haar toekwam. Een bizarre en macabere logica, die weinig bijdroeg aan een goede verstandhouding met haar echtgenoot. De verwijdering was inmiddels maximaal.[37] Oranje hoopte dat zijn broer Jan erin zou slagen haar onderdak te brengen bij haar oom August van Saksen, die dan dergelijke gênante quasi-juridische demarches kon indammen.[38]

Opnieuw Frankrijk in

Oranje koesterde in het vroege voorjaar van 1569 nog enige hoop dat zijn alliantie met de hugenoten en Zweibrücken hem in een goede positie kon brengen om alsnog de Nederlanden te bevrijden. Op 15 maart richtte hij zich in een open brief nog eens tot de Nederlanden, om te melden dat hij opnieuw een leger in opbouw had. Dat leger ging eerst in Frankrijk aan het werk, en daar waren grote bedragen mee gemoeid, die de Nederlanders hem ter beschikking moesten stellen. Zodra de klus in Frankrijk geklaard zou zijn, kon hij met een enorm leger tegen Alva optrekken. Oranje zal zelf nauwelijks hebben durven hopen dat de Nederlanders voor deze exotische en omslachtige expeditie opeens wel hun portemonnee zouden willen trekken. De toon van het document, dat waarschijnlijk nooit in druk verspreid werd, is bitter. Oranje gaf duidelijk aan dat de beloofde ondersteuning van de Nederlanders bij de vorige veldtocht nooit was gekomen, en dat hij nu alle reden had 'voortaan meer aan zijn eigen welvaart en voordeel te denken', maar hij wilde toch opnieuw het algemene belang voor zijn particuliere besognes laten gaan.[39] Oranje legde met zijn tweeslachtige redenering, ongewild, de vinger op de zere plek: hij kon nog steeds niet goed uitleggen waarom hij de Nederlanden in een oorlog zou storten. Dat Oranje hier vooral uit 'algemeen' belang handelde, klonk niet erg geloofwaardig.

In deze weken beleefde de propaganda van Oranje een voorlopig laatste opflakkering. In Keulen maakte de ijverige Jacob van Wesembeke nog een aantal publicaties klaar voor verspreiding: een geschrift over de wreedheden die waren begaan aan burgemeester Van Straelen (*Corte vermaninghe aen alle christenen [...] Anthonis van Straelen*), een verdediging van de graaf van Horne (*Deduction de l'innocence du comte de Hornes*), naast een uitgebreid geschiedverhaal van de recente godsdienststrijd in de Nederlanden (*Description de l'état, occurences advenus au Pays Bas au faict de la Religion*). De geschriften werden, vaak in meerdere talen, in Keulen gedrukt, en zullen ook nog wel afnemers hebben gevonden.[40] Maar dit zaad werd gestort op wel erg dorre grond.

Medio maart vertrok Oranje uit het Rijnland om zich met zijn broers Lodewijk en Hendrik en een onbekend aantal getrouwen bij het leger van de hertog van Zweibrücken te voegen. In de laatste week van maart zullen ze elkaar ergens in de uitgestrekte heuvels tussen Nancy en Dijon getroffen hebben.[41] Inmiddels was het gesternte waaronder de klus voor de hugenoten werd aangevangen ingrijpend veranderd. Op 13 maart had bij Jarnac in de Charente in het westen van Frankrijk een veldslag plaatsgevonden die voor de hugenoten rampzalig verliep; de prins van Condé raakte gewond, viel in vijandelijke handen en werd alsnog vermoord. Hiermee verloren de hugenoten hun grote politieke leider, een lid van de koninklijke familie die een onschatbaar gewicht in de schaal legde. Het lukte Gaspard de Coligny een groot deel van het hugenotenleger heelhuids van het strijdtoneel weg te manoeuvreren, waardoor een verpletterende en wellicht definitieve nederlaag werd voorkomen. De opgave voor het leger van de hertog van Zweibrücken werd alleen maar groter.

Deze troepenmacht bewoog door gebied waar een groot deel van Oranjes geconfisqueerde bezittingen lagen. Desondanks gingen de legeronderdelen van Zweibrücken gruwelijk tekeer in de wijde omgeving. Stadsbesturen werden afgeperst, er werd geplunderd, kerken werden vernield.[42] Het leger trok verder Franche-Comté in, wat in Brussel de schrik teweegbracht dat Oranje wellicht van daaruit weer een machtspositie in de Nederlanden wilde opbouwen.[43] De Franse koning had inmiddels zijn veldheer Aumale naar het oosten gestuurd om Zweibrücken in de gaten te houden en hem te belemmeren Frankrijk in te trekken.[44] De hertog van Aumale kende echter veel problemen met de discipline in zijn eigen gelederen. Zweibrücken marcheerde in de tweede helft van mei Frankrijk binnen zonder dat Aumale hem durfde aan te pakken.

De opmars naar het strijdtoneel in het zuidwesten van Frankrijk verliep redelijk voorspoedig, behalve dat de gezondheid van de hertog van Zweibrücken snel achteruitging. Hij leed aan hoge koortsen vanwege wondroos. Al op 12 april had hij aan zijn aanvoerders voorgesteld Oranje tot opperbevelhebber te maken, waarop de mannen verklaarden in dat geval ontslag te zullen nemen.[45] Veelzeggend voor de reputatie die Oranje op dat ogenblik genoot. De hertog bleef maar aan, trok verder, belandde onderweg met zijn leger telkens in schermutselingen met het Franse regeringsleger. Zweibrücken stierf, kort na een succesvolle overtocht over de rivier de Vienne, in de omgeving van Limoges op 11 juni, omstreeks zeven uur in de avond, in de armen van Lodewijk van Nassau.[46]

Kort daarop sloten Zweibrückens eenheden zich aan bij de legermacht van Gaspard de Coligny.[47] Deze verdeelde opnieuw de taken. Lodewijk kreeg het bevel over een regiment ruiters. Oranje bedankte voor enige eer.[48] Hij probeerde wellicht in de betrekkelijke anonimiteit van de cavalerie zijn gedachten wat te ordenen.

Ergens in deze weken trok het leger door het gebied ten zuiden van Angoulême, waar Pierre Bourdeille, de heer van Brantôme, een groot kasteel bezat en ook abt van de lokale abdij was. Brantôme streed al geruime tijd tegen de hugenoten, maar onderhield wel goede banden met verscheidenen van hun aanvoerders, zoals de koning van Navarra en Gaspard de Coligny. Hoewel het hugenotenleger een spoor van vernieling door Frankrijk trok, hield het zich hier in. Oranje bezocht, vergezeld van andere kopstukken en ook zijn broer Lodewijk, de heer van Brantôme, die zich vanwege hevige koortsaanvallen langere tijd uit het leger had moeten terugtrekken. Oranje besprak uitgebreid met hem hoe het gebrek aan geld en het wangedrag van huurlingen zijn campagne in 1568 in het honderd had laten lopen. Hij liet ook weten snel de strijd weer te zullen voortzetten.[49] Brantôme liet een en ander op zich inwerken, nam en passant waar dat Oranje een 'erg mooi voorkomen had, en een mooi postuur', en een eindje boven zijn broer Lodewijk uitstak. Hij zag ook dat Oranje iets triests over zich had en liet doorschemeren dat hij wel heel erg door het lot op de proef werd gesteld. Het gezicht van Lodewijk stond vrolijker, en hij toonde zich ook veel vastberadener dan Oranje: 'De prins op zijn beurt is wijzer, volwassener en bedachtzamer.'[50] Brantôme zag heel goed dat deze twee stemmingen elkaar enigszins neutraliseerden.

Een zeldzaam scherpe observatie, pas zoveel jaar na dato aan het papier toevertrouwd, maar waardevol, omdat ze de twee broers, die elkaar in de afgelopen jaren zo hadden bemoedigd, gestuurd en bijgestuurd, op een nogal kwetsbaar moment in hun temperament tekent. Lodewijk kon zich kennelijk afsluiten voor het wanhopige van de situatie, Willem niet.

Oranje trok nog een paar maanden mee met het hugenotenleger, dat in juli het beleg sloeg voor Poitiers. Dit beleg werd tot 7 september volgehouden, zonder dat er succes werd geboekt. Oranje zal hebben ingezien dat de moeizame manoeuvres van de hugenoten op de korte termijn geen enkel voordeel voor de Nederlanden beloofden. Hij besloot te vertrekken.[51] Hij liet zich waarschijnlijk inschakelen bij een diplomatieke missie naar Duitse vorsten in de hoop alsnog steun voor de hugenoten te mobiliseren.[52] Verkleed als boer vertrok hij op 25 september met een klein gezelschap van getrouwen voor een tocht dwars door Frankrijk.[53] Hij liet zijn broers Lodewijk en Hendrik achter bij de hugenoten. Zij moesten meemaken hoe die op 3 oktober 1569 een zware nederlaag leden in de Slag bij Moncontour.

Terug in Duitsland bezocht Oranje eerst in Heidelberg de keurvorst van de Palts, die sterk met de calvinisten sympathiseerde. Oranje moest omzichtig bewegen om te voorkomen dat zijn schuldeisers gealarmeerd zouden worden, maar het nieuws over zijn terugkeer sprak zich al overal rond.[54] De gesprekken over nieuwe steunoperaties voor de hugenoten leverden niets op.

Op 11 november kwam Oranje aan op de Dillenburg, waar hij ruim vijftien maanden eerder was vertrokken voor een alles-of-allesoffensief, want niets was geen optie. Het was wel op niets uitgelopen. De afgelopen maanden had Oranje nog even tussen alles of niets kunnen zweven, maar met zijn terugkeer op het stamslot keerden ook alle oude problemen in volle hevigheid terug. De nijpende geldzorgen, de ongeduldige schuldeisers en het onhandelbare humeur van zijn vrouw, daar ging in het restant van het sombere jaar 1569 zijn aandacht naar uit.

Reddingsboei 1: de watergeuzen

Toch deden zich in 1569 minstens twee ontwikkelingen voor die in het voordeel van Oranje werkten. De eerste kwam van een wat ongeorganiseerde bende zeevarenden, mannen die uit overtuiging dan wel uit hang naar avontuur in het opstandige kamp terecht waren gekomen en zich op volle zee en onder de kust van Vlaanderen, Zeeland, Holland en Friesland met zeeroverij bezighielden.[55] Bij de voorjaarscampagne in 1568 onder leiding van Lodewijk van Nassau was er al gewerkt met schepen die voor troepenverplaatsingen zorgden, die levensmiddelen naar het oorlogsgebied vervoerden en die soms ook aan oorlogshandelingen deelnamen. In juli daarop zette Oranje de stap naar het opbouwen van een geuzenvloot. Met zijn goedkeuring werd een aantal schepen uitgerust met kanonnen en een zwaarbewapende bemanning om Spaanse en Spaansgezinde schepen te overmeesteren en te beroven. Onder 'Spaansgezind' vielen alle schepen onder Nederlandse vlag. Schepen van bevriende of neutrale mogendheden werden ontzien.[56] De geuzenschepen hoefden geen gebied te beheersen of te beveiligen; maximaal afbreuk doen aan de vijand was de opdracht.[57] Op 10 juli 1568 werd op de Eems al met enig succes slag geleverd, maar zonder blijvend resultaat, want elf dagen later gingen in de Slag bij Jemmingen alle posities van het opstandelingenleger alsnog verloren.[58]

De marine in opbouw van de opstandelingen, die al snel 'watergeuzen' of 'vrijbuiters' (de gangbare benaming voor zeerovers) werden genoemd, kon vanuit Emden, maar ook vanuit een Engelse of Franse haven proberen de zee en de kust onveilig te maken. Alva zag het gevaar en bracht in de nazomer van 1568 ook een vloot van zo'n vijftien schepen in de vaart om de dreigingen van overzee het hoofd te kunnen bieden. Oranje benoemde zijn vertrouweling Adrien de Bergues, heer van Dolhain, een van de aanjagers van het Eedverbond, tot admiraal. Dolhain had geen zeebenen, maar beschikte wel over veel overredingskracht. Oranje had hem in de zomer van 1568 naar het Engelse hof gestuurd in de hoop dat hij koningin Elizabeth aan de kant van de Nederlandse opstandelingen kon krijgen. De koningin haakte niet gemakkelijk in, maar legde Dolhain ook niet veel in de weg bij het organiseren van zijn vloot in Engelse wateren, tot grote nervositeit van Spanje en Frankrijk, die vreesden dat de Noordzee weleens een heel onveilig gebied kon worden. Dolhain legde contact met Nederlandse ballingen en liet hen meebetalen aan de opbouw en het onderhoud van de geuzenvloot. Tegelijkertijd bouwde hij een netwerk op onder de hugenoten, die de belangrijke havenplaats La Rochelle controleerden en die ook goede banden met Elizabeth onderhielden.[59] Dit maakte de Franse en Spaanse regeringskringen nog nerveuzer.

Tijdens Oranjes verblijf onder de hugenoten in de zomer van 1569 kreeg de opbouw van de geuzenvloot een stevige impuls. Nogal wat edelen die inmiddels al hun goederen geconfisqueerd hadden zien worden, sloten zich aaneen, met erkenning van Oranje als hun leidsman, om de hertog van Alva maximaal in zijn belangen te treffen.[60] Onder hen Lancelot van Brederode, een bastaardbroer van de grote geus Hendrik, en ook nogal wat edellieden uit het Friese zoals de Oranjegetrouwen Homme van Hettinga en Jan Bonga, en de avonturier en woeste levensgenieter Barthold Entens van Mentheda. Net als alle andere ondernemingen van Oranje in deze jaren werd ook de opbouw van de vloot ernstig gehinderd door geldgebrek. Dolhain, die een nogal wrede en onbesuisde reputatie had, zou er radeloos en vervolgens ook onhandelbaar door zijn geworden.[61] Het was voor Oranje, diep in Frankrijk, zonder hofhouding van betekenis, zonder meer moeilijk de communicatie met zijn vloot te onderhouden en zijn gezag te doen gelden.[62]

In september 1569 voer de vloot van Dolhain, zo'n tien schepen groot, de Noordzee op. Ten noorden van de Wadden werden tegen de honderd zwaarbeladen Hollandse graanschepen buitgemaakt. Al het geschut werd naar de schepen van Dolhain overgeheveld, een deel van de bemanning werd als gijzelaar vastgehouden, daarna mochten de schepen doorvaren, onder de belofte op korte termijn in Emden het overeengekomen losgeld te komen storten.[63] Dolhain ontscheepte zich in het Oost-Friese Greetsiel, waar hij de weken erna de grote sommen incasseerde die in Emden waren betaald. De afspraak was dat de helft van de opbrengst naar Oranje zou gaan, en de andere helft naar de bemanning. Maar omdat Oranjes gezag zich niet kon doen gelden, volgden de verschillende ego's hun eigen ingevingen. Nu bleek dat ook het gezag van Dolhain nauwelijks erkend werd door de groep rond Lancelot van Brederode. Er ontstond steeds meer ruzie over de verdeling van de opbrengsten.[64]

In oktober viel de geuzenvloot voor een groot deel uit elkaar, en Dolhain besloot de geldbedragen die volgens de afspraak Oranje toekwamen voor zichzelf te houden.[65] Dit ging algauw om 150.000 gulden. Oranje, inmiddels terug op de Dillenburg, kon er niet veel aan veranderen. Toch was er blijvende winst: een harde kern van ervaren zeelui bleef over. De resterende geuzen brachten die winter door in Oost-Friesland, waar ze vrijwel met rust werden gelaten en volop hun gestolen waar konden verhandelen met de lokale bevolking. Oranje mocht hieruit opmaken dat het ad hoc optuigen van een kleine wendbare zeemacht grote mogelijkheden bood, zowel militair als financieel.[66]

Reddingsboei 2: Alva's belastingplannen

Nog bemoedigender was dat Alva zich niet alleen tot boeman van het opstandige deel van de Nederlanden maakte, maar door een ingrijpend belastingvoorstel ook de gematigde of zelfs zeer gezagsgetrouwe geledingen van de samenleving op de zenuwen begon te werken. Alva wilde de belastingheffing een algemeen en permanent karakter geven. Het was een oude wens van het Habsburgse bewind. De heffing van een vast percentage belasting op economische transacties zou de inning niet alleen overzichtelijker en zekerder maken, ze zou wellicht ook rechtvaardiger uitwerken.[67] En het zou veel meer moeten kunnen opleveren. Nu werd er nog altijd in de Staten-Generaal onderhandeld over vaste bedragen die door verschillende gewesten als bede moesten worden opgebracht. Hoe die gewesten die bedragen bij hun ingezetenen probeerden te vorderen, was aan de gewesten. Met het aflopen van de negenjarige bede in 1567 zouden de bij voorbaat moeizame onderhandelingen over een nieuwe bede weer moeten beginnen. Alva was vastbesloten hiermee te breken.[68] Hij had voor vertrek uit Spanje aan Filips II moeten beloven dat de Nederlanden op korte termijn hun eigen broek zouden kunnen ophouden – geen grote geldzendingen meer uit Spanje. Waarop Alva had geantwoord dat hij binnen de kortste keren een batig saldo van zo'n 300.000 dukaten per jaar naar Spanje zou laten brengen. Dat liep in 1568 meteen anders door de militaire campagne van Oranje, die Alva enorm veel geld kostte en Filips II dwong nog eens twee miljoen dukaten na te zenden.[69]

Het belastingplan dat Alva op 20 maart 1569 in de Staten-Generaal presenteerde was eenvoudig en helder: voortaan golden in de hele Nederlanden dezelfde belastingtarieven: vijf procent (of twintigste penning) op de verkopen van onroerend goed en tien procent (of de tiende penning) op alle verkopen van roerend goed. Dit laatste kon worden gezien als een omzetbelasting. Daarnaast werd eenmalig een belasting op onroerend goed geheven van één procent (de honderdste penning). Met zo'n eenmalige belasting konden de gewesten wel overweg, daar gingen de bestuurders over het algemeen snel mee akkoord.[70] Met de andere twee belastingen lag het anders: zoals in de afgelopen decennia al regelmatig een principieel nee had geklonken tegen vaste belastingtarieven, klonk dat nu ook – een patstelling die vaak werd opgelost door de structurele belastingheffing met een groot bedrag voor een reeks van jaren af te kopen. Daarmee hielden de Staten zeggenschap.

Zeggenschap betekende overleg, overleg betekende vertraging, vertraging betekende vermoeidheid, en vermoeidheid leidde uiteindelijk tot een compromis waarin de centrale regering uit geldnood meestal met minder genoegen nam dan waarop was ingezet. Zo ging het tot nu toe meestal, maar Alva had niet de geestelijke constitutie zo'n proces geduldig uit te zitten. In de loop van 1569 begonnen de onderhandelingen die zich maandenlang voortsleepten. De kwestie van de gewestelijke zeggenschap speelde daarin steeds mee, maar ook het inzicht dat een heffing van tien procent op handelsactiviteiten de concurrentiepositie van de Nederlanden blijvend kon schaden. Alva bleek niet helemaal ongevoelig voor die klacht en stelde enkele versoepelingen voor.[71] Op dat ogenblik werd er al een halfjaar over gedelibereerd, en het zou hierna nog bijna twee jaar doorgaan. Het ongenoegen over en ook de angst voor dit ingrijpende belastingvoorstel begon in de zomer van 1569, vooral in Brabant, het gesprek van de dag te worden.[72] Alva dreigde, zo autocratisch als van hem verwacht mocht worden, de maatregel eenzijdig af te kondigen.

Bewegend doel in Duitsland

In heel Duitsland was het ouderlijk slot voor Oranje een van de minst veilige locaties om te verblijven. Wanneer de schuldeisers zich zouden organiseren, konden ze het familieslot komen belegeren, met waarschijnlijk grote gevolgen, want de Nassaus beschikten nauwelijks over soldaten om zichzelf te verdedigen.[73] Terwijl de Duitse veldheren een beroep konden doen op goedgetrainde landsknechten, die ook nog eens een grote solidariteit aan de dag legden als ze hun recht meenden te moeten halen.[74] Na een verblijf van enkele dagen op de Dillenburg vertrok Oranje voor een zwerftocht langs bevriende hoven in het Rijk. Opnieuw zo veel mogelijk incognito, al maakte hij zich er weinig illusies over dat hij zijn gangen lang geheim kon houden.[75] In beweging blijven was het credo; de meeste tijd bracht hij door in Arnstadt en Sondershausen, dicht in de buurt van zijn zwager Günther van Schwarzburg, die ook in deze moeilijke dagen een van zijn belangrijkste en trouwste adviseurs bleef.

Oranje probeerde leningen los te krijgen, deed nog eens een appel op het christelijk medegevoel, dat uiteindelijk tot de bevrijding van de verdrukte Nederlanden moest leiden. De ontvangst was lauw, zoals steeds de afgelopen jaren. Bij August van Saksen was hij, ook na lang aandringen, niet welkom. Het was niet zozeer een diepe weerzin, als wel voorzichtigheid die belangrijke Duitse vorsten, ook de landgraaf van Hessen, ertoe bracht Oranje op afstand te houden. Ze wilden, met Alva in triomfstemming zo vlakbij, geen wrevel bij hem wekken. Bovendien dreigde de keizer Oranje in de rijksban te doen, waardoor diens verblijf in Duitsland nog moeilijker zou worden, of waardoor Oranje erin moest berusten gegijzeld te worden tot hij aan zijn financiële verplichtingen had voldaan.[76] Het was bovendien denkbaar dat hij aan Alva zou worden uitgeleverd, tegen een hoog losgeld. Intussen was het ook nog mogelijk dat Alva iedereen te slim af zou zijn en Oranje al liet ombrengen voordat de Duitse schuldeisers hem te pakken konden krijgen.[77]

Voor zover de Duitse vorsten Oranje tegemoetkwamen, was dat onderhands. Met veel dwingende voorwaarden. August van Saksen had Oranje in het voorjaar van 1569 geholpen met 10.000 gulden, maar wilde het een jaar later wel terugbetaald zien. Zo diep kon Oranje niet in de ellende zitten, of de keurvorst bleef erop staan. Steeds meer bezit van de Nassaus moest in onderpand gegeven worden voor transacties met vorsten en bankiers, veelal tegen woekerrentes.[78] Het was geen kwestie meer van de rentes voldoen, laat staan aflossen, maar van tijd winnen. De voorjaarsmarkt van Frankfurt was een volgend moment waarop de legeraanvoerders een contante betaling konden opeisen. Er was opnieuw een bedrag van zeker 100.000 taler nodig om zich de schuldeisers weer voor een tijdje van het lijf te kunnen houden. Jan van Nassau deed het overgrote deel van de onderhandelingen en het regelwerk.[79] Hij zat inmiddels ook diep in de schulden.

Alva's duimschroeven

Welke andere opties hadden de Nassaus dan doorgaan? Geen. Maar waar konden ze de hoop aan ontlenen dat ze hun schulden ooit konden afbetalen, of ten minste weer draaglijk maken? Aan niets, laat staan dat Oranje eraan mocht denken zijn Nederlandse bezittingen terug te krijgen. Ook hier gold dat de tijd de oplossing moest brengen. Die kwam al wat sneller dan de prins waarschijnlijk had durven hopen, maar het was dan ook maar een voorzichtig begin van een oplossing. Het ongenoegen over het bewind van Alva groeide in de Nederlanden, als eerste bij de klasse van neringdoenden, die het meest te duchten had van de nieuwe belastingen. De Gentse edelman Filips van Campene hield in deze jaren een dagboek bij; op 6 maart 1570 noteerde hij dat er op straat gedrukte briefjes werden uitgedeeld waarin alle burgers werd opgedragen voor Palmzondag de honderdste penning te komen afdragen, op straffe van verbeurdverklaring van alle goederen. Hij wist ook dat in het nabije Antwerpen en andere Brabantse steden hierover hevige verontwaardiging was ontstaan omdat de Staten van Brabant er, anders dan die van Vlaanderen, nog niet mee hadden ingestemd.[80] De bevolking van Brabant was gewend zoiets niet over haar kant te laten gaan; bijna altijd werden er uiteindelijk concessies afgedwongen. Ook Alva kon op verzet rekenen.

De autocratische benadering van Alva deed zich in steeds meer onderdelen van het dagelijks leven voelen. De kroniek van Filips van Campene laat zien hoe Alva in een snelle opeenvolging van maatregelen alle vrijheid en ongezeglijkheid uit de samenleving leek te willen drukken. Op 17 maart werd het alle Nederlandse jongeren verboden in het buitenland te studeren, om te verhinderen dat ze met 'vreemde opinies' in aanraking zouden komen. Ook ouders of voogden die het uitreizen niet wisten te verhinderen, waren strafbaar. Jongeren beneden de twintig jaar mochten zonder meer het land niet meer verlaten, ook niet om een ambacht te leren of handel te drijven. Mensen die over belastende documenten inzake gevluchte burgers beschikten, moesten die komen inleveren, met een Franse vertaling erbij. Op 21 maart werd er een plakkaat uitgevaardigd dat een lange reeks in omloop zijnde boeken die eerder goedgekeurd waren, alsnog verbood. Hieronder veel werken van Erasmus, zoals de *Samenspraken* en de *Lof der Zotheid*. Ook werd er met klem herinnerd aan het oude katholieke gebod dat de Bijbel niet geschikt was voor zelfstandige lectuur door leken. De overheid ging de mensen aanwijzen die de Bijbel in handen mochten nemen. Ondertussen zuchtten veel steden onder de zware lasten van de inkwartiering van Alva's soldaten, die bij particulieren niet alleen kost en inwoning verlangden, maar ook nog eens zakgeld en onderdak voor hun paarden.[81]

Het was een beklemmende reeks maatregelen, de oogst van een maand. Deze dagboekbladzijden zouden iets van stemmingmakerij kunnen hebben, gesputter van iemand die niet overweg kon met het gezag, maar Van Campene was een trouw katholiek, bleef steeds voorzichtig in zijn uitspraken en was niet geneigd enige vorm van rebellie goed te keuren. Hij registreerde deze stapeling van maatregelen neutraal, waardoor nog sterker merkbaar wordt dat het incasseringsvermogen van de Nederlanders wel heel zwaar op de proef werd gesteld.

Alva had bij de onderhandelingen over de belastingmaatregelen steeds geschermd met een algemeen pardon voor iedereen die van zijn dwalingen wilde terugkeren in de schoot van de moederkerk. Het besluit was al voorbereid door Filips II, en had de instemming van de paus. Met enkele sprekende uitzonderingen: leden van het Eedverbond, predikanten en beeldenstormers, en ook rechters, advocaten enzovoort die de ketters de hand boven het hoofd hadden gehouden, hoefden nergens op te rekenen. Hoewel de onderhandelingen over de belastingen muurvast zaten, was Alva ook hier autocraat genoeg om het pardon alsnog op 16 juli 1570 te laten afkondigen.[82]

Alsof hij wel begreep dat de spanning in de samenleving zich een keer moest kunnen ontladen, werd er voor het stadhuis van Antwerpen een plechtig ceremonieel afgewerkt voor de bekendmaking van het pardon. Alva vormde zelf het middelpunt, behangen met goud en kostbare juwelen.[83] Hij koos welbewust voor Antwerpen als feestlocatie; het was in Brabant de stad die het meest principieel dwarslag. De gedachte was: nu de schrik er goed in zit, zal iedereen die nog een beetje overhelt naar protestantisme en opstandigheid, het hoofd wel in de schoot leggen. Alva meende dat Antwerpen blij mocht zijn met dit genereuze gebaar. Ook voor hemzelf had het voordelen. De Raad van Beroerten had de grootste raddraaiers al aangepakt. Een pardon scheelde dit orgaan veel werk om alsnog ook alle gangen van de meelopers na te gaan en een passende strafmaat te vinden. Het schenken van genade zou wellicht tot een gevoel van dankbaarheid leiden en de bevolking wat welgezinder stemmen tegenover het bewind.[84]

De Nederlanden ontwaken langzaam

Deze berekening van Alva kwam niet uit. De bevolking reageerde lauw; er werden nauwelijks verzoeken voor genade ingediend.[85] De belastingen bleven de gemoederen verhitten, en de weerzin tegen Alva's maatregelen en de wreedheid waarmee ze ten uitvoer werden gebracht, was inmiddels zo algemeen dat er heel wat meer nodig was om de onvrede weg te nemen. Wat Alva ertoe bracht de repressie maar weer wat op te schroeven.[86]

In januari 1570 kreeg Oranje in Arnstadt bezoek van de Leidse pensionaris Paulus Buys. Deze was er in het diepste geheim; kort daarvoor had hij namens de Staten van Holland in Brussel met Alva overleg gevoerd, uiteraard over de nieuwe belastingen. Op de terugweg had hij afscheid genomen van de andere leden van de Hollandse delegatie, onder het mom van elders in Brabant nog wat zaken te willen afhandelen, en hij was incognito razendsnel doorgereisd naar Oranje. Hij beraadslaagde met hem gedurende een dag over de benarde toestand in de Nederlanden en wat eraan gedaan kon worden. Buys spoedde zich vervolgens naar Holland en kwam daar maar zo'n twee dagen later aan dan zijn gezelschap.[87]

Het was weer een eerste teken dat er in de Nederlanden wel degelijk iets van Oranje verwacht werd, dat ze hem niet vergeten waren, en dat hij voor degenen die de hertog van Alva bezig zagen de bevolking te muilkorven, een baken van hoop was. Oranje kwam daardoor weer wat tot leven. Op 8 februari reikte hij zijn oude getrouwe Diederik Sonoy, Duitser van geboorte (een edelman afkomstig uit het Kleefse), een commissiebrief uit waarmee deze in de Nederlanden fondsen kon gaan werven om de strijd voor de goede zaak voort te zetten. De brief maakte fijntjes melding van de 'geringe hulp' die Oranje tot dan ten deel was gevallen.[88]

In maart durfde Oranje het aan om weer op de Dillenburg zijn intrek te nemen; de meeste plooien met zijn schuldeisers waren door broer Jan in Frankfurt gladgestreken.[89] Hij nam nu Jacob van Wesembeke in dienst als adviseur, die zich in de praktijk vooral met het werven van steun in de Nederlanden zou bezighouden. Oranje liet hem, gebruikmakend van de opening die Paulus Buys kennelijk had geboden, een campagne opzetten, specifiek onder de bestuurders in de gewesten waar Oranje tot voor kort stadhouder was geweest: Holland, Zeeland en Utrecht. Waren ze bereid in actie te komen? Wesembeke stelde in het Nederlands een commissiebrief op die een drietal bemiddelaars-colporteurs – Paulus Buys, Nicolaas Camerling en Adriaan van Swieten – konden laten zien tijdens hun, uiteraard geheime, gang langs de deuren van veranderingsgezinde bestuurders. Jonkheer Adriaan van Swieten was in 1566 ondertekenaar geweest van het Smeekschrift, zag zich in 1568 gedwongen zijn kasteel bij Leiden te verlaten en was naar Emden gevlucht. Sindsdien was hij een tijdje opgetrokken met de watergeuzen, had vervolgens geprobeerd gelden in te zamelen voor Oranje, en had bewezen niet erg bang te zijn aangelegd. Een geschikte figuur om de Nederlanden in te trekken, hoewel hij bij verstek veroordeeld was door de Bloedraad.[90] Wanneer hij werd gepakt, kon hij alsnog de doodstraf tegemoetzien.

Het document, gedateerd 22 april 1570, waarmee de heren op pad werden gestuurd, gaf veel argumenten om in verzet te komen, maar het zweeg van al het onrecht dat Oranje zelf was aangedaan. Het document toonde een nieuwe Oranje: 'Zo hebben wij [Willem van Oranje] met deze brief willen toezeggen dat we bereid zijn en ons ook niet zullen ontzien goed en bloed voor het welvaren en de vrijheid van deze landen samen met u in de waagschaal te stellen [...].'[91] Het was een en al opofferingsgezindheid. Mogelijk is dat toe te schrijven aan de invloed van Wesembeke, mogelijk ook was het het resultaat van een lang denkproces bij Oranje zelf in de voorgaande, eenzame maanden. Waarschijnlijk vooral dat laatste.

Want aan de overredingskracht van Wesembeke bleek de daaropvolgende maanden wel wat te schorten. In de zomer van 1570 reisde hij van Dillenburg naar de Nederlanden. Oranje had hem op pad gestuurd om iedereen die meende dat het tijd werd met Alva de tirannie uit de Nederlanden te verdrijven, zonder enig voorbehoud te laten tekenen voor een goed bedrag, en ook duidelijk te registreren wanneer en waar er betaald zou worden.[92] Wesembeke had regelmatig overleg met Buys en Van Swieten, die hem gunstige berichten overbrachten van steden als Delft, Leiden, Haarlem, Schiedam, Enkhuizen en Den Briel, waar ten minste een deel van de bestuurders Oranje zeer toegenegen was. Er zou veel animo bestaan mee te doen aan een grote opstand, en er was bovendien bereidheid de poorten voor Oranje te openen.

Er liepen ook contacten met Deventer in Overijssel, waar ten minste een deel van het stadsbestuur geneigd was met Oranje samen te werken.[93] Tot zover liep het soepel, maar echt concrete toezeggingen kreeg Wesembeke niet. Delft gaf duidelijk aan pas te betalen op het moment dat het de troepen van Oranje zou zien verschijnen.[94] Op deze manier wachtte iedereen op elkaar en gebeurde er uiteindelijk niets. Zonder gelden uit de Nederlanden kon Oranje onmogelijk een leger op de been brengen. Aan brave toezeggingen had hij niets, hij had klinkende munt nodig. De missie van Wesembeke, en in het verlengde daarvan die van Sonoy en die van Buys c.s., was mislukt.[95] Er was meer nodig om de Nederlanden in beweging te brengen. Meer ontreddering en ellende. Daar moest Alva voor zorgen.

Er circuleerden in de kringen van Oranjes agenten bizar klinkende plannen die erop neerkwamen de ellende desnoods zelf te organiseren. De Amsterdammer Dirck Cater deed een aantal behoorlijk destructieve voorstellen. Een groepje van zes tot acht mensen was voldoende om een stad op meer plaatsen in brand te steken, met een stevige wind erbij gaf dat maximaal resultaat. Hiermee dreigen zou 'de overheid in de steden angstig maken'. Daardoor 'zou het land intern zo verarmen dat de hertog [van Alva] geld uit Spanje nodig zou hebben om het land te beschermen'.[96] Dit plan werd nog wat verder uitgewerkt voor Amsterdam, dat door Oranje moest worden gemaand geen Spaanse troepen in garnizoen te leggen omdat het anders aan alle kanten in brand gestoken zou worden en geplunderd.[97] Ermee dreigen moest voldoende zijn, want een deel van de Amsterdamse stadsbestuurders zou slappe knieën krijgen, waardoor de eensgezindheid brak en de stad snel in handen van de opstandelingen zou vallen. Het was een roekeloos plan, voor alles en iedereen schadelijk, en wat er vooral aan ontbrak was een visie op het behalen van strategisch voordeel.

De strategie moest van Oranje komen. En het moest ook wat gaan meezitten. Hoopgevend was dat in Frankrijk op 8 augustus de Vrede van Saint-Germain-en-Laye werd gesloten, waarin de hugenoten, die kort tevoren hun definitieve ondergang tegemoet leken te gaan, gunstige voorwaarden wisten te bedingen en voorlopig gedoogd werden. Het Franse hof leek opeens veel toeschietelijker tegenover de leidende figuren onder de protestanten: gewetensvrijheid werd de nieuwe standaard in Frankrijk. Willem van Oranje kon eveneens op sympathie rekenen in het verdrag; hij werd weer in het volle bezit hersteld van het prinsdom Orange.[98] Lodewijk van Nassau was inmiddels een vast aanvoerder en lid van de binnenste adellijke kern van de hugenoten. Hij lag ook goed bij de Franse koning, die over hem en zijn broer Willem sprak als 'ses bons parens et amis' (zijn goede familie en vrienden).[99]

Het was voor Oranje een aansporing op de ingeslagen weg voort te gaan. In augustus 1570 werd Wesembeke opnieuw op pad gestuurd om Hollandse steden in beweging te brengen, nu met de aansporing iedere toezegging zwart-op-wit mee terug naar Dillenburg te nemen. Steden moesten zelf een omwenteling organiseren, geldmiddelen in veiligheid brengen, desnoods geldtransporten van Alva overvallen, en dat ook nog onderling zien te coördineren. Dit moest Wesembeke overal goed uitleggen, en ook dat alle geldmiddelen die nu aan de 'bevrijding uit de slavernij' werden besteed, zich op een goed moment dubbel zouden uitbetalen.[100]

Deze herhaalde diplomatie had iets van op vuurstenen slaan in de hoop dat er een keer een vlammetje zou ontstaan. Maar ook in het najaar bleken de Nederlanden moeilijk tot ontbranding te brengen; men leek te kiezen voor verdragen en niet voor actief verzet. De Nederlanders waren te zuinig.[101] Het stemde Oranje bitter, maar dat er steeds meer geklaagd werd over het bewind van de landvoogd en dat er een degelijk netwerk begon te ontstaan van agenten, spionnen en bemiddelaars, mocht vooruitgang heten.

Chaos op het water

Andere hoop kon ontleend worden aan het voortbestaan van de watergeuzen. Ze maakten nog altijd de Noordzee onveilig, overvielen schepen en kwamen in het Noorderkwartier van Holland en in Friesland regelmatig rooftochten houden, zogeheten landgangen. Het waren genadeloze plunderacties in kustdorpen, die de behoefte aan levensmiddelen en geld moesten stillen. Oranje begreep dat dit wetteloze en gewelddadige gedrag geen goed deed aan de reputatie van de opstandelingen, maar het lukte nauwelijks dit volk te disciplineren. Hij probeerde het wel, onder andere door zijn instructies steeds weer aan te scherpen.[102] Hij verving zijn onbetrouwbare admiraal Dolhain door de loyale Ghislain de Fiennes, heer van Lumbres.[103] Wederom een aanvoerder zonder veel maritieme ervaring, maar wel iemand die de tactiek van Oranje kon vertalen naar effectieve operaties op zee. Hij moest de anarchie ombuigen in landwinst, liefst door de inname van Enkhuizen en de beheersing van het Noorderkwartier. Enkhuizen kon dan als uitvalsbasis voor de watergeuzen dienen. Jacob van Wesembeke moest daar intussen de veranderingsgezinden in staat van paraatheid brengen.[104]

Het werd onbedoeld de opmaat voor een chaotisch najaar waarin Alva zijn harde kant liet zien in het gewest Utrecht, dat zich heftig verzette tegen de belastingen, en waar de Staten collectief voor de Raad van Beroerten werden gebracht, die hun alle macht ontnam. Utrecht was rijp voor volle deelname aan enige opstand. Het had Oranje vrolijk moeten stemmen, alleen bleek een militaire actie in samenwerking met Utrecht op geen enkele manier te passen in de plannen die sterk op de kustprovincies en op het gebied rond de IJssel gericht waren.[105]

Die plannen zagen er op papier kansrijk uit, maar het ontbrak, net als in 1568, aan geld en coördinatie. Oranje stuurde ver vanuit Duitsland een operatie aan, waarin matig getrainde en zich ongedisciplineerd gedragende figuren, met veel onderlinge communicatieproblemen een complexe taak gelijktijdig moesten uitvoeren.[106] Het bleek nauwelijks doenlijk. Op 1 november 1570 kwam daar nog een zware stormvloed bij, die grote delen van de Nederlandse kustgebieden en Oost-Friesland onder water zette.

Veel mensen over de lengte van honderden kilometers kust verdronken; uitgestrekte arealen landbouwgebied raakten voor jaren bedorven door het zoute water. Havens en schepen leden grote schade.[107] De ontreddering was enorm, zelfs een stad als Antwerpen overstroomde. Gentenaar Filips van Campene ving het bericht op dat je daar vanaf de Schelde naar de Onze-Lieve-Vrouwekathedraal kon varen.[108]

Het was niet het enige wat tegenzat. Emden had zich op last van de graaf tot verboden gebied voor geuzenschepen moeten verklaren, en de winter viel ook nog eens vroeg in. De voor Oost-Friesland geankerde kaperschepen kwamen vast te zitten in het ijs. Op de watergeuzen hoefde voorlopig niet gerekend te worden.[109]

Spontane acties

Ondanks alle ontreddering doofde de bereidheid tot actief verzet in de Nederlanden nog niet helemaal uit. Maar de correspondentie tussen Oranje en Wesembeke getuigt in de laatste maanden van 1570 van de steeds toenemende chaos en van de groeiende spraakverwarring, die vooral gestalte kreeg in het maar niet loskomen van geldmiddelen. Af en toe kwamen er kleine bedragen naar Oranje, die zich daardoor zwaar beledigd voelde. Maar het werd nog vervelender: steeds vaker kwamen lokale initiatieven bij hém geld vragen. Oranje liet zich er niet door van de wijs brengen; net als in 1568 zette hij door, ondanks de voortgaande opeenstapeling van tegenslag. Hij bereidde met zijn secretarissen de wisseling van gewestelijke en stedelijke besturen voor.[110] Hij reikte ook een commissie uit aan een ondernemende lokale legeraanvoerder, Herman de Ruyter, om met een klein leger posities te bezetten in het rivierengebied rond Gorkum en Loevestein. De commissiebrief was gedateerd 25 november, de plannen voor een aanval vanaf zee waren op dat moment al geheel geïmplodeerd, Oranje was daar ook van op de hoogte, maar hij blies de onderneming niet af. Na ontvangst van zijn commissie ging De Ruyter aan het werk. Met slechts 24 soldaten, vermomd als minderbroeders, trok hij van 's-Hertogenbosch naar Loevestein, waar ze laat op de avond onderdak vroegen en ook kregen. Ze doodden vervolgens het kleine Spaanse garnizoen en namen het kasteel in bezit. Het vroor nog steeds; aanvoer van verse manschappen bleek moeilijk. Alva stuurde intussen zijn Bossche garnizoen naar Loevestein, dat zonder veel moeite na vier dagen het kasteel weer in handen nam. In Deventer had op datzelfde moment een overrompeling moeten plaatsvinden; ook die mislukte.[111]

Oranje ontving het slechte nieuws over Loevestein op kerstavond. Hij liet Jacob van Wesembeke kort daarop weten hoe hij erover dacht. De plannen waren nog altijd mooi, maar dit was niet het moment: '[...] mij komt het het veiligst voor ze voorlopig te laten rusten totdat wij ons, gelijk ik u vroeger heb geschreven, verzekerd zullen hebben van de sympathie van de burgerij.' Op dat ogenblik had Oranje de drieduizend ruiters die hij met enige aarzeling had aangenomen om bij de eventuele eerste successen van de acties naar de Nederlanden op te rukken, alweer afgedankt.[112]

Verraad en overspel: het einde van een huwelijk

Oranje leefde sinds het begin van de veldtocht van 1568 veelal op grote afstand van zijn vrouw. Hun ontmoetingen werden steeds spaarzamer. Anna van Saksen was er niet meer toe te bewegen naar Dillenburg terug te keren, ondanks dwingende oproepen van Oranje. Die liet zijn oproepen wel vergezeld gaan van het verzoek om, wanneer ze naar hem toe zou reizen, haar 'colera zu Cöllen' (woede in Keulen) achter te laten.[113] Anna liet weten dat ze desnoods met hem naar Frankrijk of Engeland wilde vertrekken om daar verder te leven, maar dat ze zich nooit meer met zijn familie zou inlaten.[114]

Ze zette de pogingen haar aandeel in de 'erfenis' van Oranje toegewezen te krijgen nog altijd door. Ze legde zelfs, via een vroegere vertrouweling van Oranje, Jan Heuvelmans, contact met Alva. Een brisante manoeuvre, temeer omdat Heuvelmans inmiddels lid van de Raad van Beroerten was, nadat hij tot 1566 adviseur van Oranje was geweest en in die hoedanigheid mogelijk al veel geheime informatie aan Oranjes vijanden had doorgespeeld. Waarschijnlijk was Morillon zo aan een deel van zijn onderhoudende roddels gekomen.[115]

De dreiging dat Anna in wel erg nauwe verbinding met Alva kon komen te staan, hing ook om een ander contact van haar, de jurist Jan Rubens.[116] Ze had Rubens in 1568 in Keulen leren kennen, waar hij als protestant en voormalig schepen van Antwerpen zijn toevlucht had gezocht. Anna ontwikkelde een warme verstandhouding met Rubens, zijn vrouw en hun vier kinderen, en liet zich ook juridisch door hem bijstaan. Op de Dillenburg sijpelden al in het voorjaar van 1570 berichten door dat Rubens wel eens de kwade genius zou kunnen zijn achter het plan Anna in het bezit van haar weduwgift te stellen.[117] Later dat voorjaar reisde ze vergezeld van haar raadsman Rubens voor familieberaad naar Willem van Hessen in Kassel, waar ook keurvorst August verscheen. De landgraaf en de keurvorst stelden Anna voor dat ze haar en Willem op de been zouden houden met een jaarlijkse toelage, op voorwaarde dat ze zich in Erfurt zouden vestigen; geen Dillenburg, maar ook geen Keulen meer. Op 29 mei ontmoetten Anna en Willem elkaar in Butzbach, waarschijnlijk om de finesses van dit voorstel te bespreken.[118] Uitkomst onbekend.

Een halfjaar later belandde het hopeloze huwelijk definitief in staat van ontbinding. Anna was opnieuw zwanger. Oranje raakte ervan op de hoogte in de dagen dat Herman de Ruyter tevergeefs Loevestein bezette, eind december 1570. Oranje wist dat dit kind niet van hem kon zijn.[119] Hem was ter ore gekomen dat ze al geruime tijd een intieme verhouding met Rubens onderhield. In maart 1571 werd Rubens bij het betreden van Nassaus grondgebied gearresteerd, en vervolgens gevangengezet op de Dillenburg. Het overspel werd in de verhoren hardhandig naar de oppervlakte gebracht: Rubens bekende twaalf tot veertien keer met Anna naar bed te zijn geweest. Het was nu voor alle betrokkenen, en dan vooral voor de Nassaus, zaak de schande binnenskamers te houden. Afhankelijk van haar gemoedstoestand ontkende Anna nu eens alles, dan weer gaf ze toe dat er wel degelijk een en ander had gespeeld.[120]

Voor Oranje zal snel duidelijk zijn geworden dat hij onmogelijk nog met haar verder kon, maar ook dat hij in deze toch al zo moeilijke periode niet wilde worden gehinderd door eindeloze procedures en vervelende geruchten. Hij liet het over aan zijn broer Jan, die al jaren water en vuur was met Anna, de zaak discreet af te wikkelen. Jan werd daarbij enigszins geholpen door de vrouw van Rubens, die haar man 'zo'n kleine misdaad' vergaf en zijn leven wilde redden. Het hielp ook dat in Keulen en elders het gerucht ging dat Rubens vastzat vanwege geheime banden met Alva.[121] Dat gaf manoeuvreerruimte. Anna beviel op 22 augustus van een dochter, die Christina van Dietz werd gedoopt, voor wie ze de eerste jaren zorgde, maar die in 1575 onder de hoede van Jan van Nassau kwam en op haar tiende het klooster in ging.[122] Anna werd onder de curatele van haar eigen familie geplaatst, kreeg streng huisarrest in kasteel Beilstein in het Westerwald, werd weinig liefdevol behandeld en maakte zich door aanvallen van razernij in korte tijd geheel onmogelijk. Ze stierf op 18 december 1577, vijf dagen voor ze 33 zou worden. Jan Rubens was al vier jaar eerder vrijgelaten, na betaling van een borgsom van zesduizend taler en onder de belofte zich blijvend in Siegen te vestigen. De buitenwereld bleef tot ver in de negentiende eeuw onkundig over de hele affaire.[123]

Oranje nam in 1571 afscheid van Anna van Saksen, het project-Anna van Saksen, dat hem behalve van een vrouw met aanzien, ook van machtige bondgenoten had moeten voorzien die in staat waren de Habsburgse expansie in de Nederlanden en wijde omgeving af te stoppen. Het was allemaal niet uitgekomen. Oranje dacht inmiddels in andere scenario's, kleinschaliger en met meer diplomatiek raffinement.

De strijdbaarheid van de calvinisten

In de loop van 1570 was de aandacht van Oranje vooral gericht geweest op de oppositie van stedelijke bestuurders, die ondanks alle grootse plannen aarzelend bleven opereren. In 1571 verlegde Oranje zijn aandacht subtiel naar de calvinisten, van wie de voornaamste kopstukken al geruime tijd de Nederlanden ontvlucht waren. Hij had ze waarschijnlijk liever wat op afstand gehouden, het waren geen gemakkelijke onderhandelingspartners. Lange tijd was hun aandacht gericht geweest op de eigen gemeenten, die ook onder vluchtelingen in Engeland en in het westen van Duitsland snel van de grond kwamen. Het waren de geloofsgemeenschappen 'onder het kruis', waar in beginsel veel animo bestond om het gevecht met het bewind van Alva aan te gaan.

Oranje besefte dat hij nauwelijks andere 'zekere' opties had dan nauwe samenwerking te zoeken met deze groep militant denkende protestanten, die inmiddels een omvang van enkele tienduizenden actieve lidmaten had.[124] Zijn contacten met calvinistische voormannen werden frequenter en intenser. Eind januari 1571 zette Oranje een belangrijke stap door Filips van Marnix van Sint-Aldegonde tot zijn raadsman te benoemen, een stap die ook voor de buitenwereld vol betekenis was.[125] Marnix was in 1566 een van de ondertekenaren van het Smeekschrift geweest. Nog voor de komst van Alva was hij uitgeweken naar Bremen, en in 1567 vestigde hij zich in Oost-Friesland. Marnix, die uit een niet zo heel vermogende adellijke familie stamde, zag ruim een jaar later door de Raad van Beroerten al zijn bezit geconfisqueerd worden. Hij moest terugvallen op zijn imposante netwerk van bevriende edelen; hij kreeg voor langere tijd onderdak op het slot Lutetzburg, bij Norden, bezit van de rijke en machtige weldoener Unico Manninga, drost van Emden.[126]

In 1569 was Marnix in dienst getreden bij keurvorst Frederik III van de Palts, bijgenaamd de Vrome, die van Heidelberg een belangrijk toevluchtsoord voor calvinistische intellectuelen had gemaakt. Marnix was rechtzinnig in de calvinistische leer, maar hij was ook een breed belezen intellectueel en was goed ingevoerd in de finesses van het politieke spel. Een man van de wereld. En hij had bewezen literaire gaven; in 1568-1569 had hij tijdens zijn verblijf op de Lutetzburg een scherpe, briljant uitgewerkte satire op de rooms-katholieke kerk geschreven, *De byencorf der H. Roomsche Kercke*. Het kwam uit in 1569 en werd in korte tijd een immens populair werk, dat ook in het Duits (door Marnix zelf, 1576) en Engels (1579) werd vertaald.

Marnix was door zijn unieke combinatie van eigenschappen – politiek ervaren, met een scherp pennetje, en ook nog eens recht in de calvinistische leer – op dat moment de ideale raadgever voor Oranje. Die 'kocht' met de aanstelling van Marnix geloofwaardigheid bij de calvinisten.[127] Dat Marnix Oranje kennelijk diens aandeel in de ondergang van zijn broer Jan te Oosterweel vergeven had, leek te bewijzen dat de ergste plooien tussen Oranje en de calvinisten waren gladgestreken. Intussen wist Oranje dat Marnix ook goed overweg kon met andersdenkenden.[128] Dat was een belangrijke en noodzakelijke eigenschap voor iemand die door bemiddeling uiteenlopende belangen bijeen moest brengen. Marnix had in de jaren ervoor al regelmatig missies voor Oranje en diens broer Lodewijk vervuld. Door Marnix tot vaste medewerker te maken had Oranje meteen een raadgever met wie hij het complexe politieke krachtenveld waarin hij was komen te verkeren kon analyseren – iets wat hij gewend was te doen met zijn broer Lodewijk, maar die verbleef nog in Frankrijk. Jacob van Wesembeke was eerder een dergelijke rol toebedacht, maar die bleek in de praktijk toch te onvast te opereren. Marnix zal hebben begrepen dat er veel van hem werd verwacht.

De energie die in de calvinistische beweging zat, moest in de juiste richting gebogen worden. Een opdracht die nogal bemoeilijkt werd door veel verschil van opvatting binnen de beweging zelf. Omstreeks 1570 werden de onderlinge contacten tussen de verschillende gemeenten frequenter en werd er gesproken over het houden van overkoepelende kerkvergaderingen, in de vorm van gewestelijke dan wel algemene synodes. Vooral de rechtzinnigen wilden vaart maken met het smeden van eenheid, een nationaal kerkverband, waarin de leer en het pastorale werk werden geüniformeerd.[129] Radicale predikanten als Hermannus Moded en Petrus Datheen, die in de voorgaande jaren al hadden bewezen militant te kunnen opereren als de situatie erom vroeg, waren voorstander van een snelle en grondige hervorming van het geloofsleven, die de Nederlandse calvinisten tot een krachtige eenheid moest smeden.

Rond deze kwestie ontstond een tweespalt waarin al iets van een noord-zuidtegenstelling zichtbaar werd die uiteindelijk in 1588, met het ontstaan van de Republiek van zeven noordelijke gewesten, definitief werd. Het waren enkele vooraanstaande Hollandse calvinisten die de ambities van Moded en de zijnen liever niet zagen uitkomen. In Emden zat een omvangrijke kolonie calvinisten uit met name Amsterdam. Frans Coornhert, de broer van Dirck Volckertsz., was een van de centrale figuren, naast Laurens Jacobsz. Reael en Reinier Cant.[130] Coornhert en de zijnen zochten nadrukkelijk contact met het kamp van Oranje en andere politieke krachten die voornemens koesterden het bewind van Alva te verdrijven.[131] Ze waren bereid tot overleg en compromissen en hadden ook begrip voor Oranjes toenadering tot lutherse vorsten in Duitsland. Politieke oplossingen moesten in de eerste plaats ook politiek gemotiveerd zijn, en niet al te veel gehinderd worden door religieuze subtiliteiten.[132]

Anders dan het gematigde Emden was Heidelberg een verzamelplaats van veel radicalere krachten binnen het Nederlandse calvinisme. Ze genoten de bescherming van Frederik III, die zelf tot het calvinisme was overgegaan en in de Palts het geloofsleven stringent naar de nieuwe leer had laten hervormen. In 1563 had hij de kernwaarden van het nieuwe geloof laten vastleggen in een nieuw belijdenisgeschrift, dat als de Heidelbergse Catechismus ook buiten de Palts wijde verspreiding kreeg. Frederik III was een ferme en invoelende bondgenoot van orthodox denkende gereformeerden; dat kon van de officieel nog altijd katholieke, en verdraagzaamheid predikende, Willem van Oranje niet gezegd worden.

In 1570 circuleerden al voorstellen van Datheen en de zijnen de eigen kerkelijke organisatie te versterken en tegelijkertijd de afstand tot de politiek te vergroten. Daar zat een vastberaden ambitie bij de geloofsleer zuiver te houden: over heilige aangelegenheden sluit je geen akkoordjes. De angst was groot, misschien niet ten onrechte, dat geloofsprincipes uiteindelijk geofferd zouden worden aan politieke compromissen. De in Emden verblijvende Hollandse calvinistische leidslieden zagen in die angstige houding een groot gevaar: niet alleen zouden ze de steun van Oranje verspelen, maar ook de broze sympathie van lutherse vorsten. De protestantse beweging moest nu over de volle breedte de rust en het gezonde verstand bewaren.[133] Laurens Jacobsz. Reael sprak zich er in juli 1570 duidelijk over uit dat het wantrouwen tegen Oranje en de luthers getinte Augsburgse Confessie met sommige calvinisten op de loop was gegaan, die met hun bijna bijgelovige claim op de waarheid bezig waren 'een nieuw pausdom' te ontwikkelen.[134] Waarmee zoveel gezegd was als: een vorm van samenleven waarin net zoveel gewetensdwang en onvrijheid heerste als onder de oude kerk van Rome.

Tussen Emden en Heidelberg openbaarde zich een mentaliteitsverschil, dat enkele decennia later werd aangeduid als de tegenstelling tussen rekkelijk en precies.[135] Het was nog niet scherp afgetekend, de partijen staken nog gemakkelijk naar elkaar over, maar het verschil van inzicht viel niet meer te ontkennen.

De libertijnen: zelfbewust maar onzichtbaar

De aanstelling van Marnix had wellicht ook tot doel deze stromingen weer nader tot elkaar te brengen. Marnix stond voor vrij strenge geloofsopvattingen en was een van de wegbereiders van de eenheid in de gereformeerde kerk,[136] maar hij was ook een man met *savoir-vivre*, en lenige literaire vermogens. Een zekere muzische inslag kenmerkte ook de gematigde calvinisten in Emden: Reael schreef gedichten, Frans Coornhert ook, die bovendien nauw betrokken was bij drukkersactiviteiten. Dichters als Johan Fruytiers, Jan van Hout, en avontuurlijk ingestelde drukkers als Johan en Willem Gailliart en Goossen Goebens vormden het hart van een literair angehauchte subcultuur, waarin veel vernieuwingsdrang samenkwam.[137] Marnix zal door zijn lange verblijf in Oost-Friesland de belangrijkste Nederlandse ballingen in Emden wel gekend hebben, en was ongetwijfeld ook goed op de hoogte van het gedachtegoed dat in die kringen rondging, met name in de bekende 'geuzenherberg' De Gulden Fontein.[138]

Emden was daarnaast een verzamelplaats voor religieuze avonturiers, c.q. spiritualisten, ook wel libertijnen genoemd. De havenstad gold als een broeinest van vrijgevochten figuren, die zich meer aan de handel dan aan het deelnemen aan het Heilig Avondmaal gelegen lieten liggen.[139] De libertijnen vormden niet één beweging, maar hadden gemeenschappelijk dat ze het gezag van een gevestigde kerk over de gelovigen of over het geheel van een samenleving ontkenden dan wel sterk relativeerden. Een mens moest zijn individuele relatie met God kunnen verdiepen. Uiterlijke rituelen, kerkelijke discipline of leergezag waren daarin niet leidend, hoogstens een hulpmiddel.[140] Maar liever ook dat niet, want tussen God en mens mochten geen institutionele barrières worden opgeworpen.[141] Religieuze verdieping stond voor een deel gelijk aan het verwerven van zelfkennis. Het was een contemplatieve levenshouding die veelal bleek voorbehouden aan ontwikkelder mensen.[142] Een wijsgeer als Socrates, die alle gezag en wereldlijke kennis relativeerde, genoot grote populariteit in deze kringen en dat gold ook voor stoïcijnen als Epictetus en Seneca, die nadruk legden op het ontwikkelen van zelfkennis en zelfbeheersing. Wat veel spirituele sekten daaraan toevoegden was een zoektocht naar het goddelijke in jezelf.[143] Dat was de meer universitair ontwikkelde variant; die ging soms naadloos over in een vorm van sektarisch denken waar de dreiging van een ophanden zijnde eindtijd of Apocalyps omheen hing. Die dreiging nodigde uit tot het opsporen en interpreteren van alle denkbare voortekenen. Astrologie en magie waren populair in deze kringen, en sommige sekteleiders claimden rechtstreeks in verbinding te staan met het Hogere.[144]

Zo'n beweging was het uiterst schimmig opererende Huis der Liefde rond stichter en geestelijk leider Hendrik Niclaes, die een grote aantrekkingskracht leek te hebben op intellectuelen, kooplieden en bestuurders. Zelden is het lidmaatschap van deze beweging aantoonbaar, want aan leden werd toegestaan naar believen de heersende godsdienst in hun uiterlijke vorm te blijven belijden; het ging uiteindelijk om de innerlijke ontwikkeling.[145] Humanisten als Abraham Ortelius, Justus Lipsius, Andreas Masius, Goropius Becanus, een onderwijzer en liefhebberend dichter en vertaler als Peeter Heyns, een voltijds dichter als Jan van der Noot, kunstenaars als Pieter Brueghel, Filips Galle en Joris Hoefnagel, een kunstenaar-dichter als Lucas d'Heere, en een theoloog als Hubert Duifhuis zijn wel met de sekte van Niclaes in verband gebracht, veelal op basis van geruchten of vage aanwijzingen.[146] Velen van hen stonden in verbinding met Oranje en diens kringen. Dat gold ook voor zakenlieden en bestuurders die tot de familisten werden gerekend als Daniel van Bombergen, Emanuel van Meteren, Johan Radermacher, en de drukkers als Johan Gailliart en Christoffel Plantijn.[147] Zelfs prominente Spanjaarden zouden onder de bekoring van Niclaes' gedachtegoed zijn gekomen, zoals de humanist Benito Arias Montano en de in Antwerpen gevestigde kooplieden Marcus Perez en Ferdinando Ximines, beiden behorende tot de Joodse minderheid en van huis uit al gewend hun innerlijke overtuiging voor de buitenwereld te verbergen.[148] Er hing iets duisters en dubbelzinnigs om de beweging. Veel van deze mannen waren financier van de drukkerij van Plantijn, en ze waren voor een deel ook betrokken bij het driemiljoenguldenrekest van 1566.[149] Was het geen sekte, dan was het ten minste een krachtig en wijdvertakt netwerk van onorthodoxe en creatieve denkers en ondernemers.

Ook Dirck Volckertsz. Coornhert is op goede gronden vaak met de beweging van Niclaes in verband gebracht. Zoals bij veel andere zelfstandig opererende intellectuelen openbaart zich hier de paradox van het Huis der Liefde; de ideologie riep op tot een spiritueel individueel godsbesef, maar intussen beschouwde Niclaes zichzelf als onbetwiste leider, een kerkvorst met vergaande bevoegdheden. Daar wrong iets. Coornhert hield juist om die reden steeds meer afstand tot Niclaes, die hij door de jaren heen vrij goed had leren kennen.[150] Maar in het geheime karakter van het Huis der Liefde, het uiteen kunnen laten lopen van innerlijke overtuiging en uiterlijk optreden, zat voor veel andere intellectuelen ongetwijfeld een grote aantrekkelijkheid. Dat je je innerlijke overtuiging kon en mocht verbergen, maakte het mogelijk met anderen sneller tot compromissen te komen over praktische zaken; niet alles hoefde langs de meetlat van de orthodoxie te worden gelegd. Dat gaf rust en vrijheid.[151]

Het begrip 'vrijheid' kreeg in deze jaren een steeds zwaardere klank en gelaagdere betekenis. Niet alleen in de zin van gewetensvrijheid, maar ook vrijheid om in politieke zin naar bevind van zaken te handelen en naar oplossingen te zoeken met andersdenkenden. Bij veel denkers, auteurs en leidende figuren uit deze periode blijft het gissen naar hun geloofsovertuiging. Dat had wellicht ook iets te maken met de mentaliteit van grote handelssteden als Antwerpen en Amsterdam: een koopman wilde handelen met de hele wereld en liet een transactie niet afhangen van iemands geloofsovertuiging. Dan kon hij de tent wel sluiten.[152] Niet toevallig waren juist deze steden sinds het midden van de zestiende eeuw broedplaatsen van intellectueel en artistiek talent geworden.

De synode van Emden

De pragmatische blik van de koopman kon helpen wat relativerender over de vereisten van het politieke bedrijf na te denken. Dat dit nodig was, werd in de loop van 1571 duidelijk doordat de harde kern van de calvinistische beweging resolute stappen zette om iedere verwarring over waar ze voor stond weg te nemen. Dit beloofde niet veel goeds voor de gematigde factie. Een generale synode hing al zeker drie jaar in de lucht. In oktober en november 1568 zou tijdens een 'convent' in Wezel zijn gewerkt aan een plan de eenheid van de kerk in één helder document gestalte te geven.[153] Het vergde daarna nog wel wat consultatierondes en strategisch overleg om de beoogde zuivere orthodoxie te waarborgen. Nadat in de eerste weken van april 1571 met vrij veel succes in La Rochelle door de hugenoten een synode was gehouden – er werd onder andere een geloofsbelijdenis algemeen geldig verklaard – leek dit ook voor de Nederlanden een begaanbare weg. Het initiatief kwam, niet onverwacht, uit Heidelberg.

Willem van Oranje besefte dat hij, als hij nog iets met de harde kern van de calvinisten wilde, er nu bij moest zijn. Ter voorbereiding op de later in 1571 uit te schrijven nationale synode werd op 3 en 4 juli in Bedburg een provinciale synode gehouden van de vluchtelingenkerken in het Rijnland. Hier verscheen ook Marnix, die namens Oranje een aantal voorstellen voor samenwerking kwam presenteren, met veel aandacht voor de onderlinge taakverdeling: de calvinistische gemeenten moesten Oranje onvoorwaardelijk steunen bij de bevrijding van de Nederlanden en daartoe ook een wezenlijke financiële bijdrage leveren. Oranje zou verder voor de militaire uitvoering zorg dragen. Dit waren voor de preciezen onder de calvinisten nog te verteren voorstellen, moeilijker werd het bij de internationale context die Oranje ook in overweging gaf: hij verlangde een goede onderlinge afstemming met de aanhangers van de Augsburgse Confessie, oftewel de Duitse lutheranen, en met de hugenoten. Het laatste ging nog, het eerste was eerder al een onbegaanbare weg gebleken. Maar het leek hoopvol dat het voorbereidend comité een en ander wilde voorleggen aan de synode.[154]

Er werd nu een algemene synode aangekondigd, te houden in Emden. De keuze voor die plaats was waarschijnlijk niet zonder bijbedoelingen. De rekkelijke calvinisten, met name die uit Emden, beseften dat ze in het leerstellige geweld van de preciezen in één keer ten onder dreigden te gaan, en probeerden de synode tot op het laatste moment te verhinderen. Oranje had tot dan toe vrij vanzelfsprekend de lijn en de zijde van de rekkelijken gekozen.[155] Dat stemde overeen met hoe hij zich de afgelopen jaren in geloofszaken had opgesteld: terughoudend en weinig uitgesproken, laat staan principieel. Nu moest hij toch zaken gaan doen met de preciezen. Hij ontleende enige moed aan het verloop van de hugenootse synode in La Rochelle; er was daar niet alleen gewerkt aan de eenheid van de kerk, maar er was ook een krachtige samenwerking tot stand gekomen tussen de geestelijke leiders en politieke krachten. Gaspard de Coligny, Jeanne d'Albret, de koningin van Navarra, en haar zoon Hendrik waren prominent aanwezig op wat wel de 'synode des princes' werd genoemd.[156] Ook Lodewijk van Nassau was er. Hij leerde er de calvinistische voorman Theodorus Beza kennen. Lodewijk had altijd zo veel mogelijk afstand gehouden tot het Nederlandse calvinisme; de omgang met de hugenootse aanvoerders deed hem inmiddels sterk overhellen naar wat wellicht een Franse aristocratische variant van het calvinisme was.[157] Een variant waarin het primaat van de politiek overeind bleef. En waarin godsdienst, het geloven dan wel actief belijden, vrij was.[158] Bij de precieze Nederlandse calvinisten was er veel minder begrip of ontzag voor andersdenkenden.

Voor Oranje werd het lastig manoeuvreren met belangen. De rekkelijke factie in Emden riep nog Oranjes steun in om de synode te laten afblazen. Oranje liet de preciezen begaan. Op 4 oktober 1571 werd in Emden de synode geopend. Na elf dagen vergaderen lag er een omvangrijk pakket besluiten, waarin niet alleen alle gereformeerde predikanten werden gehouden aan het absolute leergezag en de kerkelijke tucht over de lidmaten werd verankerd, maar ook de lokale, gewestelijke en nationale overlegstructuren en besluitvorming waren vastgelegd. Hiermee had de beweging alle instrumenten ter beschikking om de leer en de kerk zuiver te houden. Over enige samenwerking met Oranje of over de Augsburgse Confessie werd in de verslagen van de synode gezwegen.[159]

De Hollanders waren op de synode vertegenwoordigd met een kleine afvaardiging van twee Amsterdamse predikanten: Petrus Gabriel en Jan Arentsz. Ze tekenden uiteindelijk voor de besluiten, zij het met grote tegenzin. Met de autonomie van plaatselijke kerkgenootschappen was het gedaan. Er was geen vrijheid meer om het geloofsleven naar eigen inzicht vorm te geven.[160]

Voor Oranje moeten de uitkomsten van de synode een enorme tegenvaller zijn geweest. Die kwamen niet onverwacht, gezien de stemmingmakerij die al geruime tijd gaande was, maar een rationele analyse van de situatie leek uit te wijzen dat Oranje en de calvinisten elkaar uit de ellende hadden kunnen helpen. Die kans leek nu voorbij te gaan. Marnix was volop bij de voorbereidingen betrokken geweest, zag aankomen waar het naartoe ging, en liet zelf de synode aan zich voorbijgaan.[161]

Aan de Europese pokertafel...

Het lukte dus ook Marnix niet de ongemakkelijke patstelling tussen Oranje en de Nederlandse calvinisten te doorbreken. Dan waren de diplomatieke bewegingen van Lodewijk van Nassau in Frankrijk veelbelovender. Lodewijk leek zich steeds beter thuis te voelen onder de hugenoten; hij vertoefde veel in de omgeving van admiraal Gaspard de Coligny, de man die de hugenoten inmiddels al zo'n tien jaar militair op de been hield. Lodewijk koesterde een grote bewondering voor diens oprechtheid en moed; hij zag hem ook als een leermeester. Met Coligny vielen afspraken te maken.[162] En aan Coligny kon je je vasthouden. Dat bij de Vrede van Saint-Germain-en-Laye Orange weer in handen van Willem van Oranje kwam, was mede te danken aan de overredingskracht van Coligny.

De situatie in Frankrijk was in het voordeel van Oranje omgeslagen. Lodewijk was hier goud waard, hij bewoog zich niet alleen soepel in kringen van hugenoten, maar ook in de wereld van het Franse hof, de regeringsfunctionarissen en diplomaten. Hij knoopte banden aan met Gian Galeazzo Fregoso, gezant aan het Franse hof namens Cosimo de' Medici, de groothertog van Toscane.[163] Cosimo lag al langere tijd overhoop met Filips II, en Fregoso werd door het Franse hof ingezet bij het spinnen van intriges om de Spaanse macht in Europa zo niet te breken, dan toch te verkleinen. Hij sprak daarover uitgebreid met Lodewijk van Nassau, die hier grote kansen zag ontstaan. Fregoso reisde naar Florence en keerde terug met het aanbod, namens de groothertog, van ruime financiële steun voor de strijd in de Nederlanden. Het leek te mooi om waar te zijn en dat was het ook. Nog in de zomer van 1571 trok de groothertog zijn aanbod weer in.[164]

Een veel belangrijker nieuw contact werd de pas gearriveerde ambassadeur voor de Engelse koningin in Parijs, Francis Walsingham. Hij gold als een van de belangrijkste vertrouwelingen van zijn meesteres, en was, dankzij een groot netwerk van informanten, zeer goed ingevoerd in Europese aangelegenheden. Elizabeth had hem naar Frankrijk gestuurd om de hugenoten waar het kon bijstand te verlenen, met de gedachte dat een gerestaureerd katholiek Frankrijk samen met Spanje een grote bedreiging voor Engeland vormde. Walsingham bleek goed overweg te kunnen met Lodewijk; in een brief aan de graaf van Leicester omschreef hij hem als 'aangenaam welsprekend, maar het belangrijkste is dat hij niet alleen inzake religie maar ook in zijn levenswandel een hoogstaand man is, oprecht en betrouwbaar als onderhandelingspartner. Ik geloof waarlijk dat God hem op de wereld heeft gezet om te dienen als werktuig voor de vermeerdering van Zijn glorie.'[165]

Dat Lodewijk van Nassau goed lag bij invloedrijke anti-Spaanse krachten rond de Franse kroon, bleef niet onopgemerkt in het katholieke kamp. Daar waren ze niet van plan zijn verblijf in Frankrijk nog aangenamer te maken dan het al was. Lodewijk van Nassau had in Orange, waar hij sinds de Vrede van Saint-Germain-en-Laye voor Oranje het toezicht over uitoefende, in de geest van datzelfde vredesverdrag op 16 januari 1571 een edict laten uitvaardigen waarin aan katholieken en protestanten vrijheid van godsdienstoefening werd gelaten.[166] Het was meteen, in de geest van Willem van Oranje, ook een appel op ieders verdraagzaamheid. Het werkte niet, de spanningen in Orange liepen meteen op, in de nacht van 2 op 3 februari begon een slachtpartij, naderhand de 'massacreuse' genoemd, waarbij stelselmatig op protestanten werd gejaagd. Lodewijk van Nassau kreeg het nieuws in La Rochelle en stuurde meteen een gezant om bij Karel IX navraag te doen hoe dit kon gebeuren, omdat de daders voor een belangrijk deel uit Frankrijk kwamen en nauwelijks uit Orange zelf. Alles leek te wijzen op een goed voorbereide actie.[167]

De nervositeit over Lodewijks activiteiten nam snel toe; in de loop van diezelfde maand februari stuurde de Spaanse ambassadeur in Parijs, Alava, meerdere brieven aan Alva in Brussel om te waarschuwen dat Lodewijk van Nassau een aanval op de Nederlanden voorbereidde. Hij bespeurde in de straten van Parijs verscheidene agenten van Oranje, dit kon niet anders betekenen dan dat er geheime plannen gesmeed werden.[168] Op zichzelf was dit juist, er werden in deze maanden voortdurend plannen gemaakt, maar hier werd vooral omzichtig gewerkt aan een sterke internationale coalitie, waarin Frankrijk de leiding moest nemen, en als het aan Oranje lag ook een grote rol voor Engeland was weggelegd.[169] In juli en nog eens in augustus vroeg Alva opheldering bij Karel IX over alle geruchten die hem bereikten en waarin Lodewijk van Nassau een kwalijke rol speelde.[170] Alva dreigde zelfs met oorlog. De Franse koning liet zich er niet door intimideren.

Welke scenario's in het diplomatieke verkeer passeerden, valt nauwelijks te reconstrueren; op 14 juli was er een geheime ontmoeting tussen Karel IX, zijn moeder Catharina de' Medici en Lodewijk van Nassau op het kasteel van Lumigny-en-Brie, en eind juli een volgende op het pronkkasteel Fontainebleau.[171] Spaanse waarnemers werden intussen in de waan gebracht dat Lodewijk van Nassau in La Rochelle zijn krachten wijdde aan de watergeuzen.[172] Op 12 augustus zette Walsingham in brieven aan regeringskringen in Londen uiteen hoever de plannen stonden. De details zijn nog altijd huiveringwekkend voor degenen die in de Opstand een Nederlandse vrijheidsoorlog willen zien;[173] Walsingham betoogde dat het tijd werd het hoogmoedige en oorlogszuchtige Spanje, dat in de Nederlanden een brute tirannie uitoefende en dat ook een bedreiging voor Engeland vormde, danig terug te snoeien, in een gezamenlijke inspanning van Frankrijk, Engeland en enkele Duitse vorsten. Om te voorkomen dat Frankrijk met de inlijving van de Nederlanden een volgend Europees probleem zou worden, moest er een verdelingsplan komen, waarin Frankrijk zich tevreden zou moeten stellen met de gewesten Artesië en Vlaanderen, die tot voor kort in feodale zin tot Frankrijk hadden behoord. Verscheidene gewesten die in het verleden, vóór de Pragmatieke Sanctie van 1548, tot het Duitse Rijk werden gerekend, Brabant in de eerste plaats, en ook Luxemburg en Gelderland, moesten onder een Duitse vorst worden gebracht ('en dat kan uiteraard slechts de prins van Oranje zijn'); Holland en Zeeland zouden toevallen aan de Engelse kroon.[174]

Wie was de bedenker van dit plan? Historicus Fruin heeft aannemelijk gemaakt dat de eerste annexatieplannen door de Franse koning moeten zijn bedacht, alles met het oog op de verdrijving van Spanje aan zijn noordgrens.[175] Walsingham en Lodewijk van Nassau, in nauwe samenspraak met Oranje, zouden vervolgens het plan zo hebben willen aanpassen dat ook Engeland en enkele Duitse vorsten hierin partij werden, en tevens Oranje goed bedeeld werd.[176] Walsingham deed veel moeite het plan door Elizabeth aanvaard te krijgen, liefst in combinatie met een huwelijk tussen haar, de achtendertigjarige Virgin Queen, met een prins uit het Franse koningshuis.

...waar iedereen past

Elizabeth zal de voorstellen aandachtig hebben bekeken, maar ze zag in dat ze in verhouding tot Frankrijk te weinig manschappen en middelen in kon brengen om te voorkomen dat deze oude aartsvijand meer zou nemen dan was afgesproken. Walsingham had daarnaast voorgesteld de Nassaus een lening van 50.000 kronen te verstrekken om hun eigen oorlogsvoorbereiding vaart te geven. Maar ook dat bedrag kwam er niet.[177]

Geld bleek de zenuw van deze operatie, die ook nog eens heel riskant was, met de geslepen veldheer Alva als de man die moest worden verslagen. Oranje had zelf weinig in te brengen in dit plan, weinig meer dan de Nederlandse bevolking, die, zowel het protestantse als het katholieke deel, waarschijnlijk volledig zou meewerken het Spaanse juk af te werpen. Lodewijk van Nassau had dit tegenover Karel IX voorgesteld als de voornaamste reden waarom de operatie kans van slagen had; een andere factor was de kleine maar slagvaardige zeemacht van de watergeuzen.[178] Oranje had inmiddels bij Zweden en Denemarken steun gezocht om deze zeemacht te versterken en ook de havens open te stellen voor geuzenschepen.[179] Hier was grote behoefte aan sinds graaf Edzard van Oost-Friesland hun, vanwege aanhoudend wangedrag, definitief de toegang tot zijn havens had ontzegd.

Op zee was wellicht het eenvoudigst en snelst succes te behalen. Dat was voor het kamp van Oranje de eenvoudige slotsom van de afgelopen jaren; wanneer de operaties maar gedisciplineerd werden uitgevoerd, moesten ze ook in staat zijn zichzelf 'terug te verdienen'. In juni gaf Oranje een commissie aan een Engelse commandant zelfs onder de kust van Spanje en Portugal vijandelijke schepen uit te schakelen.[180] Het bleef in het stadium van opdrachtverlening steken, zoals ook de Zweedse en Deense koning geen enkele trek hadden in het trotseren van de machtige Spaanse koning.[181] Die had in de tussentijd ook nog even laten zien dat hij op het water niet onderschat moest worden. Op 23 juni overviel een vlootmacht onder aanvoering van viceadmiraal François van Boschuyzen en onder supervisie van de Spaanse veldheer Gaspar de Robles op de Eems een elftal schepen van de watergeuzen, en slaagde erin er negen te veroveren dan wel te vernietigen; de bemanning kwam om of werd gevangengenomen.[182]

Zo vervlogen in de loop van de zomer van 1571 de kleine zekerheden waarop Oranje meende te kunnen steunen, terwijl de grote alliantie die hem definitief uit de problemen kon helpen maar niet rondkwam. Engeland haakte af, van Duitse steun bleek weinig, zodat met het aanbreken van het najaar van 1571 alle hoop op Frankrijk gevestigd was. Maar ook Frankrijk was machteloos door groot geldgebrek. In oktober volgde nog een geheime nachtelijke conferentie in de koninklijke residentie te Blois, waar de Franse koning en Coligny vier Nederlandse afgevaardigden ontvingen, die nog eens met klem de hulp van Frankrijk inriepen om een einde te maken aan de onderdrukking van de Nederlanden.[183] Terwijl de koning nog naar wegen zocht het oorlogsplan door te zetten, had zijn moeder, zonder wier goedkeuring niet veel gebeurde aan het Franse hof, er al een streep door gehaald. De details van het plan waren, inclusief de verdeling, inmiddels uitgelekt en doorgebriefd aan Alva.[184] Daarmee zakte het hele project roemloos in elkaar.

Zo ging de overwinning naar Alva zonder dat er strijd hoefde te worden geleverd. Het was toch al zijn jaar. Sinds het mislukte offensiefje van de geuzen in de kerstperiode 1570 was het weliswaar nog steeds onrustig op zee en in de kuststreken, maar binnenslands liepen de zaken steeds meer naar zijn zin. In Antwerpen kreeg de grote burcht vaste vorm, en op het grote binnenterrein werd in mei 1571 een standbeeld van de hertog geplaatst, in triomfantelijke pose, en gegoten van het brons van de kanonnen die in de Slag bij Jemmingen waren buitgemaakt op de troepen van Lodewijk van Nassau. Het beeld zat vol verwijzingen naar de recente geschiedenis; aan de voeten van Alva lagen onder andere de afgehakte hoofden van Egmond en Horne. Of misschien werden er wel Oranje en zijn broer Lodewijk mee bedoeld, aan wie een vergelijkbaar lot was toebedacht. Het was een staaltje zelfverheerlijking dat zelfs in Spanje weerstanden opriep.[185]

Alva zag het anders. Zijn aanpak bleek succesvol, en dit succes wilde hij bestendigen en uitbreiden. Daarvoor had hij ook geen bevestiging van anderen meer nodig. Dat bleek eens te meer uit de manier waarop hij de slepende belastinghervorming afrondde. Op 31 juli 1571 ging hij, zonder dat er een definitief akkoord lag met de Staten-Generaal, over tot invoering van de tiende en de twintigste penning.[186] Op 31 augustus werd het bevel tot betaling over het jaar 1571 over te gaan nog eens hernieuwd. De gematigde Filips van Campene verloor in zijn aantekening over die dag zijn neutraliteit: '[de tiende en de twintigste penning] zullen leiden tot de totale verwoesting van deze Nederlanden, die dankzij de handel welvarend zijn, maar nu zullen failleren en ten onder gaan, zoals ieder verstan-

Spotprent op het standbeeld van Alva in Antwerpen, met in de tekst onderaan op de sokkel de oproep aan de Nederlanders om deze 'tiran zeer hoog verheven' vrijmoedig te weerstaan: 'wilt voor hem niet beven'. Rechts is Willem van Oranje te paard in vol harnas afgebeeld; rechtsboven wordt in een tekst toegelicht dat Oranje 'uit liefde' voor 'des konings landen' de hertog van Alva met zijn bloedraad zal verdrijven. De prent is waarschijnlijk uit het kamp van Oranje afkomstig. Datering ca. 1572, wellicht aan de vooravond van de tweede veldtocht (collectie Rijksmuseum, Amsterdam).

dig mens zal kunnen zien, waardoor men nu vreest voor een benarde en gevaarlijke tijd, nog dit komende seizoen'.[187]

Waar Van Campene ongetwijfeld op zinspeelde, was een spontane opstand. Als híj het al zei, dan zag het ernaar uit dat de apathie van de bevolking die Oranje eerder zo in de weg had gezeten, eindelijk werd afgelegd. Voor diezelfde 31 augustus noteerde Van Campene dat veel kooplieden hun winkels en kantoren hadden gesloten en helemaal waren opgehouden met handeldrijven. Deze stakingsacties gingen maanden achter elkaar door. Zo gingen van 8 tot 12 december in Brussel de handelaren in de vleeshal in staking; ze konden rekenen op begrip van het stadsbestuur. In januari ging zelfs alles dicht, ondanks dreigementen met hoge boetes en geweld. De crisis werd compleet door rondwarende pest, strenge vorst en hoge werkloosheid.[188]

Oranjes nijvere netwerk

Dat Alva zichzelf letterlijk en figuurlijk zo zichtbaar maakte, werkte niet in het nadeel van Oranje. Begrippen als Bloedraad en tiende penning, en ook de naam Alva werden synoniem voor wreedheid, tirannie, uitpersing en buitenlandse overheersing, in die vaste combinatie. Er waren eind 1571 niet veel Nederlanders meer die iets gunstigs over Alva konden of durfden vertellen. De koopmansklasse was niet zo snel geneigd zich publiekelijk met politieke kwesties in te laten, maar nu ze tot het uiterste middel overging – liever niets verdienen dan tien procent belasting betalen – was dat een teken dat het zwaar gistte onder de bevolking. Je hoefde niet anti-Spaans te zijn om te zien dat dit ernstig uit de hand kon lopen.[189] Viglius stuurde in de loop van 1570 en 1571 regelmatig bezorgde berichten naar Madrid, die daar door Joachim Hopperus, de voornaamste raadsman van Filips II inzake de Nederlanden, op 8 november 1571 werden samengevat in een kritisch rapport voor de koning, met het dringende advies dit beleid te matigen. Er reisden in de eerste maanden van 1572 verschillende delegaties uit de Nederlandse gewesten naar Spanje om hetzelfde te bepleiten. Filips bleek er in het geheel niet gevoelig voor.[190] Deze onverzettelijkheid werkte de anti-Spaanse gevoelens, ook bij de gematigde krachten, alleen maar verder in de hand.

Oranje had de jaren daarvoor in zijn contacten met potentiële medestanders al heel vaak gehamerd op de 'gemene zaak', het gemeenschappelijk belang dat hem en de bevolking van de Nederlanden bond, maar dat betoog was steeds nogal lauw ontvangen. Nu was de gemene zaak zich eindelijk in volle hevigheid aan het ontwikkelen. Niet het geloof, maar de economie bracht de Nederlandse bevolking in beweging.

De onstuimigheid of zelfs roekeloosheid die de campagne van 1568 zo kenmerkte, had Oranje duidelijk afgelegd, daartoe gedwongen door geldnood, maar ook omdat hij zichzelf beter in de hand had. In 1571 bouwde hij opvallend geduldig verder aan een netwerk van vertrouwelingen in de verschillende gewesten. Het was een heterogeen gezelschap van edelen, stadsbestuurders, kooplieden, intellectuelen – deels Franstalig, deels Nederlandstalig – en ze hadden uiteenlopende geloofsovertuigingen: een groot deel was (veelal gematigd) calvinist, een wat kleiner deel was luthers, een weer wat groter deel katholiek, en een niet onaanzienlijk deel onthield zich van een al te duidelijke stellingname. Er meldden zich zelfs wederdopers in Dillenburg.[191] Oranje had ze nog in het recente verleden weinig zachtzinnig behandeld, maar ook zij keken nu naar hem als degene die aan het schrikbewind van Alva, en aan de geloofsvervolging zonder meer, een einde kon maken.

Uit al deze groepen rekruteerde Oranje agenten die opereerden tussen Dillenburg en de plaatsen waar veel ballingen zaten. Ze trokken ook met boodschappen de Nederlanden in of vervulden diplomatieke missies bij Europese vorsten. Er zaten edelen bij als Adriaan van Swieten, Wessel van Asperen, François de Virieu (uit Orange, hugenoot), Gilbert Roy (uit Franche-Comté, katholiek), Jacob Copier, heer van Kalslagen, Gaspard van der Noot, heer van Carloo, of de Brusselaar Filips van Marnix van Sint-Aldegonde.[192] Uit kringen van lokale en gewestelijke bestuurders werkte Oranje, behalve met zijn vaste rechterhand Jacob van Wesembeke steeds intensiever samen met Paulus Buys, pensionaris van Leiden, burgemeester Willem Jan Reyersz. van Heemskerck uit Leiden, of stadspensionaris Nicolas Taffin uit Doornik.[193] De lijst laat zich bijna eindeloos uitbreiden met veel, meest jonge, mannen uit de gegoede middenstand, zoals de Amsterdamse handelaar in buskruit Reinier Cant, zijn plaatsgenoot koopman Dirck Cater, de Leidse leerbewerker Pieter Adriaensz. van der Werff, de Leidse notaris en stadssecretaris Jan van Hout, de Gelderse schipper Hendrik Wessels, de Haarlemmer Hans Colterman, de Antwerpse koopman Charles Beaulieu, de Leeuwarder jurist Johan Basius, de Delftse advocaat Nicolaas Camerling, en de Amsterdamse koopmanszonen Dirck, Frans en Clemens Volckertsz. Coornhert.[194] Predikanten of andere geestelijken lijken in dit netwerk nauwelijks een rol toebedeeld te hebben gekregen. We treffen een enkeling als George Aponius uit Emden; verder werden predikanten vooral lokaal ingeschakeld om onder sympathisanten collectes te houden.[195]

Deze agenten hadden ieder hun eigen motieven zich in te laten met Oranje. De edelen waren veelal mannen die in 1566 het 'Compromis' hadden ondertekend en sinds de komst van Alva als vogelvrij golden en dus weinig meer te verliezen hadden. De bestuurders hadden sinds Alva's komst een hele reeks maatregelen over zich heen gekregen, die ze niet of nauwelijks nog konden rechtvaardigen bij de bevolking: verscherpte geloofsvervolging, fiscale maatregelen, inkwartiering van veeleisende soldaten enzovoort. En de burgers hadden ook al lang te lijden onder geloofsvervolging, die zo niet henzelf, dan toch vaak wel familie en buurtgenoten had getroffen, en daar kwamen de belastingmaatregelen bij. Hier speelde eigenbelang mee, maar ook oprechte gevoelens van gekwetste religiositeit, en diepe zorgen over een vergaande knechting en verarming van de Nederlanden. Veruit de meesten waren tussen de 25 en 35 jaar oud, sterk genoeg om wat ontberingen te doorstaan, jong genoeg om een offer te willen brengen voor een betere toekomst.

Het sturen van boodschappen: de informatieoorlog

De communicatie tussen deze agenten verliep voor een deel in geheimtaal, met misleidende aanduidingen voor plaatsen of personen: zo werd Holland aangeduid als 'koper', Gelderland als 'staal'. Voor 'Triton' moest Enkhuizen gelezen worden, voor 'Pollux' Hoorn, voor 'Pallas' Zwolle, voor 'Venus' Deventer. Willem van Oranje ging door voor 'Marten Willemsz.', Elizabeth van Engeland voor 'Henrik Philipsz.', en Alva voor 'Pouwels van Alblas'.[196] De activiteiten van de agenten hebben weinig directe sporen nagelaten, hier en daar een vermelding, soms een overgeleverde instructie van Oranje zelf, toch moet het al omstreeks het einde van 1571 en het begin van 1572 een fijnvertakt web van contacten zijn geworden. Iemand die als agent opereerde, was Dirck Gerritsz. van Kessel, een verder onopvallende figuur uit de brede Hollandse middenstand.[197] Van hem is een eindafrekening bewaard van een kleine twee jaar dienst voor Oranje. Op 1 maart 1571 liet Oranje hem naar Dillenburg komen, hij vertrok daar weer op 15 maart met de opdracht in het gewest Holland verschillende steden ertoe te brengen mensen af te vaardigen naar Dillenburg voor overleg met Oranje. Op de laatste dag van maart had hij het gezelschap bij elkaar en reisde hij ermee via Wezel naar Dillenburg.[198]

Van Kessel was duidelijk meer dan een simpele boodschapper; hij fungeerde als schakel in een behoorlijk complex stelsel van contacten. Hij bracht geld naar plaatsen waar geld nodig was om in naam van Oranje diplomatieke missies uit te voeren. Zo leverde hij in juni 1571 een bedrag af op een afgesproken plek, om Oranjes vertrouweling François de Virieu in staat te stellen naar La Rochelle te reizen voor overleg met Lodewijk van Nassau. Van Kessel runde ook gaarders die de Nederlanden introkken om contributies voor Oranje op te halen. Hij dook op in Oost-Friesland bij Diederik Sonoy. Toen deze zich ter voorbereiding op militaire acties naar Xanten en vervolgens naar Emmerik bewoog, onderhield Van Kessel de communicatie met Dillenburg. Van Kessel genoot overduidelijk het vertrouwen van Oranje, hij voerde in januari 1572 in Kranenburg bij Kleef overleg met een delegatie uit de Hollandse steden. En Oranje genoot het vertrouwen van Van Kessel: de bedragen die met deze diplomatieke bewegingen gemoeid waren, beliepen duizenden ponden, en werden door Van Kessel uit eigen zak voorgeschoten.[199]

Van Kessel kwam uit de omgeving van Leiden, zoals wel meer vertrouwelingen van Oranje: Adriaan van Swieten, Jacob Copier, Paulus Buys en Pieter Adriaensz. van der Werff. Het zwaartepunt in Oranjes netwerk leek zich te verleggen van zuid naar noord: het aantal Hollanders dat zich in deze jaren inspande om een algehele opstand te organiseren was opvallend groot. Naast een fors Leids contingent was er ook een wijdvertakte groep Amsterdammers die taken voor Oranje uitvoerde en die vooral geconcentreerd was in Emden rond gematigde protestanten als Laurens Jacobsz. Reael en Frans Coornhert.

Het netwerk vertakte zich verder en functioneerde opvallend goed, al bleef de opbrengst van alle geldcollectes vooralsnog mager. Ondanks de stroom veelbelovende berichten over de Franse oorlogsbereidheid die boodschappers van Lodewijk van Nassau naar Dillenburg brachten, hoefde Oranje er vooralsnog niet over te denken weer een eigen legermacht op te bouwen. Het enige wat de Duitse veldheren die hij daarvoor opnieuw nodig had in beweging kon brengen, was contant geld. Een beslissende omslag lag in de Nederlanden voor het grijpen, maar Oranje was genoodzaakt 'die door gebrek aan geld achterwege [te] moeten laten', zo liet hij eind januari 1572 aan zijn militaire rechterhand Diederik Sonoy weten.[200] In een latere brief zou hij het nog wat pregnanter formuleren: 'Hadden wij nu het geld bij de hand, dan zouden we met Gods hulp iets groots hopen uit te richten.'[201]

Het ergerde Oranje overduidelijk dat er naar hem gekeken werd als degene die verlichting of zelfs verlossing kon brengen, maar dat er geen rekening mee werd gehouden dat hij als aanvoerder ook altijd over een 'aanzienlijke somme gelds' moest kunnen beschikken om zich op een grote actie voor te bereiden. De uitvlucht pas te betalen op het moment dat Oranje met een troepenmacht aan de horizon verscheen, ging dus niet op. Hij herinnerde er nog maar eens aan dat hij voor de vorige veldtocht 'grote en zware schuld' was aangegaan. Of Sonoy dit nog eens luid en duidelijk wilde uitleggen aan de verantwoordelijken in de Nederlanden.[202] Vergelijkbare instructies gingen uit naar andere vertrouwelingen van Oranje, die er snel mee de boer op moesten.[203]

Een nieuwe Oranje

De instructie voor Sonoy ging vergezeld van een – heel zakelijke en zelfs wat intimiderend klinkende – tekst waarin Oranje de situatie nog eens heel precies uiteenzette. Het leest nog altijd als een zeer geraffineerd betoog, waar op de Dillenburg met verschillende vertrouwelingen uitvoerig over moet zijn beraadslaagd. Wie het uiteindelijk heeft opgesteld is onbekend, wellicht Marnix.[204] Het bevat de bekende schets van de 'onverzadigbare' tirannie van Alva, en hoe hij mensen in gewetensnood bracht en het evangelie geheel uitbande. Dit was taal die alle protestanten in de Nederlanden mocht aanspreken, van lutheranen en calvinisten tot wederdopers. Er werd ook gewezen op de grote offers die Oranje had gebracht door met de hertog van Zweibrücken Frankrijk in te trekken om de hugenoten te helpen.[205] Dit moest specifiek de calvinisten aanspreken. Maar intussen is de toon algemeen christelijk, het betoog zet zelfs enigszins katholiek in, wanneer over Oranje wordt beweerd dat hij zoveel had gedaan om de landen 'wederom' te brengen tot de zuivere godsdienst. Hierin konden gematigde katholieken lezen: een godsdienst als vroeger, zonder inquisitie en zonder de strenge bepalingen van het Concilie van Trente.[206] Zoals ook werd gehamerd op terugkeer naar de 'oude' privileges, die nu door Alva zo bruut terzijde waren geschoven.

Het betoog ademde een stevig conservatisme, nog meer getuigde het van de mateloze opofferingsgezindheid van Oranje, die voor de vrijheden van de Nederlanden zoveel gevaar had getrotseerd en daardoor met zijn familie en bondgenoten diep in de schulden was beland. Om er onverbloemd aan toe te voegen dat de bevolking van de Nederlanden bij de veldtocht van 1568 zelfs niet de schijn wilde wekken in beweging te komen of de geldsommen 'die ze hem hadden beloofd' ook daadwerkelijk aan hem af te dragen.[207] Juist dit had hem in de financiële ellende gebracht. Dat moest nu anders.

Het betoog had bepaald geen zalvende toon. Het benutte alle argumenten om de Nederlandse bevolking op haar morele plicht te wijzen te investeren in haar eigen vrijheid. Ze mocht wel iets van haar eigen bezit inbrengen, om een soldaat in staat te stellen zijn leven te wagen in 'schermutselingen, bestormingen en vele andere gevaren'. Dus het is tijd genereus over de brug te komen, en nu geen goedkope uitvluchten meer: 'U zult zeggen dat u van uw goederen beroofd bent, maar zo erg bent u niet beroofd of u hebt ook nog wat overgehouden.' De toon krijgt tegen het einde iets chanterends: wie in gebreke blijft om voor de religie en het vaderland de noodzakelijke offers te brengen 'zal Gods toorn over zichzelf afroepen', zodat 'u nergens meer een voet zal mogen zetten, niet hier en ook niet elders'.[208]

Harde taal. Over Oranjes eigen belangen geen woord. Niets over zijn gekwetste eer of marginalisering. Hier manifesteerde zich een nieuwe Oranje. Een man die met alles wat hij had streed voor de vrijheden en privileges van het 'vaderland'. Achter dit schild gingen de persoonlijke en dynastieke belangen van Oranje voortaan schuil. De erupties over zijn gefnuikte ambities die in 1568 de toon zetten in Oranjes *Verantwoordinghe*, waren bijna vier jaar en een grote persoonlijke crisis later heel behoedzaam en consequent vervangen door uitingen van puur altruïsme. Hier was over nagedacht.

Sinds het enorme publiciteitsoffensief van 1568, met de gevarieerde stroom pamfletten, waren er lange tijd geen gedrukte teksten uit het kamp van Oranje verschenen. Het was niet zo dat Oranje het geloof in de effectiviteit ervan verloren had, maar het in omloop brengen van pamfletten vroeg veel organisatie en was kostbaar vanwege de drukkosten en distributie. Dat was alleen te rechtvaardigen wanneer er een helder doel mee gediend werd. In de aanloop naar het offensiefje van eind 1570, drong Oranje er bij zijn rechterhand Jacob van Wesembeke op aan dat hij 'een kort betoog' zou opstellen voor het moment dat het bij Venus (Deventer) de goede kant op ging. Hij kon het dan meteen op de drukpers leggen en razendsnel naar alle uithoeken van de Nederlanden verspreiden. Voorwaarde was wel dat het kort en krachtig de ideeën van Oranje tot uitdrukking bracht. Oranje was hier zo uitgesproken over, omdat 'kort en krachtig' niet de voornaamste kwaliteit was van Van Wesembekes veelal wijdlopige en ronduit wollige stijl.[209] Het pamflet kwam er niet, omdat de aanval op Deventer en alle andere acties eind 1570 mislukten.

Aldus verschenen er uit de kringen van Oranje in de jaren 1570 en 1571 hoegenaamd geen gedrukte publicaties.[210] Wel kreeg Oranje ongevraagd, via Jacob van Wesembeke, een korte tekst in handen gespeeld van Hendrik Geldorpius, een in Duisburg werkzame Nederlandse schoolmeester. Geldorpius had in het verleden, op eigen gezag, pamfletjes in omloop gebracht over zaken waar hij zijn persoonlijke, wat pedant en eigenwijs getoonzette mening over wilde geven.[211] Dat gebeurde ook hier, het was overduidelijk geen tekst op bestelling. De in het Latijn gestelde tekst had het karakter van een open brief, vol wijze raad van een klassiek geschoold persoon, die Oranje in die geest ook aansprak met het klassieke epitheton 'pater patriae' – de eerste keer dat Oranje als 'vader des vaderlands' aangeduid werd.[212] Deze tekst droeg de datering 17 april 1571, en ried Oranje aan met een klein leger te opereren, veldslagen te vermijden en allereerst de aandacht te richten op Holland, waar met de zeemacht van de watergeuzen vaarroutes van de vijand geblokkeerd konden worden. Zo kon snel een eerste machtsbasis worden opgebouwd.[213] Op zichzelf geen rare gedachte, maar Oranje zag geen reden deze tekst op zijn kosten te laten drukken, wellicht omdat op dat ogenblik zijn broer Lodewijk nog diep verwikkeld was in onderhandelingen met Frankrijk en Engeland over de verdeling van de Nederlanden, waarbij aan Oranje Brabant en niet Holland toebedacht was. De tekst verscheen pas in 1574, onder de titel 'Belgicae liberandae ab Hispanis Hypodeixis', toen de politieke en militaire situatie inmiddels ingrijpend veranderd was en Geldorpius' adviezen een zekere profetische waarde bleken te hebben gehad.[214]

Straatrumoer

De onrust over de tiende penning en andere maatregelen van Alva zorgde voor veel rumoer en geruchten in de steden in heel Nederland. Zo leefde er in de eerste maanden van 1572 nog enige hoop dat de belastingen alsnog niet ingevoerd zouden worden.[215] Op 1 maart werd die hoop voor het gewest Vlaanderen definitief de grond in geboord. De maatregel werd nu zo goed als onverkort opgelegd, met ook nog eens strenge straffen voor wie in gebreke zou blijven, tot aan verbanning en confiscatie toe. Filips van Campene tekende aan dat Alva opeens veel moeite deed duidelijk te maken dat de maatregelen de uitdrukkelijke wens van Filips II waren, en dat hij erbuiten stond.[216] Van Campene merkte nuchter op dat de gewone man wel beter wist.

Op 16 maart berichtte Van Campene dat er op straat papiertjes waren gevonden waarop Alva werd aangepakt als 'harteloos, want zonder medelijden met zijn naasten, en die ook niets wat hem is aangedaan wil vergeven, en die eenvoudige lieden hun brood uit de mond stoot'. Een en ander was door een dichter op de wijze van het Onzevader nog eens samengevat: 'Helse vadere, die te Brussel zijt // uwen persoon en naam is vermaledijt', enzovoort.[217] Dit was een manier van actievoeren die tijdens de hoogtijdagen van de geuzen in 1566 heel populair was geworden en ook heel effectief was geweest. Dichterlijke teksten, en dan vooral liedjes, waarin heet van de naald verslag werd gedaan van een gebeurtenis, met vaak scherpe antikatholieke, en sinds de komst van Alva ook steeds nadrukkelijker anti-Spaanse ondertonen.[218] De liedjes werden volop gezongen, en ze kenden daardoor, als ze maar een beetje aanstekelijk waren – denk aan het 'Slaet op den trommele van dirredomdeine van dirredomdoes' van Arent Dircksz. Vos uit 1566 –, naar we aannemen een heel snelle orale verspreiding. En regelmatig waren er drukkers die de liedjes op losse vellen uitgaven en door rondreizende venters aan de man lieten brengen.

Tientallen liedjes zijn er alleen al overgeleverd uit de jaren 1566-1572, liedjes waarin afgrijzen over Alva's tirannie wordt afgewisseld met de stellige hoop op een goede afloop, veelal ingebed in een bezwerende christelijke symboliek. Het lijkt erop dat veel dichters van deze 'geuzenliederen', zoals ze naderhand gingen heten, uit de calvinistische hoek kwamen. De calvinisten zetten letterlijk de toon en 'maakten' geschiedenis door grote gebeurtenissen in een lied te verwerken, enerzijds heel concreet met veel sprekende details, anderzijds heel universeel door het gebeuren als onderdeel van een heilsverwachting te presenteren. Ze werkten verder in een traditie die enkele decennia eerder door lutheranen en door wederdopers was ontwikkeld, die de liedvorm aangrepen om het tragische wedervaren van hun medegelovigen die op de brandstapel hun laatste adem uitbliezen, vast te leggen. Met steeds de verwachting van betere tijden, hier of in het hiernamaals. Sterker nog, veel terechtgestelden, vooral wederdopers, zongen terwijl de brandstapel werd aangestoken nog een vroom lied. Het publiek kon daardoor hevig ontroerd of zelfs opstandig worden. Het bracht de autoriteiten ertoe de mond van de terdoodveroordeelden met een doek af te binden.[219] In 1567 werden in Antwerpen zelfs tangen gebruikt om de monden te sluiten.

Liedjes hadden in protestantse kringen een nauwelijks te bevatten of te definiëren bindende kracht. Al sinds de eerste calvinisten in de jaren vijftig in de zuidelijke Nederlanden in het straatbeeld opdoken, vielen ze op door hun samenzang. Het waren veelal psalmen, die naar Frans voorbeeld op moderne en aanstekelijke melodieën waren gezet. De calvinisten waren daardoor hoorbaar en herkenbaar, voor de buitenwereld, maar ook onderling. En zo werkte een lied tegelijkertijd zowel intimiderend als verbindend. Behalve over psalmen en de nodige kerkliederen beschikte de calvinistische beweging sinds omstreeks 1565 over een steeds groeiende stroom liederen die hun eigen geschiedenis, hun frustraties, hun pijnlijke nederlagen en hoopvolle overwinningen beschreven. Opvallend in de liederen uit die eerste opstandige jaren – waarvan wordt aangenomen dat de meeste kort na de beschreven gebeurtenissen tot stand kwamen – is dat Willem van Oranje daarin zo goed als doodgezwegen werd. De eerste keer dat Oranje in een lied opdook, was het meteen in een niet zo fraaie rol tijdens de onlusten van 1566-1567: hij hield zich te lang afzijdig.[220] Zijn broer Lodewijk had in de vroege liederen duidelijk een betere 'pers'.[221] Ook de enorme militaire operatie van Oranje in 1568 riep weinig geestdrift op; slechts een enkel lied herinnerde er in eenvoudige bewoordingen aan dat de prins 'te velde' was gekomen om de 'papen' te verjagen.[222] Een nogal tendentieuze weergave van de ware toedracht, die ver af stond van de ambities van Oranje in die dagen. Liederen waren vooral een wapen in handen van protestantse dichters, die daarmee per definitie hun religieuze gelijk wilden uitdragen. In het kamp van Oranje, waar inmiddels zoveel literair talent bij elkaar zat, zal op enig moment besloten zijn dit wapen niet alleen aan de radicale calvinisten te laten.

Het Wilhelmus

Ergens eind 1571, begin 1572 moet de tekst zijn geschreven die binnen de kortste keren het lijflied werd van grote groepen opstandige Nederlanders: het Wilhelmus. Een lied in vijftien strofen, op een opwekkende melodie, waarin de prins in de eerste persoon enkelvoud zijn nobele motieven, zijn offerbereidheid en medelijden met de Nederlanders tot uitdrukking bracht. Een lied met een diep christelijke inhoud: het stelt de prins voor als ootmoedig, gehoorzamend aan de Hoogste Majesteit, en zich bewust van de nederige rol in het ondermaanse, met zelfs een wat apocalyptische ondertoon.[223] Ondanks deze scherp aangezette christelijke visie op de persoon Oranje, de vele verwijzingen naar Bijbelse figuren en thema's, is het lied onmogelijk exclusief calvinistisch te noemen. Sterker nog, waar veel andere geuzenliederen uit dezelfde periode ronken van de papenhaat, is in het Wilhelmus elke antikatholieke uiting vermeden. Het kan worden gelezen en gezongen als een lied voor alle (christelijke) gezindten. Zo weerspiegelt het de delicate positie van Oranje omstreeks het einde van 1571. Sinds de Synode van Emden was de relatie met de Nederlandse calvinisten bepaald onderkoeld te noemen. Oranje deed er hoe dan ook verstandig aan geen enkele groepering, ook de gematigde katholieken niet, van zich te vervreemden. Want juist die gematigde katholieken stonden vanwege Alva's belastingmaatregelen op het punt ook in opstand te komen.

Er stond geen naam onder het Wilhelmus, en ook geen datum of plaats van vervaardiging. Toch lijkt één ding voor zichzelf te spreken: dit lied moet in de wereld zijn gekomen met medeweten en goedvinden van Oranje. Het zit hem zo dicht op de huid en weerspiegelt zo geraffineerd de confessionele balanceeract waarin hij al enige tijd verwikkeld was, dat er regie moet zijn geweest. Er is veel gespeculeerd over wie de dichter geweest kan zijn van dit lied, dat rijk is aan ontroerende wendingen, maar met zijn wat stuntelige woordherhalingen en kreupele rijmen sporen van haastwerk vertoont.[224] Lang is gedacht dat Filips van Marnix de dichter moet zijn geweest. De eerste toeschrijving dateert al van 1602, maar daar is in de loop der eeuwen, en zeker ook door moderne filologen veel tegen ingebracht. De lijst kandidaten voor het auteurschap is enorm: Dirck Volckertsz. Coornhert, Willem van Haecht, Jan Baptista Houwaert, Adriaen Saravia, er is zelfs gedacht aan een anonieme soldaat of een even anonieme dorpsrederijker.

Recent werd een heel nieuwe en verrassende kandidaat genoemd: Petrus Datheen. Een kandidatuur die voortkwam uit een digitaal experiment met complexe algoritmen en door de onderzoekers ook met de nodige slagen om de arm werd gepresenteerd.[225] Datheen lijkt op het eerste gezicht niet zo'n waarschijnlijke kandidaat: hij was, voor zover we weten, geen dichter (alleen vertaler en berijmer van alle 150 psalmen), hij was bovendien iemand aan wie de behoedzame oecumenische teneur van het Wilhelmus niet zo besteed was. Zijn verstandhouding met Oranje was in deze jaren nogal gespannen. Maar hij was ook een pragmatisch opererend belangenbehartiger voor de eigen zaak. Zo liet hij zich, ondanks de tastbare verwijdering in de dagen van de Synode van Emden, in 1572 nog weer door Oranje op missie sturen.[226] Het zou erop wijzen dat Willem van Oranje en ook Petrus Datheen, gelet op hun opvattingen en wederzijdse negatieve sentimenten, buitengewoon elastisch opereerden. Het is niet uitgesloten, maar dat Oranje zich tot Datheen had gewend met het verzoek een sprekend lied op zijn persoon te maken, leek vanwege de voorgeschiedenis, nogal een gok. De kans dat hij iets kreeg waar katholieken en mogelijk ook lutheranen en dopers van gingen steigeren, was niet denkbeeldig. Het zou ook kunnen dat Datheen spontaan met een lied voor de dag kwam, maar waarom dan ter ere van Oranje en niet van de God van Calvijn, waarvoor hij al zoveel jaar het vuur uit zijn sloffen liep?

Het lijkt zinnig, met in gedachten dat er een ambitie bestond om met enig beleid een muzisch en geïdealiseerd beeld van Oranje op te bouwen, de blik te richten op het wat gematigder deel van Oranjes entourage, dat zich in verschillende oorden in Duitsland voorbereidde op de bevrijding van de Nederlanden van Alva's schrikbewind. De oudst bekende versies van het *Geuzenliedboek* (de vroegste dateert van circa 1576) openen met vier gedichten van Laurens Jacobsz. Reael, die voor zover het auteurschap van deze strijdliedjes bekend is, er de productiefste auteur van blijkt te zijn. Hij was in het jaar 1571 een van de weinigen, zo niet de enige die nog strijdliederen schreef.[227]

Reael zat nog altijd in Emden. Zou hij iets met het Wilhelmus te maken kunnen hebben? Wanneer in de kring van Oranjes naaste adviseurs het idee was opgekomen eens na te gaan hoe met het aanwenden van de liedvorm de populariteit van Oranje kon worden opgevijzeld, dan lag het voor de hand deze vraag voor te leggen aan Reael en andere Oranje welgezinde ballingen met dichterlijke kwaliteiten. Of hij iemand wist, of misschien wilde hij het zelf wel proberen? Oost-Friesland vormde op dat ogenblik een druk kruispunt voor het verkeer tussen Duitse ballingsoorden en het Nederlandse achterland. Marnix hield zich er regelmatig op, dat gold eveneens voor Dirck Volckertsz. Coornhert, en er zat ook een bedreven en ijverige rederijker als Johan Fruytiers, die eerder al een lied op de Slag bij

Heiligerlee had geschreven. Fruytiers was goed thuis in de Europese liedkunst van zijn tijd, wat zou kunnen verklaren dat het Wilhelmus op een dan nog heel recente Franse melodie is geschreven. En zo is er meer dat pleit voor Fruytiers, zonder dat het strikte bewijs te leveren valt.[228]

Misschien is het niet het werk van één persoon, maar van meerdere. Teksten uit de kring van Oranje werden, voor ze naar de drukker gingen, wel vaker onder handen genomen door anderen. Het zou zo gegaan kunnen zijn: in Emden ontstond of belandde het idee om een lied over Oranje te maken dat alle groeperingen zou aanspreken, met instemming of in opdracht van Oranje zelf. Iemand werd aan het werk gezet een eerste versie te maken, wellicht Fruytiers, misschien wel Reael, misschien zelfs Datheen, en naderhand werd er door verschillende mensen naar gekeken, met mogelijk een beslissende rol voor Marnix, als degene die het contact onderhield met Oranje in Dillenburg. Van hem werd naderhand, heel precies geformuleerd, gezegd dat het lied 'van deze man' geschreven en uit gegeven was, met 'van' op te vatten als 'vanwege'.[229] Marnix als tussenpersoon.

Kort daarop zal ook besloten zijn het lied in het Duits te vertalen, wellicht een klus die eveneens in deze Emdense kringen is uitgevoerd – hoe dan ook verraadt de Duitse versie dat ze van de hand van een Nederlander is. Een Duitse druk van het lied, uit 1573, is meteen ook de oudste versie die van het Wilhelmus is overgeleverd. Enkele jaren later, in 1581, kwam er ook nog een Franse vertaling.[230] Het lied deed zijn werk.

De grootste werking kreeg het in de Nederlanden. Hoe het lied zo snel populair kon worden, is onduidelijk. Hoe dan ook bleek het Wilhelmus een meesterzet; het werd binnen korte tijd in de hele Nederlanden volop gezongen, de eerste getuigenissen komen vooral uit het noorden, en naar het schijnt klonk het nog het hardst op de schepen van de watergeuzen. Het ten gehore brengen van het lied was niet ongevaarlijk. In 1574 werd in het regeringsgetrouwe Amsterdam een jongen opgepakt die het bij het verlaten van de Oude Kerk had gewaagd er enkele strofen van te zingen.

In de loop van 1572 en 1573 kwamen er nog meer liederen in omloop die de auspiciën van de kringen rond Oranje verrieden.[231] Ze waren ook allemaal anoniem; dat was een goede waarborg dat het lied niet te veel aan de betreffende auteur ging kleven. Er is wel opgemerkt dat de anonimiteit van de auteur van het Wilhelmus aan de tijdloze charme en de kracht van het lied heeft bijgedragen. Degenen die het lied in omloop brachten, waren zich dit ongetwijfeld al goed bewust. De propagandamachinerie van Oranje begon raffinement te vertonen.

Den Briel

In hoeverre Oranje waardering kon opbrengen voor het aan hem gewijde lied, weten we niet. Hij zal er op het moment zelf niet veel aandacht voor hebben gehad. Nog altijd werkte hij aan een nieuw aanvalsplan, dat in grote trekken vergelijkbaar was aan dat van 1568; met behulp van hugenoten een aanval opzetten vanuit het zuiden, met behulp van de watergeuzen de noordelijke kustgebieden en havensteden overmeesteren, en tegelijkertijd kon Oranje vanuit Duitsland met een hoofdmacht de Maas weer oversteken en Brabant proberen te veroveren. In deze strategie werd Alva gedwongen zijn aandacht te verdelen, en in de chaos die zou ontstaan, werd de bevolking aangemoedigd in opstand te komen, waardoor de machtspositie van de landvoogd snel zou afkalven.

Maar Oranje had in de winter van 1572 vooral zijn eigen chaos te bestrijden. Hij zat nog altijd in Dillenburg; via enorm lange communicatielijnen moest hij controle zien te houden op de geldinzamelingen, de watergeuzen proberen te disciplineren, zijn broer Lodewijk, die nog altijd in Frankrijk zat, van instructies voorzien, en ook nog contact zien te onderhouden met Duitse vorsten en legeraanvoerders. Met alle vertraging in de communicatie, nog afgezien van de brieven die helemaal niet aankwamen omdat ze onderschept werden door agenten van Alva, zat chaos in de situatie ingebakken.

Alva probeerde Oranjes initiatieven in een vroeg stadium te verstoren. Het Spaanse kamp was in het late najaar van 1571 al op de hoogte van de details van de besprekingen tussen Lodewijk van Nassau en de hugenoten, onder leiding van Coligny, over deelname aan een aanvalsplan op de Nederlanden.[232] Met diplomatieke middelen zette Filips II de Franse koning verder onder druk Lodewijk van Nassau van dit soort avonturen af te houden. Onder deze aanmaning zat opnieuw de dreiging met een hete oorlog. En die dreiging was geloofwaardiger dan eerder dat jaar. De Spaanse marine, onder leiding van Filips' halfbroer Don Juan, had op 7 oktober bij Lepanto een verpletterende overwinning op de Turken behaald, waardoor Filips II voor langere tijd van de hegemonie over de Middellandse Zee verzekerd was. Hiermee had hij eindelijk zijn handen vrij om de problemen in de Nederlanden aan te pakken, en dat was hij ook van plan te gaan doen. Dit nieuws drong door tot de Nederlandse opstandelingen, en maakte de noodzaak om snel zelf een eerste en beslissende klap uit te delen alleen maar groter. Oranje kon in de eerste maanden van 1572 niet anders dan proberen het hoopgevende werk te blijven ondersteunen dat Lodewijk in Frankrijk verrichtte. Een helse opgave.

Toch was de groep mensen met wie hij op dat ogenblik deze moeilijke communicatie op gang moest zien te houden, beter van kwaliteit en beter op elkaar ingespeeld dan in 1568. Marnix verzette veel werk, deed vooral de diplomatie met Duitse vorsten en de Nederlandse calvinisten. Oranjes vaste secretaris Nicolaas Bruyninck – een man met veelzijdige organisatorische en diplomatieke kwaliteiten, een polyglot bovendien, en ook nog eens zeer betrouwbaar – verzorgde grote delen van de correspondentie die, nu het zwaartepunt van de opstand zich leek te verleggen naar het noorden, steeds vaker in het Nederlands moest worden gevoerd. Zonder toegewijde en vooruitziende taakuitvoerders was dit enorme speelveld – de driehoek tussen de Waddenzee in het noorden, Dillenburg in het oosten, en La Rochelle in het zuidwesten van Frankrijk – onmogelijk te bestrijken.

Het grootste probleem voor de korte termijn vormden de watergeuzen. Ondanks de eerdere personele wisselingen en het invoeren van strenge reglementen lukte het nauwelijks dit op zichzelf zo krachtige wapen tot rendement voor de zaak van Oranje te brengen. Lodewijk van Nassau moest de zeemacht aansturen. Hij deed dat vanuit La Rochelle, waar een deel van de geuzenvloot regelmatig aanmeerde, maar de meeste bemanningen voeren intussen veelal op eigen kompas, vanuit havens in met name Engeland. Lumey was sinds de nazomer van 1571, zonder dat hij officieel benoemd was door Oranje, in de vloot verschenen en gedroeg zich meteen als opperbevelhebber.[233] Hij drukte Lumbres uit zijn bevoegdheden, die eind 1571 dan ook ontslag nam. Met Lumey aan het bewind konden excessen niet uitblijven. Bij Oranje op de Dillenburg kwamen intussen steeds meer klachten binnen over het wangedrag van deze piraten op volle zee en in de verschillende havens in met name Engeland.

In Emden waren ze al enige tijd niet meer welkom, en per 1 maart 1572 werden ook de Engelse havens voor hen gesloten. Lumey ging bij het roven zo hevig tekeer, ook tegen schepen van bevriende naties als Frankrijk, dat Engeland erop werd aangekeken.[234] Elizabeth riep strenge maatregelen af: ieder contact van Engelsen met Lumey en zijn mannen, laat staan het verhandelen van door hen geleverd roofgoed, zou worden bestraft met de dood. Ook Alva zette in deze dagen de aanval in op de watergeuzen; op 5 maart werd bij Vlieland een groot deel van de daar liggende geuzenvloot vernietigd; slechts één schip wist te ontkomen.[235]

Het was een grote tegenslag, maar de zeeroverij met wat er resteerde van de geuzenvloot ging intussen door. Op 23 maart werd een schip met boter op weg naar Amsterdam geënterd, waarvan de schipper op een wrede manier werd neergestoken, en nog levend overboord werd gegooid.[236] Dit diende tot niets. Oranje nam in diezelfde dagen het besluit zijn broer Lodewijk tot kapitein-generaal van de watergeuzen te maken.[237] Het besluit kwam te laat om de ongeregeld rondvarende vloot van verdere onbesuisde acties af te houden. Lumey had zo zijn eigen methode de geest van verzet levend te houden. Hij had een wapenstandaard met een banier waarop tien muntstukken stonden afgebeeld, als verwijzing naar de tiende penning.[238] Maar dat wilde nog niet zeggen dat hij rustig op orders bleef wachten hoe de strijd tegen Alva kon worden voortgezet. Zijn vloot kampte inmiddels met het probleem dat ze in de wijde omgeving van de Noordzee nergens meer welkom was. La Rochelle zou nog kunnen, maar lag ver uit de route. Op 1 april wilde Lumey naar het Vlie, maar een harde noordenwind deed hem alsnog koers zetten naar de monding van de Maas. Ze

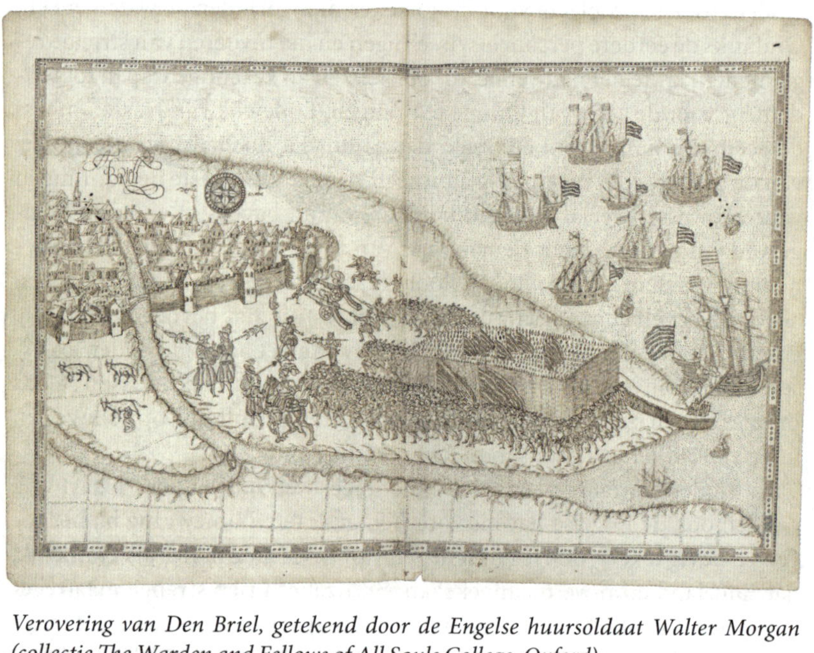

Verovering van Den Briel, getekend door de Engelse huursoldaat Walter Morgan (collectie The Warden and Fellows of All Souls College, Oxford).

gingen bij Den Briel voor anker en vernamen dat de stad er onverdedigd bij lag.[239] Lumey liet het stadje door zijn mannen innemen en wilde het meteen platbranden. Zijn viceadmiraal Willem Blois van Treslong was in Den Briel geboren en wist zijn baas te overreden het stadje te sparen en het in te nemen, om als nieuw bruggenhoofd te dienen voor bevoorrading en het aan land zetten van buit.[240] Die avond en de volgende dag liet Lumey wel de kerken en kloosters leegroven en vernielen. De gevreesde zeerovers ontpopten zich nu weer als de even gevreesde geuzen: onder leiding van Lumey en ook Treslong werd vol de aanval ingezet op 'priesters, monniken ende andere papistische schelmen'.[241]

Het nieuws bereikte enkele dagen later Alva, die er zeer door overvallen moet zijn geweest, zijn commentaar was echter: 'No es nada.'[242] Toch besefte hij meteen dat hij in actie moest komen; hij stuurde een legermacht om het strategisch belangrijke Vlissingen te versterken. Alsof hij, zoals wel vaker, de gedachten van zijn vijanden had kunnen lezen: al op 6 april deed Blois van Treslong een geslaagde poging Vlissingen in te nemen, geholpen door een sterk anti-Spaansgezind stadsbestuur.[243]

Alva's stadhouder in Holland, Maximiliaan de Hennin, graaf van Bossu, deed op 8 april een poging Den Briel vanaf het water te ontzetten. Dit werd door de geuzen afgeslagen. Hij voer nog diezelfde dag naar Dordrecht, waarschijnlijk om een veilige haven te zoeken, maar in de stad circuleerde bij het verschijnen van Bossu's schepen meteen het gerucht dat ze in aantocht waren om onder de bevolking de tiende penning te komen innen. In een opgewonden sfeer besloot het stadsbestuur de poorten voor Bossu gesloten te houden; hij kon wel levensmiddelen krijgen. De facto liep Dordrecht op dat ogenblik over naar het kamp van de opstandelingen. Weer een dag later naderde een regiment Spaanse soldaten Rotterdam; ook daar was het onrustig, wat de soldaten spontaan tot een hevige moordpartij op burgers aanzette.[244]

In iets meer dan een week tijd was de oorlog in volle hevigheid uitgebroken, met brute intimidatie van weerszijden. En Oranje wist op dat ogenblik nog van niets. Hij legde op de Dillenburg de laatste hand aan een proclamatie aan alle Nederlanders, waarin hij opnieuw de wandaden van Alva aan de kaak stelde en ook voorgaf dat dit alles 'buiten weten' van de koning gebeurde, en dat hij vier jaar eerder alles had gedaan het 'lieve vaderland in zijn oude vrijheid, voorspoed en rijkdom terug te brengen'.[245] Hij bezwoer de bevolking nu wel in beweging te komen; de kansen stonden gunstig, want de vijand was niet heel goed georganiseerd. Het was nu of nooit. Wie niet in actie komt, moet later niet klagen. Een heldere tekst om uit te leggen dat Oranje zich gereedmaakte voor de beslissende slag. De tekst van vier bladzijtjes werd in Keulen gedrukt en waarschijnlijk op grote schaal verspreid in de Nederlandse steden.[246]

Het nieuws van Den Briel drong omstreeks 20 april door tot Willem van Oranje op de Dillenburg, die nogal verbouwereerd was door dit plotselinge en volledig ongeplande succes, temeer omdat op hetzelfde moment veel belangrijke steden openlijk hadden verklaard geen Spaanse troepen meer binnen te laten. Maar hij besefte meteen dat dit een onmogelijke situatie schiep, omdat niemand 'zo snel deze steden te hulp kan komen' wanneer de troepen van Alva zouden verschijnen, en dat ze daardoor de moed zouden verliezen en zich wellicht al snel door 'mooie woorden weer om de tuin laten leiden'.[247] Oranje verstuurde in de laatste tien dagen van april brieven aan een onbekend aantal steden in de Nederlanden, om er alsnog het beste van te maken. Zo ging er op 22 april een brief uit naar het bestuur en de bewoners van Gouda. Hij wenste hen geluk met de opstand die nu eindelijk was uitgebroken, en stelde vast dat 'men nu niet meer terug kan', zonder het volk in het verderf te storten dat zich inmiddels zo duidelijk had uitgesproken en de Spanjaarden de ingang geweigerd. Er zat niets anders op dan te volharden en de Spanjaarden hard aan te pakken als 'gezworen vijanden van God, de koning en in het bijzonder ons hele vaderland.' Nu geen 'slappigheid' of tweedracht meer, onder verwijzing naar het droevige lot van de burgers van Rotterdam. Om vervolgens het betoog te brengen op de noodzakelijke fondsen om Oranje in staat te stellen de Nederlanden weer veilig en welvarend te maken. Hij riep Gouda op 'in alle steden, dorpen en vlekken zoveel geld op te halen als u maar kunt'. Dat zal ook bij buitenlandse vorsten de indruk wekken 'dat het u menens is', en daardoor zullen ze sneller tot bijstand besluiten.[248] Het was een boodschap die in dit geval letterlijk niet aankwam: de regeringsgetrouwe burgemeesters van Gouda stuurden de brief ongeopend door naar Alva.

Onderhandelen in Frankrijk

Toen Lodewijk van Nassau, op dat ogenblik in Blois aan de Loire, het nieuws over Den Briel hoorde was hij nog veel uitgesprokener dan zijn broer: 'Ah, de dwazen, ze zijn veel te gehaast, en ze hebben me weer niet willen geloven...'[249]

Wat hadden ze dan moeten geloven? Dat Lodewijk wel degelijk goede vorderingen maakte in zijn diplomatie aan het Franse hof. Hij stond inmiddels op zeer vertrouwelijke voet met de koningin van Navarra, Jeanne d'Albret, die sinds de dood van Condé kon gelden als de aanvoerder van de hugenotenbeweging. En hij kon nog altijd goed overweg met Karel IX en Catharina de' Medici. Het bracht Lodewijk steeds meer in de positie van postillon d'amour tussen het Franse hof en het hof van Navarra in de Pyreneeën. Ook in praktischer zin, omdat Jeanne d'Albret een huwbare zoon had, die in de nogal onrustige Europese verhoudingen potentieel veel gewicht in de schaal legde. Walsingham gebruikte Lodewijk van

Nassau al in 1571 voor een informele poging om Jeannes zoon Hendrik, net zeventien jaar oud, te koppelen aan de Virgin Queen.[250] Jeanne ging er niet op in; ze gebruikte op haar beurt Lodewijk om de mogelijkheden te verkennen van een huwelijk tussen Hendrik en de Franse prinses Margaretha van Valois, de zuster van Karel IX. Het was onderdeel van een omzichtig proces van toenadering tussen het Franse hof en de hugenoten. Voor de hugenoten en Lodewijk was dit meteen een goede manier om erachter te komen of Karel IX niet alsnog wilde interveniëren in de Nederlanden. Lodewijk was hier makelaar met een heel groot eigenbelang. Die rol werd hem door alle partijen gegund. In de eerste maanden van 1572 gingen de onderhandelingen naar een apotheose. Het wantrouwen tussen de hugenoten en het Franse hof bleef groot, de zeer vrome Jeanne was bij nader inzien niet heel erg gecharmeerd van een huwelijk van haar zoon met een katholieke prinses.[251]

Lodewijk bleek in staat de grootste bezwaren alsnog weg te masseren en slaagde erin Jeanne d'Albret tot persoonlijke onderhandelingen te brengen met Catharina de' Medici. Hij reisde in de winter van 1572 met haar naar de Loirestreek, waar de twee vorstinnen elkaar op 15 februari ontmoetten in het idyllische kasteel van Chenonceau. Begin maart werden de besprekingen voortgezet in Blois.[252] Ze verliepen stroef, en tegelijkertijd spookten ook de besognes van Lodewijk zelf rond de onderhandelingstafel. Karel IX eiste steeds nadrukkelijker dat de watergeuzen drastisch ingetoomd zouden worden; het kwam zelfs zover dat Lodewijk zich in maart gedwongen zag de geuzenkapiteins die in La Rochelle voor anker lagen, naar Blois te laten komen om beterschap te beloven.[253] De manier waarop hij de zaken aanpakte, ook gedurende de moeizame toenadering tussen Navarra en het Franse hof, moet hem veel krediet hebben verschaft bij alle partijen. Gezanten uit Spanje die Karel IX regelmatig kwamen waarschuwen voor deze onruststoker, vonden geen gehoor.[254]

Eind maart was Lodewijk een van de drie afgevaardigden namens Jeanne om het huwelijkscontract voor te bereiden; twee weken later werd het getekend door de Franse koning, de moeder van de bruid en de moeder van de bruidegom.[255] Het was 11 april en ongeveer op hetzelfde moment moet Lodewijk het bericht hebben gekregen over de inname van Den Briel en zijn vloek hebben laten horen.

Hij zat verwikkeld in een buitengewoon complex schaakspel en was er juist aan toe voor zichzelf iets binnen te halen. Hij werd daarbij geholpen door een kolonie van Nederlandse kooplieden in Parijs, die, vergezeld van agenten van Willem van Oranje, bij de koning een pleidooi hielden voor snel ingrijpen in de Nederlanden en hem daarvoor een bedrag van

100.000 dukaten boden. Het was een groot bedrag, dat nog eens de eigen schamele positie van Lodewijk van Nassau onderstreepte. Al de maanden waarin hij in Frankrijk de perfecte hoveling speelde, werd hij gekweld door hevige geldnood, die hem in het voorjaar van 1572 zelfs dwong zijn laatste kostbaarheden te verpanden. Livreien voor zijn gevolg werden wel besteld, maar niet geleverd, omdat Lodewijk ze niet kon betalen.[256] Het liet nog maar eens zien hoezeer hij, net als zijn broer, zelfs voor de eenvoudigste dagelijkse dingen afhankelijk was geworden van anderen.

Lodewijk had een goede stelling, maar was gedwongen behoedzaam te opereren. Zijn oorspronkelijke planning was, ongetwijfeld in nauwe afstemming met een gelijktijdige militaire actie van Willem, in juni de zuidelijke Nederlanden binnen te trekken.[257] Dat was na Den Briel geen optie meer; het moest eerder, anders kreeg Alva de kans orde op zaken te stellen en was alles verloren. De welwillendheid van Karel IX moest snel in daadkracht worden omgezet. Maar hoe dwing je een Franse koning? De berichten over Nederlandse steden die spontaan in opstand kwamen en de zijde van Oranje kozen, bleven ook in mei binnenstromen. Coligny had inmiddels de leiding over een hugenotenleger in opbouw, dat zou worden meegestuurd zodra Lodewijk van Nassau zijn aanval zou inzetten. Inmiddels kwam er toch geld van de Franse koning, ongeveer 200.000 kronen, in de vorm van een lening.[258] Het stelde Lodewijk in staat snel een bescheiden leger van ongeveer vijfhonderd man te lichten. In ruil moest Lodewijk van Nassau beloven de watergeuzen te ontwapenen. Ook lag het verdelingsplan van een jaar eerder weer op tafel; en nu Frankrijk de enige serieuze bondgenoot was, claimde Karel IX zo goed als de hele zuidelijke Nederlanden; het gebied benoorden Antwerpen zou toevallen aan Oranje.[259]

Er was een belangrijk obstakel: Karel IX moest zijn moeder nog zien te overtuigen. Lodewijk besloot dit niet meer af te wachten. Omstreeks 15 mei stuurde hij zijn legertje in kleine groepjes in de richting van Valenciennes. Die stad werd op 23 mei zonder veel moeite ingenomen en diezelfde dag werd, gecamoufleerd als drie karren vol onschuldige handelswaar, een grote hoeveelheid wapens het nabijgelegen Bergen binnengesmokkeld. De volgende dag verscheen Lodewijk hier voor de poorten, die door handlangers voor hem werden geopend. Hiermee hadden de opstandelingen ook in het zuiden enkele belangrijke en prestigieuze bolwerken in handen gekregen. Lodewijk van Nassau ging naar het stadhuis om uiteen te zetten wat de bedoeling was. Hij hield er een toespraak die de bestuurders moest doen geloven dat hij alleen maar was gekomen om de orde te herstellen; uiteindelijk zou alles bij het oude blijven, en zodra in het land de rust was weergekeerd zou de stad weer aan de koning worden overgedragen.[260] Over de Franse annexatieplannen geen woord.

Inmiddels arriveerden de eerste vendels hugenoten, die in een paar weken moesten uitgroeien tot een leger van zo'n tienduizend man sterk, net als in 1568 onder aanvoering van de heer van Genlis. De hugenoten opereerden duidelijk met meer overtuiging en geloof in de goede afloop dan vier jaar eerder.

Eerst de uitvoering, daarna de voorbereiding

Er waren nog geen twee maanden verstreken sinds de inname van Den Briel. Oranje verbleef nog altijd in Dillenburg. Hij had wekenlang via correspondentie, agenten en boodschappers de contacten met de verschillende stadsbestuurders in de Nederlanden warm gehouden, hen aangemoedigd in verzet te komen, en hun vooral op het hart gedrukt dat ze moesten doorzetten. Wat echter in de Nederlanden gebeurde had zijn eigen dynamiek, waar Oranje maar heel beperkt zijn invloed op kon uitoefenen. Voordat hij knopen had doorgehakt was meestal kostbare tijd verstreken en was de beslissing al gevallen. Zijn agenten moesten ter plekke naar bevind van zaken handelen. De een kon dat beter dan de ander. Jacob van Wesembeke, inmiddels een oudgediende onder zijn getrouwen en belast met het verspreiden van drukwerk,[261] liet op eigen houtje een pamfletje verschijnen, dat het karakter had van een proclamatie. Daar was zijn baas niet van op de hoogte, en die was er dan ook niet van gediend: hij liet het Wesembeke per brief vrij hardhandig weten. Het stoorde hem temeer omdat Wesembeke er ook een Franse en Duitse versie van had laten maken.[262] Oranje wilde controle houden. Het was het einde van Wesembeke als lid van Oranjes inner circle.

Alles wat Oranje in de voorgaande jaren had geïnvesteerd in persoonlijke relaties, moest nu worden vertaald in groot vertrouwen over en weer. Het eindeloze gehamer in zijn brieven op de 'gemene zaak' en op het 'gemene vaderland' moest nu als richtsnoer dienen om in de praktijk steeds het juiste te doen. Voor een deel ging dat ook zo; de watergeuzen bewezen in de maanden na Den Briel hun onmisbaarheid voor de plannen van Oranje. Op 22 april kwamen ze de omwenteling in Vlissingen ondersteunen: uit naam van Oranje eiste watergeus Jerôme Tseraerts het gouverneurschap op. Twee dagen later werd op Walcheren het havenstadje Arnemuiden ingenomen, waar ze meteen beslag legden op alle voorraden en handelswaar. Weer drie dagen later verschenen ze met veertien schepen voor Brouwershaven op Schouwen; ook hier kon de stad worden ingenomen. Dat een groot deel van de bevolking op de vlucht sloeg, zegt veel over de barre reputatie van de watergeuzen. Het was niet iedereen gegeven in hen bevrijders te zien. En dat terwijl ook de afkeer van het bewind van Alva vrij algemeen was. Het overgrote deel van de bevolking zag zich opgesloten tussen twee vuren.[263] De meeste burgers wilden vooral met rust gelaten worden.

Die rust kwam er voorlopig niet, want de bevolking van Walcheren en Schouwen ging weken van anarchie, hongersnood en angst tegemoet. Alva had inmiddels zijn troepen gereedgemaakt om op de Zeeuwse eilanden orde op zaken te komen stellen, terwijl in Vlissingen vanuit Frankrijk de eerste schepen met troepen namens de hugenoten aankwamen. Begin mei arriveerden ook de eerste terugkerende Nederlandse ballingen uit Engeland, klaar om de strijd met de troepen van Alva aan te gaan.[264] Op 3 mei viel Veere, met het arsenaal van de regeringstroepen, in handen van de geuzen. Al deze bewegingen, van veelal ongetrainde soldaten, vrijwilligers uit alle windstreken, gevoegd bij een lokale bevolking die over veel zaken erg verdeeld was, bleek een recept voor chaos. Temeer omdat de burgerij van de belangrijkste stad, Middelburg, niet van plan was spontaan naar het kamp van de geuzen over te steken en zich inmiddels uitgebreid had bewapend. Toch ondernamen de geuzen, vergezeld van boeren uit de wijde omgeving, in de nacht van 26 op 27 april een verrassingsaanval, maar die werd vrij eenvoudig afgeslagen. Alva liet zijn zoon Don Fadrique de klus verder opknappen. Middelburg werd op 8 mei ontzet. De driehonderd bij elkaar geraapte geuzen die de stad probeerden te belegeren bleken geen partij. Vijftig van hen lieten het leven. In één moeite door werd ook Arnemuiden ten koste van vele levens heroverd.[265]

Diezelfde dag nog gingen de geuzen in Vlissingen als represaille over tot het publiekelijk martelen en opknopen van enkele Spaanse krijgsgevangenen.[266] Waar Oranje had gehoopt op een snelle olievlekwerking, liet het chaotische verloop van de strijd op de Zeeuwse eilanden heel goed zien dat de anti-Spaanse stemming bij een deel van de lokale bevolking een groot wapen was, maar dat dit alleen doel kon treffen als dergelijk sentiment ondersteund werd door militaire stootkracht. Geïsoleerde acties van opstandige burgers doofden meestal snel uit, precies waar Oranje bang voor was. Het kwam aan op het strategisch inzicht en de vastberadenheid van geuzenaanvoerders ter plaatse, en dan maar hopen dat de troepen van Alva niet te snel zouden komen opdagen. Die situatie deed zich voor in Vlissingen, dat voorlopig stand wist te houden.

Willem van Oranje had al enige tijd zijn zinnen gezet op Enkhuizen, ver weg van Brussel, als vaste uitvalsbasis voor de watergeuzen.[267] Hij wist dat de anti-Spaanse gezindheid er groot was, en al op 20 april had hij een vertegenwoordiger van het verzet, Pieter Luytges Buyskes, een volmacht gegeven Enkhuizen namens hem in te nemen.[268] Begin mei kwam de stad serieus in opstand; de geuzen veroverden grote hoeveelheden munitie en brachten het stadsbestuur aan het wankelen. Op 16 mei arriveerde een brief van Oranje, elf dagen eerder verstuurd van de Dillenburg, waarin hij de bevolking van Enkhuizen op het hart drukte geen gehoor te geven aan alle listige verzoeningsvoorstellen van de Spanjaarden, want zie hoe ze met de bevolking van Rotterdam en andere steden waren omgegaan. Hij verzekerde ook dat hij Lodewijk van Nassau had opgedragen hen te hulp te komen. Grote welvaart zou het loon van Enkhuizen zijn.[269] Oranjes aansporingen leidden tot veel onrust en onenigheid onder de bevolking. Op 21 mei slaagden de geuzen erin het stadhuis te veroveren. Enkhuizen ging daarmee over naar het kamp van Oranje.

De overgang van Enkhuizen leidde tot een waar domino-effect in het Noorderkwartier van Holland. Binnen enkele weken sloten bijna alle steden en dorpen zich aan bij de opstand, de ene stad, zoals Hoorn, vrijwillig, de andere, zoals Medemblik en Alkmaar, onder dreiging met geweld van de geuzen.[270] Bossu, die eerder zulke aansprekende successen had geboekt in het bestrijden van de watergeuzen, verloor totaal de greep op de situatie.

De opstandige stemming onder de bevolking tegen alles wat de regering voorstond of vertegenwoordigde, was zo algemeen dat er geen redden aan was. Oranje pookte in zijn propaganda, zowel gedrukt als in talloze brieven die in de verschillende steden in de noordelijke Nederlanden werden afgeleverd, het vuur nog flink op door het vijandbeeld heel fel te kleuren als 'Spaans'. In zijn brief aan de bevolking van Enkhuizen stelde hij het zo voor dat 'de onmenselijke bloeddorst, hypocrisie, valsheid en ontrouw, gevoegd bij de oude haat en nijd van de Spanjaarden', nu bezig was 'het hele vaderland tot in de eeuwigheid' te bederven.[271] Hier werd een eenvoudig te hanteren vijandbeeld geboetseerd,[272] dat niet helemaal recht deed aan de situatie, want de Brusselse regering en haar dienaren waren maar zeer ten dele Spaans. Zo was Bossu een edelman uit Henegouwen en dus een Nederlander. Dat leek er niet meer toe te doen; hij moest op 22 juni meemaken dat op de Zuiderzee drie schepen uit zijn zeemacht deserteerden en zich aansloten bij de geuzen.[273]

Om nuances leek het op dit moment niet te gaan, en dat dreigde helemaal verkeerd uit te pakken. Oranje ontving steeds meer berichten over misdragingen van watergeuzen. Ze waren sterk geneigd te spotten met alles wat rooms was door zich als monniken te verkleden of door gestolen miskelken als drinkbeker te gebruiken. Het overvallen van kerken en kloosters was zo goed als standaard, overal waar ze kwamen.[274] Oranje begreep dat hij dit snel moest intomen, omdat dit hem de kostbare en onmisbare steun van de gematigde, niet per se katholieke burgers dreigde te kosten. Hij nam een tweeledig besluit dat dit probleem in één keer moest oplossen. Hij benoemde de grootste gangmaker achter dit wangedrag, Lumey, tot zijn luitenant voor Holland. Door hem dicht aan zich te trekken en met grote verantwoordelijkheden te belasten, zo hoopte Oranje, zou hij zijn gedrag wel moeten veranderen. Om dit af te dwingen kreeg hij een uitvoerige instructie mee, waarin hij gehouden werd trouw het beleid van Oranje uit te voeren, met als uitdrukkelijke opdracht 'ook de katholieken en geestelijken, en tevens de protestanten, in bescherming te nemen, zonder dat ze elkaar iets zouden mogen aandoen, overlast of hinder zouden berokkenen – dit te verbieden tegen hoge straffen'.[275] De instructie werd ook als plakkaat gedrukt, zodat iedereen wist waar Lumey zich aan te houden had. Dit document droeg de datum 20 juni. De opstand in Holland zat inmiddels in een stroomversnelling. Zo werd op 26 juni Leiden door troepen van Lumey ingenomen; er werd geplunderd en de kerken en kloosters kregen een heftige beeldenstorm te verduren.[276] Een dag later veroverden Lumeys troepen Gorkum, vanwaar hij negentien kloosterlingen liet afvoeren naar Den Briel. Kort daarop moet hij de benoeming en instructie van Oranje overhandigd hebben gekregen. Op 9 juli liet Lumey zien wie de baas was: hij liet alle negentien monniken opknopen.[277]

In de reeks overrompelende gebeurtenissen van dat moment was dit maar een detail; er gebeurden wel ergere dingen. Maar bij alle hooggestemde ideeën die Oranje over de tirannie en wreedheid van de Spanjaarden liet verspreiden, werkte het 'martelaarschap' van de Gorkumse monniken als een venijnig tegenbewijs. Het zou in de katholieke tegenpropaganda tot in lengte van jaren uitgespeeld blijven worden,[278] iets waar Lumey en de harde kern van de geuzen niet van wakker zouden hebben gelegen. In de revolutionaire stemming van dat moment was het 'definitief' vernietigen van het oude tot een onontkoombaar zuiveringsritueel geworden.[279] Waar Oranje in alle toonaarden een politieke vrijheidsstrijd op touw had gezet, werd die in de praktijk, ver van zijn dwingend of goedkeurend oog, nogal eens als een bittere en genadeloze religieoorlog in uitvoering genomen.

Adriaan van Swieten, die heel goed op de hoogte zal zijn geweest van de tactische overwegingen van Oranje, werd in juni belast met het innemen van Gouda en Oudewater. Afgaande op de berichten deed hij dat

Verbeelding van de moord op de negentien monniken uit Gorkum, uit katholieke kring, geplaatst in de context van het nadien in handen vallen van de opstandelingen van o.a. Enkhuizen, Alkmaar en Gouda (collectie Atlas Van Stolk, Rotterdam).

vrij behoedzaam, subtiel gebruikmakend van de anti-Spaanse sentimenten bij een groot deel van de bevolking. Oudewater werd op 19 juni simpel ingenomen, Gouda werd twee dagen later met wat meer vertoon naar de kant van Oranje gedwongen, hoewel het stadsbestuur nog dagenlang bleef weigeren de eed op Oranje te zweren. Van Swieten deed de plechtige belofte alles bij het oude te laten. Kort daarop eisten calvinisten toch hun eigen kerkgebouwen op, en toen dat niet soepel ging, werd op 10 juli de Sint-Janskerk geplunderd. Kostbaarheden uit de kerk werden ontdaan van het zilver en het goud, om daar nieuwe munten van te slaan. In het najaar zou Gouda nog enkele keren bezocht worden door Lumey, die eerst de bevolking voor 850 gulden afperste en vervolgens zijn troepen toestond wat hij had laten afkopen: monniken vermoorden en nonnen verkrachten.[280]

De zenuw van de oorlog

Het plunderen van kerken en kloosters was intussen pure financiële noodzaak en luisterde naar zijn eigen wetmatigheden. Er was voortdurend gebrek aan geld om troepen te kunnen betalen, wat de soldaten het recht gaf in overwonnen steden en dorpen alsnog te verwerven wat de legeraanvoerder niet kon bieden. Dat gebeurde met meer beleid dan het op het eerste gezicht lijkt; ontvreemde voedselvoorraden of kostbaarheden werden centraal verhandeld en de opbrengst werd volgens vaste afspraken onder soldaten en de legerleiding verdeeld, op een vergelijkbare manier als het in de kaapvaart gebeurde. Dat verklaart ook dat er munten konden worden geslagen van het Goudse kerkzilver. Van Swieten kon dat diep in zijn hart betreuren, maar het hield hem ook op de been.

In het late voorjaar, terwijl de berichten over de steden die zijn kant kozen bleven binnenstromen, zat Oranje nog altijd op de Dillenburg. Het ontbrak hem aan geld om een leger met voldoende stootkracht bijeen te brengen. Met de Nederlanden voor een groot deel in opstand en Lodewijk met een Franse legermacht in en om Bergen was het duidelijk dat hij in een nu-of-nooitsituatie terecht was gekomen. Geld kwam maar in kleine hoeveelheden binnen, en meestal in de vorm van soms wat ongemakkelijke transacties. Voor niets ging de zon op. Op 12 mei verscheen te Dillenburg de Hollandse edelman Arend van Dorp, die met een veelheid aan malversaties in korte tijd steenrijk was geworden. Hij deed het aanbod de door Oranje geplande veldtocht met 10.000 gulden te steunen, op voorwaarde dat bij het binnentrekken van Brabant eerst Mechelen zou worden veroverd. Zo'n voorwaarde kwam Oranje niet goed uit, Mechelen was niet in zijn plannen opgenomen, maar hij kon in zijn armelijke omstandigheden niet anders dan akkoord gaan. Hij wist niet dat het Van Dorp erom te doen was bij de in Mechelen zetelende Grote Raad voor hem bezwarende stukken over een onroerendgoedtransactie achterover te kunnen drukken.[281]

Het bedrag van Van Dorp zette wel degelijk een en ander in beweging. Oranje had in deze dagen heel wat Duitse legeraanvoerders over de vloer, die tot dan toe niet bereid waren met de armlastige Oranje in zee te gaan. De spontaan ogende actie van Van Dorp deed de stemming onder de oversten omslaan; zoals hij moesten er meer zijn, rijke mensen die wilden investeren in de bevrijding van de Nederlanden. Ook Oranje vatte, volgens eigen zeggen van Van Dorp, moed, 'want hij had niet gedacht ooit nog een voet in een stijgbeugel te zetten om naar de Nederlanden te trekken'.[282]

Ook nu deed hij dat niet meteen, het bedrag was bij lange na niet voldoende. Op 8 juni liet Oranje nog eens een klemmende oproep uitgaan naar de Hollandse steden nu eindelijk over de brug te komen. Er was niet veel tijd meer; de troepen werden binnenkort gemonsterd. Oranje gaf nog maar eens aan dat hij dit offer bracht voor de goede zaak, hun goede zaak. Herhaling van zetten, geen nieuwe argumenten, wel nog extra retorisch vuur, dat rechtstreeks tot het hart van de calculerende burger gericht was: 'Daarom geef ik u in overweging of het niet veel beter is dat u één keer een goede som gelds verstrekt om vervolgens voor altijd in rust en vrede te mogen leven, dan dat u eeuwig de nieuwe belastingen van de tiende, twintigste en honderdste penning zult betalen, in eeuwige slavernij onder de Spanjaarden...'[283]

Oranje voelde aan dat het geen zin had op geld uit Holland te wachten. In plaats van naar het westen af te reizen, waar aan de Rijn de eerste troepen samentrokken en een deel zelfs al naar Gelderland oprukte, ging Oranje van Dillenburg naar het zuiden, naar Frankfurt, in de hoop daar nog enkele geldschieters te vinden. Met zijn broer Lodewijk, die sinds enkele weken Bergen bezet hield, wisselde Oranje een wonderlijke correspondentie, waarin ze zich in aanhef en afsluiting voordeden als de kooplieden George (Willem) en Lambert (Lodewijk) Certain, maar verder vrij onverbloemd hun zaken bespraken, kennelijk in de veronderstelling dat de contraspionage doorgaans haastig werkte en niet verder keek dan de geadresseerden. Op 24 juni schreef Oranje vanuit Frankfurt aan Lodewijk: 'Mijn broeder Lambert. Ik schrijf je om te vertellen dat ik me van hier binnen drie dagen op weg zal begeven. Ik verkeer nog altijd in hetzelfde gebruikelijke geldgebrek [...].' Duitse vorsten die hem geld hadden willen lenen, waren inmiddels afgeschrikt door een verbod van de keizer. Alles dreigde alsnog helemaal in het honderd te lopen. Hij smeekte zijn broer hem linksom of rechtsom de garantie te verschaffen dat er geld in aantocht was. Met zo'n garantie kon hij de troepen tevredenstellen, die anders aan het muiten zouden slaan, of erger nog, dienst zouden nemen bij Alva, 'want die zit zeker niet te slapen daarginds'.[284]

Het lukte Oranje tijdens zijn korte verblijf in Frankfurt het een en ander bij elkaar te ritselen, iets anders kan het niet geweest zijn, want iedereen wist dat hij objectief gesproken 'geruïneerd' was, en dus helemaal niet kredietwaardig.[285] Het was kennelijk genoeg om het erop te wagen. Op 26 juni keerde Oranje terug naar Dillenburg. Hij stuurde nog een brief aan de keizer waarin hij uitlegde dat het niet uit 'eigenbelang' was dat hij nu de strijd aanbond. Het was voor de koning van Spanje dat hij de Nederlanden wilde bevrijden van de inquisitie van Alva, die al vier jaar arme christenen ombracht en de vrijheden van het land met voeten trad. En alsof hij wel besefte dat zoveel vertoon van vrome zelfopoffering in Wenen niet geloofwaardig overkwam, voegde hij eraan toe dat de expeditie ook tot doel had zich te kunnen herenigen met 'mijn afgenomen landen en mensen'.[286] De volgende dag vertrok hij van Dillenburg.[287] Afgaande op de melancholieke toon van veel van zijn brieven in die dagen, deed hij dat in het besef dat de kans groot was dat hij er niet meer zou terugkeren. Hij keerde er ook niet meer terug.

Een 'Statenvergadering' in Dordrecht

De berichten over Oranjes opmars in de eerste weken van juli 1572 zijn schaars. Hij was met een klein legertje van zo'n duizend ruiters uit Dillenburg vertrokken, dat onderweg steeds verder aandikte doordat zich compagnieën soldaten bij de hoofdmacht voegden.[288] Het moet voor Oranje een opluchting zijn geweest dat hij eindelijk onderweg was naar Bergen om aansluiting te vinden bij de troepenmacht van Lodewijk. Hij kon nu door zelf te handelen controle over de gebeurtenissen ontwikkelen. Op 7 juli stuurde hij zijn op de Dillenburg achtergebleven broer Jan opgewekte berichten over de voortgang. Inmiddels had hij een beter zicht op een reeks hoopgevende gebeurtenissen in Brabant en Vlaanderen: Leuven, Lier, Dendermonde en Vilvoorde hadden geweigerd een Spaans garnizoen binnen te laten en Mechelen was in opstand. In Gelderland hadden verschillende steden zich onder het bewind van zijn zwager Willem van den Bergh gesteld.[289] In Holland was inmiddels ook Dordrecht bezet door troepen van Lumey, en Delft was uit eigen beweging naar de opstandelingen overgelopen.[290] Het ging telkens vrij simpel, de weerstand van Spaanse troepen was gering. Alva liet het gebeuren; hij wilde zijn troepen samentrekken in het zuiden om Lodewijk van Nassau uit Bergen te verdrijven en Franse legereenheden te ontmoedigen zich met de Nederlanden te bemoeien. Alva trok later in juli zelfs zijn garnizoenen terug uit Rotterdam, Schiedam en Delfshaven, waarna ook daar de geuzen binnentrokken.[291]

In Aldekerk, tussen Venlo en Duisburg, monsterde Oranje intussen zijn troepen. Zijn leger telde ongeveer 7000 ruiters en 15.000 man voetvolk, en was daarmee op sterkte.[292] Maar voordat de hele troepenmacht zich in beweging kon zetten, moest hij zijn aanvoerders eindelijk harde garanties verschaffen dat ze betaald zouden worden. Oranje wachtte niet meer tot de steden in Holland naar eigen inzicht een bedrag afschoven, maar legde hun op 7 juli de concrete bedragen op die de komende maanden door hen gezamenlijk moesten worden opgebracht. Het ging de eerste maand alleen al om 100.000 kronen 'of daaromtrent'. Voor de periode daarna zouden obligaties afgesloten moeten worden.[293]

Het was een onmogelijk financieel gegoochel. Het bracht Oranje op het idee de Hollandse steden die aan zijn kant stonden bijeen te roepen en ze gezamenlijk besluiten te laten nemen. Zo konden ze één front vormen, en deelden ze de kosten en verantwoordelijkheden. Het bleek de uitweg uit de patstelling. Marnix kreeg een uitvoerige instructie namens Oranje in Dordrecht een vergadering van de Staten van Holland uit te schrijven.[294] Tussen het ontstaan van het idee en de uitvoering zaten mogelijk maar enkele dagen. De vergadering werd al bijeengeroepen voor 15 juli en ging uiteindelijk op 19 juli van start, met een ruime vertegenwoordiging van Hollandse steden die op dat ogenblik tegen het bewind van Alva in opstand waren gekomen. Hier moest blijken dat ze onvoorwaardelijk aan de kant van Oranje stonden. Oranje werd zonder veel discussie hersteld in zijn vroegere waardigheid als stadhouder van Holland, en meteen ook van Zeeland en Utrecht, door vooral te doen alsof er niets gebeurd was. Als 'plaatsvervanger des konings' werd er volledigheidshalve bij aangetekend; Filips II werd zorgvuldig in ere gehouden. Het hele gebeuren ging voorbij aan het feit dat Holland al een stadhouder had in de graaf van Bossu en dat Alva nu formeel Oranjes directe baas zou zijn.[295] Het was inherent aan het snel creëren van nieuwe gezagsverhoudingen.

Nog belangrijker was voor Oranje dat de Staten hem bevestigden in zijn functie als kapitein-generaal en dat er overeenstemming kwam over de door Oranje gevraagde bedragen. Marnix stelde 100.000 kronen nu ineens voor, en nog eens 500.000 kronen voor de komende drie maanden om de soldaten te kunnen betalen. De heren werden het hier opvallend snel over eens. Op 20 juli kon deze geïmproviseerde, in de kern onwettige, want niet door de landsheer bijeengeroepen Statenvergadering alweer gesloten worden.[296] Oranje had alles binnengehaald wat hij wilde.

Opnieuw de Maas over

In dezelfde week trok Oranje met zijn leger naar de Maas. Bisschopsstad Roermond wilde de troepen op 21 juli niet zomaar binnenlaten; op 23 juli werd de stad met geweld alsnog ingenomen. Oranje berichtte zijn broer Jan dat zijn troepen zich naar omstandigheden heel rustig gedroegen. Ze doodden slechts drie of vier burgers en vergrepen zich verder alleen aan wat priesters en monniken. Wat Oranje kort tevoren Lumey zo nadrukkelijk had verboden, leek hij in zijn eigen gelederen vrij luchtig op te vatten.[297] Het leger sloeg zijn kampementen op bij Kasteel Hillenraad. Ondertussen begon het wachten op de toegezegde bedragen.[298] Zonder contanten kon hij zijn manschappen niet in beweging krijgen.[299] Die terroriseerden vanwege het gebrek aan voedsel wekenlang de wijde omgeving en de stad Roermond, waarbij opnieuw veel geestelijken het met de dood moesten bekopen.[300] Zoals eerder bij het monsteren in Aldekerk ging hier kostbare tijd verloren. Oranje gebruikte de vertraging om veel en uitgebreid te corresponderen met steden in Holland, Overijssel en Brabant over benoemingen en allerlei maatregelen om het bestuur ter plaatse naar zijn zin in te richten.

Alva kreeg intussen volop gelegenheid om in Bergen en omgeving de situatie naar zijn hand te zetten. De hoofdmacht van het hugenotenleger onder aanvoering van Genlis naderde medio juli Bergen, terwijl Lodewijk hem op het hart had gedrukt een oostelijke route te nemen en de aansluiting te zoeken met het leger van Oranje.[301] In Bergen liepen de Franse troepen alleen maar in de weg; het waren immers ook weer duizenden extra monden die gevoed moesten worden.[302] Genlis zette door naar Bergen, werd op 17 juli ter hoogte van Saint-Ghislain opgevangen door een legermacht van Don Fadrique, die met behulp van lokale boeren de Franse gelederen vakkundig vernietigde.[303] Genlis werd krijgsgevangen gemaakt en afgevoerd naar Antwerpen, waar hij tijdens verhoren veel details van Lodewijks strijdplan onthulde. Er werd ook correspondentie gevonden waaruit onomwonden bleek dat de Franse koning de acties van Lodewijk steunde.[304]

Het werd Alva op deze manier wel heel gemakkelijk gemaakt. Oranje trok pas in de laatste dagen van augustus met zijn leger de Maas over. Ze rukten door het zacht glooiende landschap snel op naar Mechelen, dat op 30 augustus, geheel volgens de afspraken met Van Dorp, werd ingenomen. Op 1 september werd Leuven bereikt. Die stad was zo wijs een belegering of inname voor een groot bedrag en een grote hoeveelheid levensmiddelen af te kopen. Het leverde Oranje 16.000 gulden op.[305] Daarna voerde de marsroute naar Oudenaarde; op 7 september was Oranje opgerukt tot bij Binche, waar hij zijn kampement opsloeg. Hij liet toen de avond was gevallen grote vuren ontsteken om aan Lodewijk en de zijnen te laten zien dat hij in de buurt was.[306]

De Bloedbruiloft en Bergen

Het bleek allemaal niet meer zo relevant. De beslissing was al gevallen, niet in Bergen of Binche, maar in Parijs. Nog op 11 augustus had Oranje een zeer bemoedigend bericht gekregen van de Franse admiraal Gaspard de Coligny dat hij ondanks de deconfiture van Genlis opnieuw bezig was versterkingen voor Oranje te organiseren: zo'n 3000 ruiters en 12.000 haakbusschieters. Hij was zelfs voornemens de troepen persoonlijk aan te voeren. Dit betekende dat Frankrijk zich nu openlijk in deze oorlog begaf. Oranje kreeg van Coligny slechts de korte versie. De uitgebreidere versie was minder rooskleurig. Eind juli had Coligny de Franse koning ervan kunnen overtuigen dat Frankrijk veel kon winnen bij een openlijke interventie in de Nederlanden. Karel IX was zoals eerder wanneer het om bijstand aan Oranje ging, redelijk plooibaar gebleken. Zijn moeder, die lange tijd onwetend was gehouden van deze plannen, was het niet. Begin augustus werd er door het Conseil van de koning, waarin de katholieken de meerderheid hadden, op felle toon over beraadslaagd. Coligny gaf zich niet snel gewonnen, maar vertegenwoordigde een minderheidsstandpunt. De conservatief-katholieke factie was sterk gekant tegen een oorlog met Spanje en zag ook niets in het plan om de protestanten in het noorden te hulp te komen, ook al was er de belofte dat Vlaanderen en Artesië en misschien nog wel meer bij Frankrijk gevoegd konden worden. Uiteindelijk stonden Coligny en Catharina de' Medici verbitterd en verwijtend tegenover elkaar.[307] Karel IX zelf zag zich steeds meer overheerst en geïntimideerd worden door Coligny. De laatste was zijn hand aan het overspelen.[308]

Het vervolg liep uit op een sinistere bladzijde in de wereldgeschiedenis. Op 18 augustus werd het huwelijk tussen Hendrik van Navarra en Margaretha van Valois, dat Lodewijk van Nassau had helpen tot stand te brengen, in de Nôtre-Dame voltrokken. Het was de opmaat voor dagenlang gedruis en spektakel in de balzalen en straten van Parijs. Een toverachtige demonstratie van het onmogelijke: zo kort na een aantal bloedige burgeroorlogen vierden katholieke en protestantse edelen eendrachtig de verzoening. Op de vierde dag van deze festiviteiten werd een moordaanslag op Coligny gepleegd.[309] Coligny werd in zijn hand geschoten en overleefde het. De feestelijkheden gingen door, twee dagen later, op Sint-Bartholomeus, werd hij in een mysterieuze, waarschijnlijk nauwelijks voorbereide actie alsnog vermoord, en met hem nog zo'n drieduizend feestvierders die ervan verdacht werden tot de harde kern van de hugenoten te behoren of ermee te sympathiseren. Het werd een orgie van geweld, die wel een week aanhield; de straten van Parijs raakten gedrenkt in bloed. Zo werd een zwangere edelvrouw om het leven gebracht, van haar kleding en sieraden beroofd, en naakt in de Seine gegooid.[310] Alle medemenselijkheid verdween. De jacht op protestanten leidde elders in Frankrijk tot nog eens zevenduizend slachtoffers. In één keer viel alle Franse steun voor de Nederlandse opstandelingen weg.[311]

Op het moment dat het nieuws over de 'Bartholomeusnacht' tot de Nederlanden doordrong, zag het er toch al niet zo best uit voor de opstandelingen. Alva bemoeide zich inmiddels te velde met het beleg van Bergen, dat al bijna twee maanden duurde. Hij liet 33 stuks extra artillerie opstellen om de stad onder vuur te nemen en liet vooral het fransciscaner klooster, waar Lodewijk zijn hoofdkwartier had, bestoken. Op de avond van 28 augustus brachten twee predikanten die aan het Parijse bloedbad waren ontkomen Lodewijk het nieuws van de dood van Coligny. Op dat ogenblik stonden de kanonnen van Alva, die het nieuws ook had vernomen, uit vreugde al enige tijd te bulderen.[312]

Alva had het initiatief en liet het niet meer lopen. Lodewijk van Nassau lag inmiddels doodziek in bed, mogelijk als gevolg van pogingen tot vergiftiging.[313] Het onderstreepte zijn machteloze situatie; het wemelde in Bergen van de Spaanse en Franse infiltranten, die met grote moeite onschadelijk werden gemaakt, als dat al lukte.[314] Op het moment dat Oranje op 7 september zijn grote vuren ter bemoediging van Bergen ontstak, was de toestand daar al geheel uitzichtloos. Alva liet de troepen van Oranje bezighouden door kleine verkenningseenheden, maar vermeed een grote veldslag.[315] In de nacht van 11 op 12 september werd het legerkamp van Oranje totaal onvoorzien overvallen door enkele Spaanse eenheden, die van alles in brand staken en een bloedbad aanrichtten. Er vielen ten minste driehonderd doden. Oranje zou in zijn legertent zijn gewekt door zijn hondje dat blafte en aan zijn gezicht krabbelde.[316] Hierdoor wist Oranje nog net op zijn paard te springen (dat hij volgens P.C. Hooft 's nachts, voor het geval dat, altijd gezadeld liet houden)[317] en zich het leven te redden. De Spaanse operatie stond onder leiding van Julián Romero, nog maar zo'n tien jaar geleden een van Oranjes toegewijde officieren. Het is niet ondenkbaar dat diens hoffelijkheid en oude vriendschap eraan bijdroeg dat Oranje hier kon ontsnappen.

Oranje zag zich gedwongen zijn leger ver terug te trekken, ook omdat zijn officieren geen fiducie meer hadden in een ontzet van Bergen, honger leden en weigerden nog te vechten.[318] Lodewijk en zijn mannen zaten in de val en moesten zich overgeven. Oranje stuurde Marnix door de linies om Lodewijk in Bergen de boodschap te brengen dat het ontzet definitief

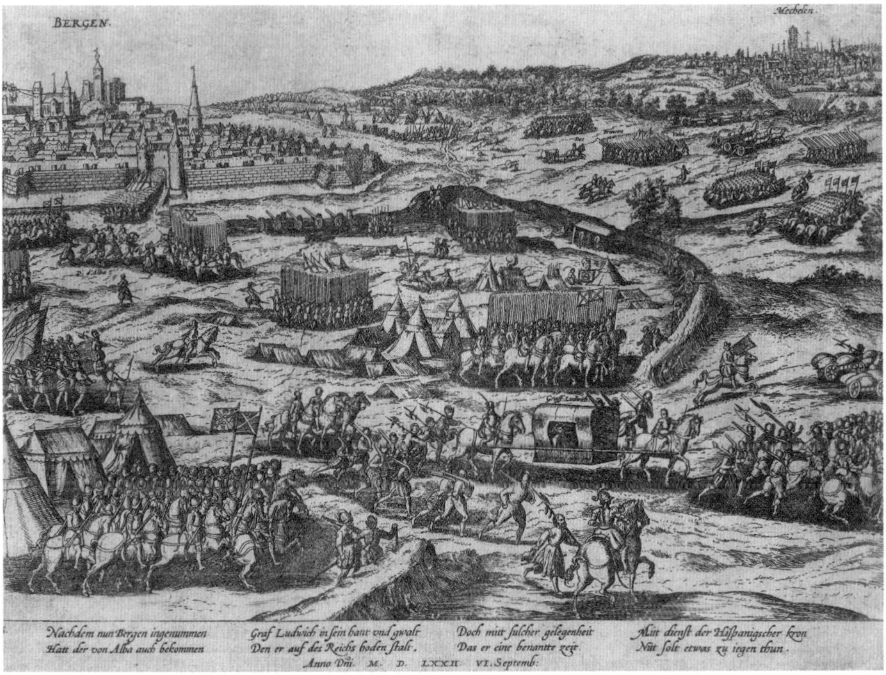

Aftocht van de zieke Lodewijk van Nassau, in draagstoel, uit Bergen. Gravure van Frans Hogenberg (collectie Rijksmuseum, Amsterdam).

mislukt was. Er werd begonnen met onderhandelingen, die namens Lodewijk gevoerd werden door François de la Noue. Alva toonde zich in de voorwaarden voor overgave van een wat zachtere kant. Lodewijk kreeg een vrije aftocht, mocht zelfs zijn geschut meenemen, ook burgers die met hem hadden samengewerkt mochten ongemoeid de stad verlaten. Lodewijk en de zijnen moesten beloven nooit meer de wapens op te nemen tegen de koning van Spanje. Lodewijk werd zelfs een geleide naar Roermond aangeboden, als hij maar zo snel mogelijk verdween. Op 21 september vertrok Lodewijk, nog altijd koortsig, in zijn nachthemd op een Brabantse wagen gezeten, uit Bergen.[319] Hij kreeg een escorte mee van tweehonderd ruiters onder leiding van Julián Romero. Don Fadrique keek voor zijn tent nieuwsgierig toe.[320]

Hierna was het in Bergen snel gedaan met de hoffelijkheid; de hugenoten die er nog zaten werden de grens met Frankrijk over gejaagd, en daar stond een Franse troepenmacht gereed om hen meteen af te slachten.[321] De bevolking van Bergen kreeg een zware rechtsgang te verduren, waarbij 68 doodvonnissen vielen.

Inmiddels bezweken de stellingen van de opstandelingen snel. Oranjes troepen sloegen aan het muiten en brachten zijn toch al wankele reputatie bij de bevolking opnieuw grote schade toe.[322] Op de terugtocht deed Oranje nog even Mechelen aan. Daar bracht hij opnieuw verslag uit aan zijn broer Jan. Hij voelde zich inmiddels zwaar verraden door de Franse koning, over wie het stellige gerucht ging dat hij voluit toegaf dat het bloedbad in de Bartholomeusnacht door hem was georganiseerd. Het was wellicht niet waar, een 'maskerade', concludeerde Oranje meteen, maar die wetenschap zou hem niet meer helpen.[323] 'Mijn enige hoop kwam van de kant van Frankrijk,' stelde hij met grote realiteitszin vast.[324] Daar stond nu een streep door.

De aftocht

Lodewijk van Nassau werd afgeleverd bij Roermond; daar ontmoette hij voor het eerst in ruim drie jaar weer zijn broer Willem.[325] Kort daarop reisde hij door naar Dillenburg om uit te zieken en weer op krachten te komen.[326] Oranje dankte in Roermond de nog resterende huurlingen af, met weer de nodige conflicten over betaling, en al het wangedrag dat daardoor in gang werd gezet.[327] Veel steden stuurden de soldaten en agenten van Oranje weg, bang voor harde represailles van Alva. Die liet al snel zien dat die vrees terecht was: op 2 oktober nam hij Mechelen in, wat uitliep op een gruwelijke plunder- en slachtpartij.[328] Hierna stortten Oranjes bruggenhoofden in Vlaanderen, Brabant en ook Gelre snel in elkaar.

Op 18 oktober was Oranje met wat nog resteerde van zijn gevolg en zijn leger in Zwolle. De weken daarvoor waren een oefening in nederigheid geweest. Hij deed zijn broer Jan er staccato verslag van: het was een bijna onmenselijke opeenstapeling van nederlagen. Hij hield hem voor dat de zaak van de religie nu zo in de verdrukking zat dat dit een direct gevaar voor het protestantisme in Duitsland kon worden, want de vijand, waar opeens ook Frankrijk toe behoorde, was uit 'op de totale ondergang van de aanhangers van de ware religie, zowel in Duitsland als daarbuiten'.[329] Europa koerste af op totale onderworpenheid aan de paus.[330] Oranje gaf het via Jan maar in overweging aan de Duitse vorsten.

Hij leed zelf gebrek aan alles; hij zat in Zwolle, hij deed in die contreien nog wat hij kon, maar zonder een goed uitgerust leger was er geen beginnen aan: 'En aldus ben ik vastbesloten te vertrekken naar Holland en Zeeland, om daar de zaken zo veel mogelijk op orde te houden, en daar ook mijn graf te vinden.'[331]

Als hij nog ergens hoop aan kon ontlenen, dan was het aan Holland en Zeeland, waar in veel steden inmiddels mensen aan het roer stonden die hij de afgelopen jaren regelmatig diep in de ogen had kunnen kijken. Hij wilde het een kans geven. Wat kon hij verder nog?

8

Een tweede leven
1572-1576

Hoe anders was Holland. Oranje was opgegroeid in het bosrijke Midden-Duitsland, volwassen geworden in het welvarende, hoogontwikkelde en zelfs wat wufte Brabant. Hij was gewend aan veel adel om zich heen. De kastelen van bevriende edelen lagen meestal maar een paar uur rijden uit elkaar. In Holland domineerde het water, en de Hollanders hadden er eeuwen over gedaan het water in bedwang te krijgen. Dat was het werk van boeren, monniken, handwerkslieden en burgers, en soms een rijke investeerder, meestal een edelman. Vooral het noorden van Holland was een grillige lappendeken van meren, kreken, zandruggen en veengebieden, waar met landbouw, veeteelt, visserij, turfsteken en aanverwante bezigheden, geld werd verdiend. De bevolking was voor een groot deel gewend in kou en nattigheid te werken. In de loop van de zestiende eeuw ging dat geld verdienen steeds wat eenvoudiger. Het noorden van Holland, met snelgroeiende havensteden – zelfs contreien die nu diep landinwaarts liggen, Graft of Gouda, hadden vaak een haven met een zo goed als open zeeverbinding – profiteerde van de bloei van Antwerpen en van de gestage groei van de wereldhandel. Veel vracht die in Antwerpen verhandeld en verladen werd, werd door schepen uit Enkhuizen, Hoorn en Amsterdam in alle richtingen vervoerd, met de Oostzee en Zuid-Europa als voornaamste bestemmingen. Hollanders waren vooral transporteurs.[1]

Adel was in Holland niet prominent aanwezig; veel lagere edelen waren de afgelopen eeuwen zelfs sluipenderwijs opgenomen in de stadsbevolking.[2] De rijkere adel, zoals de Egmonds en de Brederodes, had met name in de duinstrook nog wel omvangrijke bezittingen, maar verbleef inmiddels elders, in Vlaanderen dan wel Brussel zoals de Egmonds, of in Vianen zoals de Brederodes. In het drassige West-Friesland was de adel zelfs zo goed als afwezig; het platteland was vooral in handen van vrije boeren, en

Lodewijk van Nassau, door Anthonis Mor (vermoedelijk)
(Rijksdienst voor het Cultureel Erfgoed, Amersfoort / C256).

de steden werden bestuurd door nogal eigenzinnige kooplieden.[3] Ze regelden hun zaakjes zelf.

Het was daar, in een vanuit Brussel gezien betrekkelijk veilige uithoek, dat Oranje voet op Hollandse bodem zette. Omstreeks 20 oktober 1572 voer hij met een kleine hofhouding en een gevolg van zo'n zestig ruiters over de Zuiderzee van Kampen naar Enkhuizen.[4] Enkhuizen was het bewijs dat Oranjes investeringen in een netwerk van vertrouwelingen in Hollandse steden nu ook echt iets begonnen op te leveren. De stad had zich in mei 1572 tegen Alva gekeerd, en was daarmee in het opstandige kamp terechtgekomen. Opvallend was dat dit niet met grote personele wisselingen gepaard ging. Het was, na een periode van aanhoudende onrust onder de bevolking, vooral het besluit van het zittende stadsbestuur. Het betekende niet dat in Enkhuizen alles bij het oude bleef. De stad zette de deuren open voor de geuzen, en daarmee voor de calvinisten. Hoe gering in aantal ook, de calvinisten eigenden zich het morele recht toe om hun geloof te belijden. De bevolking, in meerderheid nog praktiserend katholiek, keek lijdzaam toe hoe zonder fatsoenlijke vorm van proces vijf katholieke geestelijken werden opgehangen.[5]

In de maanden dat de ene Hollandse stad na de andere de zijde van de geuzen koos, kregen veel kerken en kloosters een nieuwe bestemming. Het ging snel en radicaal, het was een religieuze revolutie in de slagschaduw van een politieke omwenteling. Het was de hoogste tijd dat Oranje hier en in andere opstandige steden zijn gezicht liet zien, om tot meer matiging aan te sporen. Zo min mogelijk geweld gebruiken. Van Enkhuizen trok hij naar Hoorn, en vandaar naar Alkmaar – overal even de banden aanhalen. Tegen het einde van oktober kwam hij in Haarlem aan. De stad lag vol met geuzensoldaten onder aanvoering van Ernst van Mandelsloh, een door Oranje gecharterde, zeer ervaren Duitse legeraanvoerder.[6] Haarlem was de corridor tussen het noorden en zuiden van Holland zolang Amsterdam was bezet door een groot Spaans garnizoen en ook het stadsbestuur daar niet van plan was zaken te doen met Oranje en zijn geuzen. Tussen Haarlem en Amsterdam lag verder vooral veel water, het Haarlemmermeer en de lange zeearm, het IJ.

Het belang van Haarlem werd onderstreept door een in die dagen inderhaast belegde bijeenkomst van de Staten van Holland. Ook Oranjes bevelhebber voor zuidelijk Holland, Lumey, kwam met een gevolg van 125 ruiters naar Haarlem. Vanuit Haarlem deed Oranje in een uitgebreide brief nog eens een dringend en zelfs hartstochtelijk getoonzet beroep op Amsterdam zich bij de Opstand aan te sluiten. 'Eerzame, lieve, bijzondere,' zo luidde zijn tegenover lokale bestuurders gebruikelijke aanhef. 'U zult wel gehoord hebben over mijn komst in het land van Holland, alwaar ik van plan ben te blijven, om er te midden van de goede en goedgezinde inwoners mijn leven in de waagschaal te stellen om weerwerk te leveren aan de tirannie van Alva en daarmee het gemeenschappelijke vaderland weer volledig te laten beschikken over zijn oude vrijheden, handel, welvaart en rechtvaardigheid.' Oranje herinnerde eraan dat hij eerder met Amsterdammers vaak hetzelfde over het algemeen belang had gedacht, het verwonderde hem daarom dat ze nu niet meededen terwijl bijna alle steden in Holland in opstand waren gekomen. Of ze daar nog eens goed over wilden nadenken, want deze afzijdigheid zou niet gunstig voor hen uitpakken, en bovendien zouden latere generaties hier niet positief over oordelen. Dat jullie later niet kunnen zeggen, dat ik onduidelijk ben geweest.[7] Het waren de inmiddels gebruikelijke intimidaties, die zelden veel uitrichtten. Er kwam per kerende post een negatief antwoord uit Amsterdam. Op 2 november volgde er een tweede brief aan de stad, nu ondertekend door de Staten van Holland, en met een wat afstandelijker aanhef, 'Eerzame, wijze, voorzienige', en een nieuwe aansporing zich eindelijk eendrachtig te tonen. Er werd uitdrukkelijk melding gemaakt van onwrikbare trouw en onderdanigheid aan de koning. Die stond dus niet ter discussie, terwijl ook nog werd verwezen naar de tirannie van Alva, die inmiddels zoveel 'eerzame, vrome en katholieke personen' had getroffen.[8]

In diezelfde dagen viel de winter in, de Haarlemse grachten vroren al dicht en het sneeuwde veel. Het bleek geen reden om rustig binnen te blijven. Of het door Lumeys aanwezigheid kwam, is niet meer uit te maken, maar lijkt waarschijnlijk: op 3 november begon een hevige plundering en vernieling van het dominicanerklooster van Haarlem. Oranje stuurde zijn lijfwacht erop af om deze wandaden te stoppen, zonder veel resultaat.[9]

Een paar dagen later, op 6 november, vertrok Oranje samen met Lumey naar Leiden. Ook daar verbleef hij een week, tijd die ongetwijfeld werd besteed aan veel overleg, inspecties van de verdedigingswerken, van de stadsmilities en wat dies meer zij. Vervolgens reisde hij door naar Delft, om er geruime tijd te blijven. Hij nam zijn intrek in een vrijgekomen deel van het Sint-Agathaklooster. Dit werd voorlopig zijn hoofdkwartier. Het enorme klooster deed al langere tijd dienst als gastenverblijf voor hoogwaardigheidsbekleders. Voor een ander deel was het nog in gebruik bij franciscanessen, onder het bewind van prior Cornelis Musius, een man met een grote eruditie en culturele ontwikkeling, die Oranje bij eerdere bezoeken aan Delft al had leren kennen en was gaan waarderen. Oranje was niet van plan het klooster te laten ontruimen, hoewel dat bijna overal waar de geuzen de macht overnamen, hardhandig in gang werd gezet. De monniken en nonnen sloegen dan meestal op de vlucht of ze transformeerden zich razendsnel tot gewone burgers.[10] Maar als de geuzen kwaad wilden, dan werden ze gevangengenomen, gemarteld en in enkele tientallen gevallen ook vermoord.

Bloedsporen in Naarden

Wetteloosheid werd voor onbepaalde tijd de norm. Het bleek al uit de wilde geruchten die in deze maanden rondraasden. Wouter Jacobsz., een naar Amsterdam gevluchte prior van een klooster bij Gouda, ving op 8 november het gerucht op dat Willem van Oranje vermoord zou zijn. Dat bleek niet waar, net als het door Oranje zelf opgevangen gerucht dat Alva vermoord zou zijn.[11] Alles leek mogelijk en alles was ook mogelijk. Oranje zat in Delft, te midden van steden als Rotterdam, Dordrecht, Gouda en Leiden, die allemaal aan zijn kant stonden, en dat was wellicht meer dan waar hij enkele maanden eerder op had durven hopen. Maar hij wist ook dat Alva het er niet bij zou laten zitten en inmiddels in aantocht was. Sinds Alva Lodewijk van Nassau en Willem van Oranje had laten afdruipen uit de zuidelijke gewesten, was hij daar eerst orde op zaken gaan stellen. Onder het adagium 'eens maar nooit weer' trok hij de verschillende opstandige steden hardhandig aan zijn zijde. Het hardhandigst de stad Mechelen, die op 2 oktober 1572 zwaar werd geplunderd. Het ging gepaard met enorme vernielingen, zelfs katholieke kerken werden grondig verwoest.[12] Alva wilde hiermee een voorbeeld stellen; het moest andere steden ertoe brengen elk verder verzet te staken. Bij de Antwerpse drukker Plantijn liet Alva meteen de volgende dag in 250 exemplaren een brief drukken met een uitleg van het gebeuren te Mechelen.[13] Dan hadden de bestuurders van andere steden iets om over na te denken. Het leek te werken; Alva kreeg het zuiden vrij eenvoudig weer onder controle.

Er werd gevreesd dat Dordrecht het volgende doelwit zou zijn, maar op weg naar het noorden koos Alva een veel oostelijker route. Op 12 november nam het Spaanse leger onder aanvoering van zijn zoon Don Fadrique Zutphen in; opnieuw werd er gruwelijk gemoord en geplunderd. Alva had zijn zoon ingefluisterd zo mogelijk 'geen mens in leven te laten'.[14] Het volgende doel lag in het westen: Haarlem. De aanhoudende vorst zorgde ervoor dat waterwegen zonder veel moeite overgestoken konden worden. De route voerde over Amsterdam; onderweg kwamen de Spaanse troepen langs Naarden, dat in de maanden ervoor de zijde van de opstandige steden had gekozen. Het nieuws van de slachting in Zutphen was het Spaanse leger al vooruitgesneld en had de bestuurders van Naarden ertoe gebracht op eigen initiatief onderhandelingen te beginnen over vrijwillige overgave, in de hoop een lot als Zutphen te ontlopen. Julián Romero werd er door Don Fadrique op uit gestuurd dit af te handelen. Er werd overeengekomen dat in ruil voor genade de Spaanse troepen door Naarden hun weg mochten vervolgen richting Amsterdam, en er zou hun ook nog een bescheiden plunderactie moeten worden toegestaan.

Het leek gunstig af te lopen; de Naardense onderhandelaars dronken een goed glas met Romero. Vervolgens werden de burgers en garnizoenssoldaten ongewapend in het stadhuis bijeengedreven. Sommige verslagen meldden dat garnizoenssoldaten op enig moment nog schoten zouden hebben gelost.[15] Was dit wat de Spaanse troepen nodig hadden? Even later begon een systematische moordpartij; om te beginnen werden de honderden mensen in het stadhuis vermoord en van al hun bezit ontdaan, vervolgens werd de jacht ingezet op slimmeriken die hadden gemeend zich te kunnen verstoppen. De echte waaghalzen wierpen zich van de stadsmuren, in de hoop dat ze daarna nog konden lopen en de bevroren en besneeuwde velden in konden trekken. Zieken en ouden van dagen werden in hun bed afgemaakt. Een priester kocht een zekere dood af voor tweehonderd daalders en werd daarna alsnog zonder omhaal vermoord. Vrouwen werden verkracht en vervolgens ook vermoord, soms zelfs aan hun borsten opgehangen. Ook nonnen werden misbruikt.[16] Inwoners die kerktorens op waren gevlucht zagen de stad aan alle kanten in brand vliegen. Ze dachten nog even dat het vuur spontaan was ontstaan. Ze luidden de noodklok. De Spaanse soldaten zeiden tegen elkaar: ‘Dat is het sein voor de prins van Oranje om de in nood verkerenden te hulp te komen.’[17] Waarop de Spanjaarden bergen hooi in de fik staken in een poging de mensen boven in de kerktoren te verstikken. Intussen ontwikkelde zich buiten de muren van Naarden al een handel in de gestolen spullen, die grif van de hand gingen aan toegestroomde vrouwen uit naburige dorpen.[18] Die lieten zich niet weerhouden door de gestaag vallende sneeuw.

De lessen van Mechelen, Zutphen en Naarden

De troepen van Don Fadrique trokken in de eerste weken van december verder naar Haarlem. Deze stad had maar weinig tijd om zich voor te bereiden op het allerergste, maar de berichten over de gruwelen die kort tevoren in Mechelen, Zutphen en Naarden waren bedreven, maakten enorme krachten los. De stemming slingerde heen en weer tussen paniek en onvermoede vormen van vastberadenheid. Daarbij bleek hoe weinig eensgezind de stad was. Een drietal Haarlemse stadsbestuurders trok in de ochtend van 3 december in het diepste geheim op een slede naar Amsterdam om overleg te voeren met Don Fadrique. In de afgelopen zomer had het Haarlemse stadsbestuur na aandringen van een luidruchtig deel van de bevolking enkele honderden geuzensoldaten moeten binnenlaten. Er waren vervolgens veel ballingen teruggekeerd. De geuzen werden er dus gedoogd, maar erg van harte ging het niet. Om een wraakactie van Alva voor te zijn wilden de drie stadsbestuurders de gang van zaken uitleggen en op een beheerste terugkeer naar 'normaal' aandringen.[19]

Hun heimelijke vertrek lekte nog diezelfde dag uit en het sprak zich rond als een groot 'verraad'. Jonker Wigbold Ripperda, de kapitein van de Haarlemse schutters, riep nog diezelfde dag zijn mannen bijeen en herinnerde eraan dat ze eerder een eed op Oranje (en op de koning van Spanje) hadden gezworen en dat ze die niet zouden breken. Het stadsbestuur was als het ware gegijzeld door het bewapende deel van zijn eigen burgers. Deze berichten drongen ook door in Delft; Oranje besloot meteen in te grijpen en stuurde Marnix naar Haarlem om het stadsbestuur te vervangen, oftewel de 'wet te verzetten'.[20] Oranje maakte daarnaast Wigbold Ripperda tot gouverneur van de stad, een loyale kracht, die als belijdend calvinist wist waarvoor hij streed. Op dat ogenblik was er al een Duits huurlingenleger onder aanvoering van Lazarus Müller naar Haarlem onderweg, en ook een grote hoeveelheid proviand, die vanuit Enkhuizen per schip werd aangevoerd.[21] Enkele dagen later verschenen de troepen van Don Fadrique voor de muren van Haarlem.

In Delft kreeg Oranje nauwelijks de tijd zich te installeren. Hij zou hoe dan ook weken, zo niet maanden nodig hebben om in de Hollandse en Zeeuwse steden die in opstand waren gekomen het bestuur naar zijn zin te organiseren. Al sinds eind oktober liet hij zijn secretaris vele tientallen aanstellingsbrieven, speciale opdrachten en volmachten uitschrijven. De snelle opmars van Don Fadrique liep daar nu dwars doorheen; het tempo werd nu koortsachtig. Oranje had toegewijde krachten nodig die snelheid konden maken, die betrouwbaar waren, en die niet in paniek raakten als het even tegenzat. Hij viel daarvoor terug op mensen die hem in de donkere jaren omstreeks 1570 op welke manier dan ook hadden geholpen en contact waren blijven houden. Ze kregen veelal lucratieve betrekkingen; het was loon voor goede trouw, en Oranje verzekerde zich van stabiele bruggenhoofden in zo goed als alle steden. Dirck Volckertsz. Coornhert werd secretaris van de Staten van Holland, Jan van Hout werd secretaris van de stad Leiden, Pieter Adriaensz. van der Werff werd benoemd tot burgemeester van Leiden, Petrus Datheen kreeg een aanstelling als 'raad en commissaris' met volmacht om in Hollandse steden met overreding het bestuur aan de kant van Oranje te brengen, Johan Fruytiers een aanstelling als rekestmeester bij de Staten van Holland, Dirck Gerritsz. van Kessel werd ontvanger van de goederen van de abdij van Rijnsburg, de uit Orange afkomstige François de Virieu kreeg vele vertrouwelijke opdrachten en werd onder andere vereerd met de functie van luitenant-houtvester van Holland. Oranje maakte Paulus Buys tot een van zijn belangrijkste adviseurs.[22]

Het was cliëntelisme in zijn pure vorm. Oranje was van oudsher gewend baantjes te verdelen voor zijn hofhouding, die werd gerekruteerd uit bevriende adellijke families. Ook nu bleef hij edelen benoemen, vooral voor de wat zwaardere functies, waar Oranje zijn gezag mee tot gelding wilde brengen.[23] Zo werd Arent van Dorp zijn hofmeester en meteen ook gouverneur van Zierikzee, George de Montigny, heer van Noyelles, gouverneur van Leiden en Rijnland,[24] Adriaen van Swieten gouverneur van Gouda.[25] Marnix kreeg een vergelijkbare functie in Dordrecht, en de joyeuze en loyale alleskunner Janus Dousa werd vanaf 1572 belast met een veelheid aan secretariële, diplomatieke en politieke opdrachten.[26] Toch is het beroep dat Oranje deed op voorname lokale burgers opvallend groot, wellicht omdat ze een solide verbinding met de bevolking konden vormen.

Het einde van Lumey

Juist aan soliditeit ontbrak het in Oranjes verstandhouding met zijn twee hoogste vertegenwoordigers, Diederik Sonoy en Willem van der Marck alias Lumey, zijn plaatsvervangers in het noorden c.q. het zuiden van Holland. Sonoy streed al sinds 1566 aan de zijde van Oranje en was ook in de moeilijke dagen van 1568 en daarna voor Oranje blijven werken. Hij had leidinggegeven aan de watergeuzen, had diplomatieke missies vervuld, en werd daarbij gedreven door sterke antikatholieke sentimenten. Bij de vele conflicten waarin hij terechtkwam opereerde hij als een weinig subtiele rouwdouwer, die geen ontzag had voor bestuurders die voor een wat voorzichtiger aanpak kozen. Het bracht hem regelmatig ook in conflict met Oranje. Toch wilde die hem voorlopig niet kwijt.[27]

Lumey was een ander verhaal. Juist in de weken dat Oranje in het gezelschap van Lumey in Delft neerstreek, ontspoorde hun verstandhouding volledig. De verhalen daarover deden zelfs de ronde in het katholieke Amsterdam. Wouter Jacobsz. ving het verhaal op dat Lumey bij Oranje in het Sint-Agathaklooster het avondmaal kwam gebruiken en dat de oude prior Musius daarbij ook aanzat. Oranje liet hem zelfs aan het hoofd van de tafel zitten. Waarop Lumey eiste dat Oranje de 'paap' aan de lange zijde liet plaatsnemen, of dat hij anders de man het hoofd zou afhakken.[28] De intimidaties van Lumey bleven daarna doorgaan, waarop Musius op 9 december naar Den Haag vluchtte. Oranje stond erop dat hij meteen weer naar Delft zou komen. De volgende dag liep Musius bij zijn terugkeer naar Delft recht in de armen van Lumey en zijn geuzentroepen, die juist op weg waren gegaan om via Leiden naar Haarlem op te trekken. Ze dwongen Musius mee te gaan naar Leiden. Daar werd hij meteen na aankomst gruwelijk gemarteld. Lumey wilde van hem horen waar de kostbaarheden van het Sint-Agathaklooster waren gebleven. Nog diezelfde avond liet Lumey de tweeënzeventigjarige man publiekelijk ophangen.[29]

De berichten over deze gruwelijke moordlust moeten Oranje wanhopig gestemd hebben.[30] Het was de zoveelste wandaad die Lumey en zijn mannen in deze weken begingen; hij liet voortdurend kerken en kloosters vernielen, overal waar ze kwamen werden boeren en burgers zwaar afgeperst. Lumey werd meer dan ooit een gevaar voor het slagen van de Opstand – zoals Alva een levende antireclame voor Filips II was, zo was Lumey dat voor Oranje.[31] Maar Oranje was in deze benauwde dagen, met Haarlem, dat inmiddels de Spaanse troepen in de verte kon zien naderen, tot Lumey veroordeeld. Oranje liet hem begaan. Zijn militaire stootkracht kon wellicht beslissend zijn.

De Spaanse troepen arriveerden op 11 december voor Haarlem. Ze hadden snel en over een breed front kunnen oprukken, want de sloten en plassen waren nog altijd bevroren. Diezelfde dag begon meteen de strijd met schermutselingen buiten de stadswallen, terwijl de Spanjaarden met geweervuur vanaf de toren van het buiten de stad gelegen leprozenhuis de stadsbevolking begonnen te terroriseren. Lumey arriveerde te laat bij Haarlem om met zijn troepen nog ongehinderd de stad in te kunnen.[32] Dat was wellicht maar beter ook, want kort daarop zou Oranje Lumey bezweren geen pogingen te doen Haarlem binnen te gaan; hij kon beter proberen de Spanjaarden van buiten te hinderen en afbreuk te doen.[33] Lumeys manschappen bleken, matig getraind als ze waren, niet in staat enigszins georganiseerd slag te leveren. Een confrontatie met de troepenmacht van Don Fadrique op 13 december op het Manpad ten zuiden van Haarlem leverde Lumey enorme verliezen op. Dat Lumeys eenheden niet helemaal vernietigd werden, kwam doordat hevige sneeuwval hun aftocht dekte.[34]

Wat er van zijn troepen resteerde, bleef doen wat ze daarvoor ook al deden: in de wijde omgeving kerken vernielen en kloosters overvallen, die voor grote bedragen werden afgeperst. Lumey dreigde een staat in een nog niet eens bestaande staat te worden, ook omdat zijn antipaapse wreedheden bij een deel van de bevolking wel degelijk in de smaak vielen.[35] Dit kon zo niet doorgaan; enkele weken later ontbood Oranje Lumey en diens rechterhand Barthold Entens naar Delft. Oranje had bij de ontvangst op 5 januari 1573 enige leden van de Staten van Holland aan zijn zijde, die lieten uitkomen dat ze schoon genoeg hadden van het gewelddadige gedrag van deze mannen, die bovendien overal waar ze kwamen de leden van de Staten zwartmaakten als 'vuile verraders'. Entens en Lumey werden opgesloten, waarbij het voor Oranje zaak was dat hierover zo min mogelijk heibel ontstond. De aanhangers van Lumey mochten niet op het idee gebracht worden hun held te komen bevrijden. Oranje zou nog meer dan een jaar nodig hebben om zich van Lumey te ontdoen.[36] Op de korte termijn was het zaak het ontslag van Lumey als legeraanvoerder tot een voldongen feit te maken; op 9 januari benoemde Oranje in diens plaats Willem van Bronckhorst van Batenburg, die meteen de opdracht kreeg Haarlem te ontzetten.[37]

Haarlem verdedigt zich

De strijd om Haarlem leek aanvankelijk een gemakkelijke overwinning te worden voor de Spanjaarden; ze stuurden in de eerste dagen van het beleg meteen boodschappers naar de stad om de overgave te bespreken. Ze kregen geen antwoord. De Spaanse legeraanvoerder Bernardino de Mendoça zou naderhand opmerken dat het hem in Haarlem was gaan opvallen dat er zoveel burgers aan de strijd deelnamen.[38] Het conflict ging niet meer alleen de adel, de stedelijke regenten of de calvinisten aan, maar ook grote groepen burgers die een steeds heviger afkeer opbouwden van 'iets' wat de hertog van Alva vertegenwoordigde. Wat dat iets was, lag voor iedere burger wellicht anders: het conservatieve katholicisme, harde vervolging van andersdenkenden, wurgende belastingmaatregelen, gebrek aan verdraagzaamheid, muitende soldaten, extreme moorddadigheid bij de inname van andere steden. De gruwelverhalen over Mechelen, Zutphen en Naarden deden bij veel gematigde en tot dan afwachtend handelende burgers het gemoed omslaan. Er ontstond in Haarlem in korte tijd consensus over het feit dat er met Alva en zijn zoon niet te praten viel en dat ze hoe dan ook niet te vertrouwen waren. Er zat niets anders op dan zich te verdedigen. In de eerste dagen van het beleg raakte de stadsbevolking bevangen door een heilig vuur, de bronnen doen daar niet geheimzinnig over. En ook door inventiviteit en saamhorigheid, die een wonderlijke euforie deden ontstaan. Zij het dat ook weer niet iedereen meedeed, zoals het oude stadsbestuur, dat uit voorzorg onder zware bewaking huisarrest kreeg.[39]

De katholieke en regeringsgezinde Haarlemse patriciër Willem Jansz. Verwer maakte notities van wat er in zijn stad gebeurde, en kon regelmatig zijn bewondering voor de voortvarendheid van zijn opstandige stadgenoten niet onderdrukken. Vanaf 18 december werden er dagelijks honderden zware kogels op de stad afgeschoten. De bressen die in de stadsmuur werden geslagen, werden met alles wat maar voorhanden was weer door burgers opgevuld, 'zonder vrees voor enig schieten'. Toen er onherroepelijk doden bij vielen, werd ermee doorgegaan.[40]

Bij de troepen van Alva hadden zich 'aan hun spraak' te oordelen nogal wat Amsterdammers aangesloten, die werden ingezet voor een heuse psychologische oorlogvoering; ze zongen voor de stadsmuren sarrende liedjes. Na een felle beschieting werden er teksten als 'Hoe bevalt u dat, Haarlem?' geroepen. 'Willen jullie nog niet opgeven? Het zal er alleen maar beter op worden.'[41] De Spanjaarden gingen geduldig door, volgens de militaire richtlijnen voor het innemen van een stad, met het afmatten en intimideren van de bevolking en planden op 20 december een grote bestorming van de stadsmuren. De Haarlemmers zagen de voorbereidingen en wisten dat het nu snel afgelopen kon zijn. Verwer vertelt hoe de soldaten die Haarlem moesten verdedigen bijeenkwamen, in gebed op de grond neerzegen en onder leiding van een predikant om genade smeekten. Waarop ze terugkeerden naar hun posities en even later het Spaanse leger zagen komen aandaveren. Het duurde anderhalf uur, waarin ook burgers op de stadsmuur klommen om met stenen, lansen en brandende hoepels de bestormers te bestoken. Honderden Spaanse soldaten vonden de dood, nog eens driehonderd werden er gewond naar Amsterdam afgevoerd. Onder de Haarlemmers vielen tegen de zestig doden.[42]

Een Spaanse krijgsgevangene verklaarde intussen dat er opdracht was gegeven om bij de inname van Haarlem niemand in leven te laten. Niemand, geen bejaarde, geen vrouw. Dit waren berichten die snel door de stad gingen. Het maakte de vastberadenheid alleen maar groter. Dat hier zo goed als het hele volk in beweging kwam, werd bewezen door de grote deelname van vrouwen aan de verdediging. Ze zongen bekende psalmen, maar ook pesterige liedjes, die ongeveer op het moment zelf tot stand kwamen.[43] Ze scholden vanaf de stadsmuur de Spaanse soldaten de huid vol. Wouter Jacobsz. hoorde in Amsterdam dat er een op de stadsmuur haar blote billen had laten zien: 'Wanneer jullie geen beter geschut hebben, dan mogen jullie me ook wel even in mijn aars trompetteren. Want we zijn niet bang voor jullie, kom maar op.'[44]

In deze dagen stond een vrouw op die een aanzienlijke stap verder ging en een serieuze militaire rol opeiste. Kenau Simonsdr. Hasselaer kwam waarschijnlijk uit de gezeten burgerij; de beroemde stadsdokter Hadrianus Junius was haar zwager. Ze was ook al wat ouder, ongeveer 47, maar volgens verschillende bronnen ging ze zeer martiaal te werk. Ze zou zelfs een vendel van driehonderd vrouwelijke soldaten onder zich hebben gehad.[45]

Het heilig vuur van de calvinisten

Nu Holland en Zeeland voor een groot deel in handen van de opstandelingen waren en zoveel stadsbestuurders en burgers zich naar hun kamp bewogen, was het zaak de terreinwinst zo snel mogelijk te consolideren. Dat was wat Oranje deed met het steeds maar uitsturen van nieuwe aanstellingsbrieven voor bestuurders, ambtenaren en militairen. Dat inmiddels de bevolking ook het eigen gewicht, de eigen verontwaardiging liet spreken was mooi meegenomen, want Oranje had daar niet meteen op durven rekenen. De mensen vonden elkaar in een afkeer van het bewind van Alva, niet per se in een voorkeur voor het calvinisme. Maar het waren wel de calvinisten die in de volksbeweging een hoofdrol opeisten en een heel eigen agenda volgden.[46] In de verschillende legereenheden zaten inmiddels veel calvinisten in de hoogste rangen. Er liepen ook steeds meer volksmilities rond – sterk gestimuleerd door Oranje en de Staten van Holland, die in verscheidene bedreigde steden hadden aangedrongen op het opzetten van burgerwachten, waarin opnieuw calvinisten veelal de grote gangmakers werden.[47]

Hoezeer Oranje er ook voor waakte om de opstand tegen Alva onder een exclusief calvinistisch vaandel te laten varen, toch moest hij toezien en toelaten dat in veel Zeeuwse en Hollandse steden de calvinisten de wereld naar hun hand zetten. Ze ontmantelden kloosters en namen katholieke kerken voor hun eigen diensten in gebruik, na eerst de beelden, schilderijen, relieken en andere kerkschatten verwijderd of grondig vernield te hebben. Oranje moest en wilde het gedogen, want met het sluiten van kloosters was vaak een enorme hoeveelheid bezit gemoeid. Niet alleen aanzienlijke collecties gouden en zilveren voorwerpen, maar ook de gebouwen, vaak op dure stedelijke grond, naast soms ook een groot bezit aan landerijen, werden aan de overheid gebracht en geseculariseerd.[48] In de winter van 1573 zette Oranje samen met de Staten in verschillende regio's en steden rentmeesters aan het werk om de confiscatie van het kloosterbezit in de juiste banen te leiden, oftewel, om de opbrengsten ten goede te laten komen aan de financiering van de krijgsmacht en het aflossen van allerlei nijpende verplichtingen.[49]

Zo brokkelde van dag tot dag het katholicisme in Holland en Zeeland af. In verschillende plaatsen werden al snel nadat het stadsbestuur naar de kant van de Opstand was overgegaan, de katholieken in de verdediging gedrongen, met op enig moment de al dan niet vreedzame overdracht van de voornaamste kerken. Op 5 oktober 1572 werd in Leiden in de Pieterskerk de eerste gereformeerde kerkdienst gehouden. In Haarlem werd de Grote of Sint-Bavokerk meteen in de dagen dat Ripperda daar het bewind overnam grondig versoberd, met de nodige vernielingen. Op 24 december werden in deze kerk de eerste drie geuzen begraven; ook dat was een vorm van toe-eigening. Oranje huldigde nog enige tijd het weinig werkbare standpunt dat de katholieken én calvinisten samen moesten doen met de centrale kerkgebouwen. Hij verordonneerde dat op 9 december in Gouda voor de Sint-Janskerk en de Sint-Joriskapel. De calvinisten reageerden furieus. Oranje moest zich kort daarop gewonnen geven; op 27 december verbood hij de Goudse katholieken zelfs nog langer processies te houden.[50]

Oranje kwam er in deze maanden achter wat het betekende de calvinisten als zijn belangrijkste stoottroepen te hebben; hij kon niet anders dan meebewegen op de deining die zij veroorzaakten. Ze waren, nu ze in de Statenvergaderingen van Holland en Zeeland snel een dominante positie hadden verworven, vast voornemens om flink door te drukken. Was er tijdens de Statenvergadering in Dordrecht in juli 1572 aan de katholieken nog vrijheid van godsdienstoefening toegestaan, in februari 1573 verboden de Staten van Holland elke publieke uiting van godsdienstigheid van katholieken.[51] Daarmee verdween iedere gelijkwaardigheid tussen de calvinisten en katholieken. Oranje had het wellicht ook wel enigszins over zichzelf afgeroepen door in de zomer van 1572 een hardliner als Petrus Datheen in de arm te nemen om in de opstandige steden van Holland en Zeeland de godsdienstige zaken op orde te brengen. Datheen was niet geneigd voor de katholieken enige ruimte over te laten. En zo werd het simpele feit dat Datheen met deze taak werd belast, impliciet ook een vrijbrief om kerken en kloosters op te eisen en te 'reinigen'.[52] Oranje zal het er niet mee eens zijn geweest, maar hij kon het zich ook niet permitteren het op dit moment met de calvinisten aan de stok te krijgen. Hij liet hen begaan, en riep hen af en toe publiekelijk tot de orde, om aan gematigde krachten te laten zien waar hij eigenlijk stond, en dat ze op hem konden steunen.[53] Zo verordonneerde hij op 17 maart 1573 dat het katholieken in zijn verblijfplaats Delft werd toegestaan hun missen te houden. De geuzen konden moeilijk met deze oekaze overweg; ruim een maand later vielen ze de katholieke godshuizen aan, met het argument dat Oranje nooit zou kunnen zegevieren zolang geestelijken in deze stad bleven volharden in hun bijgeloof. De katholieken werden definitief de Oude Kerk van Delft uit geveegd, samen met hun beelden en relieken.[54] De tolerantiepolitiek van Oranje bleek niet te werken toen het erop aankwam; het leidde alleen maar tot aanhoudende onrust. Hij was daar al regelmatig voor gewaarschuwd.[55]

Intussen was het aantal echte lidmaten van de gereformeerde kerk opvallend gering. Bijna nergens ging het om meer dan tien procent van de bevolking, vaak nog aanzienlijk minder, en daar zat ook de decennia daarna weinig echte groei in.[56] Maar het katholicisme leek ook nauwelijks nog enige aantrekkingskracht te bezitten. Zelfs in het nog regeringsgezinde Amsterdam nam Wouter Jacobsz. omstreeks deze tijd waar dat de vastenavond, het jaarlijkse carnaval, vanwege de 'benarde omstandigheden die geen vreugde toelieten' nauwelijks nog werd gevierd. Hij zag ook hoe gemakkelijk mensen opeens van opvattingen veranderden: 'Ze stemmen in met allerlei meningen, hoe absurd de meningen ook zijn die de rebellen verkondigen.'[57] Mensen hadden moeite met de snelle maalstroom van veranderingen, waar ze zich hoe dan ook toe moesten zien te verhouden. Vasthouden aan het oude vroeg meer moed dan veel mensen konden opbrengen. Ook bij Oranje ontstond in deze maanden twijfel of hij de katholieken, zeker waar ze militant tekeergingen, nog wel de hand boven het hoofd wilde houden. Tegenover Lodewijk van Nassau bestempelde hij hen als 'de vijanden van God', die in Frankrijk en in de Nederlanden het ware christendom wilden verdelgen.[58] Geen wonder dat het wantrouwen tegenover de wat gematigder katholieken toenam: ze werden steeds meer gezien als een gevaarlijke vijfde colonne.[59]

Lodewijk van Nassau was inmiddels overgegaan naar het calvinisme, en Oranje moet het in de loop van 1573 ook serieus zijn gaan overwegen. Tegen het einde van het jaar, omstreeks 23 oktober, nam hij in Dordrecht deel aan een gereformeerde Avondmaalsviering, iets wat alleen aan lidmaten was voorbehouden. Oranje bekende kleur, dat was onmiskenbaar, maar was het uit diepe persoonlijke overtuiging, of uit politieke berekening? Daar is onder historici veel over gespeculeerd.[60] Oranje lijkt de keuze voor het geloof van zijn jeugd, het lutheranisme, dan wel voor de religie van zijn belangrijkste bondgenoten, het calvinisme, zo lang mogelijk te hebben uitgesteld, als het uitspelen van een joker waarvan hij op het laatste moment de kleur kon bepalen. Tijdens de hevige strijd die zich in 1573 ontwikkelde leek het moment gekomen die op tafel te gooien en elke twijfel bij zijn binnenlandse bondgenoten over zijn toewijding aan hun zaak weg te nemen en hen te sterken in het gerechtvaardigde van hun strijd. Het is niet ondenkbaar dat Oranje, los van deze situatie, liever helemaal niet had gekozen en katholiek was gebleven, katholiek nieuwe stijl, zonder Rome.

De Haarlemse uitputtingsslag

Het werd Alva en Don Fadrique al kort na het begin van het Haarlemse beleg duidelijk dat ze zich dreigden te verslikken in dit zo overzichtelijk ogende klusje. Het bleef maar vriezen. Veel Spaanse soldaten stierven van de kou of deserteerden. Tegen het midden van januari 1573 waren, volgens waarnemers uit het kamp van Oranje, de Spaanse gelederen al bijna met de helft uitgedund.[61] Dit gerucht verspreidde zich door heel Holland en deed de bereidheid aan de zijde van Oranje mee te strijden snel toenemen. Oranje berichtte Haarlem dat hij spoedig hulptroepen zou sturen om de stad te ontzetten.[62] Alva op zijn beurt was gedwongen tot het aanvoeren van nieuwe hulptroepen uit Italië en Spanje. Voor Haarlem liet hij grote graaf- en verschansingswerken uitvoeren om de stad alsnog op de knieën te dwingen. Oranje hield woord en liet via aanvoerroutes over het strand en door de duinen het Haarlemse garnizoen versterken met Engelse, Schotse en Waalse huurlingen.[63] Ze waren net op tijd om op 31 januari te helpen een tweede bestorming te weerstaan. De Haarlemmers bleken de buitenste wal ondermijnd te hebben. De explosie was vernietigend; er waren alleen al aan Spaanse zijde ongeveer tweehonderd doden en gewonden.[64] Kort daarop besloot het stadsbestuur de ommuring op de kwetsbaarste positie aan de binnenkant van een halvemaanvormige tweede wal te voorzien.[65]

Door het onophoudelijke kanonvuur van de belegeraars vielen er ook in de stad bijna dagelijks doden.[66] Toch bleef het moreel onder de stedelingen goed; er werd van alles bedacht om de Spanjaarden te jennen en uit te dagen. Er werden ook vrolijke liedjes gespeeld, die hen ervan moesten overtuigen dat de Haarlemmers niet aan opgeven dachten. Een jongen die op de stadsmuur het Wilhelmus zat te zingen werd dit fataal. Zijn been werd eraf geschoten en hij overleed kort daarna.[67] Ondanks de doden leken de Haarlemmers dit nog lang vol te kunnen houden – als er maar uitzicht was op de komst van een ontzettingsmacht. Tot die tijd was het zaak het hoofd koel te houden en het berichtenverkeer met Oranje, via duiven en 's nachts door de linies sluipende koeriers, op gang te houden.[68] Oranje spiegelde de Haarlemmers maandenlang voor aan een ontzet te werken, zonder dat er in de praktijk veel van terechtkwam. Intussen was er in de wijde omgeving van Haarlem wel degelijk veel activiteit van geuzen, die probeerden de aanvoerlijnen van de belegeraars te frustreren, wat in de loop van de maanden ook daadwerkelijk tot gebrek aan munitie en voedsel leidde. Bovendien lukte het zolang er ijs lag over het Haarlemmermeer met sleden voedsel naar Haarlem te brengen, hoewel voedsel, en dan vooral graan, door de stokkende aanvoer uit het Oostzeegebied in het hele land steeds schaarser werd. Nadat de dooi was ingevallen, werd overgegaan op het gebruik van schepen, die in de praktijk gemakkelijker tegengehouden konden worden door de op dat ogenblik veel grotere Spaanse vloot.[69]

Haarlem dreigde een grote uitputtingsslag voor beide partijen te worden, ook vanwege het nijpende gebrek aan geld.[70] Daarbij probeerde Oranje het voordeel dat hij had op Alva – de sympathie van een groot deel van de bevolking – uit te buiten door verschillende tijdelijke belastingen in te stellen en steeds grotere groepen boeren en burgers met zachte dan wel harde aandrang tot dienst nemen aan te zetten.[71] Ook werd de bevolking via listige monetaire maatregelen gedwongen leningen te verstrekken aan de Staten van Holland.[72]

Oranje leek ervan uit te gaan dat de opstandige gebieden voorlopig op zichzelf waren aangewezen. Afgaande op zijn briefverkeer in de winter van 1573 was het alsof er buiten Holland, Zeeland en Utrecht niet zoveel meer bestond. Alleen de correspondentie met zijn familie in Duitsland werd nog enigszins regelmatig onderhouden. Lodewijk herstelde maar langzaam van zijn mysterieuze ziekte. Willem kon moeilijk zonder hem, in maart liet hij dat Lodewijk weten: 'Het hele land wacht op u, als op de engel Gabriël.'[73] Eerder al had hij zijn broers Jan en Lodewijk uitgelegd dat hij meer dan ooit streed voor een heilige missie. Hij was geheel 'toegewijd aan de vrijheid van het land, zowel inzake het geweten als het bestuur', die 'buitenlanders hadden geprobeerd te onderdrukken'. Oranje onderstreept ook nog maar eens dat hij 'niet zijn eigenbelang najoeg'; hij deed alles om de koning en de bevolking van de Lage Landen tevreden te stellen en de rust te laten terugkeren.[74] Als hij dit, in cijferschrift, aan zijn broers schreef, dan moet hij er wel in geloofd hebben.

Oranje was aan zijn tweede leven begonnen. Vergelijkbare boodschappen stuurde hij uit naar groepen waarvan hij vond dat ze wel wat enthousiaster konden meewerken aan het slagen van de Opstand, zoals Nederlandse gereformeerde ballingen in Londen. Hij legde hun in een brief van 26 februari uit dat hij alles deed om 'uw arme vaderland in vrijheid te stellen'. Als hij maar rijk genoeg was geweest had hij alle lasten daarvoor willen dragen, maar nu was het zaak dat degenen die van deze vrijheid gingen profiteren er ook zelf voor betaalden.[75] Waar Oranje alle eigenbelang uit zijn betoog wegpoetste, is het opvallend hoe hij de ballingen hun belang diep inwreef: denk niet dat u vrijgevig bent voor mij, 'u opent vooral de beurs voor uzelf'. Oranje getuigde nog eens ('voor God en zijn engelen') dat hij altijd en overal alles heeft gedaan wat in zijn vermogen lag voor de zaak van de 'ware religie', ook in de uren 'dat ik vergeten en verlaten ben geweest door degenen die me trouw ter zijde hadden moeten staan'.[76]

Ditzelfde heilige vuur vertoonde Oranje tegenover keizer Maximiliaan II, die omstreeks deze tijd probeerde Filips II tot toegevingen te bewegen in de hoop alsnog vrede binnen bereik te brengen. Maximiliaan hoopte Oranje gerust te stellen door hem ervan te verzekeren dat hij zijn geconfisqueerde bezittingen terug zou krijgen, of ten minste iets gelijkwaardigs in Duitsland of Bourgondië. Waarop Oranje kortaf zou hebben geantwoord dat hij 'niet streefde naar eigenbelang'.[77] Het ging hem om de dienstbaarheid aan de koning ten behoeve van de welvaart van de Nederlanden en het was de tirannie van de Spanjaarden die hem dwong in actie te komen. Nog geen jaar eerder had hij de keizer nog uiteengezet dat hij zich niet alleen vanwege de geschonden vrijheden en privileges van de Nederlanden, maar ook vanwege 'het verlies van zijn eigen bezit' en 'de aantasting van zijn eer en reputatie' gedwongen zag de strijd met de hertog van Alva aan te binden.[78] Die laatste dimensie was nu uit zijn betoog verdwenen. In plaats van de Nederlandse bevolking te vragen zich te identificeren met het onrecht dat hém was aangedaan, identificeerde hij zich nu meer dan ooit met de Nederlandse bevolking. Een natuurlijk proces in moeilijke tijden? Zelfbedrog? Een tactische manoeuvre? Hoe dan ook werd het bedreigde Haarlem een zware test om te laten zien wat zijn zelfopoffering waard was.

De belegerde stad slaagde er in de loop van het voorjaar steeds minder goed in hiaten te vinden in Don Fadriques omsingeling. Er zaten meer dan 20.000 mensen binnen de stadsmuren opgesloten. Spaanse schepen, met Amsterdam als uitvalsbasis, beheersten het Haarlemmermeer volledig;[79] daarnaast grendelden Spaanse eenheden aan de zuidkant van Haarlem ook de landroute geheel af. Tegen eind mei leken de troepen van Don

Fadrique zo goed als gewonnen te staan. Offensieven van Oranje te water en ook uitvalspogingen van Haarlemmers leverden geen blijvend resultaat op. Bovendien lukte het, door gebrek aan coördinatie, nauwelijks om ontzettingsoperaties van buitenaf en uitvallen van binnenuit op elkaar af te stemmen. Oranje begaf zich eind mei van Delft naar Leiden om dichter op de situatie te zitten. In juni zette hij van daaruit een groot offensief op: uit verschillende Zuid-Hollandse steden liet hij daarvoor de garnizoenen overkomen. Hij overwoog zelf mee te gaan naar Haarlem, maar dat werd hem door de Staten stellig ontraden.[80] Ook deed hij tijdens publieke bijeenkomsten en maaltijden met bestuurders een klemmend beroep op bewapende burgers uit de wijde omtrek om naar Sassenheim te trekken. Er kwam tweehonderd man uit Dordrecht, net zoveel uit Rotterdam, driehonderd uit Delft, en ook Den Briel stuurde er vijftig.[81]

Deze links en rechts opgetrommelde manschappen moesten het opnemen tegen het best getrainde leger van Europa. Het hielp niet dat Oranjes aanvoerder te velde, Willem van Bronckhorst, stelselmatig faalde als strateeg. Hij maakte alle denkbare miscalculaties en had de neiging terug te deinzen en de linies te verlaten als het op vechten aankwam. Hij was niet op zijn taak berekend, maar sprak wel in termen van ridderheroïek door aan te kondigen bij Haarlem te zullen zegevieren dan wel het leven te laten.[82]

Om de moed er bij de Haarlemmers in te houden liet Oranje regelmatig berichten naar de stad overbrengen dat het ontzettingsleger in aantocht was. Dat deed hij tegen beter weten in.[83] Begin juli wilde de stad opgeven, de honger werd te kwellend. Het leverde gruwelijke taferelen op, zoals twee vrouwen die uit wanhoop met hun kinderen voor de verdrinkingsdood kozen en in de Bakenessergracht sprongen. Op 4 juli stuurde Oranje twee duiven naar Haarlem met de aankondiging dat de stad de volgende dag ontzet zou worden. Vooral niet opgeven. Maar de vloot die vanuit het zuiden de beslissing had moeten forceren kwam te laat, zag een enorme Spaanse overmacht tegenover zich, en droop af.[84] Opnieuw moest Oranje de Haarlemmers met luchtpost manen nog even vol te houden. Hij wilde zijn manschappen midden in de nacht vanuit het zuiden laten oprukken naar Haarlem; met de soldaten in de stad was een uitvalspoging afgesproken. De plannen lekten uit. Tegen de tijd dat de stad door middel van een vuurpijl het sein voor de definitieve opmars had moeten geven, liet Don Fadrique grote hoeveelheden nat hooi in brand steken, terwijl zijn manschappen langs de route verscholen lagen. Grote rookwolken benamen het ontzettingsleger ieder zicht; het werd vervolgens finaal in moten gehakt. Ongeveer zevenhonderd man lieten het leven, onder wie Bronckhorst en vele andere officieren. Ook onder de burgerstrijders uit de diverse steden vond een slachting plaats; alleen al van de Delftse afvaardiging keerden 76 mannen niet terug.[85]

Op 13 juli gaf Haarlem zich over, een dag later liet Don Fadrique zich plechtig inhalen, nog weer een dag later begon de vereffening: driehonderd Walen die voor het merendeel bij Bergen hadden beloofd nooit meer de wapens tegen de koning van Spanje op te nemen, werden als eersten ter dood gebracht. Het moorden ging de daaropvolgende dagen in een hoog tempo voort. Ruim 1700 mannen werden door beulshand omgebracht, onder wie strijders van het eerste uur, vroegere leden van het Eedverbond, als Lancelot van Brederode en Johan van Duivenvoorde.[86] De bevolking bleef grotendeels gespaard, en moest de te betalen schadeloosstelling van 100.000 gulden als een grote gunst ervaren. Willem van Oranje bracht het slechte nieuws over Haarlem enkele dagen later aan zijn broer Lodewijk en moest bekennen dat de nederlaag erg hard aankwam, vooral het verlies aan mensenlevens dat zo groot bleek te zijn 'dat er nu van enig inzetbaar leger' geen sprake meer was. En terwijl de vijand nog bezig was mensen terecht te stellen ('tegen ieder oorlogsrecht in', merkte Oranje enigszins beteuterd op), had hun hoofdmacht al koers gezet naar Alkmaar, de volgende stad die op de knieën gebracht moest worden.[87] Oranje liet duidelijk doorschemeren dat de bevolking bezig was de moed te verliezen; mensen keerden de goede zaak de rug toe, terwijl er helemaal geen geld meer was, 'en wel zodanig dat ons geen middelen meer overblijven om het nog lang vol te houden'.[88]

Allianties met hogere machten

Alva had zich tijdens het beleg van Haarlem, vanwege zijn zwakke gezondheid, steeds op de achtergrond gehouden, maar in alle grote bewegingen was zijn sturende hand zichtbaar. Niets gebeurde zonder reden, weinig gebeurde overhaast. Het was zaak Alva's gedachten enigszins te kunnen lezen. Oranje voorzag al in het vroege voorjaar, geholpen door berichten van informanten, dat Alkmaar wel eens de volgende prooi voor het Spaanse leger kon worden.[89] Al in maart 1573 drong hij er bij het stadsbestuur op aan zich op een beleg voor te bereiden, onder andere door de ommuring van de stad te moderniseren en te versterken.[90] In juni volgde de order om buiten de stadsmuren alle huizen, bomen en andere obstakels weg te halen om vrij zicht en schootsveld te hebben.[91] Nadat Haarlem in juli was gevallen, besefte Alva dat Oranje moest hergroeperen en op adem komen, en dus besloot hij hem die tijd niet te gunnen. Oranje was bijna uitgeschakeld, Alkmaar moest de genadeklap worden.

Zoals wel vaker, gebeurde er in de donkerste uren iets waardoor Oranje weer moed vatte. Het goede nieuws kwam van Walcheren, waar een bescheiden troepenmacht onder aanvoering van Louis de Boisot de Spaanse posities aanzienlijk wist te ondermijnen. De deprimerende berichten over Haarlem en geruchten over een ophanden zijnde actie tegen de watergeuzen brachten Boisot, die kort daarvoor benoemd was tot admiraal voor Zeeland, tot een actie die 'redelijkerwijs niet zou kunnen slagen', zo merkte een tijdgenoot op. Ze was gericht op de zo goed als onneembaar geldende vesting Rammekens op de zuidpunt van het eiland Walcheren, bij Vlissingen, waarmee de scheepvaart op de Schelde en ook het eiland zelf goeddeels gecontroleerd kon worden. Het legertje van Boisot lokte op 5 augustus met een schijnbeweging een groot deel van de bezetting van het fort naar buiten en kon het vervolgens zonder slag of stoot binnen een dag innemen. Boisot gunde de vijftig soldaten die nog in het fort zaten een eerzame aftocht.[92]

Dit verdreef bij Oranje het ergste defaitisme, zo blijkt uit een brief met flink aangezette peptalk die hij op 9 augustus verstuurde aan Diederik Sonoy en zijn naaste raadslieden in het Noorderkwartier. Ook bij hen was de val van Haarlem hard aangekomen, hadden ze Oranje in een brief laten weten. De bevolking in het Noorderkwartier was bevangen door angst, velen dachten aan vluchten of waren zelfs al vertrokken. Sonoy en zijn raadsmannen zagen zelf ook niet veel andere opties meer. Ze waren inmiddels een gemakkelijke prooi voor het vijandelijke leger, want wanneer dat op het platteland al het vee zou afmaken of wegvoeren, was het snel gedaan. Er was bovendien gebrek aan alles: aan buskruit, geschut, proviand en vooral aan geld. De brief was een lange litanie van mannen die de uitgang zochten. Ze brachten ook naar voren dat er openlijk veel gemopperd werd dat Oranje zijn veldleger inmiddels had opgedoekt, en dat het voortzetten van de Opstand nu van de garnizoenen leek af te hangen: 'Het is naar menselijke maatstaven gemeten niet mogelijk de zaak nog tot een goed einde te brengen, of langer te verdragen, tenzij Uwe Vorstelijke Genade een vast verbond met enkele grote en machtige potentaten en een echt ontzet in het verschiet heeft.'[93]

Op 24 juli, toen Sonoy deze brief opstelde, oordeelde Oranje niet veel anders over de situatie, maar terwijl hij nadacht over een passend antwoord, ontving hij het bericht over de inname van fort Rammekens. Dit herinnerde hem er nog maar eens aan dat er hoop gekoesterd mocht worden zolang er leven was. De toon van Oranje tegenover Sonoy was fel: in de kern verweet hij hem gebrek aan inzet en gebrek aan godsvertrouwen, dat in dit geval mogelijk ook wel samenviel met zelfvertrouwen. Op de vraag van Sonoy c.s. of hij met enige grootmacht inmiddels een 'vast verbond' gesloten had, liet Oranje weten geheel te vertrouwen op zijn bondgenootschap met God, 'de allerhoogste Potentaat der potentaten', zodat 'ik geheel verzekerd ben, dat ik, en al degenen die daar vast op steunen, door Zijn geweldige en machtige hand uiteindelijk ontzet zullen worden, ondanks al Zijn en onze vijanden, zonder dat we in de tussentijd, de middelen die de Heer der heerscharen ons toezendt, onbenut zouden moeten laten'. Al het geklaag over gebrek aan dit en gebrek aan dat deed Oranje vervolgens af als overdreven gezeur. Als er gebrek is aan wat dan ook, zorg dan dat je het alsnog krijgt. Een maand achterstand met de betaling van soldij? Kijk naar de mannen van Alva, die hebben al 28 maanden geen soldij ontvangen. Rammekens toonde aan dat de almachtige God op de hand van de opstandelingen was: '[Ik] verzoek u daarom in alle ernst dat u alle ingebeelde angsten aflegt en alle onverstandige redeneringen verwerpt.' Het kwam nu aan op moed en ijver. En ja, het veldleger was opgebroken, maar samen zouden ze dat snel wel weer opbouwen.[94]

Oranje wist inmiddels hoe fnuikend het wachten op hulp uit het buitenland kon uitwerken. Het was wachten op verlossing die nooit ging komen; maar het vergeefs koesteren van die hoop daarop leidde tot vertwijfeling, die alleen de vijand maar in de kaart speelde. Als het laatste jaar en ook het beleg van Haarlem hem iets geleerd had, dan was het dat onder de bevolking een grote en militante anti-Spaanse gezindheid bestond. Die mocht nu niet omslaan in defaitisme, zoals door Sonoy met zijn slappe knieën dreigde te gebeuren. Hollanders stonden er toch al om bekend dat ze erg zwaar op de hand waren en weinig moed en doorzettingsvermogen toonden.[95] Sonoy moest daar tegenwicht aan bieden, tot elke prijs.

Oranje was maandenlang vooral gericht op het mobiliseren van alle binnenlandse krachten, maar hij had de hoop op een sterke buitenlandse bondgenoot nog niet helemaal opgegeven, dat had Sonoy goed begrepen.[96] Oranje kon ook niet anders dan het internationale krachtenveld nauwlettend in de gaten houden. Dat was eens te meer noodzakelijk sinds Alva in april 1573 een verbond sloot met Elizabeth van Engeland; het betrof in naam het opheffen van oude handelsbeperkingen, maar in de praktijk hield het ook in dat Engeland van steun aan Oranje moest afzien en hem zelfs actief moest bestrijden.[97] In het Duitse Rijk lag het initiatief bij de keizer, en die bleef voorlopig op een voor Oranje zeer onvoordelige vrede aansturen.[98] Frankrijk was, opnieuw, Oranjes enige potentiële bondgenoot. Terwijl de wonden van de Bartholomeusnacht en het daaropvolgende echec van Bergen nog vers waren, kreeg de zieke Lodewijk van Nassau al in november 1572 op de Dillenburg bezoek van de Franse diplomaat Fregoso, die in opdracht van Karel IX de band met de Nassaus probeerde te herstellen. Lodewijk vertrouwde het niet helemaal, maar liet zich, met instemming van zijn broer, toch in verdere onderhandelingen betrekken. In maart 1573 voerde Lodewijk, inmiddels aan de beterende hand, in Frankfurt opnieuw gesprekken met een Franse diplomaat.[99] Karel IX leek ver te willen gaan in zijn steun.

In mei stuurde Oranje zijn gezanten Jacques Tayaert en Ghislain de Fiennes, heer van Lumbres, naar koning Karel IX om te onderhandelen over een openlijke dan wel onderhandse bijdrage aan zijn strijd tegen Alva.[100] 'Openlijk' zou betekenen dat Frankrijk in oorlog raakte met Spanje. 'Onderhands' zou financiële steun moeten inhouden, per kwartaal een bedrag van 100.000 kronen.[101] Uiteraard zou Frankrijk ruim beloond worden voor alle steun; de Franse koning zou zich de wettige beschermer en verdediger van Holland en Zeeland en nog te veroveren gebieden mogen noemen – wat gelijkstond met de overdracht van de soevereiniteit aan de Franse kroon.[102] Wel zou de koning erin moeten toestemmen dat in Holland en Zeeland alle oude privileges van kracht bleven, de lokale adel zijn macht behield en de protestantse religie vrij beleden mocht worden.[103] In hoeverre Oranje dit had afgestemd met de Staten van Holland en Zeeland is onduidelijk – waarschijnlijk hield hij die er geheel buiten.[104] Maar voor het verdere verloop maakte dat niet veel uit. Karel IX was welwillend, maar ontmoette onder zijn raadgevers zoveel tegenstand dat hij deze onderhandelingen moest stopzetten. De Nassaus en de Nederlanders stonden er nog altijd alleen voor. Toch bleven de relaties met het Franse hof warm; via Lodewijk van Nassau kreeg Oranje in het najaar van 1573 alsnog een bedrag van 100.000 gulden in handen gespeeld.[105] Frankrijk bleef zo een beetje aan de touwtjes trekken en het verzetsvuur opstoken, terwijl Oranje vooral zelf zijn eigen problemen mocht oplossen.

De eenvoud van Alkmaar

Het nijpendste probleem was in augustus 1573 de Spaanse opmars naar Alkmaar. De belegering begon op de eenentwintigste met enkele pogingen tot snelle overrompeling. Wat was de uitwerking van de onthutsende val van Haarlem? Wankelden de Alkmaarders bij voorbaat, zoals Sonoy en de zijnen verwachtten? Daarvan bleek weinig; de stad was aanzienlijk beter versterkt dan Haarlem, en had zich maandenlang op de komst van de Spanjaarden kunnen voorbereiden. Bovendien lag Alkmaar in een waterige, moerassige omgeving, die voor belegeraars weinig comfortabel en gezond was, met ook nog eens het najaar in aantocht. Toen de herfstregens begonnen, moesten de Spanjaarden ervaren dat hun geschut in de zompige aarde begon weg te zakken.[106] Het stadsbestuur van Alkmaar was, net als dat van Haarlem, pas na harde aandrang en met enig geweld door Sonoy in 1572 aan de zijde van de opstandelingen gebracht.[107] Maar nu het leger van Alva voor de stadsmuren stond, toonden de stedelingen hetzelfde elan als de Haarlemmers. Ook hier verschenen naast soldaten veel burgers en opnieuw veel vrouwen op de stadsmuren om met alles wat zich ervoor leende de bestormingen af te slaan: stenen, brandende hoepels en bezems en vergruisd glas. De vrouwen stookten de vuren in hun fornuizen hoog op en kwamen met emmers kokend lood, afvalwater en ook hete pis aanzetten, die vanaf de stadsmuren op de bestormers werden uitgestort. Alkmaar deed zijn voordeel met de lessen van Haarlem. Ook de Spanjaarden hadden bijgeleerd en speelden nu zelf in de avonduren treiterend het melodietje van het Wilhelmus.[108] Het leek de bevolking weinig te deren; ze daagden de soldaten uit om in de stad kermis te komen vieren.

Alva werd razend omdat het niet lukte de stad snel te overmeesteren; zijn 'clemente' behandeling van de Haarlemmers had de Alkmaarders ervan moeten overtuigen dat het verstandig was geen verzet te bieden. Nu ze dat toch deden, bezwoer hij de stad tot de laatste man te zullen uitmoorden.[109] Ondertussen zetten de troepen van Sonoy op last van Oranje bij de ondergelopen Zijpe, die in open verbinding met de zee stond, de sluizen open en staken in de omgeving van Alkmaar de dijken door. Toen de Spanjaarden begrepen dat het water in aantocht was, braken ze op 8 oktober op. Ze vuurden in wanhoop nog een grote hoeveelheid munitie op de stad af en vertrokken in de richting van Bergen, naar de relatief droge zandgronden.[110]

Er was iets aan het kantelen, voorzichtig. Het was nog te vroeg om victorie te roepen, maar er was behalve het betrekkelijk snelle ontzet van Alkmaar meer bemoedigend nieuws. Drie dagen later, op 11 oktober, brachten de geuzen onder aanvoering van Louis de Boisot op de Zuiderzee ter hoogte van Hoorn de Spaanse vloot een zware nederlaag toe. Hierbij werd hun admiraal, de graaf van Bossu, tevens de stadhouder van regeringswege van Holland, Zeeland en Utrecht, krijgsgevangen gemaakt.[111] Wat resteerde van de Spaanse vloot ging zwaargehavend bij Amsterdam voor anker. Berichten dat minstens vier van de grootste oorlogsschepen verloren waren gegaan, sijpelden door in de stad. Kooplieden beseften als eersten dat de geuzen nu vanuit Enkhuizen de hele Zuiderzee beheersten, waarmee voor het Spaansgezinde Amsterdam de route naar open zee afgegrendeld was. De buitenlandse handel dreigde stil te vallen. Het aanhoudende succes van de geuzen kwam hard aan in Amsterdam. De stad vulde zich inmiddels met van elders gevluchte priesters, die overal als paria's waren behandeld, alles kwijt waren en volgens Wouter Jacobsz. in hun wanhoop vaak huilend over straat gingen.[112]

Intussen durfde Oranje weer buiten de grenzen van Holland en Zeeland te denken. Het hoofddoel bleef de beheersing van Brabant, waar Brussel lag en het grootste deel van zijn eigen bezittingen zich bevond. Een eerste succes was op 31 augustus de verovering, in een nachtelijke overval, van het strategisch gelegen Geertruidenberg, van waaruit Breda, Bergen op Zoom, Antwerpen en zelfs Maastricht binnen bereik kwamen.[113] Geertruidenberg was oud bezit van de Nassaus bovendien. Burgers van de stad hadden ook geholpen om de troepen van Oranje binnen te laten. Willem van Oranje, die op dat ogenblik in het nabijgelegen Dordrecht verbleef, stak nog diezelfde dag de Biesbosch over om de stad te begroeten. Het garnizoen was toen al in koelen bloede, en tegen ieder oorlogsrecht in, afgemaakt.[114] Tegenvaller was de dood van de nieuwe gouverneur van Geertruidenberg, Jerôme Tseraerts, een paar weken later, bij een muiterij van zijn eigen soldaten.[115]

Ondanks dergelijke tegenslagen – Tseraerts was sinds hij deelnam aan het Eedverbond een van de trouwste medewerkers van Oranje geweest, ook in de sombere jaren omstreeks 1570 – herwon Oranje snel zelfvertrouwen. Zijn propaganda had geruime tijd gezwegen, maar kwam in het najaar van 1573 weer tot leven met twee gedrukte geschriften.[116] Het eerste was een appel van de Staten van Holland aan de Staten-Generaal, die kort daarop bijeen zouden komen om te beslissen over een nieuwe bijdrage aan Alva's oorlogsonkosten. De Staten van Holland rieden hun aan dat vooral niet te doen en zich aan te sluiten bij de Opstand (met mannelijke moed en zonder 'wijvische slappigheid'), en zo de 'heerschappij van vreemde naties' te doen beëindigen en 'ons arme verdrukte vaderland van tirannie te verlossen'.[117] Het tweede pamflet had de vorm van een verzoekschrift aan koning Filips II, om uit te leggen dat alle weerstand tegen de tirannie van Alva alleen maar voortkwam uit de wens terug te keren naar de oude rust en welvaart onder de hoede van de Spaanse koning.[118] Het moment was goed gekozen; de successen en succesjes van de opstandelingen konden aan de nog niet in opstand gekomen steden en gewesten duidelijk maken dat ze wel degelijk een keuze hadden. Ze hoefden de hertog van Alva niet eindeloos te verdragen.

Het was een opzichtige poging om de enorme antipathie tegen Alva te exploiteren. De oude hertog was in 1568 naar de Nederlanden gekomen om het klusje in korte tijd te klaren.[119] Het liep anders. Hoewel Alva een grote afkeer had van de onbetrouwbare Nederlanders en hun akelige klimaat, dat ook nog eens slecht uitwerkte op zijn jicht, was hij vastbesloten de Nederlanden gepacificeerd aan zijn opvolger over te dragen, hoeveel dukaten en levens dat ook zou moeten kosten.[120] Filips II zag al in 1571 dat de harde aanpak van Alva meer kwaad dan goed uitrichtte, en besloot hem te vervangen door Juan de la Cerda, hertog van Medinaceli. Die arriveerde met grote vertraging op 11 juni 1572 en ging een zware tijd tegemoet, waarin Alva hem demonstratief buiten de meeste regeringszaken en militaire beslissingen hield. Alva weigerde botweg de macht aan hem over te dragen.[121] Een onhoudbare situatie, die Filips II desondanks lang liet voortduren, omdat hij sinds de zomer van 1572 Alva niet meer uit de opnieuw onrustige Nederlanden durfde terug te trekken; Medinaceli was geen groot militair.

Eind juli 1573 onthief Filips II Medinaceli van de taken die deze nooit naar behoren had kunnen vervullen. De koning had een halfjaar eerder al besloten wie de klus dan moest klaren: zijn jeugdvriend Don Luis de Requesens y Zúñiga. Die was op dat ogenblik grootcommandeur van Castilië en gouverneur van Milaan, en ervoer deze opdracht als een regelrechte straf ('ik heb duizend redenen om deze opdracht niet te aanvaarden', zo klaagde hij tegenover zijn broer), maar hij gehoorzaamde, al maakte hij weinig haast om naar de Nederlanden af te reizen.[122] Het nieuws van Requesens' benoeming was de maanden erna al doorgesijpeld naar de Nederlanden. Maar inmiddels wilde men het pas geloven als het zover was. Dat moment kwam in dezelfde week dat Alva's leger zich moest terugtrekken bij Alkmaar en zijn vloot ten onder ging op de Zuiderzee; Requesens was eindelijk onderweg naar de Nederlanden.[123] In intieme correspondentie had Alva al te kennen gegeven dat hij helemaal klaar was met de Nederlanden: 'Haal me hier weg, en als dat niet kan door iemand anders te sturen, schiet me dan dood...'[124] Tot het einde toe bleef Alva in gewelddadige oplossingen geloven. Requesens maakte op 17 november zijn intrede in Brussel en kreeg op 29 november de regering overgedragen. Alva vertrok op 18 december, met de beschadigde reputatie van een groot veldheer die een zootje ongeregeld er in zes jaar tijd niet onder had gekregen. Zijn militaire inspanningen hadden zo'n twaalf miljoen dukaten gekost en de situatie alleen maar onbeheersbaarder gemaakt.[125]

De herrijzing van Lodewijk

Nog verheugender voor Oranje waren de berichten dat zijn broer Lodewijk in de loop van de zomer van 1573 genoeg hersteld was om weer aan de strijd te kunnen deelnemen. In alle toonaarden had Oranje hem de voorgaande maanden laten weten dat hij hem miste. Bij de verwikkelingen rond Haarlem en Alkmaar, zo klaagde Oranje nog op 22 juli, had hij niemand die hem 'in spoedeisende zaken hulp of raad kon verschaffen'.[126] Lodewijk begreep dat hij niet met lege handen moest aankomen, en gebruikte het nieuws uit de Nederlanden, zowel het bemoedigende als het verontrustende, om in Duitsland onder de verschillende kleinere vorsten die ruim ervaren waren als legeraanvoerder toezeggingen op te halen om met een grote legermacht op te trekken naar de Nederlanden.[127] Hij probeerde ook de protestantse keurvorsten erbij te betrekken, en zelfs de vorstenhuizen van Frankrijk en Polen, waardoor een heuse 'Grafeneinigung' zou ontstaan, een groot internationaal verband om de aspiraties van Habsburg in te tomen.[128] In augustus verwierf hij zelfs concrete steun van de keurvorst van de Palts, Frederik, die aan de Hollandse steden 22.000 gulden leende om de strijd te kunnen volhouden. Zonen van de keurvorst, Johan Casimir en Christoffel, leverden enkele weken later een belangrijke bijdrage door bij Spiers vijftien wagens met buskruit, afkomstig van de keizer en bestemd voor Alva, te onderscheppen en in de lucht te laten vliegen. Ook dit gebeurde in dezelfde week als het ontzet van Alkmaar en de Slag op de Zuiderzee.[129]

De diplomatie met Frankrijk waar Lodewijk in de loop van 1573 weer in verwikkeld raakte, nam net als een jaar eerder opvallend intieme vormen aan. Hoewel Lodewijk liet weten de Bartholomeusnacht nog niet vergeten te zijn, deden Karel IX en Catharina de' Medici een beroep op Lodewijk om te helpen de broer van de koning, Hendrik, hertog van Anjou, te doen huwen met een dochter van de Poolse koning. Opnieuw fungeerde Lodewijk als postillon d'amour in een belangrijk Europees vorstenhuwelijk waarin delicate geloofstegenstellingen zouden worden overbrugd, want het Poolse koningshuis en nog meer de Poolse bevolking was sterk hervormingsgezind. Het was een land waar de religievrede tussen katholieken en protestanten leek te werken. Lodewijk zette net als in 1572 hoog in door er ook voor de hugenoten en de Nederlandse opstandelingen zo veel mogelijk voordeel uit te willen halen. Hij bracht de Franse koning bovendien voor ogen dat hij concreet uitzicht kreeg op de keizerstitel. De koning deed zijn best dit dichterbij te brengen door grote jaarlijkse toelagen toe te zeggen aan bevriende Duitse vorsten.[130]

Intussen begon het in de Nederlanden al in september 1573 te gonzen van berichten dat Lodewijk met zijn vers geworven troepen onderweg was naar de Nederlanden.[131] Het was voorbarig, maar het illustreerde nog maar eens de hoge verwachtingen die op zijn komst geprojecteerd werden. Op 12 november benoemde Oranje zijn broer tot kapitein en tot zijn luitenant-generaal.[132] Ook dat was wat voorbarig, want Lodewijk werd nog altijd opgehouden door zijn demarches met Frankrijk. Wanneer die zouden slagen, zou het verdrijven van de Spaanse troepen en de door Spanjaarden gedomineerde regering in Brussel, snel binnen bereik kunnen komen.

In de laatste dagen van november ontmoette Lodewijk in Blâmont, tussen Nancy en Straatsburg, Catharina de' Medici (de koning was onderweg ziek geworden en moest het laten afweten). Ze deed omzichtige voorstellen om Lodewijks toekomstige militaire operaties ten goede te laten komen aan de Franse belangen, en vice versa. Ze liet uitkomen dat de Franse koning wel in zijn campagne wilde investeren, maar dan moest Lodewijk beloven niet meer in zee te gaan met de hugenoten.[133] Lodewijk had op dat moment weinig keuze; zo kort daarvoor had een bondgenootschap met de Franse koning nog een utopie geleken.

In Blâmont leerde Lodewijk ook de jongste broer van de Franse koning kennen, de nog maar zeventienjarige François, hertog van Alençon. Bij het afscheid fluisterde deze Lodewijk in het oor dat hij alles zou doen om Willem van Oranje bij te staan. Toen Lodewijk hiervan verslag deed aan Willem, voegde hij eraan toe: 'Ik weet uit andere bron dat men een goede indruk heeft van zijn trouw en welwillendheid.'[134]

Het Franse hofgezelschap was zo oostelijk gereisd omdat het Hendrik een flink eind wilde begeleiden op weg naar Polen. Het huwelijk met de Poolse prinses was inmiddels gearrangeerd, en het was zeker dat Hendrik tot koning van Polen zou worden verkozen. Begin december reisde Lodewijk, met een tussenstop in Heidelberg nog enkele dagen mee tot Hanau,[135] en sloeg toen af naar Dillenburg, om zich daadwerkelijk te gaan voorbereiden op een vertrek naar de Nederlanden. Pas begin februari 1574 vertrok hij, in bar winterweer, naar het westen. In de tussentijd was het grootste deel van het door Karel IX toegezegde bedrag op de Dillenburg afgeleverd.[136]

Al die tijd moest Oranje het zonder zijn broer doen. En zo ontbrak het hem nog altijd aan een goede raadgever. Kennelijk voldeden mannen als Filips van Marnix, Arent van Dorp of Paulus Buys, die al zo lang op sleutelposities zaten, niet in een dergelijke rol. Paulus Buys, inmiddels landsadvocaat en lid van Oranjes adviesraad, lag niet steeds even goed bij

Oranje, die hem tijdens het beleg van Haarlem van gebrek aan loyaliteit beschuldigde, waar anderen hem zelfs van verraad verdachten.[137] Arent van Dorp was slim en was eveneens van grote waarde als adviseur en als gouverneur van Zierikzee, maar het was ook iemand die steeds op zelfverrijking uit was. Marnix genoot en geniet een veel onbaatzuchtiger reputatie, en werd en wordt ook gezien als belangrijke steun van Oranje in deze moeilijke jaren. Toch tuimelde juist Marnix in de laatste maanden van 1573 ongenadig van zijn voetstuk.

Marnix was in zijn functie van gouverneur van Delft, Rotterdam en Schiedam belast met de aanleg van een verdedigingswerk bij de sluis van Maasland.[138] Nu de tercios zich van Alkmaar naar de omgeving van Den Haag hadden teruggetrokken en eind oktober waren begonnen met het belegeren van Leiden, ritselde het in Zuid-Holland van de Spaanse legereenheden, die veel steden en dorpen in bijna continue staat van alarm hielden.[139] Op 4 november werd Marnix bij Maasland overvallen door een Spaanse eenheid onder leiding van Julián Romero. Marnix' lijfwacht liet het afweten en hijzelf werd samen met enkelen van zijn officieren afgevoerd naar Den Haag.[140] Kort daarop werd Marnix overgebracht naar Utrecht, waar hij in de Vredenburg werd opgesloten. Marnix meende dat hij een snelle dood tegemoet ging,[141] maar Romero begreep dat hij hem op verschillende manieren kon gebruiken bij diplomatieke opzetjes. Romero verstond de kunst van het behagen en stelde Marnix zodanig op zijn gemak dat die enthousiast werd voor de voorstellen die Romero via hem naar Willem van Oranje wilde doen uitgaan. Het meest concrete was de ruil van Marnix tegen Bossu,[142] maar van nog groter gewicht was het voorstel om over vrede te gaan onderhandelen. Oranje vertrouwde het niet, had bovendien nog altijd een militair erg wankele positie, die aan de onderhandelingstafel niet in zijn voordeel werkte. Daarnaast mocht hij erop vertrouwen dat dit met Franse en Duitse steun op korte termijn zou verbeteren. En hij mocht vermoeden dat aan Spaanse zijde door het nijpende geldgebrek de grootste agressie wel voorbij was.

Ondanks Oranjes resolute afwijzing bleef Marnix vanuit de gevangenis zijn voorstellen herhalen; hij gaf hoog op over de goede wil van Bossu's opvolger als stadhouder, Noircarmes, een oude bekende, ooit hun medestrijder in de tijd van het Eedverbond, inmiddels een trouw dienaar van de gevestigde orde. Marnix bleek bevattelijk voor Noircarmes' redeneringen dat het weinig zin had voor de opstandelingen door te vechten.[143] Dat het in veel opzichten – denk aan de enorme lasten voor het nageslacht – immoreel was en bovendien schadelijk voor het land.[144] Marnix kon daar zelf over meepraten; hij kampte inmiddels met grote schulden. Het met Oranje overeengekomen honorarium van tweehonderd gulden per maand werd hem al heel lang niet uitbetaald.[145] Het meest vergaand was Marnix' voorstel om een vrije aftocht te vragen, en met alle calvinisten die dat zouden willen 'in een vreemd land' opnieuw te beginnen.[146] Oranje hield er rekening mee dat dit onder dwang geschreven was.[147] Hij kon het niet serieus nemen.[148]

Oranje had de laatste maanden voor wie het maar horen wilde zijn voorwaarden voor een vrede uiteengezet: in de Nederlanden moest religie beleden kunnen worden 'volgens het heilige woord Gods' en niet volgens de richtlijnen van Rome, de oude vrijheden en privileges moesten gerespecteerd worden, en de Spaanse soldaten en overheidsdienaren dienden te vertrekken.[149] Deze eisen waren voor Filips zo overduidelijk onaanvaardbaar dat Oranje hiermee een recept gaf voor het nog heel lang voortzetten van de strijd. Er gebeurde voorlopig niets. Marnix bleef uiteindelijk ruim een jaar gevangenzitten en werd toen geruild tegen de Spaanse veldheer Mondragón.[150]

De inname van Middelburg

Oranje richtte tegen het einde van 1573 zijn aandacht op Zeeland. Hij reisde er ook heen, in de hoop met enig vertoon de overgave van Middelburg te kunnen forceren.[151] Middelburg was, met Arnemuiden, nog steeds een Spaanse enclave op de Zeeuwse eilanden en werd al maandenlang belegerd. Oranje scheepte in te Zierikzee en voer naar de omgeving van Bergen op Zoom, waar hij een vlootschouw hield. De regeringsgezinde vloot lag daar opgesloten in de haven en moest toekijken, en kon alleen het geschut afvuren, zonder iets te raken.[152] Oranje bewoog zich intussen aan dek van het admiraalschip, dat voor de gelegenheid uitbundig versierd was met draperieën. Hij liet alle kapiteins en andere aanvoerders bijeenkomen en in een krachtige toespraak doordrong hij zijn mannen van het strategische belang van Zeeland. Dat ze het deden voor het behoud van de religie en van de vrijheden en privileges van het land. De mannen beloofden tot hun laatste druppel bloed te vechten, en ze zouden zelfs een jaar willen vechten zonder er maar een stuiver voor te ontvangen. Soldateneuforie. Een paar dagen later, op 28 december, deed Oranje met zijn vloot Vlissingen aan. In de verte lagen het hongerende Middelburg en Arnemuiden. Het voedsel bestond daar inmiddels uit muizen, ratten, honden en katten. Er brak af en toe oproer uit omdat soldaten het weinige reguliere voedsel dat nog de stad in kwam voor zichzelf probeerden te houden.[153]

Oranje gaf nu in eigen persoon leiding aan de operatie om Middelburg door nog stringentere uithongering op de knieën te brengen. Het duurde zeven weken voor de stad capituleerde. De beslissende wending was een grote zeeslag met een Spaanse vloot onder bevel van Sancho Dávila, die op 29 januari op weg naar Middelburg bij Reimerswaal in gevecht raakte met de vloot onder aanvoering van Louis de Boisot. De uitkomst was vernietigend: vijftien Spaanse schepen werden buitgemaakt. Een deel van de vluchtende Spaanse vloot werd tot op de Schelde bij Antwerpen achternagezeten en alsnog naar de kelder gejaagd. In totaal gingen zo'n zestig Spaanse schepen verloren, en meer dan zeshonderd kanonnen; het verlies aan manschappen liep in de duizenden. Middelburg begreep dat het voorlopig geen ontzet hoefde te verwachten. De stad viel drie weken later in handen van de opstandelingen. De troepen kregen een vrije aftocht, ook de katholieke geestelijken en Spaansgezinde burgers mochten ongehinderd vertrekken. Cristobal de Mondragón, de roemruchte Spaanse veldheer die de laatste maanden de verdediging van Middelburg had geleid, werd gevangengenomen.[154]

Don Luis de Requesens had vanuit Bergen op Zoom naar de slag staan kijken en het helemaal mis zien gaan, onder andere door gebrek aan zeemanskunst en ook door onbekendheid met het gebied, dat vol ondiepten zat. Voor zijn ogen liep het ene Spaanse schip na het andere aan de grond. Requesens had ook Julián Romero, een excellent militair zonder noemenswaardige ervaring op zee, het bevel over een eskader gegeven. Romero's schepen raakten ingesloten en werden deels in brand geschoten. Romero en wie maar kon, redden zich in roeibootjes naar de wal. Volgens de legende trof hij daar Requesens, die hij voor de voeten wierp 'heel goed te weten dat hij geen zeeman was, maar een soldaat' en dat de landvoogd op deze manier in staat was iedere vloot naar de ondergang te helpen.[155]

Spaans zelfonderzoek

Requesens was iemand voor de onderhandelingstafels, eerder dan voor het slagveld.[156] Hij was ook niet gekomen om de oorlog voort te zetten, maar om die als het kon met zachte hand te beëindigen. Want dat er iets moest veranderen, daar waren het grootste deel van de entourage van Filips II en ook de koning zelf wel van overtuigd. Granvelle bracht vanuit Italië zijn visie op de situatie in juni 1573 al scherp onder woorden. Geweld zou niet helpen om de Nederlanden in het gareel te krijgen. De rebellie werd door de wreedheid van Alva's bewind en ook door diens belastingmaatregelen alleen maar aangewakkerd. Granvelle zag dat slechts tact en het aankweken van liefde voor de koning het tij konden keren; de herinnering aan de tiende penning diende zo snel mogelijk bij de bevolking te vervagen.[157] In januari 1574, nadat Requesens zich had kunnen installeren, hield Granvelle opnieuw een krachtig pleidooi, nu voor het opheffen van de Raad van Beroerten. Dat zou al veel schelen in de beleving van de bevolking, net als het afkondigen van een algemeen pardon en het uitdrukkelijk afschaffen van de tiende penning.[158]

Granvelle had invloed, zijn brieven werden op grote schaal gekopieerd en bereikten vroeg of laat alle betrokkenen. Toch werd er voor zijn gevoel veel te traag aan zijn adviezen gevolg gegeven. Hij solliciteerde zelfs even naar een terugkeer naar de Nederlanden, maar dat werd toch niet zo verstandig gevonden. Zijn naam stond synoniem met papisme en machtsmisbruik: er werd nog altijd met afgrijzen over de 'kardinaal' gesproken. Wouter Jacobsz. kon vertellen dat in 1573 in Amsterdam kinderen op straat nog gevechten hielden tussen 'geuzen' en 'kardinalen'. Ze gingen zo tekeer, dat er een jongen bij om het leven kwam.[159]

Requesens moest het gaan doen. In een politieke constellatie met zoveel verse en diepe wonden vroeg zijn taak bij voorbaat enorme acrobatische bestuurlijke vermogens. Die had hij niet. Hij erfde bovendien niet een probleem dat hij rustig en behoedzaam kon proberen op te lossen, maar een uitslaand conflict dat in de winter van 1574 alle kanten op kon gaan. De nederlaag bij Reimerswaal en het verlies van Middelburg kwamen hard aan.

Toch was het van groot belang een goede analyse van de kern van het probleem bij de hand te hebben. Granvelle zocht die nadrukkelijk in het opereren van Alva, dat alleen maar escalerend had gewerkt. Alva zelf liet op 2 januari – hij verbleef in Virton, op het punt de Nederlanden definitief uit te reizen – in een brief aan Filips II zijn licht schijnen over de afgelopen zes jaar van zijn bewind, en kwam tot de conclusie dat hij de ketterij had onderschat. Hij had zich gericht op het opruimen van de politieke onrust, maar de ketterij had hij vrijwel ongemoeid gelaten, waardoor ketters waren gaan geloven dat ze echt vrijheid van geweten genoten. Alva was gaan inzien dat 'het voor de rebellen altijd om de godsdienst is gegaan'.[160] Net als Granvelle bestookte Alva zijn opvolger Requesens in deze dagen met een hele reeks ongevraagde adviezen. Requesens handelde intussen vooral naar de instructies van de koning, en die zag in het hardvochtige bewind van Alva ook de voornaamste oorzaak van de algemene opstandigheid; die moest met vertoon van mildheid worden bedwongen. Requesens kreeg in het kiezen van zijn methode redelijk de vrije hand. Maar hij kreeg ook het advies mee te laten zien dat de koning, en dus ook Requesens als zijn vertegenwoordiger, hardhandig kon zijn als het moest.[161]

De mildheid was dus maar schijn. Vooral Willem van Oranje hoefde nergens op te rekenen. Filips II kreeg in de loop van 1573 niet alleen signalen dat de situatie in en om de Nederlanden steeds meer in zijn nadeel veranderde, maar ook dat zijn schulden, vooral door de aanhoudende oorlog in het noorden, gevaarlijke proporties begonnen aan te nemen. Er dreigde faillissement van het trotse Spaanse koninkrijk. Filips zag in Willem van Oranje de diepere oorzaak van alle problemen. Oranje moest verdwijnen, en meteen ook Lodewijk van Nassau. In de maanden dat de machtswisseling tussen Alva en Requesens aanstaande was, stuurde Filips II naar beiden opdrachten uit, onder strikte geheimhouding, om 'deze boosaardige mannen uit de weg te ruimen' ('men mag niet weten dat de zaak op last van Zijne Majesteit plaatsvindt, en ook niet dat hij er enige kennis van draagt, want dat zou niet goed uitkomen').[162] De koning liet het aan de heren over daartoe een goede methode te vinden. Dit mocht worden gezien als 'een grote dienst aan God'. Filips II zou zorgen voor een passende beloning.[163]

Zoals wel vaker bleven deze voornemens uit de Madrileense binnenkamers niet lang geheim voor Oranje. In ieder geval ving hij tegen het einde van 1573 steeds meer berichten op dat er figuren rondliepen die door de vijand zijn kant op waren gestuurd om hem wat aan te doen. Alva had geprobeerd onder Engelsen en Schotten die bij de inname van Haarlem krijgsgevangen waren gemaakt, gegadigden te vinden die het klusje wilden opknappen. De Schotse kapitein Henry Balfour beloofde Alva de moord te voltrekken, maar in plaats daarvan briefde hij de plannen meteen door aan Oranje. Die beschikte daardoor zelfs over een lijstje met namen van mannen die het mogelijk op hem gemunt hadden.[164] Requesens meldde eind februari 1574 dat hij niemand had kunnen vinden die de klus op zich wilde nemen, of het waren grappenmakers, of geldbeluste types, of dubbelspionnen.[165] Oranje had niet alleen zijn spionage, maar ook zijn beveiliging goed op orde. Meerdere figuren met plannen om Oranje te vermoorden werden gepakt en terechtgesteld.[166]

Requesens erfde van Alva niet alleen een levende en vastberaden Oranje, maar ook een onoverzichtelijke hoeveelheid bestuurlijke en militaire conflicten. Met hoeveel pacificerende intenties Requesens ook naar de Nederlanden was afgereisd, hij ontkwam er niet aan alle bestaande verzetshaarden en alle concrete dreigingen met minder of meer geweld aan te pakken. Oranje heerste in grote delen van Holland en Zeeland en bedreigde al geruime tijd Brabant. In het voorjaar van 1573 werd er al gewerkt aan plannen om Antwerpen via een gewelddadige machtsovername aan de kant van Oranje te brengen.[167] Vanaf het najaar van 1573 werden zo'n 450 soldaten van Oranje, verkleed als burgers en kooplui, de stad ingesmokkeld, die er wapens in handen kregen en het moment moesten afwachten om in actie te komen. De aanslag stond gepland voor 3 maart 1574, en het eventuele succes was afhankelijk van de medewerking van een aantal muitende Spaanse soldaten, die bereid waren het kasteel van Antwerpen over te geven. Met zoveel Spanjaarden in het complot was het geen wonder dat dit plan uitlekte.[168] De 450 soldaten trokken inderhaast, opnieuw incognito, de stad uit.

Door dit verraad kregen Requesens en de zijnen een goed inzicht in hoever Oranje inmiddels dacht. Oranje had in diezelfde tijd ook plannen in uitvoering om via vergelijkbare infiltraties het kasteel van Gent en de steden Valenciennes, Maastricht en Nijmegen in handen te krijgen.[169] Ook deze acties liepen in het honderd. Daarmee was voor Brabant het gevaar nog niet geweken, en ook voor Requesens niet, die zijn hoofdkwartier had opgeslagen in Antwerpen, zonder dat hij een leger van enige betekenis bij de hand had.[170]

Niet Brabant maar Mook

Oranje bleef tot begin maart 1574 in Zeeland – het was er veiliger dan in de omgeving van Delft, waar zich steeds meer troepen van de regering concentreerden, en het beleg van Leiden al enige maanden voortging zonder dat er veel gebeurde. De Spaanse troepen werkten vooral ontregelend op het platteland, waar boeren dat voorjaar nauwelijks meer aan poten en zaaien toekwamen.[171] Iedereen besefte dat dit een moeilijke en hongerige toekomst beloofde. Er werd gehamsterd, plattelanders zochten een heenkomen in de steden. Wouter Jacobsz. maakte in maart een korte reis van Amsterdam naar Utrecht, dat ook nog vast in handen van de regering was. In een paar dagen tijd sprak hij veel mensen, en deed zo weer wat vertrouwen in de toekomst op: de geuzen leden veel verliezen, terwijl er, naar verluidde, wel negenduizend Zwitserse soldaten onderweg waren naar de Nederlanden, en uit Spanje was een vloot van tweehonderd oorlogsschepen vertrokken. Op de terugweg naar Amsterdam, in de trekschuit, kwam de domper: Wouter Jacobsz. merkte dat in de gesprekken tussen de verschillende passagiers, bijna iedereen grote sympathie voor de geuzen had. Hij moest zelfs meemaken dat ze 'vrijmoedig' met elkaar het Wilhelmus aanhieven.[172] Het was tekenend voor de stemming in Holland: de katholieke Wouter Jacobsz. hield zich vertwijfeld vast aan onbevestigde geruchten, bij zijn geusgezinde medeburgers leefde inmiddels de stellige verwachting dat het goed zou komen.

De komst van Lodewijk van Nassau zou voor de ommekeer moeten zorgen. In de wintermaanden had hij met veel moeite een legermacht georganiseerd, van zo'n zesduizend man infanterie en drieduizend ruiters. Bij de werving moest hij concurreren met Requesens, die tegelijkertijd ook agenten in Duitsland had rondlopen die compagnieën ruiters en voetvolk lichtten. Het lukte Lodewijk ook niet voldoende geschut te organiseren. Ondertussen werd, om het moreel hoog te houden, onder de eenheden het gerucht verspreid dat het geschut in bevriende steden voor hen klaarstond.[173] Een meevaller was dat hij tweeduizend ruiters uit het gevolg van de hertog van Anjou meekreeg, die onderweg naar Polen door hem waren afgedankt.[174]

Omstreeks 20 februari was Lodewijk, die werd gesecondeerd door zijn broer Hendrik en Christoffel van de Palts – die de cavalerie aanvoerde –, al opgerukt tot de nabije omgeving van Maastricht. Deze stad had hun gemakkelijk en snel in handen moeten vallen, maar Lodewijk aarzelde, waarschijnlijk omdat de interne organisatie van zijn eenheden zo zwak was dat hij het niet aandurfde. Aan Spaanse zijde was inmiddels groot alarm geslagen, en er werden uit verschillende gewesten compagnieën naar het oosten van Brabant gemobiliseerd om de invasie van Lodewijk te verhinderen. Ook uit Holland werden zo'n tweeduizend man naar het zuiden gestuurd. Het beleg van Leiden werd daartoe, op 21 maart, opgebroken.

Het Spaanse opperbevel werd in handen gelegd van de zeer ervaren Sancho Dávila, die nog voor Lodewijk kon besluiten Maastricht binnen te gaan en de brug over de Maas zeker te stellen, dat zelf al deed, en daarmee de directe weg naar Brabant afsneed. Verder naar het noorden waren er geen vaste oeververbindingen meer over de Maas. Waar Sancho Dávila in een hoog tempo zijn stellingen organiseerde en zijn strategie ten uitvoer bracht, worstelde Lodewijk met haperende bevoorrading en onwillige manschappen, die geld eisten voor ze verder wilden trekken. Een deel van zijn cavalerie moest hij wegens geldgebrek alweer afdanken. Waarschijnlijk brak ook het gebrek aan artillerie hem hier al op.[175]

Wat volgde was een kansloze martelgang: kat en muis. Nu Maastricht geblokkeerd was en bleef, bewoog Lodewijk in de tweede week van april richting Roermond[176] in de hoop in die omgeving genoeg schuiten te vinden voor het bouwen van een schipbrug. Maar zijn troepen werden voortdurend belaagd door Spaanse elite-eenheden, die de gelederen van het invasieleger flink uitdunden. Nu de Maas niet overgestoken kon worden, bewoog Lodewijk steeds meer noordwaarts, aan de andere zijde van de rivier gevolgd en voorbijgestoken door de hoofdmacht van Sancho Dávila, die begreep dat Lodewijk aansluiting zocht met het leger van Oranje, dat zich ophield tussen Dordrecht en de Bommelerwaard, gereed om via het bruggenhoofd Geertruidenberg, of eventueel elders, Brabant binnen te trekken.[177] Sancho Dávila doorzag dit plan en besloot het leger van Lodewijk bijtijds de pas af te snijden. Ter hoogte van Grave lukte het de Spanjaarden al op 12 april een schipbrug aan te leggen en hun troepenmacht snel over de Maas te zetten. Die dag arriveerde ook de voorhoede van Lodewijk in het gebied, en zijn cavalerie wist bij een schermutseling de Spanjaarden zelfs flinke verliezen toe te brengen. De volgende dag zag Lodewijk dat de doortocht ter hoogte van Mook en Heumen door Spaanse verschansingen geblokkeerd was. Die nacht zetten ook Lodewijks manschappen zich aan het spitten van loopgraven en het opwerpen van wallen. Ondertussen was een deel van de soldaten aan het steggelen over betaling van hun achterstallige soldij.[178]

Op de ochtend van 14 april werd een veldslag onvermijdelijk. Lodewijks veelal Duitse infanterie-eenheden vertrouwden op hun vuurwapens, maar hadden veel tijd nodig om te herladen, terwijl de Spaanse infanterie nog met speren en lansen werkte en voor een agressieve overrompeling koos. Het werd een gruwelijke moordpartij, waarbij een onbekend aantal doden viel; ruwe schattingen houden het op 2000 tot 3500 aan de kant van de opstandelingen en zo'n 200 aan Spaanse zijde.[179] Voor de Spanjaarden was het een heroïsche overwinning, een proeve van uitgekookt en moedig opereren; voor het kamp van Oranje was het een enorme catastrofe, een leger dat anderhalve maand eerder nog bijna tienduizend man telde, was helemaal opgelost, verneveld. Ook Christoffel van de Palts en Lodewijk en Hendrik van Nassau waren ten onder gegaan, en letterlijk verdwenen. Noch van Lodewijk, noch van Hendrik werd ooit een stoffelijk overschot gevonden, of zelfs maar een doodsoorzaak vastgesteld.[180] Lodewijk was 36 jaar en had al een heel leven achter zich, voor de drieëntwintigjarige Hendrik moest het volwassen leven nog beginnen.

Dood van Lodewijk: au nom de Dieu, soit

Zolang er geen zekere berichten waren over het lot van Lodewijk en Hendrik, was het denkbaar dat ze nog leefden. Dat was de martelende onzekerheid waarin Oranje kwam te verkeren nadat de eerste geruchten over de zware nederlaag op de Mookerheide bij hem binnendruppelden. Omdat de klap zo vernietigend was, waren er geen betrouwbare boodschappers meer om zich met het laatste nieuws naar Oranje in Zaltbommel te spoeden. Een week na de slag wachtte Oranje nog altijd op enig bericht. Hij had inmiddels meer dan tien koeriers op pad gestuurd om informatie te vergaren.[181] Hij tastte in het duister; er hing veel van af, zo hield hij zijn broer Jan op 22 april voor: mocht Lodewijk nog ergens paraat zijn, dan kon de overval op Brabant, geholpen door versterkingen uit Frankrijk die onderweg waren, alsnog plaatsvinden; mochten Lodewijk en wellicht ook Christoffel van de Palts gesneuveld zijn, dan moest het beste van wat resteerde van het invasieleger zo snel mogelijk via Emden naar Holland komen.[182]

Het duurde daarna nog wel twee weken voordat Oranje enige zekerheid ontwikkelde dat zijn beide broers dood waren; hij vermoedde dat hun overlijden door de Spaanse aanvoerders welbewust werd verzwegen, om eens te meer van Oranje een leugenaar te maken, die telkens de komst van zijn broers beloofde, die vervolgens maar niet kwamen opdagen.[183]

Oranje besefte dat de situatie in enkele weken tijd van zeer hoopgevend was omgeslagen in zo goed als hopeloos. In plaats van Requesens in diens thuisbasis Brabant in het nauw te drijven dreigde hij nu zelf in Holland verpletterd te worden door een Spaans leger in overwinningsstemming, dat bovendien in die weken werd versterkt met duizenden nieuwe huurlingen uit met name Duitsland. Bovendien werkte Requesens aan een pardonregeling die wellicht een groot aantal rebellerende maar inmiddels vermoeide en angstige burgers ertoe zou brengen de strijd op te geven.[184] Oranje legde tegenover zijn broer Jan nog eens heel omstandig uit welke grote belangen hier speelden: het protestantisme, de vrije godsdienst dreigde in heel Europa, ook in Duitsland, weggevaagd te worden wanneer Spanje definitief de overhand zou krijgen. De verdrukte Nederlanders en vooral de familie Nassau hadden de strijd zonder noemenswaardige hulp van buiten nu zo'n twee jaar volgehouden – het werd tijd dat er hulp kwam. Een buitenlandse veldheer, getrainde manschappen, en vooral ook veel geld. Over alles kon gepraat worden. De Nederlanden bij het Duitse Rijk voegen, akkoord, en het mocht ook wat kosten.

Het betoog dat Oranje voor zijn broer Jan uiteenzette, toonde hem in zijn plotselinge totale eenzaamheid. Op deze manier kon hij het gevecht niet volhouden. Lodewijk was jarenlang zijn grote steun geweest. Een intieme vertrouweling, die als secretaris en zaakbehartiger bergen werk had verzet, en daarbij vanuit dezelfde strategische positie, zonder duistere dubbele agenda's, zijn broer van advies diende. En als Lodewijk, zoals steeds sinds 1569, elders verbleef, dan zorgde hij dat er vorderingen werden gemaakt – Lodewijk was de beste ambassadeur die Oranje zich kon wensen. Hij was degene die de Franse, Engelse en Duitse hoven serieus liet nadenken over deelname aan de Nederlandse Opstand. In zijn eentje kon Oranje dit ingewikkelde en gevaarlijke speelveld onmogelijk bestrijken. Het was hem te veel: 'Want ik wil u wel openlijk bekennen, dat mijn hoofd zo omloopt van onnoemlijk veel zaken, en ook van rouw en zwaarmoedigheid vanwege het verlies van hertog Christoffel en mijn beide broers, die ik nu zeker als dood moet beschouwen, dat ik nauwelijks nog weet wat ik doe...' En als uiteindelijk niemand bereid was hem en de arme Nederlanders te helpen, 'au nom de Dieu, soit', in Godsnaam, dan moet het maar zo zijn.[185]

De bittere ironie van deze bewogen brief is dat ze door de Spanjaarden onderschept werd, en hun het vertrouwen moet hebben gegeven dat de zwakke plekken in het zo onverwoestbaar lijkende gemoed van Oranje aan de oppervlakte begonnen te komen.[186] Dit bood het kamp van Requesens mogelijkheden om met manipulaties de zaak naar hun hand te zetten. Meer dan ooit tevoren werd de strijd in 1574 een vorm van psychologische oorlogvoering. Ook van de kant van Oranje. Degenen die volgens hun primaire overtuigingen, angsten en wensen handelden, werden steeds meer willoos als pionnen over het schaakbord geschoven.

Meer macht

Het verlies van Lodewijk gaf Oranje iets ingekeerds en ondoorgrondelijks, ook voor zijn kring van vertrouwelingen. Oranje stond bekend om zijn onverwoestbare goede humeur, dat hervond hij alweer snel, maar Everard van Reyd, die hem een tijdlang van nabij meemaakte, meende waar te nemen dat die opgewektheid vaak gespeeld was, om zijn naaste medewerkers te bemoedigen.[187] Niemand wist wat er in hem omging.

De afstand tussen Oranje en de in opstand gekomen Nederlanders werd steeds wat groter. Het ergerde hem al geruime tijd dat hij telkens opnieuw lang en hard moest aandringen op het beschikbaar stellen van de benodigde financiën. Ook het voortdurende touwtrekken over futiliteiten met Staten en afzonderlijke steden begon hem te hinderen.[188] Zijn ergernis sorteerde zowaar effect. De Staten werden in het voorjaar ruimhartiger in het toezeggen van middelen; gedurende zes maanden, 'of zolang het maar nodig was', kon Oranje maandelijks beschikken over 150.000 gulden. Oranje kon het zelf bijna niet geloven, liet hij in zijn bewogen brief van 7 mei aan zijn broer Jan weten: 'Het heeft me nogal verbluft dat ze dit bedrag nog hebben kunnen vinden, nu het land zo is omgewoeld en verwoest.'[189]

De praktijk bleek al snel weerbarstig; het geld kwam maar moeilijk los. Het bracht Oranje er op 1 juni toe tijdens een vergadering met de Staten van Holland het uiterste drukmiddel in te zetten: of nu meteen over de brug komen, of ik vertrek.[190] Het bracht het gewenste schrikeffect teweeg, de gelden kwamen wat sneller naar Oranje. Toch bevrijdde dit Oranje nog niet van het eindeloze gepalaver door de Staten, met alle vertraging, verwarring en ontmoediging die daar voor verschillende betrokkenen van uitging. Op 20 oktober 1574 stelde Oranje in een rede voor de Staten van Holland nog maar eens vast dat de taakverdeling tussen hem en de Staten onwerkbaar was. Opnieuw zwaaide hij met zijn bevoegdheden. De Staten moesten verder maar regeren.[191] Nu sloeg de stemming alsnog geheel om: op 12 november 1574 vroegen de Staten van Holland 'in alle onderdanigheid' aan Oranje om 'zijn gelukzalige regering' voort te zetten. Ze wilden dat Oranje, voor de tijd dat het conflict met de koning van Spanje voortduurde, hun 'gouverneur' of 'regent' zou worden, en ze verleenden hem 'absolute macht, autoriteit, soeverein bevel, om leiding te geven aan alle landszaken, geen enkele uitgezonderd'.[192] Een overwinning voor Oranje, maar hij wilde boter bij de vis: de bedragen waar op dat ogenblik over gesproken werd, moesten aanzienlijk worden verhoogd. Ze kregen een paar dagen om ermee in te stemmen. Ze deden nog wat tegenvoorstellen, Oranje dreigde opnieuw met opstappen, en ze gingen op 25 november door de knieen.[193] Zo werkte absolute macht met een laatste restje Nederlandse praatcultuur.

Lichaam en geest: de moeilijke zomer van 1574

In de tussentijd was er veel gebeurd. Requesens leek er na de Spaanse overwinning op de Mookerheide moeiteloos in te slagen het behaalde voordeel verder uit te bouwen. De troepenwervingen gingen door, in Spanje was een grote vloot in opbouw waarmee de rebellen te water eindelijk afdoende bestreden konden worden. Ook in de Nederlanden werden daartoe volop oorlogsschepen gebouwd. Toch wisten de geuzen de zich ontwikkelende Spaanse zeemacht op een strategisch moment nog een daverende slag toe te brengen. Op 30 mei behaalde Louis de Boisot bij Lillo boven Antwerpen een grote overwinning op een Spaanse vloot onder aanvoering van viceadmiraal Adolf van Haemstede; zo'n tien Spaanse schepen werden buitgemaakt, inclusief een grote hoeveelheid artillerie, en Haemstede werd gevangengenomen. Nog belangrijker was de hierdoor ontstane grote overmacht van Oranje op de Schelde, waardoor de scheepvaart op Antwerpen vergaand gecontroleerd kon worden.[194]

Requesens was vooralsnog aangewezen op zijn landleger. Omstreeks 25 mei keerden de Spaanse troepen onder aanvoering van Francisco de Valdéz terug bij Leiden, om de stad opnieuw te gaan belegeren. Het Leidse stadsbestuur had daar niet op gerekend; de stad was slecht van proviand voorzien, er lag geen garnizoen en de schansen die de belegeraars in maart hadden verlaten, waren niet afgebroken, maar konden bij terugkeer meteen weer in gebruik worden genomen.[195] Oranje had er nog zo voor gewaarschuwd.[196]

Requesens maakte tegelijkertijd werk van zijn voorgenomen verzoeningspolitiek door op 6 juni in Antwerpen een algemeen pardon af te kondigen voor iedereen die zich alsnog van ketterij afkeerde en zich aan het gezag van de katholieke kerk onderwierp.[197] Dit besluit was al enige tijd geleden voorbereid door Hopperus, die met de regeling probeerde uit te stralen dat er afscheid werd genomen van het tijdperk-Alva, ook al bleef nog in het midden wat er ging gebeuren met de Raad van Beroerten en de tiende penning.[198] Om te laten zien dat er echt sprake was van een nieuw begin liet Requesens op 9 juni het gehate standbeeld van Alva in de Antwerpse citadel weghalen om het naar Spanje te laten verschepen.[199]

Deze blijken van goede wil konden niet wegpoetsen dat ook het bewind van Requesens inmiddels een slechte naam begon te krijgen, onder andere door de muiterijen van onderbetaalde soldaten. Na de overwinning op de Mookerheide hielden Spaanse troepen in georganiseerd verband een rooftocht richting Antwerpen. Champagney, de gouverneur van Antwerpen, liet op hun nadering de poorten sluiten, maar hij werd teruggefloten door de in de stad residerende Requesens. Die liet alsnog drieduizend soldaten de stad in trekken, die meteen aan het muiten sloegen, huizen binnenvielen, in het wilde weg schoten losten, vreselijk dronken werden, en de stad voor zo'n 400.000 gulden afpersten, een eis die door Requesens werd bijgevallen omdat hij hoopte dat bij de troepen zo de druk wat van de ketel ging.[200]

Het echte probleem was, zoals steeds, het structurele geldgebrek van de regering in Spanje. De kosten voor de Spaanse militaire machinerie in de Nederlanden bedroegen in het voorjaar van 1574 op maandbasis zo'n 700.000 dukaten. Het was onmogelijk deze bedragen nog op te brengen.[201] Met muiterij tot gevolg – een vicieuze cirkel. Alles wat er met het pacificerende beleid van Requesens aan goodwill eventueel werd gewonnen, ging weer verloren door de misdragingen van de troepen.

Een faillissement van de wereldmacht Spanje naderde. Dit vooruitzicht brak Filips II, toen hij hoorde over de muiterijen in Antwerpen, geestelijk op: 'Ik weet werkelijk niet hoe ik erbovenop moet komen.'[202] Hij deed enorme investeringen in het forceren van een einde aan de troebelen in de Nederlanden, maar hij kocht er alleen maar ellende mee. Hij zag de Nederlanden voor Spanje verloren gaan.[203]

Requesens maakte ondanks de ontsporingen in Antwerpen wel degelijk werk van de beoogde pacificatie, door verschillende gezanten naar Oranje te sturen om te verkennen hoe de opstandige gewesten zich weer met de koning konden verzoenen. Enkele dagen na de Slag op de Mookerheide werd Oranje in Zaltbommel bezocht door Hugo Bontius, de vroegere pensionaris van Middelburg. Oranje ontving hem koeltjes; hij was net enkele nieuwe vestingwerken aan het inspecteren toen Bontius zich liet aandienen. Oranje gaf te kennen nu even geen tijd te hebben. Bontius moest maar meekomen naar zijn verblijf. Daar werd net het middagmaal opgediend. Met een gezelschapje op weg naar de eetzaal tikte Oranje in het voorbijgaan even aan zijn hoed en liet de man verder staan. Geheel tegen Oranjes gewoonte in liet hij zijn bezoek niet aanschuiven. Bontius vertrok naar een herberg. Bij Bontius' terugkeer ontving Oranje hem voor een gesprek onder vier ogen.[204] Ze spraken vrijuit, en Oranje liet op alle mogelijke manieren doorschemeren weinig te zien in de voorstellen van Requesens.

Bontius werd bij deze gesprekken op afstand begeleid door de Leuvense rechtsgeleerde Elbertus Leoninus, een gematigd katholiek en een oude bekende van Oranje. Dat moest vertrouwen wekken. 'Vertrouwen' was zonder meer het kernwoord in de besprekingen die de maanden daarop volgden, vertrouwen dat er niet was, en er volgens Oranje ook beter niet kon komen, omdat de tegenpartij nu eenmaal niet te vertrouwen was. Allerlei oud zeer kwam op tafel, en ook het jonge zeer dat ze het op Oranjes eigen leven voorzien hadden. Bontius zei van niets te weten; hij deed het voorstel met twee delegaties bijeen te komen op neutraal terrein, in het prinsbisdom Luik. Maar hoe kon Oranje er zeker van zijn dat zijn delegatie weer levend terugkwam? Hij had laatst drie krijgsgevangenen teruggekregen, die een dag later alle drie vergiftigd bleken te zijn en stierven. Zolang het om zogenaamde ketters ging, kreeg dit zelfs de pauselijke zegen. De kans dat ze het eens zouden worden over religie, het vertrekken van alle buitenlandse troepen en het herstel van de oude privileges, achtte Oranje niet groot. Voordat er serieus onderhandeld zou kunnen worden, moesten eerst de vreemde troepen uit het land vertrekken, in het bijzonder de Spaanse.[205]

Oranje begreep intussen dat hij deze gesprekken, hoe weinig kansrijk ze ook waren, niet zomaar kon afbreken. Hij moest voorkomen dat er al te veel om hem heen gewerkt werd en dat hij uiteindelijk ook bij gematigde partijen als onwillig en oorlogszuchtig te boek kwam te staan. Later deze zomer, op 20 juli, werd Oranje namens Requesens nog bezocht door Jan van Mathenesse en Jan van Treslong. Tegenover deze onderhandelaars verklaarde hij bereid te zijn het veld te ruimen zodra het land weer in vrede verkeerde, mocht de koning daarop staan.[206] Hij kon dit gemakkelijk zeggen, omdat de kans nihil was dat Filips II op het terrein van de religie enige concessie zou doen, waardoor vrede binnen bereik zou komen. In diezelfde julimaand werd ook Marnix, die nog altijd gevangenzat in Utrecht, op borgtocht – tegen uitwisseling van twee gijzelaars – naar Oranje in Rotterdam gestuurd om uit te vissen wat Oranjes voorwaarden waren om serieus te gaan onderhandelen over vrede. Ook Marnix trof een weinig toeschietelijke Oranje.[207]

De situatie was die van twee worstelaars, Willem van Oranje en Filips II, die dodelijk vermoeid tegen elkaar aan hingen, ieder op zoek naar het beslissende laatste restje energie om de ander neer te leggen. Volgens Filips II wist Oranje heel goed dat Spanje op de rand van faillissement stond, en dat maakte hem weigerachtig nu op enig vredesvoorstel in te gaan.[208] Dat zal ongetwijfeld meegespeeld hebben in Oranjes afhouden van serieuze vredesonderhandelingen. Maar ook hij moet, net als Filips, het uitzichtloze van de strijd hebben ervaren. Oranje was na de enorme slag van het verlies van zijn broers maandenlang goed op de been gebleven, maar in augustus ging hij alsnog onderuit. Hij leed in de maanden ervoor al regelmatig aan hoge koortsen, maar nu was hij gedwongen zijn werkzaamheden te staken. Hij belandde tijdens een verblijf in Rotterdam in bed, kreeg de ene koortsaanval na de andere, en zijn ledematen deden verlamd aan. Dagenlang sliep hij nauwelijks, maar dommelde aan één stuk door. Buiten was het ook nog eens bloedheet. Er werden verschillende dokters bij gehaald, die de ziekte niet goed konden duiden, maar het over één ding eens waren: melancholie, een overmaat aan zwarte gal onder invloed van zwaarmoedigheid, moest de diepere oorzaak zijn.[209] Er werd gehoopt Oranje naar Delft te kunnen overbrengen, waar hij wellicht wat meer comfort zou kunnen genieten, maar hij was te zwak om de overtocht aan te kunnen.[210] Intussen bleek hij wel in staat zich nog druk te maken over de vele zaken die zijn aandacht behoefden, zoals de bevoorrading van het nog steeds belegerde Leiden. Dat maakte het niet beter.

In deze dagen verscheen Pieter van Foreest, de stadsdokter van Delft, aan zijn bed, die ook niet verder kwam dan te vermoeden dat er een ernstige ontsteking moest zitten, die de voortgaande buikloop, de aanhoudende dorst en het steeds maar flauwvallen veroorzaakte. Mogelijk was het tering. Wekenlang kwam er geen verbetering in de toestand, Oranje verdroeg geen gezelschap meer, lag dagen alleen in zijn bed en er werd rekening mee gehouden dat hij het niet zou redden.[211]

Het medicijn was geruime tijd vooral het toedienen van rode wijn geweest; die leek in het warme weer de ontstekingen alleen maar aan te wakkeren. Foreest ging het met verkoelende dranken als kaneelwater proberen. En of het daardoor kwam, of door de helende krachten van Oranjes eigen lichaam, is niet duidelijk, maar Oranje begon na een week, het was inmiddels begin september, wat op te knappen. In de tweede week van september pakte hij voorzichtig de draad weer op. Pieter van Foreest zou voortaan als zijn lijfarts dienen.[212]

Leiden smacht naar brood en water

Oranjes zorgen over de aanhoudende belegering van Leiden waren terecht; de Spaanse omsingeling was vrij hermetisch, de stad leed honger. Er was begin augustus al zo goed als geen graan meer en dus ook geen brood, en dat met een bevolking van ongeveer 18.000 zielen. Valdéz werkte intussen in op het gemoed van de massa en ook op dat van de bestuurders door op 4 augustus een generaal pardon aan te bieden: wanneer de stad zich voor 6 augustus zou overgeven, werd iedereen alles vergeven. Een groot deel van de bevolking, die toch al niet altijd zo overtuigd was van het nut van deze strijd, was geneigd hierop in te gaan. En zo ontstond er een explosieve tweespalt binnen de stadsmuren.[213]

Een van de laatste grote besluiten die Oranje nam voordat hij ziek in bed belandde, was meteen ook een zwaar offer voor de wijde omgeving van Leiden: op 24 juli lukte het hem de Staten van Holland en Zeeland te laten instemmen met het doorsteken van dijken om het water van de Maas naar Leiden te laten stromen en daar het land te inunderen.[214] Het maakte onderdeel uit van een veel groter plan, waarbij de dijken van de Hollandsche IJssel werden doorstoken en ook nog een aantal sluizen bij Rotterdam, Schiedam, Delfshaven en elders werden opengezet. Alle lage gebieden moesten zo onder water komen te staan, om de vijand te verdrijven en Leiden te kunnen ontzetten en bevoorraden. Oranje had daarvoor de boeren in Holland en Zeeland bevolen al hun graan en ander voedsel in de nabijgelegen steden te brengen. Op 3 augustus ging Oranje kijken bij Capelle aan den IJssel hoe het werk werd uitgevoerd, en maakte daar waarschijnlijk kennis met de jonge opzichter van de operatie, de zesentwintigjarige Johan van Oldenbarnevelt.[215] Er werden ter plekke wel zestien gaten in de dijk gemaakt, voor Hollanders een zeer tegennatuurlijk werk; de schade aan landerijen, waterwerken en oogsten door het onder water zetten werd vooraf geraamd op drie miljoen kronen, te vergoeden door het gewest.[216] Of het iets zou opleveren, was niet zeker.

Zou het water op tijd komen om het hongerende Leiden aan de kant van Oranje te houden? In de eerste dagen van zijn ziekte, op 12 augustus, drukte Oranje Leiden op het hart vol te houden omdat hij met zo'n acht dagen de stad zou komen ontzetten.[217] Het gaf de burgers weer wat moed. Maar acht dagen later lag Oranje ziek in bed en wilde bovendien het water maar niet komen. Voor Leiden werd het beleg minstens zo'n grote bezoeking als voor Haarlem een jaar eerder; mensen aten gras, koolstronken, en hun dieren. Deftige dames begonnen zelfs hun schoothondjes op te eten.[218] Intussen brak er ook nog een pestepidemie uit. De bevolking raakte gedemoraliseerd, de tweedracht nam toe, soldaten die de stad in dienst had genomen wilden op de vlucht slaan, ook verscheidene bestuurders dachten aan opgeven. Op 6 september overleed plotseling de gouverneur van Leiden namens Oranje, Dirk van Bronckhorst, iemand van de harde lijn, die niet van opgeven wilde weten. In de dagen daarop grepen de resterende onverzettelijken er de macht: Jan van der Does (ook wel bekend als Janus Dousa), zijn neef Jacob van der Does en Pieter van der Werff, gesecondeerd door de onverzettelijke stadssecretaris Jan van Hout. Alle vier dachten ook zij niet aan opgeven.[219] Ze hadden de volle steun van Oranje, met wie inmiddels bijna dagelijks brieven gewisseld werden, vol concrete berichten en soms volstrekt uit de lucht gegrepen hoopvolle signalen, die het moreel hoog moesten houden.

Het water moest een keer komen. De mensen stierven in september bij honderden. De Leidenaren die hierover begonnen te piepen, werd het voorbeeld van Zutphen, Naarden en Haarlem voorgehouden. Valdéz bleef intussen zijn zachte voorwaarden voor overgave herhalen. Dousa en de zijnen legden die voorstellen naast zich neer onder verwijzing naar eerdere voorbeelden waarbij de Spanjaarden hun woord niet hadden gehouden. Ook als psychologisch steekspel werd het Leidse beleg een uitputtingsslag. Het overbekende verhaal van burgemeester Van der Werff die op 15 september, de klagende Leidenaren zijn eigen lichaam als voedsel aanbood, geldt als apocrief, maar zou heel goed waar kunnen zijn. Het was een tijd van intimiderende waarheden. Op een avond dat er weer bemoedigende post uit de residentie van Oranje in Leiden was binnengekomen, liet het stadsbestuur ten teken van ontvangst grote lantaarns aan de toren van de Pieterskerk ophangen, zodat ze in Delft, en ook de vijanden, konden zien dat de boodschappen waren overgekomen. Intussen liet Van der Werff muzikanten op de hoektorens van de stadsmuur plaatsnemen en deuntjes spelen. De Spanjaarden wisten niet hoe ze het hadden – een ontzet op handen? – en begonnen uit frustratie diezelfde nacht nog een zware maar vruchteloze beschieting van de stadsmuren.[220]

Het water steeg maar langzaam; op 28 september ging de nog wat zwakke Oranje kijken in de omgeving van Zoetermeer, waar inmiddels een deel van een geïmproviseerde vloot met platbodems klaarlag om naar Leiden op te rukken. Op 29 september stak er een noordwesterstorm op, bij springtij, waardoor het waterpeil in de Maas eindelijk hoog werd opgestuwd en de polders van Zuid-Holland opeens snel onder water liepen.[221] Op 2 oktober begonnen de Spanjaarden met het ontruimen van hun hoofdkwartier in Zoeterwoude, de volgende dag, een zondag, bleken in alle vroegte ook de Spaanse stellingen rondom Leiden verlaten te zijn. Vanaf de stadsmuren zag de Leidse bevolking een reusachtige vloot platbodems komen aanvaren met de al zo lang geleden beloofde ontzettingsmacht van Oranje, onder aanvoering van de Zeeuwse admiraal Louis de Boisot. Ze hoefden geen slag te leveren, het verstrekken van voedsel, en het verlenen van bijstand aan ernstig verzwakte mensen, was noodzakelijker. Zesduizend mensen hadden de voorgaande maanden het leven gelaten.

Die middag van 3 oktober werd Willem van Oranje tijdens een kerkdienst in de Delftse Sint-Agathakapel het bericht van Louis de Boisot gebracht met het nieuws van het Leidse ontzet. Hij liet het aan het einde van de dienst door de dominee voorlezen. Een dag later schreef Oranje een opgelucht briefje aan zijn broer Jan in Dillenburg: hoewel in Leiden de pest heerste wilde hij er nog diezelfde dag naartoe gaan om de uitgeteerde stedelingen een hart onder de riem te steken, en bestuurlijk orde op zaken te stellen.[222] In een PS maakte hij nog melding van een enorme vreugde-explosie onder de Hollandse bevolking, en hij kon het niet laten op te merken dat hij hoopte dat ze de volgende keer met een vooruitziender blik te werk zouden gaan. Hier sprak de stoïcijnse aristocraat in Oranje, die zich al langer ergerde aan het gebrek aan zelfbeheersing bij met name de wel erg beïnvloedbare Hollanders. Hun verdriet en angsten waren groter dan nodig, en dat gold eigenlijk ook voor hun vreugde.[223]

Toch moet ook voor Oranje de opluchting onmetelijk zijn geweest. Iemand uit zijn omgeving merkte medio november op dat hij 'sinds het ontzet van Leiden weer heel jong was geworden'.[224] Volhouden loonde, dat was uiteraard ook de les voor de toekomst, die volop naar de bevolking uitgedragen kon worden. De gruwelijke maar ook heroïsche verhalen over het beleg van Leiden verschenen al in de maanden daarop in boekvorm, verhalen met een mythische glans, die de strijd voor de vrijheid en voor het vaderland als een God welgevallig offer voorstelden.[225] Intussen was de materiële opbrengst van het ontzet ook aanzienlijk. De Spaanse troepen hadden veel geschut, proviand, schuiten en kostbaarheden bij de verschansingen achtergelaten. De soldaten en de hele legertros dropen af in totale wanorde, nat en vuil, veelal richting Haarlem en Amsterdam.[226] De Spanjaarden ontruimden ook Den Haag, waar hun plaats werd ingenomen door legereenheden van Oranje, die daar, zeer tegen zijn zin, meteen aan het plunderen en brandstichten sloegen. Op 9 oktober vaardigde Oranje hier inderhaast een plakkaat tegen uit: wie meende te moeten plunderen kon de doodstraf tegemoetzien, met de strop of in het vuur.[227] Wanneer de strijd met het Spaanse bewind zich steeds meer liet uitleggen als een strijd tussen goed en kwaad, dan was het niet alleen zaak de wandaden van de vijand in het volle licht te zetten, maar ook om de wandaden in eigen kring de kop in te drukken, en mocht dat niet lukken, dan was het altijd goed om maar gezegd te hebben dat ze tegen jouw wil plaatsvonden.

Internationaal kwartetten

Tijdens Oranjes ziekte was elders in Europa, in Wenen, Madrid, Brussel, Parijs en Londen, het nadenken en overleggen over het bereiken van vrede in de Nederlanden doorgegaan. Oranje kreeg er in de dagen dat hij opkrabbelde genoeg van mee om te beseffen dat hij snel tot de bekentenis gebracht zou worden of hij wilde onderhandelen of doorvechten.[228] Zonder meer doorvechten was riskant, dit zou hem veel internationale sympathie kunnen kosten. Hij verklaarde dan ook zich te zullen onderwerpen aan alle 'terechte en redelijke' voorwaarden.[229] Dat waren rekbare begrippen. Oranje bewoog zich in deze dagen subtiel naar een middenpositie. Niet wat hij wilde was doorslaggevend, maar of de inmiddels grote en invloedrijke groep aanhangers van Calvijn met de komende vredesvoorstellen kon leven.

Oranje kreeg de indruk dat de keizer en de lutherse vorsten er iets te vanzelfsprekend van uitgingen dat de calvinisten bekeerd dan wel collectief uit de Nederlanden verdreven konden worden. Waar zouden ze terechtkunnen? Ze zouden zich vrijwel zeker liever doodvechten dan dat ze hun huizen in de steek lieten. Oranjes zwager Günther van Schwarzburg ging kort daarop naar Wenen om met keizer Maximiliaan II te overleggen over de inrichting van het vredesproces. Oranje wilde graag dat zijn broer Jan met hem meeging. Hij had de indruk dat de vijand, en in commissie wellicht ook de keizer, de hele trukendoos vol list en bedrog zou benutten, in de wetenschap dat volgens een besluit van het Concilie van Konstanz een katholiek tegenover een ketter nooit woord hoefde te houden.[230]

De interventie van de keizer had alle trekken van een gevaarlijk wespennest, waar Oranje lang niet alles van geweten heeft, maar misschien toch wel iets. Centrale figuur daarin was Lazarus van Schwendi, de oude vriend van Oranje, met wie hij in de jaren vijftig langs de slagvelden van Noord-Frankrijk was getrokken. Schwendi opereerde nu als een van de voornaamste adviseurs van Maximiliaan II, die er inmiddels van overtuigd was dat de Nederlanden alleen weer tot rust konden worden gebracht wanneer een van zijn eigen zonen er landvoogd zou worden. Daartoe moest Oranje volledig geïsoleerd worden en uit de Nederlanden verdwijnen. Schwendi besprak de keizerlijke plannen in het najaar van 1574 met Günther van Schwarzburg en Jan van Nassau, die mogelijk maar de helft van het verhaal te horen kregen: wel het plan om een landvoogd namens de keizer te sturen, niet dat er voor de Nassaus geen grote rol meer was weggelegd. Via de Nassaus dreigden de Fransen een voet aan de grond te krijgen in de Nederlanden, die nu eenmaal de Habsburgers toebehoorden, en die weg moest hoe dan ook worden afgesneden.[231]

Maar misschien speelde Schwendi wel min of meer open kaart. En mogelijk zong deze 'oplossing' al een tijdje rond. Het zou mede kunnen verklaren waarom Oranje juist in 1574 zo vaak met zijn positie wapperde. Hij wilde zich vast indekken. Jan van Nassau kreeg bij een bezoek aan Schwendi het voorstel voorgelegd dat de Nassaus zich, wanneer de Nederlanden aan de Oostenrijkse tak werden getrokken, volledig aan de wil van de keizer zouden onderwerpen. Er werd zelfs gesproken over vergoedingen, in geld en landgoederen, die de aftocht van Oranje uit de Nederlanden moesten verzachten.[232]

Een universiteit in Leiden

Nu vredesonderhandelingen wel eens onvermijdelijk konden worden, was het zaak op mogelijke uitkomsten te anticiperen, door voldongen feiten te creeren en elegante vluchtwegen te openen. Het eerste voldongen feit was de oprichting van een universiteit.[233] Op 28 december 1574 deed Willem van Oranje in een brief aan de Staten van Holland het voorstel een bij voorbaat 'vermaarde' instelling voor hoger onderwijs op te zetten om de jeugd uit Holland en Zeeland, maar ook uit andere gewesten en zelfs uit het buitenland, de best denkbare opleiding te geven, niet alleen 'in de juiste kennis van God', maar ook in 'de vrije kunsten en wetenschappen'. Een protestantse universiteit, die een alternatief moest bieden voor de sterk katholiek georiënteerde universiteiten van Leuven en Douai.[234] Uit de brief spreekt de ambitie er een brede universiteit van te maken die tot weerbare en scherpzinnige burgers moest opleiden, 'opdat de vijand nooit meer zo gemakkelijk zijn verzengende tirannie en onderdrukking van de godsdienst, of de vrijheden van het land met geweld dan wel listigheid in gang zou kunnen zetten'.[235] Uit deze brief werd nog niet duidelijk waar deze universiteit gevestigd zou worden.

Oranje wilde er vaart achter zetten. Al op 2 januari 1575 werd Leiden als vestigingsplaats aangewezen. In een weinig doorzichtige procedure vielen onder andere Gouda en Middelburg af.[236] De financiering moest komen van geconfisqueerde kerk- en kloostergoederen, met name die van de abdij in Egmond.[237] De exploitatiekosten zouden voor de helft worden gedragen door het Zuiderkwartier van Holland, een kwart was voor Hollands Noorderkwartier, en het laatste kwart voor Zeeland. Daarmee was het engagement van de opstandige gewesten met deze wetenschappelijke instelling maximaal. Nog weer een dag later werd de voorbereiding van de oprichting opgedragen aan een driemanschap, waarvan ook de in godsdienstige zin zeer gematigde Janus Dousa deel uitmaakte. Dousa en zijn collega's Cornelis de Coninck en Gerrit van Hoogeveen, stampten vervolgens in nog geen vijf weken een universiteit uit de grond.[238] Er werd een gebouw aan het Rapenburg gevonden – uiteraard een voormalig klooster, het huidige Academiegebouw. Er werden statuten geformuleerd, personeel aangezocht, en er werd een stichtingsoorkonde opgesteld, waarin als oprichter landsheer Filips II werd genoemd. Hoewel de koning van Spanje van niets wist, moest dit de nieuwe instelling een legitieme basis geven, want alleen soevereine vorsten hadden het recht universiteiten op te richten; zelfs Filips' zegel hing aan het octrooi. De universiteit werd formeel opgericht op 8 februari 1575, maar om eventueel juridisch geharrewar te voorkomen werd het octrooi geantedateerd op 6 januari.[239]

De inauguratie van de nieuwe instelling werd uitbundig gevierd met een optocht van schepen die waren opgetuigd met allegorische voorstellingen. Die allegorieën zeiden zoveel als: in deze universiteit zullen niet alleen de wetenschappen bloeien, maar ook de letteren. Hier zat Jan van Hout achter, de stadssecretaris, die ook tot secretaris van het universiteitsbestuur werd benoemd. De Latijnse teksten die vanaf de schepen ten gehore werden gebracht waren gedicht door Janus Dousa, een man met een verfijnde humanistische en literaire ontwikkeling.[240] Met Dousa en Van Hout had de universiteit meteen een vaste personele verbinding met het heroïsch doorstane beleg van een paar maanden eerder. Deze twee kreeg je niet snel omver; Oranje zal over hun betrokkenheid en toewijding zeer tevreden zijn geweest, al moest hij dit festijn vanwege drukke werkzaamheden aan zich voorbij laten gaan.[241]

Dousa werd de eerste curator en bibliothecaris van de universiteit en zou er alles aan doen om te voorkomen dat Leiden alsnog vooral een opleiding voor gereformeerde predikanten werd. Leiden moest gaan behoren tot de Europese top, waar kennis van de wetenschapsgebieden hand in hand ging met kennis van de Griekse en Latijnse klassieken. Leiden zou een muzische inslag krijgen, precies zoals op die koude februaridag in de verbeelding van alle negen muzen op de schuiten werd aangekondigd.[242]

Onder de gebroeders Nassau hadden alleen de jongsten, Adolf en Hendrik, een universiteit bezocht. Een teken van veranderende tijden. Het was voor edelen nooit gebruikelijk geweest een academische opleiding te volgen; besturen leerde je in de praktijk, veelal door als hoveling langere tijd een voornaam edelman te dienen. In de zestiende eeuw werd het staatsbedrijf, door de toename van het handelsverkeer, ingewikkelder regelgeving, en intensivering van de internationale diplomatie, steeds meer het terrein van juristen. Rechtsgeleerden als Granvelle en Viglius ontleenden er hun sterke positie in de Habsburgse hiërarchie aan. Wilden edelen niet gereduceerd worden tot op hun kasteel verblijvende grootgrondbezitters, dan was het zaak talen te leren, juridisch onderlegd te raken en zicht te ontwikkelen op de grote vraagstukken van de eigen tijd – enige theologische bagage kon ook geen kwaad. De sterke economische ontwikkeling van de eerste helft van de zestiende eeuw had veel regio's in Europa met elkaar in concurrentie gebracht. Goede scholing werd steeds belangrijker voor het opbouwen en onderhouden van concurrentievoordelen. Ook de Nassaus waren daar al enige tijd van doordrongen. Zo stichtte vader Willem de Rijke in het Duitse graafschap al enkele scholen. Willem van Oranje en Jan van Nassau hadden in 1565 plannen in Herborn een universiteit op te richten, wat door de onrust van 1566 werd doorkruist.[243] In 1573 zag Lodewijk van Nassau, als vertegenwoordiger van Oranje, nog kans in Orange een *collège* te stichten dat zich vooral richtte op de opleiding van predikanten.[244] Enige greep ontwikkelen op de kwaliteit van het theologieonderwijs werd ook gezien als een probate methode om op termijn rond godsdienst de sociale rust te laten weerkeren – een speculatie die niet altijd uitkwam. Ook Leiden ging met de opleiding theologie onrustige jaren en zelfs decennia tegemoet. Met de komst van vooraanstaande godgeleerden was het ontstaan van discussie en tweedracht bijna niet te vermijden.[245]

Tijdens de inauguratie op 8 februari waren er nog nauwelijks hoogleraren present.[246] Het was zonder meer moeilijk zo snel geleerden van naam te vinden die animo hadden in het bedreigde en als onherbergzaam bekendstaande Holland een ongewis avontuur te beginnen. Oranje kreeg in het werven van de geschikte hoogleraren een belangrijke stem; hij was degene met het internationale netwerk. Hij besloot hierbij Marnix in te schakelen, die sinds 15 oktober 1574 was teruggekeerd uit Spaanse gevangenschap. Ondanks het voorgevallene rond de ongelukkige capitulatievoorstellen kon Oranje weinig anders dan Marnix weer het vertrouwen geven en hem inzetten voor de wat moeilijker diplomatieke missies. Al op 5 januari 1575, drie dagen na het besluit de universiteit op te richten, werd Marnix op pad gestuurd, met een geheimzinnige missie, waarvan op dat ogenblik niemand het fijne wist. Later werd duidelijk dat hij in Duitsland in universiteitssteden verschillende geleerden had gepolst om naar Leiden te komen.[247] Hij was in ieder geval in de vermaarde universiteitsstad Heidelberg, zonder concreet resultaat, maar in Neuhausen bij Worms lukte het Marnix twee calvinistische theologen voor Leiden te strikken.[248]

Toch was het vinden van hoogleraren niet het belangrijkste doel van de missie. In maart verbleef Marnix enige tijd in het Poolse Krakau, met een wat schimmig doel.[249] Marnixbiograaf Van Schelven heeft gesuggereerd dat Marnix hier was in opdracht van de keurvorst van de palts, die hij kort daarvoor in Heidelberg bezocht had, en dit in verband met de vacante Poolse troon. Op 30 mei 1574 was Karel IX van Frankrijk overleden, en daardoor was zijn broer Hendrik, die nog maar zo kort tevoren als Poolse koning was ingehaald, naar Parijs geroepen om de nieuwe koning van Frankrijk te worden. Het lijkt erg onwaarschijnlijk dat Marnix in deze drukke maanden ook nog tijd had een klus voor de keurvorst van de Palts op te knappen. Hij zal er voor Oranje geweest zijn. Marnixkenner Aloïs Gerlo heeft geopperd dat Oranje zelf interesse had in de Poolse troon,[250] wellicht om alsnog glorieus te kunnen vertrekken uit de Nederlanden. Zijn naam was eerder, in de maanden dat Hendrik van Valois uiteindelijk de troon toebedeeld kreeg, door Poolse protestanten al genoemd als kandidaat voor het koningschap.[251] In de loop van 1574 had Requesens hem onderhands al eens een groot jaarlijks pensioen aangeboden om uit de Nederlanden te vertrekken. Die opties zal Oranje toch wel regelmatig door zijn hoofd hebben laten gaan.[252]

Een nieuwe vrouw, uit het klooster

Toch was ook het eventuele Poolse koningschap niet het hoofddoel van Marnix' reis. Hoofddoel was een verkennende bespreking in Heidelberg, over een nieuwe huwelijkspartner voor zijn baas. Bij voorbaat een delicate onderneming omdat Oranje op dat ogenblik getrouwd was. Anna van Saksen werd inmiddels in bewaring gehouden op slot Beilstein. Scheiding met echtbreuk als grond was niet echt een begaanbaar pad omdat Oranje en ook Saksen en Hessen het overspel met Jan Rubens niet in de wereld wilden hebben.[253]

Heidelberg was op dat moment na Genève het belangrijkste toevluchtsoord voor calvinisten. Hier genoten ze de volle bescherming van de keurvorst van de Palts, Frederik III. Hier verbleef ook een jonge dochter van Louis de Bourbon, hertog van Montpensier, nauw verwant aan het Franse koningshuis. Charlotte de Bourbon was als zuigeling al voorbestemd voor een leven als abdis in een van de koninklijke abdijen in Frankrijk, Jouarre, waar op dat ogenblik een tante van haar die functie vervulde. Die stierf toen Charlotte ongeveer twaalf was. Het meisje werd gedwongen in te treden, en op 17 maart 1559 werd ze geïnstalleerd als abdis. Ongeveer zes jaar later zal ze steeds meer sympathie hebben gekregen voor hervormingsideeën, mogelijk onder invloed van protestantse familieleden als de prins van Condé. Begin 1572 trad ze uit en vluchtte ze naar Heidelberg. Ze werd met alle egards ontvangen door Frederik III en trad een paar weken later toe tot de gereformeerde kerk. Frederik had wel iets uit te leggen tegenover het Franse koningshuis en vooral de vader van Charlotte.[254]

Het is onduidelijk waarom Oranje juist op dat moment over een nieuw huwelijk begon na te denken: was het eenzaamheid, behoefte aan vrouwelijk gezelschap, zorgen over zijn mannelijke nageslacht, of speelden er politieke belangen? Een eenvoudiger manier om de banden met sympathisanten in Frankrijk aan te halen was er niet. Ook is niet helder hoe hij op de gedachte kwam Charlotte de Bourbon om haar hand te vragen. Het lijkt weinig aannemelijk dat ze elkaar al eens ontmoet hadden, in Heidelberg of elders.[255] Hoe dan ook had Marnix in Heidelberg een brief van Oranje bij zich waarin deze haar een aanzoek deed. Marnix kreeg van haar een kort antwoord mee, waarin ze aangaf niet onwelwillend te zijn, maar ook dat ze er niet alleen over ging; ze liet dit aan de keurvorst en de keurvorstin over, die in dezen haar eigen ouders vertegenwoordigden.[256] De keurvorstin was Amalia van Nieuwenaar, de weduwe van Hendrik van Brederode, en een goede bekende van Oranje. Zij heeft wellicht een sleutelrol gespeeld in het snel rondkomen van het arrangement. Het voornaamste bezwaar – dat Oranje al getrouwd was – heeft ze wellicht kunnen wegmasseren door met veel anekdotiek (Amalia en Anna hadden lange tijd samen doorgebracht in Keulen, toen het met Anna al duidelijk bergafwaarts ging) aan te tonen dat deze vrouw geen volwaardige partner meer kon zijn.[257] Het was aannemelijk dat de familie van Anna – de keurvorst van Saksen en de landgraaf van Hessen – zich diep in hun eer aangetast zouden voelen wanneer Oranje dit plan zou weten door te drukken. Oranje liet zich daardoor niet tegenhouden, ondanks dringende adviezen van zijn broer Jan, die van de onvermijdelijke boosheid van Hessen en Saksen, zijn grootste naburen, weinig goeds verwachtte, zoals het terugvorderen van de bruidsschat. Willem van Hessen had voor Oranjes keuze geen goed woord over: 'een Française, een non, en nog weggelopen ook'. Hij vertrouwde August van Saksen nog toe dat deze vrouw zich in het klooster niet aan haar kuisheidsgelofte had gehouden. Hij was zo eerlijk erbij te vertellen dat hij dat als roddel had gehoord.[258]

Ook hier was het een kwestie van voldongen feiten scheppen. Het was meteen een volgende zet op het internationale schaakbord. Oranje nam min of meer afscheid van zijn opties in het Duitse Rijk met zijn sterke maar weinig toeschietelijke lutherse vorsten en schurkte dichter aan tegen Frankrijk en de calvinistische beweging.[259] In de dagen dat op initiatief van de keizer aan een mogelijke vrede gewerkt ging worden, distantieerde Oranje zich opzichtig van het Rijk, en voor zijn broer Jan lag er de ondankbare taak alle hoon en pure woede die dat opriep te sussen.[260]

Werken aan een onmogelijke vrede

In de laatste dagen van 1574 waren de initiatieven van Requesens om met het kamp van de opstandelingen tot een vredesregeling te komen opnieuw serieuzer geworden. De landvoogd stuurde nu Elbertus Leoninus naar Oranje. Leoninus sprak, gesecondeerd door Hugo Bontius, op 21 december in Delft met enkele raadslieden van Oranje en een afvaardiging van de Staten van Holland. Oranje moest zich laten verontschuldigen omdat hij voor dringende zaken in Zeeland verbleef.[261] Die dringende zaken betroffen een nieuwe poging om Antwerpen van binnenuit te overmeesteren, ongeveer op de manier van een jaar eerder, maar dan met meer medewerking in de hoogste kringen van Antwerpen. Er lagen medio december vijftig schepen van Oranje klaar om steun te verlenen. Voor niets, bleek kort erna. Opnieuw was er een grote groep mensen bij betrokken, en dus lekte het weer uit. Oranje kreeg zo langzamerhand het idee dat de Antwerpse burgerij telkens ten prooi raakte aan lafheid op het moment dat ze de wapens moest grijpen.[262] De voornaamste samenzweerders werden opgepakt en na martelingen veelal gruwelijk ter dood gebracht. Requesens liet zijn tanden zien.[263]

In Delft hoorden in diezelfde dagen Oranjes adviseurs en vertegenwoordigers van de Hollandse Staten Leoninus het doel van zijn vredesmissie uiteenzetten. Ze vroegen het een en ander op schrift en wilden bedenktijd. De sfeer was niet erg welwillend.[264] Voor de duur van zijn verblijf in Delft kreeg Leoninus huisarrest opgelegd. Toen duidelijk werd dat Oranje voorlopig niet terugkeerde uit Zeeland, reisde hij maar naar Middelburg.

Op de middag van oudjaar kwam Leoninus er aan. Hij werd opgevangen door Charles de Boisot, gouverneur van Middelburg, die hem een diner aanbood, met een flink gezelschap van bestuurders en militairen. Die avond wilde Oranje met datzelfde gezelschap nog eens souperen, terwijl hij Leoninus al liet weten dat hij blij was met zijn komst, maar niet erg te spreken was over de gespreksnotitie die hij had meegebracht.[265] Deze 'commissie' was onder auspiciën van Filips II opgesteld als antwoord op het uitgebreide verzoekschrift dat de Staten van Holland en Zeeland in 1573 hadden opgesteld om duidelijk te maken dat ze bereid waren onder bepaalde voorwaarden weer onder het bewind van de Spaanse koning terug te keren.[266] Leoninus stelde voor om het er tijdens het eten maar niet over te hebben. Het viel hem intussen op dat Oranje zich in dit gezelschap wel erg verbitterd en weinig verzoeningsgezind opstelde.

De volgende ochtend, nieuwjaarsdag, spraken Leoninus en Oranje elkaar onder vier ogen. Leoninus hield een uitgebreid betoog over de goede bedoelingen van de koning, en Oranje liet weten het allemaal niet te vertrouwen. Hij had rekening te houden met de Staten, die er vast niet toe te bewegen zouden zijn om afstand te nemen van de 'nieuwe religie'. De twee mannen hadden wat strijd over exacte formuleringen in de notitie, waarbij Oranje zijn meerdere moest erkennen in de doorgewinterde jurist Leoninus met zijn gedegen dossierkennis. Het ging dan ook al snel over de bezwaren die inmiddels door de Staten van Holland waren ingebracht, die Leoninus eveneens zonder veel moeite wist te ontkrachten. Oranje moest toegeven dat de 'Hollanders nu eenmaal wat grofbesnaard waren en zulke subtiliteiten niet konden bevatten, maar dat ze daardoor wel meer achterdocht en angst koesterden'. Hij had in de Staten aangedrongen op matiging van hun antwoord aan Leoninus. En inzake religie was de zaak helder: het zou niemand, zelfs Oranje niet, lukken de Staten en de bevolking daarover anders te laten denken.[267] Net als een halfjaar eerder in zijn gesprekken met Bontius manoeuvreerde Oranje zich zo naar een middenpositie, en hij gaf ook nog aan dat hij niets deed zonder voorafgaande instemming van de Staten.

De sfeer tussen de twee mannen klaarde wat op; ze hadden veel besproken, en beseften beiden dat het moeilijk zou worden, maar ze begrepen elkaar. Leoninus bleef nog enkele weken op Walcheren en kreeg ook meer bewegingsvrijheid. Op 4 januari werd er voor hem een diner georganiseerd ten huize van Johan Junius de Jonghe, de gouverneur van Veere. Aanwezig waren andere vertrouwelingen van Oranje als Arent van Dorp, Charles de Boisot en Filips van Marnix. Het was de dag voordat Marnix op zijn meervoudige geheime missie naar Duitsland en Polen zou vertrekken; Leoninus maakte in zijn verslag ook melding van Marnix' vertrek, en dat de reisbestemming Engeland was, 'naar men zegt', voegde Leoninus er veelbetekenend aan toe.[268]

In de weken daarop werkten de Staten van Holland en Zeeland hard aan een lijvig document waarin ze hun zienswijze op de voorstellen van Leoninus uiteenzetten. Leoninus vond het stuk veel te wijdlopig en te verwijtend; ze hoefden alleen maar kort te zeggen dat ze het niet eens waren met de voorstellen van de koning. Schrappen, daar kwam het op aan. Leoninus mocht het in een vergadering met de gedeputeerden en in het bijzijn van Oranje nog eens precies uitleggen. Hij wees stuk voor stuk de overbodige passages aan, waarop Oranje hem onderbrak: 'U snijdt hier ook het woord Gods eruit; wat gaat u in de plaats daarvan neerzetten? De heilige Maria en alle andere heiligen?' Waarop Leoninus antwoordde: 'Jazeker, en door dit te doen zal alles goed komen.'[269]

Uiteindelijk volgden de Staten en Oranje het advies van Leoninus en tekenden ze kortweg protest aan tegen de voorstellen. In een sfeer van wantrouwen gingen ze uit elkaar. Leoninus hield Oranje nog wel voor dat de prins veel gevaar had gelopen en nog grote gevaren tegemoet ging, waarbij hij wellicht uiteindelijk aan het ontevreden volk overgeleverd zou worden. Hier kreeg hij nog een laatste kans om zijn huis, zijn nageslacht en zichzelf veiligheid en rust te bezorgen. Leoninus: 'Waarop hij een stilte liet vallen en het ook niet weersprak.'[270]

De vredehandel te Breda

De moeizame onderonsjes op Walcheren hadden een grote voorspellende waarde voor de officiële onderhandelingen, die in het voorjaar daarop wel degelijk van start gingen. De bemoeienis op afstand door keizer Maximiliaan II werd onderstreept doordat hij een bemiddelaar stuurde. Dat werd

Günther van Schwarzburg, die als Oranjes zwager niet geheel onpartijdig was, maar wel doordrongen was van de noodzaak de Nederlanden te pacificeren teneinde ook het Heilige Roomse Rijk in rust te houden en tegelijkertijd te voorkomen dat Frankrijk of Engeland er voet aan de grond zouden krijgen.[271] Schwarzburg was daarbij niet geneigd zijn oren al te veel te laten hangen naar de wensen van de calvinisten. Zelfs of misschien wel juist in het roomse Amsterdam liep het gerucht dat hij tijdens een voorbereidende Statenvergadering op 15 februari in Dordrecht nogal hard was gevallen over het vernielen van kerken in de steden die zich bij de Opstand hadden aangesloten.[272]

Het gerucht was een teken van groeiende onrust onder vooral het calvinistische deel van de bevolking. Het overheersende gevoel was dat Oranje – die ze toch al niet vertrouwden – bezig was hun belangen te verkwanselen. Oranjes bereidheid om te onderhandelen leek een verdere radicalisering onder de calvinisten in de hand te werken. In Delft ging op 21 februari een kostbaar altaar dat tot dan toe steeds gespaard was gebleven, alsnog aan gruzelementen.[273] In Amsterdam vernam Wouter Jacobsz. een hardnekkig gerucht dat er in de binnenste kringen van Oranjes raadgevers figuren rondliepen die van plan waren Oranje te vergiftigen omdat ze hadden gemerkt dat hij serieus nadacht over het sluiten van vrede met de koning. Een wild verhaal waarschijnlijk, maar de conclusie die Wouter Jacobsz. eruit trok leek terecht: 'Dit gerucht deed elke hoop op vrede verdwijnen, waar tot dan toe grote verwachtingen over leefden.'[274] Hij hoorde in Amsterdam ook een erg kwetsend spotliedje op Willem van Oranje dat afkomstig was uit de geuzensteden.[275] In Oranjes eigen achterban was een diepe tweespalt aan het ontstaan.

De vredesbesprekingen begonnen op 3 maart in Breda in een ijzige sfeer: de Spaanse delegatie wenste niet in één ruimte te verblijven met de delegatie namens de rebellen. Het dwong bemiddelaars, onder wie Günther van Schwarzburg, steeds tussen beide partijen te pendelen. Er kwamen van de zijde van de koninklijke onderhandelaars concessies op het vlak van herstel van privileges, het terugdraaien van confiscaties en het uitwisselen van gevangenen, maar dan dienden de rebellen wel hun oorlogsmaterieel in te leveren. Op het vlak van de belangrijke eis van de terugtrekking van alle Spaanse troepen, het bijeenroepen van de Staten-Generaal, en de godsdienst werd in de hele maand geen vooruitgang geboekt. De koninklijke onderhandelaars eisten dat degenen die aan het calvinisme wilden vasthouden binnen een halfjaar uit het land vertrokken; ze mochten hun bezittingen over een veel langere periode, acht à tien jaar, te gelde maken. Dit laatste moest klinken als een toegeving, maar het was voor de Hollandse en Zeeuwse onderhandelaars volkomen onverteerbaar.[276]

Tijdens de eerste weken van de onderhandelingen verbleef Oranje in het nabijgelegen maar veilige Dordrecht, waar hij door zijn onderhandelingsdelegatie van dag tot dag op de hoogte werd gehouden van de laatste ontwikkelingen. Zijn delegatie bestond voor een belangrijk deel uit het inmiddels behoorlijk geharde kader dat Oranje door de laatste moeilijke vijf jaren had gesleept, zoals Charles de Boisot, Arent van Dorp, Paulus Buys, Jacob van der Does, Nanning van Foreest en Adriaan van der Mijle. In april lagen de onderhandelingen goeddeels stil, in mei werd weer gesproken. De delegatie namens Filips II meende dat het onvermijdelijk was enige echte concessies te doen, maar Requesens hield vast aan de oorspronkelijke strategie om hoogstens toe te geven op enkele ondergeschikte punten.[277] Na nog weken van vruchteloos heen en weer praten en zwartepieten braken de Staten van Holland en Zeeland de onderhandelingen op 14 juli af.[278] Schwarzburg had de gesprekken al eerder verlaten, omdat hij wel aanvoelde waarop het zou uitdraaien. Hij had nog een voorstel gedaan voor een wapenstilstand van zes maanden, maar daar hadden de onderhandelaars van Filips II geen fiducie in.[279]

De Spaanse opmars

Requesens zat op dat ogenblik met zijn hoofd alweer geruime tijd meer bij oorlog dan bij vrede. Eind april waren over en weer de voorbereidingen op een hete oorlog alweer begonnen.[280] Requesens richtte zijn aandacht op het Noorderkwartier. Op 10 mei lichtte hij zijn veldheer Gilles van Berlaymont, heer van Hierges, in over een plan om in één keer af te rekenen met de ketterse en onverbeterlijke bevolking daar. Niet alleen zou al het vee moeten worden weggevoerd en al het hooi worden verbrand, ook alle huizen moesten worden verwoest en de bevolking geheel worden uitgemoord.[281] Het maakte deel uit van een plan dat Filips II al in oktober 1574 aan Requesens uiteen had gezet, dat in de totale vernietiging en overstroming van het platteland van Holland en Zeeland moest resulteren. De steden zouden zich niet meer kunnen voeden, de handel zou instorten, en deze gewesten zouden daarmee goeddeels van de kaart geveegd worden. Wel dreigde het inunderen van Holland en Zeeland ertoe te leiden dat de aanpalende gewesten opeens veel meer gevaar van de zee te duchten kregen. Dit deed Filips aarzelen voor deze methode te kiezen, bovendien: het was zijn eigen land, het was nogal een stap om dat aan de golven prijs te geven. Met als saillante noot dat hij bovendien vreesde door deze aanpak grote reputatieschade te lijden.[282] Dan maar het vuur; als het platteland in de fik zou staan, zouden de steden zich wel snel overgeven. Ook hier vreesde Filips voor reputatieschade, met name bij zijn leenmannen, die in enkele gevallen in Holland over aanzienlijke bezittingen beschikten. Dat was uiteindelijk geen reden het te laten. Hierges ondernam eind mei een poging het Noorderkwartier te overrompelen via een opmars door het duingebied. Bij Groet liep zijn expeditie vast, waarschijnlijk omdat hij over veel te weinig manschappen beschikte, tegenover het rebellenleger. Dat was opvallend goed op zijn komst voorbereid omdat het, tot grote ergernis van Requesens, wederom door spionnen en detail op de hoogte was van de Spaanse krijgsplannen. Sonoy had een provisorische waterlinie laten creëren vanaf de Zijpe dwars door Noord-Holland tot vlak boven Amsterdam.[283] Hierges trok zich terug op zijn basis bij Beverwijk.

In de maanden daarop werd juist het Zuiderkwartier het toneel van een weer vol losgaande oorlog. Meer in het bijzonder richtte het Spaanse offensief zich op een halve ring rond het gewest Utrecht, met Woerden, Oudewater, Schoonhoven, naast Klundert en Buren in het rivierengebied, als voornaamste richtpunten. Het zwak verdedigde Buren viel op 28 juni, Klundert begin juli. Op 19 juli begon Hierges met de belegering van Oudewater, dat door een matig gedisciplineerd garnizoen verdedigd werd. De Spaanse overmacht was groot, op 6 augustus eiste Hierges onmiddellijke overgave, vervolgens werd het stadje ongenadig onder vuur genomen, waarna een dag later een bestorming volgde. In enkele uren tijd werd ongeveer de helft van de bevolking vermoord.[284] Hier had wellicht het onder water zetten van de omringende polders de Spaanse operaties onmogelijk kunnen maken, maar een verzoek daartoe van Oudewater aan Oranje kwam te laat.[285] Hierges marcheerde door naar Schoonhoven, dat zijn troepen op 24 augustus wisten in te nemen; hier bleef een moordpartij achterwege.[286] Hij hoopte zijn zegetocht voort te zetten bij Woerden, zo was de bedoeling, maar deze stad had zich inmiddels kunnen voorbereiden op een beleg. Hier liep de Spaanse opmars voorlopig vast. Woerden werd vanaf 8 september elf maanden belegerd, en uiteindelijk ontzet door een geslaagde inundatie.[287]

In Zeeland was het Spaanse offensief gericht op de successievelijke herovering van de belangrijkste eilanden. Duiveland en Schouwen waren het eerste richtpunt. In september zette Mondragón, die kort tevoren nog voor de duur van de besprekingen in Breda in gijzeling was gehouden, een spectaculaire actie op om Zierikzee in handen te krijgen. Mondragón stuurde zijn mannen bij eb door het lage water vanaf Philipsland naar Duiveland, en vandaar een dag later naar Schouwen. Het water kwam hun regelmatig tot aan de kin, hun wapens hielden ze boven hun hoofd. Mondragón, op dat ogenblik al een levende legende van over de zestig, ging voorop.[288] De vloot van Oranje kon er vanwege het lage water niet bij, ook niet met musketvuur, en moest toezien hoe de bezetting van Duiveland al snel vluchtte, en er ook op Schouwen weinig weerstand werd geboden. Op het laatste moment werden de Spaanse troepen voor Zierikzee afgestopt door een inundatie, die zelfs hun amfibische vermogens te boven ging. Toch lukte het hun Zierikzee van de buitenwereld af te snijden en een uithongering te beginnen. De stad dreigde door verraad in Spaanse handen gespeeld te worden.[289] Het strategisch gelegen steunpunt Zierikzee moest voor onbepaalde tijd uit de plannen van de opstandelingen geschrapt worden.

Hollandse allure: een huwelijk in Den Briel

De Franse koning Hendrik III, opvolger van Karel IX, wilde geen officiële toestemming geven voor een huwelijk van Charlotte de Bourbon met Willem van Oranje. Alleen al omdat Oranje niet meer katholiek was, hoefde hij er verder geen enkele gedachte aan te wijden. Maar in diplomatieke zinspelingen van de Franse koning werd het vervolgens aan de keurvorst van de Palts overgelaten er samen met Charlotte de Bourbon toch maar uit te komen.[290] Charlotte vond het ook niet nodig haar vader toestemming te vragen; ze was immers al ruimschoots meerderjarig. De grootste weerstand zat nog altijd bij de landgraaf van Hessen en de keurvorst van Saksen, en ook bij broer Jan.[291] Die bewaarde op de Dillenburg de belangrijkste stukken, zoals bekentenissen en belastende correspondentie, die het overspel tussen Anna van Saksen en Jan Rubens bewezen. Oranje moest er erg op aandringen dat hij dit dossier opgestuurd kreeg – het was van belang omdat Charlotte de Bourbon, daarin gesteund door de keurvorst van de Palts, er zeker van wilde zijn dat deze stukken bestonden, om zo het idee te hebben dat ze met Oranje een rechtsgeldig huwelijk zou sluiten.[292]

Ondanks alle strubbelingen en boosheid zette Oranje zijn voornemen door. Hij wilde zich zeker door de Saksische en Hessische dreigementen niet laten tegenhouden,[293] en zal daarbij, zonder dat hij het argument inbracht, wellicht hebben gedacht aan de grootvader van Anna van Saksen, Filips van Hessen, die in 1539 voor de tweede keer trouwde, zonder dat hij van zijn eerste vrouw gescheiden was, een geval van pure bigamie.[294] Het huis van Hessen zou Oranje niet tegenhouden.

Eind april, begin mei kwam het huwelijk door schriftelijke toezeggingen over en weer rond.[295] Als weduwgift had de nog altijd berooide Oranje weinig te bieden, behalve een huis in Middelburg dat hij pas onlangs had gekocht, en een huis in Geertruidenberg dat in aanbouw was.[296] Ze moest het maar zien als een blijk van zijn goede wil. Hij liet Charlotte door zijn zwager Wolfgang von Hohenlohe en Marnix in mei vanuit Heidelberg naar de Nederlanden escorteren. Niet over land, maar via Emden. Daar lagen twee zwaarbewapende schepen klaar om de nieuwe prinses van Oranje naar Den Briel te brengen.[297]

In diezelfde dagen werd met inzet van theologen en juristen hard gewerkt aan de morele en wettelijke rechtvaardiging van Oranjes hertrouwen terwijl hij formeel nog getrouwd was. De universiteit van Leiden bewees hier meteen al diensten doordat ze de Franse hugenootse theoloog Guillaume Feugueray er zijn kerkrechtelijke licht over kon laten schijnen. Feugueray schreef een rapport waarin het overspel van Anna van Saksen als voldoende grond werd beschouwd om Oranjes huidige huwelijk als ontbonden te beschouwen.[298] Daarnaast legden op 11 juni een vijftal gezaghebbende predikanten een verklaring af dat ze alle relevante stukken hadden gezien inzake het overspel van Anna van Saksen, die aantoonden dat dit huwelijk had opgehouden te bestaan en dat hij nu vrij was een nieuw huwelijk aan te gaan.[299]

Erg waterdicht was het niet, maar Oranje was hoe dan ook van plan door te zetten, ook om de rijksdag die voor de volgende maand in Regensburg gepland stond voor te blijven.[300] Hij kon nu geen bemoeizucht van Duitse vorsten gebruiken. De volgende dag werd in de Grote Kerk van Den

Gedenkpenning voor het huwelijk van Willlem van Oranje en Charlotte de Bourbon, met aan weerszijden hun portretten, ontworpen door Coenraad Bloc, 1577 (collectie Museum Rotterdam).

Briel door de nieuwe hofpredikant Jean Taffin het huwelijk voltrokken. Het moet een sober gebeuren geweest zijn in vergelijking met het enorme festijn veertien jaar eerder in Leipzig. Het huwelijk was zelfs zo bescheiden dat er maar weinig over is vastgelegd. Zes dagen tevoren, op 6 juni verklaarde Oranje nog in de Staten van Holland dat hij niet wist waar de trouwplechtigheid zou plaatsvinden.[301] Het was vooral haastige improvisatie. De stadsrekeningen van Den Briel geven een mooi inzicht in hoe de bevolking enige dagen druk was met het opknappen van schuiten, logies regelen voor de prinses, en met het van heinde en verre aanvoeren van speenvarkens, hoenderen, lammeren, schapen en kalveren voor het bruiloftsmaal.[302] Hoeveel gasten er waren is onbekend; hoogstens de hoogwaardigheidsbekleders die in de buurt waren en ervan hoorden, konden erbij zijn. De volgende dag vertrok het bruidspaar per schip naar Dordrecht, waar de schutters en de rederijkers waren uitgerukt om met trompetgeschal, tromgeroffel, vlagvertoon, rokende teertonnen en enkele gedeclameerde teksten een serieus feestgedruis te ontketenen. De rederijkers voerden een zinnespel op en waren ook de organisatoren van een groot vuurwerk. Het gezelschap ging daarna eten; de kerkenraad van Dordrecht had dringend verzocht niet te dansen.[303]

Het krachtenveld met de Staten

Willem van Oranje werd door de Staten van Holland en Zeeland als onmisbaar gezien, maar zeker niet als onfeilbaar. Sinds 1572 had hij in omstandigheden waarin er over politieke verantwoordelijkheden niets was geregeld en door de penibele stroom gebeurtenissen ook niet veel viel te regelen, allerlei zaken eigenmachtig kunnen en ook moeten besluiten, vooral in de oorlogvoering en de internationale diplomatie.[304] Als hij het niet deed, wie dan? De adempauze in de oorlog gedurende de vredehandel in Breda gaf de opstandige gewesten en hun aanvoerder ruimte om de onderlinge taakverdeling nog eens te doordenken.[305]

Oranje ervoer in het dagelijks bestuur veel ongemak van het moeten werken met twee Statencolleges. Hij had al veel formele macht aan zich getrokken in het voorgaande jaar, maar de werkafspraken tussen hem en de Staten waren onduidelijk, en ook die tussen de twee Statencolleges onderling. Een landraad, met een vertegenwoordiging uit beide gewesten kon dit ondervangen; op 20 mei werd daartoe een provisorisch besluit genomen, waarbij Oranje erop stond dat ook de bevolking, wellicht via gilden en schutterijen, met dit besluit zou instemmen. Oranje wilde duidelijk een breed mandaat, maar Zeeland bleek op voorhand huiverig om in een vast verband met Holland op te gaan, omdat het gewest daarin altijd een minderheidspositie zou innemen.[306] In dit bondgenootschap, of hoe het maar genoemd zou moeten worden, kreeg Oranje de balancerende sleutelrol, in politieke zin als stadhouder van beide gewesten, en in militaire zin als kapitein-generaal, in beide gevallen met de toevoeging 'namens de koning van Spanje'.[307] Hem werd zelfs toegestaan te handelen alsof hij de waardigheid van 'graaf van Holland en Zeeland' had, maar hij moest wel op tal van beleidsterreinen samenspraak met de Staten houden en hun oordeel laten meewegen.[308] De competenties van Oranje werden in 23 artikelen nauwkeurig omschreven. De machtswillekeur werd daarmee beteugeld. Zeeland bleef desondanks bezwaren houden.

De Staten van Holland zetten wel door en kozen Willem van Oranje, voor de tijd dat de oorlog voortduurde, tot hun 'hoogste overheid', een formulering die vanuit het perspectief van de Staten geen enkele rol voor landsheer Filips II meer overliet.[309] Daarmee was een merkwaardig en ook voelbaar vacuüm geschapen, want hoeveel gezag Oranje formeel en informeel ook toebedeeld kreeg, regeren als een vorst was hem in deze constellatie niet gegeven. Dat was het meest zichtbaar op de internationale kaart; daarop tekenden Holland en Zeeland zich af als twee opstandige gewesten ('dit kleine hoekje van het land', zoals Oranje het tegenover zijn broer Jan betitelde)[310] binnen de verder gezagsgetrouwe Nederlanden, de Nederlanden die het onvervreemdbare bezit waren van de koning van Spanje als erfopvolger van de Bourgondische en Habsburgse landsheren.

Tegenover zijn broer klaagde Oranje in de loop van 1575 regelmatig over hoe weinig steun hij vanuit het omringende buitenland ontving. Nu het gelukt was in twee gewesten een stevig bruggenhoofd te creëren, was er nog maar weinig nodig om het met geldgebrek kampende Spaanse leger in het defensief te drukken. Toch bleven potentiële bondgenoten op hun handen zitten. In de voorgaande jaren waren er hoopvolle momenten geweest, maar telkens waren de koning van Frankrijk en de koningin van Engeland ervoor teruggedeinsd openlijk met Spanje in oorlog te raken. Ze mochten ervan verdacht worden dat ze er belang bij hadden dat Spanje nog heel lang zijn handen vol zou hebben aan de Nederlanden, waardoor het aan kracht inboette en minder dominant zou worden. Dat het werkte, kon worden opgemaakt uit het nieuws dat Spanje op 1 september 1575 bankroet was gegaan: Filips II was niet meer in staat rente te betalen, laat staan schulden af te lossen. In Frankrijk en Engeland werd dit bericht met groot leedvermaak ontvangen. In de Nederlanden werden in de opstandige gewesten zelfs grote vreugdevuren ontstoken.[311]

Zo'n bericht gaf de opstandelingen weer wat moed, zo konden ze weer even voort. Oranje wist dat het zo eenvoudig werkte, maar op de lange termijn was er meer nodig. Hij kon niet anders dan met al dan niet gespeelde naïviteit zijn internationale contacten blijven onderhouden, in de hoop dat zijn belangen op enig moment, gestuurd door toeval wellicht, beslissend zouden samenvallen met die van een van zijn potentiële bondgenoten. In de aanloop naar de vredesbesprekingen in Breda had het er even op geleken dat keizer Maximiliaan II, uit afkeer van de veel te drastische strijdwijze van zijn neef Filips II, zijn gewicht zo zou inzetten dat de Spaanse gewelddadige overheersing van de Nederlanden moest stoppen. Het mislukte, maar dit Habsburgse onderlinge wrijvinkje had er wel toe geleid dat andere partijen weer meer belangstelling kregen. In het najaar leek Engeland bereidwillig het gesprek aan te gaan.

Worstelen met soevereiniteit

Nu bleek ook hoe vooruitziend het was geweest dat men Oranje niet echt met soevereine rechten had willen bekleden. Zolang de rol van soeverein, los van de aanspraken van Filips II, vacant was, kon er een buitenlandse partij mee lekker worden gemaakt, en die zou wellicht bereid zijn zelf te investeren. Want in beginsel waren er genoeg buitenlandse legeraanvoerders beschikbaar om met hun compagnieën in de Nederlanden te komen vechten, maar die wilden betaald worden. Ook aan de zijde van de opstandelingen waren in de loop van 1575 de financiën opgedroogd. Terwijl er binnen de eigen gelederen eveneens stemmen opgingen Filips II niet nog verder te tergen en de soevereiniteit helemaal niet aan een ander toe te bedelen.[312] Zoiets was een uiterste daad, die iedere verzoening of vrede onmogelijk dreigde te maken. Dat was in de zomer van 1575.

Dat najaar trad een verdere radicalisering op. Door de hevig voortgaande strijd en het verlies van nogal wat strategische posities viel alsnog iedere basis weg onder het idee van een vergelijk met de Spaanse koning. Er moest snel buitenlandse steun komen om niet ten onder te gaan. Oranje had al geruime tijd het meeste vertrouwen in een alliantie met Frankrijk, maar de Staten wilden afstand houden van katholieke bemoeienis zolang er een protestants alternatief voorhanden was. Eind november besloot Oranje in nauwe samenspraak met de Staten tot het sturen van een zware delegatie naar koningin Elizabeth; ze had nog bloedbanden met de graven van Holland. Haar zou de soevereiniteit over Holland en ook over

Zeeland worden aangeboden.[313] Wanneer ze erop in zou gaan, 'verlieten' de opstandige gewesten de Spaanse koning.

Op 14 november werd een gezantschap benoemd met Filips van Marnix, Paulus Buys en de pensionaris van Enkhuizen, François Maelson.[314] Het duurde nog tot de eerste dagen van 1576 voordat de drie naar Engeland overstaken. Inmiddels had het kamp van Requesens al een gezant van Elizabeth op bezoek gekregen, die beweerde dat Oranje met de koning van Frankrijk onderhandelde over het in Franse handen overgeven van Holland en Zeeland. Het was een bizar dubbelspel. Dit verhaal werd door Morillon overgebriefd aan Granvelle, en hij wist erbij te vertellen dat hij sterke aanwijzingen had dat Elizabeth zelf de twee gewesten wilde bezetten. In Antwerpen en Brugge zouden belangrijke Engelse kooplieden daarom hun huisraad en koopwaar van de hand doen. Morillon zette het verhaal misschien wat aan, maar zoals zo vaak bleek hij weer goed op de hoogte; hij vestigde ook de aandacht op de jongere broer van de Franse koning, François d'Alençon, die vervuld van ambities ook van alles van plan leek met de Nederlanden.[315]

Het internationale diplomatieke verkeer in deze jaren bestond uit een onontwarbaar spel van schijnbewegingen, waarvan de uitkomst voor geen van de betrokkenen goed te voorspellen viel. Op 9 januari werden de Nederlandse gezanten in Londen door Queen Elizabeth in een geheime audiëntie ontvangen, en ze kwamen er al snel achter dat ze te veel verwachtingen had gewekt en dat Elizabeth zich vooral ongerust maakte over de groeiende Franse invloed in de Nederlanden. De gezanten werden voor onbepaalde tijd aan het lijntje gehouden en zagen tot hun schrik en ergernis op 23 januari de heer van Champagney, als gezant van Requesens, in Londen opduiken, overduidelijk gealarmeerd door het diplomatieke offensief van Oranje. Een van zijn eerste daden was aandringen op arrestatie van het Hollandse gezantschap, omdat het een stelletje rebellen was. Elizabeth liet zich niet de wet voorschrijven. Wel onthulde ze aan hem dat ze het Hollandse gezantschap alleen maar ontving om te voorkomen dat ze al te innige banden met Frankrijk zouden ontwikkelen. Wat was hier waar? Was er wel een waarheid, of een strategie? Het driemanschap werd eind februari nog een keer ontvangen door haar Privy Council, waar Marnix het plan van de Staten opnieuw omstandig uiteenzette. Uiteindelijk poeierde Elizabeth zowel het driemanschap als Champagney beleefd af. Er moest eerst maar serieus naar vrede worden toegewerkt. En in het uiterste geval wilde ze Holland en Zeeland eventueel steunen, maar dan moest Frankrijk er helemaal buiten blijven.[316]

Elizabeth liet zien dat ze op haar geheel eigen termen wel aan het steekspel rond de Nederlanden wilde meedoen. Niet om de problemen op te lossen, maar om ze nog ingewikkelder te maken. Ze wilde wel munitie en geschut leveren, zo luidde een laatste toezegging aan het driemanschap, tegen betaling dan wel.[317]

Denken aan een natie

In de winter van 1576 luwde het offensief van de Spanjaarden, mede doordat het steeds zacht weer was, waardoor het aanvallende voordeel van toegevroren rivieren, sloten en grachten zich niet voordeed.[318] Oranje lijkt zijn tijd vooral gebruikt te hebben om intern de zaken op orde te brengen, en ook om na te denken. Hij besefte dat zijn alliantie met de Hollandse en Zeeuwse calvinistische burgers hem de afgelopen jaren uit de grootste problemen had geholpen. Maar die omhelzing met de calvinisten dreigde er nu ook voor te zorgen dat hij niet meer verder kwam, en dat hij eerder vroeg dan laat een prooi werd voor het Spaanse leger. Terwijl zijn gedachten wel verder gingen, zeker naar Brabant, maar ook het geheel van de zeventien gewesten, zoals dat door Karel v was samengebracht. Oranje sprak al geruime tijd over de 'landen van herwaarts over', zoals dat in de tijd van Karel v gebruik was geworden, maar ook over de 'gemene zaak', het 'gemene vaderland' of kortweg over het 'vaderland' – begrippen die iets vaags hadden en waar ieder zijn eigen beperkte of ruime betekenis aan kon geven.[319]

Onder historici is vaak opgemerkt dat in de zestiende eeuw doorsneeburgers veelal dachten in lokaal belang, soms opgerekt tot de regio, en hoogstens in uitzonderlijke gevallen was men geneigd zich te identificeren met het eigen gewest. Een landsbelang kende men niet, en wilde men ook niet kennen.[320] Toch was het natiebesef, het natiedenken, of zelfs een voorloper van het nationalisme, in de loop van de zestiende volop in ontwikkeling, als gevolg van de groeiende afkeer van de katholieke kerk en de Habsburgse machtsontplooiing.[321] Het paradoxale is dat die afkeer zich bijna overal in Europa leek voor te doen, en dus een internationale beweging genoemd kan worden, maar het leidde ertoe dat opeens nationale verbanden belangrijk werden om in staat te zijn aan de paus dan wel Habsburg weerstand te bieden.

Sterke impulsen voor het natiedenken kwamen juist uit de beweging die als zo kosmopolitisch bekendstaat: die van de humanisten. Ze dachten internationaal en onderhielden met elkaar over landsgrenzen heen een 'res publica litteraria', een informele kring van erudiete en opvallend gelijkgestemde mensen. Hun voertaal was Latijn. Erasmus was daar een schoolvoorbeeld van, hij werd steeds in verband gebracht met zijn uitspraak 'Heel de wereld is mijn vaderland'. Maar Erasmus had ook betoogd dat in het politieke bedrijf het internationale denken regelmatig funeste gevolgen had, zoals bij de partnerkeuze van vorsten. Daardoor kwamen landen vaak met buitenlandse heersers te zitten, en ook met ingewikkelde vererringskwesties waarin familiebelangen en niet het landsbelang prevaleerden, en die vaak aanleiding voor militaire conflicten waren. Vorsten konden hun partner beter in eigen land zoeken.[322] Nederlanders wilden door Nederlanders geregeerd worden, zo wist Karel v al.[323]

Vergelijkbare sentimenten ontstonden over de oorlogvoering. Habsburgers hadden een sterke neiging daarvoor buitenlandse huurlingenlegers aan te trekken, ook al wisten ze dat die bijna altijd op grote weerstand bij de autochtone bevolking konden rekenen. Habsburgers beschikten hoe dan ook niet of nauwelijks over Nederlandse legereenheden. Maria van Hongarije zag al in dat dit niet heel lang houdbaar was: buitenlanders waren duur en liepen eerder over naar de vijand. Autochtonen zouden bovendien beter te motiveren zijn het land te verdedigen dan vreemde huurlingen.[324] Er werd zelfs nagedacht over het invoeren van dienstplicht voor de eigen bevolking.[325] Met de instelling van burgermilities in de kringen van opstandelingen werd er al, zij het aarzelend, mee geëxperimenteerd.[326]

Het was een van de vele signalen dat in de loop van de zestiende eeuw de gevoeligheid voor wat 'eigen' dan wel 'vreemd' was telkens toenam, waarbij de waardering voor 'het eigene' steeds groter werd.

Bouwen aan een natie

Humanisten hadden bij hun onderzoek naar oude bronnen ook steeds het oog gericht op hun eigen afkomst. Ze hoopten hun wortels zo ver mogelijk te kunnen traceren, liefst tot in de oudheid. Italiaanse en Franse humanisten konden die vrij eenvoudig en vanzelfsprekend vinden in de Romeinse tijd. Voor Nederlanders lag dat moeilijker. De Romeinse aanwezigheid aan het begin van de jaartelling was wel bekend, maar imposante resten, zoals in Frankrijk het amfitheater in Nîmes of de Pont du Gard, hadden de Nederlanden niet of nauwelijks. Dit moet de snelgroeiende groep rijke Nederlandse jongemannen die naar het voorbeeld van Erasmus de beste universiteiten in Europa bezochten, als nogal ongerijmd zijn voorgekomen. Door het bestuderen van de werken van Julius Caesar en Tacitus waren ze er inmiddels achter dat in hun contreien omstreeks het begin van de jaartelling een moedig soldatenvolk moest hebben bestaan, dat op verschillende momenten ook een heroïsche rol had opgeëist in de strijd van het Romeinse Rijk tegen de Germanen. Verschillende humanisten begonnen naspeuringen te doen naar de Bataven. Geschiedwerken, oude kaarten, de vermoedelijke leefgebieden werden afgespeurd naar tekenen van leven van dit nogal eigengereide volk. En wat in de bronnen en op de locaties niet werd gevonden, werd met veel inlevingsvermogen en intuïtie alsnog ingevuld. Een sleutelrol daarin had Gerard Geldenhouwer, ooit bevriend met Erasmus, die tussen 1520 en 1542 in een reeks publicaties probeerde aan te tonen dat het leefgebied van de Bataven in de Betuwe lag, en niet in Holland zoals Erasmus meende.[327]

Dit speuren naar het eigen verleden in oude bronnen door het diepgaand bestuderen en reconstrueren van teksten, en uiteindelijk ook het met de eigen fantasie invullen van de grote leemtes, werd niet alleen een verslavende sport voor hele generaties humanisten, maar had ook aantrekkelijke kanten voor degenen die zochten naar een diepere rechtvaardiging voor de steeds maar voortgaande vrijheidsstrijd.[328] Van het voorbereidende werk van Geldenhouwer werd vanaf het midden van de zestiende eeuw dankbaar gebruikgemaakt om de eigenheid van de Nederlanden te benadrukken. Op het construeren van bewijzen rustte al snel geen taboe meer. Meende het Duitse Mainz dat daar door ene Gutenberg de boekdrukkunst was uitgevonden? In de jaren na 1560 dook in de omgeving van Dirck Volckertsz. Coornhert en Hadrianus Junius een verhaal op over Laurens Jansz. Coster, die omstreeks 1440 in de Haarlemmerhout bij toeval het procedé van de boekdrukkunst met losse letters had ontdekt, en het briljante, de wereld veranderende idee had laten stelen door een knecht die ermee naar Mainz was getrokken. Een compleet verzinsel, maar voor de opstandige Nederlanders een bewijs van hun historische betekenis. Uitgaande van het verre, maar ook het recente verleden hoefden de Nederlanders in het algemeen, en de Hollanders in het bijzonder, zich niet meer te laten wegzetten. Een oud en hardnekkig Hollands minderwaardigheidscomplex werd omstreeks 1560-1570 zonder veel scrupules weggemasseerd.

Het was een wat pompeuze techniek: het heden voorzien van een vergulden laagje verleden, dat de eigen eenvoud en nederigheid aan het oog moest onttrekken. Juist de regio die er zo lang over had gedaan om enigszins aansluiting te vinden bij de Europese cultuur, het oude, waterige graafschap Holland, bleek moed te hebben gevat door de successen in de strijd tegen de tirannieke landsheer Filips II, en strooide rijkelijk met zijn humanistische zelfbewustzijn. De oprichting van een universiteit in Leiden – dat zich in deze dagen Lugdunum Batavorum begon te noemen – gaf aan dat besef een extra impuls. Nog aanschouwelijker was de fortificatie Brittenburg, die in deze jaren voor de kust van Katwijk na een reeks stormvloeden boven water uit was komen steken. Het was een Romeinse vesting ter verdediging van de limes. Mooier konden de Hollandse klassieke wortels niet zichtbaar worden. In 1568 werd er een imposante prent van uitgebracht.[329]

Het aanzwellende Hollandse zelfvertrouwen hielp om de geesten weerbaarder te maken, maar het probleem waar Oranje zich na het mislukken van de vredehandel in Breda voor gesteld zag, was het isolement van het opstandige Holland en Zeeland tegenover de overige Nederlandse gewesten. Die scheidslijn werd in de publieke opinie steeds opnieuw gedefinieerd als een religieuze tegenstelling. Oranje wilde daar niet in berusten. Zoals eerder in 1568 en 1572 was het voor hem en zijn naaste medewerkers zoeken naar woorden en beelden die de religieuze verscheidenheid naar de achtergrond konden drukken en de lotsverbondenheid van alle goedwillende Nederlanders onderstreepten. Het begrip 'vaderland', dat ooit door de humanisten gemunt was uit het klassieke begrip 'patria', kon staan voor het geheel van de zeventien Nederlandse gewesten.[330] Het begrip drukte precies uit wat Oranje nodig had. Door het enkelvoud suggereerde het eenheid, en dat werd nog eens versterkt door het familiaire begrip 'vader': deze landen hoorden organisch bij elkaar. Zijn eigen eretitel 'vader des vaderlands', die al in 1571 in een toen nog onuitgegeven gebleven geschrift voor het eerst opdook maar omstreeks 1576 al veelvuldig werd gebruikt, had ook dat familiale.[331] Hij ademde bovendien klassieke grandeur, en gaf Oranje binnen de Nederlandse verhoudingen een aureool van soevereiniteit. Hij verleende hem iets vorstelijks.[332]

Dit was hogere propaganda: niet redeneren, maar simpele woorden en beelden het werk laten doen. Ook hier hadden humanisten en andere geleerden in de voorgaande jaren al veel nuttig voorwerk gedaan. In 1567 was een levendige beschrijving verschenen van de gehele Nederlanden, door de Italiaanse koopman en humanist Ludovico Guicciardini, een buitenlander die de Nederlanders liet ervaren hoe de verschillende gewesten met al hun eigenaardigheden economisch, politiek en ook in mentaliteit onderling verbonden waren.[333] In diezelfde jaren beleefde de cartografie dankzij steeds verbeterde druktechnieken een sterke opbloei. Door de gedrukte kaarten op verzoek van de klant ook nog in te kleuren werden spectaculaire resultaten bereikt. Vorsten, diplomaten, militairen, kooplieden en zeevarenden waren de eerste afnemers van deze hoogwaardige producten.[334] De vraag in een stad als Antwerpen, met een grote internationale gemeenschap die handeldreef met de hele wereld, was enorm. Antwerpen werd als vanzelfsprekend voor enkele decennia het centrum van de cartografie, met Gerardus Mercator en Abraham Ortelius als belangrijke vernieuwers, ook in commercieel opzicht. Kaarten werden geëxploiteerd als luxeproduct; kaarten van de zeventien gewesten om in huis op te hangen werden een courant artikel, met de spectaculaire *Leo Belgicus* van de Oostenrijkse graveur Michael von Aitzing van omstreeks 1580 als voorlopig hoogtepunt.[335] Kaarten boden de mogelijkheid de Nederlanden in één blik te vangen – en door er subtiel de gestalte van een leeuw in te verwerken, werden ze onontkoombaar een organische eenheid.

Oranje moet de mogelijkheden om via een begrip als 'vaderland' verbindingen te leggen tussen groepen die het over bepaalde inhoudelijke zaken nooit eens zouden worden, al vaak door zijn hoofd hebben laten gaan. Hij had er in zijn propaganda van 1568, zonder veel effect overigens, al vol op ingezet.[336] Nu was de situatie anders, de bevolking in de verschillende gewesten had kennisgemaakt met de harde hand van Alva, en was inmiddels geladen met afkeer van het onmatige geweld en de willekeur die soldaten van beide partijen meenden te mogen botvieren. Het kamp van Oranje had er inmiddels een gewoonte van gemaakt het alleen over de misdragingen van het vijandelijke kamp te hebben, en daarbij ook te spreken over 'vreemdelingen' die al dit leed veroorzaakten. Toen de onderhandelaars namens de Staten tijdens de conferentie in Breda eisten dat de 'vreemdelingen' uit het land zouden verdwijnen, en de onderhandelaars namens Filips II begrepen dat hiermee de Spaanse soldaten bedoeld werden, volgde een scherpe terechtwijzing. Want waren de Spanjaarden en de Nederlanders niet allen natuurlijke onderdanen van dezelfde vorst? De Fransen, Gasconjers, Engelsen, Schotten en Duitsers die de rebellen hadden ingehuurd, 'dat waren pas echt vreemdelingen'.[337]

Zo ontspon zich een venijnig debat, waarin de xenofobe ondertonen steeds duidelijker werden. Het waren geluiden die onder de bevolking konden worden opgevangen, ook in de gewesten die de koning nog trouw waren gebleven. Zelfs onder gezagsgetrouwe bestuurders nam de anti-Spaanse stemming omstreeks 1575 snel toe.[338] Leidende edelen als Aarschot en Champagney lieten regelmatig hun afkeer blijken van de tirannieke trekjes in de Spaanse machtsuitoefening. Onder de hoge adel hadden dergelijke sentimenten zich al sinds het aantreden van Filips II opgebouwd.[339]

Ook Oranjes ongenoegen over de overheersende Spaanse aanwezigheid in de Nederlanden ontstond al vroeg, zeker al omstreeks 1562, en werd een rode draad in zijn handelen.[340] Het lijkt erop dat daarover in zijn kring van vertrouwelingen onder invloed van een aantal grote crises een sterke consensus was ontstaan.[341] Lazarus van Schwendi hield in 1574 voor keizer Maximiliaan een pleidooi voor meer religieuze tolerantie. Het betoog was gericht op het Heilige Roomse Rijk, maar ging ook in op de situatie in de Nederlanden, waarin hij onomwonden de inmenging van vreemdelingen in de Nederlanden als belangrijkste oorzaak van alle problemen omschreef. Omdat de Spanjaarden in de Nederlanden de verschillende afwijkende kerkelijke gebruiken niet begrepen, werden die als ketterij gezien, met alle gruwelijke gevolgen van dien. De Spanjaarden gingen met heidenen – Joden, Turken – zelfs zachtzinniger om dan met hun medechristenen. De conclusie moest zijn: inheemse en vreemde gewoonten gaan niet goed samen, ze verdragen elkaar kennelijk niet.[342] Merkwaardig genoeg was de hoofdlijn van Schwendi's betoog dat de keizer tolerantie inzake godsdiensten moest bevorderen. Het was een soms onnavolgbaar gelaagde redenering, die nogal steunde op gelegenheidsargumenten.[343]

Dat gold ook voor Oranjes eigen xenofobe vaderlandsliefde. Dat hij zelf van 'Duytschen bloed' was en in strikte zin geen Nederlander mocht heten, werd hem door zijn aanhang kennelijk niet aangerekend. Margaretha van Parma had zich er in 1562 al over verbaasd dat Granvelle als 'vreemdeling' werd gezien, hoewel afkomstig uit Franche-Comté, dat op dat ogenblik nog vast verbonden was met de Lage Landen, terwijl er van Oranje en ook de graaf van Mansfeld, die in Duitsland geboren waren, niets werd gezegd.[344] Voor Oranje was Nassau één, met een eeuwenoude vaste band tussen Dillenburg en Breda.[345] Daarnaast zal voor Oranje hebben meegespeeld dat hij al heel lang vond dat de Nederlanden bij het Duitse Rijk hoorden.[346] Pas nadat zijn schoonfamilie hem voor de zoveelste keer niet te hulp was gekomen, omstreeks 1573, had hij dat idee opgegeven en was hij over andere opties gaan nadenken. Tegelijkertijd leek zijn 'nationale' benadering aan innerlijke overtuigingskracht te winnen.[347]

In de loop van 1576 tekende zich in Oranjes boodschappen aan de buitenwereld een subtiele koerswijziging af. De vaste ingrediënten waren een wonderlijk mengsel van vaderlandsliefde, diepe afkeer van de Spanjaarden, minachting voor de paus in Rome, en opmerkelijk genoeg ook verzoeningsgezindheid en eenheidsdenken. Een ingewikkelde boodschap, die tegelijkertijd strijdlustig én conciliant was en daarom door weinigen begrepen werd. Toch bleef Oranje er zijn hele verdere leven aan vasthouden – het werd de sleutel tot zijn aanvankelijke succes en ook tot zijn uiteindelijke ondergang.

Wat uitdrukkelijk niet in zijn strategie paste, was het calvinisme nog groter en sterker maken dan het al was. Hij is omstreeks deze tijd tot het definitieve inzicht gekomen dat het exclusivisme van de gereformeerden bij grote bevolkingsgroepen, niet alleen buiten Holland en Zeeland maar ook daarbinnen, grote weerstand opriep. Zodra het in een stad gelukt was het koningsgetrouwe bewind te verdrijven, eisten de radicale krachten binnen deze beweging veelal niet alleen het hele kerkelijke leven op, maar ook het stadsbestuur.[348] Het begrip 'geus', dat in 1566 een eretitel voor de protesterende adel was geweest, was in de tussenliggende jaren als het ware gekaapt door de calvinisten – 'geus' was synoniem geworden voor antipapisme, beeldenstormerij en onverdraagzaamheid tegenover andersdenkenden.[349] Oranje was al geen liefhebber van het begrip 'geus'; hij gebruikte het na 1571 zelf zo goed als nooit meer.[350] Het is geen toeval dat hij juist in 1576 zichzelf en zijn medestanders 'patriot' begon te noemen.[351] Het was voor het Nederlands een nieuw woord, een epitheton dat het vaderland tot de hoofdzaak leek te maken.[352]

De 'politieke' benadering: Anjou

Eind april 1576 lukte het Oranje alsnog Holland en Zeeland in de 'Unie van Delft' tot een vorm van onderlinge samenwerking te brengen, waarbij zijn eigen mandaat opnieuw weer flink werd opgerekt. Hij kon als hij dat wilde met volmacht en als een soeverein regeren, voor 'zolang de gewesten in oorlog zijn'. Hij kreeg ook de vrije hand met enige vorst onderhandelingen te beginnen.[353] Na de afwijzing van Elizabeth hadden Oranje en de Staten nog maar één serieuze internationale optie: Frankrijk.[354] De Franse koning werd daarbij gepasseerd; Oranje zocht op 6 mei rechtstreeks contact met de hertog van Alençon.[355] Hij bood hem mede namens de Staten de grafelijke waardigheid aan, onder een groot aantal beperkende voorwaarden, want deze gewesten waren niet van zins veel van hun oude privileges of recent verworven autonomie in te leveren.[356]

Alençon trok juist in het voorjaar van 1576 internationaal aandacht door met succes te bemiddelen in de steeds weer opflakkerende burgeroorlog tussen de hugenoten en de katholieke factie van de Guises. Hij deed dat door uit naam van Hendrik III een vergaande vorm van tolerantie af te spreken, die in dit geval voor hugenoten in heel Frankrijk gewetensvrijheid inhield, en ook zo goed als overal, met uitzondering van Parijs, godsdienstvrijheid. Dit verdrag, op 27 april gesloten in Beaulieu, ging de geschiedenis in als 'la paix de Monsieur', waarbij 'Monsieur' sloeg op de gangbare aanduiding van de oudste broer en waarschijnlijke erfopvolger van de koning. Het bracht tot uitdrukking dat dit de vrede was van 'Monsieur' en minder die van de koning. Veel bepalingen waren in het voordeel van de hugenoten en hun bondgenoten, ook in financieel opzicht. Willem van Oranje kon eveneens tevreden zijn; hij kreeg zijn in Frankrijk gelegen bezittingen terug en werd weer eens bekrachtigd in zijn soevereine rechten als vorst over Orange.[357]

Nog voordat Oranje de eerste berichten vernam over deze vrede, had hij zijn brief aan de hertog al verzonden.[358] Alençons reputatie als gematigd katholiek, als iemand die politieke compromissen zocht en verdraagzaamheid predikte, had Oranje er al eerder van overtuigd dat in Frankrijk de weg naar godsdienstvrijheid en sociale vrede was ingeslagen. Oranje kon vermoeden dat het voor de Franse koning wat te snel ging. Hendrik III bezag de dadendrang van zijn enige nog levende broer op godsdienstig terrein al enkele jaren met toenemende ergernis, maar deed ook moeite hem nauwer aan zich te binden: Alençons feodale rechten werden in diezelfde dagen aanzienlijk uitgebreid met onder andere Berry, Touraine en Anjou. Hij ging voortaan door het leven als hertog van Anjou.

Wat wist Oranje over deze jonge hertog? Uit de verhalen was hem ongetwijfeld duidelijk geworden dat hij een nogal wispelturig en bandeloos karakter had. In het voorjaar van 1576 was hij net twintig geworden, maar zijn gezicht had al zwaar geleden onder een besmetting met de pokken, waardoor hij iets afstotelijks moet hebben gehad, wat hij wist te compenseren door charme en een scherpe opmerkingsgave.[359] Maar hij ontplooide ook grote vredelievende ambities, die zich leken te bewijzen toen hij erin slaagde gematigde hugenoten en gematigde katholieken bijeen te brengen in een informeel verbond dat naderhand de bijnaam 'les politiques' kreeg.[360] Anjous benadering bouwde voort op het beleid van het Franse hof dat van tijd tot tijd, zoals met de edicten van Saint-Germain en Amboise in 1562 en 1563, met zachte hand probeerde de binnenlandse vrede te laten terugkeren. Kenmerkend aan Anjous aanpak was niet het afkondigen van wederzijdse verdraagzaamheid, maar veel meer de gedachte dat de godsdienstige problemen oplosbaar zouden blijken, als er maar de tijd voor werd genomen: de waarheid is de dochter van de tijd.[361]

Het was een andere kijk op verzoening dan waar in de vredehandel in Breda aan werd gewerkt. Daar vond een uitruil van principes en standpunten plaats, waarbij de onderliggende partij vooral veel moest slikken. In de 'politique' benadering werd ervan uitgegaan dat de partijen het in de kern, als ware christenen, met elkaar eens waren, en vooral over oppervlakkige zaken van mening verschilden.

Het spoorde aardig met de benadering waar Oranje al sinds zijn oud-

Willem van Oranje als Sint-Joris. Met een ingenieus systeem van verwijzingen naar de verschillende figuren (de vrouw is Nederland, het lam de christelijke kerk), attributen (het zwaard als de kracht Gods, de stijgbeugel als de waarheid) en de ledematen van het paard en de draak, krijgt de aandachtige beschouwer een helder beeld van de goede zaak waarvoor Oranje zich in het gevaar heeft gestort. Gravure van Marcus Gheeraerts, omstreeks 1577 (collectie Rijksmuseum, Amsterdam).

jaarsrede van 1564 blijk van gaf: christenen moeten geen christenen gaan vervolgen. Omstreeks 1575 werd in zijn omgeving steeds meer werk gemaakt van het uitdragen van universele christelijke waarheden, door het gebruik van allegorieën. Het was een techniek om in de verwarrende actualiteit een diepere laag aan te brengen die zwanger ging van historische en Bijbelse parallellen. Deze parallellen moesten dienen als geruststellende boodschappen over de eigen lotsbestemming. Het goede dat uiteindelijk het kwaad overwint. Oranje als Sint-Joris, die de draak verslaat. Kunstenaar Marcus Gheeraerts bracht dit thema omstreeks deze tijd in prent: Oranje als de vorst die met succes de tirannie bevocht en de vrede terugbracht. Het was een betrekkelijk eenvoudig ogende voorstelling, maar wel overlopend van de boodschappen. Met behulp van bijschriften werd over de voorstelling een web van veelzeggende verwijzingen gesponnen.[362] Wie deze parallellen goed op zich liet inwerken, ontwikkelde gemoedsrust en vertrouwen in de toekomst.

Juist de kunsten waren door hun emotionerende werking, die ook wel met toverkracht vereenzelvigd werd, in staat de onderlinge conflicten te doen oplossen. Deze literaire en wat mystieke kijk op de wereld was vanaf omstreeks 1560 in verschillende Europese cultuurcentra als Parijs, Londen en ook Antwerpen heel snel tot ontplooiing gekomen. Vooral door het Franse koningshuis werd er sinds omstreeks 1564 tijdens hoffeesten intensief geëxperimenteerd met allegorische voorstellingen, waarin subtiele vreedzame boodschappen werden uitgedragen. Wat argumenten niet konden, moesten muziek, poëzie als onderdeel van grote paleis- of straatfeesten alsnog zien te bereiken: dat de vertoornde harten van protestantse en katholieke hovelingen verzacht werden en tot elkaar kwamen. Het werd ook ingezet in de diplomatie met Engeland en Spanje. Na de Bartholomeusnacht leek deze cultuur failliet, maar ze werd door Catharina de' Medici toch weer nieuw leven ingeblazen.[363]

Verzoening leek verwant met tolerantie, maar was in de kern iets anders: tolerantie hield het verdragen van iemands afwijkende denkbeelden en levenswijze in, terwijl verzoening uitging van de gedachte dat verschillende opvattingen op een dieper niveau tot harmonie gebracht konden worden. Juist allerlei libertijnse denkers als Cassander, Baudouin en ook een sekte als het Huis der Liefde zetten hierop in.[364] Tolerantie was geen doel, hoogstens een middel.

In geleerde kringen hing er een sfeer van mystiek of zelfs occultisme omheen, in politieke kringen leek een meer rationele benadering te overheersen. In de entourage van Oranje liepen inmiddels zelfs enkele calvinisten rond die zich inzetten voor het bereiken van overeenstemming met andere protestantse stromingen over de fundamentele geloofsinhoud, zoals Hubert Languet, een oude bekende van Oranje, en Pierre de l'Oyseleur, heer van Villiers, een uit Rijsel afkomstige predikant, die in 1576 diplomatieke missies voor Oranje opknapte en in de zomer van 1577 diens hofpredikant zou worden.[365] Ze moesten daarbij omzichtig te werk gaan, omdat al te veel toegeeflijkheid aan andersdenkenden in calvinistische kring al snel als verraad aan de eigen geloofsgemeenschap werd opgevat.

Een doorgewinterde diplomaat als Languet zag ook belangrijke bondgenoten in de grote groep katholieken die afstand namen en bleven houden van het in de kern verderfelijke pausdom.[366] Dat was een variant van het katholicisme die al enige tijd leefde in kringen rond de keizer in Wenen,[367] en die met andere accenten onder aanvoering van Catharina de' Medici door het Franse hof werd gepropageerd. In Frankrijk ontwikkelde zich in katholieke hofkringen een antipapisme dat fundamenteel werd voor de 'politique' beweging, die juist omstreeks 1575 steeds openlijker werd aangevoerd door de hertog van Anjou. Oranje keek in 1576 naar Anjou en diens hofentourage als natuurlijke bondgenoot tegen Spanje, en met Anjou hoopte hij de steun van Frankrijk in zijn geheel te verwerven.

Tegen de paus, tegen Spanje, en voor verzoening

Het rationele, door intellectuelen en kunstenaars gevoede verzoeningsdenken werd, net als het patriottisme, een rode draad in het opereren van Oranje en een groot deel van zijn entourage. Die entourage begon in deze jaren ook een opvallend groot aantal mensen met literaire en filosofische vermogens te tellen. Een van de meest uitgesproken figuren was de jonge, in 1576 pas zesentwintigjarige Franse theoloog en jurist Philippe Duplessis Mornay. Hij werkte al enige tijd voor Anjou, die hem in 1574 op missie had gestuurd naar Lodewijk van Nassau, die ter hoogte van Maastricht juist op het punt stond aan zijn fatale laatste veldtocht te beginnen. Lodewijk en de Franse gezant hadden verschillende ontmoetingen, en onderhandelden over eventuele steun van de hertog aan de militaire operaties van Lodewijk.[368] Mornay was als theoloog onversneden calvinistisch, maar in zijn dagelijks werk als diplomaat was hij zeer gedreven om de godsdienstige conflicten van zijn tijd tot bedaren te brengen. Voor een calvinist stond hij opvallend verdraagzaam tegenover katholieken: met de kern van het katholieke geloof was volgens Mornay niet zoveel mis – het was vooral het pausdom dat het kerkelijk leven zwaar had gecorrumpeerd.[369]

In 1576 moet er, wellicht op aandringen van Anjou, rechtstreeks contact tussen Mornay en Oranje zijn ontstaan.[370] In dat jaar schreef Mornay al een vlammend betoog voor Oranje, dat onverzoenlijk was tegen de Spaanse tirannie, maar verder alle wegen leek te openen voor onderlinge verdraagzaamheid tussen de verschillende partijen in de Nederlanden. Opvallend genoeg schreef Mornay het pamflet vanuit Nederlands perspectief, of sterker nog: dat van een gematigd Nederlands katholiek – niemand kon op dat ogenblik vermoeden dat achter *Aux estats et seigneurs des Pays-Bas* een Frans protestants publicist met nauwe banden met Anjou verborgen ging.[371]

In november 1576 trad Mornay in dienst bij Hendrik van Navarra, inmiddels koning van het gelijknamige aan Frankrijk gelieerde koninkrijkje.[372] Hendrik hing een gematigde variant van het calvinisme aan, gold daarin als wat weinig principieel, maar nam wel openlijk deel aan de strijd die de hugenoten in Frankrijk leverden voor acceptatie van hun godsdienstige opvattingen. Hendrik van Navarra zag het belang van het slagen van de Nederlandse opstand en zou Mornay in de jaren tot 1582 regelmatig voor langere tijd 'uitlenen' aan Oranje. Met Mornay had Oranje iemand bij zich die de calvinistische radicalen 'aankon' en tegelijkertijd in staat was met andersdenkenden het gesprek gaande te houden. Mornay besefte dat Oranje sterke internationale bondgenoten nodig had, die bereid waren Spanje echt te lijf te gaan.[373] Als het moest met onorthodoxe oplossingen.

Dergelijke loyale bruggenbouwers probeerde Oranje steeds meer om zich heen te verzamelen. Liefst erudiete mensen, die konden putten uit een groot arsenaal aan theologische, historische en literaire kennis, waarmee de universele betekenis van Oranjes missie kon worden onderstreept. Marnix vervulde die rol al enkele jaren, inmiddels behoorden ook Janus Dousa, Jan van Hout, Johan Junius de Jonghe tot een informeel gezelschap dat de taal van Oranje sprak en niet bij tegenslag of onderling conflict meteen de vlag wilde strijken. Onverzoenlijke calvinisten als Petrus Datheen kwamen steeds meer op afstand te staan. Dat gold ook voor een eigenwijze en weinig plooibare libertijn als Dirck Volckertsz. Coornhert.

Mornay bleek in 1576, het jaar waarin Oranje zijn strategie subtiel maar beslissend aanpaste, een enorme verrijking van Oranjes publicitaire strijdmacht; er ging een magneetwerking van hem uit. In juli van dat jaar ontstond ook het eerste briefcontact tussen Oranje en Lucas d'Heere, een schilder en dichter uit Gent, die enkele jaren eerder naar het calvinisme was overgegaan.[374] Hij was gematigd in zijn geloofsopvattingen, onderhield intensieve contacten met vrijzinnige figuren als Abraham Ortelius, Jan van der Noot, Johan Radermacher, Emanuel van Meteren, en raakte in deze zelfde tijd bevriend met Marnix. Met al zijn vertakkingen in de academische wereld, het drukkerswezen en de kunsten fungeerde deze vriendenkring als een web van vertrouwelingen, die het bepaald niet over alles eens waren, maar elkaar gemakkelijk vonden in hun afkeer van de Spaanse tirannie en de pauselijke gewetensdwang. In deze jaren kwamen steeds meer intellectuelen met een goede pen in het kamp van Oranje terecht, zoals de Brusselse edelman Jan Baptist Houwaert,[375] de Engelse hoveling Philip Sidney, en de al genoemde Languet en Villiers.[376] Naar Willem van Oranje werd gekeken als de man die de Nederlandse vrijheden kon herstellen, zonder het gevaar te lopen onder een calvinistisch theocratisch bewind terecht te komen. Dat laatste werd liefst niet hardop gezegd. Vooral D'Heere zou over de juiste capaciteiten blijken te beschikken om de gelaagde dan wel impliciete boodschappen te vertalen naar aansprekende en verbindende teksten en beelden.[377] De behoefte zou daaraan in de loop van 1576 snel toenemen, doordat de bedding van de Opstand zich in korte tijd verbreedde.

Requesens sterft: nieuwe kansen

Op 5 maart 1576 was in Brussel de al een tijdje met zijn gezondheid kwakkelende Requesens overleden. Het bericht kwam dus niet onverwacht, maar de gevolgen van zijn wegvallen waren onvoorspelbaar. Er ontstond een ongemakkelijk machtsvacuüm. Requesens had nog bepaald dat Berlaymont het bestuur zou waarnemen, en Mansfeld het leger en de oorlogvoering, maar hij had dit testament niet ondertekend.[378] Er zat weinig anders op dan dat het dagelijks bestuur over de Nederlanden, tot er nadere orders uit Spanje zouden komen, werd overgenomen door Requesens' naaste adviseurs: de Raad van State.[379] Aarschot was daarin als hertog de aanzienlijkste en in de praktijk ook dominantste persoon. Hij gold al decennia als een belangrijk tegenstrever van Oranje, hij was ook altijd in het koningsgezinde kamp gebleven, maar van hem was wel bekend dat hij al jaren veel moeite had met de manier waarop vanuit Spanje de Nederlanden onder de knoet werden gehouden.

Vanaf het moment dat Requesens wegviel, moest Oranje alert en snel handelen om te profiteren van de gaten die in de organisatie van Filips II zouden vallen. De tegenzetten van Oranje volgden elkaar snel op; 1576 werd een koortsachtig en beslissend jaar. Dat op 31 maart Charlotte de Bourbon in Delft beviel van hun eerste kind, een dochter, Louise Juliana, viel juist in een schijnbare windstilte, die Oranje voor enige weken thuishield. Dat er met zijn vrouw iets niet goed leek te gaan, was in de voorgaande maanden pijnlijk duidelijk geworden. De zwangerschap van Charlotte was zwaar en de aanstaande moeder leed aan grote neerslachtigheid. Het was voor Oranje verontrustend genoeg om er ook zijn moeder op de Dillenburg over in te lichten, die weinig anders kon dan de breekbare gemoedstoestand van de aanstaande moeder wijten aan haar zwangerschap en aan de stroom verontrustend nieuws die maar bleef komen.[380] De aanblik van het nieuwe kind zou de stemming wel doen omslaan. Oranje bleef nog enkele weken in Delft, voor overleg met de Staten van Holland en Zeeland. Hij kon daardoor op 29 april ook de doopplechtigheid meemaken, maar vertrok in de tweede week van mei voor langere tijd naar Zeeland, zijn vrouw in breekbare stemming achterlatend.[381]

Zierikzee werd nog altijd belegerd en dreigde te vallen. Het was tot nu steeds gelukt de stad op beslissende momenten van nieuwe voorraden en ook van verse troepen te voorzien, maar Mondragón had de ene na de andere sluiproute afgesloten door enorme versperringen aan te leggen met palissaden en door met kettingen verbonden schepen. Nu kon alleen een bevrijdingsactie Zierikzee nog redden. Op 11 april werd een eerste poging ondernomen, die mislukte, evenals twee andere. Bij een vierde massale poging in de nacht van 27 op 28 mei bleek de aanval verraden, het admiraalsschip van Louis de Boisot werd zwaar onder vuur genomen, liep aan de grond, kapseisde en werd een prooi voor de Spanjaarden. Boisot, een van Oranjes betrouwbaarste en succesvolste aanvoerders, liet het leven, evenals een groot deel van de bemanning. Oranje was bij de operatie aanwezig en zag vanuit de verte de ramp zich voltrekken. Hiermee waren de kansen op een snel ontzet van Zierikzee verkeken.[382] De stad gaf zich op 2 juli over. Voor de Spaanse troepen was dat een moment om hun vele maanden achterstallige soldij op te eisen. Toen er vanuit Brussel geen toezeggingen kwamen, sloegen ze aan het muiten. Ze verlieten Zierikzee en trokken richting Brabant.[383] Op 25 juli gingen ze in Vlaanderen tot plundering van Aalst over. Vanuit Aalst werden wekenlang andere steden en dorpen in de wijde omgeving belaagd en geplunderd, tot Gent aan toe.[384]

Het was een bizarre wending – alsof het Spaanse bewind opeens zichzelf te lijf ging. Hier hoefden Oranje en de Staten nu eens niets voor te doen, hoewel er wel signalen waren dat agenten van Oranje onder de Spaanse troepen in Zierikzee het vuurtje van de onvrede hadden helpen opstoken.[385] De berichten over de steeds maar voortgaande plunderingen straalden af op de leden van de Raad van State, die niet over de financiële veerkracht maar ook niet over het gezag beschikten om aan de wanorde een einde te maken. Op hetzelfde moment kwamen met name in Brabant oude en ook nieuwe sympathisanten van Oranje tot leven. Vooral de Staten van Brabant herkregen sinds de dood van Requesens veel van hun oude strijdbaarheid. Ze probeerden zelfs een eigen diplomatie met Spanje op te zetten om duidelijk te maken dat het tijd werd de verhoudingen te normaliseren, dat wil zeggen de oude privileges in ere te herstellen, en het landsbestuur voor een groot deel in handen te leggen van de Staten-Generaal.[386] In de zomer werd het in verschillende Brabantse steden onrustig, uit angst dat de muitende soldaten ook hun kant op zouden komen. In Brussel braken rellen uit, waarbij woedende burgers het vooral op huizen van Spaanse hoogwaardigheidsbekleders hadden voorzien.[387] De Raad van State werd het inmiddels kwalijk genomen dat hij niet in staat was de Spaanse troepen weer in het gareel te krijgen; hij probeerde de muiters tot 'rebellen' te verklaren, maar dat bleek averechts uit te werken. Steeds meer Spaanse troepen concentreerden zich dreigend in Antwerpen en omgeving.[388]

Ook hier werd het smeulende vuur van angst en onvrede waarschijnlijk behendig aangeblazen door agenten van Oranje. De Staten van Brabant keken ook uitdrukkelijk naar hem als degene die orde kon scheppen.[389] Oranje maakte handig gebruik van deze ommekeer in de publieke opinie en riep verschillende steunpilaren van het Spaanse bewind, zoals de gewestelijke gouverneurs Hierges, Roeulx en Lalaing, op om in deze omstandigheden 'eindelijk' het algemeen belang te gaan dienen, de misdragingen van de Spaanse troepen grondig te bestrijden, en daarmee het Spaanse juk voorgoed af te werpen.[390] In alle correspondentie en propagandistische teksten van deze weken was 'la patrie', of meer precies 'toute la patrie' (het ondeelbare vaderland), het steeds terugkerende sleutelwoord.[391]

Een snelle en fluwelen staatsgreep

Oranje was niet van zins zijn plannen helemaal van de vrijwillige medewerking van de zittende bestuurders te laten afhangen. Hij zocht contact met de twintigjarige legeraanvoerder in dienst bij de Staten van Brabant, Willem van Horne, heer van Heeze.[392] Oranje had hem ooit als petekind aangenomen en wist inmiddels dat deze jonge edelman hem niet alleen zeer toegedaan was, maar ook goed lag bij zijn opdrachtgevers en bij de bevolking. Horne kreeg een sleutelrol in het onschadelijk maken van de Raad van State: op 4 september nam hij de leden van de Raad van State, voor zover ze al niet de benen hadden genomen (zoals Champagney en Chimay), tijdens een vergadering in Brussel gevangen. Mansfeld, Berlaymont en Assonville werden als misdadigers te voet over straat gevoerd en gevangengezet; Viglius kreeg huisarrest; een Spaans lid van de Raad van State, Jeronimo de Roda, bleek bijtijds de veiligheid van het kasteel in Antwerpen te hebben opgezocht.[393]

Het zag eruit als een operatie van de Staten van Brabant.[394] De hertog van Aarschot ontsprong de dans; hij had zich die bewuste ochtend ziek gemeld, maar hij was waarschijnlijk goed op de hoogte van de voorbereidingen, en had daarover mogelijk via via ook contact gehad met Oranje.[395]

Twee oude rivalen met een verschillende agenda, maar hetzelfde gevoel voor momentum.

Het was een staatsgreep, niet meer, niet minder, uitgevoerd op het moment dat het Spaanse bewind zwakker stond dan ooit, maar ook op een moment dat er vanuit Spanje werd gewerkt aan een krachtig herstel van het gezag. Filips II had besloten zijn halfbroer Don Juan tot landvoogd in de Nederlanden te benoemen. Don Juan was een bastaardzoon van Karel V, maar door zijn militaire successen, onder andere in de Slag bij Lepanto, was hij inmiddels een gerespecteerd lid van het Habsburgse huis. Door zijn militaire roem én zijn bloedband met Karel V stond hij duidelijk een trede hoger dan Alva en Requesens. Oranje en de zijnen beseften dat ze nog maar weinig tijd hadden om de zaken naar hun hand te zetten. Het zat mee dat Don Juan niet vanuit Italië meteen naar de Nederlanden overstak, maar eerst naar Filips II in Spanje ging.[396] Dat gaf nog wat manoeuvreerruimte.

Oranje had haast, maar opereerde behoedzaam; het moest vooral lijken alsof de acties spontaan door anderen georganiseerd waren. Uiteindelijk hoopte hij door verschillende partijen gevraagd, zo niet gesmeekt te worden naar Brussel te komen om orde op zaken te stellen. Roda probeerde vanuit Antwerpen, zichzelf tot de voornaamste vertegenwoordiger van de Spaanse koning uitroepend, weer orde in de eigen gelederen te krijgen, maar zag dat oude getrouwen heel soepeltjes afstand van hem namen, zoals Champagney, de gouverneur van Antwerpen, die botweg verklaarde hem niet meer als zijn superieur te beschouwen.[397]

Het gedrag van Aarschot en Champagney, die zo lang het beleid van Filips II loyaal hadden uitgevoerd, was een duidelijk signaal dat er een omwenteling gaande was, zonder dat iemand een duidelijk idee kon hebben waar het op uit zou lopen. Het bleef niet onopgemerkt bij Filips II, die voorlopig machteloos stond en zijn vertrouweling Roda aanraadde maar even 'mooi weer te spelen' met deze mannen.[398] De agenten van Oranje bewerkten intussen de verschillende Brabantse bestuurders om tot het bijeenroepen van de Staten-Generaal over te gaan. De gedachte was dat er snel overeenstemming moest komen over de manier waarop de gewesten zelf de vrede wilden organiseren en bewaren. Dit tegen de achtergrond van oplopende volkswoede. In de buurt van Tienen bij het dorpje Vissenaken wilde op 14 september een geïmproviseerd leger van boze boeren, burgers, studenten onder leiding van enkele edelen een Spaanse legermacht te lijf gaan. Het was brooddronken overmoed, een poging iets te forceren, die pijnlijk werd afgestraft, met meer dan tweeduizend doden tot gevolg.[399]

Intussen werden in Brussel de leden van de Raad van State op 15 september weer vrijgelaten. Daarmee ging niet alles terug naar het oude. De Staten van Brabant waren niet van plan het initiatief nog uit handen te geven. Al op 22 september verstuurden ze een verzoek aan de hertog van Anjou om de Nederlanden te hulp te komen.[400] Diezelfde dag troffen in Gent voor het eerst een afvaardiging van de Staten-Generaal en een afvaardiging van Holland en Zeeland elkaar om gezamenlijk de voorwaarden voor een onmiddellijke en langdurige pacificatie van de Nederlanden te bespreken. Het was opnieuw Oranje die de regie had.[401] Hij bepaalde dat Gent (dicht bij Zeeland) en niet Brussel de plaats van samenkomst werd, hij domineerde bovendien de agenda. En Oranje zorgde voor beveiliging: hij stuurde acht vendels soldaten naar Gent, meer dan duizend man.[402] Op 25 september werd al over de eerste punten overeenstemming bereikt, en binnen de delegatie van de Staten-Generaal werd Aarschot bekleed met de positie van 'hoofd'.[403] Oranje zat nog altijd in Middelburg. Hij kreeg daar op 29 september bezoek van een delegatie uit Henegouwen, Vlaanderen en Brabant, die hem bezwoer niets tegen katholieken en ook niets tegen Filips II te ondernemen, omdat dan het zo kwetsbare proces alsnog voortijdig ten einde zou komen.[404] Oranje wilde dit wel toezeggen en bevestigde dat enkele dagen later in een brief.[405]

Belangrijker waren enkele memoranda die Oranje in de loop van oktober in omloop bracht – waaruit zo duidelijk zijn denkproces van de voorgaande maanden sprak. Het waren teksten waarin de ondraaglijke tirannie van de Spanjaarden zwaar werd veroordeeld, maar het gezag van de koning werd aanvaard: de Nederlanden lieten zich niet meer onder het 'juk van slavernij' brengen. De eeuwenoude vrijheden en privileges moesten worden hersteld. Hier werd een patriottisch programma in de grondverf gezet, dat alle verschillen van inzicht over religie naar de achtergrond moest drukken.[406] Dat was nog moeilijk genoeg, en met veel evenwichtskunst werd de status quo bepaald: gereformeerde religie leidend in Holland en Zeeland, de katholieke in alle andere gewesten, en niemand werd toegestaan daar enige inbreuk op te maken. In oktober reisde Marnix naar de rijksdag in Regensburg om daar tegenover de keizer en de rijksvorsten de recente ontwikkelingen in de Nederlanden uiteen te zetten en tot solidariteit op te roepen. Er werd door het kamp van Oranje inmiddels hardop gesproken over een brede anti-Spaanse coalitie, waar niet alleen Frankrijk, maar ook Engeland en de vorsten van het Heilige Roomse Rijk deel van moesten uitmaken, omdat ze nu eenmaal begaan waren met het droevige lot van de Nederlanden.[407]

Vanuit het kamp van Oranje werd zo hevig en tot vervelens toe gehamerd op het belang van het 'vaderland' dat het in het Spaanse kamp begon op te vallen en er ook sarcastische opmerkingen over gemaakt werden, zoals door Jeronimo de Roda: 'Iedereen wordt nu aangetrokken door de gemeenschappelijke gunsten van het vaderland, dat is het nu helemaal.'[408] Het was scherp opgemerkt, maar het nam niet weg dat er in Gent wel degelijk vorderingen gemaakt werden. Vanaf 19 oktober werd er tien dagen lang 's morgens en 's middags onderhandeld over een verdragstekst waar alle zeventien gewesten hun handtekening onder zouden moeten willen zetten. Op 28 oktober was het document klaar: in Gent werden de klokken geluid ten teken dat het rond was. De gedelegeerden gingen het resultaat in hun eigen gewesten bespreken.[409] Voornaamste en meest in het oog lopende artikel: Spaanse troepen waren niet langer welkom in de Nederlanden.

Oranje had al op 9 september aan zijn broer Jan geschreven dat er een

De Spaanse Furie in Antwerpen verbeeld door een anonieme schilder, die zijn voorstelling tot een staalkaart van alle denkbare gruwelen maakte die in die dagen werden bedreven (collectie Museum Vleeshuis, Antwerpen).

belangrijk keerpunt was bereikt en de zaken zich wel eens in korte tijd ten goede zouden kunnen keren.[410] Intussen bleven de muitende Spaanse troepen Oranjes betoog volmaakt ondersteunen. Op 20 oktober waren ze in Maastricht in opstand gekomen, sloegen aan het plunderen en maakten tussen de 1200 en 1500 burgers af.[411] Op 4 november was Antwerpen aan de beurt. In de vroege ochtend begonnen Spaanse soldaten een plunder- en moordpartij, die drie volle dagen aanhield en vele duizenden Antwerpenaren het leven kostte, schattingen lopen uiteen van 2000 tot wel 8000.[412] De Engelsman George Gascoigne, die het meemaakte, zag dat niemand gespaard werd: wie geen losgeld kon of wilde betalen, ging eraan. Arme mensen waren daardoor zeker van hun dood, maar dat gold ook voor veel rijke buitenlandse kooplieden, en zelfs voor rooms-katholieke geestelijken. Duitse soldaten die in Antwerpen in garnizoen lagen, werden in hun harnas in brand gestoken en verkoolden ter plekke. Ongeveer duizend huizen werden verwoest; ook het trotse nieuwe stadhuis werd van alle kanten in brand gestoken. De heftige gebeurtenissen zouden als de 'Spaanse Furie' de geschiedenis ingaan, een collectief trauma van legendarische proporties. Gascoigne zag de dagen erna een stad die, waar je ook kwam, een ongekende geblakerde smeerboel was, met overal lijken en een zware stank die 'eenieder begon aan te tasten die nog in leven was in deze stad'.[413]

Intussen sijpelde het bericht binnen dat Don Juan op 3 november in Luxemburg was aangekomen.[414] Plotseling was hij daar. Incognito, verkleed als knecht, met slechts één metgezel, was hij dwars door het vijandige Frankrijk gereisd.[415] Alle aarzelingen en detailkritiek die gewestelijke bestuurders misschien nog hadden, vielen door deze berichten weg. Op 8 november 1576 werden de handtekeningen gezet onder de Pacificatie van Gent.[416]

9

Verzoener
1576-1578

Er is veel wat we niet weten. We hebben duizenden brieven van en aan Willem van Oranje, maar wat vertellen ze? Oranje zal meer gesprekken hebben gevoerd dan hij brieven dicteerde. Die vele gesprekken met verwanten, vrienden, bondgenoten, gezanten, hovelingen, secretarissen, rivalen en vijanden zijn vervluchtigd. De kans is groot dat in die gesprekken zaken en visies aan de orde zijn gekomen die welbewust nooit aan het papier zijn toevertrouwd.[1] Het lijkt bovendien zeker dat Oranje veel heeft geschreven en gezegd wat niet overeenstemde met zijn innerlijke overtuiging.

Bij latere generaties, en dan vooral in de negentiende en twintigste eeuw, werd Oranje regelmatig aangeduid met de bijnaam 'de zwijger'. Die bijnaam heeft onder geleerden tot veel discussie geleid: wat is de betekenis, wanneer kwam die in omloop, is het een koosnaam of een scheldnaam? Zoals wel vaker kreeg het debat scherpte door de Leidse hoogleraar Robert Fruin, die in 1864 vrij hardhandig afrekende met het te pas en te onpas spreken over Willem 'de Zwijger'. Het was volgens Fruin een apocriefe benaming, die pas in de zeventiende eeuw in omloop was gekomen, als gevolg van een foutieve interpretatie van een Latijnse uitspraak van inquisiteur Titelmans, die ooit over 'astutus Guglielmus' zou hebben gesproken: sluwe of slimme Willem.[2] Bij de zeventiende-eeuwse katholieke geschiedschrijver Strada was 'astutus' inmiddels vervormd tot 'taciturnus', Willem die zwijgt.[3] Dit was bepaald niet gunstig bedoeld; het stond vooral voor iemand die kennelijk zijn diepere bedoelingen niet prijsgeeft. Met het verstrijken van de jaren werd het een geuzennaam, waarvan vooral in de loop van de negentiende eeuw, maar ook later, de finesses niet meer zo goed werden begrepen: Willem kreeg de reputatie van een man die geen woord te veel zegt.[4] Fruin merkte op dat alles erop wijst dat Oranje in het

Don Juan, geportretteerd door A. Sanchez Coello of Juan Pantoja de la Cruz (The Picture Art Collection / Alamy Stock Photo).

dagelijks leven spraakzaam was en ook heel goed mensen kon begeesteren in redevoeringen. Zwijgzaam was hij niet, wel op zijn hoede en bondig.[5]

Toch was dit niet het hele verhaal. Kort na de dood van Oranje in 1584 tekende de Groninger boer Abel Eppens in zijn eigenhandige kroniek aan dat de hertog van Alva al had gezegd: 'Men moet zich hoeden voor de zwijgende Willem.'[6] Dit wijst erop dat de bijnaam bij Oranjes leven wel degelijk in omloop is geweest. Het zinnetje dat boer Eppens citeert, geeft meteen ook kernachtig weer wat de strekking van Alva's opmerking was: die Oranje is een veinzer, hij verzwijgt zijn bedoelingen, en daarin schuilt gevaar. Het is ook een opmerking die aan het hart van het zestiende-eeuwse staatsbedrijf raakt.

Als Alva het kenmerkend vond voor Oranje, dan moet er iets bijzonders aan de hand zijn geweest, want Alva was zelf ook een veinzer. Alle belangrijke hoofdrolspelers in het Habsburgse machtscomplex konden gelden als grootmeesters in 'dissimulatio', het verhullen van de eigen gedachten of bedoelingen. Is het misschien moeilijk om het begrip 'zwijger' in zestiende-eeuwse bronnen aan te treffen, over de dagelijkse praktijk van de 'dissimulatio', het verhullen of verzwijgen, doet men onderling bepaald niet geheimzinnig. In de correspondentie van Filips II, Granvelle, Alva en ook de gebroeders Nassau is het een kernbegrip. Het beschrijft het perverse handelen van anderen – het enorme arsenaal aan trucs om mensen te misleiden –, maar ook het handelen van de eigen kring, de noodzakelijke handgrepen om een doel te bereiken. *Dissimulatie*: het verbergen van de eigen gedachten en voornemens door onwetendheid voor te wenden. Karel V was er al zeer bedreven in, ook in het actief verspreiden van leugens om zijn bedoelingen te maskeren.[7] Dit was een glijdende schaal; de grens tussen onwetendheid veinzen en welbewust liegen was dun. Het verschil kan nog altijd niet beter worden uitgelegd dan met: 'Iemand simuleert iets wat er niet is, en dissimuleert iets wat er wel is.'[8] Het belang van de staat, van de regering, van de eigen familie, kon erom vragen dat de waarheid een handje werd geholpen.[9]

Wanneer Alva zou hebben gewaarschuwd voor 'zwijgende Willem', dan zal daarmee zoveel bedoeld zijn als dat Oranje te midden van al die veinzende ego's een van degenen was die het meest bedreven en het meest gewetenloos was in het gebruik van het dubieuze middel van de misleiding.[10] Onoprecht handelen van heersers wordt vaak met het denken van Machiavelli in verband gebracht, maar als praktijk was het aan de Europese hoven al eeuwenoud.[11] Machiavelli trok dit handelen tot zijn uiterste consequentie door, als manier om tot elke prijs een bepaald doel te bereiken. Maar in een wat mildere variant, bijvoorbeeld in een handboek voor hoofs gedrag als *Il cortegiano* van Castiglione en vele andere zestiende-eeuwse traktaatjes, werd het zich handhaven aan het hof, in het centrum van de macht, voorgesteld als een vorm van toneelspelen.

Het is aannemelijk dat dit gedrag sterk werd bevorderd door de almaar voortgaande geloofsvervolging.[12] Het was voor protestanten in een katholieke omgeving vaak van levensbelang om de eigen overtuiging voor de buitenwereld en vooral voor inquisiteurs verborgen te houden. Een vergelijkbare uitwerking zou het zich snel ontwikkelende vorstenabsolutisme kunnen hebben gehad. Waar de vorst steeds meer allesbepalend werd en de meningen van zijn adviseurs maar beperkt gewicht in de schaal legden, was het zeker voor de laag in de hiërarchie staande raadslieden zaak zich zo veel mogelijk op de vlakte te houden en geen controversiële meningen te verkondigen.

Willem van Oranje had in de jaren dat hij deel uitmaakte van de hofentourage van Karel V en Filips II geleerd volgens deze richtlijn te opereren, met de pijnlijke bijkomstigheid dat hij in de dagelijkse praktijk lager in de pikorde bleek te staan dan iemand als Granvelle of zelfs Viglius. Hij moest meer op zijn woorden passen dan gerechtvaardigd leek. Oranje zagen we vanaf de vroege jaren zestig al veel in het verborgene werken, terwijl hij ook een enkele keer zijn afwijkende mening verkondigde alsof hij hoog in de hiërarchie zetelde, zoals op oudjaarsdag 1564. Hij zal vooraf geweten hebben dat er brokken van moesten komen.

Aan het einde van 1576 bewoog Oranje zich in een geheel ander krachtenveld. Van het Spaanse bewind trok hij zich niet veel meer aan. Wel moest hij nu rekening houden met een bonte stoet nieuwe bondgenoten, die het slechts over één ding echt eens waren, en dat was dat de Spaanse soldaten de Nederlanden zo snel mogelijk dienden te verlaten. Voor Oranje was het van levensbelang deze consensus voor iedereen in het middelpunt te houden en de vele verschillen van inzicht zo veel mogelijk toe te dekken. Hij moest informatiestromen proberen te controleren, zowel vriendschappelijke als vijandige, en alles daartussenin. Maar hij moest ook zichzelf zien te beheersen, zichzelf strak in de hand houden, ook waar de emoties van anderen hoog op zouden lopen. Juist een gebrek aan beheersing bij andere partijen bood kansen. De historicus en filosoof Justus Lipsius, in deze jaren aangetrokken door de Leidse universiteit, ontwikkelde de nuchtere visie dat een vorst in het openbaar of in gezelschappen altijd zijn gezicht in de plooi moest houden en nooit iets mocht verraden van wat er in zijn hoofd omging.[13]

Oranjes politiek van verzoening werd in de praktijk een kwestie van verzwijgen, en omdat dit lang niet altijd kon, hanteerde hij ook een tactiek om te abstraheren en te vertragen, door naar een algemeen niveau te zoeken waarop de verschillen van inzicht vervaagden en oplosten. Of parallelle werelden te creëren, waarin leugens nogal eens de waarheid maskeerden. De kunsten, wetenschap en zelfs theologie konden daarbij helpen. Het was in de eerste plaats overlevingskunst, een manier om zich los te werken uit de hitte van het conflict. Het werd voor Oranje een manier om los te komen van het odium 'rebel', dat hem al zo lang aankleefde, en de rol van bemiddelaar en verzoener aan te nemen.

Het land ligt open

Het eerste probleem dat opdoemde was de nieuwe landvoogd Don Juan. Zodra hij zich in Brussel zou installeren, ging er hoe dan ook een andere dynamiek ontstaan. De snelle en ferme besluiten van gewestelijke en stedelijke bestuurders die begin november 1576 tot de Pacificatie van Gent geleid hadden, zouden onder het toeziend oog van de nieuwe landvoogd onmogelijk zijn geweest. Daar gingen deze bestuurders zonder meer van uit. Wat ze niet wisten was dat Don Juan door Filips II naar de Nederlanden was gestuurd met een ruime instructie om veel concessies te doen: de oude politieke verhoudingen zoals ze onder Karel V hadden gegolden, zouden zo veel mogelijk worden hersteld en de Spaanse troepen zouden worden teruggetrokken. Er zou een algemene amnestie worden afgekondigd, waar, als dat nodig mocht blijken, zelfs Willem van Oranje onder kon vallen.[14] Voor veel gematigde bestuurders zouden dit wellicht genoeg tegemoetkomingen zijn geweest, maar inmiddels waren ze meegegaan in een machtsspel waarin ook zij de Spaanse koning zwaar getrotseerd hadden. Zomaar meegaan in een amnestie was riskant, Habsburgers waren wraakzuchtig.

Aan Willem van Oranje de taak alle betrokkenen telkens opnieuw de kostbare consensus over de kern van de Pacificatie van Gent voor de geest te brengen. Nu even geen slappe knieën krijgen. Maar er heerste veel onderling wantrouwen: men was bang om in de onontkoombare competentiestrijd tussen de nieuwe landvoogd, de Staten-Generaal, Oranje en zijn twee opstandige gewesten op enig moment geïsoleerd te komen staan. In de enigszins euforische dagen van de sluiting van de Pacificatie was het leidende idee geweest niet alleen de Spaanse troepen eendrachtig het land uit te werken, maar ook voor elkaar te zorgen en de vroegere rust en welvaart terug te brengen.[15] In de maanden die daarop volgden hadden verschillende facties vooral voor zichzelf gezorgd. Ondanks alle dwingende bepalingen in de tekst van de Pacificatie die ontworpen waren om juist dit type eigenbelang op voorhand te beteugelen.

De tekst van de Pacificatie hield zo veel mogelijk herstel van een oude, enigszins geïdealiseerde rechtsorde in: alle ketterplakkaten werden buiten werking gesteld, waardoor niemand meer om zijn of haar geloof vervolgd kon worden, iedereen die vanwege de troebelen vastzat werd in vrijheid gesteld, alle geconfisqueerde goederen werden teruggegeven. En op het terrein van de godsdienst moest rust heersen; niemand mocht iets ondernemen tegen de katholieke kerk. Ook in Holland en Zeeland moest daarover op korte termijn een regeling worden getroffen. Daarbij stond voorop dat katholieke steden als Amsterdam en Haarlem met rust werden gelaten, en dat ook gegarandeerd zouden krijgen in ruil voor erkenning van het gezag van stadhouder Oranje en de Staten van Holland, in de vorm van een verdrag, een 'satisfactie'.[16]

De moeizame onderhandelingen hierover met Amsterdam lieten al snel zien hoe wankel de Pacificatie stond. Het stadsbestuur vond het moeilijk zijn defensieve houding op te geven, terwijl ook de Staten van Holland en Oranje het idee hadden dat ze met het kort daarvoor nog zo Spaansgezinde Amsterdam een paard van Troje binnenhaalden.[17] Op 7 december werd in Amsterdam de Pacificatie officieel afgekondigd. Wouter Jacobsz. nam bij direct betrokkenen weinig echte blijdschap waar; wel werden die avond nog schoten afgevuurd en pektonnen aangestoken om te vieren dat de jarenlange blokkade van de stad was opgeheven en de handel weer van start kon gaan. Een dag later maakte de pastoor van de Oude Kerk zich tijdens de mis erg boos over het feestgedruis van de vorige avond, want de Pacificatie was een 'geuzenvrede' ten nadele van de religie. Iedereen die hieraan had meegedaan en geen penitentie deed, kon erop rekenen eeuwig te zullen branden in de hel.[18] De Pacificatie werd een bron van spanning in Amsterdam. Bestuurders vonden dat ze er slecht uit kwamen, en de geestelijke stand had het idee dat de godsdienst verkwanseld werd, maar de kooplieden en een groot deel van de bevolking waren intussen blij dat de economie weer begon te draaien.[19]

Het bewees nog eens dat men elkaar gemakkelijk vond in afkeer van alles wat Spaans was, maar zodra er over religie gesproken werd, kwamen de tegenstellingen meteen weer aan de oppervlakte. Oranje maakte eens te meer werk van een tolerantiepolitiek, waarin hij verder ging dan in de jaren ervoor. In steden waar over een satisfactie werd onderhandeld, gaf hij garanties af dat katholieken hun geloof vrijelijk mochten blijven uitoefenen. Oranje had zich nooit veel gelegen laten liggen aan doopsgezinden, maar in januari 1577 bezwoer hij het stadsbestuur van Middelburg doopsgezinden met rust te laten en niet in hun rechten te beknotten, en de door hun geloof ingegeven weigering om wereldlijke eden af te leggen te gedogen.[20] Er is geen reden om aan te nemen dat Oranje hierin niet oprecht handelde, of in ieder geval volgens een consistente politieke overtuiging. De verschillende geloofsgemeenschappen moesten onderling de vrede kunnen bewaren, en het vizier gericht houden op het ware probleem: het bestrijden van de Spaanse tirannie.

Het ontregelen van de nieuwe landvoogd

Willem van Oranje kon nu laten zien hoe trefzeker hij het gemoed van zijn medestanders, zijn tegenstanders en de bevolking wist te bespelen. 1577 werd het jaar waarin de machtspoliticus Willem van Oranje mocht tonen wat hij waard was. De eerste opgave was het uitschakelen van Don Juan, de held van Lepanto, te midden van de Habsburgse kopstukken een opvallend zwierige persoonlijkheid. Een knappe vent om te zien, met innemende en beschaafde omgangsvormen. 'Alle heren zijn beneveld door zijn goede manieren,' rapporteerde een Engelse diplomaat, iedereen vloog voor hem.[21] Een man die tegelijkertijd sympathie en ontzag opriep.

Oranje was niet van plan Don Juan zelfs maar het voordeel van de twijfel te gunnen.[22] Vanaf het moment dat de berichten over zijn aankomst zich verspreidden, begon Oranje in zijn correspondentie met zijn nieuwe bondgenoten, de bestuurders van de Staten-Generaal, uitvoerig te waarschuwen voor de streken van de nieuwe landvoogd. De strekking was: trap niet in zijn aardige voorstellen en mooie praatjes, want wat je uiteindelijk krijgt is een nieuwe Alva, of nog erger.[23] Hij raadde de Staten aan twee of drie wijze en betrouwbare mannen aan te wijzen die Don Juan op de huid moesten zitten en van tirannieke daden moesten afhouden.[24] Het zat Oranje intussen mee dat er een boodschapper werd onderschept die vanuit Spanje op weg was naar Don Juan in Luxemburg, met aanvullende instructies, die erop neerkwamen dat de belofte de Spaanse troepen het land te doen verlaten alleen maar bedoeld was om tijd te rekken.[25] Op 30 november stuurde Oranje vanuit Middelburg nog eens een omstandig geformuleerde waarschuwing aan de Staten-Generaal: Don Juan was gekomen met snode bedoelingen en moest meteen worden ingetoomd.[26] In deze dagen durfde Oranje ook te suggereren Don Juan eventueel te gijzelen om van Filips II eindelijk ondubbelzinnige concessies af te dwingen.[27]

Het was stemmingmakerij, die eens te meer de atmosfeer in met name Brussel bezwangerde met wantrouwen. Intussen begon de bevolking van

Brussel en ook Antwerpen om Oranje te roepen. Zolang de Spaanse soldaten het land nog niet uit waren, kon het uitzicht op verbetering dat de Pacificatie bood elk moment omslaan in een nieuwe periode van plunderingen en ander geweld. Je hoefde niet radicaal te zijn om te denken: dit niet nog eens. Een deel van de bevolking zag geen andere optie dan Willem van Oranje, die al zo lang begaan was met Brabant, aan te zoeken om er de leiding in handen te nemen. Het stadsbestuur van Brussel bracht hem al in de dagen dat de Pacificatie gesloten werd, namens de bevolking het verzoek over snel in hun stad zijn gezicht te laten zien.[28] Het tekent het instabiele van de situatie dat Oranje een dergelijke reis van Middelburg naar Brussel te riskant vond. In zijn plaats stuurde hij Marnix, die in overleg trad met de leden van de Staten-Generaal en hun bezwoer niets te ondernemen zonder medeweten van Willem van Oranje. Belangrijkste opdracht voor Marnix was de Staten-Generaal snel het besluit te laten nemen om in Duitsland een troepenmacht te lichten. Oranje wilde deze laten aanvoeren door zijn vaste vertrouwelingen Lazarus van Schwendi en zwager Günther van Schwarzburg.[29]

Oranje maakte in diezelfde dagen van zijn populariteit in Brabant gebruik door zijn legeraanvoerder Olivier van den Tympel met tien vendels soldaten naar Brussel te sturen. De actie was inderhaast opgezet en werd overrompelend uitgevoerd met behulp van de Brusselse bevolking, die ervoor zorgde dat de stadspoorten zich voor Oranjes troepen openden. Ze arriveerden er op 22 november en namen hun intrek in het paleis van de Nassaus, en ook in dat van de Egmonds en het Paleis op de Koudenberg. Het was spierballenvertoon. De compagnieën die de Staten-Generaal in de stad paraat hielden, werden kort daarop onder aandrang van een volksmeute Brussel uitgewerkt.[30]

De hertog van Aarschot, die als de ongekroonde leider van de Staten-Generaal fungeerde, moet het hele tafereel tandenknarsend hebben aangezien. Zijn autoriteit werd hier rechtstreeks aangetast, en hij dreigde meteen ook de greep te verliezen op de zuidelijke gewesten, waar Oranje in beginsel niets te vertellen had. In een vergadering van de Staten-Generaal op 3 december deed Aarschot zijn beklag over troepen van Oranje, die door hun vroegere gewelddadigheid een slechte reputatie hadden. Het is wel opgemerkt dat de jaloezie er bij Aarschot van afdroop.[31] Een paar dagen later moest Aarschot slikken dat Van den Tympel en een deel van zijn manschappen hun kampement opsloegen in de omgeving van Werchter en Haecht op domeinen die Aarschot toebehoorden, hoewel de hertog hun had bezworen het niet te doen. Van den Tympel maakte er in een droog briefje aan Oranje melding van.[32] Het had iets van een pesterijtje.

Oranje en Aarschot liepen elkaar al decennialang opzichtig in de weg, maar juist de laatste maanden hadden ze redelijk eendrachtig hun anti-Spaanse sentimenten op elkaar afgestemd en daarmee succes geboekt. De Gentse Pacificatie was daarvan het tastbare resultaat. Maar hun oude rivaliteit verdroeg dat succes niet goed; Aarschot had moeite met de leidende rol en ook de populariteit van Oranje. Aarschot stond bekend als een flierefluiter, een opportunist, iemand van kongsi's, en bij tijden een driftkop – hij was geen groot strateeg, voortrekker of volksmenner.[33] Toch moesten Oranje en Aarschot om de onzekere situatie het hoofd te bieden elkaar nog even in ere houden. 'Het is zaak dat we elkaar goed begrijpen,' zo liet Aarschot op 10 december aan Oranje weten, 'en dat we iedere dissimulatie achterwege laten, en dat we overal eerlijk en open over van gedachten wisselen...'[34] Dat schrijf je op het moment dat je de verborgen agenda van de ander vreest. Aarschot had Oranje meer nodig dan andersom. Hij had zich door zijn manoeuvres in de laatste weken en maanden nogal verdacht gemaakt in de ogen van Filips II. Hij had Oranje nodig om als het erop aankwam Don Juan in bedwang te houden, zodra duidelijk werd dat Don Juan niet van plan was de Spaanse soldaten terug te trekken. Hierover viel te praten: Oranje eiste de Vlaamse versterkte havenstad Sluis als onderpand. Zo'n Vlaams bruggenhoofd zou ook zijn oversteek naar het zuiden vergemakkelijken. De stad Brugge, die zeggenschap over Sluis uitoefende, weigerde hieraan mee te werken. Oranje hield eraan vast, maar Aarschot en de Staten konden weinig tegen Brugge uitrichten. Er dreigde een patstelling.[35]

Aarschot ging intussen al enkele weken zijn eigen gang. Onder aanvoering van zijn broer Karel-Filips van Croÿ, markies van Havré, reisde er een delegatie uit de Staten-Generaal naar Don Juan in Luxemburg om met hem te onderhandelen over de tenuitvoerlegging van de Pacificatie. Een gesprek dat vooral ging over het zo snel mogelijk wegsturen van de Spaanse troepen, zo'n tienduizend in totaal.[36] Maar Don Juan werd gevraagd een verdrag uit te voeren dat mede door ketters en rebellen was opgesteld, en dat wilde hij niet. Er moesten concessies komen. Don Juan zag er uit voorzichtigheid van af naar Brussel te reizen. Er werd door verschillende delegaties verder gepraat in het neutrale prinsbisdom Luik: in Hoei en uiteindelijk in Marche-en-Famenne in de Ardennen.

Oranje was tegen deze onderhandelingen, juist vanwege de trukendoos van Don Juan, maar Aarschot zette door. In Brussel werd de bevolking onrustig. Ze wilden Oranje eindelijk weleens in hun eigen stad begroeten. Op 12 december ging een grote massa de straat op om de komst van Oranje te eisen; ze rukten op naar het huis van Aarschot, waar de Raad van State zat te vergaderen. Aarschot wist de demonstranten met vage beloften naar huis te sturen. De volgende dagen verscheen er weer een menigte van zo'n zeshonderd man, nu op de Grote Markt, die eisten dat Sluis zonder omhaal aan Oranje in handen werd gegeven. De uitkomst was dat Oranje niet Sluis, maar Nieuwpoort in pand kreeg.

Ondanks alle vergaande beloften die Don Juan inmiddels had gedaan, bleef Oranje tegenover hem een absoluut en fundamenteel wantrouwen koesteren en uitdragen. Wantrouwen was zonder meer leidend in deze maanden. Regelmatig werden door vertrouwelingen van Oranje brieven uit het kamp van de Staten-Generaal onderschept en opengemaakt.[37] Oranje liep zelfs met plannen rond om degenen die namens de Staten het contact met Don Juan onderhielden te laten opsluiten. Het werd bijna onvermijdelijk dat hij nu toch zelf naar Brussel zou gaan om orde op zaken te stellen. Er werd ook hevig op aangedrongen, door zijn aanhangers, maar ook door meer gematigde katholieken, want bijna niemand was erg overtuigd van Don Juans goede bedoelingen.[38] Oranje eiste dat tussen Brussel en de Westerschelde ook de steden Gent, Hulst en Dendermonde in pand werden gegeven om hem een veilige heenreis en aftocht te garanderen. En in Brussel dienden zijn aanhangers in te staan voor zijn veiligheid.[39] Eisen die niet zomaar konden worden ingewilligd. Oranjes reis naar Brussel werd voor onbepaalde tijd uitgesteld.

De consensus verbrokkelt

Bij het aanbreken van 1577 waren nog geen twee maanden verstreken sinds de ondertekening van de Pacificatie, maar het leek al alsof het een tekst uit een ander tijdvak was. De nabijheid van Don Juan én Willem van Oranje werkte ontregelend op de stemming in met name de zuidelijke gewesten. In plaats van dat de Pacificatie wat ademruimte gaf om lastige keuzes op de lange baan te schuiven, drongen die keuzes zich voor bestuurders nu in volle hevigheid op. Vooral de katholiekgezinde bestuurders ervoeren de dreiging van een calvinistische staatsgreep. Op 9 januari drukten katholieke facties in de Staten-Generaal een verdrag door, dat bekend werd als de Unie van Brussel, een document dat vooropstelde dat Don Juan de Pacificatie van Gent diende te respecteren, maar ook bepaalde dat de katholieke godsdienst ten volle gehandhaafd moest blijven. Het verdrag leek bedoeld om Oranje in te tomen, maar hij kon ermee leven, zelfs Holland en Zeeland zetten er, met enige reserve, hun handtekening onder.[40] Don Juan werd gehouden aan de bepalingen van de Pacificatie van Gent. Oranje wist dat de nieuwe landvoogd dat niet ging opbrengen. Don Juan mocht dan wel concessies doen, maar dat hij bereid zou blijken de letter of zelfs de geest van de Pacificatie te volgen was uitgesloten. Dat bleek in de weken daarop.

In Marche-en-Famenne liet Don Juan de onderhandelaars namens de Staten-Generaal beloven niets tegen de koning en tegen de katholieke godsdienst te ondernemen. Het werd op 12 februari 1577 vastgelegd in een document dat als het Eeuwig Edict de geschiedenis inging.[41] Naar de letter van dit verdrag werd het protestantisme in de Nederlanden alsnog de voet dwars gezet. De katholieke godsdienst was de enig toegestane. Hoewel Don Juan met het Eeuwig Edict het koninklijk gezag en de ware godsdienst had veiliggesteld, had hij moeten beloven meteen werk te maken van het wegsturen van de Spaanse troepen. Op 8 maart werd hun vertrek officieel aangekondigd, en Spaanse compagnieën, en onder hen ook alle Italiaanse en Bourgondische huurlingen, maakten daadwerkelijk aanstalten te vertrekken.[42] Het bracht geen rust. Het was alsof het wantrouwen moedwillig werd aangewakkerd. Er circuleerden in maart hardnekkige geruchten over plannen om Don Juan te vermoorden of naar Frankrijk te ontvoeren. Er zouden katholieke edelen als Lalaing en Champagney bij betrokken zijn, ook Oranje en Anjou werden ermee in verband gebracht.[43] Duistere machinaties, waarover maanden later nog steeds gespeculeerd werd, terwijl achteraf niet uitgesloten kan worden dat de geruchten door Don Juan zelf de wereld in werden geholpen.[44]

Aarschot bouwde intussen een intensief contact op met de nieuwe landvoogd. Uit waardering kreeg hij door Don Juan het prestigieuze gouverneurschap over Antwerpen toegewezen. Verschillende andere leden van de familie Croÿ traden ook toe tot de clientèle van Don Juan. Buitenstaanders sneerden over het Eeuwig Edict als de 'Vrede van de hertog van Aarschot'.[45] Holland en Zeeland waren in deze onderhandelingen afzijdig gebleven en hadden het Eeuwig Edict hun instemming onthouden, net als Willem van Oranje.[46] Die hield vast aan de Pacificatie van Gent en ging intussen verder met het ontregelen van de machtsambities van Don Juan. Het temperament van de landvoogd werkte in zijn voordeel. Een Engelse diplomaat ving het gerucht op dat Don Juan op het punt stond afstand te nemen van Filips II en zich tot 'first king' van de Nederlanden te laten uitroepen.[47] Dit kon niet lang goed blijven gaan.

Desondanks bleef Aarschot pogingen ondernemen Oranje te overtuigen van de voordelen van het Eeuwig Edict. Er werd een delicaat argument in stelling gebracht, dat als persoonlijke chantage kon worden opgevat. In de tekst van de Pacificatie werd onder artikel 9 bepaald dat iedereen die naar aanleiding van de troebelen gevangen was gezet, werd vrijgelaten. Daar behoorde ook Filips Willem toe, die bovendien uitdrukkelijk (in artikel 12) weer in het bezit van zijn landgoederen werd gesteld. Oranjes zoon was inmiddels 22 jaar oud, had in Spaanse hofkringen zijn opvoeding en scholing gekregen, en mocht pas de laatste jaren in een paar briefjes contact zoeken met zijn vader. Tijdens de onderhandelingen over het Eeuwig Edict ging het, in afwezigheid van Oranje, ook over Filips Willem als onderdeel van een uitgebreid vredesverdrag. De delegatie van de Staten kreeg de stellige belofte dat Filips Willem in vrijheid werd gesteld en naar de Nederlanden mocht terugkeren: hij zou 'de eerste gevangene' zijn die werd vrijgelaten.[48] Oranje moet hebben gevoeld dat hij hier op een gevaarlijke manier Don Juans genadebrood moest eten, de man die hij a priori niet vertrouwde. Hij hield af, met dat als argument: hij kon niet geloven in de plotselinge goede wil van de Spanjaarden.[49] In latere correspondentie met Don Juan eiste Oranje op basis van de Pacificatie de vrijlating zonder meer van Filips Willem, zonder enige nadere voorwaarde.[50]

In Holland en Zeeland waren legereenheden van Oranje al enige tijd bezig om, met de Pacificatie in de hand, steden die de zijde van de koning hielden hun eigen kamp in te trekken, zoals Zierikzee, Haarlem en Amsterdam.[51] Zierikzee werd zonder veel problemen ingenomen, met Haarlem werd op 22 januari 1577 een satisfactie overeengekomen, en dat gold ook voor kleinere plaatsen als Muiden, Weesp, Schoonhoven, Oudewater, Goes en Tholen. Alleen met Amsterdam lukte het niet snel een satisfactie te bereiken. De stad wilde harde garanties dat het katholicisme gehandhaafd bleef. Om de besluitvorming in Amsterdam wat te bespoedigen werd de stad door troepen van Sonoy omsingeld en in de tang genomen. De handel, die door de Pacificatie even had kunnen opleven, viel weer stil. Pas op 8 februari 1578 werd een satisfactie overeengekomen.[52]

Het opruimen van de regeringsgetrouwe enclaves was een eerste stap, het organiseren van veiligheid voor de twee opstandige gewesten was een noodzakelijke volgende. Er werd al enige tijd nagedacht over het veroveren van enkele steden en fortificaties buiten deze gewesten die als verdedigingswerken konden dienen, waarmee een veilige ring moest ontstaan. Het werd wel als de 'tuin' van Holland omschreven.[53] Zaltbommel, Geertruidenberg, Nieuw-Gastel en zo nog enkele plaatsen dienden al als zodanig, een omwenteling in Utrecht zou een enorme sprong voorwaarts zijn. In februari 1577 werd het Spaanse garnizoen na hevige misdragingen gedwongen de stad te verlaten.[54] Oranje had veel aanhang in Utrecht, maar de stadsbestuurders durfden niet openlijk voor hem te kiezen en diens troepen binnen te laten. In juli dwongen opstandige burgers het stadsbe-

De Hollandse tuin verdedigd door een leeuw tegen geile en opdringerige Spaanse zwijnen, die het land proberen leeg te vreten. In het bijschrift wordt gedreigd dat 'de edele prins' (Oranje) hen ter zee en te land hard zal aanpakken. Hier wordt Holland als het centrum van de strijd tegen het Spaanse bewind voorgesteld, met links nog drie Zeeuwse schepen waarop ganzen (speelse verbastering van geuzen) de zwijnen belagen. De vlaggen en wapens aan de omheining zijn van Hollandse steden. Anonieme gravure, circa 1580 (collectie Rijksmuseum, Amsterdam).

stuur alsnog een satisfactie met Oranje aan te gaan. In de ogen van Don Juan ging Oranje hiermee zijn bevoegdheden verre te buiten. Want Oranje had volgens de bepalingen van de Pacificatie in Utrecht helemaal niets te vertellen. In oktober werd Oranje in Utrecht hersteld in zijn vroegere stadhouderschap, nadat Holland dit had geëist als voorwaarde voor het bieden van financiële hulp.[55] Don Juan moest het lijdzaam aanzien. Vergelijkbare avances maakte Oranje naar Gelderland, met de oproep zich nauwer aan te sluiten bij Holland en Zeeland.[56]

Geertruidenberg: Aarschot versus Oranje

Nadat de Spaanse troepen eind april het land hadden verlaten, en Filips II in Spanje het Eeuwig Edict had geratificeerd, kon Don Juan op 6 mei in Brussel worden ingehuldigd als landvoogd.[57] Behoedzaam werd door de Staten-Generaal afgedwongen dat hij zwoer de Pacificatie van Gent en ook alle oude privileges te respecteren. Maar als Don Juan wilde slagen in de opdracht die Filips II hem had gesteld – de Lage Landen tot elke prijs weer onder het gezag van de koning en de katholieke kerk brengen –, dan was het noodzaak dat ook Oranje en de twee opstandige gewesten het Eeuwig Edict gingen tekenen. Aarschot moest dit voor elkaar brengen. Er werd voor 13 mei een conferentie belegd in het nog altijd door Oranje bezette Geertruidenberg. Aarschot leidde de delegatie namens Don Juan, Oranje die van Holland en Zeeland.

Het was voor het eerst in maanden dat Oranje en Aarschot elkaar weer in de ogen keken.[58] De eerste kwestie die Aarschot op tafel legde was waarom in Holland en Zeeland het Eeuwig Edict nog niet publiekelijk was afgekondigd, want pas dan zou het zijn volle werking krijgen.[59] Nu leek het of Holland en Zeeland zich afzijdig wilden houden. En hoe het toch mogelijk was dat in Holland nog steeds steden werden belegerd, en er zelfs nieuwe forten werden aangelegd. Dit streed allemaal met de Pacificatie. Het waren inleidende beschietingen in onderhandelingen die geen enkele kans van slagen hadden. Het verslag ervan leest als een robbertje beschaafd bekvechten – af en toe werd er van het Frans op het Latijn overgegaan.

Oranje nam volop aan het gesprek deel en zette het naar zijn hand door een typische mengeling van principes en gelegenheidsargumenten. Toen hem bijvoorbeeld werd voorgehouden dat hij rond Utrecht de bepalingen van de Pacificatie met voeten trad en dat er in de verdragstekst helemaal niets gespecificeerd was over Utrecht, antwoordde hij dat er dan wel over álle hangende zaken gedebatteerd kon worden.[60] Dat moest dan maar met de voltallige Staten-Generaal gebeuren. 'Welke zekerheid hebben we,' vroeg de delegatie van Aarschot, 'dat u zich dan wél aan de Pacificatie gaat houden?' Ze meenden dat al deze inbreuken er op wezen dat Oranje op oorlog aanstuurde. 'Oorlog?' schamperde Oranje, 'Is dat waar jullie bang voor zijn? Wij zijn niet meer dan een handjevol mensen, een wormpje tegen de koning van Spanje. Jullie zijn met vijftien gewesten, tegen twee, waar zijn jullie bang voor?'

Een retorische vraag, het antwoord deed er niet zoveel toe. De delegatie van Aarschot wees op de overmacht van Oranje op zee; de Hollanders en

Zeeuwen moesten zich niet kleiner voordoen dan ze waren. Oranjes secondant Marnix bracht ertegen in dat ze nog nooit oorlog hadden gevoerd anders dan om defensieve redenen. Waarop iemand subtiel wees op de verovering van Geertruidenberg. Wat eveneens werd weersproken: 'Tja, als wij nooit aanvallen, dan weten jullie zeker dat we ook nooit oorlog zullen voeren!' Waar iemand anders nog aan toevoegde dat Geertruidenberg tot de oude bezittingen van Oranje behoorde, dus zo onredelijk was het niet.[61]

Zo ging het nog even door. Tot het gesprek op de religie werd gebracht, misschien wel het gevoeligste agendapunt van de conferentie. In de Pacificatie was vastgelegd dat er geen verdere afbreuk zou worden gedaan aan de katholieke kerk. 'Maar we zien dat jullie overal jullie religie proberen te verbreiden,' stelden de onderhandelaars van Don Juan vast. Ze wilden de zekerheid dat dit zou stoppen. Oranje erkende dat het met de religie anders liep dan gepland, maar dat was te wijten aan de inbreuken op de Pacificatie door Don Juan en de Staten-Generaal. Neem alleen het sluiten van het Eeuwig Edict zonder instemming van Oranje en de twee opstandige gewesten.[62] Door Don Juan de belofte te doen dat overal de katholieke religie strikt zou worden gehandhaafd, was de Pacificatie zwaar geschonden. Waarop Oranje gevraagd werd of hij het gezag van de Staten-Generaal inzake religie niet wilde gehoorzamen. 'Zeker niet,' antwoordde Oranje, 'want om jullie de waarheid te vertellen, wij zien dat jullie van plan zijn ons uit te roeien, en wij willen helemaal niet uitgeroeid worden.' Waarop Aarschot uitriep: 'Ho! Er is niemand die dit wil!' Oranje legde nog maar eens uit dat alles erop wees dat ze wilden dat Holland en Zeeland zich aan de volstrekte willekeur van Don Juan zouden onderwerpen.[63]

Hier werd duidelijk hoeveel wantrouwen er gezaaid was door eerst de Unie van Brussel en daarna het akkoord met Don Juan in Marche-en Famenne. Oranje en Aarschot hielden zich na deze eerste zitting wat op de achtergrond. Er werd nog een paar dagen over details doorgepraat, er werden nog schriftelijke voorstellen gedaan, zonder dat er veel bereikt werd.[64] Voor Oranje en de zijnen moest Don Juan volledig instemmen met de Pacificatie van Gent, en het Eeuwig Edict moest van tafel.[65] Een onbegaanbare route. In deze dagen was voortzetting van de oorlog al onafwendbaar geworden. Die voorspelling kon als het ware afgeleid worden uit het temperament van Oranje en Don Juan. De enige onvoorspelbare factor was Aarschot.

Don Juan haalt uit

Don Juan had haast. Het tot rust brengen van de Nederlanden was niet meer dan een klus tussendoor op weg naar Engeland. Daar ging hij, op aandringen van de paus en met goedkeuring van Filips II, door middel van een invasie een katholieke omwenteling op touw zetten, die Elizabeth moest verdrijven en Maria Stuart op de troon brengen. Dat Don Juan van Filips II zoveel concessies mocht doen aan de Staten-Generaal en Oranje, had dit als achtergrond: er moest vaart gemaakt worden.[66] Omdat Oranje over veel onderschepte brieven uit het Spaanse kamp beschikte waarin deze strategie werd uitgelegd, wist hij ook dat Don Juan tot enorme toegevingen bereid was. Dat was het brutale schimmenspel dat Oranje in Geertruidenberg opvoerde.[67] Kijken of hij Don Juan zover kon krijgen godsdienstvrijheid toe te zeggen en in een verdrag vast te leggen. Nadat duidelijk was geworden dat de besprekingen in Geertruidenberg op niets gingen uitlopen, deed Oranje op 24 mei Don Juan nog het voorstel zich met elkaar te verzoenen, met als enige dwingende voorwaarde dat deze de Pacificatie van Gent integraal zou erkennen.[68] Het Eeuwig Edict zou daarmee definitief van tafel gaan.

Don Juan begon zijn geduld te verliezen. Oranje was niet uit op een vergelijk, dat was wel duidelijk. In deze dagen ving de landvoogd via Aarschot het verhaal op dat Oranje beweerde dat hij 'niet alleen kaal, maar ook calvinistisch was, en dat hij zo wilde sterven'.[69] Een raillerende uitspraak die kennelijk bedoeld was om elke speculatie over zijn inschikkelijkheid op godsdienstig terrein de grond in te boren.[70] Dat Oranje inmiddels veel van zijn haren had verloren liet zich eenvoudig vaststellen – hij was, afgaande op geschilderde portretten uit deze tijd een vroegoud ogende man –, maar of hij op dat moment zo'n toegewijd calvinist was, mag betwijfeld worden. Zijn politiek was in deze maanden gericht op het te vriend houden van de verschillende geloofsgroepen. Hierin openbaarde zich een opvallend strategisch verschil met de aanpak van Don Juan. Beide mannen voerden een verzoeningspolitiek die ruimdenkend of ruimhartig mocht heten, maar terwijl Oranje alle partijen leek te willen verenigen, met uitsluiting van Spanje, zo wilde Don Juan alle strijdende facties in de Nederlanden tegemoetkomen, behalve de calvinisten. Vanwege dit fundamentele verschil was enig vergelijk tussen Oranje en Don Juan in het voorjaar van 1577 op voorhand uitgesloten.

Oranje bleef in de zomer intensief contact onderhouden met de Staten-Generaal en steeds maar uitleggen dat hij elk offer wilde brengen om de tirannieke Spanjaarden te verdrijven voor de rust en de welvaart van het vaderland. Eindeloze herhaling van dezelfde woorden en redenaties, een mantra die bedoeld was om in de hoofden van anderen te gaan zitten. De propaganda van Oranje draaide op volle toeren. Martin Antoine del Rio, jurist, katholiek en een loyaal steunpilaar van Filips II en nu ook van Don Juan, zag Oranje naar alle denkbare middelen grijpen om de bevolking en ook het omringende buitenland te bewerken met 'satires en smadelijke pamfletten'.[71] Oranje ging er zelfs toe over om de onderschepte brieven waaruit de Engelse plannen van Don Juan bleken, in druk uit te geven: *Cort verhael vande rechte oorsaecken ende redenen, die de Generale Staten der Nederlanden ghedwonghen hebben, hen te versiene tot hunder beschermenisse, teghen den Heere don Jehan van Oostenrijck*. De tekst kwam meteen ook uit in het Frans, Spaans en Latijn. Exemplaren werden aan gezanten meegegeven, om ze zo snel mogelijk naar de hoven in Londen en Parijs te laten brengen. En er ging een exemplaar naar Filips II.[72]

Don Juan kreeg moeite met het ophouden van zijn vredelievende uitstraling, ook omdat hij weer werk begon te maken van geloofsvervolging.[73] Hij voelde zich in Brussel steeds minder veilig. Doordat de inhoud van de onderschepte Spaanse correspondentie inmiddels op straat lag, werd ook de stemming onder de meer gezagsgetrouwe leden van de Staten-Generaal steeds vijandiger. Don Juan verliet Brussel op 11 juni en streek neer in Mechelen, maar was daar ook niet op zijn gemak.[74] Hij zag geen andere mogelijkheid meer dan alsnog oorlog te voeren in de Nederlanden en zijn Engelse plannen uit te stellen. Hij begon een wervingscampagne voor nieuwe Duitse troepen en wilde ook de Spaanse legereenheden, die inmiddels Italië hadden bereikt, terugroepen. Hij stuurde in juli zijn secretaris Juan de Escovedo naar Filips II om zijn gewijzigde plannen toe te lichten en er toestemming voor te krijgen. Intussen bewoog hij naar het oosten, onder het voorwendsel dat hij daar beter in alle rust en veiligheid de Franse prinses, Margaretha van Valois, de vrouw van Hendrik van Navarra, kon ontvangen.[75] Margaretha van Navarra verbleef in het kuuroord Spa en voerde daar verscheidene geheime besprekingen met katholieke Waalse edelen. Het was bedoeld om af te tasten hoe haar broer, de hertog van Anjou, alsnog een rol in de Nederlanden zou kunnen opeisen. Margaretha reisde nu met groot gevolg Don Juan tegemoet, ze troffen elkaar in de buurt van Namen.[76] Don Juan had ook zo veel mogelijk hoogwaardigheidsbekleders meegenomen, onder wie Aarschot en diens broer Havré. Intussen circuleerden in Brussel en Antwerpen brieven uit het Spaanse kamp waarin de conclusie werd getrokken dat niets de Nederlanden nog tot gehoorzaamheid kon brengen behalve 'vuur en bloed'.[77] Don Juan besloot tot actie over te gaan. Enkele dagen na de ontmoeting met Margaretha, op 24 juli, nam hij de citadel van het strategisch gelegen Namen in, en in de wijde omgeving ook belangrijke fortificaties als Charlemont bij Givet en Mariembourg.[78]

Het was een oorlogsverklaring aan Oranje, die ook door de Staten-Generaal in Brussel, met de nodige aarzelingen, als zodanig werd opgevat.[79] Don Juan zette vervolgens hoog in door absolute loyaliteit van de Staten-Generaal te eisen in ruil voor zijn belofte het Eeuwig Edict en de Pacificatie van Gent te eerbiedigen. Statenleden die neigden naar adhesie voor Oranje moesten het veld ruimen.[80] De actie riep weinig enthousiasme op. Aarschot en zijn broer kregen daar in Namen lucht van en zagen in dat ze op het verkeerde paard hadden gewed. Ze maakten zich snel uit de voeten en keerden terug naar Brussel.[81]

Toen Filips II begreep waar Don Juan aan begonnen was, ontstak hij in woede. Hij stuurde meteen koeriers naar Italië om zijn troepen te verbieden weer naar de Nederlanden terug te keren.[82] Filips kon de eigenmachtigheid van zijn halfbroer niet goed zetten. Nog zwaarder woog dat hij een nieuwe oorlog in de Nederlanden niet kon betalen. Er was geen bank die hem nog geld wilde lenen.

Vader Willem

Willem van Oranje hield al die tijd fysiek afstand tot de gebeurtenissen in het zuiden. Hij wist dat er voldoende anti-Spaans sentiment verzameld was om het Don Juan moeilijk te maken. Hij concentreerde zich in de zomer van 1577 op Holland. Hij begon aan een rondreis om in verschillende steden het bestuur en de verdediging te inspecteren en waar nodig plooien glad te strijken. Het grootste probleem was de onwil van het Amsterdamse stadsbestuur om met Willem van Oranje en de Staten van Holland na het sluiten van de Satisfactie tot nadere afspraken te komen, die de stad weer een volwaardig lid van de Staten van Holland zouden maken. Amsterdam bleef vasthouden aan het katholicisme en de trouw aan Filips II, en vocht vooral voor zijn economische en financiële belangen. In de weken dat Oranje in Holland rondreisde, ging hij opvallend genoeg met een wijde boog om Amsterdam heen. In de wetenschap dat er nog veel tijd overheen moest gaan voor ze daar toe zouden geven, had hij er niets te winnen. Elders lag dat anders.

De Pacificatie was sinds ruim een halfjaar min of meer in werking; de wapens zwegen, en de economie herstelde zich. Er kon weer veel gemakkelijker gereisd worden. De Goudse prior Wouter Jacobsz., die als vluchteling in Amsterdam betere tijden had afgewacht, ging in de zomer van 1577 na vijf jaar vrijwillige ballingschap in Amsterdam kijken hoe het er in Gouda voor stond. Hij reisde door een landschap dat sinds het ontzet van Leiden voor een belangrijk deel nog onder water stond, en waar kerken en kloosters in ruïnes waren veranderd. In Gouda aangekomen moest hij ontdekken dat veel van zijn kloosterlingen een heel ander leven leidden en inmiddels getrouwd waren. Er viel hem nóg iets op: de mensen onderweg waren vriendelijk, zelfs degenen van wie hij wist dat ze fanatieke geuzen waren.[83]

Onder de Hollanders en Zeeuwen was de verlichting duidelijk merkbaar; ze durfden weer aan de toekomst te denken. Dit sentiment straalde af op Oranje, die onder brede lagen van de bevolking werd gezien als degene die het Spaanse schrikbewind op de terugtocht had gedreven.[84] Voor het eerst sinds Oranje in de herfst van 1572 volkomen berooid in Enkhuizen was aangekomen, vertoonde hij zich weer in Noord-Holland. Volgens tijdgenoot Pieter Bor, werd het een ongekende zegetocht: 'Zij hielden hem, naast God, voor de enige verlosser uit al hun ellende.' Ze riepen hem toe met de koosnaam 'Willem-Vader', en dat met zo'n warme hartstocht dat je de mensen 'de blijdschap van het gezicht kon scheppen'. Volgens Bor begreep Oranje goed hoe hij met deze euforie moest omgaan: hij toonde iedereen, rijk of arm, een vriendelijk gelaat, sprak ronduit en stelde zijn contactpersonen snel op hun gemak.[85] Geen afstand, geen arrogantie. Hij zou onderweg in een plaatsje uit een huis een heftige ruzie hebben horen opklinken. Oranje besloot even te stoppen, ging het huis binnen en wist met begrip en zachtheid vrede te bewerkstelligen tussen twee kijvende echtelieden; daarna liet hij zich door een herbergier in de buurt uitnodigen om nog een flinke pul bier te drinken. Oranje liet het zich aanleunen en deinsde niet terug toen de kroegbaas volgens de lokale gewoonte met zijn vlakke hand het schuim van de pul streek.[86]

Oranje had zijn gezin en een flink gevolg bij zich. Charlotte de Bourbon was in maart bevallen van een dochter, Elizabeth, vernoemd naar de Engelse koningin, die haar ook als petekind aannam.[87] Het jonge gezin droeg ongetwijfeld bij aan de vertedering en aan Oranjes aureool van liefhebbende en zorgzame vorst.

Tegelijkertijd werd er politiek bedreven, zoals in Haarlem, inmiddels aan de kant van Oranje maar, met satisfactie, nog altijd katholiek. Hier ontbeet Oranje met de bisschop, die hij eraan herinnerde beweerd te hebben dat het calvinisme een en al bedrog was ('een ei vol zuivel'); het kwam de bisschop op een zware oorwassing te staan. Intussen werd het Oranjes soldaten ten strengste verboden een katholieke kerk binnen te gaan, laat staan er enige schade aan te richten.[88] Evenwichtskunst. In Alkmaar kreeg Oranje bezoek van een Amsterdamse delegatie, die hardnekkig aan haar koningsgetrouwe standpunten bleef vasthouden. Het wekte ergernis en spot, die niet binnenskamers bleef: in brede kring werd al enige tijd cynisch gesproken over 'Moorddam', de bijnaam die Amsterdam te danken had aan zijn lange trouw aan Filips II en Alva. De Amsterdamse burgemeesters die in Alkmaar met Oranje spraken, werden op straat nageroepen als 'Moorddammers'. De Amsterdammers werden ervan verdacht door Don Juan te zijn ingefluisterd hun poot stijf te houden, omdat de landvoogd weer voluit oorlog wilde voeren, en Amsterdam daarbij goed kon gebruiken.[89]

Want hoe euforisch de sfeer in het Noorderkwartier ook was, er hing oorlog in de lucht. Er werd veel over gesproken. In de weken dat Oranje via Haarlem (aankomst 23 juni), naar Alkmaar (28 juni), Hoorn (21 juli), Enkhuizen (27 juli), Medemblik (1 augustus), weer Haarlem (13 augustus) en Utrecht (18 augustus) reisde, was er steeds druk postverkeer met de Staten-Generaal in Brussel.[90] In Brussel werd gehoopt dat concessies van Oranje – met name het opgeven van zijn pandstad Nieuwpoort, en het weer toestaan van het katholicisme in Holland en Zeeland – Don Juan tot bedaren konden brengen. Ook Don Juan en zelfs de pauselijke nuntius in Brussel stuurden gezanten in een laatste poging Oranje tot wat toegevingen te bewegen.[91]

Het werd in de loop van de zomer steeds duidelijker dat niet alleen Don Juan maar ook Oranje probeerde de bepalingen van de Pacificatie juist zonder veel scrupules in eigen voordeel om te buigen. Dat sprak het duidelijkst uit de onrustige stemming in veel Brabantse steden; hoewel Oranje gehouden was aan de religieuze status quo, werden op veel plaatsen protestantse diensten georganiseerd, en drongen aanhangers van Oranje luidruchtig aan op een vernieuwing van de stadsbesturen. Oranje kon proberen vol te houden dat hij hierbuiten stond, maar getrouwen als Heeze, de juristen Dirk Liesveldt en Cornelis van der Straten werkten in de zuidelijke gewesten gestaag aan een anti-Spaanse coalitie die geen ander doel had dan het bewind van Don Juan te ondergraven.[92]

De anti-Spaanse krachten in Brabant en in de Staten-Generaal beseften dat Don Juan en Filips II op dit moment niet zo sterk stonden, en zagen in dat er tempo gemaakt moest worden. Nadat troepen van Don Juan op 1 augustus een verrassingsaanval op Antwerpen deden, die door de stad kon worden afgeslagen, gingen daar de ontwikkelingen snel. Onder druk van de bevolking werd nu de door Alva gebouwde en hartgrondig verfoeide citadel aan troepen van de Staten-Generaal overgeleverd en zelfs opengesteld voor publiek. Op 19 augustus werd op aandrang van Oranje en de

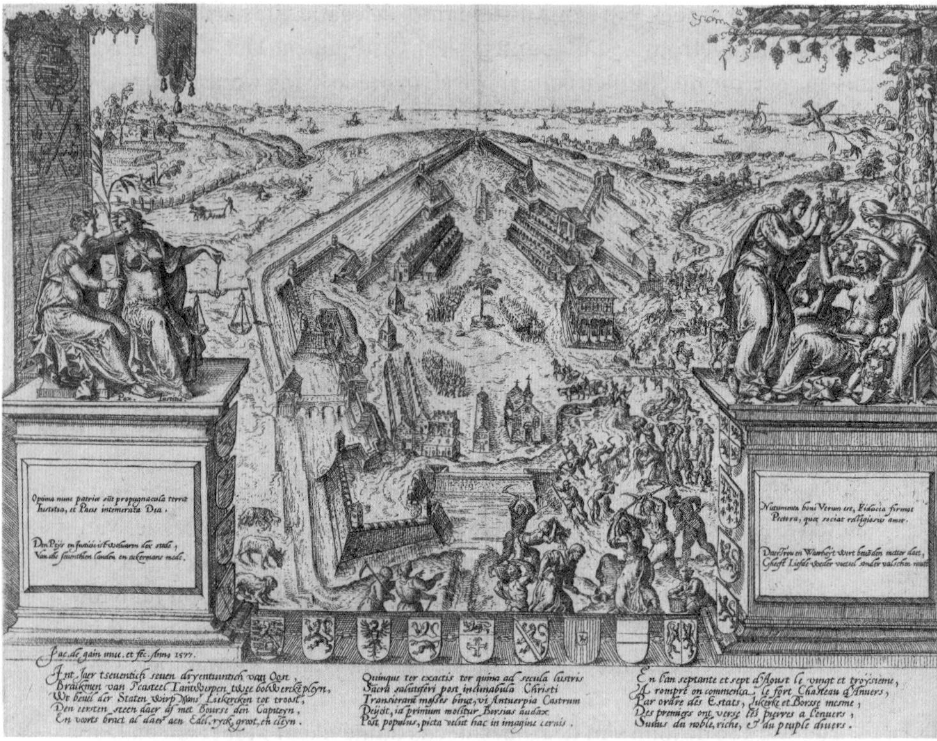

De afbraak aan de stadzijde van de citadel van Antwerpen, gevat in een allegorische voorstelling met op de sokkel links de verbeelding van Vrede en Justitia en rechts Waarheid en Liefde, gravure van Jacques de Gheyn (I), 1577 (collectie Rijksmuseum, Amsterdam).

Staten van Holland en Zeeland zelfs besloten de burcht aan de stadskant af te breken, om maar te voorkomen dat van daaruit de eigen bevolking ooit nog onderdrukt kon worden.[93]

In hoeverre Oranje in al deze ontwikkelingen een sturende rol had, is niet duidelijk, wel dat hij het allemaal graag zag gebeuren. Radicale krachten in Brabant begonnen de overhand te krijgen. In Brussel vormde zich vanuit de stedelijke gilden een Comité van Achttien, dat zich opwierp als de vertegenwoordigers van de bevolking en er ook daadwerkelijk in slaagde het oude stadsbestuur zijn wil op te leggen. In deze veranderingsgezinde stemming durfden de delegaties van Hollandse en Zeeuwse Statenleden het aan in Brussel hun zetels in de Staten-Generaal weer in te nemen.[94]

De Staten-Generaal in deze nieuwe brede samenstelling deden op 11 september een dringend beroep op Willem van Oranje om zijn komst naar

Brussel niet langer uit te stellen. Ondanks de revolutieachtige snelheid van deze ontwikkelingen – waarvoor geen wetten of draaiboeken bestonden – werd er scherp voor gewaakt dat er een schijn van legitimiteit over al deze stappen hing. Formeel werd hem gevraagd zijn zetel in de Raad van State weer in te nemen, die hij in het verre verleden zo lang had bezet.[95] Oranje moest deel gaan uitmaken van de centrale besluitvorming.

Schaken met familie

Oranje besloot deze uitnodiging nu wel aan te nemen. Vanuit Utrecht reisde hij eerst naar Geertruidenberg. Daar voegden zich Charlotte de Bourbon en zijn broer Jan bij hem. Jan van Nassau was kort daarvoor, na lang aandringen van Willem, uit Dillenburg overgekomen om te dienen als adviseur en vertrouwenspersoon. Jan moest daarbij ook de flanken afdekken, die in het nu snel complexer wordende politieke krachtenveld onmogelijk nog door Oranje bestreken konden worden. Zo vroeg Oranje hem als zijn plaatsvervanger te dienen in Holland, Zeeland en Utrecht. Dat Jan sinds enkele maanden tot het calvinisme bekeerd was, net als zijn moeder en de rest van de familie op de Dillenburg, maakte hem eens te meer geschikt voor het behartigen van Oranjes gereformeerde relaties. Oranje kon echter de Staten van Holland en Zeeland in dit plan niet meekrijgen, die vreesden dat hij weinig meer naar hen zou omkijken.[96]

Een andere reden waarom Jan van Nassau juist op dat moment naar de Nederlanden kwam, lijkt triviaal: hij bracht ook Oranjes kinderen uit eerdere huwelijken mee, de tienjarige Maurits en de inmiddels eenentwintigjarige Maria, of Maijken. Een familiehereniging en ook eerste kennismaking met hun nieuwe stiefmoeder. Maar de gedachten van Oranje gingen verder. Er liepen op dat ogenblik al onderhandelingen met de hertog van Aarschot om Maria uit te huwelijken aan diens zoon Karel, de prins van Chimay. Familie was politiek, en politiek was familie.[97]

De vraag was wie hier het grootste belang bij had, en of hier niet een erg grote wissel werd getrokken op het levensgeluk van twee jonge mensen – prins Karel was nog maar zeventien –, terwijl hun vaders in een bloedstollend pokerspel verwikkeld waren, die de verliezer definitief tot bijfiguur van de geschiedenis moest maken. Overigens was het Maijken zelf die dit huwelijk uit de weg ging. Ze moest katholiek worden, en dat was voor haar vader kennelijk geen bezwaar, maar zij kon het niet met haar geweten in overeenstemming brengen.[98]

Tijdens Oranjes verblijf in Geertruidenberg werd nog stevig met een delegatie van de Staten-Generaal onderhandeld over hoe de Pacificatie van Gent op verschillende onderdelen uitgelegd moest worden. Veel gewesten waren als de dood dat met Oranje ook het vervloekte calvinisme naar het zuiden zou oversteken. De gevraagde garanties gaf Oranje, in de wetenschap dat hij onmogelijk kon voorspellen hoe de protestantse minderheden in de zuidelijke gewesten zich de komende tijd zouden gedragen. Iets anders was of Oranje in het zuiden wel veilig kon bewegen. De Staten van Holland raadden Oranje met klem af de reis naar Brussel te ondernemen. Ook Charlotte de Bourbon was er weinig gelukkig mee.[99]

Oranje liet zich niet weerhouden. Het aan zijn kant krijgen van Brabant was een complexe operatie, waarin met een afwachtende houding uiteindelijk niets bereikt werd. Ook Charlotte de Bourbon kreeg haar rol in dit riskante schaakspel. Oranje was al enige tijd bezig om rond zijn eigen bezittingen in Brabant, en dan met name Breda, de druk op te voeren. Volgens de letter van de Pacificatie kon Oranje de baronie en de stad Breda als een oude bezitting weer voor zichzelf opeisen. In maart 1577 had hij een kleine legermacht naar Breda gestuurd. Die lukte het niet de stad binnen te komen. Don Juan besloot in mei, toen hij nog hoopte op korte termijn vrede te kunnen bereiken, dat Oranje het in bezit nemen van Breda moest worden toegestaan, maar eiste uit veiligheidsoverwegingen dat de wijde omgeving dan meteen ontwapend werd, inclusief het door Oranje bezette Geertruidenberg. Voor Oranje was dat een onaanvaardbare voorwaarde. Met Breda was meer gemoeid dan alleen Oranjes prestige en familie-eer. Het lag strategisch en vormde de natuurlijke verbinding over water en land tussen Holland en Antwerpen.[100] En het was een stevig bastion in de ring van veiligheid rond Holland en Zeeland.

In Breda lag een groot Duits garnizoen, dat orders kreeg van de Staten-Generaal, maar sinds Don Juan was ingehuldigd als landvoogd alleen nog naar orders van hem luisterde. Pas begin oktober lukte het de Duitse huurlingen vreedzaam uit Breda te laten vertrekken. Charlotte de Bourbon, die sinds haar huwelijk met Oranje alleen maar in voorlopige behuizingen had vertoefd, had haar zinnen gezet op het statige familieslot van de Nassaus als vaste residentie.[101] Nadat het kasteel begin oktober werd overgedragen, bleek het door de soldaten volkomen te zijn uitgewoond.[102] Het werd in een week tijd provisorisch opgeknapt. Op 11 oktober nam Charlotte de Bourbon er haar intrek. Ze meldde Willem opgewekt dat ze het kasteel 'in een betere staat had aangetroffen dan ze had durven hopen'.[103] Het kenmerkt de sfeer van nerveuze evenwichtskunst die Oranje in dat jaar beoefende, dat Charlotte zich in een van haar eerste brieven aan Willem afvroeg hoe het in Breda met de religie moest. Want ze zouden zich toch zo veel mogelijk houden aan de Pacificatie van Gent, al was het maar om anderen tot voorbeeld te dienen? De Pacificatie schreef voor, zo liet Willem weten, dat in Breda, op Brabants grondgebied, het katholicisme geëerbiedigd moest worden. Ze beloofde zich ernaar te gedragen.[104]

Oranje naar Brussel

Op 17 september verliet Oranje Geertruidenberg, in het gezelschap van zijn broer Jan, een aantal van zijn vaste raadslieden en een flink escorte ruiters. Eerste bestemming was Hoogstraten; de volgende dag reisde het gezelschap door naar Antwerpen. Voor het eerst in ruim tien jaar betrad Oranje de stad waarvan hij zich nog altijd burggraaf noemde. Hij bleek er welkom. Er stond een erehaag van achtduizend schutters, rederijkers declameerden teksten ter begroeting en in de straten brak een feest los, dat dagen achter elkaar doorging.[105] Op 22 september reisde Oranje per schip over de Nieuwe Vaart naar Brussel. Op de dijken langs het kanaal hadden boeren enorme vreugdevuren aangestoken, er liepen honderden mensen over de wallenkanten mee, en op het water verschenen steeds meer versierde bootjes.[106] Bij verschillende sluizen stonden erewachten, die als saluut daverende geweersalvo's afvuurden. Voor het laatste stuk lag voor Oranje en zijn gevolg een groot versierd galeischip klaar. Het gezelschap was goed zichtbaar in de schaduw van twee rijen sinaasappelboompjes die aan dek waren geplaatst. De stadsspeellieden speelden het Wilhelmus. Het volk stond inmiddels rijen dik langs de kade. In de stad aangekomen ging het te paard verder. De straten waren uitbundig versierd, opnieuw drommen volk, de mensen hingen uit de ramen, stonden zelfs op de daken. Eindpunt was de statige Grote Markt, waar de huizen versierd waren en het stadhuis schuilging achter rode draperieën. Volgens Jan Baptist Houwaert, een van de organisatoren van de ontvangst, waren de Brusselaars uitzinnig; er waren mensen die op hun knieën neerzegen, anderen huilden van blijdschap.[107] Dit wordt uit onverdachte hoek bevestigd. Don Juan, die zich voorzichtigheidshalve in deze dagen naar Luxemburg had teruggetrokken, kreeg vergelijkbare berichten door, en rapporteerde naar Spanje dat Oranje was ingehaald 'als was hij de Messias zelve'.[108]

Dat de Brusselse ontvangst een flatteus beeld van Oranje in het leven riep, werd niet alleen bevorderd door de spontane blijdschap van de bevolking, maar ook door de opwekkende boodschappen die van alle kanten op de aanwezigen werden losgelaten.[109] In toneelvoorstellingen, tableaux vivants en in gedeclameerde teksten werd Oranje vergeleken met oudtestamentische grootheden als Mozes en David. Mozes, die zijn volk vanuit Egypte wist terug te leiden naar het land van de voorvaderen; David, die de luimen van koning Saul eerst blijmoedig verdroeg, in ballingschap ging, Goliath versloeg en uiteindelijk Saul als koning opvolgde. Bedwelmende parallellen. Of die met Perseus, de zoon van Zeus, die Medusa het hoofd afhakte en de beeldschone Andromeda wist te bevrijden.[110]

Oranje was niet naar Brussel gekomen om zich te laten toejuichen, maar om zich onmisbaar te maken als de man die in staat was de onderlinge politieke en religieuze tegenstellingen te overbruggen. Oranje als belichaming van de eenheid. Maar in de vergaderzaal van de Staten-Generaal was de volgende dagen de bedwelming aanzienlijk geringer. De zorgen over een snelle hervatting van de hete oorlog waren groot. Oranje kreeg meteen de leiding over een commissie die moest proberen alsnog met Don Juan tot een akkoord te komen. Het zorgde alleen maar voor meer spanning. Don Juan was zeer verontwaardigd over de vergaand eenzijdige regelingen die hem door gezanten werden voorgelegd.[111] Het was ook niet Oranjes bedoeling er echt met hem uit te komen. De bejegening van Don Juan vanuit Brussel werd in deze weken steeds onvriendelijker, waarbij hij als 'bastaard' werd neergezet, terwijl de Nederlanden meenden aanspraak te maken op een heuse 'prins van den bloede'.[112] Provocerende pesterijtjes, die de oorlog alleen maar dichterbij brachten.

Don Juan was al enige tijd troepen aan het werven, en werd daarbij geholpen door de Guisefactie in Frankrijk. Nog verontrustender was dat Filips II alsnog instemde met Don Juans oorlogsplannen, daartoe in staat gesteld door een enorme zending Amerikaanse edelmetalen die op 18 augustus 1577 in Spanje was gearriveerd. Er was voorlopig weer geld om iets te ondernemen. Filips had op 11 september alsnog bevel gegeven aan de Spaanse troepen in Italië om weer terug te keren naar de Nederlanden.[113]

Wat stelden de Staten-Generaal hiertegenover? De broze eenheid bestond alleen in sommige hoofden; in de praktijk was er geen bestuurlijke, militaire of fiscale structuur die snel besluiten kon nemen, een leger op de been kon brengen, en dat ook nog kon financieren.[114] Aarschot had met een aantal mensen uit de katholieke factie hierover nagedacht en een oplossing gevonden in het aanzoeken van een nieuwe landvoogd. Die zou geleverd kunnen worden door de Oostenrijkse tak van het Habsburgse huis. De jonge aartshertog Matthias, broer van keizer Rudolf II en achterneef van Filips II, was in oktober 1576 al eens gepolst door een gezant van Aarschot.[115] In kringen van Aarschot werd het als kansrijk gezien. Ze zagen in Matthias een ongevaarlijke compromiskandidaat, die wellicht ook op instemming van Filips II kon rekenen. Willem van Oranje was in de loop van september door Havré gesondeerd over een dergelijke oplossing, was er niet enthousiast over, maar kon ermee leven dat ze verder werd onderzocht.[116]

De komst van Matthias

Zonder dat Oranje ervan op de hoogte was, werd al op 19 augustus, met instructies van Aarschot en de zijnen, vanuit Brussel een gezant naar Wenen gestuurd om Matthias de landvoogdij aan te bieden.[117] Om ook bij de koning gedekt te zijn, lieten de Staten-Generaal hem op 8 september weten behoefte te hebben aan een nieuwe landvoogd, nu Don Juan zijn plichten verzaakt had.[118] Dat ze zelf al stappen zetten om de vacature te vervullen, lieten ze in het midden. Matthias bleek nog steeds bereid de functie aan te nemen. Hij was zelfs zo gretig dat hij nauwelijks voorwaarden stelde. Om te voorkomen dat zijn broer keizer Rudolf hem het Nederlandse avontuur ging verbieden, sloop hij in de nacht van 3 op 4 oktober, zonder afscheid te nemen, weg uit de Weense Hofburg. Overigens was de keizer wel degelijk vooraf op de hoogte, maar het moest vooral lijken alsof het niet zo was om Filips II niet voor het hoofd te stoten.[119] In het gezelschap van gezant Gauthier van der Gracht, heer van Maelstede, en een drietal hovelingen, reisde de nog maar twintigjarige Matthias incognito – net als enkele maanden eerder Don Juan verkleed als knecht – naar de Nederlanden.[120]

Ontbrak hier de regie van Oranje geheel, zoals doorgaans verondersteld wordt? Mogelijk had hij, in zijn onwetendheid, iets meer greep op het gebeuren dan het lijkt. Het idee Matthias tot landvoogd over de Nederlanden te maken kwam mogelijk mede uit het brein van Lazarus van Schwendi, inmiddels alweer geruime tijd hoveling met groot gezag in Wenen. In Wenen ging ook het gerucht dat Schwendi achter het plotselinge vertrek van Matthias zat.[121] Er gebeurde nog iets wat erop wijst dat het kamp van Oranje snel inspeelde op de situatie. Matthias werd in Arnstadt, midden in Duitsland, opgevangen door Oranjes zwager Günther van Schwarzburg.[122] Dat kan alleen maar wanneer er vanuit Wenen een ijlbode richting Schwarzburg is gegaan. Wellicht had Schwendi in Wenen van gezant Maelstede begrepen hoe er door Aarschot en de zijnen om Oranje heen werd gewerkt, en besefte hij dat de entree van Matthias in de Nederlanden nog wat extra begeleiding nodig had. Günther van Schwarzburg ging die begeleiding proberen te bieden.[123] Hoe precies is onduidelijk.

Op 9 oktober – Matthias zat toen nog diep in Duitsland – kondigde Aarschot in de Staten-Generaal de komst van een nieuwe landvoogd aan. Het riep heftige reacties op, zowel binnen als buiten de Staten-Generaal. Het kwam over als een conservatieve staatsgreep: opnieuw een Habsburger die het laatste woord zou krijgen. Er kwam snel een reactie uit het Oranjekamp. Op aandringen van de Brusselse Comité van Achttien werd in de Brabantse Staten een voorstel in stemming gebracht om Oranje 'ruwaard' van Brabant te maken. Het voorstel werd al op 13 oktober tijdens een feestmaal in Oranjes Brusselse paleis beklonken. Enkele dagen later stemden ook de Staten-Generaal ermee in.[124] Uit de voorafgaande beraadslagingen bleek dat Oranje werd gezien als noodzakelijk contragewicht tegen de nieuwe onervaren landvoogd.

In Brabant had Oranje opeens veel te zeggen. Een ruwaard was onafhankelijker en machtiger dan een doorsnee stadhouder, die altijd naar de landsheer had te luisteren. De ruwaard hoefde dat niet. Hij was de derde ruwaard sinds deze titel in 1421 was ingesteld, de twee eerdere ruwaards waren daarna hertog van Brabant geworden.[125] Oranje was zich ongetwijfeld bewust van dit uitzicht van de functie. Het was inmiddels al zo'n vijftien jaar geleden dat hij vruchteloos had geprobeerd 'superintendent' van hetzelfde gewest te worden.[126]

Het was een overwinning met de volle kracht van een breekijzer. Daardoor ontstond er in de binnenlandse verhoudingen minstens evenveel schade als winst. De partijen die zich een jaar eerder nog verenigd hadden onder een patriottisch, anti-Spaans vaandel, vielen steeds meer terug in oude reflexen. Er was geen gemeenschappelijk doel of mikpunt meer – Don Juan zat voorlopig ver weg in Luxemburg – en het eigenbelang nam het over. Er was de katholieke maar anti-Spaanse factie van Aarschot. Er was een meer neutrale katholieke factie, vooral in de zuidelijke gewesten, die onder voorwaarden wel door wilde met Filips II en zich niet kon verenigen met de gang van zaken in de Staten-Generaal, met de graaf van Mansfeld als informele aanvoerder. En er was een nogal heterogene groep die Oranje vertegenwoordigde, die in zijn uitersten uiteenviel in radicale calvinisten, die niet alleen anti-Spaans, maar ook antikatholiek waren, en in verzoeningsgezinden, die een vorm van oecumene, ook met katholieken, voorstonden, zolang Spanje en de paus daar maar buiten gehouden konden worden.[127] De religieuze en politieke breuklijnen die in deze dagen, ook in het kamp van Oranje, zichtbaar waren, werden inmiddels als zo ernstig en onoverkomelijk ervaren dat er al in het najaar van 1577 werd gefluisterd over het uitbreken van een burgeroorlog. Een strijd van Nederlanders tegen Nederlanders. Volgens Jan van Nassau, die er met een redelijk frisse blik naar keek, werd religie doelbewust ingezet om mensen tegen elkaar op te zetten.[128]

Aarschot had in september het stadhouderschap over Vlaanderen weten te bemachtigen. Het zag eruit als een tegenzet om Oranjes machtsontplooiing af te stoppen, en dat was het ook. Al op 23 oktober kwam Aarschot in Gent met de Staten van Vlaanderen bijeen om te bespreken wat er tegen Oranje ondernomen kon worden. Verplaatsing van de residentie van de landvoogd van Brussel naar Dendermonde, op Vlaams grondgebied, was een van de voorstellen van Aarschot.[129] Waar Aarschot te weinig rekening mee hield, was dat Oranje inmiddels ook in Vlaanderen een grote populariteit genoot. Oranje liet zien dat hij inmiddels het bespelen van de vox populi tot in de finesses beheerste.[130] In de wetenschap dat Aarschot op 23 oktober ging proberen voet aan de grond te krijgen als Vlaams stadhouder, wist Oranje twee dagen eerder in de Staten-Generaal voor elkaar te krijgen dat Gent werd hersteld in zijn rechten, die in 1540 door Karel V waren afgenomen vanwege de opstand van een jaar eerder. Het versterkte Oranjes heldenstatus. Aarschot, wiens enige echte faam bestond uit jarenlange wedijver met Oranje, had beter even uit Gent weg kunnen blijven. De bevolking overlaadde hem met hoon. Toen van hem werd geëist het besluit van de Staten-Generaal te bekrachtigen, wilde hij zich niet zo voor het blok laten zetten.

Dit was genoeg om de antistemming op hol te laten slaan. In de nacht van 28 op 29 oktober ging een groep Gentse patriciërs over tot het arresteren van Aarschot, een deel van diens vaste adviseurs en een groot aantal gedelegeerden voor de Vlaamse Statenvergadering, onder wie ook nogal wat katholieke hoogwaardigheidsbekleders, zoals de bisschoppen van Brugge en Ieper. Aanvoerders van deze actie waren Jan van Hembyze en Frans van Kethulle, heer van Ryhove, beiden aanhangers van Oranje en erop uit het conservatief katholieke bewind te vervangen door een revolutionair en Oranjegezind stadsbestuur. Ze kregen hulp van troepen van Oranje, die al sinds de dagen dat er over de Pacificatie vergaderd werd in de stad lagen.[131]

Was Oranje hiervan op de hoogte en had deze behoorlijk brute staatsgreep zijn instemming? Zeker is dat Oranje – die inmiddels Brussel had verlaten en in het wat veiliger Antwerpen was neergestreken – op 27 oktober bezoek ontving van Ryhove, die hem het plan uiteenzette voor het uitschakelen van Aarschot en diens roomse medestanders. Oranje hoorde het aan, en schijnt zijn schouders opgehaald te hebben. Het vleesgeworden dilemma. Nadat Ryhove Oranje had verlaten, zou Marnix hem achteropgekomen zijn, die hem liet weten dat hij de klus maar moest aanvatten, 'als hij er ten minste de moed toe had'.[132]

Op 1 november werd er, naar Brussels voorbeeld, een Comité van Achttien ingesteld, bestaande uit achttien notabele Gentenaren, allen Willem van Oranje zeer toegedaan, dat het stadsbestuur overnam.[133] Met behulp van onderschepte brieven uit de kring van Aarschot werden de gearresteerde mannen ontmaskerd als complotteurs die bezig waren het met Don Juan op een akkoordje te gooien en Willem van Oranje onschadelijk te maken. De correspondentie was vervalst, met medeweten van Oranje, maar ze deed haar werk.[134] De revolutionairen, die over het algemeen calvinist waren, sloegen een enorme slag, maar wel tegen alle afspraken in. Voor zover de Pacificatie nog overeind stond, ging ze definitief ten onder in de stad die er haar naam aan had gegeven. In diezelfde dagen kwam het bericht binnen dat aartshertog Matthias inmiddels Maastricht had bereikt. Hij had het laatste stuk van de lange reis zo goed als alleen volbracht en moet in zijn knechtenpakje een behoorlijk verwilderde indruk hebben gemaakt.[135]

De droom van een anti-Spaans verbond

Oranje was voornemens voorlopig in Antwerpen te blijven.[136] Door alle rancune die in een paar maanden was opgebouwd, was de situatie in Brussel zeer verraderlijk geworden. Toch besloot Oranje dat Aarschot zo snel mogelijk weer op vrije voeten moest komen, dat gebeurde al op 10 november, de anderen bleven vastzitten. Aarschot kon doordat hij uit Namen was weggelopen onmogelijk nog terug naar het kamp van Don Juan. Oranje en Aarschot waren tot elkaar veroordeeld. Begin november zocht ook Frédéric Perrenot, heer van Champagney, contact met Oranje om zijn diensten aan te bieden.[137] Hij refereerde aan hun oude vriendschap, maar Oranje had hem inmiddels leren kennen als een man met snel wisselende loyaliteiten en als een gewetenloze intrigant.[138] Oranje besloot het toch met hem te proberen, hoewel zijn adviseurs hem indringend waarschuwden voor de kwalijke reputatie van Champagney, ook nog eens de broer van Granvelle.[139] Het was voor Oranje een manier om greep te krijgen op de factiestrijd.

Er werd in die dagen al gewerkt aan een nieuw verdrag om de interne tegenstellingen tot bedaren te brengen. Het was duidelijk dat ondanks de gemeenschappelijke politieke en militaire belangen de religie telkens voor oververhitte emoties zorgde. Partijen verdachten elkaar van pogingen om de eigen godsdienst tot de overheersende of zelfs enig toegestane te willen maken. Dit wantrouwen moest worden weggenomen door een Nadere Unie, als vervolg op de Unie van Brussel. Marnix werd de drijvende kracht achter dit document, dat religieuze verdraagzaamheid over en weer moest afdwingen. Calvinisten kregen uitdrukkelijk in alle gewesten vrijheid van geweten, waardoor geloofsvervolging zo goed als onmogelijk werd. Het was een triomf voor Oranje.[140] Op 10 december werden de handtekeningen gezet onder een document dat alle gewesten verplichtte elkaar onderling bij te staan bij dreigingen van buitenaf. De eensgezindheid uit de dagen van de Pacificatie leek hersteld, eens te meer omdat de Staten-Generaal op 7 december hadden besloten Don Juan niet langer als landvoogd te erkennen. Hij werd uitgemaakt voor 'vijand van het vaderland'.[141]

Dit was kennelijk bij alle onrust de bijna onwrikbare strategie van Oranje: blijven werken aan verzoening van de goedwillende partijen, ook als er zoveel onderlinge conflicten smeulden. Internationaal bleef Oranje pogingen doen koningin Elizabeth te interesseren voor deelname aan een grote anti-Spaanse coalitie; hetzelfde deed hij met Frankrijk door opnieuw contact te zoeken met het Franse hof over een rol voor Anjou in de Nederlanden. Het moment leek gunstig – er was juist in september 1577 met het Edict van Poitiers een einde gekomen aan een nieuwe periode van bloedige strijd tussen hugenoten en de katholieke factie van de Guises, waarin Anjou overigens meevocht aan de zijde van de katholieken. Maar ondanks de dreigende nederlaag voor de hugenoten werd een verdrag gesloten waarin ze onder strikte voorwaarden hun godsdienst mochten blijven belijden.[142] Anjou herkreeg met dit bestand juist in de Nederlanden weer iets van zijn irenische en verzoenende reputatie, die hem tot zo'n geschikte aanvoerder van de 'politique' beweging maakte.[143] Precies wat Oranje nodig had.

Ook in Duitsland werd nog een poging gedaan confessionele geschillen te overbruggen. In de laatste dagen van september nam paltsgraaf Johan Casimir het initiatief om in Frankfurt de plooien tussen lutheranen en calvinisten definitief glad te strijken. En net als eerder spitste dat zich weer toe op een gemeenschappelijke geloofsbelijdenis en de betekenis van het avondmaal. Een theologisch dispuut waarvan Oranje uit ondervinding wist dat het kansloos was. Dit kon alleen maar averechts uitwerken. Temeer omdat lutheranen in Duitsland op het punt stonden overal waar het lutheranisme de leidende godsdienst was, iedere andere godsdienst te verbieden. Onderhandelen over godsdienstige principes werkte alleen maar verdere radicalisering in de hand.

Terwijl juist in deze maanden een internationale coalitie van anti-Spanje- en antipausgezinden kansrijk leek. Een coalitie waar behalve de Nederlandse opstandelingen ook Engeland, Franse protestanten onder aanvoering van Hendrik van Navarra en enkele Duitse staten deel van zouden gaan uitmaken, en mogelijk ook Denemarken en een aantal Zwitserse kantons.[144] De politiek moest nu even de boventoon voeren. Maar de harde lijn in het calvinisme kreeg in Frankfurt de overhand, en dat leidde ertoe dat koningin Elizabeth en ook de Franse 'politiques' zich weer voor langere tijd dreigden te distantiëren van het plan om de Spaanse tirannieke aspiraties in dit deel van Europa voorgoed te beteugelen.

Opvallend was de rol van Engelse diplomaten, die verwoede pogingen deden om Johan Casimir van zijn polariserende actie af te houden. Philip Sidney probeerde hem al tijdens het ontwikkelen van de eerste plannen op andere gedachten te brengen. Dat lukte niet. Daniel Rogers woonde vervolgens, met medegezant Robert Beale, het convent als waarnemer bij met de opdracht de schade zo veel mogelijk te beperken. Deze twee bevriende diplomaten stonden in diezelfde maanden ook in nauw contact met Oranje, om de Engelse en Nederlandse belangen op elkaar af te stemmen.[145] Ook Oranjes oude vertrouweling Hubert Languet was in Frankfurt, met een doordacht maar vergeefs pleidooi om de theologische discussies voor een moment terzijde te laten. Het richtte weinig uit. Petrus Datheen was in Frankfurt de notulist van dienst, en dat was al voldoende indicatie dat compromissen ver weg waren.[146]

Ondanks de mislukking van Frankfurt werd in de wandelgangen goed zichtbaar hoe Oranje probeerde, via verdraagzaamheid en verzoening, via politieke wegen, tot een oplossing te komen. Maar wel nog altijd met uitsluiting van Spanje en het papisme. Want ook in de betogen van Sidney, Rogers, Languet en zoveel andere gematigde intellectuelen die bij dit proces betrokken waren, werd steeds weer de mantra van de kwade bedoelingen van Madrid en Rome uitgesproken.[147]

Het inwerken van een jonge landvoogd

De nieuwe landvoogd Matthias, katholiek opgevoed maar volgens de eerste berichten redelijk kneedbaar, zou een mooie rol kunnen vervullen in het overbruggen van tegenstellingen. Dit moet ongeveer de gedachte zijn geweest van Oranje toen hij snel besloot het ongevraagde en onverwachte geschenk van een Oostenrijkse landvoogd maar te aanvaarden. Aarschot was door zijn Gentse debacle niet in staat Matthias aandacht te geven, Oranje wel. Günther van Schwarzburg begeleidde Matthias in zijn eerste dagen in de Nederlanden, met in Lier een ontvangst door een delegatie van de Staten-Generaal, die met Matthias een lijst van dertig punten doornam waaraan deze zich als landvoogd had te houden. Omstreeks 21 november ontmoetten Oranje en Matthias elkaar in Antwerpen.[148] Oranje ging nauwlettend toezien op de integratie van de totaal onervaren Matthias in het Nederlandse politieke bedrijf. Oranje had hem als het ware gekaapt. Aarschot en zijn bondgenoten konden er niets tegen uitrichten.

In dezelfde week dat Matthias zich in Antwerpen meldde, kwam ook Charlotte de Bourbon met het gezin over vanuit Breda. Antwerpen zou voorlopig als Oranjes residentie dienen. Om verzekerd te zijn van een getrouw stadsbestuur maakte Oranje gebruik van zijn ruime bevoegdheden als ruwaard om een nieuwe, hem welgezinde magistraat te installeren. Kort erna betrok hij het gouverneursgebouw in de aan de stadszijde vrij toegankelijk gemaakte citadel, en Matthias nam zijn intrek in de gastenverblijven van de nabijgelegen Sint-Michielsabdij. De stad Antwerpen was bereid een groot deel van Oranjes personeelskosten te dragen.[149]

In Brussel werd in de eerste weken van december de laatste hand gelegd aan een statuut dat de onderlinge rolverdeling tussen de Staten, Oranje en Matthias moest vastleggen. Op 8 december ging het formele verzoek uit naar Matthias om de landvoogdij te aanvaarden.[150] Onder de bevolking van Brussel ontstond onrust over de onduidelijke status van Oranje, nu Matthias formeel de hoogste positie ging bekleden. Via het Comité van Achttien werd geëist dat Oranje als plaatsvervangend landvoogd ('luitenant-generaal') zou worden aangesteld. Ook zou de functie van ruwaard (gouverneur) van Brabant, die met de komst van een nieuwe landvoogd weer kwam te vervallen, moeten worden gecontinueerd.

Wanneer deze eisen gevolgd werden, zou Oranje machtiger worden dan hij ooit was geweest. Waarschijnlijk was de volkswoede aangeblazen door agenten van Oranje. Om het toneelstuk compleet te maken, reageerde Oranje begin januari 1578 afhoudend tegenover het Comité van Achttien toen hem dit voorstel werd voorgelegd.[151] Hij wilde zich laten smeken. Op 8 januari namen de Staten-Generaal bij meerderheid van stemmen het voorstel aan waarin aan Matthias gevraagd werd Oranje tot zijn luitenant-generaal te benoemen. Oranje mocht daarnaast voorlopig ruwaard van Brabant blijven.[152] De steeds grotere oorlogsdreiging maakte de besluitvorming eenvoudig: Oranje kon niet gemist worden.

Op 18 januari werd Matthias feestelijk ingehaald in Brussel. Het werd een spektakel vergelijkbaar met de intocht van Oranje enkele maanden eerder: kilometerslange erehagen, veel geweersalvo's, drommen volk, maar het had ook iets van een herhaling. Bovendien was het opnieuw Oranje en veel minder Matthias die het middelpunt van de aandacht was.[153] De regie was wederom in handen van Houwaert, die zijn best had gedaan weer heel nieuwe Bijbelse en mythologische verwijzingen over het publiek uit te storten. Opvallend was hoe Matthias via parallellen met een Romeinse militaire held als Scipio Africanus vooral als dienaar van het algemeen belang, de res publica, werd voorgesteld. Matthias werd niet groter gemaakt dan hij al was. Op straat barstte daarna een volksfeest los, met grote vuren waarboven zwijnen en allerlei gevogelte werden gebraden; en als apotheose was er een groots vuurwerk.[154]

De volgende dag moesten er zaken worden gedaan. In een onderhoud met een afvaardiging van de Staten-Generaal werd Matthias de wens voorgelegd Oranje tot zijn plaatsvervanger te benoemen en of hij er, vanwege de penibele omstandigheden, meteen na zijn eigen inhuldiging mee wilde instemmen. Doorzichtig, maar het werkte.[155] Matthias werd tot landvoogd verheven, en vervolgens door Oranje en zijn entourage behandeld als iemand met een ceremoniële functie. Zijn formele macht was zeer beperkt, maar Matthias liet zich niet kennen. In de loop van de maanden die volgden ontwikkelde hij enig gevoel voor de complexe Nederlandse verhoudingen, en deed hij ook pogingen de binnenlandse tegenstellingen te verzachten of zelfs op te lossen. Hij bleef contact houden met Lazarus van Schwendi in Wenen, die hem behoedzaam in een bemiddelende positie probeerde te brengen en te houden.[156] Intussen werd op straat rondverteld dat Matthias niet meer was dan de 'griffier' van Oranje, of zoals het ook wel werd samengevat: 'Matthias is landvoogd, en Oranje heeft de voogdij over Matthias.'[157]

Kruitvat Gent

Het temmen en strak aanlijnen van Matthias was voor Oranje kinderspel vergeleken bij het beteugelen van de anarchie in het revolutionaire Gent. Hij moest er zijn gezicht laten zien. Op 28 december vertrok hij met zijn broer aan zijn zijde en beschermd door een cortège van 170 bewapende Antwerpse burgers naar Gent, waar hij een dag later uitbundig en als een vorst werd ontvangen. Onder aanvoering van Lucas d'Heere, de dichter-schilder die Oranje een jaar eerder had leren kennen, werden prachtige tableaux vivants vertoond, die konden wedijveren met die van een paar maanden eerder in Brussel. Oranje werd voorgesteld als de nieuwe Judas Makkabeus, de veldheer die het Joodse volk met veel beleid uit een dreigende onderwerping door de Seleuciden had weten te redden, waardoor ook de joodse religie bewaard was gebleven.[158] Net als in Brussel bleek het volk zeer op de hand van Oranje. Hij bleef er ruim twee weken. Ook in Gent werden de politieke machinaties rijkelijk overgoten met pracht en praal, toneel, muziek, copieuze maaltijden. Oranje was voor veel mensen direct en zonder plichtplegingen benaderbaar, wat wellicht ook de sleutel was voor zijn populariteit onder het volk.[159] Hoofddoel was het installeren van een nieuw stadsbestuur, en Oranje ontkwam er niet aan de factie van Hembyze en Ryhove het loon te geven voor hun dubieuze machtsgreep enkele weken eerder. In het college van schepenen kregen ze 22 van de 26 zetels toebedeeld. De nieuwe bestuurders waren bijna allemaal gereformeerd.[160]

Oranje nam hiermee een gok. Want het was zeker dat dit heel slecht zou vallen bij de katholieke bestuurders in de zuidelijke gewesten. Hoeveel krediet had hij nog? En mocht Oranje erop vertrouwen dat het calvinistische bewind in Gent verdraagzaamheid voor katholieken, wederdopers en lutheranen zou kunnen opbrengen?[161] Dat ten minste de geest van de Pacificatie overeind bleef? Het duurde maar een paar weken of het nieuwe bewind begon zijn vleugels uit te slaan naar andere delen van Vlaanderen. Eerst met vriendelijke voorstellen, maar vanaf februari werden met militaire intimidatie in steden als Dendermonde, Kortrijk en Brugge de stadsbesturen naar de zin van het Gentse calvinistische bewind veranderd.[162] Het werd daarbij geholpen door verzoeken van Oranje om steden als Aalst en Dendermonde militair bij te staan tegen de dreiging van Don Juan.[163] Het bleek de kat op het spek binden. Gent zocht contact met radicale krachten in Brussel, met het doel ook daar het stadsbestuur in calvinistische zin te veranderen. Gent kreeg vrij eenvoudig zijn zin. Intussen werd binnen Gent het leven voor katholieken steeds moeilijker; in mei werden verschillende katholieke kerken van hun beelden ontdaan, vanbinnen gewit en door protestanten in gebruik genomen. Op 1 juni vonden er de eerste openbare predicaties plaats.[164]

De slag bij Gembloux

De oude bestuurlijke structuren haperden. Het revolutionaire bewind in Gent kon in korte tijd zoveel overhoopgooien omdat er vanuit Brussel geen serieus weerwerk meer geleverd werd. Sinds eind januari werd de factie van Oranje, en ook die van Aarschot, in beslag genomen door de snel verslechterende militaire positie tegenover Don Juan. Tijdgenoten als Pieter Bor en Emanuel van Meteren, die enkele jaren later deze episode in hun kronieken uitvoerig beschreven, konden tot geen andere conclusie komen dan dat beide facties elkaar moedwillig tegenwerkten. Het viel hun op dat de partij rond Aarschot, vooral uit jaloezie over Oranjes daadkracht en populariteit, niet geneigd was hem in militaire zaken zijn zin te geven. Oranje zag Don Juan ten noorden van Namen al maanden een steeds in omvang toenemend leger samentrekken, maar het lukte hem niet de edelen in Brussel ertoe te brengen hier al iets tegen te ondernemen in de dagen dat Don Juan nog niet op sterkte was.

Deze laksheid pakte op 31 januari 1578 desastreus uit. Met weer de volle beschikking over zijn Spaanse en Italiaanse elitetroepen, aangevuld met Franse, Bourgondische en Duitse huurlingen, stuurde Don Juan in de laatste dagen van januari op een veldslag aan. Het Staatse leger was lang niet gevechtsklaar, Oranje besefte dat het raadzaam was bijtijds richting Brussel terug te trekken, maar dit voorstel werd genegeerd. Op 29 januari lokte Don Juan de eerste schermutselingen uit. En dat op een moment dat de meeste adellijke legeraanvoerders in Brussel waren voor het vieren van een bruiloft. Zelfs opperbevelhebber Filips van Lalaing liet het afweten. De fatale veldslag volgde twee dagen later. Het Staatse leger werd bij Gembloux vernietigend verslagen. Het liep uit op een geweldsorgie, ook honderden soldaten die krijgsgevangen waren gemaakt, werden alsnog op vaak gruwelijke manier vermoord. Ongeveer zesduizend doden aan Staatse kant, slechts enkele tientallen aan Spaanse.[165] Voor Don Juan lag de weg naar Brussel zo goed als open. Een paar dagen later werd Leuven, dat er geheel onverdedigd bij lag, ingenomen.

In Brussel brak paniek uit. Bijna de hele Raad van State en de Staten-Generaal namen de wijk naar Antwerpen.[166] Alvorens op Brussel af te gaan ruimde Don Juan eerst een heel stel potentiële verzetshaarden en bastions in het Brabantse achterland op, regelmatig met grof en intimiderend bedoeld geweld: Zichem, Zoutleeuw, Diest. Bij Nijvel stokte de opmars even, daar lag een garnizoen dat goed in staat bleek terug te vechten en Don Juan grote verliezen toebracht. Oranje was niet in staat te hulp te schieten, en op 17 februari moest ook Nijvel zich overgeven.[167] Voor Oranje was een gunstig effect van de paniekgolf dat er weer naar hem geluisterd werd. Opeens kwamen er middelen om soldaten te werven. In Brussel en Antwerpen werden de garnizoenen en burgermilities in een paar dagen tijd in volledige staat van paraatheid gebracht. Oranje deed eindelijk met succes een beroep op Hollandse en Vlaamse steden om versterkingen naar Brussel te sturen.[168]

Iedereen was wakker, maar de Slag bij Gembloux had pijnlijk laten zien hoe weinig orde en vastberadenheid er in de Staatse gelederen zat. De onenigheid aan de Brusselse, Gentse en Antwerpse vergadertafels manifesteerde zich ook in het leger. Er was geen consensus, geen gemeenschappelijk doel. De retoriek van het begrip ‘patria’ was uitgewerkt. Dit werd pijnlijk geïllustreerd door het bij Gembloux aan Staatse zijde meetrekken van Lumey, inmiddels weer katholiek en nog altijd zeer gebeten op Oranje.

De dag voor de grote veldslag deserteerde Lumey, naar verluidt omdat hij zich ergerde aan de afwezigheid van de bruiloftsgangers.[169] Hij streed kort daarop mee aan de zijde van Don Juan, knapte enige klusjes op in het Limburgse. Terug in het prinsbisdom Luik, dat nog altijd buiten de oorlog in de Nederlanden wist te blijven, overleed hij plotseling op 1 mei, waarschijnlijk door gif in zijn eten van een paar dagen eerder. De omstandigheden zijn nooit helemaal opgehelderd. Hij werd, volgens een latere biograaf, in ruime kring gezien als 'een obstakel voor het bereiken van publieke rust'.[170] Er waren veel belanghebbenden. En dus veel potentiële opdrachtgevers.

De dood van Lumey betekende het einde van een man met wie Oranje in een lange reeks van jaren in een steeds moeizamer wordende haat-liefdeverhouding was komen te staan. Oranje de charmeur, de man van de gezelligheid, de lange avonden met goed eten, levendige conversatie en veel drank, heeft veel intieme vrienden naderhand op het slagveld aan de andere zijde zien opereren. Een paar maanden eerder, op 13 oktober, was Julián Romero, die met het Spaanse leger op de terugweg naar de Nederlanden was, plotseling overleden. Ook met hem was de verstandhouding en vriendschap ooit hecht geweest. Om het overlijden van Lumey zal Oranje geen traan gelaten hebben, het stervensbericht van de dappere en excentrieke Romero zal hem meer hebben gedaan. Na Romero en voor Lumey stierf op 18 december ook nog in totale eenzaamheid, opgesloten in het aartshertogelijk slot van Dresden, zijn vrouw Anna van Saksen.

In de zorgelijke chaos van het moment zal Oranje weinig gelegenheid hebben gehad bij deze spoken uit het verleden stil te staan. Van actuelere betekenis was de terugkeer in de Nederlanden van een andere oude bekende, de inmiddels tweeëndertigjarige Alessandro Farnese, die in december 1577 Don Juan kwam dienen als onderbevelhebber. Bij Gembloux en de maanden erna bewees hij meteen dat hij op het slagveld en bij belegeringen een groot tacticus was, die goed zijn eigen gelederen heel kon houden. Het geringe aantal Spaanse doden bij Gembloux was voor een belangrijk deel zijn verdienste. Alessandro Farnese zou Oranje in de jaren die volgden meer problemen bezorgen dan Alva, Requesens en Don Juan bij elkaar. Oranje had er al een voorgevoel van.[171]

Een nieuw charmeoffensief uit Spanje

Hoewel Oranje zich over Matthias had ontfermd en door het drama bij Gembloux opnieuw aan moreel gezag had gewonnen, gaf de partij van Aarschot zich nog niet gewonnen. Beide facties waren op een wonderlijke manier onder elkaars duiven aan het schieten. Aarschot, Champagney en hun katholieke bondgenoten legden heimelijk contact met Anjou, met wie juist Oranje al enige jaren banden onderhield.[172] Anjou en Aarschot leken op het eerste gezicht een wat logischer combinatie dan Anjou en Oranje: over religie waren ze het eens, en over het bestrijden van de Spaanse overheersing van de Nederlanden ook. Het was een riskante ontwikkeling, waar Oranje al snel van op de hoogte raakte, maar waar hij op hetzelfde moment niet veel aan kon doen, behalve zelf ook het contact met Anjou proberen te onderhouden via brieven en gezanten.

In de maanden meteen na de sluiting van de Pacificatie van Gent had het Spaanse bewind er zwaar onttakeld bij gestaan, en leek alles wat katholiek was de moed verloren te hebben. Maar in de loop van 1577 was dat beeld gekanteld. Terwijl Don Juan de situatie militair naar zijn hand zette, begon Filips II vanuit Spanje een nieuw vredesoffensief. Voortbouwend op wat er met het Eeuwig Edict bereikt was, moesten alle partijen weer met elkaar verzoend worden, behalve – uiteraard – de onverbeterlijke ketters. Filips overwoog een zwaargewicht als Granvelle naar de Nederlanden te sturen, maar besefte bijtijds dat diens reputatie daar nog altijd niet erg goed was.[173] Andere kandidaat was Margaretha van Parma, die deze taak wel op zich wilde nemen, maar door gezondheidsklachten – aanhoudende jicht, een familiekwaal – haar vertrek voortdurend uitstelde, tot het moment dat het niet meer nodig was.[174] Filips II stuurde al eind 1577 zijn vroegere hoveling Jan van Sint-Aldegonde (of Noircarmes), baron van Selles, naar de Nederlanden met een ruim mandaat om tot vrede te komen.

Selles moest ervoor zorgen dat de Pacificatie (in Spaanse regeringskringen inmiddels ook wel de 'Capitulatie van Gent' genoemd)[175] van tafel ging; in ruil daarvoor kwam er algehele amnestie, werden de oude privileges en vrijheden weer hersteld, en ook de kerkelijke situatie moest worden teruggebracht naar 'zoals in de tijd van Karel V'. Voor Oranje, Holland, Zeeland en zeker ook voor de calvinisten, was dit a priori onaanvaardbaar, maar voor gematigde katholieken kon dit de weg naar verzoening openen. Juist in de tijd dat Don Juan de oorlog hervatte, begon Spanje dus ook een groot diplomatiek offensief. Een moeizame en ongeloofwaardige combinatie. Don Juan zag er dan ook niets in, maar moest Selles, met een opdracht van Filips II op zak, laten begaan.[176] Het succes van Selles was in eerste instantie beperkt. Het front van de Staten-Generaal was merkbaar broos, maar brak nog niet.

Ieder voor zich: landjepik

De expansiedrang van het calvinistische Gent begon, vooral na de gewelddadige inname van Brugge op 20 maart, tegenkrachten op te roepen.[177] In het zuiden van Vlaanderen zocht Valentin de Pardieu, de heer van La Motte, die al enige tijd gouverneur van Grevelingen was, contact met gezanten van Don Juan en bereikte een akkoord over verzoening. La Motte zag aankomen dat hij in een loyaliteitsconflict zou belanden en vermorzeld dreigde te worden tussen de Gentse calvinisten en de facties die Matthias en Oranje bleven steunen. Zijn katholicisme gaf de doorslag in zijn besluit iedere opstandigheid op te geven. La Motte brak formeel met de Staten-Generaal en keerde begin april terug in het kamp van Filips II.

Terechtstelling van drie minderbroeders in Brugge tijdens het calvinistisch bewind, op beschuldiging van homoseksuele praktijken. De bekentenissen waren na zware martelingen verkregen. Gravure door Frans Hogenberg (collectie Rijksmuseum, Amsterdam).

Vanaf dat moment werd hij het symbool van katholieke weerbaarheid, dat aan glans won naarmate de calvinisten in meer Vlaamse steden kerken in bezit namen en deze weinig zachtzinnig van hun decoraties ontdeden.[178]

In Amsterdam was de katholieke kerk na de Satisfactie op papier nog oppermachtig, maar er keerden intussen honderden ballingen terug, die een pure haatcampagne tegen de geestelijkheid op touw zetten. Op een muur stond medio maart te lezen: 'Eet papen, schijt monniken, veegt uw aars met kanunniken'.[179] Het eindigde op 26 mei, na maanden van onrust en rellen, met een calvinistische machtsgreep, waarbij het katholieke stadsbestuur van zijn zetels werd gelicht, in een schuit werd geleid, de stad uit gevaren en halverwege Muiden aan de dijk gezet. Op dat moment waren de vernieling en plundering van kloosters in Amsterdam al in volle gang.[180]

In diezelfde maanden verzekerde Oranje zich van Gelderland. Hij wist in mei in de Staten-Generaal en bij Matthias gedaan te krijgen dat zijn broer Jan van Nassau benoemd werd tot stadhouder van dit gewest, waar tot nu toe weinig elan te zien was voor het protestantisme, maar dat wel vol achter de Pacificatie van Gent stond. Gelderland was een belangrijke schakel in het veiligheidskordon rond Holland, Zeeland en Utrecht. En zo had Gelderland Holland nodig om zich enigszins veilig te voelen tegenover Don Juan.[181] Met Jan van Nassau organiseerde Oranje een sterke, op familieloyaliteit gebaseerde band. Dat Jan sinds 1577 een volwaardig en toegewijd lidmaat van de gereformeerde kerk was, maakte voor hem deelname aan de strijd in de Nederlanden tot iets onontkoombaars, maar aan zijn broer liet hij weten dat hij grote aarzelingen had om zich 'te midden van de wolven' te begeven.[182] Al deze regionale ontwikkelingen, al deze vormen van landjepik maakten van de Nederlanden ook een terrein waar alleen bruut geweld nog leek te kunnen gedijen.

Door de onoverzichtelijkheid en onrust, of beter: door de chaos en agressie leek het in 1578 alle kanten op te kunnen. Daardoor raakte ook het buitenland weer meer geïnteresseerd in het bieden van financiële dan wel militaire steun, of, wat neutraler, het sturen van bemiddelaars. De binnenlandse partijstrijd werkte merkwaardig genoeg internationalisering in de hand. Alsof de grootmachten even een gokje kwamen wagen. De keizer stuurde al in december 1577 gezant Otto-Heinrich van Schwarzenberg, met als eerste doel vooral de verhouding tussen Matthias en Don Juan in goede banen te leiden; vooralsnog stonden deze Habsburgers tegenover elkaar, en dat mocht niet te lang duren. In de praktijk kwam het erop neer dat de Weense gezant probeerde Don Juan het land uit te werken – zolang hij er was, was er geen enkel uitzicht op vrede. Rudolf II leek hiermee de Nederlanden onder zijn hoede te nemen, iets wat hij in uiterst omzichtige en dienstbare bewoordingen aan zijn neef Filips II probeerde uit te leggen.[183]

Oranje had zich de laatste jaren weinig gelegen laten liggen aan een eventuele alliantie met het Heilige Roomse Rijk – want de lutherse vorsten hadden zich, zodra hij hun hulp inriep, telkens weer afhoudend opgesteld. In mei stuurde hij Marnix naar de rijksdag in Worms, om, gegeven de veranderde krachtsverhoudingen, nog eens op steun voor de Staten-Generaal aan te dringen. Marnix hield op 7 mei in het Latijn een uitvoerig betoog, waarvan de crux was dat de Nederlanden onvervreemdbaar onderdeel waren van het Duitse Rijk, en dus ook aanspraak maakten op militaire dan wel financiële steun in hun strijd tegen de hegemoniale aspiraties van Spanje.[184] Ook nu liep de Duitse diplomatie al snel weer vast. Lutherse vorsten wilden geen steun verlenen aan calvinisten, en nog minder aan katholieken, die nu samen het Staatse bewind uitmaakten. En de keizer, de voornaamste vertegenwoordiger van de katholieken in het Duitse Rijk, eiste dat de Staten hoe dan ook eerst de katholieke godsdienst als enig toegestane zouden erkennen, en daarnaast ook het gezag van Filips II zouden aanvaarden (Rudolf was aanzienlijk rechter in de roomse leer dan zijn twee voorgangers, Ferdinand en Maximiliaan II). Ook Worms leverde niet veel meer op dan waardering voor Marnix' doortimmerde en gloedvolle betoog. Het draaide niet om woorden, maar om macht.[185]

De enige concrete hulp uit het Duitse Rijk kwam sinds enkele maanden uit de Palts; Johan Casimir was nog altijd bereid zich in te zetten voor een sterke protestantse alliantie, die lutheranen, anglicanen en calvinisten in heel Europa moest verenigen. Waar dit aan de onderhandelingstafel niet van de grond kwam, was hij gemakkelijk te bewegen met geweld alvast een voorschot te nemen op een protestantse overwinning.[186] Begin 1578 werd hij daartoe in staat gesteld door een zwenking in het beleid van de Engelse koningin. Nu het in de Nederlanden alle kanten op kon, besloot ze de Staten te hulp te schieten, niet door troepen te sturen, want dat zou mogelijk een scherpe reactie van Frankrijk of Spanje uitlokken, maar door Johan Casimir van voldoende financiële middelen te voorzien om met een leger naar de Nederlanden te trekken.[187]

Anjou dendert binnen

Zo werd de ene Europese grootmacht na de andere in korte tijd het Nederlandse conflict ingezogen. Dat gold ook voor Frankrijk, of meer in het bijzonder de hertog van Anjou. Oranje en de Staten onderhielden al geruime tijd contact met hem, en er was ook nu alle aanleiding om zijn hulp in te roepen.[188] In april liet Oranje zich in een brief aan Anjous vertrouweling Pruneaux ontvallen dat geen vorst in de hele christenheid zo veel zou kunnen betekenen voor de gewetensvrijheid en daarmee de rust in de Nederlanden als 'Monseigneur d'Alençon'.[189] Daar zat ongetwijfeld veel vleierij bij, maar het werkte. Anjou was tot veel bereid, zo liet hij daarop weten, en begon alvast met het werven van troepen.[190] Maar uit wat er vervolgens gebeurde, blijkt hoe inmiddels iedere centrale regie binnen de Staten-Generaal was verdwenen.

Filips van Lalaing, op dat ogenblik als luitenant-generaal de belangrijkste militair aan Staatse zijde, had inmiddels ondervonden dat Oranje weinig oog leek te hebben voor de belangen van de Franstalige gewesten. Juist die werden door Don Juan bedreigd dan wel bezet gehouden, zoals Namen en Luxemburg. Net als eerder Aarschot zocht Lalaing op eigen gezag contact met Anjou en wist hem te bewegen het gewest Henegouwen te komen beveiligen met een aanzienlijke troepenmacht. Hier zat ook de gedachte achter dat de Franse troepen anders, op doortocht naar Brabant, op enig moment als een ongedisciplineerde bende een spoor van ellende door Henegouwen zouden trekken. Op 12 juli arriveerde Anjou in Bergen; hij had slechts een gevolg van tien man bij zich, over het hoe en wat van de inzet van zijn leger wilde hij nog nader onderhandelen.[191] Ruim een week later, zelfs nog voor er een akkoord was gesloten, trokken de eerste drieduizend Franse soldaten al Bergen binnen.[192]

Oranje en het overblijvende deel van de Staten waren geheel overvallen door de voortijdige komst van Anjou.[193] Net als eerder met Matthias was Oranje zo uitgekookt om de onverwachte entree van de Fransen alsnog als een bijdrage aan zijn eigen strategische doelen op te vatten. Hij kreeg de Staten-Generaal daarin mee. Met Anjou werd op 13 augustus overeengekomen dat hij voor eigen rekening twaalfduizend manschappen naar de Nederlanden zou sturen; als onderpand kreeg hij drie steden in Henegouwen. De Staten lieten hem een belofte tekenen dat hij niets tegen de gereformeerde religie zou ondernemen, en ook geen wig mocht drijven tussen de verschillende gewesten.[194] Oranje en de Staten verleenden hem de titel 'Verdediger van de vrijheid van de Nederlanden tegen de Spaanse tirannie'.[195] Tegelijkertijd namen Oranje en de Staten zich voor Anjou zo ver mogelijk bij regeringszaken weg te houden.

Dat daar alle reden voor was, mag blijken uit een hardnekkig gerucht. De Franse koning stuurde in augustus een gezant, Pompone de Bellièvre, naar Brussel, om er bij de Staten op aan te dringen vredesbesprekingen met Filips II te beginnen, een enigszins obligate tot mislukken gedoemde missie. In die dagen sprak hij ook Oranje, die hem een pikant verhaal vertelde: hij had twee dagen eerder twee afgevaardigden uit Vlaanderen op bezoek gehad, die uit betrouwbare bron wisten dat de hertog van Anjou tot twee keer toe een gezant naar de gouverneur van Grevelingen, La Motte, had gestuurd met het voorstel samen op te trekken, want nu de Nederlanden verloren waren voor de Spaanse koning, mochten ze niet in handen vallen van vijanden van de katholieke kerk. Anjou beloofde ten minste 25.000 man het land in te brengen om de nieuwe religie in één keer weg te vagen en meteen ook de prins van Oranje te vermoorden. Anjou stelde La Motte een grote beloning in het vooruitzicht.

Bellièvre confronteerde Anjou rechtstreeks in een brief met dit verhaal, en ried hem aan deze laster snel de kop in te drukken voor er boze geruchten onder het volk zouden rondgaan, want dan was zijn positie niet meer te redden. Hij gaf hem twee adviezen: zich omringen met betere raadgevers en die mee te sturen met gezanten om te voorkomen dat er rare verhalen in de wereld kwamen, en ook meer vertrouwen te stellen in Oranje, met wie in redelijkheid afspraken te maken waren, zo had hij zelf in Antwerpen kunnen vaststellen.[196] De vraag is of Oranje veel geloof hechtte aan het verhaal, of dat hij er rekening mee hield dat het uit de koker van La Motte kwam, die het met enige gretigheid enkele Vlamingen in het oor had gefluisterd om in het kamp van de Staten afkeer te kweken van Anjou. Oranje ging waarschijnlijk uit van het laatste. Hij zette zijn pogingen om met Anjou een werkbare relatie op te bouwen voort.

Inmiddels stonden er vier koningen op het schaakbord: Don Juan, Matthias en nu ook Anjou hadden alle drie een aanstelling als landvoogd of gouverneur over de Nederlanden op zak. De vierde, Oranje, had dat niet, maar hij was in de praktijk degene met het meeste gezag in een territorium dat ook steeds wat groter werd. En dan was er nog Gent met een aantal Vlaamse steden, die zich als een zelfstandige republiek begonnen te gedragen. Het was evident dat deze warboel aan formele en informele mandaten niet heel lang kon voortduren. De toestroom van legereenheden maakte de situatie bovendien explosief. De burgeroorlog die al een jaar in de lucht hing, was niet meer af te wenden.

Binnenlandse twisten

Oranje deed in de eerste maanden van 1578 opvallend veel moeite de contacten met katholieken goed te houden. In Gent en in Amsterdam nam hij opzichtig katholieken in bescherming, en gaf hun waar ze volgens de

Pacificatie recht op hadden. Het voedde alleen maar het onderlinge wantrouwen. De radicaleren onder de katholieken en de gereformeerden begonnen elkaar als potentiële verraders te zien. In Breda, een stad waar Oranje inmiddels weer veel te zeggen had maar die volgens de Pacificatie katholiek mocht of zelfs moest blijven, dromden in de winter van 1578 steeds meer calvinisten bijeen, die het gerucht verspreidden dat een katholieke geestelijke in zijn huis wapens verborgen hield. Het bleek bij huiszoeking op niets gebaseerd. Het was een nietig incident, maar het paste in een patroon van onderlinge verdachtmaking en verharding.[197] Het weerhield Oranje er in juni daarop niet van in Breda weer een nieuwe pastoor te benoemen, en hij legde hem niets in de weg.[198]

Met het aanzwellen van de stroom berichten over schendingen van de Pacificatie sloeg het onderlinge wantrouwen in de loop van het jaar om in een sfeer van eigenmachtigheid en annexatiedrift. Ondanks alle vrome woorden over verdraagzaamheid en het vasthouden aan de Pacificatie liet Oranje het vaak begaan, zeker op het moment dat het hem goed uitkwam.[199] Hij zag in dat er nadere afspraken nodig waren; op religieus gebied was de Pacificatie een dode letter aan het worden. Oranje werkte met zijn hofpredikanten in het late voorjaar aan een plan voor religievrede. Via hen werd daarvoor steun gezocht in calvinistische kring.

In juni hielden de calvinisten in Dordrecht hun synode, waarvan achteraf kan worden vastgesteld dat er een voorschot werd genomen op acceptatie van het calvinisme in de hele Nederlanden. Voor het zuiden werd een gedetailleerde kerkorganisatie ontworpen, en aan Matthias en de Raad van State werd een serieus verzoek gericht om de religievrede uit te vaardigen. De toon van deze petitie, gedateerd 22 juni 1578, was opvallend gematigd, in de trant van Philippe de Mornay. Ze was waarschijnlijk geschreven door de Oranjegetrouwe predikanten Taffin, Villiers en Gaspard van der Heijden, en ook, opvallend genoeg, door de weinig compromisgevoelige Datheen.[200] Protestanten beloofden uitdrukkelijk katholieken en hun organisaties te respecteren en met rust te laten.

Het voorstel werd omgewerkt tot een gedetailleerde regeling en betrekkelijk soepel op 22 juli door de Raad van State goedgekeurd en door Matthias ondertekend.[201] Het was een belangrijke, maar in de praktijk riskante stap naar godsdienstvrijheid. Met een religievrede waren in het Duitse Rijk sinds de Vrede van Augsburg van 1555 de scherpe kantjes van de hervormingsstrijd eraf: in de lappendeken van kleine en grotere territoria die het Duitse Rijk al zo lang was, werd aan de lokale vorst overgelaten welke de heersende godsdienst was, volgens het principe 'cuius regio, eius religio' (wiens gebied, diens religie). In de Nederlanden leek dit overgenomen te worden; er werd, ook in Franstalige teksten, bij voorkeur heel Duits over 'Religionsfried' gesproken.[202] Maar wat Oranje voorstelde was toch wezenlijk anders; het leek eerder op de vorm van godsdienstvrijheid die in Frankrijk in 'la paix de Monsieur' was afgesproken.[203] Het ging niet om andersdenkende staatjes, maar om andersdenkende individuen die naast elkaar moesten leven. Het idee dat de staat de godsdienst hoedde werd losgelaten. In de ogen van velen een onbegaanbare weg: in een land moest eenheid heersen.[204]

In de kern kwam Oranjes plan erop neer dat in alle steden en dorpen in de Nederlanden een religieuze groepering voor zichzelf vrije godsdienstoefening kon afdwingen, wanneer daar ten minste honderd gezinnen in een petitie om vroegen.[205] Het kon het revolutionaire elan in Gent, en ook in Amsterdam tegengaan. Verschillende opvattingen moesten elkaar verdragen en niet langer op elkaars ondergang uit zijn. Voor Oranje konden ook lutheranen en zelfs wederdopers van dit recht gebruikmaken, maar dan wel alleen voor godsdienstoefeningen in huiselijke kring.[206] Het plan moest nu nog worden aangenomen door de gewestelijke Staten en vervolgens op plaatselijk niveau worden ingevoerd.[207]

De praktijk bleek weerbarstig. Veel steden zochten naar uitvluchten om er maar niet aan te hoeven beginnen. Deze tolerantiepolitiek werd als een inbreuk op de sociale vrede gezien, en zo pakte het ook veelal uit. De Staten van Brabant wilden bij nader inzien deze regeling niet goedkeuren; de afzonderlijke steden moesten er zelf maar over beslissen. Antwerpen, dat inmiddels het machtscentrum van de Staten-Generaal en Oranje was, ging onder zware druk van Oranje tot aanvaarding over: er werd een commissie ingesteld van negen mannen, gelijkelijk verdeeld over katholieken, calvinisten en lutheranen, die voor een ordentelijke invoering moest zorg dragen.[208] Dat dit niet zo soepel ging, bleek al bij de doop van de derde dochter uit het huwelijk van Charlotte en Willem. Catharina Belgica was op 31 juli 1578 geboren. Zij was vernoemd naar Anjous moeder Catharina de' Medici, en haar tweede naam was een verwijzing naar de Nederlanden. Anjou en de Staten-Generaal werden officieel peetouders van het kind. Catharina zou volgens de protestantse rite worden gedoopt. In de aanloop naar de doopplechtigheid op 26 september in Antwerpen bleek dat afgevaardigden van Artesië en Henegouwen, Rijsel en Doornik weigerden toe te kijken bij deze ketterse praktijken, ook uit ergernis over Oranjes principiële houding ten aanzien van de religievrede. De kapel op de Antwerpse citadel moest voor de gelegenheid geschikt worden gemaakt voor de calvinistische eredienst, wat zou mogen krachtens de op 28 augustus voor de stad Antwerpen voorlopig overeengekomen religievrede.[209] Maar ook dit riep verzet op; Oranje moest zelfs dreigen met onmiddellijk vertrek naar Holland om zijn zin te krijgen.[210]

De weerstand onder bestuurders tegen het invoeren van de religievrede was groot. Het voelde vooral voor calvinisten in Holland en Zeeland aan als het onnodig prijsgeven van zo bloedig bevochten terrein. Jan van Nassau voerde de regie in het overleg tussen Holland, Zeeland, Utrecht en 'zijn' Gelderland, die in deze tijd aan een unie werkten waarin onderling bijstand werd verleend. De samenstelling van dit gezelschap was nogal antikatholiek, en in die stemming werd ook over de religievrede gesproken. De uitkomst was dat de religievrede werd ingevoerd, maar wel alleen daar waar het katholicisme de leidende religie was. Zo kregen Utrecht en Gelderland hun religievrede, Holland en Zeeland bleven er vrij van.[211] Daardoor werden calvinistische belangen leidend in de interpretatie, of verwerping zonder meer, van de religievrede. Oranjes eigen Breda was een van de weinige plaatsen waar de religievrede zonder veel discussie werd ingevoerd.[212]

Religie en verdraagzaamheid

De religievrede hield het nog eens revitaliseren van Oranjes verzoeningspolitiek in, waar de diepe overtuiging achter zat dat katholieken en protestanten het met elkaar eens waren over de christelijke kern van het geloof. De daaropvolgende maanden liet Oranje in een stroom pamfletten de levensbeschouwelijke ideeën achter deze verzoeningspolitiek uiteenzetten, en hij distantieerde zich daarmee niet alleen van de katholieke, maar ook van de calvinistische orthodoxie.[213] Zo verscheen er met de instemming van Oranje een pamflet *Vermaninghe ende raet voor de Nederlanden*. Het was een bewerking van *Conseil à la France désolée* van de Franse humanist en tolerantiedenker Sebastien Castellio. In gereformeerde kringen gold Castellio als zeer omstreden; hij was ooit aanhanger van Calvijn geweest, maar kwam een aantal keren in aanvaring met de grote hervormer zelf, onder andere over het proces dat in 1553 in het calvinistische Genève werd gevoerd tegen theoloog Michaël Servet, wiens enige misdaad was dat hij er afwijkende denkbeelden over de Drie-eenheid op na hield. Met medeweten van Calvijn werd de doodstraf opgelegd en ook voltrokken. Binnen het protestantisme was dat een moeilijk te verdedigen stap naar gewetensdwang en zelfs inquisitie. Castellio schreef daarop een aantal werken waarin principiële gewetensvrijheid werd gepropageerd. De kerngedachte erachter was eenvoudig: wie werd gedwongen tegen zijn geweten in te handelen, werd gedwongen te zondigen. Daarmee kwam een wereldlijke of geestelijke overheid op een terrein waar het niet bevoegd was.[214] Waar het geweten God toebehoort en ieders innerlijke religiositeit vrij is, zal geen geloofsvervolging meer plaatsvinden en zullen verschillende religieuze opvattingen elkaar moeten verdragen.

Dat was in grote trekken ook de strekking van *Vermaninghe ende raet*, waarin Castellio's tekst vaardig was toegesneden op de Nederlandse situatie van dat moment, met een oproep om ongeacht het geloof 'zeer wel verenigd en geheel akkoord te zijn' en Don Juan en 'zijn handlangers' als eeuwige en dodelijke vijanden te verdrijven.[215] Ook hier een opvallende oproep tot eensgezindheid over alle geloofsrichtingen heen, maar wel in een zeer anti-Spaanse context. Wie de bewerker was, stond er niet bij; er is wel gedacht aan Duplessis Mornay, maar tegenwoordig wordt Oranjes hofpredikant Villiers voor de auteur gehouden.[216] Hoewel er ook nog een Nederlandse intermediair moet zijn geweest, want de Nederlandse versie verscheen eerder dan de Franse.

Dat er van veel pamfletten vertalingen verschenen die ook nog eens een ruime verspreiding in het buitenland kregen, bewijst hoezeer er op dat ogenblik naar beslissende argumenten werd gezocht om internationale partijen alsnog in het Nederlandse conflict te betrekken. Oranje had met Duplessis, Sidney, Rogers, Davison, Languet en Marnix een aantal scherpe en helder betogende geesten bij elkaar, die tezamen een enorm internationaal netwerk bestreken en die goed wisten hoe elders over oplossingen werd nagedacht.[217] Wat zij bovendien inbrachten was een gematigd calvinisme, waarin het mogelijk was met gematigde vaderlandslievende katholieken te werken aan een religievrede. Het hogere doel voor de korte termijn was het breken van de hegemonie van Spanje. Op de langere termijn zou, volgens Castellio, echte verzoening tussen de verschillende geloofsrichtingen bereikt moeten worden. Het conciliante spoor dat Oranje al enige tijd volgde, kreeg in 1578, onder andere door *Vermaninghe ende raet*, een doortimmerd theoretisch fundament, dwars tegen de trend van de snelle religieuze radicalisering in.

De verzoeningspolitiek van Filips II was gebaseerd op het vasthouden aan twee onwrikbare principes: zijn absolute macht én volstrekte en algemene handhaving van de katholieke leer. Daarbuiten kon over van alles onderhandeld worden.[218] Oranjes kijk op verzoening leek veel meer filosofisch en zelfs psychologisch geladen. De opvatting dat de tijd in staat moest zijn de tegenstellingen minder scherp te maken, gaf een goed argument om voorlopig tot zelfbeheersing over te gaan, een stoïcijnse benadering.[219] Daarnaast zouden teksten, schilderijen en prenten door hun schoonheid en ontroerende werking in staat moeten zijn de geest te verzachten en de mens te verheffen tot een harmonie der sferen. En er was ook nog de retorica, de klassieke overtuigingskunst, die in staat werd geacht mensen in de richting van 'het goede' te bewegen.[220] Het klinkt als naïef idealisme, waarvoor in de harde oorlogsomstandigheden van de zestiende eeuw nauwelijks plaats kan zijn geweest. Maar die was er wel. Er was in die tijd een verhaal in omloop over een leeuw die in Londen in gevangenschap leefde, die ophield met zijn vlees te verorberen toen hij een jongetje op een draagbaar orgeltje hoorde spelen. Toeval? Bij herhaling gebeurde telkens hetzelfde.[221] Dit type verhalen deed het goed. De conclusie moest wel luiden: goddelijke harmonie overwint. Wanneer dieren zich al door kunst tot rust lieten brengen, dan moest dat met mensen zeker ook kunnen. Hoewel het ook wel werd omgedraaid: soms moet Mars gediend worden, om de Muzen te kunnen laten zegevieren.[222] Harmonie was in beide gevallen het einddoel.

In en rond een Antwerpse drukkerij: het schimmenspel van Plantijn

Antwerpen was niet gebouwd als residentie. Het was een havenstad die de laatste decennia zoveel handel en bedrijvigheid had aangetrokken dat het op Europese schaal een van de rijkste en snelst groeiende metropolen was. Er woonden in 1578 zo'n negentigduizend mensen, alleen in Londen en Parijs woonden er meer. De stad telde minstens duizend permanent gevestigde buitenlandse kooplieden.[223] De ondernemingszin en rijkdom van de Antwerpse koopmansklasse oefende, vooral vanaf het midden van de zestiende eeuw, een enorme aantrekkingskracht uit op kunstenaars, drukkers, zowel van prenten als van boeken, en ambachtslieden met een wetenschappelijke inslag, zoals cartografen en instrumentmakers. Daar hoorden ook toeleveranciers bij als papiermakers, lettergieters en boekbinders. De Fransman Christoffel Plantijn was zo'n boekbinder die omstreeks 1550 zijn geluk zocht in Antwerpen.[224] Door een blijvend letsel dat hij had opgelopen bij een overval, kon hij omstreeks 1555 dit zware vak niet meer uitoefenen; hij besloot een uitgeverij annex drukkerij op te zetten. Zijn geldschieters zaten vooral in de hoek van de sekte het Huis der Liefde.[225] Plantijn bleek over een groot zakeninstinct te beschikken, gevoel voor de markt, en had ook het lef investeringen te doen die geen van zijn vele concurrenten aandurfden.

In 1576, aan de vooravond van de Spaanse Furie, was Plantijn inmiddels de belangrijkste drukker van Europa, met zestien drukpersen en zo'n zeventig man personeel.[226] Zijn drukkerij en daaraan verbonden boekhandel werkten als een magneet op intellectuelen, graveurs en vertalers. En op boekenkopers: de drukkerij gold al in de zestiende eeuw onder geleerden als een toeristische attractie.[227] Ook vertegenwoordigers van de macht, van uitvoerende ambtenaren tot landsheer Filips II, bemoeiden zich intensief met de onderneming. Plantijn drukte, vooral in de tijd dat Alva in Antwerpen residentie hield, van alles in opdracht van de Spaanse koning, inclusief de *Index librorum prohibitorum*, de lijst van verboden boeken, die in 1569 volgens de richtlijnen van Trente was samengesteld.[228] Plantijn verdiende schatten met de export van liturgische werken naar Spanje, waar onder invloed van Filips' katholieke reveil de religieuze discipline strak werd aangehaald.[229]

De spectaculairste onderneming van Plantijn was zijn integrale uitgave van de Bijbel in alle grondtalen, met uitgebreid filologisch commentaar. Het was een meerjarig monsterproject, dat een voor die tijd ongekende investering vroeg van ettelijke tienduizenden guldens. Plantijn besloot in 1568 de sprong te wagen, nadat hij ook Filips II had weten te interesseren in de afname van dertien zeer luxueus uitgevoerde, op perkament gedrukte exemplaren van deze achtdelige polyglotbijbel, tegen een vergoeding van tienduizend dukaten. Filips II stelde een van de beste schriftgeleerden van Spanje, Benito Arias Montano, ter beschikking voor het project.[230] Montano kreeg in Antwerpen de leiding, niet alleen over het editeerwerk en het becommentariëren, maar ook over het productieproces. Met Montano had het Spaanse hof een grote invloed op de uiteindelijke totstandkoming van wat inmiddels ook wel de *Biblia regia*, de koningsbijbel, was gaan heten. Hij werd gedrukt in een oplage van zo'n 1200 exemplaren. Het bleek een te optimistische inschatting van een afzetmarkt, die inmiddels ernstig te lijden had onder de economische crisis als gevolg van de binnenlandse onrust. In 1573 verschenen de laatste delen, waarvan de oplage inmiddels gehalveerd was.[231] Plantijn zou niet meer meemaken dat alle polyglotbijbels verkocht werden.

Het is op het eerste gezicht onbegrijpelijk dat Willem van Oranje bij de oprichting van de Leidse universiteit in de eerste maanden van 1575, als zijn persoonlijke cadeau aan deze instelling de *Biblia regia* schonk. Janus Dousa legde dit gebaar vast in een korte inscriptie, waarin het algemeen christelijke karakter van dit project tot uitdrukking werd gebracht.[232] Voor insiders was op dat ogenblik al duidelijk dat ondanks alle financiële en morele steun van Filips II, het Bijbelproject minder van hem was dan de naam deed vermoeden. Het zat al besloten in projectleider Montano, die minder orthodox katholiek bleek te zijn dan verwacht mocht worden van een afgevaardigde van Filips II.[233] Hij werd in Antwerpen lid van het Huis der Liefde, waar ook Plantijn en veel van diens vrienden op een of andere manier bij betrokken waren. De leden deelden een diepere mystieke overtuiging dat kerkelijke rituelen hoogstens enige symboolwaarde hadden, maar geen wezenlijke religieuze functie.[234] Wanneer dat zo was, maakte het ook niet uit je in het dagelijks leven te gedragen als katholiek, of lutheraan, of calvinist. Het was het verhullen, verbergen van je diepste overtuiging, dat wel met 'nicodemisme' werd aangeduid, en bij kerkleiders, vooral bij Calvijn, een slechte naam had.[235] Het begrip verwees naar de farizeeër Nicodemus uit het evangelie van Johannes (3:1-21), die zijn geloof in Christus publiekelijk verloochende. Volgens Calvijn bedreigden nicodemisten de zuiverheid van levenswandel die van calvinisten werd verlangd.[236] Aan mensen die zich verstopten en zich inlieten met inferieure praktijken had je niets.

Ze veroorzaakten echter ook niet veel problemen, hoewel ze nogal eens als wolven in schaapskleren werden gezien.[237] Het verbergen van de eigen politieke of religieuze overtuiging was een overlevingsstrategie, in alle geledingen van de samenleving, maar zeker ook onder de elite.[238] Nog een stap verder was onverschilligheid over uiterlijke religie, ook wel met de term 'indifferentisme' aangeduid. Dit werd in de hoogste kringen een natuurlijke afweerreactie tegen de heftigheid van de godsdienstconflicten.[239] In literatuur en beeldende kunst hielpen allegorieën, rebusachtige symboliek, Bijbelse en historische taferelen om de rauwe actualiteit naar de achtergrond te dringen.[240] Commentaar op het heden zat voor goede verstaanders vaak diep verstopt in raadselachtige voorstellingen.

Ook aan de Bijbel, die voor leken eeuwenlang verboden lectuur was geweest, werd het vermogen toegeschreven de religieuze verschillen te doen oplossen: iedereen moest terug naar de oorsprong van het christendom, en van daaruit weer samen verder. Het was een kijk op het geloof die Plantijn in staat stelde met meerdere partijen zaken te doen. Zo werd zijn onderneming al vroeg een belangrijke schakel in de verspreiding van protestants drukwerk.[241] Al in 1562 hielden de autoriteiten in Plantijns drukkerij een zoekactie naar ketterse boeken. Die werden ook aangetroffen, met de opheffing van zijn zaak tot gevolg.[242] Het kenmerkt de behendigheid van Plantijn als zakenman en ook als mens dat hij ruim een jaar later zijn drukkerij weer mocht voortzetten.

Het spelen van dubbelrollen en het verhullen van activiteiten werden nu pas echt zijn handelsmerk.[243] Zijn heropgebouwde drukkerij was mede gefinancierd door calvinistische geldschieters. In de repressie na de Beeldenstorm van 1566 moest Plantijn tegenover de autoriteiten meermalen zijn katholieke inslag bewijzen, terwijl hij op datzelfde moment investeerde in een drukkerij in het Vianen van de grote geus Hendrik van Brederode die opstandige teksten produceerde.[244] Het zou elke willekeurige andere drukker vroeg of laat de kop gekost hebben, maar Plantijn kwam ermee weg. In 1570 verleende Filips II aan Plantijn zelfs de titel 'prototypographus' ofwel 'aartsdrukker', een eretitel die hem wel heel nadrukkelijk in het pro-Spaanse kamp dreigde te situeren, maar die hem ook hielp in Spanje scheepsladingen religieuze boeken met een hoge handelsmarge af te zetten.[245] Plantijn liet zich er niet door van weerhouden zaken te blijven doen met opstandelingen, humanisten, spiritualisten en verder alles waar hij als uitgever brood in zag.

De Spaanse Furie en de ontreddering die erop volgde, stortten de drukkerij van Plantijn in een diepe crisis. Na de Pacificatie van Gent stopte alle afzet in Spanje. De goudader werd doorgesneden, de drukkerij raakte zwaar in verval; op het dieptepunt, begin 1577, werkte er nog maar één pers. In 1577 streken Oranje en de Staten-Generaal neer in Antwerpen, en wellicht niet toevallig werkten er een paar maanden later alweer zes persen. Plantijn had inmiddels een monumentaal pand aan de Vrijdagmarkt betrokken. De onderneming begon aan een nieuwe bloeiperiode, in een stad die gestaag van humeur veranderde. Er rolde elke week wel een boek of pamflet van de persen, het waren steeds vaker protestantse werkjes, maar Plantijn slaagde er in deze jaren ook weer in om nog regelmatig zendingen liturgische werken naar Spanje te sturen.[246]

Plantijns zakendoen met protestanten en katholieken is wel uitgelegd als een listig van twee walletjes eten, maar het was bepaald niet zonder risico – een risico dat hij waarschijnlijk alleen maar wilde nemen omdat er toch ook de diepere overtuiging bij zat dat de geloofsverschillen en ook de politieke conflicten in de kern niet zoveel voorstelden. Ze moesten overwonnen kunnen worden – dat vond Plantijn al in 1566 en hij is dat in zijn uitlatingen en zijn gedrag blijven uitstralen. Veel van zijn goede vrienden, zoals Ortelius, en zelfs Montano, gedrenkt in het denken van Filips II als hij was, huldigden na enkele jaren in Antwerpen opvallend gematigde denkbeelden over de strijd in de Nederlanden.[247]

Het was een manier om tegen de actualiteit en de toekomst aan te kijken die in grote lijnen overeenkwam met de benadering van Willem van Oranje. Plantijn zocht in de jaren 1577-1578 nadrukkelijk contact met hem.[248] Dat was ongetwijfeld uit commerciële motieven, maar die overeenstemming in visie moet hem ook gedreven hebben. Het was in deze jaren dat Plantijn, die in zijn moedertaal nog wel eens een gedicht wil-

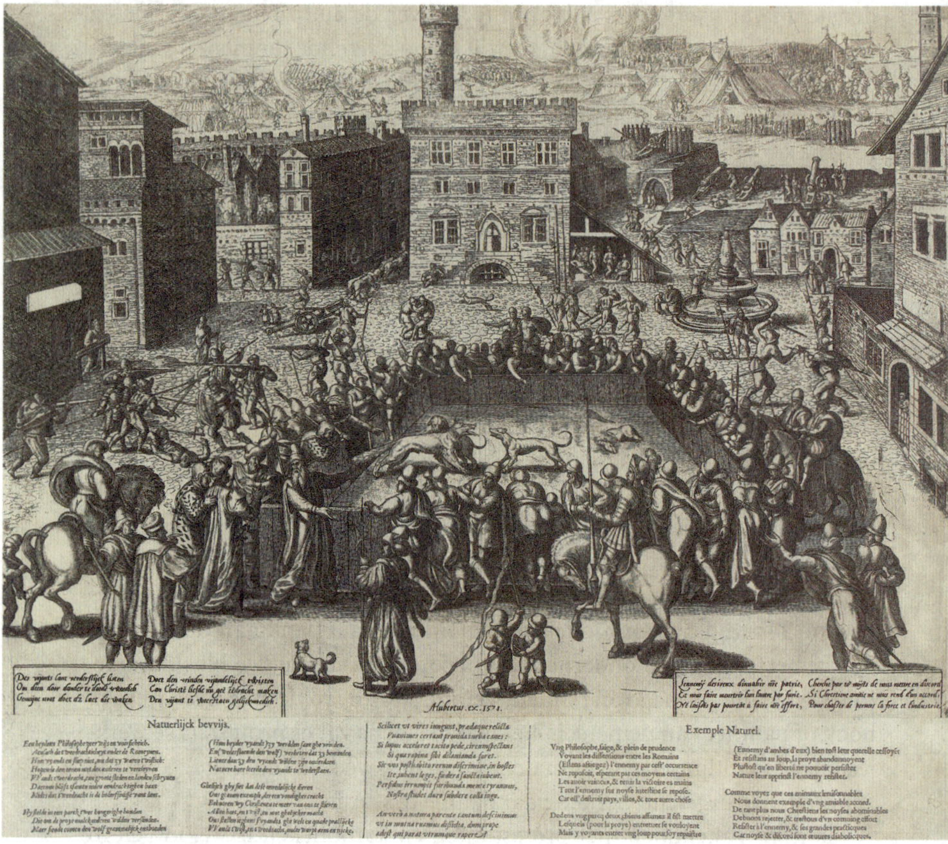

In een Italiaans aandoend decor wordt op een stadsplein de onderlinge onenigheid in de Nederlanden verbeeld, waar twee honden en een wolf met elkaar vechten, terwijl in de verte buiten de muren een leger klaarligt om de stad in te nemen. Een prent uit 1578 die aardig de zorgen van Oranje op dat moment lijkt weer te geven. Anonieme gravure, uitgegeven door Adriaen Huybrechts (collectie Rijksmuseum, Amsterdam).

de schrijven, enkele keren lovende versregels aan Oranje wijdde. Plantijn zette Oranje neer als de vorst die deelhad aan een goddelijk heilsplan om de eenheid en de vrede terug te brengen en ook de heilige kerk te laten zegevieren.[249] De beloning kwam snel: op 17 mei 1578 mocht Plantijn zich drukker van de Staten-Generaal noemen. Kort daarna verscheen een prachtig uitgevoerd, met overdadig veel houtsneden verlucht boekje waarin Jan Baptist Houwaert verslag deed van Oranjes veelbewogen intrede in Brussel.[250]

Het was intussen opvallend dat Plantijn weinig werk drukte van onversneden calvinistische signatuur, maar wel van gematigde auteurs uit de directe omgeving van Oranje, zoals Duplessis en Languet.[251] Op 14 december 1579 bracht Oranje met Charlotte de Bourbon een bezoek aan de drukkerij. Opnieuw had Plantijn voor de gelegenheid een vroom gedicht gemaakt, dat ter plekke voor de ogen van zijn eminente bezoek werd afgedrukt.[252] Het was een joyeus gebaar, dat de gedreven ondernemer kenmerkt die beseft dat kleine geschenken de vriendschap onderhouden. In deze dagen zal Oranje ook zijn eigen luxe-exemplaar van de *Biblia regia* van Plantijn cadeau hebben gekregen.[253]

Het was een ontmoeting te midden van aanzwellende religieuze onverdraagzaamheid; ze hadden beiden hun pragmatische redenen – commerciële dan wel politieke – om daar groot onbehagen over te voelen. Maar dat het alleen die pragmatiek was, is niet aannemelijk. Ze hadden beiden een visie ontwikkeld op hoe de eenheid en harmonie konden weerkeren, de een met een wat mystieke sektarische benadering, de ander met een in de kern katholieke benadering, met 'katholiek' in de betekenis van 'algemeen christelijk'.[254] Erasmus had ooit gezegd dat de ware Kerk een 'eenheid' is, maar dat de goddelozen 'vele tenten' hebben.[255] In die zin was de woordkeus van Plantijn in zijn lofdicht op Oranje, waarin werd gesproken over de 'heilige kerk' – dat al snel katholiek en algemeen klinkt –, zo gek nog niet.[256] Er was waarschijnlijk goed over nagedacht. Oranje liet zich regelmatig in vergelijkbare bewoordingen uit.[257]

We weten nauwelijks wat deze mannen van elkaar wisten, maar het moet aanzienlijk meer zijn geweest dan we uit de droge feiten kunnen opmaken. Zonder dat ze heel zichtbaar elkaars hand vasthielden, zouden ze de komende jaren een flink eind samen optrekken. Waar Oranje een nationale agenda voerde, nam Plantijn het initiatief voor een reeks boeken waarin de grammatica, woordenschat en etymologie van het Nederlands gegrondvest werd.[258] Wanneer Oranje probeerde de eenheid van de Nederlanden, ondanks alle barsten en onenigheid, te behouden, drukte Plantijn boeken die dat volop ondersteunden.[259] Waar Oranjes politieke strategie vroeg om scherpe pamfletten, werden ze vaak door Plantijn geproduceerd. Waar Oranje besefte dat hij mee moest in de zucht naar culturele grandeur, die in omringende landen werd aangejaagd door de mode van de uit Italië overgewaalde renaissance, was Plantijn in staat drukwerk van excellente artistieke kwaliteit te produceren.

Opvallend vaak waren de betrokkenen intellectuelen die niet duidelijk tot het calvinistische of conservatief-katholieke kamp behoorden. Ze wilden er niet bij horen en zweefden er dus doelbewust tussen. Het gold voor Abraham Ortelius, die vanaf 1579 nauw met Plantijn samenwerkte bij de uitgave van zijn kolossale atlasproject: *Theatrum orbis terrarum*, de eerste kaartencollectie in boekvorm. Ortelius was ook betrokken bij plannen de geschiedenis van de Nederlanden, met name die van de laatste decennia beter te documenteren, in samenwerking met zijn neef Emanuel van Meteren. Het gold voor Gerardus Mercator, die met Plantijn een handel in kaarten en globes opzette. Het gold voor Goropius Becanus, die een geschiedenis van de Nederlandse taal schreef waarin hij bewees dat het Nederlands de oudste taal ter wereld was en dat er dus ook in het hiernamaals Nederlands werd gesproken. Het gold voor de libertijnen Dirck Volckertsz. Coornhert, Hendrik Laurensz. Spiegel en Roemer Visscher uit het nu protestantse Amsterdam, die geen van allen toetraden tot de gereformeerde kerk; zij waren nauw betrokken bij een driedelige beschrijving van de Nederlandse taal, die in 1584-1587 bij Plantijn verscheen. Het gold voor Justus Lipsius, die een traktaatje schreef ter bemoediging van gewone stervelingen in tijden van tegenspoed: *De constantia* of *Over de standvastigheid*. Het werd een bestseller; Plantijn gaf het uit, diens schoonzoon Jan Moretus maakte de vertaling. Het gold voor Lucas d'Heere en Jan Baptist Houwaert, die met veel literaire bravoure spektakelstukken maakten van Oranjes intochten in Gent en Brussel. Ze bedienden zich allen, de een meer, de ander minder, van spitsvondige allegorieën, die voor degenen die alles goed op zich lieten inwerken, een bewijs leverden dat eendracht en harmonie binnen handbereik lagen. Het was een cultuur waarin zelfbeheersing kon worden bereikt met contemplatie, maar ook met vermaak, en vaak ook een combinatie van beide.[260] De schilderijen van Brueghel en navolgers waren hooggeschatte kostbaarheden. Het zoeken naar diepere, misschien wel universele betekenissen werd een manier om de conflicten en het geweld in het heden te bedwingen en te bezweren.[261]

Plantijn koesterde in de kringen van zijn auteurs de cultuur die onder humanisten al eeuwenlang bon ton was: elkaar in ere houden, brieven schrijven, over grote afstand naar elkaar toe reizen, vrolijke kwinkslagen en woordspelingen uitwisselen, en de vriendschap stellen boven eventueel verschil in levensbeschouwing. Het Europese humanisme was in essentie al een verzoeningscultuur; vriendschap verzachtte alles. Een theorie die opvallend gemakkelijk tot alledaagse praktijk bleek te kunnen worden verheven. Geleerden als Lipsius, of een academisch geschoold edelman als Janus Dousa beschikten over uitgebreide internationale netwerken van katholieken, protestanten en spirituelen door elkaar. Deze bijna idyllische cultuur stuitte ook wel eens op haar grenzen. Dirck Volckertsz. Coornhert, die niet aan een universiteit studeerde maar onder academici wel respect genoot vanwege zijn enorme filosofische en culturele bagage, beschikte weliswaar over een groot netwerk van geleerden, maar belandde ook opvallend vaak in heftige conflicten.[262] Een karakterkwestie ongetwijfeld, maar het paradoxale van Coornhert was dat juist hij als de grote propagandist van verdraagzaamheid door het leven ging. Het was een paradox die ook Oranje aankleefde.

Maar er was nog een paradox die meer in zijn algemeenheid voor deze groep opging: het waren bijna zonder uitzondering vernieuwers; of het nu om de handel in drukwerk, kaarten en globes ging of om filosofische ideeen, of, zoals in het geval van Oranje, om een nieuw bestuur voor de Nederlanden, er werden met veel risico's nieuwe wegen ingeslagen. De keerzijde van deze vernieuwingsdrift was dat in deze kringen ook de dreiging werd gevoeld of zelfs de stellige verwachting leefde dat het einde der tijden ophanden was. Dat alles wat er nu gebeurde voorbereiding was op een spoedige afrekening. Het leidde bij sommigen tot een verhevigd spiritueel besef, het meest wellicht bij Benito Arias Montano. Die wisselde met Plantijn ook in de jaren dat hij alweer was teruggekeerd naar Spanje, in een eigen geheimtaal boodschappen uit, waarin het mystieke denken van Hendrik Jansen van Barrefelt, uit de hoek van het Huis der Liefde, zijn ratio leek te overwoekeren. Een vorm van goddelijke vervoering die alle kerkelijke riten triviaal maakte. De mens zou in het uur der wrake uiteindelijk naakt voor God moeten verschijnen.[263] En daar zat nog een derde paradox verborgen: in het spiritualisme was de mens aangewezen op het zelf onderhouden van zijn band met het hogere, een kerk kon hem daarbij niet helpen. Toch was in het aardse leven alles gericht op het bereiken van eenheid en saamhorigheid.[264]

Wanneer Plantijn investeerde in woordenboeken, grammatica's en handleidingen voor het juiste gebruik van de Nederlandse taal, zou daar steeds het idee in hebben meegespeeld dat de taal kon dienen als 'paleis' waarin de bevolking met elkaar verbonden was. De woorden die in verschillende gewesten en uit oude boeken door Plantijns vaste medewerker Cornelis Kiliaen bij elkaar werden gesprokkeld voor de *Thesaurus Theutonicae linguae* oftewel *Schat der Neder-duytscher spraken* (1573) moesten daarvoor als bouwstenen dienen. Plantijn wilde het boek opdragen aan Filips II, die ervoor bedankte, uit desinteresse wellicht. Hij droeg het woordenboek, waar in de jaren daarop steeds aan werd doorgewerkt, toen maar op aan de Antwerpse schoolmeesters.[265] Nog een wonderlijke tegenstelling: ondanks de overal opdoemende gedachten aan de eindtijd werd er volop geïnvesteerd in de toekomst, en in het nu en hier.

Plantijn dook vanaf 1579 regelmatig op in Holland, meer in het bijzonder Leiden, waar enkelen van zijn belangrijkste auteurs inmiddels aan de universiteit verbonden waren, Justus Lipsius in de eerste plaats, en met Janus Dousa onderhield hij inmiddels ook vriendschappelijk contacten. Bij een bezoek aan Leiden leerde Plantijn stadssecretaris Jan van Hout kennen. Ze hadden meteen een hartelijke verstandhouding, waarmee een basis werd gelegd voor toekomstige activiteiten van Plantijn in Leiden.[266] In Haarlem bezocht hij even later Coornhert, ook een oude bekende, met wie hij gemeen had religieus ongebonden en zelfs wat zoekende te zijn. Ze waren beiden een tijdlang intensief omgegaan met de aanvoerder van het Huis der Liefde, Hendrik Niclaes, maar hadden zich ook alweer enige jaren geleden van deze sekte gedistantieerd, zonder de spirituele idealen op te geven. Plantijn was inmiddels net als Montano aanhanger van de mysticus Hendrik Jansen van Barrefelt. Barrefelt was een ambachtsman met weinig opleiding, maar wel met grote zienersgaven. Hij strooide met visioenen. Juist in de tijd dat Plantijn Coornhert in Haarlem opzocht overwoog deze ook tot Barrefelts sekte toe te treden. Plantijn was op datzelfde ogenblik bezig Barrefelts hoofdwerk voor uitgave gereed te maken: *Het boeck der ghetuygenissen van den verborghen acker-schat*. Grote geleerde mannen die onder de bekoring kwamen van een eenvoudige wever.[267] Nog zo'n paradox. Zoals Oranje zijn macht meer dan ooit aan de luimen van de gewone man ontleende.

Het einde van Don Juan

De oorlog ging door. Sinds de overwinning bij Gembloux beheerste Don Juan een groot gebied ten oosten van de lijn Brussel-Antwerpen. De Staatse troepen hadden een halfjaar genomen om weer op sterkte te komen. Nu Anjou in Henegouwen een positie opbouwde en vanuit de Palts Johan Casimir met twaalfduizend man was gearriveerd, nam de druk op de stellingen van Don Juan in de nazomer van 1578 snel toe. Op 2 augustus kwam het tussen Mechelen en Leuven bij het dorp Rijmenam tot een veldslag, die aan de kant van Don Juan tot grote verliezen leidde, zeker duizend doden.[268] Deze overwinning spoelde de kater van Gembloux enigszins weg.

In de vier maanden die volgden, leek het alle kanten op te kunnen, maar het werd meteen ook een proces van vereenvoudiging. Het was inmiddels duidelijk dat de calvinistische opmars binnen de Staten-Generaal hevig verzet van katholieken in gang had gezet. Onder aanvoering van een aantal edelen, zoals Champagney, Emmanuel Philibert de Lalaing, baron van Montigny, en ook Oranjes vroegere vertrouweling Heeze, ontstond een bundeling van katholieke krachten die zich inmiddels de 'malcontenten' liet noemen.[269] Om de protestantse opmars in te tomen bleven ze zich in de Staten-Generaal op de Pacificatie van Gent beroepen, maar intussen probeerden ze ook door kongsi's met La Motte en Anjou in de Franstalige gebieden de calvinisten buiten de deur te houden en ook in Vlaanderen en Brabant hun invloed te doen afnemen. Dat deden ze door in het zuiden van Vlaanderen met legertjes steden als Ieper, Menen en Comines (Komen) te belagen. De malcontenten hielden nog altijd afstand tot Don Juan en Alessandro Farnese.[270] Het anti-Spaanse sentiment, dat de Pacificatie van Gent had gesmeed, werd in malcontente kringen nog altijd gekoesterd, zich vanouds vooral toespitsend op de gehate Spaanse troepen.[271]

Met de plotselinge dood van Don Juan kwam een proces van vereenvoudiging op gang. Op 1 oktober overleed de landvoogd aan een besmettelijke ziekte, mogelijk de pest of de tyfus.[272] Farnese volgde hem voorlopig op.[273] Een ander mens, minder flamboyant en impulsief dan Don Juan, vooral bedachtzaam, geduldig en met een voor een Habsburger opvallend groot empathisch vermogen. Hij kon zijn manschappen, maar ook de bevolking, vriend dan wel vijand, op een subtiele manier in beweging krijgen.[274]

Dat vermogen bezat Anjou niet. In het najaar zat hij met zijn troepen nog steeds in Henegouwen, wachtend op een nieuwe wending. Door al het gespeculeer over zijn onduidelijke loyaliteit werd zijn positie in Henegouwen, waar iedere oprisping van calvinisme de kop in werd gedrukt, onhoudbaar. De kans dat zijn leger samen met Oranje de zaak van de calvinisten ging behartigen was levensgroot aanwezig. Anjou werd weggekeken. Intussen kampte hij met groot geldgebrek; hij kon zijn soldaten niet meer betalen.[275] Vlak voor kerst kondigde Anjou zijn vertrek naar Frankrijk aan, begin januari 1579 droop hij, zonder al te veel plichtplegingen af. Zijn troepen trok hij ook terug.[276] Oranje nam zich voor het contact met zijn wispelturige bondgenoot warm te houden, om maar te voorkomen dat hij zich aan zijn vijanden zou binden.[277] Verder liet Oranje Anjou zonder enige spijt gaan; hij had al problemen genoeg.

Het verdwijnen van enkele onvoorspelbare hoofdrolspelers mocht dan Oranjes wereld iets overzichtelijker maken, maar de situatie in Vlaanderen werd in de loop van 1578 steeds complexer en onbeheersbaarder. Vanuit Gent werd niet meer zozeer strijd geleverd tegen de Spaanse overheersing, als wel vóór het calvinisme. Hier werd de vrijheidsstrijd een godsdienstoorlog. Juist wat Oranje niet wilde. Ook hier moest het in werking stellen van de religievrede de oplossing bieden. Maar Gentse calvinisten wilden, nu hun voorman Hembyze het stadsbestuur vast in handen had, aanzienlijk meer. Gent als het Genève van de Lage Landen.[278]

Gent was voor katholieken geen veilig oord meer. Dat werd bewezen door de steeds maar voortdurende gevangenschap van katholieke notabelen die in november 1577 samen met Aarschot opgepakt waren. Oranje en de Staten eisten dat ze werden vrijgelaten, maar er kwam vanuit Gent geen gehoor.[279] Oranje zette met tussenpozen een aantal van zijn beste onderhandelaars, zoals Marnix, aan het werk om het stadsbestuur en de calvinisten tot meer gezeglijkheid aan te sporen. In april ging Oranje zelf naar Vlaanderen en sprak in Basserode bij Dendermonde met een Gentse delegatie over de vrijlating van de gevangenen, zonder iets te bereiken. Gent eiste dat eerst alle Spaanse troepen het land uit gingen en dat de Waalse soldaten uit hun gewest zouden worden teruggetrokken. Daarna viel er te praten.[280] Op de Synode in Dordrecht in juni 1578 liet Oranje bij monde van zijn hofpredikanten Taffin en Villiers nog maar eens weten hevig ontstemd te zijn over de gang van zaken in Gent. De calvinisten moesten inbinden en ophouden met hun openbare kerkdiensten. Ook dit kreeg geen gevolg.[281] Het religieuze vuur laaide inmiddels hoog op in Gent. De revolutionairen wisten zelfs voor elkaar te krijgen dat Champagney in Brussel werd opgepakt en naar Gent werd uitgeleverd. Champagney was een fel tegenstander van alles wat naar het verlenen van meer ruimte aan calvinisten riekte. Hij werd er nu van verdacht dat hij Gent in handen van Don Juan wilde spelen. De behandeling van Champagney was vernederend. Op 19 augustus werd hij op een kar door de stad gereden, overgeleverd aan de spot van de bevolking, die hem voor landverrader uitschold.[282]

Gent was inmiddels synoniem voor steeds maar voortgaande escalatie. In de zomer van 1578 kon Oranje zich gaan voorbereiden op een zware krachtmeting, toen Petrus Datheen een beroeping aannam om in Gent als predikant op te treden. Waar Oranje steeds zoveel profijt van zijn publieke charisma wist te trekken bij het ombuigen van de publieke opinie, moest hij nu concurreren met Datheen, die hetzelfde middel inzette om de middenkoers van Oranje geheel in diskrediet te brengen.

Op 27 september deed Oranje in een uitgebreid schrijven een klemmende oproep op te houden met de agressie tegen katholieken en zo de vijand in de kaart te spelen.[283] Het was een wanhopige en tot mislukken gedoemde poging om de Gentse elite tot ingrijpen tegen de calvinisten te bewegen. Diezelfde maand arriveerde Petrus Datheen in Gent. Zijn hand werd meteen zichtbaar. Op 28 september werd de Sint-Baafskathedraal bestormd en voor de gereformeerde eredienst opgeëist. Datheen was de eerste die er preekte. In de stad was het op dat moment al weken onrustig door de inbeslagname van kloosters en de hardhandige verdrijving van kloosterlingen. Op 5 oktober verscheen de andere roemruchte volksmenner, Hermannus Moded, in Gent. Mogelijk had Datheen ook de hand in de komst, op 10 oktober, van Johan Casimir en vijfhonderd man cavalerie naar Gent.[284] De paltsgraaf was kort daarvoor met slaande deuren uit Brussel vertrokken omdat hij tegen zijn stellige verwachting in niet meteen bij aankomst tot generaal over het Staatse leger werd benoemd; ook had hij stante pede betaling voor zijn troepen willen ontvangen.[285] De paltsgraaf en Datheen kenden elkaar goed sinds het lange verblijf van de laatste in Heidelberg. Ze waardeerden in elkaar de compromisloze papenhaat. Gent zou eens goed uitgemest worden, en daarna zou heel Vlaanderen moeten volgen.

Wat kon Oranje daar tegenoverstellen? Hij had in deze weken weer de beschikking over Philippe Duplessis Mornay. Die werd in oktober, met onder anderen Marnix aan zijn zijde, op pad gestuurd om de verschillende Vlaamse steden tot kalmte en tot samenwerking met de Staten-Generaal te manen. In Gent ontmoette Mornay een door Datheen flink opgepookte anti-Oranjesfeer. Oranje werd ervan verdacht de religie voor zijn politieke belangen te willen opofferen en ook niets te geven om de ware godsdienst.[286] Aan Mornay de taak om deze hersenschimmen weg te nemen en Gent tot het aanvaarden van de religievrede te brengen. In november verscheen ook Languet, eveneens een oude bekende van Johan Casimir, om Mornay te helpen bij het vinden van oplossingen. Johan Casimir was inmiddels wat pragmatischer gestemd, omdat Elizabeth, toen ze hoorde van diens steun voor de Gentse calvinisten, meteen haar subsidie aan hem introk. De paltsgraaf moest nu hopen dat hij met zijn leger alsnog bij Oranje genade zou vinden.

Oranje zag zo langzamerhand in dat hij genoeg geduld met Gent had gehad, en besloot erop af te gaan. Omstreeks 23 november ontmoette hij in Dendermonde een delegatie sympathisanten uit de Gentse burgerij, onder wie Ryhove, die hem bezwoer snel naar de stad te komen om er de orde te herstellen. Ze boden hem mede namens de overige leden van het gewest Vlaanderen het gouverneurschap aan, een voorstel dat Oranje voorlopig in beraad hield, want het was duidelijk dat Hembyze daar pertinent op tegen was.[287] Op 2 december kwam Oranje met een groot escorte de stad binnen; hij had ervoor gezorgd dat Johan Casimir bij hem in de open wagen zat waarmee hij tussen de toegestroomde bevolking door reed, in korte tijd het zoveelste staaltje inkapseltechniek met een zelfbenoemde buitenlandse probleemoplosser.[288] De Gentse bevolking droeg Oranje nog altijd een warm hart toe. Met Hembyze lag het wat gecompliceerder; die wilde geen bemoeienis van Oranje met interne Gentse aangelegenheden, maar kon niet anders dan zijn gezicht in de plooi proberen te houden.

Op een van de eerste avonden tijdens een diner bij Johan Casimir liet Oranje duidelijk blijken het eigenmachtige gedrag van de Gentenaren diep verwerpelijk te vinden. Hij moet behoorlijk getergd zijn geweest. Toen de paltsgraaf na het maal terloops zijn adviseur Peter Beutterich ter sprake bracht, ontstak Oranje opeens in grote woede. Deze Beutterich, een van de voornaamste raadslieden van Johan Casimir, was niet alleen een militante calvinist, maar volgens ingewijden ook een notoire onruststoker: hij had Oranje onlangs voor een atheïst uitgemaakt. Oranje was daar niet van gediend en droogde hem af als een schurk en een lasteraar.[289] Hij vermoedde waarschijnlijk dat Beutterich de hand had in een calvinistisch pamfletje *Le vray patriot aux bons patriots*, waarin werd betoogd dat iedereen die de katholieken de hand boven het hoofd hield bezig was de Spaanse tirannie weer binnen te roepen.[290] Het was een geschrift dat de totaal vergiftigde sfeer rond de religievrede tekende. Iedereen die het compromis zocht werd verdacht gemaakt. Datheen had in de voorgaande weken in zijn preken voor de Gentse burgerij het vuur nog wat verder opgestookt door eveneens te beweren dat Oranje in de kern een atheïst was en 'net zo gemakkelijk van godsdienst als van hemd veranderde'.[291] Volgens Datheen had Oranje van status en eigenbelang zijn afgod gemaakt, en hij beweerde dat wanneer Oranje ooit zou merken 'dat zijn hemd iets van religie wist of ging vermoeden, hij het meteen uit zou trekken en in het vuur werpen'.[292]

Op 18 december schreef Oranje een zorgelijk bericht aan zijn vrouw over de enorm verhitte gemoederen in deze stad. Er was hem alles aan gelegen om die tot bedaren te brengen, want dan zou Gent tot voorbeeld voor het hele land kunnen dienen.[293] Het hielp dat Datheen en Moded zich, nog voor Oranje in Gent arriveerde, uit de voeten hadden gemaakt. En Hembyze moest inbinden; op 27 december lukte het Oranje Gent de religievrede te laten aanvaarden. Ryhove, die door de calvinistische radicalisering van de voorgaande maanden uit het centrum van de macht was gedrukt, kreeg weer een voorname positie in het Gentse bestuur. Oranje probeerde Hembyze met overreding en kameraadschap weer aan zijn kant te krijgen. Het leek te lukken. Begin januari 1579 reisde zelfs Charlotte de Bourbon met haar drie dochters naar Gent om de hervonden harmonie te vieren. Johan Casimir was toen al naar Engeland vertrokken; hij had zijn geldschieter Elizabeth het een en ander uit te leggen.[294]

Oranjes ingrepen in de Gentse verhoudingen – met overreding en zonder bloedvergieten – bewijst dat het natuurlijk gezag van Oranje in deze dagen groot geweest moet zijn. Zijn zeggenschap in Gent was op niets meer gebaseerd dan zijn positie als plaatsvervanger van Matthias, die overigens in dit proces geen enkele rol speelde en rustig zijn dagen in Antwerpen sleet.[295] Aan het einde van het chaotische jaar 1578 kon het even lijken alsof het charisma van Oranje doorslaggevend was. Maar hij had in zijn brief aan Charlotte de Bourbon van 18 december al laten doorschemeren dat hij erin moest berusten een mikpunt van laster te zijn. Het kwetste hem: 'Ik opereer hier in alle openheid, zonder enig ander oogmerk dan de welvaart en de rust van ons vaderland.'[296]

Zoals de Nederlanden strikt genomen niet het vaderland van Willem van Oranje en Charlotte de Bourbon waren, zo was ook de openheid van Oranje voor veel van zijn vroegere bondgenoten een complete farce. De religievrede, het project dat wellicht meer dan welke andere politieke ambitie van Oranje spoorde met een diepe innerlijke overtuiging, had in de ogen van de buitenwereld alleen maar bijgedragen aan zijn ongeloofwaardigheid.

FRANCOIS DVC DALENCON
EAGE DE XVIII ANS LE XIXE
IONR DE MARS AN 1572
FILS DE HENRY IIE DE CE
NOM ROY DE FRANCE

10

Afrekenen

1579-1580

Het verzoeningsdenken had de grote regeringscentra in Europa omstreeks 1575-1578 in zijn greep, als een modegril. In Wenen, in Londen, in Parijs, en zelfs in Madrid werd op een bijna experimentele manier nagedacht over het doen oplossen en wegsmelten van principiële geschillen. De ratio was eenvoudig: de godsdienstoorlogen kostten veel mensenlevens, geld en concurrentiekracht. Het strijden voor een godsdienstig ideaal had lang iets verhevens, iets ridderlijks gehad; het verklaarde waarom met name in Frankrijk en de Nederlanden ook zoveel edelen erbij betrokken waren geraakt. Het was een laatste opflakkering van het kruisvaarderssentiment. Maar moderne oorlogen werden met vuurwapens gevoerd, en die waren duur en vergden ook grote investeringen in verdedigingswerken voor steden en kastelen.[1] Ze maakten bovendien veel slachtoffers, ook onder burgers. In de Nederlanden liep sinds 1566 het aantal doden al in de tienduizenden. Het werd steeds duidelijker dat al het bloedvergieten inmiddels een negatieve spiraal in werking had gezet. Oorlogshandelingen op land en op zee kostten niet alleen veel mensenlevens, maar verstoorden ook het economisch verkeer. Dit leidde tot minder belastingafdrachten, waardoor overheden geld tekortkwamen, terwijl hun uitgaven steeds harder stegen door alle oorlogsinspanningen en herstelwerkzaamheden. Voor samenlevingen die sinds het einde van de vijftiende eeuw gewend waren geraakt aan gestage groei van de bevolking én van de welvaart, was deze achteruitgang moeilijk te verwerken. Stijgende belastingdruk, zoals met de invoering van Alva's tiende penning, in combinatie met dalende welvaart, was een recept voor onvrede en nieuw geweld.

Wie in staat was de angel uit het godsdienstige conflict te halen, zonder grote concessies te hoeven doen, kon weer gaan denken aan het genereren van welvaart en grandeur, en een voorsprong nemen op andere groot-

François, hertog van Alençon en Anjou, door een onbekende schilder (collectie National Gallery of Art, Washington).

machten. Het bewaren of herstellen van de interne vrede en het sluiten van strategische bondgenootschappen werden leidend. Er liepen in deze jaren meer diplomaten dan ooit rond in Europa, en aan de onderhandelingstafels werden steeds meer onorthodoxe voorstellen gedaan.[2]

Sinds het overlijden van Maximiliaan II en het aantreden van Rudolf II ging het keizerlijk hof in Wenen wel een conservatievere katholieke koers varen; de dagen dat Lazarus van Schwendi daar een grote bemiddelende invloed kon doen gelden, waren voorbij.[3] De belangrijkste impulsen voor een conciliante, politieke, benadering kwamen inmiddels uit Londen en Parijs. Elizabeth tolereerde als hoofd van de anglicaanse kerk belijdende calvinisten als Leicester en Walsingham onder haar voornaamste raadgevers, een vorm van evenwichtskunst waarmee ze gezonde tegenspraak binnen de kring van haar adviseurs organiseerde. Bovendien kon de factie van Leicester en Walsingham de banden met calvinistische leiders op het continent warm houden. Verdeel-en-heers was gebruikelijk aan machtige hoven. Zelfs de zo rechtlijnige Filips II had lang gewerkt met een militante en een gematigde factie onder zijn adviseurs, ook op religieus gebied.[4]

Frankrijk was in dit patroon een geval apart; ook daar bestonden aan het hof al geruime tijd verschillende religieuze facties. Het bijzondere was dat ze inmiddels, begin 1579, zes keer een burgeroorlog hadden ontketend, waarin de voornaamste adellijke, nauw aan het huis van Valois verwante families de strijdende partijen aan weerszijden aanvoerden. Dit, gevoegd bij het diepe trauma van de Bartholomeusnacht, zou voldoende moeten zijn om geen enkele hoop meer te koesteren op enige verzoening. Het meest bijzondere was dat onder aanvoering van koningin-moeder Catharina de' Medici juist een ambitieus, door kunst en wetenschap gevoed verzoeningsprogramma werd opgezet, dat in de jaren 1576-1578, naar grote hoogten steeg. In Frankrijk werden meerdere academies gesticht, naar Florentijns model, waarin filosofen, theologen en dichters grote ambities ontwikkelden over het hervinden van de oude harmonieuze muziek der sferen.[5] Muziek, poëzie, retorica in de vorm van zoetvloeiende en weldadige overtuigingskunst zouden de gemoederen moeten kunnen verzachten. Catharina stuurde en stimuleerde deze beweging waar het kon met faciliteiten en het verlenen van koninklijke predicaten en bijbehorend prestige. Daarnaast liet zij in Brussel een reeks grote tapijten vervaardigen waarop belangrijke momenten uit de recente geschiedenis van het Franse koningshuis waren vastgelegd, vooral momenten waarop stappen waren gezet om vrede te bereiken tussen Frankrijk en Spanje, en tussen hugenoten en katholieken.[6] Van deze tapijten is lang gedacht, onder verwijzing naar een rijk beargumenteerd maar ook speculatief betoog van de Engelse cultuurwetenschapper Frances Yates, dat ze omstreeks 1582 in opdracht van Willem van Oranje waren gemaakt, als geschenk aan de hertog van Anjou, en via hem aan het hele Franse koningshuis.[7] Inmiddels is aannemelijk geworden dat het Franse koningshuis, en wellicht Catharina in eigen persoon, de opdrachtgever was.[8] De gedachte dat Willem van Oranje wel eens de opdrachtgever kon zijn geweest, was niet onlogisch. Hij had al geruime tijd de juiste mensen om zich heen die goed ingevoerd waren in de Franse situatie om een dergelijk project op een hoog niveau uit te werken, denk aan Duplessis, Villiers en Languet, Coornhert of Marnix, en hij had ook een hoogstaand kunstenaar bij de hand die in staat was om de voorstellingen te ontwerpen, niet alleen technisch, maar ook als complexe harmonische voorstellingen: Lucas d'Heere.

Opvallend aan de tapijten is het vergaand doorcomponeren van harmonische verhoudingen: vredesbesprekingen, balletten, gestileerde riddertoernooien, tableaux vivants als achtergrond, in een omlijsting van weelderige plantaardige vormen, elegante dieren, herders, en op de voorgrond steeds enkele prominente leden van het koningshuis, in een rustige ambiance en met een kalme en uitnodigende uitstraling. In de combinatie tussen voorgrond en achtergrond worden veelal episodes die jaren en soms decennia uit elkaar liggen op elkaar betrokken en gecontamineerd.[9] Anders en toch in de kern hetzelfde, als dezelfde noot in verschillende octaven.

Ook in de Franse verhoudingen was het verzoeningsdenken gebaseerd op de helende werking van de tijd. Elke opflakkering van de burgeroorlog werd telkens weer met behoorlijk dure concessies afgekocht, in de hoop dat de partijen zich dan wel voor langere tijd koest zouden houden. Het was niet de bedoeling dat men elkaar zou leren verdragen, maar dat men het over de wezenlijke zaken eens zou worden; de factiesstrijd zou dan vanzelf kracht verliezen.[10] Binnen de Nederlandse verhoudingen werd onder aanvoering van Oranje hetzelfde geprobeerd: de religievrede was een manier om elkaar vooralsnog te verdragen, maar op termijn moest de eenheid hersteld worden. Er moest een kerk komen voor alle patriottische Nederlanders.[11] Oranje hoopte wellicht dat ook de nieuwe Leidse universiteit hierin haar 'academische' rol zou kunnen vervullen. Hij keek regelmatig mee met de interne gang van zaken en deed ook moeite om het humanistische element in de instelling te versterken, onder andere door het onderwijs in het Latijn aanzienlijk te verbeteren. In 1580 bekrachtigde hij per kerende post de voordracht van Justus Lipsius voor het rectoraat.[12] Met Lipsius aan het roer werd er een dam opgeworpen tegen religieuze scherpslijperij en werd het zoeken naar politieke oplossingen om uit conflicten te komen veel meer de norm. Het was een kwestie van meegeven, van meespelen, van geestelijke souplesse.[13]

Wat kon ertegen zijn? Veel, en in orthodox-katholieke en in orthodox-calvinistische kringen ontstond enorme weerstand tegen deze benadering. Uiteindelijk zou in 27 steden de religievrede, onder veel gekrakeel en tegenwerking worden ingevoerd. De meeste van deze experimenten duurden maar kort.[14]

De Unies van Atrecht en Utrecht

Oranje had al enkele jaren weinig aandacht gehad voor Holland en Zeeland. Terwijl hij veel energie stopte in het smeden van een pact tussen katholieken en protestanten, ontwikkelden de Staten van Holland en Zeeland steeds meer een eigen visie op hun overlevingskansen. Er bestond in hun kringen meer begrip voor de radicale koers van de Gentenaren dan voor de ondoorzichtige verzoeningspolitiek van Oranje. Zoals ze zich ook verre hielden van de constructie met Matthias, en hem nooit officieel als landvoogd erkenden.[15] De scepsis van zijn trouwe thuisbasis Holland en Zeeland illustreert de onmogelijke spagaat waarin Oranje zich met zijn conciliante politiek had gemanoeuvreerd. Hij hield op deze manier geen vrienden meer over. Oranje was politicus genoeg om te begrijpen dat het bij zoveel weerstand geen zin had om dit beleid voort te zetten.

Voorlopig raakte hij het initiatief kwijt, wat ook wel een direct gevolg was van de snelle politieke emancipatie van de gewestelijke Staten in met name Holland en Zeeland, en ook van de Staten-Generaal. Een grote groep bestuurders, deels afkomstig uit de adel, deels uit het stedelijk patriciaat, had sinds 1572 in Holland en Zeeland, en 1576 in de Staten-Generaal in Brussel, de volle verantwoordelijkheid gedragen voor het draaiende houden van een oorlogsmachinerie en een crisiseconomie. Ze waren inmiddels ervaren, hadden lastige beslissingen genomen en grote risico's gelopen, en ook af en toe harde klappen gekregen. Ze waren niet van plan om de macht die ze zich in moeilijke omstandigheden hadden kunnen en moeten toe-eigenen, snel weer in te leveren.

Het machtsvacuüm dat het Spaanse bewind eind 1576 liet ontstaan en dat Don Juan niet had kunnen vullen, had een heel nieuwe bestuurlijke elite op de been geholpen. In het zuiden werd het lokale zelfbewustzijn sterk aangewakkerd, door de voortvarendheid van de calvinisten, zowel in positieve als in negatieve zin. Het revolutionaire voorbeeld van Brussel en Gent leidde ook in steden als Atrecht en Sint-Omaars tot de instelling van comités die zich met het stadsbestuur bemoeiden. Bij de katholieke elite, gezeten burgers en vooral edelen in bestuursfuncties, riep deze steeds maar voortgaande revolutie grote weerzin op. Atrecht en Sint-Omaars waren bisschopssteden; in katholieke ogen kon en mocht dit niet te lang duren.[16]

De onrust in kwetsbare gewesten als Henegouwen en Artesië, waar de herinnering aan de Frans-Habsburgse oorlogen nog vers was, leidden de aanhoudende berichten over de religievrede, over Gent en ook over de dreigende bemoeienis van de Fransman Anjou tot een ware contrarevolutie. In Sint-Omaars en Atrecht werd in oktober 1578, met behulp van La Motte de oude orde hersteld.[17] In november verleende de nieuwe landvoogd Farnese goedkeuring voor de restauratie van het katholiekgezinde stadsbestuur. Een volgende stap was het aan elkaar smeden van de malcontente krachten in Henegouwen, Artesië en omgeving, die op 6 januari 1579 de Unie van Atrecht sloten.[18] Hierin werd de Pacificatie van Gent als leidend document opgevoerd, om nog maar eens te laten uitkomen dat ooit was afgesproken dat buiten Holland en Zeeland geen experimenten met enige vorm van religievrede konden plaatsvinden.

Wat daarna gebeurde oogt in de korte versie altijd als een ad-hocbeslissing: al op 23 januari zetten Holland, Zeeland, Utrecht, de Groningse Ommelanden en enkele Gelderse belanghebbenden hun handtekeningen onder een militair en politiek bondgenootschap, dat bekend werd als de Unie van Utrecht. De voorbereidingstijd van dit pact was echter veel langer dan die van de Unie van Atrecht en ging terug op Oranjes strategische wens om in het oosten en zuiden een veiligheidskordon rond Holland en Zeeland te leggen. Jan van Nassau had bij zijn aanstelling als stadhouder in Gelderland in mei 1578 meteen de taak gekregen om van dit gewest als het ware een muur (*propugnaculum*, 'bolwerk', was het woord dat in deze context steeds gebruikt werd) te maken die de vijand van avonturen in de oostelijke Nederlanden moest afhouden. Gelderland wilde er eerder niet van weten, om te voorkomen dat het als katholiek gewest te veel met de calvinistische buurgewesten geassocieerd zou worden.[19] Oranje hoopte ook de gewesten Utrecht, Overijssel, Friesland en Groningen erbij te betrekken. De besprekingen verliepen lange tijd stroperig. Ook Jan van Nassau wist er geen vaart in te krijgen, vooral omdat hij de gewestelijke bestuurders in Gelderland zelf niet meekreeg. De persoon van Jan van Nassau, die zich niet alleen als een calvinistische partijganger opstelde, maar ook nogal humeurig kon zijn, werkte niet mee. Nassau probeerde in Arnhem en Nijmegen calvinisten ruimte te gunnen en Spaansgezinden het leven zuur te maken. Gelderse gedelegeerden die bleven opperen dat dit toch in strijd was met de Pacificatie van Gent, snauwde hij in september 1578 toe: 'Zalft en smeert u met de Pacificatie van Gent.' Kort daarop vertrok Nassau naar Duitsland om daar met zijn bondgenoten te overleggen over militaire opties. Hij raakte daardoor het initiatief rond het defensieve pact kwijt.[20]

De omstandigheden dwongen tot handelen. Onder aanvoering van Alessandro Farnese begon in het najaar van 1578 de Spaanse militaire macht nieuwe offensieve ambities te vertonen. Eenheden van de oude geslepen veldheer Mondragón bedreigden inmiddels het Gelderse Overkwartier (het gebied rond Venlo en Roermond). Terwijl Oranje in Gent de calvinisten in het gareel probeerde te krijgen en in Atrecht een katholiek pact werd gesloten, werd in Utrecht over de laatste details gesteggeld. Voor de ondertekening op 23 januari 1579 waren Holland, Zeeland, Utrecht en de Ommelanden met volwaardige delegaties op komen dagen. Jan van Nassau was er ook – hij mocht als eerste zijn handtekening zetten. Hij had nauwelijks andere Gelderse gedelegeerden bij zich en zelf beschikte hij niet over een mandaat om namens Gelderland te tekenen. Eigenlijk deed hij het op persoonlijke titel.[21]

Details bij een legendarisch akkoord

De Unie van Utrecht wordt tegenwoordig tot de 'geboortepapieren' van het moderne Nederland gerekend.[22] De moeizame totstandkoming leek niet te wijzen op een pact van historische allure. De ondertekening in de kapittelzaal van de Dom moet een sober gebeuren geweest zijn – er is niets bekend over een omlijstend programma, behalve dat de klokken in de Domtoren zo lang werden geluid 'als in geen honderd jaar gebeurd was'.[23] Er werd nog gesproken over het doen drukken van de tekst, en ook over nog wat tekstuele aanpassingen. Want nadat op 23 januari handtekeningen waren gezet, gingen de onderhandelingen door met partijen die ook nog in het bondgenootschap opgenomen zouden moeten worden. De belangrijkste was Gelderland, waar het uiteindelijk ruim een jaar duurde voordat alle handtekeningen verzameld waren. Daarentegen tekende Gent al op 4 februari, Ieper en Antwerpen op 10 juli. Breda volgde in september.[24]

Een belangrijke nieuwe speler in de oostelijke Nederlanden was de stadhouder van Groningen, Friesland en Drenthe, Georges van Lalaing, graaf van Rennenberg, telg uit een voorname en machtige Zuid-Nederlandse familie, met een grote loyaliteit aan de katholieke kerk. Hij was de jongere broer van Oranjes gezworen vriend Anton van Lalaing, vooral bekend als Hoogstraten, die tijdens de rampzalige veldtocht van 1568 het leven had gelaten. In de weken na het sluiten van de Pacificatie van Gent had Rennenberg, mogelijk op voorspraak van Oranje, het stadhouderschap over Friesland en Groningen – zowel Stad als Ommelanden –, Drenthe en Overijssel toebedeeld gekregen. In deze katholieke gewesten moest hij vooral toezien op naleving van de Pacificatie van Gent en de gemoederen rustig houden.[25] Rennenberg had zich eerder, bij het verdrijven van Spaanse troepen, bewezen als slagvaardig, maar in de voorbereidingen op de Unie van Utrecht opereerde hij aarzelend, omdat hij hoe dan ook niets wilde doen zonder de goedkeuring van zijn bazen in Antwerpen, Matthias en Oranje. Hij tekende uiteindelijk op 11 juni namens de gewesten waarvan hij stadhouder was.[26]

Hoe stond Oranje er inmiddels in? Hij was op 23 januari niet in Utrecht om mede te tekenen. Hij had in de maanden dat zijn broer Jan de regie voerde over de onderhandelingen, met steeds meer zorgen gekeken naar de religieuze nevendoelstellingen die door Jan in de Unie verwerkt werden. Voor Oranje stond de onderlinge militaire bijstand voorop, en daar moest het bij blijven. Het was al lastig genoeg om daarin de juiste wederkerigheid te bereiken en iedereen er naar rato aan te laten meebetalen. Jan van Nassau probeerde met de Unie een fundament te leggen waarop een sterke, liefst internationale protestantse coalitie gebouwd kon worden. Hij wantrouwde de katholieken met wie zijn broer zich in Brussel en Antwerpen had omringd: Matthias, de Franstalige gewesten in de Staten-Generaal, en onder hen zeker de 'malcontente'. En Oranjes politiek om telkens opnieuw met Anjou te proberen een alliantie tussen de Staten en Frankrijk te smeden was hem een regelrechte horreur.[27]

De grootste zorg van Oranje was dat met Jans benadering van de nieuwe Unie de Pacificatie werd geschonden, waardoor de Generale Unie van zeventien gewesten, die het al zo moeilijk had, definitief uit elkaar zou kunnen vallen.[28] Oranje zag nog altijd liever een wat brozere eenheid van alle Nederlandse gewesten, dan een stevig verband van drie, vier of vijf dat uiteindelijk niet opgewassen zou zijn tegen het geweld dat Farnese bezig was te ontwikkelen. Oranjes aantekeningen bij de bijna definitieve tekst werden niet verwerkt in de verdragstekst van 23 januari. Om tactische redenen – het was niet eens een idee van Jan van Nassau: de gedeputeerden wilden op het laatste moment geen discussie meer, alleen nog handtekeningen verzamelen.[29] Oranje ontbood enkele weken later de Utrechtse burgemeester en medeondertekenaar Aernt Dircksz. van Leyden naar Antwerpen om het er eens over te hebben. Hij liet de man eerst een paar dagen wachten, en gaf hem op 26 februari 's morgens om zes uur alsnog audiëntie. Oranje was in een slecht humeur, begon bezwaren op te sommen tegen de Unie, trok daarbij de zaken wat uit hun verband, en stoorde zich vooral aan het antikatholieke karakter van de tekst. Hij wilde graag 'een goede unie', maar 'deze deugt niet', zou Oranje zich hebben laten ontvallen.[30]

Dit was op de langere termijn niet houdbaar. Oranje bemoeide zich er alsnog mee; en zorgde ervoor dat het verdrag niet eenzijdig voordelig voor de calvinisten uitpakte. De oorspronkelijke tekst bepaalde in artikel 13 dat Holland en Zeeland in hun eigen gewesten helemaal zelf mochten bepalen hoe het er op religieus gebied aan toeging, terwijl in andere gewesten de 'religievrede' zoals die eerder was afgekondigd moest worden ingevoerd. Er werd op 1 februari een nadere 'verklaring' aan het verdrag toegevoegd dat gewesten en steden die katholiek wilden blijven, daarin niet gehinderd mochten worden.[31] Het was een gedrochtelijke compromistekst, maar dit was ten minste nog te rijmen met de Pacificatie, en daarmee bleef er enig uitzicht op harmonieuze verhoudingen met de Staten-Generaal.

Belangrijker was de bepaling in artikel 13 dat ieder individu in de deelnemende gewesten inzake religie 'vrij zal mogen blijven', en ook nooit om zijn religie vervolgd zou mogen worden. Het was het begin van gewetensvrijheid – op dat ogenblik in heel Europa een zeldzaamheid.[32] Het was ook een beginsel dat Filips II hoog in de gordijnen kon jagen. Die duidelijkheid was ook bedoeld. Over Filips II werd in de Unie van Utrecht niet meer gesproken. Voor het eerst in een verdragstekst tijdens de Opstand werd niet meer gedaan alsof Filips II de enige en echte landsheer van de Nederlanden was.[33] Stilletjes had hij afgedaan. Het zou hierna nog twee jaar duren voordat het ook hardop gezegd kon worden.

De Unie van Utrecht, ook wel Nadere Unie genoemd, werd enkele weken later al in druk uitgegeven en beschreef in 26 artikelen de samenwerking tussen de deelnemers. De nadruk lag op de onderlinge militaire bijstand, volgens het principe 'één voor allen, allen voor één', maar er werden ook afspraken gemaakt over het leggen van garnizoenen in grenssteden, het instellen van een vorm van dienstplicht voor mannen tussen 18 en 60 jaar, het voorkomen van overlast voor de bevolking, hoe een en ander betaald moest worden, de manier waarop belasting zou worden geheven, en ook hoe kerkelijk bezit te gelde zou worden gemaakt en voormalige kloosterlingen een uitkering zouden krijgen. Het was een tekst die, behalve onderlinge militaire bijstand, na jaren van chaos en wetteloosheid ook een terugkeer naar geciviliseerde verhoudingen beloofde. Het moest wantrouwen en onzekerheid op voorhand wegnemen. En het leek te werken. Op 3 mei betuigde ook Oranje zijn adhesie aan de Unie, zij het met de uitdrukkelijke aantekening dat zij in dienst zou staan van 'algemene vrede, eenheid en eendracht' voor alle Nederlanden.[34]

Farnese voor Maastricht

Farnese had zijn leger inmiddels op sterkte en vormde een bedreiging voor de hele zuidelijke Nederlanden. Er werd gevreesd voor een aanval op Brussel. Op Antwerpen werd op 2 maart zelfs al een schijnaanval uitgevoerd, die bij Borgerhout tot heftige schermutselingen leidde.[35] Oranje had er in de vroege ochtend samen met Matthias vanaf de stadsmuren van Antwerpen naar staan kijken. Op 10 maart werd duidelijk dat Farnese eerst het strategisch belangrijke Maastricht wilde veroveren. Met Maastricht in handen zou Farnese op ieder gewenst moment de Maas over kunnen steken om een aanval op de oostelijke en noordelijke Nederlanden in gang te zetten.

In Maastricht lag een garnizoen van ongeveer 1200 soldaten, aangevuld met zo'n 4000 man burgermilitie. Farnese kwam voor de belegering aanzetten met 31.000 man.[36] De enorme hoeveelheden artillerie en manschappen die Farnese hier in stelling bracht, maakten duidelijk dat het menens zou worden. In Antwerpen zouden nu snelle besluiten moeten vallen om een ontzettingsleger in stelling te brengen, maar zonder geld was er geen beginnen aan. Een malcontent gewest als Artesië verklaarde dat het niet van plan was oorlog te gaan voeren voor de gereformeerde religie, zelfs niet voor de religievrede.[37] In een stad als Mechelen correspondeerden sleutelfiguren met Spaanse aanvoerders om hun de stad in handen te spelen zodra ze klaar zouden zijn met Maastricht.[38] Gent zag kans om in mei aan te kondigen dat het als stadsstaat volgens Zwitsers republikeins model verder wilde, om zich zo vergaand aan het gezag van de centrale regering te kunnen onttrekken.[39] En zo ging het maar door. Het was een lange stroom slecht nieuws. De Raad van State en ook de Staten-Generaal vielen stil. Oranje en Matthias raakten zo gewend aan de wetmatigheid dat hun redelijke voorstellen door onenigheid tussen de gewesten vermorzeld werden, dat ze eveneens stilvielen. Zelfs toen er begin mei eindelijk een grote lening kon worden afgesloten, lag dat geld wekenlang te beschimmelen omdat er geen consensus kon worden bereikt over de besteding. Het ontbindingsproces, want dat was het, bleek niet meer te stoppen. Op 23 mei stelde Oranje in de Staten-Generaal vast dat tot nu toe alleen Brabant bereid was gebleken bij te dragen aan de algemene middelen, waaruit de hulpactie voor Maastricht bekostigd zou moeten worden. Zo ging het niet. Hij kon niet anders dan zijn handen ervan aftrekken.[40]

Betalingen aan soldaten liepen alweer maanden achter; hun misdragingen werden steeds frequenter, zelfs in het regeringscentrum Antwerpen, waar veel burgers de Staten hiervoor verantwoordelijk hielden. Gedelegeerden van de Staten-Generaal konden er nauwelijks meer over straat.[41] Het was al zo onrustig in Antwerpen; de jaarlijkse Hemelvaartprocessie, eind mei, waarbij ook leden van de Raad van State, de Staten-Generaal en aartshertog Matthias aanwezig waren, werd onmogelijk gemaakt door calvinisten. Ze liepen met getrokken degen rond om te voorkomen dat de processie door de straten zou trekken. Er werd geschoten. Matthias raakte ingesloten in de Onze-Lieve-Vrouwekathedraal, durfde zich niet meer buiten te vertonen, en werd uiteindelijk door Oranje in eigen persoon in veiligheid gebracht. Oranje moest er, voor de kerk, drie uur over onderhandelen.[42] Het was een teken dat hij nog enig overwicht had. Toch verloor hij in deze maanden, zeker onder militairen, veel van zijn populariteit.[43] Niemand begreep nog goed waar hij naartoe wilde.[44]

Dreigen, aanhalen, sjacheren

Eendracht moest in de bevolking zelf gaan wortelen – met de Pacificatie van Gent waren daar de condities voor geschapen – maar dat deed ze niet. De jonge stadhouder Rennenberg liep er hard tegenaan in het gewest Groningen. Rennenberg wilde in de stad Groningen zijn residentie en ook zijn gezag vestigen, maar moest ervaren dat hij meteen partij dreigde te worden in oude vetes tussen de stad en de Ommelanden. De stad was sinds het uitbreken van de Opstand altijd Spaansgezind gebleven, zij het dat ze in de dagen dat de Pacificatie werd getekend erin had bewilligd dat hun stadhouder van Portugese origine, Gaspard de Robles, door zijn eigen soldaten gevangen werd genomen, als zondebok voor achterblijvende betalingen aan troepen, en naar Leeuwarden werd afgevoerd. Hij werd in 1577 vervangen door Rennenberg, maar die vond geen gespreid bed; de pro-Spaanse krachten domineerden alweer in de stad.[45] De Ommelanden helden tegelijkertijd steeds sterker over naar Oranje en de Staten.

Voor Matthias en Oranje was dat alle reden om vertegenwoordigers van de stad naar Antwerpen uit te nodigen, maar de Groningers lieten meerdere invitaties onbeantwoord voordat ze op 26 maart 1579 met klem werden ontboden. Nu zette een delegatie van drie man zich met enige vertraging in beweging en ze arriveerde op 12 april in Antwerpen. Een van hen, de syndicus van de stad, Johan de Gouda, hield nauwkeurig een dagboek bij over de gebeurtenissen die volgden. Daaruit kan goed worden afgelezen hoe gespannen en troebel de onderlinge verhoudingen in een doorsneegewest konden worden, en hoe Oranje in een niet altijd subtiele afwisseling tussen aanhalen en tuchtigen de leden van de Groningse delegatie tot rede probeerde brengen. Hij liet hen eerst twee dagen wachten, en gaf hun, toen ze op 14 april eindelijk welkom waren, de wind van voren over hun late verschijnen.[46] En of ze mandaat hadden om te tekenen voor de religievrede, de Unie van Utrecht, en om gelden toe te zeggen? De delegatieleden vluchtten in het standaardargument dat ze niks konden besluiten zonder de Ommelanders, en die deden altijd moeilijk. Waarop Oranje repliceerde dat hij de verhalen over alle ruzies wel kende, en vergeleek een en ander met het gekijf tussen twee echtelieden. Voordat ze gingen uitzoeken wie er gelijk had, hadden ze eerst wat anders te doen, en wel de vijand definitief uit het land verdrijven. Daarna was er 'tijd genoeg om te procederen', en daarbij wees hij naar jurist Leoninus, die ook bij het gesprek aanwezig was, 'dan kan dit slag rechtsgeleerden er ook nog wat aan verdienen'.[47] Vervolgens herinnerde Oranje de Groningers eraan dat ze bar slecht van betalen waren. Er moest meteen 50.000 gulden op tafel komen om Maastricht te hulp te schieten, dat sinds 10 maart belegerd werd door de troepen van Farnese. Het spel met de uitvluchten begon: Groningen was al zo arm, had veel schade geleden door stormvloeden, moest daarom dijken repareren. En er stond nog een post van 100.000 gulden voor de soldaten van Gaspard de Robles open. Hm, Oranje beschikte over gegevens waaruit bleek dat de Groningers hun vorige stadhouder destijds wel heel vriendelijk onthaald hadden. Het sarcasme droop er bij Oranje regelmatig van af, vooral bij centenkwesties; het was 'hartelijk en schamper' door elkaar, aldus Johan de Gouda.[48] Oranje sloot af met de uitnodiging om dit nog eens bij een maaltijd met elkaar door te nemen.[49]

Er volgden nog vele besprekingen, en er was ook af en toe een middag- of avondmaal.[50] Op 19 april was er het nieuws dat Barthold Entens namens de Staten-Generaal met zeven vendels, ongeveer duizend soldaten, in de Ommelanden was aangekomen, met de kennelijke bedoeling om de stad desnoods met geweld tot inschikkelijkheid te brengen. Twee dagen later deden de gedeputeerden bij Oranje hierover hun beklag, wat hun op een bitse sneer kwam te staan: 'Jullie komen hier elke keer met woorden, maar jullie bewijzen niets met daden.'[51] Ze wisten in Antwerpen genoeg over de huidige contacten tussen de stad Groningen en de vijand, aldus Oranje: 'Jullie moeten niet denken dat je hier met kinderen of beesten spreekt.'[52] De Groningers zorgden er de weken daarop alsnog voor dat hun mandaat werd uitgebreid. Oranje draaide de financiële duimschroeven nog wat verder aan. Op zondag 17 mei deed hij na een overvloedig maal het voorstel nu meteen 20.000 of 30.000 duizend gulden op te brengen, dat moest toch te doen zijn, en alle wrevel over oude kwesties zou daarmee vergeven en vergeten zijn.[53] De Groningers wimpelden het beleefd af.

Oranje vond het ook hoog tijd dat stadhouder Rennenberg in de stad werd binnengelaten, maar hoe kon hij er zeker van zijn dat hem geen vervelende dingen zouden overkomen? Hij had berichten uit de Groningse raad opgevangen die weinig goeds beloofden. De Groningers boden aan als gijzelaar te dienen, waarop Oranje antwoordde dat 'het hier een vrije handelsstad is, en eenieder is hier vrij om te gaan of te staan of te vertrekken wanneer het hem goeddunkt'.[54] De komst naar Antwerpen van een delegatie uit de Ommelanden maakte op 20 mei het speelveld nog weer complexer. Ze waren veel loyaler aan Oranje, maar evenmin bereid om heel snel iets weg te geven. Over alles moest worden onderhandeld.[55]

De weken verstreken, het werd touwtrekken zonder einde, over geld, over de religievrede, over het binnenlaten van Rennenberg, en over allerlei oude rechten. De Groningers boden 3000 gulden in ruil voor terugtrekking van de soldaten van Entens, die inmiddels de stad Groningen omsingeld hielden.[56] Intussen werd de delegatie door Oranje geconfronteerd met bewijzen dat de oude stadhouder De Robles zich van een afstand nog volop met Groningse zaken probeerde te bemoeien. Oranje was uiteraard furieus over het bod van 3000 gulden, 'een schande' was het voor 'zo'n rijke stad'.[57] Gespeeld of niet, de nood was zo hoog dat dit bod toch maar aangenomen werd.

Een dag later viel in de Antwerpse binnenkamers het besluit om Entens zijn soldaten te laten terugtrekken. Het werd ondertekend door Matthias. Er volgden nog brieven van Oranje om een en ander op vriendelijke toon bij het bestuur van de stad in goede banen te leiden. Maar het dossier kon nog niet gesloten worden. Er kwam op de middag van 15 juni nog een wonderlijk verzoek namens de griffier van de Staten-Generaal dat aantoont hoe nijpend de geldnood op dat ogenblik bij de Staten was. Of de Groningse delegatie op staande voet 700 gulden wilde betalen ter voldoening van de herbergrekening van enkele edellieden die naar het strijdtoneel in Maastricht waren afgereisd. Dat was goed, als ze het bedrag maar van die 3000 gulden mochten aftrekken. Toen de Groningers die middag Oranje nog even wilden opzoeken op het kasteel, troffen ze hem in een verhit gesprek met de griffier Blijleven en diens collega Aijsma. Oranje bleek geen cent te willen afdoen van de 3000 gulden, die nu eenmaal bedoeld was voor de strijd bij Maastricht. Blijleven en Aijsma rieden de Groningers Oranje maar even met rust te laten 'want hij was wat uit zijn doen en had ook wat te veel gedronken'.[58]

Een onstuitbaar ontbindingsproces

Deze maanden was Oranje niet in zijn beste humeur. Het lijkt erop alsof de situatie hem boven het hoofd groeide. De religieuze spanningen stegen met de dag, in alle gewesten speelde wel iets, vooral in het zuiden. De politieke spanningen namen ook toe, vooral omdat de Statenregering zo langzamerhand weer het bestuurlijke eilandenrijk was geworden waar de Lage Landen om bekendstonden. Het decentraal georganiseerde machtsapparaat, waarbij voor veel zaken in de gewesten eerst toestemming moest worden opgehaald voordat er in Antwerpen een besluit kon worden genomen, leidde niet alleen tot veel stroperigheid; het gaf betrokkenen eindeloos veel mogelijkheden om weg te duiken zodra het moeilijk werd. De Groningse delegatie liet onbeschaamd zien hoe dat in de praktijk gebracht kon worden. Gevolg van een en ander was dat de financiën helemaal droogvielen. Eind 1578 waren de Staten-Generaal al niet meer in staat om budgetten te reserveren om de broodnodige troepen aan te werven. Nog weer een halfjaar later was klinkende munt zonder meer schaars in Antwerpen. Dat men de Groningers smeekte om een openstaande rekening van onbekenden voor te schieten, bewijst dat er zelfs geen kasgeld meer was. Uit die dagen stamt ook het verhaal dat aartshertog Matthias nog maar zo weinig kredietwaardig was dat geen bakker hem nog brood wilde leveren.[59]

Oranje moet een dagtaak hebben gehad aan het links en rechts lospraten van geld. Onbetaalde troepen zorgden inmiddels in veel plaatsen voor grote problemen. Wat ooit de Pacificatie vleugels had gegeven – de weerzin tegen overlast van muitende soldaten – dreigde nu ook het einde ervan te bezegelen. Al in januari had Oranje enkele kooplieden bereid gevonden 400.000 gulden voor te schieten, maar de Staten moesten ervoor tekenen. Met het schilderen van een onheilspellend alternatief probeerde Oranje verschillende steden ervan te overtuigen dat het niet-aangaan van een dergelijke obligatie tot de 'totale ondergang van het land' moest leiden.[60] De manier waarop met lokale en gewestelijke bestuurders werd gecommuniceerd, had nogal eens trekken van morele chantage of zelfs afpersing. Zo kreeg Vlaanderen in diezelfde dagen te horen dat het meteen met 30.000 gulden over de brug moest komen, als het tenminste wilde dat de troepen die nu plunderend door het gewest trokken werden teruggeroepen.[61]

Alles was actie en reactie, en het leek niet te stoppen, ondanks oproepen namens Oranje om elkaar 'trouw te blijven en elkaar, van welke religie men ook is, te helpen beschermen en verdedigen'.[62] De acties van de Waalse gewesten leidden tot verdere radicalisering in Gent, waar de sociale vrede, nadat Oranje er in januari was vertrokken, spoedig verbroken werd. Hembyze deelde binnen enkele weken opnieuw de lakens uit. Ook Datheen keerde terug. Katholieke kerken werden nog rigoureuzer dan eerder beroofd van hun kostbaarheden en vernield.[63] Op het platteland ontstonden legertjes van boeren, die begin 1579 samenklitten tot een flinke strijdmacht, en de Waalse troepen met enig succes begonnen te bevechten.[64] De vrijheidsoorlog tegen een vreemde overheerser die de Opstand tot dan toe vooral was geweest, begon nu, waar al zo lang voor was gevreesd, te ontaarden in een burgeroorlog. Zo zag Willem van Oranje het; hij had in de jaren vanaf 1568, bij alle binnenlandse onenigheid, steeds het vizier gericht gehouden op de 'Spaanse tirannie'. Sinds het bewind van Filips II eind 1576 zoveel aan kracht had ingeboet, kreeg de onderlinge onenigheid opeens alle ruimte om een grimmig en gewapend karakter aan te nemen.[65]

Alle onrust in en om de Staten-Generaal leidde ertoe dat er maandenlang geen degelijke financiële afspraken voor de langere termijn gemaakt werden.[66] Binnen het Nederlandse politieke systeem moest er over het verdelen van de kosten en de wijze van belasten van de handel en de burgers altijd onderhandeld worden. In een sfeer van groeiend wantrouwen ging dat niet. Het werd een vicieuze cirkel. Als de Unies van Atrecht en Utrecht iets moesten oplossen, dan was het dit: in een kleiner verband van redelijk gelijkgezinden zouden afspraken te maken moeten zijn. Oranje zag dat de Generaliteit een papieren instituut begon te worden, met steeds hogere kosten voor het aanhouden van een leger, maar zonder inkomsten.

Nieuwe vredesonderhandelingen in Keulen

Intussen gebeurde waar Oranje al enige tijd bang voor was: op 17 mei 1579 verzoenden Henegouwen, Artesië en de andere ondertekenaars van de Unie van Atrecht zich met Filips II.[67] Ze hadden scherp onderhandeld met Farnese en konden in deze 'Vrede van Atrecht' rekenen op volledige genade. Het front van de Generale Unie dat door de Pacificatie van Gent een heel nieuwe fase in de Nederlandse verhoudingen had ingeluid – namelijk een regering door een standenvertegenwoordiging –, dreigde hierdoor dramatisch in elkaar te klappen. Alle massage, alle concessies en noodverbanden die Oranje in de loop van tweeënhalf jaar in stelling had gebracht om het verschillende partijen naar de zin te maken, hadden dit niet kunnen afwenden. Het verdrag dat in Atrecht werd gesloten, beloofde eerbiediging van alle oude privileges en volledige amnestie, op strikte voorwaarde van herstel van de katholieke religie.[68]

Het nieuws kwam op een gevoelig moment; tien dagen eerder, op 7 mei, waren wederom vredesonderhandelingen begonnen.[69] De keizerlijke gezant Otto-Heinrich van Schwarzenberg, die al eind 1577 naar de Nederlanden was gekomen om Matthias bij te staan en tegelijkertijd uit naam van de keizer de kansen op vrede te onderzoeken, was erin geslaagd Filips II en ook de Staten-Generaal te bewegen tot onderhandelingen op neutraal terrein.[70] Dat werd de bisschopsstad Keulen. De Unies van Atrecht en Utrecht waren mede tot stand gekomen uit nervositeit over deze conferentie. Door zich op 17 mei al met Filips te verzoenen namen de Franstalige gewesten een voorschot op een positieve uitkomst van de Keulse vredehandel – die overigens door niemand serieus verwacht werd. In reactie daarop sloten Vlaamse en Brabantse steden als Gent, Brugge, Ieper, Antwerpen en Mechelen zich aan bij de Unie van Utrecht.[71] Er werd aan weerszijden naar veiligheid gezocht. In deze dagen werd ook duidelijk dat een van de belangrijkste families uit Henegouwen, de Lalaings, zich niet meer door de Staten wilde laten vertegenwoordigen en naar het katholieke kamp overstak.[72]

Opvallend was dat de andere prominente Henegouwse familie, de Croÿs, zich nog wel in het Staatse kamp ophield. Havré deed zelfs veel moeite om de onderhandelingen rond de Atrechtse verdragen in het honderd te sturen.[73] Zijn oudere broer Aarschot demonstreerde nog duidelijker adhesie aan de Staatse zaak door in Keulen de breed samengestelde, maar wel overwegend katholieke Staatse delegatie aan te voeren, waarin Adriaan van der Mijle als de belangrijkste vertrouweling van Oranje kon gelden.[74] Daarnaast reisden Jan van Nassau, Nicolaas Bruyninck, Arent van Dorp en Filips van Marnix regelmatig naar Keulen voor overleg.[75]

De Staatse delegatie had een overzichtelijk pakket aan eisen. Uitgaande van de Pacificatie van Gent wilde ze erkenning van de inmiddels ontstane religieuze status quo, de religievrede inbegrepen, en ook erkenning van Matthias als landvoogd, en zelfs van Anjou als 'verdediger'. Voorts zou het nemen van nadere besluiten over religiekwesties aan de Staten-Generaal overgelaten moeten worden.[76] Een andere delicate eis was het geldig verklaren van de Brabantse Blijde Inkomste uit 1356 in alle Nederlandse gewesten; dit zou de bevolking van een gewest het recht geven in opstand te komen tegen de landsheer, zodra deze zich nalatig of tiranniek gedroeg.[77]

Dat katholieken als Aarschot, Meetkercke en Gaspar Schetz bereid waren dit eisenpakket te verdedigen, gaf aan dat nog wel iets van de geest van de Pacificatie behouden was gebleven. De onderhandelaar namens Filips II, Carlos d'Aragona, heer van Terranova, toonde zich hierover verbijsterd. Misschien was dat gespeeld; maar hoe dan ook stond dit eisenpakket bij voorbaat zo ver af van wat Filips II redelijk vond, dat er geen vergelijk mogelijk leek. Toch werd er wekenlang onderhandeld. Net als eerder in Breda werd er niet rechtstreeks met elkaar gesproken, maar via aparte bilateraaltjes met de keizerlijke bemiddelaars. De Spaanse delegatie bleek tot grote toegevingen bereid, veel onderdelen van de Pacificatie van Gent werden overgenomen: de oude privileges zouden worden hersteld, er zou een rechtvaardiger belastingsysteem komen. Over het toelaten van enige vorm van protestantisme viel uiteraard niet te praten, maar wel kregen protestanten die niet van hun dwalingen wilden terugkeren ruim de tijd, mogelijk zelfs vier jaar, om hun bezittingen te verkopen en te emigreren.[78]

Een wens die niet gehonoreerd werd, was het instellen van een wapenstilstand, wat toch gebruikelijk was tijdens vredesonderhandelingen. De reden was militair-strategisch. Farnese maakte goede vorderingen bij Maastricht, terwijl Oranje en de Staten er maar niet in slaagden een ontzettingsleger op de been te brengen. Dit voordeel zou vervliegen met een wapenstilstand. Farnese hield zich dan ook geheel afzijdig van wat er in Keulen gebeurde, en ging door met belegeren.[79] Maastricht viel op 29 juni. Dit nieuws bleef de weken daarop de gemoederen beroeren van de delegaties in Keulen. Er leek met de val van Maastricht iets veranderd in de krachtsverhoudingen. Maar zo eenduidig was het niet. Er kwamen ook berichten dat Farnese werd geteisterd door hoge koortsen en wellicht spoedig zou overlijden.[80] Tegelijkertijd maakten de Spaanse troepen van het gezagsvacuüm gebruik door ondanks eerdere voornemens om het beschaafd te houden alsnog te plunderen en te moorden. Er vielen na de inname van Maastricht minstens tweeduizend doden, mogelijk zelfs vierduizend. Volgens conservatieve schattingen aan Spaanse zijde waren het er ook altijd nog ten minste vijfhonderd. Ook dat is een aantal dat een systematische klopjacht verraadt.[81] Mensen werden in hun bed vermoord of in de Maas gegooid. Veel burgers wierpen zich van de stadsmuren, braken daarbij hun ledematen en gingen alsnog de dood tegemoet.[82]

Anders dan na de Spaanse Furie in Antwerpen zetten berichten over de misdragingen geen collectieve verontwaardiging in gang. De gedachte was eerder: dit krijg je ervan als je niet in staat of bereid bent een fatsoenlijk ontzettingsleger op de been te brengen. Rond de val van Maastricht hing een schandaal: want hoe was het mogelijk dat in vier maanden belegering de Staten geen enkele hulp hadden geboden?[83] Dit idee leefde ook bij de Staatse delegatie in Keulen. Daar was de stemming al bijzonder breekbaar, omdat er onenigheid ontstond over de Spaanse voorstellen. De katholieke delegatieleden, onder aanvoering van Aarschot, raakten steeds meer overtuigd van de redelijkheid ervan.[84] Dit zou betekenen dat ze de eis van de religievrede en de gewetensvrijheid lieten vallen.

De bittere nasmaak van een vredespoging

Delicaat was in Keulen het gesprek over de positie van Oranje. De afkeer van de prins was groot in Spaanse kringen. De ervaren staatsraad en inmiddels vaste rechterhand van Alessandro Farnese, Christoffel d'Assonville, was een voorstander van tactische, zo nodig heel vergaande concessies om de geweldsspiraal te doorbreken en het land tot rust te brengen. Eén persoon stond dit nadrukkelijk in de weg, zo had Assonville al eens vastgesteld: '[Oranje] en zijn agenten, tezamen met het gepeupel, beheersen de toestand.'[85] En daar liepen de onderhandelaars namens Filips II ook in Keulen weer tegenaan. Via Aarschot en anderen liet Oranje steeds zijn mening doorsijpelen, die er elke keer weer op neerkwam dat bij alle Spaanse concessies bedacht moest worden dat de Spanjaarden niet te vertrouwen waren en niets liever wilden dan de inquisitie zo snel mogelijk invoeren.[86]

Het verbaast niet dat de Spaanse delegatie in een apart en geheim onderhoud het voorstel op tafel legde dat er nog veel meer concessies mogelijk waren, wanneer Oranje maar uit het land verdween. Hij mocht overal naartoe, als hij maar nooit meer terugkeerde. Zijn zoon Filips Willem zou worden vrijgelaten en in het bezit worden gesteld van Oranjes waardigheden en bezittingen. De koning was zelfs bereid Oranje 100.000 dukaten in contanten mee te geven.[87] Het leek even, na een eerste verkenning door Arent van Dorp in het voorjaar van 1579, dat Oranje hier wel serieus over wilde onderhandelen.[88] Hij stuurde zijn vertrouwde secretaris Nicolaas Bruyninck naar de keizerlijke gezant Schwarzenberg in Keulen. Bruyninck kreeg te horen dat wanneer Oranje maar verdween, hij zo ongeveer elk denkbare genoegdoening kon vragen. Bij monde van Bruyninck eiste Oranje niet alleen dat zijn zoon werd vrijgelaten en dat hij werd hersteld in al zijn bezittingen en waardigheden, maar ook dat al zijn schulden in Duitsland werden afbetaald, dat alle schade die hij de afgelopen jaren had geleden vergoed werd en dat de gereformeerde religie definitief werd toegelaten in die plaatsen waar ze nu al beleden werd.[89] Een onacceptabel eisenpakket. Vooral op de laatste eis zou de Spaanse koning nimmer ingaan. Dat wist Oranje, en het liep dan ook op niets uit.[90]

De Staatse delegatie had zich verzekerd van de bijstand van de Friese jurist Aggaeus van Albada. Formeel vertegenwoordigde hij het gewest Friesland, maar in de praktijk voerde hij, zeer bedreven in de voertaal Latijn, namens allen het woord. Naderhand deed hij ook de verslaglegging, in een goed gedocumenteerd boekwerk, de *Acta pacificationis*, dat de buitenwereld en vooral het keizerlijk hof in Wenen ervan moest overtuigen dat van de zijde van de Staten alles was gedaan om de onderhandelingen tot een succes te maken.[91] Met Albada had de Staatse delegatie een intellectueel in haar midden die zeer gematigd opereerde; in religieuze zin behoorde hij tot de spiritualisten, maar uiterlijk was hij altijd katholiek gebleven. In Albada's redevoeringen in Keulen zat veel ideeëngoed van Castellio verwerkt; ze waren dan ook principiële pleidooien voor gewetensvrijheid.[92] Ook Albada kon gerekend worden tot de groep conciliante publicisten met wie Oranje zich in deze jaren omringde. De *Acta* werden al in januari 1580 door Plantijn op de markt gebracht. Later dat jaar verscheen een nieuwe versie, met daarin uitgebreide commentaren van Albada bij de verschillende documenten; dit werk werd in het Nederlands vertaald en werd in Leiden uitgegeven door Charles Silvius.[93] Het was al snel nergens meer te krijgen; mogelijk was de voorraad door het Spaanse bewind opgekocht. Albada's betogen mochten dan een toon van gematigde redelijkheid hebben, ze werden in Spaanse ogen wel degelijk gevoed door allerlei gevaarlijke nieuwigheden, die de ketterij vrij spel dreigden te geven.

Wanneer het de tactiek van Spaanse zijde was om het front van de Staten via een veelheid aan redelijk klinkende voorstellen uit elkaar te spelen, dan leek dat in de loop van de conferentie steeds beter te lukken, vooral door te blijven terugkomen op het grote breekpunt van de religie.[94] Alles was erop gericht om de katholieken die zich de laatste jaren hadden afgekeerd van alles wat Spaans was, alsnog het kamp van de koning in te trekken. Assonville besloot in de zomer van 1579 dat het tijd werd om Oranje met een publiciteitsoffensief hard aan te pakken, niet met een spotternijtje hier of daar, maar met uitvoerige pamfletten 'waarin zijn listen, bedriegerijen en gevallen van woordbreuk eens heel precies beschreven zouden worden'. Hij stelde tot zijn tevredenheid vast dat in verschillende plaatsen de katholieken de laatste tijd alweer meer moed begonnen te vatten.[95] Dit momentum moest verzilverd worden.

De retoriek en de ideologie die er van Staatse zijde tegenover werden gesteld, waren goed doordacht en verzetten zich tegen de gedachte dat de

Nederlanders zich uiteindelijk weer volledig zouden onderwerpen aan hun Spaanse landsheer. Of zoals Aggaeus van Albada het heel principieel uiteenzette in de *Acta*: de Staten hebben hun landen en bezittingen niet van de koning verkregen, maar de koning heeft juist van hen de hoogste macht ontvangen.[96] Waarmee gezegd was dat de koning slechts over zijn soevereine mandaat kon beschikken tot het moment dat de Staten vonden dat het afgelopen moest zijn. Dat moment kwam nu snel naderbij. In enkele recente geschriften, zoals *Vindiciae contra tyrannos*, werd de stelling betrokken dat iedere monarch die zijn macht misbruikte en in tirannie verviel, afgezet mocht worden. Binnen de eeuwenoude feodale tradities was dat iets wat in de praktijk weleens voorkwam, maar het was nog nooit zo uitdrukkelijk tot theoretisch uitgangspunt verheven.[97]

Albada was goed op de hoogte van deze recente geschriften, die zich voor een deel baseerden op het werk van Machiavelli en op ideeën die in Frankrijk waren ontwikkeld door hugenoten. De *Vindiciae* verscheen in het voorjaar van 1579 anoniem bij een uitgever in Bazel. Albada las het werk kort na verschijnen.[98] Al snel werd erover gespeculeerd dat het werkje in de Nederlanden en wellicht in de directe nabijheid van Oranje tot stand gekomen moest zijn. Nog altijd is het geen uitgemaakte zaak wie het heeft geschreven. Philippe de Mornay lijkt de aangewezen kandidaat, maar Hubert Languet en Johan Junius de Jonghe worden ook genoemd, allen goede bekenden van de prins.[99] Het was een politieke stellingname, los van de religie. De *monarchomachen* (strijders tegen alleenheersers), zoals deze informele beweging wel genoemd werd, stonden ook zeker los van het orthodoxe calvinisme: het was eerder een eerste stap in de richting van godsdienstvrijheid en volkssoevereiniteit.[100] Ze wilden hoe dan ook een rem zetten op alle vormen van gewetensdwang, omdat die bijna altijd uitliep op tirannie en het doden van onschuldige mensen. De inquisitie in Spanje, het optreden van Alva in de Nederlanden en de Bartholomeusnacht in Frankrijk waren er de sprekende voorbeelden van.[101]

Gevolg van deze rechtsfilosofische zwenking was dat het zo lang volgehouden betoog dat de Opstand niet gericht was tegen Filips II maar vooral tegen zijn tirannieke dienaren, zijn geldigheid en aantrekkingskracht begon te verliezen. Het was niet meer nodig om eromheen te draaien. Filips II kwam definitief in het schootsveld van de partij van Oranje te liggen, want hij stond niet boven de wet, maar was er uitdrukkelijk aan onderworpen. Het was een rechtstreekse ontkrachting van het absolutisme. En het was ook een pleidooi voor het veel decentraler organiseren van de staatsmacht, ongeveer zoals tijdens het bewind van de Staten sinds het najaar van 1576 in de praktijk werd gebracht. Dat klinkt als het preken voor eigen parochie, maar voor Oranje, van jongs af gedrenkt in het model van de monarchale staatsmacht, betekende dit een nieuw ideologisch spoor. Hij had al enkele jaren nauw met de Staten van Holland en Zeeland samengewerkt, en in de laatste periode met de Staten-Generaal. Dat was misschien geen succes, maar het was onmiskenbaar dat inmiddels een groot deel van de beslissingsmacht bij de Staten berustte. De Staten wilden voortaan meeregeren, een eis die ook in Keulen op tafel lag, en waar Filips II onmogelijk mee kon leven.[102]

Oranje als het bête noire van Keulen

Discussies over absolute vorstenmacht deden er in het publieke rumoer over de Keulse vredehandel niet zoveel toe. Het was eerder Oranje dan Filips II die het te verduren kreeg. Het werd langzaam duidelijk dat Filips II als morele overwinnaar uit de vredesonderhandelingen dreigde te komen. Steeds meer steden en ook edelen verzoenden zich met de koning: Mechelen al op 1 augustus, 's-Hertogenbosch was in onderhandeling.[103] Brussel werd door de dreiging van een belegering ook aan het denken gezet.[104] En in het oosten zat na de val van Maastricht de schrik er goed in: de steden Venlo en Geldern begonnen onderhandelingen. Farnese was weer opgeknapt en leek zijn aandacht te willen richten op Gelderland.

Het beloofden gewelddadige tijden te worden. Oranje werd steeds meer als de aanstichter van deze nieuwe ellende gezien. Hij zou de vredesonderhandelingen, die zoveel goeds beloofden, welbewust in het honderd hebben gestuurd. Er werd al in juli, terwijl de Keulse onderhandelingen nog liepen, een heftige lastercampagne tegen hem gevoerd, waarin hij werd afgeschilderd als iemand die zich tegen elke vorm van verzoening keerde en alleen maar zijn eigenbelang najoeg.[105] Vooral de val van Maastricht leidde in Brabant en Vlaanderen tot grote publieke verontwaardiging. Zelfs in Antwerpen was zijn populariteit verneveld.[106] Er zat geen rem meer op de stroom boze geruchten. Oranje en de Staten hielden niet op om grote sommen geld te vragen, stuurden troepen het platteland op, die alleen maar problemen veroorzaakten met brandschatten en stelen. En dat terwijl de heren in Antwerpen zich het leven aangenaam maakten met overvloedige maaltijden. Veel vingers wezen in de richting van Oranje, die hier als luitenant-generaal de verbinding vormde, want het geld en de manschappen waren er uiteindelijk, maar hij had niet zijn best gedaan om die ook te laten renderen voor het algemeen belang. En dit had alleen maar de vijand in de kaart gespeeld. Er waren er ook die het voor Oranje opnamen met te beweren dat hij niets zou durven vanwege zijn zoon, die nog altijd in Spanje in gijzeling werd gehouden.[107] Dit maakte het niet veel beter. De kern van deze verwijten dan wel excuses was steeds dat Oranje met verborgen bedoelingen werkte.

Oranje kon dit niet laten voortwoekeren; al op 28 juli koos hij in de Staten-Generaal de vlucht naar voren door uit zichzelf te beginnen over de vele verwijten en geruchten die rondgingen. Zijn verdediging kwam erop neer dat niemand méér naar vrede verlangde dan hijzelf, maar dat de voorstellen die nu op tafel lagen weinig garanties bevatten om die rust ook te bereiken. Wanneer landvoogd Matthias en de Staten zouden besluiten met de voorstellen akkoord te gaan, dan zou hij zich terugtrekken uit dit gebeuren. Iedereen begreep dat Oranje dreigde er de brui aan te geven. Daarop verklaarden de verschillende gewestelijke vertegenwoordigers eendrachtig en liefdevol 'met één mond' dat Oranje geen geloof moest hechten aan al die kwaadsprekerij, en ze vroegen hem de Staten terzijde te blijven staan in zowel kwesties van vrede als van oorlog.[108] Hierop toonde hij zich enigszins gerustgesteld, maar hij kon het niet laten nog eens op te merken dat 'hij wilde dat al zijn adviezen ten goede geduid werden, als afkomstig van iemand die niets anders beoogde dan de welvaart en de rust van het gehele land'.[109]

Er verschenen inmiddels ook de door Assonville gewenste pamfletten, waarvan *Lettre d'un gentilhomme, vray patriot à Messieurs les Estats Generaulx* een wel heel giftige werking had. Er werd een exemplaar bij de Staten-Generaal in Antwerpen afgeleverd, die meteen in de vergadering in het bijzijn van Oranje werd voorgelezen. Toen duidelijk werd dat het pamflet in briefvorm een scherpe aanval op hem behelsde wilde degene die voorlas ermee ophouden, maar Oranje drong erop aan door te gaan. Hij nam het pamfletje over en las het zelf tot het einde voor.[110] Of deze brief de aanleiding vormde voor de felle uitval van Oranje op 28 juli, of dat dit er nog een keer overheen kwam, is niet duidelijk. Het betoog dat in deze vele kantjes belopende brief werd afgestoken was glashelder, goed geïnformeerd, en daarmee kwam de twintig jaar bemoeienis van Oranje met de Lage Landen in het volle licht te staan.

Ook in dit betoog veel aandacht voor de mooie schijn die Oranje voor vriend en vijand wist op te houden en waardoor hij talloze goedwillende mensen in het verderf had gestort en de dood in had gejaagd. Vrij gedetailleerd werden de verschillende levensfeiten van Oranje met elkaar in verband gebracht en van een venijnig laagje voorzien. Het venijn zat telkens weer in het construeren van Oranjes diepere bedoelingen. 'Het is tijd het masker weg te trekken,' stelde de briefschrijver. Met de vredesonderhandelingen in volle gang was het van groot belang te bepalen wie men méér kon vertrouwen: die hypocriete Oranje, of de onderhandelaars namens de keizer, die zo hun best deden om de rust en de welvaart van het land te herstellen. Het gewone en onwetende volk was al te lang misleid door de leugens uit het kamp van Oranje.[111] Wanneer het volk te weten kwam hoe het werkelijk zat zou het meteen geweldadig afrekenen met dit stel gemene en harteloze verraders. De auteur ging helemaal terug naar 1560 en insinueerde dat Oranje het land op stelten had gezet om van zijn oude schulden af te komen en zo nog wat particuliere redenen.[112] De feiten die werden aangevoerd waren steeds zodanig goed gekozen dat er niet gemakkelijk iets tegen in te brengen was. Zijn overvloedige drankgebruik werd erbij gehaald, ook pogingen tot intimidatie, het in omloop brengen van vervalsingen. Alles om maar een schril licht op zijn karakter te werpen. Maar de hoofdklacht bleef dat hij in de loop van twee decennia telkens in het verborgene bezig was geweest zich macht toe te eigenen: in Brabant, in Henegouwen, in Holland enzovoort, met geen ander doel dan een calvinistisch bewind te vestigen dat gruwelijker zou zijn dan alles wat zij zelf aan de Spaanse inquisitie hadden toegeschreven. Want zie hoe het tot nu toe is gegaan. In Holland en Zeeland zou katholieken niets in de weg worden gelegd, maar inmiddels werd hun het leven onmogelijk gemaakt, in Gent ging het dezelfde kant op. Die religievrede was niets anders dan een dekmantel om overal het calvinisme als enige godsdienst in te voeren.[113]

Het was scherp en snoeihard. Oranje zou de tekst hebben voorgelezen 'alsof die helemaal niet over hem ging'.[114] Hij moet hebben beseft dat hij nu terugkreeg wat hij in de jaren van harde propaganda tegen het Spaanse regime had uitgedeeld. De genadeloze eenzijdigheid die veel pamfletten uit het Oranjekamp kenmerkte, en waar het bewind van Filips II zo lang geen goed antwoord op had, werd juist op een moment dat hij al wat wankel stond, ook op hem toegepast.[115] De afzender van de brief was onbekend, in druk vond de *Lettre d'un gentilhomme* zijn weg in alle windrichtingen, door heel Europa.

Het pamflet zette ook de bijl aan de wortel van Oranjes verzoeningspolitiek. Hoe verfijnd en doordacht die inmiddels ook was, de *Lettre d'un gentilhomme* maakte duidelijk dat verfijningen er even niet toe deden. Hier werd met grof geschut gestreden om de gunst van de middengroepen. Assonville ving begin augustus in Keulen een en ander op over hoe het Oranje inmiddels te moede was: 'Omdat hij altijd zo heeft geleund op de wispelturigheid van de massa, is hij wel heel erg ontdaan over hoe hij nu wordt beschreven in de verschillende pamfletten.' Te midden van zijn dierbaren zou hij met een goede slok op ('wat nogal eens voorkomt', voegde Assonville er fijntjes aan toe) geklaagd hebben 'dat hij nu bestreden werd met zijn eigen wapens'.[116] En dat hem dit misschien meer kwaad berokkende dan al het wapengeweld dat van Spaanse zijde tegen hem in stelling was gebracht. Eigenlijk was Oranje met een paar doordachte zetten van Spaanse zijde vanuit zijn middenpositie naar een extreem en onverzoenlijk standpunt gemanoeuvreerd.[117]

Zo werd er in de zomer van 1579 in korte tijd enorm veel reputatieschade aangericht. Dat Marnix heel kundig een pamflet in elkaar zette dat *Lettre d'un gentilhomme* uitvoerig probeerde te weerleggen, kon niet wegpoetsen dat Oranje het initiatief ook publicitair helemaal kwijt was.[118] De Keulse vredesonderhandelingen werden in ruime kring gezien als de definitieve ontmaskering van Oranje.[119] Assonville trok er de les uit dat van Spaanse zijde veel meer moest worden ingezet op het overtuigen met woorden dan steeds maar met wapengekletter terrein proberen te veroveren. Uiteraard kwam er ook een Nederlandse vertaling van de *Lettre*, gemaakt door Jan van der Linden, de abt van de abdij Sint-Geertrui, die delicaat genoeg ook lid was van de Staatse delegatie in Keulen. Nog in Keulen verzoende hij zich met Filips II en liep dus over.[120] Het werd nog erger voor Oranje. Voordat de Keulse besprekingen op 13 november 1579 werden afgebroken, hadden ook Aarschot en Havré zich met Filips II verzoend. Ze verlieten hun zetels in de Raad van State en in de Staten-Generaal.[121]

Het tweede vuur: boze calvinisten

De bewegingen van de malcontente edelen en gewesten konden ook worden toegeschreven aan een vrij plotseling hervonden katholiek zelfbewustzijn. En dat was weer in de hand gewerkt door het gehamer op het doorvoeren van de religievrede – die bij veel katholieke bestuurders op voorhand weerzin opriep. Er was bovendien geen grotere antireclame voor de religievrede dan de steeds verder ontsporende situatie in Gent. Het vaste voornemen van calvinisten om van Gent een nieuw Genève te maken had door de interventies van Oranje rond de jaarwisseling slechts een korte hapering opgelopen. In mei 1579 had Hembyze het stadsbestuur opnieuw zo stevig in handen dat hij zich onaantastbaar leek te wanen: met theologisch geschoolde raadgevers als Datheen naast zich ontwikkelde hij een bewind dat veel weg had van een theocratie. Alleen de gereformeerde religie was nog toegestaan, en Hembyze had het vaste voornemen het eigen regeringssysteem en de heilsleer ook elders in Vlaanderen te verbreiden. De nieuwe stadsstaat begon met het werven van soldaten, en steden in de directe invloedssfeer van Gent werden gedwongen daaraan mee te betalen. Op 19 juni werd er zelfs een 'oorlogsraad' geïnstalleerd, die de verdediging van de stad moest coördineren.[122]

Het ging dwars in tegen alles wat Oranje voorstond; Gent scheidde zich goeddeels af van de Staten-Generaal en zag zichzelf voortaan als soeverein.[123] Dat werd pijnlijk duidelijk toen de stad op 6 juli werd bezocht door Oranjes veldmaarschalk François de la Noue; hij kwam er overleggen over de militaire situatie in het zuiden van Vlaanderen waar de malcontenten voor onrust bleven zorgen. La Noue was een vermaard Frans militair, die een jaar eerder met Anjou was meegekomen naar de Nederlanden en na Anjous aftocht met een deel van zijn manschappen was overgegaan in dienst van het Staatse leger.[124] Hembyze maakte La Noue verdacht waar hij bij stond, als iemand die van plan was om Vlaanderen alsnog in handen te spelen van de katholiek Anjou. La Noue was iemand van diepe calvinistische overtuiging, en ook van grote militaire statuur, die nog onder Gaspard de Coligny had gediend. Hembyze was er niet door geïntimideerd en werkte hem op een vernederende manier Gent uit.[125]

Oranje was de greep op Gent kwijt, en dat niet alleen, er gistte in deze stad veel wantrouwen en zelfs vijandigheid tegen zijn persoon. Hij beklaagde zich erover in een brief aan het Gentse stadsbestuur en ging ervan uit dat de hem welgezinde Ryhove in staat was om zijn collega-bestuurders weer bij zinnen te brengen. In plaats daarvan pleegde Hembyze nog geen week later een nieuwe staatsgreep, waarbij de laatste gematigde krachten gedwongen werden het stadsbestuur te verlaten en hijzelf nieuwe bestuurders benoemde, veelal afkomstig uit de ambachtsgilden. De Gentse stadsadel, waar Ryhove toe behoorde, werd niet alleen afgezet, maar ook geconfronteerd met enkele nieuwe belastingen.[126] Hier scholen grote ambities achter. De belangrijkste die hardop werd geuit was dat de weg naar Oranjes religievrede moest worden afgesneden, want daarmee werden de Fransen binnengehaald, en die waren zo mogelijk nog erger dan Spanjaarden. Gents autonomie was nu totaal: op 6 augustus werd landsheer Filips II formeel geheel van de macht vervallen verklaard.[127]

Gent bewoog zich weg van de Staten. Oranje besefte dat hij niet anders kon dan zich er opnieuw in eigen persoon mee te bemoeien. Hij nam een gok door de mening van de Gentse burgerij te vragen over de ontstane chaos en bood aan opnieuw naar de stad te komen.[128] Op 18 augustus ging hij, geholpen door de nog altijd loyale Ryhove, met een flinke legermacht de van opwinding kokende stad binnen, nam zijn intrek in zijn logement, waar al een meute aanhangers van Hembyze samenschoolde om te eisen dat hun leider in zijn macht werd bevestigd. Oranje liet zich hierdoor niet intimideren, zette Hembyze af, stelde een andere calvinist, Karel van Utenhove, aan als leider van de Gentse raad, en veegde alle getrouwen van Hembyze het stadsbestuur uit. Op 29 augustus werd Hembyze gedwongen Gent te verlaten. Samen met Datheen nam hij de benen naar Duitsland, eerst naar Keulen, vervolgens naar Johan Casimir in Heidelberg. Om zijn greep op Gent te verstevigen aanvaardde Oranje alsnog het gouverneurschap over Vlaanderen, dat hij eerder had aangehouden.[129]

Het verdrijven van Hembyze was meer dan alleen een competentiestrijd; zolang de Gentse onrust voortduurde was heel Vlaanderen kwetsbaar, en dat niet alleen, er kwam ook geen belastinggeld uit. Vlaanderen leverde traditioneel de grootste bijdrage aan de gemene middelen van de Staten-Generaal. Mede door het uitblijven van hun bijdrage waren in de loop van 1579 de financiële problemen van de Staten zo nijpend geworden. Oranje verweet Hembyze zelfs dat door zijn toedoen Maastricht verloren was gegaan.[130] Het was een manier van van zich afbijten die waarschijnlijk was ingegeven doordat nu ook uit calvinistische hoek een hevige lastercampagne tegen Oranje was begonnen.[131] Het regende pamfletjes. Oranje sprak het vermoeden uit dat Datheen daar de hand in moest hebben. De predikant reageerde vanuit Keulen door Oranje uit te dagen hem voor de rechter te brengen. Datheen herinnerde subtiel aan doodsbedreigingen die Oranje de predikant tijdens een woordenwisseling op 7 mei naar het hoofd geslingerd zou hebben. Dat die gemeend waren, beweerde Datheen ook met documenten te kunnen aantonen: 'Uwe Doorluchtigheid moet het niet vreemd vinden dat ik me naar een veilig oord heb begeven om dit gevaar te ontwijken.'[132] Zijn vlucht moest dus niet worden gezien als een schuldbekentenis. Het was uitdagend gesteld, en Oranje liet zich ook provoceren tot een antwoord, waarin hij Datheen diens laster nog eens flink inwreef, terwijl hij er misschien verstandiger aan had gedaan om dit te laten rusten.[133]

De aanhoudende stroom aantijgingen zat Oranje hoog, zo bleek tegen eind september, toen hij, nog altijd in Gent, een kleine afvaardiging van de Staten confronteerde met de totale wanorde waarin het landsbestuur zich nu bevond, waar de trage besluitvorming alles in de versukkeling hielp en niemand zijn financiële verplichtingen nakwam. Het had hem doen besluiten niet langer te willen dienen als luitenant-generaal onder Matthias. Door het gebrek aan geld was de grote troepenmacht die het afgelopen jaar klaar had gestaan, niet in beweging gekomen. En alle hoon over deze mislukking laadde zich nu op Oranje, met alle vuige geruchten die er kennelijk bij hoorden: Oranje zou het geld in eigen zak hebben gestoken, de katholieken hebben tegengewerkt, en ook de gereformeerden, de religievrede tegen ieders zin hebben doorgedrukt, Brabant tot een 'boulevard' van Holland en Zeeland hebben willen maken, en Gelderland tot een boulevard van Holland en Utrecht; hij zou zelfs landsheer willen worden, steden een garnizoen hebben opgedrongen, en op alle mogelijke manieren de vrede hebben tegengewerkt.[134] Het verhaal ging ook dat Filips II alleen nog vanwege Oranje, de onverbeterlijk onruststoker, deze oorlog moest voortzetten; het was allemaal te lezen in pamfletten.

Oranje had er genoeg van om voor elke tegenslag verantwoordelijk gesteld te worden. Hij wilde officieel decharge: juristen moesten de documentatie maar komen doorspitten om na te gaan of de genoemde beschuldigingen ergens op berustten. Mochten ze vals blijken, dan was hij alsnog bereid tot iedere nederige dienst aan het vaderland.[135] Het is niet bekend wat er door de heren op teruggezegd is, mogelijk niet zoveel. Het verslag van de bijeenkomst bevatte de uitdrukkelijke mededeling 'geheimhouden'.[136]

Nog meer moeilijke boodschappen: een pact met Anjou

Oranjes verstandhouding met de calvinisten bleef gespannen en dreigde te ontsporen. Dat kwam voor een belangrijk deel door de tegenstrijdige dynamiek die in de religievrede zat: overal waar het calvinisme verboden was, verwezen de calvinisten naar de religievrede om voor zichzelf bestaansrecht en zelfs kerkgebouwen op te eisen. Maar zodra ze ergens vaste grond onder de voeten hadden en machtsposities bekleedden, wilden ze zo snel mogelijk van de religievrede af, om het katholicisme te kunnen opruimen. Het was gebeurd in Amsterdam, het gebeurde in Gent en in verscheidene andere plaatsen in Noord en Zuid. Maar er waren omstreeks 1579 nog twee belangrijke oorzaken voor de verwijdering tussen Oranje en de calvinisten. De ene was dat in kringen van de Raad van State en de Staten-Generaal al enige tijd werd nagedacht over hoe de politiek enige greep kon krijgen op het opereren van kerkelijke instanties, en dan vooral die van de calvinisten. De andere was de keuze voor een buitenlandse bondgenoot.

Er zat, zo had het voorbeeld van Genève wel aangetoond, een sterke theocratische tendens in het calvinisme. De gereformeerde kerk zag voor zichzelf een rol in de werking van veel maatschappelijke instituties, inclusief het staatsbedrijf, maar bemoeienis van een overheid, een vorst, een stadsbestuur, met de gang van zaken in de kerk werd zo veel mogelijk afgehouden. Oranje en vele andere bestuurders zagen in dat ze deze pretenties moesten intomen. Al in 1576 circuleerde er een notitie waarin de kerk een en ander kreeg voorgeschreven. Er werd in vastgelegd dat de overheid in belangrijke kerkelijke beleidskwesties en benoemingsprocedures het laatste woord moest hebben. Ook zouden interne conflicten over de kerkelijke zaken aan de overheid ter beslechting moeten worden voorgelegd.[137] Deze voorstellen riepen heftige reacties op onder het rechtzinnige deel van de calvinisten.[138]

Dat onduidelijkheid over bevoegdheden op onverkwikkelijke confrontaties kon uitlopen, bleek in Leiden, waar in 1578 de nogal vrijzinnige predikant Caspar Coolhaes in conflict raakte met zijn orthodoxe collega Pieter Cornelisz. Deze laatste wilde Coolhaes, onder verwijzing naar diens inbreuken op synodale besluiten, door de Leidse kerkenraad laten afzetten. Maar Coolhaes had goede connecties met het stadsbestuur; hij was ook betrokken geweest bij de opbouw van de nieuwe universiteit en had op 8 februari 1575 bij de inauguratie van deze instelling namens de theologische faculteit een rede gehouden.[139] Coolhaes werd inzet van een hevige strijd die in 1579 naar een eerste hoogtepunt ging, en daarna nog jaren zou voortduren. De Leidse magistraat wilde niet horen van een kerkenraad die naar believen een predikant zou kunnen ontslaan of op eigen gezag ouderlingen en diakenen benoemde. Het stadsbestuur moest daar ook iets over te zeggen hebben. Deze eis was mede ingegeven door de radicalisering die in gereformeerde gelederen aan de dag begon te treden: het leergezag en de kerkelijke discipline werden na een aantal synodes steeds verder aangetrokken. De speelruimte van individuele predikanten werd navenant steeds kleiner. Pieter Cornelisz. begon zijn collega Coolhaes in zijn preken te kapittelen over zijn gebrek aan orthodoxie. Zijn oekazes werden zo een gevaar voor de sociale rust. Dit moest ophouden. Dit bewees meteen ook dat de overheid moest kunnen ingrijpen, zodra in de kerk onenigheid ontstond.

Stadssecretaris Jan van Hout vroeg zijn vriend Dirck Volckertsz. Coornhert om dit uiteen te zetten in een vlugschrift: *Justificatie des magistraets tot Leyden*, dat in het voorjaar van 1579 verscheen. Op 6 mei werd Pieter Cornelisz. door het stadsbestuur ontslagen, waarop de predikant zich in Voorschoten liet beroepen, en er iedere zondag honderden gelovigen uit Leiden naar zijn dienst kwamen luisteren. De bemoeienis met kerkelijke politiek van uitgesproken figuren als Van Hout en Coornhert was van het type 'geen verdraagzaamheid tegenover de onverdraagzamen'. Het hielp niet om de zaak tot bedaren te brengen. Coornhert raakte zelfs in heftig debat met Coolhaes – degene voor wie hij in het krijt was getreden – over hoever de overheid in haar bemoeienis mocht gaan.[140]

Oranje en de Staten van Holland organiseerden een aantal bemiddelingspogingen, die bedoeld waren om de scherpe kantjes er af te halen en ook het stadsbestuur een iets minder heftige toon te laten aannemen. Het lukte niet, de affaire bleef zich jaren voortslepen en slachtoffers maken. De crux van het debat zat in de vraag hoever de kerk mocht gaan in het disciplineren van haar lidmaten en, in het verlengde daarvan, het hele maatschappelijke leven.[141]

Met een Leids stadsbestuur dat bezig was de kerk in te tomen, en een Oranje die verzoening en oecumene propageerde, stuitte de calvinistische beweging op barrières die het voltooien van de inrichting van een vernieuwd geloofsleven ernstig in de weg stonden. Het debat hierover zou de komende jaren ook de verhoudingen in de jonge Leidse universiteit verzuren. Het werd een cultuurstrijd die pas met de Synode van Dordrecht (1618-1619) een voorlopig einde zou kennen, met een zege van de orthodoxie.

Oranje moet gedacht hebben dat de calvinisten met de religievrede een enorme sprong voorwaarts hadden gemaakt en tevreden konden zijn. Maar zo bleek het niet te werken, de gereformeerden wilden meer, al was het maar uit angst om datgene wat met zoveel moeite verworven was weer te verliezen. De oecumenische benadering van Oranje werkte hun dan ook erg op de zenuwen. In deze tijd verscheen een traktaatje, in het Nederlands en het Frans, geschreven door ene Willem Artus, volgens Pieter Bor een adviseur van Oranje, waarin de fundamentele eenheid van het christendom nog eens werd uitgelegd. Die eenheid berustte op de hoop op vergeving voor alle zonden en de verrijzenis in een eeuwig leven, zoals Jezus Christus dat beloofd had aan eenieder die God bemint. Over alle andere zaken 'aangaande de opbouw en vervolmaking van de kennisse Gods' of van het onderscheid tussen goed en kwaad was het niet nodig dat christenen het met elkaar eens waren. Iedereen zou daarin 'zijn eigen geweten' moeten volgen.[142] Het was op dat ogenblik een steeds moeilijker aan de man te brengen boodschap. Van dit tweetalige pamflet, waarover we alleen iets weten door tijdgenoot Bor, is misschien niet geheel toevallig nooit een spoor teruggevonden.[143]

Al het tumult rond het mislukken van de Keulse vredesbesprekingen bracht Oranje in een lastige afweging. Was het beter om zich voorlopig op de vlakte te houden, of deed hij er verstandig aan zo snel mogelijk steun te organiseren, om te verdedigen wat hij had? De mogelijkheden dat er op korte termijn nog een grote internationale coalitie tot stand zou komen, waren langzamerhand voldoende onderzocht en eigenlijk uitgeput. Zijn broer Jan had niet veel steun uit Duitsland kunnen mobiliseren; Johan Casimir veroorzaakte meer problemen dan hij oploste. Aan het Engelse hof had Oranje met Leicester, Burleigh en Walsingham invloedrijke sympathisanten, maar ieder wat ambitieuzer hulpplan dat zij voorlegden liep stuk op het veto van Elizabeth. In eigen ogen had Oranje nog maar één serieuze troef en dat was zijn bondgenootschap met Frankrijk en meer in het bijzonder met de ambitieuze Anjou.

Het lastige van een hernieuwde alliantie met Anjou was dat dit bij voorbaat nog veel meer negatief sentiment tegen Oranje zou opwekken. Calvinisten zagen in Anjou een onbetrouwbare katholiek, en Nederlandse katholieken, vooral in de zuidelijke gewesten, zagen in Anjou een onbetrouwbare Fransman.[144] Toch drukte Oranje in deze maanden zijn bondgenootschap met Anjou door. Hij besefte dat hij daarmee een groot risico nam, maar zag geen andere uitweg. Met Anjou kon hij proberen Farnese alsnog in de tang te nemen en militair uit te putten. Terwijl dit besluit bij Oranje in de tumultueuze zomer van 1579 rijpte, stortte Anjou zich opnieuw in een avontuur met de koningin van Engeland. Er was in 1572 al eens sprake geweest van een huwelijk, maar dat bleek toen voor beide partijen een politiek mijnenveld op te leveren.[145] Een huwelijk tussen de koningin van Engeland en een zoon van het Franse vorstenhuis betekende zoveel als een Engels-Frans bondgenootschap. Spanje zou dat niet pikken, maar ook katholieken in Frankrijk zouden ertegen in 't geweer kunnen komen. En in Engeland was de antipathie tegen aartsvijand Frankrijk zonder meer groot.

Aan deze omstandigheden was niet veel veranderd, toch begon Anjou in het najaar van 1578 opnieuw avances te maken naar Elizabeth. Dat Anjou inmiddels in de Nederlanden een concreet uitzicht had op de positie van landsheer, was het nieuwe aan de situatie. Anjou kon bij zijn Nederlandse ambities niet al te vast rekenen op steun van zijn broer, en zeker niet van de machtige katholieke factie aan de Franse troon. Steun van Engeland zou het Nederlandse avontuur een stuk kansrijker maken. In de loop van 1579 werd er al onderhandeld over de voorwaarden, met name over de hoge financiële eisen van Anjou. Veel adviseurs van de koningin vonden het hele project-Anjou op dat ogenblik een recept voor onheil, alleen al vanwege het verwende en onvoorspelbare karakter van de hertog.[146] Elizabeth had laten weten dat ze niet zou trouwen zonder de bruidegom eerst te hebben gezien.[147] In augustus 1579 stak Anjou, incognito reizend, over naar Engeland, waar hij Elizabeth, eveneens incognito, in Greenwich bij Londen ontmoette. Elizabeth vond de Franse hertog een stuk minder afstotelijk dan ze uit de verhalen had opgemaakt en leek hem wel te mogen.[148] Ze gaf hem de bijnaam Frog, waarmee ze wellicht wat pesterig hintte op zijn pokdalige huid.

Elizabeth van Engeland, getekend door Lucas d'Heere (in diens Corte Beschryvinghe van England, Scotland, ende Irland *(collectie British Library Board / Bridgeman Images).*

Ondanks de uitgelaten en flirterige sfeer was het voornaamste doel van Elizabeth Anjou van verdere Nederlandse avonturen af te houden.[149] Want er dreigde een veel te machtig Frankrijk te ontstaan, dat op enig moment ook Engeland zou willen inlijven. Elizabeth hield Anjou voorlopig aan het lijntje. Zolang dat lijntje niet knapte, koesterde Oranje hoop dat de Engels-Franse alliantie tot stand zou komen. Er was op dat ogenblik niet zoveel waar hij zich nog aan kon vasthouden. De binnenlandse verhoudingen verzuurden in het najaar van 1579 verder.

In het defensief

Op 18 augustus was Oranje opnieuw vader geworden van een dochter. Ze kreeg de naam Charlotte Flandrina. Diezelfde dag was hij naar Gent vertrokken om Hembyze uit de macht te zetten. Op 3 oktober keerde hij terug in Antwerpen. Gent was weer even gehoorzaam, en dat gold ook voor het gewest Vlaanderen, afgezien van de aanhoudende onrust in het zuiden van het gewest, waar Rijsel in deze weken vrede sloot met Farnese. Maar Oranje had de verstandhouding met het gewest hersteld. Het mocht blijken uit een onschuldig detail: bij de doop van zijn dochter op 18 oktober in Antwerpen stond het gewest Vlaanderen peter, ze kreeg van het gewest een pillegift, een doopgeschenk, in de vorm van een pensioen van 3000 gulden per jaar, dat ook nog zou overgaan op haar kinderen.[150] Een politiek gebaar met een ceremoniële glans. Daar had het de voorgaande maanden erg aan ontbroken.

Toch bleef het slechte nieuws maar komen, ook binnen de familie. Jan van Nassau was al enige tijd niet op zijn gemak als stadhouder van Gelderland.[151] Hij kende veel problemen met onwillige gewestelijke bestuurders, die zich niet bepaald door hem lieten leiden. Over de onbenulligste zaken moest eindeloos worden onderhandeld. Over de grote vraagstukken was al helemaal geen consensus te bereiken, zoals oorlogsinspanningen, religiekwesties of belastingen. De financiën van Gelderland waren daardoor inmiddels precair geworden. Jan van Nassau kon het niet langer bolwerken en kondigde bij zijn broer aan nog voor het einde van november naar Duitsland terug te keren. Op 10 november gaf hij in een openhartige en zeldzaam zwaarmoedige brief tientallen redenen waarom hij dit werk niet wilde of kon volhouden. Het was zwaar en ondankbaar – hij zag in dat hij voor het onwillige volk hier niet veel meer kon betekenen, en hij wilde de verantwoordelijkheid ook niet meer dragen.[152] Het platteland was in opstand over de vele belastingen, muitende soldaten en de godsdienst. De vijand probeerde daarop in te spelen. Inmiddels was hijzelf, met zoveel slechtbetaalde boze soldaten in de naaste omgeving, zijn leven niet meer zeker.[153] In een vlaag van eerlijkheid bekende Jan dat hij voor 'zulke zware regeringstaken' ook het talent niet had, en hij had grote moeite met de 'gewoonten, gebruiken en taal' van de mensen hier, om er nog aan toe te voegen dat zijn geestkracht en geheugen hem steeds meer in de steek lieten. Hij leed aan driftbuien en moest ervoor waken dat hij niet steeds meer mensen tegen zich in het harnas joeg. Hij had gemerkt dat er de spot met hem werd gedreven.[154]

Er waren nog wel meer persoonlijke overwegingen: hij wilde na lange afwezigheid wel weer eens terug naar Dillenburg. Het was inmiddels vier maanden geleden dat daar in zijn afwezigheid zijn vrouw plotseling was overleden, en sindsdien had hij voor zijn kinderen en andere dierbaren maar weinig kunnen betekenen.[155] Het werd bovendien tijd zijn eigen zaken te gaan behartigen.[156] Hij had al die jaren in Gelderland geen toelage ontvangen. Hij bewoonde in Arnhem een eenvoudig huis met nauwelijks personeel. Hij zat op zwart zaad. Inmiddels wilden bakkers ook bij Jan, zoals eerder bij landvoogd Matthias, geen brood meer leveren. Hij bekende wel eens zonder eten naar bed te gaan. Er was ook geen brandstof meer om de kachel brandende te houden.[157]

Ondanks de eindeloze litanie waarin Jan zich uitputte, bleef een van de belangrijkste redenen in zijn brief van acht dichtbeschreven kantjes ongenoemd: hij kon zich niet verenigen met de keuze van zijn broer voor Anjou.[158] Hoewel Jan nog maar zo kort geleden tot het calvinisme was overgegaan, wilde hij inmiddels vol inzetten op het bouwen van een internationale calvinistische alliantie. Hier zouden de broers nooit uit komen. Jan observeerde intussen de tragische neergang van Willem. Jan was twee jaar eerder naar de Nederlanden gekomen om hem bij te staan, omdat het hem zo pijnlijk aan echte vertrouwelingen ontbrak. Jan zag dat zijn broer inmiddels 'door menigeen geheel verlaten' was.[159] Daar voegde hijzelf zich nu bij.

Jan van Nassau liet zich door Oranje bepraten om toch nog enige tijd te blijven, zonder dat ze nader tot elkaar kwamen – het ongenoegen had zich daarvoor ook over een te lange periode opgebouwd. Hij kreeg bovendien steeds meer moeite met Oranjes politiek van verdraagzaamheid tegenover katholieken. Nu de stemming in het land zich verhardde, er overal gewapende strijd kon uitbreken, was het in Jans ogen niet langer verantwoord de katholieken, potentiële verraders, zoveel ruimte te geven.

Zoeken naar vaste grond: naar het noorden

Op 24 november deed Oranje in de vergadering van de Staten-Generaal nog eens zijn beklag over het zo beroerd functioneren van de Generaliteit; vooral de trage besluitvorming was een ramp. Om er een persoonlijk dimensie bij te voegen:

> Na zoveel smart en arbeid, en na zoveel zwartmakerij te hebben ondergaan en te hebben laten passeren, deels van boosaardige, deels van slecht geïnformeerde mensen, heb ik me tot heden volkomen uitgeput,

> met het verderf van mijn huis, mijn vrouw en kinderen tot gevolg. Ik zie niet meer hoe ik een dergelijke last nog kan dragen [...].[160]

Hij gaf ook in overweging dat ze dan maar zonder hem verder gingen.[161] Zo'n dreigement wilde eerder nog wel eens het gewenste schrikeffect sorteren. Ook nu liet Oranje zich smeken om vooral door te gaan. Hij vatte weer wat moed.

Tien dagen later stelde hij de oprichting van een Landraad voor: de leden zouden met volmacht, en zonder tussenkomst van de Staten-Generaal, beslissingen moeten kunnen nemen. Oranje wilde hierover vóór 1 februari 1580 uitsluitsel. Maar dit voorstel viel ten prooi aan hetzelfde probleem als waarvoor het een oplossing moest bieden: verschillende gewesten bleven er eindeloos over vergaderen en stemden er pas aan het einde van dat jaar mee in.[162] In diezelfde weken deed Oranje ook voorstellen voor het opzetten van iets als een bovengewestelijk staand leger, van 4000 ruiters, 12.000 man voetvolk en 1200 pioniers.[163] Dat zou steden kunnen verlossen van grote garnizoenen. Dit leger zou door betere training en het aankweken van een 'esprit de corps', een veel grotere gevechtskracht kunnen ontwikkelen dan de ingehuurde ad-hocregimenten waar tot dan toe mee gewerkt werd.[164] Ook hierover verliep de besluitvorming traag.

Het nijpendst waren de geldzorgen. Om die te verlichten werden verschillende belastingen in stemming gebracht, onder andere op consumptie en op handel. Het waren fiscale constructies die veel weg hadden van de verschillende belastingen die Alva destijds had willen invoeren. Er werd ook gesproken over het innen van een belasting op scheepvaartverkeer, de zogenaamde konvooigelden – een fiscale nieuwigheid. Het op poten krijgen van een fiscaal stelsel zou de positie van de Staten-Generaal op de geldmarkt aanzienlijk versterken – er kon weer worden gedacht aan het sluiten van leningen bij geldschieters en banken. In januari 1580 gingen diverse gewesten met veel gekreun akkoord met de meeste voorstellen.[165]

Ook in de Staten was tegen het einde van 1579 het inzicht doorgebroken dat alleen een bondgenootschap met Anjou nog een uitweg bood.[166] Op 4 januari 1580 werd Oranje door de Staten-Generaal belast met het ontwerpen van een contract met Anjou, een stuk dat het onmogelijke binnen bereik moest brengen: het bekleden van een buitenlandse vorstelijke persoon met de soevereine macht die op dat ogenblik nog door Filips II werd uitgeoefend. Dit was met enig aplomb nog wel aanvaardbaar te maken. Moeilijker was het om de ambitieuze Anjou met die soevereiniteit te bekleden en hem tegelijkertijd zo goed als geen uitvoerende macht te geven. Dit was de opdracht aan Oranje.[167] Binnen enkele dagen had de prins een ontwerp gereed, dat al op 13 januari werd goedgekeurd. Anjou moest alle oude privileges en vrijheden erkennen en de religievrede aanvaarden, hij zou zich verplichten vooral Nederlandse adviseurs aan te nemen. Hij kreeg per maand een bedrag van 160.000 kronen (480.000 pond) om te besteden aan oorlogvoering.[168] Het was verder aan de gezanten van beide partijen om dit af te ronden. Daar gingen hoe dan ook nog maanden overheen. Oranje had in de plenaire vergadering nog wel de vraag opgeworpen wat er nu met aartshertog Matthias moest gebeuren. 'Daarop werd stilgezwegen.'[169]

Daarmee was dit delicate probleem bepaald nog niet opgelost. Het definitief inroepen van Anjou zou niet goed vallen bij de keizer. Met dat in het achterhoofd stuurde Lazarus van Schwendi Oranje op 27 februari 1580 een omstandig betoog om niet met die 'geile en onbetrouwbare' Fransen in zee te gaan, want met hen is nog nooit 'enige staat of vorst in veilige haven aangekomen'.[170] Houd je vooral bij Matthias, die heeft je veel goeds gebracht, tel je zegeningen. Denk aan de eer van je familie. Laat je nu niet verblinden, de Fransen zijn wellicht nog erger dan de Spanjaarden.[171]

Oranje was niet gevoelig voor deze raad. Zijn repliek kwam neer op de eenvoudige, door lange ervaring geschraagde vaststelling: wanneer ik op hulp uit Duitsland moet wachten, dan is de zaak verloren. De keizer is gevraagd om de Nederlanden in bescherming te nemen, en daar is tijdens de Keulse vredesonderhandelingen niets goeds uit voortgekomen. De keizer heult te veel met de Spanjaarden. Dit land is vastbesloten om een nieuwe landsheer aan te nemen, dat heeft niet alleen consequenties voor Filips II, maar ook voor Matthias.[172]

Eind januari vertrok Oranje voor een rondreis naar de noordelijke gewesten. Het werd tijd om daar na ruim tweeënhalf jaar weer eens zijn gezicht te laten zien. Holland had er een halfjaar eerder al eens om verzocht,[173] maar Oranjes bedoelingen reikten inmiddels verder. Met de steeds toenemende chaos in de zuidelijke Nederlanden begon de Nadere Unie, die een jaar eerder in Utrecht was gesloten, zo langzamerhand te ogen als een samenwerkingsverband waar wel toekomst in zat. Oranje was voornemens om met name in Holland, Utrecht en Gelderland te overleggen over het versterken van de eigen defensie.

Op het eerste deel van zijn reis naar het noorden trok aartshertog Matthias met Oranje mee. Oranje zorgde in Breda voor een groots onthaal op zijn eigen kasteel.[174] Matthias keerde daarna weer terug naar Antwerpen. In korte tijd deed Oranje Den Haag, Utrecht en Arnhem aan om met de gewestelijke besturen te overleggen. Op 6 februari kwam in Utrecht de Nadere Unie voor het eerst in haar bestaan in plenaire zitting bijeen. Uiteindelijk wilde Oranje naar Amsterdam reizen, de handelsstad die nog maar een paar maanden eerder naar de Staatse zijde was overgegaan en inmiddels een protestants stadsbestuur had. Er stond hem een uitbundige ontvangst te wachten.[175]

Het liep iets anders. Al enige maanden circuleerden er geruchten over geheime onderhandelingen tussen de gouverneur van de noordelijke gewesten, Rennenberg, en Farnese.[176] Het was een delicate ontwikkeling, omdat ook Oranjes zwager Willem van den Bergh met deze gesprekken in verband werd gebracht.[177] Oranje besloot op 28 februari dit niet langer op zijn beloop te laten. In plaats van naar Amsterdam te gaan trok hij via Amersfoort naar Elburg, waarheen hij ook Rennenberg had uitgenodigd. Rennenberg, kwam niet opdagen. Oranjes komst naar het noorden bracht een versnelling in een staatsgreep die Rennenberg al geruime tijd in voorbereiding had.[178] Op 3 maart maakte Rennenberg bekend dat hij het Oranjegezinde bewind in de stad Groningen, dat er nog maar enkele maanden zat, opzij had geschoven. Rennenberg, die nog altijd de status van een waarnemend gouverneur had, riep zich vroeg in de ochtend op de Grote Markt met veel trompetgeschal en ontbloot zwaard uit tot 'echte stadhouder van deze landen'.[179] De implicatie was dat hij zich verzoende met Farnese en dus met Filips II. Dit was een volgend succes voor de malcontenten, en een geste die binnen de vooraanstaande familie Lalaing tot het sluiten van de gelederen leidde. De familie, die altijd katholiek was gebleven, was nu weer over de volle breedte koningsgezind.

Deze staatsgreep in Groningen is bekend komen te staan als het 'verraad' van Rennenberg. Uit Staatsgezind oogpunt was het zeker verraad, en uit het oogpunt van Rennenberg waarschijnlijk ook, anders hoefde hij zijn operatie niet zo in het geheim voor te bereiden.[180] Toch is regelmatig opgemerkt dat zijn stap een eigen logica had en in het verlengde lag van de Keulse vredesonderhandelingen, waar wel meer katholieke edelen besloten alsnog vrede met de koning te sluiten. Rennenberg zou vooral gedreven zijn door een verlangen naar verzoening.[181]

Het was wellicht ook uit angst voor het calvinisme.[182] Hij zat daar in het noorden, terwijl er aan alle kanten aan zijn mandaat getornd werd. Belangrijke versterkte steden als Harlingen, Stavoren en Leeuwarden waren de voorgaande maanden in Staatse handen gekomen.[183] De snelle calvinisering van het openbare leven, vooral in Friesland, was in katholieke ogen geheel in strijd met de Pacificatie van Gent. En dat was het. Het verschafte Rennenberg het morele recht om zich niet meer aan de Pacificatie gebonden te voelen en terug te keren naar het enige rechtmatige gezag in het land, dat van de Spaanse koning en diens landvoogd Farnese. Als reactie op Rennenbergs overgang werden in steden als Deventer en Zwolle en verspreid over Friesland katholieke kerken bestormd en vernield. De Staten van Friesland, die tot dan toe nog hadden geprobeerd een gematigde koers te varen, verboden begin april de katholieke eredienst.[184]

En zo transformeerde het conflict in korte tijd voor een tweede keer. De burgeroorlog die kort na het sluiten van de Pacificatie van Gent was gevolgd op de lange jaren van vrijheidsstrijd, begon nu het karakter te tonen van een onversneden godsdienstoorlog.[185] Opvallend genoeg waren alle Franstalige gewesten stevig in katholieke handen,[186] en knaagde Farnese met succes aan de randen van Gelderland, Vlaanderen en Brabant. Met de overgang van Rennenberg ontstond er in het noorden opeens een tweede front. Rennenbergs deelname aan de Unie van Utrecht leek zoveel rust te beloven, maar bleek een schijnbeweging; in diezelfde maand dat hij de Nadere Unie tekende, was hij zijn onderhandelingen met Farnese begonnen over verzoening.[187]

De godsdienststrijd deed er een paar jaar over om goed uit te botten. Oranje heeft er van alles aan gedaan om de religieuze dimensie alsnog te temperen. Met een godsdienstig conflict kon hij niet goed uit de voeten. Maar zijn voornaamste remedie, de religievrede, bleek de godsdienstige tegenstellingen alleen maar aan te wakkeren, en wel zo hevig dat ze hem boven het hoofd groeiden. Zijn andere remedie, het inroepen van de gematigd katholieke Anjou, kon wellicht het oecumenische streven alsnog gestalte geven. Een dubieuze speculatie.

Tijdens zijn verblijf in Utrecht bezocht Oranje een preek van de libertijnse predikant Duifhuis, die in het verleden deel had uitgemaakt van de sekte van Hendrik Niclaes, die formeel nog heel lang katholiek was gebleven, maar sinds de Pacificatie van Gent gebruikmaakte van de vrijheid die er op religieus gebied even leek te heersen. In Utrecht kreeg hij in 1578 de Sint-Jacobskerk toegewezen voor de protestantse eredienst.[188] Hij verwijderde ook de beelden. Maar wat hij zijn toehoorders leerde was niet de standaard calvinistische geloofsinhoud, maar een verinnigd zielenleven, in harmonie met de medemens, en naar het voorbeeld van Christus. Uiterlijke katholieke of calvinistische vormen, oftewel de kerken zelf, deden er niet toe. Het ging vooral, net als bij veel andere libertijnen, om de 'onzichtbare kerk', die iedereen verbindt. Bij Duifhuis heerste een grote mate van vrijheid, en zeker niet de calvinistische tucht. Dit viel slecht bij orthodoxe gereformeerden, die probeerden Duifhuis de stad uit te werken. Maar Duifhuis genoot bescherming van het gematigde Utrechtse stadsbestuur.[189]

In februari zat Oranje bij zo'n dienst en verklaarde dat de preek een van de meest stichtende was die hij ooit had gehoord. De orthodoxe calvinisten die over dit kerkbezoek hoorden, gingen meteen verhaal bij hem halen. Of hij wel wist met welke ketter hij te maken had? Oranje verdedigde zich door op te merken dat hij niet wist van alle conflicten die in Utrecht speelden; hij was ook maar door zijn stalmeester Emmery de Lyere naar deze preek gestuurd.[190] Vermoorde onschuld, maar het incident bewijst nog eens hoe de gematigde partij in de verdediging zat.

Oranje vogelvrij

Door te onderhandelen met Anjou over de precieze voorwaarden waaronder hij landsheer van de Nederlanden kon worden, werd en passant afscheid genomen van de huidige landsheer, Filips II. De Staten van Holland namen er sinds januari al een voorschot op door Filips II als hun vorst uit alle nieuwe documenten weg te laten. Oranje vond dit wat delicaat en voorbarig; hij zag liever dat de voltallige Staten-Generaal een dergelijk besluit namen.[191] Hij had tot dan toe als het om de reputatie van de koning ging altijd omzichtig gehandeld om maar de redenatie in stand te kunnen houden dat hij niet streed tegen de koning, maar tegen diens tirannieke dienaren. Het was een bijna juridische, maar betekenisloze voorzorg, want er was in de praktijk niemand die deze holle retoriek nog serieus nam. Niet in de Nederlanden en zeker niet in Spanje.

Oranje zal begin 1580 niet hebben geweten dat in Spanje een minstens zo rigoureus besluit werd voorbereid dat hem definitief onschadelijk moest maken. Filips II had in de loop van 1579 al bepaald dat Oranje moest verdwijnen. Het afslaan van de genereuze aanbiedingen die Oranje in Keulen waren gedaan, hadden Filips geen andere weg meer opengelaten. Oranje moest hoe dan ook verdwijnen, linksom of rechtsom.

In het najaar van 1579 had Filips zijn oude vertrouweling Granvelle gevraagd diens ambassadeurspost in Rome te verlaten en hem in Madrid te komen adviseren. Een van de eerste beleidsstukken die Granvelle na zijn aankomst produceerde, was de aanbeveling om een banedict tegen Oranje uit te vaardigen.[192] Op 30 november verstuurde Filips II de brief waarin hij Alessandro Farnese de opdracht gaf om een edict op te stellen waarin Willem van Oranje vogelvrij werd verklaard en waarin degene die erin slaagde om hem uit de weg te ruimen een hoge beloning in het vooruitzicht werd gesteld.[193]

Toen Farnese de opdracht een paar weken later ontving, begreep hij dat er weinig anders op zat dan deze uit te voeren, maar hij zag er niets in. Op deze manier werd van Oranje bij leven al een martelaar gemaakt. Dat zou publicitair weleens averechts kunnen werken.[194] Farnese liet een concepttekst maken, waarschijnlijk door Assonville, en stuurde die eind januari ter goedkeuring naar Spanje.[195]

De tekst van het banedict bestond vooral uit een lange opsomming van Oranjes wandaden, met aan het slot het fatale vonnis: Oranje diende voor altijd te verdwijnen uit alle erflanden van Filips II. Niemand zou meer op enige manier contact met hem mogen hebben of hem op afstand diensten mogen verlenen. Iedereen kreeg het recht om deze Willem van Nassau (de titel van prins van Oranje, die hij aan de Habsburgers te danken had, kwam hem niet langer toe) te arresteren als 'vijand van de mensheid'. Al zijn bezit mocht worden geconfisqueerd, en degene die in staat zou zijn om Oranje, dood dan wel levend, uit te leveren kon een beloning tegemoetzien van 25.000 kronen. Deze daad werd bij voorbaat vergeven als een God welgevallig werk. Filips gaf per omgaande zijn akkoord. Farnese zette na lang treuzelen op 15 maart 1580 zijn handtekening, al dan niet toevallig de dag waarop de tirannieke Julius Caesar in 44 voor Christus aan zijn einde kwam.[196]

De tekst werd pas begin juli in omloop gebracht, in het Nederlands, Frans en Duits. Het banedict werd in duizenden exemplaren door heel Europa verspreid. Er kwam ook een verkorte versie, speciaal voor internationaal opererende kooplieden, die er snel uit konden opmaken dat ze een groot risico liepen wanneer ze met Oranje zaken bleven doen.[197]

Oranje vernam over de ban door een onderschepte brief van Granvelle. De ban was toen al gedrukt. Hij kreeg pas eind augustus een gedrukt exemplaar in handen.[198] Wat zijn eerste reactie was, is niet bekend. Hij moet onmiddellijk hebben ingezien dat hier werd geprobeerd hem te isoleren van zijn medestanders in de Staten-Generaal. Hij stuurde het stuk door naar de Staten-Generaal op 5 september, met de aankondiging dat hij voornemens was een apologie op te stellen, waarvan hij hoopte dat die uit naam van de Staten in de wereld gebracht kon worden.[199]

Was er met het uitvaardigen van deze ban iets veranderd? Het Spaanse bewind had inmiddels al zoveel aanslagen op Oranje beraamd.[200] De laatste dateerde nog maar van iets meer dan een jaar geleden, toen Terranova in de aanloop naar de Keulse vredehandel iemand zocht die hem uit de weg wilde ruimen.[201] Oranje wist dat de directieven voor de aanslagen telkens bij Filips II vandaan kwamen. Deze operaties waren steeds in het geheim opgezet. Nu werd hij voor het oog van de hele wereld tot mikpunt gemaakt.

11

Wachten op Anjou
1580-1583

Maart 1580. Amsterdam was al een paar weken aan het wachten. Herbergen en logementen waren voorbereid op een invasie van vele tientallen hovelingen en hoogwaardigheidsbekleders. Bewoners van het Damrak kregen orders hun huis niet te verlaten of hoogstens op het eigen stoepje te blijven zodra Oranje in aantocht zou zijn. Degenen die niet gehoorzaamden, moesten ter plekke hun overkleren inleveren, die naderhand voor twee gulden konden worden teruggekocht. Alle schepen en bootjes die er afgemeerd lagen, moesten voorlopig even verdwijnen.[1]

Amsterdam was tot anderhalf jaar geleden een belangrijk bruggenhoofd voor de Spanjaarden geweest, die daardoor de illusie konden blijven koesteren dat ze Holland snel konden terugveroveren.[2] Met de Alteratie van oktober 1578 was de trouw aan het Spaanse bewind definitief gebroken en hield de stad de zijde van Oranje. Sindsdien waren veel protestantse en economische vluchtelingen weer naar Amsterdam terugverhuisd. Deze voormalige ballingen domineerden ook het nieuwe stadsbestuur. Onder hen veel oude bekenden van Oranje, zoals Willem Bardes, Reinier Cant en Laurens Jacobsz. Reael, onverzettelijk in hun strijd tegen de Spaanse overheersing en gematigd in hun geloofsopvattingen. Nogal wat bestuurders gedroegen zich zo'n beetje gereformeerd, maar hielden er in hun hart afstand van.[3] Dat was de combinatie van vrijzinnige eigenschappen die Oranje het liefst zag bij lokale bestuurders. Het was alsof hij in Amsterdam wat moed kwam putten in een tijd die verder weinig goed nieuws bracht.

Op 17 maart 1580 kon het feestprogramma eindelijk worden afgewerkt. De honderden, zo niet duizenden Amsterdammers die een rol moesten vervullen in escortes, erewachten en theaterspektakels hadden zich dagen paraat gehouden. Leden van de schutterij moesten het luiden van de

Alessandro Farnese, geportretteerd door Anthonis Mor (collectie Fine Art Images / Heritage Images / Alamy Stock Photo).

noodklok in de gaten houden en dan meteen aantreden. Wie het waagde de stad uit te gaan, kon een boete van twaalf gulden tegemoetzien.[4]

Oranje kwam vanuit Muiden over de Zuiderzee naar de haven van Amsterdam. Vanaf de daar voor anker liggende schepen werd met kanonnen een eresaluut afgevuurd. Het moet zo daverend hard zijn geweest dat de stad aan verscheidene middenstanders een schadevergoeding moest betalen voor gesprongen glaswerk. Voor de ogen van Oranje ontrolde zich die middag een zeer waterig spektakel. In het water van het Damrak, het brede water dat naar het hart van de stad voerde, zwom een enorme walvis rond, met daarbovenop een trotse Neptunus, er was ook een drijvend gebouwtje, opgetrokken uit zuilen, bemand door een maagd, die een uitstalling van oosterse waren beheerde.[5] Vervolgens was er op het water een steekspel, in een levensechte choreografie, waarbij uiteindelijk zo'n tien of twaalf man in het ijskoude water belandden.[6] Ondertussen werd het ene kanon na het andere tot vuren gebracht en losten de schutters steeds opnieuw salvo's. Amsterdam liet zich van zijn weerbare kant zien.

De dagen erna werd het vreugdevertoon voortgezet, met rokende teertonnen, en met een groots lichtspektakel, waarbij aan de toren van de Oude Kerk papieren lantaarns waren opgehesen. Nog weer een dag later werden op de hoge brug over het Damrak het kasteel van Oranje te Breda en de burcht van Alva in Antwerpen nagebouwd. Om acht uur 's avonds begonnen van daaruit beschietingen over en weer, tot na een uur de vesting van Alva in de fik vloog en afbrandde. Oranje had er vanuit zijn logies in de Warmoesstraat het volle zicht op. Hier was door vijf vuurwerkspecialisten ruim een maand aan gewerkt. Het hele programma volgde de anti-Spaanse retoriek die Oranje zo graag levend hield.[7] Voor wie dit nog niet had begrepen, waren op de behuizing van Alva spreuken aangebracht die de Spanjaarden zonder omhaal zwartmaakten als bloedhonden en verkrachters van jonge maagden.

Zo ging het nog dagen door. Dat Amsterdam zijn weerbare kant had, bleek ook bij de besprekingen die overdag in de binnenkamers werden gevoerd. Oranje moest ervaren dat de Amsterdammers gewend waren keihard zaken te doen, en met een vastberadenheid die er door jaren in ballingschap niet minder op was geworden. Ze wilden het hebben over gunstige bepalingen die eerder, bij de Satisfactie van februari 1578, aan het toen nog katholieke stadsbestuur waren toegestaan, om hen over te halen tot tekenen. Die bepalingen uit de Satisfactie moesten blijven gelden, zeker de toezegging dat Amsterdam geen bijdrage zou leveren aan het aflossen van de astronomische oorlogskosten over de jaren 1572-1578. De Amsterdammers stelden zich op het standpunt dat ze toen de kant van de koning hielden en dus niets met die kosten van het Oranjekamp van doen hadden.[8]

Of ze dan niet gevoelig waren voor het argument dat de andere Hollandse steden voor hen de kastanjes uit het vuur hadden gehaald? Dat waren ze niet. Het gesprek hierover liep vast. Namens de Staten van Holland was de nog jonge jurist Johan van Oldenbarnevelt de voornaamste onderhandelaar. Hij zou hier leren dat Amsterdam nooit iets zou doen wat tegen het eigenbelang in ging.[9] Oranje hield zijn gesprekspartners voor dat ze er snel uit moesten komen, want hij durfde de voorspelling wel aan dat in dat geval 'Amsterdam zal gaan bloeien en groeien, meer dan alle andere steden'.[10] Het duurde hierna nog twee jaar voor er een akkoord werd gesloten, en daarin hadden de Staten van Holland bar weinig kunnen binnenhalen.[11]

Amsterdam liet tijdens de maartse onderhandelingen blijken dat het voortaan in grote mate de agenda ging bepalen. Er werd ook nog gesproken over het aannemen van de hertog van Anjou als nieuwe landsheer. Ook hier zag Amsterdam weinig in. Dan nog liever Oranje met enige soevereiniteit bekleden om de verenigde provincies te representeren, maar geen onbetrouwbare Fransman. Als compromis stelde Amsterdam in de onderhandelingen nog voor om Oranje in ieder geval Holland onder zijn hoede te laten nemen en Anjou er zo geen enkele zeggenschap te geven.[12]

Het was onvermijdelijk dat in Amsterdam ook de religiekwesties op tafel kwamen. Die dagen bleven er maar berichten komen over hevige beeldenstormerij in Overijssel en Friesland, en dat daar werd gejaagd op katholieken die ervan verdacht werden met de vijand te heulen.[13] Dit streed met alles wat in de voorgaande jaren was afgesproken. Utrechtse bestuurders zonden een delegatie naar Oranje in Amsterdam en bezwoeren hem deze eigenmachtigheid snel in te dammen. Oranje wilde het in Antwerpen gaan bespreken in de Staten-Generaal en beloofde de katholieken tot die tijd voldoende bewegingsruimte om gewoon hun missen te kunnen houden. Verder nam hij zijn toevlucht tot zijn gebruikelijke bezwering om in deze strijd tegen de grote vijand Spanje de eendracht te bewaren.[14] Oranje was op zoek naar tijd, bedenktijd, tijd om af te koelen. Hij vertrok op 23 maart naar Haarlem. In de weken daarop werd de collectieve aandacht voor enkele dagen afgeleid door een flinke aardbeving. Op 6 april, in de paasweek, schudde de aarde twee keer hevig en zou ook omhoog zijn gekomen. Schoorstenen en kerktorens stortten in. De beving werd tot in Keulen, Parijs en Londen gevoeld. Uit Calais en Boulogne-sur-Mer kwamen zelfs berichten over iets wat op een tsunami leek.[15] Het bleek niet meer dan een rimpeling in de heftige politieke golfslag die maar door het land bleef klotsen.

Calvinisering van het openbare leven

De calvinisering ging onverbiddelijk door. Dit was iets waar de verschillende overheden geen impulsen aan hoefden te geven, het voltrok zich onder aanvoering van de verschillende kerkelijke bestuurslichamen, als provinciale synodes, classes, kerkenraden, diaconieën, en ook steeds meer in de theologie van Calvijn onderlegde predikanten. De gereformeerde kerk had zich binnen tien jaar ontwikkeld tot een strak aangelijnde organisatie, waarin het gezag vooral werd bepaald door een strakke reglementering van 'bovenaf', maar de dagelijkse leiding, het kerkbestuur, was in handen van lidmaten – een begin van democratie, die in de hiërarchisch georganiseerde roomse of lutherse kerk ondenkbaar was.

Terwijl sinds de Pacificatie van Gent het calvinisme met de nodige agressie oprukte in zo goed als alle Nederlandstalige gewesten, lagen Holland en Zeeland in dit proces zo'n vijf jaar voor. De dominantie van de gereformeerde kerk, met de systematische achterstelling van andere geloofsrichtingen, was al overal tastbaar en zichtbaar. Zo goed als alle katholieke kerken waren aan gereformeerden overgedragen, kloosters en kerkelijk landbezit waren veelal onteigend, herbestemd voor nieuwe functies of aan de hoogst biedende verkocht, waarbij een groot deel van de opbrengst werd aangewend voor de bestrijding van oorlogskosten, of voor het opzetten van een nieuwe kerkelijke infrastructuur, inclusief nieuwe scholen.[16]

Hoe sterk de greep van de calvinisten op het geestelijke leven omstreeks 1580 al was, ondervond de populaire lutherse predikant Johannes Saliger te Woerden. In de loop van enkele jaren had de uit Duitsland afkomstige Saliger een grote schare volgelingen, maar naarmate de greep van de calvinisten op het stadsbestuur groeide, zag hij zich gedwongen steeds meer in het geheim zijn diensten te houden; uiteindelijk werd zijn eigen woning plaats van samenkomst. Toen hem dit begin 1580 ook onmogelijk werd gemaakt, richtte hij zich in wanhoop tot Willem van Oranje om voor degenen die de Augsburgse Confessie toegedaan waren zijn bescherming te vragen, en hij verwees daarbij naar de Pacificatie van Gent, die garandeerde dat de religieuze status quo gehandhaafd bleef. Om er nog aan toe te voegen dat in het heetst van de strijd in Woerden, Oudewater en Schoonhoven lutheranen een grote bijdrage hadden geleverd aan het verdrijven van de Spanjaarden. Uiteindelijk bemoeiden de Staten zich met de zaak, met als gevolg dat Saliger het preken definitief onmogelijk werd gemaakt. Begin april werd hij zelfs gedwongen Woerden te verlaten.[17]

Het gewest Utrecht, waar Woerden deel van uitmaakte, verwerd in deze maanden tot een nerveus front, een bestuurlijk slagveld waar moest blijken of Oranjes religievrede enige kans van slagen had. Juist gedurende de eerste maanden van 1580, waarin Oranje zo intensief heen en weer reisde tussen verschillende gewesten boven de grote rivieren, probeerden calvinisten hem in verschillende plaatsen zo veel mogelijk voor voldongen feiten te stellen. In steden als Deventer, Zwolle en ook in Friesland werden kerken bestormd, van hun beelden ontdaan en geschikt gemaakt voor de gereformeerde eredienst. Katholieken op wie de verdenking rustte met de vijand te heulen, werden uit verschillende steden weggejaagd. De daadkracht werd in de hand gewerkt door het verraderlijke optreden van Rennenberg in Groningen.[18]

Ook in Utrecht gingen de remmen los. Alle afspraken tussen de verschillende religies die in de voorgaande zomer waren gemaakt, werden achterhaald verklaard. Calvinisten drongen de katholieke kerken van de stad Utrecht binnen en vernielden alle beelden, altaren en kostbaarheden. Bij het stadsbestuur presenteerden ze een flink pakket politieke eisen, die neerkwamen op een vergaande calvinisering van het geestelijke en openbare leven, ook van het onderwijs en het stadsbestuur zelf. De katholieke religie moest verboden worden en katholieke vreemdelingen moesten meteen worden uitgewezen. Het stadsbestuur voelde zich zo geïntimideerd dat het op veel punten toezeggingen deed, veelal onder het voorbehoud dat Willem van Oranje er als stadhouder ook nog iets van moest vinden.[19]

Utrecht stond op het punt van exploderen omdat de gezagsgetrouwe schutterij er nauwelijks van kon worden weerhouden de calvinisten te lijf te gaan. Religie dreigde de stad te splijten. De gewestelijke bestuurders riepen nog eens op de religievrede die het vorige jaar overeen was gekomen, nu echt in werking te stellen. Het bleef zonder gevolg. Oranje moest hier tonen wat hij waard was, in omstandigheden waarin iedere groepering andere verwachtingen op hem projecteerde. Katholieken waanden zich beschermd door Oranjes religievrede, calvinisten door Oranjes vastberadenheid om het pact van Spanje en Rome tot het uiterste te weerstaan. Het salomonsoordeel van Oranje luidde dat de religievrede en alle andere verdragen die de laatste jaren gesloten waren om de eendracht te bevorderen van kracht bleven, en dat de katholieken weer twee kerken mochten gebruiken; de andere katholieke kerken bleven voorlopig gesloten.[20] De Staten-Generaal moesten zich hier maar over uitspreken. Alles in de hoop dat de gemoederen met het verstrijken van de weken zouden afkoelen.[21] Het was ijdele hoop. Verdraagzaamheid liet zich niet afdwingen, niet in Utrecht en ook niet elders, zoals in Jan van Nassaus Gelderland.

De pijn van de Nassaus

De toenemende agressie en chaos vroegen stalen zenuwen, en die had Jan van Nassau niet. Hij had zich door zijn broer dan wel laten overreden nog enige tijd aan te blijven, maar begin april 1580 zette hij tegenover Ernst van Schauenberg op vertrouwelijke toon zijn fundamentele onbehagen uiteen. Er was sinds zijn ontslagbrief van november een halfjaar verstreken, waarin 'de zaken op een wonderbaarlijke en unieke manier door elkaar liepen'. Dit moest een mens wel moedeloos en bedrukt stemmen: 'Het is niet anders dan over en weer oorlog, onrust, groot wantrouwen, splijting, onenigheid, verderf en erbarmelijke jammerklachten.'[22] Jan gaf een schets van een burgeroorlog die zich steeds maar uitbreidde: hier werd gevochten met de Spaanse vijand, elders met gedeserteerde hoge edelen, gewesten en steden, die zich de malcontenten noemden. Maar er werd ook gestreden met de eigen onderbetaalde soldaten, en intussen moesten in Friesland, Overijssel en Gelderland de oproerige boeren bedwongen worden, en werd er veel geruzied met de eigen vrienden en bondgenoten om hun te laten inzien hoe erg de situatie was en dat er snel geld moest komen. Nog steeds was Jan nauwelijks in staat voor zijn eigen huishouden de dagelijkse voeding te betalen. Terwijl de strijd op al die verschillende fronten in hevigheid toenam, en dus veel geld kostte en grote risico's opleverde, ook voor hemzelf en zijn dierbaren. Sinds enkele maanden diende zijn twintigjarige zoon Willem Lodewijk als kolonel in het Staatse leger, met een heel regiment onder zijn hoede. Jan had zijn zoon met zijn troepen naar het noorden gestuurd om daar de ambities van Rennenberg met geweld terug te snoeien. Een andere goede bekende, Filips van Hohenlohe, een zwager van zijn zuster Magdalena, was al enige jaren actief in de Nederlanden, leidde het leven van een vrolijke vrijgezel en had nu de opdracht ongehoorzame steden als Oldenzaal, Steenwijk en Hasselt, die trouw bleven aan Rennenberg, alsnog aan de zijde van de Staten te trekken. Hij zag dat Hohenlohe de zware taak om meerdere gewesten tot rust te brengen helemaal in zijn eentje, dat wil zeggen zonder verstandige en aanzienlijke adviseurs en zonder praktische ondersteuning, moest zien te volbrengen. Het enige wat hij had, was een onderbetaald en ongehoorzaam stel manschappen. Dit zou nergens in Europa kunnen bestaan; het was puur amateurisme. Jan zou er niet raar van opkijken als zijn zoon en Hohenlohe er de brui aan gaven en in Duitsland een mooie betrekking als legeraanvoerder aannamen.[23]

Zoals Jan van Nassau de actuele situatie schetste, stelde hij impliciet de vraag hoeveel offers het huis van Nassau nog wilde brengen voor de zaak van de Nederlanders. Hij zag dat zijn broer Willem niet van plan was op te geven en bij alle ontberingen op een wonderlijke manier zijn goede humeur wist te bewaren. Hij zag dat hij veel steun had aan zijn vrouw Charlotte, die hem met verstandige raad terzijde stond.[24]

Oranje had zich mentaal zwaar gepantserd tegen tegenslag, maar zoals wel vaker werd hij door zijn lichaam onderuitgetrokken. Kort nadat Jan dit verslag aan Schauenberg had verstuurd, kreeg Oranje, inmiddels teruggekeerd in Antwerpen, te kampen met hoge koortsen. Hij belandde voor een volle week in bed. Het was iets besmettelijks, in zijn gezin en hofhouding vertoonden wel vijftig mensen dezelfde verschijnselen.

Toen hij net hersteld was, deed hij er kort verslag van in een brief aan zijn moeder. Zoals hij ook heel summier vertelde over de situatie in de oorlog: 'Vandaag winnen we, morgen verliezen we.' Er was geen uitzicht op vrede. We konden een verdrag sluiten, als we bereid waren Gods Woord te verraden. Daar was gelukkig niemand toe bereid. We gingen tot het uiterste. Hij hoopte dat zijn moeder hem niet kwalijk wilde nemen dat hij haar al jaren niet meer had geschreven: 'Ik weet dat u medelijden met me zult hebben, wanneer u zou zien met welke grote zaken ik dagelijks belast ben...' Met wat beleefheden tot slot beëindigde Oranje de brief. Charlotte de Bourbon deed er nog een hartelijk, eigenlijk veel hartelijker briefje bij. Ze hadden elkaar nog nooit ontmoet, maar dat weerhield haar niet. Liefdevolle woorden over haar man, die het niet gemakkelijk had, bovendien erg ziek was geweest, maar die echt wel regelmatig succes wist te boeken: af en toe werd een stad bevrijd.[25] De kinderen maakten het goed, zowel de stiefkinderen als het eigen kroost, ze gaven veel plezier. Vooral Louise Juliana, die beweerde dat grootmoeder het meeste van haar hield, omdat zij nu haar naam mocht dragen. Charlotte zou graag willen dat de kleinkinderen toch minstens één keer de kans zouden krijgen hun oma te zien. Louise Julienne begon zelfs al wat Duits te brabbelen. Het waren aandoenlijke huiselijke mededelingen

Ze deden er zeker een week over naar Dillenburg en arriveerden wellicht net te laat om grootmoeder Juliana van Stolberg nog te kunnen ontroeren. Ze stierf op 18 juni, 77 jaar oud. Oranje ontving het bericht van het overlijden van zijn moeder via Jan. Oranje liet op 12 juli aan zijn broer weten dat hij zijn moeder graag nog een keer had gezien. De Almachtige had anders beschikt, zoals Hij de hand in alles had. Oranje schakelde vervolgens over op actuele politieke kwesties die hij met zijn broer wilde doornemen. Het doet onderkoeld aan. Willem had op 29 juni 1572, bij zijn vertrek voor de tweede grote veldtocht naar Brabant, op de Dillenburg zijn moeder voor het laatst gezien.[26] Sindsdien was er van beide kanten sporadisch een briefje gevolgd, afgaande op wat er is overgeleverd, zo'n tien van de moeder, en één van de zoon, die waarschijnlijk ook nog te laat kwam. Ze bleven op de hoogte van elkaars wedervaren door het briefverkeer van andere dierbaren, dat was kennelijk genoeg. De sporadische brieven van moeder Juliana aan Willem worden gedomineerd door godsdienstige vermaningen, en dat was waarschijnlijk ook de oorzaak van de wat kille verstandhouding.

Het moet voor Juliana moeilijk zijn geweest om te zien dat zoon Willem niets van de godsdienstige rechtlijnigheid vertoonde waarin ze haar kinderen had opgevoed. Een religieus mens heeft zich te houden aan bepaalde riten en leefregels. Het was aan haar zoon niet besteed. Ze vermoedde bij hem een grote mate van religieuze onverschilligheid. In een van de laatste brieven die Oranje van zijn moeder ontving, bezwoer ze hem te bedenken 'dat het beter is het tijdelijke dan het eeuwige leven te verliezen'.[27] Het was in de maanden dat de Pacificatie katholieken en protestanten leek te kunnen verenigen: ze waarschuwde haar zoon juist in verband met deze vrede voor 'de satan in schaapskleren', want 'de wereld is listig'. Ze zei zoveel als: houd je verre van katholieken.

Hier klonk de stem van een matriarch, die de eer van het huis van Nassau bewaakte. Ze projecteerde graag haar eigen vrome rechtlijnigheid op de hele familie, die inmiddels al ruim 140 kleinkinderen telde.[28] En toch, ondanks alle vroomheid vertoonde ze juist in haar gezin een zekere willekeur. Zo afstandelijk als ze was omgegaan met zoon Willem en ook wel met haar andere kinderen, zo sterk betrokken was ze geweest bij de jonggestorven Lodewijk. In brieven sprak ze haar kinderen meestal aan met 'Euer Lieber', dat klonk in de hoofse taal van die tijd liefhebbend maar ook wat plechtig; in haar intensieve briefwisseling met Lodewijk sprak ze hem vaak aan met het informele 'du'.[29] Lodewijk was haar vertrouweling, niet Willem. Toen Lodewijk in april 1574 op de Mookerheide, met zijn broer Hendrik, ten onder was gegaan als veldheer voor Willem, zal er bij hun moeder wellicht iets gebroken zijn. Dat er bloed van Nassaus vloeide voor een onduidelijke godsdienst- en gewetensvrijheid waar ook katholieken van mochten profiteren, moet haar een gruwel zijn geweest.

Oranje liet zich aan deze moederlijke blik niet veel gelegen liggen. Hij zat in een conflict dat niet met het cultiveren van principes, maar met doorzettingsvermogen en vindingrijkheid gewonnen kon worden. Bij alle offers die de familie al had gebracht, kon hij niet anders dan de inzet telkens weer verhogen.[30] Voor zijn broer Jan was dit niet bij te benen. Hij wilde niets liever dan vertrekken, na maanden van nogal hopeloze strijd in de oostelijke gewesten, waar telkens opnieuw brandhaarden ontstonden, aangestookt door Rennenberg vanuit het noorden en door Farnese vanuit het zuiden. Daartussendoor liepen legertjes muitende boeren. Filips van Hohenlohe en Willem Lodewijk konden er nauwelijks vat op krijgen.[31] Ze probeerden Rennenberg uit Groningen te verdrijven en tegelijkertijd te voorkomen dat de troepen van Farnese zich bij hem konden aansluiten. Willem Lodewijk werd op 13 juni voor Groningen getroffen door een zware kanonskogel, die hem onder zijn linkerknie een grote vleeswond ('zweier finger breitt') toebracht.[32] De wond genas moeizaam en de twintigjarige zou voor zijn leven mank blijven lopen. De troepen van Hohenlohe werden drie dagen later op de hei bij Hardenberg in een veldslag tegen een leger van Farnese vernietigend verslagen.[33] Al snel richtte de frustratie zich op Hohenlohes levensstijl van drank en vrouwen, maar de echte oorzaak voor de zeperd zat in een totaal gebrek aan coördinatie bij de Staten. Het ontbrak aan middelen en aan tactisch raffinement. Er was geen enkele strategie meer. Het werd Farnese zo wel erg gemakkelijk gemaakt.

Het was deze golf slecht nieuws die Jan sterkte in zijn voornemen dit strijdtoneel snel te verlaten en terug te keren naar Dillenburg. Op 27 mei was ook al de roekeloze maar toegewijde geus van het eerste uur Barthold Entens van Mentheda gesneuveld voor Groningen. Nog deprimerender was het bericht van de gevangenneming van de Franse legeraanvoerder in Staatse dienst François de la Noue. Hij was een belangrijke schakel in de diplomatie tussen Oranje en Anjou, een man uit één stuk, betrouwbaar als belijdend calvinist, pragmatisch als bemiddelaar en zeer slagvaardig en moedig als militair. Hij had in 1570 in een gevecht een arm verloren, waarvoor in de plaats hij een ijzeren prothese droeg die hem de bijnaam 'Bras de Fer' had opgeleverd. Een man met charisma. Iemand die in staat was zijn denkbeelden goed te articuleren, ze ook opschreef en publiceerde. Hij was in de loop van de jaren goed bevriend geraakt met Willem van Oranje.[34] Meer dan diens broer Jan was La Noue enigszins in staat Lodewijk van Nassau als raadgever te vervangen. François de la Noue werd op 10 mei, enkele weken nadat hij erin geslaagd was Ninove op Farnese te heroveren, krijgsgevangen gemaakt bij het West-Vlaamse Ingelmunster. Hij was nu in de macht van Farnese, die niet van plan was hem snel en lichtvaardig uit te leveren. Farnese speelde zelfs met de gedachte La Noue in zijn cel te laten vermoorden.[35] De gevangenneming van de populaire La Noue kwam erg hard aan bij de bevolking, en ook bij Oranje en Jan van Nassau.[36] Dat in diezelfde dagen Johan Casimir, de fanatieke calvinist, gedreven door pure geldnood waarschijnlijk, zijn diensten aanbood aan Farnese, was misselijkmakend, maar viel in het niet bij het grote gemis van François de la Noue.[37]

Jan van Nassau zal begin juli vanuit Arnhem naar Duitsland zijn vertrokken.[38] Wat er in hem omging toen hij de grens passeerde en de Nederlanden achter zich liet, is onmogelijk te zeggen. Het zal niet alleen vreugde zijn geweest, en ook niet alleen maar woede of verdriet. In Dillenburg trof hij een huis in rouw, met een voelbare leegte, omdat niet alleen de moederlijke zorg van zijn vrouw, maar ook de sturende en dwingende hand van zijn moeder gemist werd. Jan bekeek zijn al geruime tijd verweesd levende kinderen en zal hebben beseft dat het snel vinden van een nieuwe zorgzame echtgenote pure noodzaak was. Hij stuurde aan op een huwelijk met Cunegonda Jacoba, dochter van de inmiddels overleden keurvorst van de Palts, Frederik III. Een jeugdige vrouw – twintig jaar jonger dan Jan – met rechtlijnige calvinistische opvattingen. Jan zette er vaart achter, in september werd het huwelijk al voltrokken. Het leverde bovendien een bruidsschat van 23.000 gulden op, een vrolijk stemmende bijkomstigheid.[39]

Zijn broer Willem wenste hem uiteraard geluk, maar bekeek deze bewegingen ook met enig ongeduld. Hij ging ervan uit dat Jan spoedig weer zou terugkeren naar de Nederlanden. Jan was dat niet van plan en stuurde tegen het einde van 1580 zijn secretaris en vertrouweling Andreas Christiani naar Oranje, die op dat ogenblik in Delft verbleef, om hem voorzichtig duidelijk te maken dat hij zijn eigen koers ging volgen. Christiani kreeg nauwelijks de kans dit bij Oranje naar voren te brengen. Wanneer keerde zijn broer nou eindelijk terug; diens afwezigheid duurde al zo lang? Er liepen al praatjes: kijk eens hoe trouw die Nassaus onderling zijn, ze zeggen dat je op hen kunt vertrouwen, maar ze zijn de eersten die het land verlaten. Oranje speelde op het eergevoel. Hij spendeerde veel uren en maaltijden aan het bewerken van Christiani. Alles werd besproken, maar telkens kwamen de gesprekken weer uit bij de erekwestie: hier stond de reputatie van het huis van Nassau op het spel.[40] Oranje stuurde er nog een uitgebreide brief achteraan, waarin hij benadrukte dat het ook om de 'ware religie' ging, en die kon Jan niet zomaar in de steek laten. Om daar eveneens een erekwestie van te maken: 'we hebben hierin internationaal een naam op te houden', zo hield hij Jan voor.[41]

De vijanden van de vijand

Het hele jaar 1580 kwamen er wisselende berichten over Oranjes stemming. Christiani trof, afgezien van het gemopper op zijn broer, een opgeruimde Oranje, die eindelijk gunstige ontwikkelingen zag in zijn zo lang gekoesterde bondgenootschap met Anjou.[42] Er werd serieus onderhandeld. Dat was een vermoeiende geschiedenis aan het worden, waarin ook veel wantrouwen zat. Oranje zette door omdat hij geen goed alternatief had.[43] Hij investeerde niet veel meer in steun van de keizer of van Duitse vorsten. Dan had hij meer vertrouwen in een bondgenootschap met Portugal. Oranje deed al sinds het begin van de Opstand pogingen contacten te onderhouden met vijanden van Spanje in het Middellandse Zeegebied. Zolang de handen van Filips II daar gebonden werden, zou hij moeite blijven houden om in de Nederlanden een overmacht te ontwikkelen. Al in 1566 maakte Oranje gebruik van de diensten van de Portugees-joodse diplomaat en bankier Joseph Nasi, die in zijn jonge jaren lange tijd in Antwerpen had gewoond en inmiddels goede contacten onderhield met de Turkse sultan.[44] De Turken zochten sinds enkele decennia steun in West-Europa, met name in Frankrijk, om de Habsburgers in te tomen.[45] Dat de geuzen in 1566 de leuze 'Liever Turks dan paaps' adopteerden, was minder gratuit dan het leek; vooral in protestantse kringen kregen de als wreed maar ook als religieus tolerant bekendstaande Ottomanen nog altijd de voorkeur boven de even wrede maar onwrikbare Spanjaarden.[46] Omstreeks 1574 werden de contacten met Constantinopel inniger, waarbij Oranje steun kreeg van Karel IX van Frankrijk. Er werden ook netwerken in Spanje opgezet om daar de morisco's, het al langere tijd ontevreden Moorse deel van de bevolking, in opstand te brengen. In 1574 stuurde Oranje zelfs een gezant naar Constantinopel, wat even later beantwoord werd met een missie uit Turkije. Het wederzijdse belang kreeg gestalte. De sultan begon in 1574 de verovering van Tunis, waardoor de Spaanse positie in Noord-Afrika en daarmee ook in de westelijke Middellandse Zee aanzienlijk zou verzwakken. Dat de Spaanse machtspositie in de Nederlanden vanaf datzelfde jaar snel afbrokkelde, was niet het eerste doel, maar wel een door de Nederlandse opstandelingen en ook door de Ottomanen al zo lang gewenst neveneffect.[47]

Door het vroegtijdig overlijden van Karel IX in datzelfde jaar verwaterde het zo profijtelijke contact met de Turken. Het ontwikkelen van vriendschap met vijanden van de vijand werd een constante in Oranjes internationale diplomatie. Zijn aanhoudende flirt, via de diplomaat Fregoso, met de groothertog van Toscane maakte er ook deel van uit.[48] Ondermijning van Spaanse belangen was telkens het hoofddoel. In 1580 ontstonden in dit genre nauwe contacten met de Portugese troonpretendent Dom Antonio, die verwikkeld was in een complex juridisch, maar door grote belangen gedomineerd proces om te bewijzen dat de vacante Portugese troon hem als enige toebehoorde. Filips II had zich ook gemeld met even wankele aanspraken, maar wel met aanzienlijk meer macht en militaire mogelijkheden. De steun van Oranje voor Dom Antonio was uiteraard pure berekening, vissen in troebel water, waar ook Frankrijk aan meedeed. In mei richtte Dom Antonio een verzoek voor militaire steun aan Willem van Oranje en de Staten-Generaal. Er werd besloten koopvaardijschepen die naar Portugal wilden vertrekken zwaar te bewapenen.[49] Er gingen ook extra kanonniers mee om in Portugal diensten te verlenen. Terwijl de processen nog liepen, riep Dom Antonio zichzelf op 18 juni 1580 uit tot koning van Portugal. Filips II had op dat ogenblik Alva al opdracht gegeven een groot leger uit te rusten en tegen Portugal op te trekken. De matig georganiseerde troepenmacht van Dom Antonio bleek geen partij voor Alva; eind augustus werd hij verslagen. Dom Antonio wist te ontkomen, probeerde nog te hergroeperen, maar moest in januari 1581 Portugal definitief ontvluchten, niet toevallig op een Nederlands schip.[50]

Filips II vestigde uiteindelijk zonder al te veel moeite zijn macht in Portugal, en beheerste nu het hele Iberisch schiereiland. Maar het had hem ook weer voor langere tijd afgeleid van de Nederlanden, tijd waarin Oranje verder boetseerde aan het bondgenootschap met Anjou en Frankrijk. De instemming van de Staten-Generaal was cruciaal, net als de goedkeuring van het Franse hof.[51] Anjou en Oranje waren er al een tijdje uit, ze schreven elkaar bemoedigende, maar ook nogal ongeduldige brieven. Het ongeduld maskeerde enigszins hoe in een lange reeks voorzichtige bewegingen uiteindelijk een heel duidelijke richting werd gekozen. Terwijl de gewesten eindeloos delibereerden over de precieze tekst van de overeenkomst met Anjou, verschenen meerdere pamfletten waarin de definitieve breuk met de oude landsheer Filips II al zichtbaar werd, en er ook werd gespeculeerd over de manier waarop de Nederlanden daarna geregeerd zouden moeten worden.[52] Er klonken geluiden over het aannemen van de republikeinse staatsvorm, maar er werd meteen bij opgemerkt dat die zijn eigen kwetsbaarheden met zich meebracht. De Nederlanden waren erg klein te midden van verschillende grootmachten, bovendien hadden republieken de neiging aan interne conflicten ten onder te gaan.[53] Enige vorm van monarchaal gezag zou dat laatste bezwaar kunnen ondervangen; het op strikte voorwaarden inroepen van een buitenlands vorst kon het eerste bezwaar afdekken.

Het knevelen van een gewenst maar gevreesd monarch

Afgevaardigden van de Staten en medewerkers van Oranje werkten in 1580 maanden achter elkaar behoedzaam toe naar een waterdicht contract met de nieuwe landvoogd, die op termijn ook kon worden aangenomen als nieuwe landsheer. Het was niet goed te overzien waar dat op zou uitlopen, terwijl de urgentie om tot zaken te komen met de dag toenam. Daarbij moest erop vertrouwd worden dat Anjou, met behulp van de Franse koning, kon beschikken over voldoende financiën en getrainde militairen. Gezanten van Anjou zegden die steun joviaal en ruimhartig toe.[54] De Staten moesten vooral de neiging al te snel te willen toehappen onderdrukken.

Tegelijkertijd werd de aandacht van Anjou van de Nederlanden afgeleid doordat in Frankrijk sinds eind 1579, inmiddels voor de zevende keer, de godsdienstoorlog was opgelaaid. Anders dan bij de vorige uitbraak, toen Anjou optrok met de katholieke Guises, probeerde hij nu weer een neutrale positie in te nemen, wat de hugenoten in de kaart speelde.[55] Maar de turbulentie in Frankrijk maakte voor de Staten alles onzeker. Het was een aansporing om het te sluiten verdrag met Anjou alleen nog maar verder dicht te timmeren. Als het niet zou werken, moesten de Staten er altijd van af kunnen. Gent en een aantal andere Vlaamse steden hoopten intussen wel degelijk op een snelle komst van Anjou, die in staat moest zijn de aanhoudende strijd met de malcontenten in het zuiden van hun gewest met een actie vanuit Frankrijk in hun voordeel te beslissen.[56] Een Vlaamse delegatie reisde in mei 1580 zelfs naar Tours om Anjou hiertoe over te halen. Het maakte nog eens duidelijk dat in de alliantie met Anjou veel particuliere belangen moesten worden gediend.

Dat in Frankrijk het enthousiasme voor samenwerking met de opstandige Nederlanders toenam, bleek uit de komst, midden in de zomer van 1580, van Henri de Bourbon, prins van Condé – een neef van Hendrik van Navarra –, die als aanvoerder van de hugenoten inmiddels enige zware nederlagen te verwerken had gekregen. De ironie van de situatie was dat Condé hulp kwam vragen in plaats van die te bieden. Er werd onderhandeld, eerst in Gent, daarna in Antwerpen. Condé was daarvoor in Engeland geweest om ook daar ondersteuning in te roepen. Hij werd in Gent en Antwerpen met alle denkbare eerbewijzen ontvangen. Het liep dwars door alle voorbereidingen voor de alliantie met Anjou heen. Anjou en Condé waren op dat ogenblik geen grote vrienden; de laatste was te toegewijd calvinistisch om sympathie te voelen voor de grillige verzoeningspolitiek van Anjou.[57] Ze leefden al sinds 1575 in onmin met elkaar. Toch werden ze beiden door Farnese en de malcontenten gezien als een grote bedreiging, omdat met de laatste ontwikkelingen een omsingeling vanuit Frankrijk snel dichterbij leek te komen. De malcontenten besloten met steun van Farnese tot een verrassingsaanval op Gent, meteen de nacht na de aankomst van Condé. De bedoeling was Condé en zijn gevolg en verder zo veel mogelijk Gentenaren te vermoorden. De bestorming mislukte door een urenlange hoosbui. De Gentenaren kregen daardoor net genoeg tijd hun verdediging, die mede door verraad slecht op orde was, alsnog te organiseren.[58] De verliezen onder de malcontenten waren groot, ook La Motte raakte gewond.

De volgende dag trok Condé door naar Antwerpen, waar hij niet alleen Oranje, maar ook zijn volle nicht Charlotte de Bourbon in de armen kon sluiten. Condé kreeg een warm onthaal op het kasteel van Antwerpen, met een groot diner. De ontvangstruimte was gehuld in zwart laken en Oranje ging ook in het zwart gekleed vanwege het recente overlijden van zijn moeder, 'geheel volgens katholiek gebruik', zo rapporteerde een anonieme tijdgenoot.[59] De dagen daarop werd er in wisselende samenstellingen veel overlegd en gedineerd, waarbij Philippe Duplessis Mornay, in zijn oude functie als zaakgelastigde van Hendrik van Navarra, maar ook als inmiddels jarenlange vertrouweling van Oranje, een prominente positie innam.[60] Hij was ongetwijfeld in staat Oranje bij te praten over wat er zoal schuilging achter de vorstelijke grandeur die Antwerpen kwam aandoen. Condé was een prins op de vlucht, een man die alles op het spel zette voor zijn protestantse geloofsovertuiging, zij het met een groot en schitterend uitgedost gevolg.

Condé bewoog in zijn koets, met Oranje aan zijn zijde, enkele dagen door de Antwerpse straten, en kon met eigen ogen vaststellen dat de enorme schade van de Spaanse Furie van vier jaar eerder ondanks alle inspanningen nog altijd niet hersteld was. En hij kon waarnemen dat in veel uithoeken van de Nederlanden de gewapende strijd verder aan het oplaaien was. Hij was getuige van het uitvaren van schepen met soldaten naar Groningen. De Nederlanders hadden duidelijk genoeg aan zichzelf. Condé en zijn gezelschap vertrokken op 20 juli met lege handen naar Duitsland, in de hoop bij Johan Casimir en de keurvorst van de Palts concrete steun te verwerven.[61] Oranje en de Staten hadden weinig tot niets te bieden, alleen goede intenties, die vooral in de richting wezen van het alsnog smeden van een grote internationale anti-Spaanse coalitie. Hierin zou Condé hoogstens een ondergeschikte rol mogen spelen. Oranje zette zijn diplomatie met Anjou voort en deed niets wat op dat ogenblik de Franse koning tegen de haren in kon strijken.[62]

Weerstand tegen een Franse roomse hertog wordt afkeer

Op 11 augustus 1580 namen de Staten-Generaal het formele besluit Anjou als landsheer van de Nederlanden aan te nemen. Het was bij meerderheid van stemmen, niet unaniem, wat voor zo'n ingrijpend besluit nogal oncomfortabel aanvoelde. Onder andere de stad Antwerpen was erop tegen.[63] Er leefde daar de angst dat dit zo slecht zou vallen bij Spanje en zijn bondgenoten dat dit weleens consequenties kon hebben voor de nog altijd zeer lucratieve handel met die contreien.

Eind augustus vertrok onder aanvoering van Marnix opnieuw een delegatie naar Midden-Frankrijk, waar Anjou op het kasteel van Plessis-lès-Tours de tot de punten en komma's doordachte voorstellen van de Staten-Generaal onder ogen kreeg. Er werd vanaf 7 september nog bijna twee weken onderhandeld. Anjou toonde zich meegaand, kondigde aan dat hij zijn troepen vast in gereedheid zou brengen, maar dat hij nog wel de Franse koning moest overtuigen van de details van deze onderneming. Daar zat, zoals altijd, de cruciale wissel in het Franse verhaal: durfde Hendrik III het aan Anjou openlijk te steunen en zo een hete oorlog met Spanje te riskeren?[64]

Van de zijde van de Staten werd hiermee een stap gezet die wel 'revolutionair' is genoemd, omdat het op Europese schaal nog maar zelden was voorgekomen dat een vertegenwoordigend en met weinig formele macht bekleed lichaam als de Staten-Generaal zich ontdeed van een wettige landsheer, door op eigen gezag een andere te kiezen. Dat is wat in Plessis-lès-Tours onomkeerbaar in gang werd gezet.[65] Op 19 september 1580 werd het akkoord gesloten, en op 25 september liet Anjou ook nog eens per brief aan de Staten-Generaal weten dat hij al hun voorbehouden en voorwaarden accepteerde. Opmerkelijk, want ze beperkten de armslag van de nieuwe landsheer bij voorbaat aanzienlijk: de Staten benoemden de Raad van State, die Anjou terzijde ging staan, en ook het aanstellen van de legerleiding werd hun voorrecht. Voor veel militaire activiteiten moest Anjou vooraf aan de Staten toestemming vragen.[66] Anjou werd al onder curatele gesteld voordat hij iets verkeerd had kunnen doen.

Het kenmerkt Anjous gretigheid dat hij hier schijnbaar gemakkelijk overheen stapte, mogelijk met de gedachte dat ze nog weleens zouden zien als hij eenmaal was ingehuldigd. Hij beloofde spoedig naar de Nederlanden te komen om hun oude rechten te herstellen.[67] Het klonk oprecht, het was mogelijk ook oprecht, maar voorlopig werd Anjou door de burgeroorlog in Frankrijk gehouden. De legermacht van tienduizend man waarop hij zich in de overeenkomst met de Staten had vastgelegd, kon hij in deze omstandigheden domweg niet op de been brengen.

Toch zag Oranje het verdrag van Plessis-lès-Tours als het begin van een ommekeer, ook omdat hiermee het internationale isolement waar hij al geruime tijd in verkeerde doorbroken leek. Mogelijk zouden Engeland en de hugenoten zich aansluiten, of kwam er weer hulp uit Duitsland.

Binnenslands trok de alliantie intussen een diep spoor van tweedracht. Het antikatholicisme en de beeldenstormerij die met het 'verraad' van Rennenberg in veel plaatsen waren opgeflakkerd, kreeg door de alliantie met Anjou nog weer extra zuurstof toegevoerd. De gedachte bij veel calvinistische hardliners was: oppassen met zo'n roomse landsheer, laten we nu al territorium veiligstellen waar het kan en moet. Met als direct gevolg dat in veel plaatsen in noord en zuid gedurende de zomer en het najaar nog een groot aantal katholieke kerken door gereformeerden in gebruik werd genomen, nonnen en broeders uit kloosters werden verjaagd en kloosterlijk bezit werd onteigend. Het begon min of meer als een spontane actie, maar veel stadsbesturen hechtten er eerst stilzwijgend en later ook formeel goedkeuring aan. De calvinistische omwenteling werd over het algemeen keurig juridisch en boekhoudkundig afgehandeld.

Wat deed Oranje? Hij zag het gebeuren en besefte dat er ook voordelige kanten aan zaten. De afstand met Spanje en het pausdom werd steeds groter en langzamerhand onoverbrugbaar, en al dat geconfisqueerde kerkbezit leverde bovendien geld op. Om zijn broer Jan ervan te overtuigen weer naar Gelderland terug te keren gebruikte hij nu zelf het argument dat ze samen in staat moesten zijn de zaken goed op orde te krijgen 'waardoor de religie hoe langer hoe meer bevorderd en verbreid wordt'.[68] 'Religie' betekende voor beide broers wellicht iets anders, maar Willem hoopte dat Jan hier vooral 'calvinisering' in wilde lezen, om later te kunnen zeggen dat hij vooral de zaak van de 'ware godsdienst' had bedoeld, wat van alles kon betekenen, behalve dan het pausdom.

Gematigde protestanten beseften wel degelijk dat Anjou een uitweg kon bieden in erg complexe en steeds hopelozer wordende militaire omstandigheden. Dit gold ook voor Oranjes adviseurs Marnix, Languet, Mornay en Villiers, die veel werk verzetten om de geesten rijp te maken voor dit uit noodzaak geboren bondgenootschap. Marnix gold onder hen als het meest uitgesproken pro-Frans; hij had inmiddels, na weken met hem te hebben onderhandeld, een bijzondere band met Anjou. Mornay kende hem al wat langer, hij zag de noodzaak zich aan Frankrijk te binden, maar was erg sceptisch over het onbetrouwbare karakter van de hertog.[69]

Op 26 november kwam in Frankrijk, met de Vrede van Le Fleix, opnieuw een voorlopig einde aan de burgeroorlog. In deze vrede had Anjou, samen met Hendrik van Navarra, een bemiddelende rol gespeeld, met als belangrijke uitkomst voor de hugenoten dat hun heel precies plaatsen werden aangewezen waar ze vrij waren hun godsdienst te belijden.[70] Hier kwam Anjou goed uit. Aan Oranje liet hij weten dat hij er nu echt aankwam, maar dat de vrede in Frankrijk nu eenmaal noodzakelijk was om de Nederlandse zaak goed te kunnen behartigen. Anjou hoopte vooral dat de koning er zo van opkikkerde dat hij niet langer dwars zou liggen bij het Nederlandse avontuur.[71] De ratificatie van het verdrag door de koning vroeg nog eens een maand, en Anjou kon daarbij niet gemist worden.[72] Om de Staten er maar aan te laten wennen dat de beoogde landsheer zijn eigen agenda volgde. Het ging nog bijna een jaar duren.

Aanval als verdediging: de Apologie

Dat er vaste afspraken waren gemaakt met Anjou had zijn uitwerking op de manier en het moment waarop Oranje in 't geweer kwam tegen de ban die Farnese uit naam van Filips II had uitgevaardigd. Verzekerd van de steun van Frankrijk durfde Oranje het wel aan een ferme toon aan te slaan. Hij overlegde een en ander met Hubert Languet en Philippe Duplessis Mornay, twee veel rondreizende vertrouwelingen, die het internationale speelveld goed overzagen. Na hun adviezen te hebben ingewonnen zette Oranje in het najaar van 1580 zijn hofpredikant en raadsman Pierre de Villiers aan het werk om niet alleen zichzelf van alle blaam te zuiveren, maar meteen ook de aanval te kiezen en het bewind dat Filips II al dertig jaar voerde met kracht van argumenten en veel anekdotiek in diskrediet te brengen.[73] Het betoog dat Villiers afleverde in het late najaar van 1580 moet ongekend scherp zijn geweest, want nadat het aan diverse adviseurs van Oranje was voorgelezen, werd vooral de toon afgezwakt. Hierin speelde Duplessis Mornay, die juridisch geschoold was en van nature bedachtzaam opereerde, een belangrijke matigende rol.[74] Maar ook de uiteindelijke tekst is nog altijd hard en onbesuisd. Zelfs onder Oranjes vertrouwelingen die nauw bij de totstandkoming betrokken waren, zoals Languet en Mornay, waren geluiden te horen dat het nog wel iets milder had gemogen.[75] De waarheid ligt nergens in het midden. Dat zal dan ook niet de bedoeling zijn geweest. De *Apologie* stelde iedere lezer voor de keuze: geloof je die Spaanse tiran of geloof je mij?

Het werd hiermee ook voor iedereen duidelijk dat de breuk tussen de Staten-Generaal en Spanje onheelbaar was zolang Willem van Oranje en

Filips II er de centrale figuren waren. Door het akkoord met Anjou te sluiten waren ook de Staten kort daarvoor die weg op gegaan, maar dit hardop verkondigen kon weleens een verkeerde dynamiek in werking zetten. Op 14 december 1580 liet Oranje in een plenaire vergadering van de Staten-Generaal te Delft de *Apologie* in zijn geheel voorlezen door de Gentse raadpensionaris Jacob van Someren.[76] De tekst viel niet bij alle gedeputeerden goed. Utrecht, Overijssel en Gelderland hadden eerder al grote moeite met wat in Plessis-lès-Tours met Anjou was overeengekomen, maar deze openlijke en sarcastische afwijzing van de koning ging hun te ver.[77]

De *Apologie* beliep in boekvorm ruim tweehonderd pagina's. Het was een politiek betoog, een juridische pleitrede, een smaadschrift en een autobiografie ineen. Oranje had sinds hij vogelvrij was verklaard en de breuk met Filips II voor de hele wereld onheelbaar was gebleken, niets meer te verliezen.[78] Die toon sprak eruit. Oranje gaf een bondige samenvatting van het banedict dat door Filips II en Farnese de wereld in was gebracht: hij was uitgemaakt voor 'een ketter, hypocriet, lijkend op Judas en Kaïn, aanvoerder en voornaamste onruststoker in het land, rebel, vreemdeling, vijand van de mensheid, de pest van het christendom, schelm en verrader', en dat zou moeten rechtvaardigen dat hij 'als een beest in de handen van alle moordlustigen en gifmengers werd overgeleverd, die mij het leven mogen benemen, met een grote beloning voor degene die hierin zal slagen'.[79]

De tekst was door Villiers in het Frans opgesteld en werd meteen vertaald in het Nederlands. Het is wel opgemerkt dat de Franse versie een levendig en puntig geformuleerd betoog is, en de Nederlandse versie nogal wollig en ambtelijk overkomt.[80] Misschien is dat een aanwijzing dat bij de Nederlandse versie en het binnenlands gebruik niet de prioriteit lag. De *Apologie* verscheen ook in het Duits, Engels en het Latijn, niet in het Spaans.[81]

Het zou nog wel gekund hebben, om goedwillende Spanjaarden te bereiken, maar bestonden die wel? De strekking van de *Apologie* was niet alleen anti-Filips II, het was ook nadrukkelijk anti-Spaans. Er werden over de Spaanse volksaard weinig vleiende zaken beweerd: ze hadden 'wrede, gierige en hoogmoedige manieren', en ze waren ook wellustig, tiranniek enzovoort.[82] Hiermee greep Oranje terug op een beproefde techniek in zijn propaganda: het verleggen van de aandacht van religieuze en politieke zaken naar nationale tegenstellingen aan de hand van harde stereotyperingen. In de *Apologie* werd uitgebreid gebruikgemaakt van de beroemde en veelgelezen aanklacht van Bartolomé de las Casas tegen het Spaanse optreden in Amerika, waar de oorspronkelijke bevolking op grote schaal werd uitgemoord, alles werd leeggeplunderd en waar een hoogwaardige beschaving welbewust te gronde was gericht. Spanje kwam er gitzwart uit:

> Wij hebben zelf hun daden gezien, wij hebben hun ideeën gehoord, en we waren getuige van wat ze adviseerden toen ze besloten u allen de dood aan te zeggen, en ze ook niet beter met u omgingen dan met beesten, als ze maar bij machte waren geweest u net zo om het leven te brengen, als ze in Indië [Amerika] hebben gedaan, en nog altijd doen, waar ze meer dan twintig miljoen (ofwel 200 keer 100.000) mensen jammerlijk om het leven hebben gebracht, en ook dertig keer meer land hebben vernield en ontvolkt, dan de hele Nederlanden bij elkaar. En dat met zoveel vreselijk geweld dat alle barbaarse, wrede en tirannieke feiten die hier eerder bedreven zijn, kinderspel zijn vergeleken bij wat de Indianen is overkomen [...].[83]

In Mexico en Peru lieten de Spanjaarden hun ware aard zien: wreed en onverbeterlijk hooghartig.[84] Door de voorbeelden van deze volksaard in zijn *Apologie* hoog op te stapelen gaf Oranje een enorme impuls aan wat naderhand de 'zwarte legende' is gaan heten:[85] een absolute veroordeling van Spanjaarden om hun wrede en hoogmoedige aard en hun daaruit voortkomende wandaden.

Tussen Nederlanders en Spanjaarden was in redelijkheid geen vergelijk mogelijk.[86] Het was een betoog met etnische of zelfs racistische ondertonen, die nog aangezet werden doordat Oranje meende dat de perverse karaktertrekken van de Spanjaard waren versterkt doordat er zoveel bloed van Moren en Joden door hun aderen stroomde.[87] Filips II was de verdorvenheid in eigen persoon; hij deed aan incest door met zijn nicht te trouwen, aan bigamie door te hertrouwen terwijl hij nog gehuwd was, had kinderen bij maitresses, en had volgens Oranje de hand in de dood van zijn derde vrouw en van zijn zoon Don Carlos. Dit laatste zette hij sterk aan: Filips II was de moordenaar van zijn eigen kinderen. Oranje was de eerste die deze geruchten durfde te laten afdrukken.[88] Hij was door de jaren heen via spionnen en andere informanten goed op de hoogte geraakt van de roddels uit de binnenwereld van Filips' paleizen. In al deze beweringen, hoe overdreven en incriminerend ze ook klonken, zat een kern van waarheid.[89]

Het moddergooien had onfrisse trekken; in het banedict stonden vergelijkbare dingen over Oranje, vooral zijn huwelijk met Charlotte de Bourbon werd op alle denkbare manieren in twijfel getrokken: ook een staaltje van bigamie, ze had bovendien de kloostergelofte afgelegd, en dus was zijn huwelijk met haar zonder dispensatie van de paus niet rechtsgeldig.[90] Voor een neutrale beoordelaar kwamen Oranje en de koning hier beiden niet goed uit tevoorschijn. De Staten-Generaal moeten ook beseft hebben dat het beter was enige afstand te houden tot dit gevecht waarin eeuwen van rivaliteit tussen het huis van Habsburg en het huis van Nassau een bittere apotheose beleefden. Ze wilden Oranjes *Apologie* door middel van een aanbiedingsbrief nog wel aanbevelen, maar wilden voorkomen dat het werd aangezien voor hún betoog.[91] Het ging hier om het scheppen van heldere verhoudingen.

Retorisch werd het door Oranje en zijn auteursteam ook zo uitgewerkt: Oranje richtte zich in zijn *Apologie* in de eerste plaats tot de leden van de Staten-Generaal – niet tot de koning van Spanje, niet tot andere vorsten of edelen, ook niet tot de bewoners van de Nederlanden. Hij deed het in zijn *Apologie* voorkomen of hij de mening van de Staten-Generaal vroeg over alle laster die hem was aangedaan. Hij wilde de Staten-Generaal zelfs het allerlaatste oordeel geven: 'Als u, mijne heren, vindt dat mijn vertrek of dood u tot voordeel kan strekken, zijn wij bereid u te gehoorzamen. Stuur ons slechts weg, en draag ons op naar het einde van de wereld te vertrekken en wij zullen dat doen.'[92] Het moet ook in zestiende-eeuwse oren enigszins pathetisch hebben geklonken. Oranje voegde er nog aan toe: 'Wanneer u daarentegen meent dat de grote ervaring en resultaten die wij met zo lange en aanhoudende arbeid verkregen hebben, en onze bezittingen, naast ons leven, u de komende tijd nog van dienst kunnen zijn (die we al hebben toegewijd aan de welvaart van u en het gehele land), neemt daarover dan ferme besluiten.'[93] Hiermee werd de *Apologie* ook een bewogen oproep voortaan eendrachtig verder te strijden.

Tegenover de felle en pathetische toon stelden de Staten-Generaal nuchtere daadkracht: er leefde grote bezorgdheid over de veiligheid van hun luitenant-generaal. Al op 5 september 1580 kreeg Oranje van de Staten een lijfgarde van 150 man tot zijn beschikking, die hem overal waar hij ging moest beveiligen. In de adhesiebetuiging van de Staten die in de uitgave van de *Apologie* werd opgenomen, stond dit nog een keer zwart-op-wit.[94] Want dat met het verschijnen van de *Apologie* de situatie verder op scherp kwam te staan, was zeker: ze kon niet anders dan agressie oproepen. Toen Marnix, op dat moment in Frankrijk, de tekst had gelezen zou hij hebben opgemerkt: 'Nu is de prins een dood man.'[95] In het Duitse Rijk riep de *Apologie* ook bij lutherse vorsten grote weerzin op; Willem van Hessen raadde Jan van Nassau zelfs aan zich openlijk van Oranje te distantiëren en te verklaren dat hij niet van de totstandkoming van deze tekst had geweten.[96]

De *Apologie* was voor een pamflet een zeer complexe en gelaagde tekst.[97]

Die weerspiegelde in heftige en krachtige bewoordingen de opvattingen van Oranje zoals ze in de loop van de jaren geëvolueerd waren, waarvan de nuances in de heftigheid nog wel eens verloren gingen. Hij keerde zich in helse superlatieven tegen het machtsmisbruik van Filips II, maar bepleitte tussen de regels door ook een regeringsvorm waarin de Staten-Generaal een grote mate van soevereiniteit aannamen.[98] De *Apologie* bevatte ondanks de felle toon wel degelijk een doordacht politiek programma. Maar wel met een paar gevoelige recente accentverschuivingen. Zo is de strekking regelmatig rabiaat antikatholiek, in overeenstemming met Oranjes visie dat hij vooral niets van de paus in Rome moest hebben. Hierin bleef hij consistent. Maar de tegemoetkomende benadering van de 'goedwillende katholieken' leek te zijn gesneuveld.[99] Dat in Holland en Zeeland het katholicisme uit het openbare leven was verbannen, kon inmiddels op begrip van Oranje rekenen. De voorgaande jaren hadden katholieken weinig gedaan om de Spaanse tirannie het land uit te werken. Oranje berustte erin dat zijn religievrede niet had gewerkt.[100] Hij leek ook ruimte te willen bieden aan antikatholieke maatregelen, waar ze maar nodig waren om de zaak van de vrije Nederlanden te bevorderen. Hij nam hiermee afstand van zijn jarenlang volgehouden politiek van onderlinge verdraagzaamheid. In de praktijk werd het katholicisme al met veel daadkracht opgeruimd in alle gewesten en steden die zich bij de Unie van Utrecht hadden aangesloten – kerken werden in handen gegeven van gereformeerden, kloosters werden gesloten, kerkgoederen gingen naar de hoogstbiedende.[101] In de *Apologie* werd de theorie op de praktijk aangepast.

Het boekwerkje werd desondanks in ruime kring gelezen. Oranje zelf zorgde ervoor dat het werd bezorgd bij de verschillende gekroonde hoofden in Europa.[102] Drukker Charles Silvius in Leiden kreeg op 22 december 1580 het octrooi voor de uitgave in diverse talen. Begin februari waren de Franse, Nederlandse en Duitse versie al klaar, de Engelse en Latijnse waarschijnlijk kort erna. De tekst verspreidde zich door Europa, werd ongetwijfeld met enige sensatiezucht gelezen, hier en daar probeerden drukkers ogenblikkelijk te profiteren van de grote vraag naar de tekst door die clandestien na te drukken.[103] De tekst van het banedict zoals het door Filips II en Farnese was uitgevaardigd zat er als bijlage bij. Het vertrouwen dat na lezing van alle documenten het oordeel van de lezer ten gunste van Oranje moest uitvallen, was kennelijk groot.

Een verstoord leven

Oranjes biograaf K.W. Swart heeft opgemerkt dat de felle toon van de *Apologie* geen teken was van kracht, maar van zwakte.[104] Oranje was in de maanden dat zijn verdedigingsgeschrift tot stand kwam pessimistisch gestemd vanwege de aanhoudende onenigheid in de eigen gelederen, waarvoor in zijn ogen alleen het bondgenootschap met Anjou nog een remedie kon bieden. Er circuleerden ook berichten dat Oranje lichamelijk en psychisch niet in goeden doen was. Zijn drankgebruik en humeurigheid wekten al enige tijd de aandacht en de spot van buitenstaanders. In januari 1581 werd hij tijdens een verblijf in Delft opnieuw ziek, met zware koortsen. De oorzaak was een keelontsteking. Het hield hem twee weken uit de running.[105]

Het was wellicht de tol van excessief hard werken in combinatie met een niet zo gezonde levensstijl. Oranje had omstreeks 1580 een dagbesteding die wellicht te vergelijken is met die van Granvelle en Viglius in vroeger jaren: met eindeloos briefverkeer, talloze audiënties en vergaderingen proberen de staatsmachinerie draaiende te houden. Het maken van afspraken in de Staten-Generaal verliep al heel moeizaam, maar als de besluiten over het opbrengen van verschillende belastingen eenmaal genomen waren, bleek zo goed als iedereen slecht van betalen. Het geharrewar over privileges, vaak afspraken uit heel verre verledens, waar eerder Granvelle en Viglius tegenaan waren gelopen en die ze graag hadden willen opruimen, braken nu ook Oranje ernstig op.

Er waren berichten dat Oranje zo hard werkte dat maaltijden erbij inschoten. Onder normale omstandigheden werd er vier keer gegeten, waarbij hij werd bediend door zijn hovelingen, die spijzen op tafel brachten en het vlees voorsneden.[106] Oranje at omstreeks 1580 veelal nog maar één keer per dag, zo halverwege de middag.[107] Daar zullen volgens zijn vaste gebruik meestal veel gasten bij hebben aangezeten, met wie de politieke beraadslagingen werden voortgezet, met de nodige wijn erbij om de geesten wat gewilliger te maken. Dat waren edelen of buitenlandse gezanten, maar net zo goed eenvoudige bestuurders uit verre gewesten.[108] In dit soort gebruiken week Oranje niet zoveel af van andere vorstelijke personen. Filips II lunchte vaak in het openbaar, hij deed dat wel veelal in zijn eentje, maar het was voor zijn personeel en voor bezoekers een gelegenheid hem even te ontmoeten. Het stond in de Bourgondische traditie. Koningin Elizabeth wilde niet publiekelijk de maaltijd gebruiken, maar liet wel voor bezoekers in een aparte zaal in een wonderlijke pantomime haar hovelingen het dekken van de tafel en het voorproeven naspelen.[109] Dit brak met het belangrijkste element in de Bourgondische benadering: dat de vorst liet zien dat hij leefde en een gezonde eetlust had.

Ook voor Oranje was het belangrijk dat hij liet zien dat hij er was. Niet alleen om te tonen dat hij nog leefde. Voor veel bezoekers moet een ontmoeting met Oranje iets betoverends hebben gehad. 'Hij heeft een bewonderenswaardige welsprekendheid,' aldus Pontus Payen, die niet tot zijn aanhang behoorde en daarom des te geloofwaardiger is in zijn lof, 'waarmee hij zijn buitengewone ideeën helder uiteenzet, en die maakt dat de andere heren van het hof zich hiernaar voegen... Hij is zeer geliefd en gezien door de bevolking, dat komt ook door zijn elegante manier van begroeten, aanraken en opnemen van iedereen in het bijzonder.' Het had een magische uitwerking op zijn omgeving, die al bij de jonge Oranje werd waargenomen. Payen merkte al in de jaren zestig op dat Oranje altijd opvallend wellevend was, nooit indiscreet of arrogant. Wanneer zijn personeelsleden een fout maakten, kapittelde hij hen niet publiekelijk. Hij ging aan zijn eettafel net zo gemakkelijk om met 'eenvoudige lieden als met hooggeborenen', en dat straalde altijd positief op hem af.[110] Al die rijkvoorziene gastmalen kostten Oranje handenvol geld, wat hem in diezelfde jaren zestig al eens dwong flink te bezuinigen, waarbij hij in één keer 28 man keukenpersoneel zou hebben moeten ontslaan – in de legendevorming, die in de negentiende eeuw op gang kwam, werden dat al snel 28 koks die in één keer de laan uit gestuurd werden.[111] In die tijd was het zo goed als de hele dag een zoete inval in de paleizen waar Oranje vertoefde. Samen eten was dus een manier van leven – met elkaar aan tafel zitten hielp de verschillen te overbruggen; naar het klassieke voorbeeld van het 'convivium', het 'gastmaal', dat letterlijk 'samen leven' betekende.[112] Dat Oranje inmiddels nog maar één keer per dag aan tafel ging, stond in zijn geval gelijk aan een vorm van sociale amputatie.

Oranje had de gewoonte zijn werkdag in bed te beginnen. Dan werden er al bezoekers ontvangen, en wellicht ook de binnengekomen correspondentie gelezen en uitgaande brieven gedicteerd.[113] Dit werken in bed was een routine die hij eveneens deelde met Filips II, die omstreeks acht uur 's morgens de dag begon met in bed tekenen van brieven die door zijn secretarissen de dag tevoren waren opgesteld. Het zouden er soms wel vierhonderd op een ochtend zijn geweest. Daarna, omstreeks elf uur, genoot de koning pas zijn eerste maaltijd.[114]

Tijdens de twee weken ziekte van Oranje, eind januari, begin februari 1581, bleven de brieven uit zijn naam maar uitgaan. Ook in de dagen dat hij met hoge koortsen in bed lag en door zijn lijfarts Van Foreest de ene na de andere experimentele behandeling kreeg voorgeschreven, inclusief laxeermiddelen, werden er beleefdheidsbrieven verstuurd aan koningin Elizabeth en Francis Walsingham, maar ook een brief aan de Staten van Zeeland om een legereenheid de gelden te betalen waar al zo lang op werd gewacht, vergelijkbare aanmaningen aan de gewestelijke besturen van Vlaanderen en Brabant, naast een aanbeveling voor een Duitse secretaris, die graag een honorarium van het gewest Vlaanderen wilde ontvangen, een advies aan Vlaanderen hoe te handelen bij een eventuele gevangenenruil, en een reprimande aan de Staten van Brabant dat ze de besluitvorming in de Staten-Generaal ernstig frustreerden door niet te verschijnen en dus ook niet mee te stemmen in belangrijke besluiten. Het is een greep uit de overgeleverde brieven van 27 tot 29 januari, toen de toestand van Oranje steeds beroerder werd en Van Foreest erbij werd geroepen.

Kort voor of na zijn ziekte had Oranje in Delft een ontmoeting met de jonge Engelse diplomaat Fulke Greville, aan wie we een bijzondere beschrijving danken van Oranjes uiterlijk in deze fase van zijn leven. Het viel Greville op dat Oranjes kleding allesbehalve kostbaar oogde en het ook niet was, vooral zijn bovenkleding, 'waar, zo durf ik oprecht te zeggen, een eenvoudige rechtenstudent niet graag mee over straat zou gaan'. Oranjes vest leek veel op wat zeelui doorgaans droegen. En hij omgaf zich in Delft vooral met burgers, met wie hij zo amicaal omging dat een buitenstaander 'geen enkel standsverschil tussen hen had kunnen waarnemen, of enige reserve over het onvergelijkbare van zijn belang en status tegenover dat van de massa'.[115]

Dit vertoon van eenvoud in kleding en gedrag is wel in verband gebracht met een gestaag overhellen naar een sobere calvinistische levensstijl.[116] Het was wellicht eerder te duiden als een afscheid van de Bourgondische levenswijze, waarin kostbare en verfijnde gewaden de standaard waren. Zijn rivaal van dat moment, Alessandro Farnese, was bijna de superlatief van de Bourgondische kleedwijze. Zelfs op het slagveld ging hij prachtig gekleed, mede als aanmoediging voor zijn manschappen, die hem van verre konden herkennen aan een veelkleurige pluim op zijn helm.[117] Bij Oranje kwam de versobering van uiterlijk waarschijnlijk voort uit de politieke rol die hij in de voorgaande jaren steeds meer opgedrongen had gekregen. Hij was niet zozeer een leider die de lijnen uitzette en naar wie werd geluisterd, als wel een intermediair, iemand bij wie de lijntjes uit de gewesten bij elkaar kwamen, en die er vervolgens knopen in moest zien te leggen. Zolang Oranje dat deed, konden de gewesten, en daarbinnen de steden, vrij onbekommerd hun eigenbelang najagen. En dat deden ze.[118] Tot Oranje hen tot de orde riep. Aan hem de taak telkens opnieuw het algemeen belang naar voren te brengen. Dat werd steeds meer zijn metier.

In zijn eenvoud was hij de belichaming van het hogere belang van de eenheid van de Nederlanden. Als een vorst, wellicht indachtig de vermaningen van Erasmus voor de ideale christenvorst om in kleding sobere eenvoud te leggen. Dat was nog een trek die Oranje deelde met Filips II, die ook het liefst in eenvoudige effen kleding werd gezien.[119] Volgens Erasmus werd dat door omstanders opgevat als bewijs van matigheid, en dat er niets verspild werd.[120] Een echte monarch onderscheidde zich daardoor ook van de hem omringende edellieden, die in hun verschijning vaak een enorme weelde en pronkzucht aan de dag legden. Zo'n edelman was Oranje ook geweest. Als aanvoerder van een moeizaam verlopende en vooral op burgers berustende opstand moest hij zijn kameleontische vermogens nog eens aanspreken. In deze jaren maakte Oranje zich in brieven en in publicaties als de *Apologie* steeds opnieuw druk over alle beschuldigingen dat hij zijn eigenbelang najoeg. Zijn eenvoudige kleding, naast zijn ijver en toewijding aan de Generaliteit, bewees het tegendeel.

Fulke Greville beschreef ook zijn nadere kennismaking met Oranje. En daar zat een scherpe observatie in. Greville maakte zich bekend als gezant van koningin Elizabeth: 'En meteen op dat moment – alsof het een teken was om te veranderen – was het alsof zijn respect voor de vreemdeling ook het respect voor zijn eigen doen en laten wakker maakte.' Net of Oranje uit zijn rol van bemiddelaar tussen burgers stapte: 'Het was alsof zijn innerlijke grootsheid zich opeens uiterlijk vertoonde.'[121] De edelman Oranje, die van kinds af gewend was aan het theater van het hofleven, was in Holland overgeschakeld op de rol die de bedrieglijke edelman in hem moest verhullen. Eigenlijk een anti-rol, een poging de toneelspeler in hemzelf de nek om te draaien. Greville zag in één oogopslag dat Oranje dit alleen maar deed zolang het nodig was: hij bleef een aristocraat, met aristocratische opvattingen en strategieën. Die als het zo uitkwam de burger dan wel de vorst speelde, in alle eenvoud.

Het organiseren van brokjes macht

In januari 1581 maakte een Staatse delegatie in Bordeaux de laatste politieke afspraken met Anjou, waarin hij ook akkoord ging met de geheime clausule dat Holland, Zeeland en Utrecht onder Willem van Oranje bleven en dat deze gewesten zelfs het recht kregen hem tot hun erfelijk landsheer te kiezen.[122] Anjou was hiermee voor deze drie gewesten zo goed als ongevaarlijk geworden. Voor Oranje openden zich mooie perspectieven. Een kwestie van geduld. In het verlengde daarvan lagen Oranjes pogingen om voor zichzelf het markizaat van Veere op Walcheren te verwerven. De havenstad was in 1567 in handen gekomen van Filips II, maar nadat Veere in 1572 de zijde van de Opstand had gekozen, was na jaren van juridische onduidelijkheid de Spaanse koning in 1580 van dit bezit vervallen verklaard.[123] Het markizaat kwam te koop, met daarbij ook het eigendom van Vlissingen, dat in de tussentijd regelmatig aan Elizabeth van Engeland was aangeboden, maar die kon haar aarzelingen om zich al te vast in de Nederlandse verhoudingen te begeven niet overwinnen.

Oranje liet in april 1580 al eens samen met Charlotte de Bourbon zijn gezicht zien in Veere en slaagde erin te voorkomen dat het markizaat geveild werd; hij kocht Veere en Vlissingen uiteindelijk eind juni 1581 onderhands voor 144.700 pond.[124] Het was een teken dat Oranje inmiddels weer kredietwaardig was. Het was een investering die vanwege alle pachtsommen een aanzienlijke jaarlijkse inkomstenstroom beloofde. Toch was dat niet de voornaamste reden voor aankoop: als markies van Veere, én als eerste edele, had hij een belangrijke stem in de Staten van Zeeland. Hij kocht politieke invloed op het gewestelijke niveau. Op doorreis naar Gent liet hij zich op 8 augustus 1581 inhuldigen in Vlissingen, twee dagen later in Veere.[125]

In het Brabantse had Oranje zijn zinnen gezet op het markizaat Bergen op Zoom, waarvan de laatste markies, Jan van Withem, de zijde van Farnese had gekozen en van zijn rechten vervallen was verklaard. In februari 1582 kwam Oranje tot formele overeenstemming met de Staten van Brabant.[126] Het was uit erkentelijkheid voor de enorme kosten en inspanningen die in een lange reeks van jaren op Oranje hadden gedrukt.[127]

Met de calvinistische omwentelingen in de verschillende gewesten buiten Holland en Zeeland kwam er opnieuw een grote hoeveelheid kerkelijk bezit beschikbaar. Kerkschatten werden te gelde gemaakt, en verscheept naar wie ze maar wilde hebben, waardoor de verschillende overheden weer over enige liquiditeit konden beschikken. Met het onroerend goed, zoals kloosters en landerijen, werd iets bedachtzamer omgesprongen.[128] In het besef dat dit kerkelijk bezit maar één keer aan de overheid gebracht kon worden, liet Oranje nog eens de rekening opmaken van alle kosten en schulden die hij voor de 'gemene zaak' was aangegaan en die op dat ogenblik nog openstonden: een bedrag van 2,3 miljoen gulden. Er was in de Pacificatie van Gent al een principebesluit over genomen.[129] Tijdens verschillende plenaire zittingen van de Staten-Generaal – in Delft, Amsterdam en Den Haag – had hij de verzekering gekregen dat de Staten hem tegemoet wilden komen.[130] Nu met name in de zuidelijke gewesten steeds meer kloosterbezit vrijkwam, herinnerde Oranje de Staten telkens opnieuw aan hun oude belofte.[131]

Het overdragen van kloostergoederen was een probate manier de schulden te lenigen die Oranje in de voorgaande jaren was aangegaan voor het landsbelang. Hij wilde zo min mogelijk geconfisqueerde particuliere eigendommen overnemen, omdat van hemzelf ook zoveel bezit (in Luxemburg, Bourgondië, Franche-Comté) was geconfisqueerd, dat hij hoopte nog eens terug te krijgen. Hij moest dat morele recht niet verspelen.[132] In Vlaanderen, Brabant en elders kreeg hij soms aanzienlijke kloostergoederen aangeboden, die hem, zeker als er oude stemhebbende abdijen mee gemoeid waren, steeds weer wat zeggenschap opleverden.[133]

Het waren kleine stappen, waarmee hij gestaag de lacune probeerde te vullen die Filips II achterliet, niet meteen als nieuwe landsheer, maar als de enige persoon die in staat was boven de gewesten te staan en de situatie naar zijn hand te zetten. Over Anjou leefden wat dat betreft geen grootse verwachtingen. De Staten van Holland hernieuwden begin juli 1581 het aanbod uit 1576 om Oranje definitief tot 'hoge overigheid' van het oude graafschap te maken, en stelden voor die positie meteen erfelijk te verklaren. Hij zou niet langer 'namens de koning' opereren, maar op eigen soeverein gezag. Oranje hield dit af, maar liet zich overhalen die functie te vervullen voor de duur van de oorlog.[134] Het paste in hetzelfde patroon. Oranje sprokkelde graag macht, maar de positie die alleen de soeverein toekwam wilde hij vooralsnog niet, omdat dit Anjou kopschuw kon maken. Die moest vooral blijven geloven dat hij op enig moment de soevereiniteit over de hele Nederlanden kon verwerven.[135]

Om ruimte te maken voor deze nieuwe soeverein werd een document opgesteld dat als *Plakkaat van Verlatinge* de geschiedenis in zou gaan en waarin de Staten-Generaal de huidige landsheer, koning Filips II van Spanje, van zijn macht vervallen verklaarden. De overwegingen werden in heldere bewoordingen uiteengezet: ze bestonden voor een belangrijk deel uit een beschrijving van het machtsmisbruik van de koning, die zijn hand vele keren overspeeld had door inbreuk te maken op de privileges, maar ook op de 'natuurlijke' rechten van de Nederlanders. Die waren daarom gerechtigd in verzet te komen. Er was op alle mogelijke manieren getracht tot verzoening te komen, maar dat bleek met deze vorst onmogelijk. Er restte niets anders dan deze landsheer te 'verlaten'.[136]

De Staten-Generaal hadden alles gedaan om ook binnen de internationale verhoudingen een juridisch sluitend betoog te presenteren. Maar dat was niet de grootste opgave bij de totstandkoming van het *Plakkaat*: de zo openlijke breuk met Spanje riep opnieuw bij grote handelssteden als Antwerpen en Brugge de angst wakker dat de lucratieve handel met Spanje helemaal tot stilstand zou komen. Bovendien waren er nog tweehonderd schepen onderweg naar Spaanse en Portugese havens, met aan boord duizenden zeelieden.[137] Hier dreigden politieke principes opeens wel heel kostbaar te worden, in geld en in mensenlevens. Het liep uit op schipperen en marchanderen. Het wapen van Filips ging verdwijnen van de nieuw geslagen munten, maar een stad als Antwerpen koos ervoor op publieke gebouwen het wapen van de koning intact te laten en er, toen het niet anders meer kon, een doek met het wapen van Anjou voor te hangen.[138] In Holland leefde minder angst voor dit soort gevoeligheden; daar waren de schilden met de wapens van de koning al in 1575 verwijderd.[139]

Nadat door een voorbereidend comité de laatste details waren uitgediscussieerd, werd het *Plakkaat* tijdens een plenaire vergadering van de Staten-Generaal op 22 juli in Den Haag formeel aangenomen. Vier dagen later werd het bekrachtigd, bijna alsof het een hamerstuk was, het ging zo mogelijk nog terloopser dan het tekenen van de Unie van Utrecht.[140] Toch werd het gewicht van dit besluit wel degelijk snel voelbaar: het afzweren van Filips II werd enkele dagen later in een eed gevat, die in de meeste gewesten door alle burgers moest worden afgelegd. Alle overheidsdienaren werden verplicht ook een eed van trouw aan de Staten-Generaal af te leggen, en ze moesten belijdenis hebben gedaan in de gereformeerde kerk. Wie weigerde kon problemen verwachten, zoals gedwongen worden een stel garnizoenssoldaten in huis op te nemen en van zakgeld te voorzien, zoals in verschillende Vlaamse steden gebeurde.[141]

Polderen in tijd van oorlog

De Staten-Generaal waren sinds de Pacificatie van Gent de centrale macht geworden, maar het bleef een decentraal lichaam, een optelsom van lokale belangen. Dat het systeem – dat geen systeem was – niet goed werkte en in omstandigheden van toenemende oorlogsactiviteit een gevaarlijke handicap werd, drong na vier jaar gemodder ook tot de meest eigenwijze gewesten door. In de loop van 1581 kreeg het voorstel (uit november 1579) om een daadkrachtig dagelijks bestuur in te stellen dat op eigen gezag belangrijke besluiten kon nemen, eindelijk gevolg. De instelling van de landraad was een zoveelste poging de impasse in de stroperige en gevaarlijk onpraktische besluitvorming te beëindigen. Met name Utrecht, Gelderland en Overijssel lagen lang dwars; ze vonden de Unie van Utrecht al meer dan voldoende opoffering van autonomie voor de algemene zaak. Oranje stelde daarop met duidelijke tegenzin voor om dan maar twee landraden in te stellen, één 'bewesten' en één 'beoosten' de Maas; de laatste zou zo veel mogelijk samenvallen met de kern van de Unie van Utrecht.[142] Utrecht, Gelderland en Overijssel bleven nog tot de zomer van 1581 de zaak ophouden; eind juli konden de twee raden, die tezamen als een Raad van State zouden functioneren, worden geïnstalleerd. Alle gewesten leverden minimaal één lid, grote en rijke gewesten als Holland, Brabant en Gelderland leverden er twee, en het rijkste gewest, Vlaanderen, vijf.[143]

De nieuwe Raad van State, met zijn tweeledige geografische structuur, was het zoveelste experiment, en ook nu was het niet gewaagd te voorspellen dat de mislukking al ingebakken zat. Het werken met gedelegeerden van de Gewestelijke Staten stond haaks op iedere vorm van slagvaardigheid. Het ontwijken van lastige besluitvorming door niet te komen opdagen en het traineren van belastingmaatregelen door eindeloos ruggenspraak te houden, haalden ook elke vaart uit het opereren van deze nieuwe Raad van State. Voor veel gewestelijke bestuurders was de Opstand ooit begonnen om hun oude privileges te kunnen behouden; dan was het slecht te verkopen ze nu alsnog te verkwanselen. Dat was veelal de gedachte. Op die gedachte waren eerder al Karel v, Maria van Hongarije, Granvelle, Viglius, Alva en Requesens stukgelopen. Voor Oranje werd geen uitzondering gemaakt.

De gevolgen waren rampzalig. Farnese was sinds Maastricht doorgegaan met het opbouwen van zijn legermacht, en raakte steeds bedrevener in het ontregelen en uitputten van de Staatse gelederen.[144] De Staten waren gedwongen tot een defensieve strategie en liepen voortdurend achter de feiten aan. Farnese ontketende na de triomf in Maastricht gestaag een meerfrontenoorlog, in het zuiden werd met bescheiden legereenheden het platteland van Brabant en Vlaanderen onveilig gemaakt, maar ook het noorden werd een erg onrustig oorlogsgebied. Rennenberg begon een offensief, waarmee hij in korte tijd strategisch gelegen steden als Delfzijl, Coevorden en Oldenzaal veroverde. Op 18 oktober 1580 begon hij met de belegering van de belangrijke vestingstad Steenwijk, die als een scharnierpunt in de verbindingen tussen enerzijds het noorden en anderzijds het westen en zuiden fungeerde. Het Staatse leger had er nauwelijks zeshonderd man liggen, die voor een groot deel kort voor Rennenberg arriveerde waren binnengebracht. Aan het behoud van Steenwijk was veel gelegen. Rennenberg speculeerde op een snelle overgave, met de winter in het verschiet. De troepenmacht van Rennenberg beliep zevenduizend man, met daarnaast nog een heel stel pioniers en marketentsters, allemaal mensen die warm gehouden en gevoed moesten worden. Buiten Steenwijk verrees een tijdelijke wijk van duizenden stulpjes. Halverwege november vroor het al streng. Pogingen om Steenwijk met behulp van een harde en droge oostenwind helemaal in de fik te zetten mislukten.[145]

Het beleg van Steenwijk werd een beproeving voor beide kampen. Rennenberg en zijn mannen streden tegen de kou, het Staatse leger streed tegen zijn eigen desorganisatie. Oranje beloofde snel een ontzettingsmacht te sturen, maar die liet steeds op zich wachten.[146] Het moreel van de Staatse verdedigingstroepen zakte snel; een deel wilde onderhandelen. Het opperbevel was in handen van Johan van den Kornput, een militair van het slag dat in zijn rol groeit naarmate de problemen groter worden. Van den Kornput sloot iedere onderhandeling uit. Hij besefte dat volhouden de enige optie was; een zogenaamd gunstige overgave zou alleen verlies en vernedering opleveren. De bevolking begon zich nog voor november ten einde liep ook te roeren. Ze zagen Oranje en zijn bondgenoten niets goeds verrichten en waren het zat. Ze vreesden de ontberingen van de lange winter. Van den Kornput wilde er niet van horen en stuurde ze weg. Toen een vleeshouwer aan Van den Kornput vroeg: 'Hoe zal het dan aflopen, wanneer wij niet meer te eten hebben?', kreeg hij als antwoord: 'Dat zal nog lang duren, en als het zover is, zullen we jouw slag listige kerels eerst nog opvreten.'[147] Hier werden de lessen van de belegeringen van Haarlem en Leiden in de praktijk gebracht.

Steenwijk hield stand tegen de overmacht, in december naderde een Staats ontzettingsleger onder aanvoering van de Engelse kolonel John Norris, die er in de laatste week van februari eindelijk in slaagde de troepen van Rennenberg te verjagen.[148] Rennenberg kwam zelf slecht uit het beleg; hij was ziek geworden en stierf op 23 juli. Hij werd als stadhouder van de noordelijke gewesten opgevolgd door de uitgekookte en geroutineerde veldheer Francisco Verdugo. Die liep al mee sinds de Slag bij Saint-Quentin in 1557 en diende inmiddels vele jaren in de Nederlanden.[149] De noordelijke gewesten zouden voorlopig geen rust kennen.

In het zuiden had Alessandro Farnese, na het aan zijn kant trekken van de Waalse gewesten in 1579, eerst zijn aandacht willen wijden aan het opbouwen van een grote en goed gedisciplineerde legermacht, maar ook hij kampte met nijpende geldnood. In het voorjaar van 1580 was hij, volgens de overeenkomst met de malcontenten, nog gedwongen geweest de Spaanse en andere buitenlandse soldaten het land uit te sturen.[150] Zijn veldleger beliep niet meer dan een paar duizend man Waalse soldaten. Het was vooralsnog onmogelijk tot een offensievere oorlogvoering over te gaan.

Daarbij werd zijn aandacht afgeleid door de komst van zijn moeder, Margaretha van Parma, die van Filips II opdracht had gekregen de landvoogdij over de Nederlanden op zich te nemen. Dit viel slecht bij Farnese.

Hij was zo diep verwikkeld in zijn complexe maar ook kansrijke strategie om de Nederlanden uit de chaos weg te leiden, dat hij zijn moeder er onmogelijk nog bij kon gebruiken. Ook al beloofde ze zich alleen maar met de alledaagse politieke zaken bezig te houden en de oorlogvoering aan hem over te laten. Farnese moest dreigen subiet te vertrekken om Filips II van dit plan te doen afzien.[151] Er ging kostbare tijd mee verloren.

Farnese boekte in het najaar van 1580 in het zuiden verscheidene succesjes, zoals de verovering van Bouchain, Nijvel en het stadje Condé aan de bovenloop van de Schelde, maar hij had nauwelijks mensen om deze veroveringen te consolideren. Farnese begon vanaf oktober 1580 Waalse kopstukken als Montigny, Lalaing en de markies van Richebourg te bewerken om de Spaanse elitetroepen te laten terugkeren. Dit lag erg gevoelig, maar in de loop van 1581 stemde de een na de ander er aarzelend mee in.[152] Terwijl deze onderhandelingen nog liepen, keerden verschillende officieren al sluipenderwijs – hoe precies, dat valt nauwelijks uit te maken – terug in de Nederlanden. De beloofde Spaanse en Italiaanse regimenten lieten nog op zich wachten. Toch nam de slagkracht van Farneses leger nu al snel toe.

Farnese bezweek niet voor de verleiding, na enkele experimentele pogingen in die richting, om nu meteen Brussel in een houdgreep te nemen. Zijn strategie bleef gericht op het verwarren en uitputten van de Staatse troepen. In de loop van 1581 ontwikkelde zich in Vlaanderen en Brabant een oorlog die guerrilla-achtige trekken had. Farneses tactiek was geheel gericht op de verrassing, zelfs zijn officieren wisten tot het laatste moment niet wat hij van plan was. Zo werd iedere stad in het zuiden potentieel bedreigd, terwijl Oranje en de Staten, met alle problemen die ze al hadden om financieel niet ten onder te gaan, onmogelijk in staat waren al die steden adequaat te beschermen. In de nacht van 26 op 27 juni overviel een Spaans legertje onder aanvoering van Claude van Berlaymont, heer van Haultepinne, Breda en nam in een paar uur tijd het zwak verdedigde kasteel van Nassau in. De wachthoudende soldaten bleken dronken gevoerd door een handlanger.[153] De bevolking van Breda probeerde nog verzet te bieden, maar moest dat bekopen met een gruwelijke slachtpartij. Die ging de geschiedenis in als de Furie van Haultepinne, of 'Houtepen', zoals ze in Brabant zeggen. Dit was een lelijke tegenslag voor de Staatsen en een harde opdoffer voor Oranje. Het verlies van het strategisch gelegen en met zoveel persoonlijk prestige omgeven Breda was een directe aanslag op het zelfvertrouwen. Oranje raakte bovendien een groot deel van zijn persoonlijke bezittingen, administratie en geheime documenten kwijt. De bisschop van Roermond, de gevreesde vroegere inquisiteur Wilhelmus Lindanus, gaf ter plaatse leiding aan de snelle herinvoering van het katholicisme in Breda.[154]

Het wisselende humeur van de bevolking

Een les van Steenwijk was dat de bevolking zich niet meer zo gemakkelijk liet leiden door de tegenstelling van onderdrukkende Spanjaarden tegenover de goedwillende patriottische Oranje en zijn aanhang. Hier werd merkbaar dat het conflict steeds meer om de godsdienst begon te draaien. In beginsel ging dat iedereen aan, maar in de praktijk wilde een groot deel van de Nederlanders, waarschijnlijk een ruime meerderheid, zich afzijdig houden. Ze herkenden zich daardoor steeds minder in het conflict. Ze wilden rust.[155] In de gebieden die onder het Staatse bewind vielen, werd hier en daar nog geëxperimenteerd met de religievrede, maar dat gebeurde zonder veel overtuiging. Het verdacht maken van priesters en andere kerkelijke ambtsdragers, maar ook van katholieke burgers, dat ze samenspanden met het bewind van Farnese, pookte het vuur van onverdraagzaamheid verder op. Het was een doorzichtige manier van de calvinistische voorhoede om de zaak verder naar haar hand te zetten, al kwam het wel degelijk voor dat katholieken nauwe contacten onderhielden met leidende figuren uit het kamp van Farnese.

Nu het gif van de argwaan door de samenleving trok, moest de verdraagzaamheid het als eerste afleggen. Calvinisten zaten inmiddels op cruciale posities in de stedelijke en gewestelijke besturen, en konden rekenen op een nog steeds groeiende militante achterban. De dreiging die inmiddels van Farnese uitging rechtvaardigde radicale acties: nu optreden om straks niet ten onder te gaan.

De religievrede verdween na 1580 roemloos. Willem van Oranje berustte er schijnbaar in; hij kon niet anders dan meebewegen om niet helemaal geïsoleerd te komen staan. Datheen had misschien wel gelijk toen hij al veel eerder het opereren van Oranje in godsdienstkwesties vergeleek met het aan- en uittrekken van een hemd. Oranje verpopte zich in korte tijd tot partijganger van de calvinisten, al sprak hij nog altijd liever in termen van 'ware religie' dan heel specifiek over de 'gereformeerde' of 'calvinistische' kerk, wellicht om in de geest trouw te blijven aan zijn oecumenische opvattingen. In zijn houding en beleidsdaden gaf hij de calvinisten inmiddels alle ruimte.[156]

En die maakten daar nogal zelfbewust gebruik van. In steeds meer plaatsen, nu ook buiten Holland en Zeeland, werd het katholicisme in al zijn openbare uitingen uitdrukkelijk verboden.[157] Op 1 mei gebeurde dat in Brussel, en twee maanden later in Antwerpen. Antwerpen had in juni een nieuwe hevige beeldenstorm te verduren, waarbij de ambachtsgilden en de schutterij vooropgingen bij het wegvoeren van de beelden en het witten van de kerkmuren.[158] Hubert Languet verbleef op dat ogenblik in Antwerpen en kreeg het gevoel dat de stad in een machtsvacuüm verkeerde, als een Zwitsers republiekje, niet van zins zich ooit nog iets van Filips II aan te trekken, en ook niet van Anjou. Aan alle katholieken kleefde inmiddels de verdenking dat ze weleens met de vijand konden samenzweren, en ze moesten vanaf 1 juli voor hun veiligheid vrezen.[159] In Holland werd in december iedere vorm van openlijk katholicisme verboden: geen vrij toegankelijke erediensten meer, en geestelijken mochten geen habijt meer dragen.[160] De gewetensvrijheid, die in de Unie van Utrecht nog gegarandeerd was, zat definitief in de verdrukking. Er kwam ook een serieuze vorm van censuur: op 10 november 1581 besloten de Staten van Holland tot het verbieden van alle publicaties 'die streden tegen het christelijk geloof', met daarbij de bepaling dat voor alle nieuw uit te geven boeken vooraf toestemming bij de Staten moest worden gevraagd.[161]

De calvinisering straalde ook op Oranje af en maakte zijn alliantie met Anjou in de ogen van de buitenwereld alleen maar hachelijker. Er werd van hem verwacht dat hij het roomse gevaar dat vanuit Frankrijk de opstandige gewesten bedreigde, hoe dan ook in bedwang ging houden. Dat kon alleen door Oranje meer macht te geven. In afwachting van de nieuwe landsheer schoof hij opnieuw verder op naar een centrale positie in de zo decentrale Nederlanden. Op 7 juni viel het besluit dat, tot het moment dat Anjou zou zijn ingezworen, Oranje samen met de Staten-Generaal de regeringstaken ging waarnemen.[162] Oranje besefte dat dit mooier leek dan het was; de Staten-Generaal fungeerden bij iedere ingrijpende beslissing eerder als ballast dan als vliegwiel. Eigenlijk veranderde er niet veel.

Afscheid van Matthias

Door het aannemen van Anjou als nieuwe soeverein liep het avontuur met Matthias onherroepelijk ten einde. Matthias had in vier jaar tijd zo goed als niets van belang teweeg kunnen brengen. Dat was misschien wel zijn voornaamste verdienste. Hij had geen groot kwaad aangericht. Wel was hij potentieel erg duur: hem was in 1577 een jaarlijkse toelage van 120.000 gulden beloofd, een bedrag waarvan hij met name zijn hofhouding moest zien te onderhouden.[163] Er was al die vier jaar weinig van terechtgekomen, wat tot gênante taferelen leidde. Matthias probeerde met leningen de ergste gaten te stoppen, maar zijn huishouding liep al snel helemaal droog: bezoekers kon hij zelfs geen fatsoenlijke maaltijd meer aanbieden. In de zomer van 1579 moest hij uit geldnood al eens zijn hele hofhouding ontslaan. Matthias deed er regelmatig zijn beklag over, zonder recalcitrant te worden.[164] En dus duurde de wantoestand voort.

Op 15 mei 1581 deed Matthias afstand van de landvoogdij. Het ontslag werd op 22 juli door de Staten-Generaal bekrachtigd in één zitting met het aannemen van het *Plakkaat van Verlatinge*.[165] Kort daarvoor was met Matthias overeengekomen dat hij als blijk van waardering een jaargeld van 50.000 gulden tegemoet kon zien. Een document met die strekking – een akte van 'ontlatinge', zoals die werd aangeduid – was al op 12 juli ondertekend. Daarmee kon Matthias het land nog niet verlaten. Er werd van hem geëist dat hij vóór vertrek alle schuldeisers zou voldoen. De Staten konden en wilden daarin niets betekenen omdat ze zelf desperaat op zoek waren naar geld. Matthias was gedwongen zijn hele Europese netwerk aan te spreken om het benodigde geld te vinden. Zijn zuster stuurde 6000 kronen, in Augsburg werd 20.000 gulden geleend, in Neurenberg 12.000 gulden, de aartsbisschop van Keulen sprong bij met 10.000 gulden, en Matthias zelf moest garantstellingen afgeven voor wel 100.000 gulden. Al die tijd genoot hij in Antwerpen een vorm van huisarrest. Er stonden schildwachten voor zijn deur en de straat was afgezet met kettingen.[166] Op 29 oktober kon Matthias Antwerpen eindelijk verlaten. Hij vertrok naar Zeeland, vanwaar hij zich per schip naar Keulen liet brengen.

Wachten op Anjou

Matthias had tot iedere prijs willen voorkomen dat hij moest meemaken dat Anjou bekleed werd met de waardigheden die hem met een paar pennenstreken ontnomen waren. De komst van de nieuwe soeverein hing al sinds eind 1580 in de lucht, maar werd vanwege Anjous andere besognes telkens weer uitgesteld. Voor Oranje was het moeilijk goed zicht te krijgen op de precieze oorzaken en motieven. Anjou bleef geruststellende brieven sturen.[167] Maar het was inmiddels duidelijk dat ook hij geteisterd werd door geldgebrek en er maar niet in slaagde een fatsoenlijke legermacht op de been te brengen.[168] Een andere barrière was het Franse hof, dat, onder grote Spaanse diplomatieke druk, van alles ondernam om hem alsnog van het Nederlandse avontuur af te houden.[169] Anjou zette desondanks zijn plan door en wilde ermee beginnen Kamerijk tot een steunpunt te maken; er werd eind 1580 al over gesproken. En Farnese was er toen ook meteen van op de hoogte, dankzij een onderschepte brief. Voor hem was het een reden in de zomer van 1581 zelf het strategisch gelegen Kamerijk in te nemen. Beter zicht op de bewegingen van Anjou kon hij nauwelijks krijgen.

In augustus kwam Anjou eindelijk met een leger naar het noorden. Farnese ontruimde daarop Kamerijk, want het was riskant een confrontatie aan te gaan.[170] Zijn leger was nog altijd niet op sterkte.

Wie in Staatse kringen dacht dat de beslissende fase in deze lange oorlog nu aangebroken was en dat met behulp van Anjous Franse legermacht de posities van Farnese opgerold konden worden, werd snel uit de droom geholpen. De geldproblemen van Anjou waren, ondanks een geheime subsidie van de Franse koning, nog altijd nijpend. En wel zo nijpend dat Anjou binnen enkele dagen na de verovering van Kamerijk al begon met het afdanken van zijn troepen. Met name een deel van zijn officieren ging al snel terug naar Frankrijk. Anjou kon niet anders dan Oranje laten weten dat hij in totale armoede verkeerde en verder weinig kon uitrichten.[171] Zijn troepen deden nog wat kleine veroveringen in het grensgebied met Frankrijk, zoals Cateau-Cambrésis, maar tegelijkertijd viel zijn armlastige leger helemaal uiteen. Terwijl Oranje hem probeerde aan te moedigen meteen door te trekken naar Vlaanderen, richtte Anjou in het Franse grensplaatsje Le Catelet een provisorisch hoofdkwartier in.[172] Nu bleek ook dat Anjou in een heel ander verhaal zat dan Oranje. Al sinds begin 1581 liepen er onderhandelingen tussen Parijs en Londen om alsnog tot een huwelijk tussen Anjou en Elizabeth te komen.[173] Tegelijkertijd onderhield het Franse hof koortsachtige betrekkingen met Spanje, waarin de schijn moest worden opgehouden dat Frankrijk niets kwaads in de zin had. Er werd zelfs gesproken over een eventueel huwelijk van Anjou met een dochter van Filips II.

Hiervan had Oranje hoogstens een vermoeden. Hij stuurde opnieuw Marnix naar Anjou om erachter te komen waar hij ultimo op kon rekenen.[174] Met een ontregelde en inmiddels zieke Anjou terug op Frans grondgebied begon Marnix in september ongemakkelijke onderhandelingen namens Oranje en de Staten. Die gingen vooral over de financiële bijdrage van de Staten, die tot nog toe was uitgebleven, waardoor Anjou eens te meer in de problemen zat.[175] Uiteindelijk was het Elizabeth van Engeland, die op hevig aandringen van Walsingham nog een bedrag stuurde.[176] Maar het strijdplan en de strijdkrachten van Anjou waren toen al geïmplodeerd. Hij ging eerst iets anders doen.

In plaats van door te reizen naar Antwerpen maakte Anjou zich op naar Engeland te vertrekken, om daar zijn huwelijk met Elizabeth rond te maken. In de laatste week van oktober stak hij vanuit Boulogne-sur-Mer het Kanaal over. Marnix zat in zijn gevolg, ongetwijfeld om de Nederlandse belangen te bewaken in de onderhandelingen tussen twee grillige mensen, die twee onvoorspelbare naties representeerden.[177] Deze manoeuvre van Anjou betekende opnieuw uitstel van zijn inauguratie als nieuwe landsheer in de Nederlanden, en vooral van de militaire steun die beloofd was. De twijfels over Anjou, die al groot waren, namen gestaag toe. Oranje moest zich steeds uitvoeriger verdedigen voor het blijven spelen van deze zwakke troef.

Zijn keuze voor een Franse oplossing had Oranje al in conflict gebracht met Lazarus van Schwendi, en ook zijn broer Jan bleef in brieven steeds weer op het geval-Anjou terugkomen. Zij vertolkten de grote onrust en de afkeer die in het Duitse Rijk over deze in hun ogen evidente miskleun werd gevoeld.[178] Ze lieten zich door Oranje dan ook niet overtuigen. In het binnenland was er weliswaar in politieke kringen toe besloten het avontuur aan te gaan, maar met het verstrijken van de tijd kreeg het wachten op deze dubieuze verlosser grimmige trekken.[179] In Gent werd onder radicale calvinisten al in januari 1581 luidruchtig stemming gemaakt tegen de overeenkomst met Anjou.[180] Het was een protest dat aan kracht won naarmate Anjou langer wegbleef.

Strijden met de wanhoop: Doornik

In het najaar van 1581 begonnen ook de Staten de moed te verliezen. Het wegblijven van Anjou en zijn troepenmacht werkte bovendien verlammend op de interne daadkracht. Sinds 12 augustus verbleef Oranje in Gent om met de landraad bewesten de Maas de strategie te ontwikkelen die Farnese op de terugtocht moest drijven, en die ook Anjou, als hij dan eenmaal naar Vlaanderen kwam, op een gepaste manier in bedwang kon houden.[181] Farnese had na de onverwachte aftocht van Anjou enige tijd redelijk vrij spel. Wat resteerde van Anjous troepenmacht hing werkeloos rond op het platteland in de omgeving van Oudenaarde; er was geen stad die dit soldatenvolk binnen de eigen muren wilde hebben. Farnese maakte met zijn leger enige schijnbewegingen, onder andere in de richting van Menen, en streek in de eerste dagen van oktober voor Doornik neer.[182] Deze zwaar versterkte stad, gelegen aan weerszijden van de Schelde, kon voor de Waalse legers een strategisch steunpunt vormen voor een snelle aanval op Vlaanderen. Oranje had er bijna een jaar lang uitvoerig voor gewaarschuwd. De belangrijkste Vlaamse steden hadden vooral naar elkaar gekeken en weinig tot niets gedaan om Doornik te hulp te komen.[183]

Met de winter in aantocht, en in een steeds groter wordende smeerboel, gaf Farnese zelf leiding aan de belegering. Hij inspecteerde persoonlijk de aanleg van loopgraven en hield zo het vuur gaande in zijn manschappen. Voor zijn officieren Montigny en vooral Robert de Melun, markies van

Richebourg, was het een klus die gemengde gevoelens opriep. Ze waren beiden familie van de gouverneur van Doornik, Pieter de Melun, prins van Épinoy, die als enige Waalse edelman Oranje trouw was gebleven. Épinoy was Richebourgs broer, en Montigny was met hem verzwagerd. Hij was in het Staatse leger de voornaamste officier te velde en hield zich op dat ogenblik bezig met de verdediging van Duinkerken. Farnese was hoe dan ook niet van plan zich door dit loyaliteitsconflict van de wijs te laten brengen. Het tekent zijn stalen zenuwen dat hij deze twee belangrijke aanvoerders gewoon in functie liet.[184]

Doornik gaf zich op 29 november over, nadat er zo'n negenhonderd mensen waren omgekomen.[185] De stad had milde voorwaarden kunnen bedingen: de garnizoenssoldaten kregen vrije aftocht, ze mochten hun bezittingen, zelfs hun wapens, meenemen, ook de vaandels mochten ze over hun schouder meevoeren. Doornik behield zijn privileges en de burgers kregen een pardon: wie weg wilde mocht vertrekken en zijn bezit meenemen, wie bleef beloofde daarmee het protestantisme af te zweren. Wel moest er 200.000 gulden op tafel komen om de kosten van het beleg te dekken.[186] Farnese had geleerd van wat er onder Alva en Requesens zo vaak was misgegaan. Op een overgave volgde onder hun bewind telkens een gruwelijke moord- en roofpartij. Het leidde ertoe dat steden als Alkmaar, Haarlem en Leiden tot het uiterste gingen voordat ze zich overgaven, als ze het al deden. In Doornik investeerde Farnese in zijn reputatie als betrouwbare onderhandelingspartner. Het zou hem nog veel opleveren.

Ook de vrouw van de gouverneur, Philippa de Lalaing, prinses van Épinoy, kreeg alle gelegenheid rustig te vertrekken met medeneming van alle bezittingen van haar en haar man. Ze was in de weken daarvoor bijzonder actief geweest in het aanmoedigen van haar stadgenoten om vol te houden. Ze had zelfs met een brandende lont klaargestaan om de kanonnen op de stadmuren af te vuren. Na de overgave werd ze opgezocht door haar zwager Montigny. Ze was woest omdat het stadsbestuur van Doornik zich zo gemakkelijk had overgegeven. Ze had zich liever doodgevochten en desnoods de hele stad in de fik laten steken. Nadat ze wat was uitgeraasd, ontdekte ze in het gezelschapje dat Montigny bij zich had een edelman die ze niet kende. Het bleek de Spaanse kolonel Mondragón. Ze ontplofte: 'Nou nog mooier! Ons is wijsgemaakt dat de Spanjaarden allemaal vertrokken zijn, en kijk hier eens.'[187] Even later vertrok ze met haar gevolg in een aantal schepen over de Schelde naar Gent, waar ze hoopte haar man weer te ontmoeten, die daar al enige tijd met Oranje en de Staten in crisisberaad bijeenzat.[188]

Kort na haar vertrek bleek dat alle kostbaarheden die eerder bij een beeldenstorm uit de katholieke kerken en kloosters waren ontvreemd, door de prinses waren meegenomen en inmiddels met haar de Schelde afvoeren. Farnese stuurde er enkele vendels ruiters achteraan die de prinses dwongen de kerkschatten terug te geven.[189] Meteen de volgende dag liet Farnese zich inhalen in Doornik, in een lange optocht, waarin veel kerkelijke schatten werden meegedragen, zoals het reliek van het heilig kruis, waar Doornik zich graag op beroemde. Farneses intocht had veel weg van een processie. De militaire overwinning werd door Farnese overtuigend religieus aangekleed. Over zijn bedoelingen kon geen misverstand meer bestaan: niet alleen Filips II, maar ook de katholieke kerk zou onder zijn leiding het verloren terrein herwinnen. Voorlopig werd Doornik Farneses residentie, tot het moment dat hij Brussel zou hebben terugveroverd.

Farnese won in één keer enorm aan prestige en ondervond meer vertrouwen bij Filips II. De Spaanse koning nam elke twijfel weg over Farneses mandaat door hem op de laatste dag van december 1581 definitief tot landvoogd van de Nederlanden te benoemen. Zijn moeder legde zich erbij neer en bleef nog geruime tijd als min of meer ambteloos Habsburger residentie houden in Namen. Haar zoon kreeg begin 1582 ook toezeggingen over de snelle komst naar de Nederlanden van drie Spaanse tercios, bij elkaar ongeveer 8000 man, en ook nog een contingent Italianen; daarnaast werd het hem toegestaan nog zo'n 3600 Bourgondische en 2000 Zwitserse soldaten te lichten. Met deze grote legermacht moest hij in staat zijn om van een guerrillatactiek over te gaan op een offensieve oorlog. Farnese was erop uit de handel van de rebellen zo veel mogelijk te verstoren door handelsroutes en rivieren strategisch te blokkeren, zowel in Vlaanderen en Brabant, als in het rivierengebied van Gelderland en Limburg.[190] Aan een herovering van Holland, Zeeland en Utrecht dacht hij voorlopig nog niet. Eerst het zuiden.

De collectieve verlamming: de Staten-Generaal

Ook nu Doornik vast in Spaanse handen was, bleek het nog steeds moeilijk de Vlamingen in beweging te brengen. Oranjes ongerustheid hierover werd ergernis, en uiteindelijk woede. Die kwam er gestileerd uit op de eerste december 1581 in een zitting van de Staten-Generaal in Antwerpen. Oranje hield een redevoering in een uiterste poging de geesten tot eensgezindheid en daadkracht aan te zetten. Gezien alle redevoeringen, brieven en pamfletten met deze strekking die Oranje de jaren ervoor op zijn achterban had losgelaten en die nooit tot echt grote geestdrift hadden geleid, hoogstens tot iets meer meegaandheid, mocht er ook nu niet al te veel van verwacht worden. De bedoeling was misschien vooral dat niemand achteraf zou kunnen zeggen dat hij niet duidelijk was geweest.

Het was een bitter slotakkoord van een jaar waarin zoveel ingrijpende beslissingen waren gevallen. Oranje had het in zijn *Apologie* tegen de machtigste vorst van de wereld opgenomen en daarmee iedere weg naar verzoening voorgoed afgesloten, en de Staten-Generaal hadden met het *Plakkaat van Verlatinge* de landsheer buiten de deur gezet, en zo de eeuwenoude banden met het Bourgondisch-Habsburgse huis doorgesneden. Er was een alliantie met de oude aartsvijand Frankrijk tot stand gekomen, waar inmiddels handtekeningen onder stonden. En toch leken al deze ingrijpende gebeurtenissen geen enkel elan los te maken.

Oranje maakte op 1 december de balans op over een, op militair vlak, totaal verloren jaar en stelde vast dat de Spaanse troepen 'overal waar ze maar willen, meester zijn over het platteland, zonder dat wij het hebben kunnen verhinderen'.[191] De Staten hadden geluk dat de vijand nog niet op sterkte was; daardoor was Kamerijk tot nu toe behouden. Oranje wist nog niet dat Doornik zich de vorige dag had overgegeven, maar hij wist wel dat de Staatse troepen totaal niet bij machte waren deze belangrijke stad enige hulp te bieden. 'En als u mij vraagt wie hiervan de schuld draagt, dan antwoord ik: dat bent u, heren, en verder allen die mijn raad in de wind hebben geslagen, en zich eruit praten door naar anderen te wijzen.' Wanneer ze maar in beweging waren gekomen toen de hertog van Anjou Kamerijk innam, dan waren ze nu verlost van de oorlog, omdat ze samen de vijand naar de overkant van de Maas hadden kunnen jagen.[192] Het komende jaar ging op deze manier nog veel moeilijker worden. Het duurde alleen al twee maanden om in Antwerpen een plenaire vergadering te beleggen. En dan moesten de beraadslagingen nog beginnen. 'Alsof we helemaal geen vijanden hebben.' Er was geen enkel signaal dat er nu wel zou worden aangepakt: 'Terwijl we het geschut waarmee Doornik onder vuur wordt genomen hier kunnen horen.' Deze onachtzaamheid was onvergeeflijk omdat 'iedereen meer met zijn eigen zaken bezig is dan met het algemeen belang'. En daarom was het niet zo gek dat het gewone volk niet het idee had dat 'deze oorlog hen ook maar iets aangaat, en dat er wordt gestreden voor zijn vrijheid, lijfsbehoud en geweten'. Daaruit kwam een ander probleem voort: de onwil met geld te hulp te komen. Zonder geld kan er geen oorlog gevoerd worden, 'niet door mij, niet door iemand anders'. Uiteindelijk kwam het hierop neer: 'We laten de religie en het land maar gewoon verlopen.' Maar denk niet dat ik zelf mijn handen wil uitsteken naar de gemene middelen, zoals door kwaadsprekers wel wordt verteld.[193]

Oranje probeerde nog eens uiteen te zetten waar de crux zat: iedereen zou het algemene belang als zijn eigen belang moeten beschouwen. Het land was hopeloos versnipperd, elk gewest, elke stad had zijn eigen financiën, zijn eigen legertje, 'waardoor wat veel zou kunnen zijn voor iedereen samen, nu klein is voor ieder afzonderlijk'.[194] De landraad die onlangs was ingesteld, had dit moeten oplossen, maar die had in deze opzet geen macht. Wanneer we hier niet snel mee ophouden dan draaien we binnen twee maanden volledig de vernieling in. We moeten deze gebreken samen opheffen, en maak dat ook aan de bevolking duidelijk. Als dat gebeurt, dan zult u merken dat ik alles zal doen wat in mijn vermogen ligt. Tot slot gaf hij aan dat hij zich verplicht had tot einde januari samen met de Staten te regeren. Als er tegen die tijd geen andere aanpak zou zijn gekozen, 'dan zal er ook geen gouverneur meer in het land zijn'.[195]

Met deze laatste woorden dreigde Oranje, niet voor het eerst, zijn handen van het landsbestuur af te trekken. Afgaande op de overgeleverde tekst had hij in zo'n tien minuten zijn verhaal gedaan. Korter en harder kon het nauwelijks verwoord worden. Haalde het iets uit? Weinig. Als deze oorwassing iets aantoonde, dan was het dat Oranje in kringen van zijn bondgenoten erg alleen stond. Ze hoefden niet naar hem te luisteren, en dat deden ze dan ook niet, behalve als het niet anders kon. Het gevoel van urgentie ontbrak nog altijd, en ook het vuur, dat hoogstens door eenlingen als de prinses van Épinoy aan de dag werd gelegd. In Gent werd vijf dagen later het betoog van Oranje in het schepencollege helemaal voorgelezen. Er werd even over van gedachten gewisseld, en volgens het verslag van die bijeenkomst ging men daarna door met het volgende agendapunt: een theologische ruzie tussen vier predikanten.[196]

Een paar dagen later drong Oranje bij zijn collega's van de Raad van State aan op het sturen van versterkingen naar Oudenaarde. Een snelle blik op de kaart leerde dat dit weleens een volgende prooi voor Farnese kon worden. Maar de stad Oudenaarde weigerde versterking van het eigen garnizoen.[197] Hier ging weer het particuliere voor het algemene belang. Wanneer Farnese erin zou slagen Oudenaarde in te nemen, kon hij de route naar de Waalse gewesten vrij effectief blokkeren, en eventueel rechtstreeks Gent en Brussel bedreigen. De stad lag ook nog eens zo centraal in Vlaanderen, aan de Schelde, dat het economisch leven er ernstig onder te lijden zou hebben. Oranje deed zijn oproep op 7 december, in de laatste week van april 1582 begon Farnese met de belegering van Oudenaarde. De stad gaf zich op 5 juli over, op vergelijkbare milde voorwaarden als Doornik.[198]

Anjou in Londen

De militaire situatie verslechterde snel: Duinkerken werd bedreigd, Ninove, Menen en Vilvoorde ook, en Brussel wellicht nog het meest.[199] Het was de hoogste tijd om het gammele militaire apparaat beter op poten te zetten.[200] De bevelstructuur leed onder onduidelijke gezagsverhoudingen. Legeraanvoerders traden voortdurend met Oranje in discussie in plaats van zijn orders op te volgen.[201] Maar de rust ontbrak voor een grondige reorganisatie. Normaal gesproken keerde een veldleger uiterlijk in het late najaar terug naar de winterverblijven, maar Farnese bleef ondanks het slechte weer zijn dreiging opvoeren door in verschillende regio's van Vlaanderen en Brabant met zijn leger speldenprikken uit te delen.[202]

Wellicht zou de komst van Anjou voor een andere dynamiek zorgen. Bij veel gewesten was dat waarschijnlijk ook de leidende gedachte: als we dan zo nodig met Frankrijk en Anjou in zee moeten, dan kunnen de Franse troepen ook wel het Spaanse leger op afstand houden. Op het moment dat Oranje zijn bewogen redevoering in de Staten-Generaal hield, zat Anjou nog altijd in Engeland. Anjou, die in de Nederlanden naar zijn andere hertogelijke titel meestal met 'Alençon' werd aangeduid, droeg inmiddels de bijnaam 'Allangzaam'.[203]

Marnix hield Oranje in brieven op de hoogte van de ontwikkelingen in de Frans-Engelse amourette. Op 22 november kon hij melden dat het huwelijk echt aanstaande was: Elizabeth had Anjou tot man genomen, ze had hem zelfs al een ring gegeven. Ze was onder de indruk van zijn standvastigheid, en van het feit dat hij nu al twee keer de gevaarlijke zee voor haar was overgestoken. Marnix was erbij geweest en hij had zijn verbazing nauwelijks kunnen onderdrukken, want de avond tevoren had hij haar heel anders gehoord over de Franse prins.[204] Nu het woord eruit was, heerste vooral ontroering. Marnix vond dat de Nederlanders hierover hun vreugde wel mochten laten blijken. Dat was zijn advies. In Gent, waar Oranje op dat moment verbleef en waar het nieuws als eerste binnenkwam, werden op 27 november inderhaast pektonnen ontstoken en een enorm vuurwerk aangericht. Met een groot schilderwerk werd tot uitdrukking gebracht dat de Nederlandse maagd zich in handen stelde van de trouwe Anjou en zich afkeerde van Filips II met zijn moordpraktijken. In verschillende plaatsen werden, zodra het nieuws doordrong, klokken geluid, saluutschoten gelost, in kerken werden dankgebeden gezegd.[205] Er werd zelfs een gedenkpenning geslagen die herinnerde aan Marnix' gelukkige rol als huwelijksmakelaar.[206]

De politieke en strategische betekenis van deze verloving was nauwelijks te overzien. Niet alleen ontstond er een krachtige alliantie tussen Engeland en Frankrijk, met daarbij de Staten-Generaal als vaste steunbeer, de verbintenis kon ook niet anders dan de Franse koning in oorlog brengen met Filips II. Dat was goed nieuws voor de Nederlanders. Marnix vertelde erbij dat de Franse koning nog wel zijn toestemming moest geven, maar dat was een formaliteit.

Daar zou het ook niet op stuklopen. Het was Elizabeth die de volgende dag al liet doorschemeren weer van gedachten veranderd te zijn. Ze had een beetje toneel gespeeld. Het huwelijk ging er niet komen. Pas omstreeks kerst drong dit ook tot Anjou door. Het stemde hem wanhopig, alleen al vanwege het gezichtsverlies.[207] Speciale gezant Marnix deed er lang over moed te vatten om het nieuws over te brieven naar zijn opdrachtgevers, Oranje en de Staten. Hij hoopte nog op een wending, Anjou en Elizabeth misschien ook wel. Het werd Elizabeth duidelijk dat een huwelijk met de katholiek Anjou erg slecht viel in haar protestantse entourage en waarschijnlijk ook bij het protestantse deel van de bevolking, terwijl het katholieke volksdeel er wellicht moed uit zou putten en opstandig kon worden.[208] In Frankrijk weerspiegelden zich deze bange verwachtingen; daar riep het voorgenomen huwelijk heftige weerstand op bij de nog altijd niet uitgespeelde katholieke factie van de Guises.[209]

Op Elizabeth was in deze weken nog minder peil te trekken dan op Anjou; ze speelde met hem, en haar wisselende stemmingen speelden met haar.[210] Ze deed wat ze wilde. Volgens een roddel zou ze zo onder de indruk zijn geweest van Farneses inname van Doornik dat ze via via ook een huwelijksvoorstel naar hem liet uitgaan. Het lijkt niet onmogelijk, want het was allemaal niet erg serieus meer. Hoewel Elizabeth de politieke hoofdlijn steeds bleef vasthouden: geen grote continentale avonturen en zo min mogelijk geld het land uit laten vloeien. Maar ook proberen op het continent zo veel mogelijk partijen tegen elkaar op te zetten en uit te spelen. Met haar voorstel aan Farnese hoopte ze hem wellicht van Filips II los te weken, en daarmee aartsvijand Spanje te verzwakken.[211] Maar de wereld keek mee; de Spaanse ambassadeur in Londen, Bernardino de Mendoça, schreef over de van dag tot dag voortgaande klucht verrukkelijke verslagen aan zijn baas Filips II.[212]

Alle partijen moesten uiteindelijk hun best doen het gezichtsverlies te beperken. Elizabeth voelde zich moreel verplicht Anjou een ruime ondersteuning van 60.000 pond sterling mee te geven voor zijn Nederlandse campagne.[213] Het bedrag kwam in termijnen beschikbaar, bij vertrek mocht hij 10.000 pond meenemen. Op 1 februari kreeg Anjou een groot Engels escorte naar Sandwich, waar hij scheep zou gaan naar Zeeland.

Elizabeth reisde mee tot aan Canterbury. Bij het afscheid voegde ze Anjou nog toe: 'Als u me schrijft, adresseer dan: "Aan mijn vrouw, de koningin van Engeland."'[214] Had hij weer iets om over na te denken of om te lachen.

In het escorte dat Anjou verder begeleidde zaten vooraanstaande calvinisten als Leicester, Walsingham, Sidney en de jonge protestantse dichter en avonturier Walter Raleigh, wellicht als signaal aan Oranje dat er een ideële consensus bestond over hun vriend Anjou: een wat richtingloze katholiek die in bedwang gehouden moest worden met een flinke dosis nuchter protestantisme.[215] Er gingen uiteindelijk zo'n honderd Engelse edellieden, met driehonderd man personeel, mee naar de overkant van de Noordzee.[216] Omdat er geruchten gingen dat er grote hongersnood heerste in de Nederlanden – wat niet helemaal onwaar was –, werden er ook nog vijftig runderen en vijfhonderd schapen op de vloot meegevoerd.[217] Vlak voor vertrek kreeg Marnix door Walsingham ingefluisterd dat van de 60.000 pond die Anjou van Elizabeth had meegekregen er 50.000 moesten worden aangewend om langlopende schulden van Elizabeth in Antwerpen aan te zuiveren. Of Marnix daar maar even voor wilde zorgen.[218]

Op 10 februari meerden de schepen aan in Vlissingen. Willem van Oranje, die al sinds begin januari in Middelburg met een groot aantal Statenleden op Anjou had zitten wachten,[219] begroette hem op de kade met een knieval.[220] Een gebruikelijk vertoon van respect, maar er zat in dit geval een grote opluchting in verborgen. Hij was blij dat hij de Franse koningszoon eindelijk kon begroeten; Oranje sprak het meteen ook uit. De eerste contacten dateerden alweer van ruim acht jaar geleden, nog gelegd door Lodewijk van Nassau. Op deze winderige en koude kade zagen Oranje en Anjou elkaar voor het eerst.[221] Het was een moment dat er onwillekeurig frisse lucht in de verzuurde en verstarde Nederlandse verhoudingen werd geblazen. Met de komst van Anjou veranderde in één keer het hele krachtenveld: Frankrijk was eindelijk een bondgenoot van vlees en bloed. In Vlissingen overheerste een feeststemming.[222]

De volgende dagen werden doorgebracht in Middelburg, in afwachting van het scheepsescorte dat het gezelschap naar Antwerpen zou begeleiden. Het was ook een noodzakelijk oponthoud om het Antwerpse ontvangstcomité nog wat tijd te geven een passend onthaal voor de nieuwe landsheer te organiseren.[223] Ondertussen werd er overlegd, getafeld en feestgevierd. De Nederlandse bestuurders probeerden hoogte te krijgen van de hertog, die in hun kringen al zo lang afwisselend gewenst, gewantrouwd en vervloekt werd. Nog kort voordat Anjou arriveerde werd er in Staatse kringen hardop gedacht over een andere Franse optie: waarom niet Hendrik van Navarra vragen landsheer te worden, iets verder van de Franse troon, maar wel protestants?[224] Oranje liet zich in deze dagen uitvoerig adviseren door Philippe Duplessis Mornay, die hij nog altijd 'leende' van diezelfde Hendrik van Navarra. De optie werd niet meteen verworpen. Anjou was zich goed bewust van deze dreigende concurrentie. Toen hij in Vlissingen Mornay ontdekte in de entourage van Oranje, moet hij onaangenaam verrast zijn geweest. Ze kenden elkaar door en door, en Mornay was zeer goed op de hoogte van Anjous karakterzwakten. Anjou ondernam de weken erna van alles om Mornay op afstand te zetten. Mornay keek het nog een halfjaar aan en keerde toen terug naar Frankrijk.[225]

Anjou in Antwerpen

Op de zeventiende vertrok het gezelschap uit Zeeland. Na een tussenstop in fort Lillo op de rechteroever van de Schelde zeilde Anjou in de vroege ochtend van 19 februari, begeleid door Oranje en nog zo'n twintig schepen vol hoogwaardigheidsbekleders, naar Antwerpen. Bij het naderen van de stad begonnen de kanonnen te bulderen, vanaf de stadmuren en ook vanaf talloze schepen die op de Schelde voor anker lagen. Ook de schepen die Anjou escorteerden gaven vuur. Het paste bij een historische gebeurtenis, maar die leek in dit geval groter dan ze feitelijk was. Anjou ging als nieuwe soeverein het bekende hinkelpad afleggen om in ieder gewest afzonderlijk ingezworen te worden, in dit geval als hertog van Brabant.[226]

Er werd aangemeerd bij het voorstadje Kiel. Zoals Filips II 33 jaar eerder buiten de stadspoorten de Blijde Inkomste had moeten tekenen alvorens hij Antwerpen mocht binnengaan, zo werd ook Anjou op een inderhaast in elkaar getimmerde overdekte toneelstellage tegenover de stadsmuur een eeuwenoud ritueel binnengeleid. Anjou werd op een met laken beklede stoel neergezet. Daarin moest hij luisteren naar de volledige tekst van de Blijde Inkomste uit 1356. Anjou kon nu eventueel nog bezwaar maken tegen het een of ander. Via Oranje liet Anjou weten dat ze tijdens de overtocht de verschillende artikelen uitgebreid met elkaar hadden doorgenomen, het was wel goed zo. Hij wilde graag de eed afleggen. Die werd hem eerst in het Nederlands voorgelezen, en daarna in het Frans, waarbij Anjou de woorden letterlijk moest herhalen. Hij was hiermee hertog van Brabant en kreeg door Oranje een meterslange karmozijnrode mantel omgehangen, gevoerd met hermelijn, en een dito muts opgezet. Vervolgens werd hem een vergulde sleutel van de stad overhandigd. Er klonk een luid 'Vive le duc de Brabant'.[227]

Daarna kon het gezelschap Antwerpen binnengaan, waar hoge triomfbogen waren getimmerd en teertonnen stonden te roken. Kunstenaar en architect Hans Vredeman de Vries, een Europese beroemdheid vanwege zijn spectaculaire perspectivische effecten, had de stad een geheel nieuwe gedaante gegeven. Na het passeren van de stadspoort werden, volgens goed gebruik bij vorstelijke inkomsten, door herauten gouden en zilveren muntstukken over het massaal aanwezige publiek uitgeworpen. De munten waren voor de gelegenheid geslagen.[228] Er was in de stad een gigantisch feest georganiseerd, met toneelstellages, waarop de gebruikelijke verheerlijkende allegorische vertoningen werden gegeven: Anjou als de harmonieuze vorst David, die uiteindelijk Goliath zou verslaan. Een andere voorstelling liet zien dat de tweedracht voorgoed achter de tralies was beland.[229]

Het was tegelijkertijd in de straten en op de pleinen ook een langgerekt

Entrée van de hertog van Anjou in Antwerpen, op 19 februari 1582. De erepoort was voor de gelegenheid gebouwd. Ook de rokende teertonnnen waren ter ere van de nieuwe landvoogd. Schilderij door een anonymus, 1582 (collectie Rijksmuseum, Amsterdam).

en luidruchtig militair vertoon, met tientallen vendels burgermilitie, in totaal zo'n 20.000 man,[230] versterkt door fluitspelers en trommelaars. De burgers van Antwerpen lieten zich gelden; het is af te lezen aan een rijk-geïllustreerd boekwerk dat kort na de gebeurtenissen uitkwam. Het massale optreden van de stadsmilities is ook op de bijgevoegde prenten bijna intimiderend zichtbaar gemaakt.[231] Anjou was welkom, maar hij moest zich wel gedragen. Langs de hele route die hij door Antwerpen aflegde, stonden gewapende burgers.[232] Door het gewone publiek werd waarschijnlijk vooral gesproken over de olifant die op een kar werd voortgereden met een groot kasteel op zijn rug, waaruit kanonnen voortdurend losse flodders afschoten.

Anjou kreeg, net als eerder Matthias, de Sint-Michielsabdij als residentie toegewezen. Het was een voornaam en statig kloostergebouw, maar bepaald niet ontworpen om een verwende Franse hofhouding te huisvesten. Het was wat Anjou betrof ook maar tijdelijk; hij wilde zich zo snel mogelijk in Brussel vestigen. Voor de tussentijd stelde hij een jaarbegroting op voor zijn totale hofhouding van 600.000 pond, die hij indiende bij de Staten-Generaal, en hij eiste meteen alle kostbaarheden en wandtapijten op die van oudsher aan de landsheren van de Nederlanden toebehoorden. Deze wensen kregen, terwijl het land in een grote economische crisis verkeerde, geen gehoor bij de Staten.[233] Ter vergelijking: Oranjes hofhouding gold ook als prijzig, maar werd door de Staten ondersteund met 36.000 gulden. Het werd Oranje opnieuw als traktement toegekend om ook onder Anjou zijn waardigheid van luitenant-generaal te kunnen continueren.[234]

De hevige maar korte terugkeer van de religievrede

Het suikerzoete van de inhuldiging bleef nog even in de straten van Antwerpen hangen. Het Engelse escorte ging na enkele dagen weer huiswaarts. De weken daarop werd het ongemak van het verstandshuwelijk tussen Anjou en de Staten, ondanks vele betuigingen van goede bedoelingen over en weer, duidelijk voelbaar.

Op 25 februari 1582 werd in de huiskapel van het kasteel van Antwerpen Emilia Antwerpiana gedoopt, de in december geboren dochter van Willem van Oranje en Charlotte de Bourbon. Het was hun zesde kind en zesde dochter in zes jaar tijd (in september 1580 was nog Charlotte Brabantina geboren). Het was een gebeurtenis in de schaduw van het gedruis van een week ervoor. Het kind kreeg de doopnaam Antwerpiana om de verbondenheid tussen Oranje en de handelsstad tot uitdrukking te brengen – het werd door het stadsbestuur beloond met een jaarlijkse rente voor het kind van 2000 gulden, levenslang.[235]

Op deze zondag ging het enkele honderden meters verderop minder vriendelijk toe. Daar nam Anjou met zijn hofhouding de kerk die bij de Sint-Michielsabdij hoorde weer in gebruik. Ze hadden een week eerder het gebouw aangetroffen met dichtgemetselde portieken aan de zijde van de binnentuin, ook alle doorkijkjes naar de kerk vanuit de gastenverblijven waren dichtgemetseld. In plaats daarvan was aan de straatkant, aan de kade van de Schelde een nieuwe ingang gemaakt, ten behoeve van Waalse gereformeerden, die de kerk sinds enkele maanden in gebruik hadden mogen nemen. Zonder iemand iets te vragen lieten de Fransen er op 25 februari weer de mis opdragen.[236] Gezeten katholieke burgers van Antwerpen voegden zich bij hen.[237]

Op straat verzamelden zich intussen gealarmeerde gereformeerde Antwerpenaren. Toen de mis was afgelopen en hun katholieke medeburgers weer op straat verschenen, ontstond een massale scheldpartij over en weer.[238] Anjou kreeg van het stadsbestuur daarop het verzoek de mis voortaan op zijn kamer te laten opdragen. Dit viel niet goed. Anjou liet weten dat hij overeen was gekomen dat in het hele land de religievrede zou worden gerespecteerd. Daar wilde hij zichzelf, de Nederlanders en ook de Antwerpenaren aan houden. Oranje kon niet anders dan hem gelijk geven. Dit was een jaar eerder door de delegatie van Marnix in Bordeaux zo vastgelegd. Sindsdien was er in de opstandige gewesten veel gebeurd, maar daar had Anjou geen boodschap aan. Al twee dagen later kreeg Anjou voor elkaar dat Oranje en de Staten instemden met de herinvoering van de religievrede, ook in Holland en Zeeland, of 'dat hij anders meteen een schip liet klaarmaken en zou vertrekken'.[239] Het was met het mes op de strot. Anjou was geen Matthias.

Anjou liet zich in deze dagen naar het schijnt enkele malen ontvallen dat hij 'naar de Nederlanden was gekomen om te bevelen, niet om bevelen te ontvangen'.[240] Oranje moest op eieren lopen, Anjou was zijn project, en daardoor was hij gedwongen opnieuw een scherpe zwenking te maken in zijn godsdienstpolitiek. Hij probeerde zich als bemiddelaar op te stellen, maar zal hebben beseft dat dit slecht zou vallen bij grote groepen calvinisten, die zo mooi de wind in de zeilen hadden gehad de laatste maanden. Oranje kon erop rekenen dat die niet geneigd waren het verworven terrein zomaar weer prijs te geven.[241] Die avond, dinsdag 27 februari, liet hij zich met de prins van Épinoy en enkele andere edelen bij Anjou uitnodigen om vastenavond te vieren. Die had voor de gelegenheid een kaatsbaan laten aanleggen naar Parijs' voorbeeld.[242] In Antwerpen waaide een andere wind.

Anjou kreeg kort daarop toestemming de kerk van de Sint-Michielsabdij voor de mis te gebruiken, maar op strikte voorwaarde dat hij alleen gezeten burgers van Antwerpen toeliet, die ook nog eens uitdrukkelijk de koning van Spanje hadden afgezworen, volgens de letter en de geest van het *Plakkaat van Verlatinge*. De dichtgemetselde portieken en ramen van de kerk werden weer opengemaakt. Anjou ging dagelijks naar de mis, maar het liep verder geen storm; weinig katholieken durfden de Spaanse koning openlijk af te zweren.[243]

De graaf van Leicester, die in februari de gang van zaken rond de Blijde Inkomste van Anjou van nabij had gadegeslagen, liet weer terug in Engeland aan de Spaanse ambassadeur Mendoça weten dat het allemaal weinig meer dan gekkigheid was: 'De hertog van Anjou is nu reeds als een oud schip vastgelopen op een zandbank en hoopt dat de wind en de vloed hem weer los zullen trekken.'[244] Leicester had goed gezien dat er in de Antwerpse verhoudingen veel niet klopte, maar er zou nog wel wat tijd overheen gaan voor Anjou weer weg kon. In het buitenland, ook in Frankrijk, werd Anjou vooral gezien als een werktuig in handen van Oranje. Een Franse waarnemer betreurde het hele experiment, dat tot weinig anders kon leiden dan 'dat het land daar vruchtbaar wordt gemaakt met het bloed van Franse edelen en soldaten'.[245]

Ook al had Anjou het vaste voornemen zich niet tot marionet te laten maken, toch kreeg hij al na enkele weken het idee dat hij vooral was ingehuurd 'als abt van het Sint-Michielsklooster', bij de gratie van de prins van Oranje.[246] Daarvoor was hij niet gekomen. De excentrieke Anjou toonde zich autoritair en katholiek. Op 10 maart sprak Anjou de Staten-Generaal toe, met veel vertoon van goede bedoelingen – hij wilde een vader voor zijn nieuwe onderdanen zijn, en ja, hij ging niet alleen Elizabeth van Engeland, maar ook zijn eigen broer, de machtige Franse koning, bij de Nederlandse zaak betrekken. Waarmee hij leek te zinspelen op een openlijke oorlogsverklaring van Frankrijk aan Spanje.[247] Anjou liep over van dadendrang, aan Oranje de taak deze energie subtiel in goede banen te leiden.

Oranje en de Raad van State hadden ruim een week eerder, op 1 maart, al met de Staten-Generaal beraadslaagd over hoe ze van de alliantie met Anjou een succes konden maken. De kijk was pragmatisch, maar het was voor Oranje en de Raad van State duidelijk dat dit het moment was enkele radicale hervormingen door te voeren, vooral op fiscaal gebied. Ze hadden nu een halfjaar geëxperimenteerd met de landraden bewesten en beoosten van de Maas, en het was op een financieel fiasco uitgelopen, met het verlies van Doornik tot gevolg. Dat gewesten hun eigenheid en privileges bleven koesteren, werkte totaal verlammend. Er waren al verschillende algemene consumptieve belastingen afgesproken, maar in plaats van die af te dragen aan het centrale gezag werden ze door de gewesten opgestreken en weer uitgegeven.[248] Met een veelbelovende maar ook veeleisende nieuwe bondgenoot was dat niet vol te houden. De centrale regering moest snel kunnen handelen, en dat betekende ook: zelf geld kunnen innen en besteden.

Het leger dat Anjou de komende tijd de Nederlanden wilde binnenvoeren, ging veel geld kosten, zo'n 300.000 gulden per maand, en dat bedrag moest voor twee derde door de Staten worden opgebracht. Dit kon niet meer zonder een goed werkend stelsel van algemene belastingen, onder andere op zeep, zout, wijn en bier. Ook de konvooigelden en licenten (de belastingen die de koopvaardij betaalde voor militaire bijstand c.q. het recht om met de vijand handel te drijven) moesten voortaan centraal worden afgedragen.[249] Het zou volgens Oranje meteen leiden tot een broodnodige uniformering in het stelsel, 'want niets wekt meer jaloezie, ophef en ruzie tussen steden en gewesten dan ongelijkheid'. Uiteindelijk voelt iedereen zich tekortgedaan.[250] Het was de vinger op de zere plek. Dit was uitdrukkelijk gericht tot de afvaardiging van de Staten-Generaal, en die haastte zich een en ander tot misverstand te verklaren en beloofde beterschap.[251] Maar dat hadden de Staten al vaker gedaan.

In de dagen daarop werd dit probleem subtiel herverpakt voor hun nieuwe soeverein. In een notitie stelden Oranje en de Raad van State het zo voor, dat de financiële wantoestanden van de afgelopen tijd waren ontstaan door het ontbreken van de dwingende ogen van een vorst. Dat probleem was met de komst van Anjou opgelost. Ze adviseerden hem voor zichzelf een nieuwe Raad van State op te richten, die deze kwestie in goede banen kon leiden. Het werd voorgesteld als een probaat middel. Wanneer de fouten uit het verleden vermeden werden en de financiën snel op orde gebracht zouden worden, was het winnen van de oorlog een kwestie van tijd.[252] Tot zover de theorie.

Oranje neergeschoten

In de middag van 18 maart – het was zijn zesentwintigste verjaardag – kreeg Anjou in zijn abdij het bericht dat Willem van Oranje vermoord was. Volgens zegslieden kwam dat hard aan bij Anjou. Hij verklaarde dat de dood van zijn eigen vader hem niet zo geraakt had: 'Arme prins, arme prins, welke ellende zou je nog tegemoet zijn gegaan.'[253] Anjou zou uiteindelijk in tranen zijn uitgebarsten; het was 'alsof hij zijn vader had verloren, zijn grootste hoop en zekerheid'.[254] De wanhopige woorden van de hertog zullen in combinatie met de tranen oprecht geklonken hebben. Maar elders in Antwerpen heerste een heel andere stemming. In het kasteel, rond de plaats delict, verschoot de paniek iedere minuut van kleur.

Die ochtend, het was zondag, was Oranje eerst met een flink gevolg van familieleden en hovelingen, onder wie ook enkele Fransen, naar de kerk geweest. Vervolgens had hij met hen op het kasteel het middagmaal gebruikt, waar het gesprek onder andere zou zijn gegaan over wreedheden die door troepen van Farnese werden bedreven. Na het maal liep het gezelschap door de ontvangsthal, waar een wandtapijt hing waarop Spaanse soldaten waren afgebeeld. Ze hadden het er nog even over. Op dat moment diende zich een sjofel geklede jongeman bij Oranje aan, die een of ander verzoek leek te willen doen. Maar voor hij iets gezegd had, trok hij een pistool en vuurde een kogel af op Oranje, die er in eerste instantie niets van merkte. De klap die hij hoorde, leek elders uit het kasteel te komen, vertelde hij later nog regelmatig. De kogel bleek hem te hebben geraakt onder zijn rechteroor, was door zijn mondholte gegaan, en had zijn lichaam bij zijn linkeroor weer verlaten.[255] Het eerste moment moet Oranje de dader strak hebben aangekeken.[256] Die wilde het op een lopen zetten, maar omstanders trokken hun degen en doorstaken hem meerdere keren. Oranjes lijfwacht snelde toe en die mepten hard op de jongen in. Oranje riep nog dat ze hem in leven moesten laten: 'Dood hem niet, ik vergeef hem mijn dood.'[257] De dader had toen al het leven gelaten. Oranje werd steunend op anderen weggevoerd naar zijn kamer, en zei nog tegen enkele hovelingen van Anjou: 'Och, dat Zijne Hoogheid [Anjou] nu een zo getrouw dienaar moet verliezen.'[258]

Oranje zal op dat moment hebben gedacht dat hij er geweest was. Dit was ook het nieuws dat het kasteel uit siepelde, de stad Antwerpen in, waar in korte tijd een enorme opwinding ontstond. De alarmklokken werden geluid, de stadspoorten gesloten. Bij veel mensen was er meteen de stellige zekerheid dat Anjou achter deze gruweldaad moest zitten. Ze hadden het al gedacht. En omdat de moordenaar dood was, werd een complot van binnenuit vermoed. Degene die kon vertellen hoe het zat was er al niet meer, en deze geruchten gingen over straat. De burgermilities werden in de wapenen geroepen, kettingen werden over de straten gespannen, en een stel heethoofden trok al naar de Sint-Michielsabdij om verhaal te halen bij het Franse gezelschap daar. Niemand van hen zou nog levend Antwerpen verlaten, werd er geroepen. Anjou en zijn mensen verschansten zich intussen in het best beschermde deel van de abdij.[259]

Terwijl Oranje werd verzorgd, werd meer duidelijk over de identiteit van de dader. Oranjes zoon Maurits, veertien jaar nog maar, hield de wacht bij het lijk en liet de zakken van de dader doorzoeken. Er kwamen behalve een dolk enkele brieven en notitieboekjes tevoorschijn. Het gevoel bleef dat de situatie in het kasteel niet veilig was, vooral bij Maurits: 'Ik ben bang dat er hier nog een andere schelm is die mij dit gaat afpakken.'[260] De kamer van Oranje werd inmiddels zwaar bewaakt door oude vertrouwelingen onder aanvoering van Filips van Hohenlohe. Maurits werd naar een zolderkamer gebracht, waar de papieren beter werden bekeken.[261] Daaruit bleek dat de dader een Spaanse achtergrond had. Bij alle paniek was dit een grote opluchting. Het moest een onnozele, bijgelovige man zijn, gezien de verzameling bontjes, poedertjes, crucifixen en toverijartikelen die hij bij zich had; op zijn onderhemd waren kruisen en toverkarakters aangebracht; wellicht had hij gehoopt zich na zijn daad in één keer onzichtbaar te maken.[262]

Marnix liet intussen het bericht uitgaan dat Oranje nog leefde en dat hij er waarschijnlijk weer bovenop zou komen. Minstens zo belangrijk was het het bericht de wereld in te helpen dat de dader een Spanjaard was en geen Fransman. Marnix ging met enkele bewijsstukken naar het stadhuis om daar verslag uit te brengen. Elk boos gerucht moest snel de kop ingedrukt worden. De kolonels van de burgermilities werden in de kamer van de prins toegelaten om met eigen ogen vast te kunnen stellen dat hij nog leefde. Oranje vond zelfs de kracht hun uit te leggen dat de Fransen niets met de aanslag te maken hadden, maar dat het direct uit Spaanse hoek kwam. Hij moedigde de burgermilities aan Anjou in ere te houden, want de hertog hield van hen: 'Ook als ik dood mocht gaan, [...] houd je aan mijn advies.'[263]

Diezelfde zondagmiddag kwam de hertog van Anjou bij Oranje op bezoek. Ze hadden een prettig onderhoud, ook al had Oranje inmiddels te horen gekregen dat hij niet veel meer mocht spreken en zijn opmerkingen moest opschrijven. Ze besloten meteen brieven naar Londen en Parijs te sturen om de precieze situatie uiteen te zetten.[264] Ook daar konden valse geruchten verwoestend uitwerken. Het werd hoog tijd de patiënt rust te geven. De zwellingen waren groot, ontstekingen dreigden en zouden moeilijk bestreden kunnen worden. Slikken ging zwaar, en er leefde angst dat er een slagader geraakt was.[265] Het was zorgelijk.

De volgende dagen werd dankzij de gevonden papieren van alles bekend over de identiteit van de jongen en ook over medeplichtigen. De dader heette Jean Jaureguy, kwam uit Bilbao, en zijn connecties leidden naar een in Antwerpen gevestigde Spaanse koopman, Gaspar d'Anastro, bij wie hij een administratief baantje had. Anastro bleek al enige dagen eerder uit Antwerpen te zijn vertrokken, naar Brugge.[266] Mensen uit zijn omgeving werden onder tortuur verhoord over hun medeplichtigheid. Onder anderen de beroemde Italiaanse chroniqueur en koopman Lodovico Guicciardini werd gearresteerd omdat hij kort tevoren had gedineerd bij Anastro, en zich ook al eens spottend had uitgelaten over de Blijde Inkomste van Anjou. Hij werd na enkele dagen weer vrijgelaten.[267]

Er was weinig voor nodig om voor medeplichtig door te gaan. Er werd een dominicaan opgepakt die Jaureguy kort tevoren de biecht had afgenomen, en van zijn plannen had gehoord. Hij werd zonder al te veel bewijsvoering enkele dagen later samen met de secretaris van Anastro op de Grote Markt geëxecuteerd. Op speciaal verzoek van Oranje op milde wijze: eerst gewurgd, en daarna gevierendeeld.[268] Geen inleidende martelingen, zoals gebruikelijk. Afgerukte ledematen werden opgehangen bij de verschillende stadspoorten van Antwerpen.

Later werd duidelijk dat Anastro vanuit Brugge was doorgereisd naar Farnese in Doornik om de moord vast aan te kondigen en de beloning daarvoor veilig te stellen. Farnese ontving hem in de dagen kort voor of na de aanslag.[269] Toen Farnese enkele dagen later het bericht bereikte dat de aanslag had plaatsgevonden en dat Oranje dood was, liet hij meteen een hele reeks brieven uitgaan naar de belangrijkste Zuid-Nederlandse steden met de aansporing zich nu eindelijk aan zijn gezag te onderwerpen.[270] Tot 29 april verstuurde Farnese brieven waaruit bleek dat het nieuws dat Oranje de aanslag had overleefd, nog steeds niet tot hem was doorgedrongen.[271]

In Antwerpen werkten Marnix en Villiers al aan een pamflet waarin de hele gang van zaken, inclusief de verslagen van de verhoren, werd geopenbaard.[272] Het zal begin april verschenen zijn, in het Nederlands en het Frans. Intussen waren er ook diverse brieven onderschept uit het Spaanse kamp, onder andere van Granvelle, waaruit een onversneden vreugde opsteeg; ook die werden door het Staatse kamp op de drukpers gelegd.[273] Het ontlokte Granvelle de opmerking dat als dit zo doorging hij zelf geen kopieën meer hoefde te laten maken.[274] De diepere bedoeling van dergelijke publicaties was waarschijnlijk het onderstrepen van het belang van Willem van Oranje: zolang hij leefde, balanceerden de Spanjaarden op de rand van de wanhoop.[275] Want dat was wat hun intense vreugde onwillekeurig verried. Granvelle bleef nog maandenlang geloven, of hopen tegen beter weten in, dat Oranje dood was, veelal in de meest sarcastische bewoordingen, waarbij zijn vaste formule was dat dit 'twintig jaar eerder had moeten gebeuren'. Hij meende, vanuit Madrid, dat iedereen in de Nederlanden listig in de waan werd gehouden dat Oranje nog leefde.[276]

Rouw over het kasteel

In de eerste week van april kreeg Oranje te kampen met complicaties. De wond barstte open, met veel bloedverlies tot gevolg.[277] De gesprongen ader moest aanvankelijk dag en nacht worden dichtgeknepen om te voorkomen dat Oranje dood zou bloeden; er werd een tampon in de ader gebracht om het bloeden te stelpen, het hielp weinig.[278] Zijn toestand bleef penibel; het bloeden ging veertien dagen achter elkaar door. Een maand lang kon hij geen vast voedsel eten, hij kreeg alleen soep die was getrokken van brood. Midden april zei hij op een avond tegen de dierbaren rond zijn bed 'Goedenacht, het is nu met me gedaan.'[279] Het bleek prematuur. Ook toen het bloeden stopte, kort nadat de tampon was verwijderd, hield Oranje er rekening mee dat het niet goed ging aflopen. Hij had in deze weken met gebruikmaking van een leitje af en toe overleg met verschillende raadslieden, zoals met Philip Duplessis Mornay, die erbij was toen Oranje tegenover zijn predikant Villiers geëmotioneerd zijn geweten blootlegde, door hem te vragen hoe hij tegenover God ooit afdoende verantwoording zou kunnen afleggen voor al het bloed dat door zijn toedoen was vergoten. Villiers legde hem uit dat het allemaal niet veel anders of beter had gekund, waarop Oranje zou hebben uitgeroepen: 'De barmhartigheid van God, en alleen de barmhartigheid van God zal mijn redding zijn.'[280] Het klonk ootmoedig, maar welke overwegingen naar dit inzicht leidden, bleef in het midden.

In de laatste week van april was Oranje voldoende opgeknapt om weer meer bezoek te kunnen ontvangen.[281] Op 2 mei werd in de kerken van alle Staatsgezinde gewesten een dankdienst gehouden voor het behoud van de prins.[282] Oranje zelf zat, sterk vermagerd, in Antwerpen ook in de kerk.[283] Er was een grote oploop van mensen die Oranje met eigen ogen wilden zien, en velen barstten van vreugde in huilen uit.[284]

De stemming kan onmogelijk erg opgewekt zijn geweest tijdens de dankdienst. Charlotte de Bourbon was er niet bij. Ze was al een dag of vijf ziek, leed aan hoge koortsen, volgens historicus Pieter Bor een reactie op alle spanningen van de voorgaande weken. Nog weer drie dagen later, op de vroege ochtend van 5 mei, stierf ze. Ze werd met grote statie op 9 mei in de Onze-Lieve-Vrouwekathedraal begraven. De begrafenisstoet zou wel tweeduizend man hebben geteld. Oranje ontbrak, volgens Bor was hij mentaal en fysiek te zwak om dit aan te kunnen.[285]

Het verlies van Charlotte moet een grote klap voor hem zijn geweest. Na twee moeilijke en gespannen huwelijken had hij in deze charmante en sociaal vaardige Franse prinses een veel meer betrokken levenspartner gehad. Ook Charlotte kampte, net als Anna van Buren en Anna van Saksen, vooral in de eerste jaren van het huwelijk met de eenzaamheid die het leven met de altijd maar strijdende en doorwerkende Willem van Oranje met zich meebracht. Maar ze vergezelde hem waar ze kon, ondanks het feit dat ze bijna voortdurend zwanger was, zes kinderen in nauwelijks zes jaar tijd. Ook dat zal zijn tol hebben geëist. Bij haar overlijden was ze opnieuw zwanger.[286] Ongetwijfeld met de hoop op eindelijk een zoon, voor de continuïteit van het huis. Oranje had inmiddels elf kinderen, maar slechts twee zonen, van wie er één al vijftien jaar gevangen werd gehouden. Het was riskant erop te vertrouwen dat de overgebleven zoon niets zou overkomen tot hij zelf mannelijk nageslacht had voortgebracht.

De prijs van een vorstelijk leven

Charlotte stierf op een moment dat de leefomstandigheden na jaren van rusteloosheid en geldschaarste eindelijk wat comfortabeler leken te worden. Het weer ten volle exploiteren van een groot deel van zijn oude bezittingen, het opstrijken van aanzienlijke traktementen in de verschillende gewesten, maar ook inkomsten uit de markizaten, kerkbezittingen, stadspaleizen en landgoederen die Oranje toegewezen kreeg bij wijze van genoegdoening voor zijn grote financiële en persoonlijke offers in de voorgaande jaren, stelden hem in staat de ergste schulden te saneren en intussen ook weer wat luxer te leven.[287] Oranje was van oudsher gewend een voorschot te nemen op toekomstige welvaart. Op het Antwerpse kasteel liepen inmiddels minstens 180 mensen rond, van pages tot keukenpersoneel, die met elkaar het hof de nodige uitstraling gaven en de huishouding draaiende hielden.[288]

Ook zijn naaste adviseurs Marnix, Villiers en Taffin stonden bij Oranje op de loonlijst, waarbij opvalt dat de bestbetaalde kracht predikant Villiers was.[289] Hij verdiende een kwart meer dan Marnix, en dubbel zoveel als Taffin. Villiers knapte dan ook, naast zijn zielzorgende activiteiten, heel veel politieke klussen op.[290] Bovendien was hij binnen de propaganda-activiteiten van Oranje degene die nog minder dan Marnix terugdeinsde voor vervalsingen, overdrijvingen en zwartmakerij. Hij was zijn geld wel waard. Er werd onder aanvoering van Datheen in orthodox-calvinistische kring geroddeld over de dubieuze mores van Villiers, zo wist een Engelse diplomaat, William Herle: 'Ze houden het erop dat hij meer verstand heeft dan deugd en geweten'.[291] Villiers had bovendien een vrij uitbundige levensstijl. Er werd in preken van orthodoxere dominees over geklaagd, zoals over zijn vrouw en dochters, die opzichtige kleren droegen en hun haren los droegen. Ze lieten zich zelfs in koetsen door de stad rijden. Het was gedrag dat ook op Oranje afstraalde: het hof liet het kennelijk breed hangen.

Het alarmeerde ook verschillende schuldeisers, met name leveranciers van levensmiddelen en luxeproducten. Ze meldden zich met schulden van duizenden guldens, die soms meer dan vijftien jaar oud waren. Gezien de inkomsten leek Oranje aardig te boeren, maar door al die oude vorderingen en rentebetalingen liep er in deze tijd bijna twee keer zoveel geld uit als dat er binnenkwam. Het was juist in het droevige voorjaar van 1582 door rekenwerk van Arent van Dorp aan het licht gekomen.[292] Hij was speciaal aangezocht de boekhouding op orde te brengen. Toen Van Dorp verslag uitbracht van het grote gat tussen de jaarlijkse inkomsten en uitgaven, deed hij enkele dringende aanbevelingen voor verbetering, zoals het bijna halveren van de hofhouding: Oranje zelf legde een en ander in een bondige notitie vast. Van Dorp gaf meteen te kennen dat hij bedankte voor de eer om voor Oranje de sanering uit te voeren.[293]

Charlotte hoefde niet mee te maken dat het onontkoombaar werd dat een groot deel van de hofhouding ontslagen zou worden.[294] Hoewel Oranje wellicht veel van de adviezen om te bezuinigen in de wind sloeg. Geldnood hoorde bij geld uitgeven, en geld uitgeven was hij aan zijn stand verplicht. In 1564 had hij al eens tegenover zijn broer Lodewijk verklaard: 'Het lijkt me dat wij van het slag zijn dat er in de eigen jeugd niet in slaagt om goed op de centen te letten.' Oranje ging toen al gebukt onder zware schulden; hij voegde er nog wel hoopvol aan toe: 'Maar als we eenmaal oud zijn zullen we het, net als onze vader, beter doen.' Hier kwam, mede door de barre omstandigheden weinig van terecht. Zijn eigenlijke klacht was dat hij door geldproblemen niet in staat was een bij zijn stand passende staat te voeren, maar hij verzuchtte toen al: 'sicut erat in principio, et nunc, et semper, et in secula seculorum' (zoals het was in het begin, nu en altijd, en in de eeuwen der eeuwen).[295]

Wachten op de wonderen van Anjou

Wie verwachtte dat de moordaanslag op Oranje een schokeffect zou hebben en dat de komst van Anjou aan Staatse zijde nieuwe moed zou geven, kon al in de zomer van 1582 vaststellen dat er weinig nieuw elan, laat staan besluitvaardigheid ontstond. De Staten-Generaal vertoonden nog altijd dezelfde laksheid, waardoor de militaire campagne maar niet op gang kwam. De aan Anjou beloofde gelden lieten steeds maar op zich wachten. Nu niet alleen Frankrijk, maar ook Engeland meebetaalde aan de opbouw van een grote legermacht, was het onbehoorlijk en tactisch onhandig niet zelf ook flink over de brug te komen. Oranje ontving op 9 augustus een gepeperde brief van Elizabeth, waarin ze hem dit zonder omhaal duidelijk maakte: Anjou liep alle mogelijke gevaren om het land in goede staat te houden, maar 'men bewijst hem desondanks erg weinig respect door hem niet de afgesproken bedragen ter hand te stellen om de kosten van de oorlog te kunnen bestrijden'. Elizabeth sprak Oranje erop aan, omdat hij uiteindelijk de belangrijkste reden was geweest waarom Anjou in dit avontuur was gestapt.[296] Het verweer van Oranje was dat de Staten echt van goede wil waren, maar dat het land na zoveel jaren oorlog financieel uitgeput was.[297] Het was het halve verhaal, maar hij kon niet anders. Engeland moest nog even in de goede afloop blijven geloven.

Nu Frankrijk een duidelijk engagement aan de dag legde en daardoor een openlijke oorlog met Spanje riskeerde, was het voor de Staten-Generaal zaak de Fransen zo snel mogelijk dit scenario in te manoeuvreren. Het tij leek gunstig. Filips II had grote moeite zijn militaire prioriteiten te bepalen. Dom Antonio bezorgde hem – met nauwelijks verholen steun van Frankrijk, Marokko, het Ottomaanse Rijk en ook de Staten-Generaal – nog steeds problemen in Portugal. In het voorjaar deden Holland en Zeeland mee met een zwaarbewapend eskader van circa twaalf schepen, die voor de kust van Portugal en Spanje het Spaanse scheepvaartverkeer in toom moesten houden, een grote investering die zichzelf ten minste voor een deel moest terugverdienen door zeeroverij.[298]

Filips II zou zich hierdoor normaal gesproken niet van de wijs laten brengen, maar hij had daardoor een tijdlang minder aandacht voor de Nederlanden. Dat kwam wellicht ook doordat hij maar langzaam begon te beseffen hoe slagvaardig Farnese zijn zaken organiseerde.[299] Het spoorde ook niet helemaal met het beeld dat hij had van zijn neef. Farnese was als onervaren jongeman van het Spaanse hof vertrokken, maar was inmiddels een volwassen, wijs en snel opererend militair en politicus. Hij verdiende de volle steun van zijn baas, die helaas zelf een notoir trage beslisser was. Het stemde Farnese wanhopig.[300]

Het Spaanse geldgebrek werd de redding voor de Staten-Generaal. Farnese was al enige tijd zeer actief in het werven en disciplineren van zijn leger. In augustus 1582 arriveerden eindelijk de toegezegde Spaanse en Italiaanse elitetroepen, waardoor hij ruim 60.000 man onder de wapenen had.[301] Maar hij kreeg juist in deze periode te kampen met geldgebrek. Er ontstond in zijn gelederen een tekort aan alles, vooral aan voedsel. En er waren meer monden te voeden dan ooit. Tegen oktober werd de hongersnood nijpend, ook doordat op het Vlaamse platteland de oogsten door toedoen van de eigen, maar ook de Staatse troepen geheel bedorven werden; ongeveer driekwart van de landbouwgrond lag inmiddels braak.[302]

Dit gaf Oranje en Anjou enige ademruimte om nog meer steun te zoeken. Vanaf zijn ziekbed had Oranje al in april geprobeerd de prins van Condé ertoe te bewegen naar de Nederlanden te komen, ongetwijfeld in de stellige verwachting dat hij dan een flinke troepenmacht zou meebrengen.[303] Oranje was er erg op gebrand met de hoogste hofkringen in Frankrijk de betrekkingen te verinnigen; het hielp dat zijn schoonfamilie, ook na het overlijden van Charlotte de Bourbon, openstond voor contact. Oranje ging er zelfs toe over zijn driejarige dochter Charlotte Flandrina verder aan het hof van de Bourbons te laten opvoeden.[304] Het was symboolpolitiek, maar in de nog altijd fragiele Nederlands-Franse relaties telde zoiets mee.

Uiteraard was het belangrijker Anjou tot daden te brengen. Dat verliep traag. Het ritueel om hem via plechtige eden te binden aan de verschillende bestuurslagen van de Nederlanden was een omslachtig proces, in tal van etappes. De Blijde Inkomste in Antwerpen, was niet meer dan een begin geweest. Op 27 maart legde Anjou de eed af aan de Staten-Generaal, en vice versa. Dat laatste was de bedoeling, maar verschillende gewesten maakten een voorbehoud, zoals Utrecht en Gelderland. Gelderland deed het 3 april alsnog. Holland en Zeeland verrichtten niet meer dan wat onschuldige plichtplegingen; een formele eed van trouw aan Anjou legden ze niet af.[305] De Staten van Holland en Zeeland gingen in diezelfde weken door met de voorbereidingen om Oranje tot graaf van hun gewesten te maken.[306]

Intussen was het veelzeggend, en weinig toeschietelijk tegenover de nieuwe landsheer, dat de Staten-Generaal enkele weken eerder, op 7 maart, het besluit hadden genomen dat in hun vergaderingen en resoluties het gebruik van de Nederlandse taal voortaan de norm zou zijn.[307] Anjou ontmoette in zijn wittebroodsweken maar weinig enthousiasme. Daar had hij waarschijnlijk ook niet zo op gerekend; er was veel gemonkel, onder andere over zijn luxueuze levensstijl en de grote eetfestijnen die hij aanrichtte terwijl een groot deel van het land hongerleed.[308] Maar de pamfletschrijvers hielden zich nog rustig. Behalve dan een anonymus uit het vijandelijke kamp, die met een gefingeerde brief uit de zomer van 1580 niet alleen Anjou, maar vooral Oranje probeerde te compromitteren: Oranje moedigde daarin Anjou aan om zich 'meester van Vlaanderen te maken' en te doen alsof het volk hem daartoe verzocht had, ze waren toch niet slim genoeg dergelijk subtiel bedrog te doorzien enzovoort enzovoort.[309] Het geroddel over Anjous onzuivere motieven moet ook tot Anjou en zijn entourage zijn doorgedrongen. Toch bleef hij doen waarvoor hij gehaald was: de vorst spelen. Tegen de tijd dat Oranje voldoende op krachten was, werd voor Anjou een bezoek aan Vlaanderen georganiseerd om daar als graaf ingehuldigd te worden.

De eerste bestemming was Brugge, waar op 27 juli 1582 een Blijde Inkomste voor hem was georganiseerd, Die verliep zonder veel voorbereiding in een weinig subtiele anti-Spaanse en vooral antikatholieke sfeer.[310] Zo werd tijdens een avondspektakel op de Grote Markt een ingenieus bedoeld vuurwerk aangericht. De Bruggenaren hadden daartoe een groot schip gebouwd, dat was gevuld met buskruit, poppen en een flink aantal levende katten. Nadat de hele zaak tot ontbranding kwam, stegen er uit het schip heftige angstkreten van de katten op. Het was onderdeel van het spektakel. De katten mochten in dit geval geassocieerd worden met katholieken. Een katholieke toeschouwer merkte op dat dit niets anders kon betekenen dan dat de geuzen van plan waren 'alle katholieken te verbranden en te vernietigen'.[311]

Anjou en Oranje met hun gevolg waren op dat ogenblik al ruim een week in de stad. Daar had zich op 21 juli een incident met bizarre gevolgen voorgedaan. Er dienden zich die dag twee heren aan, van wie er een al enige tijd in het leger van Anjou meeliep: Nicolas de Salcedo, die van Spaanse afkomst was en goed bekend was aan het Franse hof. Hij ging vergezeld van een Italiaan, Francesco de Baza.[312] Salcedo slaagde erin tot het verblijf van Anjou door te dringen, maar hij werd niet vertrouwd en opgepakt. Baza even later ook. Er werd vermoed dat de twee mannen een dubbele aanslag op Anjou én Oranje in de zin hadden. Ze werden onder tortuur verhoord, maar bekenden niets, terwijl ze wel degelijk in nauw contact stonden met Farnese.[313] Baza overleefde de martelingen niet.

Kort daarop kwam een document in omloop waaruit zou moeten blijken dat Baza had bekend dat Alessandro Farnese de opdrachtgever was. Dat was ook zo, maar dit document was vals. Ook werd het verhaal rondverteld dat Baza zelfmoord had gepleegd door zichzelf een mes in de borst te planten. Salcedo deed intussen, op belofte van gratie, de bekentenis dat naast Farnese ook de Guises achter de moordplannen zaten, met als diepere bedoeling Frankrijk tot een prooi van Spanje te maken. Salcedo werd onder begeleiding naar Parijs gestuurd, waar hij tegenover parlementsleden de beschuldigingen tegen de Guises moest herhalen. In Frankrijk werd hij opgesloten in het kasteel van Vincennes, waar hij door parlementsleden werd verhoord in het bijzijn van Catharina de' Medici. Nu trok Salcedo het hele verhaal in: het waren leugens. Hij werd desondanks ter dood veroordeeld voor hoogverraad. Het was inmiddels 25 oktober. Salcedo vroeg of hij nog een laatste notitie mocht maken. Nu pas onthulde hij dat de hele opzet was ingefluisterd door drie ministers van Anjou, op aanwijzing van Oranje en Anjou zelf. Salcedo werd daarna alsnog onthoofd.[314]

Of Salcedo's uiteindelijke versie het hele verhaal is, valt door de vele rookgordijnen moeilijk uit te maken, maar dit was slecht voor de verhoudingen met Frankrijk. De hele opzet zou zijn bedacht om bij Hendrik III de laatste aarzelingen weg te nemen om zich vol in een oorlog met Spanje te storten.[315] Terwijl Salcedo en Baza ooit naar Brugge waren gegaan met een eenvoudige opdracht, die direct door Farnese was gegeven. Het is moeilijk uit te maken of die inhield zowel Oranje als Anjou door middel van gif uit de weg te ruimen, of dat ze alleen kwamen spioneren. Beide is ook nog mogelijk.[316] Er liepen in deze dagen ook stellige geruchten dat de jonge graaf van Egmond – zoon van Lamoraal – tijdens een diner een poging had gedaan Oranje te vergiftigen. Ook Egmond werd in deze dagen opgepakt en voor langere tijd opgesloten.[317]

Oranje en Anjou zetten hun als triomfantelijk bedoelde bezoek aan Vlaanderen voort. Het incident met Salcedo stond al snel weer in de schaduw van de alledaagse zorgen. Begin augustus kwam het bericht binnen dat het stadje Lier, op korte afstand van Antwerpen, in handen was gevallen van Farnese. Oranje stuurde per kerende post een brief naar de Antwerpse bestuurders om hun op het hart te drukken dat ze zelf de verantwoordelijkheid hadden de garnizoenen in de wijde omgeving te versterken. Het leger van Anjou was er nog niet klaar voor.[318] Het was vooral bedoeld als een staaltje bittere logica: wanneer je je beveiligingsdienst niet wilt betalen, zul je zelf moeten vechten.

Oranje en Anjou reisden op 20 augustus van Brugge naar Gent, waar Anjou drie dagen later werd ingehuldigd. Lucas d'Heere was opnieuw de ontwerper van grote en betekenisrijke tableaux vivants; Anjou kreeg er uitleg bij van de maker zelf. De sfeer was anders, aanzienlijk verfijnder dan in Brugge. Geen opgeklopt antipapisme, maar wel werd duidelijk gemaakt dat Gent inmiddels gereformeerd was en dat het dat ook zonder enige discussie wilde blijven. Er was bovendien waardering voor Anjou als vredestichter in de Franse godsdiensttwisten.[319] D'Heere maakte er een korte beschrijving van, die snel op de markt werd gebracht, vooruitlopend op een rijkgeïllustreerd werk, dat een totaalbeeld van de gebeurtenissen moest geven.[320] Maar de sfeer in het al zo lang onrustige Gent was niet alleen maar feestelijk. Dat het bij de bevolking en zeker onder de fanatiekere calvinisten flink gistte, bleek uit de verspreiding van een pamflet op de ochtend van Anjous aankomst. Daarin werd weinig subtiel herinnerd aan de 'bruiloft van Parijs', de Bartholomeusnacht van 1572, waaraan Anjou medeplichtig zou zijn.[321] Het was een wrang accent bij D'Heeres breed uitwaaierende lofzang op Anjou als de grote vredestichter.

Alsof Farnese eens wilde testen hoe het werkelijk zat met Anjous pacificerende vermogens, dook hij in de laatste week van augustus met een flinke legermacht op in de omgeving van Gent. Het was op voorhand bedoeld als een speldenprik, maar het was ook een plundertocht. Zijn hongerende manschappen gingen onderweg enorm tekeer op het platteland.[322] De troepen die Anjou had meegebracht lagen bij het voorstadje Gentbrugge. Doordat zich inmiddels een groot aantal deserteurs uit het Franse leger – onder anderen zo'n vierhonderd Engelse huurlingen – bij Farnese hadden gemeld, was hij goed op de hoogte van de posities daar. Het liep uit op een hevige slag, een slachtpartij, waarbij de Fransen sterk in het defensief waren. Anjou en Oranje stonden er vanaf de Gentse stadsmuur naar te kijken.[323] Anjou gaf bevel de stadspoorten te openen om ten minste een deel van de Franse manschappen binnen te laten. Hij bleek er niet over te gaan; het stadsbestuur moest daarover beslissen, en dat weigerde.[324]

Farnese zag in dat hij geen doorbraak kon forceren, en trok zich terug. Hij had ongeveer zestig soldaten verloren; de verliezen aan Franse zijde beliepen ten minste achthonderd man, er werd wel gespeculeerd over zo'n tweeduizend.[325] Anjou voelde zich niet langer veilig in Gent en wilde zo snel mogelijk terug naar Antwerpen. Hij kreeg een maand later nog het door Lucas d'Heere voorgenomen geïllustreerde verslag ten geschenke, als manuscript. Het zou niet meer worden gedrukt.[326]

De Franse koning stapt in

De berichten over de op zijn minst nogal ambivalente ontvangst van Anjou in de Nederlanden drongen ook aan het Franse hof door. Toch lieten Hendrik III en zijn moeder zich er niet door van de wijs brengen. Ze waren nu eenmaal de gevaarlijke weg ingeslagen naar openlijke betrokkenheid met de Nederlanden. Als ze zich daar nu plotseling uit zouden terugtrekken, zou dat worden uitgelegd als zwakte. Er zat inmiddels al flink wat geld in; in september stuurde Hendrik III nog eens bijna 200.000 pond naar Anjou. Het zou Anjou kunnen helpen ook de Staten tot het nakomen van gedane financiële beloften te brengen. Het waren betalingen die in een bodemloze put vielen, vooral doordat de Staten al zo lang in gebreke bleven.[327] Anjous troepen kampten intussen met dezelfde problemen als die van de Staten en die van Farnese. Gebrek aan geld, gebrek aan voedsel, gebrek aan alles.

In september rekende Oranje ten overstaan van de Staten-Generaal nog maar eens voor wat een leger met 30.000 man voetvolk en 5000 ruiters, inclusief munitie en levensonderhoud moest kosten: meer dan een half miljoen gulden per maand. De Staten beschikten, met de manschappen van Anjou erbij inmiddels al over een leger van grotere omvang. Anjou zou daarvoor ook een aanzienlijk deel van de kosten dragen. Maar een bedrag van 300.000 Artesische pond bleef over voor de Staten. Oranje leverde de vaste contributies per gewest erbij: Vlaanderen het hoogste bedrag: 105.000 pond, Holland en Zeeland samen 93.000, Brabant 63.000, enzovoort. Overijssel kwam weg met 5500 pond.[328] Hiervan zou 250.000 per maand beschikbaar komen voor Anjou om zijn leger op sterkte te houden.[329]

Wat hiervan in de maanden daarop binnenkwam, was bedroevend. Bij monde van Marnix liet Oranje rustig uitleggen dat dit smadelijk was. De plenaire vergaderingen van de Staten-Generaal werden gesaboteerd, nu eens kwam de een opdagen, dan weer een ander, al zeker een halfjaar was er geen deugdelijke vergaderorde meer.[330] Dat Anjou zich hierover steeds luider beklaagde, was dan ook volkomen terecht. Afgezien daarvan kon dit niet anders dan 'tot de totale ondergang van het land leiden'. Marnix rekende voor dat Anjou inmiddels een miljoen kronen aan contanten in zijn Nederlandse campagne had gestoken; het dreigde hem alleen maar smaad op te leveren.[331]

Deze impasse werd doorbroken vanuit Parijs. Er moet in de zomer van 1582 in de paleizen van de Franse koning veel nagedacht en gespeculeerd zijn over hoe de situatie in de Nederlanden ten goede gekeerd kon worden. Het blijven sturen van geld was een simpele eerste optie. Er zaten nu al zulke grote bedragen in het avontuur van Anjou, dat er even geen weg terug meer was. Nog meer geld erin stoppen was een manier om controle te houden.[332] Maar het was ook duidelijk dat de politieke en militaire situatie in de Nederlanden zo complex en explosief was dat de beperkte capaciteiten van Anjou als staatsman en legeraanvoerder een goede uitkomst in de weg stonden. Hendrik III besloot een van zijn beste legeraanvoerders, maarschalk Armand de Gontaut, baron van Biron, met een troepenmacht van 3300 man Zwitserse garde, naast 1500 man voetvolk en enkele vendels ruiters, naar de Nederlanden te sturen.[333] Oranje kreeg het nieuws in de eerste dagen van oktober; hij maakte er verheugd melding van in een brief aan de graaf van Leicester.[334] Waarschijnlijk was Oranje zich er niet of nauwelijks van bewust in welke strop hij zijn hoofd stak. Hij wilde het ook niet weten. Dat Biron ook nog de hertog van Montpensier, de broer van Charlotte de Bourbon, meekreeg met 4500 man voetvolk en tien vendels cavalerie, was eveneens zeer welkom.

Het duurde even voordat deze troepen naar de Nederlanden trokken, maar ze kwamen nog sneller dan verwacht mocht worden. Begin december, een moment waarop soldaten over het algemeen in hun winterkwartieren zaten en daar het voorjaar afwachtten, trok Biron via de kuststreek van Vlaanderen de Nederlanden binnen en begaf zich daarna in de richting van Antwerpen. Daar kreeg het stadsbestuur de opdracht alvast een schipbrug in de Schelde te maken om het leger snel naar de overkant te laten oversteken. Omstreeks 10 januari streken de Franse eenheden neer bij Borgerhout.[335]

De staatsgreep van Anjou

Drie dagen later sprak Anjou de Staten-Generaal toe, met bij zich de pas aangekomen maarschalk Biron en de hertog van Montpensier; ook Oranje was erbij. Anjou hield een algemeen betoog over hoe hij met de Staten-Generaal ging samenwerken.[336] Het was alsof er nu definitief betere tijden zouden aanbreken. Toch was niet iedereen daarvan overtuigd. Onder de bestuurders en burgers van Antwerpen ontstond steeds meer onrust over de enorme Franse troepenmacht buiten de stadsmuren. Er circuleerden geruchten dat de Fransen mogelijk iets tegen de stad wilden ondernemen.[337] Een van de burgemeesters van Antwerpen, Petrus Alostanus, ging in de avond van 16 januari naar Anjou om hem deze geruchten voor te leggen, en kondigde aan dat de stad van plan was de eigen beveiliging te versterken, onder andere door kettingen over de straten te spannen. Anjou vond het goed, en Alostanus kreeg verder alleen maar geruststellende berichten.[338]

Die nacht werden als extra beveiligingsmaatregel in de straten lantaarns opgehangen. Er gebeurde niets. De volgende dag, kort na het middaguur, ging Anjou met groot gevolg naar de stadspoort onder het voorwendsel dat hij zijn troepen wilde monsteren. Voor de stad trof hij een groot deel van de Franse legermacht.[339] De wachters bij de stadspoort werden gevangengenomen. Op een rustige manier trokken de eerste Franse eenheden de stad binnen. Ze maakten zonder zich van iemand iets aan te trekken de over de straten gespannen kettingen los. Even later werden de bedoelingen duidelijk: Franse vendels stroomden de stad binnen en begonnen in te hakken op alles wat bewoog. Ze riepen de vertrouwde veroveraarskreet 'Ville gagnée', en ook 'Vive la messe'. Het katholicisme keerde stormenderhand terug in Antwerpen.

Het was etenstijd, dus de meeste weerbare mannen waren thuis. Op het eerste rumoer kwamen ze gewapend naar buiten en stelden zich als menselijke barricades op in de straten. De Franse invasie kwam daardoor vrij snel tot stilstand. De troepen van Anjou kregen niet de tijd zich goed te organiseren en werden ofwel afgemaakt ofwel de stad uit gejaagd. Fransen die delen van de stadmuur of een van de bolwerken hadden weten te veroveren, werden over de kantelen het water in geworpen. Vervolgens werden vanaf de stadsmuren de Franse troepen die in totale wanorde zowel de stad nog in gingen, als er weer uit wilden, met kanonnen onder vuur genomen. Het werd een bloedbad. Anjou, die met Biron buiten de stad de ontwikkelingen gadesloeg, zag al snel in dat zijn opzet volkomen in het honderd liep. De Fransen moesten zich terugtrekken.[340] Onder de Antwerpenaren waren 80 doden gevallen, aan Franse zijde minstens 1500, onder wie tientallen edelen. Ook een zoon van Biron liet het leven.[341] Er werden daarnaast ongeveer 4000 Fransen gevangengenomen.

Waar was Oranje? Hij lag ziek in bed. Anjou was hem eerder die dag komen opzoeken om te vragen of hij meeging naar de inspectie van de troepen. Er is niet veel bekend over wat hem in die dagen mankeerde, mogelijk was zijn ziekte voorgewend.[342] Evenmin is bekend of hij het onheil voorvoelde of er misschien al iets over te weten was gekomen. Hij had zijn spionage meestal goed op orde. Eén ding was duidelijk: niet alleen Anjou, maar ook Oranje had iets uit te leggen. Of hij ervan wist of niet, hij had jarenlang gepleit voor het Franse bondgenootschap, en dat pakte nu desastreus uit. Hij hield zich tijdens al het tumult van die middag doof en stil. Pas omstreeks het avonduur meldde hij zich op het stadhuis en trok de regie al snel aan zich.[343]

Naderhand zou duidelijk worden dat de Franse overval van 17 januari 1583, die al snel als de Franse Furie bekend kwam te staan, allesbehalve een spontane actie was.[344] Catharina de' Medici had al in juni 1582 haar gezant Bellièvre naar Antwerpen gestuurd om goed uit te zoeken hoe de onderlinge verhoudingen in elkaar zaten. Of Oranje wel loyaal zou blijven aan Anjou, of ze konden blijven rekenen op steun van de Engelse koningin, of de Franse manschappen die al gestuurd waren er goed bij stonden, en ook of de bevolking enig enthousiasme voor Anjou aan de dag legde.[345] Erg bemoedigend konden de rapporten die Bellièvre naar Parijs stuurde onmogelijk zijn. Toch was het vooral Catharina de' Medici die doorzet-

Vogelvluchtblik op Franse Furie, anoniem schilderij (collectie Museum Vleeshuis, Antwerpen).

te, en daartoe grote leningen aanging. Onder het mom dat Anjou in Antwerpen 'gevangen' werd gehouden en bevrijd moest worden,[346] begonnen vanaf oktober 1582 de militaire voorbereidingen. Het formele besluit ertoe was genomen door Hendrik III, in nauwe samenspraak uiteraard met zijn moeder, en mogelijk ook met medeweten van Hendrik van Navarra.[347]

Biron was met geen ander doel gekomen dan om in een bliksemoffensief een aantal Vlaamse steden als Duinkerken, Diksmuide en Dendermonde in handen te krijgen; de troepen lagen daar klaar om in actie te komen zodra het in Antwerpen losging.[348] Duinkerken was enkele dagen eerder al ingenomen.[349] Het leek pure verovering, en dat was het wellicht ook. Vlaanderen was eeuwenlang, tot de Vrede van Cateau-Cambrésis in 1559, onderhorig geweest aan de Franse koning. En het Brabantse Antwerpen, op de grens van Vlaanderen, was een aantrekkelijke maar ook noodzakelijke prooi, omdat deze stad nu als regeringscentrum fungeerde.

Is het denkbaar dat Oranje hier niets van wist? Het lijkt erop dat hij ingewijd was, zich er niet mee kon verenigen, maar dat hij ook niet in staat was de oprukkende Franse legermacht te stoppen. Hij besloot zich afzijdig te houden. Verder was het opvallend dat de Antwerpse burgermilities zeer paraat bleken te zijn. Het kan bijna niet anders dan dat er vanuit het kamp van Oranje het een ander is doorgefluisterd.

Algehele onwetendheid lijkt niet aan de orde. Oranjes zwager, de hertog van Montpensier, was als een van de Franse legeraanvoerders, uiteraard, geheel ingewijd. Filips van Marnix zeer waarschijnlijk ook.[350] Hij zou bereid zijn geweest deze poging tot annexatie – want dat was het – in goede banen te leiden, op voorwaarde dat Oranje geen haar gekrenkt zou worden.[351] Het liep anders dan Marnix gewild had. Hij nam voorlopig maar even de wijk naar zijn landgoed bij Souburg op Walcheren.[352] Het was chaos. Hoe verder?

Anno 1584: den 10 July · is van desen
Prince van
orangien
tot delft
doorsch
geheeten
Balthasar geeraerts: out 26

12

Leven met de dood
1583-1584

Na het echec in de straten van Antwerpen was Anjou met wat er nog resteerde van zijn manschappen afgedropen naar het Franse legerkamp bij Berchem. Nogal wat Zwitserse, Schotse en Engelse compagnieën hielden het voor gezien. Ook de Franse infanterie dreigde ervandoor te gaan, alleen al vanwege het gebrek aan voedsel.[1] Anjou en zijn naaste adviseurs waren in een wonderlijk vacuüm beland. Anjou kon in de verte de stad Antwerpen zien, waar in de Sint-Michielsabdij nog al zijn spullen en papieren lagen, waar een groot deel van zijn hofhouding wachtte op zijn inmiddels onmogelijk geworden terugkeer, en waar een groot deel van zijn officieren opgesloten zat in kerkers. In Parijs wist zijn broer nog van niets, in Londen zijn huwelijkskandidaat evenmin.

Voorlopig had Anjou nog wat bedenktijd, tijd om af te koelen ook. Hij trok met zijn leger eerst naar Vilvoorde bij Brussel, af en toe in de rug aangevallen door rondtrekkende Spaanse gevechtseenheden en groepen bewapende boeren. Bij de oversteek van de Dijle stortte een geïmproviseerde brug in, waardoor honderden Franse soldaten in het water belandden, inclusief Anjou zelf. Hij hoopte in Brussel met open armen ontvangen te worden, maar ze wilden hem daar niet hebben; ze stuurden als pleister op de wonde wat mondvoorraad.[2] Anjou trok zich terug op Dendermonde, dat door Franse troepen bezet werd gehouden.

Toen Elizabeth later die januarimaand het nieuws vernam, kon ze de boodschapper niet geloven en liet ze hem meteen opsluiten. Nadat kort daarop duidelijk werd dat de berichten klopten, overwoog ze de Franse ambassadeur te gijzelen, om het geld terug te krijgen dat ze in de onderneming had gestoken.[3] Naar Oranje stuurde ze een gezant om verhaal te halen en hem te bezweren dat Anjou niets vervelends zou overkomen. Die had al genoeg ellende te verduren gehad, daar in de Lage Landen.[4] Oranje bezwoer haar per kerende post dat hij 'nog nooit van enig vorst zoveel had gehouden' als van Anjou.[5]

Balthasar Gerards, anonieme tekening, zeventiende eeuw (collectie Museum Prinsenhof, Delft; foto: Tom Haartsen).

In Parijs kwam het nieuws nog harder aan: 'Wat een verschrikkelijke ellende,' zou Catharina de' Medici hebben uitgeroepen, vooral treurend over de vele edelen die waren gesneefd, 'meer dan in alle veldslagen van de laatste vijfentwintig jaar bij elkaar'. De Guises boden aan met een leger van tienduizend man Anjou te gaan ophalen.[6] Hendrik III ging er wijselijk niet op in.

Al binnen een dag nadat de Fransen waren afgedropen, had Anjou contact gezocht met Oranje en de Staten.[7] Hij betoonde zich daarin aanvankelijk weinig schuldbewust. Dat het in Antwerpen zo uit de hand was gelopen, kwam onder andere door de hele reeks vernederingen die hij in de afgelopen maanden had moeten ondergaan. Ook hadden de Staten niet de afgesproken geldbedragen opgebracht; zo viel er niet te werken.[8] Anjou meende dat er in de onderlinge hiërarchie wel een en ander rechtgezet mocht worden. Een kleine onderhandelingsdelegatie van de Staten die hem in Vilvoorde opzocht, maakte Anjou duidelijk dat er in Antwerpen bepaald niet werd gedacht aan een verruiming van zijn bevoegdheden, maar dat er wel hoop leefde dat de Staten en Anjou alsnog tot een vergelijk konden komen.[9]

Het beginnen van onderhandelingen met Anjou was een riskante strategie, want een groot deel van de bevolking, niet alleen in Antwerpen, maar ook in andere steden in Brabant en Vlaanderen, had bange voorgevoelens die al jaren opflakkerden bij het horen van de naam Anjou, bewaarheid gezien. De Fransen waren niet te vertrouwen, ze wisten het. Er werd druk gespeculeerd over de toedracht, zo liepen er veel geruchten dat Oranje medeplichtig was aan de Franse staatsgreep. Hij zou zelfs hebben geprobeerd het vuren vanaf de stadsmuren op de Franse troepen te beletten.[10] Het was allemaal niet waar. Maar deze antistemming bepaalde wel de speelruimte die Oranje nu nog had, en die was minimaal. Het liefst hield hij zich even overal buiten, maar ook dat ging niet. Iedereen keek naar hem. Er werd iets van hem verwacht: een helder antwoord.[11]

Met Anjou kon Oranje niet meer aankomen. Maar Anjou was er nu eenmaal, met een uitgedunde maar nog altijd behoorlijke krijgsmacht en een flink stel doorgewinterde officieren. Hier moest behoedzaam worden geopereerd. Drie dagen na de Franse Furie bleek er nog voldoende vertrouwen bij de Staten-Generaal om Oranje samen met de Raad van State voorlopig een volmacht te geven om te handelen naar bevind van zaken.[12] In deze dagen moet er koortsachtig zijn overlegd, en zullen er veel suggesties zijn gepasseerd.[13] Het voorstel dat Oranje uiteindelijk op 7 februari voorlegde aan de Staten-Generaal droeg geheel zijn stempel; het was pragmatisch en riskant tegelijkertijd. Oranje zette uiteen dat er voor de Staten drie opties waren. De eerste: zich alsnog verzoenen met 'de Spanjaard', de tweede: het alsnog eens zien te worden met Anjou, en de derde was geheel alleen door te gaan en te vertrouwen op 'de macht die God ons verleent'. Over de eerste kon hij kort zijn; ook al zou dit onder het mom van een akkoord met de malcontenten gaan, dan nog was dit het begin van het einde: de Spanjaarden marcheerden weer binnen, met hun inquisitie; ze zouden bovendien de Walen, de Franstaligen, de baas over hen willen laten spelen, en het land helemaal leegroven.[14] De derde optie was in beginsel de beste en aantrekkelijkste, maar die was op dit moment niet reëel. Ze zouden zelf nooit genoeg soldaten op de been kunnen brengen; en het zou te veel tijd kosten hen van elders te werven. Maar nog ernstiger zou het vinden van geld zijn; dat was de laatste tijd doordat iedereen zo slecht van betalen was op een catastrofe uitgelopen. Het was al een wonder dat niet alle steden aan muiterij ten onder waren gegaan. Dit kon alleen slagen als er een bewind kwam waarnaar geluisterd werd. Oranje herinnerde er nog maar eens aan dat hij de laatste jaren serieuze voorstellen had gedaan, zeker na de Pacificatie, om een eendrachtige en krachtdadige regeringsvorm in te stellen. Toen hij daar geen steun voor kreeg, kon hij niet anders dan 'elders hulp zoeken'.[15]

Het betoog werkte toe naar de onontkoombare conclusie dat alleen een snelle verzoening met Anjou een uitweg uit de penibele situatie kon bieden. Hij bezette op dat ogenblik meerdere Vlaamse steden, en als de Staten hem nu de oorlog zouden verklaren, zou Anjou weleens met Farnese een pact kunnen sluiten en de Vlaamse steden tegen flinke bedragen aan Spanje in handen kunnen spelen. Daardoor zouden Brussel, Aalst, Ieper en Menen in de frontlinie komen te liggen en eveneens snel verloren gaan. Frankrijk zou een vaste bondgenoot van Spanje kunnen worden.[16] En zo schetste Oranje nog enkele doemscenario's die alleen maar vermeden konden worden door Anjou, en met hem ook Frankrijk, weer aan de belangen van de Staten te binden. Anjou zou wel een aantal voorwaarden moeten accepteren om herhaling te voorkomen.[17] Oranje redeneerde volkomen vanuit het eigenbelang van de Staten, en er viel politiek en strategisch niet veel tegen in te brengen.

Buiten de vergaderzalen van Antwerpen lag dat gevoelig anders. Geruchten over onderhandelingen met Anjou maakten een heftige volksbeweging wakker. Toen op 6 februari een gezant namens de Franse koning, de heer van Mirambeau, met groot gevolg in Antwerpen arriveerde, raakte dat nog voordat zijn schip aanmeerde bekend in de stad. Er trok een grote meute naar de haven, die dreigde het hele Franse gezelschap te verdrinken in de Schelde. Mirambeau moest onder zwaar escorte naar zijn gastenverblijf begeleid worden en kreeg permanente bewaking. De volgende dag had hij een ontmoeting met de Staten-Generaal. Wat had Mirambeau namens de Franse koning te bieden? Niet veel, behalve een oproep aan de Staten zich zo snel mogelijk weer met Anjou te verzoenen. Oranje maakte duidelijk dat dit alleen kon op een aantal strikte voorwaarden en met de volledige instemming van de Staten. Als blijk van goede wil werden enkele Franse schepen vrijgegeven die sinds 18 januari werden vastgehouden, en die mochten met een deel van de gevangenen vertrekken.[18]

Deze ontwikkelingen vergrootten de onrust onder de bevolking alleen maar. Mirambeau droop af naar Frankrijk, en Oranje werd nu het mikpunt van de volkswoede: 'Alleen omwille van zijn eigenbelang zet hij deze oorlog voort; hij misbruikt iedereen!' Wie vanaf nu nog maar durfde voor te stellen de Fransen weer naar Antwerpen te halen, zou meteen het raam uit gegooid worden. Oranje kon niet meer vrij over straat, hij mocht van de meute niet naar zijn kasteel terugkeren, omdat werd vermoed dat hij van daaruit zou proberen de stadspoorten te openen om de Fransen alsnog binnen te laten.[19]

Er verschenen ook pamfletten, waarin Oranje het zwaar te verduren kreeg.[20] Een van de venijnigste was *Advis ende goetduncken vanden prince van Orangien op t'faict gheschiet t'Antwerpen, ende in eenighe steden van Vlanderen, den 17 januarij int iaer 1583*. Dit boekje bevatte de volledige tekst van Oranjes pleidooi tegenover de Staten-Generaal om heel pragmatisch toch weer met Anjou in zee te gaan, een tekst die bedoeld was om binnenskamers te blijven. Maar het venijn zat aan het slot, waar de gefingeerde brief van 31 juli 1580 was afgedrukt, waarin Oranje op een stiekeme manier Anjou Vlaanderen in handen speelde.[21] Zo gefingeerd als de brief was, zo accuraat bleek hij de toekomst te hebben voorspeld, met steden als Diksmuide, Dendermonde en Duinkerken inmiddels vast in Franse handen. Bor wist dat het pamflet afkomstig was uit de kring van de malcontenten. En volgens hem deed het pamflet zijn giftige werk. Oranje werd steeds minder vertrouwd, niet als leider, niet als mens. Hij werd in de straten van Antwerpen, zoals eerder in Gent, zelfs uitgemaakt voor totaal goddeloos.[22]

Verder met Anjou

In Dendermonde beleefde Anjou benauwde dagen. Het drong tot hem en zijn adviseurs door dat de stemming in Vlaanderen en Brabant erg anti-Anjou en anti-Oranje was. Ook al wilde Oranje hem om zijn eigen redenen uit deze situatie helpen, kon hij het wel? In Dendermonde was gebrek aan alles, vooral aan voedsel voor zijn troepen. Antwerpen en Gent weigerden elk verzoek om levensmiddelen te leveren. De stemming in Gent was nog radicaler dan in Antwerpen. Oranjes vertrouwenspersoon Ryhove probeerde de pragmatiek van Oranje in Gent aanvaard te krijgen, maar dat leidde alleen maar tot verheviging van de anti-Franse sentimenten.[23]

De Staten-Generaal voerden de eisen voor een verzoening telkens wat op. Anjou moest zo snel mogelijk de bezette steden ontruimen, maar in ruil mocht hij zich dan wel in Brussel vestigen. Er werd gesteggeld over hoeveel soldaten hij nog bij zich mocht houden als lijfgarde. Intussen werd hij nog verder in zijn politieke armslag beknot dan hij door de afspraken van Bordeaux al was. En dan kwam ook nog het bericht binnen dat de inwoners van Brussel er nog steeds niet over peinsden Anjou binnen te laten. Het gerucht ging dat ze in Brussel uit voorzorg zelfs het Paleis op de Koudenberg verwoest hadden, om het Anjou onmogelijk te maken zich daar te installeren.[24]

Aan het Franse hof was door de terugkeer van Mirambeau duidelijk geworden dat een simpel noodverband niet zou helpen om Anjou uit de problemen te manoeuvreren. Hier leefde het idee dat hij door Oranje ernstig in de steek werd gelaten. Nabestaanden van de gedode Franse edelen wilden zelfs wraak op Oranje.[25] Catharina de' Medici liet zich hier niet te veel door leiden en besloot haar beste gezant, de eerder al zo succesvolle Bellièvre, naar de Nederlanden te sturen. Hij kreeg een grote hoeveelheid goud en zilver tot zijn beschikking om waar nodig oplossingen te forceren. Hij kwam op 2 maart in Antwerpen aan. De daaropvolgende dagen en weken werd er in een nog altijd grimmige sfeer onderhandeld. Zelfs Marnix vertoonde zich weer even, in een poging de Gentse tegenstand met veel woorden te breken.[26]

De grimmigste dimensie bleef op dat ogenblik verborgen: de Fransen onderhandelden tegelijkertijd ook met Farnese. Anjou zat in Dendermonde lelijk ingesloten tussen boze Antwerpenaren in het oosten, boze Gentenaren in het westen en in het zuiden de troepen van Farnese. Om weg te kunnen uit Dendermonde hoopte Anjou dat Farnese hem een corridor via Henegouwen wilde verschaffen. Dit was de onschuldige versie. Maar omdat de ene dienst de andere waard is, werd er al snel gesproken over de uitruil van de door Anjou bezette Vlaamse steden voor een heel stel door Farnese veroverde steden in het grensgebied met Frankrijk, zoals Bapaume, Bouchain en Cateau-Cambrésis, met ook nog een flink geldbedrag. Anjou beloofde verder zijn handen van de Nederlanden af te trekken.[27]

Toen kort daarop deze onderhandelingen toch bekend werden bij de

Staten, besloten ze alsnog snel tot zaken te komen met Anjou. Op 18 maart werd in Dendermonde een akkoord gesloten, dat Anjou opnieuw bond aan de Staten. Maar hij zou zich terugtrekken naar Duinkerken; naderhand zou hij dan een residentie krijgen in Mechelen.[28] Hij ging zijn leger inkrimpen tot zo'n zevenhonderd man. Alle legeronderdelen, de Staatse en de Franse, werden onder één bevelhebber gebracht, en daarvoor werd de meest ervaren militair aangewezen, en dat was Biron. De Franse krijgsgevangenen zouden worden vrijgelaten en Anjou kreeg ook nog 90.000 gulden. Alles vergeven en vergeten. Al kreeg Anjou als garantstelling nog wel enkele gijzelaars toegewezen.[29]

Voor Oranje moet deze uitkomst, ondanks alle zure sentimenten die eromheen hingen, een opluchting zijn geweest. Hij zal zich geen illusies hebben gemaakt over de houdbaarheid van dit bestand, maar hij kon weer even verder met andere zaken. In april deed Oranje aan de Staten-Generaal nog enige voorstellen die de armslag van Anjou fors moesten inperken; het belangrijkste was dat deze afscheid moest nemen van zijn Franse adviseurs; hij kreeg een hofhouding en een Raad van State die voornamelijk uit Nederlanders moest bestaan. Als douceur ontving hij dan wat geconfisqueerd kerkelijk bezit in eigendom.[30] Het was koehandel met een politiek lijk. Het was ook spotten met de onderlinge krachtsverhoudingen. Het waren dan ook voorstellen voor de bühne.

Beste van twee werelden: Louise de Coligny

Een dag voordat in Dendermonde het akkoord met Anjou tot stand kwam, vroeg Oranje bij de Staten-Generaal permissie per omgaande af te reizen naar Middelburg. De vergadering was er duidelijk door overvallen. De reden was het afhalen van zijn nieuwe bruid, de dochter van de legendarische Franse admiraal Gaspard de Coligny. Met lastige onderhandelingen in een afrondende fase viel dit slecht. Er waren gelukwensen, uiteraard, maar Oranje werd ook verzocht in Antwerpen te blijven en zijn aanstaande vrouw Louise maar daarheen te laten doorreizen, dan kon het huwelijk ook mooi in Antwerpen gesloten worden. Het was alsof Oranje aan het verstand werd gebracht dat hij even niet te veel noten op zijn zang moest hebben. Alleen zijn trouwe bondgenoten Holland en Zeeland waren geneigd hem te laten gaan.[31] Oranje gehoorzaamde.

Louise de Coligny was 27 jaar oud en al ruim tien jaar weduwe. Ze was in mei 1571 getrouwd met de twintig jaar oudere hugenoot Charles de Téligny, die als diplomaat voor Condé werkte en als militair meestreed on-

Louise de Coligny, door navolger van Michiel van Mierevelt, begin zeventiende eeuw (collectie Mauritshuis, Den Haag).

der haar vader. Aan dit huwelijk kwam ruim een jaar later een einde in de Bartholomeusnacht, waarin niet alleen Louises vader maar ook haar man werd vermoord. Hoewel ze mogelijk op dat moment ook in Parijs verbleef, wist ze te ontkomen naar Zwitserland. In 1576 keerde ze terug naar Frankrijk. Of ze daarna een leven in de adellijke salons leidde of juist teruggetrokken leefde, is onbekend.[32]

Oranje zou al kort na het overlijden van Charlotte de Bourbon hebben laten informeren of Louise tot een huwelijk bereid was.[33] Ze hadden elkaar nooit ontmoet; Oranje is ongetwijfeld afgegaan op informatie van zijn vele Franse contacten. Het huwelijk kwam rond in de eerste maanden van 1583, met goedkeuring van Hendrik III. Op 8 april arriveerde Louise per schip in Vlissingen, al vier dagen later werd in Antwerpen het huwelijk voltrokken. Het bruidspaar ging gekleed in het zwart; het was binnen een jaar na het overlijden van Charlotte de Bourbon, de rouw werd in acht genomen.[34] In de *Resolutiën* van de Staten Generaal werd zeer beknopt naar de gebeurtenissen verwezen. Die avond was er bruiloft met een banket, waar de leden van de Staten-Generaal ook voor waren uitgenodigd en dat in goede orde en 'stilligheid' verliep. Wat met het laatste ook bedoeld werd, het kon kennelijk de goedkeuring van de Staten wegdragen.[35] Toch werd er naar verluidt nog wel drie dagen flink feestgevierd. Op straat was er, en dat was ongebruikelijk, weinig van te merken. De ontvangst van de Franse bruid mocht onderkoeld genoemd worden.[36]

In Antwerpen kwam Louise terecht in een druk gezinsleven, met een schare opgroeiende en soms ook al volwassen kinderen. Oranjes oudste dochter Maria scheelde maar een paar maanden met haar nieuwe stiefmoeder. Maria verbleef nog altijd in het ouderlijk huis, waar ze zich vooral bezighield met het beheer, mede uit naam van haar broer Filips Willem, van de nalatenschap van haar moeder Anna van Buren.[37] Ook Oranjes bastaardzoon Justinus verbleef regelmatig op het kasteel in Antwerpen. Hij had een aantal jaren in Leiden gestudeerd en werd sinds 1579 door Oranje af en toe ingezet voor diplomatieke missies. Zo vergezelde hij in 1581 Marnix naar Engeland, waar zich voor hun ogen de huwelijksklucht tussen Elizabeth en Anjou voltrok. Justinus mocht meekijken, leerde mensen kennen en werd zo voorbereid op een bestaan als belangrijk representant van de Nassaus, bastaard of niet. In die hoedanigheid was hij na de aankomst van Anjou ook een tijdlang in diens hofhouding opgenomen geweest, tot het met de Franse Furie misging. Bij alle verdachtmakingen die in die dagen over elkaar heen buitelden, werd ook Justinus voor medeplichtig gehouden, iets waarvan hij zich nooit helemaal heeft kunnen vrijpleiten.[38] Hij was op zijn minst een meeloper, en dat alleen al was een bron van geruchten. Justinus liet zich enkele weken niet meer zien in Antwerpen.[39] Toch was hij nog geen drie maanden na de Franse Furie alweer zodanig *accepté* dat Oranje hem had toevertrouwd Louise de Coligny als zijn vertegenwoordiger in Vlissingen te gaan ophalen en naar Antwerpen te begeleiden.

Van de kinderen die Oranje had met Anna van Saksen, was de oudste, Anna, inmiddels twintig, en zij was net als Maria volwaardig lid van de hofhouding.[40] Hun andere dochter, Emilia, verbleef al sinds haar vroege jeugd op de Dillenburg, waar ze, inmiddels veertien jaar oud, onder de hoede stond van Jan van Nassau.[41] Zoon Maurits was ook op de Dillenburg opgevoed en was op jonge leeftijd, ongeveer acht jaar oud, gaan studeren, eerst in Heidelberg, daarna in Leiden.[42] Op hem rustte, nu Filips Willem nog altijd in Spanje werd vastgehouden, steeds zwaarder de plicht klaar te staan zodra zijn vader om welke reden dan ook de dynastie niet meer kon leiden. Het werd kennelijk niet nodig gevonden dat Maurits het huwelijk van zijn vader bijwoonde; hij bleef in Leiden.[43] Het was een voorbode van een weinig warme verstandhouding tussen Maurits en zijn nieuwe stiefmoeder.[44] En dan waren er ook nog de kinderen uit het huwelijk met Charlotte de Bourbon, van wie de oudste net zeven was geworden.

Al was er veel huishoudelijk personeel en waren er hofdames, hier had Louise meteen een zware opvoedkundige taak.

Het gezinsleven had zijn eigen dynamiek waar Louise zich maar toe had te verhouden, dat gold ook voor de hofhouding en wat er verder aan hoogwaardigheidsbekleders op het Antwerpse kasteel in- en uitliep. Ze had zelf maar een klein gevolg uit Frankrijk meegenomen. De sfeer in Antwerpen zal voor haar weinig harmonieus geweest zijn. Oranje moest zich dagelijks verstaan met de nieuwe opperbevelhebber van de Staatse troepen, de baron van Biron, die deel uitmaakte van de katholieke inner circle van het Franse hof tijdens de moordpartij in de Bartholomeusnacht, waarin haar vader en echtgenoot tot de eerste en belangrijkste slachtoffers hadden behoord, hoewel Biron zich had onderscheiden door verschillende protestanten een schuilplaats te bieden.[45] En zo zullen er wel meer Fransen hebben rondgelopen aan wie voor Louise akelige herinneringen kleefden.

En dan was er nog het gedruis van de straat. Dat Oranje opnieuw in zee ging met een Française werd hem, met name door de gereformeerden, zeer kwalijk genomen. Terwijl Oranje meende een strategische zet te hebben gedaan: hij had een vrouw gekozen met strenge calvinistische levensopvattingen – want die had ze – en hij had tegelijkertijd de banden met zijn enige serieuze bondgenoot, Frankrijk, kunnen versterken. Het beste van twee werelden. Zijn echtgenote kon de juiste religieuze glans over zijn band met Frankrijk leggen. Maar zo bleek het bij een groot deel van de bevolking niet uit te werken. Louise de Coligny werd gezien als de zoveelste kwalijke stap in een Franse politiek die onherroepelijk tot de ondergang moest voeren. In Antwerpen was de sfeer onder de bevolking zeer vijandig. Hier kwamen verschillende pamfletten in omloop, die het huwelijk en ook Oranje zwaar in diskrediet brachten. Oranje werd ervan verdacht dat hij in het geheim Fransen zijn kasteel binnensmokkelde. Antwerpenaren gingen er zelfs toe over ter bescherming een afscheiding te maken op het plein voor het kasteel.[46] Dat bij een bezoek van Biron aan Oranje de Antwerpse burgervendels naar het kasteel optrokken om een eventuele nieuwe poging tot staatsgreep op voorhand te verijdelen, moet de Française een besef van totale vervreemding hebben gegeven.[47] Niemand leek haar welgezind. Op straat klonken de hatelijke versregels: 'Het is beter met de oude vader, / Dan met de verrader', waarbij iedereen begreep dat met de oude vader Filips II bedoeld werd, en met de verrader Oranje.[48] In deze dagen zal bij Oranje en zijn nieuwe vrouw het besluit zijn gerijpt Antwerpen te verlaten, ook omdat het gescheld door het Antwerpse stadsbestuur niet bestraft werd uit angst dat er nog groter oproer zou komen.[49]

Onrust in het Duitse Rijk

Louise de Coligny kreeg stilzwijgend de opdracht de familie als een eenheid, als een 'huis' te laten opereren. Charlotte de Bourbon was daar door haar ontwapenende, weinig veeleisende benadering goed in geslaagd; zelfs het contact met haar Franse familie was uiteindelijk volledig hersteld. Met de Nassaus in Duitsland kon ze ook goed overweg, ondanks het taalprobleem en de aanhoudende spanningen tussen de broers Willem en Jan. Voor Louise was hier niet zo eenvoudig bij in te haken. In 1583 ging de moeizame verstandhouding tussen de gebroeders een nieuwe fase in. Na de Franse Furie leefde bij Jan het idee dat zijn gelijk inzake Anjou wel bewezen was. Toch bereikte hem geluiden dat Oranje het vaste voornemen had door te gaan met de totaal onbetrouwbare hertog.

Jan stuurde in het voorjaar een gezant naar Willem om de politieke opties nog eens grondig door te nemen. De directe aanleiding was niet Anjou, maar waren de snelgroeiende spanningen rond het keurvorstendom Keulen. Dit aartsbisdom was vanouds een machtig katholiek bolwerk, waar in de loop van de zestiende eeuw de naburige graafschappen en vorstendommen voor een groot deel naar het protestantisme waren overgegaan. Gebhard Truchsess von Waldburg was in 1577 tot nieuwe aartsbisschop en daarmee ook tot keurvorst benoemd, en aanvankelijk wees niets erop dat hij zou breken met het contrareformatorische beleid van zijn voorgangers. Jan van Nassau was een van de eersten die omstreeks 1580 op de hoogte raakte van grote veranderingen bij Truchsess: hij bleek een relatie te hebben met een adellijke kanunnikes, gravin Agnes van Mansfeld, uit een vrouwenklooster bij Düsseldorf.[50] Toen de relatie in bredere kring bekend werd, wilde de familie van Agnes dat er getrouwd zou worden, wat Truchsess zou dwingen zijn hoge kerkelijke positie op te geven. Wat nog gekund zou hebben als er niet zoveel schulden openstonden. Truchsess was een enorme bon vivant, die de inkomsten uit zijn positie niet meer kon missen.

Truchsess zette, met allerlei aarzelingen, in op het opgeven van zijn katholicisme, maar met behoud van zijn positie als keurvorst. Het aartsbisdom zou dan geseculariseerd en zelfs erfelijk worden.[51] Jan van Nassau moedigde hem daarin aan en beloofde dat hij steun zou organiseren in zijn eigen Wetterauer Grafenverband. Wanneer dit zou lopen zoals Jan hoopte, smolt een lastige katholieke barrière in het westen van Duitsland in één keer weg, en dat zou ook voor de zaak van Oranje en de Staten-Generaal in de Nederlanden een gunstig effect hebben. Dit was op zichzelf geen onzinnige speculatie, maar de zwakke schakel in dit verhaal was de keurvorst zelf. Pas in november 1582 legde hij zijn katholicisme af. Hij had inmiddels wat steun van lutherse en calvinistische edelen verworven en een minuscuul legertje van een paar honderd ruiters en infanteristen op de been gebracht.[52] Jan van Nassau deed al maandenlang zijn best adhesie en geldbedragen te verzamelen, terwijl Truchsess zelf er maar niet in slaagde enige serieuze diplomatie of zelfs correspondentie met potentiële bondgenoten op touw te zetten. Dit ging moeilijk worden, maar Jan van Nassau kon niet meer terug, terwijl binnen het bisdom Keulen en ook daarbuiten de katholieke veldheren zich begonnen te organiseren. Oorlog werd onvermijdelijk.

Jan van Nassau hield zijn broer in brieven en via gezanten op de hoogte van de ontwikkelingen in Keulen.[53] Oranje had er niet veel politieke of strategische belangstelling voor, herinnerde zich nog alle vergeefse pogingen om met Duitse protestantse vorsten tot afspraken te komen.[54] Nadat in de winter van 1583 Truchsess niet alleen trouwde met gravin Agnes maar zich ook tot het calvinisme bekende, werd een confrontatie met een katholieke alliantie, onder aanvoering van Ernst van Beieren, onvermijdelijk. Bovendien begon Alessandro Farnese zich ervoor te interesseren en troepen te sturen.[55] Terwijl Oranje zijn hoofd had bij de binnenlandse oorlog, de aanhoudende geldproblemen, zijn nieuwe huwelijk en het temmen van Anjou, kwam een gezant van zijn broer hem in juni uitgebreid onderhouden over het belang van deelname aan een Duitse alliantie, die zoveel goeds beloofde voor de Nederlanden, meer dan van Anjou en de Fransen te verwachten viel. De voorstellen moeten Oranje enorm hebben geërgerd, maar hij liet er niet veel van merken. Zijn stellingname was: die aartsbisschop van Keulen heeft ons altijd dwarsgezeten, waarom zouden we hem nu helpen? En de bondgenoten die Jan tot nu toe had weten te verzamelen waren alleen maar kleinere graafschappen; de grote lutherse voormannen als de keurvorst van Saksen of de landgraaf van Hessen zagen Keulen graag protestants worden, maar wilden zich niet branden aan wapengekletter. Zij niet, dan ik ook niet, was het eenvoudige antwoord van Oranje.[56]

Jan zat intussen lelijk met zijn vingers tussen de deur. De 'natuurlijke' bondgenoten lieten het afweten, en ook zijn grafelijke broeders bleken aanzienlijk sneller met het doen van toezeggingen dan met leveren. Dit kon slecht aflopen. Jan had al een beroep gedaan op zijn zoon Willem Lodewijk. Die had zich in de noordelijke gewesten inmiddels onder supervisie van Filips van Hohenlohe ontwikkeld tot een bedreven veldheer. Willem Lodewijk deed in februari 1583 halve toezeggingen, en ook Hohenlohe meende dat Keulen voor zijn strategie in de oostelijke Nederlanden een groot belang vertegenwoordigde.[57] Ze gingen daarmee hun boekje te buiten, maar Oranje en de Staten hielden het laatste woord, en die lieten in juli weten dat het lot van de Keulse keurvorst hun aan het hart ging, maar dat ze door gebrek aan financiën niets konden doen.[58]

Het werd nog iets complexer toen ook een oude bekende, Johan Casimir van de Palts, zich de belangen van Truchsess begon aan te trekken. Hij wilde, als er maar geld voor kwam, wel een legermacht op de been brengen.[59] Jan van Nassau drong er bij zijn broer op aan zich te verzoenen met Johan Casimir, die veel goeds kon betekenen, voor Keulen en voor de Nederlandse zaak. Dan kon meteen ook afscheid worden genomen van Anjou. Oranje had zijn bedenkingen, maar kon niet al te hard nee zeggen.[60]

Waar Johan Casimir op het toneel verscheen, daar ontstonden problemen, dat wist Oranje inmiddels. Die kondigden zich nu ook weer aan, niet in Keulen maar in Gent. Nadat Hembyze voor de tweede keer uit Gent was verdreven, had hij met Datheen asiel gevonden aan het hof van Johan Casimir. In de nasleep van de Franse machtsgreep hadden de radicale krachten in Gent weer de overhand gekregen en die besloten in juni dat ze onder geen beding meer het gezag van Anjou wilden erkennen. Kort daarop stuurden ze enkele gezanten naar de Palts, die Hembyze het voorstel deden weer naar Gent te komen. Op 24 oktober 1583 keerde de inmiddels zeventigjarige Hembyze, met Datheen bij zich, terug in Gent; hij kon meteen een zetel in het stadsbestuur innemen.[61] De rol van Oranjes vertrouweling Ryhove was daarmee voorlopig weer uitgespeeld.

Een en ander dwong Oranje en de Staten de bewegingen van Johan Casimir toch meer aandacht te geven dan ze eerder van plan waren geweest. Opnieuw dreigde Gent zich van de Staten-Generaal af te scheiden, en zich als een staat in de staat te gaan gedragen.[62] Oranje beproefde een tactiek die hij ook kort na de Pacificatie van Gent met enig succes op muiterij in eigen kring had losgelaten. Hij adopteerde alsnog het idee van de muiters, ook al zag hij er niets in.[63] En zo raakten de Staten-Generaal in augustus militair betrokken bij het conflict in het aartsbisdom Keulen: er werden toezeggingen gedaan voor enkele duizenden manschappen, en ook zouden er acht Nederlandse oorlogsschepen de Rijn opvaren. Er werd voor vier maanden een budget van in totaal 200.000 gulden voor gereserveerd, ervan uitgaande dat de klus dan wel geklaard zou zijn. Meteen daarna zou Johan Casimir de Nederlanden te hulp komen om Farnese definitief te verslaan, waarvoor ook een budget klaarlag.[64] Johan Casimir blaakte van vertrouwen; het calvinisme zou door samenbundeling van Duitse, Nederlandse, Franse en Engelse krachten in Noordwest-Europa definitief de leidende godsdienst worden. Alleen al vanwege dit slag megalomane fantasieën wilde Oranje de hertog wat op afstand houden. Zijn broer Jan zag er wel wat in.

Truchsess was inmiddels geëxcommuniceerd, in de stad Keulen heerste het Domkapittel, en er was ook al een vervanger voor hem benoemd.[65] Militair was er geen snelle ommekeer meer te forceren. Zijn positie verzwakte nog verder doordat in Heidelberg de keurvorst van de Palts, Johan Casimirs oudere broer Lodewijk, zo ernstig ziek werd dat voor diens leven werd gevreesd. Kort daarop kwam het bericht van Lodewijks overlijden. Dit dwong Johan Casimir in de tweede helft van oktober terug te keren naar de Palts. Hij ontbond zijn leger en verdween voor onbepaalde tijd naar Heidelberg.[66] Hiermee verloor de Keulse oorlog voor de Staten-Generaal op slag alle urgentie.

Truchsess bood nog even tegenstand vanuit Bonn en Westfalen, het deel van het aartsbisdom dat hij voor een groot deel in handen had, maar zijn stellingen stortten snel ineen. De Staten-Generaal besloten al in februari 1584 dat het verstandig was om wat nog resteerde van Truchsess' troepenmacht zelf in dienst te nemen, voordat ze dat deden bij de vijand. In april staakte Truchsess de strijd; hij vertrok naar Delft, waar hij bij Willem van Oranje onderdak vond.[67] Jan van Nassau had door zijn steun veel prestige en geld verloren. Nadat de nederlaag zich in december 1583 al aftekende, verzonk hij op de Dillenburg in godsdienstige bespiegelingen, die hij in lange en bijna apocalyptisch getoonzette brieven uitventte aan degenen met wie hij kort tevoren nog had gehoopt de zege van het calvinisme te bewerkstelligen.[68]

De vervreemding van Vlaanderen

Alle bewegingen rond Truchsess en Johan Casimir leidden af van de hoofdzaak, en die was dat Farnese gestopt moest worden. De wanorde in de Staatse gelederen speelde Farnese erg in de kaart. Hij viste graag in troebel water. Ook na de Franse Furie bestookte hij een groot aantal Staatse steden met uitnodigingen zich nu te verzoenen met de koning.[69] Dit werd door oorlogsmoeë bestuurders steeds vaker als een redelijk en aantrekkelijk voorstel ervaren, zeker wanneer ze niet zo recht in de calvinistische leer waren. Farnese had bewezen soepel te onderhandelen en woord te houden.

Ondertussen hanteerde Farnese wel degelijk het zwaard. Hij belegerde Eindhoven, dat hem een prettige uitvalsbasis kon bieden om 's-Hertogenbosch, dat al vast in Spaanse handen was, te beschermen, en om Gelderland te bedreigen. Het vestingstadje gaf zich op 23 april 1583 over. Een poging van Biron om Eindhoven te ontzetten kwam te laat op gang.[70] Hoewel ook Farnese ondanks toezeggingen uit Spanje nog steeds met geldgebrek kampte, en moeite had zijn manschappen gemotiveerd en zijn leger operationeel te houden, slaagde hij er toch vrij goed in zijn grote ambities in overeenstemming te brengen met zijn beperkte mogelijkheden. Geholpen door de wanorde en onrust bij de Staatsen kon Farnese geduldig zijn prooien kiezen. Na Eindhoven trok het Spaanse leger naar het westen van Brabant. In mei werd Diest zonder al te veel problemen ingenomen; in de tussentijd viel een grote munitieopslagplaats met ook nog aanzienlijke graanvoorraden in handen van Farnese. Vervolgens zette hij de jacht in op het leger van Biron, dat hij medio juni tussen Roosendaal en Steenbergen tot een chaotische en voor de Staatsen zeer bloedig verlopen veldslag wist te dwingen. Voorzichtige ramingen hielden het op 1500 doden aan Staatse kant, mogelijk meer dan het viervoudige.[71] Biron kwam ervan af met een gebroken been. Het grootste verlies was wellicht de vakkundige en al jaren in Staatse dienst werkende legeraanvoerder John Norris, die definitief niet overweg bleek te kunnen met Biron en al voor de veldslag voor enige tijd naar Engeland was vertrokken.[72]

Met zijn acties in Brabant probeerde Farnese de broze structuur van het Staatse leger nog verder te verzwakken. Zijn werkterrein was voorlopig vooral Brabant en Vlaanderen, maar hij hield de dreiging erin dat hij elk moment naar het noorden kon doorstoten. De verovering van Eindhoven diende dat doel, in augustus volgde Steenbergen, in het noordwesten van Brabant. Het was alsof Farnese bezig was zo langzamerhand een corridor te trekken waardoor noord en zuid van elkaar gescheiden werden.

De tactische bewegingen van Farnese vroegen veel strategische aandacht, en die kon de Staatse partij niet opbrengen. Het enige wat het Staatse leger er in het noorden van Brabant tegenover zette, was een strategie van de verschroeide aarde: in de Meierij van 's-Hertogenbosch werden in de laatste week van juli grote arealen landbouwgrond platgebrand. De kostbare graanoogst ging verloren; dit zou het Spaansgezinde 's-Hertogenbosch moeten uithongeren en de troepen van Farnese verdrijven. Dorpen in de omgeving als Vught, Boxtel en Sint-Oedenrode werden ook platgebrand. Het maakte Oranje er bij de ontredderde lokale bevolking niet geliefder op. Het idee voor de verwoestingen kwam vooral van Hollandse bestuurders.[73]

De calvinistische rebellie in Gent speelde Farnese nog meer in de kaart. Er klonken juist onder de fanatiekste gereformeerden stemmen dat ze nog liever met Farnese dan met Oranje verdergingen.[74] Het leek lichtzinnig, maar in brede lagen van de bevolking was de afkeer van Anjou en de Fransen, en daarmee van Oranje, zo totaal dat dit een vanzelfsprekende keuze dreigde te worden. Willem van Oranje liet op 24 mei 1583 in Gent pamfletten verspreiden waarin nog eens werd uitgelegd waarom het verstandig was met Anjou door te gaan. De bevolking van Gent en elders in het gewest wilde er niet meer over horen. Op 18 juni nam het gewest Vlaanderen het besluit Anjou niet langer als landsheer te aanvaarden. Hij was een verrader, met hem verder gaan was zelfmoord.[75]

In deze rebelse sfeer was ook het contact met Hembyze en Johan Casimir weer tot stand gekomen. De eigen koers van Vlaanderen kreeg nog meer gestalte doordat Oranjes kandidaat voor de vacante post van gouverneur van Vlaanderen, de prins van Épinoy, in juli genegeerd werd. In plaats van Épinoy werd Karel van Croÿ, prins van Chimay, benoemd, en op 7 augustus ingehuldigd, nadat hij op 22 juli ook al gouverneur van Brugge was geworden.[76] Chimay, de zoon van de hertog van Aarschot, die ooit nog naar de hand van Oranjes dochter Maria had gedongen, was inmiddels – ongetwijfeld zonder al te veel innerlijke overtuiging[77] – tot het calvinisme overgegaan. Oranje vertrouwde hem niet, ondanks de zalvende brieven die hij van Chimay mocht ontvangen, maar deed zijn best hem te vriend te houden.[78] Chimay papte vooral aan met calvinisten en deed niets om in die kringen de antipathie tegen Oranje te temperen, integendeel.[79]

Oranje was zijn gezag kwijt in Vlaanderen, waar intussen de rampspoed zich opstapelde. Doordat Gent de doortocht van Franse troepen blokkeerde, viel de strategisch belangrijke havenplaats Duinkerken op 16 juli in handen van Farnese.[80] Anjou had zelf in juni Duinkerken al verlaten en was gefrustreerd over het gebrek aan goed overleg met de Staten-Generaal naar Frankrijk vertrokken.[81] Op 22 juli stuurde hij vanuit Saint-Quentin nog een brief met harde verwijten: hoe konden ze van Frankrijk hulp verwachten als ze zelf geen poot uitstaken en maar bleven vergaderen: 'Zie hoe slecht onze soldaten ontvangen zijn, vooral de Fransen en Zwitsers, waarvan het merendeel inmiddels is gestorven van de honger.'[82] Kort daarop, op 27 augustus, vertrok Biron, met wat nog restte van zijn Franse en Zwitserse eenheden, per schip terug naar Calais om zich weer aan te sluiten bij Anjou, die nog altijd zijn zinnen leek te hebben gezet op de definitieve verovering van Kamerijk. Op 2 september nam Anjou de stad vrij eenvoudig in. Farnese was op de hoogte en liet het gaan.[83]

Farnese besloot van Duinkerken meteen een marinehaven te maken en kaperbrieven uit te geven.[84] De zee was niet langer alleen van de Hollanders en de Zeeuwen. Ieper dreigde intussen het volgende richtpunt van

Farneses troepen te worden. Het was een dreiging die maanden aanhield en daardoor aan de Staatsen alle kansen bood orde op zaken te stellen. Oranje probeerde via gezanten en in brieven de Vlaamse steden nog tot onderling hulpbetoon aan te zetten, maar dit bleef zonder gevolg.[85] Ze kozen net als eerder voor de eigen veiligheid en niet voor de grotere strategische belangen.[86] Oranje en zijn legeraanvoerders stonden machteloos. Intussen veroverde Farnese in enkele maanden tijd in een schijnbaar soepele beweging een hele reeks kleinere steden in de lange Vlaamse kuststrook, zoals Nieuwpoort (23 juli), Diksmuide (2 augustus), Sint-Winoksbergen (29 september), Eeklo en Sas van Gent (22 oktober). Axel en Hulst gaven zich zelfs spontaan over. Een stadje meer landinwaarts, Menen, waar regelmatig fel om was gevochten, werd zonder concrete aanleiding op 23 juli door de Staatse troepen verlaten. Een strategische hoofdprijs, die Farnese zomaar in de schoot viel. De Staten wisten alleen Oostende, door over zee vanuit Zeeland aangevoerde versterkingen, te behouden.[87]

Het gevolg van de opmars van Farnese in het kustgebied van Vlaanderen was dat Brugge en Gent aan de noordkant, waar hun verbindingen met zee lagen, geheel werden geïsoleerd. Het gebeurde sneller dan deze autocratisch opererende steden ooit hadden kunnen vermoeden. Het werd nog erger doordat Farnese na enig loven en bieden met de lokale baljuw ook het Land van Waas – het gebied tussen Gent en Antwerpen – zonder een schot te hoeven lossen kon innemen. En Farnese kreeg het kasteel van Rupelmonde aan de Schelde in handen gespeeld, waarmee hij al het scheepvaartverkeer tussen Antwerpen en Gent kon controleren.[88]

De verdediging van Vlaanderen bleek een kaartenhuis. Gent en Brugge konden zich gaan opmaken voor een belegering door Farnese. Verder waren in deze regio van de belangrijke plaatsen alleen Oostende en Sluis nog vast in handen van de Staten. Deze havensteden hadden het voordeel dat ze van overzee bevoorraad en ondersteund konden worden. Brugge en Gent gingen op korte termijn grote ontberingen en honger tegemoet. Antwerpen kreeg in het najaar van 1583 al vluchtelingenstromen te verwerken. Dat Hollandse kooplieden levensmiddelen leverden aan de inmiddels in vijandelijke handen verkerende havensteden Nieuwpoort en Duinkerken, tekent de cynische stemming van het moment.[89]

Weg uit Antwerpen

Te midden van deze stroom slecht nieuws verliet Oranje met zijn gezin en hofhouding en acht schepen vol huisraad Antwerpen.[90] Ze zetten op

22 juli koers naar Vlissingen, waar ze de eerste weken verbleven, en mogelijk inspecteerden ze het massief ogende en geblokte paleisje, het 'princenhuis', dat Oranje er sinds hij in het bezit was van deze stad, had laten optrekken door de jonge Brugse bouwkundige Simon Stevin.[91] De Staten-Generaal vertrokken kort daarop ook uit Antwerpen en installeerden zich voorlopig in Middelburg.

De verhuizing van de Staten en Oranje naar het noorden maakte deel uit van een grotere stroom migranten, die met name vanuit de door Farnese veroverde steden op gang kwam. Alleen al uit het West-Vlaamse industriestadje Veurne vertrokken in de dagen dat de troepen van Farnese

Het huis van Oranje in Vlissingen, ontworpen door Simon Stevin. Gravure uit ca. 1690 (collectie Zeeuws Archief).

de stad innamen, medio juli, twintig schepen met vluchtelingen naar Zeeland. Vier schepen liepen onder de kust vast op de zandbanken. Ze bleken te zwaar beladen met zijde en kostbaarheden.[92]

De paniek die uit deze overhaaste vluchtacties spreekt, was het gevolg van al te lang naïef vertrouwen op eigen kracht, en op de onmacht van Farnese. De status quo zou het nog wel even houden. Maar degenen die dichter bij het vuur zaten, zagen de rampspoed al enige tijd aankomen. Veel jonge en ambitieuze kooplieden uit Vlaanderen en Brabant trokken al voordat Farnese aan zijn veroveringstocht door deze gewesten begon, met hun voornaamste bezittingen en vooral met hun kennis en hun netwerken, naar elders, veelal steden in Holland: Rotterdam, Haarlem, Leiden, Amsterdam.[93]

De Antwerpse drukker-uitgever Christoffel Plantijn verliet al in het voorjaar van 1583 zijn bloeiende bedrijf in het schijnbaar nog onbedreigde Antwerpen en vestigde zich, geholpen door goede relaties als Justus Lipsius en Janus Dousa, in Leiden. Hij kon er meteen academiedrukker worden.[94] De ambitieuze Mechelse ondernemer Johan van der Veken zag omstreeks 1580 al welke kant het op ging, en vestigde zich in Rotterdam.[95] Beide mannen waren bepaald geen aanhanger van de leer van Calvijn – het was toch vooral zakelijk belang dat hen naar het noorden dreef. Zaken gedijen bij sociale rust, die was er in het zuiden al geruime tijd niet meer, in Zeeland en Holland wel.[96]

Zeeland was door de opmars van Farnese door noordelijk Vlaanderen zich inmiddels bewust van de kwetsbaarheid van die rust. Farnese werd nu als een acute dreiging gezien. Het werkte volgens waarnemers bijna verlammend, alsof de Zeeuwen ervan uitgingen dat ze geen mogelijkheden hadden zich te verdedigen. Iemand als Marnix, die in deze omstandigheden had moeten opstaan om de Zeeuwen tot daden aan te sporen, liep volgens de Franse gezant Buzanval vooral mismoedig te jammeren.[97] Er leefde angst dat Farnese meteen zou doorstoten, maar die angst was gebaseerd op een te overdreven voorstelling van diens mogelijkheden. Farneses veldleger beliep niet meer dan zesduizend man, die hij ook nog eens moest inzetten om de veroverde steden te beveiligen.[98] Hij beschikte op dat ogenblik niet over voldoende soldaten, pioniers, wapens en munitie om een grote stad als Gent echt te kunnen belegeren. Zijn eerste aandacht ging vanaf september uit naar Ieper, dat hij al een aantal keren tevergeefs bij verrassing had proberen in te nemen, en dat hij nu via een vernuftige belegering alsnog op de knieën wilde brengen. Ieper werd zo goed als helemaal geïsoleerd van de buitenwereld. Na alle snelle successen werd dit een intensieve onderneming.

Dat Farnese op een bijna perfecte manier momentum had gecreëerd, bleek niet alleen uit de manier waarop veel Vlaamse steden zich zonder noemenswaardige weerstand of zelfs spontaan aan hem overgaven. Het bleek ook uit de snel verbeterende bevoorrading van de eigen manschappen. Anders dan in Brabant en West-Vlaanderen, waar veel oogsten verloren waren gegaan, was er in het noorden van Vlaanderen volop voedsel. En ook het geld begon weer te stromen. Afgezien van de flinke sommen waarmee overwonnen steden een plundering afkochten, bleek het nieuws van de aanhoudende successen ook Filips II in het najaar eindelijk in een beter humeur te brengen. Hij begon zowaar te geloven in de aanpak van zijn neef. Er werden aanzienlijke geldsommen Farneses kant op gestuurd en ook nog eens een volledig tercio van circa 5400 goed geoefende soldaten was inmiddels onderweg naar de Nederlanden. Alles in de stellige verwachting dat nu de beslissing geforceerd kon worden en de opstand van Nederlandse ketters voor altijd bedwongen zou zijn. Aan het einde van 1583 was Farneses veldleger al aangegroeid tot bijna tienduizend man, en toen moest de toegezegde tercio nog arriveren.[99] Dat Oranje in de zomer van 1583 besloot Antwerpen en daarmee de zuidelijke Nederlanden te verlaten, had, zeker achteraf, zijn eigen dwingende logica. Het werd er gevaarlijk.

Eindelijk de hoogste macht

Met een gestaag oprukkende Farnese en een in wanorde verkerende eigen militaire organisatie, zal Oranje regelmatig bij zichzelf zijn nagegaan welke zekerheden er nog waren. In de laatste dagen van juli berekende hij in Vlissingen de sterkte van het Staatse veldleger. Waar eerder beoogd was zo'n 30.000 man onder de wapenen te hebben, telde Oranje op dat ogenblik niet meer dan ongeveer 5000 soldaten, naast nog wat plukjes ruiters en voetvolk die met enig beleid aan de garnizoenen in de steden onttrokken konden worden.[100] Tegenover de dadendrang van het vijandelijk leger stonden de Staten machteloos. Nogal wat steden en gewesten waanden zich veilig en wilden daarom geen geld afschuiven, maar vroeg of laat kwamen ook zij aan de beurt. Met deze – inmiddels erg flets geworden – retoriek probeerde Oranje nog maar eens de Vlaamse bestuurders op te roepen het algemene voor het particuliere belang te laten gaan.[101]

Maar omdat Oranje nog altijd geassocieerd werd met Anjou en het katholieke Frankrijk, stuitte dit betoog weer af op het diepe onbehagen bij zijn gereformeerde bondgenoten. Tijdens de bijeenkomst van de Staten-

Generaal in Middelburg, eind augustus, was er ook bij de andere gewesten geen animo meer om nog verdere avonturen aan te gaan met Anjou. Anjous gezant Pruneaux bracht nog enkele goedbedoelde voorstellen in, maar ze wekten geen geestdrift. Anjou moest op afstand worden gehouden, en alles was er nu op gericht hem verder geen schade te laten aanrichten. In een zitting op 30 augustus werd zonder veel discussie besloten dat Oranje zou worden verzocht voortaan als 'hoofd van de regering' te dienen en samen met een nog aan te stellen Raad van State het beleid te bepalen.[102]

Een week later zette Oranje in geschrifte zijn visie op dit voorstel uiteen.[103] Zijn toon was gereserveerd en soms zelfs ronduit deemoedig. Hij voelde dat de jaren gingen tellen; hij had de afgelopen zestien jaar zijn bijdrage wel geleverd – de Staten moesten toch wel inzien dat ze hem niet maar alles konden vragen. Moest hij een dergelijke zware taak nog wel op zich willen nemen? Hij was aan 'enige rust' toe. Het werd tijd dat iemand anders dit werk ging doen.[104] En als hij het deed, dan deed hij het niet eerder dan wanneer alle defecten van de huidige werkwijze door harde afspraken werden ondervangen. En hij somde alle gebreken nog maar eens op: het leger gedroeg zich ongedisciplineerd en bezorgde de bevolking veel overlast; er was geen enkele centrale administratie van de manschappen, en de betaling was nauwelijks geregeld. Een zeer zwaarwegende kwestie was het ontbreken van een centrale schatkist, waaruit het leger volgens Oranje grotendeels betaald zou moeten worden.[105] De huidige praktijk, waarbij gewesten hun eigen financiële beleid voerden, leidde alleen maar tot ontwijkgedrag en jaloezie, en tot een heel krakkemikkig militair apparaat.[106]

Het ging hier opnieuw om het ontbreken van een met macht beklede centrale regering waar Oranje al jaren op hamerde en waar maar geen verbetering in kwam. Oranje stelde voor dat de Staten-Generaal zelf een document opstelden waarin al deze problemen grondig werden opgelost. Hij legde het initiatief subtiel bij de Staten; zij moesten nu zelf maar eens verzinnen hoe ze uit deze hopeloze situatie dachten te komen.[107] Want Oranje memoreerde het nog een keer: door al die verkramping en besluiteloosheid werd een strategisch belangrijke stad als Ieper op dat moment aan zijn lot overgelaten. Wanneer de stad binnenkort verloren zou gaan – wat God verhoede –, dan werd hij, Oranje, erop aangekeken. Hij was dit type laster zat.

Toch was Oranje door het verzoek van de Staten-Generaal dichter bij de formele uitoefening van het centrale gezag over de Nederlanden dan hij ooit geweest was. Maar hij besefte dat het een vergiftigd geschenk was; hij ontving alleen maar problemen, terwijl zijn bevoegdheden niet goed geregeld waren. Bovendien was daar altijd nog Anjou. Deze beweging kon hem op de zenuwen gaan werken en jaloers maken. Oranje raadde de Staten andermaal aan Anjou te vriend te houden, want 'we willen niet nog meer vijanden dan we tegenwoordig al hebben'.[108]

De Staten beloofden het gevraagde document voor een nieuwe staatsinrichting op te stellen. Oranje liet zich smeken voorlopig samen met een aantal staatsraden de honneurs te blijven waarnemen. Met het oog op het eventueel kwetsen van Anjou werd voor de leden van deze voorlopige regering een functieaanduiding bedacht: 'De prins van Oranje etc., en de anderen van de Raad van State van de Verenigde Nederlanden'.[109] Een gedrocht van een compromis, zoals dat alleen na uren van vruchteloos vergaderen kan worden afgehamerd.

Terug naar Holland

Het is niet aannemelijk dat Oranje op dat ogenblik al berustte in het verloren gaan van heel Vlaanderen en Brabant, maar hij bereidde zich wel degelijk voor op nieuwe krachtsverhoudingen, waarin het zwaartepunt voor de Staten in Holland, Zeeland en Utrecht zou liggen. Dat Farnese met vrij eenvoudige middelen in het voorjaar enige dominantie had opgebouwd in het noorden van Brabant, dwong tot het nemen van veel verdergaande verdedigingsmaatregelen dan waar eerder van werd uitgegaan. De Zeeuwse wateren en de grote rivieren boden enige bescherming, maar een energiek veldheer als Farnese liet zich daar niet door tegenhouden. Het was pure noodzaak om aan de zuidkant van de grote rivieren verdedigingswerken te organiseren. De Hollanders hadden eerder al de verovering en versterking van Geertruidenberg om die reden op touw gezet. Nog oostelijker lag Heusden, vanouds Hollands territorium, waar Oranje vanaf 1581 grote verdedigingswerken omheen had laten leggen. Het waren steunpunten, van waaruit het Brabantse platteland bestreken kon worden en de vijandelijke troepenbewegingen en de voedselvoorziening konden worden verstoord.[110]

Op het kruispunt van het Hollands Diep en de Zeeuwse wateren liet Oranje zijn oog vallen op een gehuchtje in een nog jonge polder: Ruigenhil, dat tot voor kort met Klundert en Fijnaart een eilandje had gevormd. De polder was deels Hollands grondgebied, en dat deel was al heel lang van de Nassaus. Voor een ander deel lag het in Brabant en behoorde het toe aan de markies van Bergen op Zoom, en die titel bezat Oranje sinds kort zelf.[111] Het maakte besluitvorming eenvoudig. Na de verloren Slag bij Steenbergen in juni en de inname van Steenbergen zelf door een bescheiden legermacht van Farnese op 15 augustus dreigde dit gebied, en dan met name de monding van de Maas en de Waal, zo belangrijk voor de handel stroomopwaarts, heel kwetsbaar te worden.

In de laatste dagen van juli nam Oranje het besluit het dorpje Ruigenhil om te bouwen tot een vestingstad.[112] In augustus begonnen de eerste grondwerken. Oranje zag erop toe dat er middelen binnenkwamen en dat zich geen onnodige vertragingen zouden voordoen.[113] Toen die toch ontstonden, greep hij in september hard in: boeren, hun dagloners en ook vrouwen werden gedurende twaalf dagen verplicht, zij het wel tegen betaling, om van zonsopkomst tot zonsondergang aan de vesting te komen werken. Dat er oogstrijpe gewassen van het land gehaald moesten worden, deed er even niet toe. Ook paarden en karren werden voor dit werk gevorderd.[114] Op 24 september kwam Oranje kijken hoe de aanleg van de omwalling vorderde. Er werden meteen al garnizoenssoldaten gelegerd, ongetwijfeld in primitieve behuizingen. Het ontwerp voor de vestingwerken van Adriaan Anthonisz. zou pas in 1585 in uitvoering worden genomen. De benodigde stenen voor de bastions zouden, volgens een hardnekkige legende, uit Mechelen zijn aangevoerd, waar ze klaar hadden gelegen om de Romboutskathedraal de geplande duizelingwekkende hoogte van 162 meter te geven; die zou hierdoor voor altijd op 97 meter zijn blijven steken.[115] Een van Oranjes vaste adviseurs en vertrouwelingen, Emmery de Lyere, werd nog in 1583 tot gouverneur van de nieuwe stad benoemd. Ergens in die dagen moet ook het besluit gevallen zijn dit bolwerk in aanbouw Willemstad te noemen.[116]

De gordel van vestingwerken die hier ontstond, was een tastbaar bewijs dat het hart van de Nederlandse Opstand, dat sinds de Pacificatie in 1576 jarenlang nogal onstuimig in het zuiden had geklopt, in 1583 in korte tijd terugmigreerde naar Holland en Zeeland, en Oranje migreerde mee.

Het verraad van zwager Van den Bergh

Niet alleen in Vlaanderen en Brabant bezweken in een hoog tempo de Staatse stellingen. In het noorden en oosten boekte stadhouder Francisco Verdugo op de geduldige en bedachtzame manier die veel Spaanse veldheren kenmerkte, steeds wat terreinwinst. Vanaf 1581 nam hij in Groningen en Overijssel tal van kleinere plaatsen in. De vestingstad Steenwijk, die in 1581 zo bloedig verdedigd was tegen de overmacht van Rennenberg, werd op 16 november 1582 door een verrassingsaanval alsnog veroverd.[117] Het garnizoen dat de stad moest bewaken, maakte net op dat moment een plundertocht in de omgeving. Met hulp van binnenuit konden de Spaanse troepen de stad eenvoudig innemen.[118] Het werd nog erger toen op 22 september 1583 Zutphen met hulp van twee Staatse krijgsgevangenen in handen van Verdugo's kolonel Juan Baptista de Tassis werd gespeeld. Vooral die laatste meevaller overtuigde Farnese ervan dat het zin had de aandacht wat meer te richten op het oosten. Hij stuurde Verdugo aanzienlijke versterkingen, waarmee hij de druk op Gelderland zou kunnen opvoeren.[119]

Voor de Staten en vooral voor Oranje zat in het verloren gaan van Zutphen een gevoelig drama verborgen. In Gelderland was, na het vertrek van Jan van Nassau, Oranjes zwager Willem van den Bergh stadhouder geworden. Tussen Oranje en Van den Bergh boterde het al geruime tijd niet. Neutraal geformuleerd was Van den Berghs opvatting van familie-eer niet die van Oranje, en andersom. In de praktijk verwachtte Oranje als hoofd van de familie een hoge mate van loyaliteit van zijn zwager. Maar deze graaf, met vooral veel bezittingen in het oosten van Gelderland, en over de grens in Kleef en het aartsbisdom Keulen, zag zich door de vooral op Holland en Brabant gerichte politiek van Oranje nauwelijks vertegenwoordigd.

Van den Bergh kreeg in kringen van Oranje, en ook in de latere geschiedschrijving, het odium een gewetenloze opportunist en aartsleugenaar te zijn.[120] Dat was hij wellicht ook. Al in de tijd dat Rennenberg met Farnese onderhandelde over terugkeer naar het kamp van Filips II, behoorde Van den Bergh tot een select gezelschap van ingewijden die een vergelijkbare stap overwogen. Desondanks werd Van den Bergh, op aandringen van de Gelderse adel en steden, benoemd tot stadhouder. Het leek een bonus voor slecht gedrag en moest bijna wel nieuwe verrassingen in de hand werken. Oranje was niet gerust op Van den Berghs plotselinge ambitie 'het vaderland te dienen' en liet dat ook aan de Gelderse keuzeheren weten: 'Ik mocht willen dat hij dat wat eerder had gedaan, maar beter later dan nooit.'[121] Deze aanbeveling was niets meer of minder dan een doodskus, maar de Gelderse bestuurders lieten zich er niet door weerhouden Van den Bergh als hun stadhouder aan te nemen. Ze hadden daar allemaal zo hun eigen redenen voor. Dat was in 1581.

Van den Bergh was al in de jaren dat het Eedverbond tot stand kwam een lauwe bondgenoot geweest voor de zaak van de opstandige edelen; geloofskwesties lieten hem hoegenaamd koud, of ze waren in ieder geval niet belangrijk genoeg om daarvoor zijn eigenbelang te verzaken. In Gelderland had Oranje de doorgaans rechtlijnig en integer opererende Elbertus Leoninus in juni 1581 tot kanselier van het gewest benoemd, als extra slot op de deur. Oranjegetrouwen als Leoninus kregen in de loop van 1583 in de gaten dat Van den Bergh een dubbele agenda voerde: hij diende de zaak van de Staten, maar intussen leek hij Farnese niets in de weg te leggen.[122] Er gebeurde een tijdlang niets; de prioriteiten van Farnese lagen op dat ogenblik elders. In september was het Verdugo die wel op de invitaties van Van den Bergh inging, met de snelle overrompeling van Zutphen tot gevolg.

Na de inname van Zutphen werden bij Oranjegetrouwen als Leoninus de vermoedens sterker dat Van den Bergh alle tussenliggende jaren in contact was blijven staan met Farnese. Op de vroege ochtend van 15 november werd Willem van den Bergh gearresteerd. Ook zijn echtgenote, Oranjes zuster Maria, die volledig op de hoogte was van alle machinaties, werd gevangengenomen. Nadat ook zijn secretaris en kamerheer waren opgepakt, wees de laatste de weg naar een grote hoeveelheid geheime documenten waarmee Van den Berghs dubbelspel eenvoudig kon worden aangetoond. Het delicaatst was een document uit juni 1581, bij de aanvaarding van het Gelderse stadhouderschap, waarin Van den Bergh met Farnese overeenkwam dat hij bij de eerste de beste gelegenheid Gelderland aan hem in handen zou spelen en zich met de koning zou verzoenen.[123] In 1583 leek daarvoor het tij gunstig. In een tussenstap had Van den Bergh in april 1583 aan Farnese voorgesteld vast het Gelderse Overkwartier binnen te vallen; er was dan een grote kans dat Gelderland zich spontaan bij hem zou aansluiten.

Van den Bergh bekende meteen, maar herriep alles een dag later; het zou allemaal onderdeel van een subtiele krijgslist zijn geweest.[124] Dit verweer werd niet serieus genomen. Hij werd met zijn vrouw, zoon en dochter naar het Hollandse Delfshaven gebracht en daar opgesloten. Dicht in de buurt van Oranje, die met hem het een en ander recht te zetten had.[125] Van den Bergh werd in maart 1584 vrijgelaten, op de belofte zich verder neutraal op te stellen. Kort na zijn vrijlating sloot hij zich alsnog aan bij Farnese.

Voor Oranje was deze geschiedenis in alle opzichten pijnlijk. Met het vertrek van Jan had de eenheid van de familie al een knauw gekregen, nu bleken onderlinge banden ronduit corrupt. Het was wellicht ook een teken dat de macht van Farnese wel eens verder in de Staatse gelederen reikte dan tot dan toe werd vermoed. Zonder meer bleek Farnese telkens opnieuw in staat belangrijke edelen vanuit de Staatse gelederen alsnog zijn kamp in te trekken. Het was begonnen met de malcontenten uit Artesië en Henegouwen, daarna Rennenberg, en hoewel Van den Bergh tijdelijk de pas werd afgesneden, zouden er nog enkele spectaculaire verzoeningen volgen.

De laatste stuiptrekkingen van calvinistisch Vlaanderen

Er kwam nauwelijks nog voedsel binnen en het berichtenverkeer verliep moeizaam.[126] In Gent was Hembyze meteen na zijn terugkeer eind oktober een schrikbewind begonnen. Hij wilde afrekenen met iedereen die in de voorgaande jaren Oranje had gesteund. Er werd een jacht ingezet op katholieken; Hembyze liet van deur tot deur bij families uitzoeken hoe het met de religieuze overtuiging zat. Priesters werden de stad uitgejaagd. Op een complexe manier had het allemaal met elkaar te maken. De heksenjacht op katholieken moest de avances van Hembyze in de richting van Farnese maskeren. Hembyzes afkeer van Oranje zat zo diep, dat hij nog liever met Farnese in zee ging. Hij gebruikte de nog altijd in Gent gevangenzittende Champagney als postillon d'amour.[127] Bij de stedelijke elite bestond al langere tijd het verlangen alle strijd te beëindigen en de handel en de bedrijvigheid weer te laten herleven. In de eerste maanden van 1584 voerden vertegenwoordigers van Gent en van Farnese intensieve onderhandelingen.[128]

Die onderhandelingen gingen zelfs zover dat Hembyze zich door gezanten van Farnese liet overtuigen van deelname aan een verrassingsaanval op Dendermonde. Voor Hembyze was dat aantrekkelijk omdat zijn oude rivaal Ryhove daar inmiddels gouverneur was. Het was een mengeling van opportunisme en wraakzucht. Maar terwijl de voorbereidingen in volle gang waren, kreeg Oranje er via spionnen lucht van.[129] Enkelen van zijn oude medestanders in Gent ontketenden een enorme volksoploop bij het stadhuis en slaagden er op 23 maart in Hembyze en een paar handlangers te pakken te krijgen en te laten opsluiten.[130] De inname van Dendermonde was verijdeld. Hembyze werd maanden later voor zijn verraderlijke onderhandelingen met de vijand terechtgesteld. De eliminatie van Hembyze betekende niet dat Gent weer in het kamp van Oranje terugkeerde. Een nieuw stadsbestuur, onder aanvoering van de gematigde calvinist Karel Utenhove, zette de onderhandelingen met Farnese alsnog voort.[131]

In Brugge hield de onttakeling van de Staatse posities ongeveer gelijke tred met die in Gent.[132] Oranje verloor het contact met Chimay, en Chimay verloor het contact met de nog in groten getale Oranjegezinde bevolking. De naderende val van Ieper leek in maart alles in een stroomversnelling te brengen. Ook Chimay liet zich in onderhandelingen met het kamp van Farnese trekken.[133] Vermoedens dat Oranje een moordaanslag op hem beraamde, gaven wellicht de doorslag. Chimays wantrouwen was niet helemaal onzinnig, want nog in de loop van april stuurde Oranje 1500 soldaten naar Vlaanderen met de opdracht Chimay te arresteren.[134] Het plan mislukte, met als gevolg dat de laatste Staatsgezinde bestuurders in Brugge werden opgepakt. Chimays gereformeerde vrouw vluchtte in die dagen naar het protestantse Sluis.[135] Ieper viel op 7 april, Brugge op 20 mei.[136]

Dat dit zou gebeuren was al geen verrassing meer. In de maanden daarvoor had Oranje in een reeks brieven aan zijn broer Jan al laten doorschemeren dat hij voor Vlaanderen geen redding meer verwachtte.[137] Inmiddels begon Farnese ook de voorbereidingen voor het belegeren van Antwerpen. In november 1583 had Oranje Marnix benoemd tot buitenburgemeester van die stad, in die functie vooral belast met de verdediging van Antwerpen en omgeving. Voor Marnix was dat na zijn vrijwillige ballingschap op Walcheren een mogelijkheid zich te rehabiliteren.[138] Een moeilijke opgave; want niet iedereen in Antwerpen was van hem gecharmeerd, en daarnaast leek bij de meeste stedelingen het heilig vuur er wel uit. Op 24 januari 1584 hield Marnix een toespraak waarin hij aankondigde de stad tot het uiterste te verdedigen. Hij schetste een zwart, infernaal beeld van welke ellende de stad tegemoet ging als de Spanjaarden de zaak overnamen.[139] Maar de Antwerpenaren lieten zich niet zoveel meer wijsmaken. Intussen dreigde Antwerpen het contact met Holland en Zeeland te verliezen. Er werd misschien ook niet al te veel van verwacht: in februari werd de pui van het Antwerpse stadhuis volgehangen met aanplakbiljetten waarop beweerd werd dat Oranje de Opstand alleen maar had ontketend om er zelf beter van te worden.[140]

De Staten waren tot nu toe onmachtig gebleken en er was geen enkel zicht op verbetering. Er was geen geld, geen organisatie, en nu zelfs calvinisten al begonnen te speculeren op verzoening met Farnese, en dus met Filips II, leek het onmogelijk het tij nog te keren.[141] Er werd al zo lang gesproken over hulp uit Duitsland – Jan was daar nog altijd hoopvol over –, maar Willem wist dat die nooit zou komen, in ieder geval niet van de partijen die er echt toe deden, zoals Hessen en Saksen.

Oranje legde zijn broer in maart in een uitvoerig schrijven nog maar eens uit dat hulp uit Frankrijk de enige strohalm was die de Staten hadden. De correspondentie met Anjou verliep sinds begin 1584 weer veelbelovend. Er was Oranje veel aan gelegen Jan te overtuigen van het juiste van zijn Franse politiek, want het was minstens de tiende brief waarin hij die geduldig probeerde uit te leggen. Anjou sympathiseerde met de Nederlandse opstandelingen, Frankrijk was een machtige natie en een aartsvijand van Spanje, Frankrijk was katholiek maar tolereerde protestanten in de vorm van verdragen, bovendien was Frankrijk op allerlei manieren, via

Vlaanderen en de Bourgondische hertogen, historisch verbonden met de Nederlanden.[142] Wanneer iedereen binnen dit fragiele bondgenootschap er maar in ging geloven, dan zou de overwinning op het tirannieke Spanje niet veel tijd hoeven kosten.

Voor Jan was het je ziel aan de duivel verkopen; daar kwam uiteindelijk, ook na een eventuele overwinning, niets goeds uit voort. Hij bleef vertrouwen op het smeden van een grote internationale protestantse coalitie, waar Engeland eventueel wel, maar het Franse hof zeker niet aan kon deelnemen. Oranje probeerde zijn broer nog eens uit te leggen dat blijven hameren op een bondgenootschap dat alleen op religie gebaseerd was, er geen rekening mee hield dat in de internationale politiek oude dynastieke vetes meestal groter belang hadden dan het geloof. Integere partners heb je daar niet, hoogstens belangen die gelijk op gaan. Met Frankrijk hadden ze zo'n partij. En nog iets: houd er rekening mee dat maar een klein deel van de Nederlanders tot de gereformeerde religie is overgegaan. Het grootste deel is vrij onverschillig. Je kon het waarnemen in Vlaanderen, waar de bevolking alles maar over zich heen liet komen. In Nieuwpoort was er twee weken voor het beleg een geloofsgemeenschap van een kleine drieduizend zielen. Toen de vijand verscheen en iedereen werd opgeroepen de stad te verdedigen, waren er nog maar drie over. De predikanten werden er aan hun lot overgelaten.[143]

Dit type relativering was aan Jan niet besteed. Ze kwamen er niet uit; hun brieven in de maanden erna gingen vooral over oude centenkwesties: aflossingen van leningen, en vooral over een nog steeds niet betaalde bruidsschat voor hun zuster Magdalena, een kwestie die zich al zeventien jaar voortsleepte.

Terug naar Delft

De Staten-Generaal opereerden al sinds de Pacificatie van Gent als wat we nu een rondreizend vergadercircus zouden noemen. Nadat er eind augustus en de eerste twee weken van september 1583 in Middelburg was vergaderd, ging het op 25 september weer verder in Dordrecht, waarna begin december de hele stoet in Den Haag neerstreek. Bij die gelegenheid nam Oranje opnieuw zijn intrek in het Agathaklooster in Delft. Vermoedelijk zat hij liever in deze moderne vestingstad dan in het landelijke en niet-ommuurde Den Haag.[144] Omstreeks deze tijd zal ook het besluit gevallen zijn voor langere tijd in Delft te blijven. Louise was hoogzwanger. Op weg naar Delft had ze het laatste stuk vanaf Rotterdam in een open kar, op een houten plank moeten plaatsnemen. Over hobbelige onverharde wegen ging het naar Delft.[145] Welkom in Holland.

Het Agathaklooster kreeg definitief zijn nieuwe bestemming met de naam Prinsenhof. Op 29 januari beviel Louise van een zoon, die de naam Frederik Hendrik kreeg, een vernoeming naar twee verre bondgenoten, koning Frederik van Denemarken en koning Hendrik van Navarra. Als gebaar naar Oranje en zijn vrouw greep de stad Delft de doop van hun zoon aan om het Prinsenhof aan Oranje in eigendom te geven.[146] De Staten-Generaal trokken vanaf dat moment ook minder rond en kwamen nu eens in Den Haag en dan weer in Delft bijeen.

Delft was op dat ogenblik veiliger dan Antwerpen of Walcheren, niet meteen bruisender. Oranje en zijn entourage konden hier ervaren hoe het openbare leven van een stad transformeerde wanneer gereformeerde predikanten er een tijdje invloed op het bestuur uitoefenden. In Delft was het al sinds 1577 verboden tijdens feesten als Driekoningen of Vastenavond verkleed of gemaskerd over straat te gaan. Ook mocht er op bruiloften niet meer gedanst worden. Er werd toegezien op het onderhouden van de nieuwe leefregels; dat bleek ook doordat deze voorschriften, kort nadat Oranje zich er vestigde, nog eens opnieuw bekrachtigd werden. Al op 27 februari behandelde de Delftse kerkenraad klachten die er uit de gemeente kwamen over 'banketten en andere onbeschaamdheden' die 'in deze droevige tijden' aan het hof van Oranje werden gehouden.[147]

De Delftse kerkbestuurders bleven op hun qui-vive; tegen de tijd dat Frederik Hendrik gedoopt zou worden, op zondag 12 juni in de Waalse Kerk, en er veel hoog bezoek werd verwacht, kregen ze in de gaten dat de voorbereidingen weinig goeds beloofden. Gastenverblijven werden luxueus ingericht, vooral het verblijf van de gezant van Hendrik van Navarra, dat behangen werd met luxetapijten.[148]

Frederik Hendrik werd vermoedelijk gedoopt door hofpredikant Villiers. Een andere predikant, Arnold Cornelisz. Crusius, hield een preek die uitliep op een scherpe vermaning deze heilige doop na de dienst 'niet te profaneren of ontheiligen met onze onzuivere werken', waarmee hij doelde op dronkenschap en andere lichtzinnigheid en wellust. Het werd ongetwijfeld beleefd aangehoord. Die middag werd er in het Prinsenhof wel degelijk een enorm feestmaal aangericht, met een overdaad aan spijzen en drank. En er werd ook gedanst. In de kerkenraad werd zes dagen later met grote verontwaardiging over deze schaamteloosheid gesproken, en werd vastgesteld dat onder de Delftenaren 'er zeer velen door geërgerd zijn'.[149]

De oude hoofse mores stuitten hier op de nieuwe gereformeerde levensernst. Er woedden in Oranjes hofhouding regelmatig debatten over hoever het conformisme moest gaan. Hofpredikant Taffin bepleitte volledige handhaving van de gereformeerde leefregels, maar Marnix bleef als een klassiek hoveling vasthouden aan veelzijdig vermaak als onmisbaar onderdeel van de aristocratische levensstijl. Die werkte als een paspoort voor alle Europese hoven. Een Hollandse koopman, hoe rijk ook, had daar vanwege zijn inherente gebrek aan hoofse beschaving niet veel te zoeken.

Oranje moet hebben beseft dat hij in Delft in een typisch Hollands burgerlijke omgeving terechtkwam, die door de introductie van het calvinisme aan zelfbewustzijn had gewonnen. Hij woonde ook niet langer in een kasteel zoals in Antwerpen, maar in een klooster, en zijn eigen hofhouding telde steeds wat minder specifiek door edelen te vervullen functies, maar steeds meer hellebaardiers, die voor zijn bewaking moesten zorgen.[150] Bovendien had hij in de loop der jaren enorm veel aristocratische vrienden verloren. Ze waren vermoord, zoals Montigny, Egmond, Horne en Van Straelen. Of gesneuveld zoals zijn broers Adolf, Lodewijk en Hendrik, en Louis de Boisot. Hij was met hen gebrouilleerd geraakt, zoals met Granvelle, Lumey, Karel van Berlaymont en Hembyze. Ook zijn zwager Willem van den Bergh en zelfs zijn broer Jan konden in dat laatste rijtje worden opgenomen.

Inmiddels overleden er ook kameraden van ouderdom. Zijn zwager Günther van Schwarzburg was op 15 mei 1583 in Antwerpen gestorven, in het bijzijn van Oranje. Schwarzburg was jarenlang een van zijn loyaalste en bedachtzaamste raadgevers geweest. Ze hadden ruzies gehad, perioden van verwijdering meegemaakt, maar Schwarzburg onderwierp zich meer dan Willem van den Bergh aan de eer van het huis van Nassau. Terwijl hij meer dan wie ook offers bracht voor de belangen van Oranje en de Nederlanden. Hij stierf armelijk, terwijl de Staten-Generaal nog voor een astronomisch bedrag, meer dan 400.000 gulden, bij hem in het krijt stonden. Om de dokter te kunnen betalen moest zijn vrouw Catharina nog enkele laatste kostbaarheden verkopen.[151]

Op 28 mei 1584 stierf Lazarus van Schwendi, Oranjes mentor in zijn jonge jaren, en zijn stille diplomaat bij de keizer tijdens de jaren dat de Nederlanden van alle kanten onbestuurbaar waren geworden. Het contact met Schwendi was na hun onenigheid over Anjou in 1580 stilgevallen. Schwendi had zich inmiddels uit het actieve leven teruggetrokken, ontgoocheld over het grote wantrouwen dat zijn adviezen ook aan het keizerlijk hof ontmoetten.[152]

En er was deze jaren ook nog het bericht van het overlijden van de hertog van Alva, na een lang ziekbed, waarbij hij de laatste weken zijn voedsel kreeg uit de borst van een min. Toen hij een dag voor zijn dood zo werd aangetroffen door een keizerlijke gezant, merkte de oude veldheer op: 'Wat ik als pasgeborene heb gedaan, doe ik nu als oude man.'[153] Ook Alva behoorde tot Oranjes begeleiders en leermeesters. Zonder twijfel de hardste.

Graaf van een koopmansrepubliek

Oranje had ook in Delft een aanzienlijke hofentourage, wel iets kleiner dan in Antwerpen, maar hij onderhield waarschijnlijk nog altijd enkele tientallen pages, *gentilhommes* en andere adellijke hofdignitarissen.[154] Toch was het onmiskenbaar dat degenen met wie hij moest werken en het schip van de Staten drijvende moest zien te houden, steeds vaker gezeten burgers waren, of mannen uit de lage adel. Nu Vlaanderen, op Gent en enkele kleinere plaatsen na, bijna geheel in handen was van Farnese, en Brussel en Antwerpen zeker konden weten dat zij als volgende in de houdgreep zouden worden genomen, verlegde het politieke en militaire zwaartepunt zich naar het noorden, en dan logischerwijze naar Holland, dat veruit het rijkste en meest dichtbevolkte gewest was in de Unie van Utrecht. Holland was al geruime tijd zijn eigen belangen daarin aan het veiligstellen en liet zich sinds 1579 weinig gelegen liggen aan de belangen van de zuidelijke gewesten.[155] Die Unie, met alle beloftes voor onderlinge militaire bijstand en een overzichtelijk stelsel aan afspraken voor samenwerking, won ook voor Oranje snel aan relevantie, nu wat er nog resteerde van de Staten er zo ongeveer mee samenviel.[156]

Maar zoveel meer afspraken dan die Unie waren er niet. Oranje was nog altijd in afwachting van concrete en doordachte voorstellen om zijn positie als 'hoofd van de regering' gestalte te geven. Tot dat moment opereerde hij als primus inter pares in een informeel georganiseerd politiek bestel. De procedure rond de grafelijkheid van Holland was in beginsel een concrete stap om wat meer formele verhoudingen te creëren, een stap die ook recht deed aan de bijzondere aristocratische status die Oranje voor vriend en ook vijand had. Ook dit was een stroperig proces. Tegen het einde van 1583 leek het snel rond te komen. Op 7 december trok een grote Hollandse delegatie om elf uur 's morgens naar het Prinsenhof, waar ze Oranje in bed aantroffen. Oranje kreeg een contract voorgelegd waarin zijn verschillende bevoegdheden, ook binnen de Unie van Utrecht, precies beschreven stonden, en waarin de verheffing tot graaf geregeld werd. In de delegatie ontbraken vertegenwoordigers van Gouda en Amsterdam. Vooral de laatste stad had een groot aantal voorbehouden gemaakt en kon zich niet verenigen met de huidige tekst. Zo hadden de Amsterdammers graag gezien dat Holland en Zeeland tegelijkertijd Oranje tot graaf van hun beide gewesten maakten, want als Spanje dan wel Frankrijk vanwege deze vergaande daad (een gewest dat van onderop een vorm van soeverein leiderschap 'creëerde' was ongehoord in Europa) tot sancties tegen Holland overging, dan kon de hele internationale handel van Holland opeens in Zeeland terechtkomen.[157]

Oranje stond erop dat ook Gouda en Amsterdam zouden instemmen.[158] Er werd in de weken daarop over een veelheid aan details nog gesproken, en op 30 december lag er een document met huldigingsvoorwaarden dat alle wederzijdse rechten en plichten stevig verankerde. Het had al trekken van wat we nu een 'constitutioneel' model noemen: voor de Staten en voor de bevolking waren veel waarborgen ingebouwd die iedere vorm van machtsmisbruik in de kiem moesten smoren.[159] Daar stond tegenover dat Oranje in het volle bezit van het graafschap werd gesteld en ook geen leenheer meer boven zich had, niet de koning van Spanje, maar ook niet de keizer. Voor het gewest was de volledige erkenning van alle oude privileges van groot belang, want het behield daarmee zijn zeggenschap, ook in het dagelijks bestuur.[160] Oranje haalde het recht binnen om centraal belastingen te heffen, en bovendien werd de grafelijke titel erfelijk verklaard, met als delicate bepaling dat de nog altijd in Spanje verblijvende oudste zoon Filips Willem van opvolging werd uitgesloten.[161]

Het was een markante stap voorwaarts, temeer omdat in diezelfde weken ook over nauwere samenwerking tussen Holland, Zeeland en Utrecht werd gesproken. Het was alsof het wegvallen van de Zuid-Nederlandse gesprekspartners opeens heldere verhoudingen schiep waarin het eigenbelang zich weer wat gemakkelijker liet verknopen met de belangen van anderen. De 25 steden in Holland mochten er allemaal nog een keer naar kijken en er hun goedkeuring aan hechten. Toch maakte opnieuw Amsterdam bezwaren, dat nu weer meende dat ook op ambtelijk en regionaal niveau nog adviezen moesten worden ingewonnen. Dit schoot niet op. Het was een vorm van bestuurlijke obstructie waar de Amsterdammers zich al geruime tijd van bedienden.[162] Ze wilden Oranje niet groter maken dan hij, volgens eerdere regelingen en verdragen, al was. Een delegatie uit de Staten van Holland trok naar Amsterdam om het stadsbestuur tot meegeven te bewegen. Het werkte averechts uit. Cornelis Pietersz. Hooft, lid van de lokale vroedschap, hield op 9 juni 1584 een uitgebreid betoog waarin de eisen nog verder werden opgevoerd, geflankeerd door onpraktische voorstellen zoals het vragen van het oordeel van alle Amsterdamse zeevarenden over deze kwestie, want het ging tenslotte om hún brood.

De kern van de zaak was dat Oranje in Amsterdam niet vertrouwd werd. De omwenteling na de Satisfactie in 1578 zat veel bestuurders nog altijd hoog, niet om het resultaat, maar om de ongewenste inmenging in Amsterdamse aangelegenheden.[163] Ook de aanhoudende kongsi's met Frankrijk, en in het bijzonder Anjou, waren niet populair in Amsterdam.[164] Er heerste daar iets wat een republikeinse geest kan worden genoemd, een principieel wantrouwen tegen het verschijnsel van de monarch. Zeker bij een nog vrij jonge stadsbestuurder als Hooft, 36 jaar, rijk geworden in de handel op de Oostzee, een tijdlang balling geweest in Emden, al heel jong veel meegemaakt, en naar eigen oordeel goed in staat zichzelf te besturen.[165] Dit was het directe resultaat van bijna twee decennia lang positie kiezen, ontberingen verduren en strijd leveren: er was een volwassen en zelfbewuste klasse van zelfredzame burgers ontstaan die, anders dan voorheen onder de Bourgondiërs en Habsburgers, zich niet meer buiten de macht liet manoeuvreren.

Voor het laatst Anjou

Net als Oranje leek ook Anjou maar moeilijk afscheid te kunnen nemen van hun gezamenlijke project. Anjou zag in het najaar van 1583 dat ook een langer verblijf in Kamerijk geen succes meer beloofde. Zijn leger was door honger en desertie goeddeels opgelost. Hij had nog geprobeerd in onderhandelingen met Farnese een solide regeling met de Spanjaarden te bereiken, maar Farnese wist hoe verzwakt Anjou was, en gaf hem weinig tot niets toe.[166] Het gevaar dat Hendrik III zich nog in een oorlog met Spanje wilde storten, was na de zeperd van Anjou wel geweken. Maar voor Anjou was dat nog geen reden zelf ook definitief afscheid te nemen van zijn Nederlandse plannen; hij bleef brieven schrijven, waarin hij steeds zijn goede bedoelingen toonde en nieuwe militaire interventies beloofde.[167]

Oranje wilde daarom zijn op Frankrijk gerichte strategie niet opgeven, maar keek wel verder dan Anjou. Er liepen nog altijd contacten met de prins van Condé en met Hendrik van Navarra. Hij hoopte dat de Franse calvinistische voormannen alsnog in staat zouden blijken alle Europese vorsten die werk maakten van het vestigen van 'de ware religie', met elkaar te verenigen.[168] Dit was een aanpak waarin Oranje en de calvinistische leiders in de Nederlanden elkaar wat meer naderden, zij het dat de laatsten hun hoop bleven vestigen op hulp uit vooral Duitsland.[169]

De zaak van de protestanten in heel West-Europa stond om verschillende redenen wankel: de mislukte machtsgreep van Truchsess, het gestuntel van Anjou en daartegenover de opmars van Farnese dreigden de balans naar katholieke zijde te laten doorslaan. Hoelang zou in Frankrijk de vrede tussen de Guises en de hugenoten nog standhouden? Meestal duurde die niet langer dan enkele jaren, waarna de strijd weer doorging, met de hugenoten per definitie als onderliggende partij. De zorgen over Engeland waren nog groter. Wanneer Elizabeth zou overlijden of opzij werd geschoven, kon dit land in korte tijd weer naar het katholieke kamp oversteken. Oranje koesterde al langere tijd groot wantrouwen tegenover de Engelse kroon, en zag ook in deze penibele omstandigheden weinig anders dan aarzeling en afzijdigheid.[170] In maart stuurde hij nog eens zijn dienstbare kolonel John Norris naar Elizabeth, met een missie die erop neerkwam dat er maatregelen getroffen moesten worden om te voorkomen dat in geen tijd alle protestantse posities zouden verkruimelen.[171] Nu alsnog de handen ineenslaan. Het was een aansporing uit zwakte – zoiets roept meestal niet zozeer oprecht medelijden, als wel het roofdier in de ander wakker. Engeland begon zowaar weer meer interesse voor de Nederlanden te ontwikkelen, maar een echte interventie kwam er vooralsnog niet.

Zolang die protestantse alliantie niet van de grond kwam, moest volgens Oranje de redding wel van Anjou komen. Begin april deed Anjou in een uitvoerig schrijven de belofte dat hij zich alsnog aan de afspraken van Bordeaux zou houden; hij was druk doende een legermacht van 17.000 man op de been te brengen. De benodigde financiën kwamen van de Franse koning.[172] Hij trad ook in contact met gouverneurs van onder andere Brussel en Mechelen, dat ze spoedig ontzet konden verwachten. Wel eiste de Franse koning dat in grenssteden aan de Nederlandse kant Franse garnizoenen kwamen te liggen. Een venijnige voorwaarde die veel onrust veroorzaakte, vooral in de Vlaamse steden die voor hun laatste kans vochten, in wat ze nog steeds zagen als een vrijheidsstrijd.[173] Hun reserve leek een achterhoedegevecht: want inmiddels werd er door beide partijen openlijk gesproken over 'eeuwige' inlijving van de Nederlanden bij Frankrijk.[174]

Er sijpelden ook steeds meer berichten door over de slechte gezondheid van Anjou.[175] Toch wilde hij nog altijd niet opgeven, waarschijnlijk omdat hij eindelijk beschikte over voldoende financiën om militair flink uit te pakken. Ook de Staten-Generaal beloofden nog eens 300.000 pond bij te dragen.[176] Eind april kreeg Anjou zodanig heftige koortsaanvallen dat hij zich niet meer direct kon inlaten met de organisatie van de invasie van de Nederlanden. Hij stuurde begin mei nog een geruststellende brief dat het alweer beter ging, maar dat bleek al spoedig veel te optimistisch.[177] De voorbereidingen voor de veldtocht stagneerden.

De aangekondigde moord: een kroniek

In Delft was het in het voorjaar wachten op de ommekeer. Oranje kon zich begin mei even bezighouden met kleinere klusjes als aanstellingskwesties en het versturen van uitnodigingen voor de doopplechtigheid van zijn zoon. Een periode van luwte zoals ze zich maar weinig hebben voorgedaan in zijn volwassen leven.

In die dagen stond opeens zijn moordenaar voor hem. Een jongeman, klein van gestalte, eenvoudige kleding, Franstalig. Hij werd aan Oranje voorgesteld als François Guyon.[178] Guyon overhandigde hem een brief waarin hij uitlegde al lang een groot bewonderaar te zijn van Oranje en diens strijd voor de ware godsdienst. Hij hoopte dat de prins hem een gesprek met een van zijn secretarissen wilde gunnen, omdat hij graag wilde uitleggen waarom hij naar Delft gekomen was. Aan het slot van zijn brief wenste hij Oranje een 'zeer gelukkig en lang leven toe'.[179] Oranje zag geen grote urgentie, maar liet Guyon een paar dagen later aan Villiers wel zijn verhaal doen.[180]

Guyon had authentieke lakzegels bij zich van de Luxemburgse gouverneur Pieter Ernst van Mansfeld. Hij beweerde ze op doorreis in Luxemburg tijdens een kortstondig klerkenbaantje in dienst van een neef in handen gespeeld te hebben gekregen. Hij bood ze aan, omdat ze volgens hem van pas konden komen bij een krijgslist of om gezanten met een vrijgeleide door vijandelijk gebied te kunnen laten bewegen.[181] Villiers hoorde het verhaal aan, maar had niet bijster veel belangstelling voor de zegels. In overleg met Oranje besloot hij dat hun bondgenoten in Frankrijk er wellicht meer mee konden, en ze verzochten Guyon de zegels zelf naar het hoofdkwartier van Anjou in Château-Thierry te brengen. Hij kon meereizen in het gezelschap van Oranjes gezant Noël de Caron, heer van Schoonewalle. Hij zou de diplomaat ook onderweg als knecht ten dienste moeten staan.

Had Oranje een vermoeden dat deze Guyon wel eens met kwade bedoelingen naar Delft kon zijn gekomen? Op zijn minst zal hij er rekening mee hebben gehouden. De afgelopen maanden waren verschillende figuren ontmaskerd als moordenaars in spe.[182] Ze hadden soms een lange weg afgelegd voordat ze hun moordpoging uiteindelijk zagen mislukken. De Spanjaard Pedro Ordoño had zich bij Farnese aangediend als iemand die achter de vijandelijke stellingen sabotageacties wilde uitvoeren. Farnese zag er niets in; even later probeerde Ordoño het bij La Motte en nog weer later bij de Spaanse ambassadeur in Parijs, Tassis. Niemand achtte hem in staat iets van betekenis uit te richten. Hij keerde terug naar Spanje, diende zich aan bij Filips II, aan wie hij voorstelde Willem van Oranje te vermoorden. De koning ging akkoord. Begin 1583 dook hij onder valse naam en in vermomming op in Antwerpen, waar Oranje toen nog verbleef. Ordoño werd ontmaskerd en op 2 maart ter dood gebracht.[183]

In de zomer van 1583 was er een deserteur uit het leger van Farnese, de Spanjaard Francisco Paredes, die op reis naar Düsseldorf door Staatse ruiters was opgepakt en gevangengezet. Hij kreeg het aanbod dienst te nemen in het Staatse leger. Hij ontmoette daar drie landgenoten, die ieder gebukt gingen onder het vooruitzicht ooit in handen te vallen van de Spaanse machthebbers en dan een gruwelijke dood tegemoet te gaan. Ze hoopten, door te helpen Vlissingen in handen te krijgen en Oranje en Marnix uit te schakelen, op pardon te kunnen rekenen. Om die toezegging te verwerven ging Paredes onder het mom van een erfenis die hij in Frankrijk moest regelen, naar de Spaanse ambassadeur in Parijs. Die stelde Farnese op de hoogte. Farnese tekende grif vier keer een pardon. Met zijn legerleiding probeerde hij een overval op Vlissingen voor te bereiden, maar de meeste officieren, zoals de zeer ervaren Mondragón, zagen er niets in. Het plan werd op het allerlaatste moment afgeblazen. Over een aanslag op Oranje of Marnix in die dagen is niets bekend.[184]

In maart 1584 werd een koopman uit het Kleefse, Hans Hanssen, opgepakt. Hij woonde sinds enige tijd in Vlissingen. Hanssen was protestants, maar om onduidelijke redenen (gewin, persoonlijke afkeer van Oranje?) toch geneigd de Spanjaarden diensten te verlenen. Oranje was voornemens in het vroege voorjaar van 1584 naar Walcheren te komen. Hanssen hoopte niet alleen Oranje uit de weg te ruimen, maar ook de Spanjaarden Vlissingen in handen te spelen.[185] Hij wilde Oranje met explosieven uitschakelen door tijdens een Avondmaalsviering onder diens kerkbank springstof tot ontsteking te brengen. Voor het geval dat dat niet lukte, had hij in de herberg waar Oranje zou verblijven vast de kelderruimte gehuurd, die hij met enkele tonnen buskruit de lucht in wilde laten vliegen. Hij probeerde ook de ruimte waar Oranje overdag verbleef te ondermijnen. En voor het geval dat Oranje naar Middelburg vertrok, lag er een plan klaar om, heel kunstig gebruikmakend van twee- à driehonderd geweren, vanuit een tegenoverliggend pand een spervuur op zijn verblijf te richten en iedereen daar weg te maaien. Het kwam voortijdig uit door wroeging van een handlanger.[186] Bovendien ging de reis van Oranje naar Walcheren uiteindelijk niet door. Hanssen werd op 13 april in het openbaar onthoofd, nadat hij bekend had in samenspraak met de Spaanse ambassadeur in Parijs te hebben gehandeld.[187]

Het is opvallend hoe gretig Spaanse hoogwaardigheidsbekleders, tot de koning aan toe, aspirant-moordenaars in hun voornemen aanmoedigden. Een Franse kapitein in Staatse dienst die krijgsgevangen was gemaakt, wist daar handig gebruik van te maken door in verhoren te laten doorschemeren dat hij wel een manier wist om Oranje te vergiftigen. Dit verhaal kwam bij Farnese terecht, die het niet helemaal vertrouwde, maar hij besloot de gok te wagen. De Fransman werd op vrije voeten gesteld. Eenmaal terug in het eigen kamp diste hij een groot verhaal op over hoe hij onder druk was gezet om de stad Terneuzen over te geven en de prins van Oranje te doden.[188]

Ook François Guyon had uitgebreid contact gehad met het Spaanse kamp voordat hij in het voorjaar van 1584 naar Delft afreisde. Hij kwam uit een dorpje in Franche-Comté en heette in het echt Balthasar Gérard, in het Nederlands Gerards. Hij was stijf katholiek opgevoed en koesterde volgens eigen zeggen al sinds zijn jeugd een grote haat tegen Willem van Oranje; in 1578 bezorgde die haat hem al eens een gewelddadige woedeaanval.[189] Enkele jaren later hoorde hij van de vogelvrijverklaring van Oranje door Filips II. Nu rijpte het besluit het te gaan wagen. De enorme beloning en het uitzicht op een heiligverklaring werkten zeer aanmoedigend. In februari 1582 verliet hij zijn woonplaats Dole met het vaste voornemen 'het monster' Oranje naar de andere wereld te helpen.[190]

Op weg naar de Nederlanden vernam Balthasar Gerards in Luxemburg dat Oranje inmiddels was vermoord.[191] In Luxemburg had Gerards een neef wonen die secretaris was van stadhouder Pieter Ernst van Mansfeld, en die kon nog wel een klerk gebruiken.[192] Even later kwam het bericht dat Oranje nog leefde. Samen met zijn neef trok hij mee op de zomercampagne van 1583 van de graaf van Mansfeld, waarbij de stad Diest werd veroverd. Gerards zocht steeds naar een gelegenheid om naar het vijandelijke kamp over te lopen en zich voor te doen als protestant. Hij beschikte voor zijn werk als klerk over het zegelstempel van Mansfeld, waarmee brieven vervalst konden worden, en daarmee hoopte hij zich in Staatse kringen populair te maken en tot de omgeving van Oranje door te dringen. Mansfeld besloot na Diest dat hij voorlopig geen oorlog meer wilde voeren.[193] Even later zat Gerards weer in Luxemburg. Hij zette de voorbereidingen met het lakzegel toch door, zonder dat zijn bazen erin gekend werden, ook zijn neef niet.[194]

In maart 1584 nam hij stilletjes ontslag – op het laatste moment vertelde hij zijn neef dat hij naar Spanje vertrok. Maar hij reisde via Trier naar de Nederlanden. In Trier legde hij bij een jezuïet een biecht af over zijn moordplan en vroeg diens advies. Die vond het een erg wilde onderneming, die weleens slecht kon aflopen. Hij ried hem aan eerst eens contact op te nemen met de landvoogd. Gerards bereikte op 21 maart Doornik, waar hij zich liet aandienen bij Farnese. Die was niet meteen erg onder de indruk van het plan en ook niet van de man die het moest uitvoeren. Maar uit angst zich te vergissen gaf hij zijn rechterhand Assonville de opdracht Gerards nieren te proeven. Niet alleen bleek het plan beter doordacht te zijn dan Farnese veronderstelde, Gerards was ook nog eens bezeten van het idee een God welgevallig werk te gaan verrichten. Dat hij daar eventueel het leven bij zou laten, had hij ervoor over. Assonville raakte ervan overtuigd dat Gerards de man was, en Farnese even later ook. Deze garandeerde Gerards dat bij het slagen van de onderneming de uitgeloofde beloning zou worden uitgekeerd, en wanneer de dader zou omkomen, dan kwam de beloning ten goede aan diens erfgenamen. Gerards ging in Doornik nog eens te biecht, vertelde wat hij van plan was, en verkreeg absolutie.[195]

Enkele weken later bereikte Gerards Delft, en weer een paar dagen later zag hij de man die hij al zoveel jaren om het leven wilde brengen voor het eerst.

Denken aan later

Wat doe je als je iedere dag opnieuw beseft dat het je laatste kan zijn? Voor een hoog edelman als Willem van Oranje was het denken aan de eigen sterfelijkheid per definitie verbonden met de vraag hoe hij zijn bezit, aanzien en macht in goede orde kon overdragen op een jongere generatie. En wel zo dat die weer in staat zou zijn alles over te dragen op weer een nieuwe generatie, ad infinitum. Tegenover zijn broer Jan merkte Oranje regelmatig op dat ze hun 'huis' alleen maar in leen hadden van hun roemrijke voorgeslacht.[196] Zij moesten het vooral goed beheren – het was dat Oranje het zelf zei, maar zelden zal het in de eeuwenlange geschiedenis van feodaal Europa zo heftig en chaotisch toe zijn gegaan als rond de bezittingen, macht en reputatie van Willem van Oranje. Van bescheiden in korte tijd naar veel, naar nog meer, naar zo goed als niets, dan weer meer, en uiteindelijk vooral veel winst en veel verlies tegelijkertijd.

In de Goede Week van 1584 zat Oranje met vertrouwde adviseurs als Elbertus Leoninus, Paulus Buys en Adriaan van der Mijle gebogen over een nieuw testament.[197] Dat Oranje zich hierin uitgebreid moest laten adviseren was evident; er lagen vier gedetailleerde huwelijkscontracten, er waren uit die 'vier bedden' twaalf levende kinderen, er was een enorm heterogeen en versnipperd bezit, en er was ook nog een onoverzienbare berg schulden. Dat dit testament niet al veel eerder werd gemaakt, zal door allerlei praktische omstandigheden zijn gekomen. Het bezit was al onoverzichtelijk, de schulden die erop rustten waren dat in het kwadraat. De voortdurende politieke onrust en militaire dreiging zullen hem ervan af hebben gehouden. Ook de aanslag van 1582 en het overlijden van Charlotte de Bourbon werkten niet mee, maar deze gebeurtenissen waren onwillekeurig ook aansporingen om orde op zaken te stellen. Tijdens het voorjaar van 1584, in de betrekkelijke rust van Delft en in de berusting van het verlies van Vlaanderen, stond zijn hoofd er kennelijk pas naar. Hij werd in april 51 jaar. Er werd hard aan het testament gewerkt: de verdeling van de landgoederen was een puzzel, maar er leek wel uit te komen te zijn, waarbij de zonen rijkelijk bedeeld werden, en met name de dochters die Oranje had met Charlotte de Bourbon er opvallend karig vanaf kwamen.[198]

Het was zonder meer alsof er iets meer geduld en berusting in zijn dagelijks leven zat. In de dagen van het doopfeest van Frederik Hendrik werd er zoals gebruikelijk op dergelijke hoogtijdagen ook politiek bedreven. Marnix was uit Antwerpen gekomen en had de stadsgriffier Martini meegenomen om te overleggen over hoe Antwerpen uit de dreigende omsingeling van Farnese bevrijd kon worden. Oranje beloofde binnen twee maanden een ontzettingsmacht te sturen, en te helpen bij het onder water zetten van de wijde omgeving, om Farnese tegen te houden.[199] Voor wat het waard was. Marnix trof een man die in een andere stemming verkeerde dan hij hem ooit had meegemaakt. Hij had in Delft meerdere lange gesprekken met Oranje, die zich kenmerkten door een grote 'tederheid, vrijmoedigheid en vertrouwelijkheid', waarvan hij zeker wist dat Oranje die nog nooit eerder in zijn leven aan de dag had gelegd, 'niet tegenover mij, en ook niet tegenover een van zijn andere raadgevers of dienaren'.[200] Marnix was inmiddels zo'n dertien jaar in dienst van Oranje, was bijna voortdurend met hem in overleg geweest, en ze hadden samen het hoofd moeten bieden aan een eindeloze reeks problemen en tegenslagen, waarbij in de keuze van oplossingen geen onorthodox middel uit de weg was gegaan. In dergelijke omstandigheden leer je elkaar kennen, maar hier werd Marnix verrast door kanten van Oranje die al die jaren voor hem verborgen waren gebleven.

Hebben ze ook gesproken over een eventueel plotseling levenseinde? Het kan nauwelijks een taboe zijn geweest. De vijand verkeerde zo langzamerhand in een overwinningsroes en kon op steeds meer sympathisanten rekenen. Verraad lag op de loer. Onrust die werd aangewakkerd door een eindeloze stroom geruchten. Moordplannen hadden iets besmettelijks. Uit Engeland kwamen berichten over serieuze pogingen Queen Elizabeth om het leven te brengen.[201] Zo wist Everard van Reyd te vertellen dat op oudjaarsavond 1583 twee hovelingen het bed van de koningin met buskruit hadden bestrooid, waar alleen nog maar een kaars bij gehouden hoefde te worden om haar levend te doen verbranden. Verhalen over dergelijke complotten, die kennelijk in eigen kring gesmeed werden, voedden een sfeer van achterdocht, waarin bijna iedereen een potentiële dader werd. In Engeland kwam het gevaar vooral van katholieken, die hoopten de als koningin van Schotland afgezette Maria Stuart alsnog op de Engelse troon te kunnen brengen. Na de vroegtijdige ontdekking van het complot werden katholieken in groten getale opgepakt of ze kregen huisarrest.[202] Ook werden reizigers, met name in havens, scherp in de gaten gehouden.

In Delft ging het veel laconieker toe. Zuiveringen zoals in Engeland vonden hier ondanks de reeks mislukte moordpogingen nog steeds niet plaats. Oranje berustte erin dat zich in zijn wijde omgeving verscheidene fanatieke katholieken en Spaansgezinden ophielden, die via misleiding hun doel probeerden te bereiken. En ondertussen gonsde het van de geruchten, soms met een kern van waarheid, maar vaak ook vals.[203]

Het overlijdensgeval dat als eerste de aandacht trok, was een natuurlijke dood. Op 23 juni bereikte Oranje en de Staten-Generaal het bericht dat Anjou op 10 juni aan zijn slepende ziekte was bezweken.[204] Het bericht dwong Oranje meteen contact te leggen met Hendrik III en diens moeder, om hun te bezweren dat aan hun samenwerking niets zou veranderen.[205]

De fatale aanslag

Degene die de brieven met het overlijdensbericht naar Delft bracht, was Balthasar Gerards, alias François Guyon.[206] Hij was in Château-Thierry geweest op het moment dat Anjou stierf, en had meteen officiële brieven meegekregen om aan Oranje en de Staten de dood van hun landsheer bekend te maken. Gerards gaf de brieven af bij het Prinsenhof en wachtte op nadere instructies. Even later werd hij, geheel onverwacht, bij Oranje geroepen, die nog in bed lag.[207] Oranje wilde graag de details vernemen. Naderhand zou Gerards verklaren dat hij intense spijt had gevoeld dat hij op dat moment geen dolk bij zich droeg.[208] Zijn rol als hulp en koerier van Noël de Caron maakte dat hij weer werd terugverwacht in Frankrijk. Er werd gewerkt aan brieven die hij mee terug zou kunnen nemen.[209] Gerards vreesde dat zijn plan in duigen zou vallen, want zou hij ooit nog zo dicht bij de prins kunnen komen? Hij begon te azen op een mogelijkheid om Oranje op straat, tijdens diens gang naar de kerk, met een pistool dood te schieten.[210]

Tegenover zijn opdrachtgever Villiers hing Gerards in die dagen het verhaal op dat hij voordat hij naar Frankrijk terugkeerde toch iets aan de representativiteit van zijn kleding moest doen. Hij had in ieder geval schoenen en kousen nodig. Villiers zag daar de redelijkheid wel van in en gaf Gerards een ruim bedrag om zichzelf in het nieuw te steken.[211] Dat was op 8 juli. Van het geld kocht Gerards de volgende dag geen schoenen maar twee pistolen. Hij kocht ze van een Frans lid van Oranjes lijfwacht, inclusief enige munitie.

Weer een dag later moest het gebeuren. Die ochtend had Oranje mogelijk nog een beraad over zijn testament in wording.[212] Omstreeks elf uur kreeg hij bezoek van de Leeuwarder burgemeester, Rombout Uylenburgh. Ze bespraken diverse conflicten in de Friese politiek. Oranje vroeg Uylenburgh of hij wilde aanzitten bij het middagmaal. Uylenburgh had in zijn herberg al een eetafspraak, maar liet zich overhalen.[213] Toen ze de trap afkwamen naar de eetzaal op de begane grond, werd Oranje aangesproken door Balthasar Gerards, die hem vroeg om een paspoort.[214] Louise de Coligny was erbij en vroeg aan de jongeman wie hij was. Hij maakte een nerveuze indruk, en ze vond dat zijn gelaatsuitdrukking weinig goeds beloofde. Ze had het er even over met haar man, die aangaf dat het iemand was die snel op pad gestuurd zou worden.[215] Het middagmaal verliep aangenaam, en voor Oranjes doen in een opvallend klein gezelschap. Alleen Louise de Coligny, drie van Oranjes dochters en zijn zuster Katharina, de weduwe van Günther van Schwarzburg, zaten aan tafel. Behalve Uylenburgh waren er verder geen gasten. Oranje zette met de burgemeester het gesprek over de verhitte Friese gemoederen rustig voort en verschafte wijze raad, met hier en daar een kwinkslag.[216]

In de tussentijd was Gerards teruggegaan naar zijn herberg om de pistolen op te halen.[217] Hij laadde het ene pistool met drie kogels die door een draadje onderling met elkaar verbonden waren.[218] Het andere pistool bevatte twee kogels. Vervolgens hing hij langere tijd rond bij de stallen van het Prinsenhof, opvallend nerveus wachtend tot Oranje uit de eetzaal tevoorschijn zou komen.

Omstreeks halftwee stond het gezelschap op. Oranje werd bij het verlaten van de eetzaal opgewacht door enkele Engelse officieren van het Staatse leger, die kort iets wilden uitwisselen.[219] Toen Oranje vervolgens op het punt stond de trap naar zijn werkvertrek op de eerste verdieping te bestijgen, kwam Balthasar Gerards op hem toelopen, die van heel dichtbij, maar nog wel gehinderd door lijfwachten, het pistool met de drie kogels op de borst van Oranje afvuurde. Twee kogels troffen doel.[220] De prins wankelde, werd opgevangen door zijn stalmeester Jacques de Malderée, die hem voorzichtig liet neerzakken op de trap.[221] Zijn zuster zou hem nog in het Duits hebben gevraagd of hij 'zijn ziel stelde in de handen van Jezus Christus', waarop Oranje ook in het Duits ja zou hebben geantwoord. Hij werd naar de eetzaal gebracht en stierf kort daarop.[222]

Er zijn ook andere versies van de laatste ogenblikken van Oranje. In de meeste sterft hij ter plekke. Maar in bijna alle versies zou hij ondanks de heel korte doodsstrijd nog een laatste volle zin hebben uitgesproken, in het Frans, die in contemporaine verslagen als variaties op de volgende bewoordingen wordt weergegeven: 'Mon Dieu, ayez pitié de mon âme, mon Dieu, ayez pitié de ce pauvre peuple' (Mijn God, ontfermt u over mijn ziel, mijn God, ontfermt u over dit arme volk).[223] Er zijn ook varianten waarin hij deze laatste woorden halverwege onderbreekt, met een merkbare stilte.[224] Ze zouden alleen zijn opgevangen door stalmeester Malderée.[225]

Eeuwenlang waren deze laatste woorden al enigszins omstreden, vooral in katholieke kring.[226] De meest cynische ontkenning was er al snel en kwam, niet verbazend, uit de hoek van Granvelle: Oranje zou na het middagmaal vaak al zo stomdronken zijn dat hij geen woord meer kon uitbrengen, dus zeker deze laatste woorden niet.[227] De twijfel is de laatste jaren alleen maar toegenomen, ook door uitgebreid forensisch onderzoek naar het bewaard gebleven, zeer beknopte lijkschouwingsrapport, waaruit blijkt dat de linkerhartkamer door een van beide kogels geraakt werd en Oranje zo goed als op slag dood moet zijn geweest.[228] Maar ook deze reconstructies laten nog altijd een ruime marge van onzekerheid bestaan.[229]

De vraag is ook hoe deze verondersteld laatste woorden in de wereld zijn gekomen. Ze zijn op de dag van de moord al gedocumenteerd. Dat lijkt zeker. Wat ook zeker is, is dat alles in het werk werd gesteld deze laatste woorden ruim bekend te maken. In de eerste dagen na de moord dook de uitspraak in allerlei variaties op in handgeschreven of zelfs gedrukte documenten, zoals in een heet-van-de-naaldverslag (*Copie wt Delft*) dat mogelijk al een dag na de moord als pamflet te koop werd aangeboden.[230]

Dat iemand de woorden ter plekke spontaan verzonnen zal hebben, lijkt niet erg waarschijnlijk. Dat Oranje ze ter plekke verzonnen heeft evenmin. Waarschijnlijker is het dat hij ze al eerder bedacht, hij wist al geruime tijd dat ieder uur zijn laatste kon zijn. Hij heeft wellicht zijn vrouw, zijn predikant of een van zijn secretarissen geïnstrueerd voor het moment dat hij het leven zou laten en zich niet meer verstaanbaar kon maken. Hoe dan ook waren de bewoordingen goed gekozen: er sprak warm mededogen uit met de Nederlandse bevolking[231] en een deemoedig beroep op God. In de woorden is zelfs een echo hoorbaar van de gekruisigde Christus: 'Mijn

God, mijn God, waarom hebt Gij mij verlaten?', waar weer de woorden in doorklonken van de oudtestamentische koning David.[232] Er was over nagedacht. Oranje wist wat woorden konden doen.

Tussen dood en begrafenis

Het duurde ruim drie weken voordat Willem van Oranje werd begraven. Drie weken waarin van alles gebeurde in een koortsige mengeling van verdriet, verwarring en ook vreugde. De moord op Oranje viel samen met het moment waarop zijn populariteit tot een minimum was geslonken. Het bericht van zijn dood bracht desondanks een schok teweeg; in Delft, in Holland en de verre uithoeken van het land en ook in de rest van Europa maakte het nieuws diepe indruk.[233]

Nadat Balthasar Gerards zijn schoten had gelost, sloeg hij meteen op de vlucht. Het Prinsenhof lag dicht bij de stadsmuur. Gerards hoopte daarvan af te kunnen springen, de stadsgracht in. Hij kon niet zwemmen, maar hij had twee varkensblazen bij zich, die hem drijvende moesten houden.[234] Voor het zover kwam was hij al gepakt door een van Oranjes hovelingen.[235] Hij werd meteen aan een verhoor onderworpen. Hij bekende alles en schreef eigenhandig een verklaring.

Het hof was intussen in rouw. Louise de Coligny, wier leven al zo getekend was door politieke moorden, was ontroostbaar. Ze wilde niet wijken van Oranje, die op een tafel was neergelegd. Het nieuws van zijn dood begon zich te verspreiden door Delft. Burgers kwamen spontaan in de wapenen, vrouwen liepen huilend over straat.[236] Het besef drong door dat er iets onherstelbaars was gebeurd en dat de toekomst nog onzekerder werd dan ze al was.

De Staten-Generaal zaten elders in het Sint-Agathaklooster in vergadering bijeen en kregen het bericht van de moord ongetwijfeld binnen enkele minuten. In de notulen is een verslag opgenomen, inclusief Oranjes laatste woorden, dat iets minder heet van de naald is dan het lijkt. Het bevat verschillende details, onder andere over de achtergrond van de dader, die pas de uren en dagen erna bekend werden.[237] De Staten van Holland vergaderden eveneens die dag in Delft. Ook bij hen drong het nieuws snel door. Er is in de gedrukte *Resolutiën* zeer beknopt verslag van gedaan, ook daarin werden de laatste woorden opgetekend.

De gedeputeerden overlegden veel en in wisselende samenstellingen. De rest van de middag besteedden de in Delft verzamelde gewestelijke bestuurders aan het uitsturen van brieven en gezanten naar alle windrich-

Ondanks een verbod van de Staten om Willem van Oranje op zijn sterfbed af te beelden, is dit schilderij overgeleverd, waarschijnlijk gemaakt door Christiaen Jansz. van Bieselingen (collectie Museum Prinsenhof Delft; foto: Tom Haartsen).

tingen met het droeve nieuws, en daarbij de verzekering dat de Staten niet van plan waren de strijd op te geven.[238]

Om nog meer details te weten te komen werd Balthasar Gerards de dagen erna aan tortuur onderworpen.[239] Het leverde weinig extra informatie op, behalve dan dat Farnese en Assonville betrokken waren geweest bij de voorbereidingen. Dat werd nog gezien als goed nieuws, want wat als de opdracht uit Frankrijk was gekomen? Dat had ook gekund, maar viel niet uit te leggen. Zijn ondervragers merkten dat Gerards onder de gruwelijkste martelingen zijn verstand behield en geen enkele spijt toonde. Hij werd in de waan gelaten dat Oranje nog leefde, dat was het enige wat hem leek te kwellen.[240] Geen enkel berouw, alleen maar vastberadenheid en heilig vuur: hij zou zo weer een poging wagen. Op 14 juli werd al het doodvonnis over hem uitgesproken, dat nog diezelfde dag werd voltrokken. Dat gebeurde in het openbaar. Hij kreeg de zwaarste vorm van terechtstelling, die met martelingen, een langzame en ongekend pijnlijke dood.[241]

Het publiek was massaal toegestroomd en kreeg een gruwelijk en eindeloos voortgaand schouwspel te zien. Op een goed ogenblik riep een vrouw uit het publiek of het nodig was deze jongen die maar één mens had vermoord duizend doden te laten sterven.[242] Er ontstond rumoer. De martelingen gingen daarna weer verder, en ze stopten pas toen Gerards hart uit zijn lijf werd gesneden en kloppend en wel in zijn gezicht werd gedrukt. De moordenaar van Oranje gaf eindelijk de geest.[243]

Hij werd alsnog gevierendeeld, zijn hoofd werd afgehakt, op een staak gespiest en op de Schooltoren in de buurt van de stadswallen tentoongesteld. Kort erna was het hoofd verdwenen. Het dook omstreeks 1615 op in Keulen, waar het nog lang als reliek werd vereerd, zo intens was de vreugde bij veel katholieken.[244] De negentienjarige katholieke student Arnoud van Buchell noteerde na het vernemen van het nieuws dat Oranje 'de dood is gestorven die hij verdiende'.[245] In 's-Hertogenbosch werden op 25 juli uit vreugde de klokken van de Sint-Jan geluid, waarop de gelovigen bijeenkwamen om uit dankbaarheid het Te Deum te zingen. Met als detail dat later die avond de bliksem in de middentoren van de kathedraal sloeg. De daaropvolgende brand moet tot in Maastricht te zien zijn geweest. Dit nieuws ontlokte Henricus Agylaeus, een oude vertrouweling van Oranje, de opmerking: 'God straft meteen.'[246]

Er kwamen spoedig ook erg rooms aandoende verhalen in omloop over wonderen die zich precies in Oranjes stervensuur voltrokken zouden hebben. In Hoorn vloog een sperwer een kerk binnen, om vervolgens een gebrandschilderd raam met de wapens van Oranje aan diggelen te vliegen. In Haarlem riep een vrouw uit het niets: 'Hé, daar valt een vet kalf', orakeltaal die enkele uren later betekenis kreeg toen het nieuws uit Delft, waarvan de bevolking de bijnaam 'kalfschieters' droeg, ook Haarlem bereikte.[247]

In Delft sloeg de lijfwacht die aan de moordenaar het wapen had verkocht, met een dolk de hand aan zichzelf. Hij had, naar verluidde, Oranje dertig jaar gediend.[248]

Farnese hoorde het nieuws omstreeks 26 juli en was daarover ongekend en ondubbelzinnig vrolijk.[249] Zelfs zo vrolijk dat zijn twintigste-eeuwse biograaf Léon van der Essen, die Farnese hoog had zitten, zich ervoor meende te moeten verontschuldigen.[250] Farnese stuurde meteen een bode met het nieuws naar Spanje. Het nieuws kwam daarbinnen op de vroege ochtend van 3 augustus en werd ontvangen als een daad van God, die eindelijk de grote rebel uit de weg had laten ruimen.[251] Granvelle viel het op dat Anjou op 10 juni en Oranje op 10 juli was gestorven en sprak de wens uit dat op 10 augustus Catharina de' Medici zou volgen.[252]

Dit was het cynisme van gezworen vijanden, maar misschien was het cynisme in eigen kring nog veel pijnlijker. Onder calvinisten was te horen dat dit wel het oordeel Gods moest zijn, onder andere over het al te uitbundige doopfeest voor Frederik Hendrik.[253] Zelfs in familiekring klonk bitterheid. Het nieuws kwam uiteraard hard aan bij Oranjes kinderen en verdere verwanten, ook in Duitsland. Er werd veel over gecorrespondeerd, met rouwbeklag in vele toonaarden. Ook Jan, die ineens als informeel hoofd van de familie een hele reeks nieuwe verantwoordelijkheden leek te krijgen, schreef meerdere brieven vol christelijke troostwoorden en bespiegelingen aan zijn schoonzuster Louise en zijn lievelingsnichtje Maria. Maar in een brief aan zijn oude bondgenoot Eberhard van Truchsess liet hij zich verleiden tot het duiden van de politieke betekenis van de moord. Hij zette ondubbelzinnig uiteen dat de vroegtijdige dood van zijn broer niet losgezien kon worden van diens Franse politiek. De moord moest worden geduid als een goddelijke interventie, een welverdiende straf voor het verzaken van de ware godsdienst. 'Het is als niets anders te zien dan als een bijzonder werk Gods, een genadige vaderlijke tuchtiging en bezoeking', waarvan hij vermoedde dat God zo wilde bewerkstelligen dat wat er nog resteerde van de goede naam en reputatie van de prins alsnog voor het nageslacht behouden bleef.[254]

Het zijn woorden van de man die Oranje het langst gekend had, met wie hij was opgegroeid, en met wie hij vooral de laatste moeilijke jaren in een intensieve briefwisseling had gestaan. Het zijn ook woorden die met terugwerkende kracht een idee geven van hoe eenzaam Oranje zich de laatste jaren gevoeld moet hebben. Alleen heeft hij daar zelf maar heel weinig over losgelaten.

Graf in Delft

Na de lijkschouwing werd het lichaam van Oranje gebalsemd.[255] Hij had in een eerder testament laten vastleggen dat hij in de Grote Kerk in Breda begraven wilde worden, omringd door zijn illustere voorgeslacht en dicht bij zijn eerste vrouw Anna van Buren. Maar Breda was nog altijd bezet door Spaanse troepen. Het werd de Nieuwe Kerk in Delft. Voor 3 augustus werd een plechtigheid uitgeschreven, waar alle hoogwaardigheidsbekleders en ambassadeurs uit het hele land voor werden uitgenodigd. De tweehonderd speciale genodigden aan het hoofd van de stoet kregen nieuw gemaakte zwarte kleding. De Staten van Holland hadden beloofd de begrafenis te betalen, maar schrokken van de kosten voor al die nieuwe pakken.

Er ontstond het type kleingeestig gekibbel over centen waar Oranje in de loop van de jaren zo allergisch voor was geworden. Toch werd er doorgezet. De stoet riep herinneringen op aan de rouwplechtigheid in Brussel voor Karel v in 1558, waarin Oranje als jeune premier van de Lage Landen een hoofdrol had vervuld.[256]

Er kwamen enkele duizenden mensen Oranje de laatste eer bewijzen, zowel genodigden als toeschouwers.[257] Hij zou er zelf wellicht van hebben opgekeken. Alleen Jan van Nassau ontbrak opvallend.[258] Het werd een gebeurtenis van vorstelijke allure, besprenkeld met wat burgerlijk calvinisme. Dominee Arnold Cornelisz. Crusius hield een nogal vermanend getoonzette lijkrede over een woord uit Openbaring: 'En ik hoorde een stem uit den hemel, die tot mij zeide: Schrijf, zalig zijn de doden die in den Heere sterven [enzovoort].'[259] Daar werd een beschouwing aan toegevoegd die het visioen optrok van de dag des oordeels, de val van Babylon, en de mensen die volharden in het aanbidden van de Antichrist, wat wel moest uitlopen op de eeuwige toorn Gods. En daarom zijn 'de doden zalig die in de Heere sterven'.[260] Met een geduldige uitleg van de Bijbelpassage werkte Crusius toe naar de crux van zijn preek: hier in het land volhardden velen in een luxueus leven vol dronkenschap, overdaad en vleselijke geneugten. Geen enkel vermaan lijkt te helpen. In geen ander land zag Crusius 'zo'n achteloos verzuim, ja, zelfs verachting van de uiterlijke godsdienst'.[261] Om die reden stuurde God zo'n langdurige en bloedige oorlog over het land, en om die reden rukte de vijand steeds verder op. Om die reden had God ook de prins uit het leven weggeplukt. Over Oranje was hij kort: 'Van wiens lof het beter is te zwijgen, dan weinig te spreken'. Zo kon je het uitdrukken,[262] maar angstvallig waakte Crusius ervoor de persoonlijkheid van de overledene te prijzen: Oranje was in de eerste plaats een 'instrument Gods', waarmee in het recente verleden 'in deze landen veel goeds' tot stand gekomen was. De gedachte dat hij zomaar, of door een vergissing, om het leven was gebracht, klopte niet: het was de goddelijke Voorzienigheid.[263] Tot slot vermaande Crusius deze toorn Gods te zien als een aansporing zich te bekeren tot de ware godsdienst. Dat deze preek nu juist werd uitgesproken over de lijkbaar van de man die zijn hele leven lang een afkeer had gehad van uiterlijke godsdienst, of het nu het katholicisme, het lutheranisme of het calvinisme betrof, was bittere ironie.

Oranje kreeg een voorlopig graf in een hoekje van de kerk. De overledene had ooit bezworen dat hij een eenvoudig graf wilde. Eenvoudig werd het. Internationale reizigers die naderhand Delft bezochten en het graf van de beroemde Willem van Oranje wilden bezichtigen, wisten veelal niet wat ze zagen. De Engelse student Fynes Morrison bezocht de Nieuwe

Rouwstoet in Delft, met op de voorgrond de lijkbaar, voorafgegaan door de hofhouding en meteen erachter de belangrijkste verwanten en gasten (collectie Rijksmuseum, Amsterdam).

Kerk in het voorjaar van 1593 en zag een graf gemaakt van ruwe stenen en cement. Het kwam maar net boven de grond uit, met wat houten staken erop, helemaal zwart geschilderd, 'het armoedigste wat ik ooit heb gezien voor zo'n persoon'.[264]

De gedachte erachter was dat Oranje in Breda begraven wilde worden. Maar ook na de herovering van Breda in 1590 gebeurde dat niet. Oranje bleef in Delft. Pas in 1615 werd begonnen met het oprichten van een echt grafmonument, ontworpen door de fameuze architect en beeldhouwer Hendrick de Keyser, dat nog altijd in de Nieuwe Kerk van Delft te vinden is.[265] Dat Willem van Oranje in 1615 – tijdens een twaalfjarige wapenstilstand met Spanje – inmiddels in ruime kring werd gezien als vader des vaderlands bleek uit de vanzelfsprekende aanduiding 'patr. patr.' die in het opschrift meteen onder zijn naam in het zwarte marmer was gegraveerd.[266] Delft maakte deel uit van een inmiddels zeer welvarend gewest Holland, dat de lakens uitdeelde in een nieuw gestichte en inmiddels opvallend machtige staat, de Republiek der Zeven Verenigde Nederlanden. Dat die er

Graf van Willem van Oranje in Delft, kort na de begrafenis. Gravure van Hendrick Goltzius, 1584 (fragment) (collectie Rijksmuseum, Amsterdam).

zonder Oranje niet geweest zou zijn, werd inmiddels door iedereen zonder voorbehoud aangenomen, vriend en vijand. Het werd niet het eenvoudige graf waar Oranje om gevraagd had. Geld was niet langer het probleem.

GVILL, A NASS:
AVRA: PRINCEPS.
A°. 1583.

Slot

—

Een nieuw land

Willem van Oranje was ambitieus, of *ambitieux*. In het Frans klinkt dit woord nog iets scherper dan in het Nederlands. *Ambitieux* in de betekenis van roem- en eerzuchtig. Eer verwerf je vooral in de ogen van anderen. Oranje was bezig om zichzelf op te werken, omringd door individuen die hetzelfde deden. Het verwerven van eer deed je te midden van anderen die daar net iets minder goed in slaagden dan jij, en die in jou hun meerdere wilden erkennen.

Eer kreeg uiteindelijk gestalte in de eigen familie, haar geschiedenis en toekomst. Oranje was geboren in een familie die al veel had bereikt, aardig meetelde op de zijtonelen van de Europese machtscentra. Maar Oranje heeft op enig moment in de gaten gekregen dat het beter kon, dat er maar één weg open lag en dat was verder naar boven. Van het zijtoneel naar het hoofdtoneel. Wanneer viel dat moment? Oranje lijkt zich erover uit te spreken bij het overlijden van zijn vader, hij wordt dan zelf pater familias en spreekt de stellige verwachting uit dat het huis van Nassau nog 'in faam en achting' zal toenemen.[1] Hij had jarenlang meegelopen in het gevolg van Karel v, en leende in gedachten diens lijfspreuk 'Plus ultra' (nog verder). Het moment lag voor het begin van de troebelen en ook voor de komst van Alva.[2]

Oranje kreeg regelmatig van anderen te horen dat hij *ambitieux* was,[3] vooral in de jaren dat de opstand tegen Spanje dreigde vast te lopen en Oranje er niet over dacht op te geven. Zijn standaardantwoord was dat zijn daden wel anders uitwezen: wie heeft zich ooit zo uitgesloofd om een land zijn oude rechten en privileges terug te bezorgen?[4] Aan het begin van zijn *Apologie*, de belangrijkste en meest doordachte tekst die uit zijn naam is overgeleverd, geeft Oranje de plechtige verzekering dat voor hem

Willem van Oranje in 1583, geportretteerd door een anonymus uit de omgeving van de Amsterdamse schilder Dirck Barentsz. Er loopt een lange discussie over littekens die de schilder al dan niet zichtbaar heeft willen maken op de rechterwang, dan wel in de nek (collectie Stedelijk Museum Alkmaar, in langdurige bruikleen Stichting Provenhuis Paling en Van Foreest).

nooit zijn eigen zaken voorrang kregen op het bevorderen van de 'algemene welvaart' van de Nederlanders. Mocht anders blijken, dan zou dat een grote en onvergeeflijke schande zijn.[5] Geen spoor van relativering. Al zijn inspanningen waren gericht op het behoud van het vaderland. Het begrip 'vaderland', staande voor het geheel van de zeventien gewesten, was door hemzelf flink gepromoot. Een politiek ideaal – iets om warm voor te lopen en voor te vechten. En aan wie er wat nuchterder in stond, kon hij uitleggen dat het geheel, het gemeenschappelijke vaderland, sterker was dan de som der delen.

Zal Oranje dit zelf geloofd hebben, wellicht door zich voor te houden dat zijn eigen belang volledig samenviel met dat van de Nederlanders? Dat stelt hem naïever voor dan hij was. Hij maakte dagelijks mee dat Nederlanders en ook mensen uit zijn directe omgeving het niet met hem eens waren en door alle turbulentie enorme schade ondervonden. Oranje probeerde in zijn publieke uitingen zo veel mogelijk te abstraheren van concrete belangen. Hij streed voor waarden als de Nederlandse vrijheden en de 'ware religie'. Sinds de komst van Alva koesterde hij twee concrete negatieve etiketten, die op het moment dat zijn politieke programma omstreden dreigde te worden, werden ingezet om consensus te kweken: zijn absolute afkeer van alles wat Spaans was en alles wat naar het pausdom riekte. Dit werkte een tijdlang buitengewoon goed, met name in de aanloop naar de Pacificatie van Gent. Maar de overtuigingskracht van dit 'negatieve' programma vernevelde toen de onenigheid groeide over hoe onder het bewind van de Staten-Generaal de financiën, het leger, de economie en de godsdienst georganiseerd moesten worden. De anti-Spaanse consensus bleek niet meer in staat de onderlinge samenwerking en het compromis te bevorderen. In toespraken, pamfletten en ongetwijfeld ontelbaar veel onderonsjes heeft Oranje serieus geprobeerd de gewesten en ook de lokale belangen aaneen te smeden.

Dit roept de vraag op hoe bepalend Oranje uiteindelijk is geweest voor het verloop van de Opstand. En daarvoor nog de vraag of er zonder hem wel een opstand van deze omvang zou zijn geweest. Achteraf bezien lijkt het onvermijdelijk dat het vorstenabsolutisme van Filips II en het gewestelijke particularisme in de Nederlanden hevig waren gaan botsen, zoals ook het strenge katholicisme van Filips II in de Nederlanden, met zijn vele protestantse bewegingen, vroeg of laat tot gewelddadigheid moest leiden. Het is onmogelijk nu nog te bedenken hoe dat zonder Oranje zou zijn afgelopen.

Maar het is wel duidelijk dat het conflict tussen Oranje en Filips II dat zich omstreeks 1560 begon af te tekenen, maar heel zijdelings met voornoemde kwesties verbonden was. Oranje zocht erkenning van zijn hoge adellijke status en wilde als een respectabel lid van Filips' hofentourage serieus genomen worden. Dat lukte niet.[6] Oranje reageerde zijn frustraties hierover af op Granvelle, die daardoor enkele grote vernederingen te slikken kreeg, maar in de ogen van Filips II kwam de kardinaal als morele overwinnaar uit deze typische kanselarijruzie. Hiermee had het afgedaan kunnen zijn. Maar samen met een aantal bevriende hoge edelen keerde Oranje de koningsgetrouwen de rug toe, en hij verbond zich met andere opposanten van het bewind. Hij sloot al omstreeks 1562 een kongsi met gewestelijke bestuurders uit Brabant die voor hun autonome rechten streden, en omstreeks 1564 riep hij zichzelf uit tot beschermer van het protestantisme, zonder dat hij zelf op veel geloofsijver betrapt kon worden.

Deze zwenkingen vertonen sporen van opportunisme, maar het is te gemakkelijk om Oranjes loopbaan daarmee af te doen. In de loop van de jaren smeedde hij de verschillende belangen aaneen tot iets wat een coherente visie mocht heten. Zo is er alle reden om aan te nemen dat zijn politiek van religieuze tolerantie doordacht en ook oprecht was. Oranje verwachtte dat dit de binnenlandse spanningen tot bedaren kon brengen. De handel met alle uithoeken van Europa en wellicht daarbuiten zou er baat bij hebben. Oranje zag zonder meer het belang van een bloeiende economie, al was het maar vanwege de belastinginkomsten, die niet alleen voor oorlogvoering, maar ook voor grote projecten als bedijkingen, inpolderingen, verdedigingswerken en onderwijsinstellingen aangewend konden worden. Dat Oranje inzag dat de handelsbelangen van de Nederlanders voor een groot deel op zee verdedigd moesten worden, blijkt uit zijn voortdurende steun voor de watergeuzen, waaruit na enkele jaren een respectabele zeemacht voortkwam. Hoe de binnenlandse politiek georganiseerd moest worden, was minder eenvoudig uit te klaren. Al snel stond voor hem vast dat de Nederlanden los moesten komen te staan van bemoeienis van de Spaanse koning, wellicht door terug te keren naar de Pragmatieke Sanctie van Karel V: bestuurlijk los van het Heilige Roomse Rijk, maar er in naam en in een defensieve alliantie nog wel mee verbonden. Dat Oranje pogingen deed om de banden met Lotharingen, Franche-Comté en Bourgondië aan te halen, lijkt erop te wijzen dat hem een herleving van het oude middenrijk Austrasië voor ogen stond. Dat daar geen 'vreemde' soeverein boven hoorde, lijkt ook al snel vast te staan. Wie de nieuwe inheemse soeverein dan wel zou moeten zijn? Die vraag is door Oranje nooit met zoveel woorden beantwoord. Er was maar één serieuze kandidaat.

De laatste twintig jaar van zijn leven is hij onvermoeibaar blijven vechten voor de verschillende onderdelen van dit programma. In de jaren zestig had hij daarbij het initiatief. Hij opereerde als een rebel en trok zich nog maar weinig aan van de oude orde. Jarenlang was hij degene die de zetten deed waar het bewind van Filips II steeds weer een antwoord op moest verzinnen. Met de Beeldenstorm van 1566 leek Oranje met zijn adellijke bondgenoten een stap te ver te gaan; ze hadden dit oproer niet gewild, maar wel ernstig in de hand gewerkt. Hierdoor riepen ze de komst van Alva en ook een vergaande militarisering van het conflict over zich af. Vanaf 1567 was Oranje het initiatief kwijt; de veldtocht van 1568 liep uit op een vernederende catastrofe. Oranje was in alle opzichten failliet, maar hij ging door. Zijn eigen stellingen waren veranderd in een ravage. Oranje ging in de daaropvolgende jaren over op een alles-of-nietsstrategie, met wankele steun van bevriende edelen, speculerende kooplieden en fanatieke calvinisten. Die strategie was op zichzelf niet heel succesvol, maar kreeg door de antipathie die Alva onder brede lagen van de bevolking opriep alsnog de wind in de zeilen. Oranjes succes in deze jaren was minder gebaseerd op eigen kracht dan op de cruciale fouten die aan Spaanse zijde werden gemaakt. Oranje kreeg de kans zich weer op te richten.

Omstreeks 1575 leek hij eindelijk echt greep op de situatie te ontwikkelen. En toen bleek ook welk een briljante politieke strateeg er in Oranje huisde. De manier waarop hij in zijn beleid en ook in publicaties, met een bijna literaire flair anticipeerde op de grote nationale verzoening in de Pacificatie van Gent, is nog altijd verbluffend. Hij drukte subtiel de religie naar de achtergrond en haalde met veel metaforisch vertoon het nationale belang naar voren.

Hier had de film moeten stoppen. De Pacificatie van Gent bleek niet gebouwd op verzoening maar op een mix van antigevoelens, die na de Spaanse Furie voor enige tijd een granieten karakter hadden aangenomen. Oranje koos ervoor om zijn ideële en succesvol gebleken verzoeningsgedachte aan het godsdienstige leven in de gewesten op te leggen. Deze religievrede liep uit op een destructieve burgeroorlog, die bevolkingsgroepen tegen elkaar opzette en de gewesten uiteendreef. Naar later bleek voorgoed. Eerst braken de Nederlanden op de taalgrens, en daarna ter hoogte van de grote rivieren,[7] en na het 'verraad' van Rennenberg dreigde het gebied ook nog eens ter hoogte van de IJssel te breken. Van Oranjes taxatiefouten was de religievrede de grootste. De Nederlanden kenden een zekere traditie van informele tolerantie, maar het reëel naast elkaar leven van verschillende geloofsgemeenschappen riekte naar godsdienstvrijheid en daar was, afgezien van een kleine groep intellectuelen, niemand aan toe. Wantrouwen nam het over en Oranje raakte in de zuidelijke Nederlanden de greep op de situatie volledig kwijt. Hij moest opnieuw steun zoeken. Met het oplopen van de godsdienstige spanningen riep de door hem gewenste en strategisch goed verdedigbare alliantie met het katholieke Frankrijk bij zijn gereformeerde bondgenoten een steeds grotere afkeer op. Hier bleek ook de zwakte van het centrale bestuur, dat Oranje de voorgaande jaren niet tot een slagvaardig apparaat wist te transformeren. Daardoor was hij, samen met een klein clubje adviseurs, de enige die met kennis van zaken over internationale strategische belangen nadacht. Het was pure noodzaak om Frankrijk te vriend te houden, al was het maar om te voorkomen dat dit machtige land met Spanje een pact zou sluiten om het protestantisme in de Nederlanden definitief op te ruimen.

In zijn buitenlandse betrekkingen bleek Oranje nog het meest als de echte leider van de Nederlanden te opereren. De lijnen in de diplomatie met Duitse vorsten, Engeland, Frankrijk, Portugal en Turkije kwamen bij hem samen. In die buitenlandse betrekkingen blijkt ook hoe wankel de positie van de opstandige Nederlanders vaak was. Oranje moest bijna voortdurend onderhandelen in de rol van underdog. De manier waarop hij zich gedwongen zag om territoria af te staan in ruil voor militaire steun, leek haaks te staan op de nationale agenda die hij in zijn propaganda met veel bravoure uitdroeg. Hij kon weinig anders. Oranje moet gedacht hebben dat een Engels Vlissingen, een door Frankrijk opgeëist Vlaanderen of een Franse landsheer voor de hele Nederlanden per definitie een tijdelijke zaak zou zijn. De Nederlanden waren immers weerbaar gebleken en iedere vorm van tirannie zou daarop stuklopen. De tijd moest veel zaken oplossen. Maar Oranje werd geen tijd gelaten. In de laatste zes jaar liep hij alleen nog maar achter de feiten aan.

Uiteindelijk laat een groot deel van Oranjes volwassen leven zich samenvatten als schaken in een zwakke en vaak zelfs verloren stelling. Doorspelen terwijl je verloren staat, geldt in schakerskringen als oneervol, maar Oranje deed het. Het aansprekende verhaal over de Nederlandse vrijheden hield hem daarbij wellicht op de been. Wat hij tekortkwam aan macht werd er enigszins door gecompenseerd. Sinds de Pacificatie van Gent lag de formele macht bij de Staten-Generaal, een offer dat Oranje had moeten brengen om alle partijen te kunnen verenigen.[8] Oranje bleef intussen het gezicht van de verenigde opstandige gewesten, en toen iedere coördinatie door die gewesten werd gesaboteerd, werd hij ook nog kop van Jut.[9] Ondanks deze eenzaamheid bleef Oranje zijn pan-Nederlandse boodschap uitdragen, zij het met een steeds zwakkere stem.

Oranjes vermogen om zijn ware ambities schuil te laten gaan achter mooie woorden heeft na zijn dood van generatie op generatie de vraag opgeroepen wie de ware Oranje is. De historicus die kiest voor de cynische variant en uitgaat van een ver doorgevoerd eigenbelang, kan op basis van overvloedig feitenmateriaal vrij eenvoudig zijn historische gelijk construeren. Het zonder veel scrupules dienen van het eigenbelang was nu eenmaal inherent aan het politieke leven onder het ancien régime. In de oudere geschiedschrijving, van voor circa 1800, zijn de scherpere en zelfs genuanceerdere portretten van Oranje meestal afkomstig uit katholieke hoek. In de Staatse en protestantse geschiedschrijving was er een begrijpelijke neiging om het handelen van Oranje als illustratie te laten dienen voor het gerechtvaardigde van de Opstand.[10]

In de moderne geschiedschrijving is het wantrouwen tegenover Oranjes persoonlijke motieven vrijwel standaard geworden, met een enkele uitzondering.[11] Ook waar hij onversneden idealistisch lijkt, zou dit nog ontmaskerd kunnen worden. Zo is wel naar voren gebracht dat zelfs de voor zijn eigen tijd zeer opzienbarende tolerantiepolitiek van Oranje slechts was bedoeld om de eigen familiebelangen te dienen.[12] Dat hij zijn eigenbelang en het belang van zijn dynastie diende, werd al tijdens zijn leven vele keren naar voren gebracht.[13] Hoe kon het toch dat Oranje precies de meest welvarende gewesten als stadhouder beheerde, zo redeneerde bijvoorbeeld Rennenberg, die het met Overijssel en Drenthe moest doen, terwijl vervolgens Jan van Nassau het veel rijkere Gelderland onder zijn beheer kreeg.[14]

Het klinkt jaloers, het bitter van de naijver zat dan ook al jaren diep in de onderlinge verhoudingen van de Nederlandse adel, wellicht een direct gevolg van een zwak landsheerlijk bewind.[15] Er werd onderling ook opvallend vaak op bespiegeld. Zo werd er in 1581 in Duitsland zelfs rondverteld dat Oranje in de Nederlanden bezig was ook de inheemse adel buitenspel te zetten om 'daardoor die landen des te beter aan zich te trekken en daarover alleen de regering en de macht te verkrijgen'.[16] Deze roddel werd twee jaar later ook als stellige waarheid gepubliceerd in een anoniem pamflet, *Advis d'vng bon bovrgeois de la ville de Gand*, uit het calvinistische Gent. De auteur bleek de nog altijd te Gent in gevangenschap levende Champagney te zijn, de jongere broer van kardinaal Granvelle. De Granvelles, nog zo'n bron van oud familiezeer. Hoe het in de wereld kwam? Ongetwijfeld een aardig staaltje eendrachtige samenwerking tussen de gedetineerde katholiek en zijn gereformeerde cipiers.[17]

Het is te gemakkelijk om dit alleen op jaloezie te schuiven. Naijver was een symptoom van wat vaak een eeuwenlange strijd tussen families was.

Wie het over een adellijke familie had, had het over territoria waar zo'n familie heerste. Die territoria willen uitbreiden zat besloten in de aard van de adellijke levenswijze en huwelijkspolitiek. Bemoeienis met het bestuur van de regio waar die territoria lagen, hoorde er als vanzelfsprekend bij. Het lijkt erop dat Oranje, begiftigd met een enorm bezit aan landerijen verspreid over meerdere gewesten, zich ook ontfermde over de belangen van Brabant, Franche-Comté, Holland, Zeeland en Utrecht, omdat daar zijn eigen bezit deel van uitmaakte. Daarmee kwam hij in een positie om waar het maar kon het recht in zijn richting te buigen. Het moet al vroeg begonnen zijn, en Oranje durfde meteen ook grote risico's te nemen, zoals kort na 1560, toen hij in schimmige machinaties rond Brabant en Lotharingen verzeild raakte. Oranje hield zijn gezicht in de plooi, het waren vooral andere ingewijden, zoals in dit geval Margaretha van Parma, die hintten op zijn dubbele agenda.[18]

Een enkele keer laat Oranje zich in zijn kaarten kijken. Op 22 april 1582, kort na de moordaanslag door Jaureguy, toen hij nog maar net buiten levensgevaar was, schreef hij aan zijn broer Jan. Het was een verongelijkt schrijven: Oranje was nog altijd ontstemd over de weigering van zijn broer om het stadhouderschap van Gelderland voort te zetten, want 'het zou ons huis tot des te meer welvaart en gunstige omstandigheden hebben gevoerd'.[19] Hier blijkt dat het lot van de Nederlanden en de welvaart van het huis van Nassau in het hoofd van Oranje innig met elkaar verbonden waren. Politieke macht, maar ook rijkdom, moest stevig verankerd worden, aan het huis, aan de dynastie.[20]

Opvallend is ook dat zelfs in deze moeilijke laatste jaren tevreden zijn met de status quo nooit aan de orde lijkt. Het gaat opvallend vaak over 'vermeerdering'. Zoals wanneer Oranje zijn broer Jan in kennis stelt van de verheffing tot stadhouder van Friesland van diens zoon Willem Lodewijk, en hem uitlegt dat het bijdraagt aan 'de instandhouding en vermeerdering van onze stam'.[21]

In juni 1583 legde Jan aan zijn broer de vraag voor welke regeringsvorm hij voor de Nederlanden het beste vond passen. Misschien het systeem van de Zwitsers, met kleine kantons, die ieder hun verregaande autonomie hadden? Of het systeem van Duitsland, waar de macht door veel verschillende vorsten werd gedeeld. Of zag hij eerder een monarchie voor zich, 'waardoor hij, zolang hij maar in leven was, in staat werd gesteld te regeren'?[22] Oranje ontweek de vraag; voorlopig was het de Statenregering waarmee gewerkt moest worden.[23] Maar dat Jan deze vraag bezighield, is tekenend. Ambities kon hij goed meevoelen, die had hij zelf ook, maar zijn broer wilde te veel.

Had het anders kunnen lopen? Terug naar de regenachtige dagen in 1555, toen Oranje de moderne vijfhoekige vestingstad Philippeville uitmat, aanbesteedde en liet bouwen. Zo'n duizend kilometer zuidelijker was Vespasiano Gonzaga met een vergelijkbaar project bezig. Op oud familiebezit met een burcht, dicht bij Parma, legde hij een geheel nieuw ontworpen ommuurde stad aan: Sabbioneta. Ook Gonzaga behoorde tot de favorieten van Karel v. De nieuwe vestingstad lag vanuit Parma gezien aan de overkant van de Po, het gebied waar al decennialang strijd werd geleverd met de Fransen over de hegemonie over Milaan. Gonzaga was een bedreven militair, voerde voor zijn opperbevelhebber, de hertog van Alva, diverse offensieve operaties uit, ook tegen de Heilige Stoel. Hij veroverde in 1556 Ostia, waardoor de paus tot een wapenstilstand en kort daarop tot een voor Spanje voordelige vrede werd gedwongen.[24]

Wanneer Gonzaga niet vocht, dan werkte hij aan de verfraaiing van zijn stad Sabbioneta, dat hij graag als het nieuwe Rome zag, met zichzelf als keizer. Ambitie genoeg. Er werden volgens de stedenbouwkundige ideeën van Vitruvius een strak stratenplan en vele gebouwen in paleisarchitectuur neergezet, liefst met lange statige corridors; alles volgens de geometrische voorschriften van de *città ideale*, de ideale stad. Behalve een nieuw Rome moest Sabbioneta ook een baken van universele geleerdheid worden: het werd wel 'het kleine Athene van Gonzaga' genoemd. Knappe koppen uit de stad werd zelfs verboden elders te gaan studeren. En dan had het ook nog een theater dat door Scamozzi zo ingenieus was ontworpen dat het volgens sommigen Palladio's beroemde Teatro Olimpico in Vicenza overtrof, en dat was ook de bedoeling.[25]

Willem van Oranje en Vespasiano Gonzaga kenden elkaar. Ze wisselden weleens een briefje, waarvan er twee bewaard zijn gebleven, een uit 1559 en een tweede uit 1566.[26] Ze zullen elkaar hebben leren kennen in 1549, toen Vespasiano zeventien jaar was, twee jaar ouder dan Willem. Hij kwam mee in het gevolg van de toekomstige Spaanse koning Filips naar de Nederlanden. Vespasiano was al enige tijd Filips' page en was voorbestemd om een van zijn vertrouwenspersonen te worden.[27] In Brussel en ook tijdens de lange rondreis van Filips door de Nederlanden zullen Vespasiano en Willem elkaar goed hebben leren kennen en waarderen, goed genoeg om jaren later nog met elkaar te corresponderen. Vespasiano verdween na enige tijd uit Brussel om in Italië voor Karel v, en onder bevel van Alva, veel oorlog te voeren.

Ook Vespasiano zal in die jonge jaren al zo ongeveer uit elkaar zijn gespat van dadendrang. Hoewel hij afstamde van een zijtak van de beroemde Gonzaga's uit Mantua, bewoog hij zich behendig omhoog in kringen van Karel v en diens zoon Filips. In grote trekken vergelijkbaar met Oranje. Toch liepen hun carrières na 1560 opvallend uiteen. Oranje raakte in conflict met Habsburg, terwijl Gonzaga deze familie naar het schijnt vrij soepel te vriend wist te houden. Gonzaga had een vertrouwelijke omgang met Filips II, en hij was daarnaast een solide taakuitvoerder. Hij komt in de geschiedenisboeken niet of nauwelijks voor, wel in kunstboeken, vanwege die – nog altijd – prachtige stad die hij achterliet. Hij werd voor zijn trouw ruim beloond. In 1565 wist hij bij keizer Maximiliaan II gedaan te krijgen dat het kleine staatje Sabbioneta werd losgemaakt van de zeggenschap die de Heilige Stoel er formeel nog over uitoefende. Keizer Rudolf II verhief nog weer later, in 1577, Sabbioneta zelfs tot hertogdom, met alle soevereine rechten die daarbij hoorden.[28]

Zo had het dus ook kunnen gaan, maar waar Gonzaga erin slaagde om Filips en andere Habsburgers tot zijn weldoeners te maken, voelde Oranje zich vanaf einde jaren vijftig steeds vaker gekleineerd en weggezet. Vaderlijke figuren als Granvelle en Viglius zagen het gebeuren, probeerden aanvankelijk de gemoederen te verzachten, maar er bleek geen kruid tegen gewassen. De diepere oorzaak? Daar valt nauwelijks iets zinnigs over te zeggen, een karakterkwestie? Ongetwijfeld, maar wat weten we dan? Gonzaga was ook bepaald geen watje. In een brief die Gonzaga in november 1559 aan Oranje stuurde, maakte hij melding van het overlijden van zijn vrouw, naar eigen zeggen aan een 'plotselinge beroerte'.[29] De waarheid was dat hij zijn vrouw van overspel verdacht en haar vermoord had, samen met haar minnaar.[30] Zijn tweede vrouw, een Spaanse prinses, verging het weinig beter, want opnieuw bevangen door jaloezie sloot hij haar op in een kasteel, en liet haar, zo werd vermoed, omkomen van honger en dorst. Zijn enige zoon vond hij op een goed moment te weinig respectvol, en die kreeg zulke harde klappen dat hij stierf.[31] De ontsporende huwelijken van Oranje verbleken hierbij.

Wat in de verschillende loop van deze carrières wellicht zwaar woog, was dat Oranje in zijn moeizame relatie met Habsburg erfelijk belast was.[32] De Nassaus voelden zich al een aantal generaties tekortgedaan door het Habsburgse conglomeraat, dat sinds 1500 met een enorme versnelling meer macht wist te verzamelen dan welke alleenheerser of clan eerder ook. Ze waren machtiger dan Alexander de Grote, dan Augustus of Hadrianus, dan Karel de Grote.

In zijn sentimenten over Habsburg liet Oranje zich op een niet eens zo onbewaakt moment wederom in zijn kaarten kijken. In de *Apologie* wijdde Oranje uit over zijn Nederlandse wortels en hoe het huis van Nassau al eeuwen geleden grote bezittingen had opgebouwd in Brabant, Luxemburg, Vlaanderen en Holland, en ook in Bourgondië. De Nassaus waren zelfs drie eeuwen lang hertog van Gelre geweest, en dan trekt hij de vergelijking met de afkomst van Filips II: 'Voor alles moet gezegd dat in de tijd dat zijn [Filips'] voorouders nog maar graven van Habsburg waren, woonachtig in Zwitserland, mijn voorouders reeds lang landsheren van Gelre waren.'[33] Oranje geeft de jaren erbij: dit bezit liep van het jaar 1039 tot 1350. Het wapen van de Nassaus droeg er nog de sporen van. Dit alles ter verdediging van de beschuldiging dat Oranje eigenlijk geen Nederlander was. Dat was hij wel, met heel diepe en voorname wortels.[34]

Maar impliciet werd hier een andere kwestie aan de orde gesteld: wat was hier misgegaan? Hoe heeft dat nietige huis van Habsburg ons zo voorbij kunnen steken? Werd het niet eens tijd dat er iets werd rechtgezet? Afstamming van de landsheerlijk opererende hertogen van Gelre tegenover die van die nietige graafjes van Habsburg uit de Zwitserse bergen. Het zou een *slip of the pen* kunnen zijn, maar verderop volgt nog een sneer naar de Habsburgers die zo kort geleden nog 'maar' de titel van graaf voerden.[35] De observatie dat de Habsburgsers een vrij jonge aristocratische familie waren, klopte. Hun geschiedenis ging weliswaar terug tot de elfde eeuw, met de stichting van een kasteel Habsburg in het Zwitserse kanton Aargau, met nog wat belangen in de Elzas en Zwabenland. Maar pas in de late dertiende eeuw begon de familie te expanderen, vooral in Oostenrijk. Daarna ging het snel, en aan het begin van de vijftiende eeuw reikten ze al naar het keizerschap van het Heilige Roomse Rijk, dat ze vanaf 1438 zelfs voor bijna vier eeuwen wisten vast te houden.[36]

Oranje memoreerde in zijn *Apologie* ook nog maar eens het bittere gevecht van Adolf van Nassau, een verwant uit de Walramse tak van de familie Nassau, die in 1298 was gesneuveld in de Slag bij Göllheim. Tegen een Habsburger, hertog Albrecht. Oranje doet het zelfs voorkomen dat deze Adolf zich keizer mocht noemen, maar hij was op dat ogenblik slechts roomskoning, aspirant-keizer.[37] Hoger was daarvoor en ook daarna een Nassauer niet gestegen. Ook in het Wilhelmus werd er nog aan gerefereerd dat Oranje 'van keizerlijke stam' was. Het zat hoog in Oranjes bewustzijn, en hij droeg dat kennelijk ook over op mensen in zijn omgeving, zoals de dichter van dit strijdlied.[38] Habsburg had de Nassaus op een cruciaal moment de voet dwars gezet. Dat Jan van Nassau door zijn broer Willem in 1578 tot stadhouder van Gelderland werd gemaakt, was niet zonder diepe bijbetekenissen. De Nassaus aasden al geruime tijd op dit oude bezit; in 1556 werd in kringen van de Hessische landgraaf al opgemerkt dat ze probeerden Gelderland weer in handen te krijgen. Karel V en Filips II waren zich hiervan goed bewust en probeerden de Nassaus ver bij het hertogdom vandaan te houden. Toen in 1558 de graaf van Horne als stadhouder van Gelre wat al te innige banden met Willem van Oranje begon te ontwikkelen, werd hij in die functie vervangen door de graaf van Megen.[39] Alledaagse Habsburgse machtspolitiek, verdeel-en-heers, maar ook een ingreep die bij de jonge Oranje en anders wel bij diens vader een pijnlijke zenuw geraakt moet hebben.

In familieverband werden de wapenfeiten van de Nassaus ongetwijfeld vaak opgerakeld. Willem van Oranje zal ze al vroeg paraat hebben gehad. Toen hij in de jaren vanaf 1549 intensieve omgang had met kroonprins Filips en het contact maar niet hartelijk wilde worden, moet hij het voornemen zijn gaan ontwikkelen om recht te zetten wat zoveel eeuwen eerder mis was gegaan. Het had daarna nog heel goed gekund dat de tijd er de scherpe kantjes af haalde en dat Oranje een carrière tegemoet was gegaan die vergelijkbaar was met die van Vespasiano Gonzaga. Maar de scherpe kantjes gingen er niet af.

Wanneer Oranje wilde dat er voor de eer van de Nassaus iets werd rechtgezet, dan had afwachten niet zoveel zin. Hij had de tijd mee. Vanaf 1500 kwam Europa economisch, religieus, cultureel en politiek enorm in beweging. De kaart werd opnieuw getekend. Oranje heeft dat goed aangevoeld. De economie – de industrie, de handel – groeide onstuimig, er ontstond vooral in de handelssteden een klasse van welgestelden die zich cultureel en wetenschappelijk wilde ontplooien. Dat had ongetwijfeld een effect op de prille hervormingsbewegingen die in Duitsland, Frankrijk, Zwitserland en ook in de Nederlanden een verinniging van het geloofsleven en de Bijbelstudie in gang zetten. Deze bewegingen, vooral die van Maarten Luther, drukten de katholieke kerk in het defensief. De katholieke kerk probeerde met behulp van de wereldlijke vorsten terug te slaan, waardoor het hervormingsvuur ook de politiek begon te beheersen, en wel zo hevig dat omstreeks 1550 Midden-Europa een lappendeken van protestantse en katholieke territoria was geworden. Iedere vorst kwam vroeg of laat voor onontkoombare keuzes te staan.

Waar iets te kiezen viel, ontstonden kansen. Ook daarvan was Oranje zich zeer bewust. Zijn techniek om zijn keuzes te maskeren of zelfs twee gedaanten te geven maakte gebruik van de ruimte die er even leek te zijn om over de brug van een ideologische strijd terrein te winnen. Zijn huwelijk met Anna van Saksen spande daarin de kroon, dat hij aan de familie van de bruid verkocht als luthers, en aan Filips II als katholiek.

En waar hij wilde doordrukken, bespeelde hij de publieke opinie met pamfletten, maar ook met aperte leugens en valse geruchten. Als geen ander maakte hij omstreeks 1568 innovatief gebruik van de drukpers. Hij is een belangrijke exponent van wat je de 'waarheidscrisis' van de zestiende eeuw zou kunnen noemen. De drukpers werd een instrument om razendsnel politieke en religieuze denkbeelden een groot bereik te geven. Daar bleef het niet bij; drukwerk werd ook aangewend om historische gebeurtenissen en achtergronden te beschrijven. Wie in staat was die 'feiten' aansprekend en overtuigend te verwoorden en ze als pamflet in hoge oplage al dan niet tegen betaling te laten verspreiden, kon maar heel moeilijk worden tegengesproken. Het in omloop brengen van verdraaide waarheden, valse geruchten, persoonlijke aantijgingen en vervalste documenten werd zo wel heel simpel en kon een enorme uitwerking hebben. Willem van Oranje maakte er in de eerste jaren van zijn openlijke conflict met Filips II doeltreffend gebruik van. Door de overstelpende hoeveelheid desinformatie die door de samenleving stroomde, waren feit en fictie vaak niet meer te scheiden. De situatie vroeg op dat ogenblik al om een onafhankelijke dagbladpers, die zichzelf leerde de beweringen van machthebbers in hun historische en politieke context te plaatsen. Die kwam in de eeuwen die volgden maar heel langzaam tot ontwikkeling.

Meer nog vroeg de situatie om een kritische geest van de burgers, een vermogen om zelf waarheid en leugen, feit en fictie van elkaar te scheiden. Nederlanders, en dan vooral Hollanders, stonden binnen Europa nogal bekend om hun goedgelovigheid. De Rotterdammer Erasmus had er in verschillende geschriften al de vinger op gelegd. Zelf Hollander bewees hij met zijn geleerdheid en scherpzinnigheid dat er aan die achterlijkheid iets te doen viel. Zijn *Lof der Zotheid* was een wervelend betoog dat de lezer onderdompelde in ficties die waarheid bleken, en al te gemakkelijk aangenomen feiten die bij nader inzien leugens waren. Dat was maar filosofie en literatuur, een spel met de lezer. In de bijna twintig jaar van strijd en oorlog die de Nederlanders inmiddels achter de rug hadden, was er een morbide en levensecht spel van lijken en blijken op gang gekomen. De goedgelovigheid ging er snel af.

Oranje maakte nog mee dat het wapen van de gedrukte laster en misleiding ook in handen van zijn vijanden kwam. Veel vijanden waren vroegere medestanders, die inmiddels ook heel goed wisten hoe je een alternatieve overtuigende versie van de werkelijkheid kon creëren. Zo'n fictie werd Oranje uiteindelijk fataal. Zijn fanatiek katholieke moordenaar nam een valse protestantse identiteit aan. Alessandro Farnese raakte pas overtuigd van de kans op succes toen bleek hoeveel moeite Gerards deed om zijn rol goed te spelen. Zijn wat onfrisse uitstraling kon hij niet verhullen, maar verder deed hij zijn best om zijn vijanden zand in de ogen te strooien. Gerards zorgde ervoor dat hij op onbewaakte momenten in Delft op straat werd waargenomen, terwijl hij uit een psalmboekje voor zich uit prevelde, als een meer dan rechtgeaard calvinist.

Omstreeks 1500 was de wereld op zo goed als alle denkbare terreinen in beweging gekomen. In de meest letterlijke zin: mensen reisden aanzienlijk meer dan ooit tevoren, ook naar werelddelen waarvan het bestaan wel vermoed werd, maar die eeuwenlang genegeerd waren. Ook binnen Europa namen de verplaatsingen snel toe, de bevolking groeide, de welvaart ook, waardoor voedsel en luxegoederen over steeds grotere afstanden vervoerd moesten worden. Informatie verplaatste zich eveneens over telkens grotere afstanden. Identiteiten vaststellen werd moeilijker, informatie verifiëren ook.

Zestiende-eeuwers leefden per definitie al in een betekeniszwangere wereld. Het aardse had ontelbaar veel verbindingen met een onkenbare bovenwereld. In die bovenwereld kwam de waarheid aan het licht en werd uiteindelijk geoordeeld. De mens tastte op aarde maar wat in het rond. Daar heersten bedrog en illusie. Degene die zich het meest bewust was van die fundamentele dubbelzinnigheid, kwam in het ene geval tot christelijke inkeer, in het andere geval nam hij het als een onontkoombaar gegeven en maakte er het beste van. Dit idee lijkt leidend in de hoogste politieke kringen in Europa, of die nou gevoed werden door de paus, Luther, Calvijn, Erasmus of Machiavelli. De verneveling van normen en waarheid werd uiteraard door velen betreurd, maar voorlopig was het een gegeven.

Willem van Oranje nam in de mist van zijn tijd enorme risico's door zijn eigenbelang in woord en beeld te verknopen met de belangen van anderen. Het was een overlevingsstrategie, maar het werd ook steeds meer een heilige missie. Op een onnavolgbare manier groeide Oranje steeds toe naar het altruïstische beeld dat over hem was gecreëerd. Hij kreeg al het etiket 'vader des vaderlands' in de dagen dat hij weinig meer dan een vrij roekeloos opererende hoge edelman was die vergeefs poogde om zijn geconfisqueerde bezit terug te krijgen. Hij werd al gezien als een voorvechter van het protestantisme in de dagen dat hij nog vasthield aan de oude katholieke riten. Pas in de laatste jaren van zijn leven leek hij meer geneigd om zich als een pleitbezorger van een Europese protestantse alliantie te laten bejegenen, al sprak hij in die dagen nog altijd liever over 'de ware religie' dan over de 'gereformeerde confessie'.[40]

Waar een man zulke ingrijpende metamorfosen doormaakt, is het dan aannemelijk dat hij er ook zelf in ging geloven?[41] Nauwelijks denkbaar. Waar iemand uit berekening en lijfsbehoud zich zo vergaand aan de omstandigheden weet aan te passen, is geen plaats voor naïviteit. Hoogstens ging hem de rol die hij speelde zo goed af dat hij er het liefst in wilde blijven. Hij groeide een aantal keren toe naar het beeld dat over hem werd ontworpen en in omloop werd gebracht: als hoeder van de inheemse vrijheden en privileges, als waakzame herder, als vader des vaderlands, als verzoener. Hoe houd je dan diepere morele overtuigingen en koele berekening nog uit elkaar? Hoe ontwar je dan feit en fictie?

Het individu kan door leugens met zijn rug tegen de muur worden gezet. Oranje klaagde tegen het einde van zijn leven steeds vaker over de vele onwaarheden en laster die over hem werden rondgestrooid. Hij had er ook niet meer zo'n goed antwoord op. Vooral ook omdat een belangrijk deel van de laster uit 'eigen' gereformeerde kring kwam, waar gelovigen door predikanten steeds opnieuw tegen hem werden opgehitst, zelfs nog in de dagen na zijn dood.[42] De kritische geest van Erasmus was hier ver weg.

Juist in de weken dat zich in Delft de moordtragedie voltrok, werd in Leiden in de drukkerijen van Christoffel Plantijn de laatste hand gelegd aan de Nederlandse vertaling van een kort daarvoor in het Latijn verschenen filosofisch werkje van hoogleraar Justus Lipsius, *De constantia*.[43] Het was een handleiding om met tegenspoed om te gaan, in de beste stoïsche traditie: de eigen hartstochten temmen, je vooral niet te veel laten meeslepen door verdriet, en ook niet door al te grote vreugde, niet te snel bang worden, niet zomaar weglopen, maar standhouden.[44] Maar het was ook een handleiding om goed te leren observeren. Hartstochten brengen wanen voort, en die wanen werken als een 'mist'.[45] Een mens moet om te beginnen zijn eigen zinsbegoochelingen onder controle zien te krijgen. Pas dan kan hij scherp waarnemen hoe intens bedrieglijk de buitenwereld is. En tegelijkertijd kan hij zichzelf in de hand zien te krijgen en waar nodig proberen te veranderen.[46]

Autoriteitsargumenten deden er niet toe; de christelijke God was opvallend (en in de ogen van religieus orthodoxen ook pijnlijk) afwezig in het werkje.[47] Zelfkennis werd het vertrekpunt voor het beter onderzoeken van de wereld. Het was in Leidse en Hollandse intellectuele en culturele kringen het begin van de ontvoogding van het brein en de zintuigen. Een hang of zelfs obsessie met dubbelzinnigheden en zinsbegoochelingen kenmerken de periode die volgde, in de wetenschap, in de kunsten, in het dagelijks leven.[48] Holland ontwikkelde zich vanaf omstreeks 1590 in een duizelingwekkend tempo. *De constantia* was uiteraard niet de enige drijvende kracht, maar als product van die jonge Leidse universiteit was het werkje wel een symptoom van een snel veranderende mentaliteit. Of zoals Jan van Hout het, onder de indruk van het ogenblik, in 1584 verwoordde: niemand hoefde zich in deze moeilijke tijd door de 'rook van de waan' te laten ontmoedigen. Sterker nog, 'het land zal metterdaad gewaarworden dat er voor een vader die zo deerlijk werd vermoord weer tien nieuwe zullen opstaan'.[49] Van Hout dacht niet aan opgeven.

Op 10 juli 1584 was de vertaling van *De constantia*, onder de titel *De twee boeken van de standvasticheyt*, waarschijnlijk al gedrukt. De gedrukte vellen waren wellicht voor een deel zelfs al verscheept naar Antwerpen om daar via de boekhandel van Plantijn met een specifieke Antwerpse titelpagina in circulatie te worden gebracht.[50] In Leiden ging naar aanleiding van de recente gebeurtenissen in Delft het zetsel van *De twee boeken van de standvasticheyt* weer open: er werd het al geciteerde gedicht van Jan van Hout toegevoegd, dat meer over Oranje dan over Lipsius ging. Van Hout zette Oranje gloedvol neer als een toonbeeld van standvastigheid.[51]

Het was verheerlijking, maar ook los van de hooggestemde woorden was het niet meer dan een daad van rechtvaardigheid tegenover de stichter van de Leidse universiteit. Oranje mocht postuum (in 'Gods heerlijkheid') tevreden zijn over de intellectuele ruimte die hij had gecreëerd. Er was geen weg terug meer. Hoewel Leiden als universiteit met een grote theologische faculteit meteen al in de eerste decennia de nodige spanning kende tussen het aanvaarden van orthodox leergezag en het aankweken van een onderzoekende levenshouding.[52] Een vak als eigentijdse geschiedenis kwam mede door ideologische spanningen aan de universiteiten niet goed van de grond.[53]

Vooral buiten de universiteit nam het onderzoeken en verzamelen van feiten een hoge vlucht. Meteen vanaf de eerste dagen van de Opstand ontstond er een onomschreven gezelschap van stille observatoren: dagboekschrijvers, amateurchroniqueurs, en niet te vergeten ambassadeurs, spionnen en gezanten, die vastlegden wat ze zoal zagen en hoorden, en niet nalieten op te merken dat sommige verhalen weinig geloofwaardig waren.[54] En dan waren er ook enkele serieuze historici als Pieter Bor, Emanuel van Meteren en Everard van Reyd, die in de dagen dat de heftige gebeurtenissen van de Opstand zich ontrolden al volop documenten verzamelden, betrokkenen interviewden en taxaties probeerden te maken van de loop der gebeurtenissen. Ook dit was een belangrijke stap voorwaarts, die nog maar een halve eeuw eerder niet mogelijk had geleken. De waarheidscrisis werd hier al enigszins bezworen, domweg door haar serieus te nemen. Met name door Bor en Van Meteren werden, ondanks een verheerlijkende context, tal van machinaties, samenzwerinkjes en aperte leugens van Oranje nuchter en zonder veel reserves breed uitgemeten.[55]

Het kan zijn dat Oranje te laat in de gaten kreeg dat de wereld in twee decennia strijd, maar ook in een kleine eeuw van economische groei en versnelde wetenschappelijke ontwikkeling, fundamenteel veranderd was. De weg naar herstel van zijn vroegere, bijna sacrale, positie als representant van de machtigste personen op aarde, Karel v en Filips II, was niet meer mogelijk.[56] Na de Pacificatie van Gent was de hoogste macht in de opstandige gewesten, bijna terloops, in handen gekomen van de Staten. En die zouden die macht niet meer afstaan. Oranje was de enige die principieel vanuit een bovengewestelijk belang redeneerde, maar er werd weinig naar hem geluisterd. De Staten gingen, zo lijkt het, zelden echt met hem in debat, ze stelden hem in plaats daarvan voor voldongen feiten. Overkoepelende besluiten die erg verstandig leken maar die ze niet wilden, voerden ze gewoon niet uit. Oranjes charme en overtuigingskracht, die in onderonsjes en tijdens zijn dagelijkse, met drank overgoten maaltijden in stelling werden gebracht, richtten na circa 1578 nog maar weinig uit. Oranje verloor gestaag gezag, maar de afstand bleef. Politiek was hij aan het vereenzamen, steeds meer overtuigd van zijn eigen gelijk en van zijn heilige missie.

Dat Holland en Zeeland hem tot graaf wilden maken en die titel ook erfelijk wilden verklaren, was een mooie troostprijs, maar ook niet meer dan dat. Maar het zou het begin kunnen worden van een nieuw verband in de noordelijke Nederlanden, het begin van een nieuwe natie wellicht. Wanneer geen van de grootmachten nog toehapte, dan was dit het enige wat nog geprobeerd kon worden.[57] Het begin van een monarchie wellicht, waar zijn broer kort tevoren nog op had gezinspeeld, maar dan wel een monarchie onder supervisie van een Statenbewind. Historici discussiëren nog veel over de vraag hoe innovatief dit nieuwe model was. De adel had het eeuwenlang voor het zeggen gehad, had nog altijd veel grondbezit en heerlijke rechten, maar moest inmiddels een flink deel van zijn macht afstaan aan rijke en ontwikkelde burgers.[58] Deze zich snel emanciperende burgers waren door de jaren heen Oranjes belangrijkste bondgenoten gebleken. Zonder het verzet in steden als Brussel, Antwerpen, Gent, Haarlem en Leiden was de Opstand al in een vroeg stadium door het Spaanse bewind bedwongen.

Oranje beloofde de steden en gewesten zich hard te maken voor hun oude rechten. Deze belofte was een ruilmiddel, *do ut des*, waarmee hij hun stootkracht kocht. Oranje had misschien ooit wel absolutistische ambities gehad, maar hij werd er in zijn tijd onwillekeurig een van de grootste bestrijders van. Hij leek uiteindelijk het experiment met een constitutionele regering wel aan te durven, die in dit geval een in naam eenhoofdige regering betekende, met in de praktijk een republikeinse besluitvorming.[59] Of hij er ook echt in geloofde, mag worden betwijfeld, maar hij had op dat moment geen betere opties. Een verzoening met Filips II was hoe dan ook uitgesloten.

De inhuldiging als graaf van Holland stond aangekondigd voor 12 juli, maar de dood kwam ertussen. Anderen moesten het gaan doen, met andere opvattingen, met andere obsessies ook. Nuchtere koopmansobsessies. Het afscheid van Oranje was meteen het einde van een schemerige wereld waarover een wrede, mysterieuze en zelfs apocalyptische glans lag.

Het is hachelijk om op basis van geschilderde portretten psychologie te bedrijven. In 1555 portretteerde Anthonis Mor een zeer zelfbewuste, rijke en martiale Oranje. Wie daarna naar het portret kijkt dat omstreeks 1583 werd geschilderd door een anonymus uit de omgeving van de Amsterdamse kunstenaar Dirck Barentsz.,[60] ziet nog wel eenzelfde vorsende oogopslag, maar ook een vroegoude man, die zich hult in eenvoud. Effen zwart overkleed, simpel kraagje en een zwart kalotje om de schedel. Het verschil tussen het weelderige zuiden en het eenvoudige Holland? Misschien, maar het is ook het verschil tussen de jongeman die met charme en als het moet met brute kracht zijn doelen wil bereiken, en de levenservaren man die de wereld enigszins ontgroeid is. Terwijl hij bij vriend en vijand inmiddels het toonbeeld was geworden van een uitzichtloze godsdienststrijd. Het is alsof hij in zijn kleding terugkeerde naar een messiaanse oorsprong, het begin van het christendom, een christendom dat nog niet leed aan theologische principekwesties en kerkscheuringen. Het was misschien ook wel het verlangen naar de jongste dag. Of laten zien en voelen dat hij er klaar voor was. Wat hij in die laatste weken en maanden werkelijk dacht, daar geeft dit schilderij geen antwoord op, noch zijn brieven of de observaties van mensen uit zijn omgeving. We weten het niet.

En verder?

Willem van Oranje was dood, hoe ging het verder?

Het testament was op 10 juli nog altijd niet af. Het was toen al een project voor doorgewinterde juristen en volhardende cijferaars.

Om de achterstallige lonen van de hofhouding te kunnen voldoen, werden in 1585 op last van de Staten-Generaal alle roerende goederen uit het bezit van Willem van Oranje openbaar verkocht.

Oranjes weduwe Louise de Coligny vestigde zich eerst in Leiden en vanaf 1585 voor langere tijd in Vlissingen. Ze slaagde er in het huishouden uit de ergste schulden te manoeuvreren en wijdde zich met overgave aan de opvoeding van haar zoon Frederik Hendrik en haar stiefkinderen.

De calvinistische republiek Gent onderwierp zich op 17 augustus 1584 aan Alessandro Farnese. Champagney kwam eindelijk vrij, en werd meteen gouverneur van de stad. Op 2 oktober werd de Sint-Baafskathedraal opnieuw gewijd en in gebruik genomen door katholieken.

Op 10 maart 1585 werd Brussel door troepen van Farnese ingenomen.

Al op 3 juli 1584 begon Farnese, met vers aangekomen Spaanse en Italiaanse soldaten, de stad Antwerpen te belegeren. Na de val van Gent beschikte Farnese over voldoende manschappen om het grote Antwerpen volledig te omsingelen. De Schelde sloot hij af met een zware schipbrug. De stad viel op 17 augustus 1585.

Filips van Marnix onderhandelde als buitenburgemeester van Antwerpen met Farnese over gunstige voorwaarden voor overgave van deze stad. Ze konden het goed met elkaar vinden. Marnix verkondigde ook publiekelijk dat de stad bij Farnese in goede handen was. De 'val' van Antwerpen werd hem door Staatsgezinden en calvinisten zwaar aangerekend. Hij zou nooit meer een officiële functie bekleden. Hij sleet zijn dagen op zijn landgoed bij West-Souburg en stierf in 1598.

Nadat Antwerpen in handen van Farnese kwam, groeven enkele jezuieten de stoffelijke resten van Jean Jaureguy op, die een tijd lang als relikwie werden tentoongesteld.

De Staten reageerden met een vrijwel volledige blokkade van de Schelde, waardoor Antwerpen voor onbepaalde tijd van haar directe verbinding met open zee werd beroofd.

De inname van Antwerpen door Farnese versterkte de uittocht van Vlamingen en Brabanders, die om religieuze, politieke of economische redenen naar elders vertrokken, veelal naar Zeeland en Holland, waar hun komst bijdroeg aan een krachtige bloei in de jaren vanaf 1590. Van de circa 100.000 inwoners van Antwerpen omstreeks 1550 waren er veertig jaar later zo'n 40.000 over.

De nabije toekomst was aan Holland. Dat gewest benoemde in 1586 Johan van Oldenbarnevelt tot landsadvocaat, met als taak het dagelijks bestuur in goede banen te leiden, een taak die hij ruim opvatte en doortastend uitvoerde.

In 1585 besloot Elizabeth van Engeland zich alsnog openlijk in de Nederlandse strijd te mengen door haar raadsman Robert Dudley, de graaf van Leicester, met een legermacht van 5000 man naar de Nederlanden te sturen. Tegen de wens van Elizabeth benoemden de Staten hem tot landvoogd. Leicester kreeg al snel conflicten met de pragmatische krachten in met name Holland. Hij liet zijn oren steeds meer hangen naar de strenge calvinisten, en koos zijn residentie in Utrecht. Hij verbood Hollandse en Zeeuwse kooplieden de lucratieve handel op de vijand. In 1587 werd hij door de gematigde Hollandse factie onder aanvoering van Johan van Oldenbarnevelt het land weer uitgewerkt.

Na dit debacle, en om het simpele feit dat wat resteerde van de Unie van Utrecht nog altijd stand wist te houden, ontstond op 12 april 1588 de Republiek der Verenigde Nederlanden, een nieuw soeverein land.

De openlijke Engelse steun voor de opstandige Nederlanders wekte de woede van Filips II die besloot tot een vernietigende strafoefening. Hij liet een 'onoverwinnelijke vloot' uitrusten van 130 schepen, met 30.000 man aan boord: de Armada. Hoofddoel was de verdrijving van Elizabeth van de Engelse troon, waarvoor Farnese in Vlaanderen een invasieleger moest bijeenbrengen, terwijl hij juist voorbereidingen trof om Holland definitief op de knieën te brengen. Door een reeks tactische missers en gebrek aan stuurmanskunst werd de vloot al snel uit elkaar geslagen. Nederlandse schepen voorkwamen de vereniging van de Armada met het leger van Farnese. Een hevige storm deed de rest. De operatie werd een catastrofe, die Filips II nauwelijks meer te boven zou komen.

Farnese werd in 1588 door zijn opdrachtgever Filips II gedwongen naar Frankrijk op te trekken om te helpen bij het in het zadel helpen van de katholieke factie van de Guises.

Catharina de' Medici overleed begin 1589. Haar zoon Hendrik III – die twee vooraanstaande Guises uit de weg had laten ruimen, werd zeven maanden later zelf het slachtoffer van een sluipmoord. Hij werd opgevolgd door Hendrik van Navarra, zich noemende 'IV', die bij die gelegenheid zijn calvinisme afzwoer en katholiek werd. Parijs was hem wel een mis waard.

Farneses afwezigheid in de Nederlanden gaf de nieuwe bevelhebber van het Staatse leger, Oranjes zoon Maurits, juist voldoende tijd om zijn krijgsmacht verder te moderniseren en een strijdplan te ontwikkelen dat Holland, Zeeland en Utrecht duurzame veiligheid zou gaan bieden. Nadat de Staten meer dan tien jaar tegen Farnese in het defensief waren geweest, begon Maurits, samen met zijn neef Willem Lodewijk een offensieve oorlog. Vanaf dat moment regen de successen zich aaneen, met onder andere de herovering van Breda in 1590.

Filips II verloor door influisteringen van zijn raadgevers het vertrouwen in Farnese, zijn neef en meest briljante veldheer. Vlak voor Farnese naar Spanje teruggeroepen dreigde te worden, stierf hij, waarschijnlijk aan de gevolgen van een in Frankrijk opgelopen schotwond.

In 1596 ging het Spanje van Filips II voor de derde keer bankroet.

Filips II overleed op 13 september 1598 in het Escorial, bij het ochtendgloren, in zijn eigen bed, onder de aanzwellende klanken van het kloosterkoor.

De wereldmacht Spanje zou haar oude glorie nooit meer herwinnen.

Jan van Nassau diende in 1589 bij de Staten-Generaal een eindafrekening met 479 bijlagen in van de nog openstaande schulden die door zijn familie sinds 1567 waren aangegaan voor de bevrijding van de Nederlanden: 645.000 karolusguldens.

Op 31 juli 1594 stemden de Staten-Generaal in met betaling van dit bedrag, dat op 11 augustus 1603 afgelost moest zijn; de laatste betaling volgde uiteindelijk in 1631.

In 1592 stuurde Jan van Nassau ook nog een stevige rekening aan de Bredase Nassaus voor alle weldaden die zij in de loop der jaren vanuit Dillenburg genoten hadden. Een en ander bleek in de loop der jaren nauwkeurig geadministreerd te zijn, inclusief het doorberekenen van de jaarlijkse rente.

Amsterdam, de stad die in Holland het langst de zijde van Filips II had gehouden, zou uiteindelijk het meeste profiteren van diens afzwering en de keuze voor de republikeinse staatsvorm. De Amsterdamse bevolking verdrievoudigde in veertig jaar tijd, terwijl andere Hollandse steden, zoals Enkhuizen en Dordrecht, achterbleven en na het midden van de zeventiende eeuw soms een lange periode van stagnatie en zelfs krimp tegemoet gingen.

Het kapittel van het Gulden Vlies in 1559 te Gent, in de weken dat Oranje en Filips II elkaar voor het laatst zagen, was meteen het laatste kapittel dat in de Nederlanden werd gehouden.

Filips van Croÿ, de hertog van Aerschot, diende nog geruime tijd het bewind van Filips, raakte in 1595 in conflict met de nieuwe landvoogd, de graaf van Fuentes. Hij vertrok ontgoocheld uit de Nederlanden, vestigde zich in de vrije stad Venetië, waar hij kort daarna, op 11 december 1595, stierf.

François de la Noue werd eind juni 1585 na vijf jaar gevangenschap vrijgelaten en keerde naar Frankrijk terug.

Matthias ging na terugkeer aan het Weense hof een turbulent politiek leven tegemoet, en werd in 1612 keizer over het Heilige Roomse Rijk. Het door de Staten-Generaal beloofde jaargeld van 60.000 gulden werd hem niet één keer uitbetaald.

De erfgenamen van Balthasar Gerards moesten lang wachten op enige genoegdoening, zoals die in het banedict door Filips II was beloofd. In 1589 werd de familie in de adelstand verheven, met alle (belasting)voordelen die daar bij hoorden. In 1590 kreeg de familie een drietal landgoederen in Franche-Comté toegewezen, die op een waarde van 25.000 kronen werden getaxeerd. De landgoederen kwamen uit het geconfisqueerde bezit van Willem van Oranje. Filips bedong dat hij voor dat bedrag de landgoederen altijd moest kunnen terugkopen. De familie had een beloning in natura waar ze weinig mee konden.

De zalig- of heiligverklaring van Balthasar Gerards is door het Vaticaan nooit in gang gezet.

Bij het overlijden van Oranje had de gereformeerde kerk al een bevoorrechte positie als de enig toegestane kerk. Toch werd ze geen staatskerk – volgens sommigen is dat te wijten dan wel te danken aan Willem van Oranje. In het zuiden werd de relatie tussen de staat en de katholieke kerk vanaf omstreeks 1595 inniger dan ze in decennia geweest was.

Filips Willem verbleef sinds 1568 in Spanje aan het hof van Filips II en werd scherp bewaakt. Hij werd pas in 1595, ruim veertig jaar oud, door Filips II onder voorwaarden vrijgelaten, in 1596 keerde hij terug in de Nederlanden. In de Zuidelijke Nederlanden en ook in de Republiek kreeg hij een groot deel van het bezit van zijn ouders in handen.

Filips Willem eiste ook het bezit van zijn vader in Franche-Comté op. De nazaten van Balthasar Gerards werden gedwongen dit bezit op te geven, en werden schadeloosgesteld met een bedrag dat minder dan de helft van de oorspronkelijke beloning beliep.

Filips Willems zuster Maria had in de jaren van diens gedwongen verblijf in Spanje hun gezamenlijke erfgoed uit de nalatenschap van hun beider moeder Anna van Buren beheerd, en kwam daarover regelmatig in conflict met haar halfbroer Maurits. Ze trouwde op haar eenenveertigste met Filips van Hohenlohe.

Anna, de oudste dochter uit het huwelijk met Anna van Saksen vatte een grote liefde op voor haar volle neef Willem Lodewijk van Nassau, en trouwde hem in 1587.

Van de kinderen uit het huwelijk met Charlotte de Bourbon, huwde Louise Juliana met Frederik IV, keurvorst van de Palts; Elizabeth trouwde een oudere hugenootse edelman, Henri de la Tour, en Catharina Belgica een Duitse graaf, Filips Lodewijk van Hanau-Münzenberg. Charlotte Flandrina die al bij Oranjes leven haar vorming in Frankrijk genoot, werd in 1588 katholiek en in 1605 werd ze abdis van het klooster van Sainte-Croix, bij Poitiers. Haar jongere zuster Charlotte Brabantina ontpopte zich als de oogappel van stiefmoeder Louise de Coligny; ze trouwde met een hugenoot, Claude de la Trémoille, hertog van Thouars. Emilia Antwerpiana bleef lang ongehuwd en trouwde op haar vierendertigste met Frederik Casimir, paltsgraaf van Zweibrücken-Landsberg.

Frederik Hendrik, het enige kind uit het huwelijk met Louise de Coligny, studeerde enige tijd in Leiden, maar werd al vanaf zijn vijftiende door de Staten en zijn halfbroer Maurits ingeschakeld bij militaire operaties. Ondanks een leeftijdsverschil van bijna zeventien jaar konden beide broers goed met elkaar overweg; Frederik Hendrik bleek net als Maurits een militair natuurtalent. Hij trouwde met zijn achternicht Amalia van Solms. Na het overlijden van Maurits benoemden zes van de zeven Nederlandse gewesten Frederik Hendrik tot hun stadhouder. Alleen Friesland hield vast aan een stadhouder uit het Duitse huis van Nassau. Onder aanvoering van Frederik Hendrik begon de Republiek een reeks veroveringen, die het Spaanse bewind uiteindelijk zo zwaar uitputten, dat vrede in zicht kwam. In de Vrede van Westfalen, op 30 januari 1648 te Munster ondertekend, werd de opdeling van de voormalige Bourgondische kreits in de Republiek der Zeven Verenigde Nederlanden en de Zuidelijk (Spaanse) Nederlanden beklonken. Frederik Hendrik maakte het niet meer mee; hij overleed tien maanden eerder.

Frederik Hendriks dochter Albertina Agnes huwde in 1652 met haar achterneef Willem Frederik van Nassau-Dietz, een kleinzoon van Jan van Nassau. Na het uitsterven van de rechte afstamming van Willem van Oranje met het kinderloze overlijden van Willem III in 1702, werden de nazaten van Albertina Agnes en Willem Frederik de basis van de huidige Oranje-dynastie.

De beginjaren van de Opstand hadden omstreeks 1590 al een mythische allure. Consciëntieuze tijdgenoten als Pieter Bor, Emanuel van Meteren en Everard van Reyd stelden op basis van een veelheid aan documenten en informatie uit de eerste en tweede hand omvangrijke geschiedenissen samen, waarin ze aan de grote complexiteit van de gebeurtenissen recht probeerden te doen. Het begin van een onafzienbare stroom publicaties die tot de dag van heden voortgaat.

Pieter Cornelisz. Hooft groeide op in een steeds welvarender wordend Amsterdam in een steeds machtiger wordende Republiek. Ook hij begon in 1628 te werken aan een geschiedenis van de Opstand, die vanaf 1642 in afleveringen verscheen: *De Nederlandsche historien*.

Hoofts vader had Oranje goed gekend en was regelmatig hard met hem in botsing gekomen. De zoon nam in later jaren waar dat zijn vader bij de gedachte aan Oranje en de vernieuwing die door hem in gang was gezet, telkens weer 'tot wenen bewogen werd'.

Dat was kennelijk wat Oranje met iemand kon doen. Nuchter verstand en emotie, afkeer en bewondering, liepen in elkaar over. Hooft wilde wel eens weten hoe dat zat en begon zijn onderzoek voor de *Nederlandsche historien*. Hooft was niet naïef; hij schilderde het politieke bedrijf als een broeinest van intriges, waarin Oranje een eigen soevereine, volhardende en geslepen rol opeiste. Het werd Hoofts levenswerk. Het bleef na bijna twintig jaar gestage arbeid onvoltooid. Het onderwerp was en is misschien ook wel te groot voor een mensenleven.

Over muntsoorten, tijdrekening, doden en gewonden

Geldbedragen zijn zo veel mogelijk weergegeven in de muntsoorten zoals ze in de bronnen voorkomen. In de Nederlanden werden verschillende munten c.q. rekeneenheden gebruikt, waarvan de gulden het meest voorkomt. Het ook veel gebruikte Artesische pond stond in waarde gelijk aan een gulden, en dat geldt ook voor de karolusgulden. Een pond Vlaams had een waarde van 6 gulden. De taler had doorgaans een waarde van ruim twee gulden, de kroon ook. De dukaat had een tegenwaarde van 3,15 gulden. De goudgulden was 1,40 gulden waard. Deze muntsoorten werden, afhankelijk van de precieze context, ook in het internationale verkeer gebruikt. De wisselkoersen fluctueerden onder invloed van geldcreatie en inflatie met name rond het midden van de zestiende eeuw soms hevig.

Wellicht belangrijker is het inzicht hoeveel geld iemand nodig had om zichzelf en een eventueel gezin te kunnen onderhouden. Een geschoold ambachtsman verdiende 150 à 200 gulden per jaar en dat was, afgezien van perioden van duurte, voldoende om goed van te leven.

De gebruikte dateringen zijn zo veel mogelijk aan ons huidige gebruik aangepast. In veel landstreken bestond de gewoonte pas met Pasen het nieuwe jaar te laten aanbreken; deze paasstijl is genormaliseerd. Dat geldt ook voor de introductie van de nieuwe tijdrekening, waartoe in 1563 op het Concilie van Trente was besloten en die in het najaar van 1582 door paus Gregorius werd ingevoerd. Ook in verschillende protestantse Nederlandse gewesten werd deze correctie als zinvol gezien: in Holland werd de gregoriaanse kalender op 1 januari 1583 ingevoerd; de volgende dag was het daardoor 12 januari. Die nieuwe datering is hier stilzwijgend gevolgd, ook waar bijvoorbeeld Groningse gezanten nog de oude tijdrekening aanhielden.

Een studie als deze leunt sterk op soms moeilijk verifieerbare gegevens in contemporaine bronnen. Door zo veel mogelijk van deze bronnen uit verschillende kampen tegenover elkaar te zetten is in eeuwen geschiedschrijving een inmiddels redelijk uitgewogen beeld ontstaan van verschillende onderdelen van het toenmalige bestaan. Een lastig te verifiëren gegeven blijft echter het aantal slachtoffers dat in deze jaren bij belegeringen, veldslagen, zeeslagen en sabotageacties is gevallen. Afgezien van alle kleinere schermutselingen, vallen in dit boek alleen al bij de grotere botsingen tussen de 60.000 en 70.000 doden, ettelijke procenten van de toenmalige Nederlandse bevolking van 2 à 3 miljoen zielen. Dit volgens opgave van tijdgenoten. Over gewonden werd veelal gezwegen. Kloppen deze cijfers? Ze riepen in de tijd zelf al veel discussie op, mede omdat ze deel uitmaakten van de stroom desinformatie, *the fog of war*, die al sinds onheugelijke tijden een belangrijk wapen is in de oorlogvoering. Meer zinnigs valt er niet over te zeggen.

Noten

Inleiding

1. Willem van Oranje aan Maria van Hongarije, 25 september 1555 (Corr. WvO no. 6392; Gachard (1847-1866) I, p. 151-153).
2. De plechtigheid stond aanvankelijk gepland voor 14 oktober (zie Gachard (1830) p. 71, Karel V aan de graaf van Lalaing, 26 september 1555).
3. Vgl. Parker (2019) p. 464-465; Postma (2000a) p. 97 e.v.
4. Zie Gorter-van Royen (1995) p. 315, en zie voor onderkoelde relatie tussen Maria en Filips ook: Kerkhoff (2008) p. 71 en 74.
5. Corr. WvO no. 6400 (Willem van Oranje aan Filips II, 26 oktober 1555; in Gachard (1847-1866) I, p. 160); en Corr. WvO no. 6019 (Filips II aan Willem van Oranje, 27 oktober 1555; in Japikse (1934) p. 90).
6. Vgl. Van der Plaat (2007) p. 261-262 (onder verwijzing naar de diepe ideologische kloof die spreekt uit de politiek pragmatische benadering van biograaf K.W. Swart (in Swart (1994)), en de veel meer religieus gekleurde visie van H. Klink in Klink (1997)); alsof het om twee verschillende personen gaat.
7. Aangehaald, met vergelijkbare observaties door anderen, in Rachfahl (1906-1924) II, p. 387.
8. Zie Rebhorn (1978) p. 165 e.v. en passim; zie specifiek voor de ambiance van Oranje: Delen (2002) p. 129 e.v.
9. De vraag is door Karl E. Demandt in 1969 als een van de eersten pregnant gesteld: 'Das in fast unübersehbarer Masse angebotene Quellenmaterial ist ambivalent, kontradictorisch und redet gewissermassen in zwei Zungen'; door hem in verband gebracht met het grote verschil tussen de wereld van de Spaanse monarchie aan de ene kant en die van de zelfbewuste adel en burgerlijke oppositie aan de andere kant (Demandt (1969) p. 126). Zie ook recenter: Swart (2008) passim; en Parker (2014) p. XVI, die Karel V aanhaalt en die meende dat diens regeringsdaden regelmatig vol contradicties zaten, iets wat hij zeker op Filips II en misschien ook wel op Willem van Oranje overdroeg.
10. Zie overzichten in Groenveld (1981) p. 56 e.v.; Van der Lem (1984a); Postma (1984) en Theissen (1933); Anton van der Lem heeft ook nog het licht laten vallen op een periode van nationaalsocialistische toe-eigening (Van der Lem (1984a) p. 193 e.v.); een recent voorbeeld van een drastische ideologisch getinte 'her-

ijking' in: Huijsen (2012) p. 29, die Oranje als wegbereider wil zien van 'democratie en mondig burgerschap'. In de naoorlogse discussie wordt vaak gerefeerd aan de metafoor van Jan Romein van het 'vergruisde beeld' om aan te duiden dat het ontwikkelen van een coherente overkoepelende visie met het voortschrijden van het historisch onderzoek gedoemd is steeds moeilijker te worden (vgl. Groenveld (1981) p. 83; Brandon (2014) p. 53). Nog in het herdenkingsjaar 1984 gaf A.Th. van Deursen te kennen dat deze ontwikkeling niet alleen winst opleverde, maar ook leidde tot het ontbreken van 'eenheid van visie' (Van Deursen (1984b) p. 214).

11. Postma (1984) p. 710.
12. Zie voor een historiografische analyse: Groenveld (1981), Pollmann (2009) en Van der Plaat (2007) p. 257 e.v. De gedeeltelijke (de periode 1572-1584 bestrijkende) biografie van Willem van Oranje door K.W. Swart, die in 1994 postuum werd uitgegeven, haalde al veel van het verheerlijkende beeld weg door Oranje regelmatig als een voortdurend worstelende realpolitiker of zelfs machiavellist te presenteren (Swart (1994) p. 116 en passim, zie ook inleiding van Jonathan Israel (id., p. 15), en de recensie van Anton van der Lem (Van der Lem (1994), en het overzicht van de ontvangst: De Keuning & Van der Plaat (1995) p. 2. e.v.
13. Vgl. Groenveld (1981) p. 71; Van Nierop (1995) p. 209; Pollmann (2009) p. 517-520 en passim. Als voorloper van de internationaliserende benadering geldt vooral het baanbrekende werk van Geoffrey Parker (o.a. Parker (1976b), Parker (1981a), Parker (1998)), en tevens Lovett (1971), Lovett (1972a), Lagomarsino (1973), Sutherland (1983). Terwijl de eerdergenoemde F. Postma in 1984 nog meende dat een 'internationaal opgezette geschiedenis van de Tachtigjarige Oorlog' hem 'met alle respect voor Oranje, nogal overtrokken' leek (Postma (1984) p. 708); zie voor een vergelijkbare visie: Groenveld e.a. (2008) p. 10: 'Zeker in de eerste decenniën van de Opstand vonden de gebeurtenissen primair plaats binnen de Lage Landen zelf.' Zie voor de gestage ontmanteling, sinds omstreeks 1960, van het 'nationale' discours in het onderzoek naar de Opstand: Mout (1999) p. 25 e.v.; Pollmann (2009) p. 517 e.v.
14. Vgl. Swart (2006) p. 22 en verwijzingen aldaar. Waarbij ook steeds meer aandacht komt voor de 'vuile handen' die Oranje, goede bedoelingen of niet, volop heeft gemaakt: zie o.a. Adriaenssen (2007); De Graaf (2004).
15. Vgl. Woltjer (1994a) p. 66; Mout (1999) p. 29 e.v.; Pollmann (2009) p. 519.
16. Zie met name Arnade (2008), Deen (2015), en Van Stipriaan (2007), en specifiek voor het gebruik van prenten: Horst (2003). Zie ook Van Nierop (1987) p. 40.
17. Van 1659 tot het Congres van Wenen (1815) was Philippeville Frans bezit. In de voornaamste kerk van Philippeville is wel kort na de stichting ervan een gedenkplaat aangebracht waarop dit feit gememoreerd wordt en waarop ook de eerste gouverneur van deze vesting, Lazarus van Schwendi, wordt genoemd.
18. Zie Swart (1975) p. 36 e.v., en Pollmann (2009) p. 518 e.v.; zie ook Te Velde (2009).
19. Geoffrey Parker sprak bij het voltooien van zijn tweede biografie die was gewijd aan Filips II en gebaseerd was op meerdere decennia belopend onderzoek naar deze vorst, over een ontmoedigende 'excess of data' (Parker (2014) p. XV); dat is in het geval van Willem van Oranje hoogstens gradueel minder, maar niet wezenlijk anders.

20. Ovidius, *Metamorphosen*, boek XI, vs 410 e.v. (Ovidius (2002) p. 316 e.v.); zie over Oranjes gebruik van dit motto: Eyffinger (1982) p. 42.

1 Het gewicht van de stamboom (1533-1547)

1. Zie Rachfahl (1906-1924) I p. 208-210 voor een overzicht van het verspreide bezit van de Nederlandse Nassaus omstreeks midden zestiende eeuw.
2. Zie het gedicht van de Dillenburger dichter Gottfried Hatzfeld uit 1559: over een gewelfde zaal heet het: 'Wie schon die gemalet sej, / Beweist die Schlacht vor Pavej' (Pletz-Krehahn (1994) p. 37, aldaar (p. 37-39) volledige weergave van het gedicht). Zie ook Hofmann (1994) p. 32: met name Hendrik III zorgde voor aanvoer van wandtapijten naar Dillenburg waarop de 'Geschichte' van het huis van Nassau werd verbeeld; zie Wezel (1999) p. 74-75 voor zenden van twee portretten door Hendrik III van zichzelf en vrouw Mencia.
3. Het valt niet met zekerheid te zeggen waar de bijnaam naar verwijst, en ook niet wanneer hij onder deze naam bekend werd: Rachfahl (1906-1924) I, p. 127-128; De Graaf (2018) p. 21.
4. Van Ditzhuyzen (1992) p. 151, meldt vier kinderen uit haar eerste huwelijk, Mörke (2010) p. 17 id.. Mulder z.j. p. 30 noemt nog een vijfde kind (een zoon), dat slechts één jaar geleefd heeft.
5. Heiler (1938) p. 76; zie tekst instructie in: Meinardus (1899-1902) I, 2 p. 316-317.
6. Dönges (1909) p. 221-222; Meinardus (1899-1902) I, 2 p. 316-317. Zie ook Heiler (1938) p. 76 e.v.; Mulder z.j. p. 63 e.v.; en Rachfahl (1906-1924) I, p. 140 e.v.
7. Blockmans (2020) p. 219.
8. Blockmans (2001) p. 63; Pettegree (2015) p. 143 e.v.
9. Heiler (1938) p. 77.
10. Rachfahl (1906-1924) I, p. 106.
11. Over Hendrik III zie Wezel (1999) en over zijn diensten aan het Bourgondisch-Habsburgse hof m.n. p. 33 e.v.
12. Wezel (1999) p. 58-59.
13. Albèri (1839-1863), I, 1, p. 62; zie ook Rachfahl (1906-1924) I, p. 106-107.
14. Wezel (2003) p. 209 e.v.
15. Zie o.a. Meinardus (1899-1902) I, 1, p. 29 e.v.; Meinardus wijst erop dat Hendrik III, die tijdens de opvoeding van de jonge Karel V hem diens stamboom had moeten uitleggen, daardoor op het idee zou zijn gekomen ook zijn eigen stamboom uit te laten zoeken.
16. Zie Joachim, Ernst, 'Heinrich II.' in: *Allgemeine Deutsche Biographie* 11 (1880), p. 547 e.v.
17. Zie voor de middeleeuwse Nassaus het overzicht in Jansen (1996) p. 14 e.v.
18. Jansen (1996) p. 26 e.v.; Korteweg (1998) p. 11.
19. Jansen (1996) p. 36 e.v.
20. Geevers (2011) p. 7.
21. Wezel (2003) p. 179 e.v.; de tapijten zijn verloren gegaan, maar de ontwerpen van Orley zijn bewaard gebleven: zie over de hele reeks van acht: Bücken & De Meûter (2019) p. 236-245.

22. Meinardus (1899-1902) I, 1, p. 13-14.
23. Cellarius (1968) p. 122. Romberg (1960) p. 25 geeft een inwonertal van 20.000; H. Kruse geeft voor een iets latere periode een inwonertal van hoogstens 80.000, op een grondgebied van ca. 2000 km² (Kruse (1932b) p. 19-20).
24. Meinardus (1899-1902) I, 1, p. 25.
25. Rachfahl (1906-1924) I, p. 136. Jansma noemt als motief ook nog het niet willen wekken van afgunst bij de landgraaf van Hessen (Jansma (1938) p. 89-91). Zie ook Mulder z.j. p. 48.
26. Vetter (1987) p. 15; Carton de Wiart (1945) p. 9; zie ook Jansma (1938) p. 88; Becker (1955) p. 139.
27. Röttsches (1953) p. 15-16; Jansma (1938) p. 88; zie ook Rachfahl (1906-1924) I, p. 133-134; Mulder z.j. p. 47-48. Vgl. Mörke (2010) p. 22, waar de komst van de nieuwe, in Wittenberg opgeleide hofkapelaan op 1526 wordt gedateerd.
28. Zie voor de ontwikkeling van Willem de Rijkes overtuigingen, mede onder invloed van Juliana van Stolberg, vooral Röttsches (1953) p. 15 e.v.
29. Romberg (1960) p. 21; Groenveld (1984) p. 126.
30. Mulder z.j. p. 7, 61 en Van Ditzhuyzen (1992) p. 151.
31. Domarus (1931) p. 35 e.v., deze weergave berust vooral op de 'Tischordnung' uit 1566 opgesteld door Oranjes broer Jan van Nassau, op dat ogenblik kasteelheer. Zie voor vergelijkbare richtlijnen de 'Hausordnung' van 1563: Dönges (1909) p. 50; zie ook Mulder z.j. p. 59.
32. Rachfahl (1906-1924) I, p. 141, waar Juliana van Stolberg wordt genoemd als degene die de hofschool vormgaf; zie ook Dönges (1909) p. 37); Vetter (1987) p. 15.
33. Mout (1984) p. 601; Mörke (2010) p. 24; Hatzfeld (1953) p. 188; over bibliotheek Rachfahl (1906-1924) I, p. 138; Carton de Wiart (1945) p. 9; Vetter (1987) p. 15.
34. Hatzfeld (1955) p. 28.
35. Geevers (2011) p. 10 e.v.; Hatzfeld (1953) p. 188 e.v. en passim.
36. Cellarius (1968) p. 124, die op 77 bewoonbare ruimten in het kasteel uitkwam, waar afhankelijk van het aantal gasten tussen de honderd en tweehonderd mensen verbleven.
37. Domarus (1931) p. 33-35.
38. Domarus (1931) p. 34 e.v.
39. Mulder z.j. p. 72, zie ook het gedicht van Hatzfeld uit 1559 (Pletz-Krehahn (1994) p. 37-38; KHA Nassau Beilstein A3 769).
40. Braudel (1987-1990) II, p. 120.
41. Mout (1999) p. 31; zie voor apocalyptische verwachtingen bij bijvoorbeeld Luther: Parker (2019) p. 124. Voor verbreiding van het apocalyptische denken in m.n. Frankrijk: Crouzet (1990).
42. Seznec (1953) p. 61 e.v. voor het verlangen de hemelse tekenen te kunnen duiden in zestiende eeuw; ook Luther nam astrologische voorspellingen serieus. Zie voorts Crouzet (1990) I, p. 101 e.v. en passim, en specifiek voor de zeer afwijzende houding van Calvijn tegenover astrologie (id., I, p. 135); Kaufmann (1993) p. 144, met enkele voorbeelden aan het als verlicht bekendstaande hof van keizer Maximiliaan II in Wenen. Zie ook het bijgeloof van Filips II (alchemie, toverij, astrologie enz.), in Parker (1981) p. 65-66.
43. Kervyn de Lettenhove (1881) p. 144, Wedgwood (2001) p. 11, steeds zonder bronvermelding.

44. Wezel (2003) p. 209, ook wel ‘Renatus’. Zie tevens Punt & Sloos (2018) p. 24, waar ‘Reinoud’ als oorspronkelijke naam van René wordt genoemd.
45. Karel v aan Maria van Hongarije, 14 juli 1544; geciteerd in Van Alfen (1933a) p. 190. Zie ook Rachfahl voor een andere lezing van de gebeurtenissen, waarbij de auteur aanneemt dat de antilutherse stellingname die Willem van Oranje in zijn *Apologie* van 1580 in de mond legt van president van de Geheime Raad Lodewijk van der Schore (‘Filius haeretici non debet succedere’ (Verwey (1923) p. 19), min of meer op persoonlijke titel is uitgesproken. Een en ander komt ook voort uit twijfel aan authenticiteit van de bronnen, omdat door Rachfahl nog werd aangenomen dat René op 17 juli gewond raakte, in plaats van op 14 juli (Rachfahl (1906-1924) I, p. 588-589 (noot 1 bij p. 142).
46. Vgl. korte verslag Jean van Vandenesse: ‘le prince d’Orenges [...] fut [...] rapporté au logis de Sadicte Majesté [Karel v]’ (Gachard (1874) p. 289).
47. Van Alfen (1933a) p. 191-192.
48. Maria van Hongarije aan Karel v, 30 juli 1544 (Van Alfen (1933a) p. 198).
49. Van Alfen (1933a) p. 200.
50. Meinardus (1899-1902) II, 2, p. 1-47.
51. KHA C01-76 (testament René van Chalon), ook te vinden op https://www.koninklijkeverzamelingen.nl/. Voor een globale omschrijving van alle bezittingen uit de erfenis van René van Chalon; Rachfahl (1906-1924) I, p. 117 en een meer gedetailleerde inventarisatie van het gehele bezit van Willem van Oranje in Bos-Rops (1984). Zie ook https://www.nationaalarchief.nl/onderzoeken/archief/1.08.01/ .
52. Leemans & Leemans-Prins (1986) p. 21.
53. Wezel (2003) p. 213-214.
54. Vgl. opmerkingen met die teneur van Granvelle in het najaar van 1545, dat de keizer niet zozeer aan de oprechtheid van Willem de Rijke twijfelde, als wel aan zijn hang naar lutherse nieuwigheden, zie notitie van Knüttel (Meinardus (189-1902) II, 2, p. 50).
55. Becker (1955) p. 140; Jansma (1938) p. 88-89.
56. Blockmans (2001) p. 147-148.
57. Blok (1919-1920) I, p. 18; Carton de Wiart (1945) p. 12; Van Roosbroeck (1974) p. 53.
58. Heymans (2014) p. 134 e.v.; zie ook Blok (1905) p. 130.
59. Blok (1905) p. 131; Blok (1919-1920) I, p. 17. Zie ook Rachfahl (1906-1924) I, p. 147 e.v.
60. Blok (1919-1920) I, p. 17; Korteweg (2008) p. 65-66.
61. Blok (1905) p. 130, met verwijzing naar Meinardus II, 2, no. 59-60.
62. KHA, inv. nr. A11-II-1; zie ook Blok (1905) p. 131.
63. Meinardus (1899-1902) II, 2, p. 59-60; Rachfahl (1906-1924) I, p. 143; Cellarius (1980) p. 298.
64. Meinardus (1899-1902) II, 2, p. 54-57 (besluit Karel v inzake erfenis René van Chalon, d.d. 13 februari 1545); zie ook Rachfahl (1906-1924) I, p. 145.
65. Cellarius (1980) p. 298.
66. Blok (1919-1920) I, p. 19; De Troeyer (1961) p. 25; Carton de Wiart (1945) p. 21; Van Roosbroeck (1974) p. 55.
67. Meinardus (1899-1902) II, 2, p. 59 (aanstellingsbrief voor Claude Bouton, Breda,

25 maart 1545); zie voor de inrichting van Willems huishouding in de eerste Nederlandse jaren: Delen (2002) p. 15 e.v.

68. Gegevens over deze reis werden bijeengebracht in Boeles (1865). Zie ook Punt & Sloos (2018) p. 69 e.v.
69. Boeles (1865) p. 233, met de gegevens van het bezoek aan Zwolle.
70. Claude Bouton aan Willem de Rijke, Nijmegen 25 mei 1545 ('[...] que monseigneur le prince, votre filz, se porte bien et que j'ay bon espoir qu'il sera homme de bien, car il est tout voluntaire a faire ce que on luy dit.' (Leemans & Leemans-Prins (1969) p. 107).
71. Gorter-van Royen (1995) p. 279-280.
72. Schrader (1998) p. 85-86 en Burke (1999) p. 419 e.v. Zie voor de *translatio imperii*-gedachte, o.a. Meganck (2017) p. 37. Zie voor voorbeeldwerking Karel de Grote op Karel v: Parker (2019) p. 115 e.v., p. 230.
73. Vetter (1987) p. 23.
74. Blockmans (2001) p. 54; Parker (2019) p. 66, p. 221.
75. Blockmans (2001) p. 178, p. 186; Parker houdt het op minimaal 100.000 door Karel persoonlijk ondertekende brieven en documenten (Parker (2019) p. x).
76. Huizinga (1933) p. 144.
77. Parker (2019) p. 290-291, over Karels afkeurende visie op meegaande en pluimstrijkende adviseurs, die gedreven werden door al te grote aspiraties, met de hertog van Alva als sprekend voorbeeld.
78. Punt & Sloos (2018) p. 70.
79. Röttsches (1953) p. 16, 22.
80. Blockmans (2001) p. 132; Blockmans (2020) p. 223 e.v.
81. Pettegree (2015) p. 22 en passim.
82. Geciteerd bij Blockmans (2001) p. 134-135 (Karel v aan Filips II, 8 augustus 1546).
83. Pettegree (2015) p. 313. Een iets andere lezing van het gebeuren bij Parker (2019) p. 328, die ervan uitgaat dat Karel v de schending van het lijk voorkomen zou hebben ('I don't make war on the dead, only on the living').
84. Op 3 augustus 1548 in de laatste dagen van de rijksdag van Augsburg deed Karel v voorlopig uitspraak, die erop neerkwam dat Hessen en ook Nassau zich hadden te onderwerpen aan een door de keizer gecontroleerde rechtsgang, wat voor Hessen op dat ogenblik weinig goeds beloofde, maar nog geen definitieve beslissing inhield (Meinardus (1899-1902) II, 2, p. 152-153; Rachfahl (1906-1924) I, p. 160-161).
85. Rachfahl (1906-1924) I, p. 149-150.
86. Kamen (2005) p. 51; betr. Jozua 10:12-13.
87. Leemans & Leemans-Prins (1986) p. 28.
88. Delen (2002) p. 238 (aldaar n. 158: met verwijzing naar 'Stadsrekening 1546, GA Breda, OA, inv. nr. 1524, f. 44v.'). De datering van de archiefstukken volgt de datering in de z.g. paasstijl, waarin het nieuwe jaar pas met Pasen aanbrak.
89. Zie brief van Maria van Hongarije aan Willem de Rijke, Brussel, 2 november 1546 (Meinardus (1899-1902) II, 2, p. 81); en Willem de Rijke aan de graven van Neuenahr, 20 november 1546 (Meinardus (1899-1902) II, 2, p. 82).
90. Zie toezegging van Maria van Hongarije aan Willem de Rijke, op 27 januari

1547 (Meinardus (1899-1902) II, 2, p. 90); in de tussentijd had Karel V contact gelegd met Willem de Rijke, om eventueel gezamenlijk op te trekken tegen de landgraaf van Hessen (id., p. 84: Maria van Hongarije aan Willem de Rijke, 29 december 1546); een toezegging die na de Slag bij Mühlberg, waar Willem de Rijke niet aan deelnam, weer werd ingetrokken (id., p. 100: brief van Maria van Hongarije aan Willem de Rijke, 26 april 1547).

2 Acteren als Bourgondiër (1547-1558)

1. Rachfahl (1906-1924) I, p. 150; Van Schelven (1948a) p. 8; Van Nierop (1984b) p. 672; zie ook de orde van het Gulden Vlies, waarvan de leden bij afspraak 'cousin' of 'neve' van de vorst werden (Verhofstad (1937) p. 70).
2. Tanner (1993) p. 98 e.v. en passim voor hoe dergelijke ideeën ook al door Karels Bourgondische en Habsburgse voorgangers gedragen werden, onder andere culminerend in de oprichting van de orde van het Gulden Vlies door Filips de Goede (id., p. 6).
3. Burke (1999) p. 414 e.v., p. 423 e.v.; zie ook Tanner (1993) p. 109-113.
4. Zie voor het nog altijd actueel zijn van Karels wereldomspannende ambities omstreeks 1547: Postma (2000a) p. 53-54. Het bekendste voorbeeld van een Duitse protestantse vorst die moeite had met het aanvaarden van het keizerlijk gezag van Karel V, was landgraaf Filips van Hessen, die denigrerend over hem sprak als 'Karel van Gent' en meende dat de keizer door de keurvorsten ook weer afgezet kon worden (Parker (2019) p. 323).
5. Zo dacht ook een late tijdgenoot als Pieter Bor er al over (Bor (1621-1634) II, fol. 423r).
6. Zie o.a. Van Durme (1953) p. 121.
7. Kerkhof (2008) p. 225.
8. Gorter-van Royen (1995) p. 13; Kerkhoff (2008) p. 226; het gebied dat hiermee gemoeid was bestreek grofweg de huidige Benelux en nog een aanzienlijk gebied in het huidige Noord-Frankrijk, waaronder Artesië; zie ook Mout (1995) p. 143; Geevers (2008) p. 74.
9. Van Durme (1953) p. 66.
10. Sastrow (1984) p. 132; zie ook Parker (2019) p. 332 e.v.
11. Meinardus (1899-1902) II, 2, p. 125 (Willem de Rijke aan Granvelle uit Augsburg, 22 augustus 1547). Vgl. Rachfahl (1906-1924) I, p. 160-161.
12. Parker (2019) p. 334-335.
13. Sastrow (1984) p. 136-137.
14. Sastrow (1984) p. 135-136.
15. Gachard (1874-1882) II, p. 357; zie ook Delen (2002) p. 212.
16. Kerkhoff (2008) p. 227.
17. Baelde (1967) p. 40; Vetter (1992) p. 46; Mout (1984) p. 604.
18. Meinardus (1899-1902) II, 2, p. 71 (verslag Wilhelm Knüttel, augustus 1546); id., p. 74-75 (Ludwig van Stolberg aan Willem de Rijke, 26 augustus 1546).
19. Meinardus (1899-1902) II, 1, p. 29-30.
20. Vgl. bijv. Meinardus (1899-1902) II, 2, p. 86-87 (Willem de Rijke aan Ludwig van Stolberg, 16 januari 1547).

21. Meinardus (1899-1902) II, 1, p. 30.
22. Zie opmerking van Willem de Rijke in brief aan Ludwig van Stolberg (concept), 27 augustus 1546 (Meinardus (1899-1902) II, 2, p. 76).
23. Lefèvre (1969) p. 71 e.v.
24. Zie Lefèvre (1969), die zich bij zijn ontmythologisering baseert op een uitgebreid verslag van Maximiliaans biechtvader Jacques Cunretorsius (id., p. 75). Doorwerking van deze mythe onder andere bij Schipperus (1962), p. 24, De Graaff (2018) p. 41. Een uitgebreide versie van dit verhaal bij tijdgenoot Pierre Bourdeilles, heer van Brantôme in: Brantôme (1858-1895) I, p. 355-360.
25. Brantôme (1864-1882) I, p. 359 ('Ainsin, supperbement vestu et armé, mourut ce grand cavallier flamand [...]'). Details van de eigenhandige brief bij Parker (Parker (2019) p. 522).
26. Zie brief van Stephanus Montanus aan Wilhelm Knüttel, gedateerd op december 1548; de brief zal er ongeveer een week over hebben gedaan Dillenburg te bereiken (Meinardus II, 2, p. 177).
27. Vgl. de tekst van het huwelijkscontract tussen Willem en Anna, waarin daaraan gerefereerd wordt (Hofman (1893) p. 70-71); zie ook Van Roosbroeck (1974) p. 57.
28. Gegeven in Van Alfen (1933b) p. 410, en Schipperus (1962) p. 25, telkens zonder bronvermelding. Dat Maximiliaan van Egmond erbij was, lijkt onaannemelijk, omdat hij omstreeks deze tijd in Duitsland verbleef.
29. Groenveld (2001) p. 21; Delen (2002) p. 243-244.
30. Cellarius (1980) p. 302.
31. Kerkhoff (2008) p. 16; over Maria van Hongarije behalve de genoemde studie van Kerkhoff ook Gorter-van Royen (1995).
32. Gorter-van Royen (1995) p. 97 e.v., p. 103-104; over Maria's collecties: Kerkhoff (2008) p. 24, p. 189 e.v.
33. Gorter-van Royen (1995) p. 98.
34. Gorter-van Royen (1995) p. 97; zie voor haar kennis van het Latijn id., p. 54.
35. Gorter-van Royen (1995) p. 110; zie ook Bart Jan Spruijt in: Van den Boogert & Kerkhoff (1993) p. 88 e.v.
36. Kerkhoff (2008) p. 184. Zie Van Nierop (1987) p. 32 over het op de *Index* plaatsen van Erasmus' gehele oeuvre in 1559; en voor titels die al eerder verboden werden zie o.a. inleiding van P.M.M. Geurts bij Erasmus (1989) p. 54.
37. Bouton had behalve zijn carrière aan het hof van eerst Filips de Schone en later Karel V, ook literaire interesses, zo schreef hij een lang gedicht 'Miroir des Dames', dat in de nalatenschap van Margaretha van Oostenrijk werd aangetroffen (Beauvois (1882) p. CLXXII en passim).
38. Erasmus (2006) p. 136, in de vertaling van Jeanine de Landtsheer & Bé Breij. Zie ook nadere uitwerking op p. 148.
39. Erasmus (2006) p. 139.
40. Erasmus (2006) p. 141, p. 151, p. 160.
41. Erasmus (2006) p. 201, p. 204-205.
42. Tenhaeff (1933) p. 24-25.
43. Erasmus (2006) p. 16, en voor alle genoemde aanbevelingen: zie id. p. 10-17. Zie ook Delen (2002) p. 129 e.v. voor de relevantie van Erasmus' denkbeelden over etiquette voor Willem van Oranje en zijn entourage.

44. Erasmus (2006) p. 22.
45. Rebhorn (1978) p. 23 e.v.; zie ook Delen (2022) p. 129.
46. Vgl. voor de doorwerking van dergelijke ideeën in de Nederlandse context, onder anderen bij Justus Lipsius: Waszink (1999) p. 254; Van Gelderen (1999) p. 206 e.v.
47. Swart (1993) p. 66; Lancée (1979) p. 168.
48. Van Deursen (1984) p. 154.
49. Woltjer (2011) p. 52. Vgl. o.a. Strong (2003) p. 119 voor het idee van het Bourgondische hofleven in termen van choreografie; specifiek voor toernooien Sinkevic (2006) p. 22 en passim.
50. Zie het journaal van Jean van Vandenesse in Gachard (1874-1882) II, p. 377-378.
51. Gorter-van Royen (1995) p. 91, p. 292; Kerkhoff (2008) p. 138 e.v.
52. Kerkhoff (2008) p. 168-169; Punt & Sloos (2018) p. 54-58. Over Willem van Oranje als valkenier: Haslinghuis (1933) p. 271, p. 280; Vetter (1992) p. 78-80.
53. De opdracht van Karel zou al op 18 januari 1548 naar Filips zijn uitgegaan (vgl. Wellens (1959) p. 275).
54. Parker (2014) p. 35.
55. Álvarez (1964) p. 74.
56. Álvarez (1964) p. 77; Parker (2014) p. 35.
57. Álvarez (1964), p. 82; zie ook Meadow (1998) p. 38-39; Blockmans (2020) p. 234-237.
58. Erasmus (2006) p. 206 (*Opvoeding van de christenvorst*).
59. Álvarez (1964) p. 83; zie ook Van Gelderen (1991) p. 13 en passim; Blockmans (2020) p. 233-237.
60. Glotz (2003) p. 15.
61. Maria van Hongarije was naar alle waarschijnlijkheid de bedenker van alle festiviteiten (Kerkhoff (2008) p. 152).
62. Glotz (2003) p. 68; zie ook Delen (2002) p. 170-171.
63. Peters (1998) p. 21.
64. Peters (1998) p. 15. Zie het journaal van Jean van Vandenesse, die Oranje expliciet noemt als deelnemer aan een feest in de Grote Zaal te Binche op 24 augustus (Gachard (1874-1882) II, p. 386).
65. Parker (1981) p. 33.
66. Gachard (1874-1882) II, p. 388-389; zie ook Strong (2003) p. 197.
67. Meadow (1998) p. 37, p. 41; Meinardus (1899-1902) II, 2, p. 200 (n. 1); zie ook Delen (2002) p. 171.
68. Zie Grapheus (1550) fol. A2v; waarbij het ook niet hielp, aldus Grapheus, dat Filips eerder bij Antwerpen arriveerde dan verwacht, terwijl de stad nog volop met de voorbereidingen bezig was. Zie ook Meadow (1998) p. 62.
69. Álvarez (1964) p. 112, p. 125.
70. Gachard (1874-1882) II, p. 391, waar sprake is van het vertrek uit Antwerpen van de keizer op 17 september 1549.
71. Parker (2019) p. 416.
72. Meinardus (1899-1902) II, 2, p. 197, p. 200, brieven uit augustus en september 1549, waarin van de aanstaande aanstelling van Champagney sprake is. Vgl. Cellarius (1980) p. 302 en Delen (2002) p. 47, waar van 1548 als jaar van aan-

stelling wordt uitgegaan. Beknopte biografische gegevens over Champagney in *Nationaal biografisch woordenboek* (1964-) I, kol. 753-754.

73. Zie voor deze analyse van belangrijkste beweegredenen voor de aanstelling van Champagney: Blok (1905) p. 135; zie ook Blok (1919-1920) I, p. 20-21, en Mörke (2010) p. 52.
74. Van Durme (1953) p. 3, p. 44, p. 75-76; en datzelfde vertrouwen ondervond Granvelles zoon Antoine, vgl. Parker (2019) p. 431.
75. Van Durme (1953) p. 11.
76. Meinardus (1899-1902) II, 2, p. 197 (brief W. Knüttel aan de aartsbisschop van Keulen, augustus 1549).
77. Tenhaeff (1933) p. 26.
78. Van Schelven (1948a) p. 5; Marie-Ange Delen suggereert dat Willem van Oranje pas omstreeks 1565 intensief van het Brusselse paleis gebruik ging maken (Delen (2002) p. 60). Uit een brief van Willem van Oranje aan Anna van Buren [Egmond] van 28 november 1555 spreekt het voornemen akkoord te gaan met het voorstel van Anna van Lotharingen ('la duchesse d'arscot') om tegen een rente van 6000 gulden haar vruchtgebruik over te doen aan Willem en Anna. (Corr. WvO no. 3859; zie ook Grothe (1859) p. 37). Uit een brief van Emanuel Filibert van Savoie kan worden afgeleid dat omstreeks 1 november 1557 het paleis definitief werd verlaten door Anna van Lotharingen, inmiddels ook weduwe van de hertog van Aarschot (Corr. WvO no. 6867, Emanuel Filibert van Savoie aan Willem van Oranje, Brussel, 1 november 1557). Zie ook nog brief van Willem van Oranje aan Anna van 11 december 1557, waarin hij vanuit Hasselt 'goed nieuws' meldt, want hij heeft te horen gekregen dat ze Breda kan verlaten, en de 16e of 17e december in Brussel welkom is (Corr. WvO no. 3869, vgl. Grothe (1859) p. 43).
79. Hale (1979) p. 94-95, waar sprake is van 34 bij 26 'spans' (een 'span' staat voor ongeveer 22 cm). Haslinghuis komt onder referentie naar De Beatis op 3,40x2,60 m (Haslinghuis (1933) p. 274 (n. 1)); Haslinghuis situeert het bed en ook Dürers bezoek abusievelijk in Breda.
80. Dürer (2008) p. 33.
81. Meganck (2014) p. 145 e.v. Zie ook Rachfahl (1906-1924) II, p. 141 e.v. voor het grote bezit aan huizen en landgoederen van Granvelle in de Nederlanden, en het bijbehorende opdrachtgeverschap aan kunstenaars en wetenschappers. Voor nauwe banden met Mor: Woodall (2000) p. 245, p. 251 en passim; en over Granvelles zakelijke relaties met Brueghel: Meganck (2014) p. 145 en passim.
82. Dit wordt gesuggereerd door Rachfahl (Rachfahl (1906-1924) I, p. 147-148, 212).
83. Delen (2002) p. 67 e.v., waar bij de schatting van de jaarlijkse inkomsten met gegevens wordt gewerkt die niet verder teruggaan dan 1560, en met een factor van bijna 2 als marge.
84. Meinardus (1899-1902) II, 2, p. 74; vgl. Rachfahl (1906-1924) I, p. 149-150; Mörke (2010) p. 75-76.
85. Rachfahl (1906-1924) I, p. 163.
86. Meinardus (1899-1902) II, 2, p. 206.
87. Rachfahl (1906-1924) I, p. 163-164.
88. Rachfahl (1906-1924) I, p. 164.

89. Meinardus (1899-1902) II, 2, p. 210 (Knüttel aan Willem de Rijke, 4 maart 1850).
90. Parker (2019) p. 420 e.v.; en specifiek voor de intensieve Nederlandse bemoeienis, met een hoofdrol voor Antoine Perrenot: Van Durme (1953) p. 87 e.v.
91. Chroniqueur Jean van Vandenesse maakt ook geen melding van Oranje in 1550 in Augsburg, terwijl zijn verslag zeer uitgebreid is (vgl. Gachard (1874-1882) II, p. 404 e.v.), wel kwam Oranje in het verdere verloop van de rijksdag naar Augsburg.
92. Rachfahl (1906-1924) I, p. 164-165.
93. Vgl. aantekening van Jean van Vandenesse, in Gachard (1874-1882) II, p. 455.
94. Vgl. het korte verslag van Jean van Vandenesse in Gachard (1874-1882) II, p. 454.
95. Zie relaas van Jean van Vandenesse, in Gachard (1874-1882) II, p. 459-460. Vgl. Van Durme (1953) p. 91.
96. Zie Gachard (1874-1882) II, p. 461. Vgl. de tekst van de huwelijkse voorwaarden zoals weergegeven in Hofman (1893), waar uitdrukkelijk sprake is van het 'approberen ende confirmeren' door de keizer van de overeenkomst (p. 82-83).
97. Diverse betrokkenen gaven al in februari 1551 hun volmacht het huwelijk door te zetten; vgl. Hofman (1893) p. 72 e.v. Enige geheimzinnigheid was niet vreemd aan deze operatie; zie een briefje van een van Oranjes raadslieden, Steven van den Bergh, die de graaf van Nieuwenaar, een van de getuigen, aanspoort snel naar Buren te komen voor het treffen van de verschillende regelingen met het oog op de terugkeer uit Augsburg van Maria van Hongarije: 'dat de wedercompst van de Coninginne in dese landen de saicke per avonturen nyet voorderen en soude' (Hofman (1893) p. 87); zie ook het naschrift bij deze brief, waarin op zwijzaamheid wordt aangedrongen in het geval dat Nieuwenaar de heer van Corbaron zou tegenkomen: 'om redene die [ick] U.Ge. liever heb te seggen dan te scriven, zoe dunct mijn niet geraede, dat U.Ge. van dit toecommende huuelick wel proposte hout mit mijn' Here van Corbaron [...].' (Hofman (1893) p. 88).
98. Zoals de titel 'heer van IJsselstein'; zie Hofman (1888) p. 221 e.v.; zie ook Mörke (2010) p. 52.
99. Delen (2002) p. 244.
100. Meinardus (1899-1902) II, 1, p. 108-109 (n. bij p. 160), Rachfahl (1906-1924) I, 165.
101. Ook in de huwelijkse voorwaarden werd uitdrukkelijk gerefereerd aan de rol van Granvelle (Hofman (1893) p. 72).
102. Meinardus (1899-1902) II, 1, p. 52. De besprekingen vonden op 7 juli plaats.
103. Het meest concrete gegeven uit deze weken dat ze plezierig met elkaar omgingen, is een aantekening van Anna in haar receptenboek voor geneesmiddelen van 13 mei 1551, waaruit blijkt dat Willem haar ook een paar recepten aan de hand deed, met name tegen kiespijn, en die aan haar dicteerde (Jacobs (1905-1906) p. 67 e.v.).
104. Meinardus (1899-1902) II, 1, p. 52; Rachfahl (1906-1924) I, p. 167.
105. Corr. WvO no. 7647 (Maria van Hongarije aan Willem van Oranje, Brussel, 27 juli 1551); vgl. Gachard (1847-1866) I, p. 473-474); Carton de Wiart (1945) p. 31.
106. Parker (2019) p. 430.
107. Parker (2019) p. 427-428.
108. Van Durme (1953) p. 91 e.v.
109. Parker (2019) p. 434.

110. Van Durme (1953) p. 92-93.
111. Postma (2000a) p. 56 e.v.; Parker (2019) p. 439.
112. Corr. WvO no. 7649 (Maria van Hongarije aan Willem van Oranje, Brussel, 5 december 1551; zie ook Gachard (1847-1866) I, p. 475-476).
113. Corr. WvO no. 11366 (Willem de Rijke aan Willem van Oranje, 6 december 1551; zie ook Meinardus (1899-1902) II, 2, p. 243-244).
114. Corr. WvO no. 6246 (Willem van Oranje aan Karel V, Brussel, 4 februari 1552, vgl. Gachard (1847-1866) I, p. 3-4); zie ook Blok (1919-1920) I, p. 25.
115. Corr. WvO no. 7651 (commissie d.d. 26 maart 1552 voor Lamoraal van Egmond, die mutatis mutandis ook voor Willem van Oranje en Aarschot heeft gegolden); Rachfahl (1906-1924) I, p. 169; Punt & Sloos (2018) p. 86.
116. Van Goor (1744) p. 140; Delen (2002) p. 236; Rachfahl (1906-1924) I, p. 169.
117. Corr. WvO no. 1317 (Willem van Oranje aan Willem de Rijke, 28 maart 1552); Corr. WvO no. 1318 (brief Willem de Rijke aan Willem van Oranje, 11 mei 1552, zie ook Meinardus (1899-1902) II, 2, p. 265-266).
118. Rachfahl (1906-1924) I, p. 169.
119. Corr. WvO no. 3826, zie ook Gachard (1847-1866) I, p. 1-2; over zwijgzaamheid Oranje tegenover Anna: Van Schelven (1948a) p. 33.
120. Corr. WvO no. 3828 (Willem van Oranje aan Anna van Buren, Binche, 21 juni 1552; zie ook Grothe (1859) p. 19); Carton de Wiart (1945) p. 35.
121. Corr. WvO no. 3835 (Willem van Oranje aan Anna van Buren, Bergen, 11 juli 1552); zie ook Groen (1835-1847) I, p. 7-8.
122. Corr. WvO no. 3834 (Willem van Oranje aan Anna van Buren, Châtelineau, ca. 6 juli 1552); zie ook Japikse (1934) p. 9-10.
123. Geciteerd bij Van Durme (1953) p. 103, zonder bronvermelding.
124. Parker (2019) p. 182 e.v.
125. Parker (2019) p. 24; zie ook Beauvois (1882) voor de diepe overtuiging van de keizer dat hij deze missie moest volbrengen, naar aanleiding van de opdracht aan Claude Bouton voor Austrasië een ridderschap van 80 edelen te organiseren (Beauvois (1882) p. LXI-LXII). Zie voor dertiende-eeuwse, Brabantse wortels van deze ambities Keesman (2017) p. 222 e.v., p. 432 e.v. Zie ook Gossart (1896) p. VIII e.v., en aldaar het 'Règlement de la maison du futur roi d'Austrasie' (id., p. 48-49), een document uit circa 1530 (id., p. VIII (n. 1). Vgl. Duke (2004) p. 16 en passim.
126. Zie de opmerkingen van ooggetuige Bertrand de Salignac in Zeller (1890a) p. 18.
127. Corr. WvO no. 6266 (Maria van Hongarije aan Willem van Oranje, Brussel, 14 september 1552; vgl. Gachard (1847-1866) I, p. 29-30); zie ook Rachfahl (1906-1924) I, p. 172.
128. Corr. WvO no. 6267 (Willem van Oranje aan Maria van Hongarije, Lemiers, 16 september 1552; vgl. Gachard (1847-1866) I, p. 31-32).
129. Corr. WvO no. 1329 (Willem van Oranje aan Willem de Rijke, Kornelimünster, 5 september 1552); vgl. Blok (1919-1920) I, p. 25.
130. Zie voor Willem de Rijkes bange voorgevoelens en groeiende wanhoop Corr. WvO. no 1325 (Willem de Rijke aan Willem van Oranje, Dillenburg, 5 augustus 1552), no. 1326 (Willem de Rijke aan Willem van Oranje, Dillenburg, 31 augustus 1552), no. 1331 (Willem de Rijke aan Willem van Oranje, Dillenburg, 12 september 1552). Vgl. Rachfahl (1906-1924) I, p. 168.

131. Zie brief van Willem van Oranje aan de keizer, vanuit Brussel op 1 oktober 1552 (Corr. WvO no. 1332, zie ook Japikse (1934) p. 17-18).
132. Corr. WvO no. 6285 (27 oktober 1552, vgl. Gachard (1847-1866) I, p. 40-41).
133. Zie aantekening in: Groen (1835-1847) I, p. 14.
134. Corr. WvO no. 1341 (Willem van Oranje aan zijn vader, Brussel, 17 december 1552; zie ook Meinardus (1899-1902) II, 2, p. 291-292).
135. Zie voor aanbeveling Maria van Hongarije: Van Schelven (1948a) p. 8: 'Je vou prye, monseigneur, le vouloir avoir en favorable recommendation comme vous savez quil le mérite et que selon son eaige il sest tres saigement conduit en ses charges et est de bonne expectation.' (Maria van Hongarije aan Karel V, 17 december 1552).
136. Corr. WvO no. 3839 (Willem van Oranje aan zijn vrouw, Thionville, 20 december 1552, zie ook Groen (1835-1847) I, p. 14). Zie ook Parker (2019) p. 444 (n. 58, waaruit blijkt dat Karel op 20 december in Thionville was). In de Oranjeliteratuur wordt, op gezag van Rachfahl, wel verondersteld dat de prins onverrichterzake is teruggekeerd, maar wordt geen rekening gehouden met de mogelijkheid van een ontmoeting in Thionville, op 30 kilometer van Metz (vgl. Rachfahl (1906-1924) I, p. 173; Punt & Sloos (2018) p. 93).
137. Zeller (1890a) p. 114-115 (verslag Bertrand de Salignac).
138. Van Durme (1953) p. 104; Parker (2019) p. 445.
139. Parker (2019) p. 440; zie voor vergelijkbare oordelen: Postma (2000a) p. 60; zie ook Kamen (2005) p. 58-59.
140. Aldus Giovanni Tommaso de Langosco Stroppiana, geciteerd in Parker (2019) p. 446.
141. Corr. WvO no. 7675 (conceptuitnodiging Maria van Hongarije aan Willem van Oranje en negen andere edelen, Brussel 24 januari 1553).
142. Blockmans (2001) p. 212.
143. Corr. WvO no. 1347 (Willem van Oranje aan Willem de Rijke, Breda, 31 januari 1553); zie ook Meinardus (1899-1902) II, 2, p. 296.
144. Van Durme (1953) p. 107; Parker (2019) p. 446-447.
145. Vgl. berichten van Franse zijde, zoals van François de Rabutin, in Zeller (1890a) p. 144.
146. Corr. WvO no. 11877 (Maria van Hongarije aan Willem van Oranje, Brussel 8 juli 1553, zie ook Lasonder (1918) p. 409-410).
147. Vgl. brief uit het 'feldtlager vor Hedin', op diezelfde dag: Corr. WvO no. 1361 (Willem van Oranje aan zijn vader, zie ook Meinardus (1899-1902) II, 2, p. 304-305). Zie ook Punt & Sloos (2018) p. 94.
148. Corr. WvO no. 7656 (Maria van Hongarije aan Willem van Oranje, Brussel, 20 augustus 1553, zie ook Gachard (1847-1866) I, p. 476-477). Vgl. Van Nierop (1984b) p. 658; Rachfahl (1906-1924) I, p. 174.
149. Corr. WvO no. 1362 (Willem van Oranje aan zijn vader, Breda, 31 oktober 1553, vgl. Japikse (1934) p. 3-4).
150. Zie hierover en ook over de rol van de Habsburgse diplomatie: Van Durme (1953) p. 114 e.v.; Postma (2000a) p. 72-73.
151. Van Durme (1953) p. 122-124. Delen noemt ook nog Anton van Lalaing, heer van Hoogstraten, als kandidaat (Delen (2002) p. 213).
152. Kerkhoff (2008) p. 162; zie ook Delen (2002) p. 254: waar op basis van het ont-

breken van Willems naam boven de rekeningpost van die dag wordt verondersteld dat hij de doop niet meemaakte, omdat hij wellicht was afgereisd naar Turnhout. Kerkhoff acht dit o.a. vanwege de aanwezigheid van de landvoogdes in Breda onwaarschijnlijk. Overigens oppert Delen ook dat Maria wellicht eerder is geboren dan 9 december omdat in de dagen daarvoor al werd begonnen met de inkopen voor het doopmaal, en dat gebeurde nooit voor het kind daadwerkelijk geboren was (ibidem). Over de gasten op dit doopfeest ook Rachfahl (1906-1924) I, p. 214.

153. Van Durme (1953) p. 126.
154. Van Durme (1953) p. 126; Postma (2000a) p. 73.
155. Concrete aanwijzingen daarvoor ontbreken; het kan met een slag om de arm worden afgeleid uit een anekdote die Oranje in 1576 in gezelschap vertelde (Kervyn de Lettenhove (1882-1900) VIII p. 368-369; zie ook Van Dorsten (1962) p. 46).
156. Hume (1892) p. 274; Parker (2014) p. 46.
157. Zie voor een hypothese dat Oranje vanwege deze gang van zaken wellicht naijver heeft gevoeld tegenover Egmond: Delen (2002) p. 213-214.
158. Zo hadden ervaren militairen als Alva en Egmond protocollaire functies gekregen bij de huwelijksplechtigheid (Hume (1892) passim). Zie voor blijken van ongeduld: id., p. 277.
159. Gaulain e.a. (2018) p. 23.
160. Corr. WvO no. 7659 (Karel V aan Willem van Oranje, Brussel, 22 juni 1554; zie ook Gachard (1847-1866) I, p. 477-478). Vgl. Punt & Sloos (2028) p. 99.
161. *Neue deutsche Biographie* (1953-) 7, p. 264-265; De Graaf (2018) p. 77.
162. De Witt Huberts (1933) p. 318, naar een getuigenis van François de Rabutin: 'pour mieux [...] nous intimider, s'etoient tous faits noirs comme beaux diables'; zie ook Groen e.a. (2013) p. 132, waar een iets andere verklaring voor de bijnaam 'Zwarte Ruiters' wordt gegeven; zie ook Van der Essen (1933-1937) II, p. 17-18.
163. Delen (2002) p. 214.
164. Veel gegevens over het verloop van de veldtocht ontleend aan het verslag van een anonieme ooggetuige uit het keizerlijk leger (Rethaan Macaré (1851a) p. 280 e.v.).
165. Rethaan Macaré (1851a) p. 282-283.
166. Kerkhoff (2008) p. 140; zie ook Gorter-van Royen (1995) p. 293-294; zie hiervoor p. 93.
167. Kerkhoff (2008) p. 140; Gorter-van Royen (1995) p. 294.
168. Delen (2002) p. 216.
169. Levoir (1905-1906) p. 137-139.
170. Rethaan Macaré (1851a) p. 288-289; Punt & Sloos (2018) p. 101.
171. Parker (2019) p. 458-459.
172. Rethaan Macaré (1851a) p. 290-292 (Franse zijde), p. 305 (keizerlijke zijde).
173. Rethaan Macaré (1851a) p. 293-294.
174. Rethaan Macaré (1851a) p. 296 e.v.
175. Rethaan Macaré (1851a) p. 297-298, met het relaas van een door boeren opgezette hinderlaag, waarin ongeveer honderd soldaten de dood vonden (11 september 1554).
176. Voor het hele relaas: Rethaan Macaré (1851a) p. 298-300. Vgl. De Witt Huberts

(1933) p. 318-319; Swart (2014) p. 27. Zie ook De Graaf (2018) p. 54-55, waar verder niet wordt ingegaan op het delicate gegeven dat de Zwarte Ruiters onder bevel stonden van Günther van Schwarzburg.

177. Rethaan Macaré (1851a) p. 302-303.
178. Meinardus (1899-1902) II, 2, p. 320-321 (Corr. WvO no. 1383: Willem van Oranje aan Willem de Rijke, Breda, 7 december 1554).
179. Zie Japikse (1934) p. 6 (n. 4, voor datering); Schipperus geeft als datum van de doop 26 maart 1555; dit lijkt niet met andere gegevens in overeenstemming te brengen (Schipperus (2018) p. 29).
180. Corr. WvO no. 1387 (Willem van Oranje aan zijn vader, Breda, 22 februari 1555; zie ook Japikse (1934) p. 6 en Meinardus (1899-1902) II, 2, p. 322).
181. Japikse (1934) p. 24 (zie n. 2 bij brief van Maria van Hongarije van 14 januari 1555); de formulering in een PS lijkt erop te wijzen dat Oranje met enkele andere edelen op dat moment in Engeland is; ze worden gemaand voort te maken. Zie ook Meinardus (1899-1902) II, 2, p. 322-323.
182. Van Durme (1953) p. 130 e.v. voor de spanningen tussen verschillende adviseurs van Karel V.
183. Carton de Wiart (1945) p. 45; Gaulain e.a. (2018) p. 21 e.v.
184. Postma (2000a) p. 79.
185. Kuys (2006) p. 106 e.v.
186. Corr. WvO no. 7079 (Willem van Oranje aan Maria van Hongarije, Buren, 10 juni 1555, zie ook Japikse (1934) p. 28); Rosenfeld (1959) p. 18.
187. Corr. WvO no. 7081; vgl. Japikse (1934) p. 29-30.
188. Corr. WvO no. 7084 (Willem van Oranje aan Maria van Hongarije, Breda, 13 juli 1555; vgl. Japikse (1934) p. 32-33).
189. Postma ziet in de benoeming wel degelijk een erkenning voor Oranjes optreden in zijn legeronderdeel in de weken ervoor, waar in de Ardennen de noordelijke opmars van een Frans invasieleger was gestuit (Postma (2000a) p. 91. Zie ook Rachfahl (1906-1924) I, p. 180; Punt & Sloos (2018) p. 105.
190. Blok (1919-1920) I, p. 33; Van Nierop (1984b) p. 659; Vetter (1992) p. 33.
191. Postma (2000a) p. 92.
192. Corr. WvO no. 7661 (Karel V aan Willem van Oranje, Brussel, 22 juli 1555, zie ook Gachard (1847-1866) I, p. 483-484).
193. Corr. WvO 3841 (Willem van Oranje aan zijn vrouw, Brussel, 23 juli 1555; zie ook Japikse (1934) p. 11); in de aanstellingsbrief is sprake van 400 pond; wanneer dat Vlaamse ponden zouden zijn, dan kwam het honorarium neer op 2400 gulden; de vaker gebruikte Artesische ponden waren paritair aan de gulden; maar de keizer merkt nadrukkelijk op dat er 40 groten uit een pond gaan ('[...] de la somme de quatre cens livres, du pris de quarante groz de nostre monnoye de Flandre la livre' (Gachard (1847-1866) I, p. 484)), dat wijst op een bedrag in Artesische ponden (vgl. Staring (1980) p. 131).
194. Corr. WvO no. 3841; vgl. Japikse (1934) p. 11.
195. Corr. WvO no. 7088 (Willem van Oranje aan Maria van Hongarije, Givet, 27 juli 1555), zie ook no. 7090 (id., 28 juli 1555), no. 6317 (id., 6 augustus 1555) enz.
196. Corr. WvO no. 6314 (Willem van Oranje aan Maria van Hongarije, Givet, 31 juli 1555, zie ook Gachard (1847-1866) I, p. 65-67).

197. Corr. WvO no. 3842 (Willem van Oranje aan zijn vrouw, Givet, 2 augustus 1555; zie ook Grothe (1859) p. 27).
198. Louthan (1997) p. 19 e.v.; Nicklas (1995) p. 69, p. 75 e.v.
199. Corr. WvO no. 6332 (Maria van Hongarije aan Willem van Oranje, Brussel, 28 augustus 1555, zie ook Gachard (1847-1866) I, p. 89-91).
200. Corr. WvO no. 6338 (Maria van Hongarije aan Willem van Oranje, Brussel, 2 september 1555, zie ook Gachard (1847-1866) I, p. 98-99).
201. Corr. WvO no. 6356, (Maria van Hongarije, instructie voor heer van Glajon voor gesprek met Willem van Oranje, Brussel 7 september 1555; zie ook Gachard (1847-1866) I, p. 107-110).
202. Corr. WvO no. 6864 (Maria van Hongarije aan Willem van Oranje, Brussel, 9 september 1555; zie ook Gachard (1847-1866) I, p. 112); vgl. Groen e.a. (2013) p. 163.
203. Corr. WvO no. 6360 (Willem van Oranje aan Maria van Hongarije, Brussel, 10 september 1555; zie ook Gachard (1847-1866) I, p. 113-115); vgl. Punt & Sloos (2018) p. 107.
204. Corr. WvO no. 6365 (Maria van Hongarije aan Willem van Oranje, Brussel, 14 september 1555; Gachard (1847-1866) I, p. 120-122). Zie ook Van den Heuvel (1991) p. 99 e.v.
205. Corr.WvO no. 3849 (Willem van Oranje aan zijn vrouw, Neuville, 16 september 1555); Grothe (1859) p. 32.
206. Door Maria van Hongarije nog eens bevestigd in een brief van 17 september (Corr. WvO no. 6370, zie ook Gachard (1847-1866) I, p. 129-131).
207. Corr. WvO no. 6392 (Willem van Oranje aan Maria van Hongarije, 25 september 1555, zie ook Gachard (1847-1866) I, p. 151-152). Zie ook Inleiding, p. 7.
208. Parker (1978) p. 15 e.v., Swart (2006) p. 111 e.v., p. 126; zie ook Van den Heuvel (1991) p. 91, p. 99 e.v.
209. Postma (2000a) p. 92: Karels besluit zou op enig moment tussen 8 en 15 september wereldkundig gemaakt zijn.
210. Uit een opmerking in de brief van 23 juli 1555 over 'les deux petios' (Corr. WvO no. 3841, zie ook Japikse (1934) p. 12), waarmee op hun kinderen gedoeld wordt, kan worden afgeleid dat Maria dan nog leeft – ze zal op enig moment de maanden erna overleden zijn, want op 7 februari 1556 wordt opnieuw een dochtertje geboren dat de naam Maria krijgt. Over de somberheid van Anna zie Corr. WvO no. 3846 (Willem van Oranje aan zijn vrouw, Givet, 30 augustus 1555, zie ook Japikse (1934) p. 12)
211. Kort contemporain verslag in Gachard (1830) p. 77 e.v.; zie ook Parker (2019) p. 464 e.v.
212. Parker (2019) p. 476; Kamen (2010) p. 24-25.
213. Zie Inleiding p. 8-9
214. Corr. WvO no. 3859 (Willem van Oranje aan zijn vrouw, Echerennes, 28 november 1555; zie ook Grothe (1859) p. 36-38).
215. Corr. WvO no. 3860 (Echerennes, 5 december 1555; zie ook Japikse (1934) p. 85).
216. Corr. WvO no. 3860 (id.; zie ook Japikse (1934) p. 86-87). Voor de betekenis van de afkorting zijn verschillende suggesties gedaan: 'Meine Ännchen Liebste Liebste' (De Graaf (2018) p. 52; of 'Meine Anneke, Liebste', en dan 'Liebste' in het

kwadraat (Jurriaanse & Serrurier (1933) p. 12); Oranje gebruikte de afkorting ook in zijn brief van 12 maart 1558, die waarschijnlijk de laatste brief was die Willem aan Anna stuurde (Corr. WvO no. 3870; zie ook Japikse (1934) p. 89).

217. Corr. WvO no. 3864 (Willem van Oranje aan zijn vrouw, Echerennes; 29 december 1555; zie ook Japikse (1934) p. 87-88).

218. Corr. WvO no. 6454 (Filips II aan Willem van Oranje, Brussel 18 november 1555; zie ook Gachard (1847-1866) I, p. 216-217); vgl. Postma (2000a) p. 100.

219. Over het belang van de orde van het Gulden Vlies in de Bourgondisch-Habsburgse adelspolitiek: Groenveld (2001) p. 13-14.

220. Corr. WvO no. 6528 (Willem van Oranje aan Filips II, 29 december 1555). Gachard (1847-1866) I p. 282.

221. Corr. WvO no. 6430 (Willem van Oranje aan Filips II, Echerennes, 8 november 1555, zie ook Gachard (1847-1866) I, p. 194-195), vgl. Van den Heuvel (1991) p. 101-102.

222. Zie voor dit gegeven Carton de Wiart (1945) p. 58, waar het wordt ontleend aan een kroniek van Dom Martinique de Remouchamps, zonder nadere bronvermelding. De kerk werd uiteraard aan Saint Philippe gewijd.

223. Nicklas (1995) p. 20; Louthan (1997) p. 22.

224. Corr. WvO no. 3865 (Willem van Oranje aan zijn vrouw, Oignies, 24 januari 1556; vgl. Grothe (1859) p. 41-42).

225. Parker (2019) p. 61; met als voorbeeld de bijeenkomst van de orde in 1516, waar de net aangetreden Karel V het verwijt kreeg de leden van de orde te weinig te consulteren, waarop Karel beterschap beloofde. Zie ook Reiffenberg (1830) p. 445.

226. Zo kregen in 1556 de graven van Egmond en Bossu een standje vanwege hun uitspattingen in de dagen van het kapittel (vgl. De Troeyer (1961) p. 26). Ernstiger was het verwijt aan de keurvorst van de Palts dat hij enige tijd de dwaalleer van Luther zou hebben aangehangen (Reiffenberg (1830) p. 447).

227. Carton de Wiart (1945) p. 62.

228. Roobaert (1962) p. 257-259 (tekst pamflet *Van die Blijde Incomste*).

229. Reiffenberg (1830) p. 453-454.

230. Verhofstad (1937) p. 12; Parker (2014) p. 50.

231. Verhofstad (1937) p. 15; Parker (2014) p. 50.

232. Corr. WvO no. 1409 (Willem van Oranje aan Willem de Rijke, Breda, 7 maart 1556; vgl. Japikse (1934) p. 73-74; Meinardus (1899-1902) II, 2, p. 341).

233. Het paleis kwam waarschijnlijk einde 1557, begin 1558 definitief beschikbaar voor bewoning door Willem en de zijnen (zie hiervoor noot 78).

234. Corr. WvO no. 1409 (Willem van Oranje aan Willem de Rijke, Breda, 7 maart 1556; zie ook Meinardus (1899-1902) II, 2, p. 341); vgl. Rachfahl (1906-1924) I, p. 212 (en n. 1 aldaar). Het betrof de heerlijkheid Niervaart – naderhand ook wel Klundert geheten –, die was overstroomd kort na de Sint-Elisabethsvloed van 1421 en sindsdien niet goed tegen water beveiligd was (Drossaers (1948-1955) I, 1 p. 124).

235. Van Nierop (1984a) p. 128-130; Reh e.a. (2005) p. 80 e.v.; zie ook Van Nispen (1976) p. 77 (Jan van Glymes); Van Gelder (1936) p. 369, p. 373 (Brederode); De la Fontaine Verwey (1958a) p. 298 (id.).

236. Vierlingh (1920) p. VII et passim.

237. Over de veranderende economische positie van de adel in de zestiende eeuw, en de ambities in deze kringen om te innoveren: Van Nierop (1984a) p. 107 e.v.; Van Deursen (2004) p. 47.
238. Lang is door historici gedacht dat de adel structureel verarmde; zie voor de relativering van deze visie: Van Nierop (1992) p. 6, 16, en literatuur aldaar. Zie voor grote individuele verschillen in de economische positie van edelen, aan de hand van het gewest Holland: Van Nierop (1984a) p. 191 e.v.
239. Baelde (1965) p. 32-56.
240. Van Durme (1953), p. 150 e.v.; zie ook Verhofstad (1937) p. 40 e.v.; Van der Lem (2014) p. 63.
241. Postma (2000a) p. 100, p. 102 e.v.
242. Postma (2000a) p. 65-66, p. 112 e.v.; Verhofstad (1937) p. 52 e.v., p. 58 e.v., p. 87 e.v.; de voorstellen werden vooral gedragen door Emanuel Filibert.
243. Postma (2000a) p. 114; Verhofstad (1937) p. 81.
244. Verhofstad (1937) p. 95 e.v.; Mörke (2010) p. 65-67.
245. Geciteerd naar Verhofstad (1937) p. 97-98.
246. Kerkhoff (2008) p. 234.
247. Dorren in Van den Boogert & Kerkhoff (1993) p. 210.
248. Gorter-van Royen (1995) p. 308-309.
249. Geciteerd door Dorren in Van den Boogert & Kerkhoff (1993) p. 208.
250. Parker (2019) p. 460-461.
251. Gorter-van Royen (1995) p. 187.
252. Kerkhoff (2008) p. 71.
253. Delen (2002) p. 217.
254. Zie Corr. WvO no. 11872 (Willem de Rijke aan Willem van Oranje, Dillenburg, 26 maart 1556), Corr. WvO no. 1411 (Willem van Oranje aan Willem de Rijke, Brussel, 10 april 1556), Corr. WvO no. 1413 (Willem van Oranje aan Erik van Brunswijk, Brussel, 11 april 1556). Zie ook Rachfahl (1906-1924) I, p. 203 e.v.
255. Meinardus (1899-1902) II, 1, p. 97; de laatste termijn werd voldaan in het voorjaar van 1565 (Rachfahl (1906-1924) II, p. 385). Zie ook Meinardus (1899-1902) II, 2, p. 360 e.v.
256. Rachfahl (1906-1924) I, p. 204 e.v.
257. Corr. WvO no. 1436 (Willem de Rijke aan Willem van Oranje, Dillenburg, 7 maart 1557), no. 11376 (Willem van Oranje aan Willem de Rijke, Breda, 28 maart 1557).
258. Postma (2000b) p. 160.
259. Verhofstad (1937) p. 46 e.v.; Van Durme (1953) p. 157 e.v.; Postma (2000a) p. 112 e.v.; zie ook taxaties van de Venetiaanse ambassadeur aan de vooravond van de militaire campagne van 1557 (Rodríguez-Salgado (1988) p. 169).
260. Van Andel (1933) p. 2043; het is een diagnose achteraf met de nodige slagen om de arm. Dat Karel zwaar geïnfecteerd moet zijn geweest door malaria, werd in 2004 door een test op weefsel uit zijn vinger alsnog aannemelijk (Parker (2019) p. 488).
261. Corr. WvO no. 1440 (Willem van Oranje aan Willem de Rijke, Breda, 27 mei 1557; zie ook Meinardus (1899-1902) II, 2, p. 359).
262. Dönges (1909) p. 39.

263. Corr. WvO no. 12500 (erfdeling, d.d. 3 juli 1557, KHA: A 11/VII 2).
264. Punt & Sloos (2018) p. 118; Lemmink (1988) p. 88.
265. Postma (2000a) p. 111 e.v.; zie ook Verhofstad (1937) p. 104 e.v.; cijfers gebaseerd op gedetailleerde opgave in Koss (1914) p. 60 en passim; Kamen komt tot een lager totaal: 35.000 (Kamen (2010) p. 32, p. 38).
266. Rodríguez-Salgado (1988) p. 170; Kamen (2010) p. 32; Parker (2014) p. 52 e.v.; Parker benadrukt dat Filips de slag graag had willen meemaken en erop had gerekend dat op hem gewacht zou worden met het inzetten van de beslissende aanval, zie ook Rodríguez-Salgado (1988) p. 178.
267. Koss (1914) p. 113.
268. Over het verloop van de Slag bij Saint-Quentin: Kamen (2010) p. 30 e.v.; Lemaire e.a. (1896), zie voor de tactische ingrepen van Egmond: Koss (1914) p. 97-106. In Van Dormael & Goosens (2007) (p. 54) wordt het aandeel van Egmond in de slag merkwaardig genoeg gebagatelliseerd.
269. Een groot deel van de contemporaine verslagen is bijeengebracht in Lemaire e.a. (1896).
270. Kamen (2010) p. 37-38; Koss (1914) p. 115 geeft 12 augustus; een anonieme Nederlandse ooggetuige geeft echter ook 13 augustus (Rethaan Macaré (1851b) p. 318); zie ook de diverse ooggetuigen in Lemaire e.a. (1896), o.a. p. 49, p. 85 en passim.
271. Corr. WvO no. 3866 (Willem van Oranje aan zijn vrouw, Saint-Quentin, 20 augustus 1557); zie ook de gedeeltelijke, en elkaar aanvullende transcripties in Groen (1835-1847) I, p. 27-28; Grothe (1859) p. 42-43.
272. Rethaan Macaré (1851b) p. 322-323.
273. Lemaire e.a. (1896) p. 63; Parker (2014) p. 84.
274. Parker (2019) p. 482.
275. Rodríguez-Salgado (1988) p. 178-179.
276. Corr. WvO no. 3868 (Willem van Oranje aan zijn vrouw, Ham, 27 september 1557); zie ook Grothe (1859) p. 43.
277. Corr. WvO no. 3868 (Willem van Oranje aan zijn vrouw, Ham, 27 september 1557, zie ook Groen (1835-1847) I, p. 29); Vandormael & Goossens (2007) p. 54-55.
278. Rethaan Macaré (1851b) p. 333-335. Egmond keerde 'corts dairna' weer terug.
279. Zie Corr. WvO no. 7706 (Filips II aan Willem van Oranje, z.pl., 10 december 1557), en de referentie daaraan in Corr. WvO no. 6625 (Willem van Oranje aan Filips II, Luik, 13 december 1557, zie ook Gachard (1847-1866) I, p. 382-383).
280. Delen (2002) p. 222.
281. Corr. WvO no. 6641 (Willem van Oranje aan Filips II, Frankfurt, 8 maart 1558, zie ook Japikse (1934) p. 116-118).
282. Zie opmerkingen in Oranjes *Apologie* (Verwey (1923) p. 29); vgl. Rachfahl (1906-1924) I, p. 214.
283. Corr. WvO no. 3870 (Willem van Oranje aan zijn vrouw, Frankfurt, 12 maart 1557; zie ook Grothe (1859) p. 44-45).
284. Datum afgeleid uit schrijven van Vesalius d.d. 15 maart waarin naar een brief verstuurd 'Samedi passe' wordt verwezen.
285. Corr. WvO no. 10287 (Andreas Vesalius aan Willem van Oranje, Breda, 15 maart 1558), geciteerd in Houtzager (1978) p. 1265: er staat letterlijk: 'Toutefois les cures de la nature sont estees telles que ie pense que Monsieur arrive en temps de consoler et recreer Madame de sa presence.'

286. Corr. WvO no. 6646 (Willem van Oranje aan Granvelle, Breda, 28 maart 1558; zie ook Gachard (1847-1866) I, p. 397-398).
287. Corr. WvO, no. 7186 (Willem van Oranje aan Filips II, Breda 26 maart 1558, zie ook Japikse (1934) p. 119-120); en Corr. WvO no. 4446 (Willem van Oranje aan Willem de Rijke, Breda, 27 maart 1558, zie ook Japikse (1934) p. 81).
288. Corr. WvO no. 6646 (Willem van Oranje aan Granvelle, Breda, 28 maart 1558; zie ook Gachard (1847-1866) I, p. 398); vgl. Mörke (2010) p. 54.
289. Geciteerd (zonder bronvermelding) in Mulder z.j. p. 83; vgl. Van Deursen (1995) p. 22; De Graaf (2018) p. 69.
290. Corr. WvO no. 4446 (Willem van Oranje aan Willem de Rijke, Breda, 27 maart 1558); zie ook Japikse (1934) p. 81, waar in n. 2 ervan uit wordt gegaan dat Willem zijn ouders op de terugweg van Frankfurt bezocht; dat lijkt met het oog op de aantoonbare spoed waarmee hij de terugreis naar Breda aflegde niet aannemelijk.
291. Böttiger (1836) p. 98, op basis van een archiefstuk uit Dresden. Zie ook Van de Linde (1912) p. 203, waar ook nog sprake is van geruchten over vergiftiging, zonder bronvermelding; Rachfahl (1906-1924) II, p. 104.
292. Böttiger (1836) p. 98.

3 Wennen aan politiek (1558-1561)

1. Swart (1996) p. 54; Koenigsberger (1988) p. 131; zie ook Blok (1919-1920) I, p. 37-39, voor diverse voorbeelden van wederzijdse affectie.
2. Koss (1914) p. 122 e.v.; Rodríguez-Salgado (1988) p. 183.
3. Verhofstad (1937) p. 179; dat Egmond deze operatie toebedeeld werd, was de uitdrukkelijke wens van Emanuel Filibert van Savoie, die daarmee tegen de orders van Filips II inging. Al eerder dat jaar was Savoie in een autoriteitsconflict met Filips terechtgekomen, waar de eerste, verwijzend naar zijn gezag als landvoogd en opperbevelhebber, opmerkte: 'Ik heb hier te bevelen.' (ibidem, p. 178, en zie ook p. 180 voor de vernietiging van een ander bevel van Filips II).
4. Verhofstad (1937) p. 38; Koss (1914) p. 124.
5. Koss (1914) p. 135; zie ook het ooggetuigenverslag in Rethaan Macaré (1851b) p. 338-339.
6. Corr. WvO no. 6695 (Willem van Oranje aan Karel II van Lalaing, Bapaume, 14 augustus 1558, zie ook Gachard (1847-1866) I, p. 405).
7. Postma (2000a) p. 161. Dat het gesprek daadwerkelijk heeft plaatsgevonden kan worden afgeleid uit Emanuel Filiberts dagboek Emanuele Filiberto (1928) p. 63.
8. Een uitgebreide schets van de financiële problemen bij Postma (2000a) p. 162: de staatsschuld liep in deze periode maandelijks op met zo'n 600.000 gulden.
9. Verhofstad (1937) p. 150-152; Rodríguez-Salgado (1988) p. 306 e.v.
10. Zie berichten daarover van de Venetiaanse gezant Federico Badoero (Albèri (1839-1863) I, 3, p. 241); zie voorts Rodríguez Salgado (1988) p. 15 e.v., Geevers (2008) p. 52.
11. Postma (2000a) p. 165; mogelijk kreeg Viglius in het najaar van 1558 ook nog een beroerte (ibidem). Volgens Emanuel Filibert was de delegatie bewust he-

terogeen samengesteld: hij moest met Willem van Oranje de Fransen vooral mild stemmen, en Alva en Granvelle moesten de Fransen onder druk houden (Rodríguez-Salgado (1988) p. 312-313).

12. Dessert (2015) p. 314 (tableau 3). Zie ook Soen (2012) p. 58.
13. Emanuele Filiberto (1928) p. 74.
14. Postma (2000b) p. 162; Rosenfeld (1959) p. 48.
15. Corr. WvO no. 7280 (Willem van Oranje c.s. aan Filips II, uit Cercamp, 17 oktober 1558).
16. Postma (2000a) p. 92 e.v.; Rodríguez-Salgado (1988) p. 315.
17. Rodríguez-Salgado (1988) p. 319; er werd in Spaanse regeringskringen in december 1558 nog even gespeculeerd over een huwelijk tussen Filips en Mary's halfzuster Elizabeth, maar de Spaanse vorst vertoonde daartoe weinig animo, behalve wanneer Elizabeth bereid was katholiek te worden. Daar was geen sprake van (ibidem, p. 320).
18. Schrader (1998) p. 70-73.
19. Vgl. het verslag van de Engelse ooggetuige Richard Clough in Burgon (1839) I, p. 243 e.v.
20. Schrader (1998) p. 83-84.
21. Details ontleend aan het ooggetuigenverslag van Clough (Burgon (1839) I, p. 252-254); in Nederlandse vertaling in: Panhuysen & Van Stipriaan (2018) p. 29-32; Schrader (1998) p. 86.
22. Zie voor de prominente aanwezigheid van Karels lijfspreuk in het ritueel: Schrader (1998) p. 80, p. 87.
23. Verhofstad (1937) p. 59, p. 157. Voor weerzin tegen algemene belastingen: Tracy (2008) p. 19, p. 46-47 en passim.
24. Verhofstad (1937) p. 62, p. 92 en p. 157.
25. Leemans & Leemans-Prins (1986) p. 29, en p. 353 e.v.; Blok (1919-1920) I, p. 44.
26. Rachfahl (1906-1924) I, p. 228; Van Durme (1953) p. 170-171.
27. Paris (1841) p. 62, op basis van correspondentie van Sébastien de l'Aubespine, bisschop van Limoges.
28. Van Durme (1953) p. 171; Rodríguez-Salgado (1988) p. 317-318.
29. Van Durme (1953) p. 170-171.
30. Blok (1919-1920) I, p. 44; Rachfahl (1906-1924) I, p. 229-230.
31. Verhofstad (1937) p. 161 e.v.; Postma (2000a) p. 167.
32. Deze kardinaal, zetelend in het aartsbisdom Reims, stamde uit een zijtak van het hertogelijk huis van Lotharingen; deze zijtak was inmiddels uitgegroeid tot de machtige Franse familie de Guise.
33. Van Durme (1953) p. 182 e.v.; Geevers (2008) p. 92; Parker (2014) p. 141.
34. Van Durme (1953) p. 182; Klink gaat ervan uit dat Granvelle wel op de hoogte was, maar dat vooraanstaande edelen als Oranje, Egmond en Horne, onwetend waren gehouden; ook in Franse regeringskringen ontstond grote verontwaardiging dat ze niet waren ingelicht over de plannen van Filips II en de paus (Klink (2001) p. 30; zie ook Klink (1998) p. 91).
35. Van der Lem (2014) p. 42.
36. Corr. WvO no. 6386 (Jean de Ligne aan Willem van Oranje, Brussel, 10 juni 1559); zie ook Japikse (1934) p. 143.

37. Ruble (1889) p. 5; Christina trad aan als voorzitter, op 18 oktober, enkele dagen na het begin van de conferentie.
38. Cartwright (1913) p. 218 e.v.
39. Christina's eigen uitleg in gesprek met Granvelle in 1564 (Pfister (1910) p. 306-307 en passim).
40. Corr. WvO no. 6465 (Marguerite de la Marck, gravin van Arenberg aan Willem van Oranje, uit Bergen, 10 augustus 1558), zie ook Japikse (1934) p. 131-132.
41. Corr. WvO no. 5724 (Willem van Oranje aan Günther van Schwarzburg, uit Cercamp, 7 november 1558). Zie ook Japikse (1934) p. 165.
42. Febvre (1912) p. 402-403.
43. Zie voor het grote strategische belang ervan: Groenveld (2001) p. 14 e.v. Ook in het Verdrag van Cateau-Cambrésis ontstond er geen concreet uitzicht op de terugkeer van Bourgondië in de Habsburgse invloedsfeer (Rodríguez-Salgado (1988) p. 328); zie ook Duke (2004) p. 14, waar 1544 als het moment wordt aangewezen waarop Karel v zijn aspiraties op het bezit van Bourgondië al opgaf.
44. Zie hiervoor p. 92.
45. Rahlenbeck (1880) p. 38 e.v; Lanz (1844-1846) I, p. 469-470 (brief Duplicius Scepperus aan Karel v, 5 juni 1531); zie ook een zestiende-eeuwse uitleg van de innige verbondenheid van Lotharingen en Brabant bij Guicciardini (Guicciardini (1968) p. 46-47, p. 128; Guicciardini (2020) II, p. 76.); zo arrangeerde Karel v het huwelijk van zijn nicht Christina met de hertog van Lotharingen, een verbintenis die veelzeggend in Brussel gesloten werd (10 juli 1541); voor Frankrijk was dit huwelijk een teken dat de keizer vergaande politieke ambities had met Lotharingen (Rahlenbeck (1880) p. 40). Zie voor de oude banden tussen Brabant en Lotharingen ook Mout (1995) p. 152; Keesman (2017) p. 222-223.
46. Vgl. de uitleg die Christina van Lotharingen in 1564 aan Granvelle geeft van de geopolitieke positie van Lotharingen, over '[les] intérêts des affaires de Lorraine, qui lui paraissent étroitement liées à celles de votre majesté [Filips II], à raison de la situation de ce duché, limitrophe de l'Allemagne' (Weiss (1841-1852) VII, p. 485, betreft een vertaling van een oorspronkelijk Spaanstalig verslag van Granvelle aan Filips II, van een gesprek met Christina van Lotharingen in april 1564).
47. *Calendar of State Papers [...] Venice* (1877-1890) VII, p. 83. Zie voor overwegingen van Filips II: Parker (2014) p. 128.
48. Dit verblijf van Christina's zoon Karel aan het Franse hof had de Franse koning afgedwongen als garantie dat Lotharingen het onderling gesloten neutraliteitsverdrag zou naleven (vgl. Van Durme (1953) p. 165, zie ook Postma (2000a) p. 173, Rachfahl (1906-1924) II, p. 34 e.v.).
49. *Calendar of State Papers [...] Venice* (1877-1890) VII, p. 83. Zie ook Pfister (1910) p. 308.
50. Gachard (1867-1881) I, p. 160-161 (Margaretha van Parma aan Filips II, Brussel, 17 maart 1560); zie ook Rachfahl (1906-1924) II, p. 86 (n. 2).
51 Postma (2000b) p. 163.
52. Rachfahl (1906-1924) II, p. 88.
53. Rodríguez-Salgado (1988) p. 317, p. 339; Rodríguez-Salgado (2000) p. 111; Geevers (2008) p. 53.

54. Van Schelven (1948a) p. 18; Verhofstad (1937) p. 31-32.
55. Delen (2002) p. 225; zie ook Van Dormael & Goosens (2007) p. 56; Kamen (2010) p. 42.
56. Kamen (2010) p. 42.
57. Delen (2002) p. 225-226.
58. Zie verslag van tijdgenoot Vieuxville in Zeller (1890b) p. 171-172.
59. In de eerste plaats Rachfahl (Rachfahl (1906-1924) II, p. 231 e.v.), die ervan overtuigd was dat het gesprek nooit heeft plaatsgevonden; zie ook nog Vetter (1987) p. 43; zie over de scepsis ook Klink (2001) p. 27-29; Sutherland (1983) p. 205; Duke (2016) p. 49.
60. Verwey (1923) p. 49-50.
61. Decavele (1980) p. 54; Wells (1987) p. 86; Klink (1998) p. 327; Postma (2000a) p. 210; zie eerder ook al o.a. Van Schelven (1948a) p. 46-47.
62. Rodríguez-Salgado (1988) p. 329-330; Klink (2001) p. 27; Geevers (2008) p. 21; zie ook Koenigsberger (1984) p. 591.
63. Rodríguez-Salgado (1988) p. 330; zie ook Tracy (2008) p. 69.
64. Verwey (1923) p. 50: 'Wy willen gheerne bekennen dat wy doe ter tijdt uut der maten seere sijn beweeght worden tot compassie ende medelijden over so veel luyden van eeren, die tot der doodt geschickt ende overgegeven waren [...].'
65. Corr. WvO no. 10102 (Gent, 13 juli 1559, naar recent typoscript, origineel in particulier bezit).
66. Corr. WvO no. 6520 (Gent, 19 juli 1559). Vgl. Verhofstad (1937) p. 185 e.v. Wellicht ging er in deze weken nog een derde brief naar Oranje uit. Er is een brief overgeleverd van Lamoraal van Egmond (Corr. WvO no. 6164), gedateerd 1 juli, zonder jaartal, die door Japikse op 1559 werd gesteld (Japikse (1934) p. 143-144), maar door de bezorgers van *Briefwisseling van Willem van Oranje* (http://resources.huygens.knaw.nl/wvo) op 1564. Het is een brief die voor 1559 een vrij brisante inhoud zou hebben: Egmond refereert aan berichten dat Filips II van plan zou zijn de Spaanse troepen in de Nederlanden te houden, en ook dat er plannen waren de inquisitie in te voeren, en dat er opnieuw problemen waren met een volgende bede in de Staten-Generaal. Welke de redenen zijn om deze brief op 1564 te dateren, is ook na navraag bij de huidige redactie van *Briefwisseling* onduidelijk. Toch lijkt de brief heel goed te passen in de context van 1559. Zo is er een formulering die suggereert dat Filips II nog in de Nederlanden is: Egmond geeft aan dat de situatie in Brussel dezelfde is dan wel slechter ('à la coustume ou pis'), waarna hij refereert aan de vastbeslotenheid van de koning de Spaanse infanterie te blijven onderhouden; nog meer op 1559 van toepassing lijkt Egmonds verzoek zijn groeten over te brengen aan 'le maréchal', met wie bijna niemand anders dan de Franse maarschalk Saint-André bedoeld kan zijn, die op dat ogenblik in Parijs verbleef. Tot het moment dat er argumenten komen brief no. 6164 op 1564 te stellen, lijkt er alle reden vast te houden aan 1559. Zie eerdere studies die uitgaan van de datering 1 juli 1559: Verhofstad (1937) p. 185 e.v.; De Troeyer (1961) p. 29-30, p. 55-56; Klink (1997) p. 87.
67. Zie kardinaal van Lotharingen aan Sébastien de l'Aubespine, 25 juli 1559 (Paris (1841) p. 36-37. In de *Apologie* verklaart Oranje dat hij van de nieuwe echtgenote van Emanuel Filibert de uiteindelijke toestemming ontving enige tijd naar de

Nederlanden te gaan, en moest beloven met de inhuldiging van Frans II als koning, die in september te Reims zou plaatsvinden, terug te keren (Verwey (1923) p. 51).

68. Klink (1998) p. 95; Parker (2014) p. 128-129. Dat Oranje op 27 juli daadwerkelijk in Gent was, kan worden afgeleid uit een brief van Aubespine van diezelfde datum, waarin wordt verteld dat Oranje met 'courtoisie' een conflict over de kerkklokken van Saint-Quentin wist te beslechten (Paris (1841) p. 45).
69. Parker (2014) p. 128.
70. Zie Gachard (1848-1936) I, p. 185-186; zie De Troeyer (1961) p. 17; en tevens Paris (1841) p. 77 (Aubespine aan de kardinaal van Lotharingen en de hertog van Guise, Gent, 5 augustus 1559) waar iets andere bedragen worden genoemd. Zie voor de voortgaande inperking van de bevoegdheden van de gewestelijke stadhouders sinds het bewind van Maria van Hongarije: Van Nierop (1984b) p. 662 e.v.
71. Paris (1841) p. 65-66: brief van Aubespine aan koning Frans II, Gent, 4 augustus 1559. Vgl. Verhofstad (1937) p. 187 e.v.; De Troeyer (1961) p. 32.
72. Rachfahl (1905-1906) p. 45.
73. Rachfahl (1905-1906) p. 54; Verhofstad (1937) p. 190-191; Postma (2000a) p. 175 e.v.
74. Payen (1861) I, p. 13-14.
75. De Troeyer (1961) p. 30-31; inzake aanblijven Feria: *Calendar of State Papers [...] Venice* (1877-1890) VII, p. 119. Zie ook Verhofstad (1937) p. 187 e.v.
76. De Troeyer (1961) p. 34-36; Vandormael & Goosens (2007) p. 63.
77. Zie verslag van Pontus Payen (Payen (1861) I, p. 12). Vgl. De Troeyer (1961) p. 32.
78. *Calendar of State Papers [...] Venice* (1877-1890) VII, p. 119. Zie ook De Troeyer (1961) p. 65; dat Filips deze concessie deed, kan worden afgeleid uit een brief van Egmond en Oranje aan Filips II van twee jaar later (Corr. WvO no. 10906, Brussel, 23 juli 1561, zie ook Japikse (1934) p. 312).
79. Kamen (2010) p. 27.
80. Verhofstad (1937) p. 192, voor Filips' voornemen Horne voor langere tijd uit de Nederlanden te verwijderen, omdat deze juist in de zomer van 1559 zo hardop oppositie voerde; zie ook Groenveld (2003) p. 69; Geevers (2008) p. 67.
81. Payen (1861) I, p. 19.
82. Aubery du Maurier (1754) I, p. 11; Haitsma Mulier (1984) p. 56.
83. Groenveld (2018a) p. 16-17; Verhofstad (1937) p. 113 e.v.; Postma (2000a) p. 119 e.v., p. 151 e.v. Zie ook Israel (1995) p. 39 e.v.
84. Van Deursen & De Schepper (1984) p. 32 e.v., p. 37 e.v.
85. Parker (1981b) p. 43 e.v., met de aantekening dat Filips bij de inrichting van zijn regering bovendien vergaand door achterdocht werd gedreven; zie ook Parker (2014) p. 49, p. 71-72 voor de vaststelling dat Filips opvallend weinig delegeerde.
86. Baelde (1965) p. 22-25, p. 32-56 en passim; De Troeyer (1961) p. 60 e.v.
87. González de León & Parker (2001) p. 111 e.v.; Parker (1998) p. 66 e.v.
88. Zie voor de precaire positie van de adel in deze tegenstelling: Van Nierop (1999b) p. 86 e.v.; zie ook Postma (2000b) p. 165; Geevers (2008) p. 19-20.
89. Postma (2000a) p. 176-177; zie ook Van Durme (1948) p. 175, Baelde (1965) p. 177 e.v.

90. Koenigsberger (1984) p. 577 e.v.; Rodríguez-Salgado (2000) p. 117; zie ook Van Durme (1953) p. 175. Van der Lem betwijfelt het bestaan van een 'consulta' (Van der Lem (2014) p. 39, zie ook De Troeyer (1961) p. 66); er wordt echter door betrokkenen zelf met die term over gesproken (vgl. opmerkingen van Granvelle in Weiss (1841-1852) VII, p. 21 (aan Filips II, 10 maart 1563), 136 (id., 14 juli 1563) en passim); zie ook Fruin (1900a) p. 301-302.
91. Parker (2014) p. 64. Parker illustreert de werkkracht van Filips aan het feit dat hij wel eens 400 brieven op een ochtend signeerde, en op sommige dagen aandacht schonk aan meer dan 2000 documenten (Parker (2014) p. XV, p. 61 e.v.).
92. Carton de Wiart (1945) p. 19-20.
93. Parker (1981b) p. 50-51.
94. Corr. WvO no. 6673 (Margaretha van Parma aan Willem van Oranje, Gent, 28 augustus 1559, zie ook Gachard (1847-1866) I, p. 419-421). Zie tevens Baelde (1965) p. 195 (n. 3).
95. Corr. WvO no. 6490 (Floris de Montmorency aan Willem van Oranje, Vlissingen, 19 augustus 1559; zie ook Japikse (1934) p. 145).
96. Corr. WvO no. 6491 (Floris de Montmorency aan Willem van Oranje, vanuit Antwerpen, 1 september 1559, zie ook Japikse (1934) p. 197). Het gesprek had de dag ervoor plaatsgevonden.
97. Een verhaal opgetekend door de Engelsman John Leigh, uit de mond van gravin de Feria (Kervyn de Lettenhove (1882-1900) II, p. 257); vgl. Cartwright (1913) p. 425; Rachfahl (1906-1924) II, p. 87 (n. 1). Een andere Engelse diplomaat ving eind augustus 1559 op dat het huwelijk met Renata geen doorgang vond omdat Christina had geëist dat Filips Willem, Oranjes zoon uit zijn eerste huwelijk, tot de geestelijke stand zou toetreden, waardoor kinderen uit het nieuwe huwelijk erfgenaam van het vaderlijk bezit konden worden, inclusief het erfdeel dat door Anna van Buren was ingebracht (Kervyn de Lettenhove (1882-1900) II, p. 8 (bericht van Thomas Chaloner aan William Cecil, Antwerpen, 31 augustus 1559)).
98. Dat Renata 'quelque peu triste' was kan mogelijk ook worden afgeleid uit een brief van Jean de Ligne van 2 september (Corr. WvO no. 6388, Jean de Ligne aan Willem van Oranje, Antwerpen, 2 september 1559), waar ze schuil lijkt te gaan achter de troetelnaam 'le pety Mutzke', over wie dat gezegd wordt (Japikse (1934) p. 199 (n. 1)); Ligne rapporteert ook nog uitspraken van Christina die bewijzen dat haar amourette met Willem nog niet helemaal ten einde is: 'Madicte dame m'ast aussy dit que, s'il y avoit unne ostesse [een gijzelaar] à Breda, qu'elle y yroit.' (id., p. 199).
99. De moeder draagt daarbij namen als Eva Elivir, of Eva Elinx; zie bijv. Blok (1919-1920) I, p. 54; Van Roosbroeck (1974) p. 88, en recent Van Vliet (2017) p. 15-16.
100. De Graaf (2018) p. 75.
101. Corr. WvO no. 6706 (Frans II aan Willem van Oranje, Villers-Cotterêts, 3 september 1559), zie ook schrijven van de kardinaal van Lotharingen van diezelfde dag (Corr. WvO no. 6707); vgl. Gachard (1847-1866) I, p. 422-424.
102. Corr. WvO no. 6709 (Willem van Oranje aan de kardinaal van Lotharingen, Dordrecht, 6 september 1559, zie ook Gachard (1847-1866) I, p. 426). Wellicht naar aanleiding van deze vertraging trof de Franse koning voorbereidingen Oranje officieel in te dagen (zie Corr. WvO no. 12471, Pontoise, 9 september).

Dat Willem van Oranje in deze weken redenen had zich 'buitengesloten te voelen', zoals Delen meent, lijkt niet aan de orde, en berust op de interpretatie van 'sa majesté' als Filips II, waar Frans II bedoeld is (zie Delen (2002) p. 226-227, onder verwijzing naar Corr. WvO no. 6709), in een formulering die voor Oranje vooral als uitvlucht diende.

103. Rachfahl (1906-1924) I, p. 236.
104. Corr. WvO no. 4450 (Willem van Oranje aan Lodewijk van Nassau, Brussel, ca. 15 oktober 1559, zie ook Japikse (1934) p. 195). Vgl. Vetter (1987) p. 40; Swart (1992) p. 92.
105. Corr. WvO no. 5720 (Willem van Oranje aan Günther van Schwarzburg, Brussel, ca. 29 oktober 1559, zie ook Japikse (1934) p. 328-329).
106. Dit kan worden afgeleid uit de brief van 15 oktober (Corr. WvO no. 4450), waarin hij diverse boodschappen voor Duitse verwanten aan Lodewijk meegeeft, onder meer 'mes très humbles recommendations à Madame nostre mère', wat in deze trieste omstandigheden wat kil aandoet (Japikse (1934) p. 196. In een brief aan Günther van Schwarzburg van 7 november geeft Oranje aan door dringende zaken van de Spaanse koning verhinderd te zijn naar Dillenburg af te reizen en dus ook zijn 'freuntlichen lieben fraw mutter und brüdern' niet te kunnen bijstaan (Corr. WvO no. 5693, Brussel, zie ook Japikse (1934) p. 329).
107. Corr. WvO no. 8245, ongedateerde brief, door Japikse op eind 1559 geplaatst: Japikse (1934) p. 333-334.
108. Fagel (2011) p. 29.
109. Corr. WvO no. 7303 (Frans II aan Willem van Oranje, Blois, 2 december 1559); zie ook Japikse (1934) p. 331-332; De Troeyer (1961) p. 47, Delen (2002) p. 227.
110. Corr. WvO no. 12816 (Willem van Oranje aan Alva, Brussel, 17 januari 1560).
111. Corr. WvO no. 12654 (Filips II aan Willem van Oranje, Toledo, 1 februari 1560). Zie voor de snelheid van postdiensten: Fagel (1996) p. 311; Parker (1998) p. 52; Kooij (2018) p. 44 e.v.
112. Corr. WvO no. 12817 (Willem van Oranje aan Alva, Grave, 10 mei 1560). Zie ook Febvre (1912) p. 407, die memoreert dat Filips II ervan uitging dat Oranje het gouverneurschap als een erebaantje zag, omdat hij toch geen tijd zou hebben daar zijn gezicht te laten zien.
113. Corr. WvO no. 6711 (Willem van Oranje aan Filips II, z.pl., z.d. (ws. 7 februari 1560); zie ook Gachard (1847-1866) I, p. 430-433). Vgl. Rachfahl (1906-1924) II, p. 91-92.
114. In dergelijke termen dacht in ieder geval Granvelle (Postma (2000a) p. 203).
115. Zie Kolligs (1885) p. 9 (n. 3), onder verwijzing naar Oranjes brief van 15 oktober 1559 aan Lodewijk van Nassau (Corr. WvO no. 4450), waarin sprake is van een geplande reis 'voor niet nader te noemen zaken', van Lodewijk en Günther van Schwarzburg samen, die waarschijnlijk naar August van Saksen had moeten leiden. Lodewijk zal door het overlijden van zijn vader wellicht verhinderd zijn geweest. Kolligs gaat ervan uit dat Schwarzburg einde 1559 of begin 1560 een bezoek aan Dresden heeft gebracht; zie ook: Rachfahl (1906-1924) II, p. 90-91; Delen (2002) p. 245; Deen (2018) p. 53.
116. Corr. WvO no. 6713 (Filips II aan Willem van Oranje, Toledo, 24 februari 1560, zie ook Gachard (1847-1866) I, p. 435-436); vgl. Geevers (2010) p. 474.

117. Corr. WvO no. 6396 (Jean de Ligne aan Willem van Oranje, Vollenhove, 11 februari 1560); zie ook Japikse (1934) p. 318-319. Zie ook Kervyn de Lettenhove (1882-1900) II, p. 256-257, bericht van John Leigh voor de koningin van Engeland, 8 maart 1560 (zie hiervoor p. 156).
118. Baelde (1967) p. 41 e.v. voor de opkomst van juristen in het centrum van de macht, en de gelijktijdige afname van de invloed van de hoge adel; zie ook Van Deursen & De Schepper (1984) p. 56-57; Groenveld (2003) p. 74.
119. Parker (2019) p. 397-398.
120. Postma (2000a) p. 54-55, p. 184, p. 251 e.v.
121. Postma (2000a) p. 184; Koenigsberger (1984) p. 578; Van Durme beoordeelde Margaretha van Parma zelfs als 'niet buitengewoon verstandig' (Van Durme (1953) p. 174).
122. Rachfahl (1906-1924) II, p. 65; De Graaf (2018) p. 85.
123. Verhaal opgetekend door de Engelsman John Leigh, uit de mond van gravin de Feria (Kervyn de Lettenhove (1882-1900) II, p. 256 (brief van 8 maart 1560). Zie ook Vandormael & Goosens (2007) p. 71; Blok (1919-1920) I, p. 98.
124. Weiss (1841-1852) VIII, p. 650 (brief van stalmeester Pierre Bordey aan Granvelle, Brussel, 25 januari 1565); vgl. Blok (1919-1920) I, p. 90; Vandormael & Goosens (2007) p. 93.
125. Belangrijke aanzetten daartoe in De Troeyer (1961) p. 146 e.v. en passim; Lagomarsino (1973) passim, en Geevers (2008) p. 109 e.v., p. 164 en passim.
126. Margaretha van Parma aan Filips II, Brussel, 17 maart 1560, zie ook Gachard (1867-1881) I, p. 160-162; vgl. Blok (1919-1920) I, p. 58-59; Rachfahl (1906-1924) II, p. 96-98.
127. Gachard (1867-1881) I, p. 150-162.
128. Corr. WvO no. 6680 (Willem van Oranje aan Margaretha van Parma, Den Haag, 9 april 1560, zie ook Groen (1835-1847) I, p. 54); Corr. WvO no. 6694 (Granvelle aan Willem van Oranje, Brussel, 12 april 1560): 'vous avez faict très-bien et prudentement' (Gachard (1847-1866) I, p. 438). Vgl. Postma (2000a) p. 189 voor observatie dat het nieuws van Oranjes wens met Anna van Saksen te trouwen, nog niet meteen de onderlinge verhoudingen bedierf.
129. Blaas (1984) p. 147.
130. Vosters (1993) p. 27 e.v.
131. Zie uiteenzetting van vertaler Ike Cialona in: Colonna (2006) II, p. 10 e.v.; zie ook De la Fontaine Verwey (1980a) p. 181.
132. *Amadis de Gaule* was van Spaanse oorprong, omstreeks 1500 bewerkt door Garcia Rodríguez de Montalvo, later werd de reeks door andere auteurs verder uitgebreid; in 1551 verscheen in Spanje het twaalfde en laatste deel (Van Selm (2001) p. 9-10 en passim).
133. De la Fontaine Verwey (1980a) p. 185 e.v.; Van Selm (2001) p. 10 e.v.; De Wolf (1984) p. 31.
134. Peters (1998) p. 13, ook elders, zoals in Spanje, werden scènes uit *Amadis* nagespeeld (Parker (2014) p. 28).
135. Hume (1892) p. 270.
136. Xenophons *Cyropaedia* maakte in een vroegere Franse vertaling in twee geïllumineerde handschriften, het ene van omstreeks 1480, het andere van omstreeks

1500, deel uit van de Nassaucollectie, beide verworven voor Engelbrecht II (Vosters (1993) p. 39 e.v.), wat mogelijk meespeelde in Oranjes beslissing in 1559 een moderne Franse vertaling aan te schaffen. Een van deze handschriften werd reeds in 1538 op verzoek van Willem de Rijke aan de keurvorst van Saksen geschonken (ibidem, p. 39).

137. Storm van Leeuwen (1998) p. 298-299. Storm van Leeuwen noemt nog een vijfde overgeleverde band, nu in bezit van Paleis Het Loo in Apeldoorn, waarvan het boekblok verloren is gegaan, en het voorplat het opschrift 'Phebus' draagt, mogelijk een verwijzing naar het traktaat over de jacht van Gaston Phebus (ibidem, p. 298).

138. De Wolf z.j. (1984) p. 29. De la Fontaine Verwey heeft als eerste gesuggereerd dat deze boeken met de speciale bindwijze alle in Parijs waren vervaardigd, en daar dus waarschijnlijk ook zijn aangeschaft (De la Fontaine Verwey (1980a) p. 181, p. 188; zie ook Korteweg (2008) p. 54; Storm van Leeuwen (1998) p. 297 e.v.

139. Korteweg (2008) p. 54; zie ook de twee nieuwsberichten in *NRC Handelsblad*: Funnekotter (2006); opvallend was dat Oranje in 1559 ook een vervolg op de Amadis, *Palmarin d'Angleterre* heeft aangeschaft.

140. Wells (1987) p. 94 en passim; Swart (1993) p. 66; De la Fontaine Verwey (1980a) p. 186; Korteweg (1998) p. 45; zie ook Postma (1984) p. 711 e.v.; Mörke (2010) p. 194.

141. Mörke (2010) p. 48; zie ook Parker (2019) p. 208. Voor bekendheid met Machiavelli bij Oranjes broer Jan: Mout (1984) p. 614; ook Filips II bezat de werken van Machiavelli (Pérez (2013), p. 183); Filips van Marnix van Sint-Aldegonde bezat de *Opere* van Machiavelli, in een editie uit 1543 (*Catalogus Marnix* 1599 (1964) fol. E3r.); voor Viglius' vertrouwdheid met *Il principe*: Rachfahl (1906-1924) II, p. 412.

142. Baillet (1986) p. 122 en passim; Nicklas (1995) p. 67.

143. Granvelle zou dat naderhand hebben verklaard in een brief aan Alessandro Farnese, genoemd in Strada (1666) p. 120. Vgl. Van Toorenenbergen (1874) p. 4. Zie ook Mout (1984) p. 598, p. 614; Rachfahl (1906-1924) II, p. 50; Postma (2000a) p. 187 en passim.

144. Baillet laat de vraag of Schwendi ook *Il principe* goed kende onbeantwoord, maar het lijkt aannemelijk (Baillet (1986) p. 130 en passim).

145. Swart (1993) p. 66; zie voor belang en doorwerking bij Lipsius van met name het laatste gezichtspunt: Van Gelderen (1999) p. 206 e.v.

146. Waar behalve Gunther van Schwarzburg en Lodewijk van Nassau ook Heinrich von Wiltperch mee belast werd (Lemmink (1988) p. 85-86).

147. Postma (2000a) p. 204 e.v.; Klink (1997) p. 57 e.v.

148. Vgl. de brieven van Julián Romero over de voortgang van de repatriëring: Corr. WvO no. 7731 (26 september 1560), no. 7733 (28 september 1560), no. 7728 (4 oktober 1560).

149. Gachard (1867-1881) I, p. 289-291; vgl. De Troeyer (1961) p. 42.

150. Groen (1835-1847) I, p. 64; vgl. Postma (2000b) p. 164-165: Postma noemt Oranjes voornemen met Anna van Saksen te trouwen tegenover Filips II 'een affront zonder weerga', mede omdat Maurits van Saksen destijds had verijdeld dat Filips rooms-koning en dus op termijn ook keizer zou worden.

151. Op 21 oktober verzocht Margaretha van Parma Oranje zo snel mogelijk naar

Brussel te komen, in verband met brieven van Filips II. Aangezien dit verzoek ook naar Egmond uitging, zal het beraad vooral over Filips' wensen inzake het leger zijn gegaan (Corr. WvO no. 7718).

152. Gachard (1833-1835) I, 330-331; vgl. De Troeyer (1961) p. 43, p. 51; Postma (2000a) p. 188-189.
153. Mörke (2010) p. 79; Deen (2018) p. 62; zie ook Rachfahl (1906-1924) II, p. 96 e.v.
154. Deen (2018) p. 55-57; dat Anna een vergroeide ruggengraat en een bochel zou hebben, wat vaak is gememoreerd in de Oranjeliteratuur, lijkt op een persoonsverwisseling te berusten (ibidem, p. 48).
155. Rachfahl (1906-1924) II, p. 103.
156. Corr. WvO no. 8 (Willem van Oranje aan Anna van Saksen, Leipzig, 17 december 1560), waarin Oranje de ontvangst van drie brieven van Anna bevestigt, en vriendelijk dankt voor de ontvangst, en waar in de minuut in de marge staat: 'Graff Ludwig zu Nassaw etc. composuit, illustrissimus princeps descripsit manu propria' (Japikse (1934) p. 205 (n. 4)). Zie Kruse (1934) p. 18. Dit verhaal wordt door Femke Deen sterk gerelativeerd (Deen (2018) p. 58).
157. Deen (2018) p. 29; Rachfahl (1906-1924) II, p. 107 e.v.; zie aldaar, p. 113, ook het merkwaardige voorstel van Filips van Hessen, dat Oranje in plaats van met Anna van Saksen, zou kunnen trouwen met een dochter van hemzelf.
158. Deen (2018) p. 58; Rachfahl (1906-1924) II, p. 104.
159. Corr. WvO no. 5638 (Günther van Schwarzburg aan Willem van Oranje, Sondershausen, 11 maart 1561; zie ook Groen (1835-1847) I, p. 88).
160. Deen (2018) p. 63, p. 67.
161. Delen (2002) p. 194; Rachfahl (1906-1924) II, p. 106.
162. Deen (2018) p. 71.
163. Rachfahl (1906-1924) II, p. 119-120; Mörke (2010) p. 79.
164. Burgon (1839) I, p. 390.
165. Corr. WvO no. 1019 (instructie Filips van Hessen voor twee gezanten, die de landgraaf bij het bruidspaar moesten verontschuldigen voor hun afwezigheid, Zapfenburg, 3 september 1561). Zie ook Lemmink (1988) p. 86-87; Rachfahl noemt naast enkele lagere edelen ook nog Oranjes zwager Willem van den Bergh en Floris van Pallandt (heer van Culemborg) als metgezellen (Rachfahl (1906-1924) II, p. 123). Montigny is als vertegenwoordiger van Filips II ook in Leipzig geweest, maar reisde er wellicht via een snellere route naartoe (vgl. Poswick (1901) p. 105).
166. Vgl. de telling van ooggetuige Ludwig von Wittgenstein in Heckmann (1934) p. 26; zie ook Delen (1989) p. 6 voor een iets hogere concrete telling (5647 paarden); Blok hield het op 2500 ruiters (Blok (1919-1920) I, p. 66); bij Rachfahl een aantal van 'über tausend Pferde' (Rachfahl (1906-1924) II, p. 123).
167. Deen (2018) p. 22.
168. Heckmann (1934) p. 26.
169. Delen (1989) p. 6; Poswick (1901) p. 107.
170. Van Roosbroeck (1970) p. 69 e.v.; Deen (2018) p. 75-76.
171. Van Roosbroeck (1970) p. 74.
172. Rachfahl (1906-1924) II, p. 126; Van Roosbroeck (1974) p. 104; Van Roosbroeck (1970) p. 76.

173. De la Fontaine Verwey (1980a) p. 187.
174. Deen (2018) p. 95.
175. Deen (2018) p. 49 e.v., met aldaar een samenvatting van een aantal speculaties over wat de medische achtergrond van een en ander kan zijn geweest.
176. De Graaf (2018) p. 75, zie Corr. WvO no. 5641 (Günther van Schwarzburg aan Willem van Oranje, Sondershausen, 17 december 1561); vgl. Vetter (1987) p. 52.
177. Deen (2018) p. 90; dit zou zich hebben afgespeeld op de bruiloft van Pieter Ernst van Mansfeld en Maria de Montmorency, in februari 1562.

4 Gevaarlijk leven (1561-1564)

1. Zie brief van Granvelle aan Filips II, Brussel, 5 januari 1561, waarin hij aangeeft dat verschillende onderdelen van het plan inmiddels in concept publiekelijk van 'hand tot hand' gaan (Weiss (1841-1852) VI, p. 246); zie ook Baelde (1965) p. 183.
2. Postma (2000a) p. 84 e.v.; Rachfahl (1906-1924) II, p. 24; Baelde (1991) p. 60; Mörke (2010) p. 82 e.v.
3. Rachfahl (1906-1924) II, p. 24-25; Fruin (1900a) p. 291.
4. Postma (2000a) p. 200 e.v.; Postma (2000b) p. 166; De Troeyer (1961) p. 82 e.v.; Dierickx (1950) p. 157; Klink (1997) p. 109.
5. Kervyn de Lettenhove suggereerde dat Oranje in de laatste dagen van januari 1561 wel eens zou kunnen hebben deelgenomen aan geheime besprekingen van Duitse vorsten in Naumburg, met als onmiddellijk resultaat dat Oranje daarna een grotere rol voor zichzelf opeiste in het bestuur van de Nederlanden, om te beginnen Brabant (Kervyn de Lettenhove (1881) p. 146-148). Zie ook hierna p. 186.
6. Dit weten we uit de hiervoor genoemde brief van Granvelle, die via via door een van de aanwezigen, de heer van Assonleville, op de hoogte was geraakt over het besprokene (Weiss (1841-1852) VII, p. 259-261); vgl. Klink (1997) p. 109. Zie voor bekend worden van het bisdommenplan: brief van Granvelle aan Filips II, Brussel 25 januari 1561, waar sprake is van het onlangs ruchtbaar worden ('divulguée' (Weiss (1841-1852) VII, p. 259) van de herindeling, maar waaruit ook blijkt dat de pauselijke bul waarin de details zouden staan, nog niet was aangekomen (ibidem, p. 261). Het bisdommenplan kwam pas officieel naar buiten in maart 1561 (vgl. Parker (2014) p. 142). Rachfahl (1906-1924) II, p. 147 meende dat het nieuws over de bisdommen in het najaar van 1560 al in brede kring uitlekte.
7. Weiss (1841-1852) VII, p. 260-261.
8. Weiss (1841-1852) VII, p. 261.
9. Rachfahl (1906-1924) II, p. 135-136.
10. Van Durme (1953) p. 178; De Troeyer (1961) p. 82.
11. Postma (2000a) p. 199 e.v.
12. Beger e.a. (2003) p. 351 (Lamoraal van Egmond aan Jean de Ligne en Günther van Schwarzburg, Brussel, 25 april 1561); ook in: Van Schelven (1948) p. 63; vgl. Van Dormael & Goosens (2007) p. 76.
13. Corr. WvO no. 5109 (Willem van Oranje aan Günther van Schwarzburg, Brussel, 24 maart 1561, zie ook Japikse (1934) p. 232).

14. Corr. WvO no. 6720 (Willem van Oranje aan Margaretha van Parma, Den Haag, 21 oktober 1560) en Corr. WvO no. 6721 (Willem van Oranje aan Granvelle, Den Haag, 21 oktober 1560); zie ook Gachard (1847-1866) I, p. 459-463.
15. Klink (1997) p. 166.
16. Corr. WvO no. 6736 (Willem van Oranje aan Granvelle, Brussel, 12 maart 1561, zie ook Gachard (1847-1866) II, p. 14-15); Corr. WvO no. 6716 (Granvelle aan Willem van Oranje, Cantecroy, 14 maart 1561, zie ook Gachard (1847-1866) II, p. 16-19). Voor de tekst van de verordening, met correcties van Granvelle: Gachard (1847-1866) II, p. 19-22. Vgl. Klink (1997) p. 166-167.
17. La Pise (1640) p. 282, uit een brief aan de gouverneur van Orange. Corr. WvO no. 11041 (Edict 'contre les protestants', Breda, 6 juli 1561); afgedrukt in La Pise (1640) p. 283-285.
18. Corr. WvO no. 12317, een brief van de heer van Causans aan Willem van Oranje, van ws. 5 februari 1562; zie ook La Pise (1640) p. 289-290; vgl. Blok (1919-1920) I, p. 70-71; en ook Corr. WvO no. 12313 (Philippe de la Chambre aan Willem van Oranje, 5 februari 1562, zie ook La Pise (1640) p. 289). De pauselijke brieven met aansporingen bleven komen: Corr. WvO no. 10246 (22 augustus 1561), Corr. WvO no. 10216 (17 oktober 1563), enz.
19. Swart (1996) p. 54-56; Klink meent dat de verstandhouding tussen Granvelle en Oranje al vóór 1561 slecht was (Klink (1998) p. 328).
20. De Troeyer (1961) p. 86.
21. Beger e.a. (2003) p. 352 (brief uit Brussel, 2 mei 1561), zie ook Van Schelven (1948b) p. 64-65; Geevers (2008) p. 91.
22. De Troeyer (1961) p. 19-23, p. 193; Geevers (2008) p. 26.
23. Beger e.a. (2003) p. 352; zie ook Van Schelven (1948) p. 64; zie ook Swart (2006) p. 26; Vandormael & Goosens (2007) p. 168-169.
24. Van Nierop (1999b) p. 91.
25. Postma (2000a) p. 197 e.v.; Rachfahl (1906-1924) II, p. 153 e.v.
26. Corr. WvO no. 10906 (Willem van Oranje en Lamoraal van Egmond aan Filips II, Brussel, 23 juli 1561; vgl. Japikse (1934) p. 311-315); zie ook Koenigsberger (1984) p. 573; Rachfahl (1906-1924) II, p. 156.
27. Vandormael & Goosens (2007) p. 76 (de verwijzing naar de brief van Granvelle aan Filips II, d.d. 27 juli 1563 (n.63)).
28. Dit wordt o.a. gesuggereerd door Postma (Postma (2000a) p. 203), inzake het huwelijk met Anna van Saksen; Geevers wijst bovendien op het grote gewicht van familiebelangen, onder andere de enorme vordering die zijn zwager Günther van Schwarzburg vanwege het jarenlang achterwege blijven van betalingen inmiddels op Filips II had (Geevers (2008) p. 81 e.v.); zie ook schrijven Filips II aan Schwarzburg, Madrid, 17 juli 1562, waarin de koning bekende in gebreke te zijn gebleven maar ook geen echte oplossingen kon bieden (Beger e.a. (2003) p. 398-401).
29. Latent, en steeds manifester wordend protestantisme bij Oranje sinds het einde van de jaren vijftig staat voor bijvoorbeeld Klink zo goed als vast (Klink (1998) p. 103, p. 107, p. 149 en passim).
30. Corr. WvO no. 7783 (Filips II aan Willem van Oranje en Lamoraal van Egmond, Madrid, 29 september 1561); zie ook Gachard (1848-1936) I, p. 197 (zie ook brief van Eraso aan Egmond, van een dag eerder (ibidem)); vgl. Woltjer (2011) p. 350.

31. Vgl. Granvelle in een brief van 15 december 1561 aan Filips II ('Ik zie hier een behoorlijk aantal zaken die me veel onvrede verschaffen en die ik niet durf te zeggen of te schrijven. God geve dat ik me niet vergis! Maar ik heb het vermoeden dat er verdorven bedoelingen in meespelen', hierbij doelend op de Duitse contacten van de hoge edelen (geciteerd in Klink (1998) p. 113, naar Weiss (1841-1852) VI, p. 458-459)).
32. Geevers (2008) p. 81.
33. Margaretha van Parma aan Filips II, Brussel, 19 december 1561 (zie ook Gachard (1867-1881) II, p. 35-36). Vgl. Klink (1998) p. 111; Rachfahl (1906-1924) II, p. 190 e.v.
34. Margaretha van Parma aan Filips II, Brussel, 19 december 1561, zie ook Gachard (1867-1881) II, p. 36-37. Vgl. Geevers (2008) p. 79 e.v.
35. Zoals ook Egmond in zijn Duitse contacten weinig de-escalerend te werk ging (vgl. Geevers (2008) p. 80, met als concreet voorbeeld Egmonds contacten met de keurvorst van de Palts Frederik III).
36. Postma (2000a) p. 208: op 3 december 1561 kwam gezant Courteville met een besluit van Filips II met die strekking in Brussel aan; ongeveer tegelijkertijd, of wellicht eerder, had Filips aan Granvelle laten weten dat hij snel en met geweld wilde ingrijpen in Frankrijk (Klink (1998), p. 116, in brief van 17 november 1561); vgl. Rachfahl (1906-1924) II, p. 177-178.
37. Margaretha van Parma aan Filips II, Brussel, 19 december 1561, zie ook Gachard (1867-1881) II p. 37; 'Et je diz audict seigneur prince le tort qu'avoient les Allemans [etc.]'.
38. Vgl. bijvoorbeeld Mörke, die er geheel aan voorbijgaat (Mörke (2010) p. 93); De Graaf (2018) p. 89 e.v. is iets uitgebreider, maar laat de geheimzinnige verwikkelingen rond de rijksdag te Frankfurt goeddeels buiten beschouwing, en dat Berlaymont al vóór de rijksdag Margaretha van Parma heeft gewaarschuwd dat Oranje 'een of ander groot plan in gedachten had' en daarmee hintte op zijn plannen in Duitsland, is onwaarschijnlijk (De Graaf (2018) p. 90-91; zie ook Klink (1997) p. 131, waar in het midden blijft wat Oranje in de zin heeft). Voor Klink lijkt het vanzelfsprekend te zijn dat zijn hang naar het protestantisme daarbij leidend was (zie Klink (2001) p. 32; en Klink (1997) p. 149; voor kanttekeningen bij de eenzijdig religieuze visie van Klink zie Fagel (1999) p. 266 en passim). Rachfahl (1906-1924) II, p. 4 ziet daarbij vooral politieke motieven, en wellicht speelde ook het feit dat Oranje een geboren Duitser was erin mee; zie ook Rachfahl (1905-1906) p. 19 e.v., p. 58; zie voor scepsis over de visie van Rachfahl: Verhofstad (1937) p. 122 e.v.
39. Margaretha van Parma aan Filips II, Brussel, 19 december 1561, zie ook Gachard (1867-1881) II, p. 38 e.v.
40. Klink (1997) p. 128.
41. In losse berichten over de bijeenkomst zou nogal opvallend de nadruk gelegd zijn op het gezellige karakter ervan, wat bij onder anderen Granvelle extra argwaan opriep (Rachfahl (1906-1924) II, p. 187-188) (en aldaar ook noot 4). Zie ook Geevers (2008) p. 83-84; Klink (1997) p. 129; Rachfahl noemt als aanwezigen ook nog Horne, Egmond en Schwendi. Een deel van hen zou later doorreizen naar Weert voor het huwelijksfeest van Pieter Ernst van Mansfeld en Maria de

Montmorency op 27 februari 1562 (Rachfahl (1906-1924) II, p. 187; *Calendar of State Papers* (1966-1969) IV, p. 543 (Clough aan Gresham, 1 maart 1562)).

42. Corr. WvO no. 5643 (Günther van Schwarzburg aan Willem van Oranje, Nancy, 16 maart 1562); vgl. Klink (1997) p. 129; in Oranjes korte antwoord van drie dagen later spreekt hij ook cryptisch over 'der bewusten sachen' (Corr. WvO no. 5677, Willem van Oranje aan Günther van Schwarzburg, Brussel, 19 maart 1562); zie ook Corr. WvO no. 5715 (aan Günther van Schwarzburg, Brussel, 21 maart 1562).
43. Klink (1997) p. 129.
44. Dit lijkt de conclusie van Klink (Klink (1997) p. 129).
45. Klink (1997) p. 120.
46. Schmidt (1988) p. 231 en passim.
47. Gachard (1848-1936) I, p. 216; een brief van Granvelle aan Filips II van 31 augustus 1562 in parafrase van Gachard; vgl. Klink (1997) p. 126; Rachfahl (1906-1924) II, p. 184.
48. Woltjer (2011) p. 348-349.
49. Klink (1998) p. 127; Egmond, die aanvankelijk ook mee zou gaan naar Frankfurt, zag ervan af. Filips II verstuurde zijn antwoord pas op 21 november (id.).
50. Deen (2018) p. 93-94; Delen (2002) p. 255. Zie Corr. WvO no. 85 (Willem van Oranje aan August van Saksen, Dillenburg, 6 november 1562).
51. Zie in dit licht ook een incident waarover Granvelle in maart 1562 verslag deed. Hij had vernomen dat een van de heren (Granvelle was er nog niet achter wie) had gezinspeeld op het aannemen van een 'andere prins van den bloede' als soeverein over Brabant zodra Filips II inbreuk zou maken op de gewestelijke privileges, waarbij Granvelle ook wist dat Egmond regelmatig correspondeerde met de 'koning van Bohemen', rooms-koning Maximiliaan (Granvelle aan Filips II, Brussel, 12 maart 1562 (Weiss (1841-1852) VI, p. 535)); zie ook Cosemans (1933) p. 610; Klink (1997) p. 144.
52. Filips II refereert aan dit plan in een brief aan Margaretha van Parma, van 23 december 1562, wat moet betekenen dat hij in de maanden ervoor met dit plan is geconfronteerd (Gachard (1848-1936) I, p. 232); vgl. Klink (1998) p. 130.
53. Postma (2000a) p. 232, voor enkele speculaties over de formele positie en functionele inhoud van het door Oranje voorgestelde superintendentschap; Rachfahl (1906-1924) II, p. 257 e.v.; De Troeyer (1961) p. 102; Koenigsberger (1988) p. 132-134; Koenigsberger (1984) p. 579, waar ook wordt gesproken over Oranjes poging 'eerste edele' van Zeeland te worden.
54. Fruin (1900a) p. 319, voor de woede van Granvelle over dit voorstel; Rachfahl (1906-1924) II, p. 258.
55. Husmeier (2002) p. 298. Filips II had één potentiële troonopvolger in rechte lijn in Don Carlos, wiens fysieke en geestelijke gesteldheid voor zeer labiel doorging (vgl. Parker (1981) p. 101 e.v.).
56. Schmidt (1988) p. 232.
57. Klink (1997) p. 127-128.
58. Corr. WvO no. 5648 (Günther van Schwarzburg aan Willem van Oranje, Sondershausen, 8 april 1563); zie ook Groen (1835-1847) I, p. 156-158; vgl. Klink (1997) p. 128.

59. Dit kan worden opgemaakt uit het memo van Laurent Metsius, bisschop van 's-Hertogenbosch, over de oorzaken van de troebelen (Gachard (1848-1936) IV, p. 740); vgl. Fruin (1900a) p. 321.
60. Corr. WvO no. 5648, zie ook Groen (1835-1847) I, p. 156 e.v.; zie ook Strada (1666) p. 152-153 voor een globale versie van dit niet-uitgevoerde voornemen.
61. Klink (1997) p. 128.
62. Corr. WvO no. 5648; zie ook Groen (1835-1847) I, p. 157.
63. Rachfahl (1906-1924) II, p. 258. Zie ook Filips II aan Margaretha van Parma, 23 december 1562 (Gachard (1848-1936) I, p. 232) en Postma (2000a) p. 232-233 (n. 37). Granvelle zag hierin het rechtstreeks aantasten van de autoriteit van de landsheer, die immers hertog van Brabant was (zie ook Koenigsberger (1984) p. 581).
64. Margaretha van Parma aan Filips II, Brussel, 13 maart 1563, zie ook Gachard (1848-1936) I, p. 242; Rachfahl (1906-1924) II, p. 259.
65. Margaretha van Parma aan Filips II, Brussel, 13 maart 1563, zie ook Gachard (1848-1936) I, p. 242.
66. Margaretha van Parma aan Filips II, Brussel, 19 december 1561, zie ook Gachard (1867-1881) II, p. 39-40; vgl. Klink (1998) p. 128.
67. Febvre (1912) p. 406 e.v. Volgens Granvelle zou Oranje zijn invloed in Brabant via de vier grote steden vergaand willen vergroten ten koste van de macht van de landsheer: 'pour jouir dans le Brabant d'une autorité supérieure à celle du souverain lui-même' (Weiss (1841-1852) VII, p. 139 (Granvelle aan Filips II, Brussel, 14 juli 1563)).
68. Margaretha van Parma aan Filips II, Brussel, 19 december 1561, zie ook Gachard (1867-1881) II, p. 39.
69. Daarnaast was Oranje omstreeks 1561 in zijn derde stadhouderschap, Zeeland, bezig zijn macht te vergroten; hij aasde er op het markizaat van Veere (dat hem pas in 1581 definitief zou toevallen), en slaagde erin eerste vertegenwoordiger van de edelen te worden, een lucratieve en machtige positie (Meerkamp van Embden (1933) p. 108-109). Daarbij trad hij op als vertegenwoordiger van zijn zoon Filips Willem, die als erfgenaam van zijn moeder grote bezittingen in Zeeland had (ibidem, p. 111).
70. Van Durme (1953) p. 189 e.v.; De Troeyer (1961) p. 102; Postma (2000a) p. 207.
71. Granvelle schreef Filips II op 13 mei 1562 dat hij Egmond van betrokkenheid bij een specifiek pamflet verdacht, omdat de strekking ervan al een week voor het verschijnen ervan op het paleis van Egmond uitgebreid was besproken (Weiss (1841-1852) VI, p. 558).
72. Van Herwerden (1939) p. 26; Van Durme (1953) p. 181; zie ook Wauters (1977) p. 45; Van Gelder (1936) p. 363.
73. Gachard (1848-1936) I, p. 199-200; excerpt van een brief van Granvelle aan Gonzalo Perez (Brussel, 12 maart 1562); vgl. Van Durme (1953) p. 179 e.v.; De Troeyer (1961) p. 72; Schipperus (2018) p. 55.
74. Weiss (1841-1852) VI, p. 341 (Granvelle aan Francesco de Vargas, Brussel, 14 september 1561); vgl. Fruin (1900a) p. 289.
75. Marnef (1996) p. 116 e.v.
76. Thomas (1990) p. 341 e.v. en passim. Rodríguez-Salgado (1988) p. 200. Wauters (1977) p. 53, voor de rol van Oranje c.s. bij het ontstaan en verspreiden van de geruchten.

77. Rachfahl (1906-1924) II, p. 182.
78. Israel (1995) p. 101 e.v.; Woltjer (2011) p. 316 e.v.; Decavele (2004) p. 33.
79. Woltjer (2011) p. 322.
80. De Troeyer (1961) p. 96 e.v.
81. Woltjer (2011) p. 320-321, onder anderen de stadhouder van Henegouwen, Jan van Glymes, markies van Bergen op Zoom, bracht deze visie in deze maanden al naar voren bij Margaretha van Parma.
82. Zie Filips II in brief aan Margaretha van Parma van 23 december 1562 (Gachard (1848-1936) I, p. 231).
83. Postma (2000a) p. 209 e.v.; zie ook Rachfahl (1906-1924) II, p. 468; Van Gelderen (1991) p. 17.
84. Postma (2000a) p. 213; Klink (1998) p. 142-144; Oranje c.s. hadden de handigheid bijeenkomsten te houden, op het moment dat al grote aantallen hoge edelen bij elkaar kwamen, zo waren er in mei 1562 in Brussel een groot aantal vliesridders bijeen, vanwege een vergadering van hun orde (Klink (1997) p. 143; De Troeyer (1961) p. 98).
85. De Troeyer (1961) p. 98; Rachfahl (1906-1924) II, p. 193 e.v.
86. Sutherland (1983) p. 206 e.v. en passim; Klink (1997) p. 123.
87. Postma (2000a) p. 248-249.
88. Payen (1861) I, p. 56.
89. De Troeyer (1961) p. 106-107; Van Schelven (1948) p. 68.
90. Klink (1997) p. 122 (Granvelle meldt het gerucht op 14 juni 1562 in een brief aan Filips II); *Calendar of State Papers* (1966-1969) IV, p. 265; De Troeyer (1961) p. 108.
91. De Troeyer (1961) p. 113-115.
92. De Troeyer (1961) p. 97; Geurts (1968) p. 8; Parker (2014) p. 143.
93. Zie Gachard (1848-1936) I, p. 231-232, brief Filips II aan Margaretha van Parma, 23 december 1562 ('elle ne négligera rien pour le faire' (over het bereiken van verzoening tussen Granvelle en de heren)).
94. Gachard (1848-1936) p. 239 (Granvelle aan Filips II, Brussel, 10 maart 1563); zie ook De Troeyer (1961) p. 128.
95. Corr. WvO no. 6743; vgl. Gachard (1847-1866) II; p. 35-39; zie ook De Troeyer (1961) p. 116-117; Koenigsberger (1984) p. 581; Postma (2000a) p. 227, p. 248.
96. Tegelijkertijd groeide Granvelles afkeer van Ruy Gómez en Eraso (Parker (2014) p. 143).
97. Rachfahl (1906-1924) II, p. 290 ('es vollzog sich in Margareten mit einem Schlage ein völliger Wandel der Gesinnung'); zie aldaar ook p. 311 e.v.; zie ook De Troeyer (1961) p. 125-126. Postma meent, met Rachfahl, dat Margaretha aan Granvelle ook een kwalijke rol toedichtte in het laten voortduren van de kwestie rond de teruggave van de burcht van Piacenza (Postma (2000a) p. 251).
98. De Troeyer (1961) p. 118 e.v.; Vandormael & Goosens (2007) p. 80.
99. Blok (1919-1920) I, p. 87.
100. Klink (1997) p. 133.
101. Marnef (1996) p. 116 e.v., aan de hand van ontwikkelingen in Antwerpen.
102. Leemans & Leemans-Prins (1986) p. 346.
103. Klink (1997) p. 168, voor analyse van een brief van Oranje aan Pius IV van 16 november 1561 (Corr. WvO no. 6005, in Groen (1835-1847) I, p. 119-121), waar

Oranje het begrip 'katholiek' in zijn 'algemeen'-christelijke en niet in zijn 'roomse' betekenis lijkt uit te leggen.

104. Mörke (2010) p. 95 e.v.
105. Huidekoper (1984) p. 11.
106. Postma (2000a) p. 205 e.v., p. 254-255.
107. Erbe (1978) p. 155, zie aldaar ook noot 169 voor het betoog dat de ontmoeting in juli 1563 moet hebben plaatsgevonden, en niet een jaar later zoals ook wel wordt gedacht, zie bijvoorbeeld De Jong (1984) p. 92. Zie ook Fruin (1900a) p. 347-350, waar enige verwarring in stand wordt gehouden over de datering (vgl. p. 348 en p. 350 (n. 2)).
108. Zie voor Baudouins opvattingen over tolerantie Erbe (1978) p. 165 en passim; zie ook De Jong (1984) p. 92.
109. Erbe (1978) p. 154-155; Postma (2000a) p. 250; zie ook Postma (1987) p. 31.
110. Dit werd al inzichtelijk gemaakt door P.J. Blok: Blok (1919-1920) p. 104-106. Het meest verhelderende overzicht van Oranjes religieuze en kerkelijke opvattingen (tot ca. 1572) biedt nog altijd Van Gelder (1933a); zie ook Rachfahl (1906-1924) I, p. 154.
111. Kamen (2010) p. 117; Parker (2014) p. 104.
112. Parker (1981) p. 61-62, p. 181-182; Kamen (2010) p. 70 e.v., p. 81 e.v., p. 121 e.v.; Parker (2014) p. 108 e.v.
113. Parker (2002) p. 31.
114. Parker (2014) p. 143.
115. De Troeyer (1961) p. 170; Woltjer (2011) p. 356; Groenveld (2003) p. 78-79; Postma (2000a) p. 249.
116. De Troeyer (1961) p. 121; Vandormael & Goosens (2007) p. 83.
117. De Troeyer (1961) p. 128-131; Postma (2000a) p. 251.
118. De Troeyer (1961) p. 142.
119. Cosemans (1933) p. 648.
120. Klink (1997) p. 133; zie ook het rapport van de Italiaanse diplomaat Giovan Battista Guicciardini, van 22 augustus 1563, waarin hij een bezoek van de hertog van Kleef aan Brabant memoreert voor de doop van de zoon van de graaf van Hoogstraten, waar de hertog verzuimde de landvoogdes te bezoeken, maar wel bij Oranje in Breda langsging en er lange tijd ('molti giorni') verbleef (Battistini (1950) p. 211-212).
121. Weiss (1841-1852) VII, p. 139 (Granvelle aan Filips II, Brussel, 14 juli 1563), zie ook Rodríguez-Salgado (2000) p. 123; Klink (1998) p. 133.
122. Postma (2000a) p. 249; Woltjer (2011) p. 357; Blok (1919-1920) I, p. 88-89.
123. Corr. WvO no. 6746 (Oranje, Egmond en Horne aan Filips II, 29 juli 1563, zie ook Gachard (1847-1866) II, p. 42-47). In diezelfde julimaand deed Granvelle tegenover Filips II in een brief (Brussel, 14 juli 1563) nog zelfverzekerd een boekje open over alle frustraties die er bij de 'heren' en met name bij Oranje leefden over het feit dat ze buiten de belangrijke beslissingen gehouden werden (Weiss (1841-1852) VII, p. 136 e.v.); vgl. Fruin (1900a) p. 301.
124. De Troeyer (1961) p. 133 e.v. (en bijlage II, p. 198-200); geciteerd naar Panhuysen & Van Stipriaan (2018) p. 33-37.
125. Battistini (1950) p. 211; vgl. De Troeyer (1961) p. 99.

126. Van Schelven (1948b) p. 67; De Troeyer (1961) p. 156.
127. Payen (1861) I, p. 60; De Troeyer (1961) p. 176 e.v.; Geevers (2008) p. 101 e.v. Zie ook Van Durme (1953) p. 213: waar wordt gesproken over ten minste tweeduizend stuks.
128. De Troeyer (1961) p. 177; Van Nierop (1992) p. 21; Deen (2015) p. 45; Geevers (2008) p. 101-102.
129. Payen (1861) I, p. 60-61.
130. Nicklas (1995) p. 100-101.
131. De Troeyer (1961) p. 157-158; Postma (2000a) p. 251 e.v.
132. Blok (1919-1920) I, p. 69-70; Van Ditzhuyzen (1992) p. 42-43.
133. Corr. WvO no. 4458 (Willem van Oranje aan Lodewijk van Nassau, Breda, 12 november 1563, zie ook Groen (1835-1847) I, p. 185); vgl. Van Gelder (1936) p. 367.
134. Van Gelder (1936) p. 366.
135. Payen (1861) I, p. 59-60; Oosterhuis (1996) p. 27 e.v.
136. De Troeyer (1961) p. 163.
137. Corr. WvO no. 12628 (Willem van Oranje aan Lazarus van Schwendi, Brussel, 7 februari 1564).
138. De Troeyer (1961) p. 163; zie ook Rachfahl (1906-1924) II, 325-326, Van Roosbroeck (1974) p. 131.
139. De Troeyer (1961) p. 168.
140. Klink (1998) p. 152; zie ook Rachfahl (1906-1924) II, p. 338.
141. Filips II aan Margaretha van Parma, Monçon, 23 januari 1564, zie Gachard (1848-1936) I, p. 286; vgl. Van Durme (1953) p. 210; Vandormael & Goosens (2007) p. 86.
142. Instructie van Filips II voor Tomas de Armenteros, Monçon, 23 januari 1564, zie Gachard (1848-1936) I, p. 285.
143. Filips II aan Granvelle, Monçon, 22 januari 1564, zie Gachard (1848-1936) I, p. 285.
144. Corr. WvO no. 6752 (Filips II aan Willem van Oranje, 'Barcelona', 19 februari 1564', vergelijkbare brief ook aan Egmond en Horne; zie ook Gachard (1847-1866) II, p. 67-68).
145. Van Durme (1953) p. 210; zie ook Van Roosbroeck (1974) p. 130 over brieven van Eraso, die ook goede relaties onderhield met de heren, en die mogelijk ook nog deel uitmaakten van het ingenieuze dubbelspel van Filips. Zie ook Koenigsberger (1984) p. 593 voor de achterliggende ideeën van deze voorzichtige aanpak.
146. Dit verhaal komt uit de koker van Granvelle zelf (brief aan Gonzalo Perez, Brussel, 25 februari 1564, zie Gachard (1848-1936) I, p. 291); vgl. De Troeyer (1961) p. 174.
147. Van Durme (1953) p. 212 e.v.; De Troeyer (1961) p. 174.
148. Corr. WvO no. 4462 (Willem van Oranje aan Lodewijk van Nassau, Brussel, 5 maart 1564). Over de indiscrete houding van Armenteros in deze dagen: Rachfahl (1906-1924) II, 407.
149. Granvelle aan Margaretha van Parma, Namen, 15 maart 1564; zie: Weiss (1841-1852) VII, p. 409-410; vgl. De Troeyer (1961) p. 178-179.
150. Wauters (1977) p. 170.
151. De Troeyer (1961) p. 181.

152. Corr. WvO no. 6753 (Oranje, Egmond en Horne aan Filips II, Brussel, 27 maart 1564; zie ook Gachard (1847-1866) II, p. 72).
153. De Troeyer (1961) p. 179.
154. Battistini (1950) p. 230, brief aan Cosimo de' Medici, Brussel, 22 april 1564.
155. Van Durme (1953) p. 217-220; Febvre (1912) p. 427; Rachfahl (1906-1924) II, p. 396-397.
156. Deen (2018) p. 103-105; zie ook Blok (1919-1920) I, p. 118.
157. Delen (2002) p. 67 e.v.
158. Zie voor de ijver die de 'groten' in deze maanden aan de dag legden: de memoires van Viglius in Wauters (1977) p. 73 e.v.
159. Weiss VII, p. 452 (Maximiliaan Morillon aan Granvelle, Brussel, 1 april 1564); vgl. Delen (2002) p. 135-136 (zie aldaar ook p. 218 voor statusverhoging die Oranje onderging door met de dochter van de keurvorst te trouwen, waardoor hij in aanzien ondubbelzinnig boven Egmond kwam te staan).
160. Delen (2002) p. 136.
161. Postma (2000a) p. 165.
162. Weiss (1841-1852) VIII, p. 57 (Morillon aan Granvelle, Brussel, 9 juni 1564), p. 132 (Morillon aan Granvelle, Brussel, 9 juli 1564), vgl. Vandormael & Goosens (2007) p. 90; Fruin (1900a) p. 335.
163. Postma (2000a) p. 254.
164. Corr. WvO no. 5932 (Willem van Oranje aan Willem van Hessen, 13 februari 1564, zie ook Groen (1835-1847) I, p. 200).
165. Nicklas (1995) p. 87-88 en passim; zie ook Christin (2002) p. 87 e.v.
166. Corr. WvO no. 7786, (Lazarus van Schwendi aan Willem van Oranje, Künigsheim, 27 augustus 1564, zie ook Groen (1835-1847) I, p. 296).
167. Over Oranjes – onbetwijfelbare – katholiciteit in dit stadium van zijn leven: Van Roosbroeck (1974) p. 136.
168. Van Roosbroeck (1974) p. 136.
169. Van Stipriaan (2019) p. 26 e.v.
170. Rachfahl (1906-1924) II, p. 473-474.
171. Aldus Viglius in zijn memoires in: Wauters (1977) p. 174-176; zie ook Panhuysen & Van Stipriaan (2018) p. 37-38; Rachfahl (1906-1924) II, p. 474-475.
172. Wauters (1977) p. 176; zie ook Panhuysen & Van Stipriaan (2018) p. 38.

5 Overleven als rebel (1565-1567)

1. Naar de kroniek van Godevaert van Haecht (Van Roosbroeck (1929-1930) I, p. 3-4).
2. Van Roosbroeck (1929-1930) I, p. 5.
3. Van Roosbroeck (1929-1930) I, p. 5-6.
4. Zie het overzicht in Buisman (1995-) III, p. 593 e.v. van de problemen door de strenge vorst in grote delen van Europa.
5. Buisman (1995-) III, p. 602; Van der Wee (1969) p. 23; zie ook Israel (1995) p. 111.
6. Van Roosbroeck (1929-1930) I, p. 7 (mei 1565), p. 10 (augustus 1565). Vgl. Van Alfen (1930) p. 99 e.v.; Mörke (2010) p. 109.

7. Van der Wee (1969) p. 28 e.v.
8. Corr. WvO no. 10175 (Willem van Oranje aan het stadsbestuur van Rotterdam, Den Haag, 22 november 1565); Van Alfen (1930) p. 99; zie ook Van Roosbroeck (1929-1930) I, p. 11 (september 1565).
9. Corr. WvO no. 11066 (Hof van Holland en Zeeland aan Willem van Oranje, Den Haag, 26 november 1565). Vgl. Van Roosbroeck (1929-1930) I, p. 7 (mei 1565).
10. Corr. WvO no. 148 (Willem van Oranje aan August van Saksen, Brussel, 5 januari 1566). De graanprijzen zakten vanaf december 1565, vgl. Van der Wee (1969) p. 28.
11. Van der Wee (1969) p. 22; Israel (1995) p. 106-128 en passim.
12. Van Nierop (1995) p. 218 e.v.; Groenveld e.a. (2008) p. 27 e.v.; Groen e.a. (2013) p. 34.
13. Marnef (1996) p. 37.
14. Zie voor opkomst Amsterdam te midden van andere Nederlandse handelssteden: Lesger (2001) p. 23 e.v.
15. Dit kan ondere andere worden afgeleid uit twee op naam van Wilhelm Dircxen staande brieven gericht aan Willem van Oranje (Corr. WvO, no. 4405 (uit Brussel, 17 juni 1564) en no. 4406 (uit Amsterdam, 12 juli 1564)), die door Femke Deen, met een slag om de arm, aan Willem Bardes zijn toegeschreven (Deen (2015) p. 43.
16. Deen (2015) p. 43 en passim, en zie ook Lesger (2001) p. 209 e.v., beide studies specifiek voor Amsterdam.
17. Koenigsberger (1998) p. 130.
18. Postma (2000b) p. 169.
19. Blok (1919-1920) I, p. 108; zie ook Vandormael & Goosens (2007) p. 95.
20. Weiss (1841-1852) VIII, p. 651-652 (brief Bordey aan Granvelle, Brussel, 25 januari 1565), vgl. Vetter (1992) p. 122.
21. Weiss (1841-1852) VIII, p. 685 (Pero Lopez aan Granvelle, Brussel, 7 februari 1565); zie ook Rachfahl (1906-1924) II, p. 481 voor een subtiel andere versie (zonder bronvermelding).
22. Weiss (1841-1852) VIII, p. 684-688 (id.).
23. Weiss (1841-1852) IX, p. 16 (Morillon aan Granvelle, Brussel, 15 februari 1565); Vandormael & Goosens (2007) p. 96.
24. Weiss (1841-1852) IX, p. 16 (Morillon aan Granvelle, Brussel, 15 februari 1565).
25. Dorren (1998) p. 358; zie ook Soen (2012) p. 53.
26. Geevers (2008) p. 129-132; Vandormael & Goosens (2007) p. 97; Parker (2014) p. 144.
27. Parker (1981b) p. 82 e.v.; zie ook Rachfahl (1906-1924) II, p. 488; Soen (2012) p. 47.
28. Weiss (1841-1852) IX, p. 214, p. 216 (brief van Morillon aan Granvelle, Brussel, 21-22 mei 1565); vgl. Geevers (2008) p. 135.
29. Datering op gezag van de Florentijnse ambassadeur Guicciardini (Battistini (1950) p. 251).
30. Weiss (1841-1852) IX, p. 236 (Morillon aan Granvelle, z.pl. z.d. (eind mei 1565)); zie ook Parker (2014) p. 146; en Rachfahl (1906-1924) II, p. 488-489 voor een subtiel andere versie (Filips II vraagt het Egmond rechtstreeks).
31. Parker (2014) p. 146; zie ook Parker (1981b) p. 84.

32. Er werd vooruitlopend op definitieve orders al in de geest van Egmonds verslag gewerkt; zie brief van Armenteros aan Filips II, Brussel, 10 juni 1565 (Gachard (1848-1936) I, p. 355).
33. Rachfahl (1906-1924) II, p. 496; Geevers (2008) p. 128 e.v.
34. Dit is de – plausibele – suggestie van Liesbeth Geevers (Geevers (2008) p. 136). Ook Granvelle meende dat er sprake was van misverstanden tussen de koning en Egmond (vgl. Vandormael & Goosens (2007) p. 99).
35. Weiss (1841-1852) IX, p. 344-345 (Morillon aan Granvelle, Brussel, 12 juni 1565).
36. Swart (1984a) p. 558; Parker (2014) p. 144.
37. Sutherland (1983) p. 210.
38. Yates (1959) p. 57 e.v.; zie ook Strong (2003) p. 192.
39. Kamen (2013) p. 38; Yates (1959) p. 60.
40. Ysselstein (1969) p. 338; dit zou zich hebben voorgedaan in Marseille.
41. Rachfahl (1906-1924) II, p. 491-494; zie ook Van Roosbroeck (1974) p. 152.
42. Woltjer (2011) p. 277 e.v.; Rachfahl (1906-1924) II, p. 493.
43. Rachfahl (1906-1924) II, p. 494; Van Gelder (1933a) p. 105; Soen (2012) p. 51.
44. Parker (2014) p. 147; Geevers (2008) p. 134; Fruin (1900a) p. 357; Soen (2012) p. 50-51.
45. Sutherland (1983) p. 223 e.v.; Geevers (2008) p. 44-50, p. 134; Blok (1919-1920) I, p. 113; Van Roosbroeck (1974), p. 148; voor snelle ontwikkelingen in het gebruik van geheimschrift vanaf 1500: Akkerman (2016). Spionage door Margaretha: Deen (2018) p. 87.
46. Dat werd vooral aangemoedigd vanuit Spanje, deels door Filips II in persoon (vgl. Dorren (1998) p. 354).
47. Kruse (1932a) p. 31 e.v.; Rachfahl (1906-1924) II, p. 382 geeft 3 februari als doopdatum.
48. Corr. WvO no. 10893 (Filips II aan Willem van Oranje, Madrid, 3 februari 1565) (Gachard (1847-1866) II, p. 82-84).
49. Corr. WvO no. 10900 (Willem van Oranje aan Filips II, Brussel, 27 februari 1565) (Gachard (1847-1866) II, p. 86-87).
50. Zie citaat uit verslag van Bordey aan Granvelle (Brussel, 25 april 1565) in: Groen (1835-1847) I, p. 386.
51. Deen (2018) p. 107 e.v., p. 114-120.
52. Vgl. voor nog niet uitgekristalliseerde kerkorde en geloofsleer vóór 1570: Groenveld e.a. (2008) p. 65-66.
53. Marnef (1996) p. 168-169.
54. Over Van Straelens religieuze sympathieën: Cosemans (1933) p. 616 e.v.; over de lutherse ambiance rond Van Wesembeke: Van Roosbroeck in: *Nationaal Biografisch Woordenboek* (1964-) V, kol. 997 e.v. Over hoe zij beiden in Antwerpen al vroeg als Oranjegezinde factie optraden: Koenigsberger (1984) p. 585.
55. Woltjer (2011) p. 182 e.v., p. 214 e.v., p. 373.
56. Van Gelder (1933a) p. 109-110.
57. Klink (1997) p. 234.
58. Kossmann (1980) p. 11, p. 24 en passim; Coopmans (1993) p. 63 e.v.; Klink (1997) p. 333; Van Gelderen (1991) p. 26 e.v.; Mout (2006) p. 19 e.v. Zie ook Mout (1986) p. 348 e.v., onder verwijzing naar de uiteenlopende visies van Skinner, Koenigsberger en Kossmann.

59. Arnade (2008) p. 68-69; Woltjer (2011) p. 316 e.v.
60. Van der Lem (2016), p. 58; een visie die door Oranje met name in 1566 werd uitgedragen. Naderhand, na 1571, dacht Oranje veel milder over wederdopers (id., p. 61 e.v.), en zag hij mogelijkheden tot samenwerking.
61. Zie hiervoor p. 210.
62. De *realpolitische* benadering van het geloof door Oranje werd ook in de eigen tijd al gezien: vgl. Roegiers (1997) p. 227. Zie voor het ontrafelen van Oranjes religieuze voorkeuren Van Gelder (1933a).
63. Volgens eigen opgave van Lodewijk van Nassau: sinds oktober 1556 (Blok (1885) p. 185).
64. Van Herwerden (1939) p. 19; zie ook aandrang van Granvelle in die richting, die Lodewijk van Nassau weerstond, wat op een levenslange vete tussen de twee uitliep (id., p. 20-21, p. 25-26); zie tevens de zelfrechtvaardigende opmerkingen van Lodewijk van Nassau in zijn *Apologie* (Blok (1885) p. 186-187).
65. Brugmans (1933) p. 217-218; Van Herwerden (1939) p. 14, p. 28, p. 46 e.v. en passim.
66. Van Herwerden (1939) p. 17, p. 29 e.v.
67. Klink (1997) p. 180-181; Van Herwerden (1939) p. 32-34.
68. Van Herwerden (1939) p. 32 e.v.; Van Gelder (1933a) p. 118; Rachfahl (1906-1924) II, p. 377; Lamont (2005) p. 202 e.v.
69. Verhoef (1985) p. 10-11; De Landtsheer e.a. (2006) p. 145.
70. Blok (1885) p. 197-198 (n. 1) (Lodewijk van Nassau, *Apologie*); zie ook Poulet & Piot (1877-1896) II, p. 666 (verhoor Pieter van Andelot); vgl. Van Herwerden (1939) p. 39.
71. Klink (1997) p. 182-183.
72. Weiss (1841-1852) IX, p. 473-474, resp. p. 469 (Chantonnay aan Granvelle, Wenen, 19 augustus 1565).
73. Wat werd bevestigd door Granvelle zelf (Weiss (1841-1852) IX, p. 559: Granvelle aan Chantonnay, Orchamps, 28 september 1565).
74. Postma (2000a) p. 184, 243 e.v.; Geevers (2008) p. 124 e.v.; zie ook Verhofstad (1937) p. 18 e.v.
75. Weiss (1841-1852) IX, 472 (Chantonnay aan Granvelle, Wenen, 19 augustus 1565: 'Je luy [Schwarzburg] racompté ce que je sçavoye de Renard, doibz la première congnoissance jusque à la demonstration de son ingratitude. Il monstra cecy luy estre nouveau.'). Vgl. de analyse van Rachfahl (1906-1924) II, p. 508 e.v.
76. Weiss (1841-1852) IX, p. 564 (Chantonnay aan Granvelle, Wenen, 30 september 1565).
77. Zie de analyse van Rachfahl (Rachfahl (1906-1924) II, p. 513.
78. Rachfahl (1906-1924) II, p. 511.
79. Parker (1981a) p. 60; Vandormael & Goosens (2007) p. 101; Husmeier (2002) p. 149 e.v.
80. Corr. WvO no. 10233 (Willem van Oranje aan Margaretha van Parma, Vianen, 10 september 1565).
81. Bonger (1978) p. 37; Bonger (1989) p. 45; Van Veen (2001) p. 152.
82. Zie de kenschets van Everard van Reyd, die Oranje regelmatig van nabij meemaakte (Van Reyd (1650) p. 50); zie voor benaderbaarheid: Haslinghuis (1933) p. 271; Haitsma Mulier (1984) p. 56.
83. Parker (2014) p. 147; Parker (1981b) p. 81, p. 86; Parker (1976) p. 430.

84. Een hardnekkige traditie wil dat deze brieven worden aangeduid als 'de brieven uit de bossen van Segovia', waar de naam van het landhuis voor een landschap wordt genomen (vgl. Kamen (2010) p. 59; Parker (2014) p. 101; Soen (2012) p. 52); deze traditie is wellicht al in de zestiende eeuw begonnen, waar bijvoorbeeld Hopperus in zijn memoires het ene moment spreekt over Bosqué de Ségovia (Wauters (1977) p. 320), en daar het landhuis bedoelt, en even later spreekt over een verblijf van Filips 'au bois de Segovia' (id., p. 329); bij Rachfahl de variant 'aus dem Parke von Segovia' (Rachfahl (1906-1924) II, p. 502.
85. Woltjer (2011) p. 371; zie ook Dorren (1998) p. 376, voor de beslissende rol die Villavicencio speelde in opzet en strekking van de brieven.
86. Zie secretaris Josse Bave aan Granvelle, Brussel, 4 december 1565 (Poullet & Piot (1877-1896) I, p. 24 ('les principaulx [...] ne parlent plus tant ouvertement'). Over het vertrek van Aarschot: Poullet & Piot (1877-1896) I, p. 25.
87. Dat de kosten voor dit festijn de draagkracht van de Farneses verre te boven ging, werd al in de aanloop duidelijk, toen alleen de kosten voor de vloot door Margaretha nauwelijks konden worden opgebracht; de landvoogdes zou hierover regelmatig in tranen zijn geweest (Van der Essen (1933-1937) I, p. 125).
88. Zie het verslag van Francesco de Marchi, in Bertini (1997) p. 91-93; vgl. Van der Essen (1933-1937) I, p. 130-131, die op basis van andere bronnen (m.n. de brief van Bave aan Granvelle, Brussel, 4 december 1565 (Poullet & Piot (1877-1896) I, p. 32-33), de kennismaking tussen Alessandro en Maria al in Sas laat plaatsvinden.
89. Bertini (1997) p. 58-59; zie ook Delen (2002) p. 177.
90. Poullet & Piot (1877-1896) I, p. 36 (Bave aan Granvelle, Brussel, 4 december 1565), en p. 43 (Morillon aan Granvelle, Brussel, 9 december 1565); vgl. Van der Essen (1933-1937) I, p. 136.
91. Strong (2003) p. 197. Over de duurte: Poullet & Piot (1877-1896) I, p. 27 (Bave aan Granvelle, Brussel, 4 december 1565), waar onrust wordt gemeld in Mechelen, en ook de vrees wordt uitgesproken dat de duurte en de onvrede over religie elkaar zullen versterken. Vgl. Van der Essen (1933-1937) I, p. 137-138.
92. Gachard (1848-1936) I, p. 372-375 (Filips II aan Margaretha van Parma, Valsaín, 20 oktober 1565).
93. Soen (2004) p. 314.
94. In parafrase in: Gachard (1848-1936) I, p. 373 (Filips II aan Margaretha van Parma, Valsain, 20 oktober 1565).
95. Gachard (1848-1936) I, p. 375 (Filips II aan Egmond, Valsaín, 20 oktober 1565).
96. Blok (1919-1920) I, p. 120.
97. Bertini (1997) p. 108-109.
98. Castan (1880) p. 85.
99. Bertini (1997) p. 66-67, p. 114-115.
100. Bertini (1997) p. 66.
101. Bertini (1997) p. 124-125.
102. Van Herwerden (1939) p. 40. Op gezag van Franciscus Junius situeerde Geeraerdt Brandt dit overleg al begin november (Brandt (1671) I, p. 289, 'byvoeghselen en verbeteringen', p. 53; zie ook Parker (1981a) p. 60); hoewel een dergelijke datering niet helemaal kan worden uitgesloten, lijkt een datering nà de openbaarmaking van de inhoud van Filips' brieven aannemelijker (zie o.a. Fruin

(1900a) p. 368 (n. 4) voor een overzicht van verschillende vage dateringen die in circulatie zijn gekomen); zie ook Van der Essen (1933-1937) I, p. 139 (n. 2). Zie ook Poullet & Piot (1877-1896) II, p. 653 e.v. (verhoor Maximiliaan van Blois, Cocq de Neerijnen) voor het gerucht van samenkomst ten huize van Nicolas de Hames, tegen kerst 1566, waar een eerste versie van het Compromis op tafel kwam.

103. Brandt (1671) I, 'Byvoeghselen etc', p. 53. Vgl. Van Herwerden (1939) p. 43, Parker (1981a) p. 60.

104. Pieter van Andelot verklaarde in 1567 bij een gerechtelijke ondervraging dat Lodewijk van Nassau 'niets ondernam zonder dat zijn broer, de prins, het wist' (Poullet & Piot (1877-1896) II, p. 666); vgl. Mörke (2010) p. 100.

105. Poullet & Piot (1877-1896) I, p. 35-36 (Bave aan Granvelle, Brussel, 4 december 1565); vgl. Geevers (2008) p. 142.

106. Vgl. opmerkingen van Pierre Bordey aan Granvelle (Brussel, 8 december 1565): 'Aulcuns dissent que le prince d'Orenge n'estoit point prest. Quoy que ce soit, il y a du malcontentement grand.' (Castan (1880) p. 85).

107. Postma (1987) p. 33, citaat naar Heuterus, *Rerum Austriacarum Libri XV* uit 1651, in een vertaling van F. Postma.

108. Gachard (1848-1936) I, p. 383 (Guzman de Silva aan Ruy Gómez, Brussel, 24 november 1565).

109. Castan (1880) p. 83 (brief van Pierre Bordey aan Granvelle, Brussel, 8 december 1565).

110. Allard (1887) p. 43 e.v.

111. Blok (1919-1920) I, p. 128; Rachfahl (1906-1924) II, p. 563-564.

112. Bertini (1997) p. 126-127. Hierna waren de festijnen in het kielzog van Farneses huwelijk nog niet afgelopen; op 14 januari volgde een toernooi, met bijbehorende festiviteiten (Bertini (1997) p. 127 e.v.).

113. Corr. WvO no. 321 (Willem van Oranje aan Margaretha van Parma, Breda, 24 januari 1566, zie ook Gachard (1847-1866) II, p. 109-110); Corr. WvO no. 6777 (Margaretha van Parma aan Willem van Oranje, Brussel, 3 februari 1566; zie ook Gachard (1847-1866) II, p. 112-113).

114. Daar nam ze ruim de tijd voor; pas op 24 maart stuurde ze haar briefwisseling met Oranje door naar Filips (Gachard (1847-1866) II, p. 112 (n. 1)).

115. Mörke (2010) p. 13, p. 81 e.v., p. 139, waar wordt betoogd dat Oranje sinds eind jaren vijftig geleid werd door ideeën over de 'monarchia mixta', waarin de standen, en met name de adel, deelnamen in de macht.

116. Van Nierop (1999b) p. 88-89; zie ook *Apologie* van Lodewijk van Nassau (Blok (1885) p. 200-201).

117. Lodewijk van Nassau gaf toe dat het adjectief 'Spaanse' in de oorspronkelijke plakkaten niet voorkwam, maar het werd gebruikt om het verschil met de oude, inheemse, vervolgingspraktijken duidelijker te laten uitkomen. Vgl. Blok (1885) p. 203; Duke (2003b) p. 152.

118. Zie hartenkreet van Nicolas de Hames: 'Notre verolle [ziekte, eigenlijk syfilis] est la corruption de la foy, de la justice, de la monnoye, debtes infinies, abbaissement, voire presque une extermination de la noblesse, offices et bénéfices es mains de toutes personnes indignes: allés guerir avec parolles!' (brief aan Lodewijk van Nassau, Breda 27 februari 1566 (Groen (1835-1847) II, p. 37). Vgl. o.a. Van Gelder (1936) p. 218 e.v.

119. In een brief aan Alva, geciteerd in Dorren (1998) p. 367, trok Villavicencio daarbij de parallel met de opstandige adel in Frankrijk, die van hetzelfde sentiment bezeten zou zijn. In hoeverre grote schulden bij edelen een motief voor verzet door de adel waren, staat al geruime tijd ter discussie: vgl. Van Nierop die stelt dat de 'spreekwoordelijke armoede van de adel in de zestiende eeuw' sterk gerelativeerd moet worden en dat de adel 'allesbehalve arm' was (Van Nierop (1992) p. 6); Dorren wijst op contemporaine bronnen (rapporten van Del Canto en Villavicencio) die wel in die richting gaan (Dorren (1998) p. 369). Overigens kenden ook leidende edelen als Horne en Oranje grote financiële problemen.
120. Van Nierop houdt het erop dat ongeveer 10% van de Nederlandse edelen tekende (Van Nierop (1999b) p. 88-89); waarbij nog in aanmerking moet worden genomen dat een deel van de adel, met name in de noordelijke gewesten, niet bereikt werd.
121. Nicolas de Hames aan Lodewijk van Nassau, Breda 27 februari 1566 (Groen (1835-1847) II, p. 36); vgl. Van Deursen (1995) p. 35; Van Deursen (2004) p. 48; Van Herwerden (1939) p. 44 e.v.
122. Corr. WvO no. 4479 (Willem van Oranje in instructie aan Lodewijk van Nassau voor gesprekken met Duitse vorsten, Breda, 10 februari 1566; zie ook Groen (1835-1847) II, p. 28, p. 29). Vgl. Van Roosbroeck (1974) p. 157.
123. Bor (1679-1684) I, p. 34; zie ook Rachfahl (1906-1924) II, p. 554-555. Zie tevens Corr. WvO no. 4477 (Willem van Oranje aan Lodewijk van Nassau, Brussel, 12 januari 1566); hier confronteert Oranje zijn broer met de opwinding over illegale aanplakbiljetten in Antwerpen, die groot rumoer veroorzaakten en waarvan vermoed werd dat Lodewijk er de hand in had (zie Groen (1835-1847) II, p. 9-11); zie ook Geurts (1956) p. 6-7. In deze maanden was Lodewijk, in samenwerking met Franciscus Junius, zeker betrokken bij het opstellen en verspreiden van het calvinistische pamflet *Brief discours* (Geurts (1956) p. 8-9).
124. Zie het beknopte overzicht van door hugenoten benutte propagandamethoden in Crouzet (1990) I, p. 604 e.v. en passim, met name als vorm van spiritueel geweld.
125. Duke (2003c) p. 36 e.v.; zie ook Deen (2011) en vooral Deen (2015) p. 51 e.v. voor de snelle ontplooiing van de calvinistische propaganda vanaf 1566 in Amsterdam, dat zich in korte tijd tot een nationaal en internationaal informatieknooppunt ontwikkelde. Zie Geurts (1956) p. 7 voor de zeer actieve rol van Franciscus Junius in het schrijven en verspreiden van pamfletten en de hulp die hij daarbij kreeg van Jan van Troolong, edelman en lid van het Eedverbond. Zie ook Bor (1679-1684) I, p. 43 voor lijst van hem bekende pamfletten uit deze periode voor het uitbreken van de Opstand. Vgl. Rachfahl (1906-1924) II, p. 554-555
126. Coornhert (1630) II, fol. LXVIr (*Proces van 't ketterdooden*); vgl. Bonger (1978) p. 38.
127. Coornhert (1630) II, fol. LXVIr; in de *Verantwoordinghe* van 1568 noemt Oranje een aantal van 50.000 personen die ter dood gebracht zouden zijn (Schenk (1933) p. 40-41).
128. Bonger (1978) p. 38; Bonger (1989) p. 45.
129. Gegeven ontleend aan 'dagregister' van een naamloze dienaar van Hendrik van Brederode op kasteel Batestein (Te Water (1776-1796) IV, p. 324).

130. Deen (2018) p. 115, 119; details die bekend zijn uit een niet-verzonden maar wel in concept overgeleverde brief van Willem van Oranje aan August van Saksen (Corr. WvO no. 4480, 10 februari 1566, zie ook Groen (1835-1847) II, p. 31-33).
131. Corr. WvO no. 6787 (condoleancebrief Margaretha van Parma aan Willem van Oranje, Brussel, 5 maart 1566, zie ook Gachard (1847-1866) II, p. 125); uit de datering valt af te te leiden dat Maurits ongeveer op 1 maart overleden is.
132. Blok (1885) p. 210-211; zie ook Groen (1835-1847) II, p. 38.
133. Lamoraal van Egmond aan Lodewijk van Nassau, Brussel, 11 maart 1566 (Groen (1835-1847) II, p. 44); Oranje had voorzichtigheidshalve de landvoogdes ingelicht (id.).
134. Zie het verslag van Lodewijk van Nassau in zijn *Apologie* (Blok (1885) p. 210-214).
135. Fruin (1900a) p. 374-375; Blok (1919-1920) I, p. 131; Parker (1981a) p. 61; Mörke (2010) p. 101-102.
136. Vgl. getuigenverklaring van Pieter van Andelot, die het schrijven van het smeekschrift in Breda situeerde, maar Hoogstraten lijkt aannemelijker, gekeken naar de samenstelling van het gezelschap (Poullet & Piot (1877-1896) II, p. 663); zie ook Van Herwerden (1939) p. 47; Geurts (1956) p. 12.
137. Blok (1885) p. 212.
138. Zie Geevers (2008) p. 167 voor het gegeven dat Megen het Eedverbond 'actief' bespionneerde; zie ook Soen (2004) p. 314-315.
139. Vgl. de memoires van Viglius (Wauters (1977) p. 137).
140. Van Gelder e.a. (1925-1942) I, p. 130 (Margaretha van Parma aan Filips II, Brussel, 24 maart 1566); vgl. Van Roosbroeck (1974) p. 163.
141. Dorren (1998) p. 355 e.v., waar een proces van voortdurende zwartmakerij omstreeks 1564-1565 rond Viglius wordt beschreven, met geheim agent Villavicencio in hoofdrol; zie ook Postma (2000b) p. 169.
142. Corr. WvO no. 6790 (Margaretha van Parma aan Willem van Oranje, Brussel, 13 maart 1566); vgl. Gachard (1847-1866) II, p. 128-129.
143. Corr. WvO no. 6791 (Willem van Oranje aan Margaretha van Parma, Breda, 16 maart 1566, zie ook Gachard (1847-1866) II, p. 129-130).
144. Corr. WvO no. 6793 (Margaretha van Parma aan Willem van Oranje, Brussel, 19 maart 1566; vgl. Gachard (1847-1866) II, p. 132-133).
145. Groen (1835-1847) II, p. 44, stelt op basis van een korte opmerking bij Strada dat ook Oranje de landvoogdes op de hoogte zou hebben gebracht van het bestaan van het Eedverbond, in een brief vanuit Leiden op 29 maart. Oranje was toen echter al in Brussel; Groen suggereert dat Oranje de brief (die niet is overgeleverd) mogelijk op 19 maart schreef, maar op die dag was Oranje in Breda; dat hij diezelfde dag ook nog in Leiden is geweest, lijkt onwaarschijnlijk; zie ook Blok (1885) p. 214 (n. 2).
146. Gachard (1848-1936) I, p. 400-401.
147. Vgl. notulen van de verschillende raden die vanaf 28 maart 1566 bijeenkwamen (Gachard (1847-1866) VI, p. 355 e.v.).
148. Gachard (1847-1866) VI, p. 362; Van Herwerden (1939) p. 42.
149. Gachard (1847-1866) VI, p. 368 (notulen, ochtendvergadering Raad van State, 29 maart 1566).
150. Soen (2012) p. 62-63.

151. Gachard (1848-1936) I, p. 406 (Margaretha van Parma aan Filips II, Brussel, 3 april 1566); zie ook memoires van Hopperus (Wauters (1977) p. 308).
152. Corr. WvO no. 4482 (Willem van Oranje aan Lodewijk van Nassau, Brussel, 1 april 1566, zie ook Groen (1835-1847) II, p. 74); ook Oranje zou via Lodewijk van Nassau zijn aangespoord op deze dag voldoende mensen uit zijn eigen entourage en ordonnantiebenden paraat te houden, met waarschijnlijk de gedachte dat dit intimiderend zou uitwerken op de landvoogdes (vgl. Van Nierop (1984b) p. 661-662); zie ook Dorren (1998) p. 369; Soen (2004) p. 314 e.v.
153. De schattingen van het aantal edelen dat deelnam aan de optocht lopen uiteen: Viglius hield het in zijn memoires op 'ongeveer driehonderd' (Wauters (1977) p. 142-143), Hopperus idem (Wauters (1977) p. 308-309); Lodewijk van Nassau telde in zijn *Apologie* 400 deelnemers (Blok (1885) p. 215). Van Nierop komt niet verder dan ca. 200 (Van Nierop (1992) p. 1).
154. Voor een verslag van optocht en aanbieding: Payen (1861) I, p. 134 e.v.; zie ook Panhuysen & Van Stipriaan (2018) p. 40-42; zie voor referenties aan de omgekeerde wereld van het carnaval: Van Nierop (1992) passim.
155. Van Gelder e.a. (1925-1942) I, p. 139 (Margaretha van Parma aan Filips II, [Brussel] 13 april 1566); zie ook Bakhuizen van den Brink (1863) p. 145; Van Nierop (1999b) p. 88-89; Dorren (1998) p. 369.
156. Payen (1861) I, p. 136; vertaling ontleend aan Panhuysen & Van Stipriaan (2018) p. 41; ook Lodewijk van Nassau nam bij de landvoogdes tranen waar (Blok (1885) p. 226 (n. 1)).
157. Van Gelder e.a. (1925-1942) I, p. 139 (Margaretha van Parma aan Filips II, [Brussel], 13 april 1566); sommige saillante gebeurtenissen, zoals de geuzenopmerking van Berlaymont, worden vaak verbonden aan de aanbieding van het Smeekschrift zelf (vgl. o.a. Van Nierop (1992) p. 1), maar hebben waarschijnlijk tijdens deze middagvergadering plaatsgevonden.
158. Gachard (1847-1866) VI, p. 371-372, excerpt notulen middagvergadering Raad van State, 5 april 1566.
159. Dat het begrip 'burgeroorlog' al rondzong blijkt uit de brief van de landvoogdes aan Filips II, Brussel 31 juli 1566 (Reiffenberg (1842) p. 131).
160. Payen (1861) I, p. 138; voor twijfel aan de historiciteit van de bedelaars/geuzenuitspraak van Berlaymont zie Soen (2011a) p. 21 (n. 7).
161. Mörke (2010) p. 103; Woltjer (2011) p. 376-377. Volgens informant Villavicencio, waren van de inheemse adel alleen Aarschot, Arenberg, Megen en Berlaymont nog te vertrouwen (Dorren (1998) p. 371).
162. Payen (1861) I, p. 139-141.
163. Payen (1861) I, p. 142.
164. Gachard (1848-1936) I, p. 406 (Margaretha van Parma aan Filips II (postscriptum), Brussel, 3 april 1566).
165. Gachard (1847-1866) VI, p. 374-375, excerpt notulen ochtendvergadering Raad van State, 9 april 1566. Zie ook Vandormael & Goosens (2001) p. 107.
166. Gachard (1847-1866) VI, p. 375-376, excerpt notulen ochtendvergadering Raad van State, 9 april 1566.
167. De gewenste komst van Filips II werd uitgebreid besproken in de vergadering van de Raad van State van 24 april 1566 (vgl. Gachard (1847-1866) VI, p. 395 e.v.);

ook Oranje verklaarde zich voorstander, en zag de komst van de koning als 'de beste remedie' om de onrust te beteugelen (id., p. 401).

168. Gachard (1847-1866) v I, p. 377, excerpt notulen middagvergadering Raad van State, 9 april 1566.
169. Van Gelder e.a. (1925-1942) I, p. 141 (Margaretha van Parma aan Filips II, [Brussel], 13 april 1566).
170. Dumont (1952) p. 74; Arnade (2008) p. 142.
171. Gachard (1847-1866) v I, p. 390, excerpt notulen middagvergadering Raad van State, 22 april 1566; vgl. Van Roosbroeck (1974) p. 166.
172. Van Roosbroeck (1929) I, p. 40-41; betreft pamflet *Vermaninge aend regeerders en de gemeynte vande vier hooftsteden van Brabant* (Geurts (1956) p. 18); zie ook Duke (2003) p. 33; Groen e.a. (2013) p. 37-38.
173. Zie ook memoires van Hopperus (Wauters (1977) p. 291-297); Horst (2003) p. 39 e.v.
174. Van Gelder (1936) p. 368, p. 371.
175. Dorren (1998) p. 371; zie ook brief Hendrik van Brederode aan Lodewijk van Nassau, Vianen, 24 april 1566 (Groen (1835-1847) II, p. 98-99).
176. Blok (1919-1920) I, 132; van Gelder (1933a) p. 110.
177. Corr. WvO no. 10214 (Willem van Oranje aan paus Pius V, 12 mei 1566), Corr. WvO no. 10104 (Willem van Oranje aan paus Pius V, Brussel, 8 juni 1566); vgl. Blok (1919-1920) p. 132; Allard (1881) p. 86. Terwijl Oranje in eerdere correspondentie met de paus, in 1561, vrij subtiel het onderscheid leek te maken tussen het algemeen christelijke (katholieke), dat hij aanhing, en het rooms-katholieke, waar hij hoogstens in naam mee verbonden wilde zijn; zie hiervoor p. 230, zie ook Klink (1997) p. 168-169.
178. Van Gelder e.a. (1925-1942) I, p. 142 (Filips II aan Margaretha van Parma, Madrid, 6 mei 1566); vgl. Vandormael & Goosens (2007) p. 108-109; zie ook Soen (2012) p. 81.
179. Gachard (1848-1936) I, p. 412 (Margaretha van Parma aan Filips II, Brussel, 4 mei 1566); zie Gachard (1847-1866) v I, p. 405, p. 407 (notulen Raad van State, 30 april en 19 mei 1566).
180. Corr. WvO no. 12640 (Willem van Oranje aan Filips II, z.pl., 27 mei 1566).
181. Marnef (1996) p. 127 e.v.; Pettegree (1992) p. 114.
182. Arnade (2008) p. 142, p. 172.
183. Op 3 juli 1566 werd door Margaretha van Parma een plakkaat tegen het openlijk preken uitgevaardigd, maar dit had alleen maar een radicaliserende uitwerking (Fruin (1900a) p. 393).
184. Margaretha van Parma aan Filips II, Brussel, 31 juli 1566 (Reiffenberg (1842) p. 121).
185. Van Nierop (1978) p. 24 e.v.; Van Nierop (1992) p. 17 e.v. De uitdrukking 'liever Turx dan paeps' zou al iets ouder zijn, ze werd al aangehaald door Viglius in een brief uit 1564 (Freedberg (2012) p. 29).
186. Van Herwerden (1939) p. 53-55; Van Hulzen (1995) p. 45.
187. Gachard (1848-1936) I, p. 433 (Alonso del Canto aan Filips II, Brussel, 18 juli 1566).
188. Rachfahl (1906-1924) II, p. 649.
189. Rachfahl (1906-1924) II, p. 650; zie ook Van Herwerden (1939) p. 55.

190. Zie verslag van Jacob van Wesembeke: Wesembeke (1569) p. 227-228; zie ook Van Stipriaan (2019) p. 35-36.
191. Wesembeke (1569) p. 228; zie ook verslag van Van Haecht in Van Roosbroeck (1929) I, p. 70.
192. Groen (1835-1847) II, p. 149 (Hendrik van Brederode aan Lodewijk van Nassau, Antwerpen, 12 juli 1566); zie ook Arnade (2008) p. 143.
193. Van Herwerden (1939) p. 56; Nijenhuis (1980) p. 25.
194. Corr. WvO no. 4484 (Willem van Oranje aan Lodewijk van Nassau, 16 juli 1566, zie ook Groen (1835-1847) II, p. 158-159).
195. Nijenhuis (1980) p. 25; zie de korte tekst van de resolutie in Groen (1835-1847) II, p. 161.
196. Groen (1835-1847) II, p. 167-168, over de zekerheid dat er in Sint-Truiden over het zich eventueel bewapenen is gesproken. Zie ook verhoor van de ter plekke aanwezige Philip van Winghe (Poullet & Piot (1877-1896) II, p. 659, 660); en het verhoor van Pieter van Andelot, die iets soortgelijks vertelt, waarbij er vooral gesproken werd over het dreigen en bluffen met circa 4000 ruiters en 20 vendels voetvolk (id., p. 664); Andelot kreeg kort daarop van Hendrik van Brederode de opdracht 200 haakbusschieters te lichten (id., p. 664).
197. Vgl. ter illustratie Poullet & Piot (1877-1896) II, p. 661, waar Philip van Winghe vertelt dat Lodewijk van Nassau in Sint-Truiden een keer uit het overleg gelopen zou zijn om buiten aan de verzamelde mensen te gaan vragen of ze in 't geweer zouden komen wanneer hun iets zou worden aangedaan, waarop velen ja antwoordden en daarmee verzekerden dat de leden van het Eedverbond op hun steun konden rekenen.
198. Gachard (1848-1936) I, p. 433 (Margaretha van Parma aan Filips II, Brussel, 18 juli 1566); zie ook Wauters (1977) p. 336 (memoires Hopperus).
199. Reiffenberg (1842) p. 129 (Margaretha van Parma aan Filips II, Brussel, 31 juli 1566).
200. Corr. WvO no. 316 (Margaretha van Parma aan Willem van Oranje, Brussel, 16 juli 1566, zie ook Gachard (1847-1866) II, p. 148); de memo in Groen (1835-1847) II, p. 168-170; vgl. Van Herwerden (1939) p. 57; Klink (1997) p. 221.
201. Corr. WvO no. 6125 (aan Jan IV van Bergen op Zoom, 9 juli 1566), no. 8851 (aan Bruninck Oem van Wijngaerden, inzake Zierikzee, 14 juli 1566), no. 9187 (aan het stadsbestuur van Haarlem, 23 juli 1566); bij de laatste casus, bleek Oranje in het vaarwater van Hendrik van Brederode te komen, die hagenpreken op zijn domein bij Santpoort had toegestaan (Bonger (1978) p. 40).
202. Corr. WvO no. 10302 (betr. instructie van Willem van Oranje voor gezant naar Filips van Hessen, Brussel, 6 juli 1566). Fragment in Groen (1835-1847) II, p. 141.
203. De la Fontaine Verwey (1958b) p. 26 e.v.
204. Klink (1997) p. 226.
205. Marnef (1996) p. 127 e.v.
206. Rachfahl (1906-1924) II, p. 693-694; Klink (1997) p. 226-227; Van Herwerden (1939) p. 61-62.
207. Margaretha van Parma in haar brief aan Filips II, Brussel, 31 juli 1566, zie Reiffenberg (1842) p. 143.
208. Rachfahl (1906-1924) II, p. 692 e.v.

209. Gachard (1848-1936) II, p. 444 (anoniem 'avertissement', Brussel, 11 augustus 1566). Vgl. Van Hulzen (1995) p. 51.
210. Zie brief van Lodewijk van Nassau aan Jan van Nassau, Antwerpen, 10 augustus 1566 (Groen (1835-1847) II, p. 205-209); zie ook Lodewijk van Nassau aan Herman van Westerholt, Breda, 30 augustus 1566 (Groen (1835-1847) II, p. 257-258); en Corr. WvO no. 5592 (Lodewijk van Nassau aan Willem van Oranje, Brussel, 30 juli 1566), zie ook Groen (1835-1847) II, p. 178-180.
211. Toch wordt '(hoog)verraad' in de context van de gebeurtenissen van de zomer van 1566, niet vaak gebruikt; voor uitzonderingen zie o.a. Van Nierop (1992) p. 20; Mout (2006) p. 27; terwijl naderhand in de berechting van de voornaamste hoofdrolspelers in deze gebeurtenissen, op instigatie van Filips II verraad wel degelijk een belangrijke grond van verdenking was (vgl. Parker (1981) p. 78; Coopmans (1998) p. 84).
212. Rachfahl (1906-1924) II, p. 694-695; zie ook Soen (2012) p. 68-69.
213. Rachfahl (1906-1924) II, p. 695.
214. Dat het vernielen van kerken op dat ogenblik al dreigde, kan worden afgeleid uit de brief van de landvoogdes van 31 juli 1566 aan Filips II (Reiffenberg (1842) p. 121).
215. Gachard (1848-1936) I, p. 440 (Margaretha van Parma aan Filips II, Brussel, 4 augustus 1566).
216. Rachfahl (1906-1924) II, p. 696; zie ook Woltjer (1996) p. 54.
217. Dit was ook een van de latere eisen van het Eedverbond geweest (Rachfahl (1906-1924) II, p. 697).
218. Groen e.a. (2013) p. 40.
219. Gachard (1848-1936) I, p. 433 (Margaretha van Parma aan Filips II, Brussel, 18 juli 1566). Zie ook brieven gewisseld tussen Margaretha van Parma en Megen, eind juli, begin augustus 1566 (Gachard (1848-1936) I, p. 436 e.v.); zie ook Rachfahl (1906-1924) II, p. 696; Klink (1997) p. 229, p. 238-239; Van Nierop (1999b) p. 94; Van Herwerden (1939) p. 46; Van Hulzen (1995) p. 49.
220. Gachard (1848-1936) I, p. 442 (Megen aan Margaretha van Parma, 8 augustus 1566).
221. Corr. WvO no. 4486 (Willem van Oranje aan Lodewijk van Nassau, Antwerpen, 1 augustus 1566); zie voor tekst van het PS ook Groen (1835-1847) II, p. 197.
222. Gachard (1848-1936) I, p. 441 (Margaretha van Parma aan Maximiliaan II, Brussel, 4 augustus 1566).
223. Gachard (1848-1936) I, p. 443 (notariële akte, met de hertog van Alva als getuige, Valsaín, 9 augustus 1566); vgl. Parker (1981b) p. 89; Kamen (2004) p. 100.
224. Reiffenberg (1842) p. 123 (Margaretha van Parma aan Filips II, Brussel, 31 juli 1566).
225. Zie bijvoorbeeld de taxaties van tijdgenoot Roger Williams, een Engels militair (Williams (1864) p. 34 e.v.).
226. Battistini (1950) p. 270 (Giovan Battista Guicciardini aan Francesco de' Medici, Brussel, 4 augustus 1566); Mörke (2010) p. 108; dit leverde Oranje eindelijk de jaren eerder zo gewenste functie van 'superintendent' op, zij het alleen over de stad Antwerpen, en niet over heel Brabant (Reiffenberg (1842), p. 126-127 (Margaretha van Parma aan Filips II, Brussel, 31 juli 1566)) (zie hiervoor p. 186).

227. Reiffenberg (1842) p. 121 (Margaretha van Parma aan Filips II, Brussel, 31 juli 1566).
228. Vgl. de opmerkingen van Margaretha van Parma in haar brief aan Filips II, Brussel, 31 juli 1566 (Reiffenberg (1842) p. 128-129, p. 130).
229. Vandormael & Goosens (2007) p. 129.
230. Duke (1996) p. 32 en passim; Marnef (2007) p. 521; Woltjer (2011) p. 383 e.v.
231. Parker (1981) p. 66-68; Duke (1996) p. 29 e.v.; Mörke (2010) p. 110 e.v.
232. Duke (1996) p. 32 e.v.
233. Marnef (2007) p. 523 e.v.; Arnade (2008) p. 93 e.v.
234. Van Hulzen (1995) p. 54; Arnade (2008) p. 143; volgens Van Haecht barstte Anna van Saksen in lachen uit toen het beeld voor haar langs werd gedragen (Van Roosbroeck (1929) I, p. 96).
235. Van Roosbroeck (1929) I, p. 98; vgl. Panhuysen & Van Stipriaan (2018) p. 47.
236. Van Roosbroeck (1929) p. 99; vgl. Panhuysen & Van Stipriaan (2018) p. 47. Er werd in de OLV-kathedraal zelfs voor gewaakt dat de praalgraven van rijke burgers werden vernield (Duke (1996) p. 33).
237. Breen (1896) p. 26; Van Nierop (1978) p. 30 e.v.; Deen (2015) p. 54.
238. Wauters (1977) p. 187 (memoires Viglius) p. 187; zie ook Postma (2000b) p. 169 e.v.
239. Wesembeke (1569) p. 271.
240. Wesembeke (1569) p. 273; zie ook Geurts (1968) p. 23.
241. Parker (1981) p. 73; Woltjer (2011) p. 382; zie ook Fruin (1900a) p. 414 e.v.; Soen (2012) p. 70-71.
242. Van Herwerden (1939) p. 65.
243. Pettegree (2001) p. 76.
244. Vgl. voor Antwerpen: Marnef (1996) p. 128 e.v.; voor Amsterdam: Van Nierop (1978) p. 26, p. 36 en passim, en Deen (2015) p. 54-55
245. Marnef (1996) p. 127; de stroom terugkeerders kwam al in april 1566 op gang.
246. Ook door bedachtzame tijdgenoten als Abraham Ortelius werd het zo uitgelegd (op basis van brief van 27 augustus 1566, vgl. Huet & Van Grieck (2011) p. 71).
247. Corr. WvO no. 484 (Willem van Oranje aan Hendrik van Brunswijk, Antwerpen, 31 augustus 1566); zie ook Groen (1835-1847) II, p. 262 ('ein hauffen leichtfertiges gesindlins').
248. Van Hulzen (1995) p. 56; Duke (1996) p. 29; Pettegree (2001) p. 74-75; Arnade (2008) p. 100.
249. Corr. WvO no. 292 (Willem van Oranje aan Margaretha van Parma, Antwerpen, 27 augustus 1566, vgl. Gachard (1847-1866) II, p. 197); zie ook Marnef (1996) p. 129.
250. Gachard (1848-1936) I, p. 452-453 (Margaretha van Parma aan Filips II, Brussel, 27 augustus 1566).
251. Fruin (1900a) p. 386.
252. Gachard (1848-1936) I, p. 453 (Margaretha van Parma aan Filips II, Brussel, 27 augustus 1566).
253. Parker (2014) p. 150-151; Kamen (2004) p. 101.
254. Mededeling zonder bronvermelding in Van Deursen & De Schepper (1984) p. 64.

255. Geevers (2008) p. 150 e.v.; Soen (2004) p. 316-317.
256. Parker (2014) p. 148. Pas in de negentiende eeuw kwam het bewijs boven water dat Montigny in 1570 ter dood was veroordeeld, een vonnis dat op 16 oktober 1570 in de burcht van Simancas in alle stilte werd voltrokken (vgl. Parker (1981) p. 110, Dorren (1998) p. 373 (geeft 18 oktober als datum)).
257. Burgon (1839) II, p. 161: Thomas Gresham aan William Cecil, Antwerpen, 4 september 1566.
258. Morillon aan Granvelle, Leuven, 6 oktober 1566, waar verslag wordt gedaan van een bemiddelingspoging door de Leuvense hoogleraar Elbertus Leoninus (Poullet & Piot (1877-1896) II, p. 20).
259. Corr. WvO no. 484, minuut van 31 augustus 1566, waarvan kopieën bestemd waren voor Hendrik van Brunswijk, Filips van Hessen, Willem van Hessen, Willem van Gulik, Günther van Schwarzburg (zie ook Groen (1835-1847) II, p. 261-265).
260. Burgon (1839) II, p. 166: dr. Wotton aan William Cecil, Brugge, 18 september 1566.
261. Poullet & Piot (1877-1896) II, p. 18 (Morillon aan Granvelle, Leuven, 6 oktober 1566); zie ook Morillon aan Granvelle, Brussel, 3 november 1566, volgens Berlaymont sliep Oranje helemaal niet meer (id., p. 77).
262. Marnef (1996) p. 268 e.v.; Marnef (1999) p. 203 e.v.
263. Venner (1989) p. 102-110, een sprekende illustratie van de werkwijze van Moded aan de hand van Hasselt in het prinsbisdom Luik, waar Moded in januari 1567 nog een beeldenstorm wist te ontketenen. Voor Datheens activiteiten in deze maanden: Ruys (1919) p. 61 e.v. Zie ook de afkeurende visie van Lodewijk van Nassau op het opereren van deze predikanten (Blok (1885) p. 239).
264. Postma (1987) p. 34; zie ook Marnef (1999) p. 202; Marnef (2001a) p. 93; Soen (2012) p. 71; Wauters (1977) p. 189-190 (memoires Viglius).
265. Corr. WvO no. 10273 (Willem van Oranje aan de inwoners van Baronie van Breda, 5 september 1566); vgl. Placidus (1953-1954) p. 156.
266. Van der Lem (2016) p. 58.
267. Rachfahl (1906-1924) II, p. 791; Van Herwerden (1939) p. 73.
268. Rachfahl (1906-1924) II, p. 787 e.v.
269. Aldus Egmond in het verhoor door de Raad van Beroerten in november 1567 (Reiffenberg (1842) p. 326).
270. Roosbroeck (1929-1930) I, p. 112.
271. Fruin (1900a) p. 419; Rachfahl (1906-1924) II, p. 791-792.
272. In zijn verhoor in november 1567 gaf Egmond aan al snel te hebben vermoed dat de brief vals was (Reiffenberg (1842) p. 327); nadat hij dat geverifieerd had bij de landvoogdes, deed hij daar melding van bij Oranje (Corr. WvO no. 6169 (Lamoraal van Egmond aan Willem van Oranje, Brussel, 15 oktober 1566, zie Groen (1835-1847) II, p. 400)); vgl. Geurts (1956) p. 19-20; waar het waarschijnlijk wordt geacht dat ofwel Oranje, ofwel Lodewijk van Nassau, ofwel Filips van Marnix achter de vervalsing zat, eventueel met inbreng vanuit Frankrijk.
273. Geurts (1956) p. 19; Rachfahl (1906-1924) II, p. 791-793; Klink (1997) p. 240-241; zie ook de kroniek van Van Haecht, die spreekt over 'die 7 heeren des verbonts', met wie ongetwijfeld ook de aanvoerders van het Eedverbond bedoeld zijn

(Van Roosbroeck (1929) I, p. 113). Van Herwerden noemt Oranje, Horne, Egmond en Mansfeld bij name (Van Herwerden (1939) p. 75); hij meent ook dat het fingeren van een dergelijke brief een schanddaad was waartoe Lodewijk van Nassau moreel niet in staat was; zie daartegenover Geurts (1956) p. 20.

274. Rachfahl (1906-1924) II, p. 793-796; Reiffenberg (1842) p. 327.

275. Corr. WvO no. 6167 (Lamoraal van Egmond aan Willem van Oranje, Zottegem, 7 september 1566); vgl. Groen (1835-1847) II, p. 279; Egmond meldde Oranje ook op 15 oktober dat Margaretha van Parma hem behandelde alsof ze hem helemaal niet meer vertrouwde (Corr. WvO no. 6169 (Lamoraal van Egmond aan Willem van Oranje, Brussel, 15 oktober 1566); vgl. Groen (1835-1847) II, p. 400). Zie ook Fruin (1900a) p. 418, p. 439 (n. 3).

276. Blok (1919-1920) I, p. 155; Woltjer (1996) p. 52; zie ook Van Hulzen (1995) p. 74; Pollmann (2000) p. 42.

277. Woltjer (1996) p. 52.

278. Van Hulzen (1995) p. 74-75; Van Herwerden (1939) p. 80.

279. Volgens Fruin was het plan ontwikkeld door Datheen (Fruin (1900a) p. 425); volgens Geurts kwam het voort uit kringen van Willem van Oranje, Geurts (1956) p. 21; zie ook Rachfahl (1906-1924) II, p. 802-803; Van Schelven (1930) p. 32; Klink (1997) p. 251.

280. Parker (2014) p. 149-150.

281. Marnef (1999) p. 206; zie ook Klink (1997) p. 252-253; zie ook berichten in een brief van Morillon aan Granvelle (Brussel, 3 november 1566), dat diverse consistories en steden al bezig waren in Duitsland soldaten in wachtgeld te nemen (tot 1 april van het volgende jaar) (Poullet & Piot (1877-1896) II, p. 78).

282. Enkele andere stadsbesturen, o.a. Gent, Oudenaarde, Valenciennes en Doornik deden daarna hetzelfde (vgl. Fruin (1900a) p. 426).

283. Geurts (1956) p. 21; Van Schelven (1930) p. 9, p. 35; Valkema Blouw (1995a) p. 17-18.

284. Bonger (1978) p. 42-43; met een aantal tekstvoorbeelden; Geurts meende dat Coornhert heel getrouw de Franse versie volgde (Geurts (1956) p. 22).

285. Geurts (1956) p. 22.

286. Corr. WvO no. 1260 (Willem van Oranje aan Willem van Hessen, Utrecht, 5 november 1566, zie ook Groen (1835-1847) II, p. 450-459 (p. 452)); vgl. Swart (1993) p. 67 e.v.; Mörke (2010) p. 132; uitvoerig in Klink (1997) p. 262 e.v.

287. Corr. WvO no. 1260 (Willem van Oranje aan Willem van Hessen, Utrecht, 5 november 1566); zie ook Groen (1835-1847) II, p. 453.

288. Corr. WvO no. 1260 (Willem van Oranje aan Willem van Hessen, Utrecht, 5 november 1566, zie ook Groen (1835-1847) II, p. 455); vgl. Van Gelder (1933a) p. 117 en passim; Klink (1997) p. 244 e.v.

289. Corr. WvO no. 1260 (Willem van Oranje aan Willem van Hessen, Utrecht, 5 november 1566, zie ook Groen (1835-1847) II, p. 455). Tekenend is dat hij dezer dagen door een spion van Margaretha van Parma voor een lutheraan werd aangezien (Cosemans (1933) p. 621-622); zie ook Groen (1835-1847) II, p. 336.

290. Corr. WvO no. 5933 (Willem van Oranje aan Willem van Hessen, Utrecht, 18 november 1566); zie ook Groen (1835-1847) II, p. 478-479.

291. Poullet & Piot (1877-1896) II, p. 51 (Morillon aan Granvelle, Brussel, 20 oktober 1566).

292. Woltjer (2011) p. 399; Mörke (2010) p. 127; Kamen (2004) p. 102; waar 1 december als datum voor de formele opdrachtverlening wordt genoemd.
293. Van 't Spijker (1971) p. 67; Ruys (1919) p. 65; zie voor de ontwikkeling van het verzetsdenken bij Oranje: Mout (1986) p. 351-352 en passim.
294. Van Roosbroeck (1974) p. 184; Fruin ziet Oranje omstreeks deze tijd tot het lutheranisme overhellen, maar ook nog altijd de mis bezoeken (Fruin (1900a) p. 429).
295. Ruys (1919) p. 65.
296. Van Roosbroeck (1974) p. 184; Klink (1997) p. 258 e.v.
297. Breen (1896) p. 51-52.
298. Deen (2015) p. 42 e.v.
299. Zie over dit moeizame onderhandelingsproces: Brugmans (1972-1973) II, p. 60-65.
300. Blok (1919-1920) I, p. 161; Van Herwerden (1939) p. 85; Van Hulzen (1995) p. 91; Klink (1997) p. 264.
301. Van Herwerden (1939) p. 85-86; Van Schelven (1930) p. 16.
302. Fruin (1900a) p. 437; Brugmans (1972-1973) II, p. 63-64.
303. Brugmans (1972-1973) II, p. 64-65; Breen (1896) p. 56-57.

6 Ballingschap (1567-1568)

1. Gachard (1848-1936) I, p. 505 e.v (Margaretha van Parma aan Filips II, Brussel, 1 februari 1567); zie ook Parker (1981a) p. 94.
2. Fruin (1900a) p. 423; zie ook Groen e.a. (2013) p. 40.
3. Gachard (1848-1936) I, p. 495-496 (Armenteros aan Antonio Perez, Brussel, 18 december 1566); vgl. Vandormael & Goosens (2007) p. 113.
4. Geurts (1968) p. 25.
5. Fruin (1900a) p. 431; zie Postma (2000a) p. 250 voor Oranjes pacifistische houding tegenover deze steden.
6. Postma (1987) p. 34; Soen (2012) p. 73; zie ook Wauters (1977) p. 186 (memoires Viglius).
7. Van Dormael & Goosens (2007) p. 113-114.
8. Strada (1666) p. 386; zie ook Klink (1997) p. 280.
9. Corr. WvO no. 158 (instructie voor gezant naar August van Saksen, Amsterdam, 28 december 1566).
10. Battistini (1950) p. 286 (Giovan Battista Guicciardini aan Francesco de' Medici, Brussel, 12 januari 1567).
11. Corr. WvO no. 6933 (Margaretha van Parma aan Willem van Oranje, Brussel, 4 januari 1566, zie ook Gachard (1847-1866) II, p. 315-316); Corr. WvO no. 7607 (Margaretha van Parma aan Willem van Oranje, Brussel, 11 januari 1567); Corr. WvO no. 6932 (Margaretha van Parma aan Willem van Oranje, Brussel, 11 januari 1567, zie ook Gachard (1847-1866) II, p. 310-315); Corr. WvO no. 6943 (Margaretha van Parma aan Willem van Oranje, Brussel, 13 januari 1567, vgl. Gachard (1847-1866) II, p. 328-331); zie ook Schipperus (2018) p. 124-125; Van Herwerden (1939) p. 84.

12. Corr. WvO no. 1129 (verslag bezoek Lodewijk van Nassau, Kassel, 15 februari 1567), waaruit blijkt dat behalve Filips van Hessen ook August van Saksen, Hendrik van Brunswijk, de keurvorst van de Palts, en de graaf van Württemberg op deze reis bezocht zouden worden; zie ook Groen (1835-1847) IX, p. 52-56.
13. Corr. WvO no. 1129 (verslag bezoek Lodewijk van Nassau, Kassel, 15 februari 1567). Vgl. Groen (1835-1847) IX, p. 55.
14. Wolf (1955) p. 165.
15. Parker (1981) p. 90; Klink (1997) p. 260.
16. Van Hulzen (1995) p. 94 e.v.; Klink (1997) p. 273; Mörke (2010) p. 131.
17. Margaretha van Parma aan Filips II, 9 februari 1567 (Gachard (1847-1866) II, p. 404).
18. Fruin (1900a) p. 437; het derde smeekschrift werd op 8 februari afgeleverd door Willem Blois van Treslong.
19. Corr. WvO no. 1129 (verslag bezoek Lodewijk van Nassau, Kassel, 15 februari 1567).
20. Vgl. aantekening van Van Haecht, bij 4 februari 1567 (Van Roosbroeck (1929) I, p. 176); de verbondenen deden later in februari nog wel een poging Egmond aan hun zijde te krijgen, omdat ze wel inzagen dat wanneer het aankwam op gewapende strijd hij een enorm verschil zou maken in militaire slagkracht (Gachard (1848-1936) I, p. 510-511, Margaretha van Parma in instructie voor gezant Alonso Lopez Gallo, voor overleg met Filips II, z.d. [16 februari 1567]); Egmond briefde dit aanzoek inderdaad meteen door (ibidem).
21. Van Roosbroeck (1929) I, p. 177 (8 februari, brief niet overgeleverd). Zie ook Margaretha van Parma aan Filips II, Brussel, 9 februari 1567 (Gachard (1847-1866) II, p. 404-405), waarin de landvoogdes vooral de nadruk legt op het verzoek aan Oranje om bijeenkomsten van het Eedverbond te verhinderen.
22. Van Roosbroeck (1929) I, p. 178; zie ook Deen (2018) p. 132.
23. Bakhuizen van den Brink (1863) p. 194-195; Fruin (1900a) p. 444; Blok (1919-1920) I, p. 163-164; Dumont (1952) p. 86 e.v.; Schuttelaars (1998) p. 29, p. 129.
24. Zie aantekening van Van Haecht, d.d. 17 februari 1567 (Van Roosbroeck (1929) I, p. 179).
25. Gachard (1847-1866) II, p. 408 (Margaretha van Parma aan Filips II, Brussel, 29 februari 1567).
26. Vermij (1984) p. 53.
27. Zie verslag van Reael, die als een van de contactpersonen fungeerde tussen de calvinisten in Amsterdam en Hendrik van Brederode (Breen (1896) p. 58-60), betreft bezoek aan Vianen op 24 februari.
28. Van Nierop (1978) p. 53, p. 62.
29. Zie verhoor van Gijsbert van Battemberg (Poullet & Piot (1877-1896) II, p. 675).
30. Corr. WvO no. 12760 (Willem van Oranje c.s. aan de bevelhebbers te Oosterweel, Antwerpen, 5 maart 1567), en no. 12761 (Willem van Oranje c.s. aan de bevelhebbers te Oosterweel, Antwerpen, 6 maart 1567).
31. Vgl. verslag van Thomas Gresham (brief aan William Cecil, 11 maart 1567; Burgon (1939) II, p. 195-196): '[...] here hath beene a great counsell had by the Prince and the congregation, who hath offred him a great piece of money for to maintayne God's worde and the promise he made them: and *that* was, they shuld not

be molestid with their religion and preching, untill the whole States of the land had determined the matter.' Zie ook Fruin (1900a) p. 446. Het bedrag waarover gesproken werd was, afgaande op Bor, wellicht 500.000 à 600.000 gulden; volgens Bor was aan Oranje gevraagd de calvinisten uiteen te zetten hoe hij deze middelen ging aanwenden, waarop hij zich beriep op noodzakelijke geheimhouding van dergelijke operaties. De besprekingen liepen op niets uit (Bor (1679-1684) I, p. 166).

32. Poullet & Piot (1877-1896) II, p. 313 (Morillon aan Granvelle, Brussel, 23 maart 1567); zie ook Strada (1666) p. 367; en Verhoef (1985) p. 17.
33. Van Roosbroeck (1929) I, p. 191; zie ook het ooggetuigenverslag van Thomas Churchyard (Churchyard (1976) p. 21 e.v.).
34. Bor (1679-1684) I, p. 157.
35. Van Roosbroeck (1929) I, p. 191.
36. Corr. WvO no. 3898 (Willem van Oranje aan een onbekende, Antwerpen, 17 maart 1567, zie ook Groen (1835-1847) III, p. 50-51); en ook Corr. WvO no. 1132 (Willem van Oranje aan Herman van Nieuwenaar, Antwerpen, 17 maart 1567), met daarin de opgeluchte zinsnede 'Das wir wol sagen konnen wir seyen von Neuem geboren'.
37. Burgon II, p. 199 (Thomas Gresham aan William Cecil, Antwerpen, 14 maart 1567); Boer (1952) p. 29.
38. Van Roosbroeck (1929) I, p. 190-191; Corr. WvO no. 3898 (Willem van Oranje aan een onbekende, Antwerpen, 17 maart 1567); vgl. Groen (1835-1847) III, p. 50-51, vgl. Battistini (1950) p. 291 (Giovan Battista Guicciardini aan Francesco de' Medici, Brussel, 16 maart 1567).
39. Van Hulzen (1937) p. 58 en passim.
40. Van Langeraad (1884) p. 72 (n. 30). Zie ook Blok (1919-1920) I, p. 167-168; Van Hulzen (1995) p. 116; Van Dam van Isselt (1933) p. 41.
41. Blok (1919-1920) I, p. 166 e.v.; Boer (1952) p. 29; zie ook Klink (1997) p. 261 e.v.
42. Vgl. verhoor van Pieter van Andelot (Poullet & Piot (1877-1896) II, p. 667).
43. Vgl. Lodewijks van Nassaus *Apologie* (Blok (1885) p. 177).
44. Vgl. brief Lodewijk van Nassau aan Jan van Nassau, Gorkum, 16 oktober 1566 (Groen (1835-1847) II, p. 402-405); zie ook Van Herwerden (1939) p. 90; Fruin (1900a) p. 425; Swart (1984a) p. 557.
45. Van Langeraad (1884) p. 72 (n. 30); zie ook Blok (1919-1920) I, 167-168. Tegelijkertijd oordeelden ook buitenlandse waarnemers erg hard over Oranjes omgang met de calvinisten, zoals Giovan Battista Guicciardini, in een brief van 29 maart 1567 (Battistini (1950) p. 292).
46. Ruys (1919) p. 77.
47. Dumont (1952) p. 103; Schuttelaars (1998) p. 30.
48. Van Hulzen (1995) p. 122-123; Brugmans (1972-1973) II, p. 73; Bakhuizen van den Brink (1863) p. 211 e.v.
49. Corr. WvO no. 1250 (Margaretha van Parma aan Willem van Oranje, Brussel, 5 maart 1567, zie ook Groen (1835-1847) III, p. 44).
50. Van Nierop (1999b) p. 87; Mörke (2010) p. 135.
51. Corr. WvO no. 1251 (Willem van Oranje aan Margaretha van Parma, Antwerpen, 6 maart 1567, zie ook Groen (1835-1847) III, p. 47).

52. Reiffenberg (1842) p. 226-236 (m.n. p. 233) (Margaretha van Parma aan Filips II, Brussel, 23 maart 1567); zie ook Gachard (1848-1936) I, p. 522 (excerpt van tweede brief Margaretha van Parma aan Filips II, Brussel, 23 maart 1567).
53. Reiffenberg (1842) p. 228-229 (Margaretha van Parma aan Filips II, Brussel, 23 maart 1567).
54. Coopmans (1998) p. 83-84.
55. Reiffenberg (1842) p. 231-232 (Margaretha van Parma aan Filips II, Brussel, 23 maart 1567).
56. Rachfahl (1906-1924) II, p. 883.
57. Vandormael & Goosens (2007) p. 116.
58. Van Roosbroeck (1929) I, p. 207.
59. Blok (1919-1920) I, p. 169; het verhaal zou bij de zeventiende-eeuwse Spaanse hofauteur Luis Cabrera de Córdoba vandaan komen. Zie ook Groen (1835-1847) III, p. 68, waar Hoofts *Historien* als bron van het verhaal wordt gegeven.
60. Hij hield deze redenering zelfs in deze dagen nog vol tegenover getrouwen onder de Nederlandse hoge adel; vgl. Corr. WvO no. 10895 (Willem van Oranje aan Jan van Bergen, Breda, 13 april 1567, zie ook Gachard (1847-1866) p. 358).
61. Corr. WvO no. 168 (Willem van Oranje aan Filips II, Antwerpen, 10 april 1567, zie ook Gachard (1847-1866) II, p. 365-370 (Franse vertaling, m.n. p. 366-367)).
62. Delen (2002) p. 194.
63. Corr. WvO no. 168 (Willem van Oranje aan Filips II, Antwerpen, 10 april 1567, zie ook Gachard (1847-1866) II, p. 365-370 (Franse vertaling, m.n. p. 367)).
64. Zie voor de wijze waarop de (vermeende) armoede van de adel meespeelde in het 'geuzen'-discours van 1566 en later: Van Nierop (1992) p. 6 e.v.; zie ook De Troeyer (1961) p. 7, 16 e.v.
65. Corr. WvO no. 169 (Willem van Oranje aan Lamoraal van Egmond, [Breda], 14 april 1567, zie ook Groen (1835-1847) III, p. 69-71), Corr. WvO no. 171 (Willem van Oranje aan Filip van Horne, Breda, 14 april 1567, zie ook Groen (1835-1847) III, p. 71-73); Corr. WvO no. 1521 (Willem van Oranje aan Filips II, Breda, 22 april 1567, zie ook Groen (1835-1847) III, p. 64-65); de afscheidsbrief aan Margaretha van Parma is nooit teruggevonden (vgl. Gachard (1847-1866) II, p. 371 (n. 1)).
66. O.a. in zijn brief aan de koning: Corr. WvO no. 1521 (Willem van Oranje aan Filips II, Breda, 22 april 1567).
67. Corr. WvO no. 7598 (Margaretha van Parma aan Willem van Oranje, Antwerpen, 30 april 1567, zie ook Gachard (1847-1866) II, p. 372).
68. Van Roosbroeck (1929) I, p. 217, Rachfahl (1906-1924) II, p. 888-889.
69. Mulder z.j., p. 149, op basis van de kroniek van Hatzfeld; Rachfahl meent dat Oranje eerst Siegen aandeed en pas na vier weken naar Dillenburg doorreisde, zie reconstructie in Van Alfen (1933) p. 426-427, voor volgorde Siegen (6 mei), Dillenburg (7 mei), Siegen (21 en 25 mei), Dillenburg (9 juni), een parcours dat veel blinde vlekken kent.
70. Corr. WvO no. 5928 (Willem van Oranje aan Willem van Hessen, Dillenburg, 13 juni 1567, zie ook Groen (1835-1847) III, p. 100 (n. 1)).
71. Corr. WvO no. 5927 (Willem van Hessen aan Willem van Oranje, zie ook Groen (1835-1847) III, p. 100-101). Vgl. Rachfahl (1906-1924) II, p. 899. Zell moet kort na aankomst te Dillenburg al overleden zijn, in ieder geval nog voor het einde van het jaar. (vgl. Mulder z.j., p. 156).

72. Zie de voorzichtige diplomatie van August van Saksen in het voorjaar en de zomer van 1567 naar Maximiliaan en Filips II (Rachfahl (1906-1924) II, p. 896 e.v.).
73. Van Roosbroeck (1974) p. 203; vgl. Poullet & Piot (1877-1896) II, p. 485, waar ook wordt gesproken over een kort bezoek van Brederode aan de vooravond van Pinksteren, dat opvallend kort geduurd zou hebben, slechts twee dagen (Morillon aan Granvelle, Brussel, 7 juni 1567).
74. Van Roosbroeck (1974) p. 211.
75. De la Fontaine Verwey (1958a) p. 301; zie ook Swart (1984a) p. 560, die meent dat de herziening van de laatste wil van Brederode voortwam uit ergernis over Oranjes passieve houding sinds hij in Duitsland verbleef.
76. Van Schelven (1948a) p. 238; Deen (2018) p. 130; Oranje bleef nog lang aanspraak maken op de erfenis, die inmiddels aan Hendrik van Brederodes nicht Geertrui van Bronckhorst was toegewezen. In 1577 ging hij tot overrompeling van Vianen over. Geertrui begon een proces, dat ze in 1582 won. Pas enkele dagen voor zijn dood schikte Oranje zich in de laatste wil van Brederode, en trok hij zijn troepen en ambtenaren terug uit Vianen (Horden (1952) p. 213).
77. Gachard (1848-1936) I, p. 556 (Margaretha van Parma aan Filips II, Antwerpen, 12 juli 1567). Vgl. Janssens (2013) p. 95.
78. Blok (1919-1920) I, p. 174.
79. Duke (2003) p. 23.
80. Gachard (1848-1936) I, p. 532 (Margaretha van Parma aan Filips II, Antwerpen, 3 mei 1567); p. 534 (id., Antwerpen, 11 mei 1567); p. 544 (Filips II aan Margaretha van Parma, Escorial, 2 juni 1567).
81. Poullet & Piot (1877-1896) II, p. 426 (Morillon aan Granvelle, Brussel, 9 mei 1567).
82. González de León & Parker (2001) p. 118; Soen (2004) p. 324.
83. Poullet & Piot (1877-1896) II, 585 e.v. (Morillon aan Granvelle, Brussel, 17 augustus 1567). Vgl. Kamen (2004) p. 115; Vandormael & Goosens (2007) p. 145-148.
84. Poullet & Piot (1877-1896) II, p. 597 (Morillon aan Granvelle, Brussel, 24 augustus 1567).
85. Corr. WvO no. 7946 (Heinrich von Wiltperg aan Willem van Oranje, Leuven, 22 augustus 1567); vgl. Groen (1835-1847) III, p. 120-124; Lemmink (1988) p. 91.
86. Blok (1919-1920) I, p. 175; Kamen (2004) p. 115.
87. Gachard (1848-1936) I, p. 567 (Miguel de Mendivil aan Filips II, Brussel, 29 augustus 1567).
88. Gachard (1848-1936) I, p. 570-571 (Margaretha van Parma aan Filips II, Brussel, 8 september 1567).
89. Janssens (2013) p. 97, met verwijzing naar brief van Alva aan Filips II, waarin hij uitlegt dat hij wil voorkomen dat men hem als gematigd gaat zien, want dat zou alleen maar tot nieuwe excessen leiden.
90. Gachard (1848-1936) I, p. 573-574 (verslag van arrestaties, bij brief van Alva aan Filips II, Brussel, 9 september 1567); zie ook Cosemans (1933) p. 655, die ervan uitgaat dat Van Straelen in zijn koets op weg was naar Duits gebied om zich in veiligheid te brengen. Zie de vergelijkbare onderkoelde manier waarop Alva in 1547 de landgraaf Filips van Hessen na een gemeenschappelijke maaltijd arresteerde (Parker (2019) p. 329).

91. Corr. WvO no. 10884 (Willem van Oranje aan Alva, Dillenburg, 8 september 1567); vgl. Kervyn de Lettenhove (1883) p. 45-46; zie ook Blok (1919-1920) I, p. 176.
92. Gachard (1848-1936) I, p. 573 (Alva aan Filips II, Brussel, 9 september 1567). Over de ijver van Viglius in de voorbereiding van het proces tegen Egmond, dat hem, geconfronteerd met de gevolgen, nogal beschaamd maakte: Postma (1987) p. 37; zie ook Kamen (2004) p. 117.
93. Bonger (1978) p. 47; Bonger (1989) p. 49.
94. Lemmink (1988) p. 92.
95. Rachfahl (1906-1924) III, p. 101; over de aanhouding en verhoren van deze drie edelen: Poullet & Piot (1877-1896) II, p. 621 e.v.
96. Rachfahl (1906-1924) III, p. 101.
97. Geciteerd bij Rachfahl (1906-1924) III, p. 92; zie ook de verontrusting bij de katholieke hertog Albrecht van Beieren: in Groen (1835-1847) III, p. 129-130 (Albrecht van Beieren aan de graaf van Hoogstraten, Augsburg, 12 oktober 1567).
98. Gachard (1848-1936) I, p. 594-595 (Granvelle aan Filips II, Rome, 2 november 1567).
99. Woltjer (2011) p. 403; op basis van studie van A.L.E. Verheyden uit 1961, die uitkwam op 12.203 gedaagden, maar met daarbij een onbekend aantal dubbeltellingen. Zie ook Groenveld e.a. (2008) p. 87; zie ook Dierickx (1964) p. 171 e.v.; Arnade (2008) p. 182; Van der Lem (2014) p. 68; Deen (2015) p. 81, met telkens subtiele verschillen in de aantallen.
100. Jacobs (1905) p. 146.
101. Dat er contacten waren met hugenoten in het najaar van 1567, zal ook de keurvorst niet zijn ontgaan, zoals het bezoek van een gezant van Coligny aan Dillenburg in november 1567 (vgl. Klink (1997) p. 284).
102. Corr. WvO no. 193 (August van Saksen aan Willem van Oranje, Dresden, 26 november 1567); zie ook Groen (1835-1847) III, p. 130-136 (m.n. p. 132-133).
103. Deen (2018) p. 138-139; zie ook de documentatie voor de afrekening in de jaren vanaf 1584 (Groen (1835-1847) VIII, p. 488 e.v.; zie voor afhandeling ook Scherft (1966) p. 9 en passim.
104. Corr. WvO no. 1150 (Willem van Oranje aan Willem van Hessen, Dillenburg, 31 augustus 1567).
105. Deen (2018) p. 141-142.
106. Delen (2002) p. 257; zie ook Kruse (1932b) p. 24.
107. Coopmans (1998) p. 67; Mörke (2010) p. 206.
108. Zie tekst van 'Daghement' in Schenk (1933) p. 83.
109. Diezelfde dag gingen er ook dagvaardingen uit naar o.a. Brederode, Lodewijk van Nassau, Hoogstraten en Culemborg; vgl. Battistini (1950) p. 305 (Giovan Battista Guicciardini aan Francesco de' Medici, Brussel, 25 januari 1568); Coopmans (1998) p. 67-68, zie ook tekst van 'Daghement' in Schenk (1933) p. 87.
110. Zie tekst van 'Daghement' in Schenk (1933) p. 86.
111. Soen (2004) p. 325.
112. Kamen (2004) p. 124.
113. Corr. WvO no. 10875 (Willem van Oranje aan August van Saksen, z.pl., z.d., ergens tussen 30 december 1567 en 17 januari 1568); waarin Oranje klaagt over de zwartmakerij door Alva bij Filips II en Maximiliaan II, waar ook de keurvorst slachtoffer van is geworden. Vgl. Groen (1835-1847) III, p. 152-153.

114. Zie Corr. WvO no. 197 (Willem van Oranje aan August van Saksen, Dillenburg, 24 december 1567), zie ook Groen (1835-1847) III, p. 141-151 (m.n. p. 145 e.v.).
115. Corr. WvO no. 211 (August van Saksen aan Willem van Oranje, Dresden, 5 maart 1568, zie ook Groen (1835-1847) III, p. 177-179). Zie ook Corr. WvO no. 1195 (Willem van Hessen aan Willem van Oranje, Kassel, 5 maart 1568); Corr. WvO no. 1195 voor een initiatief via de hertog van Württemberg (Willem van Hessen aan Willem van Oranje, Kassel, 8 maart 1568, zie ook Groen (1835-1847) III, p. 183-185).
116. Baelde (1967) p. 40; Delen (2002) p. 70-71.
117. Belting (2002) p. 84; Vandenbroeck (2001) p. 87 e.v.
118. Van Mander (1969) fol. 240r; Van de Velde (1975) p. 33-34.
119. Vandenbroeck (2001) p. 87 e.v.
120. De la Fontaine Verwey (1980a) p. 181.
121. Schipperus (2018) p. 170; Lemmink (1988) p. 92-93.
122. Corr. WvO no. 206 (N.N. aan Willem van Oranje, z.pl., 15 februari 1567); Ook Wiltperg verstuurde die dag een bericht over de aanhouding aan Oranje (Corr. WvO no. 207).
123. Zo liepen er in die dagen ook stellige geruchten dat Filips II zijn labiele zoon Don Carlos in de gevangenis had laten zetten, wat opnieuw speculaties over de wrede aard van diens bewind opriep (vgl. Corr. WvO no. 1200, Willem van Hessen aan Willem van Oranje, Kassel, 23 maart 1568, zie ook Groen (1835-1847) III, p. 194-195). Over de hoogoplopende spanningen rond Don Carlos in 1568: Parker (2014) p. 175 e.v., eindigend in zijn dood datzelfde jaar. Volgens Hugo de Groot rustte op Don Carlos ook de verdenking dat hij zich 'te veel bekommerde om de Nederlanders' (De Groot (2014) p. 59).
124. Corr. WvO no. 1196 (Willem van Hessen aan Willem van Oranje, Kassel, 11 maart 1568, zie ook Groen (1835-1847) III, p. 185-186); contacten over het opstellen van een verdedigingsgeschrift, waren er waarschijnlijk al sinds medio februari (Corr. WvO, no. 1187; geloofsbrief voor Johan Meixner en secretaris Johann Lorich voor bezoek aan Willem van Hessen, 14 februari 1568; corr. WvO no. 5676 (Willem van Oranje aan Willem van Hessen, Dillenburg, 14 februari 1568, concept van een verweerschrift)); vgl. Cellarius (1968) p. 128.
125. Corr. WvO no. 5941 (Willem van Oranje aan Willem van Hessen, Dillenburg, 17 april 1568, zie ook Groen (1835-1847) III, p. 210); vgl. Cellarius (1968) p. 128.
126. Geurts (1956) p. 5 e.v.; Horst (2003) p. 39-108 en passim.
127. Corr. WvO no. 7908 (Willem van Oranje aan Elizabeth van Engeland, Dillenburg, 29 februari 1568, zie ook Kervyn de Lettenhove (1882-1900) V, p. 75); waaruit nogmaals blijkt dat het voornemen een 'Justificatie' te schrijven in februari al leefde.
128. Zie de uitgave in Schenk (1933) p. 23-98; zie ook Geurts (1956) p. 26; Blok (1919-1920) I, p. 179-180; Cellarius (1968) p. 127 e.v.; Klink (1997) p. 287 e.v.
129. *Verantwoordinge* in Schenk (1933) p. 36 e.v., 48 e.v.; zie ook Cellarius (1968) p. 129.
130. Geurts (1956) p. 27; Mörke (2010) p. 143.
131. Swart (1984a) p. 563; Cellarius (1968) p. 129-130; zie over het moeilijk oplosbare vraagstuk van het auteurschap ook: Cornelissen (1933) p. 246; de suggestie dat

onder de naam 'Bets' de calvinistische voorman Theodorus Beza schuilgaat, is door Swart met stelligheid verworpen (Swart (1984a) p. 563 (n. 44)).

132. Dit kan worden afgeleid uit de toezending op 17 april aan Willem van Hessen van de tekst (in drukproef?) met het verzoek eventuele verbeteringen aan Johan Meixner door te geven (vgl. Corr. WvO no. 5941, Dillenburg, 17 april 1568); zie ook Groen (1835-1847) III, p. 210.

133. Klink (1997) p. 287 (n. 27). Over Languet en zijn werkzaamheden voor Oranje in 1568: Nicollier (1995) p. 191 e.v. en passim.

134. Valkema Blouw (1995a) p. 19 e.v.

135. Horst (2003) p. 109 e.v., p. 137 e.v.

136. Van Stipriaan (2007) passim; Deen (2011) p. 214 en passim.

137. Zie parafrase van opmerking van Viglius in brief van Joachim Hopperus aan Filips II, Madrid, 5 januari 1569 (Gachard (1847-1866) VI, p. 284).

138. Zie Geurts (1956) p. 30-31, en ook Janssens (2010) p. 36, voor het bestaan van een omvangrijk document (52 folia, bewaard in archief te Simancas), van de hand van Hopperus, dat als verweer op de geschriften van Oranje uit 1568 bedoeld was.

139. Poullet & Piot (1877-1896) III, 382: 'de gens sans courage' (Granvelle aan Filips II, 12 oktober 1568); vgl. Geurts (1956) p. 29; zie ook Swart (1975) p. 37 voor aarzelingen in kringen rond Alva bij het hanteren van het propagandawapen.

140. Wolf (1934) p. 237 e.v.

141. **Duitse Rijk**: o.a. Corr. WvO no. 4801 (Willem van Oranje aan paltsgraaf Georg Johan, Dillenburg, 5 maart 1568, zie ook Groen (1835-1847) III, p. 173-177). **Engeland**: zie o.a. Corr. WvO no. 7908 (Willem van Oranje aan Elizabeth van Engeland, Dillenburg 29 februari 1568); Corr. WvO no. 7910 (Willem van Oranje aan Elizabeth van Engeland, Hornbach, 29 april 1568), Corr. WvO no. 7911 (Willem van Oranje aan William Cecil, Hornbach, 29 april 1568); **Frankrijk**: met hugenoten werd sinds het najaar van 1567 gesproken over wederzijdse bijstand (vgl. Corr. WvO no. 193, August van Saksen aan Willem van Oranje, Dresden, 26 november 1567; zie ook Groen (1835-1847) III, p. 130 e.v. (m.n. p. 131 (n. 1)); een bondgenootschap tussen Oranje en de hugenoten kwam pas in augustus 1568 tot stand (zie tekst overeenkomst in Groen (1835-1847) III, p. 284-286); **Nederlanden**: zie de instructie waarmee Oranjes agent Johan Basius eind maart op pad werd gestuurd naar de Nederlanden (Corr. WvO no. 6123, Willem van Oranje aan Johan Basius, Dillenburg, 25 maart 1568, zie ook Groen (1835-1847) III, p. 196-200).

142. Corr. WvO no. 6123 (Willem van Oranje aan Johan Basius, Dillenburg, 25 maart 1568); vgl. Groen (1835-1847) III, p. 199-200; zie ook de oecumenische toon in een volgende instructiebrief, waarin de nadruk ligt op het verdrijven van de tirannie 'van de vremde regyrders' (Corr. WvO no. 6124, Willem van Oranje aan Johan Basius, Dillenburg, 27 maart 1568), zie ook Groen (1835-1847) III, p. 200 e.v.

143. Teubner (1892) p. 10; Rachfahl (1906-1924) III, p. 305; zie ook Le Roux (2014) p. 105-106.

144. Rachfahl (1906-1924) III, p. 274; Van Herwerden (1939) p. 97.

145. Rachfahl (1906-1924) III, p. 275 e.v.; Swart (1984) p. 554 e.v.

146. Corr. WvO no. 1764 (Jan van Nassau aan Willem van Oranje, z.pl., z.j. (enige datum in 1568)); zie ook Kruse (1932b) p. 19-21.
147. Dönges (1909) p. 58; Van Schelven (1948) p. 154-155.
148. Schenk (1984) p. 44; kort na de Tweede Wereldoorlog is de boom doodgegaan en vervangen door nieuwe aanplant.
149. Corr. WvO no. 11006 (Willem van Oranje aan Marcus Perez e.a., 24 april 1568), zie ook Groen (1835-1847) supplément, p. 87-88; vgl. Dönges (1909) p. 58; zie ook Van Schelven (1948) p. 154; Van Roosbroeck (1974) p. 216.
150. Dönges (1909) p. 58.
151. Corr. WvO no. 11169 (commissie namens Willem van Oranje voor Lodewijk van Nassau, Dillenburg, 6 april 1568); zie ook Bor (1679-1684) I, p. 233-234.
152. Mörke (2010) p. 143.
153. Vandamme (1987) p. 39 e.v.; Mörke (2010) p. 147 e.v.; Doedens (1997) p. 59.
154. Fruin (1892) p. 13 op basis van een gedenkschrift van Don Sancho de Londoño. Een nog wat gedetailleerder versie in De Graaf (2018) p. 128, echter zonder bronvermelding. Een nog weer andere versie in Doedens (1997) p. 59-60, eveneens zonder bronvermelding.
155. Volgens Oranje week Alva uit naar een 'Closter, Sanct Bernhardt genant, fünff meil wegs von Brüszel gelegen' (Corr. WvO no. 5941, Willem van Oranje aan Willem van Hessen, Dillenburg, 17 april 1568, zie ook Groen (1835-1847) III, p. 209); hoewel de Sint-Bernardusabdij van Villers la Ville (nog in opdracht van Bernard van Clairvaux gesticht) op circa 35 kilometer (ruim zeven mijl) van Brussel ligt, was dit een zodanig groot kloostercomplex dat het Alva enige bescherming zou hebben kunnen bieden.
156. Corr. WvO no. 5941 (Willem van Oranje aan Willem van Hessen, Dillenburg, 17 april 1568, zie ook Groen (1835-1847) III, p. 209 (n. 1)). Uit het cryptische van de formuleringen lijkt te spreken dat ook Willem van Hessen enigszins ingewijd was in de plannen. Vgl. Blok (1926) p. 1 e.v., waar Blok een grote verlegenheid met deze geschiedenis laat blijken (m.n. p. 5); zie ook de reactie van Van Schelven, die de vraag of hiermee een smet op het karakter van Oranje geworpen werd bondig afdeed met: 'Het gaat hier niet om een canonisatie van den Vader des Vaderlands, maar om de waarheid.' (Van Schelven (1927) p. 8). Zie ook Van der Lem (2000) p. 161-162, waar in verband met een vergelijkbaar geval later in 1568, een slag om de arm wordt gehouden inzake Oranjes voorkennis; zie ook hierna p. 317. Het plan schijnt ontwikkeld te zijn door Carel van der Noot, heer van Risoir (vgl. Gachard (1848-1936) II, p. 25, verhoor van Jean de Montigny, heer van Villers), een voormalige hoveling van Oranje (over hem ook Van Nierop (1984b) p. 669).
157. Vgl. gedenkschrift van Don Sancho de Londoño (Fruin (1892) p. 15, p. 19).
158. Fruin (1892) p. 21-23.
159. Fruin (1892) p. 24; zie ook Van Alfen (1928) p. 284-285; en ook brief van Alva aan stadsbestuur van Groningen, 30 april 1568; waarin sprake is van 1500 doden aan vijandelijke zijde (id., p. 287-288).
160. Over de datum van de 'Slag bij Daelhem' bestaat geen consensus: ooggetuige Londoño lijkt uit te gaan van 20 april (Fruin (1892) p. 19), Van Dam van Isselt van 23 april (Van Dam van Isselt (1935) p. 58), Blok van 25 april (Blok (1919-1920)

I, p. 186); zie ook Hettema (1928) p. 149 e.v., die de datering in het midden laat, maar wel een nuttige kritische evaluatie geeft van de versie bij Rachfahl.
161. Van Dam van Isselt (1935) p. 62-63; zie ook Van Dam van Isselt (1933) p. 47.
162. Dönges (1909) p. 59.
163. Synopsis van de bekentenis van Jean de Montigny, heer van Villers, op 5 mei 1568, in Gachard (1848-1936) II, p. 25; de volledige tekst van het verhoor in Poullet & Piot (1877-1896) III, p. 611-625.
164. Doedens (1997) p. 60-61; Van Herwerden (1939) p. 100, p. 104-105.
165. Corr. WvO no. 493 (Maximiliaan II aan Willem van Oranje, Hoogstraten en andere aanvoerders, Wenen, 12 mei 1568); vgl. Gachard (1847-1866) III, p. 1-5; zie ook Van Herwerden (1939) p. 104.
166. Corr. WvO no. 493 (Maximiliaan II aan Willem van Oranje, Anton van Lalaing (graaf van Hoogstraten) en andere aanvoerders, Wenen, 12 mei 1568); vgl. Gachard (1847-1866) III, p. 4. Zie ook brief van Maximiliaan II van diezelfde datum aan August van Saksen (Groen (1835-1847) III, p. 215-219).
167. Doedens (1997) p. 60-62; Van Herwerden (1939) p. 118.
168. Van Herwerden (1939) p. 108.
169. Doedens (1997) p. 63.
170. Van Herwerden (1939) p. 113; zie Fagel e.a. (2021) p. 81, over de cruciale fout niet op Megen te wachten; zie ook Mendoça (1860-1863) I, p. 97-103.
171. Van Herwerden (1939) p. 113; zie voor vergelijkbare wraakzuchtige sentimenten aan Spaanse zijde: Parker (1978) p. 212.
172. Doedens (1997) p. 63; Van Herwerden (1939) p. 113-114; Mendoça (1860-1863) I, p. 103.
173. Van Herwerden (1939) p. 115.
174. Doedens (1997) p. 65.
175. Dönges (1909) p. 61; Van Nierop (1992) p. 15; Arnade (2008) p. 189.
176. Blok (1919-1920) I, p. 187; Arnade (2008) p. 186; Van Gelder (1936) p. 362; zie ook ooggetuigen in De Potter (1870) p. 139.
177. De ruiters werden hiermee meteen gemobiliseerd voor de legermacht waarmee Alva nog in juni naar Groningen trok (vgl. Fruin (1892) p. 37 (gedenkschrift Londoño)).
178. Ulloa (1570) fol. 29v (ook in: Panhuysen & Van Stipriaan (2018) p. 61-62).
179. Soen (2010) p. 51.
180. Doedens (1997) p. 65.
181. Zie verslag van Londoño (Fruin (1892) p. 41 e.v.); en ook Corr. WvO no. 5594 (Lodewijk van Nassau aan Willem van Oranje, Bunde, 17 juli 1568, zie ook Groen (1835-1847) III, p. 264-265).
182. Zie ooggetuigenverslag van Bernardino de Mendoça: Mendoça (1860-1863) I, p. 137 e.v. (ook in: Panhuysen & Van Stipriaan (2018) p. 63-65); en ook het verslag van Londoño (Fruin (1892) p. 51 e.v.); zie tevens Fagel e.a. (2021) p. 82 e.v.
183. Zie verslag van Londoño (Fruin (1892) p. 37 e.v., p. 55).
184. Nicklas (1995) p. 105 e.v.
185. Corr. WvO no. 7854 (Willem van Oranje aan Lazarus van Schwendi, Dillenburg, 19 juni 1568); vgl. Groen (1835-1847) III, p. 244-251 (p. 247).
186. Corr. WvO no. 7854 (Willem van Oranje aan Lazarus van Schwendi, Dillen-

burg, 19 juni 1568); vgl. Groen (1835-1847) III, p. 244-251 (p. 248): '[ung pays] dont sa Majesté Impérialle, et messeigneurs ses enffans sont si apparans d'avoir la succeszion, soit tellement destruict et ruyné').

187. Parker (2014) p. 180.
188. Parker (2014) p. 187; zie hiervoor noot 123.
189. Door Oranje wordt er o.a. aan gerefereerd in zijn *Verklaringe ende Uutschrift* van 20 juli 1568; zie ook zijn brief aan Maximiliaan II van 6 augustus 1568 (Corr. WvO no. 487, zie ook Gachard (1847-1866) III, p. 12).
190. Corr. WvO no. 493 (12 mei 1568, zie ook Gachard (1847-1866) III, p. 1-5), zie ook no. 215 (21 mei 1568).
191. In twee versies overgeleverd: Corr. WvO no. 486 (Willem van Oranje aan Maximiliaan II, Dillenburg, 6 augustus 1568); no. 12633 (id., 12 augustus 1568); zie ook Gachard (1847-1866) III, p. 6-19; zie ook Corr. WvO no. 1226 (Willem van Hessen aan Willem van Oranje, Kassel, 2 augustus 1568), waarin de landgraaf er sterk op aandringt militaire oplossingen terzijde te laten en de bemiddeling van de keizer te zoeken.
192. Corr. WvO no. 493, zie ook Gachard (1847-1866) III, p. 8.
193. Meteen nadat Oranje het bericht kreeg over de nederlaag bij Jemmingen, nam hij het besluit toch door te zetten (Corr. WvO no. 4491, Willem van Oranje aan Lodewijk van Nassau, Dillenburg, 31 juli 1568); zie ook Groen (1835-1847) III, p. 276-278; zie ook Swart (1984a) p. 563.
194. Een getuigenis daarvan is een schrijven van paltsgraaf Georg Johan aan Oranje (Corr. WvO no. 5995, Remigsberg, 30 juni 1568), die vaststelde dat als Egmond en Horne als katholieken gestorven waren, de religie niet de hoofdoorzaak van deze ontwikkelingen kon zijn (zie ook Groen (1835-1847) III, p. 255).
195. Zoals het verzoek aan Willem van Hessen voor een geheime lening, met de stellige verzekering dat die de volgende maand weer afgelost zou worden (Corr. WvO no. 1221, 29 juli 1568, zie ook Groen (1835-1847) IX, p. 90). Zie tevens Corr. WvO no. 6032 (Willem van Oranje aan Christof van Württemberg, Kerpen, 17 september 1568). Dönges kwam in een reconstructie tot een totaal aan concrete toezeggingen voor de campagne van 1568 van 258.000 gulden (Dönges (1909) p. 79); de uitgaven beliepen een veelvoud, circa 1,5 miljoen gulden (Punt & Sloos (2018) p. 142); daarvan werd dus circa een vijfde door derden opgebracht.
196. Corr. WvO no. 1220 (Willem van Hessen aan Willem van Oranje, Kassel, 28 juli 1568, zie ook Groen (1835-1847) III, p. 273-276), Corr. WvO no. 1227 (Willem van Hessen aan Willem van Oranje, Kassel, 2 augustus 1568); vgl. Dönges (1909) p. 62.
197. Daartoe werd wellicht ook geschermd met de door de landgraaf betwiste leenrelatie tussen de Nassaus en Rollshausen (Corr. WvO no. 1226, Willem van Hessen aan Willem van Oranje, Kassel, 2 augustus 1568, zie ook Groen (1835-1847) III, p. 288).
198. Corr. WvO no. 10892; uitgegeven in Schenk (1933) p. 99-116; zie ook Klink (1997) p. 292 e.v. over met name het Duitstalige concept *Summarische Anzeige*, die alleen in handschrift bewaard is gebleven.
199. Corr. WvO no. 10890 (onder verwijzing naar catalogus Knuttel no. 164; in het Frans en Nederlands); de Franse versie in Gachard (1847-1866) VI, p. 269-275; vgl. Geurts (1956) p. 28-29.

200. Corr. WvO no. 10891; uitgegeven in Schenk (1933) p. 117-128.
201. Corr. WvO no. 11763 (zie ook Knuttel no. 170).
202. Schenk (1933) p. 20, p. 117. Zie ook Poullet & Piot (1877-1896) III, 350 (Morillon aan Granvelle, Leuven, 12 september 1568), en Mörke (2010) p. 144.
203. Uitgegeven in Schenk (1933) p. 129-155; dat nauwe betrokkenheid van Oranje aannemelijk is, veronderstelde o.a. Geurts (Geurts (1956) p. 39); zie ook Nijenhuis (1980) p. 28-30. Zie Cellarius (1968) p. 130 voor twee Duitstalige pamfletten die niet werden uitgegeven: *Summarische Anzeige* en *Printzische Entschuldigung*; zie voor de tekst van het laatste: Klink (1997) p. 336-350.
204. De tekst verscheen ook in het Duits, Frans en Engels (vgl. Swart (1984a) p. 565).
205. Schenk (1933) p. 112; zie voor een kenschets van het publiek voor dit pamflet als beschikkende over voldoende tijd en 'enige ontwikkeling': Geurts (1956) p. 28.
206. Pollmann (1992) p. 87-88.
207. Schenk (1933) p. 127.
208. Bor (1679-1684) I, p. 255; Hettema (1926) p. 2.
209. Blok (1919-1920) I, p. 190.
210. Hettema (1926) p. 2.
211. Zie het ooggetuigenverslag van een anonieme Engelse deelnemer (Kervyn de Lettenhove (1882-1900) V, p. 185-186). Zie ook Bor (1679-1684) I, p. 255.
212. Geurts (1956) p. 29; Cellarius (1968) p. 131.
213. In de recente biografie van Olaf Mörke wordt aan de episode vanaf de oversteek van de Maas (5 oktober 1568) tot Oranjes definitieve aftocht naar Dillenburg (eind februari 1569) één alinea gewijd (Mörke (2010) p. 150). De biografie van P.J. Blok (Blok (1919-1920), I, p. 190 e.v.) levert nog altijd de meest gedetailleerde en coherente beschrijving van deze episode. De biografie van Rachfahl is nog gedetailleerder (Rachfahl (1906-1924) III, p. 501-555), maar juist in de detaillering is Rachfahl hier niet betrouwbaar: zie o.a. commentaar van H. van Alfen op Rachfahls behandeling van de Slag bij Daelhem (Van Alfen (1928); of over deze episode: Hettema (1926).
214. Corr. WvO no. 10199 (Willem van Oranje aan de magistraat van Luik, Wittem, 4 oktober 1568, zie ook Gachard (1847-1866) III, p. 20).
215. Zie Van Alfen (1933c) p. 245 e.v. en zie ook Bakhuizen van den Brink (1844) p. 181 e.v.
216. Bakhuizen van den Brink (1844) p. 180 (parafrase van Bakhuizen).
217. Corr. WvO no. 10199 (Willem van Oranje aan de magistraat van Luik, Wittem, 4 oktober 1568, zie ook Gachard (1847-1866) III, p. 20).
218. Bakhuizen van den Brink (1844) p. 181, zie ook de aanvullende bronnen in: H. van Alfen, (1933) p. 200 e.v.
219. Corr. WvO no. 223 (Willem van Oranje aan August van Saksen, Stokkem, 7 oktober 1568, zie ook Blok (1888) p. 84-85).
220. Mendoça (1860-1863) I, p. 176.
221. Corr. WvO no. 223 (Willem van Oranje aan August van Saksen, Stokkem, 7 oktober 1568); vgl. Blok (1888) p. 84; zie ook het ooggetuigenverslag van Thomas Churchyard (Churchyard (1976) p. 41).
222. Schenk (1933) p. 155.
223. Valkema Blouw (1995b) p. 14-15; het verscheen waarschijnlijk op hetzelfde mo-

ment ook in het Nederlands; zie een roofdruk van iets later datum van een Nederlandse versie: *Copie van den puncten ende articulen, ghesloten by den Hertoghe van Alba, ende synen nieuwen Raet van twelven* (id., p. 15).

224. *Copie* (1568) fol. A2r.
225. Geurts (1956) p. 37; Valkema Blouw (1995b) p. 14.
226. Blok (1926) p. 2; zie ook Van Schelven (1927), p. 8 en passim; Van der Lem (2000) p. 161-162, Kamen (2013) p. 41.
227. Blok (1926) p. 1.
228. Vgl. Engelse ooggetuige in: Kervyn de Lettenhove (1882-1900) V, p. 188.
229. Vgl. Engelse ooggetuige in: Kervyn de Lettenhove (1882-1900) V, p. 189.
230. Betreft de pamfletten *Clachte des verdruckten Nederlants* en *Getrouwe vermaninghe* uit resp. oktober en november 1568; beide teksten zijn ook in het Frans verschenen; vgl. Rudelsheim (1905) p. 125 e.v.; Geurts (1956) p. 39-40; Cellarius (1968) p. 132; Valkema Blouw veronderstelt dat Jacob van Wesembeke de auteur van beide pamfletten is (Valkema Blouw (1995b) p. 15).
231. Rudelsheim (1905) p. 132: het verwijt van 'slappicheyt', 'traecheyt', 'cleynmoedicheyt' (id., p. 133), 'onachtsaemheyt' (p. 135) enz. keert ook in de lopende tekst telkens terug.
232. Rudelsheim (1905) p. 137.
233. Corr. WvO no. 6953 (Willem van Oranje aan de prins-bisschop van Luik, Tongeren, 10 oktober 1568, zie ook Gachard (1847-1866) III, p. 24); zie afwijzing prins-bisschop (Corr. WvO no. 6954: prins-bisschop van Luik aan Willem van Oranje, Luik, 11 oktober 1568; zie ook Gachard (1847-1866) III, p. 25-26).
234. Rachfahl (1906-1924) III, p. 513; Van Alfen (1933c) p. 178.
235. Bakhuizen van den Brink (1844) p. 188 en passim; Mendoça (1860-1863) I, p. 195.
236. Hettema (1926) p. 15 (gevechten te Borgloon op 12 oktober); Teubner (1892) p. 40 (gevechten bij Sint-Truiden, 16-17 oktober).
237. Teubner (1892) p. 38.
238. De Potter (1870), p. 189 (dagboek van Filips van Campene, 17 oktober 1568).
239. Van Roosbroeck (1974) p. 218.
240. Teubner (1892) p. 46; Hettema (1926) p. 23; Hollaender (1906) p. 57 e.v.; Blok (1919-1920) I, p. 193.
241. Teubner (1892) p. 48; Hettema (1926) p. 27.
242. Corr. WvO no. 6957 (prins-bisschop van Luik aan Willem van Oranje, Luik, 3 november 1568, zie ook Gachard (1847-1866) III, p. 30-31). Zie ook Hettema (1926) p. 26 e.v.
243. Rachfahl (1906-1924) III, p. 525; Poncelet (1936) p. 16.
244. Volgens Hugo de Groot deden ook anderen dat en gold met name het laten staan van de baard als een oud gebruik tot 'zulk edel bloed gewroken was' (De Groot (2014) p. 58); zie ook Deen (2015) p. 159.
245. Fruin (1892) p. 83 (gedenkschriften Londoño, 5 november 1568); Kervyn de Lettenhove (1882-1900) V, p. 189 (Engelse ooggetuige); Teubner (1892) p. 53.
246. Van Alfen (1933) p. 179-180 en p. 262; zie ook Poncelet (1936) p. 18.
247. Bakhuizen van den Brink (1844) p. 224.
248. Teubner (1892) p. 54; Hettema (1926) p. 29-30.
249. Teubner (1892) p. 55; Van Herwerden (1932) p. 33.

250. Corr. WvO no. 8053 (Willem van Oranje aan Karel IX, Sisonne, 3 december 1568, zie ook Tydeman (1872) p. 49).
251. Corr. WvO no. 10777 (Willem van Oranje aan Karel IX, Heiltz-le-Maurupt, 21 december 1568); zie ook Van Herwerden (1932) p. 34.
252. Corr. WvO no. 1301 (gespreksverslag van Favelles, gezant namens de Franse maarschalk de Cossé, in het legerkamp bij Cerisy, tussen Saint-Quentin en La Fère, circa 22 november 1568); vgl. Groen (1835-1847) III, p. 313-316.
253. Kervyn de Lettenhove (1882-1900) V, p. 190 (Engelse ooggetuige).
254. Van Nierop (1984) p. 655-656 en passim; zie voor de gelijktijdige bureaucratische tendenzen: Geevers (2008) p. 37.
255. Hollaender (1906) p. 68, p. 72; zie ook Buisman (1995-) III, p. 632-633.
256. Poullet & Piot (1877-1896) III, p. 452 (n. 1: citaat uit brief van Don Fernand van Lannoy aan Granvelle, 27 januari 1569); zie ook Hollaender (1906) p. 70-71.

7 Prins zonder land (1569-1572)

1. Hollaender (1906) p. 84, p. 92, p. 94 e.v.; Wolf (1934) p. 239; Blok (1919-1920) I, p. 195.
2. Poullet & Piot (1877-1896) III, p. 487-488 (Morillon aan Granvelle, Brussel, 27 februari 1569); vgl. Hollaender (1906) p. 95-96; Van Herwerden (1932) p. 39.
3. Hollaender (1906) p. 96; zie voor vergelijkbare opmerking van Granvelle: Poullet & Piot (1877-1896) III, p. 474; en id., p. 499 (Granvelle aan de heer van Grobbendonk, Rome, 11 maart 1569).
4. Zie de analyse in Groen e.a. (2013) p. 111 e.v. en passim; zie ook Mörke (2010) p. 151.
5. O.a. Van Schelven (1948) p. 159 e.v. (die Oranje gebrek aan beheersing en tact toeschreef); en ook Israel (1995) p. 163. Recent wordt er aanzienlijk milder geoordeeld over Oranjes militaire vermogens: zie o.a. Swart (2006), p. 27 e.v., waar Oranjes falen in 1568 vooral wordt toegeschreven aan externe factoren (als het moeten werken met een ad-hocorganisatie en met matig gedisciplineerde huurlingen); Van der Lem ziet in 1568 wel degelijk een goede organisatie (Van der Lem (2014) p. 73).
6. Punt & Sloos (2018) p. 142.
7. Swart (1984a) p. 559.
8. Zie m.n. Swart (1984a) p. 560 e.v. (m.n. p. 568); zie ook Mörke (2010) p. 154 e.v.
9. Mörke (2010) p. 135.
10. Klink (1998) p. 301.
11. K.W. Swart meende dat Oranje dus vooral door gekwetste eer 'bewogen' werd, en niet zozeer door verlies van bezit; zie kanttekening bij die visie in Postma (1984) p. 711.
12. Zie hiervoor p. 182 e.v. Over het algemeen wordt door onderzoekers de omslag in het (machts)denken van Oranje later gesitueerd; bijvoorbeeld door Geevers op ca. 1566, onder invloed van de gebeurtenissen in dat jaar (Geevers (2008) p. 168).
13. Vgl. o.a. Blok (1919-1920) I, p. 90; Van Durme (1953) p. 151; De Troeyer (1961) p. 70, p. 185; zie voor relativering dat afgunst wellicht een rol speelde, maar niet doorslaggevend was: Groenveld (2003) p. 74.

14. Sutherland (1983) p. 212; onder verwijzing ook naar visie van Swart, dat Oranjes tolerantie waarschijnlijk door Filips' onverdraagzaamheid gevoed werd.
15. Swart (1975) p. 38 e.v.
16. Duke (2009) p. 71; voor diepere wortels van dit patriottisme onder de hoge adel: Rosenfeld (1959) p. 13 e.v.
17. Duke (2009) p. 71; de conclusie dat Oranje uit (financieel) eigenbelang handelde werd al door tijdgenoten getrokken (zie bijvoorbeeld Vermaseren (1981) p. 173, aan de hand van Pontus Heuterus, in diens *Historia*).
18. De Schepper (1984) p. 158.
19. Van Roosbroeck (1974) p. 434-435.
20. Corr. WvO no. 1300 (notitie voor (ws.) August van Saksen, december 1568, zie ook Groen (1835-1847) III, p. 311).
21. La Pise (1640) p. 271.
22. Zie hiervoor hoofdstuk 3, p. 148.
23. Zie hiervoor hoofdstuk 4, p. 282; vgl. Poullet & Piot (1877-1896) II, p. 312 (Morillon aan Granvelle, 23 maart 1567).
24. Schenk (1933) p. 40-41; zie hiervoor hoofdstuk 4, p. 300. In het pamflet *Hertgrondighe begheerte* wordt bovendien een aantal van 50.000 mensen genoemd die Alva voornemens was nog te doden (Schenk (1933) p. 136).
25. Van Nierop (1999b) p. 89-90; zie ook Pettegree (1992) p. 1-3; Blockmans (2001) p. 147; Van Deursen (2004) p. 39.
26. Israel (1995) p. 159-160 voor overzicht van grote lokale verschillen in aantallen gedaagden.
27. Corr. WvO no. 1660, instructie voor diplomaten, Gugenheim, 6 februari 1569.
28. Zie de instructie van Oranje voor een diplomatiek offensief bij Duitse vorsten teneinde geld van hen los te krijgen (Corr. WvO no. 1660, Gugenheim, 6 februari 1569); vgl. Van Herwerden (1932) p. 39-40; Van Tol (2019) p. 51-52.
29. Corr. WvO no. 11072 (Willem van Oranje aan Homme van Hettinga en Johan Bonga, Straatsburg, 20 februari 1569) met machtiging de vijand zo veel mogelijk 'abbruch' en 'nachteil' te berokkenen, in de vorm van kaapvaart (vgl. De Meij (1972) p. 17-18); zie voor de dubieuze wettelijke grondslag voor het uitreiken van kaperbrieven door Oranje: Oudendijk (1965) p. 133 e.v.
30. Corr. WvO no. 12525 (Willem van Oranje aan zijn 'Obersten, Ritmeistern, Hauptmännern', Straatsburg, 16 februari 1569); zie ook Corr. WvO no. 11073 (id., Straatsburg, 18 februari 1569), no. 12696 (id., Straatsburg, 18 februari 1569); vgl. Dönges (1909) p. 92.
31. Dönges (1909) p. 92.
32. Corr. WvO no. 12484 (Hendrik, prins van Condé e.a. aan Willem van Oranje, Niort, 10 februari 1569); zie ook Pontbriant (1891) p. 99-100; zie ook Van Tol (2019) p. 51.
33. Van Herwerden (1932) p. 43.
34. Corr. WvO no. 225 en no. 12697 (instructies voor diplomatieke reis naar August van Saksen voor respectievelijk Jan en Lodewijk van Nassau). Voor eventueel bezoek aan Heidelberg: Morillon in brief aan Granvelle (z.pl., 7 maart 1569) (Poullet & Piot (1877-1896) III, p. 495).
35. Deen (2018) p. 152.

36. Deen (2018) p. 155.
37. Vgl. ook geruchten dat Anna in de voorafgaande periode alle verzoeken van Oranje bijvoorbeeld naar Straatsburg te komen naast zich neer zou hebben gelegd, zelfs onder de ogen van haar zwager Willem van den Bergh zou hebben verscheurd en daarbij verklaarde dat ze 'wel wilde dat hij dood voor haar zou liggen, dan zou ze hem zelf begraven, hem vooral lafheid verwijtend'. (Poullet & Piot (1877-1896) III, p. 513, Morillon aan Granvelle, Brussel, 13 maart 1569).
38. Van Herwerden (1932) p. 44.
39. Corr. WvO no. 12291 (Willem van Oranje aan 'die Niederlande', Gernsheim, 12 maart 1569); alleen in excerpt overgeleverd, afgedrukt in: Demandt (1988-1989) II, p. 142; zie voor verbittering over de passiviteit van de Nederlanders ook Corr. WvO no. 3777 (Willem van Oranje aan een anonymus, z.pl., 15 maart 1569); vgl. Van Gelder (1933b) p. 156-157.
40. Zie Corr. WvO no. 6057 (Hans Baert (=Jacob van Wesembeke) aan Willem van Oranje, [Keulen] 19 april 1569, zie ook Groen (1835-1847) III, p. 317-319); over de identificatie van 'Hans Baert' met Jacob van Wesembeke o.a. Bakhuizen van den Brink (1863) p. 256, p. 261 e.v. (zie ook een bijdrage van R. Fruin, afgedrukt achter ditzelfde artikel, p. 275 e.v.); Cornelissen (1933) p. 245 e.v.; Geurts (1956) p. 32 e.v.
41. Vgl. mededelingen van raadsheer Claude Bélin aan Granvelle, Dole, 6 april 1569 (Poullet & Piot (1877-1896) III, p. 537).
42. Zie verslag Claude Bélin aan Granvelle, Dole, 6 april 1569 (Poullet & Piot (1877-1896) III, p. 537-538).
43. Vgl. brief Claude Bélin aan Granvelle, Dole, 16 mei 1569 (Poullet & Piot (1877-1896) III, p. 578).
44. Van Herwerden (1932) p. 53.
45. *Allgemeine deutsche Biographie* (1875-1912) 44, p. 76-87.
46. Van Herwerden (1932) p. 57.
47. Corr. WvO no. 488 (Willem van Oranje aan Frederik III van de Palts, Confolens, 9 juli 1569), zie ook Kluckhohn (1868-1872) II, p. 343-344; Van Schelven (1948) p. 160.
48. Van Herwerden (1932) p. 59.
49. Brantôme (1779) VI, p. 185-186; zie ook Van Herwerden (1932) p. 60.
50. Brantôme (1779) VI, p. 186-187.
51. Van Herwerden (1932) p. 63.
52. Fruin (1900b) p. 118.
53. Corr. WvO no. 13201 (Willem van Oranje aan Jan van Nassau, Heidelberg, 15 oktober 1569; zie ook Demandt (1988-1989) II, p. 146). Zie voor het verkleed gaan als boer Groen (1835-1847) III, p. 322 (zonder bronvermelding); Dönges (1909) p. 68; Blok (1919-1920) I, 201-202. Van Herwerden meldt dat Oranje als 'koopman' verkleed ging, dat lijkt iets aannemelijker (Van Herwerden (1932) p. 64). Zie ook nog Corr. WvO no. 5180 (Willem van Oranje aan Jan van Nassau, Arnstadt, 19 januari 1570); waar Oranje bij zijn broer enige aanwijzingen geeft voor de lokale kleermaker met het oog op zijn wonderlijke uitdossingen ('mes accoustrements'), die door Groen zijn opgevat als een bewijs voor de 'habitudes simples' van de prins (Groen (1835-1847) III, p. 350 (n. 1)), maar wellicht vooral iets zeggen over de frequentie waarin hij verkleed door het land trok.

54. Corr. WvO no. 3785 (Willem van Oranje aan Jan van Nassau, Heidelberg, 20 oktober 1569).
55. Van Nierop (1999b) p. 94-95, voor het grote aantal edelen dat op deze vloot terechtkwam, omdat ze door de komst van Alva voor onbepaalde tijd in ballingschap moesten leven; zie ook De Meij (1972) p. 18.
56. De Meij (1972) p. 7 e.v., p. 19; Van Roosbroeck (1974) p. 229.
57. Oudendijk (1965) p. 137: deze aanpak werd op zijn laatst in 1569 leidend, wellicht eerder.
58. De Meij (1972) p. 9-10.
59. De Meij (1972) p. 20; Warnsinck (1933) p. 88 e.v., p. 95 e.v.
60. Van Nierop (1984a) p. 203; Van Nierop (1999b) p. 94; zie ook overzicht in De Meij (1972) p. 313-317.
61. Over Dolhain: *NNBW* (1911-1937) V, kol. 137-138; over Entens van Mentheda: Oosterhuis (2012).
62. De Meij (1972) p. 22-23.
63. Doedens & Houter (2018) p. 53 e.v., p. 63.
64. De Meij (1972) p. 27-29.
65. Corr. WvO no. 5185 (Willem van Oranje aan Jan van Nassau, Dillenburg, 15 maart 1570; vgl. Groen (1835-1847) III, p. 363-365 (m.n. p. 364, n. 1)); zie ook De Meij (1972) p. 36.
66. De Meij (1972) p. 31-32.
67. Dierickx (1964) p. 182 e.v.
68. Janssens (1974) p. 17.
69. Parker (2014) p. 196-197.
70. Janssens (1974) p. 17; Grapperhaus (1984) p. 95 e.v.; Groenveld e.a. (2008) p. 88.
71. Janssens (1974) p. 19.
72. Grapperhaus (1984) p. 145 e.v.
73. Corr. WvO no. 5180 (Willem van Oranje aan Jan van Nassau, Arnstadt, 17 januari 1570, zie ook Groen (1835-1847) III, p. 344-345); Corr. WvO no. 5181 (Willem van Oranje aan Jan van Nassau, Arnstadt, 19 januari 1570, zie ook Groen (1835-1847) III, p. 347-348).
74. Groen e.a. (2013) p. 170.
75. Corr. WvO no. 5180 (Willem van Oranje aan Jan van Nassau, Arnstadt, 17 januari 1570; vgl. Groen (1835-1847) III, p. 344); zie ook Corr. WvO no. 5183 (Willem van Oranje aan Jan van Nassau, Arnstadt, 17 februari 1570; vgl. Groen (1835-1847) III, p. 356).
76. Corr. WvO no. 5179 (Willem van Oranje aan Jan van Nassau, Sondershausen, 1 januari 1570); vgl. Groen (1835-1847) III, p. 338-339).
77. Dönges (1909) p. 95; Groen (1835-1847) III, p. 344 (n. 1).
78. Dönges (1909) p. 93 e.v.
79. Dönges (1909) p. 97.
80. De Potter (1870) p. 249.
81. De Potter (1870) p. 250-252.
82. Postma (1987) p. 39 e.v.; Soen (2004) p. 326; Soen (2012) p. 90.
83. Janssens (2013) p. 103; De Potter (1870) p. 271.
84. Soen (2004) p. 312, p. 324; dit was de kern van het advies dat Granvelle over deze pardonregeling uitbracht.

85. Verheyden (1976) p. 317.
86. Janssens (2000) p. 141; Soen (2004) p. 326.
87. Fruin (1900b) p. 124-125.
88. Corr. WvO. no. 10044 (Willem van Oranje aan Diederik Sonoy, Arnstadt, 8 februari 1570, zie ook Bor (1679-1684) I, p. 312); vgl. Fruin (1900b) p. 129-130.
89. Corr. WvO no. 5185 (Willem van Oranje aan Jan van Nassau, Dillenburg, 17 maart 1579, zie ook Groen (1835-1847) III, p. 365).
90. Over Van Swieten: *NNBW* (1911-1937) VI, kol. 1270-1271.
91. Corr. WvO no. 10474 (Willem van Oranje aan goede ingezetenen van Holland, Zeeland, Friesland en Utrecht, z.pl., 22 april 1570); vgl. Van Someren (1896) p. 12.
92. Corr. WvO no. 8060 (Instructie van Willem van Oranje voor Jacob van Wesembeke, Dillenburg, 1 juli 1570; vgl. Van Someren (1896) p. 26).
93. Vgl. verslag van Wesembeke uit juli 1570 (Van Someren (1896) p. 29-30). Zie ook Fruin (1900b) p. 137; Blok (1919-1920) I, p. 210.
94. Van Someren (1896) p. 28.
95. Fruin (1900b) p. 138.
96. Van Someren (1896) p. 44, 'Denckcedulle' van de hand van Dirck Cater, juli 1570.
97. Van Someren (1896) p. 44-45 e.v., een notitie die waarschijnlijk heeft gediend als bijlage bij de 'Denckcedulle' van Cater.
98. Van Herwerden (1932) p. 198; Van Herwerden (1939) p. 136; Leemans & Leemans-Prins (1986) p. 29; zie ook Groen (1835-1847) III, p. 382 voor de opsomming van de betreffende bepalingen in het vredesverdrag.
99. Blok (1919-1920) I, p. 216.
100. Corr. WvO no. 8061 en 8062 (Willem van Oranje aan Jacob van Wesembeke, Dillenburg, 9 augustus 1570); vgl. Van Someren (1896) p. 63 (art. 2), p. 65; vgl. Fruin (1900b) p. 140-141; Woltjer (1971) p. 43.
101. Corr. WvO no. 7978 (Willem van Oranje aan Jacob van Wesembeke, Dillenburg, 12 september 1570, zie ook Van Someren (1896) p. 76-79); Blok (1919-1920) I, p. 205-206.
102. O.a. Corr. WvO no. 10046 (Willem van Oranje aan de bevelhebbers, Dillenburg, 10 augustus 1570, zie ook Bor (1679-1684) I, p. 324-325); Van Nierop (1999a) p. 69 e.v.; De Meij (1972) p. 89, p. 130 e.v.; Swart (2006) p. 28.
103. De Meij (1972) p. 42 e.v.; zie ook Corr. WvO no. 10046, voor details over aanstelling Lumbres.
104. Groen e.a. (2013) p. 52; De Meij (1972) p. 45 e.v.; zie ook Corr. WvO no. 7981 (instructie Willem van Oranje voor Jacob van Wesembeke, Dillenburg, 26 september 1570), zie ook Van Someren (1896) p. 80-82. Vgl. Fruin (1900b) p. 147-148; Willemsen (1988) p. 129.
105. Fruin (1900b) p. 149-151
106. Fruin (1900b) p. 153.
107. Van Nierop (1999a) p. 68; zie ook Lesger (2001) p. 113.
108. De Potter (1870) p. 287; zie ook de opmerking van Godevaert van Haecht, dat het water in de straten van Antwerpen wel een meter hoog stond (Van Roosbroeck (1929) II, p. 135).
109. Fruin (1900b) p. 158-159; zie ook De Meij (1972) p. 51-52.

110. Corr. WvO no. 7993 (Willem van Oranje aan Jacob van Wesembeke, Dillenburg, 15 november 1570, zie ook Van Someren (1896) p. 132).
111. Blok (1919-1920) I, p. 213.
112. Corr. WvO no. 8057 (Willem van Oranje aan Jacob van Wesembeke, Siegen, 24 december 1570, zie ook Van Someren (1896) p. 211); vgl. Fruin (1900b) p. 160 e.v.
113. Corr. WvO no. 237 (Anna van Saksen aan Willem van Oranje, Keulen, 6 april 1570), in parafrase van Anna; vgl. Groen (1835-1847) III, p. 368. Zie voor de weigerachtigheid van Anna: Deen (2018) p. 171 e.v.
114. Corr. WvO no. 228 (Anna van Saksen aan Willem van Oranje, Keulen, 4 november 1569).
115. Deen (2018) p. 170.
116. Deen (2018) p. 180 e.v.; zie ook Delen (1989) p. 7 e.v.
117. Deen (2018) p. 181; zie ook het verzoek dat Anna al maanden eerder deed aan Oranje voor Rubens een 'klein brieflein' te schrijven vanwege bewezen diensten in 'meinem proces' (Corr. WvO no. 228 (Anna van Saksen aan Willem van Oranje, Keulen, 4 november 1569)).
118. Van Roosbroeck (1974) p. 225.
119. Dit werd naderhand bestreden door Anna, omdat ze elkaar eind december 1570 in Siegen nog ontmoet hadden (Deen (2018) p. 204-205).
120. Voor een minutieuze ontrafeling van de ontdekking en afwikkeling van dit overspel: Deen (2018) p. 185 e.v.
121. Deen (2018) p. 196, p. 202.
122. Delen (1989) p. 15; zie ook Van Ditzhuyzen (1992) p. 67-68.
123. Delen (1989) p. 5; zie echter ook voor de brede verspreiding van het gerucht, hierna hoofdstuk 8, p. 453. In 1577 werd in Siegen Jan Rubens' zoon Peter Paul, de later zo beroemde schilder, geboren.
124. Zie bijvoorbeeld het fragmentarische overzicht van aantallen actieve protestanten, meest calvinisten, in diverse steden in de Nederlanden en daarbuiten in Rachfahl (1906-1924) II, p. 528-529.
125. Over het precieze tijdstip van indiensttreding van Marnix bestaat onduidelijkheid. Van Schelven houdt het op ca. 26 januari 1571, de eerste keer dat Marnix als zodanig in de correspondentie van Oranje voorkomt (Corr. WvO no. 8138, zie ook Van Someren (1896) p. 236); vgl. Van Schelven (1939) p. 40; zie ook De Smet (1998) p. 44. Maljaars sluit niet uit dat Marnix al omstreeks het einde van de zomer van 1570 bij Oranje in dienst getreden is (Maljaars (1996) p. 162); dit lijkt een nogal theoretische optie; Marnix zal zich in de omgeving van Oranje moeilijk vijf maanden 'verborgen' hebben gehouden.
126. Van Schelven (1939) p. 37; De Landtsheer, Sacré & Coppens (2006) p. 145.
127. Van Stipriaan (2007) p. 345.
128. Bergsma (1987-1988) p. 57 e.v.; diverse weldoeners van Marnix waren bepaald geen rechtlijnige calvinisten, zoals Unico Manninga, die meer spiritualistische opvattingen had (id., p. 58). Na Oosterweel heerste er nog lang een groot onderling wantrouwen, zie Pettegree (2001) p. 78.
129. Zie o.a. Kaplan (1989) p. 19 e.v.; Van 't Spijker (1971) p. 62: Marnix sprak in dit verband graag over de kerk als 'éénen lichaeme'.
130. Zie specifiek voor verblijf van watergeus Cant in Emden, die er als agent voor

Oranje werkte: De Meij (1972) p. 50, p. 52, p. 168; Tracy ziet hem vooral vanuit Bremen opereren (Tracy (2008) p. 198).

131. Van Someren (1896) p. 51-55 voor de volledige tekst van de brief van Frans Volckertsz. Coornhert aan zijn broer Dirck Volckertsz., Emden, 19 juli 1570.
132. Van Someren (1896) p. 54 en p. 55-59 (brief van de calvinistische gemeente van Emden aan de gemeente van Heidelberg, Emden, 19 juli 1570); zie ook Pettegree (1992) p. 178 e.v.
133. Van 't Spijker (1971) p. 59; Israel (1995) p. 164.
134. Laurens Jacobsz. Reael aan Dirck Cater, Emden, 17 juli 1570 (Van Someren (1896) p. 47); zie ook Ruys (1919) p. 83, p. 87; Van 't Spijker (1971) p. 58-59.
135. Woltjer (1971) p. 43 e.v.
136. Van 't Spijker (1971) p. 62.
137. Valkema Blouw (1997) passim; Nauta (1971) p. 19 e.v. en passim; Pettegree (1992) p. 37, p. 87 e.v. Zie voor Frans Coornhert: Maljaars (1996) p. 281-282; over Fruytiers o.a. *NNBW* (1911-1937) VI, kol. 526 e.v.; voor Van Hout in Emden: Koppenol (1991) p. 59; zie echter ook Bostoen (2009) p. 40, waar erop wordt gewezen dat er geen concrete bewijzen zijn voor een verblijf van Van Hout aldaar.
138. Van Hulzen (1995) p. 127.
139. Bergsma (1984) p. 9 e.v., p. 26-27; naar aanleiding van observaties van de Groninger Abel Eppens, in de jaren tachtig van de zestiende eeuw; zie ook Wille (1952) p. 235.
140. Kaplan (1989) p. 15; De la Fontaine Verwey (1954) p. 312 e.v.; zie ook Augustijn (1997) p. 112 e.v.
141. Buys (2009) p. 217; zie ook Kaplan (1989) p. 57 specifiek voor de visie van Duifhuis.
142. Zie voor de al dan niet juiste vooronderstellingen over regionale verschillen in de klassengebonden aanhang van de libertijnen: Kaplan (1989) p. 92 e.v.
143. Mout (1981) p. 80; Hamilton (1981) p. 98.
144. Van Dorsten (1973) p. 27 e.v.; Kaplan (1989) p. 50 e.v. Er zat een hang naar het volmaakte bij (id., p. 55; dit week sterk af van het calvinistische denkbeeld waarin de mens als zondaar werd gezien); zie ook, toegespitst op Frankrijk: Crouzet (1990) p. 51 en passim.
145. De la Fontaine Verwey (1975a) p. 105; Voet (1988-1989) p. 21.
146. Voor meer algemene beschouwingen over eventuele lidmaatschappen van het Huis der Liefde: Van Dorsten (1973) p. 27 e.v.; De la Fontaine Verwey (1975a); Mout (1996) p. 307 e.v.; Buys (2009) p. 240 e.v.; Bostoen (1988-1989) p. 63 (voor Lipsius, Plantijn, Ortelius); Hamilton (1977) passim (kringen rond Plantijn); Valkema Blouw (1993) p. 10 e.v. (id.). Specifiek over **Ortelius**: Meganck (2017) p. 202; Bostoen (1988-1989) p. 63; **Lipsius**: De la Fontaine Verwey (1975a) p. 122; Sué (1979) p. 270; **Masius**: De la Fontaine Verwey (1975a) p. 115, p. 122, Mout (1996) p. 308; **Becanus**: Bostoen (1988-1989) p. 83; **Heyns**: Vermaseren (1981) p. XLII; **Van der Noot**: Bostoen (1987) p. 63-65; Wille (1952) p. 227; **Brueghel**: Van Dorsten (1973) p. 38 waar een lidmaatschap van het Huis der Liefde van Brueghel onwaarschijnlijk wordt geacht; **Galle**: Brummel (1972) p. 127; Mout (1981) p. 89; **Hoefnagel**: Mout (1981) p. 89; Mout (1996) p. 307-308; **D'Heere**: Mout (1981) p. 91; **Duifhuis**: Hamilton (1977) p. 251 e.v.; Mout (1996) p. 307-308; Kaplan (1989) p. 38 e.v.

147. Over **Van Meteren**: Brummel (1972) p. 125 e.v.; **Radermacher**: Mout (1981) p. 89; **Gaillart**: Mout (1981) p. 82; **Plantijn**: De la Fontaine Verwey (1975a) p. 122; voor Plantijn ook Voet (1988-1989) p. 19 e.v.; zie ook Van Berkel (1981) p. 20 e.v.; Zagorin (1990) p. 121; en Mout (1981) p. 83-84 en passim.
148. De la Fontaine Verwey (1975a) p. 122; Mout (1981) p. 84; specifiek voor Montano: Mout (1981) p. 90; Rekers (1961) p. 139 e.v.
149. Mout (1981) p. 85; Van Schelven (1930) p. 4 en passim.
150. Bonger (1978) p. 62-63, p. 71 en passim; De la Fontaine Verwey (1975a) p. 123.
151. Mout (1981) p. 79.
152. De la Fontaine Verwey (1975a) p. 122, waar wordt gewezen op het mijden van de nodeloze gevaren, die aan een uitgesproken geloofsovertuiging verbonden waren; Hendrik Niclaes was behalve sekteleider en auteur van een veelheid aan religieuze traktaten ook een succesvol koopman, en ook hij had veel banden met Emden. Hij had er van 1540 tot 1560 gewoond.
153. Woltjer (1971) p. 42; dat in het najaar van 1568 daadwerkelijk een convent in Wezel heeft plaatsgevonden, wordt sinds enige decennia betwijfeld (zie Pettegree (1992) p. 136-137, onder verwijzing naar een studie van J.P. van Dooren uit 1982).
154. Woltjer (1971) p. 46; Pettegree (1992) p. 181.
155. Ruys (1919) p. 84; Woltjer (1971) p. 44-47.
156. Jouanna (2017) p. 56; Woltjer (1971) p. 45.
157. Van Herwerden (1932) p. 90; Van Herwerden (1939) p. 139.
158. Corr. WvO no. 6142 (Odet de Coligny, bisschop van Chatillon, aan Willem van Oranje, z.pl., 24 april 1570), waar de oudere broer van Gaspard de Coligny – ondanks zijn titel al geruime tijd prominent hugenoot – naar aanleiding van de vredesonderhandelingen in Frankrijk opmerkt dat de hugenootse edelen met klem eisen dat 'l'exercise de la religion soit libre, sans exception des lieux et des personnes' (vgl. Groen (1835-1847) III, p. 374).
159. Woltjer (1971) p. 47.
160. Van 't Spijker (1971) p. 50 e.v., p. 62 e.v.
161. Pettegree (1992) p. 184.; Van 't Spijker (1971) p. 72.
162. Van Herwerden (1939) p. 138, p. 163; zie ook Parker (2014) p. 208.
163. De precieze status van Fregoso in dit diplomatieke verkeer is duister; of hij in opdracht van Cosimo dan wel Karel IX werkte, of wellicht allebei, is moeilijk uit te maken (Fruin (1900d) p. 188-190).
164. Fruin (1900d) p. 189 e.v.; Van Herwerden (1939) p. 137-138; Van Herwerden (1932) p. 103.
165. Walsingham (1700) p. 144 (Francis Walsingham aan de graaf van Leicester, Parijs, 12 augustus 1571); dat deze uitspraak over Lodewijk van Nassau gaat is niet direct uit de context op te maken, maar wordt algemeen aangenomen; zie o.a. Van Herwerden (1939) p. 145.
166. Van Herwerden (1932) p. 200; Van Herwerden (1939) p. 149.
167. Van Herwerden (1932) p. 205-208; zie ook Jouanna (2017) p. 65-66.
168. Van Herwerden (1932) p. 87.
169. Zie o.a. Corr. WvO no. 10198 (Willem van Oranje aan Karel IX, Dillenburg, 10 mei 1571), als geleidebrief voor gezant die de zaken verder mondeling uiteen zou zetten; zie ook Gachard (1847-1866) III, p. 35.

170. Fruin (1900d) p. 200-201.
171. Fruin (1900d) p. 196; Van Herwerden (1932) p. 121; zie ook Walsingham (1700) p. 138 (Walsingham aan Burleigh, Parijs, 12 augustus 1571); Daussy (2002) p. 60.
172. Van Herwerden (1939) p. 142; het bleef niet lang geheim; ambassadeur Alava was uiterlijk 6 augustus 1571 op de hoogte van Lodewijks verblijf in de buurt van Parijs (Van Herwerden (1932) p. 122).
173. Zie Fruin (1900d) p. 192 e.v. voor een wankel betoog waarin 'het stichten van een zelfstandigen Nederlandschen staat' al een van de 'oogmerken' op de langere termijn van de aanvoerders van de Nederlandse opstand zou zijn geweest. Opvallend is dat recente Oranjebiografieën als Mörke (2010) en De Graaf (2018) deze episode geheel onbesproken laten. K.W. Swart ziet het aanbieden van soevereiniteitsrechten aan derde mogendheden, zo lijkt het, pas in 1573 voor het eerst gebeuren (Swart (1994) p. 78).
174. Walsingham (1700) p. 143 (Francis Walsingham aan de graaf van Leicester, Parijs, 12 augustus 1571). Zie ook het verslag van zijn recente beraad met Lodewijk van Nassau van dezelfde dag aan Lord Burleigh (Walsingham (1700) p. 138-142), het verdelingsplan, met iets minder precieze detaillering op p. 140. Zie specifiek over de grote Franse ambities in de ontwikkeling van dit verdelingsplan: Fruin (1900d) p. 191 e.v.
175. Fruin (1900d) p. 191.
176. Walsingham (1700), p. 138 e.v. (Walsingham aan Lord Burleigh, Parijs, 12 augustus), waar Walsingham het voorstelt dat het plan toch vooral uit de koker van Lodewijk van Nassau lijkt te zijn gekomen (zie met name p. 140, waar Lodewijk het plan in zes punten aan de koning uiteenzet).
177. Fruin (1900d) p. 194.
178. Zie Walsingham (1700) p. 140, resp. het eerste en vijfde punt dat Lodewijk van Nassau noemt.
179. Van Herwerden (1938) p. 213; Dönges (1909) p. 71.
180. Corr. WvO, no. 12483 (Willem van Oranje aan Sir Henry Balfour, Dillenburg, 18 juni 1571).
181. Van Herwerden (1938) p. 218; De Meij (1972) p. 64.
182. De Meij (1972) p. 66-67; zie ook Fruin (1900d) p. 178.
183. Van Herwerden (1932) p. 144; verwijzend naar een bericht van de Spaanse ambassadeur Alava (23 oktober 1571), het lukte dus wederom niet dit lang geheim te houden. Vgl. Jouanna (2017) p. 161-163 voor strategische overwegingen aan Franse zijde.
184. Van Herwerden (1932) p. 144-147.
185. Smolderen [1972], p. 12 (n. 31); p. 31, p. 44 e.v.; Becker (1986) p. 5-6; Tanis & Horst (1993) p. 30; Horst (2003) p. 130 e.v.; Arnade (2008) p. 203; Stensland (2012) p. 44.
186. Janssens (1974) p. 24; Grapperhaus (1984) p. 186 e.v.
187. De Potter (1870) p. 350.
188. De Potter (1870) p. 350; Janssens (1974) p. 28-29; Craeybeckx (1962) p. 22 (n. 2).
189. Ook een prominent vertegenwoordiger van het Spaanse bewind in de Nederlanden als legeraanvoerder Julián Romero zag in Alva's belastingplannen een grote bron van problemen (Fagel (2011) p. 42).
190. Janssens (1981) p. 423; zie ook Janssens (1974) p. 26, en Kamen (2004) p. 165 voor

de groeiende weerstand in Spaanse regeringskringen tegen het optreden van Alva.

191. Van der Lem (2016) p. 62.

192. Zie voor een overzicht van Oranjes agenten in deze periode (vanaf 1570): Van Schelven (1948) p. 163-164; voor **Van Swieten**: *NNBW* (1911-1937) VI, kol. 1270-1271; **Van Asperen**: Meilink (1926) p. 332 e.v.; Van Nierop (1999b) p. 90; **Virieu**: Leemans & Leemans-Prins (1986) p. 468 e.v.; Van Nierop (1984b) p. 670; **Roy**: Vermaseren (1956-1957) p. 43 en passim; **Copier:** Fruin (1900b) p. 137; Van der Noot: *NNBW* (1911-1937) V, kol. 376.

193. Voor **Van Heemskerck**: *NNBW* (1911-1937) IX, kol. 338-339; **Taffin**: Van Herwerden (1932) p. 86.

194. Voor **Cant**: *NNBW* (1911-1937) VI, kol. 265-266; Tracy (2008) p. 198; **Van der Werff**: Koppenol (1998) p. 197; **Van Hout**: Koppenol (1998) p. 34, p. 197; **Wessels**: Blok (1919-1920) I, p. 210 e.v.; **Colterman**: Willemsen (1988) p. 135; Deen (2015) p. 109; zie ook Bor (1679-1684) I, p. 372; **Beaulieu:** Rooze Stouthamer (2009) p. 109, p. 153; **Basius**: Zie *NNBW* (1911-1937) VIII, kol. 52-54; zie ook Willemsen (1988) p. 133 e.v.; **Camerling**: Fruin (1900b) p. 132, p. 136.

195. Bor (1679-1684) I, 312; Groen (1835-1847) III, p. 337; zie ook Pettegree (1992) p. 158-159, p. 171.

196. Bor (1679-1684) p. 310; zie ook Mout (1984a) p. 604.

197. Vgl. summiere biografische aantekening in Meilink (1926) p. 345 (n. 3).

198. Meilink (1926) p. 333-334.

199. Meilink (1926) p. 334-337. Van Kessels goede vertrouwen valt af te leiden uit de aanhef van diens afrekening 'Verclaringe ende specificatie van 't gunt bij mij Dyrk van Kessel *verstrect ofte verschoten* is in de gemene lants saecken door bevel van sijnder Excellentie hoochlofflijcker memorien den prinche van Orainge' (Meilink (1926) p. 333).

200. Corr. WvO no. 10047 (Willem van Oranje aan Diederik Sonoy, Dillenburg, 28 januari 1572, zie Bor (1679-1684) I, p. 362).

201. Bor (1679-1684) I, p. 362 (citaat uit brief van Oranje aan onbekende, 17 februari 1572).

202. Corr. WvO no. 10047, in Bor (1679-1684) I, p. 362-263.

203. Bor (1679-1684) I, p. 263.

204. Corr. WvO no. 10070 (tekst als redevoering); vgl. Bor (1679-1684) I, p. 363-365; de beide overgeleverde handschriftelijke kopieën zijn gewaarmerkt door notaris Frans Coornhert te Emden.

205. Bor (1679-1684) I, p. 363-364.

206. Bor (1679-1684) I, p. 363; Gorris las in de de instructie voor Sonoy, en het bijbehorende betoog 'een zuiver calvinistische preek' (vgl. Gorris (1933) p. 25). Ondanks de Bijbelse uiteenzettingen lijken de opstellers een dergelijke eenzijdige lezing van de tekst juist te hebben willen voorkomen.

207. Bor (1679-1684) I, p. 363.

208. Bor (1679-1684) I, p. 364-365.

209. Corr. WvO no. 8071 (Willem van Oranje aan Jacob van Wesembeke, Dillenburg, 23 november 1570, zie ook Van Someren (1896) p. 138). Vgl. Geurts (1956) p. 41.

210. Geurts noemde voor 1571 een twijfelgeval, en dat is een publicatie van een apologie (*Libellus supplex Imperatoriae Maiestati*) uit calvinistische hoek, waarvan hij vermoedde dat Datheen de auteur was. Het werd ingebracht op de rijksdag van Spiers, in het najaar van 1570; Lodewijk van Nassau zou daar de indruk hebben gewekt dat dit geschrift met instemming van Oranje zou zijn verschenen, wat gezien de religieus gematigde visie niet onwaarschijnlijk is (Geurts (1956) p. 44; zie ook Ruys (1919) p. 88-89). D. Nauta heeft echter, met enige slagen om de arm, aannemelijk gemaakt dat het geschrift niet van de hand van Datheen maar van Marnix is, die op dat ogenblik nog niet in dienst was bij Oranje (Nauta (1975) p. 152 e.v., zie ook Van Gelderen (1993) p. XV (n. 12)).
211. Zie de verschillende verwijzingen in De Muinck Keizer (1893) p. 57 e.v. en passim.
212. Zie voor volledige tekst in Engelse vertaling: Kossmann & Mellink (1974) p. 89-92, voor 'father of the fatherland': id. p. 92; vgl. Mörke (2010) p. 168-169.
213. Kossmann & Mellink (1974) p. 91.
214. Fruin (1900) p. 173; zie ook Groen e.a. (2013) p. 65.
215. Vgl. aantekening van Filips van Campene, op 22 januari 1572 (De Potter (1870) p. 379).
216. Alva zou daartoe gebracht zijn doordat Filips II in februari 1572 een nieuwe geldzending naar de Nederlanden had geweigerd (Parker (2014) p. 209); desondanks was de uiteindelijke bijdrage uit de Spaanse schatkist voor de Nederlanden in 1572 aanzienlijk hoger dan de voorgaande jaren (Craeybeckx (1962) p. 21).
217. De Potter (1870) p. 388-389.
218. Gebaseerd op een eigen analyse van de inhoud van het *Geuzenliedboek* in de editie Kuiper & Leendertz (1924-1925).
219. Grijp (1997) p. 124.
220. Kuiper & Leendertz (1924-1925) I, p. 29 (lied 15, in de telling van de editie). Editeur Kuiper gaat ervan uit dat dit lied is geschreven naar aanleiding van het eerste smeekschrift; het zou ook op de gespannen situatie meteen na Oosterweel kunnen slaan.
221. Zie bijvoorbeeld lied 24 naar aanleiding van Oranjes vertrek uit Antwerpen in april 1567, waar Oranjes betekenis in de schaduw wordt gesteld van die leiders die zich tot het calvinisme hebben bekeerd als Hendrik van Brederode, keurvorst van de Palts Frederik, Condé en Gaspard de Coligny (Kuiper & Leendertz (1924-1925) I, p. 47; zie ook het hiervoor genoemde lied 15, id. p. 28).
222. Kuiper & Leendertz (1924-1925) I, p. 69-71.
223. Zie de voorlaatste strofe: 'Oorlof mijn arme Schapen / Die zijt in grooten noot, / U Herder sal niet slapen / Al zijt ghy nu verstroyt: / Tot Godt wilt u begheven, / Sijn heylsaem Woort neemt aen, / Als vrome Christen leven, / Tsal hier haest zijn ghedaan.' (Kuiper & Leendertz (1924-1925) I, p. 99). Zie ook de zevende strofe in het beroemde lied van Arent Dircksz. Vos, 'Slaet op den trommele' uit 1566: 'Tswaert is getrocken, certeyn Gods wraec,, naect, / Tswaert is ghetrocken, daer Joannes aff schrijft: / Tswaert is getrocken, dat Apocalipsis maect,, naect, / Tswaert is ghetrocken, ghy wert nu ontlijft.' (id., I, p. 36). Zie voor verbreiding eschatologische denkwijze: Bergsma (1983) p. 78 e.v.; en Horst (2003) p. 114, p. 123.

224. Zie voor recente samenvattingen van de stand van onderzoek: Van Stipriaan (2016) p. 53 e.v.; Kestemont e.a. (2017) p. 14 e.v.
225. Kestemont e.a. (2017) p. 24-25, p. 61 en passim.
226. Kestemont e.a. (2017) p. 74; zie ook Ruys (1919) p. 108; Woltjer (1971) p. 48.
227. Afgaande op de dateringen van de editeurs, vgl. Kuiper & Leendertsz (1924-1925) I, p. 90 e.v. Voor de liedproductie van Reael: id., p. 389; en zie voor een daarin niet opgenomen druk van ca. 1576-1577, die tot heden de vroegst bekende is, De Bruin (2008) p. 246, waar ook nog sprake is van een extra lied van Reael, dat in de meeste latere redacties niet voorkomt.
228. Van Stipriaan (2007); Van Stipriaan (2016) p. 74 e.v.
229. Van Stipriaan (2016) p. 78.
230. Nehlsen (1985) p. 215 e.v.; Kuiper & Leendertsz (1924-1925) II, p. 325.
231. Zie de opgave in Kuiper & Leendertsz (1924-1925) p. XV-XVI; zie ook Deen (2015) p. 126.
232. Van Herwerden (1932) p. 146 e.v.
233. Van Herwerden (1932) p. 164. De Meij (1972) p. 69 e.v., p. 81-85.
234. Van Herwerden (1932) p. 165; vergelijkbare klachten diende de Spaanse ambassadeur ook bij Catharina de' Medici in, die hem beloofde erover te spreken met Lodewijk van Nassau, maar daar lang mee talmde, om het Spanje niet te veel naar de zin te maken (id., p. 164). Zie ook De Meij (1972) p. 116 en passim.
235. Parker (1981a) p. 113-114; Oosterhuis (2012) p. 88; Groen e.a. (2013) p. 56; Doedens & Houter (2018) p. 141.
236. Doedens & Houter (2018) p. 151; en De Meij (1972) p. 73 e.v. voor vergelijkbare misdaden in deze maanden.
237. Corr. WvO no. 2329 (Willem van Oranje aan Lodewijk van Nassau, Dillenburg, 27 maart 1572); vgl. Van Herwerden (1932) p. 166-167; De Meij (1972) p. 90.
238. De Lonchay (1894-1895) kol. 534; zie voor het gebruik van het beeldmotief ook Horst (2003) p. 121 e.v.
239. Zie reconstructie door De Meij, die er rekening mee houdt dat het innemen van Den Briel wel degelijk door Lumey c.s. vooraf beraamd is geweest. Hoe groot het aandeel van het toeval is geweest, valt moeilijk uit te maken (De Meij (1972) p. 90 e.v.). Zie echter ook het verslag van ooggetuige Claes Hermans uit Fécamp, waar het toeval wel degelijk een grote rol krijgt toebedeeld (Panhuysen & Van Stipriaan (2018) p. 68-69).
240. De Meij (1972) p. 93 e.v., die ervan uitgaat dat dit niet in Lumeys oorspronkelijke plannen zat.
241. Woltjer (1972a) p. 20; de antipapistische stemming werd sinds augustus 1570 verder in de hand gewerkt door het voorschrift dat op ieder schip een predikant aanwezig diende te zijn; het voorschrift werd nauwelijks gevolgd, maar lijkt er wel op te wijzen dat de bemanning overwegend protestants was (De Meij (1972) p. 44).
242. De Meij (1972) p. 98 (waar het apocriefe van de uitspraak wordt onderstreept), p. 226.
243. Rooze-Stouthamer (2009) p. 94; Groen e.a. (2013) p. 56.
244. Boogman (1942) p. 95; Craeybeckx (1962) p. 16; Smit (1925) p. 90-91.
245. Corr. WvO no. 10867 (Dillenburg, 14 april 1572); vgl. Gachard (1847-1866) VI, p. 297-300 (p. 298-299).

246. Gachard (1847-1866) VI, p. 297 (n. 1).
247. Corr. WvO no. 5762 (Willem van Oranje aan Günther van Schwarzburg, Dillenburg, 22 april 1572); en tevens Corr. WvO no. 8017 (Willem van Oranje aan Jacob van Wesembeke, Dillenburg, 25 april 1572); zie ook Van Someren (1896) p. 258-260; vgl. De Graaf (2018) p. 163-164.
248. Corr. WvO no. 4677 (Willem van Oranje aan burgemeesters van Gouda, Dillenburg 22 april 1572); vgl. Gachard (1847-1866) III, p. 40-47 (p. 43).
249. Gachard (1875-1877) II, p. 370 (brief Franse ambassadeur in Madrid, Saint-Gouard, aan Filips II, 31 mei 1572). Zie ook Van Herwerden (1932) p. 170; De Meij (1972) p. 93.
250. Van Herwerden (1932) p. 136 e.v., op basis van niet geheel solide, maar ook moeilijk geheel te weerleggen memoires van tijdgenoot La Huguerye.
251. Van Herwerden (1932) p. 149, p. 158.
252. Van Herwerden (1932) p. 154 e.v.; Jouanna (2017) p. 59.
253. Van Herwerden (1932) p. 156.
254. Van Herwerden (1932) p. 172; zie ook p. 150.
255. Van Herwerden (1932) p. 159-160.
256. Van Herwerden (1932) p. 178-180, zie ook p. 149, p. 156-157.
257. Van Herwerden (1932) p. 161, p. 178.
258. Bor (1679-1684) I, p. 365; de lening werd later omgezet in een schenking (ibidem).
259. Van Herwerden (1932) p. 174, p. 182.
260. Van Herwerden (1932) p. 184; Lindeboom (1972) p. 16, p. 18.
261. Corr. WvO no. 8017 (Willem van Oranje aan Jacob van Wesembeke, Dillenburg, 25 april 1572, zie ook Van Someren (1896) p. 258-260).
262. Corr. WvO no. 8021 (Willem van Oranje aan Jacob van Wesembeke, Dillenburg, 30 mei 1572, zie ook Van Someren (1896) p. 262).
263. Rooze-Stouthamer (2009) p. 118, p. 128-130, p. 163.
264. Rooze-Stouthamer (2009) p. 127, p. 131.
265. Rooze-Stouthamer (2009) p. 139-140.
266. Rooze-Stouthamer (2009) p. 144.
267. Willemsen (1988) p. 134.
268. Corr. WvO no. 11170 (Willem van Oranje aan Pieter Luytges Buyskes, Dillenburg, 20 april 1572).
269. Corr. WvO no. 7608 (Willem van Oranje aan bestuur en inwoners van Enkhuizen, Dillenburg, 5 mei 1572, zie ook Gachard (1847-1866) III, p. 50-56); zie ook Willemsen (1988) p. 132.
270. Van Nierop (1999a) p. 65.
271. Corr. WvO no. 7608 (Willem van Oranje aan bestuur en inwoners van Enkhuizen, Dillenburg, 5 mei 1572); vgl. Gachard (1847-1866) III, p. 53. Zie ook Swart (1975) p. 16.
272. Bor (1679-1684) I, p. 249, die het begin van deze campagne nauwkeurig in 1568 situeert; vgl. Geurts (1956) p. 35; zie ook hiervoor p. 313.
273. Woltjer (1972a) p. 21.
274. Rooze-Stouthamer (2009) p. 124; De Meij (1972) p. 132.
275. Corr. WvO no. 5969 (Willem van Oranje aan Willem van der Marck, heer van Lumey, Dillenburg, 20 juni 1572, zie ook Bor (1679-1684) I, p. 391); vgl. Blok (1919-1920) I, p. 223.

276. Ebben (2009) p. 8, p. 14 e.v.
277. Uitvoerige reconstructie van de gebeurtenissen in Gorkum en Den Briel in Fruin (1900c) p. 297 e.v.; zie ook Lonchay (1894-1895) kol. 535; Woltjer (1972a) p. 23.
278. Tepe (2012).
279. Mout (1999) p. 30, onder verwijzing naar de op dit terrein nog altijd gezaghebbende these van Natalie Zemon Davis ('The Rites of Violence', in *Past & Present*, 1973).
280. Boogman (1942) p. 90-92.
281. Van Nierop (1984a) p. 132-133; Van Driel (1979) p. 235.
282. De van der Schueren (1887-1888) I, p. XXXV-XXXVII, citaat op p. XXXVI (n. 1).
283. Corr. WvO no. 10438 (Willem van Oranje aan de steden van Holland, Dillenburg, 8 juni 1572); zie Kluit (1802-1805) I, p. 378.
284. Corr. WvO no. 5194 (Willem van Oranje aan Lodewijk van Nassau, Frankfurt am Main, 24 juni 1572, zie ook Groen (1835-1847) III, p. 448, p. 449).
285. Corr. WvO no. 6222 (Willem van Oranje aan Lodewijk van Nassau en Hugues de Haynault, Frankfurt am Main, 26 juni 1572, zie ook Groen (1835-1847) III, p. 450).
286. Corr. WvO no. 1263 (Willem van Oranje aan Maximiliaan II, Dillenburg, 28 juni 1572), zie ook Groen (1835-1847), supplément, p. 132. Zie tevens Corr. WvO no. 6966 (Willem van Oranje aan Maximiliaan II, Dillenburg, vanuit het legerkamp, 27 augustus 1572, vgl. Gachard (1847-1866) III, p. 63-69) voor een vergelijkbare argumentatie, waarbij hij opnieuw zijn eigenbelang uitdrukkelijk noemt, niet alleen materieel, maar ook als een erezaak (id., p. 65).
287. Dönges (1909) p. 74.
288. Gachard (1851) p. 622.
289. Van den Bergh wist met een legermacht van zo'n 20.000 man het gebied vrij eenvoudig te beheersen, vgl. Mörke (2010) p. 159.
290. Corr. WvO no. 5195 (Willem van Oranje aan Jan van Nassau, Essen, 7 juli 1572); vgl. Groen (1835-1847) III, p. 460-464; vgl. Boogman (1942) p. 107.
291. Boogman (1942) p. 107.
292. Eigen opgave van Oranje; Corr. WvO no. 10439 (Willem van Oranje aan de Staten van Holland, Essen, 7 juli 1572, zie Kluit (1802-1805) I, p. 383-386); een iets lagere en gedetailleerdere opgave in brief aan Lodewijk van Nassau (Corr. WvO no. 4492, z.pl., 8 juli 1572, zie ook Groen (1835-1847) III, p. 464-468).
293. Corr. WvO no. 10439 (Willem van Oranje aan de Staten van Holland, Essen, 7 juli 1572, zie Kluit (1802-1805) I, p. 384-385).
294. Corr. WvO no. 9091 (Willem van Oranje aan Marnix van Sint-Aldegonde, Aldekerk, 13 juli 1572); het heeft er alle schijn van dat het idee pas na de brieven aan de Hollandse steden van 7 juli concreet vorm kreeg. Woltjer veronderstelt eveneens dat het idee voor een 'Statenvergadering' zijn oorsprong vindt bij Oranje, zonder het te kunnen aantonen (Woltjer (1972a) p. 23).
295. Woltjer (1972a) p. 23; Groenveld e.a. (2008) p. 94-95; Berkelbach van der Sprenkel (1946) p. 110 e.v.; Mörke (2010) p. 163 e.v.
296. Op 23 juli werden de besluiten goedgekeurd en ondertekend (Berkelbach van der Sprenkel (1946) p. 113).

297. Corr. WvO no. 5196 (Willem van Oranje aan Jan van Nassau, Hellenrade, 25 juli 1572); vgl. Groen (1835-1847) III, p. 482; zie ook Gorris (1933) p. 28, die op een dertigtal vermoorde geestelijken uitkomt; Punt & Sloos (2018) p. 133.
298. Het nieuws van de Dordtse besluiten was voor Oranje op 25 juli al zo belegen dat hij zich er tegenover zijn broer Jan over beklaagde dat de betaling wel erg lang op zich liet wachten (Corr. WvO no. 5196 (Willem van Oranje aan Jan van Nassau, Hellenrade, 25 juli 1572); vgl. Groen (1835-1847) III, p. 483-484).
299. Corr. WvO no. 5578 (Willem van Oranje aan Jan van Nassau, Hellenrade, 11 augustus 1572); vgl. Groen (1835-1847) III, p. 489-490; zie ook Corr. WvO no. 5197 (Willem van Oranje aan Jan van Nassau, Hellenrade, 5 augustus 1572); vgl. Groen (1835-1847) III, p. 486-487.
300. Bor (1679-1684) I, p. 399.
301. Lindeboom (1984) p. 21.
302. Bor (1679-1684) I, p. 397.
303. Volgens Kamen waren er slechts dertig overlevenden (Kamen (2004) p. 154). Het detail dat boeren aan het doden van de Fransen deelnamen, in brief Oranje aan Jan van Nassau (Corr. WvO no. 5197; vgl. Groen (1835-1847) III, p. 487).
304. Blok (1919-1920) I, p. 227-228; Kamen (2004) p. 154; Jouanna (2017) p. 107.
305. Corr. WvO no. 10623 en 10624 (magistraat van Leuven aan Willem van Oranje, 4 resp. 5 september 1572).
306. Lindeboom (1984) p. 28.
307. Van Herwerden (1932) p. 187-189; zie ook Cellarius (1981) p. 73-74; Parker (2014) p. 208.
308. Jouanna (2017) p. 157 e.v.
309. Jouanna (2017) p. 121 e.v.
310. Jouanna (2017) p. 11-12, p. 179 e.v.
311. Sutherland (1983) p. 216.
312. Van Herwerden (1939) p. 169; Lindeboom (1984) p. 26.
313. Van Herwerden (1939) p. 155, p. 168; in een korte biografie van Lodewijk die Jan van Nassau naderhand liet opstellen, is sprake van een vergiftigde 'spanische suppe' die Lodewijk tijdens zijn laatste dagen in Parijs op aanwijzing van Catharina de' Medici voorgeschoteld zou hebben gekregen (KHA A02_Lodvan-Nassau (olim 723a)).
314. Lindeboom (1984) p. 23 e.v.
315. Gachard (1851) p. 629 (n. 3).
316. Strada (1666) p. 519; Lindeboom (1984) p. 28; zie ook Gachard (1851) p. 629-630 (n. 3).
317. Hooft (1972) IV, p. 274; zie ook Fagel (2011) p. 43.
318. Corr. WvO no. 5198 (Willem van Oranje aan Jan van Nassau, Mechelen, 21 september 1572, zie ook Groen (1835-1847) III, p. 501 e.v.; ontcijfering van de betreffende passage in cijferschrift in Nepveu tot Ameyde (1842) p. 19-20); zie vergelijkbare opmerkingen in Corr. WvO no. 5199 (Willem van Oranje aan Jan van Nassau, Geel, 24 september 1572, zie ook Groen (1835-1847) III, p. 511 e.v., en Nepveu tot Ameyde (1842) p. 20).
319. Details ontleend aan brief van Thierry Müntz aan Jan van Nassau, Düsseldorf, 1 oktober 1572 (Groen (1835-1847) III, p. 517.

320. Groen (1835-1847) III, p. 517; Lindeboom (1984) p. 31.
321. Jouanna (2017) p. 192.
322. Zie opmerkingen van Thierry Müntz (Groen (1835-1847) III, p. 516).
323. Corr. WvO no. 5198 (Willem van Oranje aan Jan van Nassau, Mechelen, 21 september 1572); vgl. Groen (1835-1847) III, p. 503 e.v. Zie voor de opmerking dat hij doorzag dat orders voor de slachting in de Bartholomeusnacht niet van de koning kwamen, de ontcijfering van de betreffende passage in cijferschrift: Nepveu tot Ameyde (1842) p. 19 ('coup de masque'). Over de betrokkenheid van Karel IX bij de slachting is veel gespeculeerd; in recente studies wordt veelal aangenomen dat hij in nauwe samenwerking met zijn moeder de voornaamste aanstichter is geweest; als vervulling van een heilige missie om de eenheid in zijn land te herstellen, onder verwijzing naar de visie van Denis Crouzet (vgl. Jouanna (2017) p. 22-23); zie ook Mout (1999) p. 32.
324. Corr. WvO no. 5198 (Willem van Oranje aan Jan van Nassau, Mechelen, 21 september 1572); de ontcijfering van de passage in cijferschrift: Nepveu tot Ameyde (1842) p. 19.
325. Groen (1835-1847) III, p. 516; Lindeboom (1984) p. 35.
326. Volgen Thierry Müntz leed Lodewijk aan 'das dreitägig feber', wellicht malaria (vgl. Groen (1835-1847) III, p. 516).
327. Corr. WvO no. 5200 (Willem van Oranje aan Jan van Nassau, Zwolle, 18 oktober 1572); zie ook Groen (1835-1847) IV, p. 3.
328. Blok (1919-1920) II, p. 15; Harline & Put (2000) p. 14 e.v.
329. Corr. WvO no. 5200 (Willem van Oranje aan Jan van Nassau, Zwolle, 18 oktober 1572); vgl. Groen (1835-1847) IV, p. 5; in zijn brief uit Mechelen van 21 september verwees Oranje ook naar het herleven van de oude (Frans-Spaanse) alliantie van Bayonne (vgl. Corr. WvO no. 5198, Willem van Oranje aan Jan van Nassau, Mechelen, 21 september 1572); vgl. Groen (1835-1847) III, p. 507.
330. Corr. WvO no. 5198 (Willem van Oranje aan Jan van Nassau, Mechelen, 21 september 1572); vgl. Groen (1835-1847) III, p. 507.
331. Corr. WvO no. 5200 (Willem van Oranje aan Jan van Nassau, Zwolle, 18 oktober 1572); vgl. Groen (1835-1847) IV, p. 4; het besluit naar Holland te gaan was al enkele weken eerder genomen, zie Corr. WvO no. 5199 (Willem van Oranje aan Jan van Nassau, Geel, 24 september 1572); Nepveu tot Ameyde (1842) p. 20-21.

8 Een tweede leven (1572-1576)

1. Lesger (2001) p. 29 en passim; Willemsen (1988) p. 63 e.v. (voor Enkhuizen); De Nijs & Breukers (2002) p. 139; Prak & Van Zanden (2013) p. 94.
2. Vgl. de observatie van tijdgenoot Lodovico Guicciardini (Guicciardini (1968) p. 45); zie voor de bredere context Van Nierop (1984a) p. 185-187 en passim.
3. De Nijs & Breukers (2002) p. 110.
4. Blok (1919-1920) II, p. 14.
5. Willemsen (1988) p. 138-139; 't Hart (2000) p. 21; zie voor de opvallende lijdzaamheid van katholieken gedurende dit deel van de Opstand: Pollmann (2009) p. 528.
6. Verwer (1973) p. 14; vgl. *Neue deutsche Biographie* (1953-) deel 16 (1990) p. 10 e.v.

7. Corr. WvO no. 3228 (Willem van Oranje aan het stadsbestuur en de bevolking van Amsterdam, Haarlem, 1 november 1572, zie ook Grothe (1854) p. 160-161).
8. Grothe (1854) p. 162-163 (Staten van Holland aan het stadsbestuur van Amsterdam, Haarlem, 2 november 1572).
9. Verwer (1973) p. 14-15.
10. Voorbeeld bij Wouter Jacobsz. van nonnen uit een besloten Amsterdamse orde (25 april 1578, Van Eeghen (1959) II, p. 718); zie voor de stroom katholieke vluchtelingen: Lenarduzzi (2019) p. 51 e.v.
11. Van Eeghen (1959) I, p. 61; en brief van een niet bij naam bekende uit entourage van Oranje aan Jan van Nassau, Delft, 22 februari 1573 (Groen (1835-1847) IV, p. 61).
12. Harline & Put (2000) p. 14.
13. Langereis (2014) p. 270.
14. Kamen (2004) p. 159; Mörke (2010) p. 175; Blok (1919-1920) II, p. 15; Alva zou vanwege jichtaanvallen de expeditie naar Zutphen en Naarden moeten hebben laten schieten (Fagel (2011) p. 47, Kooij (2018) p. 20).
15. Dierickx (1963) p. 191; Van der Lem (2014) p. 83. Zie het verslag van onderhandelaar Pieter Aerts in Gysius (1616) p. 308 e.v., zie ook Panhuysen & Van Stipriaan (2018) p. 69 e.v.
16. Kloek (2014) p. 95; een anoniem Spaans verslag erkent het uitmoorden van alle mannen, maar de vrouwen en kinderen zouden gespaard zijn (vgl. Kooij (2018) p. 67, zie echter ook p. 96).
17. Hortensius (1866) p. 147-148, zie ook Panhuysen & Van Stipriaan (2018) p. 74 (verslag van Lambertus Hortensius, waaraan ook de andere details van de slachtpartij zijn ontleend).
18. Hortensius (1866) p. 148; Panhuysen & Van Stipriaan (2018) p. 74.
19. Mörke (2010) p. 177 e.v.; Wijn (1982) p. 15-16; Van Nierop (1999a) p. 83.
20. Verwer (1973) p. 18, p. 22.
21. Verwer (1973) p. 18-19; Kloek (2014) p. 128.
22. **Coornhert**: Bonger (1978) p. 67; **Van Hout**: Koppenol (1998) p. 34 e.v., Van Hout bezette deze functie al eerder, maar was in 1569 ontslagen, in 1573 werd hij weer in zijn functie hersteld; **Van der Werff**: Koenigsberger (1984) p. 584, die opmerkt dat dit een ongewone aanstelling was voor iemand die niet uit een patricische familie stamde; **Datheen**: Ruys (1919) p. 108-109 (betreft een aanstelling van 30 augustus 1572); **Fruytiers**: *NNBW* VI, kol. 527; **Van Kessel**: Meilink (1926) p. 333; **Virieu**: Van Nierop (1984b) p. 670; **Buys**: vgl. Corr. WvO no. 2417 (Willem van Oranje aan Paulus Buys, Delft, 6 juni 1573), zie ook Kluit III, p. 425-427.
23. Groenveld (2018) p. 114; Groenveld stelt vast dat Oranje opvallend veel edelen benoemde uit 'lagere' families, die voorheen niet op (gewestelijke) bestuursposten terechtkwamen
24. https://dutchrevolt.leiden.edu/dutch/personen/N/Pages/noyellesgeorgede.aspx.
25. Boogman (1942) p. 90 e.v.; Hibben (1983) p. 29 e.v. en passim.
26. Heesakkers & Reinders (1993) p. 31 en passim.
27. Zie voor korte levensschets Sonoy: Van Nierop (1999a) p. 125 e.v.; zie ook Swart (2006) p. 30.
28. Van Eeghen (1959) p. 87 (aantekening bij 1 december 1572).

29. Kloek (2014) p. 78. Het relaas van de toedracht kent nogal wat variatie in verschillende studies: zie Noordeloos (1955) p. 218 e.v.; Oosterhuis (1996) p. 177. Bij Oosterhuis is sprake van een brief van Oranje d.d. 11/12/1572 die niet in Corr. WvO voorkomt; gaat terug op transcriptie in Dusseldorpius' *Annales* (Fruin (1894) p. 119). Zie ook https://dutchrevolt.leiden.edu/dutch/personen/M/Pages/musius.aspx voor weer een iets andere versie. Ook K.W. Swart geeft een eigen versie (Swart (1994) p. 52-53).
30. Van Schelven (1948) p. 230; zie ook Swart (2006) p. 29.
31. Swart (1994) p. 52.
32. Verwer (1973) p. 23; Smit (1925) p. 106.
33. Corr. WvO no. 9265 (Willem van Oranje aan Willem van der Marck (Lumey), Delft, 25 december 1572).
34. De Lonchay (1894-1895) kol. 535-536; zie ook Verwer (1973) p. 24, waar geen melding wordt gemaakt van sneeuw, maar wel van ijs, dat het leger van Lumey in staat stelde te vluchten. Zie ook Groen e.a. (2013) p. 125; De Lonchay (1894-1895) kol. 535; Kooij (2018) p. 79 e.v.
35. Swart (1994) p. 52.
36. Swart (1994) p. 54.
37. Fruin (1903a) p. 148.
38. Mendoça (1860-1863) II, p. 44; Kloek (2014) p. 124. Zie ook Alva in brief aan Filips II (Kooij (2018) p. 173).
39. Verwer (1973) p. 24-25.
40. Verwer (1973) p. 26 (zie ook Panhuysen & Van Stipriaan (2018) p. 77).
41. Verwer (1973) p. 27 (zie ook Panhuysen & Van Stipriaan (2018) p. 77).
42. Verwer (1973) p. 28; zie ook Wijn (1982) p. 34.
43. Verwer (1973) p. 29 (zie ook Panhuysen & Van Stipriaan (2018) p. 79).
44. Van Eeghen (1959) I, p. 104; vgl. Kloek (2014) p. 133.
45. Williams (1864) p. 118; betreft de memoires van tijdgenoot Roger Williams, die als Engels huurling meevocht aan de zijde van de opstandelingen. Zie ook Kloek (2014) p. 124, 136 e.v.
46. Mörke (2010) p. 180.
47. Knevel (1994) p. 86 e.v., p. 104 e.v., waarbij de basis voor de radicalisering veelal valt aan te wijzen in de oude stedelijke schuttersgilden.
48. Tracy (2008) p. 185 e.v.; Lenarduzzi (2019) p. 19.
49. Tracy (1999) p. 261 e.v.; Tracy (2008) p. 109 e.v.
50. Boogman (1942) p. 102, p. 108; Verwer (1973) p. 30; Hibben (1983) p. 87 e.v.; Kloek (2014) p. 129; Duke & Jones (2003) p. 206.
51. Parker (1981) p. 144-145; Lenarduzzi (2019) p. 17 e.v.
52. Ruys (1919) p. 108; Kloek (2014) p. 129.
53. Corr. WvO no. 10534 (Willem van Oranje in een publieke bekendmaking, Hellenrade, 23 augustus 1572, zie ook Bor (1679-1684) I, p. 399-400).
54. Duke & Jones (2003) p. 207; Van Vloten (1876) p. 185; Bergsma (1983) p. 114; Tracy (2008) p. 118.
55. Groen (1835-1847) IV, p. 58-59, onder verwijzing naar een onderhoud van Oranjes gezant Abraham van der Mijle bij keurvorst Frederik III van de Palts op 18 februari 1573. Oranjes secretaris Nicolaas Bruyninck uitte in deze dagen tegen

Lodewijk van Nassau zijn tevredenheid over het harde optreden tegen de katholieken: 'depuis que la belle messe a esté chassé de ceste ville [Delft] nous y sommes ung peu plus à repos et en meilleur seureté'; hij meldt ook nog dat ongeveer zeven- à achthonderd priesters en kloosterlingen een vrijgeleide hadden gekregen om uit de stad te verdwijnen (Groen (1835-1847) IV, p. 92-93 (Nicolaas Bruyninck aan Lodewijk van Nassau, 6 mei 1573)).

56. Mörke (2010) p. 182: komt voor de jaren omstreeks 1573 op ca. 3% van de Hollandse bevolking; Woltjer houdt het voor 1587 nog altijd op minder dan 10% van de bevolking (Woltjer (1971) p. 49).
57. Van Eeghen (1959) p. 171, p. 173.
58. Corr. WvO no. 2928 (Willem van Oranje aan Lodewijk van Nassau, Delft, 23 december 1572); vgl. Groen (1835-1847) IV, p. 40-41; zie ook Van Gelder (1933a) p. 144.
59. Parker (1981a) p. 113.
60. Groen (1835-1847) IV, p. 226; Van der Lem (2014) p. 91-92; Mörke (2010) p. 181. Zie voor belangrijke bijdragen aan de discussie: Boer (1952) p. 2 en passim; Van Schelven (1934) p. 232 e.v.; Eekhof (1933) p. 291 e.v.; Gorris (1933) p. 35 en passim; en Van Gelder (1933a) p. 102 e.v.; zie ook de niet geheel onomstreden visie van H. Klink op vroege blijken van een hang naar het calvinisme bij Oranje (Klink (1997) p. 311-319 en passim).
61. Zie de brief van ene 'David' aan Lodewijk van Nassau, Emden, 15 januari 1573 (Groen (1835-1847) IV, p. 45-46.
62. Corr. WvO no. 7745 (Willem van Oranje aan Wigbold Ripperda, Delft, 18 januari 1573, zie ook Groen (1835-1847) IV, p. 48).
63. Groen e.a. (2013) p. 69; Wijn (1982) p. 43, p. 51.
64. Verwer (1973) p. 42; Wijn (1982) p. 62; Kamen (2004) p. 163.
65. Verwer (1973) p. 50; Wijn (1982) p. 70.
66. Hoewel de trefkans opvallend laag bleek, zoals Wijn uitrekende: in januari 1573 werden 3857 schoten op de stad afgevuurd en vielen er 'slechts' zes of zeven doden (Wijn (1982) p. 58-59).
67. Verwer (1973) p. 86 (aantekening bij eind mei 1573).
68. Eekhout (2007) p. 10 e.v.; Julián Romero had grote bewondering voor de inventiviteit die de opstandelingen in het openhouden van hun communicatielijnen aan de dag legden (Fagel (2011) p. 51).
69. Wijn (1982) p. 58, p. 78-79, p. 85 e.v.
70. Corr. WvO no. 5201 (Willem van Oranje aan Lodewijk van Nassau, Delft, 8 maart 1573, zie ook Groen (1835-1847) IV, p. 73). Zie voor de geldnood van Alva: Wijn (1982) p. 65 e.v.; Parker (2014) p. 212; Swart (2016) p. 52 e.v.
71. Oranje refereert aan de toenemende bereidheid van de 'derde stand' zich te bewapenen, o.a. in brief van 26 februari 1573 (Corr. WvO no. 10317, zie ook Groen (1835-1847) IV, p. 64). Zie het voorbeeld van fiscale maatregelen in dagboek van Wouter Jacobsz. (Van Eeghen (1959) I, p. 181 (9 februari 1573, honderdste penning op bezit in Waterland)). Zie voor een overzicht van de fiscale maatregelen Tracy (2008) p. 101 e.v.
72. Groen e.a. (2013) p. 179: door het stempelen van de muntstukken die in het bezit van de bevolking waren, werd de waarde met 15% verhoogd; die overwaarde moest worden afgedragen aan de Staten in de vorm van een lening.

73. Corr. WvO no. 5201 (Willem van Oranje aan Lodewijk van Nassau, Delft, 8 maart 1573). Zie ook Groen (1835-1847) I V, p. 74; zie ook Wijn (1982) p. 122 voor daadwerkelijke blijken dat het volk uitzag naar de komst van Lodewijk. Zie ook Corr. WvO no. 10064 (Diederik van Sonoy en zijn raden aan Willem van Oranje, Medemblik, 24 juli 1573): 'alle herten over hem hangen' (vgl. Bor (1679-1684) p. 447).
74. Corr. WvO no. 5798 (Willem van Oranje aan Lodewijk en Jan van Nassau, Delft, 4 februari 1573, zie ook Groen (1835-1847) I V, p. 50).
75. Corr. WvO no. 10317 (Willem van Oranje aan de Nederlandse gereformeerde gemeente in Londen, 26 februari 1573, zie ook Groen (1835-1847) I V, p. 63).
76. Corr. WvO no. 10317 (Willem van Oranje aan de Nederlandse gereformeerde gemeente in Londen, 26 februari 1573); vgl. Groen (1835-1847) I V, p. 65-66.
77. Van Meteren (1647) fol. 83r.
78. Corr. WvO no. 6966 (Willem van Oranje aan Maximiliaan II, Hellenrade, 27 augustus 1572, zie ook Gachard (1847-1866) III, p. 65); en hiervoor p. 387-388.
79. Wijn (1982) p. 124; Swart (2016) p. 54; Kooij (2018) p. 201, p. 205, p. 243 e.v. en passim.
80. Bor (1679-1684) I, p. 439; zie ook Groen (1835-1847) I V, p. 170.
81. Williams (1864) p. 125, zie ook Panhuysen & Van Stipriaan (2018) p. 83; Wijn (1982) p. 127.
82. Zie het harde oordeel van de Engelse huurling Roger Williams, die Bronckhorst in verschillende omstandigheden van nabij meemaakte: Williams (1864) p. 124, zie ook Panhuysen & Van Stipriaan (2018) p. 82; Wijn (1982) p. 148.
83. Op 2 juli stelde Marnix in een brief aan Jan van Nassau vast dat het hopeloos was; 'Il n'i a moyen de secourir Harlem' (Groen (1835-1847) I V, p. 160).
84. Wijn (1982) p. 143.
85. Wijn (1982) p. 148; Kamen (2004) p. 164; Kloek (2014) p. 150; Kooij (2018) p. 289 e.v.
86. Wijn (1982) p. 155; zie De Meij (1972) p. 23 en p. 162 (n. 53) voor het lidmaatschap van beiden van het Eedverbond en ook hun deelname aan de watergeuzen.
87. Corr. WvO no. 4498 (Willem van Oranje aan Lodewijk van Nassau, Delft, 22 juli 1573); vgl. Groen (1835-1847) I V, p. 176. De stelling van Erik Swart dat Oranje op voorhand om (defensief) strategische redenenen niet erg zwaar tilde aan het verlies van Haarlem (op basis van Corr. WvO no. 11010 (Willem van Oranje aan Lodewijk van Nassau, Delft 5 mei 1573)) is in een ruimere context niet houdbaar; de passage die dit moet ondersteunen zegt zoveel dat met het verlies van Haarlem nog niet alles verloren is, dat er nog veel tegenover stond om moed aan te ontlenen (vgl. Groen (1835-1847) I V, p. 88-89).
88. Corr. WvO no. 4498 (Willem van Oranje aan Lodewijk van Nassau, Delft, 22 juli 1573); vgl. Groen (1835-1847) I V, p. 177.
89. Corr. WvO no. 9270 (Jacob Cabeljauw aan Willem van Oranje, Egmond, 8 maart 1573, zie ook De Gelder (1865) p. 11-12).
90. Corr. WvO no. 9359 (Willem van Oranje aan het stadsbestuur van Alkmaar, Delft, 13 maart 1573, zie ook De Gelder (1865) p. 13-14); en Corr. WvO no. 3320 (Willem van Oranje aan een onbekende, Delft, 30 maart 1573); zie ook Swart (2016) p. 57.

91. Corr. WvO no. 9365 (Willem van Oranje aan het stadsbestuur van Alkmaar, Leiden, 29 juni 1573, zie ook De Gelder (1865) p. 45-46).
92. Zie verslag van de Engelse huurling Walter Morgan in Caldecott-Baird (1977) p. 141-144.
93. Corr. WvO no. 10064 (Diederik Sonoy en zijn raad in het Noorderkwartier aan Willem van Oranje, Medemblik, 24 juli 1573); zie Bor (1679-1684) I, p. 446-447.
94. Corr. WvO no. 3395 (Willem van Oranje aan Diederik Sonoy c.s., Dordrecht, 9 augustus 1573; zie ook Bor (1679-1684) I, p. 447-448 (p. 448)); zie Van Gelder (1933a) p. 146 e.v. voor Oranjes vertrouwen in een interventionistische God.
95. Zie bijvoorbeeld Verwer (1973) p. 65 (18 april 1573).
96. Van Nierop (2002) p. 145.
97. Groen (1835-1847) IV, p. 132 (n. 1); vgl. Maltby (1983) p. 249, waar het bereikte akkoord op 15 maart 1573 staat.
98. Corr. WvO no. 4497 (Willem van Oranje aan Lodewijk van Nassau, Leiden, 17 juni 1573, zie ook Groen (1835-1847) IV, p. 157.
99. Van Herwerden (1939) p. 178-180; Swart (1994) p. 77-78.
100. Juste (1857) p. 601.
101. Juste (1857) p. 596.
102. Swart (1994) p. 78; zie ook Juste (1857) p. 602 e.v., hier ook beschreven hoe het weer aanhalen van de banden met Elizabeth van Engeland de aandacht van de Franse betrokkenheid moest afleiden (p. 604-605).
103. Corr. WvO 4833 (instructie voor Lumbres en Tayaert voor onderhoud met Karel IX en Catharina de' Medici, Delft, 21 mei 1573; zie ook Groen (1835-1847) IV, p. 120-121).
104. Swart (1994) p. 78; Van Herwerden (1939) p. 181.
105. Van Meteren (1647) fol. 90r, zie ook Groen (1835-1847) IV p. 198 (en p. 274); Swart noemt een aanzienlijk hoger bedrag: 120.000 kronen (ca. 180.000 gulden) (Swart (1994) p. 79); Juste noemt 100.000 kronen (Juste (1857) p. 608).
106. Williams (1864) p. 131, p. 137; zie ook Van Foreest (2010) p. 18 (inleiding Van Nierop).
107. Van Nierop (1999a) p. 78; Van Foreest (2010) p. 11-12 (inleiding Van Nierop).
108. Van Foreest (1739) p. 93, p. 100 e.v. (verslag anonymus); zie ook Panhuysen & Van Stipriaan (2018) p. 91-92.
109. Maltby (1983) p. 259, in een brief aan Filips II, 30 augustus 1573.
110. Van Foreest (1739) p. 115.
111. Parker (1981a) p. 156, Groen e.a. (2013) p. 139; zie ook Tracy (2008) p. 36 voor belang van het zeemagazijn te Veere, dat in handen was gevallen van Boisot c.s. Zie ook Corr. WvO no. 245 (Willem van Oranje aan zijn broers Jan en Lodewijk, 16 oktober 1573), zie ook Blok (1887) p. 129-131.
112. Van Eeghen (1959-1960) I, p. 319.
113. Zie taxaties van Oranje in Corr. WvO no. 5803 (Willem van Oranje aan Lodewijk van Nassau, Dordrecht, 13 september 1573, zie ook Groen (1835-1847) IV, p. 195-196).
114. Of 'op Haarlemse wijze heen gezonden', zoals tijdgenoot Walter Morgan het formuleerde; het betrof volgens zijn zeggen 2005 man (Caldecott-Baird (1977) p. 149); de schatting van Oranje, 'ongeveer 160 man', klinkt reëler (Corr. WvO

no. 5803, Willem van Oranje aan Lodewijk van Nassau, Dordrecht, 13 september 1573); zie ook Groen (1835-1847) I V, p. 196.

115. Corr. WvO no. 5804 (Willem van Oranje aan zijn broers Lodewijk, Jan en Hendrik, Delft, 2 oktober 1573; vgl. Groen (1835-1847) I V, p. 213); over Tseraerts: *NNBW* (1911-1937) V, kol. 977.

116. Corr. WvO no. 5804 (Willem van Oranje aan zijn broers Lodewijk, Jan en Hendrik, Delft, 2 oktober 1573); vgl. Groen (1835-1847) I V, p. 215); en Geurts (1956) p. 47.

117. Bor (1679-1648) I, p. 459-464 (p. 463-464) in een brief gedateerd 12 september 1573).

118. Bor (1679-1648) I, p. 464-472, in druk uitgegeven onder de titel 'Sendbrief. In forme van Supplicatie aen die Conincklicke Maiesteyt van Spaengien'; zie ook Geurts (1956) p. 47 e.v.

119. Maltby (1983) p. 143; Parker (1981a) p. 104.

120. Kamen (2004) p. 172-173; Maltby (1983) p. 256.

121. Soen (2012) p. 92-93.

122. Parker (1981b) p. 132; Maltby (1983) p. 253; Kamen (2004) p. 173-174.

123. Mörke (2010) p. 185; Van der Lem (2014) p. 88. Kamen geeft 17 november als datum van intrede te Brussel, en 29 november als datum voor de regeringsoverdracht (Kamen (2004) p. 176).

124. Kamen (2004), p. 176, citaat uit brief van 23 oktober aan Don Antonio de Toledo; vgl. Maltby (1983) p. 260.

125. Kamen (2004) p. 176-177; Maltby (1983) p. 262-263.

126. Corr. WvO no. 4498 (Willem van Oranje aan Lodewijk van Nassau, Delft, 22 juli 1573, zie ook Groen (1835-1847) I V, p. 177). Vergelijkbare klachten van Oranje over zijn eenzaamheid in Corr. WvO no. 5803 (13 september 1573, zie ook Groen (1835-1847) I V, p. 197); no. 5804 (2 oktober 1573, zie ook Groen (1835-1847) I V, p. 213). Eerdere smeekbedes van Oranje aan zijn broer om snel over te komen: Corr. WvO no. 4494 (15 april 1573), no. 4495 (8 mei 1573), no. 5800 (16 mei 1573), no. 4497 (17 juni 1573).

127. Blok (1919-1920) I I, p. 23.

128. Corr. WvO no. 5797 (Lodewijk, Jan en Hendrik van Nassau aan Willem van Oranje, Dillenburg, 22 oktober 1573); vgl. Groen (1835-1847) I V, p. 224.

129. Van Herwerden (1939) p. 189-190, nl. in de nacht van 7 op 8 oktober 1573; zie ook Corr. WvO no. 5797 (Lodewijk, Jan en Hendrik van Nassau aan Willem van Oranje, Dillenburg, 22 oktober 1573); vgl. Groen (1835-1847) I V, p. 223.

130. Groen (1835-1847) I V, p. 269; Van Herwerden (1939) p. 184 e.v.; Yates (1959) p. 70 e.v.; zie ook Juste (1857) p. 589 e.v., p. 608.

131. Vgl. aantekening van Nanning van Foreest bij 20 september 1573 in Van Foreest (2010) p. 76.

132. Punt & Sloos (2018) p. 146; Van Herwerden (1939) p. 194.

133. Zo vatte ook Willem van Oranje het naderhand samen: Corr. WvO no. 1694 (Willem van Oranje aan Jan van Nassau, Dordrecht, 7 mei 1574, zie ook Groen (1835-1847) I V, p. 389). Vgl. Juste (1857) p. 585.

134. Corr. WvO no. 5595 (Lodewijk van Nassau aan Willem van Oranje, z.pl., z.d. (december 1573), zie ook Groen (1835-1847) I V, p. 281). Vgl. Juste (1857) p. 611.

135. Corr. WvO no. 5595 (Lodewijk van Nassau aan Willem van Oranje, z.pl., z.d., zie ook Groen (1835-1847) IV, p. 278). Zie over de tussenstop in Heidelberg: Groen (1835-1847) IV, p. 295.
136. Van Herwerden (1939) p. 195; Corr. WvO no. 5550 (Jan van Nassau aan Willem van Oranje, Dillenburg, 25 december 1573); Groen (1835-1847) supplément, p. 148; zie ook Dönges (1909) p. 79.
137. Blok (1919-1920) II, p. 27; Kervyn de Lettenhove (1882-1900) VI, 793 (Avis de Pays-Bas, Delft, 11 juli 1573).
138. Van Schelven (1939) p. 81 e.v.; Gerlo (1985) p. 18; Fagel (2011) p. 55 e.v.
139. Bor (1679-1648) I, p. 472; even dreigde Delft, waar Oranje op dat ogenblik zat, belegerd te worden (Corr. WvO no. 5807, Willem van Oranje aan Lodewijk, Jan en Hendrik van Nassau, Delft, 17 en 20 november 1573, zie ook Groen (1835-1847) IV, p. 241).
140. Corr. WvO no. 3068 (Willem van Oranje aan Ghislain de Fiennes, Delft, 13 november 1573, zie ook Groen (1835-1847) IV, p. 239); en Corr. WvO no. 10251 (Filips van Marnix van Sint-Aldegonde aan Willem van Oranje, Den Haag, 7 november 1573, zie ook Gachard (1847-1866) III, p. 75-80 (p. 75-76)).
141. Alva was nog in het land en zou uit zijn op het vonnissen van Marnix (Corr. WvO no. 10902 (Willem van Oranje aan Julián Romero, Delft, 8 november 1573, zie ook Gachard (1847-1866) III, p. 84).
142. Corr. WvO no. 10903 (Willem van Oranje aan Julián Romero, Delft, 9 november 1573); vgl. Gachard (1847-1866) III, p. 85; de ruil werd door Oranje vanwege ongelijkwaardigheid tussen beide gevangenen afgewezen (id.).
143. In een brief aan Alva gaf Noircarmes hoog op over de bruikbaarheid van krijgsgevangene Marnix (Utrecht, 10 december 1573, in Gachard (1847-1866) III, p. 370 ('il y fera des bons offices')); zie ook Soen (2012) p. 94.
144. Corr. WvO no. 10251 (Filips van Marnix van Sint-Aldegonde aan Willem van Oranje, Den Haag, 7 november 1573, zie ook Gachard (1847-1866) III, p. 78); Corr. WvO no. 6466 (Filips van Marnix van Sint-Aldegonde aan Willem van Oranje, Utrecht, 4 december 1573, zie ook Groen (1835-1847) IV, p. 289 e.v.).
145. Van Schelven (1939) p. 79.
146. Corr. WvO no. 10251 (Filips van Marnix van Sint-Aldegonde aan Willem van Oranje, Den Haag, 7 november 1573, zie ook Gachard (1847-1866) III, p. 77); vgl. Van Roosbroeck (1974) p. 263; Verhoef (1985) p. 40. Het voorstel werd, als Oranje welgevallig, door Marnix ingebracht in een notitie d.d. 21 november 1573 (Gachard (1847-1866) III, p. 368), een notitie die vrijwel zeker zonder medeweten van Oranje tot stand kwam.
147. Gachard (1847-1866) III, p. 372 (Noircarmes aan Alva, Utrecht, 10 december 1573).
148. Corr. WvO no. 3090 (Willem van Oranje aan Filips van Marnix van Sint-Aldegonde, Zierikzee, 23 december 1573, zie ook Groen (1835-1847) IV, p. 299).
149. Corr. WvO no. 10904 (Willem van Oranje aan Julián Romero, Delft, 10 november 1573, zie ook Gachard (1847-1866) III, p. 87); en Corr. WvO no. 5806 (Willem van Oranje aan Lodewijk, Jan en Hendrik van Nassau, Delft, 13 november 1573), zie ook Groen (1835-1847) IV, p. 237.
150. Van Schelven (1939) p. 88-89; Gerlo (1985) p. 20; zie voor het lang voortgaan-

de getouwtrek over het ruilen van gevangenen waarbij van Spaanse zijde ook Bossu steeds werd ingebracht: Corr. WvO no. 10352 (Willem van Oranje aan Cristobal de Mondragón, Zaltbommel, 23 april 1574); en tussen hen ook Corr. WvO no. 10353 (3 mei 1574), no. 3150 (5 mei); zie ook Gachard (1847-1866) III, p. 96-101; aldaar ook een brief van Requesens over de materie (id., p. 99 (n. 1) e.v., waaruit blijkt dat Oranje via deze onderhandelingen ook pogingen deed zijn zoon Filips Willem los te krijgen (id., p. 100).

151. Corr. WvO no. 3090 (Willem van Oranje aan Filips van Marnix van Sint-Aldegonde, Zierikzee, 23 december 1573); vgl. Groen (1835-1847) IV, p. 300.

152. Vgl. anonieme brief aan een onbekende, Klundert, 30 december 1573, in Groen (1835-1847) IV, p. 306 e.v.; zie ook Blok (1919-1920) II, p. 31-32.

153. Zie dezelfde brief van 30 december, geschreven vanuit Klundert, in Groen (1835-1847) IV, p. 308. Zie ook de berichten over een levendige handel in honden en ratten in brief van Morillon aan Granvelle, Brussel, 26 januari 1574 (Poullet & Piot (1877-1896) V, p. 12).

154. Groen e.a. (2013) p. 141; de meeste cijfers zijn ontleend aan het verslag van Roger Williams die in de tussentijd dienst had genomen aan Spaanse zijde (Williams (1864) p. 163); zie ook Mendoça (1860-1863) II, p. 182.

155. Mendoça (1860-1863) II, p. 183; zie ook Fagel (2011) p. 57-58.

156. Zie de karakterisering van Roger Williams: '[Requesens] die een soldaet was van groote reputatie om raet te geven, maar niet om te executeren [uit te voeren]' (Williams (1864) p. 146).

157. Janssens (2000) p. 142-143; zie brief van Granvelle aan Abbé Sagante, Napels, 11/16 juni 1573 (Poullet & Piot (1877-1896) IV, p. 570-571), zie voor vergelijkbare opvattingen bij Viglius (Postma (1987) p. 36-37) en Hopperus (Janssens (2010) p. 38).

158. Janssens (2000) p. 143; zie ook Lovett (1972b) p. 192 e.v.

159. Van Eeghen (1959-1960) I, p. 329.

160. Geciteerd bij Kamen (2004) p. 178; vgl. Lovett (1972b) p. 191-192.

161. Parker (2014) p. 214-216; Kamen (2010) p. 177, p. 216.

162. Geciteerd naar Schipperus (2018) p. 239; vgl. Gachard (1847-1866) VI, p. 2-3 (toestemming/opdracht t.b.v. Alva, d.d. 17 juli 1573 via Filips' secretaris Gabriel de Zayas aan Alva's secretaris Albornoz, zie ook vervolg d.d. 21 oktober 1573); id. p. 4-5 (Zayas aan Requesens, d.d. 21 oktober 1573).

163. Gachard (1847-1866) VI, p. 4 (Zayas aan Requesens, Madrid, 21 oktober 1573); Schipperus (2018) p. 238-240. In deze jaren werden ook vanuit Frankrijk, met name in de omgeving van Catharina de' Medici, aanslagen op Lodewijk van Nassau en Oranje voorbereid; zie hiervoor hoofdstuk 5, p. 392, zie ook Juste (1857) p. 598.

164. Swart (1994) p. 40; zie Corr. WvO no. 3094 (Willem van Oranje aan veldmaarschalk Bertrand de Poyet, Veere, 29 december 1573).

165. Gachard 1847-1866) VI, p. 6 (Requesens aan Zayas, Antwerpen, 27 februari 1574).

166. Gachard 1847-1866) VI, p. 9 (Requesens aan Zayas, Brussel, 8 juli 1574); vgl. Schipperus (2018) p. 240. Zie ook de arrestatie, begin juni 1574 in Zeeland, van een Engelsman die bekende een moordaanslag op Oranje te beramen, in op-

dracht van Requesens, maar ook met 'medeweten en instemming' van de koningin van Engeland (Corr. WvO no. 5208, Willem van Oranje aan Jan van Nassau, zie ook Groen (1835-1847) V, p. 12-13).

167. Corr. WvO no. 6240 (Adriaan de Bleicker aan Willem van Oranje, Antwerpen, 24 maart 1573, zie ook Groen (1835-1847) IV, p. 78). Zie ook geloofsbrief van Willem van Oranje voor Jan de Vos, Delft, 27 november 1573 (Bor (1679-1684) I, p. 483-484; niet in Corr. WvO).
168. Bor (1679-1684) I, p. 484; zie ook Bartstra (1933) p. 124, p. 127.
169. Hoe belangrijk vooral Maastricht (en ook Groningen) was in Oranjes plannen, blijkt uit Corr. WvO no. 5807 (Willem van Oranje aan zijn broers Lodewijk, Jan en Hendrik, Delft, 17 en 20 november 1573, zie ook Groen (1835-1847) V, p. 240-248 (p. 243 e.v.)).
170. Mendoça (1860-1863) II, p. 192.
171. Bor (1679-1648) I, p. 478.
172. Van Eeghen (1959-1960) I, p. 388-389.
173. Hooft (1972) IV, p. 354.
174. Mendoça (1860-1863) II, p. 194; Hooft (1972) IV, p. 354.
175. Aldus Mendoça (Mendoça (1860-1863) II, p. 201); Van Herwerden (1939) p. 199.
176. Blok (1891) p. 14.
177. Corr. WvO no. 5811 (Willem van Oranje aan Lodewijk, Jan en Hendrik van Nassau, Dordrecht, 13 april 1574), zie ook Groen (1835-1847) IV, p. 364-365; en Corr. WvO no. 4614 (Lodewijk van Nassau aan Willem van Oranje, Cartils, 4 april 1574), vgl. Groen (1835-1847) supplément, p. 155. Petrus Datheen fungeerde in deze dagen als een van de boodschappers tussen beide broers (id., p. 154).
178. Van Meteren (1647) fol. 90r/v; Van Herwerden (1939) p. 200; Tracy (2008) p. 95.
179. Hooft (1972) IV, p. 359-360; zie ook Van Meteren (1647) fol. 90v.
180. Blok (1891) p. 17; er is veel gespeculeerd over de doodsoorzaken en meer nog over het lot van de stoffelijke overschotten van Hendrik en Lodewijk van Nassau; ze zouden in een massagraf terecht kunnen zijn gekomen (Blok (1891) p. 17; Van Herwerden (1939) p. 203-204), of verbrand zijn (Van Roosbroeck (1974) p. 269). Juliana van Stolberg liet haar zoon Willem op 19 juni weten dat ze iemand gesproken had die Lodewijk van Nassau had waargenomen met een zwaargewonde rechterschouder, maar die had hem niet aan zijn gezicht, alleen aan zijn stem en handen kunnen herkennen (Corr. WvO no. 5510, Dillenburg, zie ook Groen (1835-1847) supplément, p. 168). Ook in het Spaansgezinde kamp leek verwarring te heersen, de doorgaans goed geïnformeerde Morillon berichtte op 26 april aan Granvelle dat Lodewijk 'gresvement blessé', zwaargewond, was; in de eerste dagen van mei had hij het stellige verhaal dat Lodewijk en Hendrik en ook Christoffel zich inmiddels in Keulen bevonden. Alleen Hendrik had een verwonding aan zijn arm, de twee anderen waren ongedeerd (Poullet & Piot (1877-1896) V, resp. p. 77 en p. 82).
181. Corr. WvO no. 5204 (Willem van Oranje aan Jan van Nassau, Zaltbommel, 22 april 1574, zie ook Groen (1835-1847) IV, p. 379); zie ook Corr. WvO no. 10960 (Willem van Oranje aan Lodewijk, Hendrik en Jan van Nassau, Zaltbommel, 21 april 1574, zie ook Groen (1835-1847) IV, p. 372-373).
182. Corr. WvO no. 5204 (Willem van Oranje aan Jan van Nassau, Zaltbommel,

22 april 1574); vgl. Groen (1835-1847) IV, p. 379-380; zie ook Corr. WvO no. 5812 (Willem van Oranje aan Lodewijk, Jan en Hendrik van Nassau, Zaltbommel, 17 en 18 april 1574), zie ook Groen (1835-1847) IV, p. 371.

183. Corr. WvO no. 1694 (Willem van Oranje aan Jan van Nassau, Dordrecht, 7 mei 1574, zie ook Groen (1835-1847) IV, p. 386); en zie tevens Corr. WvO no. 5551 (Jan van Nassau aan Willem van Oranje, Keulen, 17 april 1574), met de eerste indicaties dat Lodewijk en Hendrik en ook Christoffel zijn gesneuveld, enkele dagen later gevolgd door een nieuw schrijven van Jan van Nassau, waarin toch hoop doorklinkt dat ze nog zouden leven (Corr. WvO no. 5552, aan Willem van Oranje, Wezel, 21 april 1574).
184. Corr. WvO no. 1694 (Willem van Oranje aan Jan van Nassau, Dordrecht, 7 mei 1574, zie ook Groen (1835-1847) IV, p. 388); en eerder Corr. WvO no. 5807 (Willem van Oranje aan Lodewijk, Jan en Hendrik van Nassau, 17-20 november 1573, zie ook Groen (1835-1847) IV, p. 247).
185. Corr. WvO no. 1694 (Willem van Oranje aan Jan van Nassau, Dordrecht, 7 mei 1574, zie ook Groen (1835-1847) IV, p. 390, p. 396).
186. Het orgineel van de brief kwam pas in 1593 in handen van de Nassaus (Groen (1835-1847) IV, p. 386; Blok (1919-1920) II, p. 35); Jan van Nassau werd al snel van een duplicaat voorzien (Corr. WvO no. 5207, Gorkum, 3 mei 1574); vgl. Groen (1835-1847) V, p. 6.
187. Swart (1994) p. 82.
188. Swart (2006) p. 32-33; zie aldaar ook de obstructie van steden bij de noodzakelijke inkwartiering van garnizoenen (id., p. 138 e.v.).
189. Corr. WvO no. 1694 (Willem van Oranje aan Jan van Nassau, Dordrecht, 7 mei 1574); vgl. Groen (1835-1847) IV, p. 395-396; zie ook Tracy (2008) p. 103.
190. Bor (1679-1684) I, p. 508 e.v.
191. Corr. WvO no. 10440 (rede Willem van Oranje tot de Staten van Holland, 20 oktober 1574; zie ook Kluit (1802-1805) I, p. 403). Vgl. Bartstra (1933) p. 133; Blok (1919-1920) II, p. 48; Coopmans (1993) p. 51 e.v.; Tracy (2008) p. 98-99.
192. Corr. WvO no. 10441 (antwoord Staten van Holland aan Willem van Oranje, 12 november 1574, zie ook Kluit (1802-1805) I, p. 405); Coopmans (1993) p. 52.
193. Kluit (1802-1805) I, p. 410-415; uittreksels uit de resoluties van de Staten van Holland, 13 tot en met 25 november 1574; zie ook Groen (1835-1847) V, p. 94.
194. Corr. WvO no. 5208 (Willem van Oranje aan Jan van Nassau, Rotterdam, 7 juni 1574, zie ook Groen (1835-1847) V, p. 11 e.v.); Groen e.a. (2013) p. 73; Punt & Sloos (2018) p. 159.
195. Corr. WvO no. 5208 (Willem van Oranje aan Jan van Nassau, Rotterdam, 7 juni 1574, zie ook Groen (1835-1847) V, p. 10); en tevens Kloek (2014) p. 232; Groenveld (2018c) p. 111.
196. Zie bijvoorbeeld Corr. WvO no. 3501 (Willem van Oranje aan een onbekende, Zaltbommel, 18 april 1574).
197. Soen (2012) p. 100-101.
198. Janssens (1981) p. 425; in maart 1574 gaf Filips II aan Requesens toestemming de Raad van Beroerten op te heffen en de tiende penning tegen 2 miljoen gulden per jaar gedurende zes jaar te laten afkopen (Soen (2012) p. 100-101; voor de oorsprong van deze regeling in 1572: Soen (2012) p. 90; en Janssens (2010) p. 40 e.v.

199. Zie de aantekening van Godevaert van Haecht op die dag (Van Roosbroeck (1929) II, p. 307); vgl. Smolderen [1972] p. 53-54.
200. Vgl. het verslag van Van Haecht in Van Roosbroeck (1929) II, p. 294-298; zie ook Bartstra (1933) p. 130.
201. Lovett (1972b) p. 195.
202. Parker (1981b) p. 137; zie ook Parker (2014) p. 220.
203. Lovett (1972a) p. 24-25: Filips II in brief van 31 mei 1574 (in vertaling Lovett): 'I am as certain as man can be in this case that Flanders is lost as are perhaps the rest of my dominions' (id., p. 25); zie ook Parker (1981b) p. 137.
204. Gachard (1847-1866) III, p. 376 (gespreksinstructie voor Hugo Bontius, verstrekt door Elbertus Leoninus, april 1574, gevolgd door het verslag van Bontius); het eerste gesprek vond plaats op 19 april.
205. Gachard (1847-1866) III, p. 389-391; dit is wat Oranje op 3 juli aan Bontius liet weten als wens van de Staten van Holland.
206. Gachard (1847-1866) III, p. 396 (rapport Jan van Mathenesse en Jan van Treslong, Montfoort, 20 juli 1574).
207. Gachard (1847-1866) III, p. 397-402 (memorandum t.b.v. Champagney, van Filips van Marnix van Sint-Aldegonde, eind juli 1574); zie ook Gerlo (1985) p. 20.
208. Parker (1981a) p. 159; zie ook de wanhoop over de eigen financiële situatie bij Requesens (secretaris van Requesens aan Rui Gomez, z.pl., 26 juni 1574, in: Groen (1835-1847) V, p. 29 e.v.).
209. Dit werd gerapporteerd door Nicolaas Bruyninck en Oranjes hofmeester Florent van Nyenheim aan Jan van Nassau, op 22 augustus 1574 (Groen (1835-1847) V, p. 39). Zie ook Houtzager (1989) p. 76.
210. Aldus Nicolaas Bruyninck en Florent van Nyenheim in een volgende brief aan Jan van Nassau, op 28 augustus 1574 (Groen (1835-1847) V, p. 44).
211. Bor (1679-1684) I, p. 551; Groen (1835-1847) V, p. 50-51.
212. Corr. WvO no. 5210 (Willem van Oranje aan Jan van Nassau, Rotterdam, 7 september 1574, zie ook Groen (1835-1847) V, p. 53); Houtzager (1989) p. 73.
213. Fruin e.a. (1874): een anoniem verslag van een tijdgenoot ('Dag-verhael'), p. 7-8.
214. Bor (1679-1684) I, p. 548; zie ook Blok (1919-1920) II, p. 38; Tracy (2008) p. 96; zie ook Groenveld (2018c) p. 111-112, p. 119.
215. Knapen (2005) p. 29-30; Den Tex (1980) p. 24.
216. Bor (1679-1684) I, p. 548-549; zie ook Tracy (2008) p. 96-97.
217. Corr. WvO no. 11310 (Willem van Oranje aan de magistraat en de bevolking van Leiden, Rotterdam, 12 augustus 1574); brief alleen overgeleverd in parafrase van Jan Jansz. Orlers (Orlers (1641) p. 485).
218. Fruytiers in Fruin (1874), *Corte beschrijvinghe*, p. 22; ook in Panhuysen & Van Stipriaan (2018) p. 99.
219. Koppenol (1998) p. 29; Bostoen (2009) p. 57.
220. Orlers (1641) p. 490.
221. Bor (1679-1684) I, p. 555 e.v.
222. Corr. WvO no. 5212 (Willem van Oranje aan Jan van Nassau, Delft, 4 oktober 1574, zie ook Groen (1835-1847) V, p. 75-77).
223. Zie Corr. WvO no. 1694 (Willem van Oranje aan Jan van Nassau, 7 mei 1574); vgl. Groen (1835-1847) IV, p. 387-388. Oranje had zonder meer geen hoge ver-

wachtingen van de standvastigheid van de medemens: '[...] les coeurs et affections des personnes se changent légèrement [...]' (Corr. WvO no. 6223, Willem van Oranje aan Jean de Haynault, Frankfurt, 27 juni 1572, zie ook Groen (1835-1847) III, p. 451). Zie voor de stoïsche kanten van Oranje: Mout (1985) p. 58 e.v.; Mörke (2010) p. 190-191. Voor de relativering in het algemeen van eventuele invloed van neostoïcisme op de eigentijdse politiek, vóór 1584: Kraye (2001-2002) p. 45; zie daartegenover Van Gelderen, die wel degelijk invloed waarneemt, maar dan vooral in de ontwikkeling van ideeën over vorstenabsolutisme en *Staatsräson* (Van Gelderen (1999) p. 204-206).

224. Van Schelven (1948) p. 195, geciteerd naar een anonieme Duitstalige brief, d.d. 19 november 1574.
225. Verzameld in Fruin e.a. (1874).
226. Scheltema (1849) p. 298-299 (brief van een onbekende aan de burgemeesters van Enkhuizen, 5 oktober 1574); Verwer (1973) p. 147.
227. Corr. WvO no. 10300 (Willem van Oranje aan de bevolking van Holland, Delft, 9 oktober 1574).
228. Corr. WvO no. 5210 (Willem van Oranje aan Jan van Nassau, Rotterdam, 7 september 1574, zie ook Groen (1835-1847) V, p. 56).
229. Zie de brief aan zijn broer Jan van later die maand (Corr. WvO no. 5580, Delft, 28 september 1574, zie ook Groen (1835-1847) V, p. 62), waaruit een grote ingenomenheid spreekt met initiatieven van keizer Maximiliaan II om vrede te bereiken; zie echter ook het schrijven van Oranje aan broer Jan van diezelfde dag, waaruit grote scepsis blijkt over mogelijkheden tot een vergelijk te komen met Filips II (Corr. WvO. no. 5211, zie ook Groen (1835-1847) V, p. 71).
230. Corr. WvO no. 5211 (Willem van Oranje aan Jan van Nassau, Delft, 28 september 1574, zie ook Groen (1835-1847) V, p. 71, p. 73).
231. Nicklas (1995) p. 165-169.
232. Nicklas (1995) p. 167; zie ook Schmidt (1988) p. 235.
233. Door de direct betrokkenen ook als het creëren van een voldongen feit gepresenteerd (Corr. WvO no. 9427 (Willem van Oranje aan de Staten van Holland, Middelburg, 28 december 1574); zie ook Molhuysen (1913) p. 1*. Zie ook Mörke (1972) p. 189; Otterspeer (2000) p. 62.
234. Er waren in de decennia daarvoor al verschillende plannen geweest om in de noordelijke Nederlanden een universiteit op te richten (in Haarlem in 1553, in Deventer in 1561), zie Otterspeer (2000) p. 62.
235. Corr. WvO no. 9427 (Willem van Oranje aan de Staten van Holland, Middelburg, 28 december 1574); zie ook Molhuysen (1913) p. 2*.
236. Molhuysen (1933) p. 197; Otterspeer (2000) p. 62.
237. Sluijter (2004) p. 191 e.v.; Ebben (2009) p. 23, p. 25, p. 28 e.v.
238. Molhuysen (1933) p. 198; De Coninck was burgemeester van Delft, Hoogeveen secretaris in Leiden.
239. Sluijter (2004) p. 21; Otterspeer (2000) p. 63.
240. Heesakkers & Reinders (1993) p. 39 e.v.; zie ook Van Dorsten (1962) p. 3 e.v.
241. Mout (1984) p. 622 voor de steun van Oranje aan de 'humanistische' koers van de universiteit.
242. Otterspeer (2009) p. 25 e.v., p. 65-66; zie ook Van Dorsten (1962) p. 4 e.v.

243. Het kwam er pas zo'n twintig jaar later van; vgl. Frijhoff (2001) p. 68-70; zie ook Mout (1984) p. 614; Vetter (1992) p. 106.
244. Leemans & Leemans-Prins (1986) p. 455; Van Herwerden (1932) p. 220.
245. Mout (1984) p. 622; Mout (1985) p. 59.
246. Otterspeer (2000) p. 64.
247. Corr. WvO no. 5215 (Willem van Oranje aan Jan van Nassau, Middelburg, 4 januari 1575), waar sprake is van 'certaines affaires de consequences'; Marnix ging Jan daar zelf mondeling over inlichten; vgl. Van Schelven (1939) p. 94.
248. Van Schelven (1939) p. 95-96.
249. Zie brief van Petrus à Sboroff aan Willem van Oranje, Krakau, 25 maart 1575 (in Bertius e.a. (1617) p. 587-590 (niet in Corr. WvO)); twee belangrijke Marnixkenners hebben geen concrete aanwijzingen voor een reisdoel kunnen vinden en komen alleen met (interessante) gissingen (Van Schelven (1939) p. 96-97; Gerlo (1985) p. 20).
250. Gerlo (1985) p. 20; Gerlo opperde dat deze veronderstelling dit nader onderzoek verdiende; het is onduidelijk of er sindsdien nog vorderingen zijn gemaakt.
251. Juste (1857) p. 584; zie ook De Smet (1998) p. 51-52.
252. Bartstra (1933) p. 133-134. Zo liet Oranje zijn gezant Nicolaas Bruyninck in oktober 1574 bij zijn broer Jan informeren of de keizer en de Duitse vorsten wellicht bereid waren hem 'enig kerkelijk goed' toe te bedelen (Corr. WvO no. 10220, instructie voor Nicolaas Bruyninck, [z.p., z.d. [oktober 1574]], in: Groen (1835-1847) v, p. 88).
253. Toch was het gerucht al wijdverbreid: zie verklaring van vijf predikanten d.d. 11 juni 1575 in Groen (1835-1847) v, p. 224-226, waar wordt gesproken over 'le bruit commun de cest adultère' (p. 225).
254. Van der Klooster (1982) p. 13 e.v.
255. Dit wordt wel aangenomen door de biograaf van de vaste predikant van Charlotte, C. Boer (Boer (1952) p. 81), zonder concreet bewijs; zie ook Mörke (2010) p. 204; Delen (2002) p. 250; Delaborde (1888) p. 74-75 (n. 1). De stelligheid gaat waarschijnlijk terug op een veronderstelling van Groen (Groen (1835-1847) v, p. 113). Dat Oranje zijn gezant Wolfgang van Hohenlohe nog op het moment dat het huwelijk beklonken is de boodschap wilde laten overbrengen dat 'ik ouder begin te worden, want inmiddels ongeveer 42 jaar oud', lijkt er ook op te wijzen dat de bruid nog weinig kennis van Oranjes persoon droeg (Corr. WvO no. 5035, instructie voor Wolfgang van Hohenlohe, 24 april 1575; vgl. Groen (1835-1847) v, p. 191).
256. Corr. WvO no. 10373 (Charlotte de Bourbon aan Willem van Oranje, Heidelberg, 28 januari 1575).
257. Boer (1952) p. 81-82.
258. Groen (1835-1847) v, p. 227 (Willem van Hessen aan August van Saksen, z.pl., 15 juni 1575), vgl. Van Deursen (1995) p. 64; zie ook Deen (2018) p. 304-305; Mörke (2010) p. 205.
259. Zie o.a. Schmidt (1988) p. 236; Delen (2002) p. 18; Deen (2018) p. 306. Swart meende echter dat Oranjes beweegredenen niet politiek gemotiveerd waren, maar 'van zuiver persoonlijke aard' (Swart (1994) p. 80).
260. Schmidt (1988) p. 236; zie ook Mörke (2010) p. 205 e.v. Op 7 juli gaf Oranje in een

brief aan Jan van Nassau aan dat dit huwelijk zich naar hij verwachtte snel zou bewijzen als heilzaam 'à nostre bien et de la cause généralle' (Corr. WvO no. 5039, Dordrecht, 7 juli 1575, zie ook Groen (1835-1847) V, p. 247).

261. Zie het verslag van Leoninus aan Requesens, 26/29 januari 1575 in Gachard (1847-1866) III, p. 417, 419-420; zie ook Groen (1835-1847) V, p. 109.

262. Corr. WvO no. 5214 (Willem van Oranje aan Jan van Nassau, Middelburg, 25 december 1574, zie ook Groen (1835-1847) V, p. 110).

263. Bartstra (1933) p. 135.

264. Gachard (1847-1866) III, p. 421; Leoninus merkt op dat hij via verschillende kanalen werd geconfronteerd met een erg eenzijdige en boosaardige uitleg van de vredeswens van de koning.

265. Gachard (1847-1866) III, p. 423-424.

266. Zie hiervoor p. 419 (*Sendbrief* etc.); vgl. Bor (1679-1648) I, p. 464-472; zie ook Geurts (1956) p. 47 e.v.

267. Gachard (1847-1866) III, p. 427.

268. Gachard (1847-1866) III, p. 428.

269. Gachard (1847-1866) III, p. 429.

270. Gachard (1847-1866) III, p. 430; vgl. het korte verslag van Oranje aan zijn secretaris Bruyninck (Corr. WvO no. 6131, Middelburg, 12 januari 1575), zie ook Groen (1835-1847) V, p. 118-119.

271. Blok (1919-1920) II, p. 44 e.v.; zie ook Soen (2012) p. 103 e.v.; Swart (2007) p. 336. Zie voor de instemming van Requesens met Schwarzburgs bemiddelingsrol: Gachard (1848-1936) III, p. 589 (Requesens' instructie voor de onderhandelingsdelegatie namens de Spaanse koning, Antwerpen, 14 februari 1575).

272. Van Eeghen (1959) II, p. 474.

273. Van Eeghen (1959) II, p. 474.

274. Van Eeghen (1959) II, p. 473.

275. Van Eeghen (1959) II, p. 490.

276. Soen (2012) p. 104; Blok (1919-1920) II, p. 49-50; Swart (1994) p. 90-93.

277. Gachard (1848-1936) III, p. 587-588 (opsomming van potentiële concessies in Requesens' instructie voor de onderhandelingsdelegatie namens de Spaanse koning, Antwerpen, 14 februari 1575). Zie voor de, vergeefse, matigende rol van Leoninus in dit proces: Woltjer (1994a) p. 70.

278. Bor (1679-1684) I, p. 610; zie ook Soen (2012) p. 105; Mörke (2010) p. 193; Van Nierop (1999a) p. 91.

279. Corr. WvO no. 5220 (Willem van Oranje aan Jan van Nassau, Dordrecht, 20 april 1575, vgl. Groen (1835-1847) V, p. 176), waar al sprake is van het aanstaande vertrek ('binnen vier of vijf dagen') van Schwarzburg. Zie ook Blok (1919-1920) II, p. 50; De Graaf (2018) p. 204.

280. Van Nierop (1999a) p. 99.

281. Van Nierop (1999a) p. 101. Zie echter Soen (2012) p. 98, waar Requesens begin 1574 een dergelijke aanpak tegenover Filips II geweigerd zou hebben.

282. Parker (2014) p. 217-218; Parker (2002) p. 152.

283. Van Nierop (1999a) p. 91-92, p. 99, p. 103; Groen e.a. (2013) p. 78.

284. Schreuders (1975) p. 92-99; Kloek (2014) p. 256; Groen e.a. (2013) p. 78.

285. Schreuders (1975) p. 81.

286. Bartstra (1933) p. 137.
287. Van der Lem (2014) p. 100.
288. Brouwer (1933) p. 241, p. 243 (verslag van Antonio Carnero).
289. Corr. WvO no. 5223 (Willem van Oranje aan Jan van Nassau, Rotterdam, 29 oktober 1575, zie ook Groen (1835-1847) v, p. 306). Zie ook Groen e.a. (2013) p. 152.
290. Corr. WvO no. 5036 (Wenzel Zuleger aan Willem van Oranje, Frankfurt am Main, 31 maart 1575, zie ook Groen (1835-1847) v, p. 165); en brief van Jan van Nassau aan gezanten Zuleger en Ehem, z.pl., 4 april 1575, in: Groen (1835-1847) v, p. 168-172.
291. Corr. WvO no. 5038 en no. 11273 (twee brieven Jan van Nassau aan Willem van Oranje, Dillenburg, 25 juni 1575, zie ook Groen (1835-1847) v, p. 231-235); en Corr. WvO no. 5039 (Willem van Oranje aan Jan van Nassau, Dordrecht, 7 juli 1575, ook in Groen (1835-1847) v, p. 244-252). Zie ook Van Roosbroeck (1974) p. 284.
292. Zie o.a. de brief van Filips van Marnix aan Jan van Nassau, Heidelberg, 2 mei 1575 (Groen (1835-1847) v, p. 192-198.
293. Corr. WvO no. 5039 (Willem van Oranje aan Jan van Nassau, Dordrecht, 7 juli 1575, zie ook Groen (1835-1847) v, p. 245-246).
294. Pettegree (2015) p. 288; zie ook hiervoor p. 170.
295. Zie de instructie voor Wolfgang van Hohenlohe (Corr. WvO no. 5035, Dordrecht, 24 april 1575, zie ook Groen (1835-1847) v, p. 190).
296. Corr. WvO no. 5035 (instructie voor Wolfgang van Hohenlohe, 24 april 1575, zie ook Groen (1835-1847) v, p. 191).
297. Delen (2002) p. 250; De Smet (1998) p. 50-51.
298. Zie de verkorte versie van het rapport in: Groen (1835-1847) v, p. 216-220; zie ook het advies van een andere verse Leidse professor Louis Capel: id., p. 220-226.
299. Corr. WvO no. 11075; de Franse vertaling van de oorspronkelijk in het Latijn gestelde verklaring in Groen (1835-1847) v, p. 224-226.
300. Van Roosbroeck (1974) p. 285; Deen (2018) p. 304. Charlotte de Bourbon bleef op eigen gezag, met hulp van predikant Jean Taffin, nog minstens anderhalf jaar bewijsstukken verzamelen, waarvoor Taffin ook naar Duitsland werd gestuurd. Pas toen Anna van Saksen in december 1577 overleed, kon ze de zaak echt laten rusten (Boer (1952) p. 83-86).
301. Boer (1952) p. 82-83; Delen (2002) p. 251.
302. De Jager (1880) p. 273-275; zie ook Delen (2002) p. 250 e.v.
303. Delen (2002) p. 251-252; zie ook Delaborde (1888) p. 91 e.v.
304. Groen (1835-1847) v, p. 270, met verwijzing naar Kluit (Kluit (1802-1805 I, p. 86), waar zelfs over een vorm van 'dictatuur' werd gesproken.
305. Bor (1679-1684) I, p. 668-672, conceptverdragstekst, 25 april 1576. Zie ook Corr. WvO no. 954 (Willem van Oranje aan de Staten van Zeeland, 25 april 1576); Bor (1679-1684) I, p. 672-673.
306. Blok (1919-1920) II, p. 55; Van Roosbroeck (1974) p. 277; Groen (1835-1847) v, p. 268-274.
307. Blok (1919-1920) II, p. 55; Israel (1995) p. 183.
308. Coopmans (1993) p. 52; zie ook Swart (2006) p. 33.
309. Tracy (2008) p. 290; Coopmans (1993) p. 52; Mörke (2010) p. 208.

310. Corr. WvO no. 5221 (Willem van Oranje aan Jan van Nassau, Dordrecht, 30 juli 1575); zie ook Groen (1835-1847) v, p. 263.
311. Parker (2014) p. 225-226.
312. Corr. WvO no. 5223 (Willem van Oranje aan Jan van Nassau, Rotterdam, 29 oktober 1575, zie ook Groen (1835-1847) v, p. 305-307 (p. 307, ook n. 1)); en Corr. WvO no. 5224 (Willem van Oranje aan Jan van Nassau, Rotterdam, 11 november 1575); vgl. Groen (1835-1847) v, p. 309; en *Resolutiën Holland en Westvriesland* (1575), p. 569 (9 juli).
313. Corr. WvO no. 5225 (Willem van Oranje aan Jan van Nassau, Rotterdam, 29 november 1575); vgl. Groen (1835-1847) v, p. 313-316 (p. 314). Zie ook Bor (1679-1684) i, p. 651; Tracy (2008) p. 128.
314. Blok (1919-1920) ii, p. 59; Van Roosbroeck (1974) p. 288; zie ook Waterschoot (1974) p. 76 e.v.
315. Poullet & Piot (1877-1896) v, p. 431 (12 december 1575).
316. Verslag van Marnix in de Staten van Holland (*Resolutiën Holland en Westvriesland* (1576) p. 46-47 (19 april). Zie ook Blok (1919-1920) ii, p. 59; Van Schelven (1939) p. 104-105; Woltjer (1972b) p. 33; Waterschoot (1974) p. 76-77.
317. Groen (1835-1847) v, p. 333-334.
318. Corr. WvO no. 5227 (Willem van Oranje aan Jan van Nassau, Rotterdam, 4 februari 1576, zie ook Groen (1835-1847) v, p. 327); zie ook Buisman (1995-) iv, p. 15-17.
319. Vgl. o.a. Groenveld (1980) p. 375 e.v.; Mout (1986) p. 346 en passim ('vaderland'); Swart (1984a) p. 567; Klink (1997) p. 297 (voor het gebruik van 'gemene vaderland' door Oranje, al in 1568); zie Duke (2009) p. 72 voor een parallel met de wijze waarop lutheranen dergelijke terminologie al met succes in de strijd wierpen tijdens de Schmalkaldische Oorlogen. Het Nederlandse begrip 'vaderland' was een neologisme dat kort tevoren moet zijn ontstaan (vgl. Mout (1986) p. 354; zie ook Geevers (2008) p. 74).
320. Vgl. o.a. Van Gelder (1933b) p. 167 en passim; Van Gelder (1939) p. 148 en passim; zie ook Groenveld (1980) p. 372 e.v., Klink (1997) p. 153; 't Hart (2000) p. 15 e.v.
321. Zie o.a. Pollmann (1992) p. 91 en passim.
322. Gorter-van Royen (1995) p. 23-24.
323. Gorter-van Royen (1995) p. 159; hetzelfde gold voor bijvoorbeeld Spanje, waar Karel v en ook diens zoon Filips ii niet erg geliefd waren omdat ze als 'buitenlands' gezien werden (Kamen (2010) p. 229-230).
324. Tracy (2008) p. 88 e.v.; Gorter-van Royen (1999) p. 249; Gorter-van Royen (1999) p. 237; zie ook de scepsis die Alva per definitie koesterde tegenover de inzet van niet-Spanjaarden (González de León & Parker (2001) p. 113).
325. Met name Lazarus van Schwendi was daarvan een uitgesproken pleitbezorger: Eiermann (1904) p. 31 e.v.; Louthan (1997) p. 108.
326. Knevel (1994) p. 104.
327. Schöffer (1981) p. 88-89; Groenveld (1999) p. 67; Pollmann (2000) p. 143.
328. Schöffer (1981) p. 94 e.v.; Van Gelderen (1992) p. 115-119 en passim. Zie Grafton (1990) over cultus van het in omloop brengen van vervalsingen, waar ook geleerden van grote reputatie aan meededen, zoals Erasmus (id. p. 44 e.v.).
329. Meganck (2017) p. 44 e.v.; exemplaren van de versie uit 1568 zijn niet overgeleverd; in 1581 maakte Plantijn een nieuwe oplage.

330. Vgl. o.a. De la Fontaine Verwey (1975b) p. 142; zie voor 'patria'-concept in kringen van Duitse Nassaus eerder in de zestiende eeuw: Hatzfeld (1955) p. 24; zie ook Parker (1981a) p. 25, Mout (1991) p. 64.
331. Zie ook de ideeën van Erasmus over de vorst als huisvader (Erasmus (2006) p. 171, p. 199); en voor Marnix zie Blok (1919-1920) II, p. 221.
332. Zie hiervoor hoofdstuk 5, p. 368; zie ook Mörke (2010) p. 167 e.v.
333. Duke (2009) p. 69.
334. Zie bijvoorbeeld de investeringen door Filips II in betrouwbare kaarten voor het beheersen van zijn grote rijk; vgl. Parker (1998) p. 59 e.v.
335. Roegiers & Van der Herten (1995) p. 66 e.v.
336. Swart (1984a) p. 566; en zie hiervoor hoofdstuk 6, p. 312.
337. Gachard (1848-1936) III, p. 644 (verslag van de onderhandelaars namens de koning, Breda, 14 maart 1575); zie ook id., p. 585-586 (instructie voor de onderhandelaars, Antwerpen, 14 februari 1575).
338. Zie enkele voorbeelden in Groen (1835-1847) V, p. 383; vgl. Pollmann (1992) p. 90 e.v.
339. Woltjer (1972b) p. 33; De Schepper (2000) p. 235; Verhofstad (1937) p. 67. Voor de diepere wortels van de afkeer bij de Nederlandse adel van buitenlandse inmenging in de binnenlandse verhoudingen (die teruggaat tot ca. 1520): Duke (2003d) p. 183; Duke (2004) p. 33; Duke (2009) p. 67. Al in 1559 constateerde Granvelle dat het gewone volk in de Nederlanden werd opgehitst tegen Spanjaarden (De Troeyer (1961) p. 38-39); zie ook Postma (2000a) p. 152.
340. Postma (2000a) p. 210; zie ook Postma (2000b) p. 160.
341. Vooral de terechtstelling van Egmond en Horne wekte veel afschuw over de Spaanse tirannie in de Nederlanden, ook in het omringende buitenland, zoals het Duitse Rijk; vgl. Nicklas (1995) p. 106; Engeland: Van Durme (1953) p. 124; zie ook Kossmann (1980) p. 6.
342. Schwendi (1612) p. 131 en passim (oorspronkelijke tekst *Bedencken an Kaiser Maximilian* uit 1574); zie ook Nicklas (1995) p. 34, p. 41; Erasmus had in zijn *Opvoeding van de Christenvorst* al het absurde van het onderling verketteren aangewezen: 'De ene streek haat de andere, de ene stad de andere. Waarom slagen die absurde benamingen er beter in ons tegen elkaar op te zetten, dan dat de naam van Christus, die we allen delen, ons aaneen smeedt?' (Erasmus (2006) p. 254). Zie ook Louthan (1997) p. 106 e.v.
343. Schwendi (1612) p. 144, p. 149. Voor Schwendi's ideeën over tolerantie: Nicklas (1995) p. 139 e.v.; en ook Eiermann (1904) p. 48.
344. Gachard (1848-1936) I, p. 231 (aangehaald door Filips II in brief aan Margaretha, Madrid, 23 december 1562); zie ook van Durme (1953) p. 159-160; Geevers (2011) p. 6 e.v.
345. Cellarius (1968) p. 122-123; Geevers (2010) p. 468.
346. Zie hiervoor hoofdstuk 4 (p. 184 e.v.) en 7 (p. 359); zie voor vergelijkbare ideeën bij Schwendi: Nicklas (1995) p. 121; zie ook Schmidt (1988) p. 226; Geevers (2008) p. 76; Geevers (2010) p. 468.
347. Swart (1984a) p. 567; Mout (1984) p. 618; zie ook het essay van J. Huizinga in Huizinga (1933) p. 144 e.v.
348. Oranje had er in het voorjaar van 1576 in de Unie van Delft nog weer eens voor

moeten tekenen; waarbij aan degenen die geen aanhangers van de 'Gereformeerde Evangelische Religie' waren alleen gewetensvrijheid werd toegestaan, maar geen godsdienstvrijheid, hoewel vervolging wel uitdrukkelijk werd uitgesloten (*Resolutiën Holland en Westvriesland* (1576) p. 75 (28 april)); vgl. Tracy (2008) p. 116 e.v.

349. Bruch (1976) p. 656-657.

350. Duke (2009) p. 70-71, p. 74; zie de kroniek van Godevaert van Haecht, onder 14 juli 1572; over de invasietroepen van Oranje 'Ende soo men hoorde en wouden sy niet langher [...] Guesen genoempt worden, maar protestanten oft voerstanders des vaderlandts', met daarbij de toevoeging: 'Maer voor het lichtste bleven sy onder 't gemeyn volck al Guesen heeten' (Van Roosbroeck (1929) II, p. 199). Een anoniem Italiaanstalig bericht ten behoeve van de Engelse regering meldt op 2 oktober 1576 dat in de dagen dat in Gent de onderhandelingen tussen Holland en Zeeland enerzijds en de zuidelijke Staten anderzijds over een eventuele pacificatie op gang kwamen, het gerucht ging dat er een verbod zou zijn ingesteld op het gebruik van het woord 'geuzen', op straffe van de dood (Kervyn de Lettenhove (1882-1900) VIII, p. 464).

351. Groenveld (1999) p. 71-73; Duke (2003d) p. 190; Duke (2009) p. 58, p. 73; zie ook Huidekoper (1984) p. 22, voor observatie dat Oranje vooral vanaf het sluiten van de Pacificatie tekent met 'amy et patriot'.

352. Swart (1994) p. 110; zie ook Arnade (2008) p. 170; het woord zou kort tevoren ook al in omloop zijn gekomen in Franse hofkringen, in een iets andere betekenis (Duke (2009) p. 58); volgens Duke kreeg het begrip nog vóór 1600 de bijbetekenis 'niet-calvinist' (Duke (1990) p. 191 (n. 91)).

353. *Resolutiën Holland en Westvriesland* (1576) p. 64, p. 71-72 (28 april); vgl. Bartstra (1933) p. 139; Baelde & Van Peteghem (1976) p. 13; Coopmans (1993) p. 53.

354. Vgl. discussie Rogers en Oranje: Kervyn de Lettenhove (1882-1900) VIII, p. 408 (Journal Rogers, juli 1576).

355. In kringen van Oranjes adviseurs, vooral met Jan van Nassau, was al enige maanden gespeculeerd over de bruikbaarheid van de hertog voor de protestantse zaak (vgl. Corr. WvO no. 1702, Jan van Nassau aan Willem van Oranje, Dillenburg, 13 oktober 1575, zie ook Groen (1835-1847) V, p. 298); en Corr. WvO no. 5780 (Jan van Nassau aan Willem van Oranje, Dillenburg, 24 oktober 1575, zie ook Groen (1835-1847) V, p. 305); en Groen (1835-1847) V, p. 316 e.v., p. 325 e.v.

356. Corr. WvO no. 9096 (Willem van Oranje aan Frans van Valois, hertog van Alençon, 6 mei 1576).

357. Blok (1919-1920) II, p. 64.

358. Oranje hoorde waarschijnlijk pas op 16 mei van de eind april gesloten vrede (Van Roosbroeck (1974) p. 290); zie ook het schrijven van Michel la Huguerye aan Willem van Oranje (Corr. WvO no. 6221, Parijs, 19 mei 1576), waarin hij speculeerde dat door de vrede in Frankrijk wellicht troepen voor een oorlog elders beschikbaar konden komen (Groen (1835-1847) supplément, p. 187). Volgens Van Reyd leefden er ook bij Hendrik III en Catharina de' Medici vroegtijdig ambities om Alençon naar voren te schuiven voor een rol in de Nederlanden en zouden zij daartoe ook bij Oranje diplomatie hebben bedreven (vgl. Groen (1835-1847) V, p. 341-342). Zie ook schrijven van Jan van Nassau (Corr.

WvO no. 5561, aan Willem van Oranje, Dillenburg, 9 mei 1576); met gedetailleerde informatie, verkregen van Willem van Hessen, over de aanstaande vrijheid van godsdienst in Frankrijk (vgl. Groen (1835-1847) v, p. 351-353).
359. Yates (1959) p. 33; Holt (1986) p. 12 e.v.
360. Deze benaming zou pas in 1584, het sterfjaar van Anjou en Oranje, in omloop komen (Holt (1986) p. 37 (n. 101); zie ook, p. 84 e.v.).
361. Volgens het oude adagium 'temporis filia veritas'; zie ook invloed van Erasmus op het actueel worden van deze opvattingen; vgl. Kossmann (1985) p. 14-15; Christin (1999) p. 210. Zie in deze dagen ook het stellige vermoeden van Jan van Nassau dat Anjou uiteindelijk geen twee religies naast elkaar wilde laten bestaan in één staat (Corr. WvO no. 5784 (Jan van Nassau aan Willem van Oranje, Ottweiler, 16 oktober 1576, zie ook Groen (1835-1847) v, p. 432)).
362. Becker (1986) p. 12 e.v.; Tanis & Horst (1993) p. 33; Horst (2003) p. 238-241.
363. Van Dorsten (1973) p. 40-49; Yates (1959) p. 104 e.v.
364. Van Dorsten (1973) p. 13, p. 27 e.v. en passim.
365. Voor Languet: Nicollier-de Weck (1995) p. 146 e.v.; en hiervoor p. 301. Zie voor Villiers' opvattingen over het oorspronkelijke christendom en het herstellen van een wezenlijk katholicisme, Boer (1952) p. 108.
366. Nicollier-de Weck (1995) p. 149, p. 458.
367. Ook elders, zoals in het Heilige Roomse Rijk, was onder katholieken een middenbeweging ontstaan, de z.g. 'Kompromiskatholiken', die zich distantieerden van de paus, en het biechten, het vasten, processies en aflaten veelal hadden afgeschaft, en die zonder meer niet veel gaven om ceremonieel, maar zich nog wel katholiek bleven noemen; onder anderen Schwendi kan er ertoe gerekend worden (vgl. Eiermann (1904) p. 55 e.v., p. 60; Nicklas (1995) p. 97).
368. De Witt (1868) p. 77-78 (*Memoires de Madame de Mornay*); zie ook Daussy (2002) p. 109.
369. Coigneau (1980-1981) p. 161-162.
370. Van Schelven meent dat Mornay als gezant van Karel IX Oranje al in 1571 op de Dillenburg een eerste keer zou hebben ontmoet (Van Schelven (1933) p. 310). In de memoires van Mornays echtgenote is wel sprake van een voorgenomen bezoek, in opdracht van Gaspard de Coligny, aan Oranje in 1572, dat echter doorkruist werd door de Bartholomeusnacht (De Witt (1868) p. 37-38); zie ook Daussy (2002) p. 58-59.
371. Du Plessis de Mornay (1824-1825) VI, p. 430-448; zie ook Van Schelven (1933) p. 310 e.v.; Mout (1984) p. 611; Daussy (2002) p. 133.
372. Daussy (2002) p. 135.
373. Daussy (2002) p. 165 e.v.
374. Corr. WvO no. 7927 (Willem van Oranje aan Lucas d'Heere, Middelburg, 6 juli 1576); zie ook Waterschoot (1985-1986) p. 81 e.v.
375. De Bock (1960) p. 6 e.v.
376. Boer (1952) p. 71 en passim.
377. Yates (1959) p. 30 en passim; Waterschoot (1985-1986), Bostoen (1988).
378. Soen (2011b) p. 23.
379. Woltjer (1994a) p. 70-71; Janssens (2000) p. 145; zie ook Groen (1835-1847) v, p. 331.

380. Corr. WvO no. 5512 (Juliana van Stolberg aan Willem van Oranje, Arnstadt, 5 maart 1576, zie ook Groen (1835-1847) supplément, p. 180-181).
381. Getuige enkele brieven van hofpredikant Jean Taffin aan Willem van Oranje over de gezondheidstoestand van Charlotte de Bourbon: Corr. WvO no. 7860 (Delft, 14 mei 1576), en Corr. WvO no. 7864 (Delft, 26 mei 1576) en Corr. WvO no. 7866 (Delft, 27 mei 1576); zie ook Boer (1952) p. 183-185; zoals eerder bij Anna van Buren en Anna van Saksen lijkt hier het gescheiden van haar echtgenoot moeten leven en de schaarste aan berichten ook Charlotte de Bourbon in deze weken parten te spelen (vgl. Boer (1952) p. 184); zie ook Corr. WvO no. 9847 (Charlotte de Bourbon aan Willem van Oranje, Middelburg, 3 april 1577); zie ook Groen (1835-1847) VI, p. 45, waar Charlotte over haar 'ennuy' spreekt 'singulièrement au regard de vostre absence'.
382. Groen (1835-1847), V, p. 365 (Nicolaas Bruyninck aan Jan van Nassau, Veere, 1 juni 1576); vgl. Kluiver (1984) p. 61. Zie ook Groen e.a. (2013) p. 152-153.
383. In Zierikzee bleef een Spaans garnizoen achter; de stad werd in november daaraan volgend voor de opstandelingen heroverd door Filips van Hohenlohe (Kluiver (1984) p. 61).
384. Van Peteghem (1976a) p. 341-343; Mörke (2010) p. 193-196.
385. Blok (1919-1920) II, p. 60.
386. Swart (1984b) p. 195-197.
387. Groen (1835-1847) V, p. 387.
388. Blok (1919-1920) II, p. 65; Van Roosbroeck (1974) p. 294.
389. Janssens (1976) p. 68.
390. Corr. WvO no. 6126 (Willem van Oranje aan Gilles van Berlaymont, Middelburg, 23 augustus 1576); zie ook Groen (1835-1847), V, p. 395-400. Zie ook Blok (1919-1920) II, p. 66.
391. Duke (2009) p. 73; zie ook Bor (1679-1684) I, p. 694-696 (Corr. WvO no. 10068, Willem van Oranje aan de Staten van Brabant, Middelburg, 2 september 1576).
392. Corr. WvO no. 7758 (Willem van Oranje aan Willem van Horne, heer van Heeze, Middelburg, 1 augustus 1576); vgl. Gachard (1847-1866) III, p. 106-109.
393. Bartstra (1933) p. 142; Blok (1919-1920) II, p. 66; Verheyden (1976) p. 324; Soen (2012) p. 108; zie ook het beknopte verslag van Jeronimo de Roda aan Filips II, Antwerpen, 6 september 1576 (Gachard (1848-1936) IV, p. 353); soms wordt ook Sasbout onder de gearresteerden genoemd; maar niet door Roda.
394. Zie de stellige overtuiging van Roda (Gachard (1848-1936) IV, p. 356-357 (Roda aan Staten van Brabant, Antwerpen, 7 september 1576)).
395. Parker (1981a) p. 169; zie ook Mörke (2010) p. 196; Gachard (1848-1936) IV, p. 356 (Jeronimo de Roda aan Filips II, Antwerpen, 6 september 1576); zie ook Baelde (1976) p. 140 e.v.; Tracy (2008) p. 135.
396. Parker (2014) p. 234; Soen (2012) p. 108.
397. Gachard (1848-1936) IV, p. 355-356 (Jeronimo de Roda aan Filips II, Antwerpen, 6 september 1576); Van Roosbroeck (1974) p. 296.
398. Gachard (1848-1936) IV, p. 368 (Filips II aan Jeronimo de Roda, El Escorial, 11 september 1576).
399. Fagel (2011) p. 66; Janssens (1976) p. 70; Blok (1919-1920) II, p. 66.
400. Van Roosbroeck (1974) p. 298; Blok (1919-1920) II, p. 71; Parker (1981a) p. 170; zie ook Groen (1835-1847) V, p. 440 e.v.

401. Corr. WvO no. 6972 (Willem van Oranje aan de Raad van State, Middelburg, 13 oktober 1576, oproep om naar aanleiding van onderschepte brieven van o.a. Filips II gezamenlijk in actie te komen, zie ook Gachard (1847-1866) III, p. 127-129). In deze tijd begon Oranje intensieve briefwisselingen met verscheidene bestuursgremia en individuen die tot voor kort nog de zijde van Filips II hielden.
402. Diegerick (1876) p. 387-388 ('Declaration du prince d'Orange en réponse à la demande de quelques gentilshommes de Flandres'); zie ook Blockmans & Van Peteghem (1976) p. 327; Van Peteghem (1976a) p. 341; Vermaseren (1983) p. 9 e.v.
403. Bartstra (1933) p. 142.
404. Corr. WvO no. 8369 (Staten-Generaal aan Willem van Oranje, Brussel, 29 september 1576, zie ook Gachard (1847-1866) III, p. 115-116); zie tevens Corr. WvO no. 8371 (instructie voor gezant Haussy, 30 september 1576; zie ook Gachard (1847-1866) III, p. 116-117).
405. Corr. WvO no. 8308 (Willem van Oranje aan Staten van Brabant, Vlaanderen en Henegouwen, 3 oktober 1576; Gachard (1847-1866) III, p. 117-120); vgl. Van Roosbroeck (1974) p. 298.
406. Zie o.a. Corr. WvO no. 7414 (Willem van Oranje aan de Staten Generaal, z.d. [najaar 1576]; zie ook Gachard (1847-1866) III, p. 140-154); vgl. Blok (1919-1920) II, p. 68; Groenveld (1999) p. 69.
407. Corr. Wvo no. 7414 (Willem van Oranje aan de Staten-Generaal, z.d.; Gachard (1847-1866) III, p. 152).
408. Gachard (1848-1936) IV, p. 422 (Jeronimo de Roda aan Filips II, Antwerpen 10 oktober 1576); vgl. Duke (2009) p. 57.
409. Een strikte eis van Oranje: Corr. WvO. no. 4589 (Willem van Oranje aan de gedeputeerden te Gent, z.pl., 29 oktober 1576; zie ook Groen (1835-1847) V, p. 468-469). Zie ook Baelde & Van Peteghem (1976) p. 22; Blockmans & Van Peteghem (1976) p. 327.
410. Corr. WvO no. 5232 (Willem van Oranje aan Jan van Nassau, Middelburg, 9 september 1576, zie ook Groen (1835-1847) V, p. 409).
411. Blockmans & Van Peteghem (1976) p. 327.
412. Fagel gaat uit van ca. 2000 à 2500 doden onder de Antwerpenaren (Fagel (2011) p. 68). Parker spreekt van 8000 doden (Parker (1981a) p. 172). Israel meent dat de aantallen in de propaganda van Oranje stelselmatig zijn overdreven en spreekt van 'probably only a few hundred people' die vermoord zijn (Israel (1995) p. 185).
413. George Gascoigne geciteerd naar Panhuysen & Van Stipriaan (2018) p. 109.
414. Corr. WvO no. 7233 (Willem van Oranje aan de Staten Generaal, z.pl., z.d. [kort na 3 november 1576], zie ook Groen (1835-1847) V, p. 494-497); vgl. Sutherland (1983) p. 219.
415. Parker (2014) p. 236; Sutherland (1983) p. 219.
416. Parker (1981) p. 172; Blockmans (2020) p. 243 e.v.

9 Verzoener (1576-1578)

1. Zie bijvoorbeeld een opmerking in een brief van Oranje aan de Brusselse burgemeester Henri de Bloeyere: 'M'estant survenuz certains affaires desquelz je

désire extrèmement communicquer avecq vous de bouche, pour estre choses qu'il ne convient commectre au papier [enz.]' (Corr. WvO no. 7772 (Willem van Oranje aan Henri de Bloeyere, Antwerpen, 1 mei 1580, zie ook Gachard (1847-1866) IV, p. 229). Zie over deze handicap voor de onderzoeker in het algemeen: Swart (2008) p. 18-19; en ook Parker (2014) p. XVI.

2. In 1574 opgetekend in een pamflet *Pandorae* [etc.], de aanduiding 'astutus Guilielmus' zou erop slaan dat Oranje, anders dan Egmond en Horne, in 1568 een zekere arrestatie wist te ontgaan (Fruin (1903b) p. 407).
3. Fruin (1903b) p. 404 e.v.; zie ook Blok (1910) p. 440 e.v., voor enkele aanvullingen op Fruin; en ook Kannegieter (1942) p. 93 e.v.; Van der Lem (2014) p. 66.
4. Zie bijvoorbeeld nog in Schenk (1984) p. 98. Voor de verbreiding van het epitheton 'de zwijger' sinds de zestiende eeuw: Kannegieter (1942) p. 94 e.v.
5. Kannegieter heeft laten zien dat vroege geschiedschrijvers als P.C. Hooft en Van Reyd ook al aangaven dat Oranje 'spaarzaam zeeker van woorden' (Hooft) was en ook niet van 'langhe propoosten' (Van Reyd) hield (Kannegieter (1942) p. 95).
6. Feith & Brugmans (1911) I, p. 578; Blok (1910) p. 442; Kannegieter (1942) p. 94, p. 100.
7. Parker (2019) p. XVI, p. 508 e.v.; en ook Parker (2014) p. 202, specifiek voor Filips II.
8. Snyder (2009) p. 156; zie ook Snyder (2009) p. XVII.
9. Snyder (2009) p. 23-24 en passim.
10. Swart (1994) p. 194-195.
11. Snyder (2009) p. 68 e.v., p. 107.
12. Snyder (2009) p. XV-XVI.
13. Snyder (2009) p. 128, onder verwijzing naar Lipsius' *Politicorum sive civilis libri sex* dat in 1589 voor het eerst verscheen, maar veel ideeën bevatte die al in de tijd dat Lipsius aan zijn Tacituseditie werkte (begin jaren zeventig) moeten zijn ontstaan. Zie ook Waszink (1999) p. 254 en passim; Zagorin (1990) p. 6 en ook p. 122 e.v.
14. Parker (2014) p. 237 e.v.; Blok (1919-1920) II, p. 74 e.v.; Mörke (2010) p. 201 e.v.
15. Soen (2012) p. 110.
16. Baelde & Van Peteghem (1976) p. 26 e.v.; Verheyden (1976) p. 325 e.v. en zie ook de tekst in de bijlage bij de betreffende bundel (p. 351-365); artikel 7 specifiek over de satisfactie voor steden in Holland en Zeeland die inzake religie een afwijkend standpunt wilden blijven innemen (p. 356); zie ook Tracy (2008) p. 151 e.v.
17. Tracy (2008) p. 152.
18. Van Eeghen (1959) II, p. 619; zie ook Deen (2015) p. 151.
19. Deen (2015) p. 151 e.v.
20. Van der Lem (2016) p. 65; Oranje zag zich in juni 1578 opnieuw gedwongen bij het Middelburgse stadsbestuur op verdraagzaamheid tegenover doopsgezinden aan te dringen (id. p. 65).
21. Kervyn de Lettenhove (1882-1900) IX, p. 240. Zie ook Van Deursen (2004) p. 95-96; Groen (1835-1847) VI, p. 104 (n. 1); Miedema (1903) p. 3. Vgl. de opmerking van de Engelse diplomaat Wilson dat Don Juan, ondanks anti-Spaanse sentimenten, in de Nederlanden in het voorjaar van 1577 redelijk geliefd was (*Calendar of State Papers* (1966-1969) XI (1575-1577) p. 581).

22. Sutherland (1983) p. 221; Swart (1994) p. 110.
23. Corr. WvO no. 7233 (Willem van Oranje aan de Staten-Generaal, z.pl., z.d. [november 1576], zie ook Groen (1835-1847) v, p. 495); Corr. WvO no. 6406 (Willem van Oranje aan Dirk Theodoor van Liesveld, z.pl., 10 november 1576, zie ook Groen (1835-1847) v, p. 506); Corr WvO no. 4650 (Willem van Oranje aan magistraat etc. van Brussel, Middelburg, 10 november 1576, zie ook Groen (1835-1847) v, p. 508); vgl. Geurts (1956) p. 61 e.v.
24. Corr. WvO no. 7233 (Willem van Oranje aan de Staten-Generaal, z.pl., ongedateerd [november 1576], zie ook Groen (1835-1847) v, p. 496).
25. Corr. WvO no. 6616 (Jean de Pennants aan Willem van Oranje, Brussel, 20 november 1576, zie ook Groen (1835-1847) v, p. 531). Zie tevens Sutherland (1983) p. 223; Parker (2014) p. 243. Zie voor de manier waarop de inhoud van dergelijke onderschepte brieven door het Oranjekamp zeer tendentieus werd weergegeven: Miedema (1903) p. 6 e.v. Zie ook Geurts (1956) p. 64.
26. Corr. WvO 361 (Willem van Oranje aan de Staten-Generaal, Middelburg, 30 november 1576); zie ook Gachard (1830) p. 301-311; zie ook Geurts (1956) p. 61-62.
27. Corr. WvO no. 7233 (Willem van Oranje aan de Staten-Generaal, z.pl., z.d. [november 1576], zie ook Groen (1835-1847) v, p. 496); vgl. Mörke (2010) p. 213.
28. Zie antwoord op dit verzoek Corr. WvO no. 4650 (Willem van Oranje aan magistraat etc. van Brussel, Middelburg, 10 november 1576, zie ook Groen (1835-1847) v, p. 507-508).
29. Corr. WvO no. 5451 (Willem van Oranje aan Staten-Generaal, 24 november 1576); Groen (1835-1847) v, p. 527; Van Roosbroeck (1974) p. 310.
30. Corr. WvO no. 7876 (Olivier van den Tympel aan Willem van Oranje, Brussel, 23 november 1576); zie ook Groen (1835-1847) v, p. 540-541.
31. Onder anderen door Groen (Groen (1835-1847) v, p. 540); zie ook Van der Lem (2014) p. 112.
32. Corr. WvO no. 7877 (Olivier van den Tympel aan Willem van Oranje, Haecht, 7 december 1576, zie ook Groen (1835-1847) v, p. 557).
33. Zie o.a. het scherpe portret door Morillon naar aanleiding van Aarschots gedrag in de Raad van State, omstreeks 1574: Aarschot zat daar alleen maar grappen te maken, sprong van de hak op de tak, zonder serieus op de staatszaken in te gaan. Hij had de gewoonte om nogal opzichtig prostituees te bezoeken; ook werd hij wel spelend met een bal op de Brusselse Grote Markt aangetroffen; hij wekte de indruk alleen maar met zijn eigen pleziertjes bezig te zijn (Poullet & Piot (1877-1896) v, p. 100-101 (Morillon aan Granvelle, Brussel, 1 juni 1574)).
34. Corr. WvO no. 6041 (Philippe de Croÿ, hertog van Aarschot aan Willem van Oranje, Brussel, 10 december 1576, zie ook Groen (1835-1847) v, p. 559).
35. Vermaseren (1983) p. 24 e.v.
36. Soen (2012) p. 111.
37. Groen (1835-1847) v, p. 609: het voorbeeld van een koerier van de keizer die gevangen werd genomen en ten huize van Oranjeagent Henri de Bloeyere zijn brieven aan leden van de Staten-Generaal moest afgeven, die werden geopend en gelezen (februari 1577); zie ook Geurts (1956) p. 62.
38. Blok (1919-1920) II, p. 77; Van Roosbroeck (1974) p. 312 e.v.; Swart (2006) p. 36.
39. Corr. WvO no. 7754 (instructie voor gezant Henri de Bloeyere voor onderhoud

met delegatie uit Staten-Generaal, Middelburg, 26 januari 1577, zie ook Gachard (1847-1866) III, p. 199 (inzake Hulst)); Blok (1919-1920) II, p. 78.

40. Groen (1835-1847) V, p. 589; Van Roosbroeck (1974) p. 312; er is vaak geopperd dat de Unie van Brussel bedoeld was om Oranje op afstand te zetten (vgl. Baelde & Van Peteghem (1976) p. 36-37), toch lijkt het erop dat Oranje er alleen maar tactische voordelen in zag: de Staten-Generaal legden zich eens te meer vast op de Pacificatie van Gent. Zie ook Sutherland (1983) p. 221; Coopmans (1993) p. 53-54.
41. Sutherland (1983) p. 220; Woltjer (1994a) p. 75.
42. Soen (2012) p. 113; in het Eeuwig Edict was bedongen dat ze over land en niet per schip via Zeeland het land zouden verlaten, wat de dreiging van een invasie van Engeland tenietdeed (Parker (2014) p. 241).
43. Groen (1835-1847) VI, p. 42, en p. 78 (brief van Don Juan de Zuñiga aan Don Juan, Rome, 26 april 1577).
44. *Calendar of State Papers* (1966-1969) XII, p. 25 (anonymus aan Don Juan, 19 juli 1577); en id., p. 68-69; de twee brieven die het complot volgens Don Juan moesten bewijzen, droegen geen namen van geadresseerden en afzenders (rapport uit Antwerpen). Zie ook Sutherland (1983) p. 227-228.
45. Soen (2012) p. 113; Van Roosbroeck (1974) p. 312.
46. Soen (2010) p. 56; Sutherland (1983) p. 222; Mörke (2010) p. 214.
47. *Calendar of State Papers* (1966-1969) XI (1575-1577) p. 583 (anonieme notities, mei 1577).
48. Corr. WvO no. 8330 (Staten-Generaal aan Willem van Oranje, 17 december 1576, zie ook Gachard (1847-1866) III, p. 169).
49. O.a. Corr. WvO no. 8324 (Willem van Oranje aan de Staten-Generaal, Middelburg, 2 februari 1577, zie ook Gachard (1847-1866) III, p. 203-204). Zie tevens de sterk afkeurende uitleg die Oranje van deze bemiddeling geeft in zijn *Apologie* van 1581 (Verwey (1923) p. 86), waarbij degenen die onderhandelden met Don Juan op voorhand het bereikte in de Pacificatie van Gent, verkwanselden.
50. Corr. WvO no. 4812 (Willem van Oranje aan Don Juan, Dordrecht, 6 april 1577), zie ook Gachard (1848-1936) V, p. 280). Don Juan beloofde dit te zullen effectueren, zonder dat er iets van terechtkwam (Corr. WvO no. 7732, Don Juan aan Willem van Oranje, Leuven, 25 april 1577, zie ook Gachard (1848-1936) V, p. 321-322).
51. Woltjer (1976) p. 82 e.v.
52. Tracy (2008) p. 153; Woltjer (1976) p. 85 e.v.
53. Tracy (2004) p. 8 e.v.; Tracy (2008) p. 148 e.v., p. 169; zie ook Kluiver (1984b) p. 14. Vgl. Grijzenhout (1999) p. 254-255 voor iconografie van de 'Hollandse Tuin' die teruggaat tot ca. 1573; zie ook Kempers (1995) p. 79.
54. Woltjer (1976) p. 88 e.v.; Israel (1995) p. 189; Arnade (2008) p. 265-266.
55. Corr. WvO no. 349 (instructie van Don Juan voor zijn onderhandelingsdelegatie o.l.v. de hertog van Aarschot, Brussel, 15 mei 1577; zie ook Gachard (1847-1866) III, p. 441-442). Zie ook Corr. WvO no. 6122 (Paulus Buys aan Willem van Oranje, 16 maart 1577, zie ook Groen (1835-1847) VI, p. 11), waar Buys bericht dat de Staten ermee akkoord zijn dat Oranje zijn oude stadhouderschap van Utrecht (op dat ogenblik bekleed door Hierges) weer opeist door een beroep te doen op een uitspraak van Karel V uit 1534, die had gesteld dat Holland en

Utrecht een unie moesten vormen onder één stadhouder. Zie tevens schrijven van Adriaan van der Mijle, die Oranje op 19 maart een kopie van het betreffende document toestuurde (Corr. WvO no. 6533, zie ook Groen (1835-1847) VI, p. 17). Vgl. Woltjer (1979) p. 90.

56. Corr. WvO no. 10257 (Willem van Oranje aan de Staten van Gelderland, z.pl., 5 augustus 1577, zie ook Bondam (1779-1781) III, p. 94-101); en ook Corr. WvO no. 532 (voorstellen van afvaardiging namens Willem van Oranje aan de Staten van Gelderland, Nijmegen, 18 september 1577), waar, iets voorzichtiger, wordt ingezet op een defensieve alliantie tegen Don Juan tussen Gelderland en Utrecht, Overijssel en Friesland (zie ook Bondam (1779-1781) III, p. 256-263).
57. Datum afgeleid uit Corr. WvO. no. 289 (afvaardiging Don Juan aan Willem van Oranje en de Staten van Holland en Zeeland, Geertruidenberg, 23 mei 1577; zie ook Gachard (1848-1936) p. 807). Mörke geeft ook 6 mei (Mörke (2010) p. 215). Parker geeft 5 mei in Parker (2014) p. 242; en Soen 10 mei als dag van Blijde Intrede (Soen (2012) p. 113). Groen stelt 'entrée' op 2 mei (Groen (1835-1847) VI, p. 82).
58. Van het gesprek is een verslag bewaard, dat waarschijnlijk afkomstig is uit het kamp van Oranje, mogelijk van de hand van Filips van Marnix, die een van Oranjes vijf medeonderhandelaars was. Aarschot liet zich onder anderen bijstaan door Elbertus Leoninus, een jurist die je liever in je eigen kamp hebt, en door doctor Andreas Gaill, een gezant van de keizer (vgl. Gachard (1847-1866) III, p. 447-459 (p. 447)); zie ook Van Roosbroeck (1974) p. 314-315.
59. Gachard (1847-1866) III, p. 448.
60. Gachard (1847-1866) III, p. 451.
61. Gachard (1847-1866) III, p. 453.
62. Gachard (1847-1866) III, p. 455.
63. Gachard (1847-1866) III, p. 456.
64. Vgl. Corr. WvO no. 339, 340, 8801, 349, 5983, 8133, 346, 347, 289, 338.
65. Zie Corr. WvO no. 6995 (Willem van Oranje aan Don Juan, Geertruidenberg, 24 mei 1577, zie ook Gachard (1847-1866) III, p. 291).
66. Zie Corr. WvO no. 7937 (instructie voor gezant De Famars voor missie naar Elizabeth, Middelburg, 10 februari 1577, zie ook Kervyn de Lettenhove (1882-1900) IX, p. 185, p. 191). Zie tevens Corr WvO no. 7909 (Thomas Wilson aan Willem van Oranje, Brussel, 19 april 1577; zie ook Groen (1835-1847) VI, p. 71-72 (p. 72)). Vgl. Sutherland (1983) p. 219, p. 225; Parker (2014) p. 234 e.v.
67. Parker (2014) p. 243.
68. Corr. WvO no. 6995 (Willem van Oranje aan Don Juan, Geertruidenberg, 24 mei 1577); zie ook Gachard (1847-1866) III, p. 291.
69. Gachard (1847-1866) III, p. LXIII (n. 2); Van Schelven (1948) p. 35.
70. Blok (1919-1920) II, p. 82.
71. Delvigne (1869-1871) II, p. 52-53; zie voor de omvang van het propagandaoffensief: Valkema Blouw (1994) p. 27 e.v.
72. Geurts (1956) p. 66-67; zie ook Van Roosbroeck (1974) p. 315; Blok (1919-1920) II, p. 94-95; Valkema Blouw (1994) p. 19 e.v.
73. Woltjer (1994a) p. 76; De Jong (1979) p. 166; zie ook Bor (1679-1684) I, p. 820,

voor de vervolging van kleermaker Pieter Panis in Mechelen, waar Don Juan op dat ogenblik verbleef, en de poging van Willem van Oranje om voltrekking van het doodvonnis te verhinderen (Corr. WvO no. 12040 (Willem van Oranje aan de schepenen van Mechelen, Dordrecht, 30 mei 1577)).

74. Blok (1919-1920) II, p. 87-88.
75. Parker (2014) p. 243-244; Tracy (2008) p. 138.
76. Heezen-Stoll (1990) p. 7.
77. *Calendar of State Papers* (1966-1969) XII (1577-1578) p. 68 (rapport uit Antwerpen, 12 augustus 1577).
78. Van Roosbroeck (1974) p. 316.
79. Zie Corr. WvO no. 4542 (Willem van Oranje aan de Staten-Generaal, Medemblik, 2 augustus 1577, zie ook Groen (1835-1847) VI, p. 121 e.v.).
80. Blok (1919-1920) II, p. 88.
81. Groen (1835-1847) VI, p. 132 (Nicolaas Bruyninck aan Jan van Nassau, Keulen, 13 augustus 1577); zie ook aldaar p. 142.
82. Parker (2014) p. 244.
83. Van Eeghen (1959) II, p. 669. Volgens Groenveld bleven de landerijen in dit deel van Holland nog zeker tot 1580 zo goed als onbruikbaar voor bebouwing (Groenveld (2018c) p. 133).
84. Van Peteghem (1976b) p. 112.
85. Bor (1679-1684) I, p. 830; zie ook Swart (1996) p. 75, voor vergelijkbare observaties door Don Juan in een brief aan Filips II (zonder nadere bronvermelding).
86. Van Schelven (1948) p. 11-12.
87. Blok (1919-1920) II, p. 84; Delen (2002) p. 258. De doopplechtigheid leverde ook meteen de eerste kennismaking op tussen Oranje en Philip Sidney (Cannegieter & Van Dorsten-Timmerman (1986) p. 56).
88. Van Schelven (1948) p. 171; Verwer (1973) p. 195.
89. Daniel Rogers aan Francis Walsingham, Enkhuizen, 24 juli 1577 (*Calendar of State Papers* (1966-1969) XII (1577-1578) p. 29; vgl. Deen (2015) p. 149; zie ook observatie van Daniel Rogers: 'Everybody here mocks at the folly of the governors of Amsterdam' (*Calendar of State Papers* (1966-1969) XII (1577-1678) p. 29).
90. Over de route van Oranje door het Noorderkwartier: Blok (1919-1920) II, p. 86 (n. 2); Van Alfen (1933) p. 441.
91. Corr. WvO no. 6996 (Staten-Generaal aan Willem van Oranje, Brussel, 3 juli 1577, zie ook Gachard (1847-1866) III, p. 308-309). Vgl. Blok (1919-1920) II, p. 86-87; Vermaseren (1983) p. 30 e.v.; Woltjer (1994a) p. 79. Zie voor de steeds terugkerende eis van het weer toestaan van de katholieke eredienst: o.a. Corr. WvO no. 1276 (Staten-Generaal aan Willem van Oranje, Brussel, 11 september 1577, zie ook Groen (1835-1847) VI, p. 155-157).
92. Blok (1919-1920) II, p. 88 (zie voor de activiteiten van de beide juristen ook: id. p. 66 en p. 126).
93. Groen (1835-1847) VI, p. 161; instemming van de Staten-Generaal volgde pas een dag later; vgl. Smolderen [1972] p. 57; Mörke (2010) p. 219.
94. Van Roosbroeck (1974) p. 319; Mörke (2010) p. 219.
95. Corr. WvO no. 1276 (Staten-Generaal aan Willem van Oranje, Brussel, 11 september 1577); zie ook Groen (1835-1847) VI, p. 155-157.

96. Blok (1919-1920) II, p. 94; Van Schelven (1948) p. 254; Kluiver (1984) p. 11; Wolf (1955) p. 179 en passim; Janssen (1979) p. 115.
97. Trosée (1924) p. 190 e.v.; voor een huwelijk met Maria zou ook Philip Sidney in deze tijd gegadigde zijn geweest (vgl. Jardine (2005) p. 124-125). Zo beloofde Aarschot in deze weken Oranje herhaaldelijk om, gebruikmakend van zijn nog altijd goede contacten met het Spaanse bewind, diens zoon Filips Willem vrij te krijgen (vgl. Trosée (1924) p. 199 e.v.).
98. Trosée (1924) p. 200.
99. Charlotte de Bourbon maakte zich al langere tijd zorgen over het gebrek aan goede bewaking en bescherming van Oranje en haarzelf, zoals medio augustus in Utrecht, waar Oranje zonder lijfwacht van enige betekenis door de stad bewoog en de situatie regelmatig gevaarlijk werd (Bor (1679-1684) I, p. 831; zie ook latere klachten van Charlotte in Corr. WvO no. 9855 (Charlotte de Bourbon aan Willem van Oranje, z.pl., 24 september 1577; vgl. Groen (1835-1847) VI, p. 172); en ook Corr. WvO no. 9860 (Charlotte de Bourbon aan Willem van Oranje, Dordrecht, 4 oktober 1577; vgl. Groen (1835-1847) VI, p. 176). Zie ook Hallema (1934) p. 67.
100. Japikse (1933) p. 148; *Calendar of State Papers* (1966-1969) XI (1575-1577) p. 592; Groenveld (2018) p. 162.
101. Corr. WvO no. 9860 (Charlotte de Bourbon aan Willem van Oranje, Dordrecht, 4 oktober 1577); Corr. WvO no. 9847 (Charlotte de Bourbon aan Willem van Oranje, Middelburg, 3 april 1577); zie ook Groen (1835-1847) VI, p. 45.
102. Dat veronderstelt althans Japikse (Japikse (1933) p. 148).
103. Corr. WvO no. 9866 (Charlotte de Bourbon aan Willem van Oranje, Breda, 11 oktober 1577); Groen (1835-1847) VI, p. 200.
104. Corr. WvO no. 9865 (Charlotte de Bourbon aan Willem van Oranje, z.pl., 10 oktober 1577), zie ook Groen (1835-1847) VI, p. 199; en Corr. WvO no. 9866 (Charlotte de Bourbon aan Willem van Oranje, Breda, 11 oktober 1577; Groen (1835-1847) VI, p. 200; zie ook Boer (1952) p. 75.
105. Blok (1919-1920) II, p. 92-93; Hallema (1934) p. 68 e.v.
106. Het gezelschap was op zondag 21 september, tegen middernacht uit Antwerpen vertrokken richting Willebroek, zie verslag Davison in Kervyn de Lettenhove (1882-1900) IX, p. 538-539; zie ook het uitgebreide verslag in Houwaert (1579).
107. Houwaert (1579) p. 53 en passim; fragmenten daaruit ook in Panhuysen & Van Stipriaan (2018) p. 120-123. De tranen van blijdschap werden ook waargenomen door de Engelse gezant William Davison (Kervyn de Lettenhove (1882-1900) IX, p. 539).
108. Parker (2014) p. 245.
109. Waterschoot (1984a) p. 116 e.v.; Waterschoot (1984b) p. 444-445 en passim.
110. En zo waren ze ook uitdrukkelijk bedoeld: vgl. Houwaert (1579) p. 27 en p. 28 ('[...] Moses (die de*n* persoon van sijn Excellentie representeerde'); zie ook Davison in: Kervyn de Lettenhove (1882-1900) IX, p. 539. Zie ook Soly (1984) p. 355; Waterschoot (1984b) p. 444 e.v.; Swart (1994) p. 130; Delen (2002) p. 231 e.v.; Horst (2003) p. 306 en passim.
111. Groen (1835-1847) VI, p. 166-169; Parker (2014) p. 245.
112. Groen (1835-1847) VI, p. 170.

113. Parker (1981b) p. 144; Groen e.a. (2013) p. 83; Parker (2014) p. 244-245.
114. De verwarring en besluiteloosheid ('une grande confusion en toutes choses') werd door Marnix helder beschreven in een brief aan Oranje van 2 november 1577 uit Brussel (Corr. WvO no. 6467, zie ook Groen (1835-1847) VI, p. 219-221): 'De nostre costé il n'y a ordre, ny argent, ny contentement' (p. 219).
115. Louthan (1997) p. 145; Groen (1835-1847) VI, p. 192. In Schmidt (1988) p. 237 wordt januari 1577 genoemd als moment waarop het plan in Wenen al serieus werd uitgewerkt.
116. Volgens Davison, die het Oranje op de man af vroeg, gebeurde dat omstreeks 15 september te Geertruidenberg (Kervyn de Lettenhove (1882-1900) X, 45 (zie ook id., IX, p. 522 voor gegevens over reis Havré, die op 17 september in Duinkerken was en vlak daarvoor in Geertuidenberg verbleef om Oranje te informeren; zie ook Groen (1835-1847) VI, p. 193 e.v.
117. Jan van Nassau spreekt over een actie van Aarschot c.s. 'ohne vorgehende berathslagung, wissen, und willen der andern' (Jan van Nassau aan Willem van Hessen, Antwerpen, 1 november 1577 (Groen (1835-1847) VI, p. 215)).
118. Woltjer (1994a) p. 77.
119. Louthan (1997) p. 147; zie ook Seidl (1907) p. 68. Zie voor vertrek uit Wenen: Seidl (1907) p. 56.
120. Zie het verslag van de Franse gezant dr. Labbe (in brief aan Catharina de' Medici, Wenen, 16 oktober 1577), in: Groen (1835-1847) VI, p. 201-202; zie ook Seidl (1907) p. 57.
121. Zie het verslag van de Franse gezant dr. Labbe in: Groen (1835-1847) VI, p. 203. Zie ook Schmidt (1988) p. 237 (n. 84); Nicklas (1995) p. 168; Louthan (1997) p. 9 en p. 144 e.v.; Schwendi had iets dergelijks ook al in 1574 gesuggereerd; zie hiervoor p. 441.
122. Seidl (1907) p. 57; De Graaf (2018) p. 222-223.
123. Zie brief van Matthias aan Günther van Schwarzburg (Maastricht, 28 oktober 1577, in: Groen (1835-1847) VI, p. 213-214), waarin Matthias voorstelt Schwarzburg enkele dagen later in het Brabantse Lier weer te ontmoeten; zie ook Swart (2007) p. 337.
124. Blok (1919-1920) II, p. 95-96.
125. Mörke (2010) p. 222-223; zie ook Groen (1835-1847) VI, p. 208-209.
126. Zie hiervoor hoofdstuk 4, p. 186.
127. Dat er in de Nederlanden ook wel werd gedacht in termen van een katholicisme zonder Rome, zie o.a. Woltjer (1979) p. 92, naar aanleiding van vertegenwoordigers van Friesland en Gelre, die dit in december 1576 uit eigen beweging bij Oranje tot uitdrukking brachten. Zie voor vergelijkbare ideeën in het Duitse Rijk: Christin (2002) p. 93 en passim (aan de hand van het gedachtegoed van Schwendi).
128. Jan van Nassau omschreef de dreiging ook als zodanig ('intestinum bellum') in een brief aan Willem van Hessen (Antwerpen, 4 november 1577, in: Groen (1835-1847) VI, p. 227-228).
129. Decavele (1985) p. 68; zie ook Seidl (1907) p. 81.
130. Decavele (1984b) p. 626.
131. Blok (1919-1920) II, p. 97; Van Roosbroeck (1974) p. 324 e.v., en er werden ook

verse troepen aangevoerd vanaf Walcheren. Zie ook Decavele (1984b) p. 626 e.v.; Decavele (1985) p. 68-69.

132. Blok (1919-1920) II, p. 97; zie ook Groen (1835-1847) VI, p. 217, op basis van Van Meteren. Ook Arent van Dorp, Oranjes gezant in Gent, was vooraf op de hoogte (Blok (1919-1920) II, p. 97).

133. Decavele (1985) p. 69; Coigneau (1984) p. 92; Marnef (2001a) p. 98.

134. Decavele (1984b) p. 627; Geurts (1956) p. 70-71.

135. Williams Davison aan Lord Burleigh, Antwerpen, 27 oktober 1577: 'He is come downe rawly and nakedly utterly, unaccompanyed of men of counsaill or of note' (Kervyn de Lettenhove (1882-1900) X, p. 47).

136. Corr. WvO no. 5246 (Willem van Oranje aan Jan van Nassau, Antwerpen, 23 oktober 1577); zie ook Groen (1835-1847) VI, p. 208.

137. Corr. WvO no. 6141 (Champagney aan Willem van Oranje, Aalst, 3 november 1577, zie ook Groen (1835-1847) VI, p. 226); zie tevens Mörke (2010) p. 225; Renson (1947) p. 571.

138. Groen (1835-1847) VI, p. 222-223.

139. Corr. WvO no. 7848 (Cornelis van der Straten aan Willem van Oranje, Brussel, 10 december 1577, zie ook Groen (1835-1847) VI, p. 262-264); vgl. Renson (1947) p. 568 e.v.; De Schepper (2000) p. 235 e.v.

140. Van Roosbroeck (1974) p. 326; Mörke (2010) p. 226-227; Van der Lem (2014) p. 111.

141. Baelde & Van Peteghem (1976) p. 41; Janssen (1979) p. 113-114; Woltjer (1994a) p. 79.

142. Corr. WvO no. 10719 (de heren van Mansart en Aubigny aan Willem van Oranje, Parijs, 7 november 1577, zie ook Groen (1835-1847) VI, p. 237-238; zie ook Holt (1986) p. 90 e.v.

143. Holt (1986) p. 92; Yates (1959) p. 104.

144. Paltsgraaf Johan Casimir moest hierin een coördinerende rol spelen (Corr. WvO no. 10319, Willem van Oranje aan koningin Elizabeth, Brussel, 21 januari 1578, zie Kervyn de Lettenhove (1882-1900) X, p. 241); het plan dateerde al van de zomer van 1577, toen Oranje het in Enkhuizen voorlegde aan Daniel Rogers (*Calendar of State Papers* (1966-1969) XII, p. 27 (Rogers aan Walsingham, Enkhuizen, 24 juli 1577); zie ook Janssen (1979) p. 111, p. 117). Er waren in het voorjaar al verkennende besprekingen over gevoerd, zie het verslag daarvan door Franse gezant in Duitsland Caspar van Schomberg in een brief van 8 april 1577 aan koning Hendrik III van Frankrijk, die meteen het advies krijgt dit proces zo veel mogelijk te laten voortduren door tweedracht te zaaien, zo mogelijk door Oranje, via Oranjes Parijse gezant Ghislain de Fiennes, van alles in het oor te fluisteren (Groen (1835-1847) VI, p. 57).

145. Bakhuizen van den Brink (1941) p. 248 (Sidney), p. 250 (Rogers).

146. Bakhuizen van den Brink (1941) p. 257; Van Dorsten (1988) p. 25 e.v.

147. Bakhuizen van den Brink (1941) p. 242 e.v., p. 266 en passim; zie Van Dorsten, die de ambities van Languet en Sidney in deze dagen omschreef als het werken aan 'a united Protestant front against Spain and the Church of Rome' (Van Dorsten (1988) p. 26).

148. Mörke (2010) p. 225; Van Roosbroeck (1974) p. 326; Blok (1919-1920) II, p. 98. Zie ook Seidl (1907) p. 82; de dertig punten samengevat in id., p. 84-89.

149. Van Roosbroeck (1974) p. 326-327; Mörke (2010) p. 225; Delen (2002) p. 71 e.v.; zie voor hofhouding van Oranje in Antwerpen: Blok (1919-1920) II, p. 104 e.v.
150. Woltjer (1994a) p. 79.
151. Corr. WvO no. 3902 (Willem van Oranje aan Het Comité van Achttien van Brussel, Gent, 5 januari 1578, zie ook Groen (1835-1847) VI, p. 278-280).
152. Groen (1835-1847) VI, p. 280; zie ook Parker (1981a) p. 180.
153. Bor (1679-1684) I, p. 930-931; Blok (1919-1920) II, p. 101; Seidl (1907) p. 92; Bussels (2002) p. 154 e.v.
154. Soly (1984) p. 355; Seidl (1907) p. 93-94; Bussels (2002) p. 164 e.v.
155. Groen (1835-1847) VI, p. 280.
156. Louthan (1997) p. 147 e.v.; Nicklas (1995) p. 168-169.
157. Seidl (1907) p. 96.
158. Waterschoot (1974) p. 86; Waterschoot (1984b) p. 446; Coigneau (1984) p. 92; Arnade (2008) p. 292. Moment van eerste contact tussen Oranje en D'Heere is gedocumenteerd in brief van Oranje van 6 juli 1576 (Corr. WvO no. 7927, zie ook Kervyn de Lettenhove (1882-1900) VIII, p. 409).
159. Blok (1919-1920) II, p. 101.
160. Decavele (1984b) p. 628.
161. In januari zorgde Oranje ervoor dat de in oktober gevangengenomen hoogwaardigheidsbekleders werden vrijgelaten, of in ieder geval niet meer dan huisarrest kregen. Hij overlegde erover met het stadsbestuur, maar ook met de proost van de Sint-Baafsabdij, Bucho van Aytta, een neef van Viglius. Het was een poging om de sfeer van wetteloosheid die katholieken in Gent ervoeren, te temperen (Corr. WvO no. 7841, Willem van Oranje aan Bucho van Aytta, Brussel, 23 januari 1578; zie ook Gachard (1847-1866) IV, p. 35-36). Het waren kleine gebaren, die weinig zouden helpen; de radicalisering in Gent ging in een overrompelend tempo door.
162. Decavele (1984b) p. 629-631; Israel (1995) p. 194.
163. Corr. WvO no. 7969 (Willem van Oranje aan schepenen, edelen en notabelen van Gent, 18 februari 1578, vgl. Gachard (1847-1866) IV, p. 38).
164. Decavele (1985) p. 74 e.v.; Decavele (1984b) p. 631 e.v.; Decavele (1984a) p. 43.
165. Bor (1679-1684) I, p. 934; zie ook Woltjer (1994a) p. 81.
166. Blok (1919-1920) II, p. 104; Holt (1986) p. 96; Swart (2006) p. 37.
167. Bor (1679-1684) I, p. 935.
168. Swart (1994) p. 163.
169. Dit werd naderhand als reden gegeven door een van Lumeys soldaten, Frederik van Vervou; vgl. Oosterhuis (1996) p. 207; zie ook fragment uit Vervous memoires in: Panhuysen & Van Stipriaan (2018) p. 124-125.
170. Poncelet (1936) p. 54; Flament (1922) p. 289; Oosterhuis (1996) p. 209-210.
171. Bor (1679-1684) II, p. 3, vooral vanwege de soliditeit en bedachtzaamheid van Farnese, en zijn kennis van de Nederlandse mentaliteit, opgedaan door langere verblijven in de Nederlanden, gecombineerd met de listigheid, opgedaan in Italië, zie ook Van der Essen (1933-1939) II, p. 64-65.
172. Corr. WvO no. 5249 (Willem van Oranje aan Jan van Nassau, Gent, 11 januari 1578); zie ook Groen (1835-1847) VI, p. 281-283; zie tevens Holt (1986) p. 95.
173. Soen (2012) p. 118.

174. Groen (1835-1847) VII, p. 192.
175. Baelde & Van Peteghem (1976) p. 43.
176. Soen (2012) p. 120-123.
177. Vermaseren (1983) p. 37; zie voor de harde inbreuken op de Pacificatie die daar het gevolg van waren: Corr. WvO no. 8530 (Willem van Oranje aan de magistraat van Brugge, Antwerpen, 14 juni 1578); en Corr. WvO no. 8531 (Willem van Oranje aan de hervormden van Brugge, Antwerpen, 14 juni 1578); zie ook Gachard (1847-1866) p. 51-53.
178. Vgl. waarschuwingen van Francis Walsingham & Henry Cobham aan Willem van Oranje (Corr. WvO no. 12667, Duinkerken, 30 september 1578, zie ook Kervyn de Lettenhove (1882-1900) X, p. 857). Zie voor de militaire dreiging die van La Motte uitging o.a. Corr. WvO no. 8528 (Willem van Oranje aan de Vier Leden van Vlaanderen, Antwerpen, 3 juni 1578, zie ook Gachard (1847-1866) p. 49-50). Vgl. Soen (2012) p. 126-127, p. 335.
179. Deen (2015) p. 163.
180. Frijhoff & Prak (2004) p. 251; zie ook dagboek van Wouter Jacobsz. (Van Eeghen (1959) II, p. 725-726).
181. Janssen (1979) p. 109 e.v.; Tracy (2008) p. 159.
182. Geciteerd bij Blok (1919-1920) II, p. 114; Jan legde op 27 mei 1578 tegenover Matthias de eed af (vgl. Kluiver (1984) p. 13).
183. Soen (2012) p. 123.
184. Blok (1919-1920) II, p. 116; Van Roosbroeck (1974) p. 338, p. 458; De Smet (1998) p. 59.
185. Blok (1919-1920) II, p. 115.
186. Zie het schrijven van Johan Casimir aan landgraaf Willem van Hessen, Heidelberg, 7 maart 1578 (Groen (1835-1847) VI, p. 300). De landgraaf ried het de paltsgraaf met klem af om zich in dit avontuur te storten: de Nederlanders waren 'unbestendig Volck' dat zich erg weinig aan de religie gelegen liet liggen, dus waar deed je het voor? (Willem van Hessen aan Johan Casimir, Kassel, 16 maart 1578 (Groen (1835-1847) VI, p. 300)).
187. Soen (2012) p. 124; zie ook Holt (1986) p. 108.
188. Muller & Diegerick (1889-1899) I, p. 124-129 (instructie van de hertog van Anjou voor zijn gezanten La Rochepot en Pruneaux, 28 maart 1578).
189. Corr. WvO no. 7305 (Willem van Oranje aan Roche de la Sorbières, heer van Pruneaux, Antwerpen, 26 april 1578); zie ook Groen (1835-1847) VI, p. 371).
190. Holt (1986) p. 98 e.v.
191. Corr. WvO no. 9016 (Pruneaux aan Willem van Oranje, z.pl., z.d. [13 juli 1578], zie ook Muller & Diegerick (1889-1899) I. p. 337); zie ook Holt (1986) p. 101
192. Holt (1986) p. 104; zie ook Soen (2011c) p. 49.
193. Soen (2012) p. 124.
194. Corr. WvO no. 9045 (Hertog van Anjou aan Willem van Oranje, Bergen, 18 augustus 1578; zie ook Muller & Diegerick (1889-1899) I, p. 424-426). Vgl. Blok (1919-1920) II, p. 118; Van Roosbroeck (1974) p. 336; Holt (1986) p. 105.
195. Holt (1986) p. 104; Mout (2006) p. 9.
196. Pompone de Bellièvre aan de hertog van Anjou, Antwerpen, 17 augustus 1578; in: Groen (1835-1847) VI, p. 444-446.

197. Placidus (1953-1954) p. 46; Woltjer (1976) p. 92 e.v.
198. Placidus (1953-1954) p. 47.
199. Waterschoot (1974) p. 92.
200. Daussy (2002) p. 159 e.v.; Mout (1984) p. 612; Van Roosbroeck (1974) p. 343; op 7 juli schreven ze nog een tweede petitie om tot voortmaken aan te sporen (Geurts (1956) p. 79).
201. De Jong (1979) p. 167-168; Tracy (2008) p. 138-139.
202. Blok (1919-1920) II, p. 119 (n.).
203. *Willem van Oranje* (1984) p. 14 (inleiding Mout).
204. Mörke (2010) p. 28, p. 48 voor hoe dit idee onder Habsburgers als Karel V en Maria van Hongarije zwaar werd aangezet; Van Durme (1953) p. 202 (hoe Granvelle daar gestalte aan gaf). Zie ook Mout (1996) p. 300 e.v. (voor visie Erasmus op reformatie van onderop); Waterbolk (1976) p. 301 e.v. (voor eenheid door verzoening, op termijn); Waszink (1999) p. 151 (ideeën Lipsius). Zie ook Louthan (1997) p. 17 (voor spanning in Duitse Rijk rond eenheidsstreven); zie ook Nicklas (1995) p. 45, p. 69 en passim; Christin (2002) p. 93-94.
205. Soen (2012) p. 125.
206. Mörke (2010) p. 231; zie ook Van der Lem (2016) p. 65 en passim. Calvijn en Beza waren altijd sterk gekant geweest tegen enige godsdienstvrijheid voor 'sekten' als de wederdopers (Van Veen (2012) p. 168).
207. De Jong (1979) p. 168; zie ook Israel (1995) p. 195; Ros (1964) p. 81 e.v.
208. *Willem van Oranje* (1984) p. 50; Van Roosbroeck (1974) p. 354.
209. Corr. WvO no. 12039 provisionele ordonnantie overeengekomen op 29 augustus tussen magistraat van Antwerpen enerzijds en Willem van Oranje en aartshertog Matthias anderzijds (Bor (1679-1684) I, p. 974-975). Zie ook Blok (1919-1920) II, p. 124.
210. Van Roosbroeck (1974) p. 348.
211. Blok (1919-1920) II, p. 123-124; Tracy (2008) p. 143.
212. Placidus (1953-1954) p. 51-52.
213. Daussy (2002) p. 160; Geurts (1956) p. 79 e.v.
214. Van Veen (2012) p. 177.
215. *Vermaninghe ende raet* (1578) fol. A3v.
216. Mout (1984) p. 612; Van Veen (2012) p. 169; zie voor de eventuele rol van Duplessis als inspirator: Daussy (2002) p. 161-162; zie ook Geurts (1956) p. 79-80.
217. Swart (1994) p. 148 e.v.
218. Soen (2012) p. 151 e.v.
219. Oranje sprak dit ook nadrukkelijk uit in de dagen dat de Pacificatie van Gent werd gesloten: 'J'espère que cette paix nous apportera avecq le temps ung bon et parfait repos' (Corr. WvO no. 5234 (Willem van Oranje aan Jan van Nassau, Middelburg, 1 november 1576, zie ook Groen (1835-1847) V, p. 473)). Zie ook verslag van Marnix over meningsverschil met Oranje over de mate van heerschappij door de gereformeerde kerk, inclusief gewetensdwang: waarbij Oranje had opgemerkt 'dat eer de tijd van een paer hondert jaeren soude verlopen, de kerkelijke heerschappije ter wedersijden [van katholieken én protestanten] op gelijken voet sou staen.' (geciteerd in Brandt (1671) I, p. 589; zie ook Waterbolk (1981) p. 91). Vergelijkbare ideeën leefden ook bij Schwendi: Louthan (1997)

p. 114. Voor Oranjes neiging om tijd te winnen bij belangrijke beslissingen: Van Schelven (1948) p. 22-23. Zie ook het essay van Van Dorsten (Van Dorsten (1976)).

220. Spies (1999) p. 57 en passim.

221. Van Dorsten (1973) p. 2-3.

222. Zie bijv. Otterspeer (2000) p. 73 en Otterspeer (2009) p. 28 en passim; voor dergelijk beschavend elan in de beginjaren van de Leidse universiteit; en ook Van Dorsten (1976) p. 414 e.v. Of in de Amsterdamse rederijkerskamer d'Eglentier: Spies (1999) p. 61. Zie ook Louthan (1997) p. 60-62 voor de vergelijkbare en invloedrijke visie van de Nederlander Blotius aan het hof van Wenen, die vooral berustte op de werking van de retorica; zie ook voor conciliante tendenzen aan het hof van keizer Maximiliaan II (id. p. 105 e.v.).

223. Marnef (1996) p. 49 e.v.; Marnef (2001a) p. 84-85 voor context van de demografische ontwikkeling.

224. Voet (1988-1989) p. 17; Langereis (2014) p. 51 e.v.

225. De la Fontaine Verwey (1975) p. 112; Voet (1988-1989) p. 19 e.v., p. 35. Plantijns laatste biograaf, Sandra Langereis, neemt nogal nadrukkelijk afstand van de aanwijzingen dat Plantijn sympathiseerde met het Huis der Liefde, of er zelfs lid van was (Langereis (2014) p. 383-384 (n. 21)).

226. Voet (1988-1989) p. 33; zie ook Langereis (2014) p. 318 (betreft gegevens voor 1574).

227. Waterschoot (2001) p. 245; Langereis (2014) p. 350; Meganck (2017) p. 15 e.v.

228. Kamen (2004) p. 169; zie ook Marnef (1992) p. 224 e.v.; Langereis (2014) p. 234.

229. Kamen (2010) p. 212; Langereis (2014) p. 318.

230. Montano verbleef van mei 1568 tot april 1572, en van december 1572 tot mei 1575 in Antwerpen (De Landtsheer e.a. (2006) p. 536); zie ook Parker (2014) p. 111.

231. Voet (1988-1989) p. 32-33.

232. *Willem van Oranje* (1984) p. 30.

233. Voet (1988-1989) p. 29-30. Volgens Parker werd Montano door Filips II naar de Nederlanden gestuurd met de opdracht om bij het werk aan de Polyglotbijbel ook samen te werken met theologen uit lutherse en andere ketterse richtingen, met het doel de uitgave ook voor hen acceptabel te maken (Parker (2014) p. 88). Er zijn voorbeelden van plaatsen in de *Biblia regia*, waar Montano het werk van een spiritualist (en voormalig lid van Huis der Liefde) als Barrefelt (alias Hiël) in instemmende zin aanhaalde (Valkema Blouw (1995a) p. 34); zie voor Montano's grote waardering van Barrefelt ook Rekers (1961) p. 161-170.

234. Voet (1988-1989) p. 31; zie ook hiervoor p. 354-355.

235. Van Veen (2001) p. 11 e.v., p. 35 e.v.; zie ook Marnef (1996) p. 99 e.v., p. 137, p. 188-189; en Zagorin (1990) p. 68 e.v.. Zie voor de polemiek tussen Calvijn en Coornhert over het nicodemisme: Van Veen (2012) p. 55 e.v., p. 99 e.v. Voor het lidmaatschap van Huis der Liefde als vorm van nicodemisme: Van Veen (2001) p. 139.

236. Eire (1986) p. 255 e.v.

237. Bergsma (1984) p. 18; zie voor irenische inslag in het nicodemisme: Van Veen (2001) p. 15 e.v., p. 49 e.v.; Louthan (1997) p. 49 e.v., p. 63 e.v.

238. Woltjer (2011) p. 183 e.v.; Van Veen (2001) p. 41 e.v. Voor eventueel nicodemisme bij Oranje: Eekhof (1933) p. 277 e.v.; Van Schelven (1948) p. 77; Van Roos-

broeck (1974) p. 141; Mout (1984) p. 605, p. 609. Zie voor de (culturele) elite: Bostoen (1987a) p. 76; Bonger (1978) p. 69 e.v.; De la Fontaine Verwey (1980b) p. 13 e.v.; Freedberg (2012) p. 24 e.v. Voor bredere context van nicodemisme: Zagorin (1990) p. 12 en passim; Eire (1986) p. 234 e.v.; als overlevingsstrategie aan de verschillende Europese hoven, met name het keizerlijke in Wenen: Louthan (1997) p. 64.

239. Zoals het ook door bijvoorbeeld Coornhert onder woorden werd gebracht; vgl. Van Veen (2001) p. 164, p. 180; zie ook Louthan (1997) p. 124 e.v.
240. Zagorin (1990) p. 79; Freedberg (2012) p. 36 e.v.
241. Langereis (2014) p. 268; Valkema Blouw (1995a) p. 9 e.v.; al in het eerste jaar dat Plantijn drukte, 1555, zou hij betrokken zijn geweest bij een clandestiene uitgave van Guy de Bres' *Le baston de la foy chretienne*, dat een fictief drukkersadres te Lyon droeg: aldaar ook overzicht van omstreden teksten die door Plantijn van jaar op jaar werden uitgegeven, met gebruikmaking van fictieve drukkersvermeldingen.
242. Langereis (2014) p. 152, p. 155 e.v.
243. Valkema Blouw (1995a) p. 7 en passim; zie ook Waterschoot (2001) p. 241 e.v. en passim.
244. Voet (1988-1989) p. 26; De la Fontaine Verwey (1975) p. 115 e.v.; Van Nierop (1987) p. 33; Valkema Blouw (1995a) p. 19 e.v.
245. Voet (1988-1989) p. 32-33, p. 37; Van Nierop (1987) p. 31; Marnef (1992) p. 226; Langereis (2014) p. 318, p. 235; Imhof (2011) p. 226 e.v.
246. Voet (1988-1989) p. 35-37.
247. Meijer Drees (1997) p. 104 e.v.; zie ook inleiding Dina Aristodemo in Guicciardini (2020) I, p. 25 e.v.; Imhof (2011) p. 227-229.
248. De la Fontaine Verwey (1980) p. 16; zie ook Imhof (2011) p. 226.
249. Zie tekst van 'Souhait' in: Rooses & Sabbe (1922) p. 38. Vgl. *Willem van Oranje* (1984) p. 29; De la Fontaine Verwey (1980) p. 15; Hamilton (1977) p. 273.
250. De la Fontaine Verwey (1980) p. 16.
251. De la Fontaine Verwey (1980) p. 16; zie de publicatie van de overeenkomst tussen de Staten-Generaal en Anjou (*Traité entre Monsieur le Duc [enz.] 13 aoust 1578* onder de titel 'Accord et Alliance [etc.]' (vgl. Holt (1986) p. 104); of: *De Religions-vrede: Gheaccordeert ende gepubliceert binnen Antwerpen den xijen Junij, M.D.LXXIX* (1579).
252. De la Fontaine Verwey (1980) p. 16; Hamilton (1977) p. 273; zie ook Rooses & Sabbe (1922) p. 39 voor tekst van het gedicht ('Le seul divin est perdurable').
253. Langereis (2014) p. 337; *Willem van Oranje* (1984) p. 29-30.
254. Zie voor dergelijk woordgebruik bij Oranje (al omstreeks 1561): Klink (1998) p. 168.
255. Erasmus (1989) p. 212 ('Hoe de eendracht in de Kerk te herstellen'), zie ook inleiding p. 8 en p. 57; en tevens Kossmann (1985) p. 14-15.
256. *Willem van Oranje* (1984) p. 29, waar daarentegen wordt geconcludeerd: 'Men merkt dat de katholiek Plantijn, de officiële drukker van Filips, moeite had de juiste toon te treffen om Oranje te prijzen'.
257. Zie bijvoorbeeld Corr. WvO no. 10447 (Willem van Oranje aan paltsgraaf Johan Casimir, z.pl., z.j. [oktober 1578]: naar aanleiding van de calvinistische

machtsgreep in Gent, dat hij met heel zijn hart hoopt dat de manier waarop daar religie wordt bedreven is gebaseerd op de 'vrais effects et fruits de la doctrine évangelique, qui eussent édifié tout le monde, que non sur les apparences extérieures et tant esloignées des vrayes preuves d'homme chrestien: dont tout le monde se trouve tellement scandalisé [etc.]' (Gachard (1847-1866) IV, p. 93). Voor de sympathie van Plantijn voor Oranje, vooral inzake godsdienstige tolerantie: Voet (1988-1989) p. 36.

258. Bostoen (1991) p. 165 e.v.; Frederickx & Van Hal (2015) p. 73 e.v. en passim.

259. Zie het voorbeeld van de herdruk in meerdere talen van Guicciardini's *Descrittione di tutti i Paesi Bassi* in de jaren 1581 en 1582 (vgl. De la Fontaine Verwey (1980) p. 18-19), waar ook uitdrukkelijk het verband wordt gelegd met Oranjes 'eenheidsstreven'; zie ook overgeleverde Italiaanse versie van *Descrittione*, die Plantijn speciaal voor Oranje liet inbinden, waarschijnlijk in september 1581 (id. p. 20). Voor het politieke eenheidsstreven van Oranje: De Schepper (1984) p. 160; Mörke (2010) p. 91.

260. Waterschoot (1984a) p. 117 e.v.; Yates (1959) p. 34 e.v.; Van Stipriaan (1996) p. 197 e.v. (en verwijzingen aldaar).

261. Zie voor **Ortelius**: Meganck (2017) p. 2, p. 15, en vooral p. 202 e.v.; **Van Meteren**: Meganck (2017) p. 141 e.v.; **Mercator**: Imhof (2012) p. 105 e.v. Voor de onorthodoxe religieuze opvattingen van Mercator: Bergsma (1983) p. 93; **Becanus**: Frederickx & Van Hal (2015) p. 52, p. 73 en passim; Grafton (1990) p. 115 e.v.; **Coornhert c.s.**: Bostoen (1988-1989) p. 79 e.v.; **Lipsius**: Meeus (2006) p. 81 e.v.; **D'Heere en Houwaert**: voor het gematigde calvinisme van D'Heere: Van Dorsten (1970) p. 60; Waterschoot kenschetst D'Heere wel als zeer rechtzinnig calvinist (Waterschoot (1974) p. 73). Houwaerts religieuze opvattingen zijn wat schimmiger; hij zou in zijn jonge jaren lutheraan zijn geweest, en uiteindelijk katholiek zijn gestorven, maar zag in Oranje in dezen vooral een verzoener; zijn eigen motto was 'houdt middelmate' (*Willem van Oranje* (1984) p. 28); Waterschoot (1984b) p. 450 en passim; zie ook De Bock (1960) p. 6; **Brueghel**: Gibson (2006) p. 70 e.v.; Meganck (2017) p. 163 e.v., p. 170 e.v., p. 193, p. 202-206.

262. Zie bijvoorbeeld zijn breuk met Ortelius: Meganck (2017) p. 204-206; of zijn conflict met Lipsius (Bonger (1978) p. 148-156).

263. Rekers (1961) p. 166 e.v.; zie ook Mout (1976) p. 10-11.

264. Zie bijvoorbeeld ook Plantijn in zijn gedicht 'Souhait', opgedragen aan Oranje, waarin wordt opgeroepen tot onderwerping aan de soevereine God: 'Par ainsi s'enfuira toute Dissencion, / Et reviendra la Paix, & la saincte Vnion. / Ainsi la Pieté, ainsi la saincte Eglise, / Et le devoir au Roy, regneront sans fainctise.' (Rooses & Sabbe (1922) p. 38); de editeurs namen in dit en ook het andere aan Oranje en zijn vrouw gewijde gedicht een 'esprit mystique' waar 'qui caractérise la doctrine de la secte à laquelle Plantin a longtemps appartenu' (id., p. 61); met de sekte is uiteraard het Huis der Liefde bedoeld.

265. Langereis (2014) p. 84-85.

266. Bostoen (1988-1989) p. 73; Bostoen (1991) p. 159; Heesakkers & Reinders (1993) p. 27.

267. Bonger (1978) p. 271 e.v. en passim; waar gewezen wordt op nauwe banden tussen ex-familist Hendrick Jansen Barrefelt (Hiël) en Plantijn, Lipsius, Montano

en ook Coornhert, sinds omstreeks 1573. Coornhert trad uiteindelijk niet toe tot Barrefelts sekte, maar verdiepte zich wel in diens ideeëngoed (id., p. 273). Coornhert besloot zich niet langer te willen laten 'leiden' door enige mens, maar te vertrouwen op zijn eigen oordeel (id., p. 274).

268. Zie de korte verslagen in Corr. WvO no. 535 (André van Anderlecht aan Willem van Oranje, Rijmenam, 1 augustus 1578) en Corr. WvO no. 534 (Bossu aan Willem van Oranje, Rijmenam, 3 augustus 1578); zie ook Gachard (1847-1866) IV, p. 58-61. Vgl. Groen e.a. (2013) p. 85.

269. Van der Essen (1933-1937) II, p. 98; volgens F.U. Ros was de benaming sinds het najaar van 1578 in zwang (Ros (1964) p. 3).

270. Wel stond Farnese in deze tijd al via La Motte in verbinding met verschillende partijen in het zuiden (vgl. Soen (2012) p. 129). Zie ook Soen (2011c) p. 49; Kervyn de Lettenhove (1882-1900) XI, p. 5 (Davison aan Walsingham, 4 oktober 1578).

271. Soen (2012) p. 133, p. 135; Van der Essen (1933-1937) II, p. 104, p. 119.

272. Mörke (2010) p. 235 (pest); Parker (1981b) p. 147 (tyfus). De Engelse gezant Wilson noemde behalve de pest ook nog een ziekte die, 'les broques' [?] genoemd werd. Wellicht leed Don Juan ook aan de 'Franse ziekte' (syfilis) (Kervyn de Lettenhove (1882-1900) XI, p. 41).

273. Van der Essen (1953) p. 191; Soen (2011b) p. 13.

274. Van der Essen (1933-1937) II, p. 26 e.v.

275. Holt (1986) p. 114 e.v.

276. Corr. WvO no. 7312 (Willem van Oranje aan de heer van Pruneaux, Gent; 27 december 1578, zie ook Groen (1835-1847) VI, p. 520-521); Corr. WvO no. 7853 (Anjou aan Willem van Oranje, Condé, 11 januari 1579, zie ook Groen (1835-1847) VI, p. 526); zie tevens Soen (2012) p. 136.

277. Oranje waarschuwde Anjou nog eens op 21 december 1578, niet met La Motte en andere 'verklaarde vijanden' (i.c. de malcontenten) over wat dan ook te onderhandelen (Corr. WvO no. 7311, Willem van Oranje aan de heer van Pruneaux, Gent, zie ook Groen (1835-1847) VI, p. 515).

278. Decavele (1984b) p. 644.

279. Corr. WvO no. 7987 (Willem van Oranje aan notabelen van Gent, Antwerpen, 20 april 1578, zie ook Gachard (1847-1866) IV, p. 41-42).

280. Blaes (1859-1866) II, p. 237-238 (*Mémoires anonymes*); zie voor de (Staatse) gezindheid van de auteur van deze contemporaine bron: Vermaseren (1956) p. 211 e.v.

281. Decavele (1984b) p. 633; Decavele (1984a) p. 43-44.

282. Renson (1947) p. 573-574.

283. Corr. WvO. 8453 (Willem van Oranje aan de notabelen, edelen en schepenen van Gent, Antwerpen, 27 september 1578, zie ook Gachard (1847-1866) IV, p. 76-77).

284. Ruys (1919) p. 142 e.v.; Coigneau (1984) p. 94; Decavele (1984a) p. 51; Decavele (1984b) p. 643.

285. Kervyn de Lettenhove (1882-1900) XI, p. 15 (Marnix aan Johan Casimir, Brussel, 5 oktober 1578); zie ook id., p. 28 (Rossel aan Walsingham, Antwerpen, 12 oktober 1578). Oranje garandeerde Johan Casimir omstreeks deze tijd dat de

Staten hem hoe dan ook 'iedere redelijke genoegdoening' wilden geven (Corr. WvO no. 10447, z.pl., z.d., zie ook Gachard (1847-1866) IV, p. 91). Zie echter ook Corr. WvO no. 9910 (Willem van Oranje aan Johan Casimir, Antwerpen, 1 november 1578, zie ook Gachard (1847-1866) IV, p. 102-103), met herhaling van de verzekering maar met het excuus dat het de Staten-Generaal geheel aan geld ontbrak).

286. Daussy (2002) p. 163; hierbij opereerde Mornay ook nog eens incognito en zeker niet als officiële gezant, omdat hij nog altijd bij Hendrik van Navarra in dienst was.
287. Groen (1835-1847) VI, p. 505 e.v.
288. Waterschoot (1974) p. 95; Blok (1919-1920) II, p. 127.
289. Zie Janssen (1979) p. 130 (n. 99: 'einen lecker und canalien' [eig. 'een vreetzak en een schurk']). Een iets andere versie in brief Davison aan de secretarissen van Elizabeth, Antwerpen, 9 december 1578: 'villane and sclaunderous varlet' (Kervyn de Lettenhove (1882-1900) XI, p. 184). Andere opmerkingen van Davison over de dubieuze reputatie van Beutterich, in id. p. 97, p. 100, p. 128, p. 173.
290. Decavele (1984b) p. 644; het auteurschap van Beutterich geldt niet als 'bewezen'; zie Coigneau (1984) p. 94; zie ook NCC sub 'Le vray patriot', waar G. Manilius als auteur wordt gesuggereerd.
291. Decavele (1984b) p. 643.
292. Blok (1919-1920) II, p. 128.
293. Corr. WvO no. 10375 (Willem van Oranje aan Charlotte de Bourbon, Gent, 18 december 1578, zie ook Delaborde (1888) p. 180).
294. Waterschoot (1974) p. 95; Decavele (1984b) p. 645.
295. De wijze waarop Oranje Matthias van de vorderingen in Gent op de hoogte hield, was zeer synoptisch, minzaam en formeel; vgl. Corr. WvO no. 8377 (Willem van Oranje aan aartshertog Matthias, Gent, 11 december 1578); vgl. Gachard (1847-1866) IV, p. 115-121.
296. Corr. WvO no. 10375 (Willem van Oranje aan Charlotte de Bourbon, Gent, 18 december 1578); zie ook Delaborde (1888) p. 180.

10 Afrekenen (1579-1580)

1. Braudel (1987-1990) I, p. 384 e.v.
2. Zie voor sterke opkomst diplomatie in deze jaren: Parker (1976) p. 429.
3. Louthan (1997) p. 117, p. 129; Nicklas (1995) p. 170 e.v.
4. Zie hiervoor p. 117 en p. 195.
5. Yates (1968) p. 199-235 (m.n. p. 203-204 voor invloed op dit denken van de ook in de Nederlanden actieve George Cassander en François Baudouin).
6. Bertrand (2006-2007) p. 43.
7. Yates (1959) p. 44 en passim.
8. Bertrand (2006-2007) p. 37, p. 40 en passim.
9. Bertrand (2006-2007) p. 35, p. 42 e.v.; op dit ogenblik is er geen aannemelijke kandidaat voor het ontwerp van de tapijten (id. p. 46); Yates (1959) p. 4-5 en passim.

10. Christin (1999) p. 210, p. 213; zie ook Klink (1998) p. 176 voor een vergelijkbare verzoenende benadering bij Coligny in de Franse godsdienstconflicten.
11. Zie Duke (2003d) p. 292; Blok (1919-1920) II, p. 120.
12. Vgl. Corr. WvO no. 9443 (Willem van Oranje aan rector en senaat van de universiteit in Leiden, Den Haag, 4 februari 1580); de voordracht van het Leidse stadsbestuur was drie dagen eerder uitgegaan (Corr. WvO no. 9434, magistraat van Leiden aan Willem van Oranje, 1 februari 1580). Zie ook Otterspeer (2000) p. 223.
13. Waszink (1999) p. 263; Louthan (1997) p. 64-65.
14. Voor de katholieke visie o.a. Roegiers (1997) p. 227; zie ook Van der Lem (2006a) p. 32.
15. Groen (1835-1847) VI, p. 434-435.
16. Soen (2012) p. 132.
17. Zie hierover de briefwisseling met Nicolaas d'Aubermont, heer van Manuy-Saint-Pierre, gouverneur van Sint-Omaars (Corr. WvO no. 7005 (Oranje aan Manuy, Gent, 20 december 1578, zie Gachard (1847-1866) IV, p. 122-126), waarin Oranje Manuy van aansluiting bij La Motte en Farnese probeerde te weerhouden, en het antwoord van Manuy (Corr. WvO no. 7003, Sint-Omaars, 24 december 1578), waarin Manuy uitdrukkelijk verwees naar de vele schendingen van de Pacificatie van Gent, met name door Gent, vooral – maar niet uitsluitend – op religieus terrein (Gachard (1847-1866) IV, p. 127-132).
18. Soen (2012) p. 133-134.
19. Janssen (1979) p. 112, p. 116; zie ook Israel (1995) p. 200 e.v.
20. Woltjer (1979) p. 93; Janssen (1979) p. 117 e.v.
21. Kluiver (1984) p. 15.
22. Zie het Nationaal Archief: https://www.nationaalarchief.nl/beleven/nieuws/geboortepapieren-van-nederland-worden-tentoongesteld. Zie over het later ervaren fundamentele karakter van de Unie: Van Deursen (1996) p. 308.
23. Van de Spiegel (1780-1783) I, p. 190.
24. Placidus (1953-1954) p. 55.
25. Ros (1964) p. 18-23; Soen (2012) p. 333.
26. Blok (1920) p. 237; Janssen (1979) p. 50-51; volgens H.F.K. van Nierop bleven de gewesten Groningen, Drenthe en Overijssel desondanks 'afzijdig' (Van Nierop (1995) p. 219).
27. Janssen (1979) p. 117-121; Groenveld e.a. (2008) p. 112-114; en ook brief van Jan van Nassau aan zijn raadslieden te Dillenburg, Gorkum, 27 november 1578 (Groen (1835-1847) VI, p. 487).
28. Swart (1996) p. 79; Israel (1995) p. 202; zie ook Blok (1920) p. 235.
29. De Jong (1979) p. 173-174.
30. Blok (1920) p. 234; zie ook Japikse (1933) p. 154; Woltjer (1979) p. 96.
31. De Jong (1979) p. 174.
32. De Jong (1979) p. 156-160.
33. Mörke (2010) p. 238.
34. Blok (1920) p. 236; Groenveld & Leeuwenberg (1979) p. 48-49. Zie de volledige tekst van de Unie van Utrecht in id., p. 29-40.
35. Van der Essen (1933-1937) II, p. 90 e.v.; Blok (1919-1920) II, p. 132; Seidl (1907) p. 118.

36. Groen e.a. (2013) p. 89.
37. Blaes (1859-1866) IV, p. 56 (*Mémoires anonymes*, d.d. 1 april 1579).
38. Blaes (1859-1866) IV, p. 69 (*Mémoires anonymes*, d.d. 11 april 1579); zie ook Groen e.a. (2013) p. 90.
39. Decavele (1984b) p. 638; Blockmans (1988) p. 145; Israel (1995) p. 196.
40. Van Roosbroeck (1974) p. 358.
41. Van Roosbroeck (1974) p. 353.
42. Feith (1869) p. 186; Seidl (1909) p. 119; een iets andere versie in Guicciardini (1968) p. 102-103; Kervyn de Lettenhove (1882-1900) XI, p. 349 (brief van Jacques van Someren aan Walsingham, Antwerpen, 31 mei 1579).
43. Dat dit het Oranjekamp zorgen baarde, blijkt o.a. uit Corr. WvO no. 8455 (instructie van Oranjes gezant Paulus Knibbe voor een missie naar Gent, Antwerpen, 27 september 1578; zie ook Gachard (1847-1866) IV, p. 81).
44. Blaes (1859-1866) III, p. 320-321 (*Mémoires anonymes*, d.d. 17-18 februari 1579).
45. Coster (1933) p. 131.
46. Feith (1869) p. 166; zie ook Coster (1933) p. 139; Ros (1964) p. 125-126, over Johan de Gouda; id., p. 27.
47. Feith (1869) p. 167.
48. Feith (1869) p. 168; vgl. Ros (1964) p. 126.
49. Bijvoorbeeld op 7 mei waar een uitgebreid middagmaal voor de Groningers werd aangericht, en alle hangijzers nog eens op tafel kwamen, zie Feith (1869) p. 178.
50. Over Oranjes gewoonte Statenleden bij zich aan tafel uit te nodigen: Swart (1992) p. 96.
51. Feith (1869) p. 171.
52. Feith (1869) p. 171; vgl. Ros (1964) p. 126-127.
53. Feith (1869) p. 181; vgl. Ros (1964) p. 128.
54. Feith (1869) p. 182.
55. Coster (1933) p. 144 e.v.
56. Feith (1869) p. 191-192; vgl. Ros (1964) p. 136.
57. Feith (1869) p. 188-189.
58. Feith (1869) p. 190.
59. Corr. WvO no. 13016, Willem van Oranje aan de gedeputeerden van de Nadere Unie, Gent, 7 augustus 1579; waar wordt opgemerkt dat Matthias inmiddels gedwongen is geweest 'zijn hof te sluiten en huishouding op te breken' door het ontbreken van het 'traktement dat hem beloofd was' (vgl. Bor (1679-1684) II, p. 129).
60. Corr. WvO no. 8565 (Willem van Oranje aan de magistraat van Ieper, 28 januari 1579, zie ook Kervyn de Volkaersbeke & Diegerick (1848-1849) I, p. 124).
61. Corr. WvO 8009 (Willem van Oranje aan de Vier Leden van Vlaanderen, Antwerpen, 29 januari 1579; zie ook Gachard (1847-1866) IV, p. 139).
62. Kervyn de Volkaersbeke & Diegerick (1848-1849) I, p. 58 (Ordonnantie namens Willem van Oranje aan de bevolking van Ieper, door Frans van Ryhove, 2 december 1578).
63. Waterschoot (1974) p. 95.
64. Kervyn de Lettenhove (1882-1900) XI, p. 291 (Davison aan Walsingham, Antwerpen, 14 februari 1579).

65. Zie voor interpretatie van de eerste decennia van de Opstand als een 'burgeroorlog' tout court, onder verwijzing naar het richtinggevende werk van H.A. Enno van Gelder (Van Nierop (1995) p. 208; zie ook Van Nierop (1999a) p. 64; Schöffer (1991) p. 122 (waar gevallen van collaboratie met Alva's bewind worden genoemd als aanwijzing dat ook in de vroege fase (vanaf 1572) gesproken kan worden van een burgeroorlog); Swart (1993) p. 68; Mout (1999) p. 23; Swart (2006) p. 22; Pollmann (2009) p. 517-518, 532 en passim. Hierover lijkt consensus te zijn ontstaan, terwijl eerdere generaties historici nog de neiging hadden juist de periode omstreeks 1578-1579 te zien als een nieuwe fase, die nu pas het karakter kreeg van een burgeroorlog met name in Vlaanderen en de Waalse grensgebieden (zie o.a. Blok (1919-1920) II, p. 119, p. 122; of Boer (1952) p. 97 e.v., zie echter ook Mörke (2010) p. 229; Soen (2011c) p. 58 en passim; en vooral Israel (1995) p. 182 voor bedenkingen bij gebruik begrip 'civil war' voor de eerste fase ('it was a civil war only in a marginal sense')). Zie voor het taalgebruik van Willem van Oranje juist in deze periode: 'ce mal intestin qui estoit en ce païs', specifiek voor Vlaanderen (Corr. WvO no. 7304 Willem van Oranje aan Pruneaux, Gent, 13 januari 1579; zie ook Groen (1835-1847) VI, p. 528); of Corr. WvO no. 7769 (Willem van Oranje aan schepenen etc. van Gent, Antwerpen, 11 oktober 1578): waar sprake is van een dreigende 'inlantsche cryck [crych]' en het beginnen van 'eenighe inlantsche beroerten onder elcanderen' (Gachard (1847-1866) IV, p. 83-84); Corr. WvO no. 8456 (Willem van Oranje aan schepenen etc. van Gent, Antwerpen, ca. 15 oktober 1578 (over de dreigende 'inlantschen oorloghe'; Gachard (1847-1866) IV, p. 94); Corr. WvO no. 8538 (Willem van Oranje aan de magistraat van Ieper, Dendermonde, 24 november 1578 (over 'ceste guerre et dissension civile'); Kervyn de Volkaersbeke & Dierick (1848-1849) I, p. 47); Corr. WvO 7805 (Marnix namens Willem van Oranje aan Staten-Generaal, Antwerpen, 16 december 1578); zie ook Gachard (1847-1866) IV, p. 116-117 (opnieuw over dreiging van ontstaan van 'guerres civiles').
66. Zie de analyse van alle incidenten en uitvluchten door Oranje in Corr. WvO no. 1285 (Willem van Oranje aan de gewesten en steden 'die in Generale Unie gebleven zijn', Antwerpen, 1 augustus 1579; vgl. Gachard (1847-1866) IV, p. 173 e.v.).
67. Soen (2011c) p. 50 e.v.; zie ook Van der Essen (1933-1937) II, p. 196 e.v., p. 206.
68. Soen (2012) p. 137-138; Van Nierop (1999b) p. 96.
69. Over de delicate wisselwerking tussen 'Atrecht' en 'Keulen' vooral Soen (2012) p. 131 e.v.
70. Soen (2012) p. 125.
71. Groen e.a. (2013) p. 89.
72. Soen (2012) p. 136-138.
73. Soen (2012) p. 136 e.v.
74. Van Berkel (1981) p. 16 e.v.; tot de andere vertrouwden zullen Bernard van Merode, heer van Rummen, Adolf van Ghoir, heer van Kaldenbroek en Aggaeus van Albada hebben behoord (zie de geadresseerden van bijvoorbeeld Corr. WvO no. 11052, Willem van Oranje aan genoemden, Antwerpen, 6 augustus 1579 (zie Groen (1835-1847) VII, p. 39-40)); zie ook Bergsma (1983) p. 24. Zie voor de samenstelling van de hele delegatie Gachard (1847-1866) IV, p. 147 (n. 1).

Oranje ging er prat op geen eigen onderhandelaar te hebben in Keulen, maar zich vertegenwoordigd te achten door de Staten-Generaal (vgl. Corr. WvO no. 10700 (Willem van Oranje aan de ambassaseurs namens het keizerrijk, Antwerpen, 13 juli 1579; vgl. Gachard (1847-1866) IV, p. 165-167).

75. Blok (1919-1920) II, p. 136; Seidl (1909) p. 129
76. Blok (1919-1920) II, p. 137; Soen (2011c) p. 53.
77. Soen (2012) p. 139-140; zie ook Mout (1986) p. 356, Bergsma (1983) p. 25.
78. Soen (2012) p. 140.
79. Van der Essen (1933-1937) II, p. 229 e.v.; Soen (2012) p. 128-129; zie ook de observatie van Davison op 17 december 1578 in brief aan Burleigh, dat dan al duidelijk is dat Farnese gesprekken met gezanten van de keizer uit de weg lijkt te gaan, vanwege zijn militaire activiteiten, er is dan al sprake van voorbereidingen voor een aanval op Maastricht (Kervyn de Lettenhove (1882-1900) XI, p. 207).
80. Van der Essen (1933-1937) II, p. 182, p. 188-189.
81. Blaes (1859-1866) IV, p. 190 (n. 2); vgl. Van der Essen (1953) p. 194; Assonville, de zegsman te Keulen, hield het op 'slechts' vijf- à zeshonderd.
82. Blaes (1859 1866) IV, p. 191.
83. Van Roosbroeck (1974) p. 358; Blaes (1859-1866) IV, p. 191; Van der Essen (1933-1937) II, p. 190-191.
84. Vgl. verslag van de onderhandelingen in Keulen van 7 juli 1579 door André Christiani aan Jan van Nassau, over vermoedens dat Aarschot, Schetz en de abten van Sint-Geertruid en Maroilles op enig moment afzonderlijk vrede zullen sluiten met Terranova (Groen (1835-1847) VI, p. 637).
85. Geciteerd bij Van der Essen (1953) p. 187.
86. Van der Essen (1953) p. 196.
87. Gachard (1853) p. 70-71 en passim; zie ook Soen (2012) p. 144.
88. Gachard (1853) p. 73. Zie brief van Willem van Oranje aan Heinrich-Otto van Schwarzenberg, Antwerpen, 29 april 1579 (Corr. WvO no. 12631).
89. Gachard (1853) p. 75-77.
90. Zie ook Corr. WvO no. 10700 (Willem van Oranje aan de gezanten van de keizer, Antwerpen, 13 juli 1579), waarin hij aangaf dat de belangen van de Staten en hemzelf geheel samenvielen (vgl. Gachard (1853) p. 78).
91. Van Berkel (1981) p. 4.
92. Van Berkel (1981) p. 9; Bergsma (1983) p. 26
93. Bergsma (1983) p. 28 e.v.
94. Dat deze bijgedachte aan Spaanse kant manifest was, blijkt o.a. uit een brief van Juan Bautista de Tassis aan de griffier van Henegouwen, Carlier, Utrecht, 26 juli 1579 (in Groen (1835-1847) VII, p. 30); zie aan Staatse kant ook de analyse van bijvoorbeeld Philippe Duplessis Mornay (ibidem (n. 1); of Aggaeus van Albada: 'Ick hebbe uit beginsel altyd gevreest, dat deze byeenkompst tot geen ander eynde en solde strecken, dan om meerder tweedracht onder de Provincien ende Inwoonders van dien te saaien, opdat zy d'eene van d'andere mochten scheyden' (geciteerd in Van Berkel (1981) p. 3); Albada trok die conclusie al op 14 juli.
95. Christoffel d'Assonville aan Granvelle, Keulen, 9 augustus 1579 (Poullet & Piot (1877-1896) VII, p. 426).
96. Albada (1580) p. 162 e.v.; zie ook Bergsma (1983) p. 26.

97. Zie voor groeiende kritiek op de absolute monarchale staatsvorm onder m.n. Franse denkers sinds 1550: Christin (1999) p. 204 e.v.; zie ook Van Deursen & De Schepper (1984) p. 27; Louthan (1997) p. 151.
98. Van Berkel (1981) p. 5 e.v.; Soen (2011c) p. 53.
99. Zie hierover o.a. Van Berkel (1981) p. 5 (n. 15), Mout (2006) p. 21.
100. Bergsma (1983) p. 119 e.v.; Van Berkel (1981) p. 6-7; Mout (1986) p. 356-359. Zie voor de complexe begripsontwikkeling rond 'volkssoevereiniteit': Kossmann (1980) p. 14 e.v.
101. Mout (1991) p. 57; voor grote invloed van de Bartholomeusnacht op de stemming elders in Europa, m.n. Duitse Rijk: Sutherland (1983) p. 216 e.v.; Louthan (1997) p. 115 e.v.
102. Van Peteghem (1980) p. 42 e.v.; Soen (2012) p. 141.
103. Soen (2012) p. 141 e.v.; het kwam op 20 december 1579 tot een verdrag. Oranje zag al in juli 1579 dat de katholiek gezinde bevolking van 's-Hertogenbosch zich waarschijnlijk liever aan de zijde van de vijand schaarde (Corr. WvO no. 5269 (Willem van Oranje aan Jan van Nassau, Antwerpen, 26 juli 1579, zie ook Groen (1835-1847) VII, p. 26)). Vgl. Swart (2006) p. 39; Van der Essen (1933-1937) II, p. 224.
104. Gachard (1847-1866) IV, p. 181 (n. 1).
105. Corr. WvO no. 1285 (Willem van Oranje aan de gewesten en steden die in Generale Unie gebleven zijn, Antwerpen, ca. 1 augustus 1579, zie ook Gachard (1847-1866) IV, p. 168). Dat deze laster lang aanhield blijkt uit opmerkingen in Oranjes betoog van 9 januari 1580, waar hij uitdrukkelijk wijst naar 'degene die zich houden en verklaren als vrienden' die zich er ook aan te buiten gingen (Corr. WvO no. 7655 (redevoering Willem van Oranje voor Staten-Generaal, Antwerpen, 9 januari 1580, zie ook Bor (1679-1684) II, p. 153)).
106. Secretaris Antoine de Traos aan Willem van Hessen, Keulen, 6 augustus 1579: 'ledit Sr Prince a perdu tellement de son authorité au Pays-Bas, depuis la perte de Maestricht [...] que plusieurs présument se repentir avoir mis le pied hors de Hollande et Zeelande' (Groen (1835-1847) VII, p. 41-42).
107. Blaes (1859-1866) IV, p. 193 (*Mémoires anonymes*).
108. Japikse (1915-1970) II, p. 576 (sub 28 juli 1579). Zie ook Feith (1869) p. 194-195, voor het verslag van Johan de Gouda van dezelfde vergadering, waaruit kan worden opgemaakt dat Oranje vooral viel over het totaal buiten beschouwing blijven van de religievrede in de voorstellen van Spaanse kant (id. p. 195); zie tevens Blaes (1859-1866) IV, p. 223-2.
109. Japikse (1915-1970) II, p. 576.
110. Antoine de Traos aan Willem van Hessen, Keulen, 6 augustus 1579, zie ook Groen (1835-1847) VII, p. 42. Vgl. Geurts (1956) p. 98-99; De Smet (1998) p. 29.
111. *Lettre d'un gentilhomme* in: Lacroix (1859) p. 97-98.
112. *Lettre d'un gentilhomme* in: Lacroix (1859) p. 99-100.
113. *Lettre d'un gentilhomme* in: Lacroix (1859) p. 103-105.
114. Antoine de Traos aan Willem van Hessen, Keulen, 6 augustus 1579 (Groen (1835-1847) VII, p. 42).
115. Stensland (2007) p. 91 e.v.; Stensland (2012) p. 36 en passim.
116. Poullet & Piot (1877-1896) VII, p. 427 (Assonville aan Granvelle, Keulen, 9 augustus 1579); zie ook Van der Plaat (2007) p. 254 en passim.

117. Poullet & Piot (1877-1896) VII, p. 427; Soen (2012) p. 148; Stensland (2012) p. 92 e.v.
118. Blok (1919-1920) II, p. 138; Geurts (1956) p. 99 e.v.; editie in Lacroix (1859) p. 61-93.
119. Geurts (1956) p. 98 (n. 87).
120. Gachard (1847-1866) IV, p. 158. Volgens van Roosbroeck was Van der Linden ook de auteur van de Franse versie (Van Roosbroeck (1974) p. 364); zie ook Swart (1994) p. 183; Geurts (1956) p. 99.
121. Soen (2012) p. 141-142; Soen (2011c) p. 54.
122. Decavele (1984b) p. 637-638.
123. Blockmans (1988) p. 153-154.
124. *NNBW* (1911-1937) V, p. 378-379.
125. Blok (1919-1920) II, p. 140.
126. Blok (1919-1920) II, p. 141; Decavele (1984b) p. 640; zie ook Groen (1835-1847) VII, p. 18.
127. Groen (1835-1847) VII, p. 61; Blockmans (1988) p. 146.
128. Corr. WvO no. 4676 (Willem van Oranje aan de burgerij van Gent, Antwerpen, 31 juli 1579, zie ook Groen (1835-1847) VII, p. 31-33).
129. Blok (1919-1920) II, p. 142; Groen (1835-1847) VII, p. 60; zie hiervoor p. 535. De Engelse gezant Rossel rapporteerde al op 17 januari 1579 dat de algemene mening was dat Oranje de ambitie had om zelf 'Conte de Flandre' te worden (brief aan Walsingham, Antwerpen, 17 januari 1579, zie Kervyn de Lettenhove (1882-1900) XI, 269).
130. Decavele (1984b) p. 647.
131. Corr. WvO no. 4675 (Willem van Oranje aan de magistraat van Gent, Antwerpen, 24 juli 1579, zie ook Groen (1835-1847) VII, p. 20-21); Corr. WvO no. 4676 (Willem van Oranje aan de burgerij van Gent, Antwerpen, 31 juli 1579, zie ook Groen (1835-1847) VII, p. 33-34 (PS over Datheen)). Zie ook lange reeks Gentse bedenkingen in Corr. WvO no. 10774 (Stad Gent aan Willem van Oranje, z.pl., 15 augustus 1579; vgl. Kervyn de Lettenhove (1882-1900) XI, p. 393-395).
132. Corr. WvO no. 12002 (Petrus Datheen aan Willem van Oranje, Keulen, 26 augustus 1579); zie ook Brandt (1671) I, p. 640-641.
133. Corr. WvO no. 1286 (Willem van Oranje aan Petrus Datheen, Gent, 27 september 1579, zie ook Groen (1835-1847) VII, p. 80-81).
134. Corr. WvO no. 11042 (gespreksverslag door een anonymus, 28 september 1579, als addendum bij Corr. WvO no. 10543); zie ook Groen (1835-1847) VII, p. 92; zie ook Israel (1995) p. 197.
135. Corr. WvO no. 11042 (gespreksverslag door een anonymus, 28 september 1579, zie ook: Groen (1835-1847) VII, p. 91-94).
136. Van de Spiegel (1780-1783) II, p. 239-240 (n. 1).
137. Brandt (1671) I, p. 566-578; Blok (1919-1920) II, p. 194.
138. Boer (1952) p. 92 e.v.; zie ook Groen (1835-1847) VII, p. 82 e.v. (Groen kon zich niet goed voorstellen dat Willem van Oranje zich met dergelijke vergaande breidel van de kerk zou hebben ingelaten).
139. Otterspeer (2000) p. 139.
140. Bonger (1978) p. 99-101; Tracy (2008) p. 211; Otterspeer (2000) p. 139.
141. Bonger (1978) p. 98-99; Kaplan (1989) p. 11 e.v.; Augustijn (1997) p. 117-120.
142. Bor (1979-1684) II, p. 149-150.

143. Althans: niet in NCC, of Worldcat. Ook niet genoemd in Geurts (1956); Willem of Guillaume ('G') Artus wordt door Bor tot drie keer toe 'Raet' van Oranje genoemd. Vgl. Groen (1835-1847) VII, p. 133-134.
144. Vooral in Gent was het verzet tegen Anjou groot; Oranje stuurde Mornay er naartoe om de gemoederen te sussen en de Gentenaren over te halen met de komst van Anjou in te stemmen; dit lukte op 18 februari 1580 (Waterschoot (1985-1986) p. 94).
145. Holt (1986) p. 21, p. 119
146. Holt (1986) p. 109-111, p. 117-125.
147. Holt (1986) p. 109.
148. Holt (1986) p. 120.
149. Holt (1986) p. 125.
150. Aldus de Groningse gezant Johan de Gouda (Feith (1869) p. 203).
151. Jan van Nassau aan zijn raad te Dillenburg, 31 juli 1579, waar al sprake was van ernstige verzoeken van Oranje en diverse gewestelijke bestuurders nu niet met zijn werk op te houden. Jan wil desondanks zo snel als het maar kan 'naher hausz' (Groen (1835-1847) VII, p. 36-37).
152. Corr. WvO no. 5572 (Jan van Nassau aan Willem van Oranje, 10 november 1579, zie ook Groen (1835-1847) VII, p. 110-111. Een minder geëmotioneerde versie van deze brief: Corr. WvO no. 5789 (Jan van Nassau aan Willem van Oranje, 10 november 1579; zie ook Groen (1835-1847) VII, p. 120-124).
153. Corr. WvO no. 5572 (Jan van Nassau aan Willem van Oranje, 10 november 1579); vgl. Groen (1835-1847) VII, p. 116-117.
154. Corr. WvO no. 5572 (Jan van Nassau aan Willem van Oranje, 10 november 1579); vgl. Groen (1835-1847) VII, p. 113-114; Jan van Nassau had niet alleen moeite met het Nederlands, maar ook met het Frans, dat hij niet actief beheerste (Van Deursen (1995) p. 70).
155. Corr. WvO no. 5572 (Jan van Nassau aan Willem van Oranje, 10 november 1579); vgl. Groen (1835-1847) VII, p. 108-109, p. 110.
156. Zo dreigde het graafschap Siegen, dat Jan had verpand aan de paltsgraaf, definitief in diens handen te vallen (vgl. Wolf (1955) p. 181); zie ook Dönges (1909) p. 99.
157. Corr. WvO no. 5572 (Jan van Nassau aan Willem van Oranje, 10 november 1579); vgl. Groen (1835-1847) VII, p. 109, p. 113.
158. O.a. Arnade (2008) p. 311 e.v.; Blok (1919-1920) II, p. 145-146, p. 203; Swart (1994) p. 185.
159. Corr. WvO no. 5572 (Jan van Nassau aan Willem van Oranje, 10 november 1579); vgl. Groen (1835-1847) VII, p. 110.
160. Corr. WvO no. 369, Willem van Oranje aan de Staten-Generaal, Antwerpen, 26 november 1579; zie ook Gachard (1847-1866) IV, p. 194.
161. Corr. WvO no. 369, Willem van Oranje aan de Staten-Generaal, Antwerpen, 26 november 1579; zie ook Gachard (1847-1866) IV, p. 188-194. Vgl. Bor (1679-1684) II, p. 141-143.
162. Tracy (2008) p. 145; Groen (1835-1847) VII, p. 106-107, en p. 202-203. Zie ook nog vergelijkbaar pleidooi dat Oranje op 9 januari 1580 in de Staten-Generaal hield (Corr. WvO no. 7655; vgl. Bor (1679-1684) II, p. 153-156 (p. 154)).
163. Zie Oranjes redevoering tegenover de Staten-Generaal op 12 december 1579 (Corr. WvO no. 8786, zie ook Bor (1679-1684) II, p. 150-151).

164. Corr. WvO no. 7655 (redevoering uit naam van Willem van Oranje voor Staten-Generaal, Antwerpen, 9 januari 1580); ook in pamfletvorm uitgegeven in: *Vertooch ghedaen aen myne heeren de ghedeputeerde vande Staten generael, de ixen januarij. 1580 by mijn heere den prince van Orangien* (1580; in: Bor (1679-1684) II, p. 153-156 (p. 156)), en een Franse versie *Remonstrance faite à messieurs les députez* (in Gachard (1847-1866) IV, p. 196-207 (p. 206-207)). Vgl. Geurts (1956) p. 107-108. Zie ook in het algemeen over korpsgeest in leger opstandelingen: Brandon (2014) p. 57 en passim.
165. Tracy (2008) p. 186; Groen e.a. (2013) p. 211 e.v.; zie ook Feith (1869) p. 213.
166. Japikse (1915-1970) III, p. 46 e.v.; zie ook Feith (1869) p. 227; waar uit de Statenvergadering van 8 januari 1580 wordt gerapporteerd dat behalve Oranje 'ook eenige van de staten' geen andere mogelijkheid meer zagen om zich te 'defenderen tegen den gemenen viant' dan door de hertog van Anjou in te roepen, mede door de aanhoudende onenigheid tussen de verschillende gewesten.
167. Japikse (1915-1970) III, p. 46; zie ook Blok (1919-1920) II, p. 147; Van Roosbroeck (1974) p. 370.
168. Holt (1986) p. 128.
169. Aldus ooggetuige Johan de Gouda (Feith (1869) p. 228).
170. Corr. WvO no. 7793 (Lazarus van Schwendi aan Willem van Oranje, Künigsheim, 27 februari 1580, zie ook Groen (1835-1847) VII, p. 229).
171. Corr. WvO no. 7793 (Lazarus van Schwendi aan Willem van Oranje, Künigsheim, 27 februari 1580); vgl. Groen (1835-1847) VII, p. 229-230; zie ook Van Roosbroeck (1974) p. 372; Nicklas (1995) p. 169.
172. Corr. WvO no. 7855 (Willem van Oranje aan Lazarus van Schwendi, z.pl., z.j. [maart 1580]), zie ook Groen (1835-1847) VII, p. 235-236); een conceptversie van deze brief: Corr. WvO no. 7857 (Oranje aan Schwendi z.pl., z.j. [maart 1580], zie ook Groen (1835-1847) VII, p. 239-241)
173. Corr. WvO no. 12273 (instructie gezanten Staten van Holland aan Willem van Oranje, Den Haag, 11 juli 1579); waarin op overleg wordt aangedrongen vanwege een dreigend conflict met het Noorderkwartier.
174. Bor (1679-1684) II, p. 160.
175. Breen (1924) p. 65 e.v.; voor het korte verblijf in Leiden zie Bostoen (2009) p. 28.
176. De gesprekken zouden al in juni 1579 begonnen zijn, en op 30 november in een voorlopig verdrag zijn uitgemond (Soen (2009) p. 321; Soen (2012) p. 12-13).
177. Zie o.a. brief van Jan van Nassau aan Willem van den Bergh, Nijmegen, 4 januari 1580, waarin Van den Bergh op basis van verschillende verdenkingen wordt voorgehouden dat het land liever zijn vijandschap dan 'zijn geveinsde vriendschap en neutraliteit' zou willen hebben (Groen (1835-1847) VII, p. 189). Zie voor strategie van Farnese specifiek gericht op het overtuigen van edelen: Van Nierop (1999b) p. 96.
178. Ros (1964) p. 191-194.
179. Ros (1964) p. 192 e.v.; Soen (2009) p. 322; zie ook het verslag van Reinico Fresinga in Dumbar (1722) p. 206; ook in Panhuysen & Van Stipriaan (2018) p. 133.
180. Soen (2012) p. 14; zie ook Ros (1964) p. 158 en passim.
181. Dit wordt met name betoogd door Violet Soen (Soen (2009) p. 323 e.v.; Soen (2012) p. 11 e.v.); zie ook Van Nierop (1999b) p. 96.

182. Soen (2009) p. 327.
183. Coster (1933) p. 156; Ros (1964) p. 179-180; Israel (1995) p. 190-191.
184. Van Deursen (2004) p. 103.
185. Deze ontwikkeling ook als zodanig omschreven in de considerans van Oranjes advies inzake de Keulse vredehandel (Corr. WvO no. 10543, Gent, 28 september 1579); vgl. Bor (1679-1684) II, p. 131; religie dreigde de grote splijtzwam te worden ('overmits dat by den menschen egeene sake meer wert behertiget als de Religie, sullen daerom alsulcke divisien des te dangereuser zijn'), niet alleen onder groepen burgers, maar zelfs binnen families (ibidem). Een halfjaar later stelde Villiers in een brief aan Oranje vast 'que nostre guerre sera guerre de la Religion', om aan te geven dat sinds het mislukken van de Keulse vredehandel de religievrede achterhaald leek te zijn (Corr. WvO no. 776, Antwerpen, 17 maart 1580, zie ook Groen (1835-1847) VII, p. 264-276 (p. 268)). Vgl. Blok (1919-1920) II, p. 164-165; Spaans (2002) p. 149-150.
186. Door Oranje ook zo waargenomen (vgl. Corr. WvO no. 8814 (Willem van Oranje aan de Vier Leden van Vlaanderen, Antwerpen, 11 maart 1579; zie ook Groen (1835-1847) VI, p. 587-590)).
187. Onderhandelaars namens de Nadere Unie die in april 1579 uitgebreid met Rennenberg onderhandelden over het toetreden tot deze Unie waren er toen al niet gerust op. Ze drongen er bij Oranje op aan deze Unie snel te tekenen om te voorkomen dat Rennenberg 'hetzij door dissimulatie of anderszins' de Unie zou kunnen traineren of negeren (vgl. Corr. WvO no. 10309 (gedeputeerden namens de Nadere Unie aan Willem van Oranje, Utrecht, 27 april 1579, in: Van de Spiegel (1780-1783) II, p. 104)); Ros (1964) p. 107 e.v., p. 143.
188. Kaplan (1989) p. 16.
189. Hamilton (1977) p. 263-265; Kaplan (1989) p. 139 e.v.
190. Kaplan (1989) p. 154-155.
191. Mout (2006) p. 41; dat gebeurde min of meer al in april 1579, bij het opstellen van de instructie voor de Staatse delegatie, waar een ultimatum van zes weken werd gesteld voor het bereiken van vrede met Spanje, met als implicatie dat de Staten-Generaal, bij het uitblijven van vrede, gerechtigd was een nieuwe landsheer te kiezen. Maanden later werd er nog steeds geschermd met dat ultimatum, dat kennelijk steeds in de tijd opschoof (Corr. WvO no. 10312, Willem van Oranje aan de Staten van Zeeland, Antwerpen, 10 augustus 1579); zie ook Van de Spiegel (1780-1783) II, p. 214.
192. Gachard (1847-1866) VI, p. 19 (n. 1); het eerste advies van Granvelle met deze strekking schreef Granvelle al op 11 juni 1578 te Rome. Eenmaal in Spanje werkte Granvelle dit op 8 augustus 1579 nader uit. Zie ook Groen (1835-1847) VII, p. 166; Blok (1917) p. 269; Van der Essen (1933-1937) II, p. 270.
193. Gachard (1847-1866) VI, p. 19-23; Groen (1835-1847) VII, p. 166-170.
194. Alessandro Farnese aan Filips II, 28 januari 1580 (Gachard (1847-1866) VI, p. 24-27); zie ook Van der Essen (1933-1937) II, p. 271-274; Geurts (1956) p. 103.
195. Zie brief Alessandro Farnese aan Filips II, 28 januari 1580 (Gachard (1847-1866) VI, p. 24-27); vgl. Blok (1917) p. 270; voor de veronderstelling dat Assonville de auteur is: Gachard (1847-1866) VI, p. 33 (n. 1).
196. Dit is nog niet eerder opgemerkt. Blok vermoedde dat 15 maart als datum van

ondertekening een antedatering is, maar kon slechts gissen naar de reden daarvoor, die hij zocht in het willen verdoezelen dat het wellicht een straf zou zijn voor Oranjes contacten met Anjou in de zomer van 1580 (Blok (1917) p. 271). Van der Essen hanteert 15 juni als datering (Van der Essen (1933-1937) II, p. 275).

197. Farnese had er in een brief van 15 juni aan alle stadhouders opdracht toe gegeven de ban in alle gewesten te publiceren (Gachard (1847-1866) VI, p. 33-34); vgl. Geurts (1956) p. 103-104.

198. Veel wijst erop dat de ban (laat) in augustus echt in omloop kwam. Farnese stuurde Filips II pas op 7 oktober de gedrukte tekst toe (Gachard (1847-1866) VI, p. 38-39); zie ook Blok (1917) p. 271.

199. Corr. WvO no. 9189 (Willem van Oranje aan de Staten-Generaal, Gent, 5 september 1580; zie ook Blok (1917) p. 271, en voor de tekst van de brief: p. 283-286 (p. 284)). Zie ook Corr. WvO no. 9542 (Willem van Oranje aan de Raden van Holland, Zeeland en Friesland, Antwerpen, 10 september 1580; vgl. Gachard (1847-1866) IV, p. 37-38), met een vergelijkbaar verzoek.

200. Zie voor de poging in augustus 1579 door gifmenger Guérin, die het ook op Duplessis Mornay voorzien zou hebben gehad; over Guérin deed ook het gerucht de ronde dat hij eerder in opdracht van Filips II Don Juan had vergiftigd, met Jan van der Linden, de abt van Sint-Geertrui, als tussenpersoon (Itjeshorst (1917) p. 63 (n. 3) en ook memoires van Mme Mornay in: De Witt (1868) p. 125-126). Zie Groen (1835-1847) VI, p. 88 (n. 1) voor verwijzingen naar moordplannen in 1575 en maart 1577; in het najaar van 1577 zou er vanuit Frankrijk een aanslag op Oranjes leven zijn beraamd. Zie ook Swart (1994) p. 40, en Sutherland (1983) p. 228-229, voor diverse plannen, geruchten en pogingen.

201. Swart (1994) p. 182; Soen (2012) p. 144; Schipperus (2018) p. 287.

11 Wachten op Anjou (1580-1583)

1. Breen (1924) p. 67-68.
2. Brugmans (1972-1973) II, p. 95.
3. Frijhoff & Prak (2004) p. 254-255; met als voorbeelden de regenten C.P. Hooft, Jacob Pietersz. Schaep en Reinier Cant.
4. Breen (1924) p. 67. Het bezoek aan Amsterdam stond aanvankelijk gepland voor 28 februari (id., p. 68).
5. Met oosterse waren werden in dit geval goederen bedoeld uit de omgeving van de Oostzee, de voornaamste handelsbestemming van de Amsterdammers (vgl. *Incomste 1580* [ongepag. [p. 5]]).
6. Verslag van de gebeurtenissen in: *Incomste 1580* [p. 5] e.v.; vgl. Breen (1924) p. 71.
7. *Incomste 1580* [p. 7] e.v.; overigens zitten er ook sterke antipaapse/antipauselijke elementen in de verschillende gebruikte teksten.
8. Tracy (1999) p. 260; Frijhoff & Prak (2004) p. 261.
9. Zie ook de weigering in 1580 konvooigelden te innen, die ten koste gingen van de concurrentiekracht van Amsterdam; vgl. Tracy (2008) p. 192; Den Tex (1980) p. 33; Frijhoff & Prak (2004) p. 264.
10. Breen (1924) p. 78; zie ook Brugmans (1972-1973) II, p. 159.

11. Frijhoff & Prak (2004) p. 261.
12. Breen (1924) p. 77-78.
13. Israel (1995) p. 206-207.
14. Bor (1679-1684) II, p. 172-173; zie ook Breen (1924) p. 79 e.v. en Corr. WvO no. 11612 (Willem van Oranje aan de magistraat van Utrecht, 23 maart 1580, zie ook Bor (1679-1684) II, p. 173-174); en Corr. WvO no. 11614 (id., 23 maart 1580, zie ook Bor (1679-1684) II, p. 174).
15. Zie Bor (1679-1684) II, p. 175; zie ook Buisman (1995-) IV, p. 49-50.
16. Tracy (1999) p. 257 en passim; Tracy (2008) p. 185.
17. Corr. WvO no. 10074 (Johannes Saliger aan Willem van Oranje, Woerden, 31 januari 1580; zie ook Bor (1679-1684) II, p. 148-149). Over Saliger: *NNBW* II, kol. 1256-1257.
18. Bor (1679-1684) II, p. 172; zie ook Breen (1924) p. 78-79.
19. Bor (1679-1684) II, p. 172-173.
20. Corr. WvO no. 11614 (Willem van Oranje aan de magistraat van Utrecht, Amsterdam, 23 maart 1580; zie ook Bor (1679-1684) II, p. 173-174).
21. Zie de strekking van de tweede brief van diezelfde dag aan de magistraat van Utrecht (Corr. WvO no. 11612; zie ook Bor (1679-1684) II, p. 174). Vgl. Breen (1924) p. 79-80.
22. Jan van Nassau aan Ernst van Schauenburg, Arnhem, 9 april 1580, in: Groen (1835-1847) VII, p. 328.
23. Jan van Nassau aan Ernst van Schauenburg, Arnhem, 9 april 1580, in: Groen (1835-1847) VII, p. 328-330; zie voor aanstelling Willem Lodewijk: Van der Lem (2020) p. 18.
24. Jan van Nassau aan Ernst van Schauenburg, Arnhem, 9 april 1580, in: Groen (1835-1847) VII, p. 333.
25. Charlotte de Bourbon maakt melding van de overgave van Mechelen en Diest (Charlotte de Bourbon aan Juliana van Stolberg, Antwerpen, 9 juni 1580; in: Groen (1835-1847) VII, p. 368-369).
26. Mulder z.j., p. 175; Van Roosbroeck (1974) p. 442.
27. Corr. WvO no. 5514 (Juliana van Stolberg aan Willem van Oranje, Siegen, 4 april 1577; vgl. Groen (1835-1847) VI, p. 49). Zie ook Van der Lem (2016) p. 59.
28. Mulder z.j., p. 61; met haar eigen kinderen en de kleinkinderen uit haar eerste huwelijk erbij had Juliana van Stolberg bij haar overlijden 160 in leven zijnde nakomelingen (id. p. 7).
29. Observatie bij Mulder z.j., p. 85.
30. Corr. WvO no. 7514 (Willem van Oranje aan Staten van de Nader Geünieerde Provinciën, Gent, ca. 25 augustus 1580, zie ook Gachard (1847-1866) IV, p. 246), waar hij stelde dat het 'hele' huis van Nassau ten dienste stond van de Nederlanden 'ende dat gheen verlies van vrienden, kinders, maghen ende broeders ons daeraff en sal cunnen aftreken'. Alleen zou er wel wat meer waardering voor mogen komen (ibidem).
31. Corr. WvO no. 5791 (Jan van Nassau aan Willem van Oranje, Arnhem, 5 april 1580, zie ook Groen (1835-1847) VII, p. 311-314). Zie ook Bor (1679-1684) II, p. 170, p. 177.
32. Vgl. brief van Willem Lodewijk van Nassau aan zijn vader Jan van Nassau, Zwolle, 17 augustus 1580 (Groen (1835-1847) VII, p. 384).

33. Groen e.a. (2013) p. 93.
34. *NNBW* V, kol. 378-379.
35. Kervyn de Volkaersbeke (1854) p. VIII; Van der Essen (1933-1937) II, p. 280 e.v.
36. Zie Corr. WvO no. 8626 (Willem van Oranje aan de Vier Leden van Vlaanderen, Antwerpen, 12 mei 1580; zie ook Gachard (1847-1866) IV, p. 230-232); Oranje over La Noue: 'que je prise plus que tout le reste' (id. p. 231).
37. Ysselstein (1969) p. 353.
38. In een brief aan Willem van Hessen van 29 augustus 1580 geeft Jan van Nassau aan 'fast in 8 wochen nicht inde den niederlanden' geweest te zijn (Groen (1835-1847) VII, p. 390).
39. Kluiver (1984b) p. 17.
40. Andreas Christiani aan Jan van Nassau, Delft, 11 december 1580 (Groen (1835-1847) VII, p. 446, p. 450).
41. Corr. WvO no. 10212 (Willem van Oranje aan Jan van Nassau, Delft, 11 december 1580); zie ook Groen (1835-1847) VII, p. 454. Het thema van de eer van het huis keert telkens terug, o.a. wanneer Oranje memoreert hoe ze de Nederlanden een dienst kunnen bewijzen, naast de godsdienst 'als auch unsers Haus zeitliche und ewige wohlfart, auch reputation, hinaus fhüren und bringen helffen.' (id., p. 455).
42. Andreas Christiani aan Jan van Nassau, Delft, 11 december 1580 (Groen (1835-1847) VII, p. 451).
43. Zoals hij herhaaldelijk uitlegde: zie o.a. Corr. WvO no. 7514 (Willem van Oranje aan Staten van de Nader Geünieerde Provinciën, Gent, ca. 25 augustus 1580); zie ook Gachard (1847-1866) IV, p. 243-244.
44. *NNBW* (1911-1937) VI, kol. 1055-1056; zie ook Grunebaum-Ballin (1968) p. 140.
45. Parker (1976b) p. 430; er waren in de jaren veertig zelfs al contacten met de landgraaf van Hessen, met wie Oranje naderhand via zijn huwelijk met Anna van Saksen geparenteerd raakte.
46. Parker (1976b) p. 431; Mout (1984b) p. 379.
47. Parker (1976b) p. 432; Groenveld (1981) p. 75 e.v.; zie ook Woltjer (1994b) p. 140; Grunebaum-Ballin (1968) p. 140-141. In Mout (1984b) dat de 'beeldvorming' omtrent Turken in de Nederlanden bespreekt, blijft de Turkse connectie via Nasi onbesproken.
48. Zie hiervoor p. 357; ook hier was er tegelijkertijd een nauwe relatie met de Franse diplomatieke belangen, omdat Fregoso in de eerste plaats de Franse kroon als opdrachtgever had, wat gezien het sterk wisselende beleid van Frankrijk ook nogal eens nadelig uitviel (Van Herwerden (1939) p. 178 e.v.; Cellarius (1981) p. 73-74).
49. Japikse (1915-1970) III, p. 69-70 (behandeld 21 juli 1580); zie ook Corr. WvO no. 11148.
50. Parker (1981) p. 156.
51. Swart (1994) p. 216 e.v.
52. Van Gelderen (1992) p. 167-180. Geurts (1956) p. 109 e.v.
53. Van Gelderen (1992) p. 171 e.v. (m.n. p. 175).
54. Feith (1869) p. 226: bezoek van de gezant Pruneaux aan de vergadering van de Staten-Generaal, op 9 januari 1580.

55. Holt (1986) p. 130 e.v.; Itjeshorst (1917) p. 74 e.v.
56. Dit was ook de grootste angst van Farnese, die hier op dat moment niet voldoende tegenover kon stellen (Van der Essen (1933-1937) II, p. 53).
57. Le Roux (2014) p. 222, p. 553.
58. Blaes (1859-1866) V, p. 295-300 (*Mémoires anonymes*, 7-8 juli 1580); zie ook Coigneau (1980-1981) p. 158-159.
59. Blaes (1859-1866) V, p. 305 (*Mémoires anonymes*, zondag 10 juli 1580).
60. Blaes (1859-1866) V, p. 306 (*Mémoires anonymes*, 11 juli 1580).
61. Blok (1919-1920) II, p. 155; Blaes (1859-1866) V, p. 316 (*Mémoires anonymes*, 20 juli 1580).
62. Groen (1835-1847) VII, p. 378 (n. 1).
63. Swart (1994) p. 212-214.
64. Holt (1986) p. 134 e.v., p. 172; De Smet (1998) p. 59.
65. Holt (1986) p. 138; Soen (2011c) p. 55.
66. Holt (1986) p. 138-140; Swart (2006) p. 41.
67. Holt (1986) p. 140; er is ook een traditie die 29 september als verdragsdatum geeft, zie o.a. Van der Lem (2014) p. 124; Mout (2006) p. 11; Groen (1835-1847) VII, p. 400.
68. Corr. WvO no. 10212 (Willem van Oranje aan Jan van Nassau, Delft, 11 december 1580, zie ook Groen (1835-1847) VII, p. 456).
69. Kervyn de Lettenhove (1883-1885) V, p. 371 e.v.; Daussy (2002) p. 166, p. 180-181.
70. Le Roux (2014) p. 222-223.
71. Corr. WvO 5489 (Anjou aan Willem van Oranje, Courtras, 30 november 1580); zie ook Groen (1835-1847) VII, p. 441-443.
72. Corr. WvO no. 5490 (Marnix aan Willem van Oranje, z.pl., 1 december 1580). De vrede werd uiteindelijk in de eerste week van januari 1581 in Courtras door de koning geratificeerd (Blok (1919-1920) II, p. 162).
73. Het eerste auteurschap van Villiers is niet gemakkelijk direct te bewijzen, maar ook contemporaine bronnen gingen er al van uit dat hij de voornaamste auteur van de *Apologie* moest zijn; vgl. Blok (1917) p. 266 e.v.; voor de exacte datering: Blok (1917) p. 272-274.
74. Blok (1917) p. 269, p. 275.
75. Nicollier (1995) p. 442-443 (Languet in schrijven aan Robert Beale, 15 februari 1581); zie ook Blok (1917) p. 279; Mout (1984) p. 620.
76. Japikse (1915-1970) III, p. 152-153; zie ook Corr. WvO no. 10144 (remonstrantie Willem van Oranje aan de Staten-Generaal, Delft, 13 december 1580, zie ook Gachard (1847-1866) VI, p. 39-41); vgl. Blok (1917) p. 275; Blok veronderstelde dat Van Someren de *Apologie* ook naar het Nederlands heeft vertaald (id., p. 275-276); zie ook Decavele (1980b) p. 17.
77. Blok (1917) p. 277-278; Van Deursen & De Schepper (1984) p. 86.
78. De *Apologie* wordt algemeen gezien als het eerste document waarin hij openlijk afstand nam van de Spaanse koning (vgl. Swart (1975) p. 43; Mout (2006) p. 37).
79. Verwey (1923) p. 13.
80. Blok (1917) p. 264 e.v.; zo wordt ook geoordeeld over de Engelse versie, vgl. Wansink (1969) p. VII.
81. Blok (1917) p. 275, p. 280.

82. Verwey (1923) p. 42-43.
83. Verwey (1923) p. 47.
84. Parker (1981b) p. 211.
85. Swart (1975) p. 43; Pollmann (1992) p. 73 e.v.
86. Pollmann (1992) p. 74.
87. Verwey (1923) p. 115; zie ook Parker (1981b) p. 211; Meijer Drees (1997) p. 96; Pollmann (1992) p. 77-78.
88. Verwey (1923) p. 35 e.v.; Vgl. Swart (1975) p. 43; Parker (2014) p. 175.
89. Parker (2014) p. 175-191.
90. Blok (1917) p. 279.
91. *Apologie* (1581) p. 11-12 (brief gedateerd, Delft, 17 december 1580); vgl. Blok (1917) p. 276-277.
92. Verwey (1923) p. 121-122.
93. Verwey (1923) p. 122.
94. *Apologie* (1581) p. 12.
95. Citaat gaat terug op P.C. Hoofts *Nederlandsche Historien*: Hooft (1972) V, p. 744.
96. Blok (1917) p. 280; Decavele (1980) p. 49.
97. Het is opvallend dat er van deze tekst geen volledige moderne Nederlandse wetenschappelijke editie voorhanden is. De bewerking van Verlaan (en Alberts) is sterk bekortend en spaarzaam geannoteerd; de editie van Albert Verwey (Verwey (1923)) volgt getrouw de tekst van de Nederlandse uitgave van 1581, maar geeft nauwelijks toelichting; hetzelfde geldt voor de editie van de Engelse uitgave van 1581 door Wansink (Wansink (1969)).
98. Van Peteghem (1980) p. 43; Van Gelderen (1992) p. 151-153.
99. Blok (1917) p. 265.
100. Decavele (1980a) p. 50 e.v.; zie ook Groen (1835-1847) VII, p. 262-264, en aldaar p. 264-276 de brief van Villiers aan Oranje waarin de ommezwaai om katholicisme niet langer te tolereren wordt beargumenteerd (Corr. WvO no. 776, Antwerpen, 17 maart 1580).
101. Decavele (1980a) p. 53, p. 62.
102. Een brief gericht 'aan de koningen en andere potentaten van de christenheid', gedateerd 4 februari 1581 was ook meegedrukt in alle edities die rond deze tijd van de *Apologie* verspreid werden (vgl. *Apologie* (1581) p. 3-7). Oranje stuurde op 20 februari aan zijn broer Jan 'etliche exemplaria unser Apologi' ter verdere verspreiding om als tegenweer te dienen voor de 'smaadschriften' die door de koning van Spanje waren verspreid (Corr. WvO no. 5276, Delft, zie ook Groen (1835-1847) VII, p. 508).
103. Blok (1917) p. 280.
104. Swart (1996) p. 80.
105. Houtzager (1989) p. 80-81; Van Andel (1933) p. 2044. De gedachte van Ronald de Graaf (De Graaf (2018) p. 269) dat Oranje ondanks zijn ziekte op 2 en 3 februari nog even snel heen en weer zou zijn gegaan om op 2 februari vanuit Middelburg een brief te versturen, is om allerlei redenen al niet erg aannemelijk, en berust op de verkeerde datering (in Gachard (1847-1866) IV, p. 275-276, en ook in de database 'Briefwisseling van Willem van Oranje', waar brief no. 7340 niet op 2-2-1581 gedateerd moet worden maar op 2-2-1582; Oranje is dan in Middelburg, in afwachting van Anjou).

106. Delen (2002) p. 140-141.
107. Zie schrijven van Jan van Nassau aan Juliana van Stolberg, Arnhem, 9 april 1580 (Jacobs (1889) p. 486). Vgl. Van Schelven (1948) p. 21; Mulder z.j., p. 205; Swart (1994) p. 150.
108. Gachard (1847-1866) II, p. III (naar een anoniem verslag van een tijdgenoot (n. 1 ms. Bibliotheek Atrecht)).
109. Kamen (2010) p. 139; zie voor de lange traditie van het publiek dineren door de vorst: Strong (2003) p. 93-94, p. 205-206.
110. Payen (1861) I, p. 42-43; zie ook Carton de Wiart (1945) p. 27.
111. Delen (2002) p. 59-60.
112. Strong (2003) p. 158.
113. Delen (2002) p. 134; zie ook Haslinghuis (1933) p. 274 (n. 2).
114. Parker (2014) p. XV, p. 113.
115. Grosart (1894) p. 148; geciteerd naar Panhuysen & Van Stipriaan (2018) p. 129.
116. Bijv. Haslinghuis (1933) p. 285-286; Boer (1952) p. 73.
117. Van der Essen (1933-1937) III, p. 29.
118. Marnef (2001a) p. 101.
119. Parker (1981b) p. 187.
120. Erasmus (2005) p. 151, p. 211 (*De opvoeding van de christenvorst*).
121. Grosart (1894) p. 148; geciteerd naar Panhuysen & Van Stipriaan (2018) p. 129.
122. Kervyn de Lettenhove (1883-1885) VI, p. 279-280; Blok (1919-1920) II, p. 162; Hibben (1983) p. 177-178; Swart (1994) p. 214.
123. Groenveld (2009) p. 108; De van der Schueren (1887-1888) I, p. 312 e.v., p. 353 e.v.; Meerkamp van Embden (1933) p. 121 e.v. Oranje had ook in 1566-1567 al meegedongen naar het markizaat, maar was afgetroefd door Filips II. Dat Oranje in 1566 enige tijd heeft gedacht dat het markizaat hem niet kon ontgaan, blijkt uit het feit dat omstreeks Kerstmis gegraveerde portretjes in omloop kwamen, waarop Oranje als 'marcgraef van der Vere ende Vlissingen' werd aangeduid (vgl. Meerkamp van Embden (1933) p. 116, zie ook Rosenfeld (1959) p. 53).
124. Groenveld (2009) p. 108; De van der Schueren (1887-1888) I, p. 355, p. 412; Meerkamp van Embden (1933) p. 121.
125. Groenveld (2009) p. 108-109, p. 116 e.v., p. 147-148; Meerkamp van Embden (1933) p. 121.
126. Corr. WvO no. 11447 (Staten van Brabant aan Willem van Oranje, Brussel, 14 februari 1582). Zie ook Delen (2002) p. 236. De van der Schueren (1887-1888) I, p. 433 e.v.; Dane (1950) p. 50-51; Van Nispen (1983) p. 21 e.v.
127. Van Nispen (1983) p. 24; Willems (1827-1830) p. 128-129, De van der Schueren (1887-1888) I, p. 433-434; de titel van markies van Bergen op Zoom werd Oranje niet verleend (Van Nispen (1976) p. 78).
128. Van Nierop (1984a) p. 130 e.v., voor de praktijk, vanaf 1572, waarbij met name de adel leek te profiteren van de onteigening van kerkelijke goederen. Vgl. Tracy (1999) p. 261 en passim, specifiek voor de praktijk in Holland.
129. Zie art. 24 (afgedrukt in De Poorter (1976) p. 358-359); zie ook Gachard (1847-1866) V, p. 37 (n. 2); Kervyn de Lettenhove (1883-1885) VI, p. 311-312.
130. Corr. WvO no. 10494 (remonstrantie van Oranje aan de Staten-Generaal, Antwerpen, 3 mei 1582); zie ook Gachard (1847-1866) V, p. 301; zie ook Japikse (1915-1970) III, p. 507-508.

131. En ook afzonderlijke gewesten, zoals Brabant (vgl. Corr. WvO no. 7773, Willem van Oranje aan Henri de Bloeyere, Antwerpen, 23 mei 1582, zie ook Gachard (1847-1866) V, p. 48-49).
132. Tracy (1999) p. 262-263, p. 265.
133. Zie bemoeienis van Anjou met de schenking van de abdij van Affligem in brief aan Staten van Brabant (waar een deel van de bezittingen van deze Vlaamse abdij lagen), Antwerpen, 18 mei 1582, zie ook Gachard (1847-1866) V, p. 36-39 (p. 38). Zie ook de positieve beschikking van Brabant op 22 juni 1582 (Gachard (1847-1866) V, p. 40-42, in ruil voor de finale kwijting van alle oude aanspraken van Oranje).
134. Bor (1679-1684) II, p. 183-184 en p. 184-185 (benoemingsbrief, C. de Rechtere, Den Haag, 5 juli 1581). Vgl. Hibben (1983) p. 174 e.v.; Coopmans (1993) p. 56; Kernkamp (1933) p. 116.
135. Bor (1679-1684) II, p. 183; Israel (1995) p. 214 en Groen (1835-1847) VII, p. 591; zie ook Boer (1952) p. 123, voor de rol van Villiers in het ontwikkelen van en vasthouden aan deze gedachtegang.
136. Mout (1984) p. 620 e.v.; Mout (1986) p. 355, p. 358 en passim; Mout (2006) p. 30-31, p. 33; Van Deursen (2004) p. 105; Groenveld (2018b) p. 188 e.v.; Soen (2011c) p. 55 en passim.
137. *Resolutiën Holland en Westvriesland* 1580/1581, p. 615 (6 juni 1581); Mout (2006) p. 47 e.v.
138. Willems (1827-1830) p. 135 (brief van Antwerpse anonymus, 20 februari 1582) zie ook p. 124.
139. Duke (2003d) p. 188.
140. Over de grondige voorbereiding: Mout (2006) p. 43-45, p. 50-51; Soen (2011c) p. 45; Groenveld (2018b) p. 183; Blockmans (2020) p. 249.
141. Mout (2006) p. 47; zie ook Willems (1827-1830) p. 101-102; p. 105-106, p. 111, p. 125, p. 153, p. 161 voor voorbeelden hoe deze eisen in verschillende gewesten in de praktijk werden gebracht.
142. Swart (1994) p. 206; zie ook Bor (1679-1684) II, p. 241-243.
143. Tracy (2008) p. 145-146; Swart (1994) p. 206-207; Israel (1995) p. 212.
144. Van der Essen (1933-1937) II, p. 42 e.v.
145. Dumbar (1722) p. 324 e.v. (verslag van ooggetuige Reinico Fresinga); zie ook Panhuysen & Van Stipriaan (2018) p. 136-141 voor enkele belangrijke passages uit Fresinga's verslag.
146. Hierin zouden Hollanders een groot aandeel hebben gehad, die daarmee voor het eerst een grote militaire campagne buiten het eigen gewest hielden (Tracy (2008) p. 168).
147. Dumbar (1722) p. 334; zie ook Panhuysen & Van Stipriaan (2018) p. 138.
148. Groen e.a. (2013) p. 93-94. Rennenberg was de belegering van Steenwijk buiten medeweten van Farnese begonnen, die ook al vroeg kon voorspellen dat ze op een debacle zou uitlopen (vgl. Gachard (1847-1866) IV, p. 283 (n. 1, brief aan Filips II, 10 maart 1581)).
149. Van den Broek (2009) p. 6, p. 15 en passim; Groen e.a. (2013) p. 96.
150. Van der Essen (1933-1937) II, p. 201 e.v., p. 257-258.
151. Vgl. de reconstructie in Van der Essen (1933-1937) II, p. 322-347 (m.n. p. 339).

152. Van der Essen (1933-1937) II, p. 299.
153. Bor (1679-1684) II, p. 273.
154. Bor (1679-1684) II, p. 273-274; Van der Essen (1933-1937) II, p. 306. Zie Delen (2002) p. 100 voor de kwalijke rol van vroegere vertrouweling Charles de Gavre, heer van Fresin, bij het in handen spelen van Breda aan de troepen van Haultepin.
155. Er bestaat, met name na een reeks publicaties van J.J. Woltjer brede consensus dat omstreeks 1580 deze 'middengroep' definitief is uitgeschakeld als politieke factor, omdat veel mensen zich niet konden of wilden identificeren met de radicaal calvinistische dan wel katholieke standpunten die nu in het conflict overheersten; zie o.a. Woltjer (1994) p. 473 en passim; Van Berkel (1981) p. 1; Postma (1987) p. 41-42; Duke & Jones (2003) p. 200 en passim; Mout (1999) p. 29 e.v.; Mout (2006) p. 10.
156. Corr. WvO no. 10212 (Willem van Oranje aan Jan van Nassau, Delft, 11 december 1580, zie ook Groen (1835-1847) VII, p. 454); vgl. Israel (1995) p. 203, waar erop gewezen wordt dat bij latere generaties, zelfs bij een antiorangistisch auteur als Pieter de la Court, ondanks deze zwenking het beeld van Oranje als tegenstrever van theocratische tendensen in de gereformeerde kerk is blijven prevaleren.
157. Corr. WvO no. 11619 (Willem van Oranje en het Hof van het gewest Utrecht, plakkaat d.d. 23 augustus 1581); zie Van de Water (1729) I, p. 350-351, voor het verbod op het praktiseren van de 'Roomsche Religie'.
158. Huet & Grieten (2011) p. 11.
159. Nicollier-de Weck (1995) p. 447; Huet & Grieten (2011) p. 114.
160. Corr. WvO no. 10598 (Plakkaat op naam van het Hof van Holland en Oranje uitgevaardigd, Den Haag, 20 december 1581).
161. *Resolutiën Holland en Westvriesland* 1580/1581, p. 969-970; zie ook Van Nierop (1987) p. 29.
162. Mout (2006) p. 42.
163. Gachard (1847-1866) IV, p. 252 (n. 1).
164. Corr. WvO no. 7017 (Matthias aan Willem van Oranje, Antwerpen, 7 november 1580; vgl. Gachard (1847-1866) IV, p. 259-260; zie ook Seidl (1909) p. 139.
165. Seidl (1909) p. 156; Blok (1919-1920) II, p. 163; Louthan (1997) p. 153.
166. Seidl (1909) p. 158-160.
167. Zie bijv. Corr. WvO no. 8177 (Anjou aan Willem van Oranje, Alençon, 10 mei 1581), en vooral Corr. WvO no. 7878 (Anjou aan Willem van Oranje, kamp van Ablis, 15 juli 1581), waarin hij op hooggestemde toon zijn oorlogsplannen aan Oranje voorlegde, en sprak van grote hoeveelheden soldaten die onderweg waren, en van de beschikbaarheid van zo'n acht schepen (ook Kervyn de Volkaersbeke & Diegerick (1848-1849) II, p. 279-281).
168. Holt (1986) p. 149, met bericht van anonymus die waarnam dat Anjou nog altijd minder dan tweeduizend man bij elkaar had (april 1581).
169. Holt (1986) p. 151; Van der Essen (1933-1937) II, p. 307, p. 311.
170. Corr. WvO no. 783 (Anjou aan Willem van Oranje, Kamerijk, 19 augustus 1581, zie ook Gachard (1847-1866) IV, p. 296-299); zie ook Holt (1986) p. 144, p. 155-156; Van der Essen (1933-1937) II, p. 299, 309-310, p. 313, III, p. 9.

171. Van der Essen (1933-1937) II, p. 318; Holt (1986) p. 156.
172. Van der Essen (1933-1937) II, p. 316-318; Holt (1986) p. 158.
173. Holt (1986) p. 147, p. 154.
174. Van Schelven (1939) p. 150.
175. Holt (1986) p. 158; zie ook Corr. WvO no. 8415 (Willem van Oranje aan de Vier Leden van Vlaanderen, Gent, 19 september 1581), met een uiterst beroep aan Vlaanderen zijn aandeel zo snel mogelijk af te dragen (ook Kervyn de Volkaersbeke & Diegerick (1848-1849) II, p. 308).
176. Holt (1986) p. 155-157; het zou zijn gegaan om een bedrag van 30.000 Engelse pond.
177. Van der Essen (1933-1937) II, p. 320; Holt (1986) p. 160; Van Schelven (1939) p. 150.
178. Corr. WvO no. 10680 (Jan van Nassau aan Willem van Oranje, Dillenburg, z.d. (april/mei 1581), zie ook Groen (1835-1847) VII, p. 527); Corr. WvO no. 5794 (Jan van Nassau aan Willem van Oranje, Dillenburg, 21 april 1581, zie ook Groen (1835-1847) VII, p. 538 e.v.).
179. Dat Oranje Anjou als een 'verlosser' zag, mag o.a. blijken uit zijn opgetogen brief bij de uiteindelijke aankomst van Anjou op 10 februari 1582 (Corr. WvO no. 10888, Willem van Oranje aan de Raad van Vlaanderen, Vlissingen); zie ook Gachard (1847-1866) V, p. 24: Oranje meende dat Anjous komst zou dienen 'tot een eyndelicke verlossinge ende bevrydinge van deze verdruckte landen'.
180. Waterschoot (1984a) p. 119.
181. Blok (1919-1920) II, p. 166 e.v.; zie ook Kervyn de Volkaersbeke & Diegerick (1848-1849) II, 262.
182. Van der Essen (1933-1937) III, p. 10-11, p. 40; zie ook Bor (1679-1684) II, p. 287.
183. Corr. WvO no. 7235 (remonstrantie Willem van Oranje voor de Staten-Generaal, Antwerpen, 1 december 1581, zie ook Gachard (1847-1866) IV, p. 366).
184. Van der Essen (1933-1937) III, p. 10-11, p. 18.
185. Van der Essen (1933-1937) III, p. 35 e.v.
186. Van der Essen (1933-1937) III, p. 35 (NB op p. 80 wordt een bedrag van 100.000 gulden genoemd).
187. Van der Essen (1933-1937) III, p. 36.
188. Van der Essen (1933-1937) III, p. 12
189. Van der Essen (1933-1937) III, p. 37-38.
190. Van der Essen (1933-1937) III, p. 43, p. 52-55.
191. Corr. WvO no. 7235 (remonstrantie Willem van Oranje voor de Staten-Generaal, Antwerpen, 1 december 1581), zie ook Gachard (1847-1866) IV, p. 365; zie tevens Bor (1679-1684) II, p. 289-290).
192. Gachard (1847-1866) IV, p. 366.
193. Gachard (1847-1866) IV, p. 367.
194. Gachard (1847-1866) IV, p. 367.
195. Gachard (1847-1866) IV, p. 368.
196. Decavele (1984b) p. 637-638.
197. Corr. WvO no. 7037 (Willem van Oranje aan de Raad van State, Antwerpen, 7 december 1581; zie ook Gachard (1847-1866) IV, p. 377-378).
198. Van der Essen (1933-1937) III, p. 69 e.v., p. 80; Groen e.a. (2013) p. 97; Decavele (1984a) p. 56.

199. Corr. WvO no. 7051 (Willem van Oranje aan Raad van State, Antwerpen, 14 december 1581, zie ook Gachard (1847-1866) IV, p. 396-397). Zie ook Corr. WvO no. 8705 (22 januari 1582), no. 8708 (24 februari 1582).
200. Corr. WvO no. 11565 (Willem van Oranje aan Staten van Holland, Antwerpen, 8 december 1581).
201. O.a. Corr. WvO no. 7039 (Willem van Oranje aan Antoine Cormont, heer van Villeneuve, Antwerpen, 9 december 1581; zie ook Gachard (1847-1866) IV, p. 383-384).
202. Corr. WvO no. 7053 (Willem van Oranje aan Raad van State, Antwerpen, 16 december 1581; zie ook Gachard (1847-1866) IV, p. 399).
203. Willems (1827-1830) p. 107.
204. Corr. WvO no. 5412 (Filips van Marnix van Sint-Aldegonde aan Willem van Oranje, Londen, 22 november 1581); zie ook 'Verloving etc.' (1861) p. 194-195; en Holt (1986) p. 161 e.v.
205. Waterschoot (1985-1986) p. 96. Zie bijv. Willems (1827-1830) p. 108 voor klokgelui in Antwerpen op 28 november.
206. Verhoef (1985) p. 56.
207. Kervyn de Lettenhove (1883-1885) VI, p. 255-256; Holt (1986) p. 162-163. Geruchten dat het huwelijk alsnog niet doorging, circuleerden begin december al in de Nederlanden (Muller & Diegerick (1889-1899) IV, p. 107-108, bericht van twee Friese gezanten, d.d. 8 december 1581).
208. Holt (1986) p. 162-163
209. Kervyn de Lettenhove (1883-1885) VI, p. 251 e.v.
210. Kervyn de Lettenhove (1883-1885) VI, p. 265 en passim.
211. Kervyn de Lettenhove (1883-1885) VI, p. 258; een verhaal dat bij La Huguerye zijn oorsprong heeft (La Huguerye (1877-1880), II, p. 148); het zou in het teken hebben gestaan van het losweken van Farnese van Filips II. Een Vlaamse koopman, André van Loo, trad al enige tijd op als geheime gezant tussen Elizabeth en Farnese.
212. Zie fragmenten daaruit in Kervyn de Lettenhove (1883-1885) VI, p. 255 en passim.
213. Holt (1986) p. 163.
214. Kervyn de Lettenhove (1883-1885) VI, p. 269.
215. Holt (1986) p. 164; Kervyn de Lettenhove (1883-1885) VI, p. 277.
216. Holt (1986) p. 166; Blok (1919-1920) II, p. 170-171; een contemporaine bron spreekt zelfs van zo'n tweehonderd Engelse edelen (Groen (1835-1847) VIII, p. 69 (anonieme brief aan Jan van Nassau, Antwerpen, 24 februari 1582)).
217. Kervyn de Lettenhove (1883-1885) VI, p. 270; zie ook Willems (1827-1830) p. 132.
218. Kervyn de Lettenhove (1883-1885) VI, p. 266, p. 269.
219. Corr. WvO no. 8680 (notitie met antwoorden van Willem van Oranje aan de heer van Pruneaux, Middelburg, 9 januari 1582, zie ook Gachard (1847-1866) V, p. 12); Oranje drong toen al aan op een 'prompte venue' van Anjou (p. 13), maar die liet nog een maand op zich wachten. Vgl. Willems (1827-1830) p. 115-116.
220. Kervyn de Lettenhove (1883-1885) V, p. 271-272; Swart (1994) p. 221; Mörke (2010) p. 245.
221. Daussy (2002) p. 180; Kervyn de Lettenhove (1883-1885) V, p. 272.
222. Willems (1827-1830) p. 133 e.v.

223. Willems (1827-1830) p. 131 e.v.; zie ook Van Bruaene (2007) p. 275.
224. Kervyn de Lettenhove (1883-1885) VI, p. 262-263.
225. Daussy (2002) p. 180-181; zie ook Kervyn de Lettenhove (1883-1885) VI, p. 262 (n. 4).
226. *Blijde ende heerlijcke incomste* (1582) p. 23-24; zie ook: Panhuysen & Van Stipriaan (2018) p. 143 e.v.; en Swart (1994) p. 221 e.v.
227. *Blijde ende heerlijcke incomste* (1582) p. 35.
228. *Blijde ende heerlijcke incomste* (1582) p. 35-36. Vgl. Willems (1827-1830) p. 139, Kervyn de Lettenhove (1883-1885) VI, p. 274.
229. Van Gelderen (1992) p. 174; Van Bruaene (2007) p. 269-274.
230. Blok (1919-1920) II, p. 171; Van Bruaene (2007) p. 272.
231. Van Bruaene (2007) p. 271-272; het boekje werd door Plantijn binnen twee maanden op de markt gebracht.
232. Willems (1827-1830) p. 136.
233. Kervyn de Lettenhove (1883-1885) VI, p. 306-308.
234. Japikse (1915-1970) III, p. 458-459 (besluit 3 mei 1582); Vlaanderen wilde het bedrag eerder op 72.000 stellen (Gachard (1847-1866) VI, p. 329-330 (besluit van de Vier Leden van Vlaanderen, 1 november 1581)).
235. Delaborde (1888) p. 289.
236. Willems (1827-1830) p. 131-132, p. 141.
237. Kervyn de Lettenhove (1883-1885) VI, p. 282.
238. Willems (1827-1830) p. 142; zie ook Kervyn de Lettenhove (1883-1885) VI, p. 282.
239. Willems (1827-1830) p. 143; Kervyn de Lettenhove (1883-1885) VI, p. 282; Swart (1994) p. 222.
240. Willems (1827-1830) p. 138, p. 144.
241. Willems (1827-1830) p. 145 e.v., p. 161.
242. Willems (1827-1830) p. 141.
243. Kervyn de Lettenhove (1883-1885) VI, p. 284-285; De Meyer (1933) p. 5-6; zie ook Groen (1835-1847) VIII, p. 73-74: Everard van Reyd aan Jan van Nassau, 20 maart 1582.
244. Kervyn de Lettenhove (1883-1885) VI, p. 290.
245. Observatie van Michel de la Huguerye, geciteerd in Kervyn de Lettenhove (1883-1885) VI, p. 291.
246. Van der Essen (1933-1937) III, 96.
247. Kervyn de Lettenhove (1883-1885) VI, p. 287; ook Oranje en de Raad van State zinspeelden daar al op in hun betoog van 1 maart (Corr. WvO no. 8830 (rapportage van Willem van Oranje en de Raad van State aan de Staten-Generaal, Antwerpen, 1 maart 1582), zie ook Gachard (1847-1866) V, p. 280).
248. Corr. WvO no. 8830 (rapportage Willem van Oranje en Raad van State aan de Staten-Generaal, Antwerpen, 1 maart 1582); zie ook Gachard (1847-1866) V, p. 261.
249. Corr. WvO no. 8830 (rapportage Willem van Oranje en de Raad van State aan de Staten-Generaal, Antwerpen, 1 maart 1582); zie ook Gachard (1847-1866) V, p. 287-288.
250. Corr. WvO no. 8830 (rapportage van Willem van Oranje en de Raad van State aan de Staten-Generaal, Antwerpen, 1 maart 1582); zie ook Gachard (1847-1866) V, p. 286.

251. Japikse (1915-1970) III, p. 444 (sub 1 maart 1582).
252. Gachard (1847-1866) p. 293-298 (notitie van Willem van Oranje en de Raad van State voor Anjou, Antwerpen, 10 maart 1582 (niet opgenomen in Corr. WvO)).
253. *Cort verhael* fol. †3v; vgl. De Meyer (1933) p. 23.
254. Groen (1835-1847) IX, p. 222 (verslag Engelse diplomaat William Herle, 20 maart); zie ook *Cort verhael* fol. †3r-†3v; Swart (1994) p. 224-225.
255. *Cort verhael* (1582) fol. †2v; De Meyer (1933) p. 22. Ook volgens Herle ging de kogel door de mond en raakte daarbij slechts één kies (vgl. Groen (1835-1847) IX, p. 221); zie ook het verslag van ooggetuige Jacob Valck, lid van de landraad beoosten Maze (Molhuysen (1848) p. 47); zie tevens Swart (1994) p. 222-223.
256. Aldus Herle (Groen (1835-1847) IX, p. 221); volgens het *Cort verhael* zag Oranje juist enige tijd helemaal niets meer (*Cort verhael* fol. †2v).
257. *Cort verhael* fol. †2v; zie ook Groen (1835-1847) IX, p. 221; Van der Lem (2000) p. 167-168. Er zijn geen aanwijzingen dat Jaureguy werd doodgeschoten, zoals wel wordt gedacht (Van der Lem (2000) p. 167; Mörke (2010) p. 247).
258. *Cort verhael* fol. †2v.
259. Groen (1835-1847) IX, p. 222-223; *Cort verhael* fol. †3r e.v. Molhuysen (1848) p. 48.
260. *Cort verhael* fol. †4r.
261. *Cort verhael* fol. †4r.
262. Groen (1835-1847) IX, p. 225; zie ook Molhuysen (1848) p. 48-49. Vgl. Jardine (2005) p. 68 voor de stelling dat het etaleren van Jaureguys bijgeloof tot doel had het katholicisme verder te demoniseren.
263. Groen (1835-1847) IX, p. 224; zie ook *Cort verhael* fol. ††2v; Molhuysen (1848) p. 48.
264. Groen (1835-1847) IX, p. 225; over het niet meer mogen spreken: *Cort verhael* fol. ††1r; en *Histoire de la vie de messire Philippes de Mornay* (1647) p. 63.
265. Groen (1835-1847) IX, p. 226.
266. *Cort verhael* fol. ††1v; voor nadere identificatie van Jaureguy als afkomstig uit Bilbao: Molhuysen (1848) p. 51 (brief stad Antwerpen aan Deventer, maart 1582); vgl. De Meyer (1933) p. 28.
267. Gachard (1847-1866) VI, p. CXLIX-CL (aantekening van Antwerpse schout Simon van den Werve); zie ook Bostoen (1987) p. 44-45; De Meyer (1933) p. 39.
268. Corr. WvO no. 10289 (Willem van Oranje aan Filips van Marnix, z.pl., z.j. [maart 1582]), zie ook Groen (1835-1847) VIII, p. 80; zie ook *Cort verhael* fol. ††3r; De Meyer (1933) p. 135-137; Van der Lem (2000) p. 168.
269. Van der Essen (1933-1937) III, p. 58.
270. *Cort verhael* fol. ††3v; Van der Essen (1933-1937) III, p. 63.
271. Lefèvre (1940-1960) II, p. 289. Berichten over Oranjes dood bleven nog maandenlang rondzingen, vgl. Kervyn de Lettenhove (1883-1885) VI, p. 300 e.v.; Schipperus (2018) p. 299-301.
272. Verhoef (1985) p. 57-58; De Meyer (1933) p. 14 en passim.
273. Groen (1835-1847) VIII, p. 123 (Granvelle aan Margaretha van Parma, Madrid, 19 augustus 1582).
274. Poullet & Piot (1877-1896) IX, p. 275; vgl. Geurts (1956) p. 113-114.
275. Geurts (1956) p. 114.
276. Groen (1835-1847) VIII, p. 76, p. 97 e.v., p. 104 e.v., p. 137.

277. Bor (1679-1684) II, p. 316; zie ook Houtzager (1989) p. 81, waar sprake is van 12 pond bloed die Oranje verloren zou hebben.
278. Groen (1835-1847) VIII, p. 86 (Charlotte de Bourbon aan Jan van Nassau, Antwerpen, 18 april 1582); zie ook Van Andel (1933) p. 2044-2045; Houtzager (1984) p. 81-82; zie voor het aanbrengen van de tampon ('tente') o.a. *Histoire de la vie de messire Philippes de Mornay* (1647) p. 63.
279. Groen (1835-1847) VIII, p. 88 (brief van Maria van Nassau aan Jan van Nassau, z.pl. [Antwerpen], 18 maart [=april] 1582).
280. *Histoire de la vie de messire Philippes de Mornay* (1647) p. 63; Mornay was ook ooggetuige van de aanslag in 1582: Daussy (2002) p. 168. Vgl. Boer (1952) p. 77; Van Roosbroeck (1974) p. 389.
281. Gielens (1933) p. 236 (anonieme 'memorie', eind mei 1582).
282. Gielens (1933) p. 236.
283. Van Roosbroeck (1974) p. 391. Voor de vermagering van Oranje: brief van Maria van Nassau aan Jan van Nassau, z.pl. [Antwerpen], 18 maart [=april] 1582 (Groen (1835-1847) VIII, p. 89): Oranje was 'nur hautt und bein'. Oranje zou verder weinig blijvends aan de aanslag van 1582 hebben overgehouden, behalve enige moeite met slikken; vgl. Houtzager (1989) p. 93.
284. Bor (1679-1684) II, p. 316.
285. Bor (1679-1684) II, p. 316.
286. Van Roosbroeck (1974) p. 391.
287. De van der Schueren (1887-1888) I, p. 289-290, opgave van maandelijkse traktementen van de gewesten Vlaanderen, Zeeland, Noord-Holland, Zuid-Holland, Utrecht, Brabant; bedragen die bedoeld waren om het bestuursapparaat te onderhouden (secretarissen, koeriers enz.).
288. Delen (2002) p. 19.
289. Delen (2002) p. 75, p. 79; zie ook De van der Schueren (1887-1888) I, p. 293-294, wel ontving Marnix boven op zijn salaris van 800 pond, nog een onkostenvergoeding ('pour son plat') van 400 pond (id., p. 294), zie ook Boer (1952) p. 74.
290. Boer (1952) p. 78, en passim. Marnix beklaagde zich regelmatig over zijn veel te karige toelage (De Smet (1998) p. 59-60).
291. Kervyn de Lettenhove (1883-1885) VI, p. 293 (n. 1: William Herle aan Burleigh, 3 augustus 1582); zie ook Boer (1952) p. 122.
292. De van der Schueren (1887-1888) I, p. 288.
293. Delen (2002) p. 79; zie ook De van der Schueren (1887-1888) I, p. 288 (op basis van eigen herinnering Van Dorp, in een notitie uit december 1592) p. 297-299. Zie ook Blok (1919-1920) II, p. 222.
294. Delen (2002) p. 80.
295. Corr. WvO no. 4460 (Willem van Oranje aan Lodewijk van Nassau, Breda, 15 januari 1564); zie ook Groen (1835-1847) I, p. 196; het betreft een zinsnede uit het gebed Gloria Patri.
296. Corr. WvO no. 8193 (Elizabeth van Engeland aan Willem van Oranje, Nonsuch, 9 augustus 1582, zie ook Groen (1835-1847) VIII, p. 120-121).
297. Corr. WvO no. 8198 (Willem van Oranje aan Elizabeth van Engeland, Gent, 23 augustus 1582, zie ook Groen (1835-1847) VIII, p. 124-126).
298. Groen (1835-1847) VIII, p. 74 (Everard van Reyd aan Jan van Nassau, 20 maart

1582); zie ook Corr. WvO no. 1798 (instructie namens Staten van Zeeland voor Jacob Valcke en Maarten Cz. Drooghe voor onderhoud met Willem van Oranje, 15 mei 1582). Zie ook Parker (1981b) p. 157.

299. Vgl. het oordeel van Granvelle (in brief aan Jan Fonck, Madrid, 7 april 1582: Groen (1835-1847) VIII, p. 85).

300. Van der Essen (1933-1937) III, p. 99.

301. Israel (1995) p. 212; Tracy (2008) p. 147.

302. Van der Essen (1933-1937) III, p. 93, p. 99; Swart (2006) p. 152.

303. Corr. WvO no. 9084 (Willem van Oranje aan Henri, prins van Bourbon-Condé, Antwerpen, 25 april 1582); Groen (1835-1847) VIII, p. 95-96.

304. Corr. WvO no. 9054 (Willem van Oranje aan Louis de Bourbon, Brugge, 27 juli 1582); zie ook Groen (1835-1847) VIII, p. 119-120; zie daarnaast Corr. WvO no. 9055 (Willem van Oranje aan Louis de Bourbon, Antwerpen, 5 september 1582); zie ook Groen (1835-1847) VIII, p. 126-127. Zie ook Van Ditzhuyzen (1992) p. 95-96.

305. Japikse (1915-1970) III, p. 453; zie ook Blok (1919-1920) II, p. 171-172, p. 176; Israel (1995) p. 211.

306. Op 12 april maakten ze daar formeel de weg voor vrij, in juli kreeg de prins de grafelijkheid aangeboden en op 14 augustus werd ze door hem aanvaard (Bor (1679-1684) II, p. 186-187 (Corr WvO no. 10152, Willem van Oranje aan de Staten van Holland, Brugge, 14 augustus 1582; zie ook Coopmans (1993) p. 57); zie ook Corr. WvO no. 10442 (Staten van Holland aan Willem van Oranje, 26 november 1582, met nadere aanwijzingen over hoe een en ander formeel zal worden vastgelegd; in Kluit (1802-1805) I, p. 445-448).

307. Japikse (1915-1970) III, p. 320; en id. IV, p. 226 (17 januari 1583), voor de nadere bekrachtiging van dit besluit om ook Anjou en de Raad van State hieraan te houden, zie ook Bostoen (1991) p. 167-168; Van der Wal (1994) p. 111 e.v.

308. Holt (1986) p. 174; Van Bruaene (2007) p. 266; zie ook Geurts (1956) p. 223.

309. Bor (1679-1684) II, p. 239-241 (citaat op p. 240), met de volledige tekst van een pamflet (*Eenen afgheworpen oft gheintercipieerden brief vanden Prince van Oraignen aen den Hertoghe van Alençon)* met een (fictieve) onderschepte brief van Oranje aan Anjou, gedateerd 31 juli 1580, waarschijnlijk begin 1581 (in de dagen van het beleg van Steenwijk) in circulatie gebracht door Assonville; vgl. Geurts (1956) p. 100-101, zie ook Swart (1994) p. 212; Stensland (2007) p. 94.

310. Holt (1986) p. 177; Van Bruaene (2007) p. 274 e.v.

311. Van Bruaene (2007) p. 277.

312. Gachard (1847-1866) VI, p. LXXIII (Farnese aan Filips II, 25 augustus 1582); de vader van Nicolas (door Farnese Juan genoemd) de Salcedo was een Spanjaard die in Frankrijk terecht was gekomen en er ook stierf. Zijn zoon had bezittingen in Lotharingen en maakte enige tijd deel uit van de hofhouding van de Franse koning.

313. Van der Essen (1933-1937) III, p. 84-85; het initiatief voor het contact zou uit zijn gegaan van Salcedo die Farnese wilde helpen door hem door verraad de citadel van Kamerijk in handen te spelen (zie Gachard (1847-1866) VI, p. LXXIV).

314. Van der Essen (1933-1937) III, p. 86; Kervyn de Lettenhove (1883-1885) VI, 339.

315. Van der Essen (1933-1937) III, p. 86; zie ook Gachard (1847-1866) VI, p. LXXVI; Kervyn de Lettenhove (1883-1885) VI, p. 336; Geurts (1956) p. 114-115.

316. Vgl. de twijfel over de precieze motieven in: Van der Essen (1933-1937) III, p. 88; zie ook Gachard (1847-1866) VI, p. LXXIII-LXXV; Swart (1994) p. 228. De spionage zou in verband staan met de voorbereiding voor de inname van de citadel van Kamerijk (Gachard (1847-1866) VI, p. LXXIV).
317. Zie de tekst van een brief, die geanonimiseerd werd gepubliceerd in het pamflet *Wreede Turksche* [enz.], in 1582 in Leiden verschenen, zie Fredericq (1907) p. 121-123.
318. Corr. WvO no. 8372 (Willem van Oranje aan de magistraat van Antwerpen, Brugge, 3 augustus 1582); zie Génard (1889) p. 170-171; vgl. Van der Essen (1933-1937) III, p. 91.
319. Waterschoot (1985-1986) p. 97 e.v.; Waterschoot (1984a) p. 120-121; Van Bruaene (2007) p. 278 e.v.
320. Van Bruaene (2007) p. 279.
321. Coigneau (1984) p. 97; Van Bruaene (2007) p. 266.
322. Van der Essen (1933-1937) III, p. 93.
323. Nijenhuis (1980) p. 271 (Saravia aan Walsingham, Gent, 3 september 1582); Van der Essen (1933-1937) III, p. 95.
324. Van der Essen (1933-1937) III, p. 95; zoals het Gentse stadsbestuur bij aankomst ook al had geweigerd Anjou's lijfgarde van 5000 man binnen de stadsmuren te laten (Van Bruaene (2007) p. 266).
325. Van der Essen (1933-1937) III, p. 96.
326. Van Bruaene (2007) p. 279 (Berlijn, SMPK, Kupferstichkabinett, ms. 78 D6), p. 282-283; zie ook Waterschoot (1985-1986) p. 98.
327. Holt (1986) p. 177; omstreeks dezelfde tijd stuurde ook Elizabeth van Engeland nog een volgende tranche van 15.000 pond sterling.
328. Corr. WvO no. 10793 (memo Willem van Oranje aan Staten-Generaal, Antwerpen, 18 september 1582; zie ook Gachard (1847-1866) V, p. 54-56).
329. Corr. WvO no. 8459 (Willem van Oranje aan de Staten-Generaal, Antwerpen, 19 november 1582, zie ook Gachard (1847-1866) V, p. 69).
330. Corr. WvO no. 8459 (Willem van Oranje aan de Staten-Generaal, Antwerpen, 19 november 1582); zie ook Gachard (1847-1866) V, p. 69; vgl. Holt (1986) p. 173.
331. Corr. WvO no. 8459 (Willem van Oranje aan de Staten-Generaal, Antwerpen, 19 november 1582); zie ook Gachard (1847-1866) V, p. 70.
332. Holt (1986) p. 172.
333. Holt (1986) p. 180; Van der Essen geeft iets andere aantallen (Van der Essen (1933-1937) III, p. 103); zie voor de reputatie van Biron als doorgewinterde probleemoplosser voor het hof: Kervyn de Lettenhove (1883-1885) VI, p. 357.
334. Corr. WvO no. 10736 (Willem van Oranje aan de graaf van Leicester, Antwerpen, 9 oktober 1582); zie ook: Blok (1911) p. 115. Ook Oranje was naderhand overtuigd van de voorkennis van Biron, maar meende dat die de staatsgreep intern zo veel mogelijk gehinderd had. Dat een zoon van Biron was omgekomen, onderstreepte ook zijn goede wil (vgl. Corr. WvO no. 5279 (uitgeschreven antwoord van Willem van Oranje aan Jan van Nassaus gezant Filips Engel, Antwerpen, 10 juli 1583; zie ook Groen (1835-1847) VIII, p. 222)).
335. Holt (1986) p. 180; Van der Essen (1933-1937) III, p. 106-107; *Corte verclaringe* (1583) fol. A3v.

336. Japikse (1915-1970) IV, p. 225.
337. Mogelijk waren die ingefluisterd door een vertrouweling van Oranje; volgens Van Reyd, was dat Villiers (vgl. Swart (1994) p. 230).
338. *Corte verclaringe* (1583) fol. A3v; zie ook Panhuysen & Van Stipriaan (2018) p. 150-152.
339. Japikse (1915-1970) IV, p. 226 (17 januari 1583).
340. Een en ander gebaseerd op *Corte verclaringe* (1583) fol. A3v-B1v; zie ook Kervyn de Lettenhove (1883-1885) VI, p. 365-366.
341. *Corte verclaringe* (1583) fol. B1r-B1v; Japikse (1915-1970) IV, p. 226-227 (17 januari 1583); op 22 januari rapporteerden de Staten-Generaal aan de gewesten 1300 tot 1400 doden, onder wie ook nogal wat hovelingen van Anjou (Japikse (1915-1970) IV, p. 229). Mörke houdt het Franse dodental op 'meer dan 1000' (Mörke (2010) p. 248; zie ook Holt (1986) p. 181.
342. Kervyn de Lettenhove (1883-1885) VI, p. 363, op basis van diverse bronnen, onder andere een brief van Farnese van 25 januari; zie ook Muller & Diegerick (1889-1899) IV, p. 345; Blok (1919-1920) II, p. 179.
343. Blok (1919-1920) II, p. 180; Kervyn de Lettenhove (1883-1885) VI, p. 367; Swart meende dat Oranje niet ingewijd was (Swart (1994) p. 229).
344. Toch wordt daar in recente literatuur nog vaak van uitgegaan: zie bijvoorbeeld Holt (1986) p. 181, waar de Franse overval wordt voorgesteld als voortkomend uit Anjous groeiende ergernis over vooral het wantrouwen van de Antwerpenaren; zie ook Swart (1994) p. 229, die meende dat de Franse Furie in de eerste plaats uit een ingeving van Anjou voortkwam.
345. Thomas Wilkes aan Francis Walsingham, Antwerpen, 9 juni 1582 (Groen (1835-1847) VIII, p. 105-111 (p. 106)); zie ook Kervyn de Lettenhove (1883-1885) VI, p. 348-349; Blok (1919-1920) II, p. 178.
346. Kervyn de Lettenhove (1883-1885) VI, p. 354.
347. Kervyn de Lettenhove (1883-1885) VI, p. 345 e.v.; over eventuele betrokkenheid van de koning van Navarra (id., p. 347, een en ander zou gelopen zijn via zijn maîtresse Charlotte de Sauve et Épernon). Overigens diende Hendrik van Navarra zich kort na de Franse Furie aan als eventuele 'Regent & Lieutenant' voor de Nederlanden, waardoor de Staten-Generaal zich bij een nieuw te sluiten akkoord met Anjou wat 'zekerder' zouden voelen. Hiervoor moest de Franse koning nog wel toestemming geven (Corr. WvO no. 10291 (instructie voor gezant Galvart, voor bezoek aan Willem van Oranje, 14 februari 1583, zie ook Du Plessis de Mornay (1824-1825) I, p. 169)). Het plan was waarschijnlijk door Philip Duplessis Mornay ontwikkeld (Corr. WvO no. 12784 (Philippe Duplessis Mornay aan Willem van Oranje, Nérac, 14 februari 1583; zie ook Du Plessis de Mornay (1824-1825) I, p. 167-168).
348. Kervyn de Lettenhove (1883-1885) VI, p. 369; Van der Essen (1933-1937) III, p. 107). P.C. Hooft verklaarde in zijn *Historiën* zelf van de dochter van Biron gehoord te hebben dat haar vader maar heel oppervlakkig op de hoogte was geweest van de plannen, en ook Oranje nog heeft ingelicht dat er complotten gesmeed werden (zie ook Hooft (1972) V, p. 840).
349. Japikse (1915-1970) IV, p. 229.
350. Kervyn suggereert dat Marnix voor zijn adhesie aan de belangen van Anjou

ook ruim betaald werd in deze dagen, een bedrag ineens van 5000 pond, en 600 pond als jaarlijkse toelage, terwijl de Staten de achterstand in hun betalingen aan hem alleen maar lieten oplopen (Kervyn de Lettenhove (1883-1885) VI, p. 359).

351. Van Roosbroeck (1974) p. 392-393; zie ook Kervyn de Lettenhove (1883-1885) VI, p. 359.
352. Swart (1994) p. 241; volgens Kervyn zou Marnix in de maalstroom van de gebeurtenissen per schip Antwerpen hebben verlaten (Kervyn de Lettenhove (1883-1885) VI, p. 366-367, zonder bronvermelding); zie ook Blok (1919-1920) II, p. 179-180.

12 Leven met de dood (1583-1584)

1. Kervyn de Lettenhove (1883-1885) VI, p. 370.
2. Kervyn de Lettenhove (1883-1885) VI, p. 380-381.
3. Kervyn de Lettenhove (1883-1885) VI, p. 374.
4. Corr. WvO no. 7328 (Elizabeth aan Willem van Oranje, Richmond, 22 januari 1583), zie ook Groen (1835-1847) VIII, p. 142-143.
5. Corr. WvO no. 7329 (geleidebrief voor gezant Darcy van Willem van Oranje aan Elizabeth, Antwerpen, 14 februari 1583); zie ook Groen (1835-1847) VIII, p. 157.
6. Kervyn de Lettenhove (1883-1885) VI, p. 374.
7. Kervyn de Lettenhove (1883-1885) VI, p. 373; zie ook Corr. WvO no. 8890 (Anjou aan Willem van Oranje, Berchem, 17 januari 1583; zie ook Gachard (1847-1866) V, p. 78-79).
8. Kervyn de Lettenhove (1883-1885) VI, p. 371-372. Zie de vergelijkbare visie van Catharina de' Medici in brief aan Oranje (Corr. WvO no. 1288, Parijs, 30 januari 1583, zie ook Groen (1835-1847) VIII, p. 148); Van der Essen (1933-1937) III, p. 109; Holt (1986) p. 187.
9. Zie ook Corr. WvO no. 1748 (Willem van Oranje aan Anjou, Antwerpen, 27 januari 1583; zie ook Groen (1835-1847) VIII, p. 144-145); Holt (1986) p. 183-184.
10. Kervyn de Lettenhove (1883-1885) VI, p. 381 (n. 1); zie ook Van Roosbroeck (1974) p. 396.
11. Bor (1679-1684) II, p. 349.
12. Japikse (1915-1970) IV, p. 227; Groen e.a. (2013) p. 98.
13. Zie de opsomming van fundamentele en urgente kwesties die Oranje op 21 januari aan de Staten-Generaal voorlegde (Corr. WvO no. 8891; zie ook Gachard (1847-1866) V, p. 84-85).
14. Corr. WvO no. 7660 (schriftelijke verklaring Oranje aan de Staten-Generaal, 7 februari 1583; zie ook Bor (1679-1684) II, p. 350-351). Oranje had een paar dagen eerder in de Antwerpse raad al geroepen dat als ze, uit wantrouwen tegen Anjou, serieus verzoening wilden met Filips II: 'doodt mij dan als eerste' (Gachard (1847-1866) V, p. 95 (n. 1)); zie ook Kervyn de Lettenhove (1883-1885) VI, p. 383; Blok (1919-1920) II, p. 183; Van der Essen (1933-1937) III, p. 110 e.v.; Holt (1986) p. 185.

15. Corr. WvO no. 7660 (schriftelijke verklaring Oranje aan de Staten-Generaal, 7 februari 1583; zie ook Bor (1679-1684) II, p. 353).
16. Corr. WvO no. 7660 (schriftelijke verklaring Oranje aan de Staten-Generaal, 7 februari 1583; zie ook Bor (1679-1684) II, p. 352) en Corr. WvO no. 540 (voorstel bij monde van Meetkercke ingediend bij de Staten-Generaal, Antwerpen, 27 april 1583; zie ook Gachard (1847-1866) V, p. 138).
17. Corr. WvO no. 7660 (schriftelijke verklaring Oranje aan de Staten-Generaal, 7 februari 1583; zie ook Bor (1679-1684) II, p. 354).
18. Kervyn de Lettenhove (1883-1885) VI, p. 394-395.
19. Kervyn de Lettenhove (1883-1885) VI, p. 395.
20. Geurts (1956) p. 117 e.v. voor een overzicht van pamfletten die kort na de Franse Furie verschenen; zie ook Coigneau (1984) p. 98. Een schaars blijk van een gematigde kijk op de Franse Furie, in een lied van de Antwerpse rederijker Jeronimus van der Voort, van 30 januari 1583 (vgl. *Willem van Oranje* (1984) p. 75).
21. Zie hiervoor p. 636; zie ook *Advis ende goetduncken* (1583) fol. G3v e.v.
22. Bor (1679-1684) II, p. 354.
23. Kervyn de Lettenhove (1883-1885) VI, p. 388; zie voor anti-Franse voedingsbodem in Brabant en Vlaanderen: Van Deursen (2004) p. 107.
24. Kervyn de Lettenhove (1883-1885) VI, p. 389-390.
25. Kervyn de Lettenhove (1883-1885) VI, p. 393.
26. Kervyn de Lettenhove (1883-1885) VI, p. 397-398; Holt (1986) p. 189.
27. Kervyn de Lettenhove (1883-1885) VI, p. 398-399; Van der Essen (1933-1937) III, p. 114 e.v.
28. Kervyn de Lettenhove (1883-1885) VI, p. 401-402.
29. Van der Essen (1933-1937) III, p. 120; Holt (1986) p. 189-190.
30. Corr. WvO no. 540 (voorstel bij monde van Meetkercke ingediend bij de Staten-Generaal, Antwerpen, 27 april 1583; zie ook Gachard (1847-1866) V, p. 139).
31. Japikse (1915-1970) IV, p. 343-344 (17 maart 1583).
32. De Ridder-Symoens (1984) p. 184; zie ook Delaborde (1890) I, p. 88 e.v.
33. Concrete gegevens daarover ontbreken; dat dit al in april 1582, nog voor het overlijden van Charlotte de Bourbon, zou zijn gebeurd, is niet aannemelijk (vgl. Femke Deen in *Digitaal Vrouwenlexicon van Nederland* (http://resources.huygens.knaw.nl/vrouwenlexicon/lemmata/data/Coligny).
34. Van Roosbroeck (1974) p. 401.
35. Japikse (1915-1970) IV p. 344 (12 april 1583).
36. Boer (1952) p. 126; Van Schelven (1948) p. 270.
37. Van Ditzhuyzen (1992) p. 179.
38. Van Vliet (2017) p. 27 e.v., p. 36 e.v.
39. Van Ditzhuyzen (1992) p. 155.
40. Delen (2002) p. 142.
41. Van Ditzhuyzen (1992) p. 81.
42. Van Deursen (2000) p. 14.
43. Dat valt af te leiden uit de datering van een brief van Maurits aan Jan van Nassau, vanuit Leiden, zes dagen na sluiting van het huwelijk in Antwerpen. In theorie kan Maurits snel heen en weer zijn gegaan tussen beide steden, maar uit zijn brief blijkt daarvan niets (Groen (1835-1847) VIII, p. 189-190).

44. Van Deursen (2000) p. 17; zie ook Blok (1919-1920) II, p. 186.
45. Jouanna (2007) p. 113-114, p. 186-187; Biron zou zelfs op lijsten hebben gefigureerd van tolerante katholieken die in de Bartholomeusnacht ook uit de weg geruimd hadden moeten worden (id., p. 323).
46. Van Meteren (1647) fol. 207r; zie ook Blok (1919-1920) II, p. 185; Van Roosbroeck (1974) p. 401; Boer (1952) p. 122.
47. Van Roosbroeck (1974) p. 401.
48. Van der Essen (1933-1937) III, p. 115; Blok (1919-1920) II, p. 185-186.
49. Aldus Van Meteren (1647) fol. 207r/v.
50. Glawischnig (1973) p. 205.
51. Glawischnig (1973) p. 209; zie ook de analyse van Granvelle (d.d. 2 januari 1583 in brief aan Margaretha van Parma, geciteerd in Groen (1835-1847) VIII, p. 138-139).
52. Glawischnig (1973) p. 209.
53. Glawischnig (1973) p. 205; zie bijv. Corr. WvO no. 5795 (Jan van Nassau aan Willem van Oranje, Dillenburg en Gleipurg, 11 en 12 februari 1583; zie ook Groen (1835-1847) VIII, p. 150-157 (p. 152 e.v.)).
54. Glawischnig (1973) p. 205.
55. Corr. WvO no. 5795 (Jan van Nassau aan Willem van Oranje, Dillenburg en Gleipurg, 11 en 12 februari 1583; zie ook Groen (1835-1847) VIII, p. 155). Vgl. Glawischnig (1973) p. 212.
56. Corr. WvO no. 5279 (uitgeschreven antwoord van Willem van Oranje aan Jan van Nassaus gezant Filips Engel, Antwerpen, 10 juli 1583; zie ook Groen (1835-1847) VIII, p. 221); het is een antwoord op een memorandum van Filips Engel, uit naam van Jan van Nassau, opgesteld te Antwerpen, 11 juni 1583 (Groen (1835-1847) VIII, p. 202-214).
57. Glawischnig (1973) p. 211, p. 216; zie ook brief van Willem Lodewijk aan zijn vader, Kampen, 19 februari 1583 (Groen (1835-1847) VIII, p. 161-162); en Jan van Nassau aan Willem Lodewijk, z.pl., z.d. [juni? 1583] (Groen (1835-1847) VIII, p. 214-215).
58. Glawischnig (1973) p. 216.
59. Glawischnig (1973) p. 211 e.v.
60. Vgl. het memorandum van Filips Engel, Antwerpen, 11 juni 1583; in Groen (1835-1847) VIII, p. 202 e.v.; en Corr. WvO no. 5279 (Oranjes antwoord, Antwerpen, 10 juli 1583, zie ook Groen (1835-1847) VIII, p. 219 e.v.). Zie ook Van Roosbroeck (1974) p. 402.
61. Decavele (1984a) p. 59; Coigneau (1984) p. 98.
62. Corr. WvO no. 8819 (Willem van Oranje aan het stadsbestuur van Gent, Vlissingen, 20 augustus 1583); zie ook Groen (1835-1847) VIII, p. 235-237.
63. Zie het verslag van predikant J. Haren, die voor Oranje een gezantschapsreis naar Truchsess en Johan Casimir maakte, in hun gelederen een grote wanorde aantrof en opmerkte dat Oranje hem 'dit al voorspeld had' (Groen (1835-1847) VIII, p. 256 (J. Haren aan Jan van Nassau, Keulen, 20 september 1583)).
64. Corr. WvO no. 910 (Willem van Oranje en de Staten-Generaal aan de afgezanten van de keurvorst van Keulen, Middelburg, 29 augustus 1583; zie ook Gachard (1847-1866) V, p. 169-170). Zie ook brief van Jan van Nassau aan de kan-

selier van Johan Casimir, Ehem, z.pl., 8 oktober 1583 (Groen (1835-1847) VIII, p. 258); zie tevens Glawischnig (1973) p. 216-217.

65. *Neue deutsche Biographie* (1953-) VI, p. 113 e.v. (https://www.deutsche-biographie.de/sfz69885.html#ndbcontent).
66. Glawischnig (1973) p. 220.
67. Bor (1679-1784) II, p. 425; zie ook Corr. WvO no. 11088 (voorstel van Oranje aan Staten-Generaal, Delft, 1 februari 1584; vgl. Gachard (1847-1866) V, p. 210-213); Van der Klooster (1984) p. 46.
68. Glawischnig (1973) p. 223 e.v.
69. Van der Essen (1933-1937) III, p. 107 e.v.
70. Van der Essen (1933-1937) III, p. 120-121; al op 7 februari had Oranje een klemmende oproep gedaan aan de Staten-Generaal om Eindhoven, in samenwerking met de troepen van Anjou, te hulp te komen (Corr. WvO no. 10775; zie ook Gachard (1847-1866) V, p. 315-318). Zie ook: Holt (1986) p. 190; De Graaf (2004) p. 192; Adriaenssen (2007) p. 107-108.
71. Van der Essen (1933-1937) III, p. 122-123, p. 128.
72. Van der Essen (1933-1937) III, p. 129-130.
73. Adriaenssen (2007) p. 134 en passim; Adriaenssen wijst erop dat de plattelandsbevolking deze wreedheden nog decennialang onderging in totale machteloosheid, zonder zich op enig recht te kunnen beroepen (p. 182-183); zie ook Swart (2006) 127.
74. Van Meteren (1647) fol. 206r. Zie ook de brief van predikant Bollius aan Libertus Fraxinus (6 en 18 april; Groen (1835-1847) VIII, p. 393-396), en van het consistorie van Gent aan die van Antwerpen (d.d. 18 april 1584, id. p. 396-398).
75. Waterschoot (1985-1986) p. 99; Decavele (1984a) p. 59.
76. Groen (1835-1847) VIII, p. 227.
77. Chimay zou volgens Everard van Reyd in zijn steeds wisselende politieke loyaliteiten op het vlak van religie naar believen steeds 'zijn hemd binnenstebuiten hebben gekeerd' (Van Reyd (1650) p. 47).
78. Tracy (2008) p. 218; zie bijvoorbeeld Corr. WvO no. 8504 en 8503 aan resp. de regering van Gent, en de Vier Leden van Vlaanderen, Antwerpen, 12 januari 1583: waarin voor de zojuist naar het Staatse kamp overgelopen Chimay wordt bedongen dat hem in Vlaanderen de heerlijkheid Beveren wordt toebedeeld (zie ook Groen (1835-1847) VIII, p. 139-140). Vgl. Corr. WvO no. 8789 (Willem van Oranje aan de prins van Chimay, Middelburg, 16 september 1583, zie ook Gachard (1847-1866) V, p. 188-189).
79. Van Reyd (1650) p. 46; zie ook de verzekering van Chimay einde 1583 dat hij met geruchten daarover niets van doen had (Corr. WvO no. 10184, Chimay aan Willem van Oranje, Brugge, 24 december 1583).
80. Van der Essen (1933-1937) III, p. 135 e.v.; Holt (1986) p. 192; Decavele (1984a) p. 59.
81. Van der Essen (1933-1937) III, p. 131-132; Holt (1986) p. 193; een memorandum van Willem van Oranje d.d. 7 juli 1583 ten behoeve van Pruneaux en Anjou benoemde alle problemen, maar Oranje hoopte toen nog dat alles zich ten goede kon keren (Corr. WvO no. 9025; zie ook Muller & Diegerick (1889-1899) V, p. 255-258); zie ook Corr. WvO no. 9028 (instructie van Willem van Oranje en de Staten van Brabant voor Anton van Lalaing c.s. voor missie naar Biron, Antwerpen, 20 juli 1583, zie ook Muller & Diegerick (1889-1899) V, p. 290-293).

82. Anjou aan de Staten-Generaal, Saint-Quentin, 22 juli 1583 (Groen (1835-1847) VIII, p. 232).
83. Corr. WvO no. 8775 (de hertog van Anjou aan Willem van Oranje, Kamerijk, 3 september 1583; zie ook Gachard (1847-1866) V, p. 171-172). Zie ook Van der Essen (1933-1937) III, p. 149: Van der Essen geeft 20 augustus als datum van vertrek. Zie Van der Essen (1933-1937) III, p. 151 voor nieuwe geheime onderhandelingen tussen Anjou en Farnese over het sluiten van een bestand, waarbij Anjou definitief over Kamerijk zou beschikken; de eerste verkenningen dateerden van april 1583.
84. Van der Essen (1933-1937) III, p. 138; Groen e.a. (2013) p. 98.
85. O.a. Corr. WvO no. 8717 (Willem van Oranje aan stadsbestuur van Ieper, 28 januari 1583, zie ook Gachard (1847-1866) V, p. 86), een brief naar aanleiding van pogingen uit het kamp van de malcontenten om Ieper te verleiden tot verzoening met Filips II (id. p. 87 (n. 1)); de dreiging is er nog steeds in september 1583 (Corr. WvO no. 8892, Willem van Oranje aan de Vier Leden van Vlaanderen, Middelburg, 4 september 1583, zie ook Groen (1835-1847) VIII, p. 244-249).
86. Corr. WvO no. 8787 (instructie Willem van Oranje voor de heer van Groenevelde voor missie bij het stadsbestuur van Brugge, Antwerpen, 19 juli 1583; vgl. Gachard (1847-1866) V, p. 157-160). Gent meende dat het juist aan Oranje was om de voor het ontzet van Ieper benodigde middelen beschikbaar te stellen (Corr. WvO no. 8769, schepenen etc. van Gent aan Willem van Oranje, Gent, 28 september 1583; zie ook Gachard (1847-1866) V, p. 191). De door Decavele aangehaalde visie van Léon van der Essen dat het calvinistisch radicalisme de terugkeer van het zuiden naar Filips II met enkele jaren vertraagd heeft, lijkt in dit licht bezien moeilijk houdbaar. Het verval van de Staatse stellingen is er eerder aanzienlijk door versneld (vgl. Decavele (1985) p. 66).
87. Van der Essen (1933-1937) III, p. 140, p. 142, p. 149, p. 164 e.v.; Groen e.a. (2013) p. 98.
88. Van der Essen (1933-1937) III, p. 165-166.
89. Tracy (2008) p. 273; Swart (1994) p. 226.
90. Mörke (2010) p. 251.
91. Schellart z.j., p. 34; Oranje zou bij dit kasteel annex paleis hebben voortgewerkt op plannen voor een citadel die al door Alva ontwikkeld waren (Kervyn de Lettenhove (1881) p. 189): zie ook https://www.zeeuwsarchief.nl/blog/prinsenhuis-en-oranjekwartier/.
92. Van der Essen (1933-1937) III, p. 139.
93. De Roy van Zuydewijn (2002) p. 30; Gelderblom (2000) p. 17-18, p. 243 en passim.
94. Langereis (2014) p. 336, p. 341; Bostoen (1988-1989) p. 75-76; De Landtsheer e.a. (2006) p. 557
95. De Roy van Zuydewijn (2002) p. 40.
96. Lesger (2001) p. 15 en passim; Baudouin (1985) p. 92 noemt een aantal van 8000 Antwerpenaren die tussen 1578 en 1585 (dus nog voordat de stad in handen van Farnese viel) al de stad verlieten; zie ook Israel (1991) p. 50 e.v.; Gelderblom (2000) p. 24 en passim.
97. Van der Essen (1933-1937) III, p. 168-169.

98. Van der Essen (1933-1937) III, p. 144.
99. Van der Essen (1933-1937) III, p. 172-175; Holt (1986) p. 191.
100. Het cijfer dat Holt geeft voor eind mei 1583 is nog lager: 4000 man (Holt (1986) p. 191).
101. Corr. WvO no. 10351 (voorstellen Willem van Oranje, ingebracht bij het gewest Vlaanderen, Vlissingen, 27 juli 1583; in Gachard (1847-1866) V, p. 164-165).
102. Japikse (1915-1917) IV, p. 311-313 (30 augustus 1583).
103. Nadrukkelijk in het Frans en het Nederlands beide (Gachard (1847-1866) V, p. 174 (n. 1)).
104. Corr. WvO no. 8893 (Willem van Oranje aan de Staten-Generaal, Middelburg, 6 september 1583, zie ook Gachard (1847-1866) V, p. 176).
105. Corr. WvO no. 8893 (Willem van Oranje aan de Staten-Generaal, Middelburg, 6 september 1583, zie ook Gachard (1847-1866) V, p. 179).
106. Corr. WvO no. 8893 (Willem van Oranje aan de Staten-Generaal, Middelburg, 6 september 1583, zie ook Gachard (1847-1866) V, p. 180-181).
107. Corr. WvO no. 8893 (Willem van Oranje aan de Staten-Generaal, Middelburg, 6 september 1583, zie ook Gachard (1847-1866) V, p. 182).
108. Corr. WvO no. 8893 (Willem van Oranje aan de Staten-Generaal, Middelburg, 6 september 1583; zie ook Gachard (1847-1866) V, p. 177).
109. Japikse (1915-1970) IV, p. 313-314 (7 september 1583); zie ook Gachard (1847-1866) V, p. 174 (n.1).
110. Tracy (2008) p. 163; Kramer (1971) p. 98; zie ook opmerkingen van Filips van Hohenlohe geciteerd in Van Nispen (1983) p. 28.
111. Kramer (1971) p. 98; Van Nispen (1983) p. 5.
112. Dane (1950) p. 54; Van Nispen (1983) p. 25.
113. Corr. WvO no. 12590 (Willem van Oranje aan Wouter Cools, Middelburg, 8 september 1583).
114. Van Nispen (1983) p. 28.
115. Van Nispen (1983) p. 31.
116. Dane (1950) p. 56; Van Nispen (1983) p. 32-33; Kramer (1971) p. 99, p. 108 (alwaar sprake is van 'Guillaumeville', in een brief uit augustus 1585 van De Lyere aan Walsingham).
117. Van den Broek (2009) p. 134-136. Datum op gezag van Van den Broek (id., p. 134 (n. 50)); voor de inname van Steenwijk zijn veel verschillende dateringen in omloop.
118. Groen e.a. (2013) p. 97; zie ook Van den Broek (2009) p. 134.
119. Van der Essen (1933-1937) III, p. 165, p. 169; Verdugo geeft 21 september als datum (Van den Broek (2009) p. 137).
120. Trosée (1929) p. 19 en passim; zie over verguizing van Van den Bergh ook: Dorren (1998) p. 369.
121. Van Reyd (1650) p. 29; zie ook Groen (1835-1847) VIII, p. 41, p. 288.
122. Van Reyd (1650) p. 48; zie ook Van Reyd aan Jan van Nassau, 9 december 1583 (Groen (1835-1847) VIII, p. 290).
123. Van Reyd (1650) p. 48-49; zie ook Trosée (1929) p. 226-227, p. 327-328; Blok (1919-1920) II, p. 199.
124. Van Reyd aan Jan van Nassau, 9 december 1583 (Groen (1835-1847) VIII, p. 292-293).

125. Van Reyd (1650) p. 49.
126. Van der Essen (1933-1937) III, p. 189-190.
127. Van der Essen (1933-1937) III, p. 193-194. Voor de innige samenwerking tussen Champagney en Hembyze zie Geurts (1956) p. 121-122.
128. Van der Essen (1933-1937) III, p. 197. De vredesonderhandelingen braken, niet geheel onverwacht, in mei voorlopig af op de Gentse eis van vrije uitoefening van de gereformeerde religie, zie Corr. WvO no. 8772 (schepenen etc. van Gent aan Willem van Oranje, Gent, 24 mei 1584; zie Gachard (1847-1866) V, p. 233).
129. Er werden in diezelfde dagen vanuit Gent ook pogingen gedaan de Staten van Brabant tot onderhandelingen met Farnese te bewegen (vgl. Corr. WvO no. 546, Staten van Brabant aan Willem van Oranje, Antwerpen, 21 maart 1584), naar aanleiding van bezoek van Gentse deputatie aan Antwerpen, twee dagen eerder.
130. Corr. WvO no. 5285 (Willem van Oranje aan Jan van Nassau, Delft, 4 april 1584, zie ook Groen (1835-1847) VIII, p. 385-386); Van der Essen (1933-1937) III, p. 199.
131. Over Utenhove: *NNBW* IX, kol. 1149; Utenhove zou mogelijk zelfs banden met het Huis der Liefde hebben onderhouden (Waterschoot (1985-1986) p. 100 n. 54).
132. Van der Essen (1933-1937) III, p. 215.
133. Corr. WvO no. 10188 (Chimay aan Willem van Oranje, 23 maart 1584).
134. Tracy (2008) p. 218; Van der Essen (1933-1937) III, p. 204-205; zie ook Chimays klachten daarover (Corr. WvO no. 10189, Chimay aan Willem van Oranje, Brugge, 4 april 1584).
135. Van der Essen (1933-1937) III, p. 204.
136. Van der Essen (1933-1937) III, p. 211; zie ook Groen e.a. (2013) p. 98.
137. Zie Corr. WvO no. 5281 (22 februari 1584, zie ook Groen (1835-1847) VIII, p. 316-317); no. 5282 (13 maart 1584); no. 5283 en 5284 (18 maart 1584); no. 5285 (4 april 1584).
138. Van der Essen (1933-1937) III, p. 217 e.v.; Marnef (2001b) p. 29.
139. Marnef (2001b) p. 31-32.
140. Van Schelven (1939) p. 165.
141. Corr. WvO no. 5281 (Willem van Oranje aan Jan van Nassau, 22 februari 1584, zie ook Groen (1835-1847) VIII, p. 317-318, p. 319) en Corr. WvO no. 5282 (Willem van Oranje aan Jan van Nassau, Delft, 13 maart 1584; zie ook Groen (1835-1847) VIII, p. 329).
142. Corr. WvO no. 5284 (Willem van Oranje aan Jan van Nassau, Delft, 18 maart 1584, zie ook Groen (1835-1847) VIII, p. 357). Voor historische connecties met Frankrijk: Van Bruaene (2007) p. 273; zie ook Kervyn de Lettenhove (1883-1885) VI, p. 323.
143. Corr. WvO no. 9144 (Willem van Oranje aan Jan van Nassau, Delft, 18 maart 1584, zie ook Groen (1835-1847) VIII, p. 344); zie ook Van Deursen (1995) p. 79.
144. Japikse (1915-1970) IV, p. 6; Delen (2002) p. 20.
145. Verhaal uit de koker van Louis Aubery du Maurier; diens vader had het verhaal van de prinses zelf gehoord (Aubery du Maurier (1754) I, p. 286). Vgl. Blok (1919-1920) II, p. 192-193; Haslinghuis (1933) p. 286.
146. Scherft (1966) p. 15; het definitieve besluit viel op 16 juni, vier dagen na de doop van Frederik Hendrik.

147. Delen (2002) p. 260; Swart (1994) p. 150.
148. Delen (2002) p. 260.
149. Delen (2002) p. 261, zie ook p. 179; Swart (1994) p. 150.
150. Delen (2002) p. 19-20, p. 45, p. 76-77; ook hofpredikant Jean Taffin is waarschijnlijk met het vertrek uit Antwerpen uit de hofhouding verdwenen (vgl. Boer (1952) p. 125).
151. De Graaf (2018) p. 298-299.
152. Eiermann (1904) p. 18-20.
153. Kamen (2004) p. 216.
154. Delen (2002) p. 71 e.v. en p. 105 e.v.; concrete gegevens ontbreken daarover goeddeels; er lijkt geen reden aan te nemen dat de hofhouding drastisch werd ingekrompen.
155. Tracy (2008) p. 161 e.v.; zie ook het levend houden van het idee van de 'Hollandse tuin' (id. p. 148 e.v.).
156. Er werd eind 1583 in verschillende gezamelijke vergaderingen van de Staten van Holland en Zeeland ook in die zin over de waarde van de 'Nadere Unie' beraadslaagd (*Resolutiën Holland en Westvriesland* 1583, p. 557-558 (7 december), p. 596, p. 599-600 (24, 26 december)). Oranje zag in het voorjaar ook merkbare verbeteringen in de verdediging van met name Utrecht en Gelderland, terwijl Vlaanderen in zijn ogen al niet meer te redden was (Corr. WvO no. 5283, Willem van Oranje aan Jan van Nassau, Delft, 18 maart 1584; zie ook Groen (1835-1847) VIII, p. 340).
157. *Resolutiën Holland en Westvriesland* 1583, p. 558; zie ook Kernkamp (1933) p. 117-118. Hibben (1983) p. 179 e.v. Overigens was er bij Zeeland veel bereidheid om samen op te trekken, zij het dat Middelburg nog altijd voorbehouden maakte, iets wat eerst gladgestreken moest worden (Corr. WvO no. 1802, Staten van Zeeland aan Willem van Oranje, Middelburg, 5 februari 1583; in *Notulen Staten van Zeeland* (1919) p. 84-86 (p. 85)).
158. Tracy (2008) p. 290-291; Coopmans (1993) p. 58 e.v.
159. Kossmann (1980) p. 12; Coopmans (1998) p. 92; Groenveld (2018a) p. 14 e.v. voor een betoog waarin aan de Staten vanaf 1588 zelfs 'absolutistische' strevingen worden toegeschreven (p. 19); zie ook reeds de taxatie van A. Kluit, aan het begin van de negentiende eeuw (Kluit 1802-1805) I, p. 350-351). Vgl. de notitie van Oranje uit begin juli 1583, ten behoeve van de Staten van Holland: Corr. WvO no. 10151, zie ook Groen (1835-1847) VIII, p. 428-433 (m.n. p. 431-432).
160. In een bezwaarschrift uit de zomer van 1583 van Utrechtse burgers, aanhangers van Willem van Oranje, merkten zij op dat in de voorstellen die Oranje de laatste jaren waren voorgelegd zoveel 'gelimiteerde en gerestringeerde articulen' bevatten, dat zelfs iemand van lage adel daar niet mee zou willen instemmen (Bor (1679-1684) II, p. 380). Vgl. Coopmans (1993) p. 58.
161. Kervyn de Lettenhove (1881) p. 192-193. Zie ook Coopmans (1998) p. 91 e.v. Al in 1574 drongen de Staten van Holland aan op het treffen van een regeling, specifiek met de toen nog zesjarige Maurits, die op dat moment in Duitsland verbleef, maar die ze graag naar de Nederlanden zagen overkomen (Van Deursen (2000) p. 14; Groen (1835-1847) V, p. 87); zoals ze in 1582 ook aandrongen op een universitaire opleiding voor hem, en aanboden daarvoor meer de dan de helft

(7000 gulden) van de totale kosten (12 à 13.000 gulden) te dragen (Zandvliet (2000) p. 17).

162. Blok (1919-1920) II, p. 196; Kernkamp (1933) p. 113 e.v. voor een reeks voorbeelden in jaren vanaf 1581.
163. Kernkamp (1933) p. 116.
164. Kernkamp (1933) p. 119.
165. Prak & Van Zanden (2013) p. 103; Mörke (2010) p. 254, p. 260. Onder bestuurders in de noordelijke Nederlanden had Hooft op dat ogenblik nog niet veel medestanders (vgl. Mout (1986) p. 362; Mout (2006) p. 11); maar er waren wel republikeinse tendensen, zie o.a.: Kossmann (1980) p. 13 en passim; Coopmans (1993) p. 56 e.v.; Bergsma (1983) p. 129; Duke (2009) p. 59 en passim; Van Gelderen (1990) p. 221 en passim.
166. Corr. WvO no. 997 (Anjou aan Willem van Oranje, Laon, 22 oktober 1583; zie ook Gachard (1847-1866) V, p. 193); zie tevens Van der Essen (1933-1937) III, p. 159-160.
167. Zie met name de uiteenzetting van de heer van Pruneaux aan de Staten-Generaal, Dordrecht, 3 november 1583 (in Groen (1835-1847) VIII, p. 264-269). Zie tevens Corr. WvO no. 8841 (Anjou aan Willem van Oranje, Château-Thierry, 25 februari 1584, zie ook Groen (1835-1847) VIII, p. 320); zie ook gezantschap van Jan van Asseliers en Anton van Lalaing, heer van La Mouillerie naar Anjou in maart 1584 (Corr. WvO no. 8843, Anton de Lalaing en Jan van Asseliers aan Willem van Oranje, Parijs, 3 maart 1584, zie ook Gachard (1847-1866) V, p. 214-219); zie ook Van der Essen (1933-1937) III, p. 235; Holt (1986) p. 203.
168. Corr. WvO no. 10292 (instructie voor de heer van Segur, namens Hendrik van Navarra, juli 1583; in Du Plessis de Mornay (1624-1625) I, p. 199-222); Corr. WvO no. 9086 (Willem van Oranje aan Hendrik I, prins van Condé, Dordrecht, 18 november 1583; zie ook Groen (1835-1847) VIII, p. 270-271).
169. Everard van Reyd aan Jan van Nassau, 9 december 1583 (in Groen (1835-1847) VIII, p. 294-295).
170. Corr. WvO no. 5281 (Willem van Oranje aan Jan van Nassau, 22 februari 1584; Groen (1835-1847) VIII, p. 316).
171. Corr. WvO no. 4832 (instructie van Willem van Oranje voor John Norris voor gezantschap naar Elizabeth van Engeland, z.pl., z.d. [maart 1584], zie ook Groen (1835-1847) VIII, p. 363-376).
172. Corr. WvO no. 8721 (Willem van Oranje aan de magistraat etc. van Ieper, Delft, 14 maart 1584; zie ook Gachard (1847-1866) V, p. 222-223), vgl. Holt (1986) p. 206.
173. Holt (1986) p. 204.
174. Van Reyd (1650) p. 45-46; zie ook Huizinga (1933) p. 149, die erop wijst dat dit idee wellicht in 1572, in de maanden voor de Bartholomeusnacht, volop speelde aan het Franse hof.
175. Holt (1986) p. 206; Van der Essen (1933-1937) III, p. 236.
176. Japikse (1915-1970) IV, p. 618 (vier maanden lang 75.000 gulden per maand); Tracy (2008) p. 227.
177. Corr. WvO no. 8846 (Anjou aan Willem van Oranje, Château-Thierry, 4 mei 1584); Gachard (1847-1866) V, p. 229-230.
178. Frederiks (1884) p. 63 (*Verhael*). Zie De Baar e.a. (1984) p. 41; en Van der Kloos-

ter (1984) p. 50, waar twijfel wordt geuit of op dat ogenblik Oranje Gerards al fysiek heeft ontmoet.

179. Corr. WvO no. 11917 (François Guyon [Balthasar Gerards] aan Willem van Oranje, Delft, 6 mei 1584; zie ook Van den Bergh (1864) p. 342-343).

180. Frederiks (1884) p. 63 (*Verhael*).

181. Frederiks (1884) p. 65-66 (*Verhael*).

182. Van der Essen (1933-1937) III, p. 236 e.v.; Swart (1994) p. 251-252.

183. Van der Essen (1933-1937) III, p. 236-237.

184. Van der Essen (1933-1937) III, p. 237-238.

185. Corr. WvO no. 10263 (Willem van Oranje aan de magistraat van Vlissingen, Delft, 3 maart 1584; zie ook Gachard (1847-1866) V, p. 220-221).

186. Vgl. het relaas bij Bor (1679-1684) II, p. 423; zie ook, met enkele afwijkingen, het verslag van Willem Lodewijk van Nassau (in een brief aan Jan van Nassau, z.pl., 13 maart 1584, in Groen (1835-1847) VIII, p. 338); zie ook Gachard (1847-1866) VI, p. LXXX-LXXXI; Brahe (1773) p. 195-196.

187. Brahe (1773) p. 195: tekst van het vonnis 13 april 1584, waarin vastgesteld werd dat Hanssen in een met onzichtbare inkt (limoensap) geschreven brief de ambassadeur van Spanje in Frankrijk van zijn voornemens op de hoogte bracht, en diens hulp had ingeroepen. Gachard twijfelde aan het reële bestaan van dit complot (Gachard (1847-1866) VI, p. LXXXI), mede omdat de Vlissingse archiefstukken waarin de details vermeld stonden die dit zouden kunnen bewijzen, na aanhoudende verzoeken van Gachard niet boven water kwamen (Gachard (1847-1866) V, p. 225 (n. 1); zie ook Van der Essen (1933-1937) III, p. 237). Enkele Vlissingse archivalia zijn echter afgedrukt in Brahe (1773) p. 191-202.

188. Van der Essen (1933-1937) III, p. 238-239.

189. Frederiks (1884) p. 26 (de confessie); Van der Lem (2000) p. 169.

190. Deze bewoordingen gebruikte Gerards later in zijn onderhoud met Assonville (Van der Essen (1933-1937) III, p. 241).

191. De Baar e.a. (1984) p. 34.

192. Van der Essen (1933-1937) III, p. 239; Van der Klooster (1984) p. 77 (brief Truchsess aan Jan van Nassau, Delft, 15 juli 1584).

193. Van der Essen (1933-1937) III, p. 239.

194. Van der Klooster (1984) p. 77 (brief Truchsess); De Baar e.a. (1984) p. 35.

195. Van der Essen (1933-1937) III, p. 240-241; Van der Klooster (1984) p. 78-79 (brief Truchsess); De Baar e.a. (1984) p. 37-38, p. 55.

196. Zie bijvoorbeeld Corr. WvO no. 10212 (Willem van Oranje aan Jan van Nassau, Delft, 11 december 1580; zie ook Groen (1835-1847) VII, p. 453-461 (p. 455 e.v.)).

197. Scherft (1966) p. 15 e.v.; zie voor twee eerdere testamenten: Blok (1919-1920) II, p. 225.

198. Scherft (1966) p. 16-17.

199. Van der Essen (1933-1937) III, p. 222-223.

200. Marnix (1860) p. 435 (*Réponse apologétique*, uit 1598).

201. Jardine (2005) p. 99 e.v.

202. Everard van Reyd aan Jan van Nassau, Nijmegen, 19 februari 1584 (Groen (1835-1847) VIII, p. 311).

203. Corr. WvO no. 5281 (Willem van Oranje aan Jan van Nassau, 22 februari 1584; Groen (1835-1847) VIII, p. 315).

204. Japikse (1915-1970) IV, p. 472 (23 juni 1584); zie ook Holt (1986) p. 208-209: de doodsoorzaak was wellicht een chronische tuberculose.
205. Corr. WvO no. 7323 (Willem van Oranje aan koning Hendrik III, Delft, 24 juni 1584; zie ook Groen (1835-1847) VIII, p. 406-407); Corr. WvO no. 7324 (Willem van Oranje aan Catharina de' Medici, Delft, 24 juni 1584; Groen (1835-1847) VIII, p. 407-408); Van Roosbroeck (1974) p. 418.
206. Frederiks (1884) p. 67 (*Verhael* (1584)), waar gememoreerd wordt dat hij brieven afleverde geschreven aan de prins en aan de Staten-Generaal; uit de *Resolutiën der Staten-Generaal* blijkt dat deze brieven, geschreven door Noël de Caron, op 23 juni werden afgeleverd (Japikse (1915-1970) IV, p. 472).
207. Frederiks (1884) p. 67 (*Verhael* (1584)); Van der Klooster (1984) p. 50, p. 79 (*brief Truchsess*).
208. Frederiks (1884) p. 67 (*Verhael* (1584)); vgl. Gachard (1847-1866) VI, p. CV.
209. Gachard (1847-1866) VI, p. CVI.
210. De Baar e.a. (1984) p. 42.
211. De Baar e.a. (1984) p. 42. In *Verhael van de moort* is het niet Villiers, maar een anonieme secretaris die Gerards aanhoort en met toestemming van Oranje het geld verschaft (vgl. Frederiks (1884) p. 67 (*Verhael* (1584)); zie voor een poging tot inventarisatie van de vele varianten: Vergeer (1980) 68 e.v.
212. *Prins Willem van Oranje 1533-1584* (1984) p. 24. Scherft (1966) p. 17-18 memoreert slechts dat op de ochtend van de tiende Villiers om elf uur van de ontvanger-generaal nog weer een nieuwe cijferopstelling kreeg, maar niet dat er ook beraad was.
213. Delprat (1840) p. 120 (fragment uit brief van Rombout Uylenburgh, d.d. 24 (14 o.s.) augustus 1584).
214. Frederiks (1884) p. 68 (*Verhael* (1584)). Er is wel gesuggereerd dat dit niet juist kan zijn, omdat paspoorten bij secretarissen moesten worden aangevraagd. Gerards zal dit wel geweten hebben, maar ongetwijfeld hebben gedaan alsof zijn neus bloedde, om maar in de buurt van Oranje te kunnen komen (vgl. De Baar e.a. (1984) p. 43; Vergeer (1980) p. 87; zie ook de kritisch evaluatie van de laatste in Lancée (1981) p. 38 (m.n. n. 2)).
215. Frederiks (1884) p. 68 (*Verhael* (1584)).
216. Delprat (1840) p. 120 e.v.
217. De Baar e.a. (1984) p. 45.
218. Houtzager (1984) p. 98.
219. Het betrof kolonel Thomas Morgan en kapitein Roger Williams (Van der Klooster (1984) p. 58).
220. Houtzager (1984) p. 98; Van der Klooster (1984) p. 52 e.v., p. 80 (brief Truchsess).
221. Van der Klooster (1984) p. 40, p. 59, p. 73 (verslag secretaris Milander).
222. Aldus de officiële lezing in *Verhael van de moort*, die onder redactie van hofpredikant Villiers medio augustus 1584 in omloop werd gebracht (Frederiks (1884) p. 68 (*Verhael* (1584)); zie hierover Janssen (1984) p. 10 e.v., en Van der Klooster (1984) p. 81 (brief Truchsess), waar Oranje al is overleden op het moment dat hij de eetzaal binnen wordt gedragen.
223. Geciteerd naar de *Resolutiën der Staten-Generaal*, sub 10 juli 1584 (Japikse (1915-1970) IV, p. 655); de resoluties van de Staten van Holland geven voor de-

zelfde dag: 'Mon Dieu, mon Dieu, ayez pitié de moy & de ton pauvre peuple' (*Resolutiën Holland en Westvriesland* 1584 p. 412-413); zie ook Frederiks (1884) p. 50 (*Copie wt Delft* (1584)) en p. 68 (*Verhael* (1584)).

224. Van der Klooster (1984) p. 70 (Naschrift); p. 80-81 (brief Truchsess).
225. Van der Klooster (1984) p. 63-64, met redelijk overtuigende bijkomende argumenten.
226. De Baar e.a. (1984) p. 105-107; zie voor twijfel begin achttiende eeuw: *Het leven van Willem I prins van Oranje* (1732) p. 688-689. Achter dit werk ging Pieter le Clercq schuil, en niet, zoals lang is gedacht, Levinus Ferdinand de Beaufort (aldus NCC, 1 maart 2021). Zie ook Jardine (2005) p. 52, voor een citaat uit een brief van Walsingham die wist dat Oranje 'fell down dead in the place and never spake a word'.
227. Van der Lem (2006b) p. 84.
228. Vgl. Funnekotter & Sanders (2012), en de daaropvolgende discussie in *NRC Handelsblad*.
229. Over de laatste woorden lopen de meningen uiteen van **waarschijnlijk wel** uitgesproken: Eekhof (1933) p. 298; Van Schelven (1948) p. 280-281; Van der Klooster (1984) p. 55 e.v.; Houtzager (1984) p. 97-98 (m.n. op basis van het autopsierapport van de twee lijkschouwers Pieter van Foreest en Cornelis Buysen), zie ook Houtzager (1989) p. 88; Swart (1994) p. 253; Van Deursen (2004) p. 113; **gerede twijfel:** Van der Lem (2000) p. 170-171; Van der Lem (2014) p. 128; zie ook https://dutchrevolt.leiden.edu (onderdeel 'spreuken', s.v. 'Mon Dieu, ayez [etc]'); Mörke (2010) p. 263; tot **grote scepsis**: Vergeer (1980) p. 92 en passim; De Baar e.a. (1984) p. 45; Janssen (1984) p. 12.
230. Janssen (1984) p. 11; het pamflet werd kort daarop verboden en medio augustus kwam *Verhael van de moort* uit, met een door de Staten-Generaal gesanctioneerd verslag van het gebeuren. Auteur was waarschijnlijk Villiers, die met het schenken van vertrouwen aan Oranjes latere moordenaar in een moeilijk parket zat (vgl. Boer (1952) p. 126 e.v; De Baar e.a. (1984) p. 97; Janssen (1984) p. 10).
231. En tegelijkertijd ook enige afstand; er zijn ook varianten in omloop waarin gesproken wordt van 'mon pauvre peuple', maar daar lijkt in de omstandigheden van 1584 weinig reden toe, niet alleen omdat zijn populariteit bij de bevolking op dat moment minimaal was, maar ook omdat hij geen monarchale positie had, die het 'bezittelijke' van 'mon' zou kunnen rechtvaardigen.
232. Markus 15:34: 'Eloï, Eloï, lamma sabachtani? Hetwelk is, overgezet zijnde: Mijn God, mijn God, waarom hebt Gij mij verlaten?' (naar *Bijbel* (1937) p. 950), met een duidelijk hoorbare echo van het begin van psalm 22. Andere versies van de laatste woorden van Christus wijken sterk af: Lucas 23:46 geeft: 'Vader, in uwe handen beveel ik mijnen geest' (*Bijbel* (1937) p. 987), en Johannes 19:30: 'Het is volbracht' (*Bijbel* (1937) p. 1015). Psalm 22 lijkt in de context van de laatste levensjaren van Oranje eens te meer relevant vanwege de totale eenzaamheid die David erin uitdrukt: 'maar ik ben een worm en geen man, een smaad van menschen en veracht van het volk. Allen die mij zien, bespotten mij, zij steken de lip uit' [enz.] (Psalmen 22:7-8 e.v., *Bijbel* (1937) p. 553). Opmerkelijk is ook nog de parafrase die Oranjes raadsman Nicolaas Bruyninck geeft van Oranjes laatste woorden: '[...] considérant la fragilité des choses de ce misérable monde et qu'il

n'y a en icelluy riens permanent, mesmes qu'il a pleu au Seigneur Dieu [...] conformer à Sa divine volunté, portans patiamment ce qu'il Luy a pleu ordonner en cest endroict, avec ferme espoir qu'Il n'*abandonnera* point Son Église, ny le peuple, ny aussy la maison tant désolée de son Exc. [etc., cursivering van mij]' (Nicolaas Bruyninck aan Jan van Nassau, Delft, 27 juli 1584, in Groen (1835-1847) VIII, p. 456).

233. Zie met name voor de internationale effecten: Jardine (2005) p. 117 e.v.
234. Bor (1621-1634) II, p. 422r/v.
235. Van der Klooster (1984) p. 40, en p. 81 (brief Truchsess); De Baar e.a. (1984) p. 47.
236. Janssen (1984) p. 9.
237. Japikse (1915-1970) IV, p. 655; *Resolutiën Holland en Westvriesland* 1584 p. 412-413.
238. Van der Klooster (1984) p. 66-68; Japikse (1915-1970) IV, p. 655-656; *Resolutiën Holland en Westvriesland* 1584 p. 413-414.
239. Zie met name de verslagen van Cornelis van Aerssen, op dat ogenblik pensionaris van Brussel, in brieven aan het Brusselse stadsbestuur, op 11 en 14 juli (Frederiks (1884) p. 132-136); vgl. De Baar e.a. (1984) p. 58.
240. De Baar e.a. (1984) p. 52.
241. De Baar e.a. (1984) p. 58 e.v.
242. Bakhuizen van den Brink (1863c) p. 574; De Baar e.a. (1984) p. 61-62.
243. Zie het ooggetuigenverslag in een pamflet van katholieke herkomst, *Historie Balthazars Gerardt*, 1584 (Frederiks (1884) p. 95-97).
244. De Baar e.a. (1984) p. 64 e.v.; Janssen (1984) p. 14.
245. Van Nierop (2001) p. 22; Pollmann (2000) p. 65.
246. Free (1997) p. 114.
247. Derks (1933) p. 119; Schöffer (1984) p. 133.
248. Van der Klooster (1984) p. 74 (verslag secretaris Milander); zie ook Frederiks (1884) p. 132 (verslag lijkschouwing, 12 juli 1584). Volgens het verslag is de lijfwacht, René Moerwit geheten, gewond en wel nog met Balthasar Gerards geconfronteerd, om erachter te komen of Moerwit voorkennis van Gerards voornemens zou hebben gehad; daarvan bleek niets (Van der Klooster (1984) p. 54, p. 75 (verslag secretaris Milander)).
249. Van der Essen (1933-1937) III, p. 242.
250. Van der Essen (1933-1937) III, p. 247: 'À nos yeux, la joie du prince de Parme [Farnese] à la nouvelle du meurtre de Guillaume de Nassau imprime une vilaine tache sur sa mémoire, mais elle est de son temps.'
251. Aldus Don Juan de Idiaquez aan Granvelle, 3 augustus 1584 (Poullet & Piot (1877-1896) XI, p. 58-59); vgl. Parker (2014) p. 279.
252. Poullet & Piot (1877-1896) XI, p. 64 (Granvelle aan Don Juan de Idiaquez, Madrid, 4 augustus 1584); Janssen (1984) p. 15-16; Parker (2014) p. 279.
253. Eekhof (1933) p. 270.
254. Jan van Nassau aan Gebhardt Truchsess, Dillenburg, 19 augustus 1584, in: Groen (1835-1847) VIII, p. 465-468 (p. 467); Swart (1996) p. 82.
255. Houtzager (1989) p. 88.
256. Delen (2002) p. 262-264; Mörke (2010) p. 264.

257. Blok (1919-1920) II, p. 218.
258. Swart (1994) p. 254; Arnade (2008) p. 321.
259. Betreft Openbaring 14:13; vgl. Crusius (1584) p. 12 e.v.; Janssen (1984) p. 14.
260. Crusius (1584) p. 16.
261. Crusius (1584) p. 21.
262. Anton van der Lem ontdekte hier een echo van een prijzend getoonzette uitspraak van Sallustius in (Van der Lem (1984) p. 442).
263. Crusius (1584) p. 21; vgl. Blok (1919-1920) II, p. 218-220.
264. Moryson (1907-1908) I, p. 99. Zie ook Van Nierop (2001) p. 23; Ex & Scholten (2001) p. 134.
265. Scholten (2003) p. 73 e.v. De opdracht voor het ontwerp werd De Keyser al in februari 1614 verleend; zie ook Ex & Scholten (2001) p. 24. Het monument bevatte niet het volledige stoffelijk overschot van de prins, maar alleen een kistje, met daarin waarschijnlijk het hart. Het kistje werd in 1620 door weduwe Louise de Coligny bijgezet (Ex & Scholten (2001) p. 32-34). Het kwam bij een recente restauratie tevoorschijn en werd ongeopend alsnog in de grafkelder van de Oranje-Nassaus geplaatst.
266. Ex & Scholten (2001) p. 22, p. 30-31.

Slot – Een nieuw land

1. Zie hiervoor p. 157.
2. Postma (1984) p. 712.
3. Zie bijvoorbeeld Corr. WvO no. 10773 (memo naar aanleiding van onderhoud met William Davison, uit naam van koningin Elizabeth, z.pl., z.j. (eind 1576/begin 1577), zie ook Kervyn de Lettenhove (1882-1900) X, p. 206). Zie ook het harde postume oordeel van Guicciardini (Guicciardini (2020) I, p. 49-50, 78; id., II, p. 203-204 (editie)). Dat die verdenking altijd leek te sluimeren, laat het stadsbestuur van Gouda doorschemeren in een terzijde, naar aanleiding van de voorzichtigheid van Oranje om de Fransen niet de soevereiniteit over Holland en Zeeland te willen laten verwerven: '[...] niet uyt ambitie of eygen begeerlijkheid (die wy niet gelooven in hem oyt plaetse gehad te hebben) maer omdat hy den Francoysen noyt de geheele sake dorstte betrouwen [...]' (Bor (1679-1684) II, p. 491).
4. Zie Corr. WvO no. 10773 (memo naar aanleiding van onderhoud met William Davison, uit naam van koningin Elizabeth (eind 1576/begin 1577): '[...] que les effects monstrent évidemment qu'il n'a oncques cerchés et ne cerche encor à présent que d'establir une saincte et légitime police aux pays de pardeçà [dit zijn: landen van herwaarts over = de Nederlanden]' (Kervyn de Lettenhove (1882-1900) X, p. 206). Of zie het verwijt dat Oranje in de zomer van 1579 van verschillende kanten kreeg, dat hij het slagen van de Keulse vredehandel frustreerde omwille van zijn eigen ambities ('par son ambition' staat er in het verslag van de Staten-Generaal van 29 juli 1579 (Japikse (1915-1970) II, p. 576)).
5. Verwey (1923) p. 9.
6. Zie voor kenschets van het diepe wantrouwen dat zich bij Filips II in die ja-

ren al tegenover de persoon Willem van Oranje had opgebouwd: Rowen (1988) p. 8-10.

7. Onder historici bestaat een langlopend debat over hoe onvermijdelijk c.q. toevallig deze scheiding tussen noord en zuid was; vgl. Pollmann (2009) p. 518.
8. Swart (1984b) p. 196-197; Swart betoogt dat niet zozeer de verdragstekst van de Pacificatie als wel de door Oranje ontwikkelde dynamiek meteen na het sluiten ervan de Staten-Generaal in een voorname machtspositie bracht.
9. Swart (1984) p. 198-200; Marnef (2001a) p. 100-101.
10. Van der Plaat (2007) p. 254-255.
11. Een van de weinige recente (partiële) biografieën waarin Oranje voluit ideële (religieuze) motieven worden toegeschreven, is het proefschrift van H. Klink (Klink (1997)); de meeste andere biografieën omschrijven de diepere motieven globaal als *realpolitisch* of zelfs machiavellistisch, waarbij ideële motieven niet afwezig zijn, maar eigenbelang en het streven naar macht wel degelijk de hoofdrol opeisen, en veel van Oranjes methoden (bijvoorbeeld het gebruik van propaganda) zouden er voortdurend op zijn aangepast (met name Swart (1994), aldaar ook de inleiding van Alastair Duke (m.n. p. 21-22); daarnaast De Graaf (2018) p. 10 en passim); een middenpositie tussen (in dit geval politiek) idealisme en realpolitik lijkt Olaf Mörke in te nemen (Mörke (2010) p. 259 e.v. en passim).
12. Geevers (2008) p. 24-25 onder verwijzing naar de visie die K.W. Swart ontwikkelde op o.a. het huwelijk met Anna van Saksen, en de familiebelangen die daarmee gemoeid waren.
13. Al tijdens het leven van Oranje in die mate dat Jan van Nassau aangaf er zwaar onder gebukt te gaan (Corr. WvO no. 10680 (Jan van Nassau aan Willem van Oranje, Dillenburg, z.d. [april 1581], waar hij ingaat op het aanhoudende verwijt dat de Nassaus 'mehr die erlangung der region, dan vortpflanzung der religion, bisanhero gesucht haben und noch suchen' (Groen (1835-1847) VII, p. 528)); zie ook Corr. WvO no. 5290 (instructie voor Filips Engel voor onderhoud met Willem van Oranje, Dillenburg, 28 november 1581), waar Jan van Nassau dit verwijt, nu specifiek gericht op Oranje alleen, nog eens herhaalt (vgl. Groen (1835-1847) VIII, p. 28 ('wie umb ires eigenen und privat-nutzens willen')).
14. Groen (1835-1847) VII, p. 246.
15. Over de rol van naijver als bron van conflicten is met name voor de jaren na 1559 regelmatig gespeculeerd; Van Durme (1953) p. 150 e.v.; De Troeyer (1961) p. 70-71, p. 185, zie ook Groenveld (2003) p. 74; zie ook hiervoor p. 117 en p. 326.
16. Corr. WvO no. 5290 (instructie voor Filips Engel voor onderhoud met Willem van Oranje, Dillenburg, 28 november 1581, zie ook Groen (1835-1847) VIII, p. 28-29); het waren verdenkingen die vooral werden aangewakkerd door oude bekenden in de Palts als Datheen, Betterich en Hembyze. Zie een vergelijkbaar oordeel bij de Spaanse veldheer Verdugo, die meende dat Oranje omstreeks 1579 voornemens was om 'absoluut heer te worden van alle provincies van het Lage Land' (Van den Broek (2009) p. 93).
17. Kervyn de Lettenhove (1883-1885) VI, p. 327-328; Geurts (1956) p. 122.
18. Zie hiervoor p. 188-189.
19. Corr. WvO no. 5278 (Willem van Oranje aan Jan van Nassau, Antwerpen, 22 april 1582; zie ook Groen (1835-1847) VIII, p. 92).

20. Swart (1984a) p. 568-569.
21. Corr. WvO no. 5282 (Willem van Oranje aan Jan van Nassau, Delft, 13 maart 1584; zie ook Groen (1835-1847) VIII, p. 330); ideeën die worden herhaald door Jans voormalige secretaris Everard van Reyd (Everard van Reyd aan Jan van Nassau, Kampen, 13 maart 1584, zie Groen (1835-1847) VIII, p. 331).
22. Groen (1835-1847) VIII, p. 208 (rapport van Filips Engel voor Jan van Nassau, Antwerpen, 11 juni 1583).
23. Corr. WvO no. 5279 (Willem van Oranje aan Jan van Nassau, Antwerpen, 10 juli 1583, zie ook Groen (1835-1847) VIII, p. 223).
24. Avanzani (2001) p. 862.
25. Avanzani (2001) p. 862-864.
26. Corr. WvO no. 12957 (Vespasiano Gonzaga aan Willem van Oranje, Sabbioneta, 13 november 1559); Corr. WvO no. 12973 (Vespasiano Gonzaga aan Willem van Oranje, Sabbioneta, 29 november 1566).
27. Avanzani (2001) p. 861.
28. Avanzani (2001) p. 863.
29. Corr. WvO no. 12957 (Vespasiano Gonzaga aan Willem van Oranje, Sabbioneta, 13 november 1559).
30. Avanzani (2001) p. 862.
31. Avanzani (2001) p. 863.
32. Het werd al scherp opgemerkt door Hugo de Groot in zijn introductie van de historische persoon Willem van Oranje in *Annales et Historiae de rebus Belgicis* (De Groot (2014) p. 21).
33. Verwey (1923) p. 41. Zie voor Oranjes betoog over zijn Nederlandse wortels: Verwey (1923) p. 38 e.v.; zie ook Hatzfeld (1957) p. 114; Geevers (2011) p. 4 e.v.
34. Oranje had deze kennis waarschijnlijk via zijn vader aangereikt gekregen, die omstreeks 1540 zijn secretaris Wilhelm Knüttel de stamboom van de Nassaus had laten uitzoeken (in 1541 vastgelegd in een *Epitome stemmatis illustratium dominorum comitum a Nassaw*), met speciale aandacht voor de band met Gelre (Hatzfeld (1957) p. 108, p. 114).
35. Verwey (1923) p. 61.
36. Rady (2017) p. 2-4.
37. Verwey (1923) p. 61; Geevers (2011) p. 9 e.v. en zie hiervoor p. 26: zie ook Hatzfeld (1957) p. 118: 'Der Historiker der grossen Auseinandersetzung der Nassauer mit dem Hause Habsburg im 16. Jhd. wird daher nicht an der Schlacht von Göllheim vorbeigehen können, wenn er das Verhältnis Oraniens zu Philipp II verstehen will.'
38. Hatzfeld (1957) p. 121 en passim; Jansen (1996) p. 17.
39. Hatzfeld (1957) p. 115.
40. Vgl. o.a. Swart (1994) p. 47; Van der Plaat (2007) p. 259-260.
41. Swart (1984a) p. 565, en vooral p. 567.
42. Jansen (1984) p. 14.
43. Meeus (2006) p. 87-88: de tekst van *De constantia* circuleerde, in handschrift dan wel in druk, al sinds de laatste maanden van 1583 in intellectuele kringen.
44. Van Gelderen (1992) p. 183 en Oestreich (1982) p. 13 e.v., p. 32-38 voor een kenschets van de enorme verspreiding en invloed die *De constantia* meteen na verschijnen en nog lang erna heeft uitgeoefend; zie ook Meeus (2006) p. 90 voor

een schets van hoe dit neostoïcisme zich omstreeks 1600 zelfs tot een 'modefilosofie' ontwikkelde.

45. Lipsius (1948) p. 19; zie ook Oestreich (1982) p. 18 e.v.
46. Papy (2001-2002) p. 54 en passim.
47. Oestreich (1982) p. 63; Meeus (2006) p. 79, p. 85.
48. Meeus (2006) p. 90. Zie voor het bredere verband Van Stipriaan (1996) p. 176 e.v. De omgang met illusies en dubbelzinnigheid werd in veel Europese culturen in de zestiende eeuw op enig moment een centraal vraagstuk, vgl. Zagorin (1990). Voor de doorwerking van het neostoïcisme op de ontwikkeling van verschillende wetenschappelijke terreinen, zoals wiskunde en natuurwetenschappen, in de zeventiende eeuw: Oestreich (1982) p. 32 e.v.
49. Jan van Hout, 'Liedt op de Standtvasticheydt des achtbaren vermaerden ende hooch-geleerden IVSTI LIPSII'; ontleend aan www.dbnl.org (https://www.dbnl.org/tekst/hout001lied01_01/hout001lied01_01_0001.php), transcriptie Johan Koppenol.
50. Alle versies (er verscheen ook nog een Franse vertaling) van *De Constantia* werden in 1584 en 1585 te Leiden gedrukt: vgl. Meeus (2006) p. 88. Mogelijk had Plantijn extra haast om vanuit Leiden exemplaren van *De constantia* naar Antwerpen te transporteren, met het oog op de dreigende blokkade van de stad, waarbij commerciële en ideële redenen (troost bieden) beide meespeelden (Meeus (2006) p. 101).
51. Koppenol (1998) p. 171; Meeus (2006) p. 92-93.
52. Otterspeer (2000) p. 137 e.v. en passim; Grafton (1990) p. 31 e.v., p. 70 e.v. en passim.
53. Mout (1985) p. 59-60.
54. Parker (2014) p. XVI voor bijzondere status van correspondentie van gezanten, als bronnen van cruciale informatie, te midden van een documentenstroom die vaak weinig betrouwbaar was.
55. Janssen (1984) p. 17 e.v.
56. Kossmann (1980) p. 2-3 en passim; Vermij (1984) p. 47-48 en passim; zie over de werking van het adellijk charisma (in de betekenis van bovennatuurlijke, goddelijke gave): Hatzfeld (1957) p. 120 e.v.
57. Dat Oranje 'nooit [heeft] gestreefd naar onafhankelijkheid van de noordelijke gewesten', zoals Erik Swart stelt, lijkt aannemelijk, maar het kan bijna niet anders dan dat Oranje er wel degelijk rekening mee hield dat het de enige optie was om nog politiek te overleven. Wat vier jaar na zijn dood ook wel bleek, met het oprichten van de Republiek (Swart (2008) p. 21).
58. Zie o.a. Van Nierop (1984) p. 194 e.v.; Groenveld (2018) p. 87 e.v. en passim.
59. Oranje leek weinig gecharmeerd van een republikeinse regeervorm, maar zag in dat hij de macht van de standen niet meer kon terugsnoeien (zie o.a. beschouwing in Mörke (2010) p. 256-261). Een keuze voor de republikeinse staatsvorm, laat staan een 'eenheidsstaat', was omstreeks 1584 nog niet concreet, maar hing al wel in de lucht (id. p. 259-260). Huizinga wees er al op hoezeer in de visie van Calvijn de lagere overheden een beveiliging tegen vorstelijke tirannie konden vormen (Huizinga (1933) p. 152).
60. Zie met name de versie in Stedelijk Museum Alkmaar, met litteken op de rechterwang (https://rkd.nl/explore/images/7389).

Bibliografie

Archieven

Voor het onderzoek naar oorspronkelijke documenten is veel gebruikgemaakt van de online databank Briefwisseling van Willem van Oranje van het Huygens Instituut voor Nederlandse Geschiedenis. De afzonderlijke brieven worden aangeduid volgens de daar aangehouden nummering, voorafgegaan door 'Corr. WvO no.'; wanneer van de brief een gedrukte transcriptie bestaat wordt die meteen daarna aangeduid met een korte verwijzing, waarbij het paginanummer verwijst naar de relevante passage(s).

Een belangrijk deel van de voor dit onderzoek relevante archivalia zijn inmiddels via bronpublicaties raadpleegbaar geworden. Daarnaast is veel gebruikgemaakt van de collectie van het Koninklijke Verzamelingen, Den Haag (Koninklijk Huis Archief); meer in het bijzonder het Archief Willem I, prins van Oranje. Verwijzingen naar stukken worden voorafgegaan door de aanduiding 'KHA' gevolgd door een inventarisnummer naar de huidige systematiek, die afwijkt van de nummering die tot circa 1945 is gevolgd. Zie tevens de inventaris van de Nassause domeinraad in het Nationaal Archief (zie hieronder bij 'databanken'):

Databanken

Corr.: http://resources.huygens.knaw.nl/wvo database 'Briefwisseling Willem van Oranje' (met aldaar gevolgde nummering)

Dutch Revolt (Universiteit Leiden, onder hoofdredactie van Anton van der Lem): https://dutchrevolt.leiden.edu/Pages/start.aspx

Koninklijk Huis Archief: https://www.koninklijkeverzamelingen.nl/, waarin verschillende archivalia met toelichting worden ontsloten

Nationaal Archief: https://www.nationaalarchief.nl/onderzoeken/archief/1.08.01

NCC: Nederlandse Centrale Catalogus

Bronnen en bronnenpublicaties

***Advis ende goetduncken* (1583)** *Advis ende goetduncken vanden prince van Orangien op t'faict gheschiet t'Antwerpen, ende in eenighe steden van Vlanderen, den 17 januarij int iaer 1583.* Z.pl. (1583)

Albada (1581) Aggaeus Albada, *Acten van den vredehandel, gheschiet te Colen.* Leiden (1581)

Albèri (1839-1863) Eugenio Albèri (ed.), *Relazioni degli ambasciatori Veneti al senato* (15 dln.) Firenze 1839-1863

Van Alfen (1928) H. van Alfen, 'Officieele berichten omtrent het gevecht bij Daelhem (25 april 1568)'. In: *Bijdragen voor Vaderlandsche Geschiedenis en Oudheidkunde*, 6e reeks 7 (1928) p. 279-288

Álvarez (1964) Vicente Álvarez, *Relation du beau voyage que fit aux Pays-Bas, en 1548, le prince Philippe d'Espagne, notre seigneur* (ed. M.-T. Dovillée) Brussel (1964)

***Apologie* (1581)** *Apologie, ofte verantwoordinghe des doerluchtighen ende hooghgeborenen vorsts ende heeren, heeren Wilhelms van Godes ghenade Prince van Orangien.* Leiden (1581)

Aubery du Maurier (1754) Louis Aubery du Maurier, *Mémoires pour servir à l'histoire de la République des Provinces-Unies et des Pays-Bas.* (2 dln.) Londen (1754)

Battistini (1950) Mario Battistini (ed.), *Lettere di Giovan Battista Guicciardini a Cosimo e Francesco de' Medici scritte dal Belgio dal 1559 al 1577.* Brussel-Rome (1950)

Beger e.a. (2003) Jens Beger e.a. (eds.), *Günther XLI. Graf von Schwarzburg in Diensten Karls V. und Philipps II. in den Niederlanden, (1550) 1551-1559 (1583). Briefe, Berichte und andere Dokumente aus den Jahren 1550-1583.* Weimar-Jena (2003)

Van den Bergh (1864) L.Ph.C. van den Bergh, 'Een brief van Balthasar Geraerts aan Willem I'. In: *Bijdragen voor Vaderlandsche Geschiedenis en Oudheidkunde*, nieuwe reeks 3 (1864) 342-343

Bertini (1997) Giuseppe Bertini (ed.), *Le nozze di Alessandro Farnese. Feste alle corti di Lisbona e Bruxelles.* Milaan (1997)

Bertius e.a. (1617) Petrus Bertius e.a., *Illustrium & clarorum virorum epistolae selectiores* [etc.] Leiden (1617)

***Bijbel* (1937)** *Bijbel, dat is de gansche Heilige Schrift* (Statenvertaling). Amsterdam (1937)

Blaes (1859-1866) J.B. Blaes (ed.), *Mémoires anonymes sur les troubles des Pays Bas 1565-1580* (5 dln.) Brussel (1859-1866)

***Blijde ende heerlijcke incomste* (1582)** N.N. *De blijde ende heerlijcke incomste van mijnheer Franssois van Vranckrijck* [etc.] Antwerpen (1582)

Blok (1885) P.J. Blok, 'Apologie van Lodewijk van Nassau'. In: *Bijdragen en Mededeelingen van het Historisch Genootschap* 8 (1885) p. 154-268

Blok (1888) P.J. Blok, *Verslag aangaande een onderzoek in Duitschland naar archivalia belangrijk voor de geschiedenis van Nederland.* Den Haag (1888)

Boeles (1865) W.B.S. Boeles, 'Het bezoek van de landvoogdes Maria aan de Noord-Nederlandsche gewesten in den zomer van 1545'. In: *Bijdragen tot de Geschiedenis en Oudheidkunde, inzonderheid van de provincie Groningen* 2 (1865) p. 207-245

Bondam (1779-1781) Pieter Bondam (ed.), *Verzameling van onuitgegeeven stukken; tot opheldering der vaderlandsche historie* (5 dln.) Utrecht (1779-1781)

Bor (1621-1634) Pieter Bor, *Nederlandtsche oorloghen, beroerten, ende borgerlijcke oneenicheyden.* Amsterdam-Leiden (5 dln.) (1621-1634)

Bor (1679-1684) Pieter Bor, *Oorsprongk, begin, en vervolgh der Nederlandsche oorlogen* (4 dln.) Amsterdam (1679-1684)

Brahe (1773) Jan Jacob Brahe, *Vlissings Eeuw-vreugde.* Vlissingen (1773)

Brandt (1671) Geeraerdt Brandt, *Historie der reformatie en andere kerkelyke geschiedenissen.* Amsterdam (1671)

Brantôme (1779) Pierre Bourdeille, seigneur de Brantôme, *Oeuvres* (15 dln.) Londen (1779)

Brantôme (1858-1895) Pierre de Bourdeilles, abbé et seigneur de Brantôme, *Oeuvres complètes* (11 dln.) Parijs (1858-1895)

Breen (1896) Joh C. Breen, 'Uittreksel uit de Amsterdamsche Gedenkschriften van Laurens Jacobsz. Reael, 1542-1567'. In: *Bijdragen en Mededeelingen van het Historisch Genootschap* 17 (1896) p. 1-60

Van den Broek (2009) Jan van den Broek (ed.), *Voor God en mijn koning. Het verslag van kolonel Francisco Verdugo over zijn jaren als legerleider en gouverneur namens Filips II in Stad en Lande van Groningen, Drenthe, Friesland, Overijssel en Lingen (1581-1595).* Assen (2009)

Brouwer (1933) Johan Brouwer, *Kronieken van Spaansche soldaten uit het begin van den Tachtigjarigen Oorlog.* Zutphen (1933)

Burgon (1839) John William Burgon (ed.), *The Life and Times of Sir Thomas Gresham* (2 dln.) Londen (1839)

Caldecott-Baird (1977) Duncan Caldecott-Baird, *Huurling in de Lage Landen 1572-1574.* (vert. Vivian Voss) Haarlem (1977)

***Calendar of State Papers* (1966-1969)** *Calendar of State Papers, Foreign Series of the Reign of Elizabeth, 1558-1588* (22 dln.) (oorspr. uitg. Londen 1863-1936). Reprint Nendeln, Liechtenstein (1966-1969)

***Calendar of State Papers [...] Venice* (1877-1890)** *Calendar of State Papers and Manuscripts, Relating to English Affairs: Existing in the Archives and Collections of Venice, and in Other Libraries of Northern Italy.* Londen (1877-1890)

***Catalogus Marnix 1599* (1964)** *The First Known Auction Catalogue Philips van Marnix van St. Aldegonde Leiden 1599* (ed. G.J. Brouwer). Nieuwkoop (1964)

Churchyard (1976) Thomas Churchyard, *A Description of the Warres in Flaunders.* Amsterdam-Norwood (1976)

Colonna (2006) Francesco Colonna, *De droom van Poliphilus* (vert. Ike Cialona) (2 dln.) Amsterdam (2006)

Coornhert (1630) D.V. Coornhert, *Wercken* (3 dln.) Amsterdam (1630)

***Copie* (1568)** *Copie van den puncten ende articulen, ghesloten by den Hertoghe van Alba ende by synen nieuwen Raet van tweluen.* Z.pl. (1568)

Cort verhael (1582) *Cort verhael van t'moordadich feyt geperpetreert inden persoone vanden deurluchtigen prince mijnen heere den Prince van Oraengien.* Antwerpen (1582)

Corte verclaringe (1583) *Corte verclaringe, ghedaen by borgemeesteren, schepenen ende Raedt der stadt van Antwerpen, nopende den aenslach teghen de selue stadt aengericht den XVII. deser maent Ianuarij. MDLXXXIII, stylo novo.* Antwerpen (1583)

Crusius (1584) Arnold Cornelisz. Crusius, *Twee corte sermoenen.* Delft (1584)

Delprat (1840) G.H.M. Delprat, 'Berigt aangaande de laatste levensuren van prins Willem I'. In: *Bijdragen voor Vaderlandsche Geschiedenis en Oudheidkunde* 2 (1840) p. 119-123

Delvigne (1869-1871) Ad. Delvigne (ed.), *Mémoires de Martin Antoine Del Rio sur les troubles des Pays-Bas durant l'administration de Don Juan d'Autriche, 1576-1578* (3 dln.) Brussel (1869-1871)

Diegerick (1876) J. Diegerick, 'Documents concernant la Pacification de Gand qui se trouvent aux archives communales de la ville d'Ypres'. In: *Compte rendu des séances de la Commission royale d'Histoire, ou Recueil de ses bulletins,* 4e serie 3 (1876) p. 385-444

Dumbar (1722) Gerhard Dumbar, *Analecta* III. Deventer (1722)

Dürer (2008) Albrecht Dürer, *Reis naar de Nederlanden* (vert. Anne Pries). Amsterdam (2008)

Van Eeghen (1959-1960) I.H. van Eeghen (ed.), *Dagboek van broeder Wouter Jacobsz (Gualtherus Jacobi Masius), prior van Stein* (2 dln.) Groningen (1959-1960)

Emanuele Filiberto (1928) Emanuele Filiberto, *I diari delle campagne di Fiandra* (ed. Elvira Brunelli). Turijn (1928)

Erasmus (1989) Desiderius Erasmus, *Vrede's weeklacht en andere geschriften over vrede en eendracht op internationaal-politiek en kerkelijk terrein* (vert. P.M.M. Geurts) Baarn (1989)

Erasmus (2006) Desiderius Erasmus, *Opvoeding* (Verzameld werk dl 3) (vert. Jeanine de Landtsheer en Bé Breij). Amsterdam (2006)

Feith (1869) H.O. Feith, 'Verbaal van de reis van den burgemeester Johan Wifringk, den raadsheer Luloff Roelofs en den Syndicus Johan de Gouda, gezanten naar den aartshertog Mathias van Oostenrijk, de Generale Staten, den Prins van Oranje enz. te Antwerpen van 3 april 1579–13 Januarij 1580'. In: *Bijdragen tot de Geschiedenis en Oudheidkunde, inzonderheid van de provincie Groningen* VI (1869) p. 161-228

Feith & Brugmans (1911) J.A. Feith en H. Brugmans (eds.), *De kroniek van Abel Eppens tho Equart* (2 dln.) Amsterdam (1911)

La Fontenelle de Vaudoré & Auguis (1824-1825) A.D. de La Fontenelle de Vaudoré en P.R. Auguis (ed.), *Mémoires et correspondance de Duplessis-Mornay* (12 dln.) Parijs (1824-1825)

Fredericq (1907) Paul Fredericq (ed.), *Het Nederlandsch proza in de zestiende-eeuwsche pamfletten.* Brussel (1907)

Frederiks (1884) J.G. Frederiks, *De moord van 1584. Oorspronkelijke verhalen en gelijktijdige berichten van den moord gepleegd op prins Willem van Oranje.* Den Haag (1884)

Fruin e.a. (1874) R. Fruin e.a. (ed.), *De oude verhalen van het beleg en ontzet van Leiden.* Den Haag (1874)

Gachard (1830) L.P. Gachard (ed.), *Analectes Belgiques ou recueil de pièces inédites, mémoires, notices faits et anecdotes concernant l'histoire des Pays-Bas* (dl. 1). Brussel (1830)

Gachard (1833-1835) L.P. Gachard, *Collection de documens inédits concernant l'histoire de la Belgique* (3 dln.) Brussel (1833-1835)

Gachard (1847-1866) L.P. Gachard (ed.), *Correspondance de Guillaume le Taciturne, prince d'Orange* (6 dln.) Brussel (1847-1866)

Gachard (1848-1936) L.P. Gachard, (ed.), *Correspondance de Philippe II sur les affaires des Pays-Bas* (6 dln.) Brussel (1848-1936)

Gachard (1867-1881) L.P. Gachard (ed.), *Correspondance de Marguérite d'Autriche, duchesse de Parme, avec Philippe II* (3 dln.) Brussel (1867-1881)

Gachard (1874-1882) L.P. Gachard (ed.), *Collection des voyages des souverains des Pays-Bas* (4 dln.) Brussel (1874-1882)

Gachard (1875-1877) L.P. Gachard (ed.), *La Bibliotheque Nationale à Paris. Notices et extraits des manuscrits qui concernent l'histoire de Belgique* (2 dln.) Brussel (1875-1877)

De Gelder (1865) J.J. de Gelder, *Brieven en andere bescheiden rakende het beleg van Alkmaar in 1573.* Alkmaar (1865)

Van Gelder e.a. (1925-1942) H.A. Enno van Gelder e.a. (ed.), *Correspondance française de Marguérite d'Autriche, duchesse de Parme, avec Philippe II* (3 dln.) Utrecht (1925-1942)

Van Gelderen (1993) Martin van Gelderen (ed.), *The Dutch Revolt.* Cambridge (1993)

Génard (1889) Pierre Génard, 'Quelques lettres inédites du duc d'Anjou et du prince d'Orange'. In: *Compte rendu des séances de la Commission Royale d'Histoire,* 4e serie, 16 (1889) p. 139-172

Gielens (1933) A. Gielens, 'Brieven en bescheiden van en over Willem van Oranje. Getrokken uit archieven van den Breeden Raad van Antwerpen'. In: *Antwerpsch Archievenblad,* 2e reeks 8 (1933) p. 217-236

Grapheus (1550) Cornelius Grapheus, *De seer wonderlijcke, schoone, triumphelijcke Incompst, van den hooghmogenden Prince Philips, Prince van Spaignen, Caroli des vijfden, Keysers sone.* Antwerpen (1550)

Groen (1835-1847) G. Groen van Prinsterer (ed.), *Archives ou correspondance inédite de la Maison d'Orange-Nassau. Première série.* (8 dln.) Leiden (1835-1847)

De Groot (2014) Hugo de Groot, *Kroniek van de Nederlandse Oorlog: De Opstand 1559-1588* (vert. Jan Waszink). Nijmegen (2014)

Grosart (1894) Alexander B. Grosart (ed.), *The Friend of Sir Philip Sidney.* Londen (1894)

Grothe (1854) J.A. Grothe, 'Brief van prins Willem van Oranje aan de stad Amsterdam, 1572'. In: *Kronijk van het Historisch Genootschap te Utrecht* 10 (1854) p. 160-163

Grothe (1859) J.A. Grothe, 'Brieven van prins Willem van Oranje aan zijne eerste vrouw, Anna van Egmond'. In: *Kronijk van het Historisch Genootschap* 15 (1859) p. 16-45

Guicciardini (1968) Lodovico Guicciardini, *Beschryvinge van alle de Neder-landen*. Amsterdam (1968, facs. ed. Amsterdam (1612))

Guicciardini (2020) Lodovico Guicciardini, *Descrittione di tutti i Paesi Bassi*. (ed. Dina Aristodemo) (2 dln.) Rome (2020)

Gysius (1616) Johannes Gysius, *Oorsprong en voortgang der Neder-landtscher beroerten ende ellendicheden*. z.pl. (1616)

Hale (1979) J.R. Hale (ed.), *The Travel Journal of Antonio de Beatis*. Londen (1979)

***Histoire de la vie de messire Philippes de Mornay* (1647)** *Histoire de la vie de messire Philippes de Mornay, seigneur du Plessis Marly* [etc.] Leiden (1647)

Hofman (1893) J.H. Hofman, 'Huwelijk van prins Willem van Oranje met Anna van Egmond'. In: *Bijdragen en Mededeelingen van het Historisch Genootschap* 14 (1893) p. 69-88

Hollaender (1906) Alcuin Hollaender, 'Wilhelm von Oranien und Strassburg 1568 und 1569'. In: *Zeitschrift für die Geschichte des Oberrheins*, NF 21 (1906) p. 50-98

Hooft (1972) P.C. Hooft, *Alle de gedrukte werken 1611-1738*, IV en V (ed. W. Hellinga en P. Tuynman). Amsterdam (1972)

Hortensius (1866) Lambertus Hortensius, *Over de opkomst en den ondergang van Naarden* (ed. P. Peerlkamp). Utrecht (1866)

Houwaert (1579) Jan Baptist Houwaert, *Declaratie van die triumphante Incompst vanden doorluchtighen ende hoogheboren prince van Oraingnien*. Antwerpen (1579)

La Huguerye (1877-1880) Michel de la Huguerye, *Mémoires inédits* (ed. A. de Ruble) (3 dln.) Parijs (1877-1880)

***Incomste* 1580** *Incomste vanden doorluchtighen Vorst ende Heere den Prince van Orangien binnen der vermaerde coopstadt van Amsterdam den XVIIen Martij 1580*. Antwerpen z.j. [1580]

De Jager (1880) H. de Jager, 'Uitgaven, te Brielle gedaan bij gelegenheid dat Willem I aldaar trouwde met Charlotte van Bourbon'. In: *De Navorscher* 30 (1880) p. 273-275

Japikse (1915-1970) N. Japikse (ed.), *Resolutiën der Staten Generaal van 1576 tot 1609* (14 dln.) Den Haag (1915-1970)

Japikse (1934) N. Japikse (ed.) *Correspondentie van Willem den Eerste, prins van Oranje, I (1551-1561)*. Den Haag (1934)

Jurriaanse & Serrurier (1933) M.W. Jurriaanse en C. Serrurier (eds.), *Prins Willem van Oranje: Brieven*. Middelburg (1933)

Kervyn de Lettenhove (1882-1900) J.B.M.C. Kervyn de Lettenhove (ed.) *Relations politiques des Pays Bas et de l'Angleterre sous le règne de Philippe II* (11 dln.) Brussel (1882-1900)

Kervyn de Lettenhove (1883) J.C.M.B. Kervyn de Lettenhove (ed.) *Documents inédits relatifs à l'histoire du XVIe siècle*. Brussel (1883)

Kervyn de Volkaersbeke (1854) Ph. Kervyn de Volkaersbeke (ed.), *Correspondance de François de la Noue, surnommé Bras-de-Fer.* Gent-Parijs (1854)

Kervyn de Volkaersbeke & Diegerick (1848-1849) Ph. Kervyn de Volkaersbeke en J. Diegerick (eds.), *Documents historiques inédits concernant les troubles des Pays Bas, 1577-1584* (2 dln.) Gent (1848-1849)

Kluckhohn (1868-1872) A. Kluckhohn (ed.), *Briefe Friedrich des Frommen Kurfürsten von der Pfalz* (3 dln.) Braunschweig (1868-1872)

Kluit (1802-1805) A. Kluit, *Historie der Hollandsche staatsregering, tot aan het jaar 1795* (5 dln.) Amsterdam (1802-1805)

Kluiver (1984b) J.H. Kluiver (ed.), *De correspondentie tussen Willem van Oranje en Jan van Nassau, 1578-1584.* Amsterdam (1984)

Kooij (2018) Barbara Kooij (ed.), *Spaanse ooggetuigen over het beleg van Haarlem (1572-1573).* Hilversum (2018)

Kuiper & Leendertz jr (1924-1925) E.T. Kuiper en P. Leendertz jr., *Het Geuzenliedboek* (2 dln.) Zutphen (1924-1925)

Lanz (1844-1846) Karl Lanz (ed.), *Correspondenz des Kaisers Karl v. Aus dem königlichen Archiv und der Bibliothèque de Bourgogne zu Brüssel* (3 dln.) Leipzig (1844-1846)

Lasonder (1918) L.W.A.M. Lasonder, 'Een onbekende commissie aan prins Willem I uit het jaar 1553'. In: *Bijdragen en Mededeelingen van het Historisch Genootschap* 39 (1918) p. 408-410

Lefèvre (1940-1960) Joseph Lefèvre, *Correspondance de Philippe II sur les affaires des Pays Bas. Deuxième partie. Recueil destiné à faire suite aux travaux de L.P. Gachard* (4 dln.) Brussel (1940-1960)

Lemaire e.a. (1896) Emmanuel Lemaire e.a. (eds.), *La guerre de 1557 en Picardie. Bataille de Saint-Laurent, siège de Saint-Quentin.* Saint-Quentin (1896)

Levoir (1905-1906) C.L. Levoir, 'Een testament van prins Willem I'. In: F.J.L. Krämer e.a. (red.), *Je maintiendrai. Een boek over Nassau en Oranje* (2 dln.) Leiden (1905-1906) *I*, p. 137-139

Lipsius (1948) Justus Lipsius, *Twee boecken vande stantvasticheyt* (vert. J. Moretus; ed. H. van Combruggen). Antwerpen (1948)

Van Mander (1969) Karel van Mander, *Het schilder-boeck.* Utrecht (1969, facsimile van eerste uitgave 1604)

Marnix (1860) Ph. de Marnix de Sainte Aldegonde, *Correspondance et mélanges* (ed. Alb. Lacroix). Parijs-Brussel-Leipzig (1860)

Meinardus (1899-1902) Otto Meinardus (ed.), *Der Katzenelnbogische Erbfolgestreit* (4 dln.) Wiesbaden (1899-1902)

Mendoça (1860-1863) Bernardino de Mendoça, *Commentaires de Bernardino de Mendoça sur les évènements de la guerre des Pays-Bas 1567-1577* (2 dln.) Brussel-Den Haag (1860-1863)

Van Meteren (1647) Emanuel van Meteren, *Historien der Nederlanden en haar naburen oorlogen tot het iaar 1612.* Rotterdam (1647)

Molhuysen (1913) P.C. Molhuysen (ed.), *Bronnen tot de geschiedenis der Leidse Universiteit*, I. Den Haag (1913)

Moryson (1907-1908) Fynes Moryson, *An Itinerary* (4 dln.) Glasgow (1907-1908)
Mout (2006) M.E.H.N. Mout (ed.) *Plakkaat van Verlatinge*. Groningen (2006)
Muller & Diegerick (1889-1899) P.L. Muller en A. Diegerick, *Documents concernant les relations entre le duc d'Anjou et les Pays-Bas (1576-1584)* (5 dln.) Utrecht (1889-1899)

Nepveu tot Ameyde (1842) L.J. Nepveu tot Ameyde, 'Aan de redactie van den Algemeenen Konst- en Letterbode'. In: *Algemeene Konst- en Letterbode* 1 (1842) p. 18-22
***Notulen Staten van Zeeland 1583-1586* (1919)** *Notulen van de Staten van Zeeland 1583-1586*. Den Haag (1919)

Orlers (1641) I.I. Orlers, *Beschryvinge der stadt Leyden*. Leiden (1641)
Ovidius (2002) Ovidius, *Metamorphosen* (vert. M. d'Hane-Scheltema). Amsterdam (2002)

Panhuysen & Van Stipriaan (2018) Luc Panhuysen en René van Stipriaan, *Ooggetuigen van de Tachtigjarige Oorlog*. Amsterdam (2018)
Paris (1841) Louis Paris (ed.), *Négociations, lettres et pièces diverses relatives au règne de François II tirées du portefeuille de Sébastien de L'Aubespine*. Parijs (1841)
Payen (1861) Pontus Payen, *Mémoires 1559-1578* (ed. Alex. Henne) (2 dln.) Brussel (1861)
La Pise (1640) Joseph de la Pise, *Tableau de l'histoire des princes et principauté d'Orange. Divisé en quatre parties selon les quatre races qui y ont regné*. Den Haag (1640)
Du Plessis de Mornay (1624-1625) Philippes de Mornay, seigneur du Plessis Marli, *Mémoires* (2 dln.) Amsterdam (1624-1625)
De Potter (1870) Frans de Potter (ed.), *Dagboek van Cornelis en Philip van Campene*. Gent (1870)
Poullet & Piot (1877-1896) Edmond Poullet en Ch. Piot, *Correspondance du cardinal de Granvelle, 1565-1586* (12 dln.) Brussel (1877-1896)

Reiffenberg (1842) F.A.F.Th. de Reiffenberg (ed.), *Correspondance de Marguérite d'Autriche, duchesse de Parme, avec Philippe II*. Brussel (1842)
Rethaan Macaré (1851a) C.A. Rethaan Macaré, 'Dagverhaal van den veldtogt van keizer Karel V in 1554'. In: *Kronijk van het Historisch Genootschap* 7 (1851) p. 280-308
Rethaan Macaré (1851b) C.A. Rethaan Macaré, 'Veldtogt van koning Philips II tegen Frankrijk in 1557'. In: *Kronijk van het Historisch Genootschap* 7 (1851) p. 312-340
Van Reyd (1650) Everard van Reyd, *Historie der Nederlantscher oorlogen begin ende voortganck tot den jaere 1601*. Leeuwarden (1650)
Van Roosbroeck (1929-1930) Rob. Van Roosbroeck (ed.), *De kroniek van Godevaert van Haecht over de troebelen van 1565 tot 1574 te Antwerpen en elders* (2 dln.) Antwerpen (1929-1930)
Rooses & Sabbe (1922) Max Rooses en Maurice Sabbe (eds.), *Les rimes de Christophe Plantin. Antwerpen* (1922, 2de verbeterde druk)

Rudelsheim (1905) Marten Rudelsheim, 'Twee pamfletten van 1568 teruggevonden'. In: *De Navorscher* 55 (1905) p. 125-147

Sastrow (1984) N.N. (ed.), *Deutsches Bürgertum und deutscher Adel im 16. Jahrhundert. Lebens-Erinnerungen des Bürgermeisters Bartholomäus Sastrow und des Ritters Hans von Schweinichen*. Z.pl. (1984)

Scheltema (1849) P. Scheltema, 'Geschiedkundige brieven 1574, 1578, 1580'. In: *Kronijk van het Historisch Gezelschap te Utrecht* 5 (1849) p. 296-308

Van Schelven (1948b) A.A. van Schelven, 'Brieven van Lamoraal van Egmont'. In: *Bijdragen en Mededelingen Historische Genootschap* 66 (1948) p. 60-67

Schenk (1933) M.G. Schenk (ed.), *Verantwoordinghe, Verklaringhe ende Waerschouwinghe mitsgaders eene Hertgrondighe begheerte der edelen, lancmoedighen ende hooghgeboren Princen van Oraengien*. Amsterdam (1933)

De van der Schueren (1887-1888) J.B.J.N. de van der Schueren (ed.), *Brieven en onuitgegeven stukken van jonkheer Arend van Dorp* (2 dln.) Utrecht (1887-1888)

Schwendi (1612) Lazarus von Schwendi, *Bedencken an Kaiser Maximilian den Andern, von Regierung deß Heyligen Römischen Reichs, vnd Freystellung der Religion*. Frankfurt am Main (1612)

Van Someren (1896) J.F. van Someren (ed.), *La Correspondance du Prince Guillaume D'Orange avec Jacques de Wesenbeke*. Utrecht-Amsterdam (1896)

Van de Spiegel (1780-1783) Laurens Pieter van de Spiegel, *Bundel van onuitgegeeven stukken, dienende ter opheldering der vaderlandsche historie en regeeringsform, en voornaamlijk der historie van de Unie van Utrecht* (2 dln.) Goes (1780-1783)

Van Stipriaan (2019) René van Stipriaan, *Ooggetuigen van de Gouden Eeuw*. Amsterdam (2019)

Strada (1666) Famianus Strada, *De thien eerste boecken der Nederlandtsche oorloge*. Amsterdam (1666)

Van Toorenenbergen (1874) A. van Toorenenbergen, *De overgang van prins Willem van Oranje tot de Hervormde kerk*. Utrecht (1874)

Ulloa (1570) Alonso de Ulloa, *Commentaire premier et second, contenant le voyage du duc d'Albe en Flandres* [etc]. Parijs (1570)

'Verloving etc.' (1861) N.N. 'Verloving van Anjou en Elisabeth'. In: *Kronijk van het Historisch Gezelschap te Utrecht* 17 (1861) p. 192-195

***Vermaninghe ende raet* (1578)** *Vermaninghe ende Raet voor de Nederlanden*. Z.pl. (1578)

Verwer (1973) Willem Janszoon Verwer, *Memoriaelbouck. Dagboek van gebeurtenissen te Haarlem van 1572-1581* (ed. J.J. Temminck). Haarlem (1973)

Verwey (1923) Albert Verwey (ed.), *Apologie, ofte Verantwoordinghe*. Santpoort-Antwerpen (1923)

Vierlingh (1920) Andries Vierlingh, *Tractaet van dyckagie* (ed. J. de Hullu en A.G. Verhoeven). Den Haag 1920

Walsingham (1700) Francis Walsingham, *Mémoires et Instructions pour les Ambassadeurs*. Amsterdam (1700)

Wansink (1969) H. Wansink (ed.), *The Apologie of Prince William of Orange Against the Proclamation of the King of Spaine*. Leiden (1969)

Te Water (1776-1796) J.W. te Water, *Historie van het verbond en de smeekschriften der Nederlandsche edelen* (4 dln.) Middelburg (1776-1796)

Van de Water (1729) J. van de Water, *Groot Placaatboek*. (3 dln.) Utrecht (1729)

Wauters (1977) Alphonse Wauters (ed.), *Mémoires de Viglius et d'Hopperus*. Brussel (1858, reprint, Nendeln-Liechtenstein (1977))

Weiss (1841-1852) Ch. Weiss, *Papiers d'état du cardinal de Granvelle d'après les manuscrits de la bibliothèque de Besançon*. (9 dln.) Parijs (1841-1852)

Wesembeke (1569) Jacob van Wesembeke, *De beschriivinge van den geschiedenissen inder Religien saken toeghedragen in den Nederlanden*. Z.pl. (1569)

Willems (1827-1830) J.-F. Willems, 'Brieven uit Antwerpen geschreven in de jaren 1581 tot 1584'. In: id., *Mengelingen van historisch-vaderlandschen inhoud*. Antwerpen (1827-1830) p. 87-226

Williams (1864) Roger Williams, *Memoriën* (ed. J.T. Bodel Nijenhuis). Utrecht (1864)

Zeller (1890a) B. Zeller (ed.), *Henri II et Charles-Quint. Siège de Metz-Bataille de Renty (1552-1555)*. Parijs (1890)

Zeller (1890b) B. Zeller, *La réforme. La cour sous Henri II, paix de Cateau Cambrésis (1525-1559)*. Parijs (1890)

Geraadpleegde literatuur

Adriaenssen (2007) Leo Adriaenssen, *Staatsvormend geweld. Overleven aan de frontlinies in de meierij van Den Bosch, 1572-1629*. Tilburg (2007)

Akkerman (2016) Nadine Akkerman, 'Enigmatic Cultures of Cryptology'. In: James Daybell en Andrew Gordon (red.), *Cultures of Correspondence in Early Modern Britain*. Philadelphia (2016) p. 69-84

Van Alfen (1930) H. van Alfen, 'Bijdrage tot de kennis der graanduurtebestrijding in 1565'. In: *Bijdragen voor Vaderlandsche Geschiedenis en Oudheidkunde*, 6e reeks (1930) p. 98-103

Van Alfen (1933a) H. van Alfen, 'De sterfdag en het testament van René de Chalon, prins van Oranje'. In: *Bijdragen voor Vaderlandsche Geschiedenis en Oudheidkunde*, 7e reeks (1933) p. 185-200

Van Alfen (1933b) H.J.P. van Alfen, 'Dagregister van 's prinsen levensloop'. In: G.L. de Vries Feyens e.a. (red.), *Prins Willem van Oranje 1533-1933*. Haarlem (1933) p. 409-452

Van Alfen (1933c) H. van Alfen, 'De bron van Bakhuizen v.d. Brink's Andries Boullette (Luiksche verhooren over Oranje's tocht in 1568)'. In: *Bijdragen en Mededeelingen van het Historisch Genootschap* 54 (1933) p. 173-276

Allard (1887) H.J. Allard, 'Een plakkaat des Zwijgers ten gunste der Inquisitie'. In: *Studiën op Godsdienstig, Wetenschappelijk en Letterkundig Gebied* 27 (1887) p. 42-64

***Allgemeine deutsche Biographie* (1875-1912)** *Allgemeine deutsche Biographie*.

(56 dln.) Leipzig (1875-1912) [geraadpleegd online versie https://www.deutsche-biographie.de]

Van Andel (1933) M.A. van Andel, 'Willem van Oranje als patiënt'. In: *Nederlands Tijdschrift voor Geneeskunde* 77 (1933) p. 2041-2045

Arnade (2008) Peter Arnade, *Beggars, Iconoclasts, and Civic Patriots. The Political Culture of the Dutch Revolt.* Ithaca-Londen (2008)

Augustijn (1997) Cornelis Augustijn, 'Die reformierte Kirche in den Niederlanden und der Libertinismus in der zweiten Hälfte des 16. Jahrhunderts'. In: M. Erbe e.a. (red.), *Querdenken. Dissens und Toleranz im Wandel der Geschichte.* Mannheim (1996) p. 107-121

Avanzani (2001) Nicola Avanzani, 'Gonzaga, Vespasiano'. in: *Dizionario biografico degli Italiani,* 57. Rome (2001) p. 860-864

De Baar e.a. (1984) Peter Paul de Baar, Els Kloek en Tom van der Meer, *Balthasar G.* Amsterdam (1984)

Baelde (1965) Michel Baelde, *De collaterale raden onder Karel V en Filips II (1531-1578).* Brussel (1965)

Baelde (1967) M. Baelde, 'Edellieden en juristen in het centrale bestuur der zestiende-eeuwse Nederlanden (1531-1578)'. In: *Tijdschrift voor Geschiedenis* 80 (1967) p. 39-51

Baelde (1976) M. Baelde, 'Oranje, Marnix en de Gentse pacificatie (1576)'. In: L. de Poorter (red.), *Opstand en pacificatie in de Lage Landen.* Gent (1976) p. 136-146

Baelde (1991) M. Baelde, 'De Nederlanden van Spaanse erfopvolging tot beeldenstorm, 1506-1566'. In: I. Schöffer e.a. (red.), *De Lage Landen van 1500 tot 1780.* Amsterdam (1991, 5e druk (eerste druk 1978)) p. 38-101

Baelde & Van Peteghem (1976) M. Baelde en P. Van Peteghem, 'De pacificatie van Gent (1576)'. In: L. de Poorter (red.), *Opstand en pacificatie in de Lage Landen.* Gent (1976) p. 1-62

Baillet (1986) Lina Baillet, 'Schwendi, lecteur de Machiavel'. In: *Revue d'Alsace* 112 (1986) p. 119-197

Bakhuizen van den Brink (1941) J.N. Bakhuizen van den Brink, 'Het convent te Frankfort 27-28 september 1577 en de Harmonia Confessionum'. In: *Nederlandsch Archief voor Kerkgeschiedenis* 32 (1941) p. 235-280

Bakhuizen van den Brink (1844) R.C. Bakhuizen van den Brink, 'Andries Bourlette'. In: *De Gids* 8 (1844) p. 131-158, p. 175-191, p. 223-243

Bakhuizen van den Brink (1863a) R.C. Bakhuizen van den Brink, 'Hendrik van Brederode en Willem van Oranje in 1566-1567'. In: id., *Studiën en schetsen,* I. Amsterdam (1863) p. 87-236

Bakhuizen van den Brink (1863b) R.C. Bakhuizen van den Brink, 'Jacob van Wesenbeke, de publicist van den Nederlandschen opstand'. In: id. *Studiën en schetsen,* I. Amsterdam (1863) p. 255-281

Bakhuizen van den Brink (1863c) R.C. Bakhuizen van den Brink, 'De confessie van den moordenaar'. In: id., *Studiën en schetsen, I* (1863) p. 551-593

Bartstra (1933) J.S. Bartstra, 'Oranje als rebellenleider in Holland en Zeeland (1572-1576)'. In: P. Geyl (red.), *Wilhelmus van Nassouwe.* Middelburg (1933) p. 110-144

Baudouin (1985) Frans Baudouin, '1585: de val van Antwerpen, ook een belangrijke datum voor de kunstgeschiedenis der Nederlanden'. In: G. Verbeke (red.), *Herdenking Willem van Oranje 1584-1984, Brussel, 12 oktober 1984*. Brussel (1985) p. 87-103

Beauvois (1882) Eugène Beauvois, *Un agent politique de Charles-Quint. Le Bourguignon Claude Bouton, seigneur de Corberon*. Parijs (1882)

Becker (1955) Emil Becker, 'Beiträge zur Geschichte Graf Wilhelms des Reichen von Nassau-Dillenburg (1487-1559)'. In: *Nassauische Annalen* 66 (1955) p. 133-159

Becker (1986) Jochen Becker, 'Een tropheum zeer groot? Zu Marcus Gheeraerts Porträt von Willem van Oranje als St. Georg'. In: *Bulletin van het Rijksmuseum* 34 (1986), 1, p. 3-36

Belting (2002) Hans Belting, *Hieronymus Bosch. Garden of Earthly Delights*. München (2002)

Berckmans (1977-1979) Olivier Berckmans, 'Mariembourg et Philippeville, villes neuves et fortes de la Renaissance'. In: *Bulletin de la Commission Royale des Monuments et des Sites* 6 (1977) p. 67-85 en 8 (1979) p. 107-138

Bergsma (1983) W. Bergsma, *Aggaeus van Albada (c. 1525-1587), schwenckfeldiaan, staatsman en strijder voor verdraagzaamheid*. Meppel (1983)

Bergsma (1984) W. Bergsma, 'Zestiende-eeuwse godsdienstige pluriformiteit. Overwegingen naar aanleiding van Abel Eppens'. In: M.G. Buist e.a. (red.), *Historisch bewogen. Opstellen over de radicale reformatie in de 16e en 17e eeuw*. Groningen (1984) p. 9-30

Bergsma (1987-1988) W. Bergsma, 'Marnix en de Schwenckfeldianen. Enige algemene opmerkingen'. In: *Doopsgezinde Bijdragen* 12-13 (1987-1988) p. 56-70

Van Berkel (1981) K. van Berkel, 'Aggaeus de Albada en de crisis in de Opstand (1579-1587)'. In: *Bijdragen en Mededelingen betreffende de Geschiedenis der Nederlanden* 96 (1981) p. 1-25

Berkelbach van der Sprenkel (1946) J.W. Berkelbach van der Sprenkel, *Oranje en de vestiging van de Nederlandse staat*. Amsterdam (1946)

Bertrand (2006-2007) Pascal-François Bertrand, 'A New Method of Interpreting the Valois Tapestries, through a History of Catherine de Médicis'. In: *Studies in the Decorative Arts* 14 (2006-2007) p. 27-52

Beyen (2009) Marnix Beyen, 'Oranje. Kleur van eenheid en verdeeldheid'. In: Jo Tollebeek en Henk te Velde (red.), *Het geheugen van de Lage Landen*. Rekkem (2009) p. 181-187

Blaas (1984) P.B.M. Blaas, 'Tussen twee herdenkingsjaren (1884-1933). Het beeld van Willem van Oranje in de wetenschappelijke geschiedschrijving rond 1900'. In: E.O.G. Haitsma Mulier en A.E.M. Janssen (red.), *Willem van Oranje in de historie 1584-1984. Vier eeuwen beeldvorming en geschiedschrijving*. Utrecht (1984) p. 137-160

Blockmans (1988) Wim P. Blockmans, 'Alternatives to Monarchical Centralisation: the Great Tradition of Revolt in Flanders and Brabant'. In: H.G. Koenigsberger en Elisabeth Müller-Luckner (red.), *Republiken und Republikanismus im Europa der Frühen Neuzeit*. München (1988) p. 145-154

Blockmans (2001) Wim Blockmans, *Keizer Karel V 1500-1558. De utopie van het keizerschap*. Leuven-Amsterdam (2001)

Blockmans (2020) Wim Blockmans, *Medezeggenschap. Politieke participatie in Europa vóór 1800*. Amsterdam (2020)

Blockmans & Van Peteghem (1976) W.P. Blockmans en P. Van Peteghem, 'De Pacificatie van Gent als uiting van kontinuïteit in de politieke opvattingen van de standenvertegenwoordiging'. In: *Tijdschrift voor Geschiedenis* 89 (1976) p. 322-334

Blok (1891) P.J. Blok, *De slag op de Mookerheide, 14 april 1574*. Groningen (1891)

Blok (1905) P.J. Blok, 'De jeugd van prins Willem I'. In: F.J.L. Krämer e.a. (red.), *Je maintiendrai. Een boek over Nassau en Oranje* (2 dln.) Leiden (1905-1906) I, p. 126-136

Blok (1910) P.J. Blok, 'Aanteekeningen over "De Zwijger" en over het Wilhelmus'. In: *Bijdragen voor Vaderlandsche Geschiedenis en Oudheidkunde* 4e reeks 8 (1910) p. 440-447

Blok (1917) P.J. Blok, 'Prins Willem's Apologie'. In: *Bijdragen voor Vaderlandsche Geschiedenis en Oudheidkunde* 5e reeks 4 (1917) p. 259-286

Blok (1919-1920) P.J. Blok, *Willem de eerste, prins van Oranje* (2 dln.) Amsterdam (1919-1920)

Blok (1920) P.J. Blok, 'Brief van den Utrechtschen burgemeester Aernt Dircxsz. van Leijden over zijne zending naar den prins van Oranje (Antwerpen 26 februari 1579)'. In: *Bijdragen en Mededeelingen van het Historisch Genootschap* 41 (1920) p. 232-246

Blok (1926) P.J. Blok, 'Moordplan tegen Alva (october 1568)'. In: *Bijdragen voor Vaderlandsche Geschiedenis en Oudheidkunde,* 6e reeks 4 (1926) p. 1-8

De Bock (1960) Eug. De Bock, *Johan Baptist Houwaert*. Antwerpen (1960)

Boer (1952) C. Boer, *Hofpredikers van prins Willem van Oranje, Jean Taffin en Pierre Loyseleur de Villiers*. Den Haag (1952)

Bonger (1978) H. Bonger, *Leven en werk van D.V. Coornhert*. Amsterdam (1978)

Bonger (1989) H. Bonger, 'Prins Willem van Oranje en Coornhert'. In: H. Bonger e.a. (red.), *Dirck Volckertszoon Coornhert, dwars maar recht*. Zutphen (1989) p. 44-59

Van den Boogert & Kerkhoff (1993) Bob van den Boogert en Jacqueline Kerkhoff (red.), *Maria van Hongarije 1505-1558. Koningin tussen keizers en kunstenaars*. Zwolle (1993)

Boogman (1942) J.C. Boogman, 'De overgang van Gouda, Dordrecht, Leiden en Delft in de zomer van het jaar 1572'. In: *Tijdschrift voor Geschiedenis* 57 (1942) p. 81-112

Bos-Rops (1984) J.A.M.Y. Bos-Rops, 'De heerlijkheden van Willem van Oranje'. In: *Spiegel Historiael* 19 (1984) p. 187-194

Bostoen (1987) K.J.S. Bostoen, *Dichterschap en koopmanschap in de zestiende eeuw*. Deventer (1987)

Bostoen (1988) Karel Bostoen, 'Marnix en D'Heere in tegenspoed'. In: *Literatuur* 5 (1988) p. 11-19

Bostoen (1988-1989) Karel Bostoen, 'Christoffel Plantijn en Jan van Hout in 1583-1585. Opmerkingen naar aanleiding van hun vriendschap'. In: *De Gulden Passer* 66-67 (1988-1989) p. 61-85

Bostoen (1991) Karel Bostoen, 'De wetenschappelijke grondslag van de Nederlandse cultuurpolitiek: taal en letteren rondom Plantijn'. In: *De Gulden Passer* 69 (1991) p. 147-170

Bostoen (2009) Karel Bostoen, *Hart voor Leiden. Jan van Hout (1542-1609), stadssecretaris, dichter en vernieuwer.* Hilversum (2009)

Böttiger (1836) K.W. Böttiger, 'Wilhelms von Oranien Ehe mit Anna von Sachsen'. In: *Historisches Taschenbuch* (red. Friedrich von Raumer) 7 (1836) p. 79-174

Brandon (2014) Pepijn Brandon, 'Een "War and Society"-geschiedenis van de Tachtigjarige Oorlog'. In: *BMGN – Low Countries Historical Review* 129 (2014), nr. 3 p. 51-72

Braudel (1987-1990) Fernand Braudel, *Beschaving, economie en kapitalisme (15de-18de eeuw)* (vert. Eef Gratama e.a.) (3 dln.) Amsterdam (1987-1990)

Breen (1924) J.C. Breen, 'Het eerste bezoek van prins Willem I aan Amsterdam na de Alteratie van 1578'. In: *Jaarboek Amstelodamum* 21 (1924) p. 63-81

Van Bruaene (2007) Anne-Laure Van Bruaene, 'Spectacle and Spin for a Spurned Prince. Civic Strategies in the Entry Ceremonies of the Duke of Anjou in Antwerp, Bruges, and Ghent (1582)'. In: *Journal of Early Modern History* 11 (2007) p. 263-284

Bruch (1976) H. Bruch, 'Hoe kwamen de geuzen aan hun naam?' In: *Spiegel Historiael* 11 (1976) p. 655-660

Brugmans (1933) H. Brugmans, 'De broeders van den prins van Oranje'. In: G.L. de Vries Feyens e.a. (red.), *Prins Willem van Oranje 1533-1933*. Haarlem (1933) p. 216-234

Brugmans (1972-1973) H. Brugmans, *Geschiedenis van Amsterdam* (6 dln.) Utrecht-Antwerpen (1972-1973)

De Bruin (2008) Martine de Bruin, 'Een nóg ouder geuzenliedboek: signalement van de druk [1576-1577] met de oudst bekende Nederlandse Wilhelmustekst'. In: Louis Peter Grijp en Frank Willaert (red.), *De fiere nachtegaal. Het Nederlandse lied in de middeleeuwen*. Amsterdam (2008), p. 231-249

Brummel (1972) L. Brummel, *Twee ballingen 's lands tijdens onze opstand tegen Spanje. Hugo Blotius (1534-1608) / Emanuel van Meteren (1535-1612)*. Den Haag (1972)

Bücken & De Meûter (2019) Véronique Bücken en Ingrid De Meûter (red.), *Bernard van Orley*. Brussel (2019)

Buisman (1995-) J. Buisman, *Duizend jaar weer, wind en water in de Lage Landen.* Franeker (1995-)

Burke (1999) Peter Burke, 'Karel V (her)bekeken'. In: Hugo Soly (red.), *Karel V 1500-1558. De keizer en zijn tijd*. Antwerpen (1999) p. 393-475

Bussels (2002) Stijn Bussels, 'Hoe de hoogste machthebber in de Nederlanden een stroman wordt: de Brusselse intocht van aartshertog Matthias in 1578'. In: *Bijdragen tot de Geschiedenis* 85 (2002) p. 151-168

Buys (2009) Ruben Buys, *De kunst van het weldenken. Lekenfilosofie en volkstalig rationalisme in de Nederlanden (1550-1600)*. Amsterdam (2009)

Cannegieter & Van Dorsten-Timmerman (1986) Dorothee Cannegieter en Diederike van Dorsten-Timmerman, *Sir Philip Sidney 1554-1586*. Zutphen (1986)

Carton de Wiart (1945) Xavier Carton de Wiart, *La jeunesse du Taciturne 1533-1559*. Brussel (1945)

Cartwright (1913) Julia Cartwright, *Christina of Denmark, Duchess of Milan and Lorraine 1522-1590*. Londen (1913)

Cellarius (1968) Helmut Cellarius, 'Die Propagandatätigkeit Wilhelms von Oranien in Dillenburg 1568 im Dienste des niederländischen Aufstandes'. In: *Nassauische Annalen* 79 (1968) p. 120-148

Cellarius (1980) Helmut Cellarius, 'Adolf von Schaumburg und Claude Bouton, zwei Erzieher Wilhelms von Oranien'. In: *Nassauische Annalen* 91 (1980) p. 298-303

Cellarius (1981) Helmut Cellarius, 'Hugenotten und Nassau-Oranien. Nach einem zeitgenössischen Bild'. In: *Nassauische Annalen* 92 (1981) p. 67-74

Christin (1999) Olivier Christin, 'From Repression to Toleration: French Royal Policy in the Face of Protestantism'. In: Philip Benedict e.a. (red.), *Reformation, Revolt and Civil War in France and the Netherlands 1555-1585*. Amsterdam (1999) p. 201-214

Christin (2002) Olivier Christin. 'Lazarus von Schwendi: un "politique" allemand?' In: Thierry Wanegffelen (red.), *De Michel de l'Hospital à l'Édit de Nantes. Politique et religion face aux Églises*. Clermont-Ferrand (2002) p. 85-96

Coigneau (1980-1981) Dirk Coigneau, 'Calvinistische literatuur te Gent tot 1584'. In: *Jaarboek De Fonteine* (1980-1981) p. 145-166

Coigneau (1984) Dirk Coigneau, 'Literatuur en pennestrijd'. In: J. Decavele (red.), *Het eind van een rebelse droom*. Gent (1984) p. 89-102

Colie (1966) R.L. Colie, *Paradoxia epidemica. The Renaissance Tradition of Paradox*. Princeton (NJ) (1966)

Coopmans (1993) J.P.A. Coopmans, 'De huldigingsvoorwaarden voor Willem van Oranje van 1583. Een nieuw type gezagsovereenkomst'. In: Hugo Soly en René Vermeir (red.), *Beleid en bestuur in de oude Nederlanden*. Gent (1993) p. 49-64

Coopmans (1998) J.P.A. Coopmans, 'Willem van Oranje en de justitie'. In: B.C.M. Jacobs (red.), *Een rijk gerecht. Opstellen aangeboden aan prof. mr. P.L. Nève*. Nijmegen (1998) p. 59-95

Cornelissen (1933) J.D.M. Cornelissen, 'Medewerkers van den Prins'. In: G.L. de Vries Feijens e.a. (red.), *Prins Willem van Oranje 1533-1933*. Haarlem (1933) p. 235-253

Cosemans (1933) A. Cosemans, 'Antoon van Stralen, burgemeester van Antwerpen, commissaris der Staten-Generaal bij den aanvang der regeering van Philips II 1521-1568'. In: *Verslagen en Mededelingen der Koninklijke Vlaamsche Academie* (1933) p. 599-663

Coster (1933) H.P. Coster, 'De prins in zijn verhouding tot Groningen en Friesland'. In: G.L. de Vries Feyens e.a. (red.), *Prins Willem van Oranje 1533-1933* Haarlem (1933) p. 125-164

Craeybeckx (1962) J. Craeybeckx, 'Alva's tiende penning een mythe?' In: *Bijdragen en Mededelingen van het Historisch Genootschap* 76 (1962) p. 10-40

Crouzet (1990) Denis Crouzet, *Les guerriers de Dieu. La violence au temps des troubles de religion (vers 1525–vers 1610)* (2 dln.) Seyssel (1990)

Van Dam van Isselt (1933) W.E. van Dam van Isselt, 'De staatsman prins Willem I als krijgsoverste'. In: G.L. de Vries Feyens e.a. (red.), *Prins Willem van Oranje 1533-1933* Haarlem (1933) p. 25-84

Van Dam van Isselt (1935) W.E. van Dam van Isselt, 'De juiste plaats van het eerste gevecht uit den tachtigjarigen oorlog'. In: *Bijdragen voor Vaderlandsche Geschiedenis en Oudheidkunde* 7e reeks 5 (1935) p. 55-72

Dane (1950) K. Dane, *Willemstad. Historisch overzicht van stad en polder.* Klundert (1950)

Daussy (2002) Hugues Daussy, *Les Huguenots et le Roi. Le combat politique de Philippe Duplessis-Mornay (1572-1600).* Genève (2002)

Decavele (1980a) Johan Decavele, 'Tolerantie, de moeilijke weg van ideaal naar praktische erkenning'. In: *Apologie van Willem van Oranje, hertaling en evaluatie na vierhonderd jaar 1580-1980.* Tielt-Amsterdam (1980) p. 49-70

Decavele (1980b) J. Decavele, 'Biografie van Jakob de Somere.' In: *Apologie van Willem van Oranje, hertaling en evaluatie na vierhonderd jaar 1580-1980.* Tielt-Amsterdam (1980) p. 17-20

Decavele (1984a) J. Decavele, 'Gent, het "Genève" van Vlaanderen'. In: J. Decavele (red.), *Het eind van een rebelse droom.* Gent (1984) p. 32-62

Decavele (1984b) J. Decavele, 'De mislukking van Oranjes "democratische" politiek in Vlaanderen'. In: *Bijdragen en Mededelingen betreffende de Geschiedenis der Nederlanden* 99 (1984) p. 626-650

Decavele (1985) J. Decavele, 'Gent, calvinistisch en republikeins strijdcentrum in de Nederlandse opstand'. In: G. Verbeke (red.), *Herdenking Willem van Oranje 1584-1984, Brussel, 12 oktober 1984.* Brussel (1985) p. 65-86

Decavele (2004) Johan Decavele, *De eerste protestanten in de Lage Landen.* Leuven-Zwolle (2004)

Deen (2011) Femke Deen, 'Handwritten Propaganda. Letters and Pamphlets in Amsterdam during the Dutch Revolt (1572-1578)'. In: Femke Deen e.a. (red.), *Pamphlets and Politics in the Dutch Republic.* Leiden-Boston (2011), p. 207-226

Deen (2015) Femke Deen, *Publiek debat en propaganda in Amsterdam tijdens de Nederlandse Opstand. Amsterdam 'Moorddam' 1566-1578* Amsterdam (2015)

Deen (2018) Femke Deen, *Anna van Saksen. Verstoten bruid van Willem van Oranje.* Amsterdam-Antwerpen (2018)

Delaborde (1888) Jules Delaborde, *Charlotte de Bourbon, princesse d'Orange.* Parijs (1888)

Delaborde (1890) Jules Delaborde, *Louise de Coligny, princesse d'Orange* (2 dln.) Parijs (1890)

Delen (1989) M.A.D. Delen, 'Het overspel van Anna van Saksen en Jan Rubens herontdekt in de negentiende eeuw'. In: *Oranje-Nassau Museum Jaarboek* (1989) p. 5-40

Delen (2002) Marie-Ange Delen, *Het hof van Willem van Oranje.* Amsterdam z.j. [2002]

Demandt (1969) Karl E. Demandt, 'Wilhelm I von Nassau, Prinz von Oranien, und die Bedeutung und Stellung des Abfalles der Niederlande im Rahmen der europäischen Revolutionen'. In: *Nassauische Annalen* 68 (1969) p. 121-136

Demandt (1988-1989) Karl E. Demandt, 'Nassau-oranische Korrespondenzen 1553-1570'. In: *Hessisches Jahrbuch für Landesgeschichte* I: 38 (1988) p. 19-102; II: 39 (1989) p. 87-150

Derks (1933) K.J. Derks, 'Hoe "een liefhebber der waerheydt" over Willem van Oranje dacht'. In: *Historisch Tijdschrift* 12 (1933) p. 109-121

Dessert (2015) Daniel Dessert, *Les Montmorency. Mille ans au service des rois de France.* Parijs (2015)

Van Deursen (1984a) A.Th. van Deursen, 'Het geloof van Willem van Oranje'. In: *Neerlandia* 88 (1984) p. 153-155

Van Deursen (1984b) A.Th. van Deursen, 'Oranjeherdenking mislukt door onduidelijke mythevorming'. In: *De Nieuwe Rotterdamse Courant* (23 juli 1984) [herdrukt in: *Neerlandia* 88 (1984) 213-214]

Van Deursen & De Schepper (1984) A.Th. van Deursen en H. de Schepper, *Willem van Oranje, een strijd voor vrijheid en verdraagzaamheid.* Weesp-Tielt (1984)

Van Deursen (1995) A.Th. van Deursen, *Willem van Oranje. Een biografisch portret.* Amsterdam (1995)

Van Deursen (1996) A.Th. van Deursen, 'Tussen eenheid en zelfstandigheid. De toepassing van de Unie als fundamentele wet'. In: A.Th. van Deursen, *De hartslag van het leven.* Amsterdam (1996) p. 307-321

Van Deursen (2000) A.Th. van Deursen, *Maurits van Nassau. De winnaar die faalde.* Amsterdam (2000)

Van Deursen (2004) A.Th. van Deursen, *De last van veel geluk. De geschiedenis van Nederland, 1555-1702.* Amsterdam (2004)

Dierickx (1950) M. Dierickx, *De oprichting der nieuwe bisdommen in de Nederlanden onder Filips II 1559-1570.* Antwerpen-Utrecht (1950)

Dierickx (1964) M. Dierickx, 'Nieuwe gegevens over het bestuur van de hertog van Alva in de Nederlanden'. In: *Bijdragen voor de Geschiedenis der Nederlanden* 18 (1964) p. 167-192

Van Ditzhuyzen (1992) R.E. van Ditzhuyzen, *Oranje-Nassau. Een biografisch woordenboek.* Haarlem (1992)

Doedens (1997) L.L. Doedens, '"The Day the Nation Was Born." The Battle of Heiligerlee, 1568'. In: Marco van der Hoeven (ed.), *Exercise of Arms. Warfare in the Netherlands, 1568-1648.* Leiden-New York-Keulen (1997) p. 57-67

Doedens & Houter (2018) Anne Doedens en Jan Houter, *De watergeuzen. Een vergeten geschiedenis, 1568-1575.* Zutphen (2018)

Domarus (1931) M. Domarus, 'Schloss Dillenburg, die Stammburg der Nassau-Oranier'. In: *Jaarverslag van de Vereeniging Oranje-Nassau Museum* (1931) p. 21-40

Dönges (1909) Carl Dönges, *Wilhelm der Schweiger und Nassau-Dillenburg. Beiträge zu den Beziehungen des Oraniers zu seinen Stammlanden.* Dillenburg (1909)

Dorren (1998) Gabrielle Dorren, 'Lorenzo de Villavicencio en Alonso del Canto. Twee Spaanse informanten over de Nederlandse elite (1564-1566)'. In: *Tijdschrift voor Geschiedenis* 111 (1998) p. 352-376

Van Dorsten (1962) J.A. van Dorsten, *Poets, Patrons, and Professors. Sir Philip Sidney, Daniel Rogers and the Leiden Humanists.* Leiden-Londen (1962)

Van Dorsten (1973) J.A. van Dorsten, *The Radical Arts. First Decade of an Elizabethan Renaissance.* Leiden (1973, 2e druk)

Van Dorsten (1976) J.A. van Dorsten, 'Temporis filia veritas: wetenschap en religievrede'. In: *Tijdschrift voor Geschiedenis* 89 (1976) p. 413-419

Van Dorsten (1988) J.A. van Dorsten, 'Sidney and Languet'. In: J.A. van Dorsten, *The Anglo-Dutch Renaissance. Seven Essays.* Leiden (1988) p. 21-27

Van Driel (1979) W.W. van Driel, 'Het cartularium van Arend van Dorp'. In: *Nederlandsch Archievenblad* 82 (1979) 233-242

Duke (1996) Alastair Duke, 'De calvinisten en de "paapse beeldendienst". De denkwereld van de beeldenstormers in 1566'. In: M. Bruggeman e.a., *Mensen van de Nieuwe Tijd*. Amsterdam (1996) p. 29-45

Duke (1999) Alastair Duke, 'Dissident Propaganda and Political Organization at the Outbreak of the Revolt in the Netherlands'. In: Philip Benedict e.a. (red.), *Reformation, Revolt and Civil War in France and the Netherlands 1555-1585*. Amsterdam (1999) p. 115-132

Duke (2003a) Alastair Duke, 'The Ambivalent Face of Calvinism in the Netherlands, 1561-1618'. In: id., *Reformation and Revolt in the Low Countries*. Londen (2003) p. 269-293

Duke (2003b) Alastair Duke, 'Salvation by Coercion: The Controversy Surrounding the "Inquisition" in the Low Countries on the Eve of the Revolt'. In: id., *Reformation and Revolt in the Low Countries*. Londen (2003) p. 152-174

Duke (2003c) Alastair Duke, 'Posters, Pamphlets and Prints. The Ways and Means of Disseminating Dissident Opinions on the Eve of the Dutch Revolt'. In: *Dutch Crossing* 27 (2003) p. 23-44

Duke (2003d) Alastair Duke, 'From King and Country to King or Country? Loyalty and Treason in the Revolt of the Netherlands'. In: id., *Reformation and Revolt in the Low Countries*. Londen (2003) p. 175-197

Duke (2004) Alastair Duke, 'The Elusive Netherlands. The Question of National Identity in the Early Modern Low Countries on the Eve of the Revolt'. In: *Bijdragen en Mededelingen betreffende de Geschiedenis der Nederlanden* 119 (2004) p. 10-38

Duke (2009) Alastair Duke, 'In Defence of the Common Fatherland: Patriotism and Liberty in the Low Countries, 1555-1576'. In: id., *Dissident Identities in the Early Modern Low Countries*. Farnham (2009) p. 57-76

Duke (2016) Alastair Duke, 'Willem van Oranje en de reformatie, 1559-1567: omgaan met religieuze diversiteit'. In: Ger Luijten (red.), *Liberté & tolérance. Een sculptuur van Willem van Oranje in Parijs*. Parijs (2016) p. 46-81

Duke & Jones (2003) A.C. Duke en R.L. Jones, 'Towards a Reformed Polity in Holland, 1572-1578'. In: Alastair Duke, *Reformation and Revolt in the Low Countries*. Londen (2003) p. 199-226

Dumont (1952) Georges H. Dumont, *La vie aventureuse d'Antoine van Bomberghen*. Antwerpen (1952)

Van Durme (1953) M. van Durme, *Antoon Perrenot, bisschop van Atrecht, kardinaal van Granvelle, minister van Karel v en van Filips II (1517-1586)*. Brussel (1953)

Ebben (2009) Maurits Ebben, *Winnaars en verliezers. Kerkelijke goederen en het beleg en ontzet van Leiden* (3 Oktoberlezing). Leiden (2009)

Eekhof (1933) A. Eekhof, 'De drie phasen in de godsdienstige ontwikkeling van Prins Willem van Oranje'. In: *Stemmen des Tijds* 22 (1933) 1, p. 264-300

Eekhout (2007) Marianne Eekhout, 'Leven tussen hoop en vrees. Het belang van het nieuws tijdens de belegeringen van Haarlem en Leiden (1572-1574)'. In: *Tijdschrift voor Mediageschiedenis* 10 (2007) p. 4-22

Eiermann (1904) Adolf Eiermann, *Studien zu Lazarus von Schwendi* I. Amorbach (1904)

Eire (1986) Carlos M.N. Eire, *War Against the Idols.* Cambridge (1986)

Erbe (1978) Michael Erbe, *François Bauduin (1520-1573) Biographie eines Humanisten.* Gütersloh (1978)

Van der Essen (1933-1937) Léon van der Essen, *Alexandre Farnèse* (5 dln.) Brussel (1933-1937)

Van der Essen (1953) L. van der Essen, 'De raadsheer d'Assonville en zijn houding betreffende vrede en vredehandel met de Nederlandse "rebellen" in de jaren 1578 en 1579'. In: *Bijdragen en Mededelingen betreffende de Geschiedenis der Nederlanden* 7 (1953) p. 183-197

Ex & Scholten (2001) Nicole Ex en Frits Scholten, *De prins en De Keyser. Restauratie en geschiedenis van het grafmonument voor Willem van Oranje.* Bussum (2001)

Eyffinger (1982) A. Eyffinger, 'De portretten van prins Willem van Oranje en Charlotte de Bourbon door Hendrick Goltzius'. In: *Jaarboek Vereniging Oranje-Nassau Museum* (1982) p. 35-46

Fagel (1996) Raymond Fagel, *De Hispano-Vlaamse wereld. De contacten tussen Spanjaarden en Nederlanders 1496-1555.* Brussel-Nijmegen (1996)

Fagel (1999) R.P. Fagel, [recensie van H. Klink, *Opstand, politiek en religie bij Willem van Oranje 1559-1598*]. In: *Bijdragen en Mededelingen betreffende de Geschiedenis der Nederlanden* 114 (1999) p. 264-267

Fagel (2011) Raymond Fagel, *Kapitein Julián. De Spaanse held van de Nederlandse Opstand.* Hilversum (2011)

Fagel e.a. (2021) Raymond Fagel, Beatriz Santiago Belmonte en Leonor Álvarez Francés, 'Eer en schuld. Heiligerlee en Jemmingen in Spaanse ogen'. In: Sietse van der Hoek (red.), *Heiligerlee. Strijd in een landschap van glorie en nederlaag.* Scheemda (2021) p. 79-89

Febvre (1912) Lucien Febvre, *Philippe II et la Franche-Comté.* Parijs (1912)

Flament (1922) A.J.L. Flament, 'De laatste levensjaren van Willem II van der Marck-Arenberg, heer van Lummen enz. (Lumey) 1574-1578'. In: *Bijdragen voor Vaderlandsche Geschiedenis en Oudheidkunde*, 5e reeks 9 (1922) p. 286-290

De la Fontaine Verwey (1954) H. de la Fontaine Verwey, 'Trois hérésiarques dans les Pays-Bas du XVIe siècle'. In: *Bibliothèque d'Humanisme et Renaissance* 16 (1954) p. 312-330

De la Fontaine Verwey (1958a) H. de la Fontaine Verwey, 'Le rôle d'Henri de Brederode et la situation juridique de Vianen pendant l'insurrection des Pays Bas'. In: *Revue du Nord* 40 (1958) p. 297-302

De la Fontaine Verwey (1958b) H. de la Fontaine Verwey, 'Over enige boeken te Vianen gedrukt tijdens het "Voorspel"'. In: *Opstellen door vrienden en collega's aangeboden aan Dr. F.K.H. Kossmann ter gelegenheid van zijn vijf en zestigste verjaardag en van zijn afscheid als bibliothecaris der gemeente Rotterdam.* Den Haag (1958) p. 20-34

De la Fontaine Verwey (1975a) H. de la Fontaine Verwey, 'Het Huis der Liefde en zijn publicaties'. In: id., *Humanisten, dwepers en rebellen in de zestiende eeuw. Uit de wereld van het boek,* I. Amsterdam (1975) p. 103-137

De la Fontaine Verwey (1975b) H. de la Fontaine Verwey, 'De Blijde Inkomste en de opstand tegen Philips II'. In: id., *Humanisten, dwepers en rebellen in de zestiende eeuw. Uit de wereld van het boek*, I (Amsterdam (1975) p. 139-157

De la Fontaine Verwey (1980a) Herman de la Fontaine Verwey, 'Parijse banden van Willem van Oranje'. In: A.R.A. Croiset van Uchelen (red.), *Hellinga Festschrift/ Feestbundel/Mélanges*. Amsterdam (1980) p. 179-192

De la Fontaine Verwey (1980b) H. de la Fontaine Verwey, 'De geschiedenis van Guicciardini's Beschrijving der Nederlanden'. In: id., *Drukkers, liefhebbers en piraten in de zeventiende eeuw. Uit de wereld van het boek*, II. Amsterdam (1980) p. 9-31

Van Foreest (2010) Nanning van Foreest, *Kort verhaal van het beleg van Alkmaar. Een ooggetuigeverslag.* (ed. H.F.K. van Nierop en M. Joustra). Alkmaar (2010, 2e druk)

Frederickx & Van Hal (2015) Eddy Frederickx en Toon van Hal, *Johannes Goropius Becanus (1519-1573). Brabants arts en taalfanaat.* Hilversum (2015)

Free (1997) Coen Free, *Willem van Oranje, 's-Hertogenbosch en de dichter van het Wilhelmus* 's-Hertogenbosch (1997)

Freedberg (2012) David Freedberg, 'Art After Iconoclasm. Painting in the Netherlands between 1566 and 1585'. In: Koenraad Jonckheere en Ruben Suykerbuyk (red.), *Art after Iconoclasm. Painting in the Netherlands between 1566 and 1585.* Turnhout (2012) p. 21-49

Frijhoff (2001) Willem Frijhoff, 'Marnix over de opvoeding'. In: Henk Duits en Ton van Strien (red.), *Een intellectuele activist. Studies over leven en werk van Philips van Marnix van Sint Aldegonde.* Hilversum (2001) p. 59-75

Frijhoff & Prak (2004) Willem Frijhoff en Maarten Prak (red.), *Geschiedenis van Amsterdam* II,1. *Centrum van de wereld 1578-1650.* Amsterdam (2004)

Fruin (1892) R. Fruin, 'Gedenkschrift van Don Sancho de Londoño over de krijgsbedrijven van 1568 in de Nederlanden'. In: *Bijdragen en Mededelingen van het Historisch Genootschap* 13 (1892) p. 1-93

Fruin (1900a) Robert Fruin, 'Het voorspel van den Tachtigjarige Oorlog'. In: id., *Verspreide geschriften*, I. Den Haag (1900) p. 266-449

Fruin (1900b) Robert Fruin, 'Prins Willem I in het jaar 1570'. In: id., *Verspreide geschriften*, II. Den Haag (1900) p. 111-166

Fruin (1900c) Robert Fruin, 'De Gorcumsche martelaren'. In: id., *Verspreide geschriften*, II. Den Haag (1900) p. 277-335

Fruin (1900d) Robert Fruin, 'Nederland in 1571 betrokken in de politiek der groote mogendheden'. In: id., *Verspreide geschriften*, II. Den Haag (1900) p. 167-210

Fruin (1903a) Robert Fruin, 'Een commissieboek van prins Willem I'. In: id., *Verspreide geschriften*, VII. Den Haag (1903) p. 141-151

Fruin (1903b) Robert Fruin, 'Willem de Zwijger'. In: id., *Verspreide geschriften* VIII. Den Haag (1903) p. 404-409

Funnekotter (2006) Bart Funnekotter, 'Willem van Oranje las graag romans' en 'De smaak van een volmaakte hoveling'. In: *NRC Handelsblad*, 29 juni 2006

Funnekotter & Sanders (2012) Bart Funnekotter en Ewoud Sanders, 'Willem van Oranje was op slag dood'. In: *NRC Handelsblad*, 2 april 2012 (met vervolgbericht 'De Zwijger was niet gelijk dood, en hij sprak', in: id. 17 april 2012, en een ingezonden brief van C.J.L. Kloos, in: id., 21/22 april 2012)

Gachard (1851) L.P. Gachard, 'Expédition de Guillaume le Taciturne dans les Pays-Bas en 1572'. In: *Bulletin de l'Academie Royale des Sciences et Belles Lettres de Bruxelles* 18, 1 (1851) p. 621-631

Gachard (1853) L.P. Gachard, 'Sur les négociations secrètes qui furent tentées avec le prince d'Orange, au Congrès de Cologne, en 1579'. In: *Bulletin de l'Academie Royale des Sciences et Belles Lettres de Bruxelles* 20, 1 (1853) p. 69-82

Gaulain e.a. (2018) Pascal Gaulain e.a. (red.), *Charlemont, 5 siècles d'histoire*. Cahier hors série *Ardenne wallonne* (juli 2018)

Geevers (2008) Liesbeth Geevers, *Gevallen vazallen. De integratie van Oranje, Egmont en Horn in de Spaans-Habsburgse monarchie (1559-1567)*. Amsterdam (2008)

Geevers (2010) Liesbeth Geevers, 'Family Matters: William of Orange and the Habsburgs after the Abdication of Charles v (1555-1567)'. In: *Renaissance Quarterly* 63 (2010) 459-490

Geevers (2011) L. Geevers, 'Being Nassau: Nassau Family Histories and Dutch National Identity from 1541 to 1616'. In: *Dutch Crossing* 35 (2011) p. 4-19

Van Gelder (1933a) H.A. Enno van Gelder, 'De religieuze ontwikkeling bij de prins van Oranje tot 1572'. In: *Nieuw Theologisch Tijdschrift* 22 (1933) 101-148

Van Gelder (1933b) H.A. Enno van Gelder, 'Het streven van prins Willem van Oranje 1568-1572'. In: *De Gids* 97 (1933) p. 153-189

Van Gelder (1936) H.A. Enno van Gelder, 'Bailleul, Bronkhorst, Brederode'. In: *De Gids* 100 (1936) p. 204-220, p. 348-375

Van Gelder (1939) H.A. Enno van Gelder, 'De oorzaken der scheiding van de Noordelijke en Zuidelijke Nederlanden in de 16e eeuw'. In: *Bijdragen voor Vaderlandsche Geschiedenis en Oudheidkunde* 7e reeks 10 (1939) p. 145-158

Gelderblom (2000) Oscar Gelderblom, *Zuid-Nederlandse kooplieden en de opkomst van de Amsterdamse stapelmarkt (1578-1630)*. Hilversum (2000)

Van Gelderen (1990) Martin van Gelderen, 'The Machiavellian Moment and the Dutch revolt: the Rise of Neostoicism and Dutch Republicanism'. In: Gisela Bock e.a. (red.), *Machiavelli and Republicanism*. Cambridge (1990) p. 205-223

Van Gelderen (1991) Martin van Gelderen, *Op zoek naar de Republiek. Politiek denken tijdens de Nederlandse Opstand (1555-1590)*. Hilversum (1991)

Van Gelderen (1992) Martin van Gelderen, *The Political Thought of the Dutch Revolt 1555-1590*. Cambridge (1992)

Gerlo (1985) A. Gerlo, 'Oranje en Marnix'. In: G. Verbeke (red.), *Herdenking Willem van Oranje 1584-1984, Brussel, 12 oktober 1984*. Brussel (1985) p. 17-27

Geurts (1956) P.A.M. Geurts, *De Nederlandse Opstand in de pamfletten 1566-1584*. Nijmegen (1956)

Geurts (1968) P.A.M. Geurts, 'De graaf van Horne, Filips van Montmorency 1524-1568'. In: *Spiegel der Historie* 3 (1968) 105-144 [nummering brochureversie, z.p.: p. 1-40]

Gibson (2006) Walter S. Gibson, *Pieter Bruegel and the Art of Laughter*. Berkeley-Los Angeles-Londen (2006)

Glawischnig (1973) Rolf Glawischnig, *Niederlande, Kalvinismus und Reichsgrafenstand 1559-1584. Nassau-Dillenburg unter Graf Johann VI*. Marburg (1973)

Glotz (2003) Samuel Glotz, *De Marie de Hongrie aux Gilles de Binche. Une double réalité, historique et mythique: introduction critique aux* Triomphes *de Binche célébrés du 22 au 31 août 1549*. Brussel (2003, eerste uitgave 1995)

González de León & Parker (2001) Fernando González de León en Geoffrey Parker, 'The Grand Strategy of Philip II and the Revolt of the Netherlands'. In: Graham Darby (red.), *The Origins and Development of the Dutch Revolt.* Londen-New York (2001) p. 107-132

Van Goor (1744) Thomas Ernst van Goor, *Beschryving der stadt en lande van Breda.* Den Haag (1744)

Gorter-van Royen (1995) Laetitia V.G. Gorter-van Royen, *Maria van Hongarije, regentes der Nederlanden. Een politieke analyse op basis van haar regentschapsordonnanties en haar correspondenties met Karel v.* Hilversum (1995)

Gossart (1896) Ernest Gossart, *Charles-Quint et Philippe II. Étude sur les origines de la préponderance politique de L'Espagne en Europe.* Brussel (1896)

De Graaf (2004) Ronald de Graaf, *Oorlog, mijn arme schapen. Een andere kijk op de Tachtigjarige Oorlog, 1565-1648.* Franeker (2004)

De Graaf (2018) Ronald de Graaf, *De prins. Willem van Oranje, 1533-1584.* Elburg (2018)

Grapperhaus (1984) Ferdinand H.M. Grapperhaus, *Alva en de tiende penning.* Zutphen (1984)

Grafton (1990) Anthony Grafton, *Forgers and Critics, Creativity and Duplicity in Western Scholarship.* Princeton (1990)

Grijp (1997) Louis Peter Grijp, 'Zingend de dood in'. In: Frank Willaert (red.), *Veelderhande liedekens. Studies over het Nederlandse lied tot 1600.* Leuven (1997) p. 118-148

Grijzenhout (1999) Frans Grijzenhout, 'De verbeelding van de Vrijheid in de Nederlandse kunst, 1570-1870'. In: E.O.G. Haitsma Mulier en W.R.E. Velema (red.), *Vrijheid. Een geschiedenis van de vijftiende tot de twintigste eeuw.* Amsterdam (1999) p. 253-285

Groen e.a. (2013) Petra Groen e.a., *De Tachtigjarige Oorlog. Van opstand naar geregelde oorlog 1568-1648.* Amsterdam (2013)

Groenveld (1980) S. Groenveld, 'Natie en nationaal gevoel in de zestiende-eeuwse Nederlanden'. In: *Nederlands Archievenblad* 84 (1980) p. 372-387

Groenveld (1981) S. Groenveld, 'Beeldvorming en realiteit. Geschiedschrijving en achtergronden van de Nederlandse Opstand tegen Filips II'. In: P.A.M. Geurts en A.E.M. Janssen (red.), *Geschiedschrijving in Nederland,* II. Den Haag (1981) p. 55-84

Groenveld (1984) S. Groenveld, 'Prins Willem van Oranje – een gematigd opstandeling'. In: *Jaarboek Oranje-Nassau Museum* (1984) p. 118-131

Groenveld (1999) Simon Groenveld, '"Natie" en "patria" bij zestiende-eeuwse Nederlanders'. In: N.C.F. van Sas (red.), *Vaderland. Een geschiedenis vanaf de vijftiende eeuw tot 1940.* Amsterdam (1999) p. 55-81

Groenveld (2001) S. Groenveld, 'Spiegel van de tijd. Het huwelijk van Willem van Oranje en Anna van Egmont-Buren (1551), geplaatst in het kader van de Habsburgse adelspolitiek'. In: *Jaarboek Oranje-Nassau Museum* (2001) p. 7-23

Groenveld (2003) S. Groenveld, 'Filips van Montmorency, graaf van Horn (1524-1568). Een Habsburgs edelman tussen vorstenmacht en verzet'. In: *Publications de la Société Historique et Archéologique dans le Limbourg* 139 (2003) p. 39-99

Groenveld e.a. (2008) S. Groenveld, H.L.Ph. Leeuwenberg, M.E.H.N. Mout en

W.M. Zappey, *De Tachtigjarige Oorlog. Opstand en consolidatie in de Nederlanden (ca. 1560-1650)*. Zutphen (2008)

Groenveld (2009) Simon Groenveld, 'De Oranjes als markiezen van Veere. Hun politieke invloed in Zeeland en de stad Veere 1581-1702'. In: P. Blom e.a. (red.), *Borsele Bourgondië Oranje. Heren en markiezen van Veere en Vlissingen 1400-1700*. Hilversum (2009) p. 105-152

Groenveld (2018a) S. Groenveld, 'De Tachtigjarige Oorlog: een progressieve revolutie'. In: id., *Facetten van de Tachtigjarige Oorlog. Twaalf artikelen over de periode 1559-1652*. Hilversum (2018) p. 13-30

Groenveld (2018b) S. Groenveld, '*Verlatinge* en de erkenning van een nieuwe staat'. In: id., *Facetten van de Tachtigjarige Oorlog. Twaalf artikelen over de periode 1559-1652*. Hilversum (2018) p. 183-205

Groenveld (2018c) S. Groenveld, '"Van vyanden und vrienden bedroevet". De gevolgen van het beleg van Leiden voor de omgeving van de stad'. In: id., *Facetten van de Tachtigjarige Oorlog. Twaalf artikelen over de periode 1559-1652*. Hilversum (2018) p. 107-134

Groenveld (2018d) S. Groenveld, '"Een notable frontiere." Breda en zijn regenten in het spanningsveld tussen Noord en Zuid, 1576-1610'. In: id., *Facetten van de Tachtigjarige Oorlog. Twaalf artikelen over de periode 1559-1652*. Hilversum (2018) p. 157-182

Grunebaum-Ballin (1968) P. Grunebaum-Ballin, *Joseph Naci, duc de Naxos*. Parijs-Den Haag (1968)

Haitsma Mulier (1984) E.O.G. Haitsma Mulier, 'Willem van Oranje in de historiografie van de zeventiende eeuw'. In: E.O.G. Haitsma Mulier en A.E.M. Janssen (red.), *Willem van Oranje in de historie 1584-1984. Vier eeuwen beeldvorming en geschiedschrijving*. Utrecht (1984) p. 32-62

Hallema (1934) A. Hallema, 'Antwerpen en de prins van Oranje in 1577. "Wellecom" en "Adieu" der Antwerpsche Rederijkerskamer'. In: *Stemmen des Tijds* 23 (1934) 11, p. 66-73

Hamilton (1977) Alastair Hamilton, 'Hiël and the Hiëlists: the Doctrine and Followers of Hendrik Jansen van Barrefelt'. In: *Quaerendo* 7 (1977) p. 243-286

Hamilton (1981) Alastair Hamilton, *The Family of Love*. Cambridge (1981)

Harline & Put (2000) Craig Harline en Eddy Put, *A Bishop's Tale. Mathias Hovius Among His Flock in Seventeenth-Century Flanders*. New Haven-Londen (2000)

't Hart (2000) Marjolein 't Hart, 'The Dutch Revolt 1566-81: A National Revolution?' In: David Parker (red.), *Revolutions and the Revolutionary Tradition in the West 1560-1991*. Londen (2000) p. 15-33

Haslinghuis (1933) E.J. Haslinghuis, 'Hofstaat en hofleven van prins Willem I'. In: G.L. de Vries Feyens e.a. (red.), *Prins Willem van Oranje 1533-1933*. Haarlem (1933) p. 269-288

Hatzfeld (1953) Ludwig Hatzfeld, *Die nassauischen Voraussetzungen der niederländischen Rebellion von 1568* (diss.) Marburg a.d. Lahn (1953)

Hatzfeld (1955) Lutz Hatzfeld, 'Wilhelm Knüttel †1566'. In: *Nassauische Lebensbilder* 5 (1955) p. 21-34

Hatzfeld (1957) Lutz Hatzfeld, 'Königsheil und Prädestination. Zur Leistung der

Nassauer in der Ideengeschichte des 16. Jahrhunderts'. In: *Nassauische Annalen* 68 (1957) p. 107-126

Heckmann (1934) K. Heckmann, 'Graf Ludwig der Ältere von Wittgenstein und Prinz Wilhelm von Oranien, der Befreier der Niederlande'. In: *Bijdragen voor Vaderlandsche Geschiedenis en Oudheidkunde* 7e reeks 4 (1934) p. 23-28

Heesakkers & Reinders (1993) Chris L. Heesakkers en Wilma M.S. Reinders, *Genoeglijk bovenal zijn mij de Muzen. De Leidse Neolatijnse dichter Janus Dousa (1545-1604)*. Leiden (1993)

Heezen-Stoll (1990) Barbara Heezen-Stoll, 'Le prince nifortune. Overwegingen met betrekking tot François de Valois en de Valoistapijten, zijn relaties met de Nederlanden en Engeland'. In: *De Zeventiende Eeuw* 6, 2 (1990) p. 1-40

Heiler (1938) Carl Heiler, 'Von der Frühzeit der Reformation am Hofe und in der Grafschaft Wilhelms des Reichen, Grafen von Nassau-Dillenburg'. In: *Nassauische Annalen* 58 (1938) p. 69-86

Van Herwerden (1932) P.J. van Herwerden, *Het verblijf van Lodewijk van Nassau in Frankrijk*. Assen (1932)

Van Herwerden (1938) P.J. van Herwerden, 'Oranje, Noord-Europa en de Watergeuzen'. In: *Bijdragen voor Vaderlandsche Geschiedenis en Oudheidkunde* 7e reeks 9 (1938) p. 211-219

Van Herwerden (1939) P.J. van Herwerden, *Lodewijk van Nassau. Een leven gewijd aan de Nederlanden*. Assen (1939)

Hettema (1926) H. Hettema, 'De route van prins Willem in 1568'. In: *Bijdragen voor Vaderlandsche Geschiedenis en Oudheidkunde* 6e reeks 3 (1926) p. 1-36, p. 312

Hettema (1928) H. Hettema, 'Ligt Daelhem, waar de troepen van De Villers in 1568 verslagen werden, in België of elders?' In: *Bijdragen voor Vaderlandsche Geschiedenis en Oudheidkunde* 6e reeks 6 (1928) p. 149-152

Van den Heuvel (1991) Charles van den Heuvel, *'Papiere bolwercken'. De introductie van de Italiaanse stede- en vestingbouw in de Nederlanden (1540-1609) en het gebruik van tekeningen*. Alphen aan den Rijn (1991)

Heymans (2014) Vincent Heymans (red.), *Het Coudenbergpaleis te Brussel. Van middeleeuws kasteel tot archeologische site*. Kortrijk (2014)

Hibben (1983) C.C. Hibben, *Gouda in Revolt. Particularism and Pacifism in the Revolt of the Netherlands 1572-1588*. Utrecht (1983)

Hofman (1888) J.H. Hofman, 'Huldiging van prins Willem den Eerste, als heer van IJsselstein'. In: *Bijdragen voor Vaderlandsche Geschiedenis en Oudheidkunde* 3e reeks 4 (1888) p. 221-226

Hofmann (1994) Henning Hofmann, 'Die Grafen von Nassau im 11.-15. Jahrhundert. Werden von Burg und Residenzschloss Dillenburg'. In: Erhard Ossner e.a. (red.). *Dillenburg 1334-1994. 650 Jahre Stadtgeschichte*. Dillenburg (1994) p. 17-33

Holt (1986) Mack P. Holt, *The Duke of Anjou and the Politique Struggle during the Wars of Religion*. Cambridge (1986)

Horden (1952) P. Horden, 'Willem van Oranje en Vianen'. In: *Tijdschrift voor Geschiedenis* 65 (1952) p. 213

Horst (2003) Daniel R. Horst, *De Opstand in zwart-wit. Propagandaprenten uit de Nederlandse Opstand (1566-1584)*. Zutphen (2003)

Houtzager (1978) H.L. Houtzager, 'Twee consilia van Andreas Vesalius'. In: *Medisch Contact* 33 (1978) p. 1264-1266

Houtzager (1984) H.L. Houtzager, 'Enkele medici rond de prins van Oranje en het postmortale onderzoek van de prins'. In: *Jaarboek van de Vereniging Oranje-Nassau Museum* (1984) p. 84-101

Houtzager (1989) H.L. Houtzager, 'Pieter van Foreest, lijfarts van de prins van Oranje'. In: H.L. Houtzager (red.), *Pieter van Foreest. Een Hollands medicus in de zestiende eeuw.* Amsterdam-Atlanta (1989) p. 73-96

Huet & Grieten (2011) Leen Huet en Jan Grieten, *Nicolaas Rockox 1560-1640. Burgemeester van de Gouden Eeuw.* Antwerpen (2011)

Huidekoper (1984) Ellen Huidekoper, 'Willem van Oranje: verdraagzaamheid in 16e-eeuws perspectief'. In: *Utrechtse Historische Cahiers* 5, 2/3 (1984) p. 1-36

Huijsen (2012) Coos Huijsen, *Nederland en het verhaal van Oranje.* Amsterdam (2012)

Huizinga (1933) J. Huizinga, 'Uitzichten: 1533, 1584'. In: *De Gids* 97 (1933) p. 136-152

Van Hulzen (1937) A. van Hulzen, 'De tocht van Toulouse naar Walcheren'. In: *Tijdschrift voor Geschiedenis* 52 (1937) p. 53-60

Van Hulzen (1995) A. van Hulzen, *De Grote Geus en het falende driemanschap.* Hilversum (1995)

Hume (1892) Martin A.S. Hume, 'The Visit of Philip II'. In: *The English Historical Review* VII (1892) p. 253-280

Hummelen (1998) W.M.H. Hummelen, '"Veele huyskens daer De Retoryck op was." Stellages van rederijkerskamers bij Blijde Inkomsten'. In: *Nederlands Kunsthistorisch Jaarboek/Netherlands Yearbook for History of Art* 49 (1998) p. 95-127

Husmeier (2002) Gudrun Husmeier, *Graf Otto IV. von Holstein-Schaumburg (1517-1576).* Bielefeld (2002)

Imhof (2011) Dirk Imhof, 'Between Philip II and William of Orange: The Correspondence of Christopher Plantin (ca. 1520-1589)'. In: Jeanine De Landtsheer en Henk J.M. Nellen, *Between Scylla and Charybdis.* Leiden (2011) p. 219-231

Imhof (2012) Dirk Imhof, 'Gerard Mercator en de Officina Plantiniana'. In: Dirk Imhof e.a. (red.), *Mercator. Reizen in het onbekende.* Antwerpen (2012) p. 103-114

Israel (1991) Jonathan I. Israel, *Nederland als centrum van de wereldhandel 1585-1740* (vert. Frank van Meurs en Rick Termette) Franeker (1991)

Israel (1995) Jonathan Israel, *The Dutch Republic. Its Rise, Greatness, and Fall 1477-1806.* Oxford (1995)

Itjeshorst (1917) J. Itjeshorst, *De werkzaamheid van Du Plessis Mornay in dienst van Hendrik van Navarre, in de jaren 1576 tot 1582.* Kampen (1917)

Jacobs (1889) Ed. Jacobs, *Juliana von Stolberg. Ahnfrau des Hauses Nassau-Oranien.* Wernigerode (1889)

Jacobs (1905) E. Jacobs, 'Juliana, Gravin van Schwarzburg, de zuster van prins Willem van Oranje'. In: F.J.L. Krämer e.a. (red.), *Je maintiendrai. Een boek over Nassau en Oranje* (2 dln.) Leiden (1905-1906) I, p. 140-172

Jacobs (1905-1906) E. Jacobs, 'Een receptenboek uit het Huis van prins Willem I van Oranje'. In: F.J.L. Krämer e.a. (red.), *Je maintiendrai. Een boek over Nassau en Oranje* (2 dln.) Leiden (1905-1906) II, p. 61-79

Jansen (1996) H.P.H. Jansen 'De Bredase Nassaus'. In: C.A. Tamse (red.), *Nassau en Oranje in de Nederlandse geschiedenis.* Utrecht (1996) p. 13-50

Jansma (1938) T.S. Jansma, 'De geloofsovertuiging van Willem den Rijke', In: *Bijdragen voor Vaderlandsche Geschiedenis en Oudheidkunde*, 7e reeks, 9 (1938) p. 85-93

Janssen (1979) A.E.M. Janssen, 'Het verdeelde huis. Prins Willem van Oranje en graaf Jan van Nassau bij de totstandkoming van de Unie van Utrecht'. In: S. Groenveld en H.L.Ph. Leeuwenberg, *De Unie van Utrecht*. Den Haag (1979) p. 101-135

Janssen (1984) A.E.M. Janssen, 'Prins Willem van Oranje in het oordeel van tijdgenoten'. In: E.O.G. Haitsma Mulier en A.E.M. Janssen, *Willem van Oranje in de historie 1584-1984. Vier eeuwen geschiedschrijving*. Utrecht (1984) p. 9-31

Janssens (1974) G. Janssens, 'Brabant in verzet tegen Alva's tiende en twintigste penning'. In: *Bijdragen en Mededelingen betreffende de Geschiedenis der Nederlanden* 89 (1974) p. 16-31

Janssens (1976) G. Janssens, 'Brabant strijdt voor vrede'. In: L. de Poorter (red.), *Opstand en pacificatie in de Lage Landen*. Gent (1976) p. 63-74

Janssens (1981) Gustaaf Janssens, 'Joachim Hopperus, een Fries rechtsgeleerde in dienst van Filips II'. In: G. Asaert e.a. (red.), *Recht en instellingen in de Oude Nederlanden tijdens de Middeleeuwen en de Nieuwe Tijd*. Leuven (1981) p. 419-433

Janssens (2000) Gustaaf Janssens, 'Cardinal Granvelle and the Revolt in the Netherlands. The Evolution of his Thought on a Desirable Political Approach to the Problem'. In: Krista De Jonge en G. Janssens (red.), *Les Granvelle et les anciens Pays-Bas*. Leuven (2000) p. 135-156

Janssens (2010) Gustaaf Janssens, 'Joachim Hopperus en Willem van Oranje, 1566-1576'. In: Dries Vanysacker e.a. (red.), *The Quintessence of Lives. Intellectual Biographies in the Low Countries*. Turnhout (2010) p. 29-42

Janssens (2013) Gustaaf Janssens, 'The Duke of Alba: Governor of the Netherlands in Times of War'. In: Maurits Ebben e.a. (red.), *Alba, General and Servant to the Crown*. Rotterdam (2013) p. 91-115

Janssens (1984) P. Janssens, 'Willem van Oranje aan het Brussels hof 1549-1559'. In: *Spiegel Historiael* 19 (1984) p. 174-180

Japikse (1919) N. Japikse, 'Middelburgs Remonstrantie betreffende de afzwering van Philips II'. In: *Bijdragen voor Vaderlandsche Geschiedenis en Oudheidkunde*, 5e reeks 6 (1919) p. 330-336

Japikse (1933) N. Japikse, 'Prins Willem en de Generale Unie (1576-1581)'. In: P. Geyl (red.), *Wilhelmus van Nassouwe*. Middelburg (1933) p. 145-157

Jardine (2005) Lisa Jardine, *The Awful End of Prince William the Silent. The First Assassination of a Head of State with a Handgun*. Londen (2005)

De Jong (1979) O.J. de Jong, 'Unie en religie'. In: S. Groenveld en H.L.Ph. Leeuwenberg, *De Unie van Utrecht*. Den Haag (1979) p. 155-181

De Jong (1984) Otto J. de Jong, 'Les idées du Taciturne sur la religion et la tolérance'. In: *Reflexions sur Guillaume le Taciturne*. Den Haag (1984) p. 87-102

Jouanna (2007) Arlette Jouanna, *La Saint-Barthélemy. Les mystères d'un crime d'etat 25 août 1572*. Z.pl. (2007)

Juste (1857) Théodore Juste, 'Les Valois et les Nassau, 1572-1574'. In: *Bulletin de l'Academie Royale des Sciences et des Belles Lettres de Belgique* 2e serie 2 (1857) p. 582-615

Kamen (2005) Henry Kamen, *Alva. Een biografie* (vert. Mireille Vroege). Antwerpen-Amsterdam (2005)

Kamen (2010) Henry Kamen, *The Escorial. Art and Power in the Renaissance*. New Haven-Londen (2010)

Kamen (2013) Henry Kamen, 'Alba: Statesman and Diplomat'. In: Maurits Ebben e.a. (red.), *Alba, General and Servant to the Crown*. Rotterdam (2013) p. 31-49

Kannegieter (1942) J.Z. Kannegieter, 'De bijnaam "de Zwijger" van den Vader des Vaderlands'. In: *De Gids* 106 (1942) p. 93-101

Kaplan (1989) Benjamin Kaplan, *Calvinists and Libertines: the Reformation Utrecht, 1578-1618*. Ann Arbor (1989)

Kaufmann (1993) Thomas DaCosta Kaufmann, *The Mastery of Nature*. Princeton (1993)

Keesman (2017) Wilma Keesman, *De eindeloze stad. Troje en Trojaanse oorsprongsmythen in de (laat)middeleeuwse en vroegmoderne Nederlanden*. Hilversum (2017)

Kempers (1995) Bram Kempers, 'Assemblage van de Nederlandse leeuw. Politieke symboliek in heraldiek en verhalende prenten uit de zestiende eeuw'. In: B. Kempers (red.), *Openbaring en bedrog. De afbeelding als historische bron in de Lage Landen*. Amsterdam (1995) p. 60-100

Kerkhoff (2008) Jacqueline Kerkhoff, *Maria van Hongarije en haar hof (1505-1558). Tot plichtsbetrachting uitverkoren*. Hilversum (2008)

Kernkamp (1933) J.H. Kernkamp, 'De houding van Amsterdam inzake de aanbieding van de grafelijkheid aan den prins van Oranje'. In: *Tijdschrift voor Geschiedenis* 48 (1933) p. 113-119

Kervyn de Lettenhove (1881) J.B.M.C. Kervyn de Lettenhove, 'Le prince d'Orange. Étude historique'. In: *Bulletin de l'Academie Royale des sciences et belles lettres*, 3e serie no. 2 (1881) p. 144-195

Kervyn de Lettenhove (1883-1885) J.B.M.C. Kervyn de Lettenhove, *Les Huguenots et les Gueux* (6 dln.) Brugge (1883-1885)

Kestemont e.a. (2017) Mike Kestemont, Els Stronks, Martine de Bruin en Tim de Winkel, *Van wie is het* Wilhelmus? *De auteur van het Nederlandse volkslied met de computer onderzocht*. Amsterdam (2017)

De Keuning & Van der Plaat (1995) Marja de Keuning en Gees van der Plaat, '"Geen voetbal met Fruin en Van Schelven". Swarts biografie van Willem van Oranje'. In: *NHG-Nieuws. Nieuwsbrief van het Nederlands Historisch Genootschap* 2 (1995) no. 2 p. 2-4

Klink (1997) H. Klink, *Opstand, politiek en religie bij Willem van Oranje 1559-1568*. Heerenveen (1997)

Klink (2001) H. Klink, 'Wat dreef Willem van Oranje? Twee cryptische maar veelzeggende brieven'. In: *Jaarboek Oranje-Nassau Museum* (2001) p. 25-35

Kloek (2014) Els Kloek, *Kenau & Magdalena. Vrouwen in de Tachtigjarige Oorlog*. Nijmegen (2014)

Van der Klooster (1982) L.J. van der Klooster, 'Het vertrek van Charlotte de Bourbon naar Heidelberg januari-februari 1572'. In: *Jaarboek Vereniging Oranje-Nassau Museum* (1982) 10-16

Van der Klooster (1984) L.J. van der Klooster, 'Drie gelijktijdige berichten over de moord op prins Willem van Oranje'. In: *Jaarboek van de Vereniging Oranje-Nassau Museum* (1984) p. 37-83

Kluiver (1984a) J.H. Kluiver, 'Prins Willem van Oranje en het beleg van Zierikzee'. In: *Kroniek van het Land van de Zeemeermin* 9 (1984) p. 55-62

Kolligs (1885) H. Kolligs, *Wilhelm von Oranien und die Anfänge des Aufstandes der Niederlande.* Bonn (1885)

Knapen (2005) Ben Knapen, *De man en zijn staat. Johan van Oldenbarnevelt 1547-1619.* Amsterdam (2005)

Knevel (1994) Paul Knevel, *Burgers in het geweer. De schutterijen in Holland, 1550-1700.* Hilversum (1994)

Koenigsberger (1988) Helmut G. Koenigsberger, 'Patronage, Clientage and Elites in the Politics of Philip II, Cardinal Granvelle and William of Orange'. In: Antoni Mączak en Elisabeth Müller-Luckner (red.), *Klientelsysteme im Europa der frühen Neuzeit.* München (1988) p. 127-148

Koenigsberger (1984) H.G. Koenigsberger, 'Orange, Granvelle and Philip II'. In: *Bijdragen en Mededelingen betreffende de Geschiedenis der Nederlanden* 99 (1984) p. 573-595

Koppenol (1991) J. Koppenol, 'In mate volget mi: Jan van Hout als voorman van de renaissance'. In: *Spektator* 20 (1991) p. 55-85

Koppenol (1998) Johan Koppenol, *Leids heelal. Het Loterijspel (1596) van Jan van Hout.* Hilversum (1998)

Korteweg (1998) Anne S. Korteweg, *Boeken van Oranje-Nassau. De bibliotheek van de graven van Nassau en prinsen van Oranje in de vijftiende en zestiende eeuw.* Den Haag (1998)

Korteweg (2008) Anne S. Korteweg, 'Anna van Lotharingen, vrouw van René van Chalon (1522-1568), een liefhebster van mooie boeken'. In: *Jaarboek De Oranjeboom* 61 (2008) p. 54-75

Koss (1914) Henning von Koss, *Die Schlachten bei St. Quentin (10. August 1557) und bei Gravelingen (13. Juli 1558) nebst einem Beitrag zur Kenntnis der spanischen Infanterie im 16. Jahrhundert.* Berlijn (1914)

Kossmann (1980) E.H. Kossmann, 'Volkssouvereiniteit aan het begin van het Nederlandse ancien régime'. In: *Bijdragen en Mededelingen betreffende de Geschiedenis der Nederlanden* 95 (1980) p. 1-34

Kossmann (1985) E.H. Kossmann, 'Willem van Oranje en de open samenleving'. In: G. Verbeke (red.), *Herdenking Willem van Oranje 1584-1984, Brussel, 12 oktober 1984.* Brussel (1985) p. 11-16

Kramer (1971) Cornelis Kramer, *Emmery de Lyere et Marnix de Sainte Aldegonde.* Den Haag (1971)

Kraye (2001-2002) Jill Kraye, 'Stoicism in the Renaissance from Petrarch to Lipsius'. In: *Grotiana* 22/23 (New Series) (2001-2002) p. 21-45

Kruse (1932a) Hans Kruse, 'Geburt und Taufe der beiden frühverstorbenen Kinder des Prinzen Wilhelm aus der Ehe mit Anna von Sachsen'. In: *Jaarverslag van de Vereeniging Oranje-Nassau Museum* (1932) p. 30-31

Kruse (1932b) Hans Kruse, 'Wilhelm I von Oranien und seine Stammlande'. In: *Jaarverslag van de Vereeniging Oranje-Nassau Museum* (1932) p. 13-29

Kruse (1934) Hans Kruse, *Wilhelm von Oranien und Anna von Sachsen. Eine fürstliche Ehetragödie des 16. Jahrhunderts* (Wiesbaden 1934). Ook in: *Nassauische Annalen* 54 (1934) p. 1-184

Kuys (2006) Jan Kuys, 'Maarten van Rossem ca. 1490-1555, veldheer'. In: J.A.E. Kuys e.a. (red.), *Biografisch Woordenboek Gelderland* 5. Hilversum (2006) p. 106-109

Lagomarsino (1973) Paul David Lagomarsino, *Court Factions and the Formulation of Spanish Policy Towards the Netherlands (1559-1567)* [ongepubl. diss. University of Cambridge, 1973]

Lamont (2005) Koen Lamont, *Het wereldbeeld van een zestiende-eeuwse Gentenaar Marcus van Vaernewijck*. Gent (2005)

Lancée (1979) J.A.L. Lancée, *Erasmus en het Hollands humanisme*. Utrecht (1979)

Lancée (1981) J.A.L. Lancée, 'Oranje's beeld in later ogen'. In: *Maatstaf* 29 (1981) afl. 8/9, p. 38-50

De Landtsheer e.a. (2006) J. De Landtsheer e.a. (red.), *Justus Lipsius (1547-1606) Een geleerde en zijn Europese netwerk* (cat. tent. Leuven, 2006). Leuven (2006)

Langeraad (1884) L.A. van Langeraad, *Guido de Bray. Zijn leven en werken*. Zierikzee (1884)

Langereis (2014) Sandra Langereis, *De woordenaar. Christoffel Plantijn, 's werelds grootste drukker en uitgever*. Amsterdam (2014)

Leemans & Leemans-Prins (1986) W.F. Leemans en E. Leemans-Prins, *La principauté d'Orange de 1470 à 1580. Une société en mutation* (2 dln.) Hilversum (1986)

Lefèvre (1969) Placide Lefèvre, 'Le "vin de l'étrier... et de la mort". Récit des derniers moment de Maximilien de Buren, grand capitaine de Charles-Quint (†1548), par un témoin oculaire'. In: *Bulletin de la commission royale d'histoire Academie Royale de Belgique* 135 (1969) p. 71-90

Van der Lem (1984a) G.A.C. van der Lem, 'De Prins in de geschiedschrijving van de laatste halve eeuw'. In: E.O.G. Haitsma Mulier en A.E.M. Janssen, *Willem van Oranje in de historie 1584-1984. Vier eeuwen geschiedschrijving*. Utrecht (1984) p. 191-219

Van der Lem (1984b) G.A.C. van der Lem, 'Willem van Oranje in de herdenkingsliteratuur van 1984'. In: *Theoretische Geschiedenis* 11 (1984) p. 429-447

Van der Lem (2000) Anton van der Lem, 'Van de prins geen kwaad. De moordplannen van en op prins Willem van Oranje'. In: Tom Verschaffel (red.), *Koningsmoorden*. Leuven (2000) p. 159-172, p. 285-287

Van der Lem (2006a) Anton van der Lem, 'Tolerantie. Het gedoogbeleid in de zestiende eeuw'. In: Wim van Noort en Rob Wiche (red.), *Nederland als voorbeeldige natie*. Hilversum (2006) p. 27-39

Van der Lem (2006b) Anton van der Lem, 'Willem van Oranje verheerlijkt en verguisd'. In: Paul Hoftijzer e.a., *Bronnen van kennis. Wetenschap, kunst en cultuur in de collecties van de Leidse Universiteitsbibliotheek*. Leiden (2006) p. 73-84

Van der Lem (2014) Anton van der Lem, *De Opstand in de Nederlanden 1568-1648. De Tachtigjarige Oorlog in woord en beeld*. Nijmegen (2014)

Van der Lem (2016) Anton van der Lem, 'Willem van Oranje en de doopsgezinden. Een veronachtzaamd rekest uit 1566'. In: *Doopsgezinden Bijdragen* 42 (2016) p. 49-82

Van der Lem (2020) Anton van der Lem, 'Willem Lodewijk en de Republiek'. In: Hanno Brand en Joop W. Koopmans (red.) *Willem Lodewijk: stadhouder en strateeg (1560-1620-2020)*. Hilversum (2020) p. 17-35

Lemmink (1988) Jacques Ph.S. Lemmink, '"¿Tal amo, tal criado?" Carrière van een hoveling, Heinrich von Wiltperch en de huizen Nassau en Oranje (± 1551-± 1593)'. In: P.J.A.N. Rietbergen e.a., *Tussen twee culturen. De Nederlanden en de Iberische wereld 1550-1800.* Nijmegen (1988) p. 87-104

Lenarduzzi (2019) Carolina Lenarduzzi, *Katholiek in de Republiek. De belevingswereld van een religieuze minderheid 1570-1750.* Nijmegen (2019)

Lesger (2001) Clé Lesger, *Handel in Amsterdam ten tijde van de Opstand. Kooplieden, commerciële expansie en verandering in de ruimtelijke economie van de Nederlanden ca. 1550–ca. 1630.* Hilversum (2001)

Van der Linde (1912) J. van der Linde, 'Willem I, prins van Oranje'. In: *Tijdschrift voor Geschiedenis, Land- en Volkenkunde* 27 (1912) p. 129-154, p. 193-220

Lindeboom (1984) G.A. Lindeboom, 'Verrassing en verdediging van Bergen door Lodewijk van Nassau (1572)'. In: *Jaarboek Oranje-Nassau Museum* (1984) p. 7-36

Lonchay (1894-1895) H. Lonchay, 'Guillaume de la Marck'. In: *Biographie nationale* XIII. Brussel (1894-1895)

Louthan (1997) Howard Louthan, *The Quest for Compromise. Peacemakers in Counter-Reformation Vienna.* Cambridge (1997).

Lovett (1971) A.W. Lovett, 'Francisco de Lixalde: A Spanish Paymaster in the Netherlands (1567-1577)'. In: *Tijdschrift voor Geschiedenis* 84 (1971) p. 14-23

Lovett (1972a) A.W. Lovett, 'Some Spanish Attitudes to the Netherlands, 1572-1578'. In: *Tijdschrift voor Geschiedenis* 85 (1972) p. 17-30

Lovett (1972b) A.W. Lovett, 'The Governorship of don Luis de Requesens, 1573-1576. A Spanish View'. In: *European Studies Review* 2 (1972) p. 187-199

Lox (2000) Harlinda Lox, *Van stropdragers en de pot van Olen. Verhalen over keizer Karel.* Leuven (2000, 1e druk 1999)

Maljaars (1996) A. Maljaars, *Het Wilhelmus. Auteurschap, datering en strekking.* Kampen (1996)

Maltby (1983) William S. Maltby, *Alba. A Biography of Fernando Alvarez de Toledo, Third Duke of Alba 1507-1582.* Berkeley-Los Angeles-Londen (1983)

Marnef (1996) Guido Marnef, *Antwerpen in de tijd van de reformatie. Ondergronds protestantisme in een handelsmetropool.* Amsterdam-Antwerpen (1996)

Marnef (1999) Guido Marnef, 'The Dynamics of Reformed Militancy in the Low Countries; the Wonderyear'. In: N. Scott Amos e.a., *The Education of a Christian Society. Humanism and the Reformation in Britain and the Netherlands.* Aldershot (1999) p. 193-210

Marnef (2001a) Guido Marnef, 'The Towns and the Revolt'. In: Graham Darby (red.), *The Origins and Development of the Dutch Revolt.* Londen-New York (2001) p. 84-106

Marnef (2001b) Guido Marnef, 'Burgemeester in moeilijke tijden. Marnix en het beleg van Antwerpen'. In: Henk Duits en Ton van Strien (red.), *Een intellectuele activist. Studies over leven en werk van Philips van Marnix van Sint Aldegonde.* Hilversum (2001) p. 28-36

Marnef (2007) Guido Marnef, 'Steenvoorde, 10 augustus 1566. De Beeldenstorm'. In: Wim Blockmans en Herman Pleij (red.), *Plaatsen van herinnering. Nederland van prehistorie tot Beeldenstorm.* Amsterdam (2007) p. 519-529

Meadow (1998) Mark A. Meadow, 'Ritual and Civic Identity in Philip II's 1549 Antwerp *Blijde Incompst*'. In: *Nederlands Kunsthistorisch Jaarboek/Netherlands Yearbook for History of Art* 49 (1998) p. 37-67

Meerkamp van Embden (1933) A. Meerkamp van Embden, 'De prins en de staat van eersten edele in Zeeland'. In: G.L. de Vries Feyens e.a. (red.), *Prins Willem van Oranje 1533-1933*. Haarlem (1933) p. 101-123

Mees (1963) W.C. Mees, *Lamoraal van Egmond*. Assen (1963)

Meeus (2006) Hubert Meeus. '*Twee boecken vande stantvasticheyt*. Een commerciéle zet van Plantijn?' In: *De Gulden Passer* 84 (2006) p. 79-102

Meganck (2014) Tine Luk Meganck, *Pieter Brueghel the Elder, Fall of the Rebel Angels. Art Knowledge and Politics on the Eve of the Dutch Revolt*. Milaan (2014)

Meganck (2017) Tine Luk Meganck, *Erudite Eyes. Friendship, Art and Erudition in the Network of Abraham Ortelius (1527-1598)*. Leiden (2017)

De Meij (1972) J.C.A. de Meij, *De Watergeuzen en de Nederlanden 1568-1572*. Amsterdam (1972)

Meijer Drees (1997) Marijke Meijer Drees, *Andere landen, andere mensen. De beeldvorming van Holland versus Spanje en Engeland omstreeks 1650*. Den Haag (1997)

Meilink (1926) P.A. Meilink, 'Rekening van Dirk van Kessel voor diensten aan den prins van Oranje over de jaren 1571-1574'. In: *Bijdragen en Mededeelingen van het Historisch Genootschap* 47 (1926) p. 332-345

De Meyer (1933) Albert De Meyer, *Le procès de l'attentat commis contre Guillaume le Taciturne prince d'Orange 18 mars 1582*. Brussel (1933)

Miedema (1903) Lucie Miedema, 'Prins Willem I en Don Juan'. In: *De Navorscher* 53 (1903) p. 1-17

Molhuysen (1848) P.C. Molhuysen, 'De aanslag van Jaureguy op Willem I'. In: *Bijdragen voor Vaderlandsche Geschiedenis en Oudheidkunde* 6 (1848) p. 46-53

Molhuysen (1933) P.C. Molhuysen, 'Oranje en de Leidsche Universiteit'. In: *De Gids* 97 (1933) p. 196-199

Mörke (2010) Olaf Mörke, *Willem van Oranje (1533-1584). Vorst en 'vader' van de Republiek* (vert. Jan Gielkens). Amsterdam-Antwerpen (2010)

Mout (1981) N. Mout, 'The Family of Love (Huis der Liefde) and the Dutch Revolt'. In: A.C. Duke en C.A. Tamse (red.), *Britain and the Netherlands* 7 (1981) p. 76-93

Mout (1984a) M.E.H.N. Mout, 'Het intellectuele milieu van Willem van Oranje'. In: *Bijdragen en Mededelingen betreffende de Geschiedenis der Nederlanden* 99 (1984) p. 596-625

Mout (1984b) M.E.H.N. Mout, 'Turken in het nieuws. Beeldvorming en publieke opinie in de zestiende-eeuwse Nederlanden'. In: *Tijdschrift voor Geschiedenis* 97 (1984) p. 362-381

Mout (1985) M.E.H.N. Mout, 'In het schip: Justus Lipsius en de Nederlandse Opstand tot 1591'. In: S. Groenveld e.a. (red.), *Bestuurders en geleerden*. Amsterdam-Dieren (1985) p. 55-64

Mout (1986) M.E.H.N. Mout, 'Van arm vaderland tot eendrachtige republiek. De rol van politieke theorieën in de Nederlandse Opstand'. In: *Bijdragen en Mededelingen betreffende de Geschiedenis der Nederlanden* 101 (1986) p. 345-365

Mout (1991) M.E.H.N. Mout, 'Armed Resistance and Calvinism During the Revolt of the Netherlands'. In: J. van den Berg en P.G. Hoftijzer (red.), *Church, Change* *and Revolution. The Fourth Anglo-Dutch Church History Colloquium*. Leiden (1991) p. 57-68

Mout (1995) Nicolette Mout, 'Die Niederlande und das Reich im 16. Jahrhundert (1512-1609). In: Volker Press (red.), *Alternativen zur Reichsverfassung in der frühen Neuzeit?* München (1995) p. 143-168

Mout (1996) M.E.H.N. Mout, 'Spiritualisten in de Nederlandse reformatie van de zestiende eeuw'. In: *Bijdragen en Mededelingen betreffende de Geschiedenis der Nederlanden* 111 (1996) p. 297-313

Mout (1999) Nicolette Mout, 'Reformation, Revolt and Civil Wars: The Historiographic Traditions of France and the Netherlands'. In: Philip Benedict e.a. (red.), *Reformation, Revolt and Civil War in France and the Netherlands 1555-1585*. Amsterdam (1999) p. 23-34

De Muinck Keizer (1893) J.H. de Muinck Keizer, *Henricus Geldorpius* (diss.) Groningen (1893)

Mulcahy (2013) Rosemarie Mulcahy, 'The Manifestation of His Magnificence: The Third Duke of Alba and the Arts'. In: Maurits Ebben e.a. (red.), *Alba, General and Servant to the Crown*. Rotterdam (2013). p. 137-165

Mulder z.j. A.W.J. Mulder, *Juliana van Stolberg 'ons aller vrouwe-moeder'*. Amsterdam z.j.

***Nationaal Biografisch Woordenboek* (1964-)** *Nationaal Biografisch Woordenboek*. Brussel (1964-)

Nauta (1975) D. Nauta, 'Marnix auteur van de Libellus Supplex aan de Rijksdag van Spiers (1570)'. In: *Nederlands Archief voor Kerkgeschiedenis* 55 (1975), p. 151-170

Nehlsen (1985) Eberhard Nehlsen, 'Eine bisher nicht bekannte Fassung des Wilhelmusliedes aus dem Jahre 1573'. In: *De Nieuwe Taalgids* 78 (1985) p. 214-223

***Neue deutsche Biographie* (1953-)** *Neue deutsche Biographie*. Deel 1-. Berlijn (1953-) [geraadpleegd in onlineversie: https://www.deutsche-biographie.de]

Nicklas (1995) Thomas Nicklas, *Um Macht und Einheit des Reiches. Konzeption und Wirklichkeit der Politik bei Lazarus von Schwendi (1522-1583)*. Husum (1995)

Nicollier-de Weck (1995) Béatrice Nicollier-de Weck, *Hubert Languet (1518-1581). Un réseau politique international, de Melanchton à Guillaume d'Orange*. Genève (1995)

Van Nierop (1978) Henk F.K. van Nierop, *Beeldenstorm en burgerlijk verzet in Amsterdam 1566-1567*. Nijmegen (1978)

Van Nierop (1984a) H.F.K. van Nierop, *Van ridders tot regenten. De Hollandse adel in de zestiende eeuw en de eerste helft van de zeventiende eeuw*. z.pl. (1984)

Van Nierop (1984b) H.F.K. van Nierop, 'Willem van Oranje als hoog edelman. Patronage in de Habsburgse Nederlanden'. In: *Bijdragen en Mededelingen betreffende de Geschiedenis der Nederlanden* 99 (1984) p. 651-676

Van Nierop (1987) H.F.K. van Nierop, 'Censorship, Illicit Printing and the Revolt of the Netherlands'. In: A.C. Duke en C.A. Tamse (red.), *Too Mighty to be Free*. Zutphen (1987) p. 29-44

Van Nierop (1992) H.F.K. van Nierop, 'Edelman, bedelman. De verkeerde wereld van het Compromis der Edelen'. In: *Bijdragen en Mededelingen betreffende de Geschiedenis der Nederlanden* 107 (1992) p. 1-27

Van Nierop (1995) H.F.K. van Nierop, 'De troon van Alva. Over de interpretatie van de Nederlandse Opstand'. In: *Bijdragen en Mededelingen betreffende de Geschiedenis der Nederlanden* 110 (1995) p. 205-223

Van Nierop (1999a) Henk van Nierop, *Het verraad van het Noorderkwartier. Oorlog, terreur en recht in de Nederlandse Opstand.* Amsterdam (1999)

Van Nierop (1999b) Henk van Nierop, 'The Nobility and the Revolt of the Netherlands: Between Church and King, and Protestantism and Privileges'. In: Philippe Benedict e.a. (red.), *Reformation, Revolt and Civil War in France and the Netherlands 1555-1585.* Amsterdam (1999) p. 83-98

Van Nierop (2001) H.F.K. van Nierop, 'Oranje boven: Willem van Oranje als zinnebeeld van de natie'. In: *Willem van Oranje lezing.* Delft (2001), p. 7-25

Van Nierop (2002) H.F.K. van Nierop, 'Willem van Oranje zoekt bondgenoten in het buitenland'. In: S.C. Derks (red.), *Nederland in de wereld. Opstellen bij honderd jaar Rijks Geschiedkundige Publicatiën.* Den Haag-Amsterdam (2002) p. 141-155

Nijenhuis (1980) Willem Nijenhuis, *Adrianus Saravia (c. 1532-1613).* Leiden (1980)

De Nijs & Beukers (2002) Thimo de Nijs en Eelco Beukers (red.), *Geschiedenis van Holland tot 1572.* Hilversum (2002)

Van Nispen (1976) C.A.I.L. van Nispen, 'Hoe Willemstad een heerlijkheid der Oranje's werd'. In: *De Ghulden Roos* (1976) p. 75-100

Van Nispen (1983): C.A.I.L. van Nispen, *De vesting Willemstad. Publicaties van het archivariaat Nassau-Brabant 62. Deel 1 Willemstad in de Tachtigjarige Oorlog.* Z.pl. (1983)

***NNBW* (1911-1937)** P.C. Molhuysen en P.J. Blok, *Nieuw Nederlandsch biografisch woordenboek* (10 dln.) Leiden (1911-1937)

Noordeloos (1955) P. Noordeloos, *Cornelis Musius [Mr. Cornelis Muys], pater van Sint Agatha te Delft.* Utrecht-Antwerpen (1955)

O'Kill (1986) Brian O'Kill, *Exit Lines. Famous (and Not-so-famous) Last Words.* Londen (1986)

Oestreich (1982) Gerhard Oestreich, *Neostoicism and the Early Modern State.* Cambridge (1982)

Oosterhuis (1996) Ton Oosterhuis, *Lumey, de vossestaart. Admiraal van de Geuzen.* Amsterdam (1996)

Oosterhuis (2012) Ton Oosterhuis, *De doornhaag om de kruidentuin. Het leven van de watergeus Bartolt Entens van Mentheda.* Soesterberg (2012)

Otterspeer (2000) Willem Otterspeer, *Het bolwerk van de vrijheid. De Leidse universiteit, 1575-1672.* Amsterdam (2000)

Otterspeer (2009) Willem Otterspeer, 'De geleerde krijger als opvoedkundig ideaal'. In: Jan Teeuwisse (red.), *Willem van Oranje 1533-1584.* Den Haag (2009) p. 23-31

Oudendijk (1965) J. Oudendijk, 'De kaperbrieven van Willem van Oranje'. In: *Bijdragen voor de Geschiedenis van de Nederlanden* 19 (1965) p. 133-150

Papy (2001-2002) Jan Papy, 'Lipsius' (Neo-)Stoicism: Constancy between Christian Faith and Stoic Virtue'. In: *Grotiana* 22/23 (New Series) (2001-2002) p. 47-71

Parker (1976b) Geoffrey Parker, 'The Dutch Revolt and the Polarization of International Politics'. In: *Tijdschrift voor Geschiedenis* 89 (1976) p. 429-443

Parker (1978) Geoffrey Parker, *Het Spaanse leger in de Lage Landen.* (vert. V.B. Voss) Haarlem (1978)

Parker (1981a) Geoffrey Parker, *De Nederlandse Opstand. Van beeldenstorm tot bestand* (vert. Karina Zegers de Beijl) Utrecht-Antwerpen (1981)

Parker (1981b) Geoffrey Parker, *Filips II.* Den Haag (1981)

Parker (1998) Geoffrey Parker, *The Grand Strategy of Philip II.* New Haven-Londen (1998)

Parker (2002) Geoffrey Parker, *Success is Never Final. Empire, War, and Faith in Early Modern Europe.* New York (2002)

Parker (2014) Geoffrey Parker, *Imprudent King. A New Life of Philip II.* New Haven-Londen (2014)

Parker (2019) Geoffrey Parker, *Emperor. A New Life of Charles V.* New Haven-Londen (2019)

Peters (1998) Emily Peters, '1549 Knight's Game at Binche. Constructing Philip II's Ideal Identity in a Ritual of Honor'. In: *Nederlands Kunsthistorisch Jaarboek/ Netherlands Yearbook for History of Art* 49 (1998) p. 11-35

Pérez (2013) Joseph Pérez, *L'Espagne de Philippe II.* Z.pl. (2013)

Van Peteghem (1976a) P. Van Peteghem, 'Vlaanderen in 1576: revolutionair of reactionair?' In: *Tijdschrift voor Geschiedenis* 89 (1976) p. 335-357

Van Peteghem (1976b) P. Van Peteghem, 'De Pacificatie van Gent: triomf van de herwonnen eenheid?' In: L. de Poorter (red.), *Opstand en pacificatie in de Lage Landen.* Gent (1976) p. 99-121

Van Peteghem (1980) P. van Peteghem, 'Politieke ideologie in de Apologie'. In: *Apologie van Willem van Oranje.* Tielt-Amsterdam (1980) p. 39-47

Pettegree (1992) Andrew Pettegree, *Emden and the Dutch Revolt.* Oxford (1992)

Pettegree (2001) Andrew Pettegree, 'Religion and the Revolt'. In: Graham Darby (red.), *The Origins and Development of the Dutch Revolt.* Londen-New York (2001) p. 67-83

Pettegree (2015) Andrew Pettegree, *Brand Luther. 1517, Printing, and the Making of the Reformation.* New York (2015)

Pfister (1910) Christian Pfister, 'Le cardinal de Granvelle à Nancy (mars 1564)'. In: *Mémoires de la Société d'archéologie lorraine et du Musée historique lorrain* 60 (1910) p. 297-314

Van der Plaat (2007) Gees van der Plaat, 'Willem van Oranje in beeld. Van "gezondene Gods om de tyrannye tegen te staen" tot machiavellist zonder religieuze overtuiging'. In: Eef Dijkhof en Michiel van Gent (red.), *Uit diverse bronnen gelicht.* Den Haag (2007) p. 253-264

Placidus (1953-1954) Pater Placidus O.M. Cap., 'De religievrede te Breda'. *Jaarboek De Oranjeboom* 6 (1953) p. 152-168; 7 (1954) p. 46-63

Pletz-Krehahn (1994) Hans-Jürgen Pletz-Krehahn (red.), *650 Jahre Stadt Dillenburg: ein Text- und Bildband zum Stadtrechtsjubiläum der Oranienstadt.* Dillenburg (1994)

Pollmann (1992) Judith Pollmann, 'Eine natürliche Feindschaft: Ursprung und Funktion der schwarzen Legende über Spanien in den Niederlanden 1560-1581'. In: Franz Bosbach (red.), *Feindbilder.* Keulen (1992) p. 73-93

Pollmann (2000) Judith Pollmann, *Een andere weg naar God. De reformatie van Arnoldus Buchelius (1565-1641).* Amsterdam (2000)

Pollmann (2009) Judith Pollmann, 'Internationalisering en de Nederlandse Opstand'. In: *BMGN – Low Countries Historical Review* 124 (2009), nr. 4, p. 515-535

Poncelet (1936) E. Poncelet, 'Guillaume de la Marck, seigneur de Lummen, chef des Gueux de mer, 1542-1578'. In: *Bulletin de la Commission Royale d'Histoire* 100 (1936) p. 5-91

Pontbriant (1891) A. de Pontbriant, *Histoire de la principauté d'Orange*. Avignon-Parijs-Den Haag (1891)

De Poorter (1976) L. de Poorter (red.), *Opstand en pacificatie in de Lage Landen*. Gent (1976)

Postma (1984) F. Postma, 'Willem van Oranje 1584-1984. Een literatuuroverzicht'. In: *Bijdragen en Mededelingen betreffende de Geschiedenis der Nederlanden* 99 (1984) p. 708-714

Postma (1987) F. Postma, 'Viglius van Aytta en Joachim Hopperus tegenover de Nederlandse opstand'. In: *Bijdragen en Mededelingen betreffende de Geschiedenis der Nederlanden* 102 (1987) p. 29-43

Postma (2000a) Folkert Postma, *Viglius van Aytta. De jaren met Granvelle 1549-1564*. Zutphen (2000)

Postma (2000b) Folkert Postma, 'Granvelle, Viglius en de adel (1555-1567)'. In: Krista De Jonge en G. Janssens (red.), *Les Granvelle et les anciens Pays-Bas*. Leuven (2000) p. 157-176

Poswick (1901) E. Poswick, 'Un mariage princier au XVIe siècle'. In: *De Wapenheraut* 5 (1901) p. 105-107

Prak & Van Zanden (2013) Maarten Prak en Jan Luiten van Zanden, *Nederland en het poldermodel. Sociaal-economische geschiedenis van Nederland, 1000-2000*. Amsterdam (2013)

***Prins Willem van Oranje 1533-1584* (1984)** *Prins Willem van Oranje 1533-1584. Tentoonstelling* (cat. tent. Stedelijk Museum Het Prinsenhof Delft 1984). Delft (1984)

Punt & Sloos (2018) Jeroen Punt en Louis Ph. Sloos, *Willem van Oranje. De jonge prins als edelman en militair*. Zutphen (2018)

Rachfahl (1905-1906) F. Rachfahl, 'Het begin der oppositie van prins Willem van Oranje'. In: F.J.L. Krämer e.a. (red.), *Je maintiendrai. Een boek over Nassau en Oranje*. (2 dln.) Leiden (1905-1906) II, p. 38-60

Rachfahl (1906-1924) Felix Rachfahl, *Wilhelm von Oranien und der Niederländische Aufstand* (3 dln.) Den Haag (1906-1924)

Rady (2017) Martyn Rady, *The Habsburg Empire. A Very Short Introduction*. Oxford (2017)

Rahlenbeck (1880) Ch. Rahlenbeck, *Metz et Thionville sous Charles-Quint*. Brussel (1880)

Rebhorn (1978) Wayne A. Rebhorn, *Courtly Performances. Masking and Festivity in Castiglione's Book of the Courtier*. Detroit (1978)

Reh e.a. (2005) Wouter Reh, Clemens Steenbergen en Diederik Aten, *Zee van land. De droogmakerijen als atlas van de Hollandse landschapsarchitectuur*. Wormer (2005)

Reiffenberg (1830) F.A.F.Th. de Reiffenberg, *Histoire de l'Ordre de la Toison d'Or*. Brussel (1830)

Rekers (1961) B. Rekers, *Benito Arias Montano 1527-1598. Studie over een groep spiritualistische humanisten in Spanje en de Nederlanden, op grond van hun briefwisseling.* Groningen (1961)

Renson (1947) Gaston Renson, 'Frederik Perrenot, heer van Champagney, en Willem van Oranje'. In: *Miscellanea Historica in honorem Leonis van der Essen* II. Brussel-Parijs (1947) p. 567-577

De Ridder-Symoens (1984) Hilde de Ridder-Symoens, 'Vrouwen rond Willem van Oranje'. In: *Spiegel Historiael* 19 (1984) p. 181-186

Rodríguez-Salgado (1988) M.J. Rodríguez-Salgado, *The Changing Face of Empire. Charles V, Philip II and Habsburg Authority, 1551-1559.* Cambridge (1988)

Rodríguez Salgado (2000) M.J. Rodríguez-Salgado, 'King, Bishop, Pawn? Philip II and Granvelle in the 1550s and 1560s'. In: Krista De Jonge en Gustaaf Janssens (red.), *Les Granvelle et les anciens Pays-Bas.* Leuven (2000) p. 105-134

Roegiers (1997) J. Roegiers, 'De universiteiten in de Zuidelijke Nederlanden'. In: *De Zeventiende Eeuw* 13 (1997) p. 223-234

Roegiers & Van der Herten (1995) Jan Roegiers en Bart van der Herten (red.), *Eenheid op papier. De Nederlanden in kaart van Keizer Karel tot Willem I.* Leuven (1995, 2e druk, 1e druk 1994)

Roobaert (1962) E. Roobaert, 'De triomfbogen opgericht te Antwerpen in 1556, ter gelegenheid van het 22ste kapittel van de Orde van het Gulden Vlies'. In: *Bulletin Koninklijke Musea voor Schone Kunsten* 11 (1962) p. 221-276

Romberg (1960) Hermann Romberg, *Der Prinz von Oranien. Wilhelm Graf von Nassau.* Herborn (1960)

Van Roosbroeck (1970) R. van Roosbroeck, 'Bredase Oranje-sprokkels'. In: *Jaarboek Oranjeboom* 23 (1970) p. 69-85

Van Roosbroeck (1974) Rob van Roosbroeck, *Willem de Zwijger. Graaf van Nassau, prins van Oranje. Een kroniek en een epiloog.* Antwerpen (1974)

Rooze-Stouthamer (2009) C. Rooze-Stouthamer, *De opmaat tot de Opstand. Zeeland en het centraal gezag (1566-1672).* Hilversum (2009)

Ros (1964) F.U. Ros, *Rennenberg en de Groningse malcontenten.* Assen (1964)

Rosenfeld (1959) Paul Rosenfeld, *The Provincial Governors of the Netherlands from the Minority of Charles V to the Revolt.* Leuven (1959)

Röttsches (1953) Heinrich-Franz Röttsches, *Lutherthum und Calvinismus in Nassau-Dillenburg. Beiträge zur Kirchenpolitik in Nassau-Dillenburg unter Wilhelm dem Alten und Johann dem Alten* (diss.) Mainz (1953)

Le Roux (2014) Nicolas le Roux, *Les guerres de religion 1559-1629.* Z.pl. (2014, 1e druk 2009)

Rowen (1988) Herbert H. Rowen, 'William I: From Courtier to Rebel'. In: id., *The Princes of Orange. The Stadholders in the Dutch Republic.* Cambridge (1988) p. 8-31

Roy van Zuydewijn (2002) Noortje de Roy van Zuydewijn, *Van koopman tot icoon. Johan van der Veken en de Zuid-Nederlandse immigranten in Rotterdam rond 1600.* Amsterdam (2002)

Ruble (1889) Alphonse de Ruble, *Le traité de Cateau-Cambrésis (2 et 3 avril 1559).* Parijs (1889)

Ruys (1919) Theodorus Ruys, *Petrus Dathenus.* Utrecht (1919)

Schellart z.j. A.I.J.M. Schellart, *Huizen van Oranje. Verblijven van de Oranjes en de Nassaus in Nederland.* Rijswijk z.j.

Van Schelven (1927) A.A. van Schelven, 'Een moordplan van den Vader des Vaderlands'. In: *Bijdragen voor Vaderlandsche Geschiedenis en Oudheidkunde*, 6e reeks 5 (1927) p. 1-10

Van Schelven (1930) A. van Schelven, 'Het verzoekschrift der drie miljoen goudguldens (october 1566)'. In: *Bijdragen voor Vaderlandsche Geschiedenis en Oudheidkunde.* 6e reeks, IX (1930) p. 1-42

Van Schelven (1933) A.A. van Schelven, ''s Prinsen voornaamste medewerkers'. In: *Stemmen des Tijds* 22 (1933) I, p. 301-313

Van Schelven (1934) A.A. van Schelven, 'Prins Willem's eerste Avondmaal'. In: *Bijdragen voor Vaderlandsche Geschiedenis en Oudheidkunde* 7e reeks 4 (1934) p. 232-236

Van Schelven (1939) A.A. van Schelven, *Marnix van Sint Aldegonde.* Utrecht (1939)

Van Schelven (1948a) A.A. van Schelven, *Willem van Oranje. Een boek ter gedachtenis van idealen en teleurstellingen.* Amsterdam (1948, 4e druk, 1e druk 1933)

Schenk (1984) M.G. Schenk, *Willem de Zwijger, verliezer die overwon.* Baarn (1984)

De Schepper (1984) Hugo de Schepper, 'Het politieke denken van Willem van Oranje'. In: *Neerlandia* 88 (1984) p. 156-160

De Schepper (2000) Hugo de Schepper, 'Frederik Perrenot van Champagney (1536-1602), het "enfant terrible" van de familie Granvelle'. In: Krista De Jonge en Gustaaf Janssens (red.), *Les Granvelle et les anciens Pays-Bas.* Leuven (2000) p. 233-244

Scherft (1966) P. Scherft, *Het sterfhuis van Willem van Oranje* Leiden (1966)

Schipperus (1962) P.J. Schipperus, *Buren en Oranje.* Buren (1962)

Schipperus (2018) P.J. Schipperus, *Philips Willem. De verloren zoon van Willem van Oranje.* Utrecht (2018)

Schmidt (1988) Georg Schmidt, 'Des Prinzen Vaterland? Wilhelm I. von Oranien (1533-1584) zwischen Reich, Deutscher Nation und den Niederlanden'. In: Ralph Melville e.a. (red.), *Deutschland und Europa in der Neuzeit.* Stuttgart-Wiesbaden (1988) p. 223-239

Schöffer (1981) I. Schöffer, 'The Batavian Myth During the Sixteenth and Seventeenth Centuries'. In P.A.M. Geurts en A.E.M. Jansen (red.), *Geschiedschrijving in Nederland* II. Den Haag (1981) p. 85-109

Schöffer (1984) I. Schöffer, 'Oranje's leven en streven is van blijvende waarde'. In: *Jaarboek van de Vereniging Oranje-Nassau Museum* (1984) p. 132-145

Schöffer (1991) I. Schöffer, 'De Opstand in de Nederlanden, 1566-1609'. In: I. Schöffer e.a. (red.), *De Lage Landen van 1500 tot 1780.* Amsterdam (1991, 5e druk, 1e druk 1978) p. 103-165

Scholten (2003) Frits Scholten, *Sumptuous Memories. Studies in Seventeenth-Century Dutch Tomb Sculpture.* Zwolle (2003)

Schrader (1998) Stephanie Schrader, '"Greater Than Ever He Was." Ritual and Power in Charles V's 1558 Funeral Procession'. In: *Nederlands Kunsthistorisch Jaarboek/Netherlands Yearbook for History of Art* 49 (1998) p. 69-93

Schreuders (1975) L.C. Schreuders, 'De belegering van Oudewater'. In: J.G.M. Boon (red.), *Oudewater 1570-1580. Vrijheid en gezag.* Oudewater (1975) p. 74-99

Schuttelaars (1998) A.H. Schuttelaars, *Heren van de raad. Bestuurlijke elite van 's-Hertogenbosch in de stedelijke samenleving, 1500-1580.* Nijmegen (1998)

Seidl (1907) Josef Seidl, *Die Statthalterschaft des Erzherzogs Matthias in den Niederlanden* (diss.) Wenen (1907)

Van Selm (2001) Bert van Selm, *De Amadis van Gaule-romans* (ed. Berry Dongelmans). Leiden (2001)

Seznec (1953) Jean Seznec, *The Survival of the Pagan Gods*. New York (1953)

Sinkevic (2006) Ida Sinkevic, 'The Culture of Arms in the Renaissance and Baroque'. In: Ida Sinkevic (red.), *Knights in Shining Armor. Myth and Reality 1450-1650*. Piermont (2006) p. 14-35

De Smet (1998) Rudolf De Smet, 'Marnix in dienst van Oranje: diplomaat op Europees niveau'. In: Inge Schoups en Arnold Wiggers (red.), *Philips van Marnix van Sint Aldegonde*. Antwerpen (1998) p. 23-67

Smit (1925) J. Smit, 'De tocht van Lumey naar Amsterdam in 1572'. In: *Bijdragen en Mededeelingen van het Historisch Genootschap* 46 (1925) p. 90-125

Smolderen (1972) L. Smolderen, *La statue du duc d'Albe à Anvers par Jacques Jonhelinck (1571)*. Brussel z.j. [1972]

Snyder (2009) Jon R. Snyder, *Dissimulation and the Culture of Secrecy in Early Modern Europe*. Berkeley-Los Angeles-Londen (2009)

Soen (2004) Violet Soen, '"C'estoit comme songe et mocquerie de parler de pardon". Obstructie bij een pacificatiemaatregel (1566-1567)'. In: *Bijdragen en Mededelingen betreffende de Geschiedenis der Nederlanden* 119 (2004) p. 309-328

Soen (2009) Violet Soen, 'De verzoening van Rennenberg (1579-1581). Adellijke beweegredenen tijdens de Opstand anders bekeken'. In: *Tijdschrift voor Geschiedenis* 122 (2009) p. 318-333

Soen (2010) Violet Soen, 'The Loyal Opposition of Jean Vendeville (1527-1592). Contributions to a Contextualized Biography'. In: Dries Vanysacker e.a. (red.), *The Quintessence of Lives. Intellectual Biographies in the Low Countries*. Turnhout (2010) p. 43-61

Soen (2011a) Violet Soen, 'Collaborators and Parvenus? Berlaymont and Noircarmes, Loyal Noblemen in the Dutch Revolt'. In: *Dutch Crossing* 35 (2011) p. 20-38

Soen (2011b) Violet Soen, 'Philip II's Quest. The Appointment of Governors-General during the Dutch Revolt (1559-1598)'. In: *Bijdragen en Mededelingen betreffende de Geschiedenis der Nederlanden* 126 (2011) 3-29

Soen (2011c) Violet Soen, 'Despairing of all Means of Reconciliation. The Act of Abjuration and the Peace Negotiations during the Dutch Revolt'. In: Paul Brood en Raymond Kubben (red.), *The Act of Abjuration. Inspired and Inspirational*. Tilburg (2011) p. 45-63

Soen (2012) Violet Soen, *Vredehandel. Adellijke en Habsburgse verzoeningspogingen tijdens de Nederlandse Opstand (1564-1581)*. Amsterdam (2012)

Soly (1984) H. Soly, 'Plechtige intochten in de steden van de Zuidelijke Nederlanden tijdens de overgang van Middeleeuwen naar Nieuwe Tijd: communicatie, propaganda, spektakel'. In: *Tijdschrift voor Geschiedenis* 97 (1984) p. 341-161

Spaans (2002) Joke Spaans, 'Violent Dreams, Peaceful Coexistence. On the Absence of Religious Violence in the Dutch Republic'. In: *De Zeventiende Eeuw* 18 (2002) p. 149-166

Spies (1999) Marijke Spies, 'Rhetoric and Civic Harmony in the Dutch Republic of the Late Sixteenth and Early Seventeenth Century'. In: Marijke Spies, *Rhetoric,*

Rhetoricians and Poets. Studies in Renaissance Poetry and Poetics. Amsterdam (1999) p. 57-68

Van 't Spijker (1971) W. van 't Spijker, 'Stromingen onder de reformatorisch gezinden te Emden'. In: D. Nauta e.a. (red.), *De synode van Emden oktober 1571*. Kampen (1971) p. 50-74

Staring (1980) W.C.H. Staring, *De binnen- en buitenlandsche maten, gewichten en munten van vroeger en tegenwoordig* (bew. R.W. van Wieringen) (1980, facs. ed., 1e druk 1902)

Stensland (2007) Monica Stensland, 'Not as Bad as All That: the Strategies and Effectiveness of Loyalist Propaganda in the Early Years of Alexander Farnese's Governorship'. In: *Dutch Crossing* 31 (2007) p. 91-112

Stensland (2012) Monica Stensland, *Habsburg Communication in the Dutch Revolt.* Amsterdam (2012)

Van Stipriaan (1996) R. van Stipriaan, *Leugens en vermaak. Boccaccio's novellen in de kluchtcultuur van de Nederlandse renaissance.* Amsterdam (1996)

Van Stipriaan (2007) René van Stipriaan, 'Words at War. The Early Years of William of Orange's Propaganda'. In: *Early Modern History* 11 (2007) p. 331-349

Van Stipriaan (2016) René van Stipriaan, *Lof der botheid. Hoe de Hollanders hun naïviteit verloren.* Amsterdam (2016)

Storm van Leeuwen (1998) Jan Storm van Leeuwen, 'An Unknown Book of William of Orange Discovered'. In: *Quaerendo* 28 (1998) p. 296-300

Strong (2003) Roy Strong, *Feast. A History of Grand Eating.* Londen (2003, 1e druk 2002)

Sué (1979) S. Sué, 'Justus Lipsius en Jan van Hout: politieke en filologische aspecten van een vriendschap'. In: *Handelingen van de Koninklijke Zuidnederlandse Maatschappij voor Taal en Letterkunde en Geschiedenis* 33 (1979), 265-287

Sutherland (1983) N.M. Sutherland, 'William of Orange and the Revolt of the Netherlands: A Missing Dimension'. In: *Archiv für Reformationsgeschichte* 74 (1983) p. 201-231

Swart (2006) Erik Swart, *Krijgsvolk. Militaire professionalisering en het ontstaan van het Staatse leger, 1568-1590.* Amsterdam (2006)

Swart (2007) Erik Swart, 'Beproefde vriendschap. Willem van Oranje, Günther van Schwarzburg, Georg van Holle en de grenzen van de adellijke loyaliteit'. In: Eef Dijkhof en Michel van Gent (red.), *Uit diverse bronnen gelicht.* Den Haag (2007) p. 331-342

Swart (2008) Erik Swart, 'De eeuwige Vader des Vaderlands. De historische Willem van Oranje en de erfenis van de negentiende eeuw'. In: *Biografie Bulletin* 18 (2008), nr. 2, p. 17-24

Swart (2014) Erik Swart, 'Willem van Oranje als krijgsman'. In: Coen Tamse (red.), *Willem van Oranje en Breda. Officier en 'grand seigneur'.* Den Haag (2014) p. 15-38

Swart (2016) Erik Swart, 'Bij Haarlem begon de victorie. Een interpretatie van de rol en het belang van het beleg van Haarlem (1572-1573) in de Nederlandse Opstand'. In: *Haerlem jaarboek* (2016) p. 41-72

Swart (1975) K.W. Swart, 'The Black legend During the Eighty Years War'. In: J.S. Bromley en E.H. Kossmann (eds.), *Some Political Mythologies*, Special Issue of *Britain and the Netherlands* v (1975) p. 36-57

Swart (1984a) K.W. Swart, 'Wat bewoog Willem van Oranje de strijd tegen de Spaanse overheersing aan te binden?' In: *Bijdragen en Mededelingen betreffende de Geschiedenis der Nederlanden* 99 (1984) p. 554-572

Swart (1984b) K.W. Swart, 'Oranje en de opkomst van het Statenbewind'. In: *Spiegel Historiael* 19 (1984) p. 195-200

Swart (1992) K.W. Swart, 'Willem van Oranje: mythe en werkelijkheid'. In: Bert Toussaint en Paul van der Velde (red.), *Aspecten van de historische biografie.* Kampen (1992) p. 90-99

Swart (1993) K.W. Swart, 'William the Silent's Statecraft'. In: Theo Hermans en Reinier Salverda (red.), *From Revolt to Riches. Culture and History of the Low Countries, 1500-1700.* Londen (1993) p. 65-73

Swart (1994) K.W. Swart, *Willem van Oranje en de Nederlandse Opstand 1572-1584.* Den Haag (1994)

Swart (1996) K.W. Swart, 'Willem de Zwijger'. In: C.A. Tamse (red.) *Nassau en Oranje in de Nederlandse Geschiedenis.* Utrecht (1996) p. 51-88

Tanis & Horst (1993) James Tanis en Daniel Horst, *Images of Discord. A Graphic Interpretation of the Opening Decades of the Eighty Years' War.* Bryn Mawr (1993)

Tanner (1993) Marie Tanner, *The Last Descendant of Aeneas. The Hapsburgs and the Mythic Image of the Emperor.* New Haven (1993)

Tenhaeff (1933) N.B. Tenhaeff, 'De jeugd van Willem den Zwijger'. In: P. Geyl (red.), *Wilhelmus van Nassouwe.* Middelburg (1933) p. 15-38

Tepe (2012) Roy Tepe, *Oog in oog met de martelaren van Gorkum.* Gorkum (2012).

Teubner (1892) Emil Teubner, *Der Feldzug Wilhelms von Oranien gegen den Herzog von Alba.* Halle (1892)

Den Tex (1980) Jan den Tex, *Johan van Oldenbarnevelt.* Den Haag (1980)

Theissen (1933) J.S. Theissen, 'De prins van Oranje in de Nederlandsche geschiedschrijving'. In: G.L. de Vries Feyens e.a. (red.), *Prins Willem van Oranje 1533-1933.* Haarlem (1933) p. 301-342

Thomas (1990) Werner Thomas, 'De mythe van de Spaanse inquisitie in de Nederlanden van de zestiende eeuw'. In: *Bijdragen en Mededelingen betreffende de Geschiedenis der Nederlanden* 105 (1990) p. 325-353

Van Tol (2019) Jonas van Tol, 'William of Orange in France and the Transnationality of the Sixteenth-Century Wars of Religion'. In: *BMGN – Low Countries Historical Review* 134 (2019) no. 4 p. 33-58

Tracy (1999) James D. Tracy, 'Emigré and Ecclesiastical Property as the Sheet Anchor of Holland Finance, 1572-1584'. In: Philip Benedict e.a. (red.), *Reformation, Revolt and Civil War in France and the Netherlands 1555-1585.* Amsterdam (1999) p. 255-266

Tracy (2004) James D. Tracy, *For Holland's Garden. The War Aims of the States of Holland, 1572-1588.* Amsterdam (2004)

Tracy (2008) James D. Tracy, *The Founding of the Dutch Republic. War, Finance, and Politics in Holland, 1572-1588.* Oxford (2008)

De Troeyer (1961) P.B. de Troeyer, *Lamoraal van Egmont. Een critische studie over zijn rol in de jaren 1559-1564 in verband met het schuldvraagstuk.* Brussel (1961)

Trosée (1924) J.A.G.C. Trosée, 'Très invraisemblable?' In: id., *Historische studiën.* Den Haag (1924) p. 190-208

Trosée (1929) J.A.G.C. Trosée, *Het eerste tijdvak van het verraad van graaf Willem van den Bergh*. Arnhem (1929)

Vale (1981) Malcolm Vale, *War and Chivalry. Warfare and Aristocratic Culture in England, France and Burgundy at the End of the Middle Ages*. Londen (1981)

Valkema Blouw (1993) Paul Valkema Blouw, 'Was Plantin a Member of the Family of Love. Notes on his dealings with Hendrik Niclaes'. In: *Quaerendo* 23 (1993) p. 3-23

Valkema Blouw (1994) Paul Valkema Blouw, 'Willem Silvius, Christiaen Houweel and Anti-Spanish Propaganda, 1577 to 1579'. In: *Quaerendo* 24 (1994), p. 3-29

Valkema Blouw (1995a) Paul Valkema Blouw, 'Geheime activiteiten van Plantin, 1555-1583'. In: *Gulden Passer* 73 (1995), p. 5-36

Valkema Blouw (1995b) Paul Valkema Blouw, 'A Cologne Printer Working for William of Orange. Godfried Hirtzhorn jun., 1568-1572'. In: *Quaerendo* 25 (1995) p. 3-23

Valkema Blouw (1997) Paul Valkema Blouw, 'The International Career of an Emden Printer (Goossen Goebens 1560-76)'. In: *Quaerendo* 27 (1997) p. 113-140

Vandamme (1987) Ludo Vandamme, 'Een Brugs edelman in de beginfase van de Opstand: Jacob van Heule (1566-1571).' In: G. Janssens (red.), *Liber amicorum Dr. J. Scheerder. Tijdingen uit Leuven over de Spaanse Nederlanden, de Leuvense universiteit en historiografie*. Leuven (1987) p. 29-47

Vandenbroeck (2001) Paul Vandenbroeck, 'High Stakes in Brussels, 1567. *The Garden of Earthly Delights* as the Crux of the Conflict Between William the Silent and the Duke of Alva'. In: Jos Koldeweij e.a., *Hieronymus Bosch. New Insights into his Life and Work*. Rotterdam (2001) p. 87-90

Vandormael & Goosens (2007) Herman Vandormael en Aline Goosens, *Slachtoffer van verraad en intrige. Graaf Lamoraal van Egmond 1522-1568*. Leuven (2007)

Van Veen (2001) Mirjam G.K. van Veen, *'Verschooninghe van de roomsche afgoderye'. De polemiek van Calvijn met nicodemieten, in het bijzonder met Coornhert* (diss. VU). Amsterdam (2001)

Van Veen (2012) Mirjam van Veen, *De kunst van het twijfelen. Sebastian Castellio (1515-1563), humanist, calvinist, vrijdenker*. Zoetermeer (2012)

Te Velde (2009) Henk te Velde, 'Willem van Oranje. Een held uit het verleden'. In: Jan Teeuwisse (red.), *Willem van Oranje 1533-1584. Leiden 30 08 2009*. Den Haag (2009) p. 43-55

Van de Velde (1975) Carl van de Velde, *Frans Floris (1519/20-1570). Leven en werken*. Brussel (1975)

Venner (1989) J.G.C. Venner, *Beeldenstorm in Hasselt 1567*. Leeuwarden-Maastricht (1989)

Vergeer (1980) Charles Vergeer, 'De laatste woorden van prins Willem'. In: *Maatstaf* 28 (1980) nr. 12, p. 67-100

Verheyden (1976) A.L.E. Verheyden, 'De pacificatie van Gent (1576): een politiek-religieus maneuver of de aankondiging van een nieuwe tijdgeest?' In: L. de Poorter (red.), *Opstand en pacificatie in de Lage Landen*. Gent (1976) p. 316-331

Verhoef (1985) C.E.H.J. Verhoef, *Philips van Marnix, Heer van Sint Aldegonde*. Weesp (1985)

Verhofstad (1937) K.J.W. Verhofstad, *De regeering der Nederlanden in de jaren 1555-1559*. Nijmegen (1937)

Vermaseren (1956) B.A. Vermaseren, 'Rondom het auteurschap der "Mémoires anonymes sur les troubles des Pays-Bas"'. In: *Bijdragen voor de Geschiedenis der Nederlanden* 11 (1956) p. 200-234

Vermaseren (1956-1957) B.A. Vermaseren, 'Dr. Gilbert Roy of Regius, een gunsteling van prins Willem van Oranje'. In: *Bijdragen voor de Geschiedenis der Nederlanden* 11 (1956-1957) p. 40-68

Vermaseren (1981) B.A. Vermaseren, *De katholieke Nederlandse geschiedschrijving in de 16e en 17e eeuw over de opstand*. Leeuwarden (1981, 2e druk, 1e druk 1941)

Vermaseren (1983) B.A. Vermaseren, 'Twee onderzoeken over Vlaanderen en prins Willem van Oranje. I. De kwestie der pandsteden in 1576 en 1577'. In: *Handelingen van de Société d'Emulation de Bruges* 120 (1983) p. 5-44

Vermij (1984) R.H. Vermij, ''s Konings stadhouder in Holland (1559-1567). Oranjes trouw aan Philips II'. In: *Utrechtse Historische Cahiers* 5, 2/3 (1984) p. 37-63

Vetter (1987) Klaus Vetter, *Wilhelm von Oranien. Eine Biographie*. Berlijn (1987)

Vetter (1992) Klaus Vetter, *Aan het hof van Willem van Oranje* (vert. P.H. Werner). Haarlem (1992)

Van Vliet (2017) Adri P. van Vliet, *Bastaard van Oranje. Justinus van Nassau. Admiraal, diplomaat & gouverneur (1559-1631)*. Zutphen (2017)

Van Vloten (1876) Joh. van Vloten, 'De beeldstorm te Delft in april 1573'. In: *Studiën en bijdragen op 't gebied der Historische Theologie* 3 (1876) p. 185-189

Voet (1988-1989) L. Voet, 'Christoffel Plantijn (ca. 1520-1589), een synthese'. In: *De Gulden Passer* 66-67 (1988-1989) p. 15-44

Vosters (1993) S.A. Vosters, 'De bibliotheek van Engelbert II van Nassau'. In: *Jaarboek De Oranjeboom* 46 (1993) p. 25-63

Van der Wal (1994) Marijke J. van der Wal, 'De Opstand en de taal. Nationaal bewustzijn en het gebruik van het Nederlands in het politieke krachtenveld'. In: *De Zeventiende Eeuw* 10 (1994) p. 110-117

Warnsinck (1933) J.C.M. Warnsinck, 'De eerste poging tot vorming eener zeemacht'. In: G.L. de Vries Feyens e.a. (red.), *Prins Willem van Oranje 1533-1933*. Haarlem (1933) p. 85-100

Waszink (1999) Jan H. Waszink, 'Virtuous Deception: The *Politica* and the Wars in the Low Countries and France, 1559-1589'. In: G. Tournoy e.a. (red.), *Iustus Lipsius Europae lumen et columen*. Leuven (1999) p. 248-267

Waterbolk (1976) E.H. Waterbolk, 'Humanisme en de tolerantiegedachte'. In: L. de Poorter (red.), *Opstand en pacificatie in de Lage Landen*. Gent (1976) p. 297-315

Waterbolk (1981) E.H. Waterbolk, 'L'Erasmianisme de Guillaume d'Orange'. In: id., *Verspreide opstellen*. Amsterdam (1981) p. 84-93

Waterschoot (1974) W. Waterschoot, 'Leven en betekenis van Lucas D'Heere'. In: *Verslagen en Mededelingen van de Koninklijke Academie voor Nederlandse Taal- en Letterkunde*. Nieuwe reeks (1974) p. 16-126

Waterschoot (1984a) W. Waterschoot, 'Vorstelijke intochten 1577-1584'. In J. Decavele (red.), *Het eind van een rebelse droom*. Gent (1984) p. 113-124

Waterschoot (1984b) W. Waterschoot, 'Jan Baptist Houwaert en Lucas d'Heere verwelkomen Willem van Oranje te Brussel en te Gent in 1577'. In: *Handelingen van het achtendertigste Nederlands filologencongres* (1984), p. 443-453

Waterschoot (1985-1986) W. Waterschoot, 'Lucas d'Heere en Willem van Oranje'. In: *Jaarboek De Fonteine* 35-36 (1985-1986) p. 81-102

Waterschoot (2001) Werner Waterschoot, 'Antwerp: Books, Publishing and Cultural Production before 1585'. In: Patrick O'Brien e.a. (red.), *Urban Achievement in Early Modern Europe. Golden Ages in Antwerp, Amsterdam and London*. Cambridge (2001) p. 233-248

Wedgwood (2001) C.V. Wedgwood, *William the Silent, William of Nassau, Prince of Orange 1533-1584*. Londen (2001, 1e druk 1944)

Van der Wee (1969) Herman van der Wee, 'De economie als factor bij het begin van de opstand in de Zuidelijke Nederlanden'. In: *Bijdragen en Mededelingen betreffende de Geschiedenis der Nederlanden* 83 (1969) p. 15-32

Van der Wee (1991) H. van der Wee, 'De overgang van middeleeuwen naar Nieuwe Tijd'. In: I. Schöffer e.a. (red.), *De Lage Landen van 1500 tot 1780*. Amsterdam (1991, 5e druk, 1e druk 1978) p. 11-37

Wellens (1959) Robert Wellens, 'Un compte relatif aux fêtes de Binche et de Mariemont en 1549'. In: *Bulletin de la Commission Royale d'Histoire* 124 (1959) p. 275-297

Wells (1987) Guy E. Wells, 'The Unlikely Machiavellian: William of Orange and the Princely Virtues'. In: *Politics and Culture in Early Modern Europe*. Cambridge (1987) p. 85-94

Wezel (1999) G.W.C. Wezel, *Het paleis van Hendrik III graaf van Nassau te Breda*. Zeist-Zwolle (1999)

Wezel (2003) G.W.C. Wezel, *De Onze-Lieve-Vrouwekerk en de grafkapel voor Oranje-Nassau te Breda*. Zeist-Zwolle (2003)

Wijn (1982) J.W. Wijn, *Het beleg van Haarlem*. Amsterdam (1982)

Wille (1952) J. Wille, 'De godsdienstige denkbeelden van Jan van der Noot in zijn Keulse periode'. In: *Studies aangeboden aan prof. dr. Gerard Brom*. Utrecht-Nijmegen (1952) p. 223-244

***Willem van Oranje* (1984)** *Willem van Oranje. Om vrijheid van geweten* (cat. tent. Rijksmuseum). Amsterdam 1984

Willemsen (1988) R. Willemsen, *Enkhuizen tijdens de Republiek. Een economisch-historisch onderzoek naar stad en samenleving van de 16e tot de 19e eeuw*. Hilversum (1988)

De Witt Hubers (1933) Fr. de Witt Hubers, 'Een gevaarlijk oogenblik voor den vader des vaderlands'. In: *Militaire Spectator* (1933) p. 318-319

Wolf (1934) Karl Wolf, 'Des Syndicus Dr. Fichard zu Frankfurt a.M. rechtliche Gutachten für den Prinzen Wilhelm von Oranien i.d.J. 1568 und 1570'. In: *Bijdragen voor Vaderlandsche Geschiedenis en Oudheidkunde*, 7e reeks 4 (1934) p. 236-240

Wolf (1955) Karl Wolf, 'Zur Einführung des reformierten Bekenntnisses in Nassau-Dillenburg'. In: *Nassauische Annalen* 66 (1955) p. 160-193

De Wolf (1984) C. de Wolf, 'De bibliotheek van Willem van Oranje: eigentijdse gedrukte werken'. In: *Boeken van en rond Willem van Oranje* (cat. tent. Koninklijke Bibliotheek 1984). De Haag (1984) p. 29-39

Woltjer (1965) J.J. Woltjer, *De Leidse universiteit in verleden en heden*. Leiden (1965)

Woltjer (1971) J.J. Woltjer, 'De politieke betekenis van de Emdense Synode'. In: D. Nauta e.a. (red.), *De synode van Emden oktober 1571*. Kampen (1971) p. 22-49

Woltjer (1972a) J.J. Woltjer, 'Inleiding'. In: *Opstand en onafhankelijkheid. Eerste Vrije Statenvergadering Dordrecht 1572* (cat. tent. Augustijnenkerk Dordrecht). Dordrecht (1972) p. 5-28

Woltjer (1972b) J.J. Woltjer, 'Koningin Elizabeth en de Opstand in de Nederlanden'. In: *Tijdschrift voor Geschiedenis* 85 (1972) p. 31-37

Woltjer (1976) J.J. Woltjer, 'Het Noorden en de Pacificatie van Gent'. In: L. de Poorter (red.), *Opstand en pacificatie in de Lage Landen*. Gent (1976) p. 79-98

Woltjer (1979) J.J. Woltjer, 'De wisselende gestalten van de Unie'. In: S. Groenveld en H.L.Ph. Leeuwenberg (red.), *De Unie van Utrecht*. Den Haag (1979) p. 88-100

Woltjer (1994a) J.J. Woltjer, 'De vredemakers'. In: id., *Tussen vrijheidsstrijd en burgeroorlog*. Amsterdam (1994) p. 64-88

Woltjer (1994b) 'Kleine oorzaken, grote gevolgen'. In: id., *Tussen vrijheidsstrijd en burgeroorlog. Over de Nederlandse Opstand 1555-1580*. Amsterdam (1994) p. 131-144

Woltjer (1996) J.J. Woltjer, 'De Staten van Holland in het jaar van hagepreek en Beeldenstorm'. In: M. Bruggeman e.a. (red.), *Mensen van de Nieuwe Tijd*. Amsterdam (1996) p. 46-57

Woltjer (2011) J.J. Woltjer, *Op weg naar tachtig jaar oorlog*. Amsterdam (2011)

Woodall (2000) Joanna Woodall, 'Patronage and Portrayal: Antoine Perrenot de Granvelle's Relationship with Antonis Mor'. In: Krista De Jonge en Gustaaf Janssens (red.), *Les Granvelle et les anciens Pays-Bas*. Leuven (2000) p. 245-277

Yates (1959) Frances A. Yates, *The Valois Tapestries*. Londen (1959)

Yates (1968) Frances A. Yates, *The French Academies of the Sixteenth Century*. Nendeln, Liechtenstein (1968, 1e druk 1947)

Ysselsteyn (1969) Gerardina T. van Ysselsteyn, 'Wilhelmus. Naar aanleiding van Frances A. Yates, The Valois Tapestries, London 1959; een aanvulling'. In: *De bloeitijd van de Vlaamse tapijtkunst. Internationaal colloquium 23-25 mei 1961*. Brussel (1969) p. 329-386

Zagorin (1990) Perez Zagorin, *Ways of Lying. Dissimulation, Persecution, and Conformity in Early Modern Europe*. Cambridge (MA)-Londen (1990)

Zandvliet (2000) Kees Zandvliet (red.), *Maurits, prins van Oranje*. Amsterdam-Zwolle (2000)

Register

Aarschot, Filips van Croÿ, hertog van (1526-1595) 81, 186, 194, 235-236, 264, 290-291, 462, 470, 472-474, 485-488, 491-495, 499, 502-506, 508-509, 511, 513-514, 518, 534, 553-555, 561, 659, 715
Agylaeus, Henricus (ca. 1532-1595) 688
Aijsma 550
Aitzing, Michael von (1530-1598) 462
Alava (en Beamonte), Francés, hertog van (1519-1586) 268, 358
Albada, Aggaeus van (ca. 1530-1587) 556-557
Albon de Saint-André, Jacques d' (ca. 1505-1562) 124, 135, 147
Albrecht (Alcibiadis) van Brandenburg (1522-1557) 62, 87, 91, 93
Albrecht van Habsburg (1255-1308) 26, 704
Albret, Jeanne d' (koningin van Navarre) (1528-1572) 167, 356, 378-379
Alcyone 17
Alençon, François, hertog van, *zie* Anjou, François, hertog van
Alexander de Grote (356 v.Chr.-323 v.Chr.) 59, 703
Alostanus, Petrus (?-?) 640
Alva, Fernando Álvarez de Toledo, hertog van (1507-1582) 16, 24, 54, 56, 75, 89-90, 94, 117, 135-136, 139, 142, 147-150, 155, 158-159, 193, 195, 205, 223, 225, 235, 265, 270, 275, 285, 287, 289-293, 295-325, 329, 331, 333, 337-350, 352, 358-367, 369, 371-372, 374-378, 380, 382, 387-394, 398-400, 402, 404-407, 410-412, 414, 416-421, 425-427, 434, 462, 473, 480, 484, 497, 513, 525, 539, 557, 571, 580, 590, 607, 615, 673-674, 695-696, 698, 702
Álvarez, Vicente (?-?) 73, 77
Anastro, Gaspar d' (ca. 1551-1582) 630
Andelot, Pieter van (? -1568) 271, 292
Andreas, de heilige (1e eeuw) 126
Andrelec 245
Anjou, François, hertog van Alençon en (1556-1584) 15, 422, 457, 464-465, 468-469, 474, 488, 494, 507, 514, 517-519, 521, 532-533, 539, 541, 543, 545, 553, 562, 567-568, 570-572, 574-575, 579, 581, 589-596, 600, 603, 605-606, 611-614, 617, 619-630, 633-642, 645-652, 654-656, 659, 663-665, 670, 676-678, 683, 688
Anjou, Hendrik, hertog van, *zie* Hendrik III
Anna van Egmont, *zie* Buren, Anna van

Anna van Lotharingen (1522-1568) 41-42, 46-47, 80-81, 116, 143, 163
Anton de Bourbon (1518-1562) 167
Antonio, Dom (aspirant-koning van Portugal) (1531-1595) 589-590, 634
Antonisz., Adriaan (ca. 1543-1620) 666
Antonisz, Cornelis (ca. 1505-1553) 45
Aponius, George (?-?) 364
Arenberg, graaf van, *zie* Ligne, Jean de
Arentsz., Jan (?-?) 357
Armenteros, Tomas (ca. 1510-1568) 161-162, 201-203, 206-207, 275
Artus, Willem (?-?) 566
Asperen, Wessel van Boetzelaer, heer van (ca. 1500-1575) 364
Assonville, Christoffel d' (heer van Hauteville) (ca. 1528-1607) 245, 268, 280, 472, 555-556, 559-561, 576, 681, 687
Augustus, keizer (63 v.Chr.-14n.Chr.) 703
Aumale, Claude II, hertog van (1526-1573) 334
Aytta, Viglius van, *zie* Viglius van Aytta

Baden, Cimburga van (1450-1501) 29
Badoero, Federico (1518-1595) 118
Bardes, Willem Dirckz. (1496-1577) 220, 272
Bardes (Bardesius), Willem (1528-1601) 579
Barentsz., Dirck (1534-1592) 695, 711
Barrefelt, Hendrik Jansen van (ca. 1520-ca. 1594) 531-532
Basius, Johan (1540-1596) 364
Bastien (ingenieur van Willem van Oranje) 7, 108
Baudouin, François (1520-1573) 197-198, 230, 467
Baza, Francesco de (?-?) 636-637
Beale, Robert (1541-1601) 508
Beatis, Antonio de (?-?) 80
Beaulieu, Charles (?-?) 364
Becanus, Goropius (1519-1573) 354, 530
Beieren, Ernst van (1554-1612) 655
Beieren, Sabine van (1528-1578) 149, 179, 209
Bellièvre, Pompone de (1529-1607) 518-519, 641, 649
Bergen, Jan IV van Glymes, markies van (1528-1567) 75, 116, 195, 202, 235-236, 243, 245, 249-251, 265, 293
Bergh, Willem, graaf van den (1538-1586) 314, 388, 573, 666-668, 673
Berlaymont, Gilles van (heer van Hierges), *zie* Hierges, Gilles van Berlaymont, heer van
Berlaymont, Karel van (1510-1578) 137, 155, 188, 192, 194, 202, 247, 258, 262, 264, 268, 276, 291, 326
Berty, Baptist (?-1579) (secretaris van Margaretha van Parma) 285
Bets, Jacob 301
Beutterich, Peter (1538-1587) 536
Beza, Theodorus (1519-1605) 232, 356
Bieselingen, Christiaen Jansz. van (ca. 1558-1600) 687

Biron, Armand de Gontaut, baron van (ca. 1524-1592) 639-642, 650, 653, 658-659
Blijleven (griffier) 550
Bloc, Coenraad (ca. 1545-na 1602) 453
Blois (Cocq van Neerijnen), Maximiliaan van (?-1568) 292
Boccaccio, Giovanni (1313-1375) 163
Bocholt, Godert van (ca. 1522-1577) 116
Boisot, Charles de (ca. 1530-1575) 447-448, 450
Boisot, Louis de (1530-1576) 415, 418, 425, 433, 439, 471, 673
Bombergen, Anton van (ca. 1532-1568) 279, 284, 318
Bombergen, Charles van (?-?) 303
Bombergen, Daniel van (?-?) 303, 354
Bonga, Jan (?-1580) 337
Bontius, Hugo (?-1601) 435, 446-447
Bor, Pieter (1559-1635) 496, 511, 566, 631, 709, 717
Bosch, Jheronimus (ca. 1450-1516) 80, 199, 296-297
Boschuyzen, François van (?-?) 360
Bossu, Maximiliaan de Hennin, graaf van (1542-1578) 106, 117, 377, 383, 389, 418, 423
Bourbon, Charlotte de (ca. 1546-1582) 445, 452-454, 470-471, 496, 499-501, 509, 521, 529, 536-537, 571, 585, 592, 597, 604, 624, 631-633, 635, 640, 651-652, 654, 682, 716
Bourbon, Louis de (hertog van Montpensier) (1513-1582) 445, 452, 640, 643
Bourdeille, Pierre, *zie* Brantôme, Pierre Bourdeille, heer van
Bouton, Claude, heer van Corbaron (ca. 1473-1556) 47-48, 50, 57, 66-67, 69, 76, 77, 78, 82, 145
Brantôme, Pierre Bourdeille, heer van (ca. 1540-1614) 65, 335
Brederode, Hendrik van (1531-1568) 98, 116, 171, 204, 207, 221-222, 234, 236, 241, 243-247, 249-251, 253-254, 263, 265, 268, 271, 273, 275, 277-281, 284, 288, 299, 332, 337, 445, 527
Brederode, Lancelot van (?-1573) 337-338, 414
Brès, Guido de (1522-1567) 232, 283-284
Brimeu, Maria van (vrouw van Harel van Croÿ, prins van Chimay) (ca. 1550-1605) 670
Bronckhorst, Dirk van (?-1574) 438
Bronckhorst, Willem van (heer van Batenburg) (?-1573) 405, 413-414
Brueghel, Pieter (ca. 1528-1569) 80-81, 354, 530
Brunswijk, Erik van (1528-1584) 226, 242, 258, 264
Bruyninck, Nicolaas (ca. 1540-1609) 375, 553, 555
Buchell, Arnoud van (1565-1641) 688
Bueren, Hans van (?-?) 98
Buren, Anna, gravin van Egmond en (1533-1558) 65, 84, 86, 89-91, 94, 96-97, 100, 103, 106-113, 123-124, 126, 128-131, 632, 652, 689, 716
Burleigh, William Cecil, baron (1520-1598) 567
Buyck, Joost (1505-1588) 220, 272, 281
Buys, Paulus (1531-1594) 343-344, 364-365, 403, 422, 450, 457, 681
Buyskes, Pieter Luytges (1534-1606) 383
Buzanval, Paul Choart, heer van (?-1607) 662

Caesar, Julius (100 v.Chr.-44 v.Chr.) 29, 59, 459, 576
Calvijn, Johannes (1509-1564) 32-33, 60, 163, 229, 232, 238, 253, 261, 372, 440, 522, 526, 582, 662, 707
Camerling, Nicolaas (?-1605) 343, 364
Campene, Filips van (ca. 1520-na 1585) 341-342, 347, 361-362, 369
Cant, Reinier (1537-1595) 352, 364, 579
Carlos, Don (1545-1568) 311, 597
Casas, Bartolomé de las (1484?-1566) 596
Cassander, Georg (1513-1566) 197, 467
Castellio, Sebastien (1515-1563) 522-523, 556
Castello, Fabrizio (1562-1617) 200
Castiglione, Baldassare (1478-1529) 11-12, 481
Cater, Dirck (?-?) 344, 364
Catharina de' Medici (1519-1589) 16, 167, 188, 191, 211, 224, 293, 359, 361, 378-380, 391, 421-422, 467-468, 521, 540-541, 637, 641-642, 646, 649, 683, 688, 714
Ceyx 17
Chalon, Claudia van (1498-1521) 41-43
Chalon, Filibert van (1502-1530) 43
Chalon, René van (1519-1544) 40-47, 79, 81, 106, 116, 143, 145, 158, 163
Charlotte de Bourbon (prinses van Oranje-Nassau), *zie* Bourbon, Charlotte de (ca. 1546-1582)
Chimay, Karel van Croÿ, prins van (1560-1612) 472, 499, 659, 669-670
Christiaan II (koning van Denemarken) (1481-1559) 143, 184
Christiani, Andreas (?-?) 588
Christina van Denemarken, *zie* Lotharingen, Christina van
Christoffel van de Palts (1551-1574) 421, 429-432
Clercq, Gilles le (ca. 1530-na 1567) 251, 269
Cocqueville 305
Coello, Alonso Sanchez (ca. 1531-1588) 479
Coligny, Gaspard de (1519-1572) 125, 167, 191, 225, 334-335, 356-357, 361, 374, 380, 391-392, 562, 650-651, 653
Coligny, Louise de (1555-1620) 650-654, 671-672, 684-686, 689, 712, 716
Colonna, Francesco (ca. 1433-ca. 1527) 163
Colterman, Hans (?-1616) 364
Condé, Louis de Bourbon, prins van (1530-1569) 124, 167, 187, 191, 225, 231, 332, 334, 370, 445
Condé, Henri (I) de Bourbon, prins van (1552-1588) 591-592, 635, 650, 676
Coninck, Cornelis de (?-1582) 442
Coolhaes, Caspar Jansz. (1536-1615) 565
Coornhert, Clemens Volckertsz. (? 1579) 364
Coornhert, Dirck Volckertsz. (1522-1590) 234, 242, 269, 292, 352, 354, 364, 371-372, 402, 460, 469, 530-532, 541, 565
Coornhert, Frans Volckertsz. (1519-1605) 352-353, 364, 366
Copernicus, Nicolaas (1473-1543) 39, 60
Copier, Jacob (1529-1584) 364-365
Cornelisz., Pieter (?-?) 565

Coster, Laurens Jansz. 460
Croÿ, Adriaan van (heer van Roeulx), *zie* Roeulx, Adriaan van Croÿ, heer van
Croÿ, Filips van (hertog van Aarschot), *zie* Aarschot, Filips van Croÿ, hertog van
Croÿ, Karel van (prins van Chimay), *zie* Chimay, Karel van Croÿ, prins van
Croÿ, Karel-Filips van (markies van Havré), *zie* Havré, Karel-Filips van Croÿ, markies van
Crusius, Arnold Cornelisz. (1547-1605) 672, 690
Cruz, Juan Pantoja de la (ca. 1553-1608) 479
Culemborg, Floris van Pallandt, graaf van (1537-1598) 221, 238, 247-248, 267, 307, 315
Cunegonda Jacoba, paltsgravin van Simmern (1556-1586) 588

Datheen, Petrus (ca. 1531-1588) 266, 276, 284, 351-352, 371-373, 403, 408, 469, 508, 520, 534-536, 552, 561, 563, 610, 632, 656
Dávila, Sancho (1523-1583) 291, 425, 429-430
Davison, Willliam (ca. 1541-1608) 523
Deursen, A.Th. van (1931-2011) 71
Dietz, Christina van (1571-1637) 349
Dirksen, Rodrigo (1540-1599) 200
Does, Jacob van der (ca. 1500-1577) 438, 450
Does, Jan van der, *zie* Dousa, Janus
Dolhain, Adrien de Bergues, heer van (?-1572) 337-338, 346
Dorp, Arent van (ca. 1530-1600) 386, 390, 403, 422-423, 448, 450, 553, 555, 633
Dousa, Janus (1545-1604) 403, 438, 442-443, 469, 525, 530, 532, 662
Dudo, graaf (?-?) 24
Duifhuis, Hubert (1531-1581) 354, 574-575
Duivenvoorde, Johan van (ca. 1518-1573) 414
Duke, Alistair 328
Dürer, Albrecht (1471-1528) 60, 80

Eboli, Ruy Gómez de Silva, prins van, *zie* Gómez de Silva, Ruy (prins van Eboli)
Edzard II, graaf van Emden/Oost-Friesland (1532-1599) 309, 347, 352, 360
Egmont, Anna van (moeder van de Filipsvan Horne) (1504-1574) 299
Egmond, Filips van (1558-1590) 637
Egmond, Lamoraal van (1522-1568) 75, 84-85, 90, 94, 97-98, 101, 105-106, 116-117, 124, 126, 134, 137, 140, 142-143, 146-147, 149-152, 156-158, 161, 176-177, 179-180, 182, 186-187, 190, 192-195, 200-209, 212-213, 221-224, 226, 232-236, 238-239, 243-249, 255-260, 263-265, 267-268, 275-277, 279, 285-287, 290-291, 293, 298, 308-310, 320, 325, 361, 673
Egmond, Margaretha van (1515-1554) 72
Egmond, Maximiliaan van (1509-1548) 54, 56, 63-66, 87, 129
Egmond, Walburga van (1490-1529) 20
Elisabeth van Hessen (1466-1523) 30
Elisabeth van Valois (1545-1568) 141, 147, 225
Elizabeth van Engeland (1533-1603) 16, 181, 300, 337, 358, 360, 365, 375, 416, 455-458, 464, 493, 496, 507-508, 536, 540, 567-568, 600, 602-604, 613, 619-621, 626, 634, 641, 645, 652, 677, 682-683, 713

Emanuel Filibert (hertog van Savoie) (1528-1580) 84, 98, 101-102, 105-107, 117, 119-120, 124, 126-127, 134-135, 139-141, 145-148, 181, 192
Enghien, weduwe van de hertog van 146
Entens van Mentheda, Barthold (1539-1580) 337, 405, 549-550, 587
Epictetus (55-ca. 135) 353
Épinoy, Pieter de Melun, prins van (??-1594) 96, 615, 625, 659
Épinoy, Philippa Christina de Lalaing, prinses van (1545-1582) 615-616, 618
Eppens, Abel (1534-ca. 1590) 480
Erasmus, Desiderius (ca. 1466-1536) 11-12, 60, 63, 67-71, 74, 261, 341, 459-460, 529, 603, 706-708
Eraso, Francisco de (ca. 1507-1570) 117, 120, 151
Escovedo, Juan de (?-1578) 494
Espinosa y Arévalo, Diego (1512-1572) 193
Essen, Léon van der (1883-1963) 688
Eyck, Hubert van (ca. 1366-1426) 261
Eyck, Jan van (ca. 1390-1441) 261

Fabritius, Christoffel (ca. 1527-1564) 212
Fadrique, Don (1537-1583) 318, 382, 390, 393, 400-402, 404-405, 410, 412-414
Farnese, Alessandro (hertog van Parma en Piacenza) (1545-1592) 161, 195, 235-236, 238, 287, 513, 533, 543-545, 547, 549, 552, 554-555, 558, 567, 569, 573-576, 579, 587, 592, 595-596, 599, 602, 604, 607-610, 612-616, 618, 620, 628, 630, 634, 636-638, 649, 655-670, 674, 676-682, 687-688, 706, 712-714
Farnese, Ottavio (hertog van Parma en Piacenza) (1524-1586) 16, 88, 160-161, 194
Ferdinand I, keizer (1503-1564) 16, 61, 66, 83-84, 86, 104, 118, 127-128, 186-187, 197, 211-212, 232, 517
Feria, Gómez Suárez de Figueroa, hertog van (ca. 1520-1571) 151
Feugueray, Guillaume (?-1613) 453
Fiennes, Eustache de (?-?) 257
Filips I, bijgenaamd 'de Schone' (hertog van Habsburg, koning van Castilië) (1482-1506) 23, 28
Filips II (koning van Spanje) (1527-1598) 8-11, 15-16, 26, 54, 58-60, 73-78, 82-85, 96-98, 103-104, 109, 111-113, 117-127, 134-136, 138-139, 141-156, 158-162, 164, 168-171, 175-176, 180-196, 198-203, 205-207, 209-213, 221-251, 255-260, 264-265, 267-270, 275-276, 284-301, 304, 310-311, 313, 324-327, 330, 332, 338-339, 342, 357, 360, 363, 369, 374, 377, 381, 387, 389, 393, 399, 402, 404, 412, 414, 419-420, 421-427, 433, 435, 436, 442, 446, 451, 455-457, 460, 462, 470, 473-474, 480-482, 484, 486, 488, 491, 493-495, 497, 502-504, 514-515, 517-519, 523, 525-527, 531, 540, 546, 552-558, 560-562, 564, 571-573, 575-576, 589-590, 595-601, 603-606, 608-609, 611, 613, 616, 619-620, 622, 626, 634, 653, 663, 670, 679-680, 696-698, 702-706, 710-711, 713-715
Filips de Goede (1396-1467) 27, 112
Filips de Oude (graaf van Katzenelnbogen) (1402-1479) 30
Filips de Schone, *zie* Filips I
Filips Willem (prins van Oranje), *zie* Oranje, Filips Willem, prins van
Flavius Josephus (ca. 37-100) 94
Floris, Frans (ca. 1519-1570) 298

Foreest, Nanning van (1529-1592) 450
Foreest, Pieter van (1521-1597) 436-437, 601-602
Francesco II Sforza, hertog van Milaan (eerste echtgenoot Christina van Lotharingen) (1495-1535) 143
Frans I (hertog van Lotharingen) (1517-1545) 143
Frans I (koning van Frankrijk) (1494-1547) 19, 52-53, 56, 163
Frans II (koning van Frankrijk) (1544-1560) 148, 150, 156, 166-167, 184
Frederik II, keizer (1194-1250) 25
Frederik II (koning van Denemarken) (1534-1588) 184, 189, 672
Frederik III (keurvorst van de Palts) (1515-1576) 271, 332, 350, 352, 421, 444, 445, 452, 588, 592
Frederik IV (keurvorst van de Palts) (1574-1610) 716
Frederik Casimir (paltsgraaf van Zweibrücken-Landsberg) (1585-1645) 716
Fregoso, Gian Galeazzo (?-1581) 357-358, 417, 589
Fruin, Robert (1823-1899) 359, 479
Fruytiers, Johan (?-ca. 1580) 353, 372-373, 403
Fuentes, Pedro Enríquez de Acevedo, graaf van (ca. 1535-1610) 715

Gabriel, Petrus (?-1573) 357
Gailliart, Johan (ca. 1507-1574) 353-354
Gailliart, Willem (?-?) 353
Galle, Filips (1537-1612) 354
Gama, Vasco da (ca. 1469-1524) 39
Gascoigne, George (ca. 1539-1577) 476
Geldenhouwer, Gerard (1482-1542) 460
Geldorpius, Henricus (1522-1585) 368-369
Gelre, Karel van (1467-1538) 49
Genlis, Jean van Hangest, heer van (ca. 1530-1572) 319, 381, 390-391
Georges d'Autriche (prins-bisschop van Luik) (1505-1557) 108, 315-316, 318, 655
Gerards, Balthasar (ca. 1557-1584) 645, 678, 680-681, 683-684, 686-688, 706-707, 715
Gerlo, Aloïs (1915-1998) 444
Gresham, Thomas (ca. 1518-1579) 265, 277
Greville, Fulke (1554-1628) 602-603
Gheeraerts, Marcus (ca. 1520-ca. 1591) 466-467
Gheyn (I), Jacques de (1537-1581) 498
Gheynst, Johanna van der (?-1541) 146
Ghoor, Catharina van (vrouw van Jan van Marnix) (ca. 1540-?) 281
Glajon, Filips van Stavele, heer van (ca. 1520-1563) 117, 126, 137
Goebens, Goossen (?-?) 353
Goes, Hugo van der (ca. 1440-1482) 80
Goltzius, Hendrick (1558-1617) 692
Gómez de Silva, Ruy (prins van Eboli) (1516-1573) 75, 113, 117, 136, 193, 195, 239
Gonzaga, Ferrante (1507-1557) 161
Gonzaga, Vespasiano (1531-1591) 702-703, 705
Gouda, Johan de (?-1593) 549
Gracht, Gauthier van der (heer van Maelstede) (1530-1593) 503

Gramont, Antoine de (1526-1576) 225
Grange, Pérégrin de la (ca. 1537-1567) 254
Granvelle, *zie* Antoine Perrenot (heer van Granvelle)
Guicciardini, Ludovico (1521-1589) 207, 461, 630
Guise, familie De 167, 191, 193, 211, 620, 636, 646, 677, 713
Guise, François, hertog van (1519-1563) 94, 133
Gulik-Kleef, Willem, hertog van (1516-1592) 49, 103, 120-122, 197, 201, 226, 234, 246, 259, 315
Gutenberg, Johannes (ca. 1390/1399-1468) 460
Guyon, François, *zie* Gerards, Balthasar
Guzmán de Silva, Don Diego (?-1577) 238-239

Hadrianus, keizer (76-138) 703
Haecht, Godevaert van (1546-ca. 1599) 217-218, 250, 261, 267, 286
Haecht, Willem van (ca. 1530-na 1585) 371
Haemstede, Adolf van (1520-1585) 433-444
Haller, Wolfgang (1521-1591) 127
Hames, Nicolas de (?-1568) 232, 238-239, 305
Hanau-Münzenberg, Filips Lodewijk, graaf van (1576-1612) 716
Hanau-Münzenberg, Reinhard, graaf van (1528-1554) 100
Hannibal (247 v.Chr.-ca. 182 v.Chr.) 29
Hanssen, Hans (?-1584) 679
Hasselaer, Kenau Simonsdr. (1526-1588) 407
Hasselt, Augustijn van (?-?) 301
Haultepinne, Claude van Berlaymont, heer van (1550-1587) 609
Havré, Karel-Filips van Croÿ, markies van (1549-1613) 486, 494-495, 553, 561
Heemskerck, Willem Jan Reyersz. van (1526-1592) 364
Heere, Lucas d' (1534-1584) 354, 469-470, 510, 530, 541, 568, 637-638
Heeze, Willem van Horne, heer van (1553-1580) 472, 497, 532
Heijden, Gaspard van der (1530-1586) 520
Heinsberg, Adelheid van (1280-1351) 26
Hembyze, Jan van (1513-1584) 505, 511, 535-536, 552, 561-563, 569, 656, 659, 669, 673
Hendrik II (koning van Frankrijk) (1519-1559) 87-89, 91, 93, 99-101, 121, 136, 141-142, 146-148, 161
Hendrik III (koning van Frankrijk, eerder hertog van Anjou) (1551-1589) 421-422, 429, 444, 452, 455, 464-465, 518, 591-593, 613, 620, 626, 637, 639, 642, 645, 648, 651, 676-677, 683, 714
Hendrik VIII (koning van Engeland) (1491-1547) 96, 143
Herle, William (?-1588) 633
Herwerden, P.J. van (1902-?) 231
Hessen, Filips, bijgenaamd 'de Grootmoedige', landgraaf van (1504-1567) 54-56, 63-64, 80, 83, 87-89, 92-93, 103, 120-121, 159, 169-170, 183, 231, 255, 259, 277, 288, 293, 452
Hessen, Willem, landgraaf van (1532-1592) 120-121, 170, 211, 231, 269-270, 288, 293-294, 299, 305-306, 312, 340, 348, 445-446, 452, 598
Hettinga, Homme van (?-voor 1574) 337
Heuvelmans, Jan (?-?) 348

Heyns, Peeter (1537-1598) 354
Hierges, Gilles van Berlaymont, heer van (?-1579) 450-451, 470, 472,
Hoefnagel, Joris (1542-1600) 354
Hoen, Jost (ca. 1500-1569) 34-35
Hogenberg, Frans (1535-1590) 252, 282, 290, 308, 393, 515
Hohenlohe, Filips, graaf van (1550-1606) 584, 587, 629, 655, 716
Hohenlohe, Wolfgang, graaf van (1546-1610) 293, 453
Holl, Georg van (1514-1576) 242-243
Holstein-Schaumburg, Adolf von, *zie* Schaumburg, Adolf van
Homerus 63
Hopperus, Joachim (1523-1576) 197, 209, 226, 289, 363, 434
Hooft, Cornelis Pietersz. (1547-1626) 392, 675-676, 717
Hooft, Pieter Cornelisz. (1581-1647) 717
Hoogeveen, Gerrit van (1524-1580) 442
Hoogstraten, Anton van Lalaing, graaf van (ca. 1530-1568) 207, 222, 243, 245, 263-265, 267, 314, 318, 321, 545
Horne, Filips van Montmorency, graaf van (1518-1568) 65, 75, 84-85, 100, 122, 136, 140, 149-150, 152, 181, 194-195, 200-202, 206-207, 212, 222, 229, 239, 243, 248-250, 256-260, 262, 264-265, 267-268, 271, 276, 278, 282, 287, 291, 298, 308-310, 320, 325, 333, 361, 673, 705
Horne, Willem van (heer van Heeze), *zie* Heeze, Willem van Horne, heer van
Hout, Jan van (1542-1609) 353, 364, 402, 438, 442-443, 469, 532, 565, 708-709
Houwaert, Jan Baptista (1533-1599) 371, 469, 501, 509, 530
Huizinga, Johan (1872-1945) 52
Huybrechts, Adriaen (ca. 1550-?) 528

Isabella van Habsburg (1501-1526) 143
Isabella van Portugal (1503-1539) 50
Isenburg, Wolfgang von (1533-1597) 48, 50, 57, 82

Jacobsz., Wouter (ca. 1521-1595) 400, 404, 406, 409, 419, 426, 428-429, 449, 483, 495-496
Jaureguy, Jean (ca. 1560-1582) 630, 701, 712
Johan Casimir van de Palts (1543-1592) 187, 421, 507, 517, 532, 535-536, 563, 566, 587, 592, 656-657, 659
Jozua, veldheer 56
Juan, Don (1547-1578) 290, 295, 311, 374, 473, 476, 479, 482, 484, 486-495, 497, 500-504, 506-507, 511-516, 518-519, 523, 532-534, 542
Junius, Franciscus (1545-1602) 238, 254-256
Junius, Hadrianus (1512-1575) 407, 460
Junius de Jonghe, Johan (?-ca. 1590) 448, 469, 557

Karel v (1500-1558) 7-9, 11, 18-19, 21-24, 30-31, 42-55, 59-71, 73-76, 78-80, 82-101, 103-111, 113, 117-122, 126-127, 138-139, 141, 143, 145-146, 152, 154-155, 160-162, 164, 168, 184, 190, 236, 250, 286, 310, 329-330, 458-459, 473, 480-482, 505, 514, 607, 690, 695, 697, 702-704, 710

Karel IX (koning van Frankrijk) (1550-1574) 167-168, 211, 224, 320-321, 327, 329-330, 334, 345, 358-361, 374, 378-380, 390-391, 394, 417, 421-422, 444, 452, 589
Karel de Grote (747?-814) 50, 59, 92, 703
Karel de Stoute (1433-1477) 27
Karel van Lotharingen, bisschop van Reims en Metz, kortweg 'kardinaal van Lotharingen' (1524-1574) 142, 167
Kessel, Dirck Gerritsz. van (1539-1604) 365, 403
Key, Willem (ca. 1515-1568) 175
Keyser, Hendrick de (1565-1621) 691
Kiliaen, Cornelis (1528-1607) 531
Kleef, Willem van, *zie* Gulik-Kleef, Willem van
Klink, Hubrecht (1958) 183
Knüttel, Wilhelm (vóór 1510-1566) 35, 46, 82-83, 86, 170
Kornput, Johan van den (1542-1611) 608
Kulmbach, Albrecht von, *zie* Albrecht (Alcibiadis) van Brandenburg

Lalaing, graaf van Hoogstraten, Filips van (1510-1555) 89
Lalaing, Filips van (1537-1582) 472, 488, 512, 518, 609
Lalaing (heer van Escornaix), Karel van (1506-1558) 97, 106, 137
Languet, Hubert (1518-1581) 301, 467-468, 470, 508, 523, 529, 535, 541, 557, 594-595, 611
Lannoy, Fernand van (1510-1579) 321
Lannoy, Filips van, heer van Beauvoir (?-1574) 281
Lannoy, Françoise de (moeder van Anna van Buren) (1513-1562) 65, 89
Lauenburg, hertog van 187
Leicester, Robert Dudley, graaf van (1533-1588) 358, 540, 567, 621, 626, 640, 713
Leiningen, Agnes van (ca. 1230-1303) 26
Leoninus, Elbertus (ca. 1519-1598) 435, 446-448, 549, 667-668, 681
Leuchtenberg, Elisabeth van (1537-1579) 157
Leyden, Aernt Dircksz. van (?-?) 545-546
Lier, Barbara van (?-?) 173
Liesveldt, Dirk (?-?) 497
Ligne, Jean de (graaf van Arenberg) (1525-1568) 65, 101-102, 106, 137, 143, 160, 177, 186, 258, 262, 264, 276, 290, 306-307
Lindanus, Wilhelmus (1525-1588) 609
Linden, Jan van der (?-1585) 561
Lipsius, Justus (1547-1606) 351, 481, 530, 532, 541, 662, 708-709
Lodewijk VI (keurvorst van de Palts) (1539-1583) 278, 336, 657
Lodewijk van Hongarije (1506-1526) 66
Longwy, François van (?-?) 56
Lotharingen, Christina van (1521-1590) 133, 143-146, 156, 160, 184-185, 189
Lotharingen, Dorothea van (1545-1621) 143
Lotharingen, Karel III van (1543-1608) 143, 146, 160
Lotharingen, Nicolaas van (1524-1577) 72
Lotharingen, Renata van (1544-1602) 143, 146, 156, 159-160, 184
Lumbres, Ghislain de Fiennes, heer van (?-?) 346, 375, 417
Lumey (Lummen), Willem van de Marck, heer van (1542-1578) 204, 280, 305, 314-315, 319-320, 375-377, 384-385, 388-389, 398-399, 403-405, 512-513, 673

Luther, Maarten (1483-1546) 21-22, 32-34, 40, 44-45, 53-55, 60, 67, 242, 261, 705, 707
Lyere, Emmery de (ca. 1551-1618) 666

Machiavelli, Niccolò (1469-1527) 11-12, 60, 163, 165-166, 480, 557, 707
Maelson, François (1538-ca. 1601) 457
Makkabeus, Judas 510
Malderée, Jacques (?-1617) 684-685
Mandelsloh, Ernst van (1522-1602) 398
Manninga, Unico (1529-1588) 350
Mansfeld, Agnes, gravin van (1551-1637) 654-655
Mansfeld, Pieter Ernst, graaf van (1517-1604) 186, 208, 222, 236, 248, 258, 264, 275, 277, 285, 287, 290, 463, 470, 472, 504, 678, 680
Manutius, Aldus (1449-1515) 163
Maret, Johan (?-?) 315-316
Margaretha van Parma (1522-1586) 145-146, 150-151, 154-155, 159-162, 167-168, 171, 176, 178-179, 181-189, 191-192, 194-195, 200-203, 205-207, 209, 213, 217, 220-221, 226-227, 234-238, 240, 243-251, 253, 255-260, 262-264, 267-270, 272-273, 275-280, 284-285, 287, 289-291, 295, 300, 326
Margaretha van Valois (1523-1574) 141, 145, 147-148, 379, 391, 463, 494-495, 514, 608-609, 616, 701
Maria van Bourgondië (1457-1482) 27-28
Maria van Hongarije (1505-1558) 8-9, 42-43, 46-47, 49-50, 52, 55, 57, 59-63, 65-67, 70-72, 74-76, 78, 81-87, 89-99, 103, 105-107, 110-111, 119-120, 138, 161, 165, 181, 297, 459, 607
Maria van Portugal (vrouw van Alessandro Farnese) (1538-1577) 235
Marnix, Filips van (heer van Sint-Aldegonde) (1540-1598) 232, 271, 287, 350-351, 353, 355, 357, 364, 366, 371-373, 375, 389, 392, 402-403, 422-424, 436, 444-445, 448, 453, 457, 469, 474, 485, 492, 505-506, 517, 523, 534-535, 541, 553, 561, 593-594, 598, 613, 619-621, 625, 629-630, 632, 639, 643, 649, 652, 662, 670, 673, 679, 682, 712
Marnix, Jan van (heer van Thoulouse) (1537-1567) 232, 238-239, 243-244, 271, 273, 280-281, 283
Martini, Willem (ca. 1533-1629) 186, 188, 682
Masius, Andreas (1514-1573) 354
Mathenesse, Jan van (?-?) 436
Matthias, aartshertog (1557-1619) 502-503, 506, 508-510, 513, 516, 518-520, 536, 542, 545, 547-548, 550-551, 553, 559, 563, 570, 572, 611-612, 624-625, 715
Maurier, Louis Aubery du (1600-1687) 153
Maurits, prins van Oranje, graaf van Nassau (1567-1625) 228, 294, 302, 499, 629, 652, 714, 716
Maximiliaan I van Habsburg (1459-1519) 27-28
Maximiliaan II van Oostenrijk (1527-1576) 16, 83, 187, 197, 203, 211-212, 259, 265, 288, 295, 306, 310-312, 340, 387, 412, 416, 421, 440-441, 446, 448, 456, 463, 517, 540, 703
Medici, Alessandro de' (ca. 1510-1537) 160
Medici, Catharina de', *zie* Catharina de' Medici
Medici, Cosimo de' (1519-1574) 357, 589
Medinaceli, Juan Luis de la Cerda, hertog van (ca. 1530-1594) 420

Meetkercke, Adolf van (1528-1591) 554
Megen, Charles de Brimeu, graaf van (ca. 1525-1572) 84, 106, 186, 243-245, 253, 258, 264, 277, 280-281, 284-285, 306-307, 705
Meixner, Johan 301, 313
Melanchthon, Philippus (1497-1560) 22, 35, 40
Mendoça, Bernardino de (ca. 1540-1604) 405, 620, 626
Mendoça, Mencia de (1508-1554) 24-25
Mepsche, Johan de (?-1585) 306
Mercator, Gerardus (1512-1594) 462, 530
Mérode, Jean de (?-?) 47-48, 57, 78, 81-82
Meteren, Emanuel van (1535-1612) 354, 469, 511, 530, 709, 717
Michelangelo (1475-1564) 60
Mierevelt, Michiel van (1567-1641) 651
Mijle, Adriaan van der (1538-1590) 450, 553, 681
Miltitz, Sophie von (?-?) 130
Mirambeau (gezant Franse koning) 647-649
Moded, Hermannus (?-1603) 254, 266, 283, 351, 535 536
Mondragón, Cristóbal de (1504 (of 1514)-1596) 424-425, 451-452, 471, 544, 615, 679
Montano, Benito Arias (1527-1598) 298, 354, 525-526, 532
Montigny, Emmanuel Philibert de Lalaing, baron van (1557-1590) 532, 609, 614-615, 673
Montigny, Floris de Montmorency, baron van (1528-1570) 136, 156, 188, 193, 202, 229, 235-236, 243, 249-251, 265, 267
Montmorency, Anne van (1493-1567) 124, 136
Montmorency, heer van Courrières, Jean van (?-ca. 1563) 97
Montpensier, Louis de Bourbon, hertog van, *zie* Bourbon, Louis de (hertog van Montpensier)
Mor, Anthonis (ca. 1520-ca. 1575) 7, 11, 59, 80, 97, 123, 161, 171, 217, 323, 397, 579, 711
Moretus, Jan (1543-1610) 530
Morgan, Walter (?-ca. 1574) 376
Morillon, Maximiliaan (ca. 1516-1586) 209, 222-223, 266, 289, 348, 457
Mörke, Olav (1952) 325
Mornay, Philippe Duplessis (1549-1623) 468-469, 520, 523, 529, 535, 541, 557, 592, 594-595, 622, 631
Morrison, Fynes (1566-1630) 690
Motecuhzoma (1466-1520) 60
Motte, Valentin de Pardieu, heer van La (1530-1595) 515, 519, 533, 543, 592, 678
Müller, Lazarus (?-?) 402
Musius, Cornelis (1500-1572) 399, 404

Nasi, Joseph (João Miques) (ca. 1500-1579) 589
Nassau, Adolf van (ca. 1255-1298) 26, 704
Nassau, Adolf van (1540-1568) 34, 86, 305, 307, 325, 443, 673
Nassau, Anna van (1541-1616) 34
Nassau, Elizabeth van (1542-1603) 34
Nassau, Engelbrecht I van (1370-1442) 26-28

Nassau, Engelbrecht II van (1451-1504) 23, 27-29, 80
Nassau, Hendrik van (1414-1451) 27
Nassau, Hendrik I van (ca. 1270-1343) 26
Nassau, Hendrik II graaf van (ca. 1190-1255) 25
Nassau, Hendrik III van (1483-1538) 22-26, 28-30, 34, 40, 42, 44, 49, 52, 66, 80, 145, 158
Nassau, Hendrik van (1550-1574) 86, 334-335, 429-430, 432, 436, 443, 586, 673
Nassau, Hermanna van (1534-1534) 33
Nassau, Jan IV van (1410-1475) 27
Nassau, Jan V van (1455-1516) 27-30
Nassau, Jan VI van (1536-1606) 34, 86, 157, 257, 271, 283, 294, 301, 303, 305, 332-333, 340, 343, 349, 351, 388-389, 394, 411, 431, 433, 439, 441, 443, 446, 452, 455, 475, 499, 501, 504, 516, 522, 543-545, 553, 566, 569-570, 583-585, 587-588, 594, 598, 614, 652, 654-657, 667-668, 670-671, 673, 681, 689-690, 700-701, 704, 714, 716
Nassau, Juliana van (1546-1588) 34, 123
Nassau, Justinus van (1559-1631) 156, 652
Nassau, Katharina van (1543-1624) 34, 157, 168, 673, 684-685
Nassau, Lodewijk van (1538-1574) 34, 86, 124, 126, 129, 157-158, 169-171, 190, 198, 207, 231-232, 236-239, 241-246, 249, 253, 256-259, 265, 267-269, 271, 273, 277-279, 283-284, 288, 304, 306-307, 309, 313, 331-332, 334-336, 345, 351, 356-361, 365-366, 368, 370, 374-376, 378-380, 383, 386-388, 390-394, 397, 400, 409, 411, 414, 417, 421-422, 427, 429-432, 436, 443, 468, 586-587, 621, 633, 673
Nassau, Magdalena van (1522-1567) 122
Nassau, Magdalena van (1547-1633) 34, 123, 293, 584, 671
Nassau, Maria van (1539-1599) 34, 314, 668
Nassau, Otto I van (?-ca. 1290) 26
Nassau, Otto II van (ca. 1305-1351) 26
Nassau, Reynaert van, *zie* Chalon, René van
Nassau, Walram van (?-ca. 1270) 26
Nassau, Willem I van, bijgenaamd 'de Rijke' (1487-1559) 19-23, 29-35, 38, 40, 43-48, 53, 55-57, 59, 61-65, 79, 82-83, 86-87, 89-90, 93-94-95, 98, 103, 113, 116, 121-123, 130, 143, 157-158, 443
Nassau, Willem Lodewijk, graaf van (1560-1620) 166, 584, 587, 655, 701, 714, 716
Nassau-Dietz, Willem Frederik (1613-1664) 716
Nassau-Saarbrücken, Albrecht van (1537-1593) 331
Navarra, Hendrik van (1553-1610) 335, 356, 379, 391, 468, 494, 507, 591-592, 595, 621-622, 642, 672, 676, 714
Navarra, Margaretha van, *zie* Margaretha van Valois
Navarre, Marguerite de (1492-1549) 163-164
Negri, Filippo (?-?) 97
Neuenahr, Herman, graaf van (1520-1578) 57, 122-123, 226, 234
Niclaes, Hendrik (1501-1580) 354, 532, 574
Nicodemus (evangelie van Johannes) 526
Nieuwenaar, Amalia van (ca. 1540-1612) 288, 332, 445-446
Noircarmes, Filips van Sint-Aldegonde, heer van (ca. 1530-1574) 222, 284, 423
Noot, Gaspard van der (?-1573) 364

Noot, Jan van der (ca. 1536-ca. 1595) 354, 469
Norris, John (ca. 1547-1597) 608, 658, 677
Noue, François de la (1531-1591) 393, 562, 587, 715
Noyelles, George de Montigny, heer van (?-?) 403

Oldenbarnevelt, Johan van (1547-1619) 438, 581, 713
Oranje, Albertina Agnes van (1634-1696) 716
Oranje, Anna van (1562-1562?) 185, 652
Oranje, Anna van (1563-1588) 204, 716
Oranje, Catharina Belgica van (1578-1648) 521, 682, 716
Oranje, Charlotte Brabantina van (1580-1631) 624, 682, 716
Oranje, Charlotte Flandrina van (1579-1640) 569, 635, 682, 716
Oranje, Elizabeth van (1577-1642) 496, 682, 716
Oranje, Emilia van (1569-1629) 228, 332, 652
Oranje, Emila Antwerpiana van (1581-1657) 624, 682, 716
Oranje, Filips Willem, prins van (1554-1618) 103, 109, 113, 170, 173, 291-292, 298-299, 489, 555, 559, 652, 675, 715
Oranje, Frederik Hendrik van (1584-1647) 672, 682, 689, 712, 716
Oranje, Louise Juliana van (1576-1644) 470, 585, 716
Oranje, Maria van (1553-1554 of 1555) 97, 103, 109, 113, 652
Oranje, Maria van (1556-1616) 113, 173, 287, 499, 659, 689, 715
Oranje, Maurits August Filips van (1564-1566) 227, 243
Ordoño, Pedro (?-1583) 678-679
Orley, Bernard van (1490-1542) 24-25
Ortelius, Abraham (1527-1598) 354, 462, 469, 529-530
Ovidius (43 v.Chr.-17 n.Chr.) 17
Oyseleur, Pierre de l' (heer van Villiers), *zie* Villiers, Pierre de l'Oyseleur, heer van

Palladio, Andrea (1508-1580) 702
Pallandt, Floris van, *zie* Culemborg, Floris van Pallandt, graaf van
Palts-Simmern, Sabina van (vrouw van Lamoraal van Egmond) (1528-1578) 222, 239, 235
Paredes, Francisco (?-?) 679
Parker, Geoffrey (1943) 95, 311
Paus/pausdom 53, 62, 88, 121, 142, 161, 167, 177-178, 205, 210-212, 251, 270, 276, 342, 394, 458, 463, 468, 599, 702, 707, 718
Payen, Pontus (?-1609) 151, 193, 246, 601
Perez, Gonzalo (1500-1566) 222
Perez, Marcus (?-?) 303, 354
Perrenot, Antoine (heer van Granvelle) (1517-1586) 10, 16, 48, 61, 64-66, 79-81, 83, 85-88, 94, 95, 97, 100, 104, 117, 119-120, 122, 129, 133, 135-136, 141-142, 151-152, 155, 160, 162, 165, 167-168, 175-182, 185-186, 188-210, 212-213, 222-223, 227, 229, 232 233, 235, 239, 248, 256, 265-266, 278, 287, 289, 293, 296-298, 300-301, 321, 323, 325-326, 425-426, 443, 457, 463, 480-481, 506, 514, 575-576, 600, 607, 630-631, 673, 685, 688, 697, 700

Perrenot, Frederic (heer van Champagney) (1536-1602) 434, 457, 462, 472-473, 488, 506, 514, 532, 534, 669, 700, 703, 712
Perrenot, Jerôme (heer van Champagney) (1524-1554) 78-79, 81-83, 86, 89-90, 100
Perrenot, Nicolas (heer van Granvelle) (1484-1550) 78-79, 81
Perrenot, Thomas (heer van Chantonnay) (1521-1571) 207, 232-233
Philippus van Macedonië (382 v.Chr.-336 v.Chr.) 29
Plantijn, Christoffel (ca. 1520-1589) 301, 354, 324-532, 556, 662, 708-709
Polanen, Johanna van (1392-1445) 26-27
Postma, Folkert (1941-2017) 12-13
Praet, Lodewijk van (1488-1556) 95
Pruneaux, Roche de la Sorbières, heer van (?-?) 518, 664
Pypelinckx, Maria (vrouw van Jan Rubens) (1538-1608) 348-349

Quintinus, de heilige (3e eeuw) 126

Rachfahl, Felix (1867-1925) 183
Radermacher, Johan (1538-1617) 354, 469
Rafaël (1483-1520) 60
Raleigh, Walter (1554?-1618) 621
Reael, Laurens Jacobsz. (1536-1601) 272-273, 352-353, 366, 372-373, 579
Regulus, Marcus Atilius (3e eeuw v.Chr.) 29
Renard, Simon (ca. 1513-1573) 117, 120, 137, 233
Rennenberg, Georges van Lalaing, graaf van (ca. 1550-1581) 544-545, 548, 550, 573-574, 583-584, 587, 594, 607-608, 666-668, 698, 700
Requesens y Zúñiga, Luis de (1528-1576) 420, 425-429, 431-436, 444, 446-447, 450-451, 457, 470-471, 473, 513, 607, 615
Reyd, Everard van (1550-1602) 432, 683, 709, 717
Richebourg, Robert de Melun, markies van (ca. 1550-1585) 609, 614-615
Rio, Martin Antoine del (1551-1608) 494
Ripperda, Wigbold (1535-1573) 402, 408
Robles, Gaspar de (1527-1585) 360, 548-549, 550
Roda, Jeronimo de (ca. 1525/1530-1580) 472-473, 475
Roeulx, Adriaan van Croÿ, heer van (1492-1553) 93, 472
Rogers, Daniel (1538-1591) 508, 523
Rollshausen, Frederik van (maarschalk) (?-?) 312
Romero, Julián (ca. 1520-1577) 152, 158, 392-393, 401, 423, 425, 513
Roosbroeck, Rob van (1898-1988) 328
Rosenberg, Albrecht van (ca. 1519-1572) 98
Rossem, Maarten van (ca. 1490-1555) 49, 90, 99, 104-105
Roy, Gilbert (Gilbertus Regulus) (ca. 1540-ca. 1584) 364
Rubens, Jan (1530-1587) 348-349, 445, 452
Rudolf II (1552-1612) 502-503, 516-517, 540, 572, 589, 703
Rupert (zoon van graaf Dudo) (12e eeuw) 25
Ruyter, Herman de (ca. 1540-1570) 347, 349
Ryhove, Frans van Kethulle, heer van (ca. 1531-1585) 505, 511, 535-536, 562, 649, 656, 669

Saksen, Anna van (1544-1577) 159-162, 166, 168-176, 180-181, 185, 189, 204, 208-209, 227-228, 235, 237, 240, 243, 251, 261, 276, 279, 294, 332, 336, 348-349, 445-446, 452-453, 513, 632, 652, 705, 716
Saksen, Anna van (echtgenote van August van Saksen) (1532-1585) 172
Saksen, August van (1526-1586) 120-121, 130, 159, 169-172, 184-185, 187, 189, 219, 226-227, 259, 276, 278, 288, 293-295, 299, 301, 306, 325, 332, 340, 348, 445-446, 452
Saksen, Frederik, bijgenaamd 'de Wijze', keurvorst van (1463-1525) 22-23
Saksen, Johan Frederik, keurvorst van (1503-1554) 32, 45, 54, 61
Saksen, Maurits van (1521-1553) 54-56, 62, 87-89, 92, 120, 159
Salcedo, Nicolas de (?-1582) 636-637
Saliger, Johannes (?-?) 582
Salignac, Bertrand de (1510-1599) 94
Saravia, Adriaen (ca. 1523-1613) 254, 312-313, 317, 371
Sastrow, Bartholomäus (1520-1603) 62-63
Savoie, Emanuel Filibert, hertog van, *zie* Emanuel Filibert (hertog van Savoie)
Scamozzi, Vincenzo (1552-1616) 702
Schauenberg (Schaumburg), Ernst, graaf van (?-?) 584-585
Schaumburg, Adolf van (1511-1556) 47, 48, 78, 81, 83, 86-87, 90
Schaumburg, Anton van (aartsbisschop van Keulen) (ca. 1522-1558) 122, 612
Schelven, A.A. van (1880-1954) 444
Schetz, Gaspard (heer van Grobbendock) (1513-1580) 203, 554
Schomberg, Caspar van (1540-1599) 158
Schoonewalle, Noël de Caron, heer van (?-1624) 678, 683
Schwarzburg, Günther van (1529-1583) 98-99, 102, 127, 139, 144, 157-159, 169, 173, 177, 179, 184, 187, 202, 232-233, 242-243, 278, 314, 340, 440-441, 449-450, 485, 503, 508, 673, 684
Schwarzenberg, Otto-Heinrich van (1535-1590) 516, 553, 555
Schwendi, Lazarus van (1522-1583) 94, 107, 111, 127, 165-166, 203-205, 211-212, 310-311, 441, 463, 485, 503, 510, 540, 572, 614, 673
Scipio Africanus (236 v.Chr.-183 v.Chr.) 510
Scorel, Jan van (1495-1562) 40
Seld, Georg Sigismund (1516-1565) 85, 127, 211
Selles, Jan van Noircarmes van Sint-Aldegonde, baron van (?-1585) 514
Seneca (4 v.Chr.-65 n.Chr.) 353
Servet, Michaël (ca. 1511-1553) 522
Sidney, Philip (1554-1586) 470, 508, 523, 621
Silvius, Charles (?-?) 556, 599
Simeoni, Gabriele (1509-1570) 164
Socrates (470 v.Chr.-399 v.Chr.) 353
Solms, Amalia van (1602-1675) 716
Someren, Jacob van (?-1623) 596
Sonnius, Franciscus (1506-1576) 142
Sonoy, Diederik (1529-1597) 343-344, 365-366, 403, 415-418, 451, 489
Spiegel, Hendrik Laurensz. (1549-1612) 530
Stavele, Filips van (heer van Glajon), *zie* Glajon, Filips van Stavele, heer van
Stevin, Simon (1548-1620) 470, 661

Stolberg, Juliana van (1506-1580) 20-21, 33-37, 40, 59, 86, 103, 113, 122-123, 129-130, 226, 287, 585-586
Strada, Famiano (1572-1649) 479
Straelen, Antoon van (1521-1568) 186, 229, 281-282, 291-292, 333, 673
Straten, Cornelis van der (?-?) 497
Stuart, Maria (1542-1587) 493, 683
Süleyman I, sultan van het Ottomaanse Rijk (ca. 1494-1566) 60, 270
Süleyman II, sultan van het Ottomaanse Rijk (1524-1574) 589
Swart, K.W. (1916-1992) 166, 600
Swieten, Adriaan van (1532-1584) 343-344, 364-365, 384-386, 403

Tacitus (56-ca. 120) 459
Taffin, Jean (1529-1602) 283, 454, 520, 534, 632, 673
Taffin, Nicolas (?-?) 364
Tassis, Juan Baptista de (1552-1588) 667, 678
Tayaert, Jacques (?-?) 417
Téligny, Charles de (1535-1572) 650, 651, 653
Terranova, Carlos d'Aragona, heer van (1520-1599) 554, 576
Tiepolo, Niccolò (1477-1551) 24
Tiepolo, Paolo (1523-1585) 145-146
Titelmans, Pieter (1501-1572) 479
Titiaan (ca. 1489-1576) 19, 60, 80, 97
Tour, Henri de la (1555-1623) 716
Trémoille, Claude de la (hertog van Thouars) (1566-1604) 716
Treslong, Jan van (?-?) 436
Treslong, Willem Blois van (ca. 1529-1594) 376-377
Truchsess, Gebhard von (aartsbisschop van Keulen) (1547-1601) 654-657, 676, 689
Tseraerts, Jerôme (ca. 1540-1573) 381, 419
Tudor, Maria (1516-1558) 96-98, 104, 138
Tympel, Olivier van den (ca. 1540-1603) 485

Utenhove, Karel (ca. 1536-ca. 1605) 563, 669
Uylenburgh, Rombout (1554-1624) 684

Valdéz, Francisco de (?-ca. 1580) 434, 437-438
Vandenesse, Jean van (?-?) 63, 86
Vargas, Don (?-?) 151
Vargas, Juan de (1517-na 1575) 317
Veken, Johan van der (1549-1616) 662
Verdugo, Francisco (ca. 1536-1597) 608, 666-668
Verwer, Willem Jansz. (ca. 1535-ca. 1595) 406
Vesalius, Andreas (1514-1564) 64, 129
Vianden, Adelheid van (ca. 1307-1376) 26
Vierlingh, Andries (ca. 1507-ca. 1579) 116
Viglius van Aytta (1507-1577) 61, 117, 120, 136, 142, 155, 160, 162, 168, 180, 189, 191-192,

197-198, 202, 207-211, 213-214, 217, 236, 239, 244, 258, 266, 268, 276, 289, 292, 297, 301, 326, 363, 443, 472, 481, 600, 607, 703
Villers, Jean de Montigny, heer van (de maarschalk van Oranje) (?-1568) 305-306, 308
Villiers, Pierre de l'Oyseleur, heer van (ca. 1530-1590) 467, 470, 520, 523, 534, 541, 594-596, 631-632, 672, 678, 684
Villavicencio, Lorenzo de (ca. 1518-1583) 222, 241
Vinci, Leonardo da (1452-1519) 60
Vincidor, Tommaso (1493-1536) 24
Virieu, François de (?-1596) 364-365, 403
Visscher, Roemer (1547-1620) 530
Vitruvius (ca. 100 v.Chr.-1 v.Chr.) 702
Vos, Arent Dircksz. (?-1570) 369
Vredeman de Vries, Hans (1526-1609) 623

Walburgis van Nieuwenaar (vrouw van Filips van Horne) (1522-1600) 153
Walsingham, Francis (ca. 1532-1590) 358-359, 378, 540, 567, 602, 613, 621
Werff, Pieter Adriaensz. van der (1529-1603) 364-365, 403, 438-439
Wesembeke, Jacob van (1523?-1577?) 229, 301, 333, 343-348, 351, 364, 368, 381
Wessels, Hendrik (?-?) 364
Westerburg, Georg von Leiningen (1533-1586) 48, 50, 57, 82
Wijngaerden, Anthonis van den (ca. 1525-1571) 220
Willem III (1650-1702) 716
Willem van Oranje *passim*
Willem de Rijke, *zie* Nassau, Willem I van
Wiltperch, Heinrich von (?-?) 171, 291, 299
Winghe, Philip van (?-1568) 292
Withem, Jan van (ca. 1550-1588) 604
Wittgenstein, Ludwig von (1532-1605) 172
Wotton, Nicholas (ca. 1497-1567) 265

Xenophon (430 v.Chr.-ca. 350 v.Chr.) 164
Ximines, Ferdinando (?-?) 354

Yates, Frances (1899-1981) 541

Zell, Nikolaus (?-?) 288
Zuñiga y Requesens, Juan de (broer van Luis de Requesens) (1539-1583) 420
Zweibrücken, Wolfgang, paltsgraaf, hertog van (1526-1569) 187, 332-334, 367

Dank

Bij een groot en langdurig project als het beschrijven van het leven van Willem van Oranje komt de inspiratie en aanmoediging uiteindelijk van ontelbaar veel kanten. Meer dan honderdvijftig auteurs die het leven van Oranje optekenden gingen mij voor. Hun pogingen om samenhang en logica in dit complexe leven te ontdekken hebben me enorm geholpen om de echte raadsels en tegenstrijdigheden aan te kunnen pakken. Dit boek werkt voort op hun arbeid, zoals het ook dankbaar gebruik heeft gemaakt van honderden deelstudies en bronnenpublicaties.

Bij het onderzoek en vooral bij het schrijven heb ik me regelmatig afgevraagd hoe voorgaande generaties tot zulke belangrijke en verreikende inzichten hebben kunnen komen zonder de beschikking te hebben over moderne technologie. Ik durf te bekennen dat ik niet zonder had gekund. De toekomst van het onderzoek naar die grillige en ongekend geestrijke zestiende eeuw zal alleen belangrijke nieuwe stappen kunnen maken wanneer grote internationale databases met elkaar in verband worden gebracht en goed doorzoekbaar worden gemaakt. Alleen zo zal het wilde avontuur waarin alle politieke, economische, culturele waarden in Europa een nieuwe betekenis kregen – en waar Willem van Oranje zijn leven lang deel van uitmaakte –, in al zijn opwindende dimensies begrepen kunnen worden.

De datacollecties en digitale bibliotheken die de afgelopen decennia uit de grond zijn geschoten, hebben het onderzoek een grote dienst bewezen. Toch bleef het handwerk in archieven en bibliotheken onmisbaar, met name het Koninklijk Huis Archief was genereus in het verlenen van toestemming om de verschillende kwetsbare documenten die nog niet digitaal beschikbaar waren ter plekke te bestuderen. Voorts waren medewerkers van de onderzoekzalen van de Universiteit van Amsterdam en de Koninklijke Bibliotheek in Den Haag zeer behulpzaam bij het opsporen van obscure bronnen.

Tijdens de laatste fase heb ik veel steun ondervonden van mijn meelezers, die suggesties deden, vragen stelden en onjuistheden signaleerden. Vooral door de snelheid waarmee ze de hoofdstukken weer retourneerden, bewezen ze me grote vriendschap; in alfabetische volgorde: Anton van der Lem, Geert Mak, Henk van Nierop en Piet de Rooy. De eerste die de hoofdstukken las was mijn uitgever Annette Portegies, die ook al mijn zorgen over het project aanhoorde, en veelal weg wist te nemen of met een glimlach nietig verklaarde. Daarnaast lazen en becommentarieerden Luc Panhuysen en Hans Luijten delen van het manuscript. De laatste lezer voor het boek ter perse ging was mijn oude studiegenoot en 'vaste' persklaarmaker Jan de Wijer, die met zijn fijnzinnige correctiepennetje liet zien dat het regelmatig nog net iets beter kon. De allerlaatste meelezer was Lieke van Deinsen, die me ook hielp om het project definitief af te sluiten. Ondanks de ruime toegewijde hulp zijn alle eventuele onvolkomenheden in het boek geheel mijn eigen verantwoordelijkheid.

Het onderzoek en schrijven van *De zwijger* heeft vele jaren in beslag genomen waarin ik met talloze mensen over het project van gedachten heb gewisseld, daarnaast ontving ik veel suggesties voor nader onderzoek, of obscure bronnen, en sommigen stuurden me spontaan boeken, kopieën van artikelen of zelfs hele datacollecties toe. Op het gevaar af informanten over het hoofd te zien noem ik: Peter Arnade, Norbert van den Berg, Jan Maarten Boll, Marieke van Delft, Reinildis van Ditzhuyzen, Egbert Dommering, Louis Grijp, Rosa Groen, Eddy Grootes, Lex Heerma van Voss, Jona Lendering, Ger Luijten, Karel Porteman, Yolanda Rodríguez Pérez, Nicoline van der Sijs en Maggy Wishaupt. Ineke Huysman en Hans Smits, betrokken bij de correspondentiedatabase van Willem van Oranje waren behulpzaam bij het ontrafelen van enkele dateringskwesties. De organisaties van lezingen in o.a. Londen, Roermond, Steenwijk en kasteel Mookerheide stelden me in staat om in een vroeg stadium al delen van het leven van Oranje onder woorden te brengen. De inspirerende en kameraadschappelijke contacten tijdens de conferentie 'Political Culture of the Dutch Revolt' in Los Angeles in 2005 hebben het project in een vroeg stadium richting gegeven. Allen veel dank.

De medewerkers van Uitgeverij Querido Facto, een nieuw onderdeel van het uitgeefhuis Singel, opereerden tijdens de productie van dit monsterproject buitengewoon zorgzaam, koelbloedig en professioneel. Het was ook dit huis dat me op een late vrijdagavond in 2015 een bericht stuurde dat ze het boek graag wilden uitgeven en dat ze me daarbij in alle denkbare opzichten zouden steunen. Zoiets verplicht. De verschillende aangeschreven fondsen komt dank toe voor hun vriendelijke retourbrieven. Zoiets werkt aanmoedigend.

Zonder dat mijn vrienden het zich bewust waren, kreeg een deel van het boek – in zijn hoofdlijnen net zo goed als in de zijpaden – gestalte tijdens de tafelgesprekken die de afgelopen jaren steeds vaker over Oranje gingen. Regelmatig rees de vraag: met wie is Oranje nu te vergelijken? Hebben we in onze tijd een equivalent van de Opstand? Veel opties passeerden en die hebben me er uiteindelijk van overtuigd dat de Opstand en Willem van Oranjes rol daarin historische fenomenen zonder weerga zijn. Een andere terugkerende kwestie was of ik Oranje goed was gaan leren kennen, en of ik, nu ik zoveel van hem wist, hem ook was gaan bewonderen. Naarmate de jaren verstreken kon ik vooral op die laatste vraag steeds moeilijker antwoord geven. Het doel van het biograferen is niet bewondering, eerder het neutraliseren van het zuur en het zoet dat door de gebiografeerde, door tijdgenoten en door latere generaties door de feiten is gemengd. Ik heb alleen maar opgeschreven hoe ik denk dat het zit.

Ecce, quibus Hispaniar. Rex Philipp.
Leonem hunc suum Belgicum administrandum comiserat antequam in Hispanias discederet anno. M. D. LIX.
LEO BELGICVS
MARIA
1559 1567 1573 1576 1579
Margarethæ Sorori totum Leonem Comisit tanq. Gubernatrici generali cui a latere proceres adiunxit
DVCISSÆ PARMENSI
I Hollandiam 29 400
II Zelandiam 8 101
III Flandriam 59 1154
IIII Artesiam 12 754
V Hannoniam 24 950
VI Namurcum 4 185
VII Zutphaniam
VIII BRABANTIAM 26 700
IX LVXEMBVRGV 23 1169
X LIMBVRGVM
XI GELDRIAM 22 300
XII Transisulana 8 101
XIII Groningam
XIIII Frisiam 12 490
XV Traiectum 5 70
XVI Mechliniam
XVII Antuerpiam
Administratores Regiones septemdecim, Ciuitates, Pagi, arma
COMITI HORNANO
Maris præfecturam ueluti Admiralio Rex Philippus Philippo Commisit eodem tempore
VELA VENTIS
ANGLIA
OCCIDENS.
S. Edmund
Norwich
Ypswich
Colchester
Habl
LONDINVM
MARIA
Rije
FLANDRIA
Brugghe
Ghendt
Cortrijck
Dunkerke
Berghe
Cassel
Lille
HANNONIA
Mons
ARTESIA
Arras
Cambray
Amiens
Dourlens
Hesdin
Monstroeil
Bouloingne
S. Omaer
Aire
Tornay
Paris
Reims
Treport
Heu
S. Quintin
FLANDRIA
Bruggbe